横山镇志

《横山镇志》编纂委员会　编

上海社会科学院出版社

《横山镇志》编纂委员会

主　任： 张余伟　叶　锋

副主任： 刘　静　傅俊杰　张　斌　诸葛青

委　员： 黄界明　盛小燕　杨　宁　胡林华　朱珍琪　徐宁萍
琚红松　方启凯　尹晓元　谢立平　颜　光　何　晨
何攀翔　张卸芶　邵忠根　杨水明　翁海忠　陈宝龙
张志明　李海银　李小林　姜新安　朱柏成　童伟龙
叶　俊　余永昌　蓝春富　邓雪军　龚水明　曹建忠
徐卫成　许胜东　毛金立

《横山镇志》编纂人员

主　编： 蒋柳清（特邀）

副主编： 诸葛青　何　晨

《横山镇志》资料征集人员

袁　宵　徐　畅　蓝树忠　蒋柳春　徐　豪　陈　纾
李胜明　席君华　王忠良　成丽芳　徐小平　张志军　叶晓翠
李国民　方立清　徐月生　吴红星　王　健　王小峰　俞伟国
项永清　管彩霞　何通泉　韩香松　廖伟霞　韩晓红

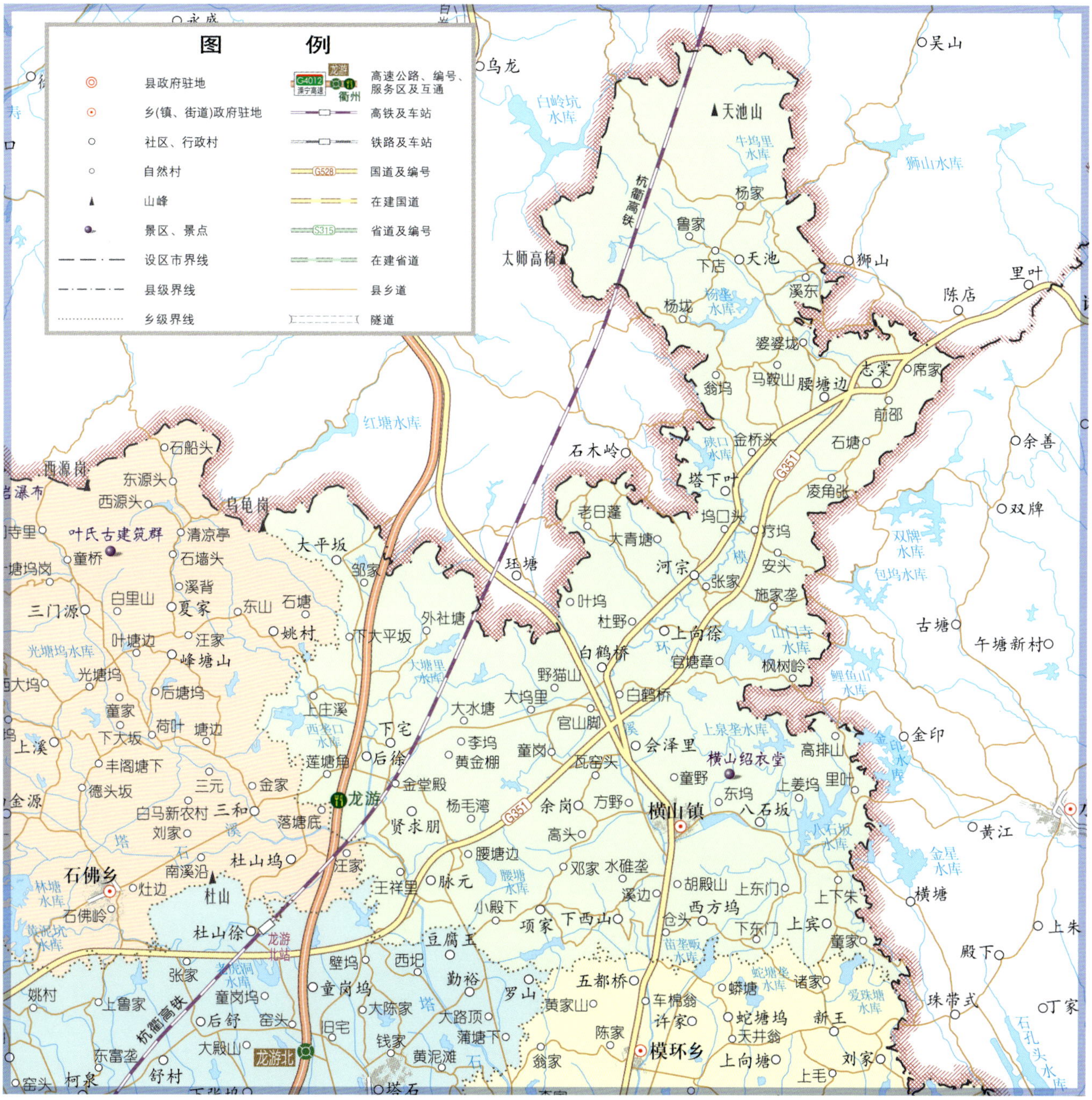
图 例
县政府驻地
乡(镇、街道)政府驻地
社区、行政村
自然村
山峰
景区、景点
设区市界线
县级界线
乡级界线
高速公路、编号、服务区及互通
G4012
溧宁高速
龙游
衢州
高铁及车站
铁路及车站
国道及编号
G528
在建国道
省道及编号
S315
在建省道
县乡道
隧道
乌龙
吴山
天池山
白岭坑水库
牛坞里水库
狮山水库
杭衢高铁
杨家
鲁家
太师高椅
下店
天池
狮山
里叶
陈店
杨垅
杨垄水库
溪东
婆婆垅
志堂
席家
翁坞
马鞍山
腰塘边
前邵
红塘水库
石船头
石木岭
金桥头
峡口水库
石塘
余善
西源岗
东源头
西源头
塔下叶
G351
凌角张
乌龟岗
老日蓬
双牌
叶氏古建筑群
清凉亭
大平坂
大青塘
坞口头
泞坞
童桥
石墙头
邹家
珏塘
河宗
安头
双牌水库
包坞水库
溪背
白里山
夏家
东山
石塘
张家
施家垄
三门源
叶坞
外社塘
姚村
下大平坂
杜野
上向徐
山门寺水库
古塘
叶塘边
汪家
光塘坞水库
峰塘山
白鹤桥
宫塘章
枫树岭
午塘新村
光塘坞
野猫山
大塘里水库
鲤鱼山水库
后塘坞
大坞里
白鹤桥
大水塘
童家
上庄溪
荷叶
塘边
下大坂
下宅
官山脚
会泽里
上泉垄水库
高排山
金印
西塔口水库
李坞
横山绍衣堂
上溪
后徐
黄金棚
童岗
瓦窑头
丰阁塘下
莲塘角
童野
里叶
三元
金家
上姜坞
德头坂
金堂殿
东坞
金源
龙游
杨毛湾
余岗
方野
横山镇
八石坂
白马新农村
三和
黄江
刘家
落塘底
贤求朋
G351
高头
八石坂水库
石佛乡
南溪沿
杜山坞
腰塘边
邓家
水碓垄
金星水库
灶边
汪家
脉元
腰塘水库
溪边
胡殿山
上东门
横塘
林塘水库
杜山
王祥里
小殿下
西方坞
上下朱
石佛岭
项家
下西山
仓头
下东门
上宾
上朱
黄泥坑水库
杜山徐
龙游北站
豆腐王
苗垄畈水库
童家
殿下
壁坞
西圮
蛇塘垄水库
诸家
张家
童岗坞
勤裕
五都桥
蟒塘
爱珠塘水库
珠带式
丁家
姚村
黄泥塘水库
罗山
车棉翁
上鲁家
童岗坞
大陈家
黄家山
许家
蛇塘坞
新王
后舒
窑头
大路顶
陈家
天井翁
杭衢高铁
旧宅
蒲塘下
石孔头水库
东富垄
大殿山
龙游北
钱家
黄泥滩
模环乡
上向塘
刘家
窑头
柯泉
舒村
翁家
上毛
塔石

横山镇区域图

横山集镇俯瞰（载于《明珠龙游》）

横山集镇旧照（载于《龙游建设志》）

原志棠集镇旧照（载于《龙游建设志》）

横山镇景墙（蒋柳清 2023 年摄）

横山集镇街道（王雯 2020 年摄）

志棠老街（载于《明珠龙游》）

天池荷花（载于《明珠龙游》）

横山塔（全国重点文物保护单位，位于横山村。蒋柳清 2023 年摄）

刹下塔（浙江省文物保护单位，位于塔下叶村。蒋柳清 2023 年摄）

塔山公园（位于横山村。陈纾 2024 年摄）

绍衣堂（全国重点文物保护单位，位于横山村东坞。载于《龙游建设志》）

关西世家（全国重点文物保护单位，位于天池村杨家。徐豪 2015 年摄）

三槐堂（上）（全国重点文物保护单位，位于天池村新宅。蒋柳清　2022 年摄）

三槐堂（中）（全国重点文物保护单位，位于天池村下店。徐豪　2015 年摄）

三槐堂（下）（全国重点文物保护单位，位于天池村儒大门。徐豪　2008 年摄）

乌石寺（位于大平坂村。载于《龙游县佛教志》）

门楼（位于天池村。徐豪 2008 年摄）

重修凌阁堂碑记（位于腰塘边村 。蒋柳清 2022 年摄）

高冈起凤（原位于横山村，现移至龙游民居苑。蒋柳清 2024 年摄）

照壁墙（原位于后徐村，现移至龙游民居苑。蒋柳清 2024 年摄）

龚氏民居（原位于脉元村，现移至龙游民居苑。蒋柳清 2024 年摄）

余氏民居（原位于下宅村龙门桥，现移至龙游民居苑。蒋柳清 2024 年摄）

胡公殿（位于会泽里村。陈纾提供）

永丰寺（位于脉元村。陈纾提供）

红殿（位于志棠村。蒋柳清 2023 年摄）

大雄宝殿（位于乌石寺。毛金立 2023 年摄）

席大宗祠（位于志棠村。蒋柳清 2024 年摄）

祝家厅（位于脉元村。徐豪 2008 年摄）

大礼堂（位于下宅村。徐豪 2008 年摄）

白鹤桥遗址（位于白鹤桥村。徐豪 2008 年摄）

三姑殿樟树（位于腰塘边村。2019 年公布树龄为 720 年。杨水明提供）

杨家樟树（位于天池村。2019 年公布树龄为 583 年。李胜明提供）

上向徐村一角（叶阿土 2017 年摄）

大平坂村一角（李红 2017 年摄）

腰塘边村一角（杨水明提供 2017 年摄）

志棠村一角（载于《明珠龙游》）

上宾村远眺（吴红星　2023 年摄）

腰塘边村长廊（王曙静　2016 年摄）

“鹊桥”夜景（位于志棠村。徐豪　2019 年摄）

河宗村双亭（王曙静　2016 年摄）

下宅村一角（徐月　2017 年摄）

塔下叶荷花（陈纾提供 2015 年摄）

国家 AAA 级旅游景区——天池荷花景区全貌（徐豪　2017 年摄）

天池荷花景区俯瞰（陈纾提供 2023 年摄）

塔石溪（黄志成 2023 年摄）

杨垄水库（李胜明提供 2010 年摄）

山门寺水库（陈纾提供 2012 年摄）

乌石寺山门（位于大平畈村。徐豪 2010 年摄）

永丰寺门（位于脉元村。蒋柳清 2023 年摄）

项氏牌坊（位于项家村。蒋柳清 2023 年摄）

富硒宝地牌坊（位于腰塘边村。徐豪 2015 年摄）

迴源城里门（位于天池村。李胜明提供 2019 年摄）

中央电视台拍摄“乡约——走进龙游”（徐豪 2012年摄于天池村）

浙江省电视台《流动大舞台》演出（徐豪 2011年摄于天池村）

儒大门草龙（2009 年列入浙江省非物质文化遗产保护名录。徐豪 2011 年摄）

迴源婺剧（2009 年列入浙江省非物质文化遗产保护名录。徐豪 2010 年摄）

莲子酒酿造技艺（2023 年列入浙江省非物质文化遗产保护名录。蒋柳清 2023 年摄）

富硒白莲全产业链体验之旅（徐月 2020 年摄于白鹤桥村）

“荷塘夜色”体验之旅（洪刚 2020 年摄于天池村）

“红豆”体验之旅（洪刚 2020 年摄于天池村）

龙游第五届天池荷花节（徐豪 2015 年摄于天池村）

仿古城楼落成揭幕（徐豪 2019 年摄于天池村）

首届杭金衢荷花节开幕式（杨佳怡 2023 年摄于天池村）

项家村小品《回家就好》（吴森邦　2018 年摄）

“舞动健康，魅力横山”横山镇全民健身广场舞大赛（徐豪　2015 年摄）

“舞动横山，健美人生”横山镇全民健身广场舞大赛 1（王曙静　2017 年摄）

“舞动横山，健美人生”横山镇全民健身广场舞大赛 2（王曙静　2017 年摄）

横山村舞蹈《荷韵》（楼郁馨　2024 年摄）

横山镇庆祝建党 100 周年群众性主题宣传教育活动暨上宾村文化礼堂开堂（诸葛青 2021 年摄）

电影《卡尔遇奇记》志棠古街拍摄点（江一帆 2018 年摄）

外国友人在天池（叶俊 2016 年摄）

上向徐村“春晚”（张志明 2024 年摄）

横山中心幼儿园编创趣味体育项目
（徐畅提供　2021 年摄）

横山中心幼儿园下宅分园教师给幼儿讲故事
（徐畅　2021 年摄）

横山中心幼儿园志棠分园（蒋柳清　2023 年摄）

横山小学（蒋柳清　2023 年摄）

下宅小学（蒋柳清　2023 年摄）

志棠小学（蒋柳清　2023 年摄）

横山中学（陈纾提供 2023年摄）

横山派出所（陈纾提供 2023年摄）

横山中心卫生院（陈纾提供 2023年摄）

横山自来水厂（陈纾提供 2023年摄）

横山省级现代农业园
（位于志棠村。蒋柳清 2023年摄）

横山镇电商农产品展示中心
（位于天池村。蒋柳清 2022年摄）

河宗村党群服务中心（蒋柳清 2022 年摄）

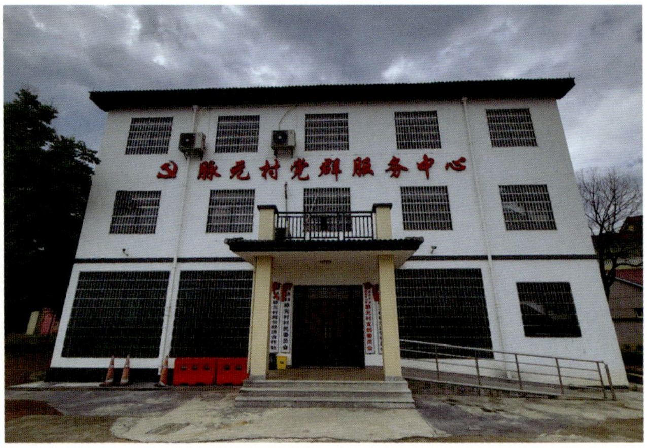

脉元村党群服务中心（蒋柳清 2023 年摄）

上向徐村党群服务中心（蒋柳清 2023 年摄）

后徐村党群服务中心（蒋柳清 2023 年摄）

余岗村党群服务中心（蒋柳清 2023 年摄）

下西山村党群服务中心（蒋柳清 2023 年摄）

会泽里村党群服务中心（蒋柳清 2024 年摄）

大平坂村党群服务中心（蒋柳清 2024 年摄）

下宅村党群服务中心（蒋柳清 2023 年摄）

项家村党群服务中心（蒋柳清 2023 年摄）

横山村党群服务中心（蒋柳清 2023 年摄）

上宾村党群服务中心（蒋柳清 2023 年摄）

八石坂村党群服务中心（蒋柳清 2023 年摄）

白鹤桥村文化礼堂（蒋柳清 2023 年摄）

贤求朋村文化礼堂（蒋柳清 2023 年摄）

西方坞村文化礼堂（蒋柳清 2023 年摄）

腰塘边村景墙（蒋柳清 2022 年摄）

天池村景墙（蒋柳清 2022 年摄）

志棠村景墙（蒋柳清 2024 年摄）

塔下叶村景墙（蒋柳清 2024 年摄）

三重书屋（位于志棠村。梁艺璇 2021 年摄）

下宅小学“红领巾小法庭”（王祎卉 2023 年摄）

荷庄养老院（位于腰塘边村凌阁张。徐豪 2016 年摄）

项家村祭祖大典（吴森邦 2019 年摄）

洁美日用品有限公司
（位于西方坞村。蒋柳清 2023 年摄）

恒宇鞋业有限公司（位于河宗村。蒋柳清 2023 年摄）

硒莲液富硒科技有限公司
（位于河宗村。蒋柳清 2023 年摄）

毓硒酒业有限公司（位于志棠村。蒋柳清 2023 年摄）

金童酒业（位于上向徐村。张志明提供 2014 年摄）

青龙山建材有限公司（位于下宅村。蒋柳清 2023 年摄）

金丝草产业（胡琳芳　2015 年摄于项家村）

应公芳打铁店（王曙静　2016 年摄于横山村）

晒莲子、晒荷叶（牛超杰　2019 年摄于天池村）

手剥莲蓬（牛超杰　2019 年摄于天池村）

志棠三地共富莲子交易集散中心
（位于志棠村。蒋柳清　2023 年摄）

莲心馆（位于天池村。杨佳怡　2023 年摄）

“一品贡珠”国家地理标志
（位于天池村。蒋柳清　2022 年摄）

莲子（李胜明提供）

荷叶茶（李胜明提供）

莲子酒（李胜明提供）

志棠白莲（李胜明提供）

莲子宴（洪淑芳　2018 年摄于天池村）

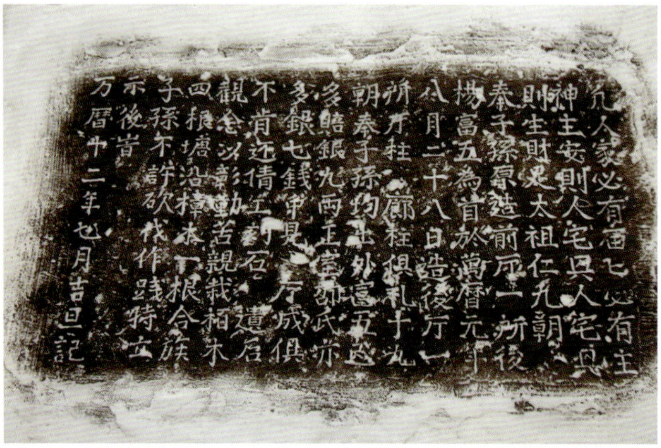

宗祠禁条碑（位于关西世家内。徐豪 2010 年摄）

荷花台遗址（位于志棠村。蒋柳清 2023 年摄）

銮驾（位于天池村杨家。徐豪 2005 年摄）

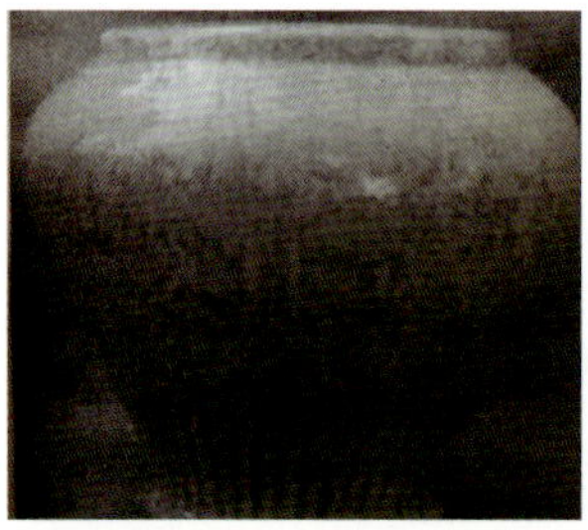

青瓷瓮（元代，1987 年于下宅村出土。载于 1991 年版《龙游县志》）

古瓷器（藏于腰塘边村。杨水明提供 2022 年摄）

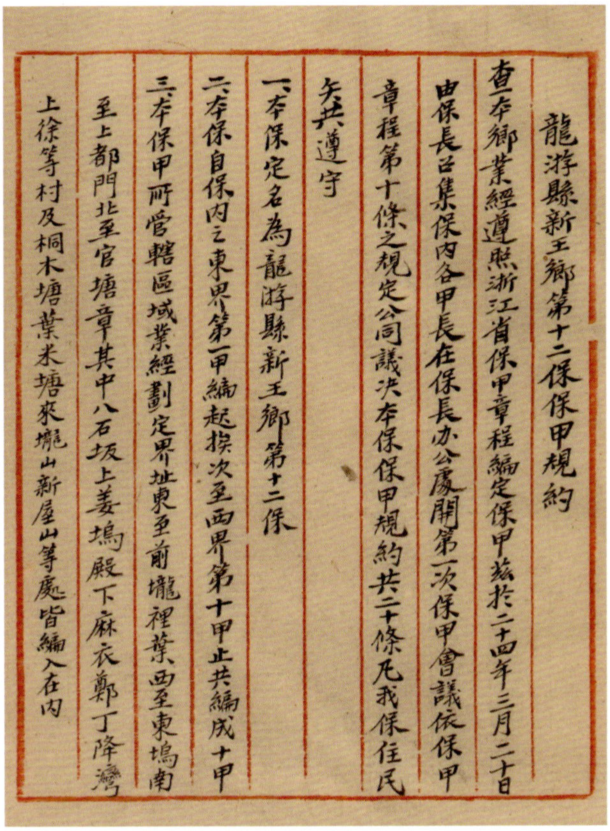

龍游縣新王鄉第十二保保甲規約

查本鄉業經遵照浙江省保甲章程編定保甲茲於二十四年三月二十日由保長召集保内各甲長在保長办公處開第一次保甲會議依保甲章程第十條之規定公同議決本保保甲規約共二十條凡我保住民矢共遵守

一、本保定名為龍游縣新王鄉第十二保

二、本保自保内之東界第一甲編起挨次至西界第十甲止共編成十甲

三、本保甲所管轄區域業經劃定界址東至前壠裡葉西至東塢南至上都門北至官塘章其中八石坂上姜塢殿下麻衣鄭丁降灣上徐等村及桐木塘葉米塘來壠山新屋山等處皆編入在内

1935 年 3 月新王乡第 12 保《保甲规约》

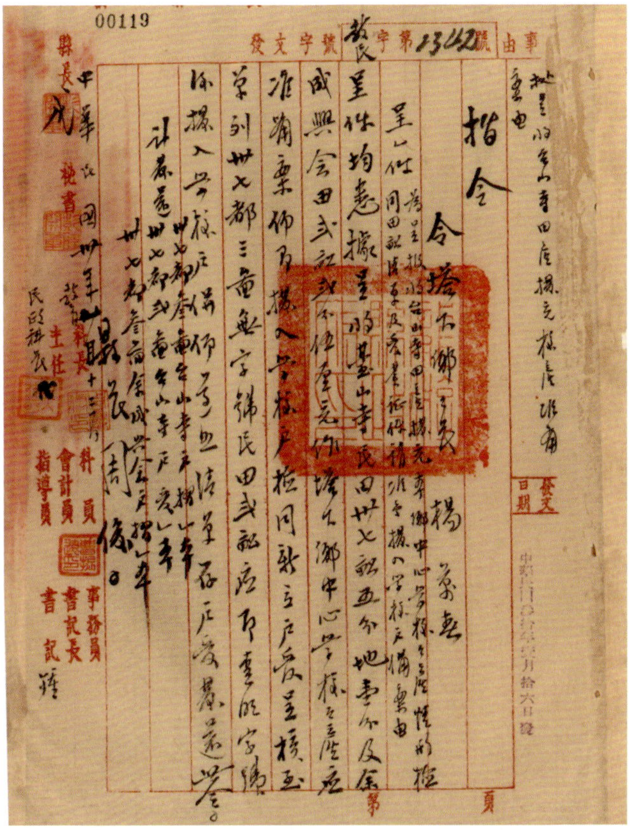

00119

指令

1941 年 2 月台山寺田产拨充塔下乡中心学校校产批文

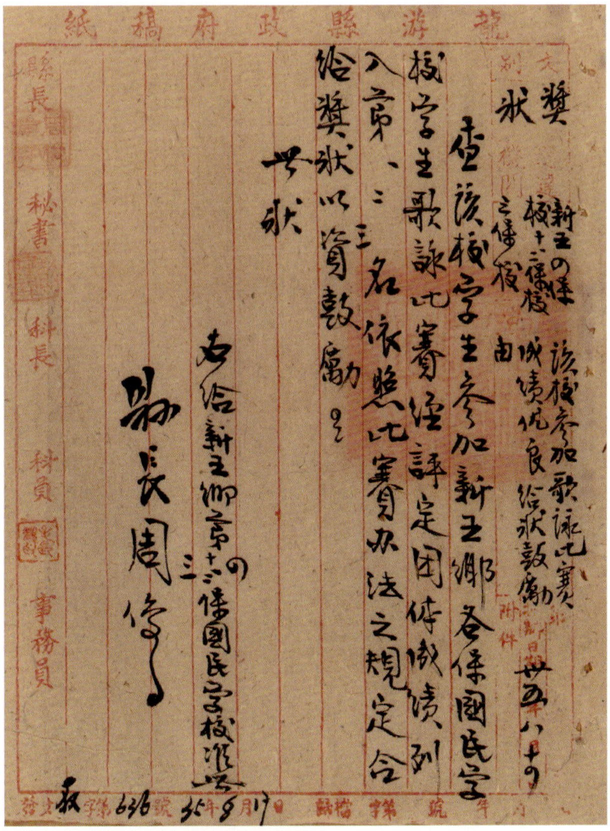

龍游縣政府稿紙

奬狀

查該校學生參加新王鄉各保國民學校學生歌詠比賽經評定團体成績列入第二名依照比賽办法之規定合給奬狀以資鼓勵

此狀

右給新王鄉第十三保國民学校准此

縣長周俊甫

1946 年 8 月县长周俊甫给新王乡保校颁发奖状

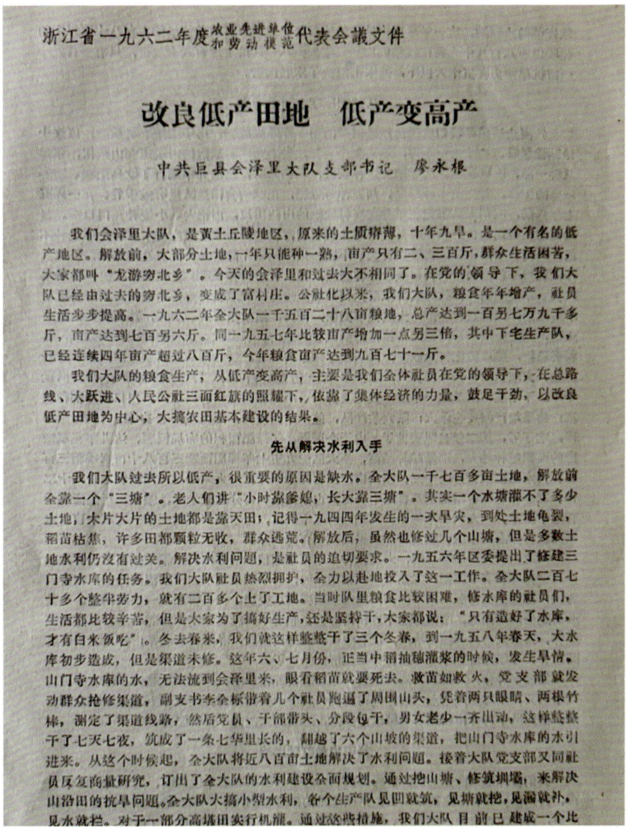

浙江省一九六二年度农业先进单位和劳动模范代表会議文件

改良低产田地　低产变高产

中共巨县会泽里大队支部书记　廖永根

我们会泽里大队，是黄土丘陵地区，原来的土质瘠薄，十年九旱。是一个有名的低产地区。解放前，大部分土地，一年只能种一熟，亩产只有二、三百斤，群众生活困苦，大家都叫"龙游穷北乡"。今天的会泽里和过去大不相同了。在党的领导下，我们大队已经由过去的穷北乡，变成了富村庄。公社化以来，我们大队，粮食年年增产，社员生活步步提高。一九六二年全大队一千五百二十八亩粮地，总产达到一百另七万九千多斤，亩产达到七百另六斤。同一九五七年比较亩产增加一点另三倍，其中下宅生产队，已经连续四年亩产超过八百斤，今年粮食亩产达到九百七十一斤。

我们大队的粮食生产，从低产变高产，主要是我们全体社员在党的领导下，在总路线、大跃进、人民公社三面红旗的照耀下，依靠了集体经济的力量，鼓足干劲，以改良低产田地为中心，大搞农田基本建设的结果。

先从解决水利入手

我们大队过去所以低产，很重要的原因是缺水。全大队一千七百多亩土地，解放前全靠一个"三塘"。老人们讲"小时靠爹娘，长大靠三塘"。其实一个水塘灌不了多少土地，大片大片的土地都是靠天田；记得一九四四年发生的一次旱灾，到处土地龟裂，稻苗枯焦，许多田都颗粒无收，群众逃荒。解放后，虽然也修过几个山塘，但是多数土地水利仍没有过关。解决水利问题，是社员的迫切要求。一九五六年区委提出了修建三门寺水库的任务。我们大队社员热烈拥护，全力以赴地投入了这一工作。全大队二百七十多个整半劳力，就有二百多个上了工地。当时队里粮食比较困难，修水库的社员们，生活都比较辛苦，但是大家为了搞好生产，还是坚持干，大家都说："只有造好了水库，才有白米饭吃"。冬去春来，我们就这样整整干了三个冬春，到一九五八年春天，大水库初步造成，但是渠道未修。这年六、七月份，正当中稻抽穗灌浆的时候，发生旱情。山门寺水库的水，无法流到会泽里来，眼看稻苗就要死去。救苗如救火，党支部就发动群众抢修渠道，副支书李金标带着几个社员跑遍了周围山头，凭着两只眼睛、两根竹棒，测定了渠道线路，然后党员、干部带头、分段包干，男女老少一齐出动，这样整整干了七天七夜，筑成了一条七华里长的，翻越了六个山坡的渠道，把山门寺水库的水引进来。从这个时候起，全大队将近八百亩土地解决了水利问题。接着大队党支部又同社员反复商量研究，订出了全大队的水利建设全面规划。通过挖山塘、修筑堰坝，来解决山沿田的抗旱问题。全大队大搞小型水利，各个生产队见凹就筑，见塘就挖，见漏就补，见水就拦。对于一部分高塌田实行机灌。通过这些措施，我们大队目前已建成一个比

1962 年浙江省农业先进单位和劳动模范会议文件

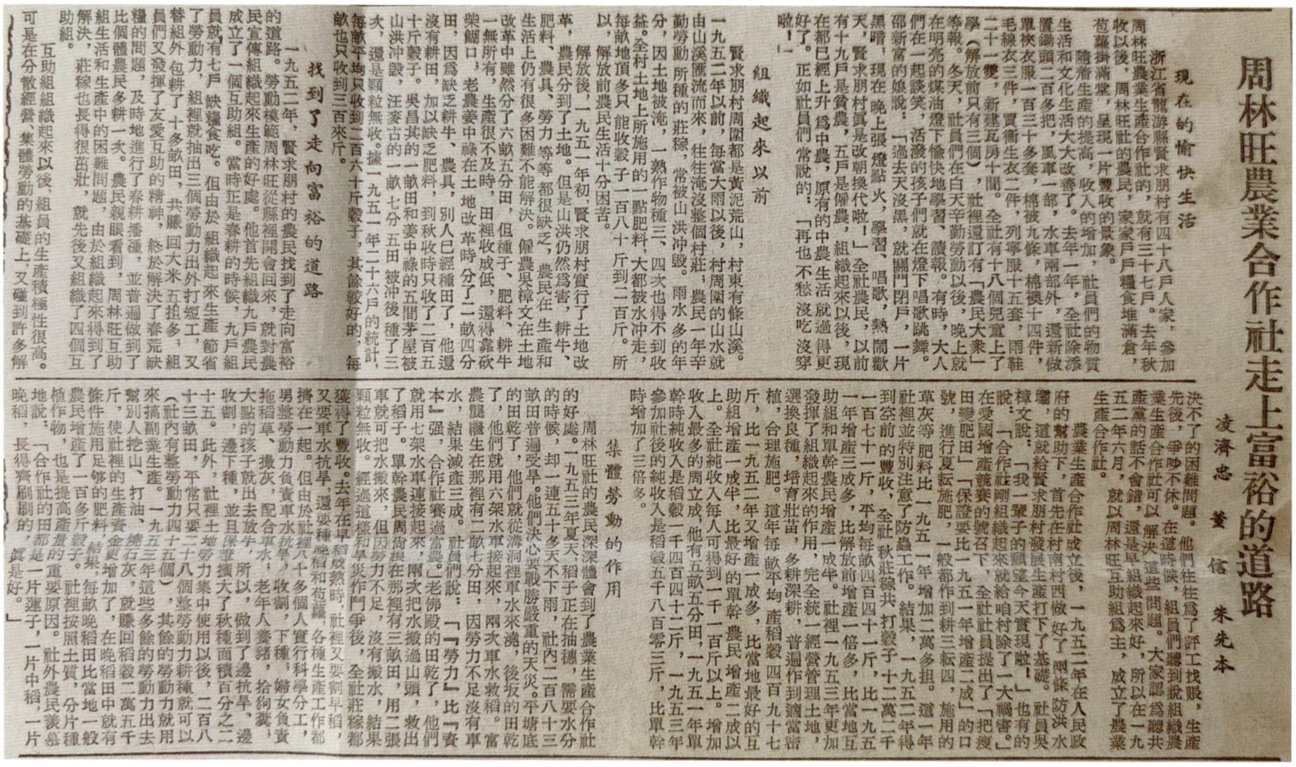

周林旺農業合作社走上富裕的道路

凌濟忠 董信 朱先本

現在的愉快生活

浙江省龍游縣賢求朋村有四十八戶人家，參加周林旺農業生產合作社的，就有三十七戶。去年秋收以後，周林旺社的農民，家家戶戶糧食堆滿倉，苞蘿掛滿堂，呈現一片豐收的景象。

隨着生產的提高，收入的增加，社員們的物質生活和文化生活大大改善了。去年一年，全社除添置鋤頭二百多把，風車一部，水車兩部外，還新做單袴衣服一百三十多套，棉被九條，棉襖十四件，毛線衣三件，買衛生衣二件，列寧服十五套，雨鞋二十一雙，新建瓦房十間。全社有十八個兒童上了學（解放前只有三個），社裡還訂有「農民大衆」等報。冬天，社員們在白天辛勤勞動以後，晚上就在明亮的煤油燈下愉快地學習、讀報。有時，大人們在一起談笑，活潑的孩子們就在燈下唱歌跳舞。邵新富的娘說：「過去天沒黑，就關門閉戶，一片黑暗，現在晚上張燈點火，學習、唱歌，熱鬧歡天，賢求朋村眞是改朝換代啦！」全社農民，以前有十九戶是貧農，五戶是僱農，組織起來以後，現在都已經上升爲中農，原有的中農生活就過得更好了。正如社員們常說的：「再也不愁沒吃沒穿啦！」

組織起來以前

賢求朋村周圍都是黃泥荒山，村東有條山溪。一九五二年以前，每當大雨以後，村周圍的山水就由山溪匯流而來，往往淹沒整個村莊；農民一年辛勤勞動所種的莊稼，常被山洪沖毀。雨水多的年分，因土地被淹，一熟作物種三、四次也得不到收益。全村土地上所施用的一點肥料，大都被水沖走，每畝地頂多只能收穀子一百八十斤到二百斤。所以，解放前農民生活十分困苦。

解放後，一九五一年初，賢求朋村實行了土地改革，農民分到了土地。但是山洪仍然爲害，耕牛、肥料、農具、勞力等等都很缺乏，農民在生產和生活上仍有很多困難不能解決。僱農吳樟文在土地改革中雖然分了六畝五分田，但種子、肥料、耕牛一無所有，生產很不及時，田裡收成低，還得靠砍柴餬口，老農姜中祿在土地改革時分了二畝四分田，因爲缺乏耕牛、農具，別人已經種田了，他還沒有耕田，加以缺乏肥料，到秋收時只收了二百五十斤穀子。吳昌其的一畝田和姜中祿的五間茅屋被山洪沖毀，汪麥古的一畝七分五田被沖後種了三次，還是顆粒無收。據一九五一年二十六戶的統計，每畝平均只收到二百六十斤穀子，其餘較好的，每畝也只收到三百來斤。

找到了走向富裕的道路

一九五二年，賢求朋村的農民找到了走向富裕的道路。勞動模範周林旺從縣裡開會回來，就對農民宣傳組織起來生產的好處。他首先組織九戶農民成立了一個互助組。當時正是春耕的時候，九戶組員就有七戶缺糧食吃。但由於組織起來生產節省了勞動力，組裡就抽出三個勞動力出外打短工，又替組外包耕了十多畝田，共賺回大米五担多；組員們又發揮了友愛互助的精神，終於解決了春荒缺糧的問題，及時地進行了春耕播種，並普遍做到了比個體農民多耕一次。農民親眼看到，周林旺互助組生活和生產中的困難問題，由於組織起來得到了解決，莊稼也長得很茁壯，就先後又組織了四個互助組。

互助組組織起來以後，組員的生產積極性很高。可是在分散經營、集體勞動的基礎上，又碰到許多解決不了的困難問題。他們往往爲了評工找賬，生產先後，爭吵不休。在這時候，組員們聽到說組織農業生產合作社可以解決這些問題。大家認爲聽共產黨的話不會錯，還是早組織起來好，所以在一九五二年六月，就以周林旺互助組爲主，成立了農業生產合作社。

農業生產合作社成立後，一九五二年在人民政府的幫助下，首先在村南村西做好了兩條防洪水壩，這就給賢求朋村發展生產打下了基礎。社員吳樟文說：「我一輩子的願望今天實現啦！」也有的說：「合作社剛組織起來，就給咱村除了一大禍害。」在愛國增產競賽的號召下，全社社員提出了「把瘦田變肥田」「保證要比一九五一年增產二成」的口號，進行夏耘施肥，一般都作到耕三耘四，施用的草灰等肥料比一九五一年增加二萬多担。這一年社裡並特別注意了防蟲工作。結果，一九五二年得到空前的豐收，全社秋莊稼共打穀子十二萬二千一百七十一斤，平均每畝四百四十一斤，比一九五一年增產三成多，比解放前增產一倍多，比當地互助組和單幹農民增產一成半。社裡一九五三年更加發揮了組織起來的作用，完全統一經營管理土地，選換良種，培育壯苗，多耕深耕，普遍作到適當密植，合理施肥。這年每畝平均產稻穀四百九十七斤，比一九五二年又增產一成多，比當地最好的互助組增產一成半，比最好的單幹農民增產二成以上。全社純收入每人可得到一千一百斤以上。增加收入最多的周立成，他有五畝五分田，一九五一年單幹時純收入是稻穀一千四百四十二斤，一九五三年參加社後的純收入是稻穀五千八百零三斤，比單幹時增加了三倍多。

集體勞動的作用

周林旺社的農民深深體會到了農業生產合作社的好處。一九五三年夏天，稻子正在抽穗，需要水分的時候，却一連五十多天不下雨，社內二百八十三畝田普遍受旱。他們決心要戰勝嚴重的天災。平塘底的田乾了，他們就從溝洞裡車水來澆，後坂的田乾了，他們就用六架水車接起來，兩次車水救稻。富農繼生在那裡有二畝七分田，因勞力不足沒有車水，結果減產三成。社員們說：「『勞力』比『資本』强，合作社賽過富農。」老佛殿的田乾了，他們就用七架水車連接起來，兩次把水搬過山頭，救出了稻子。單幹農民周倚根在那裡有三畝田，用二張車就可把水搬來，但因勞力不足，沒有搬水，結果顆粒無收。經過這樣和旱災作鬥爭後，全社莊稼都獲得了豐收。去年在早稻成熟時，社裡又要割早稻，又要車水抗旱，還要種晚稻和苞蘿，各種生產工作都擠在一起。但由於社裡八十多個人實行科學分工，男整勞動力負責車水抗旱，收割，下種；婦女負責拖稻草、撮灰，配合車水；老年人養豬，拾狗糞；大點的孩子就出去放牛，所以，做到了邊抗旱，邊收割，邊下種，並且保證擴大了秋種面積百分之二十五。此外，社裡土地勞力集中使用以後，二百八十三畝田，平常只要二十八個整勞動力耕種就可以（社內有整勞動力四十五個），其餘的勞動力就用來搞副業生產。一九五三年這些多餘的勞動力出去幫別人挖山、打油、燒石灰，就賺回稻穀二萬五千斤，使社裡的生產資金更增加了，在晚稻田中就有條件施用足够的肥料，結果每畝晚稻田比當地一般農民增產了一百多斤穀子。社裡按照土質，分片種植作物，也是提高產量的重要原因。社外農民羨慕地說：「合作社的田都是一片蓮子，一片中稻，一片晚稻，長得齊刷刷的，眞是好。」

1954 年 2 月 4 日《人民日报》刊载《周林旺农业合作社走上富裕的道路》

横山镇乡贤大会暨新春恳谈会代表合影（徐宁萍提供　2024 年摄）

序

值此“八八战略”实施 20 周年、龙游恢复县制 40 周年之际，欣闻由龙游乡贤蒋柳清院长（曾任东部战区军事法院院长）主编的《横山镇志》，历经两年的辛勤编纂后，即将正式出版，这是我县继《湖镇镇志》《沐尘畲族乡志》之后，又一部重要的乡镇志书，具有深远的历史意义和现实价值，值得庆贺！

横山镇地处浙江省衢州市龙游县北部，与金华市兰溪市诸葛镇、水亭畲族乡，杭州市建德市航头镇、大慈岩镇和县内的塔石镇、石佛乡相交，属“三市”交汇处，素有“建材强镇”“富硒宝地”“观荷胜地”之称。纵观横山的历史，千百年来因其独特的地理位置、便捷的交通运输、丰富的自然资源和开放包容的地域文化而逐日发展壮大。中华人民共和国成立后，特别是改革开放以来，在中共中央的正确领导下，横山人民自力更生、艰苦奋斗、开拓创新、锐意进取，工业、农业、林业持续发展，教育、文化、卫生事业稳步提升，镇容、镇貌、镇风面目一新，物质文明、精神文明、生态文明建设取得了丰硕成果。在我看来，横山从古至今的沧桑变化和自然、社会、政治、经济、文化等各方面的历史与现状，从某种意义上来说，就是龙游蒸蒸日上、精彩蝶变的一个缩影。

盛世修志，志载盛世。《横山镇志》客观、翔实地记述了横山各方面的变化和发展历程，体现了横山的历史特点和时代特色，是一部印证乡镇发展轨迹的地方志书。全书贯通古今、门类齐全、内容丰富、通俗易懂，既有历史记录、民风民俗，又有史话传说、现代故事，书中更不乏一些搜集而来的弥足珍贵的资料，为人们更全名地了解、研究横山乃至整个龙游的历史，更准确地把握县域发展规律，更好地增强文化自信、推动乡村振兴、推进共同富裕，提供了较为全面、系统的资料文献和启示，不愧为一部存史、资政、育人的地方文献佳作。

修志问道，以启未来。当前的龙游，正乘创新变革之势，朝着加快建设具有“龙之游”发展活力、“人之居”幸福图景的区域明珠城市这一总目标，深入实施“三大战略”，奋力打造“两城四区”，致力成为山区跨越式高质量发展、生态工业发展、文旅融合发展、青年发展的“四个展示窗口”。希望全县人民以志为鉴，与时俱进、实干争先、同心同德，用勤劳和智慧创造更加美好的未来，在勇当先行者、谱写新篇章的宏伟实践中奋力书写更多龙游的精彩篇章。

瀔水东流，清光万道。岑山西峙，翠色千重。山水清淑，毓为灵秀。感谢主编蒋柳清院长和其他编纂工作者的辛勤付出，感谢为此志提供资料的各界人士！

值此《横山镇志》即将付印之际，写了以上絮语，谨为序。

中共龙游县委书记 祝律东

2023 年 12 月 26 日

前言

家乡，挂在天边的一弯明月

经过两年多的努力，《横山镇志》终于可以付梓了。这是一件值得庆贺与自豪的事，犹如一块石头落了地，就等着开花结果了。

我于1964年10月18日（农历九月十三日）午时，出生在横山镇天池村新宅自然村（时称模环区志棠公社新宅大队）。40年前的今天（1983年11月5日），我离开家乡参军入伍，不久参加对越自卫反击作战，荣立过战功。从南京陆军学校毕业后，先后任过部队排长，南京军区保卫部干事、教导员、副处长、处长、副部长，浙江省绍兴军分区政治部主任、丽水军分区政治委员，南京军区军事法院院长，2019年从东部战区军事法院院长岗位上退休。在投入军营生活的几十年时间里，与众多远离家乡的游子一样，夜深人静的时候，会想起在家时种过的稻田，忆起砍过柴的山岭，还有那千年流淌的廻源溪水。确实，乡愁，是一种情感，贯穿于游子的血脉；乡愁，是一种思念，包容着对家乡的眷恋；乡愁，是一种挂念，装载着对亲人的思恋；乡愁，是一种记忆，珍藏着童年的故事。其实，家乡犹如挂在天边的一弯明月，照耀着身在异乡的游子，在人生的道路上不断奋进向前。

回顾自己走过的人生历程，我是从横山镇内出生、出发的，自然对横山有着深厚的感情，一种为横山镇做点什么的愿望油然而生。2021年11月，当时我正在给天池村编写《天池史话》，一天与时任横山镇党委书记张余伟聊天时，我说道，境内历史悠久、文化厚重、景色美丽，有必要编纂一部反映横山风貌的志书。张书记听后很是高兴，让我牵头组织。

编纂镇志的难点与重点在于资料的收集。受领任务后，我便着手收集有关横山镇，包括原志棠镇、下宅乡的资料，先是从网上购买了各年代、各版本的《龙游县志》《龙游年鉴》与龙游各专业志书，以及《重修浙江通志稿》（标点本）、《衢州市志》、民国《寿昌县志》和《建德县志》《兰溪县志》等，还购买了有关报纸杂志，从中查询涉及横山镇的资料；尔后通过龙游县政府网、龙游新闻网，收集有关横山镇的新闻资料；再次让蒋柳春（吾弟）到县档案馆查阅收集有关横山镇的历史资料。编纂之初，正值新冠疫情暴发，我利用这宝贵时间，阅读了所有收集到的资料，编写了镇志提纲，提出了编纂设想与打算。后来，我赴横山将镇志提纲交予镇政府。2022年8月22日，我参加由镇张余伟书记组织的首次《横山镇志》编纂工作会议，在会上介绍了镇志编纂构想以及需要各部门、各村帮助提供资料等。2022年10月，完成《横山镇志》（初稿），印发镇领导与有关部门，并送县档案馆请吴永健老师指导修正。2023年6月，吴永健老师反馈初审意见，我按意见对镇志作了调整，充实相关材料。同时，于7月13日、7月24日、8月31日—9月1日赴县档案馆，查阅核对有关史料。在此基础上，对镇志进行补充与完善，于9月13日形成《横山镇志》（征求意见稿），9月21日出席由刘静镇长组织的编纂委员会部分委员、资料征集人员、有关单位相关人员参加的《横山镇志》统稿会，我就修改完善镇志作了强调。其后，编纂委员会将征求意见稿分发给曾经在横山镇，包括志棠镇、下宅乡工作过的主要领导征求意见，10月下旬，根据各位老领导与各村反馈的意见，对镇志作了补充修改，形成《横山镇志》（送审稿）。

编纂过程中，我时时被家乡厚实的历史沉淀、多彩的文化底蕴、美丽的时代景色所感动，自觉主动地、心无旁骛地投入编纂之中。《横山镇志》之所以能在两年时间内完成，主要有赖各方支持。

党委政府的高度重视。横山镇党委、政府对镇志编纂工作十分关心、十分支持，2022 年 8 月以横委〔2022〕80 号文件印发《横山镇志编纂工作实施方案》，明确总体要求、编纂原则、目标任务、时间节点等工作要求，镇党委原书记张余伟、原镇长刘静亲自担任镇志编委会主任、副主任，多次过问编纂工作进展，主动协调相关事宜。新任书记叶锋、镇长傅俊杰到任后，专题听取汇报，强调通过全镇上下积极努力，编出一部具有权威性、综合性和科学性的地方志书。龙游县委祝建东书记亲自作序，对镇志给予肯定与评价。

有关部门的鼎力支持。编纂中，县、镇有关部门给予有力的指导与帮助。县档案馆雷伟斌局长协调吴永健老师审查初稿，为形成高质量的镇志提供宝贵意见；张跃进科长克服困难，不厌其烦提供方便。县退役军人事务局提供境内参战人员、立三等功以上人员名单，县民政局提供境内 90 周岁以上高龄老人信息，县人民武装部提供《龙游军事志》与境内基层武装工作情况，县公安局协调横山派出所提供相关资料，横山镇人武部提供部队工作的乡贤名单等。

有识之士的无私相助。编纂中，许多有识之士关心关爱《横山镇志》。原县委办主任严士平提供县三旧志，县机关党委副书记黄海军帮助查找有关组织、粮食、农业等方面的史料，原横山镇组织委员杨豪提供有关横山镇史料。尤为可贵的是，曾在横山、志棠、下宅乡（镇）工作过的老领导方樟林、洪一舟、郑国华、余继民、胡益峰、吴军杰、汪益平、方永宏和文化员徐豪，以及乡贤李小年、李永琪、黄志成、邵伟华、王文生、柳玉萍等提供宝贵意见，为镇志添色不少。

征集人员的协同配合。编纂中，各村资料征集人员在村委会的领导下，迎难而上，想方设法收集本村资料，重点做好历届村干部任职梳理，提供本村典型事例与美景图片；横山幼共体、教工体、横山中学和中心卫生院立足自身，主动收集，提供行业资料。副主编诸葛青、何晨起到总联络员作用，上下协调、不辞辛劳，为编纂工作付出了辛勤努力。

可以说，《横山镇志》凝聚了众人的力量，是集体智慧的结晶。由于时间紧、人手少、资料不足等原因，更由于学养有限，书中缺憾与讹漏在所难免，敬祈学界专家与广大读者补偏救弊。

在主编《横山镇志》的过程中，也发现各古籍、志书中有漏误之处，凡有明确资料的及时进行了更正，对一时难以搞清的，也将疑问提出来，如《张家、上叶村与珏塘、梅岭村划属时间考辨》等，敬请方家指正。

又及，2024 年 2 月 12 日，镇党委在镇会议室组织召开乡贤大会。会上，印发《横山镇志》征求（乡贤）意见稿，党委书记叶锋、镇长傅俊杰向与会乡贤介绍镇志编撰概况，请各位乡贤提出意见建议。会后，胡树根、余有清、范柏根、钱竹清、吴建军等乡贤提出富贵意见，并提供各自了解掌握的资料；张旭东乡贤从专业的角度提出建设性意见。我于 2 月 26 日、4 月 1 日再次赴县档案馆，对相关史料进行核对补充。其间获悉，3 月 15 日，泰宇建筑工程技术咨询有限公司在浙江省政府采购网发布《横山镇志》出版服务采购项目竞争性磋商公告，3 月 26 日上海社会科学院出版社中标，负责本书的出版。值此镇志即将出版之际，给各位乡贤致以谢忱！并再次向所有关心、帮助和支持本志编纂、出版的单位和个人表示衷心的感谢！

写于 2023 年 11 月 5 日
改于 2024 年 4 月 10 日

凡　例

一、本志坚持辩证唯物主义和历史唯物主义的立场、观点和方法，以马克思列宁主义、毛泽东思想、邓小平理论、“三个代表”重要思想、科学发展观、习近平新时代中国特色社会主义思想为指导，记述龙游县横山镇自然环境、经济、政治、人文、社会、民生等方面的历史和现状，以发挥记载历史、传承文明、服务社会的作用。

二、本志以横山镇境域为记述范围，记事上限依据掌握的资料，追溯事件发端，下限截止于2022年年末，为保持记述连续性和完整性，部分延至2023年9月，个别延至2024年3月。为体现横不缺主项、纵不断主线，原志棠镇、下宅乡的内容尽可能收入，有关数据、事件保持原貌。

三、本志采用述、记、志、传、录、表、图等体裁。述用于概述和提要，记即大事记，志叙事，传载人，录用于辑录诗文，表用于统计、罗列，图也包括照片。

四、本志采用类目体，大事记排在各卷之首，设政区、地理 资源、居民、风俗 宗教、基础设施、农业、林业、工贸、财税 金融 市场监管、政治、政务、农村纪事、文化、文物古迹、教育、卫生 体育、人物、诗文选、公牍选、丛录共二十章，力求内容完整、全面。

五、本志基木结构由章、节、日、条四个层次（四级标题）构成。“章”（一级标题），是构成全志的基本单位，具备内容的相对完整性和结构的相对独立性。出于体例架构需要，设“节”（二级标题）和“目”（三级标题），有利于记述内容的层次划分和分级归属。“条”即条目（四级标题），是记述的主体，追求内容的单一性和要素的完整性。需要说明的是，个别四级标题下的小目以另外一种字体记述。章以“第一章”“第二章”……标序，“节”以“第一节”“第二节”……标序，“目”以中文数字“一”“二”……标序。

六、人物立传遵循“生不立传”原则。所立人物以本籍的、正面的、近现代的为主，述其为人，记其功绩，以彰往昭来。也有奸宄人物，陈其任职，用作历史资料。不宜出现的，以“＊”代替。

七、记述清代和清代以前的人与事用历史纪年，并括注公元纪年；民国期间除大事记中采用公元纪年并括注民国纪年外，其余原则上皆直接采用公元纪年；中华人民共和国成立以来均使用公元纪年。历史纪年用汉字书写，公元纪年用阿拉伯数字书写，世纪和年代也用阿拉伯数字书写。数值之间用“~”连接；时间起止用“—”连接。旧籍资料，经简化字和标点符号规范化处理后入志，旧籍中的数字保留汉字书写。

八、对于省属、市属、县属单位名称的记述，除必要外，一般均分别省去“浙江”“衢州”“龙游”。

九、本志行文中的“复县”从1983年12月5日中共龙游县委、县人民政府机关正式办公算起，“复县前”“复县后”即以此为界。

十、三部旧县志（明万历壬子年《龙游县志》、清康熙癸丑年《龙游县志》、民国十四年《龙游县志》），简称万历志、康熙志、民国志；1991年出版的《龙游县志》、2017年出版的《龙游县志》、1990年出版的《浙江省龙游县地名志》、2017年出版的《龙游县地名志》，简称为1991版县志、2017版县志、1990版地名志、2017版地名志。凡志中提及的乡镇，仍用当时的乡镇名。

十一、注释采用随文括注，注文采用比正文小一号的不同字体，必要时加“编者注”。旧籍中的双行夹注改为单行，采用比正文小一号的楷体，但不加括号。楷体中的“按”均指“民国志按”。现代文选及公文中的原文括注，也采用比正文小一号的不同字体。

十二、旧地名括注今名，文中的“村”凡未注明，均为行政村，有时也因需要而写成“某行政村”“某自然村”。因1981年前境内曾有两个“腰塘边”行政村，一个是现已并入贤求朋村的腰塘边（1981年更名为腰塘村）自然村，另一个是现腰塘边行政村，需读者结合上下文判读，对难以判读的，现腰塘村自然村加括注贤求朋。

十三、编纂中注重地图、表格和随文照片的使用。表格简化记叙，便于读者阅读，以提高志书的整体性与内容的全面性；地图和照片一目了然，利于提高读者感性认知，也提高志书的直观性。涉及地貌及建筑物的“海拔高度”或“高程”均指黄海高程。为反映时代，表格中的计量单位如“斤、两、钱，里、丈、尺、分”等单位不作统一，依文照录。凡未注明币种的，均为人民币。

十四、图、照一般注明拍摄者、时间、地点或出处；只注明照片名称无其他注释，均来自龙游县人民政府网。各村党群服务中心、文化礼堂与文化景墙，择其一入彩图。

十五、人员任职时间“—”线后未有明确时间的，表明其仍任现职。

十六、大事记中一般记录获得国家级荣誉（特殊的除外）的，获得省（包括部门）、市、县级荣誉的则记录在人物与丛录。

十七、附录的文稿随事即附，一般说明其事的重要或产生的效果。

十八、鉴于横山镇系原横山镇、志棠镇、下宅乡合并而来，为体现历史，反映时代的发展与变化、变迁，凡原横山镇、志棠镇、下宅乡统计的数据资料，分别入志，不作汇总处理。

十九、本志资料主要源于各种档案、县志、年鉴、部门志、家谱、报刊、专著及实地调查等，并经考证鉴别，文中非必要，不再一一注明出处。统计数据以统计部门提供的为准，统计部门阙如的，采用主管部门提供的数据或镇内数据。因统计口径差异，个别数据有所出入。

二十、本志保留若干同一事物交叉互见的文字，但记述的角度和侧重面各不相同，非简单的内容重复。

目　　录

概　述

一

横山镇位于浙江省衢州市龙游县北部。东邻金华市兰溪市诸葛镇、水亭畲族乡，南接模环乡，西南与塔石镇相邻，西交石佛乡，西北、北、东北与杭州市建德市航头镇、大慈岩镇为邻。镇人民政府距龙游县城18公里。镇域土地面积88平方公里，辖20个行政村，142个自然村。

境内乡级建制始于唐贞观八年(634)所设的宣教乡，后经多次变动，最多时曾有10多个乡级建制。清末，境域属宣教乡24都2、3图，25都1、3、7图，36都1~4图、37都1~5图和38都1、2图。民国末，境域属塔下乡1~13保、新王乡7~12保、塔石乡1保、后徐乡1~3与6~10保、模环乡12保。解放后，乡级建制变动多次。现横山镇行政建制始于1990年12月，由横山乡撤乡建镇而来，1992年5月下宅乡并入，2005年12月与志棠镇合并称横山镇，镇名延续至今。

境域处于江山—绍兴深断裂两侧，以深断裂为界属准地台性质，为江南古陆一部分。经历晋宁、加里东等构造运动，其构造线以北东走向为主。地层为江南地层区，属侵蚀剥蚀构造地貌，地形为丘陵与半山区。山地为千里岗余脉，与建德市交界，呈北东走向，有乌龟岗、乌石山、白岭、天池山诸峰，从后徐至龙门桥至志棠一线，多石灰岩、白云岩等沉积岩，形成与建德市分水岭。境内溪流均发源于山脉之中，有志棠溪、模环溪、廻源溪、塔石溪、清潭水、梅岭水等溪流，为雨源型山溪，河床比降大，水位易涨易落，枯洪变化悬殊。境内属亚热带湿润气候区，四季分明，气候温和，全年无霜期长，有时会出现寒潮、冰雹、台风，以及因雨量季节性分配不均而导致的连绵阴雨、洪灾或干旱等自然灾害。年平均降水量1529.2毫米，年平均气温16.7℃。

境内土壤有岩性土类、水稻土类与富硒土壤，采集汇水盆地上游马鞍山一带土壤母岩、母质样品表明，此地各类岩性中以寒武系黑色岩系荷塘组石煤层含硒最高，达到37.4毫克/公斤。2021年8月，中国地质学会公布首批天然富硒土地名单，境域志棠村—腰塘边村23.8公顷土地入选。境内绿色富硒土地20.6公顷，无公害富硒土地51.6公顷，硒平均含量或农作物富硒比例为0.67毫克/公斤的地块符合中国地质调查局地质调查技术标准《天然富硒土地划定与标识(DD 2019-10)》规定，为全国“富硒土壤”代表。境内土壤适宜耕作，红黄壤低丘岗地资源丰富，20世纪60、70年代农业学大寨运动中，曾掀起开发低丘红黄壤(黄土丘陵)造田造地高潮，时会泽里大队通过土壤改良，粮食亩产由1957年的195.5公斤上升到1962年353公斤，得到中央华东局肯定。1964年，大队党支部书记廖永根出席华东农业生产经验交流会，1965年8月21日《人民日报》头版头条刊发《衢县大面积改造低产田大面积增产》，其中“水利先行，肥料紧跟，相应改制，精耕细作，推广良种，绿化保土”为该大队经验。

境内现有耕地面积52162亩，山林面积55176亩，其中粮食功能区内耕地面积34599.6亩，通过土地整理、复垦、低丘缓坡资源开发、创建“三无”（无违法批地、无违法用地、无违法管地）乡镇、“两非”（非粮化、非农化）整治，基本农田得到有效保护。民间向来重视植树，政府倡导植树造林。2005年，境内有国家重点保护的古树名木79株，其中：一级19株、二级21株、三级39株（一级树龄为500年以上、二级树龄为300年以上、三级树龄为100年以上）。1984年5月，杨垄水库和志棠乡党委书记金土林因封山育林成绩显著，被评为全国水土保持先进单位、先进工作者。境内野生动植物种类较多，涵盖各科各种。从山坞或山腰、山脚溢出的山泉水，是优质的饮用水资源。境内矿藏资源丰富，明代或更早已开采石灰石煅烧石灰。乾隆、嘉庆年间，下宅白象山脚、蓦然、沿口蓬等地开矿挖煤；同治、光绪年间，有江山客民来此开采；光绪二十二年（1896），县令颁发开矿办法通禀；20世纪30年代，采掘炼焦用煤；1959年有宁波人曾到贤求朋村打立井3口采掘焦煤；1970年“夺煤大会战”时，横山、下宅公社先后创建小煤矿；1976年志棠公社煤矿创建，1984年志棠石煤矿作为急倾斜中厚块状石煤层仓储采煤法试验矿，参与浙江省煤炭研究所综合研究石煤开采方法，获省科技成果四等奖；20世纪90年代初，后邵、凌阁张等地建村办煤矿，横山建有私营煤矿等。

二

有可靠文字记载，最早来境域生活的是隋大业年间（605—618）从余岗迁入庙高的吴姓和迁入童岗的姜姓，由此推断，余岗更早就有居民生活。2022年底，境内有12507户，总人口30761人，涉及张、叶、杜、周、徐、施、朱、章、王、项、童、余、蓝等47姓。以汉族为主，另有畲族、蒙古族、苗族、壮族、回族、彝族、布依族、侗族、白族、土家族、傣族、拉祜族、水族、土族14个少数民族共735人，其中畲族683人（2014年数据）。余岗村、项家村为少数民族村（畲族），主姓蓝、钟。因地处龙游县北，居民素有北乡人性格，又因与金杭衢交界，有海纳百川之性情，勤奋节俭、知恩图报、热情豪爽、长幼有序、尊师重教之风一直流传。重时令节日和礼仪，习俗形式多样，有着对美好生活的向往和追求，在1400余年的历史中，先民们勤劳奋斗。自2005年12月新的横山镇成立以来，全镇农村居民年人均纯收入从2006年的4858元提升至2022年的31679元。

早在唐代，就有从京城经杭州至福州的驿道过境。宋室南渡后，境内为浙西战略要地，当时临安至衢州，陆路由梅岭关入界后，经乌石寺脚后直趋衢州，有青砖铺成的“人”字形道路。解放后，境内各项基础设施建设不断加强。特别是复县以来，无论是交通、电力还是邮政、通信以及集镇、农村等基础设施建设，都发生了翻天覆地的变化。320国道、351国道、杭新景高速公路、316省道过境，有县乡公路4条，总长40千米，村村通水泥公路。正在施工的杭衢高铁将于2025年开通，从而结束境内无铁路的历史。

境内高度重视农业命脉——水利设施建设。经过多年努力，先后建成小（一）型水库3座，小（二）型水库13座，蓄水量1580.93立方米。这批水利工程，与农业机械一起向发展经济、保障生活、生态建设等层面不断推进。新的横山镇设立以来，镇政府加大集镇建设综合整治力度，通过道路改造、环境整治、园林绿化、小区建设，逐步形成长效维护机制，小城镇环境综合整治做法被《浙江新闻联播》报道。

境域以农业粮食种植、畜禽养殖为主。民国志载:“北乡,则以米为出产大宗矣,岁所输出约十万袋(每袋280斤)。”作为北乡重要乡镇,凭借丰厚资源,境域不断探索以农业经济增加农民收入路径。1952年,以贤求朋村周林旺互助组为基础,试办县第一个农业生产合作社——周林旺农业合作社,吸收35户160人,水田264.3亩,旱地33.35亩。1953年12月11日《解放日报》以“组织起来力量大,战胜灾害获得丰收”为题,介绍合作社比1952年多收1.3万余斤稻谷的事迹。1954年2月4日《人民日报》刊发《周林旺农业生产合作社走上富裕的道路》。1956年6月下宅乡成立新生活高级农业合作社,21个自然村合为一乡一社,成为县典型社。家庭联产承包责任制实行后,农民的生产积极性得到极大发挥,粮食产量逐年提升。进入21世纪以来,境域不断拓展特色经济经营思路,形成下宅片高效种植产业区块,发展金丝草、红花菜、花卉苗木、柑橘等特色种植业;形成会泽里片高效畜禽养殖区块,发展生猪、鸭、鸡等养殖业;形成八石坂(也称八石畈)片高效水产养殖区块,发展鱼、虾、珍珠等高效渔业。通过组建土鸡、金丝草、红花菜行业协会,注册产品商标,制定地方标准等措施,带动其他特色种养殖业规模发展。

横山镇素有“建材强镇”之称。工业主要以建材为主导,20世纪70年代,公社、生产队建有小规模砖瓦厂、农机修造厂、丝绸厂、粮油加工厂。80年代后,社队工业、乡镇工业蓬勃发展,至1994年,志棠水泥厂年产水泥28万吨,下宅水泥厂年产水泥20万吨。进入21世纪后,民营工业企业数量逐步增加,规模不断扩大,以青龙山水泥有限公司为代表的一批省级龙头、科技示范和专利示范企业入驻境内,为带动周边农户脱贫增收,实现共同致富添砖加瓦。

境内有“十里荷飘香,富硒养生地”之美誉,亦有“富硒宝地”“观荷胜地”之称。白莲为传统产业,种植历史800多年,1992年获首届浙江食品博览会银奖;2002年获浙江省农业博览会优质农产品金奖,被省质量技术监督局评为“无公害农产品”,建成以天池村、志棠村为核心区块的省级白莲生态示范基地。2005年,经浙江省地质调查院调查发现境内处于富硒地带,富硒土地面积33.46平方千米,富硒产业开发面积666.67公顷,基地被省旅游局列为“省级农业生态旅游观光示范点”。自2011年始,在天池村荷花核心区举办荷花节,至2022年已举办10届。

三

横山镇为县北门户,地理位置十分重要。明、清时期,曾置有营寨,配备乡兵巡守。1928年,中共龙游北区区委在此开展秘密活动。1933年,境内有37名农家子弟参加以郑秾为代表的红军第十三军第二师,曾计划举行武装起义,因叛徒出卖,暴动失败。1942年,会泽里村作为中共衢属特委办公地,特委书记张贵卿曾隐蔽在此。

境内历史人文底蕴深厚,据记载进士出身1人、进士11人、解元1人、举人4人、岁贡8人。宋代以后,各种学术性、艺术性与忠勇兼备、敢于献身的代表人物表现突出,如民间医学家张文介,文学家叶良相、龚承荐等,清代虎贲左卫参军李正光,在敌军破城后阖家自尽。现代代表人物,继承和发扬严正为人和认真治学的传统,以加拿大工程院院士、浙江工业大学原校长李小年,电子科技大学党委副书记、校长胡俊为代表的一批活跃于各自专业领域的横山籍寓外人士,多有不凡的表现和成就。在长期的革命斗争中,境内先后有8人英勇牺牲,被追认为革命烈士;有100余人先后参加抗美援朝、炮击金门、抗美援越、对越自卫反击战等战斗,32人次立功。

境内明清古迹众多,有绍衣堂、横山塔、关西世家、三槐堂等全国重点文物保护单位3处6

点,省级文物保护单位8处21点,县级文物保护单位28处、保护点13处,入县历史建筑名录44处。境内文化事业有据可查的可追溯至明清时,众多古建筑、近现代史迹与山川河流、乡村景色相辉映,与名人轶事、民间传说、历史典故相联系。境内稻草龙、婺剧、莲子酒酿造技艺已被列入浙江省非物质文化遗产保护项目,銮驾、太公毽、祭谱等被列入市县非物质文化遗产保护项目,涌现了王海清、王允文、王允军省级非物质文化遗产项目传承人和一批省农村文化示范户,天池村、志棠村分别被评为省级历史文化名村、浙江省文化示范村。

全境层峦叠翠,空气清新,山泉潺潺,民风淳朴,有岳飞题写"精忠幽岩"的千年古刹乌石寺,有林密涧深、植被原始的龙北最高峰天池山,有集休闲旅游于一体的天池荷花景区。20世纪80年代开始,境内发展旅游业,注重内涵挖掘和品牌定位,形成一批兼具文化意义和市场价值景点景观。目前,境内有旅游资源单体150个,其中:一级资源95个,二级资源32个,三级资源15个,四级资源6个,五级资源2个。名山、古祠寺与古街古村落,自然历史与人文景观融于一体,吸引众多游客观光与体验。天池村被评为中国乡村旅游模范村,天池荷花景区为国家AAA级旅游区。

中华人民共和国成立后,境内先后完成新旧社会制度更替,建立新的政治、经济体制和社会生产关系。新的乡政府成立后,开展镇压反革命、土地改革、社会主义改造、合作化运动。在国民经济调整期间,贯彻"调整、巩固、充实、提高"方针,艰苦奋斗,共渡难关。"文化大革命"时期,境内工农业生产、各项社会事业和人民生活遭到极大破坏,但广大党员、干部和人民群众坚持抓农业生产不动摇,农田水利基本建设、低丘红黄壤开发等仍取得较大成就。1969年7月10日《人民日报》以"回队任教,余缺调剂,就地落实,合理安排"为题,介绍横山公社公办小学下放大队做法。中共十一届三中全会以来,境域教育、卫生、文化、公共事业不断发展,1999年、2003年原志棠镇、原横山镇分别被评为"浙江省教育强镇"。乡、村两级医疗卫生网络完善,群众性文化活动广泛开展,居民安居乐业,人民群众的精神面貌焕然一新。

2005年12月,新的横山镇成立以来,党委"一班人"继承先辈优良传统,不忘初心牢记使命,着力加强自身建设。2010年11月镇党委颁行的《党员实事评议和实事不作为告诫制度》,被评为全国第一届基层组织党建创新优秀案例。2007年,围绕创建"龙北重镇、三界名镇"目标,统筹协调各领域协调发展;2009年围绕"科学发展创新业,齐心协力建名镇"主题,朝着"打造富硒宝地、培育建材之乡、建设美丽家园、构筑和谐横山"目标奋进;2010年,围绕"创先进、促发展、保稳定"主线,团结协作,恪尽职守,开拓创新;2011年提出致力"打造富硒宝地、培育特色产业、建设美丽乡村、构建和谐横山"目标,着力加强"四区"(工业转型探索区、美丽乡村示范区、集镇品位提升区、诚信宽容和谐区)建设;2017年,镇以加快建设龙北门户"大花园"为主线,大力实施"生态立镇、产业强镇、创新兴镇"战略;2020年起,努力把建设"实力新横山、活力富横山、生态优横山、幸福美横山"的美好蓝图变为现实,争当建设共同富裕示范区的龙北排头兵。2024年,全镇上下围绕建设龙北中心镇目标,坚持特色发展战略,以"美丽乡村"建设为抓手,以基础设施建设、环境卫生整治、污水治理、节点绿化为重点,加快乡村振兴步伐。2013年12月被评为"浙江省体育强镇",2017年被评为"浙江省美丽乡村示范乡镇",2018年被浙江省委、省人民政府评为"全省剿灭劣V类水工作突出贡献集体"。

尽管新横山镇建镇时间不长,但先民们创造的悠久历史,成就了横山的山清水秀、物产丰饶、民风淳朴、文化厚重。横山镇人民在中共龙游县委、县人民政府和中共横山镇委员会、镇人民政府的坚强领导下,深入贯彻落实习近平新时代中国特色社会主义思想,紧盯目标任务,乘势而上、接续奋斗,奋力谱写乡村振兴新的篇章。

横山镇 2006—2022 年工农业生产总值及有关数据情况表

年份（年）	行政村（个）	面积（平方公里）	人口（人）	工农业总产值（亿元）	其中：工业总产值（亿元）	其中：农业总产值（亿元）	财政收入（万元）	农民人均收入（元）
2006	39	89.3	32302	7.3	5.9	1.4	605.5	4858
2007	39	89.2	32178	8.5	7.1	1.3	1099.8	5450
2008	20	88.0	31085	9.0	7.2	1.8	1218.6	5791
2009	20	88.0	32033	9.4	7.2	2.2	1423.0	6194
2010	20	88.0	31911	超 10.0	8.4	—	—	—
2011	20	89.2	31923	12.5	9.7	2.9	1735.2	7436
2012	20	89.2	32001	10.1	8.0	2.0	1309.2	8254
2013	20	89.3	32076	12.2	9.3	3.0	788.0	11278
2014	20	89.3	31938	13.1	10.0	3.1	1890.0	15414
2015	20	89.3	31980	11.4	8.3	3.1	846.1	16969
2016	20	88.0	32051	10.8	7.5	3.3	1195.8	—
2017	20	88.0	31846	11.4	8.1	3.3	1189.9	20004
2018	20	88.0	31696	22.2	8.8	13.4	2885.6	—
2019	20	88.0	31480	20.0	10.4	9.7	1936.7	24665
2020	20	88.0	30899	22.2	6.7	—	7857.0	26491
2021	20	88.0	30411	—	7.7	—	5781.8	29802
2022	20	88.0	30761	—	8.4	—	4431.2	31679

“衢州有礼，荷美横山”（载于《明珠龙游》）

大 事 记

一、秦 至 清

秦·始皇二十六年(前221)

行郡县制,置大末县,境域属之(东汉始,“大末”写成“太末”)。

三国·吴黄武四年(225)

析富春县置新昌县(县城今建德市大同镇古城山村),晋太康元年(280)改名寿昌县,境域成为与之接壤的县域北界。

隋·大业年间(605—618)

有文字记载,姜姓、吴姓由余岗迁徙至童岗、庙高(说明余岗有居民生活的时间更早)。

唐·贞观三年(629)

脉元村龚宸登进士(系今浙江省境内最早4位进士之一)。

唐·贞观八年(634)

龙丘县置,分设11个乡。其中宣教乡,治所蛮王里,现境域属之。

唐·咸亨五年(674)

八月,析婺州金华县西部三河戍地建兰溪县,境域成为与之接壤的县域东北部。

唐·太和元年(827)

乌石山建招庆寺,梵阁廊庑广4余亩,竹林环刹7余亩。

唐·光启三年(887)

十一月十九,唐僖宗颁《特征隐士翁洮制》。翁洮,寿昌人,官授礼部主客司员外郎兼殿中侍御史,当时所居珏堂为域地。工于诗,今存《全唐诗》13首,创立青山书院。

唐·天佑二年(905)

唐台山建台山寺。

吴越·宝正六年(931)

改龙丘县为龙游县。

北宋·建隆元年(960)

县下设乡,乡下有里。宣教乡有千秋、新兴、双岩、移风、韬光、金堂6个里,现境域属之。

北宋·元丰二年(1079)

十月初七,赵抃写《己未岁十月七日登唐台山偶成》。

南宋·绍兴二年(1132)

岳飞首次到乌石山,作《招庆寺送张紫岩北伐》。

南宋·绍兴三年(1133)

十月初三,岳飞留宿乌石寺,并在木桌上题词。

南宋·绍兴二十五年(1155)

周必大作《乌石山题辞》,曰:"山如削铁,悬瀑千仞。"

南宋·淳熙十一年(1184)

赵介为乌石寺撰《度僧记》,县人余端礼(曾任南宋丞相)书。

南宋·宁宗朝(1194—1224)

鹫岩庵堂始行八月十三,祀千手观音。

南宋·咸淳十年(1274)

庐江僧人良亮募化建寺,名"实际禅院"(今永丰寺)。

元·至正十六年(1356)

项家村项氏民居建成。

元·末(1368年前)

高山村建高冈起凤厅(又名敦睦堂)。清康熙年间(1662—1722)重建。

明·洪武年间(1368—1398)

东坞村绍衣堂建成(又名张氏宗祠)。

明·洪武十四年(1381)

诏天下编赋役黄册,以110户为一里(在城曰坊,近城曰厢),里编为册,一册首总作一图。至是乡虽沿用,实为都图制。

明·宣德四年(1429)

志棠村卸厅雍睦堂建成。

明·正统年间(1436—1449)

境内置梅岭寨。

明·嘉靖八年(1530)

志棠村后邵始建东陵候厅(又名三和堂),万历年间(1573—1620)建成。

明·嘉靖十三年(1534)

横山张氏族人集资建造横山塔,嘉靖二十年(1541)竣工。

明·嘉靖二十年(1541)

横山张氏族人张文愚在殿试时中榜,御赐进士出身(第二甲)。

明·嘉靖年间(1522—1566)

后徐村鲤鱼厅照壁建成。

明·隆庆年间(1567—1572)

杨家村关西世家厅前厅建成。

明·万历年间(1573—1620)

龚承志任南京兵部、吏部员外郎。

塔下叶刹下塔建成。

明·万历元年(1573)

八月二十八,杨家村由杨富五为首建关西世家后厅并修建戏台。其前厅为太祖仁九公(1373—1438)朝奉子孙原造(始建年代不详)。

明·万历五年(1577)

孟春初八,新宅村王公墓建成。

仲秋,新宅双眼井建成。

明·万历十二年(1584)

七月,杨家村刻立关西世家厅禁条碑。

明·万历十四年(1586)

上下朱村始建朱氏宗祠。

明·万历三十三年(1605)**前后**

三槐堂上、中、下三厅建成。

明·万历四十六年(1618)

儒大门下三槐堂修建戏台。

清·顺治十七年(1660)

高山村张广益取解元功名。

清·康熙年间(1662—1722)

贡生张廷升在高山村张氏大厅内创办惇睦义塾。

清·乾隆三十七年(1772)

蓦然(脉元别称)、沿口蓬等地被私行开矿挖煤,绅民请禁,县颁布禁令后刻碑以记。

清·乾隆四十二年(1777)

建于明初的脉元村双岩桥重修。

清·嘉庆二十四年(1819)

蓦然、沿口蓬等地再次被私行开矿挖煤,绅民请禁,县颁布禁令后刻碑以记。

清·道光年间(1821—1850)

脉元村祝家厅建成。

清·咸丰三年(1853)

脉元村龚氏民居建成。

清·同治十二年(1873)

有江山客民吴锡麟、安徽监生刘鼎臣等,先后购买白象山脚一带民田,于同治十二年在璩塘陇地私行开采挖煤。其时聚集之人过多,五方杂处良莠不齐,辄因口角微嫌,几至酿成巨案。

清·光绪二年(1876)

经绅民项栋材、刘日良、童树勋、童如意等各以庐墓攸关,呈请照旧封禁煤矿。

清·光绪二十二年(1896)

二月初七,知县张炤亲勘璩塘陇煤矿;三月初三,浙江省委员裯鉴光与张炤会勘北乡煤矿;五月初九,张炤拟订《开矿办法通禀》,意为"就地纠股开采,利权不致旁落"。

清·光绪二十三年(1897)

六月,横山塔顶被大风吹坠。

清·光绪二十五年(1899)

邵源坞瀫北名家厅(又名三异堂)建成。

清·光绪三十年(1904)

六月初三,廻源山洪暴发,沿溪人畜漂没甚多。

清·宣统三年(1911)

依城镇乡自治章程,废乡都图制。县下设区,区下为庄,以原一图为一庄。时石佛区、塔石头区、蛮王区、塔下叶区、新王区涉现境域。区设自治公所。

二、中华民国

1912年(民国元年)

改庄为乡;改学堂为学校。

1913年(民国二年)

在惇睦义塾原址(现横山村高山)创办"惇睦初等小学校"。

1914年(民国三年)

杨家杨氏宗祠族长请人刻杨令公(北宋名将杨业)銮驾,户户捐银,2个刻师历时半年完工,共64件,现存57件。

1915年(民国四年)

提倡国民义务教育(4年制),惇睦初等小学校改名为"惇睦国民学校"。

1920年(民国九年)

2月,改革私塾教育(三姑殿曾办有私塾),反对读经,提倡白话文。

1921年(民国十年)

横山设天主教公所。

余华作《廻源十景诗》。

1923年(民国十二年)

志棠花厅创办志棠小学,学生30余人。

惇睦国民学校改名为"高岗初级小学"。

1927年(民国十六年)

1月27日,北伐龙游战役打响。北伐军以第2军为左路主攻寿昌、志棠、诸葛一带。

春,县农运指导员、中共党员林以盛到横山等地向农民宣传农协章程和减租减息。

1928年(民国十七年)

区改村里(农村称村,集镇称里),村里以下为闾,闾以下为邻(10户为1邻,3邻为1闾,3闾为1村)。不久村里之上设自治区,境域属第五区。

横山创办横峰小学,1933年改为横山小学,1939年停办。

1929年(民国十八年)

改村里为乡镇,乡镇以下为闾邻。新殿、项家、蓦然、后徐、横山、会泽、三镇、龙门桥、珏塘、塔下、志棠、廻源、上下朱、上姜坞14个乡涉现境域。

1931年(民国二十年)

小乡合并。横山、会泽、三镇、龙门桥、珏塘、塔下、志棠、廻源乡撤并为横山、三镇、珏塘、塔下、志棠乡。新殿、项家、蓦然、后徐、上下朱、上姜坞乡撤并情况不详。

10月,中共龙游北区区委因进行“接财神”活动,暴露目标,3名党员被捕入狱,区委组织解体。

1932年(民国二十一年)

县教育局指定未设校的龙门桥村为义务教育实验区,设短期小学1所。

1933年(民国二十二年)

8、9月间,境内有37名农家子弟在石木岭平月桥(现建德市航头镇石木岭村)参加红十三军第二师,曾计划武装暴动,后因叛徒出卖,暴动失败,被迫进行“自首登记”。

1934年(民国二十三年)

撤区合并乡镇,乡镇以下废闾邻,编组保甲。

下宅、后徐、胡家3村联办“三保小学”,校址下宅村,有学生30余人。

1935年(民国二十四年)

3月20日,新王乡第12保(现上东门、上姜坞、八石坂、官塘章一带)召开保甲长会议,议定《新王乡第十二保保甲规约》。

7月4日,新王乡上下朱分仓贷放积谷4200斤。

1936年(民国二十五年)

11月12日,以珏塘村之半及梅岭村(包括原志棠村童家)划属寿昌县,寿昌县以飞地张家村之半及上叶划属龙游县。

是年,姜兴隆酒厂创办。

1937年(民国二十六年)

3月,乡(镇)公所、警察派出所及重要村庄通电话。

6月21日,塔石乡蓦然分仓贷放30户积谷41石3斗3升。

1938年(民国二十七年)

县督收委员会在全县募集抗日经费。

1940年(民国二十九年)

1月5—8日,县督收委员朱聘贤到塔下乡催收1938年部分抗日经费。

3月,重新划编乡镇界域,石佛乡分设后徐乡。按每乡(镇)辖10~15保,每保辖10~15甲,每甲管10~15户,重新编组保甲。

9月14日,县长周俊甫列席塔下乡建造乡公所暨乡中心学校经费及基金委员会会议。

10月23日,塔下乡乡长杨万春向县长周俊甫呈报《台山寺拨入塔下乡中心学校田产新鉴核备案由》。

是年，推行国民教育制度，乡（镇）设中心国民学校，保（村）设国民学校。境内有塔下乡中心学校，位于张家，其前身为民国初创张家初级小学；高岗初级小学、横山小学合并，称“新王乡第十一、十二保联立国民学校”。

1941 年（民国三十年）

2 月 13 日，县长周俊甫批呈将台山寺田产拨充塔下乡中心学校校产。

1942 年（民国三十一年）

3 月 27 日，因叛徒出卖，隐蔽在会泽里村的中共衢属特委书记张贵卿在住所被国民党浙江省党部调查统计室逮捕，随即被解送到国民党浙江省党部临时驻地永康方岩。5 月 18 日，张贵卿在方岩英勇就义。

1943 年（民国三十二年）

县人民政府颁发《龙游县强迫教育实施办法》，乡镇成立强迫入学委员会。

后徐乡中心学校成立，位于后徐，其前身为民国初创后徐初级小学，1940 年曾改为保国民学校。

省驿运管理处在龙游设驿运站，在后徐乡设下属点，经办驿运业务。

1944 年（民国三十三年）

6 月 6 日，3 架日军飞机在希唐一带上空投放细菌弹，致使境域内多人染病，至 1945 年仅新王乡 7~12 保因染病死亡 24 人。

是月，侵扰志棠、席家的日军，为满足其兽欲，奸污一位花甲老妇。

12 月 7 日，后徐乡乡长龚毓兰向县呈报《国民党二十八军辎重营捆绑警卫干事等勒索食米报告》，报告中所涉第 8 保，现为下宅、贤求朋一带。

是年，在山门寺枫树岭家中省亲的常山中医王毓梅，得知兰溪水亭乡生塘胡畲族村一村民因细菌染病，即带上中药徒步 10 余公里前往救治。为观察病情，当晚其和患者一起住宿，天未亮发觉自己发烧染病，因药带的不够，急忙返家，加之旅途劳累，一周后去世。而患者痊愈，直至终老。

1945 年（民国三十四年）

4 月，县邮政管理局在横山张正泰号设立邮政信柜，派由郑宝寿为经理。

1946 年（民国三十五年）

1 月 18 日，张正泰号向县邮政管理局呈报，因郑宝寿另谋他职，拟由张显廷为代理经理。

8 月 17 日，县长周俊甫给新王乡保校歌咏比赛前三名颁发奖状（其中第 11、12 保校获第二名）。

1947 年（民国三十六年）

秋，寿昌县陈熙魁、叶桂芳、甘兆民在塔下乡马鞍山（现腰塘边村）由青年党省党部执行委员李品三(亨)介绍加入青年党,并任命陈煦魁为寿昌党务负责人。

1948 年(民国三十七年)

4 月,县俗分 5 区,其中北区含 7 乡,塔石、石佛、后徐、塔下叶、模环、新王 6 乡涉现境域。

1949 年(民国三十八年)

3 月 21—24 日,金萧支队第三大队 200 余人,在政委张凡率领下从兰溪水亭入境,在横山、后徐、石佛、塔石等地开仓 12 处济贫,张贴标语,唱革命歌曲,火烧后徐乡公所。

4 月 30 日,中共严衢工委书记李铁峰率金萧支队严衢大队二中队进驻志棠,活动于龙游、寿昌毗邻地区。

5 月 6 日,龙游宣告解放,实行军管。

5 月 12 日,龙游北区人民政府成立。

7 月 13 日,国民党交警总局原少将高参、匪首叶鹤率"总统府苏浙闽皖赣军员会青年救国军浙江纵队"武装股匪 40 余人,袭击北区人民政府,杀害区妇女主任张凤俊、区中队班长吕贞来,抢去长短枪 49 支,机枪 1 挺,手枪 2 支,子弹 3000 多发,电话机 3 部,粮食 2500 余公斤以及其他物资。

8 月 1 日,中国人民解放军龙游县大队成立,有武装 1 个连,下设区中队;年底,扩至 4 个连,各区设中队。

8 月 3 日,下宅民兵配合县大队在三门源三寺里与土匪激战,俘敌 9 名,缴获步枪 9 支。当晚,民兵组织巡防设卡,缴获逃散匪徒藏匿的步枪 11 支,子弹 500 余发。

8 月 10 日,在张家侦破匪八婺纵队联络站,捕获其站长。

8 月 12 日,在廻源新宅破获叶匪联络站,捕获其站长。

8 月 14 日,志棠乡组织民兵配合部队围歼叶鹤股匪,击毙匪中队长 1 名,缴获手枪 1 支。

8 月 19 日,剿匪部队与地方武工队包围躲藏在新宅清明塘(里)的以叶鹤为首的匪徒,击毙匪政治主任张俊等 3 人,俘 10 人,缴获步枪 5 支。叶鹤等 3 人化装后逃逸,8 月 26 日在杭州车站中转候车时,被杭州市公安局逮捕。1950 年 7 月,在龙游被枪决。

三、中华人民共和国

1949 年

10 月,乡、村成立农民协会,选举村长和农会主任。农民协会于 1954 年停止活动。

11 月,中共龙游县委宣布废除保甲制,建立人民政府。后徐乡改称下宅乡,下宅乡人民政府建立(乡政府驻下宅村,1963 年迁后徐村)。

12 月,区、乡分别成立冬学筹备委员会,推动学校和村农民协会兴办冬学。

1950 年

6 月,志棠乡、张家乡人民政府建立。

11 月,横山乡人民政府建立。

1951 年

春,县委在下宅乡第二村试点,组织叶树铭(明)互助组。

9 月,志棠、张家、下宅、横山乡分别召开农民代表大会、青年代表大会。

10 月,各乡组建治安委员会,村设治安员。

1952 年

春,在下宅乡人民政府指导下,贤求朋村周林旺临时互助组转为常年组,由 9 户发展到 15 户,有土地 107 亩,其中水田 94 亩、山地 13 亩。

3 月 20 日,中共模环区委员会翻印叶树明互助组向董云珠互助组应战书,并报县委、地委与省委。

6 月,会泽里乡人民政府建立,11 月撤销。

7 月 11—18 日,县委召开第一次互助合作代表会议,确定周林旺互助组为县委重点组。

同月,县委试办第一个农业生产合作社——周林旺农业生产初级合作社,该社以周林旺互助组为基础,吸收其他农户组成。

9 月 25—28 日,各乡召开人民代表大会,由人民代表选出正副乡长、行政委员,同时建立调解优抚、金融财粮、文教卫生、治安保卫、户籍土地等 10 个委员会。

1953 年

2 月,乡、村建立民兵组织。县规定凡年满 18—40 岁的男性公民,均有参加民兵权利和义务。

3 月,横山乡设党支部。

12 月 11 日,《解放日报》以《组织起来力量大,战胜灾害获得丰收》为题,介绍周林旺农业生产合作社比上年(1952)多收 13000 多斤稻子的事迹。

是月,周林旺农业生产合作初级社被评为“浙江省爱国丰产模范社”。

是年,周林旺初级社试种双季连作稻成功,单产比间作稻高出 75 公斤以上。

1954 年

2 月 4 日,《人民日报》刊发《周林旺农业生产合作社走上富裕的道路》。

3 月,下宅乡设党支部。

3 月 19 日,《解放日报》刊发记者汪家十文章《组织起来田翻身——记周林旺农业生产合作社的优越性》。

4 月 8 日,志棠供销社试办信用部。

7月23日，县公安局侦破志棠乡后邵村反革命集团案。

是月，各乡设立供销站，较大的自然村设代购销店。

1955年

2月，志棠乡设党支部。

4月，整顿农业合作社，将基础较差、经营混乱的低级农业合作社解散，转为互助组。

7月25日，县公安局侦破境内50余人盗窃团伙，6名为首分子被逮捕，判处首犯兰廷寿死刑。

是月，模环区在全县首先建立区农业技术推广站，配备农业、畜牧、水果、会计辅导人员。

10月，贯彻国务院《农村粮食统购统销暂行办法》，实行农村粮食定产、定购、定销的“三定”政策。

冬，下宅乡试办新生活高级农业生产合作社。

是年，周林旺高级社试办集体养猪场。

1956年

1月，龙游至兰溪诸葛公路动工兴建，1957年5月龙游至模环段通车，至1958年8月8日全线通车。

2月，模环区撤销，所辖乡归县直属。乡人民政府改称乡人民委员会。乡党支部改称乡党总支，村开始建党支部。

3月，撤销张家乡，并入志棠乡。所属村庄划入志棠乡、横山乡。

1957年

2月，浙江省人民委员会表彰下宅新生活高级社耕田队为1956年度省模范单位。

8月，乡、村开展社会主义宣传教育运动和基层整风。

10月，“反右派”运动开始，至1958年7月结束。

是月，山门寺水库动工兴建，至1958年12月建成，总库容218万立方米。

1958年

3月12日，龙葛线模环至志棠公路通车。

4月，新宅、横山建农业中学，秋撤办。

9月，原子(不久改称模环)人民公社建立。横山、志棠、下宅乡改为横山、志棠、下宅生产大队，新建杜叶生产大队。生产大队建立管委会。乡党总支改称生产大队党总支。

是年，各公社成立“钢铁兵团”，抽人赴白鹤殿、大平山等“钢铁基地”建造土高炉。近万人上山砍树烧炭炼钢。1959年2月起，土高炉陆续熄火。

是年，横山、志棠相继建立初中。

是年，浙江省委书记江华到会泽里大队视察。

1959 年

6 月 18 日，县人民委员会发布《关于保留社员自留地的布告》，规定每人自留地的数量不少于全社人均土地数 3%，最多不得超过 5%。

是月，县属厂矿企业进行全面整顿，精简的职工大部分回农村。

12 月，龙游县建制撤销，境内归衢县管辖。

1960 年

1 月，八石坂（畈）水库动工建设。

2 月，横山、志棠、下宅、杜叶生产大队改为横山、志棠、下宅、杜叶管理区，管理区建立管委会。生产大队党总支改称管理区党总支。

1961 年

4 月中旬，中共衢县县委办公室转发县委调查组《关于会泽里生产队粮食连年增产情况的调查报告》。

7 月，横山、志棠、下宅管理区改称横山、志棠、下宅人民公社（简称“公社”），管理区党总支改称人民公社党委。撤销杜叶管理区，并入横山公社。各生产队改为生产大队，生产小队改为生产队。

是年，各公社建卫生所（院）。

是年，推行“两种教育制度”，横山公社农业中学建成。

1962 年

秋，境内普遍进行以“四清”（清账目、清仓库、清工分、清财物）为主的社会主义教育运动，全面清理各生产队各项收支账目和库存现金、粮食及其他物资。

1963 年

2 月，省召开 1962 年度农业先进单位和劳动模范代表会议，会泽里大队支部书记廖永根作《改良低产田地，低产变高产》经验介绍。

9 月 12 日，中共金华地区委员会转发横山公社会泽里等大队以磷增氮、大种绿肥，粮食生产连续两年大幅度增产经验。

12 月，会泽里大队被华东地区评为农业先进单位。

1964 年

2 月 22 日—3 月 2 日，中共衢县县委在龙游镇召开三级干部大会，号召走大寨之路。模环区、横山公社会泽里大队、下宅公社贤求朋大队被评为全县农业先进单位。

12 月，杨垄水库动工建设。

1965 年

5 月，中央华东局在上海召开南方十省市区农业工作会议，县委书记董炳宇和会泽里大队支部书记廖永根在会上分别作经验介绍。

8 月 21 日，《人民日报》在头条刊发《衢县大面积改造低产田大面积增产》，其中介绍会泽里大队经验。

10 月 28 日，农业部部长廖鲁言、华东局领导燕明到会泽里大队调研，要求不断探索高产经验，不断前进。

是年，志棠、下宅公社农业中学建成。

1966 年

6 月上旬，横山等初级中学师生在校园贴标语，呼应“北京大学 7 同志一张大字报”。

6 月底，模环区委派工作组进驻横山初级中学。8 月 13 日后，工作组受批判撤离。

8 月，红卫兵在城乡破“四旧”，乌石寺的佛像、壁画等被毁。

10 月，八石坂(畈)水库建成。

1967 年

2 月，造反派组织夺权，城乡处于无政府状态，公社、学校均进驻军代表。

春夏之交，志棠公社以坚持“学大寨要以大队为核算单位”，将下属 22 个生产队合并为 4 个大队，因而出现合并前比较富裕的生产队怕“一平二调”，卖耕牛、处理农具、乱砍松木等现象。

1968 年

5 月，横山公社、下宅公社建立革命委员会。

7 月，横山公社西方坞大队一社员将出售大肥猪的钱全部用来购买毛主席画像，贴满家中的墙壁、板壁，群众纷纷效仿，3 万余张毛主席画像贴满全大队农户墙壁、屋柱、门板，户户设“宝书台”“忠字室”。经省革命委员会推广，全省数万人前来参观。

7 月 3 日，衢县革命委员会生产指挥部学大寨办公室印发《高举毛泽东思想伟大红旗，以革命精神学习大寨》，介绍横山公社西方坞大队活学活用毛泽东思想，深入开展学大寨群众运动的情况和经验。

10 月，志棠公社建立革命委员会。

11 月 14 日，《人民日报》发表群众来信《建议所有农村公办小学下放到大队来办》。横山公社革委会立即行动，把公办小学下放到大队办。是月底，模环区所有公办小学下放大队办。

是年，境内开始接收杭州、金华、衢州及本地知青，直至 1978 年。

是年，横山、志棠、下宅公社农业中学停办。

1969 年

3 月 11—18 日，省革命委员会在衢县召开全省中小学教育革命现场会，模环区在会上交流公办小学下放大队办的经验。

6 月 23 日—7 月 5 日，连续大雨，水之猛数十年罕见，境内受灾严重。

7 月 10 日，《人民日报》发表《回队任教，余缺调剂，就地落实，合理安排》，介绍模环区及横山公社公办小学下放大队办的做法。

是年，各大队开办合作医疗站，实行合作医疗。

1970年

1月，各公社派人参加在坞勘动工建设的可供飞机起降的混凝土公路跑道（时称“701工程”），跑道长2000米，宽30米。8月15日跑道试飞成功，1971年2月工程结束。

7月，横山公社自力更生办矿挖煤，依靠群众布设高压线，新建矿区公路；会泽里等4个大队30多位夺煤战士，4个月担运土石方3000多立方米，掘进30多米。志棠、下宅公社曾挖过煤的大队重新办矿挖煤。

9月，横山中学改为完全中学，开始招高中生。

是年，根据中共中央提出“小学不出村，初中不出大队，高中不出公社，学校办在家门口”要求，境内初级中学大量发展，废除招生考试制度，中学招生实行“推荐选拔”。

是年，各公社成立农科站。

1971年

春，各公社普遍建立测报点，大队设植保网，生产队成立植保组。

4月，杨垄水库基本建成。

是年，志棠煤矿除在原矿址前邵村增加矿点加大开采量外，还在腰塘边、凌阁张、东王开设矿点。

1972年

4月，铜山源水库大坝完成堵口，模环区陆续抽调劳力转入修建水库干渠。

7月，横山中学首届高中生毕业。

是年，会泽里大队被浙江省评为农业学大寨先进单位。

1973年

冬，各公社、大队均成立开发黄土丘陵指挥部（小组），掀起劈山造田群众运动。

1974年

9月中旬，志棠公社开展麻风病普查，发现新病人3例。

是年，志棠等大队业余剧团相继恢复，除排演革命样板戏和现代戏《东海小哨兵》《江姐》等剧目外，还排演少量的传统戏。

是年，杨垄水库开始自育苗木造林。至1977年，在库区山上栽松木苗10万株、杉木苗15.6万株。

是年，模环区接收杭州江干区知识青年300人，各公社建立知识青年安置点，各大队、生产队为知识青年建“知青房”。

1975年

模环区组织下宅、横山、志棠等公社几百名劳力，在兰塘大鼓山、大治山进行连片开发，造田造地 200 公顷。

1976 年

10 月—1977 年 3 月，各公社组织人员参加龙门桥渡槽建设。

1977 年

1 月 20—24 日，区、各公社、各大队相继召开声讨和揭批“四人帮”反革命集团罪行大会。

1978 年

7—12 月，模环区旱情严重，双季晚稻锐减。

冬，杨垄水库在库区上游西北开挖 1 条引水渠道。

1979 年

为“地富反坏分子”摘帽，给予公民权。

1980 年

4 月，粮食生产试行统一经营，联产到组，副业及其他生产试行专业承包、联产计酬。

11 月，横山公社西方坞大队党支部书记姜炳祥出席衢县农业劳动模范代表（集体）大会。

是年，撤并部分公社办的高中、大队办的初中和小学附设的初中班。

1981 年

4 月，横山乡影剧院基建完工。7 月开始电影放映。

是年，志棠公社的杨家更名为杨邵，新宅更名为新源，张家更名为张溪；下宅公社的腰塘边更名为腰塘。

是年，衢县改为衢州市（县级市），境内归其管辖。

1982 年

1 月 11 日，下宅公社腰塘村因小孩玩火引发大火，受灾 8 户，烧死 1 人，损失 1.3 万元。

春，所有生产队实行家庭联产承包责任制。在土地等基本生产资料集体所有前提下，土地、耕牛、农具按人口、劳力比例承包到户，以家庭为单位经营，农民生产有自主权。

是年，会泽里大队被浙江省评为模范集体单位。

1983 年

9 月 13 日，国务院批复恢复龙游县，境内归龙游县管辖。

12 月，人民公社实行政社分设，改公社党委为乡党委，建立乡人民政府，乡长、副乡长由人民代表选举产生。以大队建行政村，成立村民委员会和村经济合作社。人民公社成为经济组织，于 1986 年终止。

1984 年

1 月 30 日，横山乡影剧院因屋面大量堆雪，房屋承受不住，舞台倒塌，幸未造成人员伤亡。

5 月 5 日，杨垄水库被国家水土保持协调小组表彰为全国水土保持先进单位。模环区区长金土林在任志棠乡党委书记期间，因杨垄水库封山育林成绩显著，被评为全国水土保持先进个人。

9 月 5 日，刹下塔、横山塔被龙游县政府公布为第一批文物保护单位。

10 月 1 日，模环区交管站成立。

12 月 17 日，县政府发文，土地承包期延长 10 年。

是年，新宅村恢复婺剧团。

是年，县教研室在腰塘边小学选 1 个复式班为实验基地，围绕复式教学进行研究与改革。

是年，志棠乡“石煤矿倾斜中厚块状石煤层仓储采煤法”，获浙江省科技成果四等奖。

1985 年

1 月 8 日，县政协医卫组对志棠乡卫生院改革情况进行专题调查。

5 月，县教研室在志棠乡召开小学复式教育研讨会，并由夏晓华老师进行观摩教学。

8 月，省水利厅农田水利总站与杨垄水库签订《关于杨垄水库水土保持综合利用试验基地的协议书》。

9 月，横山中学开设职业高中班。

10 月 14 日，县政府颁发《关于筹措学校办学经费的意见》，决定国拨教育事业经费对乡镇实行包干制，乡镇人民政府征收教育事业费附加。

1986 年

2 月 25 日，县政协主要领导与 7 位有专长委员视察志棠水泥厂，帮助企业解决困难，提供技术服务。

3 月，横山乡获全国计划生育先进集体。

6 月 5 日，县政府〔1986〕73 号文件通知：志棠乡的杨邵恢复杨家、新源恢复新宅、张溪恢复张家村名，下宅乡的腰塘村名不变。并明确：志棠乡的凌角张标准名为“凌阁张”，横山乡的白岳桥标准名为“白鹤桥”。

7 月 3 日，雍睦堂、三槐堂(下)被县政府公布为第二批文物保护单位。

是年，县总结推广志棠乡儒大门大队经验，境内开始扩大免耕板田种麦。

1987 年

4 月 10 日，因受特大冰雹袭击，志棠乡凌阁张小学校舍倒塌，所幸事前老师已带领 52 名学生安全撤离，未造成人员伤亡。

5 月，下宅乡下宅村出土元代青瓷瓮，高 26.6 厘米，腹径 29 厘米。直口，弧肩，弧腹下收，内挖足外撇，施青绿色釉。三级文物。

7 月 8 日，《浙江日报》发表历史散文《岳飞与招庆寺》。

8 月 4 日，县政府宗教事务科通知，开放西方坞村基督教聚会点。

10 月 13 日,县教育委员会发文,恢复志棠乡翁坞村校。

10 月 15 日,县政府决定将志棠乡划为林区乡。

12 月,乌石寺麻风康复村撤销。

12 月 25 日,县政协在横山乡召开板栗基地开发现场会。

是年,省考古研究所派人到志棠乡考察明代建筑群。

1988 年

3 月 25 日,各乡建立农业技术推广综合服务站和乡镇科委。

4 月 23 日,志棠乡政府下发《关于调整各村征购任务的通知》。

7 月底,乡卫生院管理体制改革,各卫生院及分院全部移交乡政府管理。

8 月,省、市 10 多位专家、教授考察乌石山风景区。

10 月 18 日,县在横山、下宅、志棠等 12 乡建立 4 万亩草子高产示范基地。

11 月 7—11 日,县政协农林水利组组织 9 位委员,对横山乡会泽里村进行调查考察,形成《当前粮食生产滑坡的原因及稳定粮食生产的建议》。

是年,横山乡仓头村胡汝法户晚糯"祥湖 84"品种亩产达 1204.4 斤。

是年,杨垄水库库区引进美国杂交狼尾草、黑麦草、墨西哥玉米等优良牧草。

是年,横山乡创办成人文化技术学校。

1989 年

1 月 6 日,横山木工厂因职工乱丢烟蒂引发木屑阴燃,损失 6 万元。

4 月 26 日,市粮食生产会议代表参观横山乡油菜、春粮生产基地。

8 月 20 日,横山乡党委、人民政府印发《关于进一步加强廉政建设的六条规定》。

9 月,上下朱小学教师邵志文被国家教委、人事部评为全国优秀教师。

12 月,绍衣堂、横山塔被列为第三批省级文物保护单位。

1990 年

2 月 28 日,志棠乡党委、人民政府印发《1990 年目标管理规划》,提出工农业总产值 1017 万元,人均收入 598 元。

5 月 8 日,损失达 560 万元的横山水泥厂由龙游化工厂租赁经营。

11 月 1 日,横山邮电支局实现农、市话半自动联网。

12 月 10 日,横山乡改为建制镇。

12 月 24 日,35 千伏横山变电所建成。

1991 年

5 月 14 日,横山镇余岗村蓝树荣被评为全国民族团结进步先进个人。

5 月 26 日,横山镇党委制订《横山镇清财工作实施意见》。

10 月 13—14 日,国家文物局专家组组长罗哲文一行考察关西世家、三槐堂等古建筑。

12 月 2 日,志棠乡党委印发《关于党政领导班子思想作风建设的决定》。

1992 年

3 月下旬，县首家青年科技致富协会在吴仪宾村成立。

6 月 10 日，模环区辅导学校撤销，成立横山镇、志棠乡学校管理委员会。

6 月 16 日，县政府在志棠乡召开规划论证会。

6 月 27 日，模环区公所撤销，下宅乡并入横山镇。

是年，志棠白莲获首届省食品博览会银奖。

1993 年

2 月 18 日，横山镇人民政府批复同意溪边村创办白酒厂。

3 月 15 日，县政府〔1993〕18 号文件通知：志棠乡改为建制镇。20 日，志棠镇人民政府成立。

3 月 29 日，县政府〔1993〕87 号文件通知：横山镇会泽里村下宅改名李宅，原下宅乡下宅村名称不变；横山镇龙门桥对面山改名龙门山，原下宅乡脉元村对面山名称不变。

4 月 3 日，县召开 1992 年度粮食专业户表彰大会，其中横山镇黄阿根因售粮超过 1 万公斤受到表彰。

5 月 18 日，横山镇政府批复同意仓头村新建瓦窑厂，土地面积 0.4 亩，法人代表为童永生，注册资金 1000 元。

是年，县在新宅小学开办培智班，把特殊教育（盲、聋哑、智障者“三残”儿童教育）纳入义务教育轨道。

1994 年

9 月 14 日，“横山镇整体规划”获衢州市村镇规划设计和规划建设实例比赛三等奖。

1995 年

1 月 24 日，横山镇被县评为 1994 年度工业产值超（增）亿元镇。

9 月 29 日，志棠镇与兰溪市诸葛镇、建德市檀村镇成立“三界文化联谊会”。

是月，志棠镇育英学校教师夏晓华被国家教委、人事部评为全国优秀教师。

10 月 9—13 日，国家教育委员会督学滕伟石一行 14 人，对志棠镇“基本普及九年制义务教育，基本扫除青壮年文盲”进行检查评估，认定符合标准。

是月，县在志棠镇开展土地变更调查试点。

1996 年

3 月 6 日，志棠水泥厂凌阁张采矿点发生矿山塌方事故，造成 6 死 2 伤，直接经济损失 30 余万元。14 日，县检察院以重大责任事故罪对“3·6”特大矿山塌方事故直接责任人赵某依法实施刑事拘留。

12 月 4 日，横山镇开通移动电话基站和 139 数字移动通信。

1997 年

6 月 20 日，第三届“三界文化联谊会”在志棠镇举办“迎香港回归，迎十五大召开”文艺会演和农民书画展览。

7 月 10 日，志棠镇党委、人民政府印发《奔小康和新农村建设实施意见》。

10 月 31 日，省道龙游至诸葛公路改建工程动工，全长 25.2 公里，总投资 1.9 亿元。

12 月 8 日，志棠镇印发《合作医疗管理办法》。

是年，新建横山变电所，完成龙北输变电工程。

1998 年

4 月 18 日，横山镇与模环乡、兰溪市水亭畲族乡人民政府印发《关于建立“三乡镇”人民调解工作联合协调小组的决定》。

9 月 15 日，志棠镇印发《关于搞好第二轮土地承包期延长三十年工作的实施意见》。

1999 年

4 月 8 日，横山镇、志棠镇司法所成立。

5 月 24 日，县工商行政管理局对横山镇张某非法收购粮食案进行处理，没收非法收购的稻谷 1593 公斤，折价款上缴国库。

7 月底，境内完成第二轮土地承包期延长 30 年工作。

2000 年

3 月，横山中学新征 12 亩土地进行扩建，拆并下宅初中。

6 月 18 日，龙游石窟风景名胜区总体规划通过专家评审，规划范围包括乌石寺。

7 月 8 日，县教委印发《龙游县改造薄弱学校、促进基础教育均衡发展规划》，明确横山镇为县三个教育中心之一。

8 月 4 日，第六届“三界文化联谊会”在儒大门村与卸厅村雍睦堂举行。

9 月，下宅小学搬入原初中。在县交通局、横山水泥厂等单位支持下，先后新建教学楼、综合楼、学生宿舍和食堂。

2001 年

4 月 19 日，横山镇党委下发《关于成立横山镇电教站的通知》。

4 月 25 日，省政协主席刘枫一行到脉元村青虾基地察看。

6 月 15 日，横山镇党委印发《关于表彰 1999—2000 年度优秀共产党员、十佳村民小组长、发展经济示范户的决定》。

6 月 20 日，市委书记茅临生到志棠镇调研。

6 月 26 日，八石坂（畈）水库遇到险情，横山镇组织民兵抢险救灾。

9 月 4 日，市委副书记、市长蔡奇，副市长雷长林在县领导占跃平、毛利荣陪同下，深入志棠等地调研，强调要落实好全省扶贫开发暨欠发达地区工作会议精神，实现农业增效、农民增收。

9 月 5 日，省委副书记、省长柴松岳，副省长章猛进等考察志棠白莲优质农产品基地。

9 月 15 日，为第一个“全民国防教育日”，各乡镇主要领导参加军事日活动。

是月，志棠镇初中并入横山中学。

是年，志棠白莲荣获中国（浙江）国际农业博览会优质农产品银奖。志棠乡被衢州市政府命名为首批特色之乡——“白莲之乡”。志棠白莲生态示范基地被省农业厅列入省级莲田生态高效示范建设工程，被省旅游局列为省级农业生态旅游观光示范点。

2002 年

4 月，志棠镇 15 个、横山镇 24 个行政村支部、村委会进行换届选举。

5 月 30 日，横山镇党委、政府印发《关于调整村干部待遇的通知》。

6 月 11 日，县人武部在横山中学举行国防教育实验学校授牌暨国防教育赠书仪式。

7 月 12 日，横山镇党委印发《关于表彰先进党支部、优秀共产党员的决定》，37 名党员、3 个村党支部受到表彰。

8 月，县人武部对横山中学高一新生进行为期半个月的军训。

9 月，横山镇初中并入横山中学。是年，横山中学征用 13 亩土地南扩校园。

11 月 18 日，横山镇召开第二十二次妇女代表大会。

2003 年

6 月 15 日，横山镇党委印发《关于消除三年以上没有发展党员村的若干措施》。

7 月 10 日，横山镇政府向县国土资源局报告开展八石坂（畈）土地整理，高山、八石坂（畈）、上下朱、吴仪宾、西方坞 5 个行政村，人口 6825 人，面积 4961.54 亩，其中水田面积 4010.85 亩。

9 月 15 日，市政协主席童效武到横山镇接待点，帮助群众解决实际困难。

10 月 11 日，横山镇被列为县首批“五保户”集中供养试点单位。

10 月 31 日，第九届“三界文化联谊会”在志棠镇举办百人长跑比赛、堆稻草趣味比赛、江心洲联欢等活动。

2004 年

1 月 12 日，国家质量监督检验检疫总局认定志棠白莲原产地标记。

6 月，儒大门村村民王允文牵头组织民间艺人制作恢复草龙，并于中秋节开展活动。

7 月，投资 115.7 万元、全长 5286 米的志杨（志棠—杨家）公路硬化工程完工。

11 月，下宅大塘里水库除险加固坝体维修发现 7 根植物化石。27 日据省文物专家根据同位素测定，初步考证为中生代侏罗纪年代的硅化木化石，距今已有 1.35 亿~2.05 亿年。

11 月 12 日，横山镇王秋香等 10 位老人迁住横山镇养老院，成为县首批实行异地集中供养的“五保户”。

是年，志棠镇下店村开发“天池山牌补血野红花”。

2005 年

2 月，志棠镇组织举办“儒大门正月灯会”“志棠元宵灯会”。

5 月 10 日，志棠镇、横山镇组织村党支部和村民委员会进行换届选举。

5 月 19 日，全省农村教育工作现场会 200 多名代表到下宅小学参观。

7 月 16 日，中央电视台《致富经》栏目播放志棠镇儒大门白莲基地开展莲田套养甲鱼做法。

9 月，撤并新宅、塔下叶完全小学高段到志棠中心小学。

12 月，志棠镇、横山镇合并成立新的横山镇。27 日，新的横山镇召开成立大会并举行挂牌仪式。

2006 年

7 月 27 日，衢州市村庄整治现场会在席家村召开。

8 月，新宅村村民王一平筹资 10 万余元，创办龙游县荣昌婺剧团。

10 月，省水利厅在新宅村立“游埠溪兰溪农业用水区”碑。

是年，儒大门村民间舞蹈（草龙）、后徐村民间美术（剪纸）、脉元村民间美术（雕刻）、杨家村民间美术（銮驾）入选县、市第一批非物质文化遗产项目名录。

是年，杨家銮驾被省文化厅作为浙江省民族民间艺术博览会指定产品，获“收藏保护奖”。

是年，儒大门村王允文被评为省文化示范户、龙游县民间艺人。

2007 年

10 月 12 日，横山代表团参加县第一届残疾人运动会，以 5 金 6 银 2 铜，总分 76 分的佳绩，获团体总分第一名。

10 月 26 日，《天然富硒志棠白莲》《天然富硒大米》两个衢州市农业地方标准通过专家审定，富硒产业走向无公害、标准化和绿色化。

11 月 3 日，第十三届“三界文化联谊会”在横山镇举办三镇特色产业论坛、三镇新农村建设图片展等活动。

12 月 7—11 日，市“农业科技杯”“橘王”擂台赛胡柚总决赛和椪柑总决赛分别在常山和柯城举行，方野村方立翔获椪柑总决赛二等奖。

是年，横山镇完成县生活垃圾填埋场二期征迁。

2008 年

1 月 11 日，由科技部、中国农业科学院、中国农业大学、中国疾控中心专家组成的鉴定委员会公布对龙游天然富硒稻米、富硒莲子鉴定结果，认定属天然富硒产品。其后，县在北京人民大会堂召开龙游富硒农产品开发新闻发布会。

2 月 25 日，省出台《“811”环境保护新三年行动实施方案》，横山镇列入“2010 年前完成钱塘江流域建制镇污水处理设施建设计划”。

4 月 11 日，境内各行政村进行调整，横山镇由原 39 个行政村调整为 20 个，有调整的村 33 个，6 个村不变。

4 月 21 日—5 月 30 日，镇组织调整后行政村党组织、村委会进行换届选举。

5 月 27 日，境内普降暴雨，造成农田被淹，多处水利设施被冲坏。

11 月 16 日，横山中学举行建校 50 周年庆典。

12 月底，投资 75 余万元的方野桥重建工程开工，2009 年 6 月竣工通车。

是年，镇编制《镇域总规和集镇规划》。

是年,全镇建成18个标准篮球场。

2009年

6月22日,省人民政府公布境内草龙、婺剧为浙江省第三批非物质文化遗产。

7月30日,县民族宗教事务局、县佛教协会在乌石庵召开佛教开放场所负责人会议。

7月31日,县政府〔2009〕38号文件批复,同意贤求棚村更名为贤求朋村。

8月12—13日,省专家组考察并确定将三槐堂、雍睦堂、绍衣堂与横山塔列入"第七批全国重点文物保护单位"推荐名单。

9月23日,天池村王海清被浙江省公布为第三批非物质文化遗产代表性传承人(门类:传统戏剧,项目名录:婺剧)。

9月30日,受益范围为横山镇和模环乡36个行政村(其中6所学校),受益人口45851人,日供水规模8000立方米,投资2746万元的自来水厂建设和总管铺设工程一期开工。

10月20日,镇电气建设项目通过市新农村电气化验收专家组检查验收。

11月18—19日,县第十一届人民代表大会常务委员会召开第21次会议,听取和审议县人民政府关于横山镇农民饮用水工程建设等报告。

是年,县开展第三次全国文物普查,共普查境内500多处物质文化遗产。

是年,镇在天池村试点创建"乡村文化俱乐部"。

2010年

3月,国家工商行政管理总局商标局批准"志棠白莲"地理标志证明商标获准注册。

6月,县政府在横山镇开展城乡居民社会养老保险试点。

8月20日,国家文物局专家考察天池村三槐堂。

11月,镇党委《党员实事评议和实事不作为告诫制度执行案例》获全国第一届基层组织党建创新优秀案例。

12月2日,第十六届"三界文化联谊会"在天池村举行文艺会演、民间艺术精品展示、三镇"美丽乡村"建设成果展等活动。

2011年

1月7日,刹下塔、雍睦堂、王渭祯宅、徐耀祥宅、陈国瑞宅、邵氏宗祠被公布为省文物保护单位。

2月21日—3月25日,镇组织村级党组织、村委会换届选举。

8月3日,由县农业和农村工作办公室、横山镇政府主办的首届"富硒荷花节"在天池村开幕。同日,浙江电视台《流动大舞台》栏目在天池村表演节目。

10月10日,河宗村通过市创建"平安农机"示范村验收小组验收。

是年,编制《横山镇"十二五"文化事业发展规划》。

是年,省委副书记、省长夏宝龙到天池村考察美丽乡村建设。

是年,横山集镇、后徐村与移动公司等通信营运公司合作发展宽带村(集镇)。

2012 年

5 月 4—5 日，省政协主席乔传秀一行到龙游县开展以“走进基层、走进群众”为主题的送科技下乡活动，启动仪式在志棠村举行。

7 月 26 日，省委副书记、省长夏宝龙在市委书记陈新、县委书记徐旭等陪同下到天池村考察。

8 月 6 日，中央电视台 7 套《乡约》栏目在天池村录制《走进龙游》，节目通过家乡名片、嘉宾访谈、特别推荐等形式，展水土神韵，秀百姓风采，话龙游发展。是日，第二届富硒荷花节在天池村开幕。

12 月 15 日，在北京举行的衢州市经济社会发展恳谈暨投资项目人才政策推介会上，浙江硒莲液科技有限公司（前身为龙游县荣光酒厂）生产的硒莲液亮相人民大会堂。

2013 年

1 月 14 日，大平畈村柴茂清获农业部“全国种粮大户”称号。

3 月 5 日，绍衣堂和横山塔、关西世家、三槐堂（含儒大门下厅、下店中厅、新宅上厅）被国务院公布为全国第七批重点文物保护单位。

是日，省委副秘书长、省农办主任章文彪一行到天池村、志棠村调研历史文化村落保护利用。

4 月 10 日，省委常委、省军区政委王新海到天池村调研。

7 月 2 日，镇举办首届“舞动荷乡”广场舞大赛。

7 月 8 日，土耳其驻中国大使馆文化新闻参赞怡珂一行到天池村“十里荷花”基地考察。

7 月 9 日，占地 2 公顷，总投资 1.5 亿元的浙江硒莲液富硒科技有限公司年产 8000 吨硒清酒和 1000 吨莲子酒项目举行开工仪式。

7 月 11 日，中共中央政治局常委、中央书记处书记、中央党的群众路线教育实践活动领导小组组长刘云山在天池村了解基层党建工作，听取改进党员干部作风的意见和建议，在田头与莲农交谈。省委书记夏宝龙，省委副书记、省长李强，市委书记陈新等陪同。

8 月 13 日，第三届富硒荷花节暨“相约七夕夜，浪漫荷花节”在天池村开幕。

8 月 22 日，省政协副主席陈加元到横山镇开展基层“走亲连心”活动。

9 月 10 日，龙游新闻网转载《浙江日报》文章《龙游泽雅学校教师王渭仙：用青春守望》，介绍王渭仙（天池村人）20 载春秋投身特殊教育事业的事迹。

11 月，天池村王允文被省文化厅评为省第四批非物质文化遗产项目代表性传承人、优秀民间艺术人才。

11 月 18 日—12 月 20 日，镇组织村级党组织、村委会换届选举。

是年，镇组队参加衢州市第九套广播体操决赛。

2014 年

3 月 12 日，副省长黄旭明一行到横山镇调研旱粮生产及春耕备耕。

3 月 22 日，中国文化遗产研究院文物研究所所长于冰一行受国家文物局委托，就“国有不可移动文物产权的现状及对策前期调研”项目，实地踏勘横山塔、绍衣堂等国保单位。

4月23日，省委副秘书长、省农办主任章文彪到横山镇调研农村生活污水治理。

5月5日，县农村生活污水治理工作现场推进会在横山镇召开。

7月2日，省委督导组组长许金成到上向徐村、志棠村走访慰问老党员。

7月30日，第十二届全国政协常委、省工商联主席南存辉，省委统战部副部长、省工商业联合会党组书记李剑飞携知名民营企业负责人到横山镇开展“千企联千村，合力治污水”活动。

7月31日，省旅游局局长赵金勇到天池荷花景区等地考察调研。

8月2日，第四届富硒荷花节在天池村开幕，并举办“荷塘月色”七夕晚会及歌手大赛。

9月17—18日，省扶贫办主任会议代表考察腰塘边村省工商联结对帮扶项目、天池村扶贫产业发展项目。

是年，“天池荷花景区”被国家文化和旅游部评为AAA级旅游景区。

2015年

2月，项家村党支部书记项国根被省委党的群众路线教育实践活动领导小组、省委组织部、省委宣传部表彰为“千名好支书”。

5月28日，镇举办“舞动健康·魅力横山”全民广场舞大赛。

6月25日，镇召开“五水共治”百日攻坚动员大会。

6月30日，市“五朵金花”“五大金花胜地”线下投票暨第五届天池荷花节开幕式在天池荷花景区举行。

7月8日，在横山镇度过中学时代的知名作家柳营带着长篇小说处女作《小天堂》与书友们见面。《小天堂》由人民东方出版传媒东方出版社出版，小说中的小镇以横山镇为原型。

8月，国家旅游局授予天池村“中国乡村旅游示范村”铭牌。

是月，中国教科文卫体工会全国委员会、教育部办公厅授予王渭仙“全国师德标兵”称号。

12月，天池村被省政府评为文化示范村，志棠村被省政府评为“2015年度美丽宜居示范村建设优秀村庄”；天池村被评为省第四批“森林村庄”。

2016年

2月18日，项家村村民在子容公祠举行一年一度正月十一祭祖大典。

3月10日，河宗村在文化礼堂举行文化礼堂开堂仪式暨春耕祭礼活动。

3月24日，县政府办印发《龙游县第一批地名文化遗产保护名录》，其中：脉元村为古村落，乌石山为著名山川，横山塔、刹下塔为古迹遗址。

是月，县首家民办养老院——荷庄养老院开业（位于腰塘边村凌阁张），面积2000多平方米，设有21个房间，可接纳50位老人。

5月18日，天池村上榜“2016·美丽浙江——外国人眼中的最美乡村”提名18席名单。7月17日，参加“快拍浙江，创新之城——外国人看浙江摄影比赛”的17个国家24位外国留学生进入天池景区拍摄。

7月12—13日，来自正泰集团、富通集团、娃哈哈集团等8家知名浙商企业，与腰塘边、白鹤桥、天池、会泽里、上向徐、河宗、塔下叶、项家8个村结对帮扶贫，各捐款50万元助力农村生活污水治理。

8 月 25 日，省政协副主席、党组副书记陈加元一行到天池村调研。

10 月 23 日，34 岁的刘芬（横山村人）以 1 小时 32 分的成绩，获得开化女子半程马拉松赛冠军。

12 月 6 日，《人民日报》刊登记者方敏的文章《城乡共享"绿色福利"：浙江龙游整县制推进生态循环农业试点》，其中写道：横山镇借治水谋转型，引导农户扩大荷花种植面积，带动村庄周边 10 余户农家乐，每周接待游客近 5000 人。昔日养猪重镇向"美丽产业"华丽转型，"还是因为生态环境变好了。"

2017 年

1 月 13 日，横山蔡氏民居、天池许氏民居、翁坞诸氏民居和志棠建筑群被公布为省文物保护单位。

3 月 23 日—4 月 29 日，镇组织 20 个村党支部、村委会换届选举。

是月，国务院防范和处理邪教问题办公室授予天池村"'2015 百县千乡万村无邪教创建示范工程活动'创建无邪教示范村"铭牌。

5 月 25 日，住房和城乡建设部公布全国第一批 5855 个绿色村庄，天池村入榜。

6 月 21—24 日，镇组织 400 余人（次）坚守抗洪防汛一线，转移危房户 21 户 55 人。

7 月，志棠村规划被省小城镇环境综合整治领导小组办公室评为省小城镇环境综合整治优秀规划。

8 月 28 日，县基层党建重点任务推进会暨"双整"百日攻坚行动现场会在横山召开。

是月，总投资 230 万元的"廻源城里"古城楼在天池村动工建设。

11 月 10 日，出席省甘薯系列新品种示范会的 80 余名甘薯专家到腰塘边村观摩甘薯新品种展示。

11 月 23 日，市小城镇整治"道乱占"现场会在志棠村召开。

12 月 6 日，横山中心卫生院党支部 96345 党员志愿服务队到新宅小学，为师生开展秋冬季传染病防范健康知识讲座。

12 月 25 日，天池村王允军被浙江省公布为第五批非物质文化代表性传承人（门类：传统舞蹈，项目名录：草龙）。

是月，镇举行全民健身广场舞大赛，共有 14 支代表队参赛。

是年，镇委托浙江大学城乡规划研究院修编横山、志棠集镇规划，完善镇域总体规划和控制性详规。

是年，总投资 1 亿元的浙江纽莱福医养中心项目落地河宗村。

是年，刘俊霞（天池村人）等《关于实施天池村农民饮用水项目建设的议案》获评 2017 年度县人大代表优秀议案。

2018 年

1 月，横山棠溪慢谷山庄被农业部社会事业中心评为全国休闲农业与乡村旅游三星级单位。

2 月 27 日，下宅村徐彩祥、韩淑英和徐土洪智救落水皮卡车，成功救出驾驶员徐玉华，获评

“最美衢州·身边好人”称号。

5月1日，中国工程院院士郑树森携妻子李兰娟院士到横山中学，参加其题词的“知行合一、自强不息”“励志石”揭石仪式，以纪念横山中学建校60周年。

5月11日，省政协“六送下乡”(送文化、卫生、科技、教育、法律、体育)委员走进天池药谷，科技组详细了解天池村历史文化、景区变迁。

6月2日，浙江传媒学院“文化走亲”暨腰塘边村文化礼堂开堂仪式举行，学生们奉上一场欢乐的“文化大餐”。

7月20日，“衢州有礼，‘荷’美横山”暨第六届荷花节在天池村开幕。

7月22日，“衢州有礼，礼在乡村——县农房管控和风貌提升”主题宣传活动在志棠村举办，并举行文艺晚会。

8月5日，电影《卡尔遇奇记》剧组到志棠老街取景。

9月22日，《人民日报》官方微信公众号发表《漆黑雨夜，拄拐老人呆呆站在街头，的哥看见了，竟然这样做》，报道杭州的哥、白鹤桥村人夏建军9月11日雨夜护送一位老人回绍兴的事迹。

2019年

1月8日，会泽里村人、浙江工业大学校长李小年获2018年度国家技术发明奖二等奖。

4月3日，始建于1978年、长达500多米的龙门渡槽成功爆破，完成历史使命。

是月，腰塘边村废弃矿山生态治理及土地复垦项目开工。

6月4日，省人大常委会委员、农业与农村委员会主任委员章文彪到天池村调研消除农村集体经济薄弱村、水资源管理等。

6月18日，西藏那曲市教育考察团到横山中学开展学习交流活动。

8月17日，“‘莲’风千年”古城楼落成揭幕暨第七届荷花节开幕仪式在天池村举办，并在荷花景区举办“嗨爆你的夏夜”风味美食节。

8月23日，《新华每日电讯》刊载《干部不会啃“硬骨头”就建不了美丽乡村》，其中介绍志棠村支委吴寅军做通父亲工作，拆除违建的故事。

8月31日，“志棠白莲”品牌推广会暨富硒农特馆开馆仪式在志棠村举办。

9月10日，镇召开庆祝第35个教师节暨先进教师表彰大会，表彰全镇52名优秀教师，并举行捐资助学活动，乡贤捐资18万元。

10月30日，志棠村举行“壮丽七十年，奋斗新时代”崇德敬老礼暨文化礼堂开堂仪式。

11月22日，西方坞村举行“好家风褒奖”礼暨文化礼堂开堂仪式。

12月30日，县森林防灭火技能比武暨实战演练在天池村邵源坞举行，横山森林消防队获第三名。

是年，志棠村、项家村完成传统村落保护规划编制。

2020年

4月25日，由横山镇、龙游传媒集团主办的“荷美横山，莲创未来——2020年横山镇富硒白莲全产业链体验之旅启动仪式”在白鹤桥村百荷园举行。

5月,投资650万元的横山敬老院迁建工程开工。

6月29日,320国道会泽里至下章段改建工程举行开工仪式。

6月底,镇党委举行“光荣在党50年”纪念章颁发仪式。

7月2日,全长14.55公里的杭衢铁路龙游段(涉境内)开工。

7月4日,第八届荷花节暨“荷塘夜色”体验之旅活动在天池村开幕,并组织20组家庭在十里荷花景区开启体验之旅。

8月13日,镇召开创建国家级卫生乡镇全民行动誓师大会,在塔山公园举行“打造有礼新横山,建设美丽新城镇”文明行为宣传活动。

8月22日,县初莲华项目签约仪式暨正大再生方志棠白莲种植示范基地揭牌仪式在天池村举行。

8月29日,县第六批非物质文化遗产保护名录公布,镇申报的莲子酒酿造技艺、志棠白莲古法加工技艺、豆豉制作技艺入选。

9月17日,县公安局、县医保局、龙游传媒集团等多部门组团到下宅村,为当地村民开展“8090新时代理论宣讲”(宣讲团队为“80后”“90后”青年)。

10月23日,上向徐村东王人、县林业水利局教授级高级工程师吴柏林荣获浙江省东西部扶贫协作突出贡献奖;2023年9月21日,吴柏林荣登中央精神文明建设指导委员会办公室公布的2023年第二季度“中国好人榜”敬业奉献榜单。

10月24日,镇在志棠村举办“荷你相遇·我为横山代言”2020全民才艺大赛总决赛,9名选手逐一登场,余佳慧夺得桂冠,何雯欣、吴佳宇分获亚军、季军,三人成为横山镇富硒产业代言人。

10月30日,纽莱福医养服务中心建设项目开工,建设规模为25173平方米。

12月,在省农业农村厅组织的2020年度种植业“五园”(生态茶园、精品果园、放心菜园、特色菌园、道地药园)创建省级示范基地活动中,横山村徐虹家庭农场入选精品果园、天池村再生方药材发展有限公司入选道地药园。

2021年

1月15日,镇党委印发《关于天池村等20个行政村股份经济合作社换届选举结果的批复》。

3月3日,县农村文化礼堂建设工作现场会在横山镇召开。

3月—4月8日,全镇复垦建设用地完工55亩,土地垦造清表400亩,旱改水280亩。

4月15日,《衢州日报》头版报道《横山镇新任村组织班子实干治村》。

是月,总投资4509.39万元的龙北水厂管网延伸工程完工,是年9月底通水,19个村喝上高坪桥水库水。

6月,余岗村人、中央广播电视总台民族语言节目中心党委副书记兰汝生(畲族)被评为中央和国家机关优秀党务工作者;2023年8月,兰汝生获第九届首都民族团结进步奖先进个人。

7月1日,三字经幼儿园更名为横山镇八石坂幼儿园。

7月30日,第九届荷花节暨横山镇莲产业高质量发展大会在天池村开幕。

8月16日,中国地质学会公布首批天然富硒土地名单,志棠村—腰塘边村23.8公顷土地入选。

9月,境内洪卸花(舞蹈)、邓金花(戏剧曲艺)被省文化和旅游厅评为乡村文化能人。

10月,浙江大学建筑设计研究院有限公司为天池村设计《浙江省历史文化名村保护规划》。

11月3日,横山镇人、浙江上洋机械股份有限公司总经理黄剑虹获2020年度国家科学技术进步奖二等奖。

11月17日,镇在后徐村文化礼堂开展大规模核酸检测实战演练,镇村干部参加。

12月,由7间民房改造的"三重书屋"在志棠村建成,书屋拥有上万册图书。

是年,镇组织"8090新时代理论宣讲"50余场,参与群众3000余人。

是年,《现代地质》2021年第2期刊登《浙江中部典型黑色岩系分布区土壤——作物富硒特征与重金属风险评价》,文中介绍位于婆婆垄东南侧及西皮山岗——腰塘边村一带富硒情况。

2022年

4月2日,镇政府印发《横山镇2022年志棠白莲产业化发展扶持政策》。

是月,全镇完成"小县大城、共同富裕"异地城镇化搬迁签约65户。

6月29日—7月1日,镇党委分别在白鹤桥村、上向徐村、后徐村举办"抢抓机遇、干字当头"年度党员轮训活动。

是月,镇与建德市大慈岩镇、兰溪市诸葛镇结成莲子产业发展联盟,在大慈岩镇签订浙硒莲子产业区域品牌战略协作框架协议。

7月9日,由县奔康投资集团投资建设的月荷集聚小区动工,投资约3.8亿元,总工期14个月。

7月22日,镇党委书记张余伟被省委组织部表彰为"浙江省担当作为好干部"。

8月4日,由县发展和改革局、经济和信息化局、农业农村局、文化和广电旅游体育局主办的第十届龙游荷花节在天池荷花景区开幕。荷花节以"浙硒'莲'盟、共享共富"为主题,横山镇与大慈岩镇、诸葛镇组成"同心共富"党建联盟,正式发布"浙硒莲"区域共有品牌。

8月16日,镇党委印发《横山镇志编纂工作实施方案》;是月22日,镇组织召开《横山镇志》第一次联络员会议。

8月20日,西方坞村的童喜君在COC中国汽车场地越野锦标赛苏州站比赛中夺得冠军,这是童喜君时隔2年之后再次夺冠。上一次,在"玉环汽摩协会杯"2020中国汽车场地越野锦标赛上,他就拿下新开设的轻型越野车组首冠。

8月28日,《衢州日报》刊发记者郑菁菁的文章《基层好"班长"——记龙游县横山镇党委书记张余伟》。

9月22—23日,中国文物交流中心党委书记、主任谭平带队实地走访横山塔、绍衣堂、三槐堂、关西世家等,并召开座谈会。

9月29日,县政府在横山举行351国道龙游横山至开化华埠段(全长约24.8公里)公路工程(龙游段)通车仪式。

10月1日,镇农民集聚转化迁建小区清表,规划面积75亩,其中一期规划面积20亩,设计安置41户,2022年实际迁建27户,涉及全镇10个行政村。

11月14—18日,横山中学举办第39届运动会。

是年,镇电商农产品展示中心在天池村建成。

2023 年

1 月 16 日，省政府发布第六批省级非物质文化遗产代表性项目名录，镇域有分布的龙游莲子酒酿造技艺、龙游小辣椒制作技艺入选。

2 月 5 日，由县委宣传部主办、镇人民政府承办的“舞草龙听婺剧 · 玩转非遗闹元宵”活动在天池村、志棠村文化礼堂举办。

3 月 23 日，横山镇“明清古韵 · 浙硒联盟”共富协作区“共富合伙人”签约启动仪式在上向徐村文化礼堂举行。

4 月 29 日，龙游“2023 爱在荷田认养活动”暨“明清古韵 · 浙硒莲盟”农文旅体验游启动仪式在白鹤桥村百荷园举行，来自龙游、建德、兰溪的 20 组家庭参加。

5 月 20 日，位于天池村的莲心馆开工建设，是年 7 月完工。

8 月 10 日，首届杭金衢荷花节横山镇站“品荷风莲韵 · 展三地风采”活动在天池村举行，现场举行莲心馆开馆、三地荷花节活动接续、三地莲子产业联合会成立仪式，还介绍发布莲子新品种，开展荷花花艺插花展示、音乐弹唱会表演、小型音乐会、三地青年联谊、趣味对诗等活动。

9 月 21 日，镇组织召开《横山镇志》统稿会暨第二次联络员会议。

第一章　政　　区

横山镇隶属龙游县，处于北纬29°09′23″～29°17′52″、东经119°07′57″～119°14′45″之间。东与兰溪市诸葛镇、水亭畲族乡及建德市大慈岩镇接壤，南与模环乡相连，西与塔石镇、石佛乡为邻，北与建德市航头镇交界，面积88平方公里。东西最大距离10.95公里，南北最大距离15.64公里。辖20个行政村，镇政府驻横山集镇塔山南路6号，距县城18公里。横山镇行政建制始于1990年12月撤横山乡建横山镇，1992年5月下宅乡并入，2005年12月乡镇行政区划调整时，志棠镇并入横山镇成立新的横山镇，镇名延续至今。

第一节　建制沿革

境内乡级建制始于唐贞观八年(634)所设的宣教乡，治所蛮王里。后经变动，境域内乡级建制最多时曾有10多个。村级建制多样，有村里制、都图制、保甲制、生产队(大队)等。

一、乡级建制

唐贞观八年(634)龙丘县置，分设11个乡，乡下设里。其中的宣教乡，现横山镇境域属之。宋、元等朝沿唐制，未见变动记载。民国时期，曾管辖过现境域的乡有10多个。解放后，曾管辖过现境域的乡(或相当乡)最少有3个。

宣教乡　于唐贞观八年设，治所蛮王里，有千秋、新兴、双岩、移风、韬光、金堂6个里。民国志载，宣教乡辖二十三、二十四、二十五、三十六、三十七、三十八6个都，分别有1～5图、1～5图(缺4图，实为4个图)、1～7图、1～5图、1～5图、1～3图，其中：二十四、二十五、三十六、三十七、三十八5个都，涉现横山镇境域。

表 1-1　**明清时期境内都图情况表**

乡名	旧里名	都　名	图　数			涉现境域图	方　位
			万历志	康熙志	民国志		
宣教乡	千秋、新兴、双岩、移风、韬光、金堂	二十三都	8	5	5	0	在县北 30 里
		二十四都	9	5	5(实为 4)	2、3	在县东北 40 里
		二十五都	12	7	7	1、3、7	在县北 30 里
		三十六都	5	4	5	1、2、3、4	在县东北 40 里
		三十七都	8	5	5	1、2、3、4、5	在县北 30 里
		三十八都	3	3	3	1、3	在县西北 55 里

编者注：二十三都，万历志、康熙志为濲水乡，民国志为宣教乡

横山等 14 个乡　1929 年改村里为乡镇，当时第五区(区公所驻蛮王)设凤基坤、西袁、兰塘、青塘、华峰、坞地、蛮王、天井翁、新殿、项家、蓦然、上郭叶、西余、大塘、何村、石村、童干坞、后徐、下翁墩、白马、东山、山门源、西垣蒋、石佛、泉塘下、叶村、横山、会泽、三镇、龙门桥、珏塘、塔下、志棠、廻源、刘家、新王、上下朱、上姜坞、张家湾、茂盛湾、牛岗 41 个乡(全县设 145 个乡)。其中：新殿、项家、蓦然、后徐、横山、会泽、三镇、龙门桥、珏塘、塔下、志棠、廻源、上下朱、上姜坞 14 个乡涉现横山镇境域。

表 1-2　**1929 年横山等 14 个乡所属村情况表**

乡名	旧村名	所　属　村	旧都图
横山乡	公塘村	横山、东坞	36 都 1 图
	横峰村	方野、叶野、严家、荷叶溪边、水碓垅、妙高垅	24 都 3 图
会泽乡	会泽村	会泽里、童野、白鹤桥	36 都 2 图
三镇乡	三镇村	三姑殿后、杜墅、塘下叶、大塘下、上向徐、周田边、叶店、古塘冈、官塘章、枫树岭、施家垄、湾垄	37 都 4 图
龙门桥乡	三五村	龙门桥、李坞、长坞垄	37 都 4 图
珏塘乡	骑龙村	珏堂、梅岭、东王、叶坞、油麻坞、大山干、东叉坂、刘塘坂	37 都 1 图
塔下乡	聚峰村	塔下叶、翁坞、婆婆垄、马山干、瑶塘边、钱家、西皮冈、上叶、安头、烟蓬	37 都 2 图
志棠乡	志棠村	志棠、凌阁张、仙生坞、溪东、邵家、席家、后邵	37 都 3 图
廻源乡	廻源村	廻源、新宅、徐大门、杨家、邵源鲁、鲁家、下店	37 都 5 图
项家乡	上贡村	项家、童冈、庙高、小殿下、药塘边、新殿、芦塘堰	25 都 1 图
蓦然乡	三才村	蓦然、堰口棚、环墙里、野猫湾、瓦塘沿	25 都 7 图
后徐乡	六合村	厚徐、下宅、胡家、大坪山、鲤鱼山脚	25 都 3 图
上下朱乡	瑞龙村	上下朱、荷叶冰(吴仪宾)、上东门、西湖叶、童家、堰塘下、前坞、添丁坞、李野、安山、高排山	36 都 4 图
上姜坞乡	太平村	上姜坞、八石坂(畈)、西方坞、下东门、童麻车、麻里洞	24 都 2 图
新殿乡	新殿村	下西山、湖都桥、新(西)坂、周家、叶家、苍里、方家、胡家、蟒塘	36 都 3 图

查县档案馆资料,1931年,横山、会泽、三镇、龙门桥、珏塘、塔下、志棠、廻源乡撤并为横山、三镇、珏塘、塔下、志棠乡。新殿、项家、蓦然、后徐、上下朱、上姜坞乡撤并情况不详。

表1-3 1931—1933年横山、三镇、珏塘、塔下、志棠乡所属村情况表

乡名	所属村
横山乡	湖涯溪边、横山、叶家、高山、东坞、方野、叶野、余岗、庙高、枫岗、会泽里、下宅、童野(13个)
三镇乡	白鹤桥、塘下叶、三姑殿后、龙门桥、里坞、杜野、周田边、上向徐、大塘下、叶店、汪垅、官塘章、枫树岭、古塘岗、金盆源(15个)
珏塘乡	东王、油麻坞、老十棚、廖坞、梅岭(现属建德市)、珏塘(现属建德市)、大山沟、泉塘下(8个)
塔下乡	钱家、下叶、凉亭下、翁坞、马鞍山、腰塘边、烟蓬、安头、塔底、插花桥(刹下桥)、婆婆垄、金桥头(12个)
志棠乡	志棠、凌阁张、先生坞、溪东、童家(现属建德市)、邵山头(现属建德市)、小塘坞(现属建德市)、邵源坞、杨家、儒大门、下店、新宅、鲁家、杨垄(14个)

模环、新王、塔石、石佛、塔下、后徐乡 1934年撤区,合并乡镇,乡镇以下废闾邻,编组保甲,全县设16个乡,其中:模环、新王、塔石、石佛、塔下5个乡,涉现横山镇境域。1940年重新规划乡镇界域(此前,梅岭、珏塘、童家等划入寿昌县,张家、上叶划入龙游县),合并保甲,石佛乡分设后徐乡。其中:模环、新王、塔石、塔下、后徐5个乡,涉现横山镇境域。

1949年5月龙游解放,北区民主政府设陈家,辖8个乡,其中模环、新王、塔石、塔下、后徐5个乡涉现境域。6月县人民政府成立,重新区划,分北区为模环区、塔石区,其中模环区的模环、后徐、新王、塔下4个乡涉现境域,塔石区的塔石乡涉现境域。

夏家、下洪乡 1950年2月由石佛乡析置夏家、下洪乡,1956年3月复合并为石佛乡。原属下宅乡的大平坂村划属夏家乡,1952年3月划回下宅乡;原属下宅乡的后徐、大平山村划入下洪乡,1956年3月划回下宅乡。

张家乡 1950年2月设立,现上向徐村、河宗村、白鹤桥村、会泽里村、塔下叶村属之。1956年3月与志棠乡合并,所属村庄分别并入志棠乡、横山乡。

会泽里乡 1952年6月设立,11月撤销。所属村庄并入横山乡。

横山生产大队(管理区) 1958年9月由横山乡改为横山生产大队,后从横山生产大队析出杜叶(野)生产大队;1960年改设横山管理区。

志棠生产大队(管理区) 1958年9月由志棠乡改为志棠生产大队,1960年改设志棠管理区。

下宅生产大队(管理区) 1958年9月由下宅乡改为下宅生产大队,1960年改设下宅管理区。

杜叶(野)生产大队(管理区) 1958年9月设杜叶(野)生产大队,1960年改设杜叶(野)管理区。

新王生产大队(管理区) 1958年9月设新王生产大队,上下朱、吴仪宾划入,1960年改设新王管理区。

横山人民公社 1961年7月由横山管理区、杜叶管理区演变而来,1983年改称横山乡。

志棠人民公社 1961年7月由志棠管理区演变而来,1983年改称志棠乡。

下宅人民公社 1961年7月由下宅管理区演变而来,1983年改称下宅乡。

横山乡 首次出现横山乡名是1929年,时改村里为乡镇,属第五区。1934年县撤区,合并乡镇,编组保甲,横山乡撤销。1950年2月龙游县调整乡境,横山乡恢复,属模环区。1956年撤模环区,横山乡归县直属,乡人民政府改称乡人民委员会。1958年9月,横山乡改为横山生产大队,属原子(不久改称模环)人民公社。1960年设横山、杜叶两个管理区。1961年将两管理区改称横山人民公社,1983年复称横山乡,1990年12月,横山撤乡建镇,属模环区。

志棠乡 首次出现志棠乡名是1929年,时改村里为乡镇,属第五区。1934年县撤区,合并乡镇,编组保甲,志棠乡撤销。1950年2月龙游县调整乡境,志棠乡恢复,属模环区。1956年撤模环区,3月张家乡并入志棠乡,归县直属,乡人民政府改称乡人民委员会。1958年9月,志棠乡改为志棠生产大队,属原子(模环)人民公社。1960年设志棠管理区。1961年改称志棠人民公社,1983年7月复称志棠乡,1993年3月志棠撤乡建镇。

下宅乡 1949年11月,后徐乡改称下宅乡(乡政府驻下宅村,1963年迁后徐村)。此时,原属塔石乡的项家村划属下宅乡,属模环区。1956年撤模环区,下宅乡归县直属,乡人民政府改称乡人民委员会。1958年9月,下宅乡改为下宅生产大队,属原子(模环)人民公社。1960年设下宅管理区,1961年改称下宅人民公社,1983年7月复称下宅乡。1992年5月并入横山镇。

志棠镇 1993年3月,撤志棠乡建立志棠镇。镇政府驻卸厅村。2005年12月,乡镇行政区划调整时并入横山镇。

表1-4 **1911—2022年境内建制沿革表**

建制名称	隶属	时间	备注
新王区、塔石头区、塔下叶区、石佛区、蛮王区	龙游县	1911年	废乡都图制,实行区庄制,现境域涉县5个区
新殿、项家、蓦然、后徐、横山、会泽、三镇、龙门桥、珏塘、塔下、志棠、廻源、上下朱、上姜坞乡	第五区	1929年	改村里为乡镇,第五区共设41个乡,其中14个乡涉现境域
模环乡(19~20保)、新王乡(10~13保)、塔石乡(1~5保)、石佛乡(1~4保)、塔下叶乡(1~23保)	龙游县	1934年	撤区,合并乡镇,乡镇以下废间邻,编组保甲
模环乡(12保)、新王乡(7~12保)、塔石乡(1保)、后徐乡(1~3保与6~10保)、塔下叶乡(1~13保)	龙游县	1940年	石佛乡析置后徐乡,重新编组保甲
模环、新王、塔石、后徐、塔下乡	北区	1949年5月	县北区辖8个乡,涉现境域5个乡
模环、塔下、后徐、新王乡;塔石乡	模环区、塔石区	1949年6月	县重新区划,北区分设模环、塔石两区,涉现境域5个乡
横山、志棠、张家、下宅、新王、会泽里乡;夏家、下洪乡	模环区、塔石区	1950年2月	县调整乡境,涉现境域8个乡;1952年6月增设会泽里乡,11月撤销,并入横山乡
横山、志棠、下宅乡	县直属	1956年2月	撤模环区
横山、志棠、下宅、杜叶生产大队	原子人民公社	1958年9月	1959年12月,龙游县建制撤销,境内归属衢县;从横山生产大队析出杜叶生产大队

续表1-4

建制名称	隶 属	时 间	备 注
横山、志棠、下宅、杜叶管理区	模环人民公社	1960 年 2 月	改生产大队为管理区
横山、志棠、下宅人民公社	模环区	1961 年 7 月	杜叶管理区并入横山公社;1981 年衢县改为衢州市(县级);1983 年,龙游县恢复
横山乡(镇)、志棠乡、下宅乡	模环区	1983 年 12 月	1990 年 12 月横山撤乡建镇,属模环区
横山镇、志棠乡(镇)	龙游县	1992 年 5 月	撤模环区,下宅乡并入横山镇;1993 年 3 月,志棠乡改为建制镇
横山镇	龙游县	2005 年 12 月	志棠镇、横山镇合并称横山镇

二、村级建制

唐代以前无考。北宋初年承袭唐代旧制,县下设乡,乡下有里。熙宁(1068—1077)、元丰(1078—1085)以后县下设乡,乡下设都。元世祖至元中(1264—1294),都下设图。明初沿袭元制,乡下设都。洪武十四年(1381)诏天下编赋役黄册,以 110 户为一里(在城曰坊,近城曰厢),里编为册,一册首总作一图。至是乡虽沿用,实为都图制。宣统三年(1911),依城镇乡自治章程,废乡都图制,县下设区,区下为庄。

村 1928 年 7 月,改区为村里(在乡称村,集镇称里),村里下为闾,闾下为邻。1929 年改村里为乡镇,乡镇以下为闾、邻(10 户为 1 邻,3 邻为 1 闾,3 闾为 1 村)。村名一般以相邻的几个自然村中的大村名命名。之后,村名数次变动,一直至 1983 年恢复村建制。

保 1934 年乡镇以下废闾邻,编组保甲。1940 年县重新规划乡镇界域,合并保甲。保甲制一直延续至 1949 年。保相当于现行政村。中华人民共和国成立后废除保甲制,实行行政村建制,以阿拉伯数字命名村名。

合作社 农业生产合作化时,以合作社名命名村名。参见本志第十二章。

生产队 1958 年 9 月,实行政社合一,建立工农商学兵五位一体的人民公社,此时行政村称生产队。

生产大队 1960 年 2 月,各管理区成立时,所属生产队改称生产大队。1961 年 7 月,为贯彻中共中央《农村人民公社工作条例(草案)》(即"六十条")和《关于改变农村人民公社基本核算单位问题的指示》,人民公社实行三级所有,以队为基础,以生产队为基本核算单位,实行政社合一的管理体制。

第二节 境 域

由于建制不断变更,不同的历史时期,境域发生着不同的变化。现横山镇境域东邻金华市兰溪市诸葛镇、水亭畲族乡，南接模环乡，西南与塔石镇相邻，西交石佛乡，西北、北、东北与杭州市建德市航头镇、大慈岩镇为邻。东西最大距离 10.95 公里，南北最大距离 15.64 公里。

一、部分调整

2017 版县志载：据省档案馆资料，1936 年 11 月 12 日，龙游县以珏塘村之半及梅岭村划属寿昌县，寿昌县以飞地张家村之半(今属河宗行政村)及上叶(今属塔下叶行政村)划属龙游县。编者注：三十七都三图原有童家、邵山头、小塘坞，现属建德市，也应为此时划出。

1949 年 11 月，后徐乡改称下宅乡时，原属塔石乡的项家村属下宅乡。

1950 年 5 月，石佛乡析置下洪、夏家、西垣三乡，原属下宅乡的后徐、大平山村划入下洪乡，大平坂(也称大平畈)村划属夏家乡。

1950 年 11 月，原属下宅乡余岗、龙门桥两村划入横山乡。

1952 年 3 月，原属夏家乡大平坂村划属下宅乡。

1956 年 3 月，下洪、夏家、西垣复合并称石佛乡时，将下洪乡的后徐、大平山两村划归下宅乡。张家乡撤销，与志棠乡合并，所属张家、钱家、东王、塔下叶并入志棠乡，会泽里、白鹤桥、上向徐并入横山乡。原属新王乡的吴仪宾、上下朱村划入横山乡。

1958 年 9 月，横山、志棠、下宅乡改称横山、志棠、下宅生产大队，并分设杜叶(也称杜野)生产大队。此时以高级农业生产合作社为基础，所属各生产队有较大调整合并。横山生产大队辖八石坂、余岗、下西山、方野、会泽里、横山、西方坞 7 个生产队(吴仪宾、上下朱村划入新王生产大队，龙门桥、白鹤桥划入杜野生产大队)；志棠生产大队辖志棠、杨家、儒大门、塔下叶 4 个生产队；下宅生产大队的大平山、后徐生产队合并称后徐生产队，并将 7 个村(项家、脉元、贤求朋、后徐、下宅、胡家、大平坂)合并成 1 个生产队；杜叶生产大队辖龙门桥、白鹤桥、上向徐、张家、东王 5 个生产队。

1960 年 2 月，各生产大队改称管理区，各生产队改称生产大队，时生产大队数有所增加。横山管理区保留八石坂、余岗、下西山、方野、会泽里、横山、西方坞，原属杜叶生产大队的龙门桥、白鹤桥划入，共 9 个生产大队；志棠管理区保留志棠、杨家、儒大门，塔下叶划出(入杜叶管理区)，恢复凌阁张、腰塘边，共 5 个生产大队，后增加新宅、下店，共 7 个生产大队；下宅管理区后徐、胡家合并称胡家，析出大平山、腰塘边，共 8 个队，仍为 1 个基本核算单位；杜叶管理区保留上向徐、张家、东王，原属志棠生产大队的塔下叶划入，龙门桥、白鹤桥划归横山管理区，共 4 个生产大队，后增加钱家、翁坞、山门寺水库，共 7 个生产大队。

1961 年 6 月，新王、杜野管理区撤销，原属新王管理区的吴仪宾、上下朱与原属杜野管理区的上向徐、山门寺水库生产大队划入横山公社；原属杜野管理区的张家、东王、塔下叶、钱家、翁坞生产大队划入志棠公社。横山公社原有 9 个生产大队，加划入吴仪宾、上下朱、上向徐、山门寺水库及增加高山、东坞、溪边、仓头、下厅、叶野生产大队，共 19 个生产大队。志棠公社杨家、儒大门、新宅、下店、凌阁张、腰塘边，将志棠生产队拆分前邵、卸厅、席家、后邵大队，划入张家、东王、塔下叶、钱家、翁坞大队，共 15 个生产大队。下宅管理区撤销时，胡家改称后徐，共有 8 个生产大队。

1969 年 2 月，横山公社将东坞、高山、下厅、叶野并入横山生产大队，共 15 个生产大队。志棠公社将前邵、卸厅、席家、后邵大队合并成志棠生产大队，共 12 个生产大队。1972 年 8

月，横山生产大队拆分成横山、高山生产大队，共16个生产大队。志棠公社将志棠生产大队拆分成前部、卸厅、席家、后部生产大队，共15个生产大队。下宅公社8个生产大队不变。

此后村建制调整，参见本章第四节行政村。

二、境域位置

据万历志、康熙志、民国志，除三十八都在县西北55里，图数一直是3个外，各志的图数有变化与波动：二十四都在县东北40里，图数分别是9、5、4个；二十五都在县北30里，图数分别是12、7、7个；三十六都在县东北40里，图数分别是5、4、5个；三十七都在县北30里，图数分别是8、5、5个。

1990版地名志载：横山乡，位县东北部，东与兰溪市水亭、圣山乡接壤，南与模环乡毗邻，西靠下宅乡，北接志棠乡及建德县大店口乡，总面积34平方公里，乡人民政府驻横山，在县城东北16.3公里，模环区公所亦驻此。志棠乡，位县东北部，东与建德县里叶乡、兰溪市双牌乡接壤，南与横山乡相连，西与建德县大店口乡交界，北与建德县航头乡相邻，总面积29.4平方公里，乡人民政府驻志棠，在县城北24.5公里。下宅乡，位县北部，东邻横山乡，南接模环、塔石乡，西靠石佛乡，北与建德县大店口乡交界，总面积23.4平方公里，乡人民政府驻后徐，在县城北17.2公里。

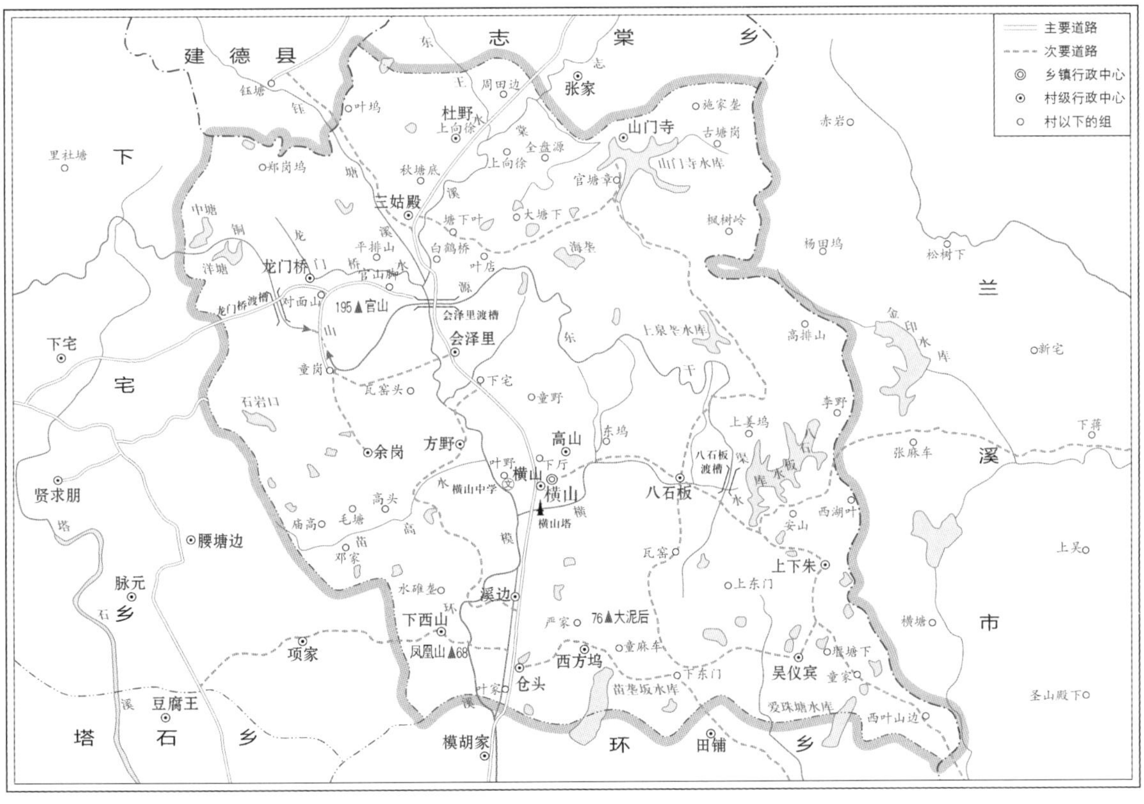

图 1-1　　横山乡地图(原载《浙江省龙游县地名志》)

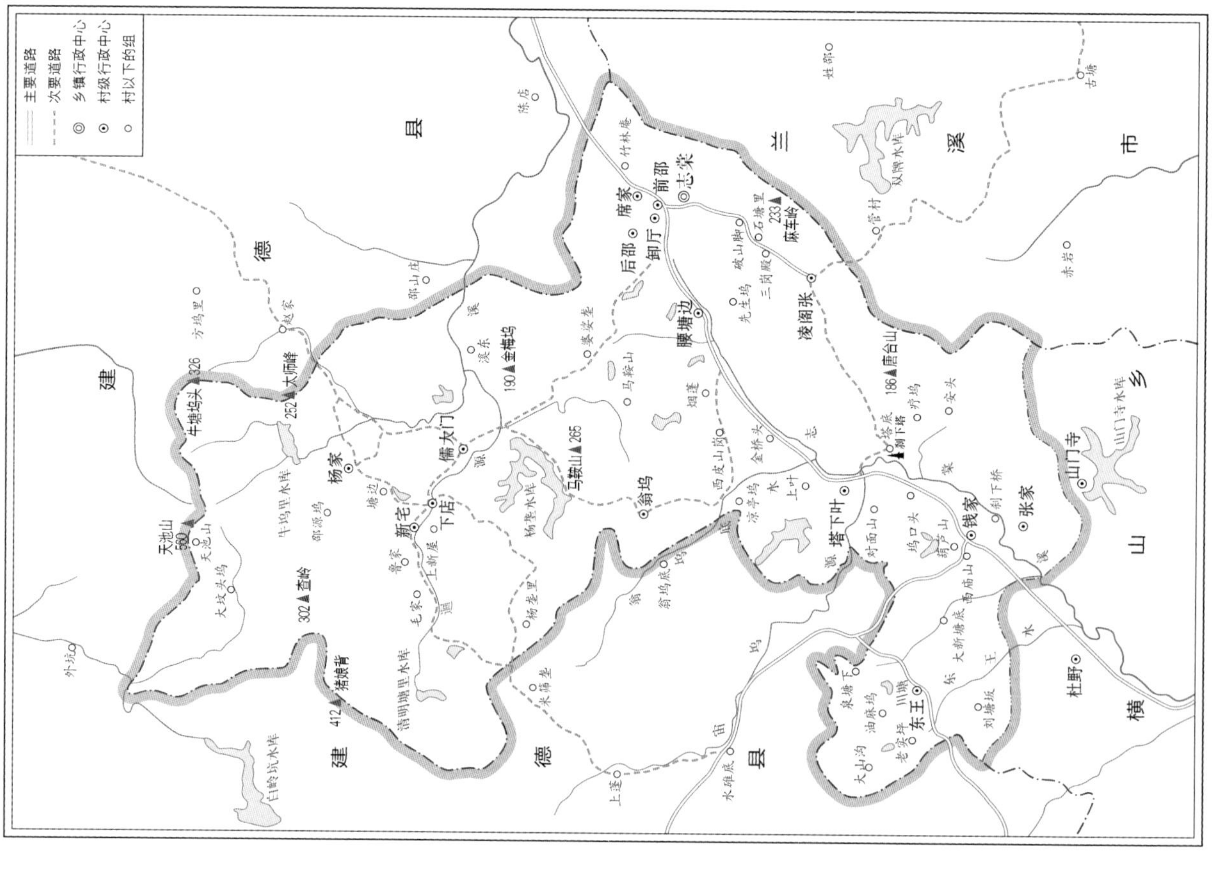

图1－2 志棠乡地图（原载《浙江省龙游县地名志》）

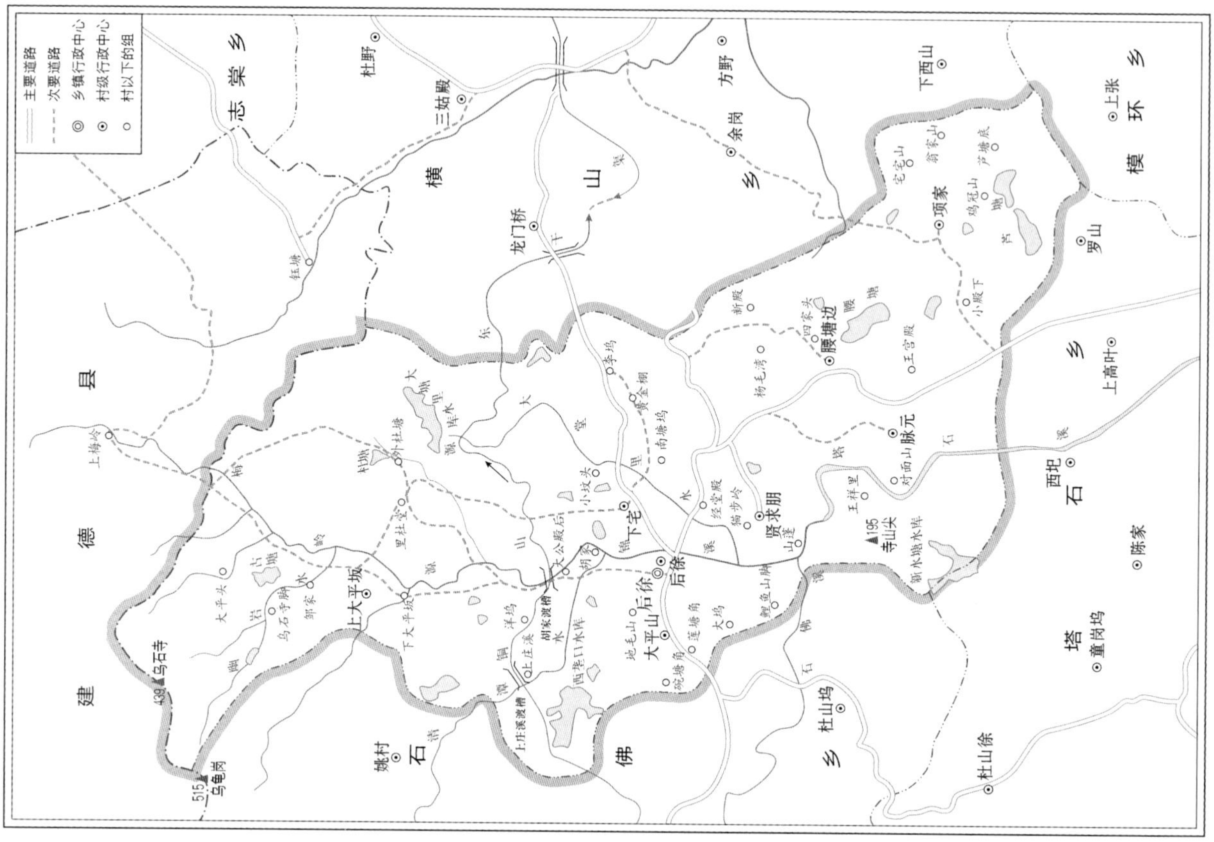

图1－3 下宅乡地图（原载《浙江省龙游县地名志》）

第三节 行政区划

唐时设乡、里。元朝改设乡、都、图,延至明清。清末县下设区,区下改图为庄。民国间县以下区划变动甚多,名称亦多变,末期定为乡(镇)、保、甲。中华人民共和国成立后,以区、乡、村三级建制为主,1958 年后,实行政社合一的人民公社体制,1983 年复为区(镇)、乡(镇)、村。此后经调整,区划设置呈数量减少、范围扩大之势,至 2005 年横山镇有 39 个行政村,2008 年 4 月行政村调整为 20 个。

一、明清时期

对照横山镇地域,原横山乡,清末属宣教乡二十四都二、三图,二十五都一图,三十六都一至四图及三十七都四图;原志棠乡,清末属宣教乡三十七都一至三图及五图;原下宅乡,清末属宣教乡二十五都一、三、七图及三十八都一、二图。编者注:下文录自民国志,如今有的村已不在横山镇域内。

二十四都(旧乡名及所在:宣教乡,在县北)。

二图,区属:新王。有八石坂、上张坞村(距城 35 里),西方坞、下东门、童麻车、田铺、麻里洞、殿下村(距城 28 里),上东门村(距城 30 里)。

三图,区属:塔下叶。有荷叶溪边、余冈、方野、叶野村(距城 30 里),慕和严村(距城 28 里)。

二十五都(旧乡名及所在:宣教乡,在县北)。

一图,区属:塔石头。有新殿村(距城 28 里),泗塘项家、小殿下、药塘边、童冈、杨塘山、李王山、邓家山、上社山、翁家山、枣树园、实卜陇、庙高村(距城 25 里)。

三图,区属:石佛。有厚徐、下宅、胡家、鲤鱼山脚村(距城 35 里)。

七图,区属:塔石头。有脉元、环墙里、堰口村(距城 30 里)。

三十六都(旧乡名及所在:宣教乡,在县北)。

一图,区属:塔下叶。有横山、东坞村(距城 30 里)。

二图,区属:塔下叶。有白鹤桥、会泽李村(距城 40 里),童墅村(距城 35 里)。

三图,区属:蛮王。有下西山、湖都桥、新坂、周家、叶家、苍里、方家、胡家、蟒塘村(距城 30 里)。

四图,区属:新王。有吴仪宾、童家、堰塘下、山下朱、前坞、添丁坞、李野、安山、徐坞叶村(距城 30 里),高排山村(距城 35 里)。

三十七都(旧乡名及所在:宣教乡,在县北)。

一图,区属:塔下叶。有珏堂、梅岭、东王、叶坞、泉塘下、油麻坞、刘塘坂村(距城 50 里)。是图中有城江坞、大山干、东车坂、老日蓬、风雪庙、瓦窑后、羊野诸村,均三四户,故不列。

二图,区属:塔下叶。有翁五里、瑶塘边、马山干、安头、烟蓬、婆婆垄、西皮冈村(距城 50

里),塔下叶、刹下桥、钱家村(距城45里)。

三图,区属:塔下叶。有志棠、席家、溪东、童家、邵家、凌阁张、仙生坞、后邵村(距城50里)。

四图,区属:塔下叶。有龙门桥、塘下叶、周田边、大塘下、李坞、三姑殿前、杜墅、叶店、古塘冈、施家垄、官塘章、枫树岭、长坞垄、湾垄村(距城40里),上山徐村(距城45里)。

五图,区属:塔下叶。有廻源、下店、鲁家、杨家、徐门、邵源鲁村(距城50里)。

三十八都(旧乡名及所在:宣教乡,在县北)。

一图,区属:石佛。有姚村、东山、石塘、太平坂、社塘村(距城35里)。

二图,区属:石佛。有白马、桑园村(距城30里),丰塘山、朱家塘边、上庄溪、南山根、后垄坞、东湖陇、何叶、姊妹山、大坂头村(距城35里)。

二、中华民国时期

1934年 时塔下乡编23个保,全涉现境域;塔石乡编18个保,其中1、2、3、4、5保涉现境域;石佛乡编19个保,其中1、2、3、4保涉现境域;新王乡编13个保,其中10、11、12、13保涉现境域;模环乡编20个保,其中19、20保涉现境域。

表1-5 **1934—1940年涉境域村落保甲情况表**

乡名	保 次	甲数(个)	涉境域村落
塔下乡	1	10	高山顶以东、东坞
	2	9	高山顶以西、横山街
	3	11	叶野、方野、横山上街
	4	12	余岗、桐岗、苗高、四家头
	5	8	湖涯溪边、倪家、水碓龙、妙高垅
	6	6	童野、下宅、会泽里以东
	7	11	会泽里以西、瓦窑
	8	11	上向徐、大塘下、叶店、汪垄、施家垅
	9	12	杜野、金盆源、官塘章、周田边、枫树岭
	10	9	白鹤桥、三姑殿后、塘下叶、古塘岗
	11	11	龙门桥、里坞、长坞垅
	12	8	东王、油麻坞、大山沟、老实坪
	13	6	珏塘、越坞、梅岭、刘塘坂
	14	6	上梅岭、乌石寺脚
	15	11	翁坞、马鞍山、腰塘边、婆婆垄、上叶
	16	11	下叶、金桥头、凉亭坞、烟蓬、西皮山岗
	17	8	钱家、安头、大清塘、插花桥、塔底
	18	12	志棠、前邵、破山脚、席家
	19	10	后邵、长安山
	20	9	凌阁张、先生坞、麻车岭、溪东

续表1-5

乡名	保 次	甲数(个)	涉境域村落
塔下乡	21	9	童家、邵山头、小塘坞
	22	11	杨家、邵源坞、儒大门
	23	10	廻源、新宅、鲁家、下店、杨垄里
塔石乡	1、2	10、12	庙高、项家、小殿下、鸡冠山、翁家山、童冈、药塘边、新殿、芦塘堰
	3、4、5	8、8、8	蓦然、堰口棚、环墙里、野猫湾、瓦塘沿
石佛乡	1、2、3、4	10、10、8、8	后徐、下宅、胡家、大平山、鲤鱼山脚
新王乡	10、11	10、10	上下朱、荷叶冰、上东门、西坞叶、堰塘下、童家、前坞、李叶、安山、添丁坞、高排山
	12、13	10、7	上姜坞、八石坂(畈)、西方坞、下东门、童麻车、麻里洞
模环乡	19、20	不详	下西山、溪边

1940年 时塔下乡编13个保,全涉现境域;新王乡编12个保,其中7、8、9、10、11、12保涉现境域;后徐乡编11个保,其中1、2、3、6、7、8、9、10保涉现境域;塔石乡编13个保,其中1保涉现境域;模环乡编12个保,其中12保涉现境域。

表1-6 **1940—1949年涉境域村落保甲情况表**

乡名	保 次	甲数(个)	涉境域村落
塔下乡	1	14	会泽里、下宅、童野、瓦窑头
	2	12	白鹤桥、三姑殿、叶坞、塘下叶、秋塘底、叶店、汪(湾)垄、大塘下
	3	13	上向徐、杜野、周田边、金盆源、施家垄、古塘岗、官塘章、枫树岭
	4	12	张家、插花桥、安头、廖坞
	5	8	钱家、插花桥、乌堪头、大新塘底
	6	6	东王、油麻坞、泉塘下、老实坪、大山沟、叶坞、刘塘坂(畈)
	7	11	塔下叶、金桥头、上叶、凉亭坞、对面山、塔底
	8	11	马鞍山、翁坞、烟蓬、腰塘边、婆婆垄、西皮山岗、凌阁张、先生坞
	9	9	三岗殿、石塘里
	10	9	前邵、席家(竹林庵)、破山脚
	11	10	后邵、长安山、卸厅
	12	15	杨家、邵源坞、溪东、儒大门
	13	12	新宅、鲁家、毛家、下店、塘边、杨垄里
新王乡	7	不详	吴仪宾、堰塘下、童家、西叶山边、上东门
	8	不详	上下朱、西坞叶、安山
	9	不详	西方坞、严家、童麻车、下东门
	10	不详	八石坂(畈)、高排山、李野、上姜坞

续表1-6

乡名	保 次	甲数(个)	涉境域村落
新王乡	11	不详	横山、叶野、方野
	12	不详	横山(下厅、高山)、东坞
后徐乡	1	不详	童岗、余岗、毛塘、高头、邓家
	2	不详	脉元
	3	不详	贤求朋、王祥里、腰塘边、新殿、杨毛湾、四家头
	6	不详	大平山、碗塘角、上庄溪、地毛山、莲塘角、鲤鱼山脚
	7	不详	后徐、胡家
	8	不详	下宅、南塘坞、李坞、黄金棚
	9	不详	龙门桥、郑岗坞、官山脚、平排山
	10	不详	上大平坂(畈)、大平头、乌石寺脚、邹家、下大平坂(畈)、里社塘、外社塘
塔石乡	1	不详	庙高、项家、小殿下、鸡冠山、翁家山、宅宅山
模环乡	12	不详	溪边、下西山、水碓垄、仓头、叶家、芦塘底

三、中华人民共和国成立以后

中华人民共和国成立以后,现横山镇域区划变动频繁。

1950 年 村名以数字排序。横山乡 1~6 村,志棠乡 1~7 村,张家乡 1~7 村,下宅乡 1~7 村。

1960 年 2 月 村改为生产队。横山管理区 9 个生产队,志棠管理区 5 个生产队,下宅管理区 1 个生产队,杜叶管理区 4 个生产队。

1961 年 7 月 生产队改为生产大队。横山人民公社 19 个生产大队,志棠人民公社 15 个生产大队,下宅人民公社 8 个生产大队。

1969 年 2 月 横山人民公社 15 个生产大队,志棠人民公社 12 个生产大队,下宅人民公社 8 个生产大队。

1972 年 8 月 横山人民公社 16 个生产大队,志棠人民公社 15 个生产大队,下宅人民公社 8 个生产大队。

1984 年 1 月 生产大队改行政村,横山乡 16 个行政村,志棠乡 15 个行政村,下宅乡 8 个行政村。

1992 年 5 月 横山镇、下宅乡合并为横山镇,横山镇 24 个行政村。1993 年 3 月,志棠撤乡建镇,志棠镇 15 个行政村。

2005 年 12 月 横山镇、志棠镇合并为横山镇,共 39 个行政村。

2008 年 4 月 行政村规模调整,横山镇辖 20 个行政村,下设 255 个村民小组。

第四节 行政村

行政村的数量与范围历来变动较大,本节仅记解放后境内行政村沿革、范围及隶属演变。需说明的是,行政村沿革录自2017版地名志,对照有关资料,其中或有记述不准之处。

表1-7 1950—1961年各村隶属演变情况表

时 间	隶 属	数量	村、生产队、生产大队	备 注
1949年11月—1950年10月	下宅乡	7	1村:童岗、余岗、庙高;2村:脉元;3村:王祥里、贤求朋;4村:下宅、龙门桥、郑岗坞;5村:新殿、腰塘边、李坞;6村:胡家;7村:项家、小殿下	1950年5月原下宅乡后徐、大平山划属下洪乡,大平坂(畈)划属夏家乡
1950年11月—1952年2月	下宅乡	7	庙高、脉元、贤求朋、下宅、新殿、胡家、项家村	土改后,龙门桥、余岗划属横山乡
1952年3月—1956年5月	下宅乡	8	大平坂(畈)、项家、脉元、贤求朋、下宅、胡家、后徐、大平山村	1952年3月大平坂(畈)划归,1956年3月大平山、后徐划归,庙高划属横山乡
1956年6月—1958年8月	下宅乡	1	1956年6月17日,下宅乡试办新生活高级农业生产合作社,21个自然村合为一乡一社	分为13个大队、50个生产小队和1个开荒大队
1958年9月—1960年1月	下宅生产大队	7	项家、脉元、贤求朋、后徐、下宅、胡家、大平坂(畈)生产队	后徐、大平山合并称后徐
1960年2月—1961年6月	下宅管理区	8	项家、脉元、贤求朋、下宅、胡家、大平坂(畈)、大平山、腰塘边生产大队	后徐、胡家合并称胡家,增加大平山、腰塘边
1950年6月—1956年2月	张家乡	7	1村:会泽里;2村:白鹤桥、三姑殿、塘下叶、叶坞;3村:周田边、叶店、杜叶、上向徐、官塘章;4村:张家、施家垄;5村:钱家;6村:油麻坞、东王、上叶、凉亭坞;7村:塔下叶	—
1950年6月—1956年2月	志棠乡	7	1村:腰塘边、翁坞;2村:凌阁张;3村:前邵、卸厅;4村:席家、后邵;5村:儒大门、溪东;6村:杨家、邵源鲁;7村:新宅、下店	—
1956年3月—1958年8月	志棠乡	8	张家、东王、塔下叶、腰塘边、凌阁张、志棠、杨家、儒大门村	1956年3月张家、东王、塔下叶从张家乡划入

续表1-7

时 间	隶 属	数量	村、生产队、生产大队	备 注
1958 年 9 月—1960 年 1 月	志棠生产大队	4	志棠、杨家、儒大门、塔下叶生产队	1958 年 9 月张家、东王划入杜叶(野)生产大队,腰塘边、凌阁张并入志棠,新宅、儒大门合并称儒大门
1960 年 2 月—1961 年 6 月	志棠管理区	5	杨家、儒大门、志棠、凌阁张、腰塘边生产大队	塔下叶划入杜叶(野)管理区,恢复凌阁张、腰塘边;后儒大门析出新宅、下店生产大队(共 7 个)
1950 年 11 月—1956 年 2 月	横山乡	6	1 村:西方坞、童麻车、下东门、严家;2 村:西湖叶、安山、李(里)叶、高排山、上东门;3 村:八石坂(畈)、上姜坞;4 村:花厅山背、高山、东坞、下殿(厅);5 村:方野、叶野;6 村:湖涯溪边、下西山、邓家、水碓垄	1952 年土改完成后余岗、龙门桥、吴仪宾、上下朱划入
1956 年 3 月—1958 年 8 月		12	西方坞、上下朱、八石坂(畈)、横山、方野、下西山、余岗、龙门桥、吴仪宾、上向徐、会泽里、白鹤桥村	1956 年 3 月会泽里、白鹤桥、上向徐从张家乡划入;庙高从下宅乡划入,与余岗合并
1958 年 9 月—1960 年 1 月	横山生产大队	7	下西山、西方坞、八石坂(畈)、横山、余岗、方野、会泽里生产队	吴仪宾、上下朱划入新王生产大队,上向徐、龙门桥、白鹤桥划入杜叶(野)生产大队
1960 年 2 月—1961 年 6 月	横山管理区	9	会泽里、横山、八石坂(畈)、西方坞、下西山、方野、余岗、龙门桥、白鹤桥生产大队	龙门桥、白鹤桥划归
1952 年 6 月—1952 年 11 月	会泽里乡		时间短,村名不详	—
1958 年 9 月—1960 年 1 月	杜叶(野)生产大队	5	龙门桥、白鹤桥、上向徐、张家、东王生产队	1960 年 2 月龙门桥、白鹤桥划归横山管理区
1960 年 2 月—1961 年 6 月	杜叶(野)管理区	4	张家、上向徐、东王、塔下叶生产大队	塔下叶从志棠管理区划入,后增加翁坞、钱家、山门寺水库生产大队(共 7 个)

表 1-8 **1961—2022 年各村隶属演变情况表**

时 间	隶 属	数量	生产大队、村	备 注
1961 年 7 月—1969 年 2 月	横山人民公社	19	会泽里、横山、八石坂(畈)、西方坞、下西山、方野、余岗、龙门桥、白鹤桥、吴仪宾、上下朱、上向徐、高山、东坞、湖涯溪边、仓头、下厅、叶野、山门寺水库生产大队	新王管理区撤销时,吴仪宾、上下朱划入;杜叶管理区撤销时,上向徐、山门寺水库划入。新增高山、东坞、湖涯溪边、仓头、下厅、叶野

续表1-8

时 间	隶 属	数量	生产大队、村	备 注
1969 年 3 月—1972 年 8 月	横山人民公社	15	会泽里、横山、八石坂(畈)、西方坞、下西山、方野、余岗、龙门桥、白鹤桥、吴仪宾、上下朱、杜野、山门寺、湖涯溪边、仓头生产大队	横山、高山、东坞、下厅、叶野合并称横山;上向徐改称杜野
1972 年 9 月—1983 年 12 月		16	会泽里、横山、高山、八石坂(畈)、西方坞、下西山、方野、余岗、龙门桥、白鹤桥、吴仪宾、上下朱、上向徐、山门寺、溪边、仓头生产大队	横山析出高山,杜野改称上向徐
1961 年 7 月—1969 年 2 月	志棠人民公社	15	前邵、卸厅、席家、后邵、杨家、新宅、下店、儒大门、翁坞、腰塘边、凌阁张、塔下叶、东王、钱家、张家生产大队	杜叶管理区撤销,翁坞、钱家、张家、东王、塔下叶划入。志棠分成前邵、卸厅、席家、后邵
1969 年 3 月—1972 年 8 月		12	志棠、杨家、新宅、下店、儒大门、翁坞、腰塘边、凌阁张、塔下叶、东王、钱家、张家生产大队	前邵、卸厅、席家、后邵合并称志棠
1972 年 9 月—1983 年 12 月		15	前邵、卸厅、席家、后邵、杨家(邵)、新宅(源)、下店、儒大门、翁坞、腰塘边、凌阁张、塔下叶、东王、钱家、张家生产大队	志棠分划前邵、卸厅、席家、后邵
1961 年 7 月—1983 年 12 月	下宅人民公社	8	后徐、大平山、大平坂(畈)、下宅、贤求朋、腰塘边、脉元、项家生产大队	胡家改称后徐
1984 年 1 月—1992 年 4 月	横山乡(镇)	16	横山、高山、上向徐、山门寺、白鹤桥、龙门桥、会泽里、余岗、方野、八石坂(畈)、上下朱、溪边、下西山、西方坞、吴仪宾、仓头村	1992 年 5 月下宅乡并入横山镇
	志棠乡	15	前邵、卸厅、席家、后邵、杨家(邵)、新宅(源)、下店、儒大门、翁坞、腰塘边、凌阁张、塔下叶、东王、钱家、张家(溪)村	—
	下宅乡	8	后徐、大平坂(畈)、下宅、大平山、贤求朋、腰塘、脉元、项家村	—
1992 年 5 月—2005 年 11 月	横山镇	24	横山、高山、上向徐、山门寺、白鹤桥、龙门桥、会泽里、余岗、方野、八石坂(畈)、上下朱、溪边、下西山、西方坞、吴仪宾、仓头、后徐、大平坂(畈)、下宅、大平山、贤求朋、腰塘、脉元、项家村	—
	志棠乡(镇)	15	前邵、卸厅、席家、后邵、杨家、新宅、下店、儒大门、翁坞、腰塘边、凌阁张、塔下叶、东王、钱家、张家村	1993 年 3 月志棠撤乡建镇

续表1-8

时　间	隶　属	数量	生产大队、村	备　注
2005年12月—2008年3月	横山镇	39	横山、高山、上向徐、山门寺、白鹤桥、龙门桥、会泽里、余岗、方野、八石坂(畈)、上下朱、溪边、下西山、西方坞、吴仪宾、仓头、后徐、大平坂(畈)、下宅、大平山、贤求朋、腰塘、脉元、项家、前邵、卸厅、席家、后邵、杨家、新宅、下店、儒大门、翁坞、腰塘边、凌阁张、塔下叶、东王、钱家、张家村	2005年12月志棠镇与横山镇合并称横山镇
2008年4月—	横山镇	20	天池村(由杨家、新宅、下店、儒大门村合并)、志棠村(由前邵、席家、卸厅、后邵合并)、腰塘边村(凌阁张并入)、塔下叶村(翁坞并入)、河宗村(由张家、钱家与山门寺的古塘岗和施家垄自然村合并)、会泽里村、上向徐村(东王并入)、横山村(高山、方野并入)、下西山村(溪边并入)、西方坞村(仓头并入)、上宾村(由上下朱、吴仪宾合并)、下宅村(龙门桥并入)、后徐村(大平山并入)、贤求朋村(腰塘并入)、白鹤桥村(山门寺的枫树岭和官塘自然村并入)、八石坂(畈)村、项家村、脉元村、大平坂(畈)村、余岗村	2008年4月行政村由39个调整为20个

一、行政村沿革

2005年12月,横山镇有行政村39个。

横山村　1948年属新王乡,1950年11月始属横山乡;1958年9月始为横山生产队,属横山生产大队;1961年7月后为横山生产大队,属横山公社;1984年1月后为横山村,属横山乡,1992年5月后属横山镇。村民小组7个。

高山村　1948年属新王乡,1950年11月始属横山乡;1958年9月始为高山生产队,属横山生产大队;1961年7月后为高山生产大队,属横山公社;1984年1月后为高山村,属横山乡,1992年5月后属横山镇。村民小组7个。

方野村　1948年属新王乡,1950年11月始属横山乡;1958年9月始为方野生产队,属横山生产大队;1961年7月后为方野生产大队,属横山公社;1984年1月后为方野村,属横山乡,1992年5月后属横山镇。村民小组2个。

上向徐村　1948年属塔下叶乡,1950年6月始属张家乡,1956年3月后属横山乡;1958年9月始为上向徐生产队,属杜叶(野)生产大队;1961年7月后为上向徐生产大队,属横山公社;1984年1月后为上向徐村,属横山乡,1992年5月后属横山镇。村民小组8个。

山门寺村　1948年属塔下叶乡,1950年6月始属张家乡,1956年3月后属横山乡;1960年2月始为山门寺水库生产大队,属杜叶(野)管理区;1961年7月后为山门寺生产大队,属横山公社；1984 年 1 月后为山门寺村，属横山乡，1992 年 5 月后属横山镇。村民小组 4 个。

白鹤桥村　1948 年属塔下叶乡，1950 年 6 月始属张家乡，1956 年 3 月后属横山乡；1958 年 9 月始为白鹤桥生产队，属杜叶（野）生产大队；1961 年 7 月后为白鹤桥生产大队，属横山公社；1984 年 1 月后为白鹤桥村，属横山乡，1992 年 5 月后属横山镇。村民小组 8 个。

会泽里村　1948 年属塔下叶乡，1950 年 6 月始属张家乡，1956 年 3 月后属横山乡；1958 年 9 月始为会泽里生产队，属横山生产大队；1961 年 7 月后为会泽里生产大队，属横山公社；1984 年 1 月后为会泽里村，属横山乡，1992 年 5 月后属横山镇。村民小组 10 个。

上下朱村　1948 年属新王乡，1952 年土改完成后属横山乡；1958 年 9 月始为上下朱生产队，属新王生产大队；1961 年 7 月后为上下朱生产大队，属横山公社；1984 年 1 月后为上下朱村，属横山乡，1992 年 5 月后属横山镇。村民小组 6 个。

吴仪宾村　1948 年属新王乡，1952 年土改完成后属横山乡；1958 年 9 月始为吴仪宾生产队，属新王生产大队；1961 年 7 月后为吴仪宾生产大队，属横山公社；1984 年 1 月后为吴仪宾村，属横山乡，1992 年 5 月后属横山镇。村民小组 8 个。

八石坂（畈）村　1948 年属新王乡，1950 年 11 月始属横山乡；1958 年 9 月始为八石坂（畈）生产队，属横山生产大队；1961 年 7 月后为八石坂（畈）生产大队，属横山公社；1984 年 1 月后为八石坂（畈）村，属横山乡，1992 年 5 月后属横山镇。村民小组 13 个。

西方坞村　1948 年属新王乡，1950 年 11 月始属横山乡；1958 年 9 月始为西方坞生产队，属横山生产大队；1961 年 7 月后为西方坞生产大队，属横山公社；1984 年 1 月后为西方坞村，属横山乡，1992 年 5 月后属横山镇。村民小组 8 个。

仓头村　1948 年属模环乡，1950 年 11 月始属横山乡；1958 年 9 月始为仓头生产队，属横山生产大队；1961 年 7 月后为仓头生产大队，属横山公社；1984 年 1 月后为仓头村，属横山乡，1992 年 5 月后属横山镇。村民小组 2 个。

龙门桥村　1948 年属后徐乡，1952 年土改完成后属横山乡；1958 年 9 月始为龙门桥生产队，属杜叶（野）生产大队；1961 年 7 月后为龙门桥生产大队，属横山公社；1984 年 1 月后为龙门桥村，属横山乡，1992 年 5 月后属横山镇。村民小组 6 个。

下西山村　1948 年属模环乡，1950 年 11 月后属横山乡；1958 年 9 月始为下西山生产队，属横山大队；1961 年 7 月后为下西山生产大队，属横山公社；1984 年 1 月后为下西山村，属横山乡，1992 年 5 月后属横山镇。村民小组 6 个。

溪边村　1948 年属模环乡，1950 年 11 月后属横山乡；1958 年 9 月始为溪边生产队，属横山大队；1961 年 7 月后为溪边生产大队，属横山公社；1984 年 1 月后为溪边村，属横山乡，1992 年 5 月后属横山镇。村民小组 3 个。

余岗村　1948 年属后徐乡，1952 年土改完成后属横山乡；1958 年 9 月始为余岗生产队，属横山大队；1961 年 7 月后为余岗生产大队，属横山公社；1984 年 1 月后为余岗村，属横山乡，1992 年 5 月后属横山镇。村民小组 9 个。

杨家村　1948 年属塔下叶乡，1950 年 6 月始属志棠乡；1958 年 9 月始为杨家生产队，属志棠生产大队；1961 年 7 月后为杨家生产大队，属志棠公社，1981 年更名为杨邵生产大队；1984 年 1 月后为杨邵村，属志棠乡，1986 年复称杨家村；1993 年 3 月后属志棠镇，2005 年 12 月并入横山镇。村民小组 6 个。

新宅村　1948 年属塔下叶乡，1950 年 6 月始属志棠乡；1958 年 9 月始为新宅生产队，属志棠生产大队;1961年7月后为新宅生产大队,属志棠公社,1981年更名新源生产大队;1984年1月后为新源村,属志棠乡,1986年复称新宅村;1993年3月后属志棠镇,2005年12月并入横山镇。村民小组5个。

下店村 1948年属塔下叶乡,1950年6月始属志棠乡;1958年9月始为下店生产队,属志棠生产大队;1961年7月后为下店生产大队,属志棠公社;1984年1月后为下店村,属志棠乡;1993年3月后属志棠镇,2005年12月并入横山镇。村民小组3个。

儒大门村 1948年属塔下叶乡,1950年6月始属志棠乡;1958年9月始为儒大门生产队,属志棠生产大队;1961年7月后为儒大门生产大队,属志棠公社;1984年1月后为儒大门村,属志棠乡;1993年3月后属志棠镇,2005年12月并入横山镇。村民小组5个。

前邵村 1948年属塔下叶乡,1950年6月始属志棠乡;1958年9月始并入联胜生产队,属志棠生产大队;1961年7月后为前邵生产大队,属志棠公社;1984年1月后为前邵村,属志棠乡;1993年3月后属志棠镇,2005年12月并入横山镇。村民小组5个。

席家村 1948年属塔下叶乡,1950年6月始属志棠乡;1958年9月始为席家生产队,属志棠生产大队;1961年7月后为席家生产大队,属志棠公社;1984年1月后为席家村,属志棠乡;1993年3月后属志棠镇,2005年12月并入横山镇。村民小组2个。

卸厅村 1948年属塔下叶乡,1950年6月始属志棠乡;1958年9月始并入联胜生产队,属志棠生产大队;1961年7月后为卸厅生产大队,属志棠公社;1984年1月后为卸厅村,属志棠乡;1993年3月后属志棠镇,2005年12月并入横山镇。村民小组4个。

后邵村 1948年属塔下叶乡,1950年6月始属志棠乡;1958年9月始为后邵生产队,属志棠生产大队;1961年7月后为后邵生产大队,属志棠公社;1984年1月后为后邵村,属志棠乡;1993年3月后属志棠镇,2005年12月并入横山镇。村民小组4个。

塔下叶村 1948年属塔下叶乡,1950年6月属张家乡,1956年3月后属志棠乡;1958年9月始为塔下叶生产队,属志棠生产大队;1961年7月后为塔下叶生产大队,属志棠公社;1984年1月后为塔下叶村,属志棠乡;1993年3月后属志棠镇,2005年12月并入横山镇。村民小组8个。

翁坞村 1948年属塔下叶乡,1950年6月始属志棠乡;1958年9月始为翁坞生产队,属志棠生产大队;1961年7月后为翁坞生产大队,属志棠公社;1984年1月后为翁坞村,属志棠乡;1993年3月后属志棠镇,2005年12月并入横山镇。村民小组1个。

腰塘边村 1948年属塔下叶乡,1950年6月始属志棠乡;1958年9月与凌阁张并入志棠生产队,属志棠生产大队;1961年7月后为腰塘边生产大队,属志棠公社;1984年1月后为腰塘边村,属志棠乡;1993年3月后属志棠镇,2005年12月并入横山镇。村民小组10个。

凌阁张村 1948年属塔下叶乡,1950年6月始属志棠乡;1958年9月与腰塘边并入志棠生产队,属志棠生产大队;1961年7月后为凌阁张生产大队,属志棠公社;1984年1月后为凌阁张村,属志棠乡;1993年3月后属志棠镇,2005年12月并入横山镇。村民小组4个。

东王村 1948年属塔下叶乡,1950年6月始属张家乡,1956年3月后属志棠乡;1958年9月始为东王生产队,属杜叶生产大队;1961年7月后为东王生产大队,属志棠公社;1984年1月后为东王村,属志棠乡;1993年3月后属志棠镇,2005年12月并入横山镇。村民小组5个。

张家村 1948年属塔下叶乡,1950年6月始属张家乡,1956年3月后属志棠乡;1958年9月始为张家生产队,属杜叶生产大队;1961年7月后为张家生产大队,属志棠公社,1981年更名为张溪生产大队;1984 年 1 月后为张溪村,属志棠乡,1986 年复称张家村;1993 年 3 月后属志棠镇,2005 年 12 月并入横山镇。村民小组 9 个。

钱家村 1948 年属塔下叶乡,1950 年 6 月始属张家乡,1956 年 3 月后属志棠乡;1958 年 9 月始为钱家生产队,属志棠生产大队;1961 年 7 月后为钱家生产大队,属志棠公社;1984 年 1 月后为钱家村,属志棠乡;1993 年 3 月后属志棠镇,2005 年 12 月并入横山镇。村民小组 5 个。

项家村 1948 年属塔石乡,1949 年 11 月后属下宅乡;1958 年 9 月始为项家生产队,属下宅生产大队;1961 年 7 月后为项家生产大队,属下宅公社;1984 年 1 月后为项家村,属下宅乡;1992 年 5 月并入横山镇。村民小组 14 个。

贤求朋村 1948 年属后徐乡,1949 年 11 月始属下宅乡;1958 年 9 月始为贤求棚生产队,属下宅生产大队;1961 年 7 月后为贤求棚生产大队,属下宅公社;1984 年 1 月后为贤求棚村,属下宅乡;1992 年 5 月并入横山镇。村民小组 8 个;2009 年县政府批复同意更名为贤求朋村。

腰塘村 原名腰塘边村,1948 年属后徐乡,1949 年 11 月后属下宅乡;1958 年 9 月始为腰塘边生产队,属下宅生产大队;1961 年 7 月后为腰塘边生产大队,属下宅公社;1981 年更名腰塘;1984 年 1 月后为腰塘村,属下宅乡;1992 年 5 月并入横山镇。村民小组 4 个。

脉元村 1948 年属后徐乡,1949 年 11 月后属下宅乡;1958 年 9 月始为脉元生产队,属下宅生产大队;1961 年 7 月后为脉元生产大队,属下宅公社;1984 年 1 月后为脉元村,属下宅乡;1992 年 5 月并入横山镇。村民小组 14 个。

后徐村 1948 年属后徐乡,1949 年 11 月始属下宅乡,1950 年 5 月后属下洪乡,1952 年改属下宅乡;1958 年 9 月始为后徐生产队,属下宅生产大队;1961 年 7 月后为后徐生产大队,属下宅公社;1984 年 1 月后为后徐村,属下宅乡;1992 年 5 月并入横山镇。村民小组 8 个。

大平山村 1948 年属后徐乡,1949 年 11 月后属下宅乡,1950 年 5 月始属下洪乡,1952 年改属下宅乡;1958 年 9 月始为大平山生产队,属下宅生产大队;1961 年 7 月后为大平山生产大队,属下宅公社;1984 年 1 月后为大平山村,属下宅乡;1992 年 5 月并入横山镇。村民小组 7 个。

大平坂(畈)村 1948 年属后徐乡,1949 年 11 月始属下宅乡,1950 年 5 月后属夏家乡,1952 年改属下宅乡;1958 年 9 月始为大平坂(畈)生产队,属下宅生产大队;1961 年 7 月后为大平坂(畈)生产大队,属下宅公社;1984 年 1 月后为大平坂(畈)村,属下宅乡;1992 年 5 月并入横山镇。村民小组 6 个。

下宅村 1948 年属后徐乡,1949 年 11 月后属下宅乡;1958 年 9 月始为下宅生产队,属下宅生产大队;1961 年 7 月后为下宅生产大队,属下宅公社;1984 年 1 月后为下宅村,属下宅乡;1992 年 5 月并入横山镇。村民小组 12 个。

二、行政村境域

2008 年 4 月,行政村调整,横山镇原 39 个行政村调整为 20 个。

横山村 以村委会驻地横山得名。2008 年 4 月合并横山村、高山村、方野村而成。位于横山集镇,村委会位于镇政府驻地北 0.07 公里,东至八石坂(畈)村,南至下西山村溪边自然村,西至余岗村,北至会泽里村,地处平原丘陵,海拔 55~90 米。区域面积 4.64 平方公里,其中耕地 184 公顷,林地 67.67 公顷。

上向徐村 以村委会驻地上向徐得名。2008 年 4 月合并上向徐村、东王村而成。位于镇政府驻地北 3.4 公里,东至河宗村古塘岗、施家垄自然村,南、西至白鹤桥村,北至建德市航头镇石木岭村，地处丘陵，海拔 67～262 米。区域面积 4.18 平方公里，其中耕地 183.4 公顷，林地 103.8 公顷。

白鹤桥村 以原白鹤桥村得名。2008 年 4 月合并白鹤桥村和山门寺村的枫树岭自然村、官塘章自然村而成，村委会驻三姑殿自然村。位于镇政府驻地北 2.94 公里，东至兰溪市水亭乡杨田坞村，南至会泽里村，西至下宅村龙门桥自然村，北至上向徐村，地处丘陵，海拔 65～120 米。区域面积 3.9 平方公里，其中耕地 124.8 公顷，林地 151.27 公顷。

下宅村 以村委会驻地下宅得名。2008 年 4 月合并下宅村、龙门桥村而成。位于镇政府驻地西 5 公里，东至白鹤桥村，南至贤求朋村，西至后徐村，北至大平坂（畈）村，地处丘陵，海拔 65～211.1 米。区域面积 7.31 平方公里，其中耕地 262.4 公顷，林地 232.87 公顷。

会泽里村 以村委会驻地会泽里得名。位于镇政府驻地北 1.45 公里，东至八石坂（畈）村，南至横山村，西至余岗村，北至白鹤桥村，地处丘陵，海拔 57～150 米。区域面积 3.07 平方公里，其中耕地 129.4 公顷，林地 63.8 公顷。

余岗村 以村委会驻地余岗得名。位于镇政府驻地西 1.47 公里，东至横山村，南至项家村，西至贤求朋村，北至下宅村，地处丘陵，海拔 70～211.1 米。区域面积 2.79 平方公里，其中耕地 129.4 公顷，林地 63.8 公顷。

八石坂（畈）村 以村委会驻地八石坂（畈）得名。位于镇政府驻地东 1.2 公里，东至兰溪市水亭畲族乡垂江村，南至上宾村、西方坞村，西至横山村，北至白鹤桥村，地处丘陵，海拔 80～150 米。区域面积 4.84 平方公里，其中耕地 184.27 公顷，林地 87.33 公顷。

上宾村 2008 年 4 月合并上下朱村、吴仪宾村而成，村委会驻吴仪宾。位于镇政府驻地东南 3.15 公里，东至兰溪市水亭畲族乡垂江村，南至模环乡新王村诸家自然村，西至西方坞村下东门自然村、八石坂（畈）村上东门自然村，北至八石坂（畈）村，地处丘陵，海拔 68～100 米。区域面积 2.94 平方公里，其中耕地 161.47 公顷，林地 0.6 公顷。

下西山村 以村委会驻地下西山得名。2008 年 4 月合并下西山村、溪边村而成。位于镇政府驻地西南 1.57 公里，东至西方坞村，南至模环乡五都桥村，西至项家村，北至横山村、余岗村，地处丘陵，海拔 51～71 米。区域面积 2.05 平方公里，其中耕地 119.13 公顷，林地 4.33 公顷。

西方坞村 以村委会驻地西方坞得名。2008 年 4 月合并西方坞村、仓头村而成。位于镇政府驻地南 1.77 公里，东至上宾村，南至模环乡五都桥村、蛇塘坞村，西至下西山村，北至八石坂（畈）村，地处丘陵，海拔 51～83 米。区域面积 2.43 平方公里，其中耕地 137 公顷，林地 0.53 公顷。

后徐村 以村委会驻地后徐得名。2008 年 4 月合并后徐村、大平山村而成。位于镇政府驻地西北 5.52 公里，东至下宅村，南至贤求朋村，西至石佛乡三和村，北至大平坂（畈）村，地处丘陵，海拔 69～142 米。区域面积 3.68 平方公里，其中耕地 137.93 公顷，林地 55.87 公顷。

大平坂（畈）村 以村委会驻地上大平坂（畈）得名。位于镇政府驻地西北 7.21 公里，东至建德市大店口镇梅岭村，南至下宅村、后徐村，西至石佛乡姚村村，北至建德市大店口镇梅岭村，地处丘陵，海拔 90～146 米。区域面积 5.05 平方公里，其中耕地 117.3 公顷，林地 276.8 公顷。

贤求朋村 以村委会驻地贤求朋得名。2008 年 4 月合并贤求棚村、腰塘村而成。位于镇政府驻地西 4.52 公里，东至余岗村，南至脉元村，西至石佛乡杜山坞村，北至下宅村，地处丘陵，海拔 65～190 米。区域面积 3.58 平方公里，其中耕地 128.33 公顷，林地 101.93 公顷。

脉元村　以村委会驻地脉元得名。位于镇政府驻地西南 4.8 公里，东至项家村，南至塔石镇豆腐王村，西至塔石镇杜山徐村、石佛乡杜山坞村，北至贤求朋村，地处丘陵，海拔 60～190 米。区域面积 2.74 平方公里，其中耕地 130.33 公顷，林地 62.4 公顷。

项家村　以村委会驻地项家得名。位于镇政府驻地西南 2.58 公里，东至下西山村，南至塔石镇罗山村、模环乡五都桥村上张自然村，西至脉元村，北至余岗村，地处丘陵，海拔 60～67 米。区域面积 3.01 平方公里，其中耕地 193.07 公顷，林地 3.07 公顷。

志棠村　以原镇名志棠作村名，2008 年 4 月合并前邵村、席家村、卸厅村、后邵村而成，村委会驻前邵。位于镇政府驻地东北 8.6 公里，东至兰溪市诸葛镇周村，南、西至腰塘边村，北至建德市大慈岩镇陈店村，地处丘陵，海拔 80～300 米。区域面积 3.27 平方公里，其中耕地 122.27 公顷，林地 95.8 公顷。

天池村　以天池山命名。2008 年 4 月合并杨家村、新宅村、下店村、儒大门村而成，村委会驻儒大门。位于镇政府驻地北 10.2 公里，东至建德市大慈岩镇梅塘坞村，南至腰塘边村、塔下叶村，西至建德市大店口镇赵家村，北至建德市李家镇狮山村，地处丘陵半山区，海拔 120～560 米。区域面积 15.45 平方公里，其中耕地 257.47 公顷，林地 1102.47 公顷。

塔下叶村　以村委会驻地塔下叶得名。2008 年 4 月合并塔下叶村、翁坞村而成。位于镇政府驻地北 6.28 公里，东至建德市大慈岩镇陈店村，南至河宗村，西至建德市航头镇石木岭村，北至天池村，地处丘陵，海拔 70～220 米。区域面积 3.57 平方公里，其中耕地 131.2 公顷，林地 130.13 公顷。

腰塘边村　以村委会驻地腰塘边得名。2008 年 4 月合并腰塘边村、凌阁张村而成。位于镇政府驻地东北 8.35 公里，东至兰溪市诸葛镇泉塘村，南至塔下叶村，西至塔下叶村翁坞自然村，北至天池村，地处丘陵，海拔 75～265.8 米。区域面积 4.53 平方公里，其中耕地 184.87 公顷，林地 171.33 公顷。

河宗村　以河宗桥得名。2008 年 4 月合并张家村、钱家村及山门寺村的古塘岗自然村和施家垄自然村而成，村委会驻钱家。位于镇政府驻地北 4.8 公里，东至兰溪市水亭畲族乡乐塘村，南至白鹤桥村枫树岭自然村，西至上向徐村，北至塔下叶村，地处丘陵，海拔 70～186.2 米。区域面积 4.93 平方公里，其中耕地 150.67 公顷，林地 221.27 公顷。

第五节　自　然　村

境内自然村的数量，总体由少到多，后由多到少。20 世纪 50 年代后，由于人口增长和就近生产的需要，多有村民从原居住地迁出，在附近建聚落点，自然村逐渐增加。21 世纪后，新农村建设力度加大，陆续有村民从原先居住分散、交通不便的自然村搬迁到新的集中点定居，也有部分自然村由于范围的扩大，已相连成片，村落格局发生变化。

表 1-9　　1988 年末横山、志棠、下宅乡自然村情况表

乡名	自　然　村
横山乡	横山、叶野、高山、东坞、上向徐、杜野、周田边、金盆源、山门寺、施家垄、古塘岗、官塘章、枫树岭、白鹤桥、三姑殿、叶坞、秋塘底、大塘下、塘下叶、叶店、龙门桥、官山脚、对面山、郑岗坞、平排山、会泽里、下宅、瓦窑头、童野、余岗、毛塘、高头、庙高、邓家、方野村、八石坂(畈)、高排山、李野、上姜坞、上东门、瓦窑、上下朱、西坞叶、安山、溪边、下西山、水碓垄、西方坞、严家、童麻车、下东门、吴仪宾、堰塘下、童家、西叶山边、仓头、叶家(57 个)
志棠乡	前邵、破山脚、卸厅村、席家(竹林庵)、后邵、杨家(天池山)、邵源坞、新宅(大坟头坞)、鲁家、毛家、下店、上新屋、塘边、杨垄里、儒大门、溪东、翁坞、腰塘边、婆婆垄、马鞍山、西皮山岗、烟蓬、先生坞、凌阁张、三岗殿、石塘里、塔下叶、凉亭坞、金桥头、上叶、对面山、塔底、东王、大山沟、油麻坞、泉塘下、老实坪、刘塘畈、钱家、坞口头、大新塘底、西庙山、葫芦山、张家、安头、刹下桥、廖坞(47 个)
下宅乡	后徐、大公殿后、胡家、经堂殿、上大平坂(畈)、大平头、乌石寺脚、邹家、下大平坂(畈)、里社塘、外社塘、下宅、小坟头、李坞、黄金棚、南塘坞、大平山、上庄溪、洋坞、地毛山、莲塘角、碗塘角、大坞、贤求朋、猪步岭、山蓬、鲤鱼山脚、王祥里、腰塘、新殿、杨毛湾、四家头、脉元、王宫殿、对面山、项家、翁家山、小殿下、芦塘底、鸡冠山、宅宅山(41 个)

编者注：1991 版县志载横山、志棠、下宅乡分别辖 57、47、41 个自然村，而 1990 版地名志载志棠乡自然村有 50 个，可能个别因户数较少的未纳入(见志棠乡自然村括号内地名)

表 1-10　　2005 年末横山镇自然村情况表

<table>
<tr><th>行政村</th><th>自然村</th><th>户数</th><th>人口</th><th>概　况</th><th>清时归属</th><th>民国末归属</th></tr>
<tr><td rowspan="2">横山</td><td>横山</td><td>228</td><td>717</td><td>祖姓张，南宋开庆年间从杭州迁入</td><td>宣教乡 36 都 1 图</td><td>新王乡 11、12 保</td></tr>
<tr><td>叶野</td><td>98</td><td>308</td><td>旧名石龙头。祖姓叶，南宋景定年间从处州迁入</td><td>宣教乡 24 都 3 图</td><td>新王乡 11 保</td></tr>
<tr><td rowspan="3">高山</td><td>东坞</td><td>105</td><td>323</td><td>祖姓张，明洪武二年(1369)由东湖迁此</td><td>宣教乡 36 都 1 图</td><td>新王乡 12 保</td></tr>
<tr><td>高山顶</td><td>121</td><td>373</td><td>祖姓张，元至元年间从衢州石室沙埠迁入</td><td>不详</td><td>不详</td></tr>
<tr><td>下厅</td><td>97</td><td>296</td><td>祖姓张，元至元年间从衢州石室沙埠迁入</td><td>不详</td><td>不详</td></tr>
<tr><td rowspan="4">上向徐</td><td>杜野</td><td>107</td><td>348</td><td>旧名杜墅。祖姓杜，元至正年间由衢州杜泽迁入</td><td>宣教乡 37 都 4 图</td><td>塔下乡 3 保</td></tr>
<tr><td>周田边</td><td>60</td><td>195</td><td>因位置得名。祖姓周，主姓张</td><td>宣教乡 37 都 4 图</td><td>塔下乡 3 保</td></tr>
<tr><td>上向徐</td><td>101</td><td>328</td><td>原名上山徐。祖姓徐，明万历二十二年(1604)从衢州全旺官塘迁入</td><td>宣教乡 37 都 4 图</td><td>塔下乡 3 保</td></tr>
<tr><td>金盆源</td><td>25</td><td>81</td><td>主姓郑，清光绪年间由江西广丰迁入</td><td>—</td><td>塔下乡 3 保</td></tr>
<tr><td rowspan="4">山门寺</td><td>施家垄</td><td>10</td><td>28</td><td>以地形得名。祖姓施，主姓朱</td><td>宣教乡 37 都 4 图</td><td>塔下乡 3 保</td></tr>
<tr><td>古塘岗</td><td>17</td><td>48</td><td>主姓徐，清康熙五十年(1711)自兰溪青岩迁入。因下山脱贫，村民已迁往高山村</td><td>宣教乡 37 都 4 图</td><td>塔下乡 3 保</td></tr>
<tr><td>官塘章</td><td>16</td><td>44</td><td>主姓章，清同治年间从吴仪宾堰塘下迁此</td><td>宣教乡 37 都 4 图</td><td>塔下乡 3 保</td></tr>
<tr><td>枫树岭</td><td>16</td><td>43</td><td>主姓王，清乾隆年间由兰溪双牌迁入</td><td>宣教乡 37 都 4 图</td><td>塔下乡 3 保</td></tr>
<tr><td rowspan="4">白鹤桥</td><td>三姑殿</td><td>75</td><td>253</td><td>主姓项，元至正年间由松阳大竹坑迁入</td><td>宣教乡 37 都 4 图</td><td>塔下乡 2 保</td></tr>
<tr><td>叶坞</td><td>59</td><td>231</td><td>又名野坞。祖姓叶，主姓胡</td><td>宣教乡 37 都 1 图</td><td>塔下乡 6 保</td></tr>
<tr><td>秋塘底</td><td>15</td><td>54</td><td>主姓徐，太平天国运动后由江西广丰迁入</td><td>—</td><td>塔下乡 2 保</td></tr>
<tr><td>白鹤桥</td><td>46</td><td>163</td><td>村民从原白鹤桥迁此，沿用原名。主姓江</td><td>宣教乡 36 都 2 图</td><td>塔下乡 2 保</td></tr>
</table>

续表1-10

行政村	自然村	户数	人口	概　　况	清时归属	民国末归属
白鹤桥	塘下叶	61	216	别名塘下姜。祖姓叶、姜,姜氏明正统年间由兰溪西姜村迁入。主姓翁	宣教乡37都4图	塔下乡2保
	叶店	42	141	主姓杨,清光绪十年(1884)由江西迁入	宣教乡37都4图	塔下乡2保
龙门桥	龙门桥	210	773	以桥得名。古名童门桥。祖姓谢、苏。主姓李,元至元五年(1268)从江西婺源迁入	宣教乡37都4图	后徐乡9保
	官山脚	5	16	原名鹳山。主姓朱,清咸丰时迁自兰溪	不详	后徐乡9保
	野猪山	7	20	主姓李、林,1980年后从龙门桥迁此	—	—
	官财坪	15	45	主姓李、朱,1980年后从龙门桥迁此	—	—
	大坞里	2	6	杨姓,1980年后从龙门桥迁此	—	—
	平排山	3	7	主姓陈,民国时从龙门桥迁此	—	后徐乡9保
会泽里	会泽里	321	1163	旧名会泽李。李姓南宋淳祐年间迁自寿昌	宣教乡36都2图	塔下乡1保
	李宅	46	165	旧名下宅。主姓李,由会泽里分居于此	—	塔下乡1保
	瓦窑头	22	83	清末民国初,滕氏因在此烧砖瓦定居	—	塔下乡1保
	童野	64	234	原名蟠山、童墅。主姓童,南宋绍兴二年(1132)迁入	宣教乡36都2图	塔下乡1保
余岗	余岗	139	431	旧名移岗。主姓余,清乾隆年间自江西迁入	宣教乡24都3图	后徐乡1保
	毛塘	34	106	又名茅塘。蓝姓畲族清咸丰年间迁自处州	不详	后徐乡1保
	高头	36	104	蓝姓畲族聚居,与毛塘村蓝姓同时迁入	不详	后徐乡1保
	庙高	32	102	因在古庙高处得名。又名苗家垄。主姓陈	宣教乡25都1图	塔石乡1保
	邓家	54	166	原名邓家山,又名四家头。祖姓邓。清咸丰年间蓝姓畲族迁入	宣教乡25都1图	后徐乡1保
	童岗	35	109	因位置得名。主姓姜	不详	不详
方野	方野	124	366	又名方叶。主姓方,宋咸淳二年(1266)由淳安迁石龙雅,复迁此	宣教乡24都3图	新王乡11保
八石坂	八石坂	167	578	主姓叶,南宋淳熙年间从括苍新安迁入	宣教乡24都2图	新王乡10保
	高排山	38	144	主姓徐,清康熙年间从庙下迁此	宣教乡36都4图	新王乡10保
	李叶	31	119	又名李野,祖姓李。邹姓,清光绪年间自江西抚州迁入	宣教乡36都4图	新王乡10保
	上姜坞	68	248	又名上张坞。主姓姜,宋时由婺州迁入	宣教乡24都2图	新王乡10保
	上东门	87	305	旧名上都门。叶氏元延祐年间迁自县城	宣教乡24都2图	新王乡7保
上下朱	上下朱	163	472	旧名姜上山。祖姓姜、叶、范。主姓朱,南宋祥兴年间从江西婺源入赘范氏居此	宣教乡36都4图	新王乡8保
	西坞叶	30	88	旧名垄塘,又名齐坞、徐坞、徐坞叶。祖姓叶,南宋宝祐元年(1253)自安徽徽州迁入	宣教乡36都4图	新王乡8保
	安山	30	81	因山得名。主姓邹,清光绪初因经商迁入	宣教乡36都4图	新王乡8保

续表1-10

行政村	自然村	户数	人口	概　况	清时归属	民国末归属
溪边	溪边	123	383	旧名河涯，又名荷叶溪边。主姓胡，南宋庆元五年(1199)由福建建安迁衢州，后迁此	宣教乡24都3图	模环乡12保
下西山	下西山	134	557	祖姓李。主姓叶，清顺治年间从八石坂迁此	宣教乡36都3图	模环乡12保
	水碓垄	62	258	因有水碓得名。主姓徐、李	不详	模环乡12保
西方坞	西方坞	81	289	主姓姜，祖籍江西新城，明洪武年间迁入	宣教乡24都2图	新王乡9保
	严家	65	219	旧名慕和、莫坞严、慕和严。主姓严，南宋淳熙年间由桐庐芦茨源迁入	宣教乡24都3图	新王乡9保
	童麻车	54	192	因有油坊得名。旧名东库。主姓童，唐开元六年(718)自后徐迁此建村	宣教乡24都2图	新王乡9保
	下东门	93	310	原名下都门。祖姓叶，元延祐年间迁自县城	宣教乡24都2图	新王乡9保
吴仪宾	吴仪宾	131	425	主姓吴，南宋景定年间自福建崇安迁入	宣教乡36都4图	新王乡7保
	堰塘下	53	188	因位置得名。主姓章，明隆庆六年(1572)从永康李溪东岗迁入	宣教乡36都4图	新王乡7保
	童家	37	113	以祖姓得名。主姓朱，清咸丰年间迁入	宣教乡36都4图	新王乡7保
	西叶山边	18	55	以在荷叶山之西得名。主姓叶	不详	新王乡7保
仓头	仓头	48	141	原名仓里。主姓翁，明洪武四年(1371)由寿昌航头迁入	宣教乡36都3图	模环乡12保
	叶家	54	160	祖姓叶。主姓胡，清顺治时迁自寿昌山脚胡村	宣教乡36都3图	模环乡12保
后徐	后徐	202	673	原名沙溪堰川，一名厚徐。祖姓童。主姓徐，唐时自江西上饶迁入	宣教乡25都3图	后徐乡7保
	大公殿	20	67	又名大公殿后。1984年胡家村民迁此	—	—
	胡家	105	382	旧名上沙溪。祖姓徐、童、胡。主姓胡，清后期从寿昌迁入	宣教乡25都3图	后徐乡7保
大平坂	上大平坂	68	236	主姓陈，清咸丰时由江西玉山古塘顶迁入	宣教乡38都1图	后徐乡10保
	大平头	47	148	主姓柯，清末从江西广丰迁入	—	后徐乡10保
	乌石寺脚	14	48	主姓吴，清咸丰年间由江西广丰迁入	不详	后徐乡10保
	邹家	29	101	主姓邹，清末自江西广丰迁入	—	后徐乡10保
	下大平坂	53	192	主姓黄，清咸丰年间从江西迁入	宣教乡38都1图	后徐乡10保
	里社塘	52	185	原名社塘，因有社殿得名。清咸丰年间，有周、邓、饶、杨、祝等姓由江西广丰迁入	宣教乡38都1图	后徐乡10保
	外社塘	32	95	主姓汪，太平天国战争后由江西迁入	宣教乡38都1图	后徐乡10保
下宅	下宅	339	1156	祖姓徐，宋建隆年间从灵山迁此	宣教乡25都3图	后徐乡8保
	小坟头	31	96	因地形得名。1985年始，下宅村民迁此	—	—
	李坞	90	282	原名里坞。主姓李，清时从江西铅山迁入	宣教乡37都4图	后徐乡8保
	黄金棚	12	32	原名黄金蓬，因盛产黄金柴得名。清咸丰年间，陈、吴等姓分别由江西、江山迁入	不详	后徐乡8保

续表1-10

行政村	自然村	户数	人口	概　况	清时归属	民国末归属
大平山	大平山	66	217	主姓黄,清咸丰年间由江西铅山迁入	不详	后徐乡6保
	上庄溪	56	188	主姓童、李。童氏南宋嘉定四年(1211)从后徐迁此,李氏祖籍福建	宣教乡38都2图	后徐乡6保
	地毛山	38	157	以山得名。刘、柳、余等姓,清末分别由江西玉山、广丰迁入	—	后徐乡6保
	莲塘角	50	178	主姓黄,清末从江西铅山迁入	不详	后徐乡6保
贤求棚	贤求棚	121	393	俗称堰口棚。主姓吴,清同治四年(1865)从江山迁入。1969年7月,因洪水迁今址	宣教乡25都7图	后徐乡3保
	鲤鱼山脚	78	253	主姓傅、黄,傅氏清康熙时迁自江西南丰	宣教乡25都3图	后徐乡6保
	王祥里	53	172	原名环墙里。主姓王,从石道院迁此	宣教乡25都7图	后徐乡3保
腰塘	腰塘	78	228	原名药塘边、腰塘边。主姓何,清嘉庆年间迁入	宣教乡25都1图	后徐乡3保
	新殿	59	200	主姓姜,清咸丰时迁自玉山和江山新塘边	宣教乡25都1图	后徐乡3保
	杨毛湾	7	22	原名野猫湾。毛姓清末自玉山、江山迁入	—	后徐乡3保
	四家头	28	112	因建村时仅4户得名。主姓陈、吴	不详	后徐乡3保
脉元	脉元	331	1178	俗称马元,别名蓦然。主姓龚,祖籍福建莆田,南宋时迁入	宣教乡25都7图	后徐乡2保
	王宫殿	35	125	以殿得名。主姓龚,1983年由脉元迁此	—	—
	对面山	18	63	以山得名。主姓龚,1982年由脉元迁此	—	—
项家	项家	316	987	原名泗塘项家。主姓项,宋淳祐元年(1241)由淳安小溪迁入	宣教乡25都1图	塔石乡1保
	小殿下	82	257	原名西路。祖姓陈,明弘治年间迁入	宣教乡25都1图	塔石乡1保
	芦塘底	62	194	以位置得名。畲族聚居,清末由处州迁入	宣教乡25都1图	模环乡12保
	鸡冠山	20	63	又名季冠山、茂居。主姓季,祖籍处州	不详	塔石乡1保
	翁家山	39	122	以山得名。原名宅宅山。畲族聚居,清光绪年间自处州迁入	宣教乡25都1图	塔石乡1保
席家	席家	103	360	原名梓塘。主姓席,北宋末由安徽桐城迁入	宣教乡37都3图	塔下乡10、11保
	竹林庵	19	67	又名大屋里。主姓赵,清初由益州迁入	宣教乡37都3图	塔下乡10、11保
卸厅	卸厅	127	412	主姓邵,宋咸平年间由寿昌鱼梁村迁入	宣教乡37都3图	塔下乡10、11保
前邵	前邵	119	407	主姓邵,元至元二十八年(1291)由寿昌鱼梁村迁入	宣教乡37都3图	塔下乡10、11保
	破山脚	35	124	主姓吴,1914年由温州文成迁入	—	塔下乡10保
后邵	后邵	143	470	祖姓邵,由前邵迁此	宣教乡37都3图	塔下乡11保
杨家	杨家	151	511	原名东庄。主姓杨,明永乐时由寿昌梅山迁入	宣教乡37都5图	塔下乡12保
	邵源坞	98	324	原名邵源鲁。祖姓邵。主姓鲁,宋时从常山迁回源,明洪武年间迁此	宣教乡37都5图	塔下乡12保

续表1-10

行政村	自然村	户数	人口	概　况	清时归属	民国末归属
新宅	新宅	170	539	原名回源。祖姓王，南宋端平元年（1234）由萧山桃源迁入	宣教乡37都5图	塔下乡13保
	鲁家	38	120	祖姓鲁。赵、王、徐、季四姓清末迁入	宣教乡37都5图	塔下乡13保
	毛家	4	12	祖姓毛。主姓金	不详	塔下乡13保
下店	下店	79	303	主姓王，与新宅王氏同族，明永乐年间迁此	宣教乡37都5图	塔下乡13保
	塘边	8	32	因位置得名。主姓王、吴	不详	塔下乡13保
	杨垄里	28	92	因位置得名，原名垄里。主姓商	不详	塔下乡13保
儒大门	儒大门	130	430	旧名儒门，一名徐门。主姓王，由廻源迁入	宣教乡37都5图	塔下乡12保
	溪东	98	307	因位置得名。主姓徐，南宋初由沙溪迁入	宣教乡37都3图	塔下乡12保
翁坞	翁坞	67	218	旧名翁五，一名翁五里。主姓翁，元大德年间由天池迁梅岭，复迁此	宣教乡37都2图	塔下乡8保
腰塘边	腰塘边	107	338	原名瑶塘边。祖姓叶。熊、陆、陈、严、邱姓居多，清末由江西、温州、常山等地迁入	宣教乡37都2图	塔下乡8保
	婆婆垄	67	208	因山垄得名。旧名华垄，俗称华华垄。主姓诸葛，明时由寿昌泉山脚迁入	宣教乡37都2图	塔下乡8保
	马鞍山	52	166	原名马山干。主姓李，明时迁自福建建阳	宣教乡37都2图	塔下乡8保
	西皮山岗	23	82	原名西边山岗。祖姓李，清末迁自江西广丰	宣教乡37都2图	塔下乡8保
	烟蓬	18	72	因搭篷种烟叶得名。原名江塘坞。祖姓王，清嘉庆年间由江西玉山迁入	宣教乡37都2图	塔下乡8保
	先生坞	29	94	原名仙人坞、仙生坞。主姓洪，明末清初自建德金家源迁入	宣教乡37都3图	塔下多8保
凌阁张	凌阁张	116	365	旧名兰泉，一名凌角张。主姓张，宋嘉定年间由金华迁入	宣教乡37都3图	塔下乡8保
	三岗殿	37	116	以殿得名。有赵、吴、严、周等姓，清末民国初由温州、处州先后迁入	—	塔下乡9保
	石塘里	8	24	因位置得名。主姓吴，清末由温州迁入	—	塔下乡9保
塔下叶	塔下叶	125	441	原名柱峰。叶姓宋淳祐年间由寿昌西坞迁入	宣教乡37都2图	塔下乡7保
	凉亭坞	8	25	因位置得名。主姓张，由江西迁入	不详	塔下乡7保
	金桥头	68	245	因位置得名。主姓宋，清末由云和迁入	—	塔下乡7保
	上叶	30	102	祖姓叶。太平天国运动后，陈氏由文成迁入	不详	塔下乡7保
	对面山	10	34	以王、郑两姓为主，清末由文成迁入	—	塔下乡7保
	塔底	2	10	因位置得名。王姓，清光绪年间由塔下叶迁入	—	塔下乡7保
东王	东王	44	145	祖姓王，南宋时从西王村分居迁此	宣教乡37都1图	塔下乡6保
	大山沟	47	134	原名大山根，一名大山干。主姓吴，清末由温州迁入	—	塔下乡6保
	油麻坞	22	110	因油坊得名。祖姓朱，清末由江西迁入	宣教乡37都I图	塔下乡6保

续表1-10

行政村	自然村	户数	人口	概　况	清时归属	民国末归属
东王	泉塘下	25	117	因位置得名。主姓朱，清末由江西迁入	宣教乡37都1图	塔下乡6保
	老实坪	8	39	原名老十坪，一名老日蓬。祖姓谢。赖氏，清末由江山迁入	不详	塔下乡6保
钱家	钱家	122	363	原名刹下。主姓钱，宋咸淳九年(1273)因避乱由淳安南村迁入	宣教乡37都2图	塔下乡5保
	坞口头	23	72	别称吴期头。主姓洪、余	不详	塔下乡5保
	大新塘底	6	20	因位置得名。主姓赵，由温州迁入	不详	不详
	西庙山	17	60	主姓曹，1921年由江西玉山迁入	—	不详
	葫芦山	32	96	1979年始，有钱家村民迁此	—	—
张家	张家	143	530	祖姓赵。张姓清咸丰年间由江西广丰迁入	不详	塔下乡4保
	安头	22	75	清末叶姓居此。1956年后，山门寺、包坞等村民因建水库迁此	宣教乡37都2图	塔下乡4保
	刹下桥	24	80	俗称插花桥。清咸丰后由温州、江西迁入	宣教乡37都2图	塔下乡4保
	廖坞	14	39	1937年张姓由衢县航埠迁入。1950年后，又有刘姓迁此	—	塔下乡4保

一、自然村简介

至2014年末，横山镇具有地名意义的居民点(即自然村)有142个。

横山　属横山村。以地理位置得名。是原横山村村委会驻地。清末为宣教乡36都1图。主姓张，南宋开庆元年(1259)从杭州迁入。其《张氏宗谱》载：宋时张浚六世孙名铺，于理宗开庆间迁此定居，为其始祖。另有陈姓，清乾隆年间从江西上饶西乡迁入；蔡姓，清咸丰十一年(1861)从江西葛源村迁入。村呈块状分布，住260户726人。

叶野　属横山村。以姓氏得名，原名石龙头。原属横山村。位于村委会驻地西0.35公里。清末为宣教乡24都3图。祖姓叶，南宋景定年间从处州迁入。民国志卷四"氏族考"载："叶野一族，始祖名圣功，亦梦得之后。景定间自处州迁县北二十四都石龙头，今称叶野。"主姓王，迁徙情况不详。村呈块状分布，住102户280人。

高山　属横山村。以地理位置得名，又名高山顶。是原高山村村委会驻地。位于村委会驻地东北0.39公里。主姓张，元至元十八年(1281)从石室(今属衢江区)沙埠迁入。村呈块状分布，住133户336人。

东坞　属横山村。以地理位置和方位得名。原属高山村，位于村委会驻地东北0.81公里。清末为宣教乡36都1图。主姓张，明洪武二年(1369)从东湖(现名不详)迁入，与横山张氏同宗。民国志卷"氏族考"载：镛三子文盛居东湖，其曾孙彦机复于明洪武二年迁东坞，为其始迁祖。另有黄姓，清光绪年间从江西玉山迁入。村呈块状分布，住112户340人。

下厅　属横山村。以张氏宗祠及方位得名。原属高山村。位于村委会驻地北0.28公里。主姓张，南宋开庆年间从石室沙埠迁入。村呈块状分布，住102户260人。

方野　属横山村。以姓氏得名，又名方叶。是原方野村村委会驻地。位于村委会驻地西北

0.88公里。清末为宣教乡24都3图。主姓方,南宋咸淳二年(1266)从淳安迁县北二十四都石龙雅,元至正十六年(1356)从石龙雅迁此。民国志卷三“氏族考”载:“逢辰之后有名淳字本源者,于宋咸淳二年由淳安迁二十四都石龙雅,阅数世徙居今里,号曰方野。”村呈块状分布,住138户398人。

上向徐 属上向徐村。以地理位置和姓氏得名。原名上山徐,后因谐音改称现名。原属上山徐村。清末为宣教乡37都4图。主姓徐,明万历三十二年(1604)从衢州西安全旺官塘迁入。村呈块状分布,住129户382人。

杜野 属上向徐村。以姓氏得名,原名杜墅,后写成杜野。是原上向徐村村委会驻地。位于村委会驻地北0.12公里。清末为宣教乡37都4图。祖姓杜,元至正年间从西安(即后来的衢县)杜泽迁入。民国志卷三“氏族考”载:“西安北乡有杜泽村,杜氏世居之族颇盛。此族即自彼迁来者,始迁祖名溥泽,时元至正间,因名今里曰杜墅,今已式微。”村呈块状分布,住125户345人。

周田边 属上向徐村。以姓氏和地理位置得名。位于村委会驻地东北0.7公里。清末为宣教乡37都4图。主张姓,迁徙情况不详。村呈块状分布,住60户191人。

金盆源 属上向徐村。以地形得名。位于村委会驻地东0.8公里。主姓郑,清光绪年间从江西广丰迁入。村呈点状散布,住18户68人。

东王 属上向徐村。以姓氏和方位得名。原先有东王、西王之分,后仅存东王。是原东王村村委会驻地。位于村委会驻地北1.67公里。清末为宣教乡37都1图。主姓王,南宋宝祐年间从西王析居迁此。另有吴姓,清末从温州迁入。村呈点状散布,住51户143人。

刘塘畈 属上向徐村。以姓氏和地理位置得名。原属东王村。位于村委会驻地北1.26公里。主姓杨,1921年由塘畈(现名不详)迁此。村呈块状分布,住4户12人。

油麻坞 属上向徐村。以地理位置得名。原属东王村。位于村委会驻地北2.08公里。清末为宣教乡37都1图。主姓朱,清末从江西迁入。村沿山呈点状散布,住54户172人。

泉塘下 属上向徐村。以地理位置和方位得名。原属东王村。位于村委会驻地北2.54公里。清末为宣教乡37都1图。主姓朱,清乾隆十二年(1747)从江西婺源迁入。另有王姓,迁徙情况不详。村沿山呈点状散布,住13户45人。

大山沟 属上向徐村。以地理位置得名,原名大山干,又名大山根,后因谐音改现名。原属东王村。位于村委会驻地西北2.44公里。主姓吴,清末从温州迁入。村呈块状分布,55户165人。

老实坪 属上向徐村。赖氏迁入时有十兄弟,故名老十坪,也名老日蓬,后因谐音称老实坪。原属东王村,位于村委会驻地西北1.9公里。祖姓谢,迁徙情况不详。主姓赖,清末从江山迁入。村呈块状分布,住10户33人。

三姑殿 属白鹤桥村。以殿得名。是原白鹤桥村村委会驻地。清末为宣教乡37都4图。主姓项,元至正年间从松阳大竹坑迁入。村呈块状分布,住70户229人。

白鹤桥 属白鹤桥村。相传酆去奢在此骑白鹤升天,故名白鹤山。桥以山得名,村以桥得名。村民从原白鹤桥迁此,沿用此名。位于村委会驻地东南0.55公里。清末为宣教乡36都2图。主姓叶,元至元年间从邻村叶野迁入。另一主姓江,迁徙情况不详。村呈块状分布,住46户147人。

叶坞 属白鹤桥村。以地理位置和姓氏得名,又名野坞。原属白鹤桥村。位于村委会驻地西北1.25公里。清末为宣教乡37都1图。主姓胡,迁徙情况不详。村呈块状分布,住69户213人。

塘下叶 属白鹤桥村。以地理位置和姓氏得名,别名塘下姜。原属白鹤桥村。位于村委会驻地东南0.38公里。清末为宣教乡37都4图。祖姓姜,明正统年间从兰溪西姜村迁入。民国志卷三"氏族考"载:"兰溪西姜村明正统间有名瑞初字日升者,始迁县北三十七都四图今里。"主姓翁,迁徙情况不详。村呈块状分布,住77户199人。

叶店 属白鹤桥村。以姓氏得名。位于村委会驻地东南0.78公里。清末为宣教乡37都4图。主姓杨,清光绪十年(1884)从江西玉山迁入。村呈点状散布,住51户143人。

秋塘底 属白鹤桥村。以地理位置得名。位于村委会驻地北0.28公里。主姓徐,清康熙十八年(1679)从江西广丰迁入。村呈点状散布,住21户60人。

官塘章 属白鹤桥村。以地理位置和姓氏得名。原属山门寺村。位于村委会驻地东1.88公里。清末为宣教乡37都4图。主姓章,清同治年间从邻村吴仪宾堰塘下析居迁此。村沿山呈带状分布,住21户54人。

枫树岭 属白鹤桥村。以地理位置得名。原属山门寺村。位于村委会驻地东南3.24公里。清末为宣教乡37都4图。主姓王,清乾隆三年(1738)从兰溪双牌迁入。村呈点状散布,15户53人。

下宅 属下宅村。以徐氏族人分居后方位得名。是原下宅村村委会驻地。清末为宣教乡25都3图。主姓徐,北宋建隆年间从灵山迁入。民国志卷三"氏族考":"下宅则始迁祖名孙,世居灵山,为元泊二十三世孙。自孙至今凡三十五世,则孙亦北宋时人矣。"村呈块状分布,401户1120人。

李坞 属下宅村。以姓氏和地理位置得名,原名里坞。位于村委会驻地东1.2公里。清末为宣教乡37都4图。主姓李,清时从江西铅山迁入,具体时间不详。村呈块状分布,住62户191人。

黄金棚 属下宅村。原名黄金蓬(一种灌木,又名黄金柴),后因谐音称黄金棚。位于村委会驻地东南1.02公里。相传祖姓徐,后绝。以陈姓、吴姓为主,清咸丰年间分别从江西、江山迁入。村呈点状散布,住11户40人。

小坟头 属下宅村。以山形得名。位于村委会驻地东1公里。村民于1985年从下宅析居迁此。村呈块状分布,住25户85人。

大水塘 属下宅村。以地理位置得名。位于村委会驻地东北1.29公里。主姓周,1988年从下宅迁此。村呈点状散布,住15户46人。

新塘里 属下宅村。以地理位置得名。位于村委会驻地东1.04公里。村民于1995年从下宅迁此。村呈点状散布,住28户82人。

龙门桥 属下宅村。以桥得名,旧称童门桥。是原龙门桥村村委会驻地。位于村委会驻地东北2.55公里。清末为宣教乡37都4图。主姓李,元至元五年(1268)从江西婺源迁入。民国志卷三"氏族考"载:"汉李膺八世孙机荣,官徽州卒于任所,子孙遂为婺源县人。至十六世名贤,乞恩任衢州府推官。贤生三子,长富、次满俱出仕,惟幼子寿不乐仕进,行商于龙游赘于王氏。生三子琎、瑰、瑞,遂迁于三十七都龙门桥为其始祖,时元至元五年也。"村呈块状分布,住210户734人。

对面山 属下宅村。以位于龙门桥对面山边得名。原属龙门桥村。位于村委会驻地东

2.7 公里。主姓陈，1936 年从江西迁入。村呈点状散布，住 7 户 24 人。

郑岗坞 属下宅村。以地理位置得名。原名远野，后改称近岗坞，又因谐音称郑岗坞。原属龙门桥村。位于村委会驻地东北 2.78 公里。村民 1970 年从龙门桥迁入。村呈点状散布，住 6 户 21 人。

平排山 属下宅村。以地理位置得名。原属龙门桥村。位于村委会驻地东北 3.28 公里。主姓刘，清末由龙门桥迁入。村呈点状散布，住 6 户 18 人。

广财坪 属下宅村。原名棺材坪，后以谐音雅化为广财坪。原属龙门桥村。位于村委会驻地东北 1.89 公里。主姓余，1986 年从龙门桥迁此。村呈点状散布，住 11 户 35 人。

野猪山 属下宅村。以山得名。原属龙门桥村。位于村委会驻地东北 2.91 公里。主姓李、林，1980 年后从龙门桥迁入。村呈点状散布，住 8 户 26 人。

官山脚 属下宅村。以山得名，该山原名鹳山，后以谐音称官山。原属龙门桥村。位于村委会驻地西北 2.4 公里。主姓朱，清咸丰年间从兰溪迁入。村沿山呈带状分布，住 5 户 16 人。

大坞里 属下宅村。以地理位置得名。原属龙门桥村。位于村委会驻地东北 2.78 公里，杨姓，1980 年后从龙门桥迁此。村呈点状散布，住 2 户 6 人。

会泽里 属会泽里村。原因姓氏名会泽李，清末改称会泽里。清末为宣教乡 36 都 2 图。主姓童，唐开元九年(721)从后徐析居迁此。李姓，南宋绍定年间从寿昌迁入。民国志卷三“氏族考”载：“会泽李氏，其先长汀人，后迁寿昌。宋时有名时升者司训龙游，其子冕随之来，遂卜居北乡，颜其堂曰‘会泽’，后遂以名其里。”村呈块状分布，住 346 户 1203 人。

瓦窑头 属会泽里村。以窑得名。位于村委会驻地西南 63 公里。主姓滕，清末在此以烧砖瓦为业定居。村呈点状散布，住 15 户 50 人。

童野 属会泽里村。以姓氏得名，原名蟠山、童墅。位于村委会驻地东南 0.83 公里。清末为宣教乡 36 都 2 图。主姓童，南宋绍兴二年(1132)从会泽里析居迁此。民国志卷四“氏族考”载：“童文选世居寿昌县杜田村，唐永隆元年始迁居县北沙溪。生二子，长名津，五传至福，居东库，即今童麻车。次名紧，再传至文阴，唐开元九年迁会泽，弟文达居上沙溪。文阴九传至必大，宋绍兴二年迁蟠山，即今童墅，为其始祖。”村呈块状分布，住 65 户 199 人。

李宅 属会泽里村。以姓氏得名，也称下宅。位于村委会驻地东南 0.26 公里。主姓李，从会泽里分居迁此，具体时间不详。村呈块状分布，住 60 户 134 人。

余岗 属余岗村。原名移岗，相传村民原居别处，后移现址故称为移岗，余姓迁入后改为现名。清末为宣教乡 24 都 3 图。主姓余，清乾隆年间从江西迁入。另有郭姓，清乾隆年间从江西南丰迁入。村呈块状分布，住 154 户 458 人。

童岗 属余岗村。以童岗殿得名。位于村委会驻地西 1.33 公里。主姓姜，隋大业年间由余岗迁此。村呈块状分布，住 34 户 101 人。

毛塘 属余岗村。以地理位置得名，又名茅塘。位于村委会驻地西南 0.5 公里。以畲族的蓝姓、钟姓、雷姓为主，均于清咸丰年间从丽水迁入。村呈点状散布，住 32 户 91 人，其中畲族 50 人。

邓家 属余岗村。以姓氏得名，原名邓家山，又名四家头。位于村委会驻地西南 0.89 公里。清末为宣教乡 25 都 1 图。主姓邓，清康熙十三年(1674)从福建龙岩迁入。邓氏后迁往项家，畲族蓝姓迁入。村呈块状分布，住 44 户 156 人，其中畲族 130 人。

高头 属余岗村。以地理位置得名。位于村委会驻地南 0.25 公里。以畲族的蓝姓、钟姓、雷姓，均于清咸丰年间从丽水迁入。村呈块状分布，住 32 户 104 人，皆为畲族。

庙高　属余岗村。以位于寺庙上方得名，又名苗家垄。位于村委会驻地西南 0.8 公里。清末为宣教乡 25 都 1 图。主姓吴，隋大业年间由余岗迁此。另有陈姓，迁徙情况不详。村呈块状分布，住 34 户 110 人。

八石坂（畈）　属八石坂（畈）村。村口古时有田八丘，每丘一石（每 2 亩为一石）故名。清末为宣教乡 24 都 2 图。主姓叶，南宋嘉熙年间从括苍（今丽水）迁入。村呈块状分布，住 160 户 579 人。

高排山　属八石坂（畈）村。以地理位置得名。位于村委会驻地东北 2.1 公里。清末为宣教乡 36 都 4 图。主姓徐，清康熙十六年（1677）从庙下迁入。村呈块状分布，住 42 户 142 人。

李叶　属八石坂（畈）村。以姓氏得名，又名李野。位于村委会驻地东北 1.92 公里。清末为宣教乡 36 都 4 图。祖姓李，迁徙情况不详。主姓邹，清光绪年间从江西抚州迁入。村呈点状散布，40 户 136 人。

上姜坞　属八石坂（畈）村。以姓氏和地理位置得名，又名上张坞。位于村委会驻地东北 0.98 公里。清末为宣教乡 24 都 2 图。主姓姜，南宋淳祐年间从金华迁入。村呈块状分布，92 户 248 人。

上东门　属八石坂（畈）村。因位于与兰溪交界处要道边，名上都门，后因谐音称上东门。位于村委会驻地东南 1.3 公里。清末为宣教乡 24 都 2 图。主姓叶，南宋咸淳五年（1269）从松阳迁入。村呈块状分布，住 102 户 306 人。

吴仪宾　属上宾村。以姓氏得名。明弘治十五年（1485），吴元士娶郡王女为妻，古称郡王婿为“仪宾”，故称此村为吴仪宾。是原吴仪宾村村委会驻地。清末为宣教乡 36 都 4 图。主姓吴，南宋景定年间从福建崇安迁入。村呈块状分布，住 128 户 445 人。

童家　属上宾村。以姓氏得名。原属吴仪宾村。位于村委会驻地东南 0.54 公里。清末为宣教乡 36 都 4 图。祖姓童。主姓朱，清咸丰年间从江西迁入。村呈块状分布，住 31 户 117 人。

西叶山边　属上宾村。以在荷叶山之西得名。原属吴仪宾村。位于村委会驻地东南 1.36 公里。主姓叶，清康熙二十七年（1688）从江西玉山迁入。村沿山呈带状分布，住 20 户 62 人。

堰塘下　属上宾村。以地理位置得名。原属吴仪宾村。位于村委会驻地南 0.09 公里。清末为宣教乡 36 都 4 图。主姓章，明隆庆六年（1572）从永康李溪东岗迁入。村呈块状，50 户 185 人。

上下朱　属上宾村。以姓氏得名，旧名姜上山、姜尚山、下朱。是原上下朱村村委会驻地。位于村委会驻地北 0.77 公里。清末为宣教乡 36 都 4 图。祖姓姜，迁徙情况不详。主姓朱，南宋祥兴年间从江西婺源迁入。村呈块状分布，住 163 户 461 人。

西坞叶　属上宾村。以姓氏得名，原名垄塘，又名齐坞、徐坞。原属上下朱村。位于村委会驻地东北 1.53 公里。清末为宣教乡 36 都 4 图。主姓叶，南宋宝祐元年（1253）从安徽徽州迁入。村呈块状分布，住 29 户 92 人。

安山　属上宾村。以地理位置得名。原属上下朱村，位于村委会驻地北 1.3 公里。主姓邹，清光绪初因经商定居于此。村沿山呈带状分布，住 31 户 91 人。

下西山　属下西山村。以地理位置得名。是原下西山村村委会驻地。清末为宣教乡 36 都 3 图。主姓叶，清顺治年间从邻村八石坂（畈）迁入。另有徐姓，清乾隆年间从江山迁入；詹姓，清嘉庆年间从模环新王迁入。村呈点状散布，住 175 户 533 人。

水碓垄 属下西山村。以山垄和水碓得名。位于村委会驻地北 0.35 公里。祖姓叶，清康熙三十年(1691)从下西山析居迁此。主姓徐、李，迁徙情况不详。村呈带状分布，住 86 户 272 人。

溪边 属下西山村。以地理位置得名，旧名河涯、河涯溪边、荷叶溪边。是原溪边村村委会驻地。位于村委会驻地东 0.66 公里。清末为宣教乡 24 都 3 图。主姓胡，南宋庆元五年(1199)从福建迁入。民国志卷三“氏族考”载：“始祖胡新三，字子礼，宋庆元五年由福建建安随父德魁至衢州教授任所，其后遂卜居县北二十四都三图。”村呈块状分布，住 129 户 360 人。

西方坞 属西方坞村。以地理位置得名。是原西方坞村村委会驻地。清末为宣教乡 24 都 2 图。主姓姜，明洪武年间从江西迁入。民国志卷三“氏族考”载：“其先世江西新城人，世以陶窑为业。明洪武间有名韶者，业陶于县北二十四都二图今里，遂占籍焉。”村呈块状分布，住 92 户 284 人。

严家 属西方坞村。以姓氏得名，旧名慕和、莫坞严、慕和严，清末改为现名。位于村委会驻地北 0.41 公里。清末为宣教乡 24 都 3 图。主姓严，南宋淳熙年间从桐庐芦茨源迁入。村呈块状分布，住 73 户 196 人。

童麻车 属西方坞村。以童氏开榨油坊得名，原名东库。位于村委会驻地东北 0.1 公里。清末为宣教乡 24 都 2 图。主姓童，唐开元六年(718)自邻村后徐迁此。民国志卷四“氏族考”载：“唐童文选之后有名福者，由县北沙溪分居东库，即今童麻车。”村呈块状分布，住 59 户 188 人。

下东门 属西方坞村。以地理位置得名，原名下都门，后因谐音改为现名。位于村委会驻地东南 0.75 公里。清末为宣教乡 24 都 2 图。主姓叶，元延祐年间从县城迁入。村呈块状分布，住 101 户 306 人。

仓头 属西方坞村。原名仓里，以粮仓得名。是原仓头村村委会驻地。位于村委会驻地西 0.92 公里。清末为宣教乡 36 都 3 图。主姓翁，明洪武四年(1371)从寿昌航头迁入。村呈块状分布，住 51 户 153 人。

叶家 属西方坞村。以姓氏得名。原属仓头村。位于村委会驻地西南 1.1 公里。清末为宣教乡 36 都 3 图。祖姓叶，迁徙情况不详。主姓胡，清顺治年间从寿昌山脚胡村迁入。民国志卷三“氏族考”载：“其先居寿昌之山脚胡村，清顺治年间有名光宝者，始迁县北三十六都三图叶家村，为其始祖。”村沿公路呈带状分布，住 62 户 157 人。

后徐 属后徐村。以姓氏得名，原名沙溪堰川，又名厚徐。是原后徐村村委会驻地，原下宅乡政府及相应机构驻地。清末为宣教乡 25 都 3 图。祖姓童。主姓徐，唐建中年间从江西上饶沙溪迁入；另有童姓，唐上元二年(675)从寿昌劳村迁入；朱姓也多，宋绍圣年间从衢州迁入；姜姓，元至元年间从江西吉水迁入。村呈块状分布，住 189 户 626 人。

胡家 属后徐村。以姓氏得名，旧名上沙溪。位于村委会驻地东北 0.69 公里。清末为宣教乡 25 都 3 图。祖姓徐、童。主姓胡，清咸丰八年(1858)从寿昌迁入。村呈块状分布，住 124 户 378 人。

大公殿后 属后徐村。以殿和方位得名。位于村委会驻地北 1.18 公里。主姓胡，1984 年从胡家析居迁此。村呈带状分布，住 23 户 66 人。

大平山 属后徐村。以地理位置得名。是原大平山村村委会驻地。位于村委会驻地西 0.45 公里。主姓黄，清咸丰年间从江西铅山迁入。村呈块状分布，住 80 户 239 人。

上庄溪 属后徐村。以地理位置得名。原属大平山村,位于村委会驻地西北1.35公里。清末为宣教乡38都2图。祖姓卢。主姓童,其中一支南宋嘉定四年(1211)从邻村后徐迁入,另一支明万历年间从寿昌迁入。民国志卷四"氏族考"载:"上庄溪一族亦文选之后,至明季有名仁昌、仁厚者始徙今里,则以仁厚赘于卢氏故也。"另有李姓,从福建迁入,迁徙时间不详。村呈块状分布,住49户188人。

地毛山 属后徐村。以地理位置得名。原属大平山村。位于村委会驻地西北0.26公里。以刘、柳、余等姓居多,清末分别从江西玉山、广丰迁入。村沿山呈带状分布,住46户161人。

莲塘角 属后徐村。以地理位置得名。原属大平山村,位于村委会驻地西南0.49公里。主姓黄,清末从江西铅山迁入。村沿塘呈块状分布,住51户163人。

碗塘角 属后徐村。以地理位置得名。原属大平山村,位于村委会驻地西南0.86公里。主姓柯,1937年从邻村后徐迁入。村沿塘呈点状散布,住4户10人。

上大平坂(畈) 属大平坂(畈)村。以地理位置和方位得名。清末为宣教乡38都1图。主姓陈,清咸丰初从江西玉山古塘顶迁入。村呈块状分布,住99户283人。

下大平坂(畈) 属大平坂(畈)村。以地理位置和方位得名。位于村委会驻地南1.25公里。清末为宣教乡38都1图。主姓黄,清咸丰年间从江西广丰迁入。村呈块状分布,住67户193人。

大平头 属大平坂(畈)村。以地理位置得名。位于村委会驻地东北0.62公里。主姓柯,清末从江西广丰迁入。另有黄姓、柳姓,均同时从江西迁入。村呈点状散布,住41户117人。

乌石寺脚 属大平坂(畈)村。以地理位置得名。位于村委会驻地南0.04公里。主姓吴,清咸丰年间从江西广丰迁入。村呈点状散布,住16户47人。

邹家 属大平坂(畈)村。以姓氏得名。位于村委会驻地东南0.46公里。主姓邹,清咸丰年间由江西广丰迁此。村呈点状散布,住27户75人。

里社塘 属大平坂(畈)村。以方位得名,因塘边有社殿,故原名社塘。位于村委会驻地东南1.51公里。清末为宣教乡38都1图。主姓范,迁徙情况不详。另有周、邓、饶、杨、祝诸姓,均于清咸丰年间从江西广丰迁入。村呈块状分布,住52户149人。

外社塘 属大平坂(畈)村。以地理位置和方位得名。位于村委会驻地东南1.85公里。清末为宣教乡38都1图。主姓汪,清咸丰年间从江西玉山迁入。村呈块状分布,住51户150人。

贤求朋 属贤求朋村。旧名堰口,又名堰口棚,以搭棚于樟堰之旁得名,1929年修谱时更名贤求棚。是原贤求棚村村委会驻地。清末为宣教乡25都7图。主姓吴,清同治四年(1865)从江山迁入;薛姓,清光绪三年(1877)从江山城西薛家泉迁入。另有周姓、邵姓等,迁徙情况不详。村沿山呈带状分布,住163户438人。

鲤鱼山脚 属贤求朋村。以地理位置得名。位于村委会驻地西1.1公里。清末为宣教乡25都3图。主姓傅、黄,清康熙年间从江西南丰迁入。民国志卷四"氏族考"载:"鲤鱼山脚傅氏,始祖名其榜,清康熙年间由南丰迁居县北鲤鱼山脚。"村呈带状分布,住69户188人。

王祥里 属贤求朋村。原名环墙里,王氏迁入后称王祥里。位于村委会驻地南1.05公里。清末为宣教乡25都7图。主姓王,元至顺年间迁入。民国志卷三"氏族考"载:"长卿传七世至伦之,又自石道院迁居环墙里,为其始祖。"村沿山呈点状散布,住74户198人。

腰塘　属贤求朋村。以塘得名，原名药塘边，后因谐音称腰塘边，1981 年更名为腰塘。是原腰塘村村委会驻地。位于村委会驻地东南 1.23 公里。清末为宣教乡 25 都 1 图。主姓何，清嘉庆年间从福建迁入。村呈块状分布，住 121 户 325 人。

新殿　属贤求朋村。以殿得名。原属腰塘村。位于村委会驻地东 1.44 公里。清末为宣教乡 25 都 1 图。主姓姜，清咸丰元年（1851）分别从玉山和江山新塘边迁入。村呈块状分布，住 61 户 164 人。

杨毛湾　属贤求朋村。以地理位置得名，原名野猫湾，后因谐音称杨毛湾。原属腰塘村。位于村委会驻地东 1.07 公里。姓氏较多，毛姓于清末分别从玉山、江山等地迁入。村呈块状分布，住 12 户 32 人。

四家头　属贤求朋村。以初居时只有四户得名。原属腰塘村。位于村委会驻地东南 1.28 公里。主姓陈、吴，民国初从江西玉山迁入。村呈块状分布，住 14 户 38 人。

脉元　属脉元村。以龙脉之元的意思取名，也名蓦然，又因方言读音误写成马元。清末为宣教乡 25 都 7 图。主姓龚，南宋宝祐年间从福建兴化蒲田迁入。其《脉元龚氏宗谱》载："始祖龚自元，字以长，福建兴化莆田人。宋宝祐二年甲寅至四年丙辰知衢州府，因公务往睦州，蓦然经此地，见其山清水秀，冈阜起伏，有若环焉，以为斯也必昌厥后。任满后不复归，复寻履迹卜居于此。兆名脉元，别名蓦然。"另有汪姓，南宋末年（1279）从江西德兴迁入；张姓、姜姓、周姓，清乾隆初分别从江西玉山、广丰迁入。村呈带状分布，住 350 户 1206 人。

对面山　属脉元村。以位于脉元对面山上得名。位于村委会驻地西南 0.5 公里。村民于 1983 年从脉元析居迁此。村呈块状分布，住 25 户 96 人。

王宫殿　属脉元村。以殿得名。位于村委会驻地东北 0.52 公里。主姓龚，1983 年从脉元析居迁此。村呈块状分布，住 35 户 137 人。

项家　属项家村。以姓氏得名，原名泗塘项家。清末为宣教乡 25 都 1 图。主姓项，南宋淳祐元年（1241）从淳安小溪迁入。村呈块状分布，住 345 户 933 人。

翁家山　属项家村。以地理位置得名，原名宅宅山。位于村委会驻地东 0.38 公里。清末为宣教乡 25 都 1 图。以畲族的钟姓、蓝姓为多，清光绪年间从处州迁入。村呈块状分布，住 53 户 143 人，其中畲族 118 人。

小殿下　属项家村。以地理位置得名，原名西路。位于村委会驻地西南 0.87 公里。清末为宣教乡 25 都 1 图。主姓陈，明弘治年间迁入，迁出地不详。村呈块状分布，住 98 户 265 人。

芦塘底　属项家村。以地理位置得名。位于村委会驻地东南 0.76 公里。清末为宣教乡 25 都 1 图。以畲族的雷姓、蓝姓、钟姓为主，清光绪二年（1876）从遂昌迁入。村呈带状分布，住 89 户 240 人，其中畲族 201 人。

鸡冠山　属项家村。原名季冠山，后因谐音改称现名。位于村委会驻地南 0.56 公里。主姓季，清同治六年（1867）从处州迁入。村呈块状分布，住 10 户 33 人。

前邵　属志棠村。以姓氏和方位得名，原名邵家。是原前邵村村委会驻地，原志棠镇政府及相应机构驻地。清末为宣教乡 37 都 3 图。主姓邵，元至元二十八年（1291）从寿昌鱼梁村迁入。民国志卷三"氏族考"载："其先寿昌鱼梁村人，后迁上梅，元时有名斗字应奎者，欲迁居龙游志棠而未果。其子德仁、德懋遂于元至元二十八年卜居焉。"上梅何县属不详。村呈块状分布，住 112 户 372 人。

卸厅　属志棠村。因邵氏花厅"雍睦堂"得名。是原卸厅村村委会驻地。位于村委会驻地北 0.23 公里。清末为宣教乡 37 都 3 图。主姓邵，与前邵邵氏同宗。村呈块状分布，住 125 户 413 人。前邵与卸厅为连成一体的自然村，只是出于行政村设置的需要而分成两村。

破山脚　属志棠村。村后之山原名成山，后因开采石煤和石灰石被称为破山，故取村名为破山脚。原属前邵村。位于村委会驻地南 0.56 公里。主姓吴，1914 年从温州文成迁入。村呈点状散布，住 62 户 140 人。

席家　属志棠村。以姓氏得名，原名梓塘。是原席家村村委会驻地。位于村委会驻地东北 0.67 公里。清末为宣教乡 37 都 3 图。主姓席，南宋绍兴初从安徽桐城溪竹村迁入。民国志卷四"氏族考"载："席氏夙以武艺世其家，先世居安徽桐城之淡竹村。宋末有名汝钰者，始迁县北三十七都三图志棠，为其始祖。"另有周姓、赵姓，均于清末从温州迁入。村呈块状分布，住 111 户 351 人。

竹林庵　属志棠村。以尼姑庵得名，又名大屋里。原属席家村。位于村委会驻地东北 1.05 公里。清末为宣教乡 37 都 3 图。主姓赵，清初由益州迁入。村呈点状散布，住 20 户 55 人。

后邵　属志棠村。因由前邵分居于此故名。是原后邵村村委会驻地。位于村委会驻地西北 0.54 公里。清末为宣教乡 37 都 3 图。主姓邵，清光绪十二年（1886）由前邵迁入。村呈块状分布，住 153 户 458 人。

儒大门　属天池村。旧名儒门，又名徐门，王氏迁入后改称儒大门。是原儒大门村村委会驻地。清末为宣教乡 37 都 5 图。主姓王，明永乐年间由新宅迁此。村呈块状分布，住 117 户 368 人。

溪东　属天池村。因位于廻源溪之东得名。原属儒大门村，位于村委会驻地东 1.22 公里。清末为宣教乡 37 都 3 图。主姓徐，南宋绍兴年间从江西上饶沙溪迁入。另有叶姓，元至顺三年（1332）从县城中街迁入。民国志卷四"氏族考"载："元时有名孟轲者，始于至大二年迁居县城衙后中街，当时谓之衙后叶。生子二，长曰鸿，其后分居坊门、五都、官村等处；次曰雁，其后分居溪东、桥下、马府、茆头诸处。"村沿山呈块状分布，住 103 户 305 人。

新宅　属天池村。原名廻源，因王氏迁入后建新住宅，故名新宅。是原新宅村村委会驻地。位于村委会驻地西北 0.52 公里。清末为宣教乡 37 都 5 图。主姓王，南宋端平元年（1234）从萧山桃源村迁入。民国志卷三"氏族考"载："宋端平元年，王烽因避乱由萧山桃源村迁县北三十七都五图今里，为其始祖。"另有鲁姓，元泰定二年（1325）从西安（即衢县）迁入。村呈块状分布，住 178 户 536 人。

鲁家　属天池村。以姓氏得名。原属新宅村。位于村委会驻地西 0.88 公里。清末为宣教乡 37 都 5 图。祖姓鲁，南宋建炎年间从常山赤石迁入。赵、王、徐、季四姓于清末迁入。村呈点状散布，住 42 户 128 人。

毛家　属天池村。以姓氏得名。原属新宅村。位于村委会驻地西 1.4 公里。毛姓，清末从江西广丰迁入。金姓，迁徙情况不详。村呈点状散布，住 12 户 37 人。

下店　属天池村。因位于新宅下方且有店铺得名。是原下店村村委会驻地。位于村委会驻地西 0.4 公里。清末为宣教乡 37 都 5 图。主姓王，明永乐年间由新宅徙居迁此。村沿溪呈带状分布，住 139 户 427 人。

塘边　属天池村。以地理位置得名。原属下店村。位于村委会驻地西北 0.42 公里。主姓吴，清末由福建迁入。村呈点状散布，住 10 户 30 人。

杨垄里 属天池村。原名垄里,因杨家始祖八一公葬此,故名。原属下店村。位于村委会驻地西南1.75公里。主姓商,清末由福建迁入。村呈点状散布,住25户81人。

杨家 属天池村。以姓氏得名,原名东庄。是原杨家村村委会驻地。位于村委会驻地北0.79公里。清末为宣教乡37都5图。主姓杨,明永乐年间从寿昌梅山迁入。村呈块状分布,住150户467人。

邵源坞 属天池村。以姓氏和地理位置得名,也名邵源鲁。原属杨家村。位于村委会驻地西北1.08公里。清末为宣教乡37都5图。主姓鲁,明洪武年间从廻源迁入。村呈块状分布,住98户298人。

塔下叶 属塔下叶村。以位置和姓氏得名,原名柱峰。是原塔下叶村村委会驻地。清末为宣教乡37都2图。主姓叶,南宋淳祐四年(1244)从寿昌西坞迁入。民国志卷四"氏族考"载:"塔下叶村在县北三十七都二图,旧名柱峰。此族始祖名甫常,为梦得第六世孙,宋淳祐间由寿昌西坞迁来。"村呈块状分布,住139户403人。

上叶 属塔下叶村。因位于塔下叶上方,故名。曾属寿昌县,1940年划归龙游县。原属塔下叶村。位于村委会驻地北0.36公里。清末为宣教乡37都2图。祖姓叶,迁徙情况不详。主姓陈,清同治六年(1867)从温州文成迁入。村呈块状分布,住38户113人。

金桥头 属塔下叶村。以桥得名。位于村委会驻地东北0.74公里。主姓宋,清从云和迁入。村沿溪呈点状散布,住80户243人。

凉亭坞 属塔下叶村。以地理位置得名。位于村委会驻地北0.98公里。张姓,从江西迁入,具体时间不详。村呈点状散布,住6户19人。

对面山 属塔下叶村。以在塔下叶以南对面山上得名。位于村委会驻地西南0.38公里。以王姓、郑姓为主,均于清末从温州文成迁入。村沿山呈点状散布,住23户81人。

塔底 属塔下叶村。以位置得名。位于村委会驻地南0.6公里。王姓,清光绪年间从邻村塔下叶析居迁此。村呈点状散布,住2户10人。

翁坞 属塔下叶村。以姓氏和地理位置得名,旧名翁五、翁五里。是原翁坞村村委会驻地。位于村委会驻地北1.92公里。清末为宣教乡37都2图。主姓翁,元大德年间从建德梅岭迁入。民国志卷四"氏族考"载:"其先睦州人,世居天池山。元大德间有名应牛者,始徙居县北梅山(即今梅岭),继迁三十七都翁五,为其始祖。"村呈块状分布,住69户198人。

腰塘边 属腰塘边村。以塘得名,原名瑶塘边,后因塘形状像猪腰而称腰塘边。是原腰塘边村村委会驻地。清末为宣教乡37都2图。祖姓叶。清末有熊、陆、严、陈、邱等姓分别从江西、温州、常山等地迁入。村呈块状分布,住135户422人。

婆婆垄 属腰塘边村。旧名华华垄,因方言音近而称婆婆垄。位于村委会驻地西北1.11公里。清末为宣教乡37都2图。主姓诸葛,明万历年间从寿昌泉山脚迁入。村沿山呈点状散布,住60户187人。

马鞍山 属腰塘边村。以山形得名,原名马山干。位于村委会驻地西北1.05公里。清末为宣教乡37都2图。主姓李,明弘治年间从福建建阳迁入。村沿山呈点状散布,住59户129人。

烟蓬 属腰塘边村。原名江塘坞,后因搭篷种烟叶改名。位于村委会驻地西0.7公里。清末为宣教乡37都2图。主姓王,清嘉庆年间从江西玉山迁入。村沿山呈点状散布,住20户63人。

先生坞 属腰塘边村。因三面环山树木幽深得名,又名仙人坞、仙生坞,后因谐音称先生坞。位于村委会驻地南 0.38 公里。清末为宣教乡 37 都 3 图。主姓洪,明崇祯年间从建德金家源迁入。村呈块状分布,住 26 户 85 人。

凌阁张 属腰塘边村。旧名兰泉,又名凌角张,以姓氏和种菱角得名,后因谐音称凌阁张。是原凌阁张村村委会驻地。位于村委会驻地南 1.23 公里。清末为宣教乡 37 都 3 图。主姓张,南宋嘉定年间从金华迁入。民国志卷四"氏族考"载:"张浚曾孙杲以侍郎贬至金华,解组后迁居龙游宣教乡之兰泉村,今名凌阁,时宋嘉定间也。"另有周姓、朱姓,均于清末从温州迁入。村沿山呈块状分布,住 119 户 410 人。

石塘里 属腰塘边村。以石塘(采石场)得名。原属凌阁张村。位于村委会驻地东南 1 公里。主姓吴,清末从温州迁入。村沿路呈点状散布,住 13 户 43 人。

三岗殿 属腰塘边村。以殿得名。原属凌阁张村。位于村委会驻地东南 1.08 公里。主姓赵,清光绪二十八年(1902)从温州迁入,吴姓同时同地迁入。另有严姓、周姓,均于民国初从丽水迁入。村沿路呈点状散布,住 14 户 52 人。

西皮山岗 属腰塘边村。以地理位置得名,又名西边山岗。位于村委会驻地西南 1.06 公里。清末为宣教乡 37 都 2 图。主姓李,清宣统三年(1911)从江西广丰迁入。村呈块状分布,住 21 户 78 人。

钱家 属河宗村。以姓氏得名,原名刹下。是原钱家村村委会驻地。清末为宣教乡 37 都 2 图。主姓钱,南宋咸淳九年(1273)从淳安南村迁入。民国志卷四"氏族考"载:"县北三十七都有钱家村,旧名刹下,以钱氏居之故称今名。"村呈块状分布,住 112 户 306 人。

大新塘底 属河宗村。以地理位置得名。原属钱家村。位于村委会驻地西北 0.86 公里。主姓赵,民国初从温州迁入。村呈块状分布,住 5 户 14 人。

西庙山 属河宗村。因村西有山,并建有庙宇故名。原属钱家村。位于村委会驻地西北 0.2 公里。主姓曹,1921 年从江西玉山迁入。村呈块状分布,住 16 户 59 人。

葫芦山 属河宗村。以山形得名。原属钱家村。位于村委会驻地北 0.3 公里。1979 年因龙葛公路改建村民从钱家迁此。村呈块状分布,住 51 户 167 人。

坞口头 属河宗村。以地理位置得名,也名吴坳头。原属钱家村。位于村委会驻地东北 0.77 公里。主姓余、洪,迁徙情况不详。村呈块状分布,住 35 户 82 人。

张家 属河宗村。以姓氏得名。是原张家村村委会驻地。位于村委会驻地南 0.37 公里。原有半个村属寿昌,1940 年龙游县以珏塘、梅岭二村之半与之调换,始划归龙游县。祖姓赵,迁徙情况不详。主姓张,清咸丰年间从江西广丰迁入。村呈块状分布,住 175 户 501 人。

安头 属河宗村。俗称坳头,以地理位置得名。原属张家村。位于村委会驻地东北 1.37 公里。清末为宣教乡 37 都 2 图。1956 年后,山门寺、包坞等地村民因建水库迁此居住。村呈块状分布,住 23 户 61 人。

刹下桥 属河宗村。以桥得名,也称插花桥。原属张家村。位于村委会驻地东南 0.24 公里。清末为宣教乡 37 都 2 图。以胡姓、诸姓、曾姓为主,清末分别从温州、江西等地迁入。村呈块状分布,住 31 户 68 人。

廖坞 属河宗村。以地理位置得名。原属张家村。位于村委会驻地东北 1.1 公里。主姓张,1937 年从航埠(今属衢江区)迁入,1950 年有刘姓迁入。村呈点状散布,住 15 户 51 人。

施家垄 属河宗村。以姓氏及山垄得名。原属山门寺村。位于村委会驻地东南 1.43 公里。清末为宣教乡37都4图。主姓范,1946年从兰溪水亭迁入。村呈块状分布,住18户45人。

古塘岗 属河宗村。以地理位置得名。原属山门寺村。位于村委会驻地东南2.32公里。清末为宣教乡37都4图。主姓徐,清康熙五十年(1711)从兰溪青岩迁入。村呈块状分布,4户8人。

二、消失的自然村

因各种原因,原有人居住的自然村(居民点)不断搬离或合并。

民国志载:

二十四都二图 原有徐家、上徐两村,今并废。

二十五都一图 泗塘项家,附近有鸡冠山,季姓,处州人,只一二户。

二十五都三图 鲤鱼山脚附近有下堨村,客民余姓居之,仅存一户。

1990版地名志载:

天池山 原属杨家村,位于志棠西北5.7公里。以山得名。天池山海拔560.7米。山顶有石池,故名。1户,5人,1983年迁此管理山林。编者注:管理山林时间应更早,现已搬离。

大坟头坞 原属新宅村,位于志棠西北5.8公里。因坞内有座大坟头,故名。村呈点状。1户,8人,户主王宝华,1958年迁此管理山林。编者注:现已搬离。

上新屋 原属新宅与下店村,位于志棠西北4公里。以新建住宅得名。村呈块状。9户,30人,始祖清末民初由新宅下店迁此。编者注:现与新宅、下店连成一片。

经堂殿 原属后徐村,位于后徐东偏南0.7公里。龙游至三门源公路南侧,以殿得名。乡办煤矿、锯板厂、酒厂及粮站、食品收购站等驻此。编者注:现已搬离。

2017版县志载,下列村废或外迁:

光山脚 宣教乡36都2图,祖姓诸葛,民国初村废。

湾垄 宣教乡36都2图,位于白鹤桥东,清时村废。

殿下 宣教乡24都2图、新王乡10保,位于八石畈东北,1950年后建水库外迁。

徐家 宣教乡24都2图,清末村废。

上徐 宣教乡24都2图,清末村废。

长坞垄 宣教乡25都3图、后徐乡8保,位于下宅东,民国末期村民外迁。

下堨 宣教乡24都3图,清末村废。

杨塘山 宣教乡25都1图、塔石乡1保,位于项家北,民国时村民外迁。

表1-11 **1998年横山镇各村地名、路名情况表**

行政村	自然村	地名、路名
项家	项家	迎康巷、一平巷、一训巷、鸡冠山
	翁家山、小殿下	—
	芦塘底	芦塘底、兰家
脉元	脉元	太和巷、环村北巷、文新巷、文新巷一弄、文新巷二弄、太和北巷、承荐巷、对面山、王宫殿

续表1-11

行政村	自然村	地名、路名
腰塘	腰塘	腰塘边、公路西弄、四家头
	新殿	新殿、圆塘角、杨毛湾
余岗	余岗	学前巷、圆门巷
	邓家、童岗、高头、茅塘、苗高	—
下西山	下西山	下西山东巷、下西山南巷、下西山中巷、下西山西巷、下西山北巷
	水碓垄	水碓垄一弄、水碓垄二弄
方野	方野	康兴巷、幸福巷、建新巷
吴仪宾	吴仪宾	仪宾北巷、仪宾巷、贤八弄
	童家、西叶山边、堰塘下	—
上下朱	上下朱	庙山、樟潭下、西山背、中山巷、大厅巷
	安山、西坞叶	—
八石坂(畈)	八石坂(畈)	文化巷、中心巷、广场巷、石头巷、横水巷
	高排山、里叶、上东门、上姜坞	—
西方坞	西方坞	龙岗巷、西龙巷、西山园、西福巷
	下东门	石板巷、井冈山巷、中心巷、新南巷
	严家	严家东巷、严家西巷
	童麻车	童麻车一弄、童麻车二弄
仓头	仓头、叶家	—
溪边	溪边	村东巷、村中巷、村西巷、胡殿山
横山	横山	庆丰路、塔山北路、塔山南路、龙葛北路、龙葛南路、横山老街路、文化路、当店巷、横水路、塔山后路、牛市巷、七家巷、小学路、花厅巷、山弄堪巷、陈家巷
	叶野	兴野巷、龙江巷、新村巷
高山	高山顶	小学路、村中巷、新村巷
	下厅	塔山北路、清河巷、仁德巷
	东坞	—
会泽里	童野	童野南巷、童野东巷、童野西巷、童野北巷
	瓦窑头、李宅	—
	会泽里	百顺巷、南阳门、环村东路、柏山巷、仙塘坳、村学巷、如意坊、吉祥弄、庆丰巷、中兴街、光明路、幸福巷、环村西路、排架底、社贤巷、石古庙、百厅巷、学前巷、高升巷、龙头山

续表1-11

行政村	自 然 村	地名、路名
白鹤桥	白鹤桥、叶店、塘下叶、秋塘底、三姑殿、叶坞	—
上向徐	周田边、杜叶、上向徐	—
山门寺	施家垅、古塘岗、枫树岭、官塘樟	—
下宅	下宅	学朝弄、中街、前进巷、前进巷一弄、前进巷二弄、长街、西学弄、西家弄、东墙头、花园、中街一弄、东殿巷、礼堂弄、大厅巷、正西弄
	李坞	大水塘、新塘里、西叶巷、西井巷、李宁巷、长坞、九亩塘
	南塘坞、新农村	—
后徐	后徐	堰州路、车站路、后梅路、信用路、厅后巷、吴家巷、徐家巷、文化巷、堰川中巷、锦溪巷、鲤鱼巷、屠工巷
	胡家	—
龙门桥	龙门桥	溪南巷、下利巷、后山东巷、黄桥路、黄桥路中心巷、黄林巷、厅后巷、后畈弄、礼堂巷、后山西巷
	广财坪、对面山、野猫山、平排山、官山脚、大坞里、郑岗坞	—
贤求棚	贤求棚	贤求朋东巷、贤求朋中巷、贤求朋西巷、贤求朋北巷
	王祥里	上王祥里、下王祥里
	鲤鱼山脚	兴村巷、全旺巷、环山巷、安康巷
大平山	大平山	金山巷、平安巷、桔山弄
	莲塘角	莲塘角、瓦窑、医院路
	地毛山	—
	上庄溪	上庄溪、洋坞
大平坂(畈)	外社塘、里社塘、下大平坂(畈)、上大平坂(畈)、邹家、大平头	—

第二章　地理　资源

横山镇地处浙江西部，为江南地层区，属侵蚀剥蚀构造地貌，地形为丘陵与半山区，为千里岗余脉之山地。属亚热带季风气候区，雨量充沛，光照充足。水系发达，有岩性土类、水稻土类与富硒土壤，为县主产粮区。矿藏资源丰富，明代或更早已开采石灰石煅烧石灰。20 世纪 50 年代以来，进行土壤改良，植树造林，兴修水利，为改善自然环境、防灾减灾作出不懈努力。进入 21 世纪以来，加强环境保护，开发旅游资源，为社会经济持续发展奠定基础。

第一节　地理环境

境域由走向不一的山脊、水系构成，海拔逐步向镇域中心递降。境内有志棠溪、模环溪、廻源溪、塔石溪、清潭水、梅岭水等溪流，均发源于山脉之中，河床比降大，水位易涨易落，枯洪变化悬殊。境内年平均降水量 1529.2 毫米，年平均气温 16.7 摄氏度。1990 版地名志载：

横山乡　地处丘陵地带，海拔 51～211.1 米，地势自北向南倾斜，模环溪纵贯乡境，分全乡为东西两部，东部大，西部较小。较大畈垄分布于沿溪一带，东西两侧为低丘。又有珏塘溪自梅岭向东南流至白鹤桥注入模环溪。气候良好，年平均气温 17.2℃，年平均降水量 1529.2 毫米。

志棠乡　地处丘陵半山区，地形北高南低。以马鞍山为界，分为南北两部，北部为半山区，海拔 120～560 米，地势由西北向东南倾斜，有廻源溪自西北向东南流，经建德县入兰溪市；南部为丘陵地区，海拔 70～300 米，地势由东北向西南倾斜。中游发源于蒋岭的志棠溪，在塔下叶村与宙坞源会合后曲折南流，为模环溪上源。气候良好，年平均气温 16℃，年平均降水量 1529.2 毫米。

下宅乡　地处丘陵地带，海拔 60～515 米。北部有千里岗余脉，地势较高，最高峰乌龟岗海拔 515 米。东、南、西三面丘陵起伏，地势稍低。溪流有发源于清潭岭之清潭水与发源于梅岭尖之梅岭水，在胡家会合后流至贤求朋与石佛溪会合成塔石溪，曲折南流至塔石乡。气候良好，年平均气温 17℃，年平均降水量 1529.2 毫米。

一、地质地貌

境内处于江山—绍兴深断裂两侧，以深断裂为界，属准地台性质，为江南古陆一部分。经历晋宁、加里东等构造运动，以印支期褶皱最为明显，其构造线以北东走向为主，次为北北东向、北西向。

地层 镇域属于江南地层区，震旦系休宁组（Z_{1x}）、南沱组（Z_{1N}）、陡山沱组（Z_{2D}）、灯影组（Z_{2DY}），分布会泽里、儒大门、贤求朋、大山沟、马鞍山等地；寒武系荷塘组（E_{1H}）、大陈岭组（E_{1D}）、杨柳岗组（E_{2Y}）、华严寺组（E_{3H}）、西阳山组（E_{3x}），分布志棠、马鞍山、三岗殿等地；奥陶系印渚埠组（O_{1y}）、宁国组（O_{1n}）、胡乐组（O_{2h}）、砚瓦山组（O_{2y}）、黄泥岗组（O_{3h}）、长坞组（O_{3c}），分布婆婆垄、东王、杜山徐、后部一带；上侏罗统建德群劳村组（J_{3L}）、黄尖组（J_{3h}），分布钱家、天池山、黄梅尖等地；白垩系衢江群中戴组（K_{1z}）、金华组（K_{2J}）、衢县组（K_{2Q}），分布横山一带；第四系（Q_4）之江组（Q_2）、鄞江桥组，分布塔石溪、模环溪两岸，为更新统和全新统冲积层。震旦系下震旦 1959 年命名于志棠村。

构造 加里东旋回早期和晚期形成的少量陆相和海相火山岩，赋存于下震旦系志棠组中，为沉凝灰岩、凝灰岩。复杂的褶皱等构造形变，集中分布在境内西北部。龙门桥向斜，轴向东北，长 20 公里，两翼由古生界组成。西翼在贤求朋一带，受强烈挤压倒转。里叶背斜位于龙门桥向斜南，轴向北东，长约 15 公里，由古生界组成。张象山向斜，位于龙门桥向斜北，轴向北东，长 35 公里，由中生界组成。

地貌 由于地质构造的叠加改造，奠定境内南低北高的地貌基础，大多是侵蚀剥蚀块状低山，地势由南向北逐步升高，海拔 51～560 米。境内山峰有乌龟岗（515 米）、乌石山（439 米）、白岭（412 米）、天池山（560 米），形成与建德市分水岭。

二、山脉山岭

千里岗山脉 境域属千里岗山脉，与建德市交界处，呈北东走向。有十八湾、龙门山、乌龟岗、乌石山、白岭、天池山诸峰，形成与建德市的分水岭。从后徐至龙门桥至志棠一线，有杜山、官山、大山等峰，北东走向。

万历志载：瀫之北曰白鹤山，去县治四十里。稍南为鹫岩，今名为庵堂岩。北为唐台山。鹫之南为横山。白鹤山之北十里稍西为梅岭山，由此进入寿昌界。山之南为乌石山，下有幽岩。稍西而南为太公山。梅岭之东南十里许为鹳山，山南为石龙山，西为宝盖山，一名蓦然。再西南十余里为蜈蚣山，其右为周牛冈，为下倪，又南为杨梅垄，又东为笋墩（民国志按：墩立水中）。周牛冈左而南行为凤凰山（民国志按：俗名童塘殿山）。其下为上山头（民国志按：有余尚书噤墓）。牛冈而东为白云山，为后街山。

乌龟岗 位于大平坂（畈）村西北，龙门山东南，与建德市交界，北东走向。千里岗山脉余脉，海拔 515 米。

天池山 位于天池村大坟头坞东北，与建德市交界，北东走向。属千里岗山脉余脉，海拔 560.2 米。

五巴基 又名官山，民国志称鹳山。位于会泽里村童岗西，北南走向。属千里岗山脉余脉，海拔 211.1 米。山中有石煤、石灰石已开采，现已废。

乌石山　位于大平坂（畈）村乌石寺脚自然村北，北南走向。属千里岗山脉余脉，海拔439米。山顶有乌石划开，分峙南北故名。《大清一统志》卷三〇一“衢州府·山川”有“乌石山，在龙游县北四十五里，下有幽岩，又北即梅岭也”的记载。

大山　位于志棠村东，与建德市、兰溪市交界，北南走向。属千里岗山脉余脉，海拔323米。产石煤用以烧石灰多年，山脚曾建水泥厂，山麓盛产番茄。

马鞍山　位于腰塘边村马鞍山西北，北东走向，属千里岗山脉余脉，海拔265.5米。廻源溪与志棠溪之分水岭。有石煤、石灰石，设石灰厂多年，现已废。

猪娘背　位于天池村邵源坞西，与建德市交界，北东走向。属千里岗山脉余脉，海拔412米。

牛塘坞尖　位于天池村天池山东，与建德市交界，北东走向。属千里岗山脉余脉，海拔326米。

麻车岭　位于志棠村石塘里东南，与兰溪市交界，北东走向。属千里岗山脉余脉，海拔233米。

梅岭　位于大平坂（畈）村大平头北，乌石寺东北侧，岭岙处于建德市境内。民国志卷二“地理考·山川”载：“宋都临安，此岭最为要道。”

查岭　位于天池村新宅西北天池山与白岭之间，海拔302米，为新宅至建德市外坑村之通道。岭北之水流向西北，进入建德市白岭坑水库；岭南之水经廻源溪东南流入建德市，再流入兰溪市汇入兰江。

白岭　位于天池村新宅西，海拔412米，山上有小型古道，原可通寿昌，后因建造白岭坑水库，路弃。

横山　位于横山镇南，海拔67.2米。因自志棠大山起，山势均从东北西南，至此则转为东西横向，故名。山上有横山塔。

枫树岭　位于山门寺水库东南，与兰溪市交界，海拔163米。

白鹤山　位于白鹤桥村东南，海拔119米。山之西北坡上旧时有白鹤殿，相传建殿时有白鹤翔舞故名，山亦因此得名。

寺山尖　又名宝盖山。位于贤求朋村王祥里西，海拔193.4米。民国志称宝盖山。山脚旧有实际禅院，元至正丁酉年（1357）庐江僧良亮建，明宋濂曾作《实际禅院居记》，碑佚，禅院亦已无存。

象鼻山　位于贤求朋村东北，海拔161米。山中曾开采石煤，现已废。

唐台山　位于塔下村东南，海拔186.2米。山上旧有大乘寺，俗称台山寺，唐始建，清道光初重修，建国后毁。山下有刹下塔。

三、溪流

模环溪　原名双溪。源出建德市宙坞坪，自塔下叶村入境，至模环乡凤基坤村汇入衢江，入境口高程102米，河口高程35米，落差67米，坡降2.6‰。县境内主流长25.8公里，流域面积97.12平方公里，流经横山镇、模环乡。自塔下叶纳志棠溪水与翁坞底溪水成为主流，折南流经张家、上向徐至白鹤桥，纳珏塘溪水与龙门桥山溪水。向南流经会泽里，至叶野纳苗高水，至横山纳横山水。再流经湖涯溪边、下西山出境至凤基坤汇入衢江。

士元溪　旧名斗山水。源出上宾村上下朱，至模环乡桥头江村汇入衢江，河源高程76米，河口高程36米，落差40米，坡降3.48‰。主流长11.5公里，流域面积41.5平方公里，流经横山镇、模环乡。源流南行新王、刘家至湖塘殿，纳老佛水，东南流经白马至前方西北汇合金江桥水，曲折南流至桥头江西北汇入衢江。

塔石溪 旧名锦溪，系龙游境内衢江北岸最大支流。主源为三门源水，源自石佛乡大力山村白佛岩，至小南海镇后周村汇入衢江。河源高程180米，河口高程38米，落差142米，平均坡降4.86‰，主流长29.2公里，流域面积220.28平方公里，流经石佛乡、塔石镇、横山镇、小南海镇。另有西源自梅树坞始，名黄塘源。三门源、黄塘源汇合于下洪村南成石佛溪，东南流至胡家纳清潭水、梅岭水，至贤求朋纳锦溪水，经脉元、西杷、李家出境至坞勘，与泽随溪汇合，合流后折东南向后至笋墩山下汇入衢江。

清潭水 塔石溪支流。源出石佛乡夏家村西源头，流经石墙头、溪背，至后徐村胡家汇入塔石溪。主流长8.6公里，流域面积11.66平方公里，河源高程125米，河口高程68.5米，落差56.5米，平均坡降6.57‰。

梅岭水 塔石溪支流。源于建德市梅岭，自大平坂（畈）村入境，流经下大平坂（畈）、大公殿，至后徐村胡家汇入塔石溪。境内流长5.5公里，流域面积11.84平方公里，河源高程105米，河口高程68.5米，落差36.5米，平均坡降6.64‰。

志棠溪 模环溪支流。源出龙游、兰溪交界的蒋岭，流经腰塘边村，至塔下叶汇入模环溪。流长2.5公里。

珏塘溪 模环溪支流。源出建德市航头镇珏塘村朱塘坑，东南流经珏塘，于白鹤桥村叶坞入境，至白鹤桥汇入模环溪。流长5公里。

龙门桥水 模环溪支流。民国志称光山脚水，源出下宅村郑岗坞南，流经龙门桥，折向东流至白鹤桥南，至官山脚北汇入模环溪。流长2.6公里。

庙高水 模环溪支流。源出横山村庙高南，流经高头、方野，至叶野西汇入模环溪。流长2.5公里。

横山水 模环溪支流。源出八石坂（畈）村灵鹫岩，南流经上泉垄水库，至八石坂（畈）东纳八石畈水库之水，于横山集镇南汇入模环溪。流长2.7公里。

太平桥水 模环溪支流。源出下宅村宅宅山，流经模环乡五都桥村新殿、五都桥、车边翁，至模环村汇入模环溪。流长2.8公里。

迴源溪 源出天池村新宅、杨家，自西北向东南流，经建德县入兰溪市。

四、植被

境内原始植被已不多，留下的也是残次林。解放后，人工植被除开发耕地农业植被外，主要表现为森林植被。植被类型主要有以下8种。

亚热带针叶林 分为人工栽培的杉木林、马尾松林和天然飞籽成林的马尾松、短叶松林。杉木林除人工栽培外，尚存部分残次林，但留存不多。马尾松林分布很广，大多在山地丘陵地带。

常绿阔叶林 为地带性植被，分布在山地丘陵，主要有青冈栎、苦槠、栲树、钩栗等，伴生树种有米槠、木荷、细叶青冈、石栎等。

落叶常绿混交林 多为常绿阔叶林砍伐后形成的次生林，有麻栎、枫香、苦槠、桅树、木荷、栲树、青冈、白栎等。

针阔叶混交林 林分树种和林下植被较复杂，一般为常绿阔叶林中松木飞籽或杉木采伐后经封山形成的林分。长期封育后演变为常绿阔叶混交林。

竹林　有人工栽培的毛竹和天然形成的苦竹、箬竹等杂竹林，分布面积不广。

常绿阔叶灌丛林　植被群系繁多，一般为封山后作薪炭的杂柴山，分布坡度大、海拔较高地段和深山岙、山溪两旁。

草灌丛　有茅草、芒秆等。一般分布在大坞，杂有较矮小灌木、蔷薇之类。

亚热带经济林　绝大部分为人工栽培的树种，天然的较少，有油茶、油桐、茶园、桑园、柑橘园等，20世纪八九十年代柑橘园遍布各村。

植树造林　主要种植杉木、马尾松、毛竹及油茶、茶叶、桑树、柑橘等。20世纪50年代"大办钢铁"建小高炉，上山砍树烧炭，漫山遍野挖沟找铁矿，植被破坏严重。六七十年代，大面积毁林种粮，搞"人造小平原"，植被破坏更重。60年代曾利用飞机进行播种和采用实心苗造林，70年代后建设杉木林基地。改革开放以后，随着农业结构的调整，桑、茶、果园种植面积有所扩大，发动群众在村、宅、路、水旁开展绿化植树活动。

治沙工程　由于境内丘陵区山地贫瘠，历史上大多呈荒芜半荒芜状态。1992年，志棠、横山乡镇实施治沙工程，营建防风固沙林、农田保护林和生态型经济林，封山育林育草。至2000年，基本达到全面绿化、保持水土、治沙灭荒目标。

五、气候　灾害

境域地处亚热带湿润气候区，四季分明，气候温和，全年无霜期长。有时会出现寒潮、冰雹、台风，以及雨量季节性分配不均而造成的连绵阴雨、洪灾或干旱等自然灾害。按候平均气温(连续5日的平均气温)划分季节，四季分明。按积温≤10度为冬天，10~20度为春天、秋天，≥20度为夏天计算，夏季持续天数比春秋两季总和还多。

春季　大致从3月15日—5月20日，67天左右。候平均气温已达10℃以上，仍不时有冷空气侵袭，冷暖空气频繁交替。强冷空气与暖湿气流相撞，则出现雷雨，甚至冰雹，也会出现连绵阴雨较长时间的低温多雨天气。

夏季　一般从5月21日开始，到9月28日结束，约131天。候平均气温达22℃以上，初夏时冷暖空气交错停滞，为梅雨季，仅5、6月份降雨量就可达450~570毫米，占全年30%，有时连续大雨或暴雨，容易出现洪涝灾害。雨季结束进入盛夏，受副热带高压控制，天气晴热，雨量减少，蒸发量大，干旱出现。7—9月时有台风影响，台风伴有降雨，影响生产，却能缓解旱情。

秋季　一般从9月29日开始，到11月28日，约61天。候平均气温一般已低于22℃，高于或等于10℃。秋风起渐渐凉，北方冷空气开始南侵，势力逐渐加强，形成低温阴雨天气；但大陆高压稳定控制时，则出现晴朗天气，气温升高甚至发生秋旱；待深秋时节，气温宜人，即所谓"十月小阳春"。受冷空气影响，有时会出现"寒露风"的不利气象。

冬季　大致从11月29日开始，到次年3月14日结束，约106天。候平均气温低于10℃。受北方冷高压控制，天气晴朗，空气干燥寒冷。遇寒潮侵袭，冷风过境时出现雨雪天气，风后天气晴冷，气温在摄氏零度以下，出现霜、冻。遇印度洋暖湿气流影响时，出现"暖冬年"，当北方冷空气南下相遇时，连续降水，成为"烂冬"天气。有的年份冬末又会出现"回春早"的现象，出现同一地区短暂时间内气温高达20℃以上的反常天气。

灾害　有水灾、旱灾、风灾、冰雹、霜雪冰冻、病虫害等，其中水灾、旱灾、病虫害较频繁。因民国前的灾情各县志未一一注明出处，现录与北乡有关内容，以备考。

光绪三十年(1904)　六月三日，廻源(现天池村)山洪暴发，沿溪人畜漂没甚多。

1955 年　8 月 21 日—11 月 14 日，模环区各乡农田受旱、晒白。

1962 年　4 月 7 日 24 时，冰雹袭击塔石、模环部分地区，房屋、农作物受损，有人畜伤亡。

1963 年　5 月 8 日 15 时 45 分—16 时，大风雹袭击詹家、城区、团石、虎头山、雅村、兰塘、模环、横山、马叶等地，雹大如鸡蛋，死 3 人，伤 78 人，房屋、农作物损失惨重。

1964 年　6—10 月，大旱，龙游区、模环区、塔石区为最。志棠公社杨家、儒大门、前邵、后邵大队饮水困难。

表 2-1　**1964 年志棠公社农作物受旱情况表**　单位：亩

生产大队名称	双季晚稻						玉米		番薯		备注
	种植面积	晒枯死	晒开裂	断水	有水	预计保收	种植面积	受旱面积	种植面积	受旱面积	
杨家	380	300	72	2	6	2	86	86	42	42	水田靠泉水灌溉
新宅	406	350	50	—	6	5	—	1	1	—	水田靠泉水灌溉
下店	235	205	—	—	30	20	—	—	7	7	靠泉水与挖沙井灌溉
儒大门	497	350	107	—	40	35	8	8	—	—	靠泉水与挖沙井灌溉
后邵	313	130	163	—	—	—	1	1	8	8	
卸厅	259	180	60	8	11	11	12	12	24	24	水田靠泉水灌溉
前邵	172	130	35		7	5	26	26	20	20	水田靠泉水灌溉
席家	179	88	84		7	7	6	6	8	8	水田靠泉水灌溉
凌阁张	251	145	38	40	28	20	1	1	—	—	水库水有 3 万立方米
腰塘边	578	110	358	60	50	10	16	16	25	25	靠泉水和水库灌溉
张家	628	160	45	—	400	400	—	—	—	—	靠山门寺水库灌溉
钱家	436	109	120	109	98	65	3	3	—	—	靠山门寺与石峡口水库
东王	491	120	240	21	110	100	—	—	—	—	靠小水库、山塘灌溉
塔下叶	706	100	156	—	450	300	4	4	40	40	靠石峡口水库灌溉
翁坞	148	2	131	—	15	15	2	2	20	20	靠小水库、山塘灌溉
合计	5679	2479	1659	240	1258	995	165	166	195	194	

注：自 6 月 28 日至 9 月 15 日大旱 81 天

1967 年　5 月 1—8 日，降雨 300 毫米，洪水淹塔石区、龙游区、模环区农田 800 公顷，房屋倒塌 185 间；8—10 月，仅降雨 23.7 毫米，塘库干涸，禾苗枯萎，塔石区、模环区旱情奇重，省有关部门派飞机作人工降雨后，旱情缓解。

1969 年　6 月 23 日—7 月 5 日，降雨 398 毫米，洪水之猛数十年罕见。塔石区、模环区受灾最重。淹农田 6700 公顷，房屋倒塌 1000 余间，下宅公社贤求朋大队大部房屋被毁，西垄口水库副坝冲溃一处，志棠公社清明塘里水库发生大坝滑坡塌方事故。

表 2-2　　1969 年横山公社“6.29”洪水中损失情况表

生产大队名称	水稻被淹面积(亩)		秋田被淹(亩)		水利设施倒塌(处)	倒塌房屋(间)				
	合计	其中：颗粒无收面积	合计	其中：需重播面积		合计	民房	仓库	牛栏	其他
横山	475	56	26.5	4.5	13	72	56	6	4	6
仓头	310	50	9	3.5	—	10	1	—	3	6
溪边	400	20	12	5.0	—	6	—	—	3	3
下西山	280	40	17	2.0	3	19	8	—	7	4
上向徐	413	40	0.5	0.5	10	16	15	—	—	1
白鹤桥	623	33	20	15.0	7	90	50	10	12	18
会泽里	600	33	12	2.0	4	29	11	13	3	2
方野	340	56	15	10.0	1	37	26	3	4	4
合计	3441	328	112	42.5	38	279	167	32	36	44

1971 年　71 天无有效降水，塔石区、模环区旱情最重。

1978 年　7—12 月，仅降雨 271.8 毫米，只占历年同期平均降雨量的 51%。秋旱严重，北乡尤为突出，模环区的志棠、下宅、兰塘、横山等公社双季稻缺水，面积缓减。横山公社白鹤桥大队因干旱秋粮减产 7 万余斤。

1979 年　3 月 30 日，雷雨大风袭击龙游区、模环区、溪口区、团石区等地，倒塌房屋 151 间，春粮损失严重。

1982 年　6 月 19—20 日，连降大雨。19 日，团石区、模环区降雨达 150 毫米以上，山坡多处塌方，沿江农田、村庄遭淹。

1983 年　4 月 28 日，大风加冰雹袭击塔石区、模环区部分地区，春粮受损。

1984 年　3 月 31 日，冰雹袭击志棠乡，毁房 2 间，受伤 1 人，58 公顷油菜受损。7 月 1—13 日，模环区持续高温干旱，早中稻旱情严重。

1987 年　3 月 31 日，冰雹袭击志棠乡，各村油菜受损。4 月 10 日 15 时许，志棠、横山、下宅等乡遭冰雹袭击，1381 户受灾，81 间房屋倒塌，267 公顷春粮无收。其中受灾最严重的志棠乡钱家等村，地面积雹厚 1.2 尺，24 小时后未融化完；7 月 23—26 日，横山、团石等乡连降大到暴雨，造成洪涝，受淹早稻、晚稻秧田；10 月 30 日上午 7 时 20 分，横山、模环、塔石、雅村、团石等乡遭狂风袭击，死 1 人，伤 22 人，667 公顷柑橘、晚稻受损。

1988 年　3 月 14 日 20 时 15 分—15 日 5 时许，3 次冰雹伴随 8 级至 10 级大风，袭击石佛、雅村、塔石、下宅、志棠、横山、官潭、灵山、社阳等乡，毁坏房屋 126 间，733 公顷春粮受损。

2005 年　上半年，贤求朋村鲤鱼山脚自然村发生水井干涸，30 余幢民房随后发生不同程度墙体变形，地面出现 15 个塌陷坑，其中 5 个长 2~5 米，宽 2~4 米，深 5~12 米不等；村西外侧杭新景高速公路石佛溪中桥台护坡产生裂缝，路基出现下沉。地面塌陷区面积约 11.8 平方公里，影响区面积约 10.5 平方公里。经浙江国土工程勘察有限公司勘查，查明塌陷区地面下 9~11 米，有大面积的强风化炭质灰岩溶洞，属于重大级岩溶地质灾害(除贤求朋村地面塌陷外，前邵村破山脚也被列为泥石流灾害隐患处)。6 月下旬—9 月，仅降雨 171 毫米，北部地区降雨更少，志棠镇

800多人饮水困难。

2008年　5月27日晚，县内普降暴雨，局部出现大暴雨，横山、模环、塔石、罗家等乡镇的小流域水位猛涨，3.4万人受灾，6200公顷农作物遭淹。

2017年　6月11日中午，模环溪会泽里段涝水严重，周边20余亩稻田被淹；12日，转移人员16名，有效处置塌方2处。6月22日凌晨，部分村庄村民家中进水。其中，上向徐村东王自然村有几处河堰超出警戒水位，导致塘坝底渗漏。全镇受淹水稻855亩，其他农作物1580亩，冲毁道路210米，2个山塘出现渗漏，转移群众9户21人。

2020年　6月2日19时—3日14时，龙游北部普降暴雨，全县最大雨量为大平坂（畈）村大平头，为120.6毫米，最大小时雨强为30毫米。

2022年　8月12—16日，大平头稳坐县最高温“宝座”，基本在43℃以上，其中12日43.3℃，16日43.6℃。

横山雨量站　1982年由县水利部门在横山设立。雨量站为代办站，即由国家拨款，在当地雇用责任心强、工作认真负责者，通过培训后进行业余监测和管理，国家每年给予适当的报酬与补贴。

表2-3　**横山雨量站降水量频率统计表**

河名	实测系列年限（年）	多年平均值（毫米）	不同保证率降水量（毫米）			
			丰水年20%	平水年50%	枯水年75%	特枯年95%
模环溪	24	1529.2	1749.5	1514.0	1338.1	1113.3

表2-4　**1989—2008年横山雨量站逐月降水量统计表**　单位：毫米

年份（年）	1月	2月	3月	4月	5月	6月	7月	8月	9月	10月	11月	12月	合计
1989	129.9	73.0	130.5	233.0	200.1	309.7	286.2	106.9	154.5	54.4	52.2	50.4	1780.8
1990	96.5	148.4	84.1	204.0	163.2	200.3	49.6	66.5	102.8	37.7	152.0	40.3	1345.4
1991	101.8	74.8	209.9	239.0	185.6	200.6	37.3	68.0	164.7	49.1	47.8	42.2	1420.8
1992	77.5	93.5	352.6	101.0	163.6	289.9	331.1	136.4	68.8	2.9	13.2	77.5	1708.0
1993	77.8	75.1	192.8	127.0	362.6	540.9	276.9	77.1	83.3	64.7	44.1	36.9	1959.2
1994	64.7	120.9	128.2	248.0	177.6	661.3	2.2	106.1	71.2	33.0	10.0	193.3	1816.5
1995	113.7	54.2	175.9	534.0	371.6	415.9	162.7	22.6	52.1	61.8	11.6	7.4	1983.5
1996	89.9	42.2	341.7	136.0	60.0	288.0	66.6	188.3	5.7	61.1	37.7	7.2	1324.4
1997	34.0	63.1	108.0	142.0	68.6	155.8	453.4	172.3	112.0	61.7	304.0	131.6	1806.5
1998	193.1	89.8	216.9	234.0	168.7	490.7	192.2	25.5	53.7	28.7	25.2	28.4	1746.9
1999	104.8	23.3	276.2	230.0	179.8	302.9	236.1	302.0	17.1	29.4	38.6	0	1740.2
2000	104.0	128.2	153.4	118.5	155.2	316.9	41.1	145.5	36.0	154.4	131.0	23.0	1507.2
2001	130.5	116.7	95.2	105.0	153.2	292.3	54.4	240.9	12.8	42.0	64.0	101.5	1408.5
2002	126.6	47.0	167.4	360.0	196.9	281.1	329.7	208.4	66.2	83.8	98.8	152.7	2118.6

续表2-4

年份（年）	1月	2月	3月	4月	5月	6月	7月	8月	9月	10月	11月	12月	合计
2003	77.0	150.3	147.5	154.0	182.8	236.5	73.7	225.5	48.1	8.6	84.6	21.1	1409.7
2004	53.2	155.7	67.7	80.4	209.0	102.9	56.2	102.9	144.0	19.3	92.2	91.2	1174.7
2005	93.5	194.9	137.5	81.0	270.4	177.6	54.6	72.2	6.4	37.5	98.2	51.3	1275.1
2006	129.8	109.8	81.3	136.0	320.9	204.4	159.2	31.4	147.8	13.9	65.7	29.8	1430.0
2007	86.9	91.4	112.2	187.0	172.4	156.3	143.4	70.8	116.4	79.5	17.5	71.8	1305.6
2008	87.8	61.7	54.7	153.0	252.7	385.4	112.7	107.7	50.5	67.8	97.7	16.1	1447.8

气象自动监测站　2004年，横山、志棠建立气象自动监测站，初步建成地面中小尺度气象灾害自动监测网。

人工增雨作业　2018年境内高温偏多，夏秋降水偏少，导致出现旱情，森林火险气象等级偏高。7月31日县气象局与省人工影响天气办公室沟通，两周后建设山门寺临时作业点，其后抓住有利时机开展人工增雨作业。2022年7月15日—8月31日，县气象局在山门寺水库作业点适时开展人工增雨作业。

第二节　自然资源

境内自然资源丰富，土壤适宜耕作，土地类型多样，林地面积有一定占比，野生动植物种类较多，非金属矿资源丰富。相比较全县而言，水资源缺乏，饮用水需要外援。在众多土地中，耕地是生产粮食基础，各级高度重视耕地的开发与保护。

一、土壤

境内土壤主要由红壤土、岩性土与水稻土类构成，富晒土壤是镇内独有土类。

红壤土类　为境内主要土种，质地为重壤至轻黏，酸性强，pH值4.5—5.5，有机质含量0.63%~2.65%，阳离子代换量6克至100克，盐基不饱和度高，普遍缺磷少钾。土层较深厚，大多1米以上。适宜茶叶、果树、毛竹、杉、松等林木生长。分红壤、黄红壤、侵蚀性红壤3个亚类。红壤亚类分黄筋泥、红泥土2个土属，含黄筋泥、砾石黄筋泥、网心黄筋泥、红泥土、红砂泥土、红砾泥6个土种。黄红壤亚类，分亚黄筋泥、黄泥土、黄红泥土、砂黏质红土、粉红泥土、红砂土6个土属，含亚黄筋泥、黄泥土、黄泥砂土、黄砾泥、黄红泥土、砾石黄泥土、砂黏质红土、粉红泥土、紫粉泥土、红砂土、酸性紫色土、红砂泥土、砾质红砂土13个土种。侵蚀性红壤亚类，分石砂土、白岩砂土、片石砂土、岩秃4个土属，含石砂土、白岩砂土、片石砂土、岩秃4个土种。

岩性土类 境域多为钙质紫色土亚类,由不耐分化的紫色岩体发育而成,受风化侵袭,保持母岩体的色泽和某些特性。土壤结构松弛,易被冲刷。土层较薄,大部分呈钙性反应,也有少部分呈碱性反应。钙、磷、钾含量较高,宜于发展果、桑等。

水稻土类 为境域最重要的耕作土壤,质地以中壤至重壤居多,土层较深厚,耕作层一般在20~30厘米之间,具有特有的剖面形态结构,即耕作层、犁底层、储育层、潜育层、心土层。绝大部分是自然土壤经人工种植水稻发育而成,分渗育型水稻土、潴育型水稻土、潜育型水稻土3个亚类。渗育型水稻土亚类分山地黄泥田、油泥田、紫泥田等8个土属,含黄泥田、白沙田、黄筋泥田、红沙田等13个土种,质地中壤至轻壤。潴育型水稻土亚类分山地黄泥沙田、黄油泥田、紫红泥沙田、洪积泥沙田、黄泥沙田、泥质田、培泥沙田等9个土属,含老黄筋泥、紫粉泥田、红粉泥田、沙心紫粉泥田、焦心粉泥田、青心大泥田、泥沙田、泥质田、培泥田等42个土种,质地以中壤至重壤为主。潜育型水稻土亚类,含烂冬田、烂黄泥田、烂泥田、烂泥沙田、青泥田5个土种,土体软糊。还有一种淹育型水稻土,质地中壤至轻黏,大多是近代新垦农田,犁底层已初步形成,不受地下水影响,土壤属性的改变仅限于耕作层,熟化程度低。

富硒土壤 2005年10月,县农业地质环境调查成果通过省国土厅组织的专家组评审。据农业地质环境调查和评价,龙游县超过300公顷的富硒区块主要分布在境域的志棠(大山沟、钱家、凌阁张、后邵、翁坞、婆婆垄、儒大门、溪东一带)、龙门桥(上向徐、龙门桥一线的近北东向条带上)。2021年8月16日,中国地质学会公布首批天然富硒土地名单,志棠村—腰塘边村23.8公顷土地入选。其中绿色富硒土地307亩(20.6公顷),无公害富硒土地770亩(51.6公顷),硒平均含量或农作物富硒比例为0.67mg/kg的地块,符合中国地质调查局地质调查技术标准《天然富硒土地划定与标识》(DD 2019-10)规定,为全国"富硒土壤"概念萌芽地。

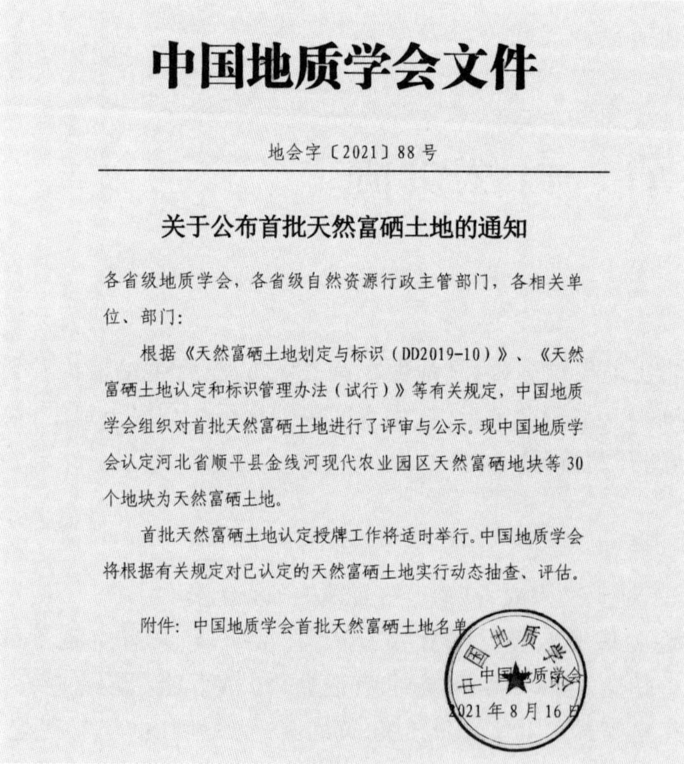
中国地质学会文件

地会字〔2021〕88号

关于公布首批天然富硒土地的通知

各省级地质学会,各省级自然资源行政主管部门,各相关单位、部门:

根据《天然富硒土地划定与标识(DD2019-10)》、《天然富硒土地认定和标识管理办法(试行)》等有关规定,中国地质学会组织对首批天然富硒土地进行了评审与公示。现中国地质学会认定河北省顺平县金线河现代农业园区天然富硒地块等30个地块为天然富硒土地。

首批天然富硒土地认定授牌工作将适时举行。中国地质学会将根据有关规定对已认定的天然富硒土地实行动态抽查、评估。

附件:中国地质学会首批天然富硒土地名单

中国地质学会

2021年8月16日

图 2-1　中国地质学会文件

土壤改良 境内红壤低丘岗地资源丰富,小农经济时代,土地插花,人力单薄,维持简单再生产已属不易,无力改变不利的自然条件。解放后,有农民或在大泥田挑沙拌土,或在沙土田里挑黄泥、草皮、栏粪,或在坂中开沟排水、降低地下水位,开始改良土壤的探索。20世纪60、70年代,开展"农业学大寨"运动,掀起开发低丘红壤造田造地高潮。当时,模环区委组织下宅、横山、志棠等公社几百名劳力在兰塘大鼓山、大冶山安营扎寨,住在工地、吃在工地、干在工地,隆隆的开山放炮声前所未有，被群众喻为“大闹花果山”，连片开发低丘红壤造田3000余亩（200余公顷）。同时，各社队坚持“小型、就近、自办”为主和“边规划、边开发、边配套、边种植”原则，采取群众运动和专业队常年大干相结合的方法进行，开发一批红壤低丘岗地，而真正找到改造低产田良策的，当推会泽里大队的实践。

会泽里大队土壤改良　会泽里地处红壤丘陵地区，有耕地1600亩（107公顷），丘陵山地1900亩（127公顷），1957年前粮食亩产150公斤左右。从1959年起，与周围大队联合兴建170万立方米的山门寺水库和3个小型水库、102个山塘；在坂心垄心开挖排水沟，降低烂糊田水位；绿肥种植面积由1957年380亩（25.5公顷）增加到1962年949亩（63.6公顷），鲜草亩产量由几百公斤提高到1250公斤以上。水、肥条件改善后，双季稻面积从1957年287亩（19.2公顷）扩大到1962年1185亩（79.4公顷），并在1700多亩（114余公顷）荒丘上造林1400多亩（90余公顷），植树4万余株。全队粮食亩产由1957年的195.5公斤上升到1962年353公斤。1964年大队党支部书记廖永根参加华东农业生产经验交流会，1965年8月21日《人民日报》头版头条刊发《衢县大面积改造低产田大面积增产》，其中“水利先行，肥料紧跟，相应改制，精耕细作，推广良种，绿化保土”系会泽里大队经验。

二、土地

土地构成　土地包括耕地、园地、林地、居民与工矿用地、交通用地、水域等。1988年、1992年，县土地局公布《各类土地利用现状表》，境内各类土地数据如下表。2005年，横山镇有废弃园地264.07公顷，林地542.33公顷，灌木林地2.33公顷，疏林地340.33公顷，未成林造林地106.93公顷，苗圃0.67公顷，荒草地247.93公顷，裸土地38.8公顷，裸岩石砾地233.13公顷。

表2-5　**1988年、1992年境内各类土地情况表**

年份	乡镇名	耕地面积（占比）	园地面积（占比）	林地面积（占比）	工矿用地面积（占比）	交通用地面积（占比）	水域面积（占比）	未用土地面积（占比）	农村居民点面积（占比）	合计面积（利用占比）
1988年	横山乡	—	—	—	— （0.17）	— （0.47）	—	—	— （3.1）	— （3.83）
	志棠乡	—	—	—	— （0.14）	— （0.18）	—	—	— （1.1）	— （1.41）
1992年	横山镇	36086 （43.1）	8279 （9.9）	13910 （16.6）	5601 （6.7）	718 （0.9）	6658 （7.9）	12399 （14.8）	—	83651 （4.9）
	志棠乡	14053 （28.3）	2909 （5.6）	19076 （38.4）	1879 （3.8）	271 （0.5）	1991 （4.1）	9533 （19.4）	—	49712 （2.9）

编者注：横山乡数据含下宅乡。1988年面积单位为平方公里，1992年面积单位为亩，占比单位为%

耕地林地　在各类土地中，境内耕地、林地所占比例高。据《1988年龙游县乡镇基本情况表》，1988年横山乡总面积34平方公里，有耕地15612亩，林用地17780亩；志棠乡总面积29.4平方公里，有耕地8969亩，林用地30010亩；下宅乡总面积23.4平方公里，有耕地9364亩，林用地12810亩。1995年，根据省政府办公厅《关于切实做好全省土地变更调查工作的紧急通知》，县在志棠镇进行土地变更试点，于1996年10月公布各乡镇耕地面积与人均面积。

表 2-6 1960—1998 年横山镇、志棠镇耕地面积情况表 单位：亩

年份(年)	横山镇		志棠镇		年份(年)	横山镇		志棠镇	
	年末耕地面积	其中：水田	年末耕地面积	其中：水田		年末耕地面积	其中：水田	年末耕地面积	其中：水田
1960	28820	27240	6286	5793	1980	25474	24015	9176	8429
1961	—	—	—	—	1981	25672	24270	9175	8311
1962	27338	25776	10260	9416	1982	25672	24314	9175	8432
1963	27438	25753	10103	9454	1983	25682	24164	9175	8431
1964	27438	25753	10103	9454	1984	25628	24373	9171	8427
1965	24259	23601	9621	8936	1985	25374	24575	9146	8427
1966	23834	23269	8670	8384	1986	25170	24422	9026	8328
1967	23679	23214	8550	8281	1987	25069	24267	9008	8311
1968	24688	24173	8999	8629	1988	24977	24275	8969	8172
1969	25420	24915	9117	8786	1989	24922	24221	8966	8269
1970	25324	24485	9384	8679	1990	24890	24185	8952	8255
1971	25324	24413	9384	8734	1991	24864	24079	8948	8251
1972	25472	24503	9360	8595	1992	24685	23890	8911	8215
1973	25396	24551	9357	8592	1993	24410	23725	8859	8167
1974	25400	24201	9344	8610	1994	24433	23645	8863	8863
1975	25407	25207	9259	8543	1995	24380	23555	8860	8140
1976	25213	23851	9255	8496	1996	24380	23516	8863	8140
1977	25141	23742	9253	8494	1997	24224	23359	8863	8140
1978	25476	24171	9250	8533	1998	24286	23359	8863	8140
1979	25499	24030	9234	8486	—	—	—	—	—

编者注：横山镇数据包含下宅乡

表 2-7 1996 年横山镇、志棠镇耕地面积与人均面积情况表 单位：亩

镇　名	人口(人)	耕地面积	其中：水田	人均占有土地面积	人均占有耕地面积	乡村人均
横山镇	23178	24380	23555	3.61	1.05	1.08
志棠镇	9295	8860	8140	5.37	0.95	0.98

表 2-8 2005 年各村耕地、林地面积情况表 单位：公顷

村　名	耕地	林地	村名	耕地	林地	村名	耕地	林地
横山村	59	73	方野村	23	21	山门寺村	15	199
高山村	64	102	上向徐村	77	99	白鹤桥村	84	113

续表2-8

村　名	耕地	林地	村名	耕地	林地	村名	耕地	林地
会泽里村	121	111	新宅村	43	532	东王村	47	109
上下朱村	64	50	下店村	32	153	张家村	63	133
吴仪宾村	86	21	儒大门村	56	151	钱家村	47	54
八石坂(畈)村	119	207	前邵村	21	68	项家村	126	67
西方坞村	84	48	席家村	25	38	贤求棚村	51	84
仓头村	25	8	卸厅村	27	8	腰塘村	39	91
龙门桥村	74	170	后邵村	32	32	脉元村	110	137
下西山村	65	51	塔下叶村	71	115	后徐村	50	57
溪边村	25	9	翁坞村	18	56	大平山村	42	109
余岗村	73	113	腰塘边村	77	170	大平坂(畈)村	68	318
杨家村	57	429	凌阁张村	41	111	下宅村	123	202

表2-9　**2007年各村地处与总面积情况表**　单位：平方公里

村　名	地　处	总面积	村　名	地　处	总面积
天池村	丘陵山区结合部	15.40	下宅村	丘陵平原结合部	7.31
志棠村	丘陵	3.30	横山村	丘陵平原结合部	4.63
腰塘边村	丘陵	4.54	上向徐村	丘陵	4.18
塔下叶	丘陵	3.60	白鹤桥村	丘陵	3.73
河宗村	丘陵	5.10	会泽里村	丘陵	3.08
项家村	丘陵	2.99	上宾村	丘陵	2.98
贤求棚村	丘陵	3.58	八石坂(畈)村	丘陵	4.81
脉元村	丘陵	2.74	西方坞村	丘陵	2.40
后徐村	丘陵平原结合部	3.69	下西山村	丘陵平原结合部	2.05
大平坂(畈)村	丘陵	5.05	余岗村	丘陵	2.79

地籍　20世纪80年代，县用4年时间开展国有土地使用权申报登记与村庄地籍调查，于1989年9月形成《村庄地籍调查情况统计表》，横山乡、志棠乡情况如下。

表2-10　**1989年横山乡、志棠乡村庄地籍调查情况统计表**

乡　名	村庄数（个）	户数（户）	宗地数（宗）	调查数（宗）	面积（平方米）	完成调查数（宗）	面积（平方米）
横山乡	24	5741	6267	6220	783408.4	6220	383408.4
志棠乡	15	2880	2940	2735	322344	2710	319680

编者注：横山乡数据包含下宅乡

地租 自元代起，就有田赋、地租的记载。地租，是土地所有者凭借土地所有权而获得的收入，一切形态的地租都是土地所有权在经济上的实现。地租以封建的土地所有制为前提，地主通过出租土地，向租地农民收取过高的不合理地租，进行剥削。封建地租包括劳役地租、实物地租和货币地租三种。古代私田出租详情无考，但公田出租有记载。从民国志卷二十八、二十九“公租总数”可知，当时境域各都图公租田、地、山的数据。因公租大多用于教育，各都图数据见本志第十五章“教育”。

据《浙江通志稿》载：民国十九年(1930)，龙游县公营土地(含田、地、山、荡)占6.42%，私营占93.58%。据《田赋征册》记载，民国三十七年(1948)38都2图赋税(私营)如下：

三十八都二图 田2503.09亩，地235.36亩，山96.66亩，塘85.5亩，合计2920.61亩。应纳赋额1903.22元，征实数量258.48石，征借数量285.48石，省县公粮58.66石，地主积谷28.55石，合计685.17石，四项代征经费数量342.58石。

地价 1994年3月，县对横山、志棠等建制镇进行土地估价，确定各建制镇的商业、工业、住宅用地地价。横山镇住宅用地基准地价130元/平方米，工业用地基准地价100元/平方米；志棠镇住宅用地基准地价120元/平方米，工业用地基准地价92元/平方米。

农田保护 20世纪90年代后，随着生产力不断发展，非农业用地大量增加，使耕地面积相应减少，加以人口增长较快，人均耕地减少。虽然开发一些荒地，但耕地减少的趋势仍在蔓延，加强耕地保护已是当务之急。1990年8—9月，县进行基本农田保护区试点，于1991年划定基本农田保护区规划，11月县土地局公布《全县基本农田保护区登记表》，1996年3月县下达基本农田保护区控制指标调整方案。

表2-11 **1991年境内基本农田保护区登记表**

乡镇名	建设留地（处、桩）	农田保护区		其中：一等农保区		其中：二等农保区		其中：三等农保区	
		片数（片）	面积（亩）	片数（片）	面积（亩）	片数（片）	面积（亩）	片数（片）	面积（亩）
横山镇	21、34	123	15008	68	11050	36	3287.1	19	670.9
志棠乡	13、29	75	8748.4	51	6175.7	18	2118.7	6	454
下宅乡	14、32	47	9244.7	22	4780.2	17	3745	8	719.5

表2-12 **1996年境内基本农田保护区控制指标调整表** 单位：亩

镇　名	1989年末耕地	2000年末计划耕地	净减数	保护区	建设留用地	农业结构	保护率(%)
横山镇	24923	24099	824	24099	738	83	96.7
志棠镇	8966	8370	596	8370	436	160	93.4

土地出让 解放后，非农业建设用地，一般实行土地征用和行政划拨。为改变无偿使用为有偿使用、无限期使用为有限期使用、不准横向流动为依法流动，使土地作为资产依法进入市场。1996年9月6日，模环区供销社经县供销社同意并经上级有关部门批准，将位于横山人民路545.3平方米和位于下宅至石佛公路边1337.92平方米地块进行转让，1997年4月25日，县地产评估事务所评估上述宗地资产，为18.4万元。

土地整理　自 2005 年 12 月新的横山镇成立以来，2006 年首先完成余岗坂（畈）土地的整理，并实施东王坂（畈）土地整理，大平坂（畈）、张家、钱家等 9 个村的造田造地和土地开发基本完成，新增耕地 13 余公顷。2007 年组织实施先生坞、上向徐等 6 个坂（畈）土地整理，完成凌阁张、下宅、东王等村建设用地复垦与八石坂（畈）、会泽里、凌阁张等村土地开发。2010 年启动童野坂（畈）土地整理及小工程建设，谋划万亩标准农田。2014 年完成 1 个行政村土地综合整治。2018 年完成高标准农田提升 40 公顷。

土地复垦　2020 年，实施垦造耕地项目 12 个共 51.3 公顷，完工并通过县验收 9 个 37.7 公顷；建设用地复垦完成立项 13 个 17.8 公顷，立项面积达任务数 177%，12 个项目 11.5 公顷通过市级验收，超任务数 1.47 公顷。2021 年，镇涉及建设用地复垦 10 公顷，垦造耕地 66.67 公顷，旱改水 18 公顷，垦造耕地完成清表和进场设计 72.55 公顷，横山村小山头等 13 个项目完成招标，上向徐大平头、西方坞砖瓦厂、八石坂（畈）长山岗等项目进入收尾；排查确定符合旱改水资源地块 16.71 公顷，完成清表 11.15 公顷，4 个项目 5.53 公顷完成评审。

表 2-13　**2019—2022 年境内土地复垦改造部分项目情况表**

项目名称	审核预算价（万元）	工期（日历天）	时　间
下西山村（畜牧山后）、（上谊垅）储备补充耕地项目	22.17	50	2019 年 6 月
八石坂（畈）村（七叶坂）储备补充耕地项目	10.64	30	2019 年 6 月
天池等 2 村建设用地复垦项目	35.93	40	2019 年 8 月
河宗等 7 村建设用地复垦项目	10.81	30	2019 年 8 月
大平坂（畈）等 2 村建设用地复垦项目	17.20	30	2019 年 10 月
下宅村等 4 村建设用地复垦项目	78.31	60	2019 年 10 月
腰塘边等 3 村高标准农田建设项目	149.96	150	2019 年 12 月
志棠村建设用地复垦项目	63.70	15	2020 年 7 月
上向徐村、腰塘边村、项家村、下西山村建设用地复垦	32.26	15	2020 年 7 月
腰塘边村等 3 村高标准农田建设项目	40.65	60	2020 年 8 月
上向徐等 13 村建设用地复垦项目	37.98	10	2020 年 9 月
横山村、下宅村、天池村、后徐村、下西山村、塔下叶村、腰塘边村建设用地复垦工程	100.27	30	2020 年 9 月
后徐村等二村耕地质量提升项目	100.41	90	2020 年 11 月
上宾村井角山垦造耕地项目	126.12	50	2020 年 11 月
下宅村（水泥厂对面）旱改水项目	69.87	90	2020 年 12 月
上宾村（小湾山背）旱改水项目	136.00	45	2020 年 12 月
腰塘边村（凌阁张）旱改水项目	84.67	30	2020 年 12 月
八石坂（畈）村（金刚湾）旱改水项目	586.32	120	2021 年 3 月
会泽里村等 3 村旱改水项目	240.74	60	2021 年 8 月
项家等 3 村高标准农田建设项目	82.87	50	2021 年 9 月
八石坂（畈）村羊米塘垦造耕地项目	142.98	50	2021 年 9 月

续表2-13

项目名称	审核预算价(万元)	工期(日历天)	时　间
会泽里村垦造耕地项目	233.79	60	2021 年 9 月
八石坂(畈)村西石头山岗垦造耕地项目	159.70	50	2021 年 9 月
大平坂(畈)村等 5 村建设用地复垦项目	51.70	30	2021 年 10 月
八石坂(畈)村等 6 村建设用地复垦项目	42.61	30	2021 年 10 月
天池村等 7 村建设用地复垦项目	54.91	30	2021 年 10 月
白鹤桥村垦造耕地项目	174.09	30	2021 年 11 月
下西山村过溪山背垦造耕地项目	81.08	30	2021 年 11 月
大平坂(畈)村大平头垦造耕地项目	107.23	30	2021 年 11 月
会泽里村上方坞垦造耕地项目	185.30	50	2021 年 11 月
项家村屋里山垦造耕地项目	135.76	30	2021 年 12 月
后徐村下宅农场旱改水项目	193.50	30	2022 年 10 月
八石坂(畈)村旱改水项目	165.77	30	2022 年 10 月
下宅村旱改水项目	233.99	60	2022 年 10 月
志棠村旱改水项目	82.80	30	2022 年 10 月
白鹤桥村旱改水项目	196.45	30	2022 年 10 月
塔下叶村垦造耕地项目	48.19	30	2022 年 11 月
上向徐村乌龟山垦造耕地项目	365.92	45	2022 年 11 月
腰塘边村、志棠村垦造耕地项目	185.09	30	2022 年 11 月
上宾村垦造耕地项目	342.39	45	2022 年 12 月
河宗村垦造耕地项目	161.60	30	2022 年 12 月
项家村、贤求朋村垦造耕地项目	150.71	30	2022 年 12 月
西方坞村、八石坂(畈)村、下宅村垦造耕地项目	111.62	30	2022 年 11 月

创建“三无”乡镇　1990 年，省土地管理局提出争创“依法办事好，无越权批地；依法用地好，无违法占地；审查把关好，无错批用地；秉公执法好，无以地谋私；执行计划好，无超越用地指标”的“五好五无”乡镇活动，当年志棠乡政府达标。1992 年国家土地管理局通知，把争创“五好五无”乡镇活动简化为“无违法批地、无违法用地、无违法管地”的“三无”活动，并正式列入乡镇政府年终考核内容，年终志棠乡政府再次达标。1993 年，衢州市政府与县政府签订土地目标管理责任书，要求继续加强争创“三无”乡镇活动。年终考核评定时，志棠镇再次名列其中。1994 年，经考核，横山镇、志棠镇均达标。1995—1997 年，志棠镇连续达标，成为自 1990 年活动开展以来“不漏一年”的优胜镇。

低丘缓坡资源开发利用规划　2005 年由县编制，规划期为 2005—2020 年。低丘缓坡资源开发利用原则为：宜农则农、宜建则建、宜林则林，因地制宜，有计划地合理利用有限的后备资源。规划期内可供开发的低丘缓坡资源总面积 1.01 万公顷，其中横山镇低丘缓坡资源面积为全县最大，有 0.18 万公顷，占全县可开发低丘缓坡资源的 17.82%。横山镇所占废弃园地比例为全县第一。

“两非”整治　因种粮亩均收益低、农田水利基础设施不完备，群众种粮、流转土地的积极性不高，造成耕地“非粮化”“非农化”。2021 年，横山镇耕地总面积 5.3 万余亩，涉及“两非”8000 多亩；粮食生产功能区 2.04 万余亩，涉及“两非”2400 多亩。镇围绕“控增量，减存量”，开展“两非”整治。连片退苗还粮 11 公顷，推进大田塘改种莲子 24 公顷，制止苗木种植 10 公顷。浙江硒莲液富硒科技有限公司原有 50.6 亩果园基地，公司负责人积极配合，退果还粮。

横山自然资源与规划管理站　“但存方寸土，留与子孙耕”，保护国土资源成为各级政府的重要职责。1988 年 3 月县土地管理局成立，5 月各乡（镇）设专职土地管理员，受县土管局和乡（镇）政府双重领导。1993 年 12 月，聘用的 3 名乡镇土管员全部招收为集体事业合同制工人。1993 年 8 月，在横山镇、志棠镇设土地管理所，1994 年 4 月张汝生任志棠副所长，6 月赖国清任横山副所长；1997 年 2 月魏柏根任横山副所长。2001 年 10 月，县土管局改称县国土资源局，横山镇土地管理所改称横山国土资源管理所。2019 年，县自然资源与规划局成立，在横山设自然资源与规划管理站，工作人员 5 人。

三、植物

境内植物丰富，基本涵盖各科各种。限于篇幅，仅录部分比较常见的植物。

藻类　有水绵（青萍油）、地木耳（葛仙米）。

地衣类　有环裂松萝、石耳（岩衣）。

苔藓类　有大金发藓、地钱、鳞叶藓、扁平绢藓。

蕨类　有石松、铺地蜈蚣、节节草、阴地蕨（独脚金鸡）、水龙骨（石豇头、石蚕）、抱石莲（瓜子藤、鱼鳖草）、槲蕨（猢狲姜）、石韦、石蕨、狗脊蕨（狗脊）、紫萁（大叶狼衣）、芒萁（铁芒萁）、乌蕨（野鸡尾）、井栏边草、蜈蚣草、虎尾铁角蕨（洞里仙）、铁角蕨（石蜈蚣）、卷柏、满江红（三角藻、绿萍）等。

裸子植物　有苏铁（铁树）、刺杉（杉木）、柳杉、柏木（璎珞柏）、圆柏（桧柏）、侧柏（扁柏）、刺柏、马尾松（松树）、金钱松、黑松、雪松、罗汉松、银杏（白果树）、南方红豆杉等。

被子植物　有鱼腥草、三白草、垂柳、旱柳、杨梅、枫杨、小叶黄杨、苦储、茅栗、槲树、青冈栎、无花果、野麻、赤车、毛花点草、百蕊草、桑寄生、何首乌（野番薯）、短毛金线草（大叶辣蓼）、野荞麦、水蓼（辣蓼）、荭草（酒药草、红蓼）、杠板归（刺犁头）、酸模（野菠菜）、羊蹄（羊舌头）、钝叶酸模（金不换、土大黄）、地肤（扫帚草）、土荆芥、牛膝、革命草（水花生）、鸡冠花、青箱（野鸡冠花）、刺苋、商陆（胭脂花）、蜡梅、亮叶蜡梅、香樟、红楠（吊樟）、浙江楠、山苍子、山胡椒、华东楠、乌药、紫楠（野枇杷）、檫树、血水草（水黄连）、无柄紫堇（夏无天）、延胡索、刻叶紫革（紫花鱼灯草）、小花黄革（粪桶草）、博落回（喇叭竹）、荠菜、水田碎米荠、菘蓝、焯菜、薪莫、茅膏菜（陈伤子）、佛甲草（鼠牙半枝）、景天三七（养心草）、垂盆草（狗牙齿）、紫花景天（猫舌草）、伞形绣球（甜茶），等等。

植物化石　2004 年 11 月，下宅大塘里水库除险加固坝体维修发现 7 根植物化石。27 日据省文物专家根据同位素测定，初步考证为中生代侏罗纪年代的硅化木化石，距今已有 1.35 亿~2.05 亿年。化石呈椭圆形，其中最大的一根直径超过 1 米，露出地面部分高达 5 米。专家表示，如此之粗、如此完整的植物化石，在全国尚属少见。它的发现对古地理研究以及判断当地地质变迁具有重要价值。该实物最大一块现存于县民居苑内，是横山镇地质资料的实物佐证。

四、动物

境内野生动物,曾有大灵猫、小灵猫、穿山甲、猫头鹰等,有的现已绝迹。

鱼类 鲤科有草鱼、青鱼、鲫鱼等。鳅科有泥鳅等。鲶科有鲇鱼。合鳃科有鳝鱼(黄鳝)。

兽类 牛科有苏门羚(野山羊)。犬科有狼、貉(山狗)、狐。猫科有豹猫(狸子、狸猫)。兔科有华南兔(野兔)。鹿科有毛冠鹿(乌獐)、黑麂(乌鹿)、小麂(黄麂)。鼬科有黄鼬(黄鼠狼)、鼬獾、水獭、猪獾。鲮鲤科有穿山甲。刺猬科有刺猬。灵猫科有大灵猫(九节狸)、小灵猫(香狸)、花面狸(果子狸)。猪科有野猪。豪猪科有豪猪。松鼠科有红腹松鼠。鼠科有黄毛鼠、褐家鼠、黑线姬鼠(田姬鼠)。

鸟类 雉科有白颈长尾雉(红山鸡)、锦鸡、竹鸡、鹧鸪。鸭科有绿头鸭(野鸭)、鸿雁。鸦科有喜鹊、灰喜鹊、大嘴乌鸦(乌鸦)。鸠鸽科有山斑鸠。椋鸟科有八哥。文鸟科有麻雀。鹰科有苍鹰(大老鹰)、鸢(小老鹰)、白尾鹞。草鸮科有草鸮(猴面鹰)。鸱鸮科有猫头鹰。黄鹂科有黑枕黄鹂、画眉、红嘴相思鸟。山雀科有大山雀。鹭科有大白鹭。鹤科有灰鹤。燕科有家燕。啄木鸟科有斑啄木鸟。杜鹃科有大杜鹃(布谷鸟)。翠鸟科有翠鸟。

爬行类 游蛇科有乌梢蛇、赤链蛇(火赤链)、中国水蛇(泥蛇)、翠青蛇。眼镜蛇科有银环蛇、眼镜蛇。喹科有蝮蛇(狗粪噗)、蕲蛇(五步蛇、棋盘蛇)、竹叶青蛇。鳖科有鳖(甲鱼、团鱼)、乌龟。壁虎科有无蹼壁虎(吸壁虎)。石龙子科有石龙子(四脚蛇)。

两栖类 蛙科有金钱蛙、沼蛙、虎纹蛙。雨蛙科有中国雨蛙。蟾蜍科有蟾蜍(癞蛤蟆)。大鲵科有娃娃鱼。

五、泉水

境内秋冬旱季所流之水大多是从山坞或山腰、山脚溢出的山泉水。天然降水通过高山腐杂质贮藏、泥土沙砾自然沉淀净化,逐步渗透汇集至低洼处涌出,是优质的饮用水资源,主要分布在下宅村、天池村。山泉出自半山腰、田垄顶,地势高、落差大,开发利用极为方便,已逐步成为居民理想的饮用水源。据民国志载:

下埸泉 位二十五都三图后徐下堨,溉田三百亩。

泉坂泉 位三十七都一图井泉坂(畈),今改称井泉塘,溉田二十余亩。

塘下叶泉 位三十七都四图塘下叶,俗称大水井,泉流不竭,溉田二十五亩。

上洪坂泉 位三十七都五图上洪坂(畈),经年不涸,溉田十余亩。

康熙志按曰:"邑中泉井尚多,未能遍访,姑就见闻所及载此二处以俟后人依类补入。近有商救旱之法者,以须择近溪处所立为车埠,数家合制一牛车转入水田,较之桔槔,力省功倍,此亦理之可行者。但邑所未有,倡始为艰,前民之功是在曲为诱导耳。"

庵堂岩泉 位横山村东北庵3公里堂岩下,岩深有泉。

以上大多在农业大协作、园田化时湮没。2017版县志载,今尚存下堨泉井、庵堂岩泉。

六、矿藏

境内金属矿不多,主要以非金属矿为主。非金属矿主要为石煤、石灰石、白云石等,开采的矿种有水泥用灰岩、水泥配料用页岩。清乾隆三十七年(1772)蓦然、沿口蓬等地被人开矿挖煤,绅民请禁。嘉庆二十四年(1819)蓦然、沿口蓬等地再次被人开矿挖煤,不久被禁。1958年后,石煤开采规模逐渐扩大。矿产品加工包括水泥制造业、砖瓦制造业,境内先后创办过一些采矿企业，但时间不长便停产。后随着乡镇企业发展，开采的规模有限，改制后或停产或改为民营。2004年，志棠镇水泥石灰岩、水泥用炭质页岩二宗采矿权挂牌出让，收取出让金124万元。现大多已成为废矿。

铁矿 主要分布在志棠等地，以高至中温热液裂隙充填型为主，其次为中至高温热液裂隙充填型、中至低温热液裂隙充填型、变质火山热液型、滨海沉积型、风化淋积残积型等。热液型铁矿与燕山期侵入岩关系密切，常产于岩体内部或内外接触带。

锰矿 均属风化淋滤成矿，主要分布在志棠、龙门桥等地。龙门桥铁锰矿点：矿体长3500米，平均厚1米，最大厚度2.75米。矿石平均含铁锰31.11%，矿石储量243万吨。

磷矿 主要分布在志棠、龙门桥等地，矿体长约800米，为白云质磷块岩。

水泥灰岩 分布在龙门桥、志棠、下宅一带，控制基础储量7300余万吨。

建筑用凝灰岩 主要分布在龙门桥至腰塘边一带，为侏罗系火山凝灰岩，潜在资源量大。可成条石、块石等品种，成材率高，是建造坝基、桥基及高档建筑物的良好基石。

砖瓦黏土 主要分布在白鹤桥一带，为白垩系粉砂岩风化形成的黏土岩，黏结性好，露采方便，潜在资源量大。

黄沙 主要分布在模环溪。

石煤 主要分布在龙门桥、东王及马鞍山一带，矿体长约10公里，分两层，下层石煤质量较好，含硫高，伴生五氧化二钒。

石灰生产 据废矿洞、煤渣遗迹判断，明代或更早，志棠已开采石灰石煅烧石灰。1954年11月1日，龙门桥煤灰厂移交县供销合作社管理。1958年，志棠等社办石(煤)灰厂陆续建成投产。后水泥生产发展，石(煤)灰生产衰落。

石煤开采 从《省委员禤鉴光、知县张炤会勘北乡煤矿通禀(节选)》知，乾隆三十七年、嘉庆二十四年就有人在下宅白象山脚、蓦然、沿口蓬等地开矿挖煤。同治、光绪年间，有江山客民吴锡麟、安徽监生刘鼎臣等，先后购买白象山脚民田私行开采，经绅民项栋材、刘日良、童树勋、童如意等各以庐墓攸关为由，呈请照旧封禁；其时聚集之人过多，五方杂处良莠不齐，辄因口角微嫌，几至酿成巨案。光绪二十二年(1896)县令颁发开矿办法通禀，同意合伙开采。1959年，有宁波人曾到贤求朋打立井3口，采掘焦煤，1963年闭坑。1970年开展“夺煤大会战”，境内各公社均动员社员参加，横山、下宅等乡镇小煤矿先后创建。1976年志棠煤矿创建，作为急倾斜中厚块状石煤层仓储采煤法试验矿，参与浙江省煤炭研究所综合研究石煤开采方法，获1984年度省科技成果四等奖。20世纪90年代初，志棠镇后郜、凌阁张等地建村办煤矿，横山建有私营煤矿，规模不大，已停办。

大气污染 20世纪50年代中期后，随着采矿企业的投产，环境质量开始受到影响。70年代后工业发展加快，环境污染呈现加剧之势。1985年志棠煤矿、下宅水泥厂均有废气排放，1987年志棠水泥厂粉尘对大气有污染。

固体废弃物 1985年末，志棠、横山煤矿排放固体废弃物。

放射性物质 1986年监测志棠、下宅、横山煤矿，石煤中含铀(体积百分比)0.0097至0.0318，镭(贝可/公斤)$1.176\times10^3\sim4.488\times10^3$，α射线剂量(贝可/公斤)$8.714\times10^3\sim1.967\times10^4$，r射线剂量(微伦/小时)47.27~118.2。20世纪90年代开始，逐步加大治理力度，环境污染的势头得以遏制。进入21世纪后，环境状况得到改善。

第三节 旅游资源

境内有诸多名山、古祠寺与古街古村落，自然历史与人文景观融于一体。20 世纪 80 年代末开始，境内发展旅游业，注重内涵挖掘和品牌定位，初步形成一批兼具文化意义和市场价值的景点，并开展旅游设施建设。境内有旅游资源单体 150 个，其中：一级资源 95 个，二级资源 32 个，三级资源 15 个，四级资源 6 个，五级资源 2 个。

一、名山

乌石山 位于大平坂（畈）村，与建德市梅岭关接壤，因山顶悬崖陡峭，石壁裸露，颜色黝黑得名。山腰的乌石寺建于唐太和元年（827），又名招庆寺。民国志“丛载 · 寺观”载：“唐太和元年建，梵阁廊庑广四亩余，竹木环刹七亩余，真净土也。”此山密迩梅岭，为江右孔道。宋代岳飞于绍兴三年（1133）赴江右时在此过宿，曾题字木桌，并作《招庆寺送张紫岩北伐诗》；张浚放连州过此也曾题字于壁；又相传寺壁有刘光世题名，刘不能书，命侍儿代书；周必大、姜夔等有诗文传世。惜古迹今俱已无存。寺庙于道光二十四年（1844）重修。“文化大革命”期间，大雄宝殿及地藏殿等被拆，仅存殿后观音阁及左边客堂、厨屋等 10 余间。1972 年改为麻风病院，1988 年将麻风病院迁出，当年 10 月重塑千手观音等佛像。此后又相继建成山门、大雄宝殿及各种配套设施，成为佛教活动场所和旅游景点。

图 2-2　天池山游步道（吴永建　2018 年 6 月摄）

天池山 位于天池村。气势雄伟、林密涧深、植被原始、遗迹众多。立于山巅，可以鸟瞰龙游、兰溪、建德三地，毗邻兰溪诸葛八卦村，建德大慈岩、新叶古民居，山内青山叠翠，空气清新，山泉潺潺，风光秀丽，是鲜为人知的世外桃源。山上奇峰异石，风光秀丽，“天狗望月”“石水缸”“石棺材”等自然景观形象逼真。尤其山顶有一个 60 多平方米的天然水池，池中水清如镜，深可见底，水狗（娃娃鱼）、石鸡（石蛙）在水中戏耍，无论春夏秋冬终年不涸，天池山因此得名。

唐台山 位于腰塘边村凌阁张。民国志卷二“地理考 · 山川”载：“唐台山，山峰立石数十丈,坦夷处如台。”

二、岩洞

幽岩　位于大平坂(畈)村北乌石山中。民国志卷二“地理考·山川”载:“岩深三丈,广倍之,有泉穿石而出,经年不竭。”其下有乌石寺。

灵鹫岩　又名鹫岩。位于八石坂(畈)村北,上泉垄水库边。旧有集庆庵,故又名庵堂岩。民国志卷二“地理考·山川”载:“岩内深广莫测,时有云气上腾,泉流不竭。”1923 年余绍宋游此岩时,曾题“灵鹫岩”三字。

三、景点　商品

古祠寺井　有三槐堂、绍衣堂、关西世家、子容公祠、雍睦堂、邵氏宗祠、叶氏宗祠、永丰寺、叶氏宗祠、项氏宗祠、双眼井、八角井、杨贵妃井等。详见第十四章。

古街村落　有儒大门、杨家、邵源坞、新宅/下店、卸厅、前邵、席家、后邵、会泽里、脉元、上下朱、严家、下宅、项家、胡家传统村落,有志棠老街、会泽里中兴老街。详见第十四章。

历史纪念地　有张贵卿烈士被捕旧址、日军残杀村民旧址。

现代观光园　有天池荷花景区、百荷园、省级热带观赏鱼精品园、博亚特光伏发电观光园等。

“鹊桥”景区　位于 320 国道志棠小学段,一个被当地村民称为“大门”的池塘水面上,占地 10 亩,由两座景观桥相连,桥与桥之间由木质回廊串联而成,回廊全长 300 多米,蜿蜒曲折,并建有一个直径达 3 米的大水车,2019 年 8 月建成。

天池荷花景区　位于天池村儒大门与溪东之间,景区有半露天演出场地,有游览道路,已通水、通电、通路、通气,有通信、Wi-Fi、邮递业务、停车场、游客中心、展览馆、医务室、休息座椅、消防设施、垃圾桶、公共卫生间、污水处理设施,并配有指引牌、防护警示标识、安全员等。整个景区群山环绕,逐步从初级的生态观光向大众型精品化乡村旅游、养生度假、文化体验形态发展。2001 年以来,先后有各级领导前来考察,中央电视台七套、十套,省电视台《乡土》《乡约》《流动大舞台》等栏目在此制作节目。

图 2-3　　荷花景区欢迎牌(徐豪　2014 年 8 月摄)

富硒莲子　境内白莲是传统产业,种植历史 800 多年。2005 年,经省地质调查院调查发现境域处于富硒地带,出产的莲子具有颗粒大、色泽白、肉质厚、洁白滚圆、香味浓郁、口感粉糯、营养丰富、易于煮烊、入口即化等特点,硒含量高出富硒标准 2.27 倍,被誉为纯天然的高级营养滋补品。1992 年,获首届浙江食品博览会银奖,此后获省级名牌产品证书 4 个、市级证书 2 个。2001 年获中国(浙江)国际农业博览会优质农产品银奖，被市政府命名为“白莲之乡”。2002年获省农业博览会优质农产品金奖，被省质量技术监督局评为“无公害农产品”，被市绿色农产品委员会认定为“绿色农产品”。志棠白莲生态示范基地列入省级工程，被省旅游局列为“省级农业生态旅游观光示范点”。产品出口美国，通过美国食品药品监督管理局（FDA）认证，并进入欧洲市场，莲花每年出口日本10万多支。

富硒大米 2008年开发，产品远销国内外，产业效益不断提升。富硒大米20元/公斤，高出普通大米市场价6倍多。

图2-4　　再生方公司生产的富硒大米（蒋柳清　2022年摄）

迷你小紫薯 紫薯又名黑薯，薯肉呈紫色至深紫色，含有丰富的蛋白质，18种易被人体消化吸收的氨基酸，可促进排毒，改善消化道环境，预防胃肠道疾病。

莲子酒 详见第八章。

四、规划

志棠村历史文化村落保护利用规划 2010年编制，规划时间为2010—2019年。包括区位图、旅游态势分析图、建筑高度现状图、历史风貌导引图、历史文化分析图、景观视线分析图、防灾和环境保护规划、新村1.01公顷用地范围、100平方米建筑控制图、老街节点建筑整治图、展示中心效果图、东陵侯效果图等。

天池景区旅游总体规划 2015年8月，县旅游局组织“龙游电商城杯”首届创业创新大赛暨创业创新成果作品展，其中乡村旅游组规划的“一区三园”，形成三足鼎立格局。“一区”即天池村乡村旅游休闲中心，规划形象为“古宅老屋、民宿人家”，形成以山村民俗、三农体验、服务接待为主要内容的综合服务旅游区；“三园”即天池荷花园生态旅游区、天池山休闲旅游区、特色民宿旅游区。

“十里荷花、万亩富硒”乡村旅游规划 2016年11月设计，规划范围包括天池村景区和21省道沿线景区。天池村景区包括杨家、邵坞源、下店、新宅、上新屋、毛家、廻源殿、鲁家、儒大门和溪东10个自然村和牛坞里水库、青源里水库、杨垅水库、南塘水库、施光塘、天池等；21省道沿线景区主要是沿21省道两侧，南起21省道与320国道交界口（白鹤桥村），北至腰塘边和志棠村沿线,沿线分布白鹤桥、上向徐、河宗、塔下叶、腰塘边、志棠6个行政村。

天池村旅游概念规划暨景点风貌节点设计　2017年5月由杭州点金旅游规划设计研究院设计。包括水口区块、城楼区块、荷田主入口区块、荷田圣泉区块、荷田演艺区块、荷田对村落区块、婚庆区块、六艺小品、天池山脚服务区、石灰窑遗址等。

天池村历史文化名村保护规划　2021年11月由浙江大学建筑设计研究院有限公司设计。规划围绕国土空间规划下的历史文化遗产保护、乡村振兴战略对历史文化村落的保护要求、省推进历史文化村落保护与发展、县美丽大花园建设助推乡村历史文化遗产保护等方面展开,以达到构建理想的人居、农耕画卷式旅游度假地的目的。

表2-14　**2016年横山镇乡村旅游资源汇总表**

序号	名　称	行政村	基本类型	资源等级	发展建议
1	三槐堂	天池村	FDA 传统与乡土建筑	5	品质提升
2	天池荷花景区/荷花节	天池村	HDA 旅游节	5	完善配套
3	乌石寺	大平坂(畈)村	FAC 宗教与祭祀活动场所	4	品质提升
4	横山绍衣堂	横山村	FBB 祭拜场馆	4	品质提升
5	关西世家	天池村	FDA 传统与乡土建筑	4	品质提升
6	儒大门传统村落	天池村	FDI 传统乡村聚落	4	整体开发
7	杨家传统村落	天池村	FDI 传统乡村聚落	4	整体开发
8	卸厅、前邵、席家、后邵传统村落(志棠老街)	志棠村	FDI 传统乡村聚落	4	品质提升
9	百荷园	白鹤桥村	FAF 建设工程与生产基地	3	完善配套
10	龙游省级热带观赏鱼精品园	白鹤桥村	FAF 建设工程与生产基地	3	整体开发
11	乌石山	大平坂(畈)村	AAA 山丘型旅游地	3	整体开发
12	山门寺水库	河宗村	FGA 水库观光游憩区段	3	整体开发
13	横山塔	横山村	FCB 塔形建筑物	3	保护利用
14	会泽里传统村落(中兴街老街)	会泽里村	FDI 传统乡村聚落	3	保护利用
15	脉元传统村落	脉元村	FDI 传统乡村聚落	3	保护利用
16	上下朱传统村落	上宾村	FDI 传统乡村聚落	3	保护利用
17	刹下塔	塔下叶村	FCB 塔形建筑物	3	保护利用
18	天池山	天池村	AAA 山丘型旅游地	3	整体开发
19	天池度假山庄	天池村	FAB 康体游乐休闲度假地	3	品质提升
20	志棠白莲	天池村	GAB 农林畜产品与制品	3	品质提升
21	銮驾(杨家将后裔)	天池村	HCA 地方风俗与民间礼仪	3	保护传承
22	龙游婺剧文化(廻源婺剧)	天池村	HCC 民间演艺	3	保护传承
23	龙游荷飘香农家乐	腰塘边村	FBF 乡村休闲旅游经营场所	3	品质提升

续表2-14

序号	名　称	行政村	基本类型	资源等级	发展建议
24	八石坂(畈)水库	八石坂(畈)村	FGA 水库观光游憩区段	2	整体开发
25	婚礼习俗	白鹤桥村	HCA 地方风俗与民间礼仪	2	保护传承
26	太公稚	白鹤桥村	HCD 民间健身活动与赛事	2	保护传承
27	精忠幽岩	大平坂(畈)村	ACI 丹霞	2	品质提升
28	乌石寺的传说	大平坂(畈)村	HCJ 民间传说	2	品质提升
29	富硒食品厂	河宗村	FAF 建设工程与生产基地	2	保护利用
30	龙游贻荣农家乐	河宗村	FBF 休闲旅游经营场所	2	品质提升
31	龙游楼上厅建筑	后徐村	FDA 传统与乡土建筑	2	保护利用
32	杨垄水库	塔下叶村	FGA 水库观光游憩区段	2	整体开发
33	茶岭古道	天池村	EBE 交通遗迹	2	整体开发
34	邵源坞传统民居	天池村	FDA 传统与乡土建筑	2	整体开发
35	新宅/下店传统村落	天池村	FDI 传统乡村聚落	2	整体开发
36	富硒宴	天池村	GAA 菜品饮食	2	品质提升
37	莲荷佳宴	天池村	GAA 菜品饮食	2	品质提升
38	草龙	天池村	HCC 民间演艺	2	保护传承
39	龙游滩簧	天池村	HCC 民间演艺	2	保护传承
40	严家传统村落	西方坞村	FDI 传统乡村聚落	2	保护利用
41	下宅村传统民居建筑	下宅村	FDA 传统与乡土建筑	2	保护利用
42	七层糕制作技艺	下宅村	HCI 传统技艺	2	保护传承
43	子容公祠	项家村	FBB 祭拜场馆	2	保护利用
44	项家传统村落	项家村	FDI 传统乡村聚落	2	保护利用
45	正月十一项氏祭祖	项家村	HCA 地方风俗与民间礼仪	2	保护传承
46	金丝草节	项家村	HDB 文化节	2	完善配套
47	竹君农家乐	腰塘边村	FBF 休闲旅游经营场所	2	品质提升
48	山塘及苗木基地	志棠村	FAF 建设工程与生产基地	2	整体开发
49	邵氏宗祠	志棠村	FBB 祭拜场馆	2	品质提升
50	雍睦堂	志棠村	FBB 祭拜场馆	2	品质提升
51	祭谱	志棠村	HCA 地方风俗与民间礼仪	2	保护传承
52	龙游北乡方言	—	HCA 地方风俗与民间礼仪	2	保护传承
53	雕刻	—	HCI 传统技艺	2	保护传承
54	剪纸	—	HCI 传统技艺	2	保护传承
55	八石坂(畈)叶氏宗祠	八石坂(畈)村	FAC 宗教与祭祀活动场所	1	保护利用

续表2-14

序号	名　　称	行政村	基本类型	资源等级	发展建议
56	八石坂(畈)村高排山大厅	八石坂(畈)村	FDA 传统与乡土建筑	1	保护利用
57	八石板(畈)传统民居建筑	八石坂(畈)村	FDA 传统与乡土建筑	1	保护利用
58	上泉垄水库	八石坂(畈)村	FGA 水库观光游憩区段	1	保护利用
59	上姜坞古井	八石坂(畈)村	FGB 水井	1	保护利用
60	龙游佳丰种粮合作社	白鹤桥村	FAF 建设工程与生产基地	1	品质提升
61	猕猴桃种植园	白鹤桥村	FAF 建设工程与生产基地	1	品质提升
62	白鹤桥村传统民居	白鹤桥村	FDA 传统与乡土建筑	1	保护利用
63	湾珑水库	白鹤桥村	FGA 水库观光游憩区段	1	保护利用
64	神石母	大平坂(畈)村	ACE 奇特与象形山石	1	品质提升
65	滴水观音洞	大平坂(畈)村	ACL 岩石洞与岩穴	1	品质提升
66	大平坂(畈)村社塘坞宋窑址	大平坂(畈)村	EBD 废弃生产地	1	保护利用
67	大平坂(畈)村徐氏小厅	大平坂(畈)村	FDA 传统与乡土建筑	1	保护利用
68	神仙桥	大平坂(畈)村	FFA 桥	1	保护利用
69	花缸坞宋窑址	河宗村	EBD 废弃生产地	1	保护利用
70	钱家、张家传统民居	河宗村	FDA 传统与乡土建筑	1	保护利用
71	张家村刹下桥	河宗村	FFA 桥	1	保护利用
72	硒莲液	河宗村	GAB 农林畜产品与制品	1	品质提升
73	横山新石器遗址	横山村	EAA 人类活动遗址	1	保护利用
74	荣光酿酒厂	横山村	FAF 建设工程与生产基地	1	品质提升
75	横山传统民居	横山村	FDA 传统与乡土建筑	1	保护利用
76	横山村狮子桥	横山村	FFA 桥	1	保护利用
77	十八传郎	横山村	HBB 文学艺术作品	1	保护传承
78	应公芳(传统铁匠)	横山村	HCI 传统技艺	1	保护利用
79	应公岳(传统杆秤制作)	横山村	HCI 传统技艺	1	保护利用
80	大宫殿遗址	后徐村	EBC 废弃寺庙	1	保护利用
81	千亩荷塘	后徐村	FAF 建设工程与生产基地	1	保护利用
82	李金鼠民居	后徐村	FDA 传统与乡土建筑	1	保护利用
83	胡家传统村落	后徐村	FDI 传统乡村聚落	1	保护利用
84	西垄水库	后徐村	FGA 水库观光游憩区段	1	保护利用
85	东干渠	后徐村	FGC 运河与渠道段落	1	保护利用
86	座唱班	后徐村	HBA 文艺团体	1	保护传承
87	后徐交流会	后徐村	HCF 庙会与民间集会	1	保护传承

续表2-14

序号	名　称	行政村	基本类型	资源等级	发展建议
88	胡公殿	会泽里村	FAC 宗教与祭祀活动场所	1	保护利用
89	张贵卿烈士被捕旧址	会泽里村	FDD 名人故居与历史纪念建筑	1	保护利用
90	寺山/小山坞	脉元村	AAA 山丘型旅游地	1	保护利用
91	老虎洞矿洞	脉元村	EBD 废弃生产地	1	保护利用
92	永丰寺	脉元村	FAC 宗教与祭祀活动场所	1	保护利用
93	祝家厅	脉元村	FBB 祭拜场馆	1	保护利用
94	姜氏民居	脉元村	FDA 传统与乡土建筑	1	保护利用
95	黄桥	脉元村	FFA 桥	1	保护利用
96	八角井	脉元村	FGB 水井	1	保护利用
97	脉元交流会	脉元村	HCF 庙会与民间集会	1	保护传承
98	金童酒厂	上向徐村	FAF 建设工程与生产基地	1	品质提升
99	古渡横桥	上向徐村	FFA 桥	1	保护利用
100	山塘水库	上向徐村	FGA 水库观光游憩区段	1	保护利用
101	台山寺遗址	塔下叶村	EBC 废弃寺庙	1	保护利用
102	塔下叶公园	塔下叶村	FAD 园林游憩区域	1	品质提升
103	桑葚采摘园	塔下叶村	FAF 建设工程与生产基地	1	品质提升
104	翁坞传统民居建筑	塔下叶村	FDA 传统与乡土建筑	1	保护利用
105	六子桥	塔下叶村	FFA 桥	1	保护利用
106	硬口水库	塔下叶村	FGA 水库观光游憩区段	1	保护利用
107	峰林	天池村	ACC 峰丛	1	保护利用
108	儒大门红豆	天池村	CAB 丛树	1	保护利用
109	马鞭草大地景观	天池村	CCA 草场花卉地	1	品质提升
110	毓硒酒业有限公司	天池村	FAF 建设工程与生产基地	1	品质提升
111	龙游百汇农家乐	天池村	FBF 乡村休闲旅游经营场所	1	品质提升
112	龙游海金农家乐	天池村	FBF 乡村休闲旅游经营场所	1	品质提升
113	龙游荷韵农家乐	天池村	FBF 乡村休闲旅游经营场所	1	品质提升
114	龙游莲都农家乐	天池村	FBF 乡村休闲旅游经营场所	1	品质提升
115	龙游龙池农家乐	天池村	FBF 乡村休闲旅游经营场所	1	品质提升
116	龙游清兰农家乐	天池村	FBF 乡村休闲旅游经营场所	1	品质提升
117	龙游儒门度假山庄	天池村	FBF 乡村休闲旅游经营场所	1	品质提升
118	龙游三澳农家乐	天池村	FBF 乡村休闲旅游经营场所	1	品质提升
119	龙游赏荷农庄	天池村	FBF 乡村休闲旅游经营场所	1	品质提升

续表2-14

序号	名　　称	行政村	基本类型	资源等级	发展建议
120	龙游云海农家乐	天池村	FBF 乡村休闲旅游经营场所	1	品质提升
121	下店门楼	天池村	FCC 楼阁	1	保护利用
122	廻源王公墓	天池村	FEB 墓(群)	1	保护利用
123	牛坞里水库	天池村	FGA 水库观光游憩区段	1	保护利用
124	天池村下店六角井	天池村	FGB 水井	1	保护利用
125	下店双眼井	天池村	FGB 水井	1	保护利用
126	富硒农产品(莲子、米、酒)	天池村	GAB 农林畜产品与制品	1	品质提升
127	叶氏宗祠	下西山村	FBB 祭拜场馆	1	保护利用
128	大塘里水库	下宅村	FGA 水库观光游憩区段	1	保护利用
129	青稞酒酿	下宅村	GAB 农林畜产品与制品	1	品质提升
130	香框苗木种植基地	贤求朋村	FAF 建设工程与生产基地	1	品质提升
131	王祥里传统民居建筑	贤求朋村	FDA 传统与乡土建筑	1	保护利用
132	腰塘传统民居建筑	贤求朋村	FDA 传统与乡土建筑	1	保护利用
133	清塘	贤求朋村	FGA 水库观光游憩区段	1	保护利用
134	吴金鳌及王桥	贤求朋村	HAAA 物	1	保护利用
135	项氏宗祠	项家村	FBB 祭拜场馆	1	保护利用
136	日军残杀村民旧址	项家村	FDD 名人故居与历史纪念建筑	1	保护利用
137	项家名菜苦茉炖黄鳝	项家村	GAA 菜品饮食	1	品质提升
138	金丝草制品	项家村	GAE 传统手工产品与工艺品	1	品质提升
139	三菇殿樟树	腰塘边村	CAC 独树	1	保护利用
140	古法酒坊	腰塘边村	EBD 废弃生产地	1	整体开发
141	腰塘及腰塘边窑址	腰塘边村	EBD 废弃生产地	1	整体开发
142	马鞍山采石场	腰塘边村	FAF 建设工程与生产基地	1	品质提升
143	腰塘水库	腰塘边村	FGA 水库观光游憩区段	1	保护利用
144	特色菜肴(千瓜粉皮、萝卜等)	腰塘边村	GAA 菜品饮食	1	品质提升
145	石岩口水库白鹭栖息地	余岗村	CDC 鸟类栖息地	1	保护利用
146	博亚特光伏发电观光园	余岗村	FAF 建设工程与生产基地	1	品质提升
147	畲族文化	余岗村	IAA 聚落传承与族群文化	1	保护传承
148	东陵侯	志棠村	FDA 传统与乡土建筑	1	品质提升
149	莲子酒加工	志棠村	HCI 传统技艺	1	保护利用
150	志棠三界文化联谊会	志棠村	HDB 文化节	1	保护利用

附录　浙江典型富硒区硒与重金属的形态分析(节选)

在志棠富硒土壤汇水盆地的上游马鞍山一带采集土壤母岩、母质样品。调查表明,此地区各类岩性中以寒武系黑色岩系荷塘组石煤层含硒最高,达到37.4 mg/kg,向上、向下层位岩石中硒含量迅速减少。在石煤层中,各元素相对于地质丰度(黎彤,1976)均有不同程度的富集,富集系数分别为:硒467.5,硫64.3,碳61.8,硅0.7,锗1.02、钼410.2,铜1.8,铅6.3,锌9.5,镍6.6,铬1.02、镉49425,汞18.8,砷69.5,磷1.2,铀53.3,铊4.8。其中,镉、硒、钼的富集系数最大,达数百至数万倍。

尤为重要的是,志棠地区的主要农产品为稻米和莲子,其生长环境都是淹水的农田。由于碱性条件和在淹水下形成的还原环境,Hg易形成单质汞而挥发,Cd、Pb、Zn、Cu等重金属则容易形成硫化物而沉淀下来,其可溶性和移动性大大降低,难以被植物吸收,从而减少了重金属的生物毒性。因此,尽管重金属在碱性富硒土壤中有相对较高的含量,但生产出的富硒农产品中重金属含量常常较低。即使农产品中某个重金属含量与国家食品卫生安全限定值相比有些微超标,但由于Se的拮抗和解毒作用,食用这些农产品仍然是安全和保健的。

相比之下,K、Na、Ca、Mg、Se等有益组分得到较充分的富集。因此,在这种碱性条件下形成的土壤中,硒酸盐组分高,易于活化迁移且不易被含铁氧化物固定,有利于植物吸收,形成天然富硒农产品。

作者在志棠后邵、儒大门等地采取干、湿莲子样品,送浙江省农业科学院农产品检验监测中心分析,其中志棠、儒大门鲜莲子硒含量分别为0.0327 μg/g、0.0151 μg/g,参照DB42/211—2002果蔬类富硒食品硒含量要求(≥0.01 μg/g),均属于富硒食品范围。干莲子硒含量为0.274/g,参照干果类富硒食品含量要求(0.1 μg/g~0.5 μg/g),也属于富硒食品范围。此外,在邵家等地采集稻谷样品,送经中国水稻研究所分析,其中稻谷含硒0.11 μg/g、糙米0.10 μg/g、精米0.08 μg/g~0.15 μg/g,均达到富硒大米标准。按照农业部无公害农产品中重金属限量标准,汞、镉、铅、砷、铬、铜、镍、锌等重金属含量一般均在允许范围内。

表1　**龙游富硒区大米硒含量情况表**

样　品	采样位置	Se含量	富硒要求	参照标准
精米	横山	0.09	0.07~0.1	DB33/345—2002
稻谷	横山	0.11	≥0.1	DB42/211—2002
糙米	横山	0.10	0.07~0.1	DB33/345—2002

续表1

样　品	采样位置	Se 含量	富硒要求	参照标准
精米	龙门桥	0. 15	0. 07～0. 1	DB33/345—2002
精米	后邵	0. 08	0. 07～0. 1	DB33/345—2002

注：含量单位为 mg/kg；样品由农业部水稻及其制品监测检验中心（杭州）分析，2005

表 2　**龙游富硒区莲子中硒与重金属含量情况表**

样　　品	采样地点	Hg	Cd	As	Pb	Cr	Zn	Se
鲜莲子	志棠	—	0. 024	0. 048	0. 09	0. 018	13. 5	0. 0327
鲜莲子	儒大门	—	0. 020	0. 014	0. 14	0. 022	12. 7	0. 0151
国家粮食卫生限量标准		0. 02	0. 2	0. 7	0. 4	1. 0	50	0. 3

注：含量单位为 mg/kg；样品由农业部农产品监测检验中心（杭州）分析，2005；“—”为未检出

（作者：宋明义、冯雪外、周涛发、郑文等，载于《现代地质》2008 年第 6 期）

浙江中部典型黑色岩系分布区土壤

——作物富硒特征与重金属风险评价（节选）

1. 研究区概况

研究区位于浙江省中西部的龙游县，地处金衢盆地西南端，地质上属于江山—绍兴深断裂北侧，扬子地块一级大地构造单元。研究区属于亚热带季风气候区，四季分明，雨量充沛，年平均气温 17. 4℃，年降雨量 1653 mm。区内震旦系到侏罗系地层均有出露，受北东向构造控制，呈条带状分布，岩性主要有白云质灰岩、硅质页岩、泥质灰岩、粉砂岩和泥岩等（图 2-5）。特别需要指出的是在下寒武统荷塘组（ $\in_1 h$ ）硅质粉砂岩中夹杂的石煤层中富含微量元素。该岩层主要分布在婆婆垄西北侧及凌阁张—三岗殿—前邵一带，为正地形；负地形（沉积盆地）位于婆婆垄东南侧及西皮山岗—腰塘边一带，中间贯穿两条溪涧。区内地貌以丘

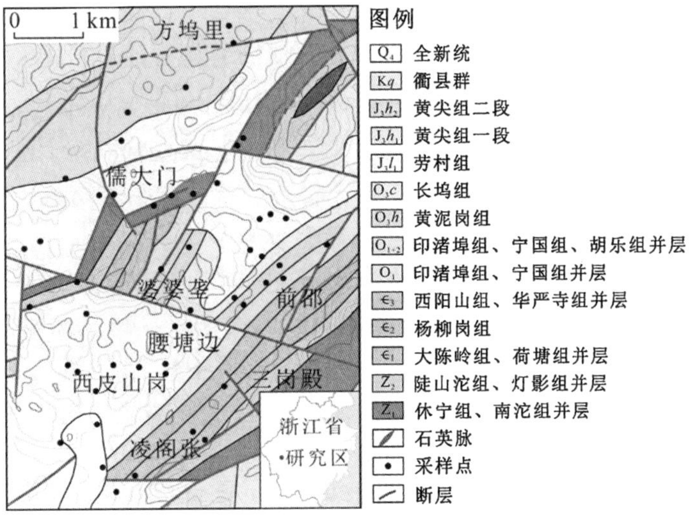

图 1　研究区地形地质和土壤、作物采样点位

陵为主，土壤类型主要为水稻土，土地利用类型主要为农用地，包括水田、旱地和少量林地，主要农作物有水稻、莲子、枇杷等。

2. 结果与讨论

研究区表层土壤 Se 平均含量为(0.40±0.15) mg · kg^{-1}，高于全国土壤的 Se 平均含量(0.29 mg · kg^{-1})，变异系数为41%。研究区62%的土壤样品 Se 含量为0.175~0.400 mg · kg^{-1}，38%的样品 Se 含量为0.40~3.00 mg · kg^{-1}，说明研究区土壤总体可归为足硒和富硒土壤，指示研究区具有利用富硒土地资源开发富硒农产品的基础条件。研究区土壤 Se 的高值区主要分布在婆婆垄—腰塘边—前邵—三岗殿一带，平均含量为0.65 mg · kg^{-1}，对应的下伏成土母质主要为侏罗系火山碎屑岩、流纹质凝灰岩，奥陶系泥岩、泥质粉砂岩及黑灰色硅质页岩，寒武系黑色碳质页岩、薄层硅质粉砂岩、硅质页岩及石煤层。土壤 Se 主要来源于成土母岩风化释放，且成土母质地层越老，Se 含量越高。宋明义等研究发现，龙游地区寒武系石煤层中 Se 含量最高可达37.4 mg · kg^{-1}。在湿热环境中，上述岩石风化成壤可导致硒及重金属进入地表系统，并在水动力驱动下，在山前盆地，尤其是侏罗系火山碎屑岩和流纹质凝灰岩区，迁移沉积形成富硒土壤，这可能是侏罗系火山碎屑岩和流纹质凝灰岩母质上方出现富硒土壤的重要原因。

富硒土壤是发展富硒农产品的先决条件，植物中 Se 含量一般可以反映土壤中硒的状况。Qin 等研究发现湖北恩施高硒区水稻中 Se 与土壤中 Se 呈显著正相关，表明土壤 Se 是水稻 Se 的主要来源。对研究区作物富硒率进行统计，结果显示水稻籽实中 Se 含量平均值为(0.07±0.02) mg · kg^{-1}，最大值为0.11 mg · kg^{-1}，是富硒水稻标准的2.75倍，富硒率高达85.71%。莲子富硒率为100%，Se 含量平均值为(0.10±0.04) mg · kg^{-1}，高于0.04 mg · kg^{-1} 的富硒标准。目前，志棠莲子已发展成为浙江省名特优产品之一。

表1　水稻籽实、莲子果实的硒含量与富硒率表[wB/(mg · kg^{-1})]

作物(样品数)	最大值	最小值	平均值	标准离差	作物富硒标准值	富硒率/%
水稻(n=35)	0.11	0.03	0.07	0.02	0.04~0.30	85.71
莲子(n=15)	0.19	0.05	0.10	0.04	0.04~1.00	100

研究区土壤中 Cd 和 Hg 的平均含量均为中国表层土壤的3.0倍，浙江省表层土壤的4.1倍和2.3倍，As、Cr、Cu、Ni、Pb 和 Zn 平均含量略高于中国和浙江省表层土壤平均值，显示研究区属高 Cd 和 Hg 地球化学区。与土壤污染风险阈值相比，研究区8种重金属元素含量均未达到土壤污染风险管控值，As、Cr、Ni、Pb、Zn 元素含量均低于土壤污染筛选值，表明 As、Cr、Ni、Pb、Zn 基本不存在生态风险。土壤样品中98%的 Cu、Hg 含量低于土壤污染筛选值，高于土壤污染筛选值而低于土壤污染风险管控值的样品仅占总数的2%，因此其潜在的生态风险区面积相对较小，可以忽略不计。与其他元素不同，74%土壤样品中的 Cd 低于土壤污染筛选值，但有26%的样品 Cd 含量介于土壤污染筛选值和土壤污染风险管控值之间，说明 Cd 是该地区土壤污染的主要重金属元素。空间上高 Cd 含量区主要分布在婆婆垄—腰塘边—前邵—凌阁张一带，且与部分 Se 高值区吻合，存在 Se－Cd 共生现象。

基于重金属形态含量的环境风险分类不仅可以了解其污染程度，还可以更好地了解其迁移性和潜在的危害。研究区74%的土壤 Cd 几乎没有生态风险；6%的土壤 Cd 产生风险的可能性较低;12%的土壤 Cd 具有潜在的生态风险;高风险的土壤仅占 8%。中、高风险区主要位于前邵—腰塘边—凌阁张一带,这与基于元素总量的风险评价结果基本一致。

由于莲子不存在重金属超标情况,水稻籽实中 Cd 含量超标最为显著,Cr、Pb 仅存在个别点位超标现象,因此只针对水稻籽实的 Cd 元素展开作物生态风险评价。结果显示,约 70%的土壤种植的水稻都是安全的,但仍有 30%的水稻显示风险特征。与基于元素总量及形态的风险评价结果相比较,水稻籽实风险区主要位于侏罗系地层分布区西皮山岗附近,仅个别点位分布于黑色岩系区,表明区内黑色岩系发育土壤虽然重金属含量高,但其种植作物生态风险低,可合理利用。

进一步比较水稻籽实中 Se、Cd 含量发现,水稻籽实富 Se 的同时又存在一定比例的 Cd 含量超标情况。水稻籽实富 Se 且 Cd 含量不超标的占总数的 57%,富 Se 但 Cd 含量超过污染物阈值的占总数的 31%。虽然近些年来,许多研究都证实 Se 和 Cd 元素可产生拮抗效应,从而减轻植物对 Cd 的吸收,但在本论文研究区 Se - Cd 的拮抗效应不显著,因此在发展特色富硒农产品的同时,还应注意重金属超标的风险。

3. 结论与建议

(1) 研究区足硒和富硒土壤分别占调查样点的 62%和 38%,Cd 是研究区土壤的首要污染元素,介于土壤污染筛选值和土壤风险管控值之间的样品比例为 26%。

(2) 研究区土壤中 As、Cr、Cu、Hg、Ni 均以残渣态为主要存在形式,活性较低;Pb、Zn 潜在活动态比例最高;Cd 活动态和潜在活动态所占比例分别为 57%和 40%,活性较高,潜在生态风险最大。

(3) 水稻籽实富硒率为 85.71%,Cd、Cr、Pb 元素超标率分别为 31.42%、8.57%、5.71%;莲子富硒率为 100%,且不存在重金属超标情况。

(4) 基于总量、形态和作物超标的土壤重金属风险评价显示,富硒土地开发利用的风险区主要位于西皮山岗和腰塘边一带,建议禁止种植农产品,其他黑色岩系发育的丘陵地区虽然土壤重金属总体表现为高含量,但开发利用风险较低,应加以保护和合理开发利用。

(作者:成晓梦、吴超、孙彬彬、贺灵、曾道明,载于《现代地质》2021 年第 2 期)

第三章　居　　民

有文字记载，最早来境域生活的是隋大业年间（605—618）从余岗迁入庙高的吴姓和迁入童岗的姜姓，由此推断，余岗更早就有居民生活。在1400多年的历史长河中，先民们勤劳奋斗，创造美好生活。中华人民共和国成立尤其是中共十一届三中全会以来，社会稳定，教育卫生条件逐步改善，居民安居乐业，物质生活不断提高，精神风貌日益提升，境内全方位进入进度与质量均衡发展且持续高效的新阶段。

第一节　人　　口

历史上，境内经历过几次大的人口迁出，皆为灾、乱所致，之后外来人口迁入，使得人数增多。清康熙、嘉庆年间有畲族从遂昌等地迁入。中华人民共和国成立后，随着生活条件改善，人口增长速度趋快。20世纪60年代提倡计划生育，但实际未引起重视。1978年后，计划生育列入基本国策，人口生育得到有效节制，自然增长率下降。2013年12月，国家实施单独二孩政策。2016年1月1日，二孩政策全面放开。2021年开始，依法实行三孩生育政策。

一、自然变动

民国前境内户数、人口数无考。从民国志中可知当时各村庄大概户数，从1934年、1940年各乡保甲户口简明统计表中，可知各村大概户数、人口数。

二十四都二图　八石坂（畈），二十余户；上张坞，十余户；西方坞，二十余户；下东门，十余户；童麻车，十余户；田铺，十余户；麻里洞，四五户；殿下村，七八户；上东门，十余户。

二十四都三图　荷叶溪边，二十余户；余冈，二十余户；方野，二十余户；叶野村，二十余户；慕和严村，十余户。

二十五都一图　新殿，十五户；泗塘项家，四十余户；小殿下，十五户；药塘边，十余户；童冈，十余户；杨塘山，畲族数户；李王山，畲族数户；邓家山，畲族数户；上社山，畲族数户；翁家山，畲族数户；枣树园，畲族数户；实卜陇，畲族数户；庙高，十余户。

二十五都三图　厚徐，六十余户；下宅，百余户；胡家，四十余户；鲤鱼山脚，六十余户。

二十五都七图　脉元，一百二十余户；环墙里，十余户；堰口，二十余户。

三十六都一图　横山，一百十余户；东坞村，三十余户。

三十六都二图　白鹤桥，十余户；会泽李，一百余户；童墅，二十余户。

三十六都三图　下西山，四十余户；湖都桥，十余户；新坂（畈），二十余户；周家，五六户；叶家，十余户；苍里，八九户；方家，八九户；胡家，十余户；蟒塘，二十余户。

三十六都四图　新王吴仪宾，五十余户；童家，十余户；堰塘下，十余户；山下朱，二十余户；前坞，五六户；添丁坞，六七户；李野，七八户；安山，五六余户；徐坞叶，七八余户；高排山，五六户。

三十七都一图　珏堂，六十余户；梅岭，二十余户；东王，二十余户；叶坞，八九户；泉塘下，五六户；油麻坞，十余户；刘塘坂（畈），五六户。

三十七都二图　翁五里，二十余户；瑶塘边，十余户；马山干，十余户；安头，十余户；烟蓬，十余户；婆婆垄，十余户；西皮冈，十余户；塔下叶，六十余户；刹下桥，十余户；钱家村，三十余户。

三十七都三图　志棠，一百二十余户；席家，二十余户；溪东，二十余户；童家，二十余户；邵家，二十余户；凌阁张，四十余户；仙生坞，十余户；后部，二十余户。

三十七都四图　龙门桥，五十余户；塘下叶，二十余户；周田边，十余户；大塘下，十余户；李坞，十余户；三姑殿前，三十余户；杜墅，十余户；叶店，五六户；古塘冈，七八户；施家垄，八九户；官塘章，二十余户；枫树岭，二十余户；长坞垄，十余户；湾垄，十余户；上山徐村，十余户。

三十七都五图　廻源，五十余户；下店，三十余户；鲁家，十余户；杨家，四十余户；徐门，七十余户；邵源鲁，十余户。

三十八都一图　姚村，三十余户；东山，二十余户；石塘，二十余户；太平坂，十余户；社塘，十五户。

三十八都二图　白马，三十余户；桑园，十余户；丰塘山，四十余户；朱家塘边，二十余户；上庄溪，十五户；南山根，十余户；后垄坞，六七户；东湖陇，五六户；何叶，四五户；姊妹山，四五户；大坂头，十余户。

编者注：上述都图中，有的村现已不属境域

表 3-1　**1934 年、1940 年各乡保甲户口简明统计表**

年份	乡　名	保数（个）	甲数（个）	户数（户）	人口（人）			备　注
					总数	其中：男	其中：女	
1934 年	塔下乡	23	209	1106	10308	5928	4380	涉现全境域
	新王乡	13	125	1207	8004	3989	4015	10～13 保涉现境域
1934 年	石佛乡	29	248	2414	10709	5704	5005	1～4 保涉现境域
	模环乡	20	178	1718	9252	5345	3907	19、20 保涉现境域
	塔石乡	18	145	1407	7803	4403	3400	1～5 保涉现境域

续表3-1

年份	乡名	保数（个）	甲数（个）	户数（户）	人口（人） 总数	其中：男	其中：女	备注
1940年	塔下乡	13	143	1591	7079	3773	3306	涉现全境域
	新王乡	12	136	1547	7764	4290	3474	7~12保涉现境域
	模环乡	12	153	1932	9278	5055	4223	12保涉现境域
	塔石乡	13	141	1650	8260	4497	3763	1保涉现境域
	后徐乡	11	126	1636	7768	4243	3525	1~3保与6~10保涉现境域

表3-2 1952年8月横山、张家、志棠、下宅乡农业户籍人口统计表

乡名	村名	农业户数（户）	农业人口（人）	乡名	村名	农业户数（户）	农业人口（人）
横山乡	合计	748	3343	下宅乡	合计	1188	3472
	西方坞	85	562		1村	156	637
	2村	144	669		2村	225	930
	3村	140	580		3村	135	—
	4村	170	636		4村	233	—
	5村	163	637		5村	187	800
	湖涯溪边	46	259		6村	39	190
					7村	213	915
张家乡	合计	984	3794	志棠乡	合计	815	3020
	1村	171	871		1村	186	528
	2村	164	430		2村	107	420
	3村	168	1156		3村	142	564
	4村	156	109		4村	132	509
	5村	96	392		5村	140	509
	6村	90	342		6村	108	490
	7村	139	494		7村	—	—

表3-3 1960—2005年若干年份横山镇、志棠镇人口统计表

年份（年）	横山镇 年末总户数（户）	横山镇 其中：农业户（户）	横山镇 年末总人口（人）	横山镇 其中：农业人口（人）	志棠镇 年末总户数（户）	志棠镇 其中：农业户（户）	志棠镇 年末总人口（人）	志棠镇 其中：农业人口（人）
1960	3703	3476	15071	12704	1017	1008	3741	3507
1961	3716	—	13378	—	1018	—	3669	—

续表3-3

年份（年）	横山镇				志棠镇			
	年末总户数（户）	其中：农业户（户）	年末总人口（人）	其中：农业人口（人）	年末总户数（户）	其中：农业户（户）	年末总人口（人）	其中：农业人口（人）
1962	3351	3285	13622	12528	1511	1507	5607	5582
1963	3415	3338	14064	13512	1566	1552	6042	6006
1964	3481	3386	14687	14215	1581	1553	6337	6243
1965	4273	3455	15401	14945	1600	1575	6616	6514
1966	3662	3583	16132	15705	1617	1615	6793	6777
1967	3760	3691	16820	16483	1646	1641	6890	6874
1968	3973	3905	17612	17230	1721	1721	7191	7169
1969	4251	4213	18503	18117	1842	1839	7499	7427
1970	4751	4698	19224	18898	1953	1946	7744	7645
1971	4778	4742	19707	19295	1988	1981	7883	7809
1972	4826	4798	19965	19592	2025	2018	8048	7973
1973	4904	4867	20493	20058	2032	2025	8204	8102
1974	4954	4926	20737	20395	2050	2043	8293	8224
1975	5036	5008	21023	20635	2069	2061	8423	8346
1976	5060	5031	21242	20849	2100	2092	8516	8443
1977	5068	5059	20873	20814	2128	2115	8588	8512
1978	5204	5173	21683	21228	2174	2166	8847	8762
1979	5233	5203	21758	21051	2190	2190	8891	8777
1980	5346	5267	21767	21136	2204	2197	8926	8816
1981	5505	5293	21957	21409	2261	2244	8998	8855
1982	5559	5430	22140	21454	2289	2265	9029	8858
1983	5639	5513	22172	21493	2290	2275	9073	8898
1984	5701	5587	22218	21231	2339	2329	9019	8874
1985	5915	5817	22291	21574	2348	2341	8999	8887
1986	6413	6274	20315	21649	2625	2614	9052	8896
1987	6640	6506	22581	21878	2707	2695	9113	8957
1988	6655	6616	22884	22143	2885	2783	9167	9010
1989	6737	6694	23091	22322	2858	2814	9220	9057
1990	6823	6784	23031	22257	2890	2846	9214	9051
1991	6882	6831	23096	22321	2953	2901	9266	9101
1992	6872	6837	23137	22391	2955	2901	9287	9108

续表3-3

年份(年)	横山镇				志棠镇			
	年末总户数(户)	其中:农业户(户)	年末总人口(人)	其中:农业人口(人)	年末总户数(户)	其中:农业户(户)	年末总人口(人)	其中:农业人口(人)
1993	6940	6910	23187	22504	2970	2929	9266	9072
1994	7471	6580	23184	22493	2879	2777	9275	9091
1995	7549	6928	23178	22478	2896	2794	9252	9060
1996	7402	6941	23002	22584	3010	2815	9230	9022
1997	7181	6612	23312	22572	2899	2899	9245	9015
1998	7179	6642	23292	22551	2827	2825	9333	9095
2004	7305	—	23245	22455	2785	—	9083	8840
2005	7340	—	23227	22445	2896	—	9058	8864

编者注:横山镇含原下宅乡

表3-4　　2006—2021年横山镇人口统计表

年份(年)	年末总户数(户)	年末总人口(人)	其中:农业人口(人)	年份(年)	年末总户数(户)	年末总人口(人)	其中:农业人口(人)
2006	10316	32206	31249	2014	11999	31938	30998
2007	10439	32178	31206	2015	12130	31980	26863
2008	10778	32077	31100	2016	12223	32051	—
2009	11156	32033	30987	2017	12250	31846	—
2010	11394	31911	30829	2018	12435	31696	—
2011	11490	31923	30824	2019	12515	31480	—
2012	11529	32001	30951	2020	11493	30899	—
2013	11635	32076	31078	2021	11519	30761	—

二、结构密度

人口结构　主要指男女比例与年龄结构,从表3-5、表3-6中可知当时概况。

表3-5　　1961年6月横山、下宅、杜叶、志棠管理区统计表

管理区	生产大队(个)	户数(户)	人口(人)	其中:女性(人)	劳动力总数(人)
横山	9	1570	5669	2780	2320
下宅	8	1519	5674	2757	1683
杜叶	7	627	2035	938	760
志棠	7	1018	3660	1788	1192

表 3-6　　2007 年、2011 年、2013 年各行政村户籍人口情况表

村　名	2007 年		2011 年		2013 年	
	户数(户)	人口(人)	户数(户)	人口(人)	户数(户)	人口(人)
天池村	863	2617	850	2579	850	2579
志棠村	575	1801	589	1792	585	1795
腰塘边村	485	1448	446	1428	446	1422
塔下叶村	336	1030	336	1039	336	1042
河宗村	466	2365	460	1366	466	1368
上向徐村	440	1487	458	1486	458	1490
白鹤桥村	320	1064	370	1098	390	1107
会泽里村	480	1640	521	1645	523	1632
横山村	840	2347	848	2348	858	2358
上宾村	469	1434	460	1425	460	1425
西方坞村	405	1287	449	1292	461	1296
八石坂(畈)村	420	1449	460	1402	468	1410
下西山村	397	1215	402	1191	402	1190
余岗村	340	1020	348	1013	348	1016
项家村	520	1665	567	1630	567	1620
脉元村	410	1465	420	1430	431	1458
贤求朋村	441	1366	426	1366	426	1366
后徐村	556	1868	604	1822	604	1825
下宅村	750	2466	835	2470	843	2482
大平坂(畈)村	—	1144	305	1025	305	1025

2011 年末,横山镇总人口 31923 人,其中城镇常住人口 7709 人,城镇化率 24.1%,另有流动人口 276 人。其中,男性 16030 人,占 50.2%;女性 15893 人,占 49.8%;14 岁以下 3752 人,占 11.8%;15~64 岁 23969 人,占 75.1%;65 岁以上 4202 人,占 13.1%。

表 3-7　　2016—2019 年横山镇人口结构表　　单位:人

年份(年)	年末总人口	男性	女性	0~17 岁	18~34 岁	35~59 岁	60 岁及以上
2016	32051	16294	15757	4703	6507	13190	7651
2017	31846	16208	15638	4658	6353	12914	7921
2018	31696	16156	15540	4567	6256	12831	8033
2019	31480	16035	15805	4498	6186	12794	8002

表 3-8　　2020—2022 年横山镇乡村劳动力资源结构表

年份(年)	人口(人)			劳动力资源数(人)			乡村从事农业人员(人)				
	合计	男	女	合计	男	女	合计	男	其中：从事农业	女	其中：从事农业
2020	30899	15707	15192	20405	10572	9833	18466	9684	5007	8782	4295
2021	30411	15394	15017	20936	10861	10075	17312	8967	4780	4385	4284
2022	30761	—	—	—	—	—	—	—	4721	—	4235

人口密度　指每平方公里人数。据统计，1985 年，横山乡人口密度为每平方公里 397 人，志棠乡 306 人，下宅乡 372 人。1995 年，横山镇为每平方公里 403.8 人，志棠镇 314.7 人。2014 年，横山镇境内人口密度为每平方公里 358 人。

三、民族组成

境内以汉族为主，畲族次之，不同时期少数民族的族种、数量不等。畲族人口大多于清康熙、嘉庆年间从遂昌等地迁徙至县南山区，太平天国运动后，迁至项家村的小殿下、余岗村邓家自然村一带。因而，余岗村、项家村为境内少数民族村，主要以蓝姓、钟姓为主。

1964 年，横山乡畲族人口 183 人，其中：余岗村 181 人，会泽里村 2 人。

1985 年，横山乡畲族人口 278 人，志棠乡 12 人，下宅乡 351 人。

2011 年，横山镇总人口中，汉族 31188 人，占 97.7%。有畲、蒙古、苗、彝、壮等 11 个少数民族，共 735 人，占 2.3%；其中畲族 683 人，占少数民族人口的 92.9%。

2014 年，横山镇户籍人口 11999 户 31938 人，其中非农业人口 794 户 958 人。除汉族外，有畲族、蒙古族、苗族、壮族、回族、彝族、布依族、侗族、白族、土家族、傣族、拉祜族、水族、土族 14 个民族共 735 人，其中畲族 683 人。

2022 年，境内有少数民族人口 671 人，其中：余岗村 330 人，项家村 341 人。

四、计划生育

组织管理　1978 年，各公社配计划生育专管员，1983 年各公社配计划生育专职干部。1985 年起，各乡陆续建立计划生育办公室，行政村建立计划生育领导小组，各村选配计划生育助理员（服务员）1~2 人。1986 年 3 月，横山乡荣获全国计划生育先进集体称号。1985 年 9 月，县计划生育委员会为每个区各聘用 1 名 X 光透环员，为放环妇女开展查环服务。2002 年、2005 年，县先后将新录用的公务员充实到乡镇计划生育专职队伍。

目标责任　1984 年，县试行乡计划生育包干和人口规划目标管理责任制，以签订责任书的形式下达乡（镇），由乡（镇）干部分工包干抓计划生育。1988 年，县与乡镇，乡镇与村、驻村干部签订年度计划生育目标管理责任书。1996 年 10 月，县委办、县政府办下发通知，对计划生育“一票否决制”的实施范围、实施标准、保证措施作出具体规定。2001 年，农村计划生育服务工作纳入人口与计划生育目标管理责任制。2004 年 8 月，落实党政“一把手”亲自抓、负总责制度，把人口与计划生育作为考核乡（镇）、村工作成绩和干部政绩的重要内容，严格执行“一票否决制”和责任追究制度。2006 年，横山镇人口和计划生育目标管理责任考核获县三等奖；2010

年,全年征收计划外社会抚养费35.7万元;2011年,计划生育率为92.31%、社会抚养费征收率为90%;2012年,出台《横山镇人口与计划生育目标管理考核办法》《横山镇村级计生服务员工作考核办法》;2014年,办理计划生育服务证、准生证、生殖健康证319本,计划生育率达93%,新增独生子女父母97人,均落实优抚奖励政策。

技术服务 1998年,各乡镇建立计划生育服务站,进村入户上门服务,开展查孕查环、避孕药具发放和咨询随访。2002年,全面推行以避孕节育全程服务为中心的计划生育优质服务,倡导零距离服务方式,开展上门服务。2004年,各乡镇计划生育服务站的工作内容定位为:开展计划生育宣传教育;开展避孕节育及生殖健康咨询、孕情环情检查、术后随访及转诊服务;开展避孕药具管理发放及访视等。2009年6月,全镇30~69岁已婚妇女进行“两癌”筛查,共筛查3765人次,筛查率40.49%。2010年,有2640多名育龄妇女参加健康体检。2014年,投资15万元创建镇规范化计划生育服务站,面向育龄妇女开展计生宣传,发放服务信息和宣传资料4138多份。2016年,深化计划生育优质服务,新增奖扶117人,审批再生育112对,计划内出生253人,计划生育率达95.83%。

表3-9 **1998年横山镇计划生育指标分配表**

村 名	总人口(人)	出生数(人)	一孩(人)	二孩(人)	计育率(%)	结婚登记率(%)	期内放环率(%)	环妇检查率(%)
八石坂(畈)	1405	22	13	9	100	100	95	100
吴仪宾	767	12	7	5	100	100	95	100
上下朱	650	15	7	8	100	100	95	100
西方坞	1030	12	8	4	100	100	95	100
仓头	318	6	4	2	100	100	95	100
溪边	385	7	3	4	100	100	95	100
会泽里	1628	17	9	8	100	100	95	100
高山	1045	7	4	3	100	100	95	100
横山	1033	14	9	5	100	100	95	100
白鹤桥	1008	13	6	7	100	100	95	100
上向徐	936	21	11	10	100	100	95	100
项家	1705	18	8	10	100	100	95	100
脉元	1498	20	9	11	100	100	95	100
山门寺	201	1	1	0	100	100	95	100
腰塘	540	9	3	6	100	100	95	100
下西山	873	18	4	14	100	100	95	100
余岗	1040	19	8	11	100	100	95	100
方野	388	7	2	5	100	100	95	100
下宅	1570	18	11	7	100	100	95	100
后徐	1125	13	6	7	100	100	95	100

续表3-9

村　名	总人口（人）	出生数（人）	一孩（人）	二孩（人）	计育率（%）	结婚登记率（%）	期内放环率（%）	环妇检查率（%）
大平山	723	7	4	3	100	100	95	100
大平坂（畈）	947	13	7	6	100	100	95	100
贤求朋	856	10	8	2	100	100	95	100
龙门桥	891	14	10	4	100	100	95	100

第二节　氏　　族

氏族是人们寻根溯源的根本和依据。本志所载，均属以姓氏聚族而居者。依民国志及1991版县志，凡1991版县志未录入，而民国志又有记载并涉现境域的均录入。

一、现有氏族

本志第一章自然村情况表中，提及2005年境内有张、叶、杜、周、徐、施、朱、章、王、项、胡、江、姜、翁、杨、谢、苏、李、林、陈、滕、童、余、蓝、邓、方、邹、范、严、吴、柯、饶、汪、刘、柳、祝、傅、黄、何、毛、龚、季、席、赵、邵、鲁、金、商、熊、陆、邱、诸葛、洪、郑、谢、赖、钱、曹共58个主姓。现依2017版县志，录境内姓氏人数较多的45地姓氏。

表3-10　2005年横山镇氏族基本情况表

氏　族	祖居地	迁入年代	始迁地	繁衍	人口	备注
下宅童氏	寿昌杜田村	唐永隆元年（680）	下宅	不详	28人	—
席家席氏	安徽桐城	北宋末	席家	26代	500人	有谱存
八石坂（畈）叶氏	新安	南宋淳熙年间	八石坂（畈）	29代	320人	有谱存
严家严氏	桐庐	南宋淳熙年间	慕和	27代	150人	—
溪边胡氏	福建建安	南宋庆元五年（1199）	荷叶溪边	27代	130人	—
凌阁张张氏	杭州	南宋嘉定年间	从金华迁凌阁张	不详	280人	有谱存
新宅王氏	萧山桃源	南宋端平元年（1234）	新宅	34代	348人	有谱存
项家项氏	河南	南宋淳祐元年（1241）	从淳安小溪迁项家	27代	600人	有谱存
塔下叶叶氏	寿昌西坞	南宋淳祐年间	塔下	29代	580人	—
脉元龚氏	福建莆田	南宋宝祐年间	脉元	不详	190人	有谱存
横山张氏	杭州	南宋开庆年间	横山	30代	150人	有谱存

续表3-10

氏 族	祖居地	迁入年代	始迁地	繁衍	人口	备注
叶野叶氏	处州	南宋景定年间	石龙头	不详	200人	有谱存
方野方氏	桐庐	南宋咸淳二年(1266)	从石龙雅迁方野	33代	200人	有谱存
钱家钱氏	淳安南村	南宋咸淳年间	刹下	28代	300人	有谱存
上下朱朱氏	江西婺源	南宋祥兴年间	从兰溪迁姜尚山下	28代	260人	有谱存
下东门叶氏	松阳	南宋末	下东门	31代	200人	—
会泽里李氏	福建长汀	宋代	由寿昌迁会泽李	不详	700人	有谱存
吴仪宾吴氏	福建崇安	宋代	真武山下	27代	280人	有谱存
后徐姜氏	江西吉水	元初	沙溪	27代	不详	—
龙门桥李氏	江西婺源	元至元五年(1268)	龙门桥	25代	320人	—
前邵邵氏	寿昌鱼梁村	元至元二十八年(1291)	从上梅迁志棠	29代	900人	有谱存
翁坞翁氏	睦州	元大德年间	从寿昌迁翁坞	26代	180人	—
杜野杜氏	衢州杜泽	元至正年间	杜墅	不详	不详	—
下宅周氏	贺隆栗园	元至正年间	下宅	25代	98人	有谱存
三姑殿项氏	松阳大竹坑	元至正年间	三姑殿	22代	50人	—
西方坞姜氏	江西新城	明洪武年间	西方坞	22代	220人	—
邵源坞鲁氏	常山赤石	明洪武年间	邵源坞	25代	320人	—
杨家杨氏	福建莆城	明永乐年间	廻源	26代	300人	有谱存
塘下叶姜氏	兰溪西姜	明正统年间	塘下叶	19代	39人	—
马鞍山李氏	福建建阳	明弘治年间	兰溪常乐迁入	21代	110人	—
堰塘下章氏	永康李溪	明隆庆年间	堰塘下	不详	225人	—
叶家胡氏	寿昌山脚胡村	清顺治年间	叶家	15代	150人	—
鲤鱼山脚傅氏	江西南丰	清康熙年间	鲤鱼山脚	13代	100人	—
贤求朋周氏	江西南丰	清道光年间	贤求朋	6代	55人	有谱存
下大平坂(畈)黄氏	江西南丰	清咸丰年间	下平坂(畈)	8代	150人	—
脉元周氏	江山	清同治年间	脉元	不详	170人	—
项家钟氏	景宁	清同治年间	景宁大垄口	16代	220人	有谱存
小殿下蓝氏	处州	清同治年间	小殿下	7代	100人	—
余岗蓝氏	云和	清同治年间	从景宁潘庄迁余岗	12代	100人	有谱存
小殿下雷氏	广东潮州	清同治末	从江西迁小殿下	12代	50人	
后徐周氏	江西玉山	清光绪年间	后徐	6代	14人	—
邹家周氏	江山	清光绪末	大平坂(畈)	5代	21人	—
高山黄氏	江西广丰	清光绪年间	高山	6代	200人	—
余岗蓝氏	福建古田	清末	丽水石塘	12代	160人	有谱存
腰塘边黄氏	江西玉山	民国初	腰塘边	5代	100人	—

二、氏族录

民国志录涉及境内姓氏 22 个 53 支，虽目前有的已不在横山境内，但为保持其脉络清晰，一并辑录。文中提及的“选举表”均来自民国志，楷体的按、注等，均原文照录。另录 1991 版、2017 版县志相关内容。

方野方氏 唐诗人方干之后，宋时礼部尚书逢辰之后，按：世数佚。有名淳字本源者，于宋咸淳二年，由淳安迁县十四都石龙雅，阅数世徙居今里，号曰方野，迄今二十九世。有元大德八年创修，明成化二年、正德九年、嘉靖九年、万历三十五年、乾隆十四年、同治十二年、光绪二十八年重修。

环墙里王氏 宋靖康间有名长卿者，为文正公旦八世孙，由丽水徙衢州化龙巷，后偕其兄弟迁居县北石道院，为其始祖。第二世行曾七名佚。随母迁居附近观音阁，更名新宅。第九世行义五名佚。居郭、叶二姓之攀龙里。其后郭、叶二氏衰，王氏代兴，以其地当新宅下游，更名下王；新宅居中，更名中王；石道村居两村上游，遂称上王。谱牒仍合，总称石院王氏，不忘其初也。长卿传七世至伦之，又自石道院迁居环墙里，为其始祖。谱于清乾隆四十九年王有雯创修，其后道光五年、二十五年，光绪三十年重修，凡三卷。

廻源王氏 宋端平元年(1234)，王烽因避乱由萧山县(现杭州萧山区)桃源村迁居县北三十七都五图今里，为其始祖，至今凡三十世。其后有徙儒门者，两系合谱共十卷，明嘉靖二十七年王育创修。清康熙四十四年、乾隆二十九年及五十二年、嘉庆二十五年、道光二十六年、同治十二年重修。

烽有三子，长为德元，仍居廻源。次为德泽，生子辉祖，由廻源卜居四都二图蜈峰下，名之曰王村。宋末宝章阁秘书王维康即辉祖曾孙也。按：据谱载，如是时代不合，姑存之，惟其为是族人则可信也。至今二十七世。有谱六卷，清乾隆九年始修，四十三年、道光二年、咸丰五年、同治十二年、光绪二十年重修之。按：两旧志《流寓传》载王德飞由越迁于县，所居曰王村。今蜈峰山下王村人亦咸称德飞为其始祖，其谱首并有德飞遗像，惟世系行传中一字不提。考德飞为开禧元年进士，疑为烽之先人，蜈峰谱以辉祖为始迁祖，故仅首载德飞之像以志不忘所自，而世系中不载，未为失也。惟廻源谱不载德飞为可异耳。按：德飞与烽子同排行，亦颇可疑。

烽第三子德熙，生子承祖，则由廻源迁居丹山(新王)，至第三世名文清居下宅，文渊居上宅，逐渐繁衍。明时以耆德举之王德，谱作景德，今仍旧志，其后人也。至清闻人渐多，若王洪惠、王离照、王炜、王日煊等皆是。两宅仍合谱，传至今已二十九世。有谱十七卷，明万历二十二年王之弼创修，清康熙九年、乾隆七年及五十一年、嘉庆十一年、道光八年、光绪三年及二十五年，七次重修。

承祖曾孙兴宗，明洪武间赘于东山张氏，即于其村卜居，今遂称上家村，至今十九世。族中多业儒，惟人《选举表》者家培一人而已。有谱四卷，明隆庆元年王嵩创修，清乾隆十三年、三十二年，嘉庆七年，道光一十一年，同治十一年，光绪二十七年重修。

洪坂一族始祖名世贤，初居廻源，历八世至定国，始迁县东十八都三图今里。时在明末，自定国传至今凡十三世。有谱二卷，清乾隆十六年始修，同治十一年重修。

1991 版、2017 版县志载：新宅(廻源)王氏，后有徙居儒大门、雅村王村、模环新王、下库(湖镇)洪坂。1958 年洪坂因建水库搬迁，洪坂王氏遂分迁附近诸村。今计 2000 余人，历 35 代。居新宅者至 2005 年已历 34 代，现有 340 余人。存《廻源王氏宗谱》5 种。

吴仪宾吴氏 宋吴迪、吴远兄弟二人，由闽之崇安徙居县北宣教乡元武山之麓，为其始祖。明吴元士为迪七世孙，尚仪府郡主仪宾，晋秩通奉大夫，人艳称之，遂以仪宾呼其里，至今犹曰吴仪宾。《选举表》中吴祖任、吴锦澜其后人也。清雍正七年祖任创修宗谱，乾隆四十一年、嘉庆十二年、道光二十二年、光绪十年重修，凡三卷。自始迁至今二十三世。

会泽李氏 其先长汀人，后迁寿昌。宋时有名时昇者司训龙游，按：两旧志不载，今已补表。其子冕随之来，遂卜居北乡，颜其堂曰会泽。后遂以名其里，是为会泽李氏始祖。《选举表》中李梓童、李经、李有年、李万钟、李添、李维、李正光，皆其裔也。谱牒创修于元至正四年李霆发，其后明正统五年，成化十年，正德十四年，清雍正五年，乾隆十三年、三十五年、四十九年，道光二十五年，光绪五年、二十八年重修。

2017 版县志载：会泽里李氏，祖居福建长汀，后迁寿昌。南宋李时昇任龙游学官，其子李冕定居会泽里。存《李氏宗谱》，另有《会泽李氏宗谱》为上海图书馆收藏。

马山干李氏 据其谱载，始祖名存仁，世居建阳，为绍兴壬戌进士，乙丑授衢州府教授，按：三府志均未载，姑录之。戊辰以疾辞，隐居龙游。按：何处未详。其子德兴，入赘于上浦徐氏，遂居上浦，传七世，仲良复徙兰溪之常乐。更阅五世至志，又徙县北三十七都二图今里，为始迁祖，时明弘治年间也，传至今又历十七世矣。有谱六卷，清康熙三十年始修，乾隆四十一年、咸丰九年、光绪十三年重修。

龙门桥李氏 汉李膺八世孙机荣，官徽州，卒于任所，子孙遂为婺源县人。至十世名贤，乞恩任衢州府推官。按：年代不详。三府志均未载，姑录之。贤生子，长富、次满，俱出仕。惟幼子寿，不乐仕进，行商于龙游，赘于王氏，生三子琎、琕、按：字书无此字，疑误。瑞，遂迁于三十七都龙门桥，为其始祖，时元至元五年也，至今二十一世。有谱四卷，明弘治六年李文敏等创，正德十五年、清嘉庆三年、道光二十四年、光绪二十六年重修。

杜墅杜氏 西安（即后衢县）北乡有杜泽村，杜氏世居之，族颇盛。此族即自彼迁来者，始迁祖名溥泽，时元至正间，因名今里曰杜墅，今已式微。谱二卷，清雍正十二年创修，乾隆三十八年、嘉庆十六年、道光二十四年重修。凡二十世。

下宅周氏 据谱谓，濂溪十五世孙有名葵字伯齐者，宝祐间判衢州，按：三府志均未载，疑误。避元人乱，弃官隐于太末贺隆栗园，按：未详今在何处。为迁龙始祖。其子叔鲁之第五子德政，于元至正间分居下宅，迄今二十一世。谱凡二卷，明洪武十四年周仲升等创修，永乐十七年、嘉靖二十七年、清乾隆四十五年、道光十八年、咸丰九年、光绪十七年重修。

1991 版、2017 版县志载：始祖周葵，字伯齐，宋宝祐间（1253—1258）为衢州通判，避元兵弃官隐居龙游贺隆粟园（地名今无考）。元至正年间再迁下宅。明洪武年间分迁前桥。其后分迁东周、西周。今 650 余人。存《徽宗周氏宗谱》19 册。居下宅者至 2005 年已历 25 代，现有 90 余人。

志棠邵氏 其先寿昌鱼梁村人，后迁上梅，按：上梅何县属未详。元时有名斗字应奎者，欲迁居龙游志棠而未果。其子德仁、德懋遂于元至元二十八年（1291）卜居焉。时斗犹未卒，故其族以斗为始祖。《选举表》中希泰、日修皆其裔也。德仁一派今居杨霸园，式微已甚。德茂一派丁口繁衍，至今凡二十五世。有谱十卷，始修无考，重修年份可考者，明宣德四年、嘉靖十一年、万历十四年、崇祯七年、清雍正十年、嘉庆十四年、道光二十三年、光绪十年。

河涯胡氏（又称荷叶溪边胡氏） 始祖胡新三，字子礼，宋庆元五年（1199），由福建建安随其父德魁之衢州教授任所，按：三府志《学官表》中均不载是人。其后遂卜居县北二十四都三图，至今已二十四世。旧牒散失，清乾隆四十五年始修，道光二十三年、咸丰三年、光绪十年重修，凡六卷。

叶家胡氏　其先居寿昌之山脚胡村，清顺治间有名光宝者，始迁县北三十六都三图叶家村，为其始祖，至今十一世。有谱二卷，嘉庆六年胡若海等始修，道光七年、光绪六年重修。

西方坞姜氏　其先世江西新城人，世以陶窑为业。明洪武间有名韶者，业陶于县二十四都二图今里，遂占籍焉，至今凡十九世。有谱四卷，明嘉靖十一年姜锡祚等创修，其后清乾隆二十年、嘉庆七年、道光二十三年、光绪五年重修之。

塘下叶姜氏　其先世居兰溪西姜村，明正统间，有名瑞初字日升者，始迁县北三十七都四图今里，至今十六世。清雍正十三年，姜应璧等始修谱，乾隆五十年、道光十年、光绪五年重修，凡四卷。

上张坞、下宅、溪东徐氏　系出伯益，至三十二世为徐偃王，七十世为汉徐元洎，成帝时为夏太守，避王氏之乱，于阳朔二年五月十八日，始自江北徙居太末县城南洎里村。按：洎里即洎鲤。元洎生寿，平阳太守；寿生悌，雁门太守、幽州刺史、始兴侯；悌生弘，见传；弘生异，镇北大将军、咸阳侯；异生饶，昔常侍、尚书左仆射、丹阳侯；饶生本，庐陵太守太末侯。本生五子，其崇五子洪，衢州太守，居灵山，是为灵山徐氏之始祖，至八十四世为徐伯珍，八十九世为徐楚玉，其世系均累叶相接。按：《灵山徐氏谱》载，晋时崔琳、袁彦伯、刘守时、徐琪，梁时王僧儒，唐时徐常晔、徐会言诸人奉诏修谱牒，各文叙世系相类，当有所本，非同臆造。而两旧志于徐氏诸名人毫不载及，未详其故，兹故略节于此。迨元时，徐崇为金华教谕，始无子，以曹姓甥清之为嗣，后庶出二子，濂之、洁之。其后族大支繁，皆其苗裔。曰前宅者，皆濂之、洁之裔；曰后宅者，皆清之裔。至清初，其族极盛，《传》冲若徐漳、徐允璠、徐文蒸、徐文耀、徐荣祖、徐昆皆是。有谱三十卷，元时清之所创，清乾隆间徐漳曾两修，其后嘉庆十二年、道光二十一年重修，凡修四次。至今凡一百三十一世，实为吾县第一旧族，然自咸同乱后，已式微矣。

上张坞徐氏　县北二十四都二图，亦偃王之后。元末始由灵山徙来，其始迁祖名礼，至今二十四世。谱二卷，清嘉庆二十四年始自立谱，道光十六年、光绪七年重修。

锦溪　按：锦溪原名沙溪，今依谱称之。有二徐族，一名厚徐、一名下宅。厚徐谱，其族人匿不以示，源流未详。下宅则始迁祖名孙，世居灵山，为元洎二十三世孙。自孙至今凡三十五世，则孙亦北宋时人矣。《选举表》中徐汝述，此族人也。旧谱毁于咸丰兵燹，光绪二年始由徐宝书创修，至三十年重修，凡四卷。

元洎之后越七世名琪，生三子，幼曰宾，迁衢州。历九世至铁，迁灵山。更越三世至肇封，字锡侯，于明洪武初迁西乡九都，按：世数必有误，自元洎至明初不止二十世也。是为九都始祖，至今已十九世。清嘉庆三年创谱，道光十年、同治十三年、光绪二十九年重修，凡二卷。

溪东一族　则琪二十八世孙瑾，本居沙溪，其五世孙正仁、正义，于宋高宗时始迁县北三十七都三图今里，为其始迁祖，传至今凡二十四世。有谱二卷，创修于元至正十二年徐逢喜。其后明洪武二十一年、万〈历〉元年、清康熙五十六年、嘉庆二年、道光四年、光绪元年重修。

珏堂翁氏　则云翁洮之八世孙名巽，按：翁洮事迹见《轶闻》。字善政，入赘于三十七都西岸塘周氏。历三世，至知彰、知刚复迁居觉堂，以与珏堂音近，遂称珏堂翁氏，时宋嘉定年间也。知彰之后无考，知刚则此族第一世祖也，至今二十八世。有谱七卷，明洪武二十五年翁世雄等创修，其后天顺七年、成化二年、正德十四年、嘉靖二十年、清顺治四年、雍正十二年、乾隆十三年、道光十二年、咸丰二年、光绪十三年重修之。

翁五翁氏　其先睦州人，世居天池山。元大德间有名应牛者，始徙居县北梅山，按：即今梅岭。继迁三十七都翁五，为其始祖，至今二十二世。有谱四卷，明嘉靖十二年翁天云始修，清乾隆十四年及三十七年、嘉庆二年、道光四年、咸丰九年、光绪十年重修。

2017版县志载：翁氏诸族，同尊唐翁洮为祖，均迁自龙游寿昌交界处之珏堂，计6支。宋初翁孝本，字定真，仕至山东青州参军都尉，转任漕运兵马司，由珏堂徙居杜山徐，元末族人分迁杜山坞，存《青山翁氏宗谱》。北宋末方腊起事，一支自珏堂避居三门源。宋理宗时，珏堂人翁从龙赘于县北洪墩（石佛下洪）徐氏，遂家于此，又成一族，"古代人物表"中清翁新久是其族人。明初，又一支自珏堂迁至石佛白马。明永乐七年（1409）又一支迁模环天井翁，存《青山翁氏世谱》。小南海翁家翁氏则先迁衢州西安（即后来的衢县）玺坂，后迁龙游县西异湖墩（今小南海翁家），存《异湖墩翁氏宗谱》。

志棠席氏 席氏夙以武艺世其家，先世居安徽桐城之淡竹村。宋末有名汝钰者，始迁县北三十七都三图志棠，为其始祖。今志中《人物传》《选举表》诸席氏皆此族人，而以武行著称者也，至今二十三世。有谱六卷，元至正十三年创修，明洪武二十七年、清顺治六年、雍正十一年、乾隆三十年、道光六年、光绪九年重修之。

2017版县志载：席家席氏，原居安徽桐城淡竹村，北宋末始迁县北横山席家。明初，族人分迁县南虎墓岭（罗家席家）。旧时有武艺世家之称。"古代人物表"中，明代席永是其族人。居横山席家者至2005年已历26代，现有500余人。存《席氏宗谱》《虎岭席氏宗谱》。

凌阁张、横山山顶、花厅、东坞张氏 张浚曾孙杲以侍郎贬知金华，解组后居龙游宣教乡之蓝泉村，今名凌阁，时宋嘉定间也。越六世，敬生四子：伯名浦，分居南厅；仲名注，分居北厅；叔名洋，分居西厅；季名清，分居东厅。南厅传十三世而绝，北厅今已式微，惟东西两厅甚盛。谱仍合修，凡五卷，元大德七年张旸创修。明成化二十三年、嘉靖十八年、清雍正五年、乾隆二十六年、道光五年、咸丰七年、光绪十年重修。

宋时有名镛者，称张浚六世孙，宋理宗开庆间（1259）徙居县北横山。有子四人，长文兴居山顶，明举人张子校、子槐，清举人张广益及贡生张显、张廷异皆其裔也。有谱八卷，明正统六年张显创修。嘉靖二十一年，清隆三十五年、五十九年，道光四年、三十年，光绪二十九年重修，凡六次。

镛次子文广，居祖宅，因名花厅张氏。有谱凡三卷，其重修年月与山顶谱同。至今二十四世，但已式微。

镛三子文盛居东湖，其曾孙彦机复于明洪武二年迁东坞，为其始迁祖。此派明时亦盛，《传》中张文介、张羽翔及进士张文愚皆其裔也。自清康熙年间张其翼、张光进后，知名者鲜矣。有谱五卷，按：其卷数与山顶谱不同者，山顶人口众，近曾续修故也。创修重修年月及主修人名与横山山顶谱同，至今凡二十五世。镛四子谱行承十，居坦桥，后裔式微，仅存牛冈一支，清已残缺。

2017版县志载：凌阁张、横山张氏，南宋张浚居杭州清河坊，其曾孙张杲以侍郎贬知金华，解组后居龙游宣教乡兰泉村（今凌阁张），时为南宋嘉定年间（1208—1224）。宋理宗开庆元年（1259），张浚六世孙张镛徙居横山，明永乐间（1403—1424）族人分迁汀塘里，成化年间（1465—1487）分迁张家湾，明嘉靖间（1522—1566）分迁贵塘山、大龙头，明万历间（1573—1620）分迁张家山头。张镛长子张文兴居山顶，明初分徙下库。三子张文盛居东湖，其曾孙张彦机复于明洪武二年（1369）迁东坞，明宣德年间（1426—1435）后人分迁马坪张、张王、汀塘圩、小汀塘（后厅）。四子居坦桥，后迁居牛岗（何岗）。明嘉靖间张隆盛由横山迁詹家张严。以上张氏共尊张浚为祖，列为同宗。"古代人物表"中，明代张文愚、张文介、张羽翔是其族人。存《东坞张氏宗谱》（高山）、《东湖张氏宗谱》(东坞)。至2005年,居凌阁张有280余人,居横山有150余人。

童麻车、童墅、上庄溪、厚徐、志棠、会泽童氏 据其谱首谓,童文选世居寿昌县杜田村,唐永隆元年始迁居县地沙溪。生二子,长名津,五传至福,居东库,即今童麻车。次名紧,再传至文阴,唐开元九年迁会泽,弟文达,居上沙溪。文阴九传至必大,宋绍兴二年迁蟠山,即今童墅,为其始祖。其后人知名者较少,明童阐、童文、童震、童默即是也。其谱与童麻车谱初合,今分。谱四卷,元至正二年童兰孙等创修,明隆庆元年、清雍正六年、乾隆十三年,童墅一族重修。光绪五年则童麻车一族重修。童墅传至今二十七世,童麻车则为三十世云。上庄溪一族亦文选之后,按:沙溪谱已被毁,今无可考。至明季有名仁昌、仁厚者,始徙今里,则以仁厚赘于卢氏故也,按:相传上庄溪族姓为卢氏。至今凡十三世。清康熙四十二年始创谱,乾隆三十五年、五十三年重修,几卷。《选举表》中童谦亨此族人也。

民国志湖镇童氏载:其先处州人。宋时户部尚书童英之四世孙迪,始迁龙游。其子用为四川制置使,谢归筑室湖镇,按:见《人物传》。遂为其始祖。其后人知名较少,入于《选举者》,大勋一人而已。至今二十七世。谱创修于嘉定元年,其后咸淳元年、明嘉靖二年、清乾隆十三年及三十八年、嘉庆十一年、道光四年及二十九年、光绪四年重修,凡六卷。惟查童麻车、童墅两族谱亦载用宾,谓其始祖文选之祖名俊,本有二子,次名择言,即文选之父。长名择坚,五传至复,于唐乾符二年由寿昌杜田迁龙游厢廓,又再传至景祺,复迁二十五都移风里,即今之横山。用宾者,景祺玄孙也,与湖谱所载不同。又童墅谱亦载童迪,则谓为文阴六世孙,但著其为宋咸平元年进士,曾任扬州太守。世系至此而绝,不言其有无子孙及迁居何处,均未可信。故兹仍依湖镇谱叙录而著其异闻,以俟考焉。

民国志塔石童氏载:宋宁宗康定元年,按:康定为仁宗年号,宁宗只有嘉定,谱牒传误至是,兹姑仍之。童援字定文,自厚徐沙溪按:厚徐沙溪即后徐村。率四子迁居塔石村,为其始祖。先是,瑗十二世祖文盛,始由寿昌劳村迁居龙游厚徐沙溪。历十一世至世泽,生九子,曰浩,仍居沙溪;曰高、曰亮,居志塘;即志棠。曰爽,居会泽;曰显,居上庄溪;曰训,居东溪;曰诠,居陈岭;曰政,居香溪。暖,其第五子也,始居塔石,子孙最繁,《传》中童应复、应赏、童世键,《阙防》童珪,《选举表》童应梧、童树勋皆其裔也。谱为清嘉庆十年童应赏创修,道光十八年、同治五年、光绪三十三年三次重修之,凡五卷。至今三十三世。沙溪谱毁于火,今犹未补修。志塘、会泽今虽有童家,却非是族支派,是高、亮已无后矣。上庄溪一支今犹存,谱于咸丰时散失,今尚未续补。东溪、陈岭则并地名亦无考,香溪则兰溪所属地名也。

1991版县志载:童氏诸族,唐永隆元年(680),寿昌杜田村人童文选迁县北沙溪(今横山下宅)。其长子津,五传至福,迁居东库(今横山童麻车)。次子紧,传至文阴,唐开元九年(721)迁居会泽里。文阴弟文达分居沙溪(今后徐)。宋绍兴二年(1128),童必大迁童墅(童野),明末其后裔分迁上庄溪、塔石、西方坞等地。又一族系宋时户部尚书童英(处州人)四世孙童迪,迁龙游,其子童用宾为四川制置,仕归居湖镇。泽随仓院童氏迁自兰溪,宋理宗时童魁受封东莞伯,其弟三子克俭率子承文始迁今里。明嘉靖间(1522—1566)童俊分迁七都(湖镇)童家。宋末,有童魁后裔童茂由兰溪孟塘迁湖镇浮牌洲上、下童村。今存《童氏宗谱》2种,分别修于1711年、1900年。又塔石童岗坞童氏,元至正八年(1348)自寿昌杜田迁来,明末分迁山水碓,至明崇祯间,分迁兰塘、道士庄。"古代人物表"中明代童珮出自此族。存《童氏宗谱》4册。

桐冈童氏 其先寿昌杜田村人,元时有行珍四者,佚其名,于至正八年(1348)来县北之桐冈,赘于胡氏,以妇家为家,遂于此长子孙焉,至今凡二十世。有谱四卷,明隆庆三年童德绮创修，清康熙四十三年、雍正十三年、乾隆四十九年、嘉庆十六年、道光十一年、咸丰元年、同治十一年、光绪二十五年重修。

鲤鱼山脚傅氏　始祖名其榜，清康熙年间由南丰迁居县北鲤鱼山脚，至今凡谱一卷，光绪八年始修。

泗塘项氏　其先河南人，宋进士项谏任睦州清溪令(即今淳安县)。秩满卜居其县之小溪，遂为淳安人。历五世至一训，字克诲，曾任湖广荆门州，秩满归，道经县北二十五都泗塘，因卜居焉，时理宗淳祐元年也。有谱十卷，明嘉靖十九年项渻始修，清乾隆三十六年、嘉庆五年、道光五年及二十四年、光绪六年重修。至今凡二十三世。

三姑殿后项氏　其先松阳大竹坑人。元至正间有名希武者，避乱始迁三十七都四图今里，至今二十五世。谱二卷，明嘉靖二十五年创修，清雍正十年、乾隆五十八年、咸丰七年、光绪十年重修。

塔下叶、下东门、叶野叶氏　在县北三十七都二图，旧名柱峰，此族始祖名甫常，为梦得六世孙，宋淳祐间由寿昌西坞迁来，至今凡二十四世。有谱五卷，明弘治十五年叶荣界创修，其后嘉靖十七年、万历十年、清康熙四十年、乾隆四年及六十年、道光三年、咸丰六年、光绪十年重修之。

下东门叶氏，县北二十四都二图，其始祖淇为梦得八世孙，于宋末避乱卜居都门。都门者，是村旧称也。淇之孙焜生二子：长君宠，居东厅；次君泽，居西厅。焜弟焯生君赞，则居中厅。三厅合修谱牒，凡二卷。始修无考，重修为清雍正六年、乾隆四十三年、道光八年、光绪六年。自淇传至今凡二十八世云。

叶野一族，始祖名圣功，亦梦得之后。按：原文称梦得十四世孙，今以圣功既为宋末人必无十四世，故不著。景定间，自处州迁县北二十四都石龙头，今称叶野。圣功生贤相，贤相生传位，传位生五子，长学才分居上宅，次学武居下宅，三学文居中宅，四学圣居前屋厅，五学贤居白鹤桥。四、五两支今绝，馀仍合谱。旧谱已散失，清乾隆四十三年叶家勤再创修，嘉庆五年、道光二年、同治十二年、光绪二十八年重修，凡三卷。

八石坂、下西山叶氏　其先新安人，宋淳熙间迁来者，始祖谱行为玖太公，名已佚，明时安定知县叶庄纲、岁贡叶良相即其裔也。谱牒颇古，创修于元大德五年，明德十六年、嘉靖四十年、万历二十九年、崇祯十四年、清康熙二十一年、雍正六年、乾隆四十年、嘉庆六年、道光六年、咸丰元年、光绪十八年重修，凡七卷。三十六都三图下西山一族，始迁者名善贵，世居八石坂(畈)，其迁当在清初。今已立谱，创修于嘉庆九年，重修于咸丰元年、光绪六年、三十四年，卷凡三。世凡十一。

1991版县志载：叶氏诸族，大多祖居松阳。唐叶法善曾孙叶华始迁县城从桂坊(即河西街)，其后支派繁衍。分迁历寺、西叶、下叶、下潘、上浦、沙坂、方家山、墩头、墙里、洪坂(畈)等处。今计440余人。湖镇茆头叶氏宋时迁来，"古代人物表"中清叶泮林，叶鸿钧是其族人。宋叶梦得四世孙叶天纲为龙游局官，端平元年(1234)由松阳卯山迁居城东通驷桥下，其后子孙繁衍，清雍正十二年(1734)分迁社阳大公殿。"古代人物表"中明叶景享、叶存广、叶昌、叶桃，清代叶泮梧、叶元祺，出自其族。下埠叶叶氏系宋末迁入，其后分迁曹陇、碓庄等处。"古代人物表"中明代天台名僧无尽是其族人。湖镇蒲塘叶氏于宋宁宗时迁来，"古代人物表"中清代叶芳春是其族人。

杨村杨氏　县北三十七都五图亦有杨家村，聚族居焉。其先浦城人，元末有名宗明者官于建德，原文云任睦州刺史。按：元时不称睦州，亦无刺史，故不著。以不得返，寻于明永乐间徙居寿昌之梅岭，复徙回源今里，至今凡二十世。有谱四卷，明天启二年创修，清康熙二十一年、乾隆三十一年、嘉庆二年、道光四年、咸丰四年、光绪三年及十七年重修。

邵源鲁氏 其先居常山赤石，明洪武间有鲁道旭者，始迁县北三十七都五图今里，为其始祖，至今十九世。谱凡三卷，明嘉靖十一年鲁永春等创修，万历十三年、清乾隆三十七年、嘉庆元年、道光二十五年、同治十年、光绪三十一年重修。

钱家钱氏 县北三十七都有钱家村，旧名刹下，以钱氏居之故称今名。其族也托始于钱镠，谓镠之五世孙隐之初居新安清溪，至九世守贞，于宣和二年避方腊之乱徙南村。至十六世维垣，于咸淳间始迁居县北刹下，为其始祖，至今凡二十四世。有谱六卷，清雍正七年钱希圣始修谱，乾隆三十六年及六十年、嘉庆十九年、道光十五年、光绪九年重修之。

慕和严氏 宋淳熙间有名简者，亦为严光之后，由芦茨源（现桐庐境内）迁县北二十四都三图慕和村，为其始祖，至今二十三世。有谱二卷，明万历二十七年严钦敬等创修，崇祯十四年、清雍正七年、嘉庆二年、咸丰九年、同治十三年重修。

脉元龚氏 其先莆田人。宋宝祐间有名自元字以长者，知衢州府，偶以事由陆路赴睦州，道经县北二十五都蓦然村，赏其山川之美，其后谢事即家于兹，遂为始祖。族中于明代颇多闻人，今志《人物传》及《选举表》中诸龚氏皆其苗裔，蔚然为北乡望族焉。有谱十二卷，明正德十五年始修，嘉〈靖〉二十九年，隆庆四年，天启三年，清乾隆二十二年、三十九年、四十九年，道光五年、二十五年，光绪十年、三十三年重修，凡修十一次。此族有分居下张坞（现属塔石）者，别有谱一卷，其何时分派及始迁者何人，以其族人不欲以谱示人遂无可记。仅知明万历间进士龚铭，出于此派而已。

1991 版县志载：脉元龚氏，原居福建莆田，南宋宝祐间（1253—1258），龚自元（字以长）任衢州知府，因事赴睦州，道经县北慕然村（今脉元村），爱其山川之美，离任即居今里。明初分迁下张坞。“古代人物表”中，明龚世仰、龚承荐是其族人。存《脉元龚氏宗谱》6 册。

据《脉元龚氏宗谱》载：“始祖龚自元，字以长，福建兴化莆田人，宋保佑二年甲寅至四年丙辰，知衢州府，因公务往睦州，蓦然经此地，见其山清水秀，冈阜起伏，有岩环焉，以为斯也，必昌厥后。任满后，不复归，复寻履迹，卜居于此。兆名脉元，别名蓦然。”脉元意为龙脉之元。族中于明代颇多闻人，《龙游县志》中载入《人物传》和《选举表》中龚氏皆其后裔，蔚然为北乡望族，明代龚存荐父子宦游一生，颇具宦绩，返乡后构筑大量建筑，如进士第等。现有人口 1470 余人，龚姓、姚姓为主。姚姓于太平天国后从江西迁入。

三、存世谱牒

旧时视家谱为敬祖收族之宝，修谱是阖族大事，并有完善的藏谱、祭谱制度。家谱不轻易示人，遇兵灾荒乱，必妥藏后外避，或携谱同行。谱牒首重序言，多请名家撰写，但伪托者也不少。为完整反映修谱情况，迭次修谱的序文均予以保留。家谱所载大致为：宗支，含世系图、行序等；世德，含封赠、祠祀、坊表、科名、职官等；规训，含家训、家礼等；祠墓，含祠制、墓域等；祭祀，含仪制、条规、祀产等；志传，含像赞、传记、墓志等；艺文，含文章、诗词、著作等；谱末并殿以跋语。一般新谱修成旧谱即毁，故现存谱牒早于清代的甚少，以清末和民国期间所修为多。20 世纪 50 年代后极少修谱，“文化大革命”期间多有毁佚，90 年代以来修谱之风渐兴。现录 2017 版县志有关境内存世谱牒情况。

表 3-11

2005 年境内存世谱牒情况表

谱　名	纂修时间	版　本	保存状况	收藏者
西河林氏宗谱(龙门桥)	北宋崇宁三年(1104)修	8 开布面线装,刻本	全 1 册	林山人
横山张氏宗谱(东坞)	明正统六年(1441)修	8 开纸面线装,刻本	全 8 册	张志荣
廻源王氏宗谱(新宅)	明嘉靖元年(1522)重修	8 开纸面线装,石印本	全 1 册	王恭生
八石叶氏宗谱(八石坂)	清雍正六年(1728)续修	16 开纸面线装,木活字本	全 1 册	上海图书馆
蓝氏宗谱(余岗,畲族)	清乾隆三十年(1765)新修	16 开纸面线装,抄本	全 1 册	蓝树飞
西麓薛氏宗谱(贤求朋)	清乾隆五十二年(1787)重修	10 开纸面线装,木活字本	全 6 册	薛官宏
八石叶氏宗谱(八石坂)	清嘉庆六年(1801)续修	16 开纸面线装,木活字本	全 1 册	上海图书馆
西山叶氏宗谱(下西山)	清嘉庆九年(1804)续修	16 开线装,木活字本	全 5 册存第 5 册	上海图书馆
上坊朱氏宗谱	清道光二十三年(1843)续修	16 开纸面线装,木活字本	全 2 册存 1 册	上海图书馆
会泽李氏宗谱(会泽里)	清道光二十五年(1845)续修	16 开线装,木活字本	全 1 册	上海图书馆
八石叶氏宗谱(八石坂)	清咸丰元年(1851)续修	16 开纸面线装,木活字本	全 1 册	上海图书馆
龙川赵氏大宗谱(席家)	清光绪五年(1879)重修	8 开纸面线装,木活字本	全 6 册	赵建生
叶氏宗谱(上下朱西坞叶)	清光绪十九年(1893)重修	8 开纸面线装,木活字本	全 10 册	叶正昌
叶氏宗谱(叶野)	清光绪二十八年(1902)修	8 开布面线装,木活字本	全 3 册	叶根茂
李氏宗谱(会泽里)	清光绪二十八年(1902)续修	8 开纸面线装,木活字本	全 6 册	李文奎
东湖张氏宗谱(东坞)	清光绪二十九年(1903)重修	8 开布面线装,木活字本	全 4 册存 2 册	张开成
蓝氏宗谱(余岗,畲族)	1914 年重修	16 开纸面线装,木活字本	全 8 册	蓝廷良
西河林氏宗谱(龙门桥)	1914 年续修	16 开布面线装,木活字本	全 3 册存 1 册	上海图书馆
龙川赵氏大宗谱(席家)	1916 年续修	8 开纸面线装,写本	全 1 册	赵建生
吴越钱氏流光宗谱(钱家)	1917 年续修	8 开纸面线装,木活字本	全 10 册	钱炳棠
宋氏宗谱(吴仪宾)	1921 年重修	16 开布面线装,木活字本	全 6 册	宋马富
东坞张氏宗谱(高山)	1921 年重修	8 开布面线装,木活字本	全 4 册存 2 册	张开成
廻源王氏宗谱(儒大门)	1921 年续修	8 开纸面线装,木活字本	全 10 册	王讨饭
华龙诸葛宗谱(婆婆垄)	1921 年续修	8 开纸面线装,木活字本	全 5 册	诸葛志根
方氏宗谱(方野)	1923 年续修	8 开布面线装,木活字本	全 7 册	方兰有
濂溪周氏宗谱(贤求朋)	1925 年重修	12 开纸面线装,石印本	全 10 册存 7 册	周金林
脉元龚氏宗谱(下宅)	1926 年重修	8 开纸面线装,木活字本	全 16 册存 6 册	龚水生

续表3-11

谱　名	纂修时间	版　本	保存状况	收藏者
席氏宗谱(席家)	1929 年续修	8 开纸面线装,木活字本	全 6 册	席阿奶
廻源杨氏宗谱(杨家)	1930 年重修	8 开纸面线装,木活字本	全 4 册	杨康其
泗塘项氏宗谱(项家)	1930 年重修	8 开布面线装,石印本	全 7 册	项宝庆
颍川钟氏宗谱(项家,畲族)	1932 年重修	16 开纸面线装,木活字本	全 12 册	钟光荣
回源鲁氏宗谱(杨家)	1935 年重修	8 开纸面线装,木活字本	全 5 册	鲁纪亮
叶氏宗谱(下西山)	1937 年重修	8 开纸面线装,木活字本	全 3 册	叶志明
堰川徐氏宗谱(下宅)	1939 年重修	16 开布面线装,木活字本	全 3 册	徐文彬
廻源王氏宗谱(儒大门)	1940 年重修	8 开纸面线装,木活字本	全 10 册存 9 册	王讨饭
南阳叶氏宗谱(八石坂)	1946 年重修	8 开布面线装,木活字本	全 5 册存 3 册	叶宝松
徐氏宗谱(儒大门)	1947 年重修	16 开布面线装,木活字本	全 3 册	徐竹清
朱氏宗谱(上下朱)	1947 年续修	16 开布面线装,木活字本	全 2 册	朱礼银
渤海吴氏宗谱(吴仪宾)	1950 年重修	8 开布面线装,木活字本	全 4 册	吴汝林
泗塘项氏宗谱(项家)	1993 年重修	8 开纸面线装,油印本	全 9 册	项彩富
志棠邵氏宗谱(前邵)	2000 年续修	8 开纸面线装,打字本	全 5 册	邵炳友

附录　王氏族谱例载

家谱中一般多有族训、家规及领谱规则等内容,要求族人共同遵循,以端品行、正家风。这些内容难免有其时代的局限性,但也不失其现实教育意义。兹选录廻源(现天池村)《王氏家规》及《会谱系》《领谱规例》,供了解参考。

王氏家规

敬祖　祖宗是我一本源流、四时祭祀、无非报本,祭品随家贫富而须,用一点敬心品物,务要精洁行礼,务要端庄,不可草率,虚应故事坟墓上,不时频去看管,不可令诸畜践踏,若或不敬是为忘本祖宗,必不阴佑之,祖宗影像器物衣冠并宜,珍藏尤为恭敬。

崇祀　丧祭礼之大者,凡为子孙者,春秋祭祀勿失其时,月朔必荐新时祭用,仲月冬至祭始祖,立春祭先祖,秋祭称忌日,迁主祭于正寝,凡事死之,礼当厚于奉生幼稚者。尝当教其某祖某忌日,行某祭使知礼义,驯熟乃崇祀之要也。凡有祀租轮收,该年应当祭扫。倘有愚顽拗例,至于侵欺倒卖者,族长并诸尊辈者得责论,复其田土补其祭祀。毋俾愚者效尤也。至于祖宗名分,本支祖考称,府君有官者亦称府君,其实名称名字行次。凡各支所祀祖考神主位,号有官者称府君其实名称朝奉行次。

立继 立继者重其宗嗣无传也,是以先贤云有子万事足,则子承孙继奕叶云。仍春秋祭祀不失其时矣。倘或不幸而无嗣或为嫡妻悍始而不容娶妾,竟致无传者当应亲支继立,倘亲房不肖至于择继,亦当自近及远,毋得继外姓子孙紊乱,祖宗支派则为以牛易马矣。慎宜体谅勿溺于爱,凡继祖行者称孙,父行者称子,继平肩者称弟,切不可称孙为子,于其祖不可称侄,为孙于其伯叔不可称弟,为子于其兄毋失次序,以乱宗族。

孝规 人无父母焉有此身?多少功劳多少爱恤,养得汝身,长成时不孝顺天理岂容之哉!故不孝之人,天必生不孝之子以报之,自古及今皆然也。凡人只思自家之子爱恤,何如孝我何如便知。父母之当孝纵有幼弟或广弟父母过爱他些,当思我会受父母之爱在前,不可遂生怼怨,曲体其心,亦加爱恤方是养志孝子。

敬长 宗族中有年高于我者,必吾父辈。纵其分卑生,亦在于吾前揖拜言语。皆当谦恭不可以老耄无知而慢之,亦不可以家贫或子孙无人而忽之。盖彼今为我之长,我后来亦当为人之长。我若不敬他,后来亦不敬我矣。见祖辈则称某伯祖某叔祖,见父辈则称某伯某叔,见平肩尔则称某兄某弟而揖,毋得含糊。或称老官二字似非谱中之亲,也至有疑难事尤当兴之商量议论。盖老人家见事多,涉猎世务强,似后辈也。人有自持功能以不逊为勇者,诚所宜戒。

教子 子是我终身靠他的。若不孝顺不做家不守礼法,老来反受他累。自幼当教他孝悌长上在前,坐当令之起,行当令之在后。饮食当令待尊长当过而后食,教之劝教之俭,不可令蚤眠晏起。纵然富有余财不可令之妄用,日逐示以官府法渡使知畏忌。稍有骄顽便当重责。如此教训虽不得为官亦做个好人。我身后事变[使]好托他。若唯一要姑息幼小时不知教训,后必亡身败家反不若无子之为乐也。

友弟 兄弟同出于父母之一身,除却自己再无他人亲如兄弟的。幼时俱不知世务,老来俱不管世事,其闻同事相处时机多不过四五十年,何以有限光阴伤了至亲和气,纵有心性凶狠贪暴无礼者,亦当念父母身上让他几分。若分分寸寸兴之计较必至伤情矣,父母在见兄弟不和,虽三牲五鼎侍奉,他亦不快活,死亦不瞑目于地下。人家兄弟若和气,致祥家道兴隆,外人自不敢欺他。若不和气有等奸恶或利其败亡或图骗其酒食,彼此造言唆诱,不肖兄弟各亲为心服好友,殊不知乃落其套中也。人不能听妻子奴仆之言与奸人之语,方能克友于兄弟。

敦族 敦宗睦族正己齐家,此为人之要也。凡为家长者必谨守礼法,秉持公直,以御群子弟,毋得徇私阿谀颠倒是非,以致败伤风化。常当戒谕家众制财用之,节量入以为出,称家之有无以给上下之衣食。至于凶吉之费皆有品节,禁止奢华。常当稍存盈余以补不虞。然诸卑幼事无大小必资禀于家长。其相见合席当依长幼尊卑坐立,毋得以富贵骄傲加于父兄宗族。又当避嫌疑而重廉耻。毋淫虐而败纲伦有一于此,不许入于家庙。故奸盗诈伪者世之四恶,忤逆凶暴者玷辱三槐,如犯之者互利纠察果情真而罪,当即擒送于官司协力惩治,不许入庙祭祀。尊长时坐闲谈当以来是言教诲俾幼小者知识,则礼义隆而风俗正,虽顽蠢子孙亦为之化矣。

待妻妾 夫为妻纲,常当使有敬惮之心,不可亵狎致其欺侮。凡事受制于他,若是贤妇叔伯妯娌有不好说话,亦为之隐职,如有相争,亦为劝解;若是不贤女子每行间于床第之间,今日说几句明日说几句,为夫者不觉渐清深入,故善能离间人父子兄弟,使或听信必伤骨肉戒之慎之。至于妾者,乃为夫无所出不得已而娶,如已有子决不宜娶。盖妇人之性多,不能容多一妾,便多无数口舌是非。不成人家规矩,况内足以损己之身而外面防闲不密,更不免有贻笑之事慎之始可也。

睦乡里　乡里与吾同生长于斯土。祖宗子孙世世与他相处的切要待之和气,不可把势凌他。恃财厌他有无通借处,不可克取利息。如有相争务要劝解和释必不可教唆使人告状,大抵教唆词讼的以非为是陷入倾家荡产最为灭绝天理,故多致子孙绝灭与乡里中之蛇蝎也不可不戒。

学勤俭　凡人上父母下妻子全靠着一身使,懒惰不事家业荡费不为节省,虽万金之家可以立见倾败。只今仕宦之家不如当家长久者,正谓当家是辛苦中得来能知勤俭,宦家子孙不知此耳。家长当督率子孙早起晚睡各供其业,不可使之游手好闲致家事不理,人家有钱无钱难挡众眼,尤不要好装虚文门面,见人穿好衣辨盛酒浪费钱财卖田还账,渐至时共事殊官粮私债坐取满门。昔饮彼酒者未必不无笑之也,我若能勤俭使一家父母妻子得以温饱官粮,不欠私债不生人亦笑我,不得以世态炎凉论之还是勤俭持家为上。

慎婚嫁　男女婚姻皆当为日久远之计,不可只算眼前娶一妇,能勤俭孝敬家道必昌,生下子孙聪明伶俐必能读书,如此后来无限富贵,房奁资粧焉能及此。故为子求婚惟当择有礼法之家与其父兄聪明者,不必希慕资粧贪求豪富。至于嫁女亦然,尤在择婿在于十二三岁与十四五岁时,盖此时气象规模即可看得几分,切不可指腹割襟婚,若得人富贵自有,若慕眼前富贵而婿为骄奢淫逸之子,贫贱立见其女终身受累怨悔无及此,二事固有天缘人谋亦当尽也。

戒好讼　凡人家非有不得已事切不宜告状,纵百状百胜,终日在衙门前不免荒废家业,虽官府极清,而里长干证人等亦不免要吃酒使费。上人见你常常告状纵极有理亦视为健讼之人,健讼之名一出难免访察之祸,此时亡身败家悔无及矣。今后倘有因财利及户婚田土致相争竞争者止,许免投族长判断曲直,不许擅投外人以彰家丑,有失家法如族长剖处本犯恃强不服者,方许经投乡都或具申告乃可。

会谱系

本家宗谱须举齿德者收管,每年正月初七会谱一次,填注生男娶妇名姓年庚,至冬至祭祖之日又会一次,填註物故人等年月日时葬某处,其时毋得乱会,但生一男丁载谱者每个出银一钱,以付掌谱者会收生息,以为日后修谱公用。无银者不许私填,违者罚掌谱之人。其谱中名字先世虽有重叠,存殁难稽自续谱。以后派下子孙再毋得窃取谱中名字以各子孙,违者罚以犯祖之罪,然而宗族既繁支派绵延必有字以冠其首,则世次不紊,自始祖万千百次荣五字以下,而川山裹外宅一派继之以荣昌俊英坚祥裕福宁康,而中宅横坂一派继之以荣季清瑞衍崇宁文武忠信福寿康泰之下,而续以元亨利贞道德高宏慈惠温恭豫盛繁般克俭尚淳逊让钟英辅翼圣明,惟儒大门新宅溪东莒谷等处继之以荣茂良珍仁义礼智信中正和顺窃思,行序不一,似非一本之亲自今修谱之后,各应俱遵以中正和顺富贵显达轩昂道德高明谦恭慈惠,继以爱敬廉清贤能善绍文学训敦诗书淑昆仑纲修慎俊哲恒升,以合于一派广乎伦序不紊,以彰一本之所出云尔其字用完俟,后世子孙贤达者再取续焉。

领谱规例

大凡修葺宗谱务须缴齐旧谱,自道光丙午年重修拾部,每部拾卷,不料咸丰辛酉年惨遭兵变，唯我族中万十八公万三十二公分派四而谱总归于一处修集，究其或有或无存失不一，恐其久远难以联合，故约今春会齐同族祠长签人修葺，仍照旧章刷印，因经世乱如有旧谱遗外，后期来谓本宗者，合族究理查放兹。谨按博学审问慎思明辨马行十号某字号某某房领藏令新谱，领归各部存箱开锁通宜珍藏，倘有輣亵失落，惟领谱人是问告白。

从以上可知，道光丙午年(1846)王氏重修家谱，共十部，每部十卷，咸丰辛酉年(1861)惨遭兵变，只有万十八公、万三十二公，分派四而谱总归于一处修集。

吴仪宾村的历史与演变

吴仪宾村于2008年4月与上下朱村合并为上宾村。吴仪宾本姓延陵吴氏，之后，河间章氏、京兆宋氏和渤海吴氏先后迁入，还有吕、李、夏等姓。

谈起吴仪宾村，老辈人传下来一句话说："先有姜坞社，后有吴仪宾；先有园窟垅，后有堰塘下。"姜坞社村位于篦箕山后，园窟垅村在樟树湾一带。20世纪50年代，在篦箕山后及其田地里不断挖掘到断砖片瓦；60年代在樟树湾一带"挖大寨田"时，挖掘到一些残存的墙基废墟。但是，这两个村为什么会消失，却没有人知道。

我离开家乡虽然已经60年，但"故乡情、赤子心"永远深深地藏在心中，时刻挂念着家乡的发展和生活状况以及各位乡亲父老，心中也一直想解开村子的历史疑团。我70岁离开工作岗位后，开始查阅有关与吴仪宾村的吴氏、章氏、宋氏等有关联的历史资料，拜读了本村《延陵吴氏宗谱》(民国二十六年重修)、《堰塘章氏宗谱》(民国十八年重修)、渤海郡《吴氏宗谱》(民国二十四年修)和京兆郡《宋氏家乘》(民国十年重修)。兹将姜坞社和园窟垅两个村及其先民们是如何消失的，吴仪宾村和堰塘下村的形成、人文背景、发展和衰败的历史，分别作简单介绍。

一、元武山丘陵带

从西山背沿篦箕山，向原上下朱经堂方向，再向东延伸至现至上下朱的汽车路，接着向南转弯，延伸至元武山顶，再往西南方向直到坟山咀，这个大环抱形的丘陵带，统称"元武山"，也有叫"元富山"。古时候，"元武山"丘陵带树木茂密，荒草遍野，山前山后有连片垅坂(畈)，土地肥沃。由于先民们在元武山顶的西侧山麓建了村庄，因此，把位于村庄对面的这段山叫西山，把最西南端埋葬先人的一段山叫坟山。同时，把大部分山丘开垦成种庄稼的山地，最后只留下了最高的"元武山顶"两侧山陵。由于发音的关系，加之邻近有个"游埠"，村民们误把"元武"山顶说成了"游埠"山顶。

二、姜坞社和园窟垅两村的毁灭

据民国《龙游县志》记载，北宋宣和三年(1121)正月，"方腊攻陷龙游""杀勠至惨"，在县境内所到之处，烧杀抢夺，见人就杀，房屋尽被烧毁。姜坞社和园窟垅两个村就是在方腊造反中被彻底烧毁，村民几乎被杀光，只有个别村民逃离他乡，不知所终，至今整900年。另外，同时被方腊烧毁杀绝的还有邻近的“姜尚山”村，也称“姜上山”村，因姜姓得名；姜坞社和“姜尚山”的村民是同根同祖，都姓姜。姜尚山村就是现在的上下朱村。江浙一带各姓氏，包括吴仪宾村吴氏、宋氏和章氏等《家谱》里所记载的“腊匪”，就是民间对方腊造反之徒的称呼。

三、元武山麓建村历史

据《延陵吴氏宗谱》(乾隆四十一年重修)谱序记载，“公迪、公远两公于宋季由闽之崇安徙居斯地”。“宋季”，亦称“宋末”，一般指宋朝灭亡前的15年(即1265—1279)间，年近40岁的福建崇安人吴公迪和吴公远兄弟为躲战乱，行至龙游北乡的元武山麓，见此地战乱已过，山川秀丽，土地肥沃，一片荒芜，遂于此开荒建屋定居了下来。离方腊烧毁姜坞社、园窝垅和姜尚山等村已经过去约150年。哥哥吴公迪在元武山山脚下建屋，繁衍子孙，后称为“新厅派”；弟弟吴公远则于山坡建房居住，后世称之为“山顶厅派”。这时，还没有正式村名，人们习惯于称“元武山脚”，至今约760多年。福建崇安吴氏兄弟定居在元武山麓后，过了十多年，至祥兴二年(1279)南宋朝灭亡，江西婺源的朱姓人迁到与元武山相邻的曾被方腊毁灭的“姜尚山”开荒建屋定居，随着朱氏的繁衍，就习惯称为“上下朱”村了。

四、吴仪宾村名的由来

自公迪、公远两兄弟定居“元武山麓”后，约过了230年，到了明孝宗弘治十五年(1485)，山顶厅派始祖吴公远的第七世孙吴元士(行华三)娶了明宗室之女为妻。按照明朝《朱氏宗室女性爵位制度》，除皇帝的女婿称为驸马都尉外，其余的宗室女婿皆称“仪宾”，当然待遇有别，在京城均建有不同等级的“仪宾府”。朱氏宗室之女即使已嫁为人妻，但仍不准移居到夫婿的故里，只能终老在“仪宾府”，因而，吴元士公仪宾夫妇卒葬无考。此后，人们尊称吴元士为“吴仪宾”，把吴元士所居住的“元武山脚”小村庄叫“吴仪宾的村”，远近传诵，时间一长，人们就直接称为“吴仪宾村”了。至今，吴仪宾村的村名已有537年。

五、堰塘下河间郡章氏

约明万历二十八年至三十八年(1600—1610)间，30多岁的永康县李溪东岗沙溪村人章桢，做生意经龙游北乡三十六都四图吴仪宾村，见村东的元武山东麓，名曰堰塘，山龙秀丽、水势盘旋、下关迴抱，望而乐之，此乃人丁兴旺之地，于是挈眷卜迁于堰塘之阳，习称堰塘下。此时，离方腊烧毁园窟垅已过去485年。河间章氏从永康迁到堰塘下，至今约417年。章桢，河间郡章氏，字邦安(行俊十四)，生于明隆庆六年壬申(1572)，于崇祯庚辰年(1640)69岁终。

六、吴仪宾村的衰落

据《延陵吴氏续修宗谱序》中记载，“稽其谱牒失于明季兵燹之灾……；前清逢匪寇之乱”。延陵吴氏第十世(朝字)、十一世(邦字)和十二世(忠字)这祖孙三代总共48位男丁，其中就有39位男丁被杀或逃亡。尤其是第十世和第十一世父子两代共23位男丁中，只有3人存活，即第十世1人、第十一世2人。“吴仪宾”元士公山顶厅派的厅堂也全被烧光。堰塘下章氏，同样死亡惨重，所剩男丁稀少。

七、吴仪宾村的中兴

一直到清康熙十四年乙卯(1675)，新厅派出了第十四世孙吴学诗(行贤八)，后人习惯称“吴贤八”，才重新振兴了吴仪宾村的延陵吴氏，至今近350年。吴贤八于康熙五十年前后成为“候补同知”。“同知”是知府的副职，传统的雅称叫“司马”(但清朝已没有“司马”这个官衔)。“候补”就是“等候被补任”。清朝官场很腐败，用钱可以购买不同级别的官，明码标价，叫“捐官”。不过，用钱捐来的官一般很难得到任命，只得等待“候补”。由于“候补”官很多很滥，往往一辈子都得不到任命，因此，到了“退休”年纪，还没有等到被任命，就只能称为“候补同知”了，也就是“花钱买了个虚假的荣誉头衔”。贤八公创建了新厅派的“荣光堂”（贤公祠），就是大家熟知的“大祠堂”，三平台的四进二明堂，屋柱全是完整的青条石，雕梁画栋，气势恢宏。乾隆三十八年（1773），时任龙游县知事秦文超赠“让德流芳”匾额。贤八公有两个儿子：祖仁和祖任。据《延陵吴氏宗谱》记载，兄弟俩皆为贡士，并乐善好施，屡获地方政府褒奖。（注：举人参加全国科举考试称会试，及格中榜者为贡士，相当于现在的大学本科生，贡士的第一名称会元）。乾隆十一年丙寅（1746），祖仁和祖任兄弟合捐金华南市大桥银子一千两，金华知府郑远赠予“心存济世”匾额；乾隆十二年丁卯（1747），兄弟俩合捐重资建龙游县城文昌桥，龙游知县周芬珮赠予“功成利济”匾额；乾隆十二年丁卯（1747），由于年岁大饥荒，祖仁公减佃户的田租，布政使司唐绥祖赠予“膏分田野”匾额；乾隆十四年己巳（1749），兄弟俩合助育婴堂耕田百余亩，按察使司叶存仁赠予“德峙龙邱”匾额；乾隆十六年辛未（1751），祖任公煮粥救饥，还减佃户租。巡抚李绥祖赠予“仁周让洽”匾额；乾隆二十六年辛巳（1761），金衢严道钱赠予祖任公“仪型至德”匾额；乾隆三十年乙酉（1765），兰溪县知事张逢尧赠予祖任公“德润泽毓”匾额。以上，政府赠予的八块牌匾有的挂在大祠堂（贤公祠）里，有的挂在大厅（承恩堂）里。

贤八公父子两代是新厅派的鼎盛时期，共建有7个厅堂，即：贤公祠（也称“大祠堂”）、承恩堂（即原来的大厅）、宝善堂（位于大厅西侧）、让德堂（位于茂昌屋及门前屋基）、燕贻堂（位于原新厅及门前一片屋基）、敬承堂（位于现吴根生屋基）、垂裕堂（四进，位于现吴会贤屋基）。清光绪二十年甲午（1894），山顶厅派第十九世孙子来公（行恭八九），长大后，考入浙江省监狱学校（相当于现在的大专），毕业后既没有外出做事，也未农事，一直闲散在家，直到终老。民国二十六年（1937），38岁的新厅派第二十二世孙吴士克公（行淳一）重修了被“长毛”（指太平天国洪秀全部，民间也称发匪、西匪）尚未完全烧毁的“后二进”大祠堂，修成二平台的“二进一明堂”。非常可惜的是，上面所说的挂在大厅和大祠堂里的7块牌匾以及村里不少《家谱》，包括清朝时期留下的正月里接老佛用的镏金老佛轿，在“文化大革命”运动的“破四旧”（旧思想、旧文化、旧风俗、旧习惯）时，全都抬到坟山里一起焚烧掉了。现在，新厅派吴贤八（学诗公）的长子祖仁公唯一的嫡系后裔是喜桂的孙子吴又林，是新厅派始祖吴公迪的第二十三世孙（懿字辈），是吴贤八的第十世孙。新厅派吴贤八的小儿子祖任公有两个儿子，其长子已无后裔；小儿子的长房嫡系后裔有樟荣，二房嫡系后裔有林聚和林森，他们是新厅派始祖吴公迪的第二十世孙（文字辈），是吴贤八的七世孙。

山顶厅派始祖吴公远一直到第九世都是单传，其中第七世就是“吴仪宾”（元士公），是山顶厅派唯一的传世人，传到第十八世（敏字辈），只有运苟公（敏八十）一人有后，就是友松的曾祖父（土话叫太公）。吴永军等这一代是山顶厅派始祖吴公远的第二十二世孙（淳字辈），是“吴仪宾”（士元公）的第十六世孙。

八、吴仪宾村的大劫难

据民国《龙游县志》记载，咸丰八年（1858）六月四日，“长毛”串遂昌进灵山劫掠，村民躲入深山。咸丰十一年（1861）九月七日，大批发匪从江西进入衢州，一股经龙游东南乡杀向绍兴，一股经龙游西乡和北乡杀向建德。所到之处，搜刮尺布粒米，焚烧屠杀，奸淫掳掠，穷尽残酷，乡民十不存一，百余里无人烟，房屋全被焚烧殆尽。同治元年（1862）四月至八月，龙游又发生大瘟疫，日死数百，十家九绝；七月，浙江巡抚左宗棠率诸军至龙游；同治二年（1863）正月十二日克复龙游。“长毛”被灭后，虽流亡渐少，但已无谷种和牛种，本县人十不存一。之后，一些温州人和大量的江西广丰人移居龙游。同治三年(1864)五月十四、十五两天下大雨，平地水深三尺；六、七月又大旱。省巡抚左宗棠奏请朝廷，免征龙游钱粮，并发给谷种和耕牛。吴仪宾、堰塘下村所有厅堂、祠堂及村民房屋差不多全被“长毛”焚毁。许多村民被“长毛”杀害，有的被强行掳走为匪，有的逃亡，还有逃难未归以及被饿死等。

据《延陵吴氏宗谱序》(光绪十年重修)记载，“咸丰辛酉年间，发匪扰乱；老成凋谢，无一憖道；生终葬娶，难以稽查；壮者被掳被戕，散徙流离，生死存亡须难逆料；村居寥落，丁口稀疏”。延陵吴氏第十八世(敏字辈)、第十九世(恭字辈)和第二十世(文字辈)等祖孙三代共有135位男丁死亡，全村老幼的男丁只剩不到30人。

尤其是山顶厅派的“吴仪宾”元士公，有二位曾孙吴有财(行朝101)和吴诚(行朝106)。其中，吴诚独创了“朋头厅派”(位于原山井塘后塝一带)，并入继胞兄吴有财的第三子为嗣。传到第十九世(恭字辈)，正值“长毛”造反时期，与其父辈(第十八世，敏字辈)等父子二代的男丁几乎全都死亡，只有一位男丁活到成年后娶妻，但是没有子息。所以，很不幸，“朋头厅派”只传到第十九世恭字辈，共传了十代而绝房。因而，现山顶厅派是“吴仪宾”元士公的曾孙吴有财的后裔。

九、河间郡章氏

永康河间章氏迁居到堰塘下的第三代就遇上了清军入侵，屠杀汉人。章氏迁居堰塘下的第三世(元字行)和第四世(亨字行)二代人共出10位男丁，非正常死亡6人，只存活4人。而第五世(利字行)原有16位男丁，只存活3位，其余13位男丁，不少因战乱而幼亡，大都既无妻室也不知所终。同样，到了清咸丰八年，遇上“长毛”攻陷龙游全境，堰塘下章氏的厅堂被毁，人口死亡惨重。据《堰塘章氏軙修宗谱序》(光绪二十一年重修)记载，“咸丰辛酉年间，西匪为灾，奔困苦，惨不可言，兵燹之后，尤复以大疫凶年，年壮者被掳，老者亡，生死存亡难以则料，婚姻娶葬难以稽查”。《堰塘章氏重修宗谱序》(民国十八年重修)记载，“咸丰辛酉间，发匪凶灾，宗庙烬颓，家乘沦亡”。章氏的第九世、第十世和第十一世等祖孙三代只存活10多个人。意思是说，在清朝咸丰辛酉年间(1851—1864)，“长毛”造反，房屋和宗祠尽被烧毁，田地荒芜，无人耕作，《章氏宗谱》也被焚毁了。当时，堰塘下章氏的第九世(礼字辈)、第十世(智字辈)和第十一世(中字辈)等祖孙三代男丁共109人，除正常亡故外，或被烧杀或外逃不知所终或幼亡共91人，只有十来人活了下来。

章桢公为河间郡章氏迁居堰塘下之始祖，至今约420年。现宝泉、石四等明字辈是迁居堰塘下的第十四世孙。

十、京兆郡宋氏

据《宋氏宗谱源流序》(康熙二十九年重葺)记载，“宣和间谱书火于腊寇”，“宋季腊寇恣横，柘源宗谱为其灰烬”。《宋氏宗谱序》(光绪十七年重修)记有“遭粤寇之乱，星辰寥落，黍离致悲”。(注：“腊寇”指方腊造反；“粤寇”指太平天国“长毛”造反)宋宇定(字廷龙，行寿128)，清道光三年癸未(1823)生，兰溪县纯孝乡乾溪卢家基村人(现兰溪市黄店镇陈家自然村)，钦奉军功六品衔，贡元。(注：贡元是对贡生的尊称，贡生指经科举考试升入京师国子监读书的人)

宇定公在“长毛”被平定后的第二年，即同治四年乙丑(1865)，因公事经过吴仪宾和堰塘下，目睹两个村被长毛发匪抢烧杀掳后的惨状，村里的厅堂和房屋被烧毁，断垣残墙，村民或被杀或逃难他乡，人烟稀散，男人稀少。当时，吴仪宾全村男丁老幼总共才不到30人，堰塘下村也只有十来个男人,两个村的田地几乎全都荒芜,无力耕作。于是,宇定公遂组织村民重整家园。同时,买下从堰塘后塝到坟山咀去诸家路的整个堰塘垅被荒芜的全部田地,并让胞弟双定公(字廷广,行寿140)也从乾溪迁居到吴仪宾村来,购买了位于“宝善堂”后面与大祠堂的东北侧这一带原新厅派还没有完全被烧毁的屋宇,经修建后,携家眷定居了下来。因而,宇定公为京兆郡宋氏迁吴仪宾的始祖。

至光绪二十年(1894)七月廿一,定公的长孙宋锦聚(字达鸣,号阿克,任字辈)做10岁生日,因燃放鞭炮烟火,鞭炮的火星散落到堆放在房屋旁的稻草堆里,半夜草堆燃烧,正值天热风大,火势很快燃遍屋宇的楼板、屋柱、房梁和屋顶,房屋财物尽数烧光,此后租居在吴运苟公(即友松的曾祖父)家里,后来,锦聚公在下塘底购置了四斗田,建造了新居。至今,京兆郡宋氏迁居吴仪宾已近160年。其中,迁到吴仪宾村的第五世孙(远字辈)宋马成(字胜之),是自清光绪三十二年丙午年(1906)正式废除旧科举制度,开办现代学堂以来,吴仪宾村走出的第一位大学生。宋马成于1962年考入国立浙江大学(1962年8月—1967年7月,五年制)。1967年毕业前夕,被首批来到浙江大学挑选毕业生的一位解放军大尉军官,挑选到中国人民解放军国防科学技术委员会总字824部队京字130部队。从此,宋马成满怀“报效祖国、强我国防”的赤子之心,忠于职守、尽心尽责,一丝不苟,一直从事我国军用微电子、光电子、量子电子等新技术、新器件及其集成电路的前瞻性研究及新产品开发,在国防军事电子科学研究岗位上整整工作了近50年,直到70岁才离开工作岗位,先后荣获15项国家级和部级先进科技成果奖,1996年10月,中华人民共和国国务院为表彰宋马成同志为发展我国工程技术事业作出的突出贡献,特决定发给政府特殊津贴并颁发证书。第七世孙(毅字辈)宋畅成为吴仪宾村第一位硕士研究生,于2019年考入浙江大学研究生,2021年获硕士学位。

十一、渤海郡吴氏

民国元年重修的《渤海吴氏宗谱序》记载,“咸丰辛酉间,发匪为灾,烽烟继起,奔逃困苦,迁徙他乡尤复不少”。民国廿六年《渤海吴氏宗谱序》载,“咸同间,洪杨蹂躏江浙,而人烟星散,避难他乡者有之,迁徙异域者亦有之”。因“长毛”造反后,龙游全境惨遭杀戮和烧毁,百余里无人烟,十室九空,人烟稀少,十不存一,田园荒芜。于是,大量的江西广丰人涌入龙游,其中以营烟为业的广丰县四十三都淤里人(现上饶市广丰区淤里村),四十多岁的渤海郡吴氏吴荣开携堂弟吴荣富迁居来到龙游县横山龙门桥,继承营烟祖业。几年后,发现邻近的吴仪宾村在遭受“发匪”之灾后,人烟特别稀少,田地荒芜,房屋或被烧或闲置。于是,来到吴仪宾村从新厅吴氏处购买了田地,同时还买下四进二明堂结构的垂裕堂(现吴会贤老屋)和三进一明堂结构的承敬堂(现吴连生老屋),从此定居在吴仪宾村。不久,荣开公的堂兄弟荣茂、荣暖和荣祯等也从广丰迁来吴仪宾村。后来,还在外塘后面的堰塘后塝建起了渤海郡吴氏宗祠“三让堂”,至今已有150多年。因而,荣开公是渤海吴氏从广丰淤里迁到吴仪宾村的始祖,传到吴国根等金字辈,是迁到吴仪宾村的第五世子孙。

值得一提的是,村里的吕、李、夏等姓氏也在这期间从江山、江西等地随流民来到吴仪宾村定居。而邻村童家是因童姓而得名。童氏族人在“长毛”造反期间,除个别外逃外,全被杀害。从此,童家村没有了姓童人。现在童家的朱姓人,是在“长毛”被消灭后,也是从江西来到童家垦殖定居的。

十二、小结

北宋宣和三年(1121)正月,方腊造反攻陷龙游,沿途烧杀抢劫,姜坞社和园窟垅两个村庄,以及相邻的姜尚村被彻底毁灭。1265—1279年间，福建崇安县延陵吴氏吴公迪和吴公远兄弟为避战乱，行至龙游北乡，哥哥公迪在元武山脚定居，繁衍为新厅派；弟弟公远在山坡建房居住，发展为山顶厅派。其中，弟弟公远的第七世孙吴元士娶了明朝宗室之女为妻，称仪宾。从此，人们称元武山脚为“吴仪宾村”。吴永军等这一代淳字辈是迁元武山始祖吴公远的第二十二世孙，是“吴仪宾”(吴士元公)的第16世孙。1600—1610年间，永康县李溪东岗沙溪村河间郡章氏，章桢公做生意经龙游北乡吴仪宾村，见村东的元武山东麓将是人丁兴旺之地，于是挚家眷卜迁于堰塘之阳，习称堰塘下。现在，章宝泉、章石四等明字辈是迁堰塘下始祖的第十四世孙。清同治二年(1863)彻底消灭“长毛”后，兰溪纯孝乡乾溪京兆郡宋氏、钦奉军功六品衔、贡元宋廷龙视察灾情，途经吴仪宾和堰塘下，目睹两村的房屋、祠堂尽被烧毁，人烟稀少，田地荒芜，便组织村民重整家园，自己也购置了空置的房屋和大量荒芜的田地，并嘱其唯一的弟弟宋廷广一同迁居到吴仪宾。毅字辈宋畅是迁居到吴仪宾的第七世孙。由于龙游全县被“长毛”烧杀，人烟稀少，大量的温州和江西广丰人涌入龙游。其中，广丰淤里渤海郡吴氏吴荣开移居到横山龙门桥营烟为业。此后，路过吴仪宾，见村里房屋空闲，田地荒芜，于是也在吴仪宾买房置田，定居于此。吴国根等金字辈是迁居到吴仪宾的第五世孙。

寻根溯源，其实吴氏和宋氏同是轩辕氏黄帝的后裔；章氏则是神农氏炎帝的后裔。

[作者：宋马成　写于壬寅年(2022)正月初一]

第三节　生活水平

旧时，居民收入主要靠种植作物以增加收入，畜牧业次之，详情无考。解放后，实行集体经济，走合作化道路，生活水平有所提高，但仅能温饱。1978年后，实行家庭联产承包责任制，除种粮外，居民养鸡、养鸭、养鹅等，还有少数农户养兔、养蜂。20世纪80年代中期，境内恢复种莲子，居民收入增加。进入21世纪以来，私营及个体商业迅速发展，外出打工成为村民增加收入的主要来源。2006年，全镇农村居民年人均纯收入4858元。2022年，居民人均纯收入31679元。

一、物价

物价与人民生活紧密相连。农副产品收购价格提高，生产资料及工业品价格降低，农民生活水平随之提高，反之则下降。物价一般随行就市，重要物价、工价，由知县发布告示晓谕执行。民国时期，重要物价由商会主持同业公会协商议定。1953年始，国家对关系国计民生的粮食、棉花、棉布、食油、油料逐步实行统购统销，基本形成由国家控制的长期不变的价格体系。中共十一届三中全会后，开始调整和改革不合理的价格体系和价格管理体制。20世纪90年代后，绝大部分商品价格均由市场调节。

民国志有关记载　民国志卷六“食货考·物产”中有关物价和田价的记载：

货币兑换价　咸丰以来渐行银圆，光绪后悉用墨西哥银圆（俗称鹰洋）为物价本位，而制钱反成辅币。考其兑换之价，咸丰间以行钞故，每元兑制钱至一千八百文，同治间落为一千二百八十文，光绪初则一千一百至二百，光绪中最平，在一千左右，至季年又增二百，宣统时增四百，最近（指1925年前后）增至一千八百有奇，则铜圆充斥之效也。

表3-12　**清咸丰年间至民国初期主要生活消费品零售价格表**

名称	单　位	咸丰年间	同治年间	光绪初年	光绪中年	光绪季年	宣统年间	民国初期
米	每担（50公斤）	1元8角左右	1元2角左右	1元6角左右	1元4角左右	3元左右	4元左右	5元左右
麦	每担	1元2角左右	8角左右	1元左右	1元8角至2元	2元2角至5角	2元5角至3元	3元至4元
猪、鸡、鸭肉	每斤（0.5公斤）	90余文	60文	70文至80文	90文至110余文	1角2分至4分	1角4分至6分	1角8分至2角4分
盐	每斤	4分	匪乱时400文，后3分	4分	4分有奇	5分	5分有奇	6分
诸油	每斤	80余文	60余文	60余文	70余文至80文	2角1、2分	1角4、5分	1角8分至2角2分余
诸蔬	每斤	无考	3、4文	3、5文	5、7文	6文至10文	10余文至20余文	10余文至30余文
春笋	每斤	无考	4、5文	同上	8文至10文零	10文至18文	18文至24文	40文至100文
佳酒/次酒	每斤	无考	12文/8文	18文/12文	24文/16文	3分/2分	3分6厘/2分8厘	6分/2分8厘
箍柴	每箍	无考	3分余	4分余	5分余	6、7分	7、8分	1角至1角2、3分
佳果/次果	每斤	无考	10文/5文	16文/8文	24文/12文	28文/16文	4分余/2分余	6分至1角/3分余
糕饼	每斤	无考	60文	70文至80文	90文至110文	9分6厘至2分余	1角2分至8分	1角8分至2角3分
粗布	每匹	无考	600余文	700余文	900余文	1元1角余	1元2角余	1元3角至8角余

民国志按：上表虽甚简，而六十年间物价升沉之大概具焉。同治间大乱初平，疮痍未复，故物价低。至光绪中年，故老人言与咸丰以前略相等，则适得其平也。中年以后日渐增昂，至于今则一两倍至五六倍不等，世变之亟可知，而民生之凋敝亦可征矣。可胜慨哉！

田价　田价虽肥瘠有不同，其大概有可征者。咸丰时，每肥田一亩约值三十元，瘠者约二十元。同治间，值发匪（指太平军）乱后流亡未集，荒田甚多，其值陡贱，肥田每亩仅值四元，瘠者半之。光绪初年，肥者渐增至八元，瘠者半之。至中年各倍蓰，季年又倍之。至宣统间，肥者增至四十四元,瘠者亦至二十四元。最近(指 1925 年前后)则肥田增至七十元,瘠者亦须三十六元矣。

农产品收购价 旧时,粮行或外地粮商以收购大米为主,也收购稻谷。收购价格随粮食丰歉、收购时节、输出销路等情况变化而变动,一般低于市面销售价 10%~15%。1937 年 11 月,日军侵占杭州,销路受阻,稻谷收购价每担跌至法币 2 元 5 角,大米跌至 3 元 5 角。次年,因日军未过钱塘江,稻米恢复外销,复涨至稻谷每担 4 元,大米 6 元。解放后至 1953 年粮食统购前,国营粮食机构、供销合作社、私营粮行收购谷(米),收购价籼谷每担(50 公斤)5.9~6.2 元,糯谷 8.05 元,粳米 7.75 元,中白米 9.25 元。

表 3-13 **1955—1995 年若干年份稻谷统购价格表** 单位:元/50 公斤

品　种	1955 年 6 月	1966 年 4 月	1979 年 5 月	1987 年 4 月	1990 年	1995 年
早籼谷	6.5	9.6	11.6	12.5	22.2	60.0
晚籼谷	6.9	9.9	11.8	13.6	24.0	72.0
早粳谷	6.8	9.9	11.9	—	22.9	—
晚粳谷	7.8	11.3	13.4	15.2	26.6	75.0

表 3-14 **1966—1995 年若干年份稻谷议购价格表** 单位:元/50 公斤

品　种	1966 年 12 月	1973 年 2 月	1979 年 1 月	1983 年 12 月	1995 年 10 月
早籼谷	13.2	14.4	16.3	18.2	75.0
晚籼谷	—	14.7	16.8	18.7	90.0
晚粳谷	14.0	17.0	19.2	21.3	92.0

其他产品,民国初至抗日战争前,小麦每担银圆 3~4 元;1936 年,小麦每担 5 元。1940 年,小麦每担法币 14 元,玉米 14 元 1 角,大麦 10 元 4 角;1942 年,小麦 160 元,大麦 90 元,高粱 96 元,粟米 120 元,玉米 90 元,大豆 280 元,豌豆 140 元,鲜番薯 55 元;1943 年,小麦 260 元,玉米 200 元,大豆 260 元,荞麦 140 元。1948 年 6 月,小麦涨至每担旧币 260 万元,玉米 320 万元,黄豆 390 万元。1948 年 8 月,发行金圆券,小麦每担限价 8 元 8 角 3 分,大麦 6 元 6 角 6 分,黄豆 8 元。解放后至粮食统购统销前,小麦收购价每担 8.75 元,大麦 6.85 元,玉米 6.55 元,大豆 11.1 元,高粱 6.75 元,粟谷 6.9 元,马料豆 9.6 元。

表 3-15 **1955—1985 年若干年份杂粮大豆统购价格表** 单位:元/50 公斤

品　种	1955 年 6 月	1961 年 6 月	1966 年 4 月	1978 年 7 月	1979 年 5 月	1985 年 4 月
小麦	8.5	11.4	13.0	13.0	15.7	15.7
大麦	6.3	7.6	8.8	8.8	11.4	10.8
玉米	6.7	8.6	9.6	9.6	11.6	11.6
大豆	11.1	13.8	16.8	21.0	24.7	37.3

表 3-16　**1966—1995 年若干年份杂粮大豆议购价格表**　单位：元/50 公斤

品　种	1966 年 12 月	1973 年 2 月	1979 年 1 月	1987 年 10 月	1995 年
小麦	16.5	19.5	22.1	23.6	75.0
大麦	12.8	13.2	15.0	18.0	60.0
玉米	14.0	14.4	15.4	17.4	—
大豆	28.0	28.8	42.0	58.0	—

旧时，食用油料大多自产自销，收购输出极少。工业油料大多收购输出，据 1933 年《中国实业志》载，输出柏油价格每担银圆 15 元左右。1934 年《浙江省生产会议报告书》载，柏油每担银圆 25 元，青油 15 元，麻油 20 元，菜油 13 元，茶油 15 元，桐油 20 元左右。

1983 年 12 月，桐籽议购价 98 元。1987 年 10 月，桐籽议购价 80 元，柏籽议购价 45 元。

表 3-17　**1955—1987 年若干年份油料统购价格表**　单位：元/50 公斤

时　间	食用油料			工业油料	
	菜　籽	茶　籽	棉　籽	桐　籽	柏　籽
1955 年 3 月	14.2	8.2	4.15	17.6	13.2
1956 年 8 月	14.5	8.7	3.7	22.9	13.1
1957 年 7 月	19.7	10.6	3.7	27.4	15.6
1959 年 5 月	19.7	11.3	3.7	27.4	16.5
1961 年 5 月	22.5	16.1	3.7	36.1	21.2
1966 年 6 月	22.5	16.1	3.7	36.1	21.2
1971 年 6 月	28.0	21.0	6.7	42.0	25.0
1979 年 5 月	36.0	27.0	10.0	49.0	33.0
1983 年 2 月	36.0	27.0	10.0	63.0	33.0
1987 年 7 月	36.0	27.0	12.5	—	—

民国初期，生猪收购价毛重每担银圆 14.8 元。1939 年，生猪收购价毛重每担法币 30.3 元，1945 年每担 111.6 元。20 世纪 50 年代初，屠商自由经营，价格同行公议，1954 年 5 月，由国家计划收购，统一定价，每担 31.55 元。1957 年，为鼓励农民养大猪，规定生猪毛重 75 公斤以上，每超重 25 公斤津贴生产扶助费 2 元。1965 年，生猪收购奖售饲料粮、布票，按宰杀率分等级计价。1984 年 10 月，生猪收购价实行“平价、议价各半”的计算办法，同时取消奖售饲料粮。1985 年 2 月，取消生猪派购，放开猪价，实行有指导的议购议销和多渠道流通。1986 年，生猪全年平均指导性中心收购价毛重每 50 公斤 85 元至 90 元，淡旺季差价按年平均价 10%左右幅度掌握，收购保护价毛重每 50 公斤不得低于 75 元，主要产区最高收购价毛重每 50 公斤不超过 95 元，其他地区一般不超过 100 元。1989 年，生猪收购价完全放开。

表 3-18　1954—1995 年若干年份生猪收购价及猪粮比价表

时间	每 100 公斤生猪中心收购价（元）	每 100 公斤生猪可换稻谷（公斤）	时间	每 100 公斤生猪中心收购价（元）	每 100 公斤生猪可换稻谷（公斤）
1954 年	63.1	489	1979 年	124.0	534
1955 年	65.7	509	1980—1984 年	144.0	621
1956 年	67.1	526	1985 年—1986 年 1 月	150.0	647
1957—1959 年	76.4	592			
1960 年	94.1	730	1986 年 2 月—1986 年 8 月	164.0	707
1961—1965 年	94.1	560			
1966—1977 年	94.1	490	1988 年	240.0	660
1978 年	97.0	505	1995 年	810.0	540

民国时，蚕茧每担换大米 500 余斤。20 世纪 50 年代，蚕茧收购价呈提高趋势。1983 年，按收购量 35%加价 15%。1988 年新茧上市起，提高和扩大原定等级差价，各类次下等茧收购价上提 30%，每 50 公斤鲜上春茧补贴 60 元，早秋茧补贴 30 元，中、晚秋茧补贴 50 元，各类次下等茧补贴按各期鲜上茧补贴标准 50%计算。1985 年，乡镇企业兴起，蚕茧价格虽仍由国家掌握，但乡镇丝绸工业用茧国家无供应计划，为此造成因争夺原料致使茧价大幅度涨落，最高每担鲜茧曾达 1400 元。1995 年，因原材料价格高，产品外销困难，茧价大跌。现境内已无人养蚕。

表 3-19　1950—1995 年若干年份蚕茧基准级收购价格及茧粮比价表

年份	鲜茧标准级规格	基准收购价（元/50 公斤）	每 100 公斤茧可换大米数（公斤）
1950—1954 年	鲜茧率 16%，上茧率 100%	78.4	833.7
1956—1957 年	鲜茧率 16%，上茧率 100%	83.0	864.6
1958—1960 年	鲜茧率 16%，上茧率 100%	100.0	1041.7
1961—1965 年	鲜茧率 16%，上茧率 100%	100.0	925.9
1966—1971 年	鲜茧率 16%，上茧率 100%	110.0	808.8
1972—1978 年	鲜上茧 11 级 7 克	110.0	808.8
1979—1982 年	鲜上茧 11 级 7 克	140.0	921.0
1988 年	鲜上茧 11 级 7 克	175.0	1107.6
1995 年	鲜上茧 11 级 7 克	597.5	426.8

民国时期，雨前茶每斤价合 14～15 斤大米价，普通炒青每斤价合 4～5 斤大米价。1950 年后，茶叶价格不断提高。

表 3-20　**1953—1995 年若干年份标准级(四级八等)茶叶收购价格及茶粮比价表**

年　份	遂炒青收价（元/50 公斤）	每 100 公斤茶可换稻谷数(公斤)	毛烘青收价（元/50 公斤）	每 100 公斤茶可换稻谷数(公斤)
1956—1960 年	72	1116	61	946
1966—1971 年	98	1021	90	938
1972—1978 年	112	1167	92	958
1979—1985 年	116	1000	113	974
1988 年	178	1424	170	1360
1995 年	270	720	260	680

消费品零售价　旧时,商品销售价由市场调节。中华人民共和国成立后,实行计划经济,主要商品执行国家统一销售牌价。1985 年,国家取消粮食统购统销和生猪派购任务,并放开蔬菜、水产品、禽蛋等副食品价格,沿袭 30 多年的农产品统购和派购制度自此结束,并逐步实现随行就市。作为过渡阶段的临时措施,曾一度给职工发放生活补贴。1988 年 1 月 1 日调整肉蛋价格,同时给职工每人每月增发生活补贴 11 元。1988 年 4 月放开豆制品价格,取消豆制品票,给职工每人每月补贴 1 元。1988 年 7 月起,实施主要副食品零售价格变动并给职工适当补贴办法,按猪肉、大路菜、鲜蛋、淡水鱼、家禽、豆制品、食糖 7 种副食品零售价格变动情况,按定量计算每月适当补贴。

表 3-21　**民国期间若干年份主要生活消费品零售价格表**

年份	大米	面粉	黄豆	菜油	猪肉	食盐	黄酒	酱油	煤油	肥皂	火柴	白细布
1912 年	4.0	0.04	0.05	0.18	0.18	0.05	0.06	0.07	0.06	0.04	0.05	0.18
1922 年	4.0	0.05	0.05	0.22	0.24	0.06	0.08	0.09	0.08	0.05	0.06	0.30
1937 年	5.5	0.07	0.06	0.28	0.25	0.10	0.10	0.12	0.12	0.08	0.10	0.45
1939 年	11.0	0.12	0.12	0.52	0.48	0.18	0.20	0.26	0.56	0.18	0.40	1.08
1942 年	150.0	2.20	2.80	8.20	12.8	4.40	2.80	4.00	7.20	1.90	10	13.5
1945 年	3700.0	45.0	38.0	200.0	180.0	146.0	72.0	82.0	172.0	44.0	150.0	360.0
1948 年	3000 万	38 万	24 万	145 万	124 万	48 万	56 万	65 万	135 万	60 万	65 万	420 万

民国志注:1912 年、1922 年以银圆元为单位,1937 年、1939 年、1942 年、1945 年以法币元为计价单位,1948 年以金圆券元为计价单位。米以担(50 公斤)计算,肥皂以条计算,火柴以封计算,白细布以米计算,其他均以斤(0.5 公斤)计算。其中,1945 年以 11 月份价格为准,1948 年以 8 月份价格为准

表 3-22　**1952—1984 年若干年份主要生活消费品零售价情况表**

品　名	1952 年	1961 年	1966 年	1971 年	1979 年	1981 年	1984 年
早籼米(元/公斤)	0.19	0.20	0.27	0.27	0.27	0.27	0.27
标准粉(元/公斤)	0.28	0.34	0.34	0.34	0.34	0.34	0.34
菜油(元/公斤)	1.04	1.46	1.54	1.54	1.54	1.54	1.56
统猪肉(元/公斤)	1.08	1.44	1.30	1.30	1.72	2.20	2.20

续表3-22

品　名	1952 年	1961 年	1966 年	1971 年	1979 年	1981 年	1984 年
统鸡蛋(元/公斤)	1.22	1.43	1.54	1.54	1.98	1.98	2.27
母鸡(元/公斤)	1.73	2.07	1.56	1.56	1.91	1.91	3.15
甲级黄酒(元/公斤)	0.52	0.62	0.60	0.60	0.60	0.62	0.68
白酒(元/公斤)	1.28	1.44	1.44	1.44	1.36	1.60	1.96
白糖(元/千克)	1.52	1.48	1.54	1.54	2.36	2.36	2.36
茶叶(元/公斤)	1.44	1.81	3.36	3.62	4.14	4.20	6.66
食盐(元/公斤)	0.30	0.29	0.29	0.29	0.25	0.29	0.29
黄豆(元/公斤)	0.2	0.3	0.34	0.34	0.34	0.34	0.34
酱油(元/公斤)	0.32	0.32	0.32	0.32	0.32	0.32	0.32
煤油(元/公斤)	1.5	1.0	0.88	0.88	0.70	0.70	0.70
煤球(元/50 公斤)	—	—	—	—	2.10	2.10	2.10
杂柴(元/50 公斤)	0.60	1.40	1.30	1.40	1.50	1.80	3.40
火柴(元/封)	0.20	0.25	0.20	0.20	0.20	0.30	0.30
肥皂(元/条)	0.22	0.31	0.35	0.35	0.35	0.48	0.48
白细布(元/米)	0.87	0.84	0.84	0.84	0.84	0.90	0.90
毛巾(元/条)	0.27	0.27	0.27	0.31	0.33	0.33	0.42

表 3-23　**1985—2010 年主要生活消费品零售价情况表**　单位：元/公斤

年份(年)	大米	面粉	豆腐	菜油	猪肉	活鸡	洋鸡蛋	淡水鱼	大白菜	萝卜	食盐	白糖	苹果	香蕉
1985	0.31	0.41	0.25	1.74	2.76	3.63	2.78	4.44	0.17	0.19	0.45	1.54	1.48	2.34
1986	0.31	0.42	0.26	1.90	2.70	4.08	2.91	4.04	0.12	0.20	0.46	1.54	1.72	1.96
1987	0.31	0.39	0.31	2.14	3.29	4.87	3.81	3.86	0.18	0.24	0.46	1.54	1.96	1.82
1988	0.31	0.42	0.43	2.26	5.20	6.31	4.90	5.50	0.36	0.31	0.46	2.16	2.38	2.18
1989	0.32	0.44	0.58	2.59	6.13	7.05	5.79	5.60	0.29	0.46	0.46	2.36	2.70	2.50
1990	0.31	0.44	0.51	2.79	5.55	6.72	5.86	5.91	0.30	0.39	0.58	2.54	3.07	2.78
1991	0.49	0.61	0.49	3.80	5.55	6.93	5.16	6.37	0.33	0.55	0.58	3.10	4.55	2.67
1992	0.75	0.96	0.63	4.17	8.50	5.14	4.88	5.77	0.34	0.55	0.92	2.51	3.55	3.31
1993	1.31	1.95	0.86	5.41	9.24	6.35	5.17	6.39	0.65	0.77	1.00	3.30	3.85	3.40
1994	2.11	2.06	1.03	8.67	11.48	7.99	6.08	7.70	0.99	1.12	1.08	4.53	6.71	3.43
1995	2.84	2.63	1.03	9.10	14.12	9.18	7.09	8.70	1.64	1.94	1.11	5.49	8.97	3.85
1996	2.84	2.90	1.25	7.84	14.24	9.88	7.98	8.70	1.12	1.34	1.10	5.32	5.95	4.44
1997	2.29	2.84	1.21	7.77	15.70	8.28	5.97	8.49	1.26	1.31	1.28	5.08	5.10	3.05

续表3-23

年份(年)	大米	面粉	豆腐	菜油	猪肉	活鸡	洋鸡蛋	淡水鱼	大白菜	萝卜	食盐	白糖	苹果	香蕉
1998	2.30	2.61	1.20	8.07	12.92	7.58	6.08	7.94	1.46	1.37	1.28	4.46	5.2	2.54
1999	2.30	2.48	1.14	8.33	11.26	7.01	5.37	4.31	1.51	1.32	1.40	3.71	5.50	2.48
2000	1.71	2.10	1.15	6.43	9.77	6.36	4.46	4.30	1.39	1.20	1.40	4.08	4.16	2.36
2001	1.72	1.88	1.13	5.27	11.53	6.61	4.40	6.10	1.39	1.20	1.40	4.23	4.16	2.36
2002	1.67	1.71	1.01	5.42	10.52	5.96	4.97	6.06	1.31	1.14	1.58	3.44	3.90	2.11
2003	1.70	1.73	1.02	6.79	11.70	6.46	4.86	7.27	1.39	1.31	1.60	3.13	3.63	2.41
2004	2.63	2.41	1.20	7.43	14.05	11.89	5.34	8.21	1.28	1.12	1.70	3.30	3.48	2.89
2005	2.55	2.39	1.40	6.51	13.58	10.29	6.15	8.82	1.64	1.56	1.80	3.91	3.49	2.73
2006	1.54	1.38	1.50	6.53	13.41	11.24	3.88	4.58	1.02	0.83	1.80	3.94	3.50	2.50
2007	1.44	1.47	1.43	6.64	13.21	11.80	3.74	3.91	1.11	0.89	1.65	4.05	3.68	2.81
2008	1.66	1.46	1.65	8.44	13.13	12.50	3.89	5.04	0.89	0.62	1.90	4.32	4.12	2.34
2009	1.72	1.48	1.83	7.54	11.50	11.75	3.66	5.50	0.90	0.76	1.70	4.58	4.58	2.56
2010	1.94	1.57	2.02	6.50	11.33	11.80	4.26	5.46	1.07	1.07	2.00	4.42	5.02	2.88

注：表列各种价格均为年平均价。大米1985—1993年为标二籼米，其他为晚籼米。面粉1985—1987年和2002—2010年为上白粉，其他为富强粉。猪肉1985—2000年为去骨统肉，2001—2003年为全精带骨肉，2004—2005年为后腿肉。淡水鱼1999年、2000年、2003年为鲢鱼，其他及2004年后为草鱼

纺织品零售价　在计划经济时期，纺织品价格变动很少。20世纪80年代进行过四次大的调整。第一次是1981年11月18日，为配合烟酒提价，涤棉半线卡布、涤棉线府绸每米分别降价0.15~0.36元，中长纤维织物平均每米降价0.9元左右。第二次是1983年1月20日，降价、提价的纺织品各有14种：省内生产的化纤织品再降价30%，其中涤棉细布零售价由每米3.33元降为2.25元，锦纶丝袜平均每双降价0.4元，腈纶粗绒毛线降价21.4%；提价的纯棉织品主要有棉布、棉毛衫裤、卫生衫裤、汗衫、背心、毛巾、床单和纱布制品，平均提价20.8%。第三次是1987年6月25日，实行价格浮动和优质加价，纯棉白布上浮7%，色布、花布、色织布上浮10%，优质产品、金质奖加价15%，银质奖加价10%，部优、省优加价5%。第四次是1988年4月20日，提高稀布价格，延稍印染布提价19%，色织布20%，涤棉布13%，印染布10%。1989—1991年，又分期分批放开服装等商品价格。

五金交电日用品零售价　20世纪60年代时的手表、自行车、缝纫机，80年代的电视机、洗衣机、电冰箱，均被列为大件生活消费品。手表价格逐步降低，1988年较1965年下降63.3%。1986年，放开黑白电视机、洗衣机、自行车、电冰箱、铝锅等商品价格，自行车1988年较1975年上升50.9%，缝纫机1988年较1964年略有下降，电冰箱1988年较1986年上升88.4%，洗衣机1988年较1986年上升15.7%，14寸黑白电视机1988年较1983年上升26.2%，18寸彩色电视机价格基本平稳。1988年，电视机、空调机、洗衣机、电冰箱零售价总体上有不同程度的下降；2000年，电视机、电冰箱、空调机、洗衣机、电脑等家用电器价格下降明显；2010年，34寸液晶电视机零售价3000元左右，电冰箱零售价2000元上下。

燃料、照明电零售价　供居民使用的燃料和照明电价格由政府掌控，价格稳定。1957年4

月,电费按省电力厅规定收费,1959年11月经调整有所降低。1961年1月,因黄坛口水电站发电,电价再次降低,10月龙游电厂按调整后电价另加地方附加费7%,农业用电不另加。1963年2月,照明用电按0.16元每千瓦小时(包括地方附加费)收取,此标准维持到1990年,1991年调整为0.22元每千瓦小时,1993年为0.25元,1994年为0.34元,1996年为0.43元,1997年起调整为0.53元,至2010年基本维持此价格,并开始实施峰谷计价。1990年6月1日,煤饼、煤球每50公斤提价1.5元。1991年7月1日,再次提高煤饼、液化气价格。1992年7月1日,继续提高煤饼价格。至2010年,液化气价格与1992年相比,有较大幅度提高。

化肥、农药零售价　20世纪50年代至80年代,初化肥销售价格逐年降低。硫酸铵从每吨478元降至1983年的270元,硝酸铵从每吨396元降至1984年的310元,尿素从每吨660元降至1984年的458元。后因化肥生产成本升高,1982年提高部分化肥销售价。1982年,17%碳铵由每50公斤7.2元调至8元,1984年3月,16%尿素由每50公斤22.9元调至26元,34.4%硝酸铵由每50公斤15.5元调至18元,1984年4月,计划外进口尿素由每50公斤31元调至32.5元。龙游化工厂生产的14%普通过磷酸钙,1987年由每50公斤8.6元调至9.6元,1988年调至11.4元。龙游磷肥厂生产的14%钙镁磷肥,从1986年每50公斤7.7元调至1987年的9.1元,1988年的11.4元。1988年,16%普通过磷酸钙从每50公斤10.2元调至12元。1993年,对化肥价格实行综合差率管理,市(地区)2%、县3%、基层社6%。1994年,改化肥最高限价为浮动价管理,调拨价、零售价实行差率管理。1998年12月,改化肥出厂价由政府定价为政府指导价,同时放开化肥零售价。2010年,钙镁磷肥零售价每50公斤40元,普通复合肥售价每50公斤100元。20世纪50年代至80年代末,化学农药价格逐年降低,可湿性六六六粉剂每公斤销售价从1950年的34元降至1983年的0.37元。1979—1980年,井冈霉素等农药亦降低售价,1981年9月,除草醚、福镁霜、扑草净、杀螨酚、绿麦隆、五氧酚嗪、敌杀乳剂、灭蚕蝇8种农药降低售价20%~25%。随着生产成本提高,1984年7月,相应调整部分农药售价,瓶装80%敌敌畏、杭产1公斤瓶装40%乐果乳剂分别由5.6元、5.3元上提至5.9元、5.6元。1986年1月,50%甲胺磷、30%乳剂敌敌畏、10%粉剂叶蝉散等每公斤销售价分别由4.5元、5元、1.4元上提至5元、5.2元、1.45元。1987年3月,1公斤瓶装90%晶体敌百虫销售价分别由3.5元、3.4元上提至3.84元、4元,1公斤与0.5公斤瓶装80%乳剂敌敌畏销售价分别由6元、6.33元提至6.4元、6.73元。同年7月,1公斤装90%敌百虫原粉由每瓶3.97元调至4.72元,1公斤瓶装80%敌敌畏乳剂由每瓶6.2元调至7.1元,1公斤装甲乙基1605由每瓶6.6元调至8.8元,1公斤装50%甲胺磷乳剂由每瓶6.33元调至6.6元,杀螟松乳剂由每公斤8.6元调至9.7元。

工价　据民国志记载,清光绪年间知县高英曾发布告示酌定工价,禁止夫役、脚夫等任意勒索。此后县内工价相对稳定,如遇通货膨胀,则以大米计价。20世纪80年代后,由于价格体系的调整和人民群众收入的变化,工价也相应地调整变化。

农事工价　1929年供膳农事工价:高等,农忙时每日银圆0.33元,平时每日0.2元,月工资6元,年工资48元;中等,农忙时每日0.25元,平时每日0.18元,月工资5元,年工资40元;低等,农忙时每日0.2元,平时0.16元,月工资4元,年工资32元。是年,米价每担(50公斤)4元左右。1932年,供膳雇工工价:男工,日工价银圆0.25元,月工价6.4元,年工价50元;女工,日工价5分,月工价1.5元,年工价18元。是年,米价每担4.5元左右。1945年3月,工价限额,供膳普通雇工日工价法币100元。是年,物价狂涨,雇工工资以米计价供膳,一等工每工得米10斤(每斤为500克),二等工7斤,三等工4.5斤。20世纪50年代初,农业生产雇佣关系转为互助协作关系,一般以换工为主,若付酬,大致与篾工工资相当。1985—1988年,夏收割稻供膳,每工5~7元;春耕插秧供膳,每工5元左右。2005年,每工20~30元。2010年,每工70~90元。

工匠工价 清道光年间,工匠工价分三等:石工、碓工、船工为一等,每工制钱120文;木工、泥工、农忙工为二等,每工制钱100文;衣工、竹工、棕工及普通农工为三等,每工制钱70文。咸丰后,工价大跌,一等100文,二等60文,三等40文。民国初以银圆计,工匠工价一等0.2元,二等0.14元,三等0.1元。1927年,工匠工价分别升至0.25元、0.16元、0.12元。1942年,以米付酬,大抵一等工米15斤,二等7.5斤,三等4.5斤。至20世纪50年代初,工匠工资仍循旧规,以米价为准,无甚涨落。50年代后期起,工匠上门供膳,箍桶每工1.8元,泥石工每工1.6元,木工1.47元,篾工、棕工、缝纫工每工1.24元。1978年起随农副产品价格调整,工资逐步提高。1988年,工匠工价一等7元,二等6元,三等5元左右。2005年,每工60~70元。2010年,每工100~120元。2022年,每小工150元,大工300~400元。

二、收入与开支

基本收入和基本支出的顺逆关系,决定居民生活水平。

收入 旧时,劳动人民少地或无地,依靠垦荒、种租田、当长工、打短工、做脚夫、卖柴度日,收入微薄。据1935年6月《龙游县社会政治经济状况调查表》载,农村长工每月工资法币5元,农村短工(自膳)每日法币工资5角,挑夫苦力(自膳)每日工资法币5角6分。当时米价为每公斤1元左右,每天收入仅能购约0.5公斤大米。当时每日工价(银圆)分别为:手工业作坊(供膳)0.28元,木匠(自膳)、泥水匠(自膳)0.56元,裁缝0.48元,篾匠0.48元,铁匠、制瓦工、榨油工0.5元。如此收入水平,自然很难满足温饱要求。1951年实行土地改革,贫下中农分到土地,温饱有了基本保障。嗣后,因粮食"统购统销"中出现"高征购"和"三年困难时期",生活一度陷入困难。1966—1976年,收入增长缓慢。实行家庭联产承包责任制后,收入增加明显。此后,农村商品经济加快发展,政策调整力度加大,社会主义市场经济逐步建立,收入来源多元化。2000—2010年,农民承包的土地进行流转,实行集约化规模经营,经济效益显著提高。

1990年版《龙游县粮食志》和1999年县统计局《龙游五十年(1949—1998)》记载,1955年农民年人均口粮242公斤原粮。1958年,农民年人均纯收入73.5元,比1949年的41元增长64%。据《新宅生产大队1978年社员人均口粮》统计,全村5个小队,社员人均口粮551~600斤的有2个队,601~650斤的有2个队,651~700斤的有1个队。1978年,新宅大队参加分配176户681人,分给社员口粮431749斤,人均口粮636斤。人均年收入51~60元的有1个队,61~100元的有2个队,81~100元的有2个队,人均年收入83元。实行家庭联产承包责任制后,农民生产有自主权,分配打破"大锅饭",农民生产积极性得到发挥,收入明显增加。据《龙游五十年(1949—1998)》记载,1978年农民收益分配年人均纯收入95元,至1988年达435元,增长3.57倍。1984年,横山乡人均收入398.8元,人均口粮753斤;志棠乡人均收入308元,人均口粮829斤;下宅乡人均收入373元,人均口粮816斤。2006年,全镇居民年人均纯收入4858元,2021年增加至29802元。

表 3-24　　2005 年横山镇各行政村户数、人口与人均纯收入统计表

村　名	户数（户）	人口（人）	年人均纯收入（元）	村　名	户数（户）	人口（人）	年人均纯收入（元）
横山村	326	1025	4960	前邵村	154	531	4467
高山村	323	992	4452	席家村	122	427	4058
方野村	124	366	4326	卸厅村	127	412	4557
上向徐村	293	952	4543	后邵村	143	470	3987
山门寺村	59	163	3057	塔下叶村	243	857	4806
白鹤桥村	298	1058	4855	翁坞村	67	218	2394
会泽里村	453	1645	4995	腰塘边村	296	960	3935
上下朱村	223	641	4451	凌阁张村	161	505	4487
吴仪宾村	239	781	4611	东王村	146	545	4211
八石坂（畈）村	391	1394	4384	张家村	203	724	4515
西方坞村	293	1010	4592	钱家村	200	611	5061
仓头村	102	301	4623	项家村	519	1623	5202
龙门桥村	242	867	4322	贤求朋村	252	818	4101
下西山村	196	815	4347	腰塘村	172	562	4225
溪边村	123	383	4245	脉元村	384	1366	5224
余岗村	330	1018	4858	后徐村	327	1122	4173
杨家村	249	835	4287	大平山村	210	740	4568
新宅村	212	671	4224	大平坂（畈）村	295	1005	4023
下店村	115	427	3091	下宅村	472	1566	4473
儒大门村	228	737	3945				

开支　主要是饮食、衣着、燃料、交通与通信、家庭设备等，重点开支是教育与住房。

饮食　旧时，山区粮食产量低，大米不够吃，多以杂粮补充。“三年困难时期”，人们采用“瓜菜代”办法，依靠番薯等杂粮及南瓜、萝卜等蔬菜补充，甚至以野菜等充饥。20 世纪 80 年代，农村饮食消费由主食型向副食型转化，由吃饱向吃好发展。农村食品消费的变化使粮、菜等植物性食物消费量由增到减，而动物性食物消费量却逐年增长。

衣着　20 世纪 50 年代初，境内居民穿着主要是粗布或家织土布。80 年代中期以化纤布为主，绸缎、呢绒消费逐年增加，后期化纤布品种不断翻新，各种仿毛、仿麻、仿丝织品及混棉、混毛、混麻纺织品相继替代棉布、纯化纤布。进入 90 年代，衣着趋向成衣化，讲究美观，从“有衣穿，穿得暖”逐渐向“穿好、穿美、时尚”发展。

燃料　历史上以木柴废料作燃料。1971 年，部分农户以煤球、柴油、煤油作为燃料。1985 年，农户开始使用石油液化气。2005 年后，农村使用液化气占比较高，柴草、液化气兼用的也有，仍单用柴草的不多。20 世纪 80 年代，陆续置办电饭锅、电炒锅、电茶壶等电炊具，用电作燃料逐步普及。

交通与通信　20 世纪 90 年代前，近途出行全靠步行，后用自行车居多，此后摩托车、电瓶车进入家庭，2010 年后，普通家庭有汽车或小轿车的增多。90 年代中后期，固定电话、移动电话陆续进入千家万户。

家庭设备　旧时，境内居民日常生活用品以一些生活必需品为主。20 世纪 80 年代，农村家庭主要耐用商品满足于“老三件”（自行车、缝纫机、手表），90 年代开始购买“新三件”（彩电、冰箱、电风扇），并开始追求组合家具、沙发等。此后彩色电视机、空调、电脑、太阳能热水器、吸油烟机、洗衣机、电冰箱等相继进入家庭。

旅游　20 世纪 80 年代后期，外出旅游逐渐成为时尚。旅游线路由初期的去建德大慈岩和灵栖洞、兰溪诸葛，及杭州、宁波、温州市等省内短线游，逐渐发展到去北京、上海、苏州、广州、深圳市等地的长线游。进入 21 世纪，到国外旅游的逐渐增多。

教育医疗　教育投资越来越受到居民的重视，教育文化娱乐用品及服务消费大幅度增长。农村居民用于医疗保健的消费也持续快速增长。

住房　旧时，除少数富户有像样的多进院落的楼屋外，一般民众大多为泥墙草屋。20 世纪 50 年代初，新建住房以泥墙瓦房为主；70 年代，草房、棚屋逐步翻建为平房瓦屋，少数条件较好的用三合土（石灰、黄泥、黄沙）垒墙，少有砖木结构，房屋式样为硬三间；80 年代，住房质量逐步提高，多砖墙瓦房，楼房则采用砖混结构；90 年代流行钢筋混凝土结构，多为别墅样式。进入 21 世纪以来，购买城镇商品房者日趋增多。

第四章　风俗　宗教

横山地处龙游县北，素有北乡的人格，又因与金杭衢交界，有海纳百川之性情。随着社会变革的日趋深入，物质生活水平及生活内容、生活方式的变化，境内体现社会环境和物质文明程度的风俗，在不同时代下差异明显，形式和内容不断变更，但勤奋节俭、知恩图报、热情豪爽、长幼有序、尊师重教之风几乎不变。历史上，境内信奉佛教者众多，曾有寺庙林立遍地之说，现信奉基督教的不少，本志作概要记述。

第一节　民性民风

世代偏居龙北一隅，古朴质直而不尚渔利是境内民性民风的真实写照。民淳事简，风俗淳厚，畏刑宪，寡词讼；爱亲戚，敬宾客，睦邻里，非法之事惧不敢为。综合有关资料，境域民性民风可归纳为以下五个方面。

勤奋节俭　旧时，居民谋生不易，均养成吃苦耐劳、勤奋节俭的风气。“农务勤，治无隙地”(民国志语)，一方面说明农家生活的艰辛，另一方面说明从事其他行业者虽终岁劳顿，辛勤劳作，却也能节衣缩食以求温饱。以勤劳为美德，视吃苦为常事。农家习惯黎明出工，天黑收工，农忙时即田头进食；稍闲，则忙于砍柴、积肥等事。多务农，勤耕作，不尚渔利。终岁辛劳不以为苦，游手好闲者为人所不齿。如今，虽收入增加，但勤奋节俭的风气依然保持。

热情豪爽　北乡人的豪气首当其冲体现在酒。红曲米酒、荞麦烧酒，一酿就是十几坛、几大缸。这个缸也不是一般的缸，而是几人合抱的大酒缸。每次有朋友来喝酒，去缸里舀酒的也不是小酒勺，而是大脸盆，来来回回没个四五趟不过瘾。酒席上讲究桌位，一顿饭吃好几个时辰是常事，必喝得一个个脸像关公，有人趴倒才罢休。招待的菜，更是费尽心思，必须得一大桌大鱼大肉。

知恩图报　受人好处，总以图报答。凡从他人处受到照顾或得到帮助，千方百计想办法予以回馈。年轻人投师学艺，必循严格规矩，遇到“时节头”，均提糕点、礼品看望恩师。恩人来家必设宴招待，待客大方，唯恐不周；如留不住吃饭，也要请以点心；客人离去必馈赠礼物，不让空手而回。对上门者，必以宾客礼待之，年节、饮宴之际，更尽其所有招待。逢当地庙会演剧等，必广邀四乡亲朋，邻里间以来客众多为荣。

长幼有序　凡宗族中有年龄比自己大的，都认其为前辈。即使生活条件、官阶没自己高，在其前也揖拜问候。看到祖辈则称某伯祖某叔祖，见到父辈则称某伯某叔，见到平辈则称某兄某弟而揖。家庭内部分工明确，男女老少各有所责，各尽其能。此外，亲邻之间团结互助，数世之亲仍来往不断。凡红白喜事、祝寿建房等礼尚往来，必按规矩行事，即使债台高筑，也在所不惜。

尊师重教　“组学缀文取进”“弦诵之声琅琅相接”，旧志中的这些记叙虽然美好，但仅局限于少数人。随着教育的普及和机遇的平等，人们把教育当作家庭的第一要务，不敢有丝毫懈怠。尽管难免有一些“功利性”弊端，却是社会进步的一个明显标志。与此同时，教师也越来越受到社会的尊重，地位日益提高。

进入21世纪，社会开放程度提高，经济发展迅速，人们的生产活动和经济条件发生新的变化，民情风俗也伴随着这些变化而演变。同时，风俗的地域性差异远不如以前明显，主要是：重农意识淡化，出门打工、外出经商已成常态；人际交往广泛，不局限于族亲、姻亲，已扩展到更广阔的社会层面；尊师重教成为共识，视教育为培养后代和改善家庭社会地位的重要途径；起早落夜的辛劳和繁重的体力劳动已不是生活常态，生活的舒适和轻松程度大为提高。

第二节　岁时　礼仪

境内重时令节日和礼仪，习俗形式多样，寄寓人们对美好生活的向往和追求，也掺杂些许迷信色彩。20世纪50年代后繁文缛节去除不少，而民间交往尤其是婚丧嫁娶，仍有一些旧时礼仪保留至今。

一、节令

开门　除夕“封门”后便不外出。初一“开门”放火炮，开门要择时辰，一般喜抢先，最早在半夜子时，因此除夕夜爆竹声通宵不断，近年加以烟花，更显热闹。

吃菜羹　大年初一用青菜、芋艿、豆腐、猪肉等混煮，以米粉调成糊状。方言“菜羹”与“催耕”谐音，吃了菜羹春耕在即，含吉兆丰年意。

拜年　旧时，正月初一不出门。是日，垃圾不外扫，上坟给坟头压黄纸。初二始拜年，最迟到正月二十，谚云“拜年拜得健，拜到正月廿”。带糕点，须双数。现改用瓶酒、各种营养品等。要给小辈“红纸包”，旧时一般只数角，后数元、数十元，现已过百元。现正月初一也有出门走亲戚拜年的。

元宵　正月十五，又称上元节和灯节。一般从正月十四开始，十六结束。

清明　是日，家家户户上坟祭奠祖先，并为坟墓压土。

清明粿　清明节要吃清明粿。采摘鼠曲草(俗称蛏蚁青)或艾青，涮过后用清水漂净捣烂(也可用电磨磨成青粉)，拌部分粳米粉揉成团放锅中煮熟，称为“粿芡”，捞出后再添加粳米粉和青粉，用力搓揉，使之均匀、柔韧即可包馅。甜粿用糖、豆沙、芝麻做馅，用粿印压成圆形；咸粿用腌菜加肉等做馅，用手捏饺子状；也有用酱做馅，用粿印压成圆——做好后置炊笼中蒸熟。

端午粽　端午节要吃粽子。咸粽以肉、豆、芋头等为馅，甜粽以豆沙为馅，也有浸糯米于灰碱水中，裹时不加馅，称“灰汁粽”，不易变馊，存放时间长，也有用黄叶柴之叶煎汤汁浸米裹粽，熟后呈金黄色。

晒红绿　农历六月初六，把衣服、被帐、书籍等置于阳光下暴晒防霉。杂色纷呈，称“晒红绿”。

图 4-1　　　七层糕

七层糕　农历七月十五要吃“七层糕”。将大米用石灰水浸透，漂净后磨浆，一半加红糖，一半加白糖。先在蒸笼中浇一层白糖米浆，厚约半厘米，熟后浇一层红糖米浆，厚薄相仿，共浇到七层，蒸熟切成菱形糕块食用。

切冻米糖　源于祭灶之俗。入冬后炊熟糯米，放户外受冻，用手搓散晒干，谓“冻米”。至腊月年边炒熟成“米胖”，掺黄豆、花生或芝麻，拌入熬好的饴糖、食糖溶液，调和后撒上红绿丝，用框架压紧，冷却后切片贮藏。不用冻米而以糯米直接炒制的称“硬米胖”，也有专用芝麻、花生做成的，味道更好。

杀过年猪　宰自养猪过年，称“杀过年猪”。进刀时小孩要回避，主妇则避在隐蔽处发出呼猪声，待被宰之猪啼声止后始出。杀毕，烧猪内脏请屠工吃饭。猪肉多自用，为便于保存，加工成腌肉、风肉，或用酱油浸泡成“酱肉”。

掸尘　年前，洗家具，扫房舍，谓“掸尘”，选腊月初至谢年前单日进行。

炊发糕　用作点心和馈赠亲友。糕发得透，不但味道好，还意味着新年“发达”，发酵不透的称为“实瘪糕”

打年糕　打年糕用粳米，可将粳米炊成熟饭制作，也可磨湿粉蒸熟制作。打年糕要趁热，往往几家联合，一家完成后，再转到另一家。

搓圆粿　过小年(农历腊月二十四)要搓圆粿吃。圆粿就是汤圆，用“七日粉”(糯米浸水7天后再淋清晒干磨粉)包馅，馅主要由猪肉、萝卜丝、豆腐干等炒熟拌成。包好后放水锅中煮熟再撒以葱花等佐料。

图 4-2　　　北乡圆粿

还有一种是实心的，把七日粉搓成小圆球，煮熟后沾上白糖芝麻粉食用。

八宝菜　春节，家家都炒“八宝菜”，即豆腐干、荸荠、千张、油豆腐、豆芽、红萝卜丝、白萝卜丝、咸菜拌以生姜大蔬叶等炒在一起，爽口开胃。

谢年　是旧时家庭中隆重的祭拜仪式。通常在除夕，也有腊月二十七、二十八晚间进行。供以鸡、肉、酒、饭，饰以剪纸图案，焚香点烛，跪拜叩头，鸣放鞭炮。祭拜时关闭大门谢绝外客。此俗已趋简化。

除夕　农历腊月二十九或三十为岁除，晚上称除夕。白天更换春联，张贴五谷丰登、六畜兴旺小红喜纸；晚上祭祖、聚宴、守岁。聚宴称“分岁”，宴毕，幼辈拜尊长称“辞年”，尊长分给幼辈红纸包，称“压岁钱”。午夜插香放鞭炮“封门”。

二、礼仪

婚嫁礼俗　旧时，婚姻全由父母包办，还须遵守繁琐的礼俗。男女双方不见面时，沿袭下列“规矩”：

问名　双方父母认为门户相当，可以说亲，男方遣媒人去女方求得年庚八字，以便请星相家或算命先生占算是否冲克。

议聘　男女年庚八字无冲克，双方同意结亲，男方遣媒人去女方商议聘金。

送定　古称纳采、缠红。择定吉日，为“送定日”。男方将议定聘金及点品（酒、鱼、肉、鸡、粽子、印粿、馒头等）三分之一数，雇人挑至女家。又把新郎庚帖用红布包好放入匣内聘金之上（聘金也需剪红喜字逐一粘贴），匣外复裹以红布，上面插一丛连根万年青，由媒人送至女家。女家将聘金及点品全数收下，男庚帖也收取。回送男家帽、袜、鞋、衣服及喜果（红绿花生、红鸡蛋、枣子、核桃、龙眼等），匣内并放入女庚帖。

送节　送节也是送聘金及礼品的日子，但有一定时节，一般在端阳或中秋。此日，男方将所余之聘金及点品，抽其半鳖，雇人挑至女家，与送定相仿。

送日子　男方由星相家择定迎娶日期，用红书帖写好（称“日子书”），由媒人送至女家求娶。女家接到日子书后，一般答应者居多，或因时间逼促，备嫁妆不及，要求缓期者亦有。

搬奁　在结婚前两天或三天，以日子成双为吉。移妆奁之日，将送节所剩之聘金及点品全数送至女家。女家收到后，设酒数席，款待前来相帮抬妆奁的人。妆奁抬回后，男家请出未嫁女子二人，将梳妆台、匣先搬入房内，其余之妆奁乃次第移入。

迎娶　是日，男家雇花轿、小轿各一，花轿四周红绿纸花，后挂大灯笼两盏、长方肉两条。出发时，宫灯、堂灯在前，花轿居中，媒人坐小轿在后。并有二人在前面沿途燃放爆竹，谓之“押轿”。将到女方村庄时，离村半里许，停住花轿，押轿人持写有女婿姓名的红陆——拜帖至女家通报信息。女方即差童男二人，敲钞打嫩前往迎接，称“接轿”。轿夫乃将花轿抬往祠堂或家庙（无祠堂、家庙的就抬入屋内）。此时允许青少年将庙门紧闭，不让花轿抬入。押轿人要拿出零星钱钞从门框下掷入，请求开门，此谓“讨利市钱”。若押轿人能言善道，少许钱就能叫开门，反之，若惹怒青少年，门内加杠就难了。遇到此类情况，女家亲戚需出面排解。花轿入祠堂或家庙居，女家设酒席宴客。新娘听到花轿到来，即开始哽咽啜泣，利市婆也呜咽相共，谓“韵兴”。媒人一行用过酒饭，起轿告时将至，媒人手提灯笼入房催新娘上轿，要连催三次。新娘若有长兄者，则由长兄抱入花轿，无则由利市婆抱入花轿。四名轿夫将花轿用手抬出百步外，改用二人肩抬，女方兄弟送至百步外也折返。沿途所过村庄，均可拦轿看新娘，押轿人不得阻止。

婚礼　花轿到达男家，男方也令二小孩打着锣鼓前往迎接，将花轿引入祠堂，然后摆设香案。新郎出，向花轿三揖，谓“拜轿神”。利市婆搀出新娘，立于米筛上，新郎左立，新娘右立，纸炮一响，双双朝天拜，称“拜天”，背而拜之，称“拜地”，均须三跪四拜。末后，新郎新娘交拜一揖，即俗称“先拜天地后拜堂”。拜毕，新郎将新娘抱入房内，利市婆、伴姑在后相随。利市婆取酒一杯，先给新郎喝一口，再给新娘喝一口，称“吃交杯酒”。利市婆赞吉词，将新郎新娘两头互碰，谓“结发到老”。新郎出房。是时，不论男女老幼均可入房看新娘，并用种种嬉语引逗新娘发笑，如能引起新娘发笑者，利市婆乃发给喜果。

洞房　酒宴结束，待闹房人退后，新郎拜过双亲及长辈，回房就寝。房中不准灭灯，房门不准关死。好事者常于门缝外窃听窃看室内谈话及举动，以资谈笑。待新郎新娘入睡后，亲朋好友，及至家叔公均可入房偷取新娘的衣服、鞋子及嫁妆。次日由新娘用果品糕点赎回。

三朝　结婚第三天，新郎新娘整齐衣冠，先往祠堂、祖坟礼拜、认祖，然后回家拜见长辈、平辈，受拜者均须送新娘红纸包。是日，新娘兄弟也来，称“做新舅”，又称“拜三朝”。

回门　三朝后的二天或三天，以双日为定，新郎新娘双双乘轿去女家拜见岳父母和女方亲友，傍晚原轿回家。

十朝　结婚后十天，新娘之兄弟挑果品糕点来看望姐妹，称“做十朝”。

弥月　婚后一月，女方父亲前来会见亲家。

解放前后，男女双方见面时，增加以看人家、压帖等内容。

看人家　也叫看东家，即“相亲”。一般先由媒人陪男的去女方家，女方以面条、鸡蛋招待，如女方赠以7个红鸡蛋，表示已初步同意。下一步就由媒人陪姑娘到男方家做客，一般由母亲、姐妹陪同，男方必热情招待。男方对婚事同意，也赠7个红鸡蛋，并赠红包。20世纪70年代前一般给姑娘10元，陪同每人（包括小孩）2元；70年代以后给姑娘30元至50元，从者每人5元至10元；后加至给姑娘100元至200元，陪同每人10元至20元；近年仍在上涨。女方如收下红包，则表示同意。

压帖　即“纳彩”，民国以来称“订婚”。男方把行聘吉日写红帖上，请媒人送往女方，并把女方年庚红帖带回。然后再请媒人去女方家开来礼单，写明男方需送多少聘金、财物、糕点等。“压帖”后，双方父母便以亲家关系往来。此俗农村仍流行，程序则简化多了。

寡妇出嫁　在旧社会，寡妇出嫁为人所不齿，故不仅无嫁妆，连各式礼俗也被废除。经中间人商定寡妇身价后，男方即可雇小轿带“身价银”去女方抬人。轿子到，不放鞭炮，不宴请宾客。寡妇也不准在公婆家上轿，要走出“水口”（即村口）之外，脱下脚上鞋袜，换上后夫家带来的新鞋、衣服。寡妇上轿了，男方才付“身价钱”。婚礼也极简单，酒宴只请至亲。若寡妇不愿嫁给由公婆做主的人，则行“抢亲”，即将寡妇骗出村外，由男方人劫入轿内抬走，强行拜堂。此举后果往往较惨。

抱童养媳　男大女小称“童养媳”，女大男小称“等郎媳”。两者婚俗相同。由介绍人说合后，男方择日带一套新衣、一双新鞋至女家。女孩换上新衣新鞋后，右手持万年青，左手拿“子孙袋”（红布小袋，袋中装花生果品），由来人背回男家，然后拜天拜地拜祖先。男女不互拜，要等到男女双方长大成人“并亲”（即合房）时才补拜。“并亲”时日一般规定在农历腊月二十四夜，即所谓灶司菩萨上天之后，意在瞒住天神，免遭灾祸。

解放后，国家颁布新婚姻法，提倡恋爱自由，婚姻自主，废除包办婚姻。同时男女丧偶，再嫁再娶，均不为社会所歧视，新事新办，蔚然成风。

出生礼俗 小孩出生是大事，男女父母都十分重视，一般遵行下列“规矩”：

催生 临产前一月，娘家备新生儿之衣服鞋袜数套及各种点心（如馒头、粽子、红鸡蛋等）送至婆家催生。婆家收下大部，退回小部，并将收下之点心礼品分赠给亲友、邻居。收到催生点心者，待孕妇分娩时都得回送鸡蛋、红糖、胡桃、糯米等物，称“生母羹”。

报喜 孩儿落地，父亲即去外婆家报喜。生男则送黄酒两坛、大公鸡一只（用红绳系之）；生女则送红鸡蛋七个、母鸡一只（也用红绳系之）。外婆见到礼物，即知生男生女。回赠的礼物称“开生”。

三朝 孩儿生下第三天，请接生婆及长辈吃酒，称“三朝酒”。来者要向产妇送礼，给新生儿送红纸包。

赐名 七天后由家长或族长为新生儿命名，一般书学名、乳名各一，用红纸张贴产房门边。若赐名者系社会贤达，则当日备宴请酒。

满月 弥月时要宴请亲朋吃“满月酒”。替婴儿剃除胎发。外婆家也要送礼为外孙做满月。做过满月，产妇方可出房。

百日 第四月，外婆家备礼为外孙做“百日酒”宴客。

周岁 备牲礼敬神，兼宴请亲朋。外婆家要送衣物、首饰及红纸包。有的富户送牛头，称“外孙牛”。自此后，每年为孩儿做一次“生日”，外婆家都得送礼。若是男孩入学时“则命以字”，若是女孩“及笄而许缨”。在农村尚有“认亲爹”“认樟树娘”之俗。

民国以后，各种习俗亦随之改良从简。女儿生育，娘家送礼，只在开生时送少量婴儿衣物和糖、蛋，满月、百日、周岁皆免。解放后，婴儿出生，阖家欢乐，长辈赠送衣服、各类玩具。近年又趋隆重，有满月、百日、周岁无不设宴庆祝的。

寿庆礼俗 旧时寿庆一般自五十岁始，十年一庆。八十耄寿，地方官要亲临祝贺。现一般60岁以上称做寿，50岁以下称做生日，有“男不做三，女不做四”规矩，即男子30岁、女人40岁的生日免做，因“三”与“丧”谐音，“四”与“死”谐音。60岁以上逢十寿辰都提前一年庆祝，谓之“做九不做十”。

发帖 差人去亲朋家送帖，通知祝寿日期。

寿堂 中堂张灯结彩，悬挂寿幛寿联和寿星。有社会地位之富绅，则购黄绢一块，请县衙盖一百个县衙官印，组成“寿”字，制成寿轴，张挂中堂。

寿礼 一般为金字寿烛、红印寿桃（馒头，五十寿庆送馒头六十只，六十寿庆送馒头七十只，类推）、寿面、寿酒，也有包钱钞的。

拜寿 拜寿之前，先请道士或和尚“做功德”1～3天。期间，任何人都可进屋吃饭，主家供应只限素食。拜寿时，先扶穿礼，服着红鞋的受礼人（包括妻子）至中堂正立，爆竹声响后（有的地区不准鸣炮、祭酒），受礼人先拜谢天地和祖先，然后落座受拜。来客先拜，家属后拜。礼毕，受礼人分给未成年男女一人一红纸包，名“百岁包”。

寿宴 开宴前先吃寿茶、寿糕、寿面，皆为素食。正式寿宴，开斋吃荤。餐数不限，视宾客多寡而定。

民国以后，长辈寿期只限家庭亲属设宴庆贺，不发帖请客送礼。解放后，长辈寿期，晚辈回家团聚，以表敬意。农村仍沿袭吃长寿面，均无大张旗鼓祝寿之举，现农村有专门请放电影的。80岁以上也有忌做寿的，说是做寿很快就会寿终。

丧葬礼俗 老者死去，称“正寝”，俗曰“过辈”，丧事则称“白喜事”。以前一般人家均用棺葬，墓多砌砖为椁，俗称“坟圹”。古时也有以石板砌椁的。丧礼按死者经济地位定繁简。

送终　病者临终，家属到场送别。咽气后，即烧纸锭，谓之“烧落地纸”，富户请和尚来念“开路经”。

落地　替死者抹身、梳头、更衣后，将尸体移至堂前（靠左），覆以被单，同时插香焚纸点油灯，在路口烧毁死者被褥席草之类。门前挂黑布条，以示邻里。

报丧　将死讯告知亲友。报丧人不论晴雨带伞一把，至亲友家将伞倒放堂前，主人当即明白来意。

戴孝　服孝分五等，谓“斩衰”“齐衰”“大功”“小功”“緦麻”，皆麻布衣。民国后从简，以颈间挂一麻辫，鞋头缝一块麻布代之。麻布衣只限长子出殡时穿。

落材　将死者殓入棺木。家属亲朋皆持香作相送状。

封材　落材后第二天晚，将死者整容后，家属亲友围绕棺木走一圈，以示告别。再将亲友送来的“寿衣”“寿被”一一喊名放入，然后盖棺钉死。

守灵　出殡前，设孝堂。孝子轮流侍守棺侧，朝夕不离。早晚送食如生时。亲友前来吊孝，由孝子跪迎跪送。若来者带有女眷，死家女眷也至孝堂跪迎。

做道场　又称“做功德”“做斋”，请道士或和尚为死者超度。根据家庭经济力量决定繁简，可做一个晚上，也有1~3天，官绅富户家也有做七七四十九天的。

点主　出殡前一天，请地方绅士在牌位（又称木主）上加点。仪式极为隆重，搭台设祭，奏乐鸣炮，唱诗祝词，手续烦琐。除点主人外，尚有八位“礼生”相助（也有在出殡后点主的）。

出殡　幡幛引路，鸣锣开道，孝子持孝棒扶棺，家属亲友后继。送葬人数多寡，声势大小，由死者社会地位及家庭经济情况而定，凡送至墓地者均可分得馒头。

安葬　棺至墓地，抬棺人不解绳索，待死者女儿拿出“红纸包”才解，此谓“解索钱”。家属绕圈撮土放在棺木上，谓“盘丧”。棺入圹，道士唱经，谓“喝丧”。灵柩归位后，家属迎回木主，送入宗祠安奉，称“回灵”。

谢孝　葬事毕，孝子穿孝服上亲友家表示谢意。

丧葬礼俗的改良自民国始，抗日战争时期呼声最高，但只有少数知识界人士按改良礼俗行事。即：长辈死亡，在堂上布置孝堂，亲自检理衣衾棺椁，依礼成服，并素食斋戒；亲朋前来吊唁者，改用黑纱布一条围在左臂上，或分送白纸花一朵插在左边小袋口上以志哀念。解放后，悼念死者普遍采用送花圈，开追悼会的方法，亲友志哀左臂戴黑纱或胸插小白花。悼词介绍死者生平事迹，以褒为主。改土葬为火葬已推广多年。

三、祭祖

香火　旧时，家家设香火，成家而不设香火被人不齿，租住房子者会被房东逐出。“香火”就是在一张红纸上写“天地君亲师之位”几个大字及所奉祖先郡望、姓氏，一般贴中堂正中，前置桌或扛几，设香炉、烛台，每月初一、十五要上香，表示香火不断，故称无子嗣者为“断了香火”。邻里纠纷，如被对方损坏香火是莫大耻辱，绝不善罢甘休。现仍有少数家庭供奉香火。

上坟　每年正月初全家去祖坟祭拜，称“上新年坟”。焚香点烛，燃放鞭炮，铲去坟上杂草并培土，把屏纸折成条状并贴红纸条，用石块压在坟顶。清明上坟，谓之“烧清”，供以清明粿，但不放鞭炮。中元、冬至上坟形式类似清明。

挂太公画　谢年时，取出保存的太公像悬挂中堂，先拜天地、灶君，然后把祭品摆香案上，叩拜太公像，至正月二十收藏。平时妥善保管，即使逃难也带着同行。此俗解放后消失。

做谱　旧时，30年做一次家谱。请有声望老先生执笔，太公头（族长）主事。新谱作成，旧谱照例焚毁，并进行祭谱仪式。太公头主祭，设内外香案，有司仪、执事主持。做好后要编顺序分存各房妥善保管，每年六月初六要晒谱防潮，剔去蠹虫。即使逃难，也必带家谱随行。20世纪50年代后有关家谱风俗消失，80年代后做谱活动有所恢复。

堂祭　在祠堂祭祖称“堂祭”。这天祠堂门大开，清扫干净，设内外两个香案，供全猪、全羊等，请来吹鼓手，由族长主祭。仪式结束设“祠堂酒”，请本族头首、各房长辈会饮。要分馒头，馒头每斤4个。全族男丁每人一份，有学历者加倍，学历越高所得越多。此俗解放后消失。2010年2月28日，廻源三槐堂王氏宗族后裔举行祭祖活动。祭词如下：

维

公元二〇一〇年二月二十八日，廻源三槐堂王氏宗族后裔举行祭祖之典，值此之际，廻源众裔敢昭告于列祖列宗之尊灵曰：

先祖功德千古流芳，先祖业绩万代传长。天地玄黄，玉宇洪荒，物换星移，人世沧桑，廻源苗裔，源于晋源，于宋年间，始祖王烽，徙迁廻源，三槐之枝，厥派蔓延。

七百余年来，列祖厚德，行于乡间，耕读传家，广结善缘，励精图治，门庭丕显。廻源王氏托先祖之厚福，汲祖宗之重德，承前启后，继往开来，我先祖为王氏之兴旺发达而历受艰辛，饱经风霜，实为可亲可敬，可歌可泣。

今观王氏一族，人逾万千，家逾千户，事业光旺，英才辈出，实乃三槐之荫，根深而叶茂，廻源祖历之水，渊远而流长。

今逢盛世，国运升平，春回大地，惠风和畅。吾辈当谨遵先祖遗训，传承深仁厚泽，耕读传家，诗书继世，农商共兴，发家致富，和谐互助，永结同心，和善慈孝，勤俭持家，勤学苦读，培育后人，效力国家，唯此方可告慰先祖，唯此方能先祖安息，唯此当族门增辉。

呜呼！先祖之恩不可忘，祭祖之心不可无，唯我王氏子孙后代者，将虔诚不息，刻骨铭心，我后裔凝聚团结，奋发向上，继民族之精神，承先祖之风范。我等必将，继祖德，续祖训，展示三槐文化，再造廻源辉煌。

愿我先祖列宗在天有灵，福佑满堂，平安吉祥。助我晚辈，成就祖业，代代兴荣。廻源王氏列祖安息！安息！

钦哉　尚飨

（作者：徐豪）

四、祭神

抢头香　旧时正月，族长带领族中男女老少，穿新衣，抬一童男，仪仗队背方天戟护送，一路敲锣鼓燃鞭炮，带鸡、肉、馒头、香烛，去佛庙进香。先由族长插香拜祭，族长所插的香叫“头香”，祭拜完毕，众人哄抢头香，以为抢到者这一年运气特好。此俗现已不存。

进香　境内最盛进香。旧时男子有“进香会”组织，每会一二百、数十人不等。赴江西三清山、永康方岩、舟山普陀等地拜佛，名“朝山”。妇女也拜佛，一般在境内，进此香者必中年停育妇女，子女儿孙或外孙随行，但媳妇不同行。携纸箱，内装香烛等，子女掮之。无子女者，须自己背着。此俗解放后废。

认樟树娘　孩子多病有认“老娘”（干娘）的，据说能消灾除病。把写有孩子姓名、出生年庚红纸贴樟树上，焚香膜拜。逢年节都要带孩子祭拜，燃放爆竹、鞭炮。类似还有认“石头老娘”，如孩子“五行”缺土，则带孩子到某山岩或某块巨石前焚香祭拜认为“干娘”。20 世纪 70 年代后，此俗已不多见。

祭物 如 2010 年 2 月 28 日，儒大门村举行草龙祭祀活动，诵读祭文，祭词如下：

维

公元二〇一〇年二月二十八日，迴源士民及各方来宾，集于三槐堂，追远抚今，竭其虔诚，谨以俎馐醪浆之荐，时花雅乐之隆，致祭草龙始祖。辞曰：

春回大地，惠风和畅。怀我龙祖，德业辉煌。

追始溯源，天旱禾荒。始祖王烽，梦见龙王。月圆之夜，以草为龙，舞龙得霖，方解旱荒。万民协和，四裔垂芳。世泽传承，德惠永长。

日居月诸，盛德弥广。龙脉一族，乃祭乃旺。世代延续，源远流长。龙祖之泽，无量无疆。龙祖之魂，凝聚四方。龙脉永承，龙族永昌。

神龙点睛，意在飞翔。今日舞龙，同奔小康。经济繁荣，百业兴旺。政通人和，续写华章。社会和谐，人心昂扬。民生安居，福祉绵长。追古溯今，矢志不忘。龙族后裔，神人共襄。吾辈人民，慨当以慷。科学发展，业当共创。攻坚克难，弥刚弥强。千秋万世，兆民阜康。魂兮来降，永赐吉祥。谨告我祖，伏维尚飨！

（作者：徐豪）

第三节 生产习俗

旧时，抗御自然灾害能力低，为求风调雨顺，多有祈祭神灵之举。祈年、禳灾、互耕、雇工等习俗甚繁，多体现在稻作中，形式、内容与其他各地大多相仿。20 世纪 50 年代始，科学技术日益发展，旱涝保收程度提高，旧俗大多消亡。

一、农作

五谷神下田 播种早稻前，用 3 炷香、3 张黄表纸扎以红纸，插在秧田沟里，并插 1 根柳条或竹枝，表示“五谷神”已经下田。民间有“五谷神下田，田畈就无鬼”俗谚。撒种时，谷种先向下甩 3 下再朝上抛撒，说是如此秧苗容易生根。忌太阳上山、月亮下山时播种。现时，年轻人已不知五谷神为何物。

开秧门 每年第一次拔秧称“开秧门”。旧时，田主家要备鸡、肉、酒饭，焚香烧纸祭拜祖宗香火，并祭五谷神。

窖灰 农村以稻草为燃料，稻草灰是主要肥料。山区以焦泥灰为主，以杂草连泥铲下晒干后焙成。平时堆灰铺中，施用时泼入粪便。待其混合后，用锄头拌匀，以手捏成团落地则散为准，谓之窖灰。不论拌种、追施均有效，为传统“当家肥”。近年主要用于拌种或盖种。

二、饲养

赶猪牯　养种猪俗称“赶猪牯”，戏称“猪亲家”。出门时腰间缚汤布，手持竹枝随公猪后面催赶。东家除付酬资外还请吃点心，照例鸡蛋两只、面一碗，吃了就走。半月后如母猪未受孕，则再交配一次，待遇与前次同。旧社会视赶猪牯为低贱职业，乡俗请客人吃面忌放两只鸡蛋，免与赶猪牯者相同。20世纪80年代前每次酬资五角，后来视路途远近及物价升降而定，一般不再请吃点心。

教牛　小牛长到两岁时，要在正月里选择属龙或属虎的日子教其耕田。事前七八天先穿好牛鼻子，系上牛绳，配上龙口兜。在选定的日子里，选择一块沙质土的空田，两位副手把犁勾筒（小毛竹制成，一头系麻绳）系结左右两边的龙口兜上，分站牛两边，双手捏住犁勾筒，掌握牛行方向。教牛者架上牛轭，系好牛绳，右手扶犁把，左手拿竹枝和牛绳，对牛大声说“今天是好日好事，教你耕田赚饭吃。眼睛看行路，耳朵听声音。嘿！是叫你走。哗！叫你站住。牛绳弹撑叫你向右走，牛绳拉拉叫你向左走。转！就是掉头，掉头入行，行就是你的路，要趁路走。走得直放你歇歇力，走得好放你吃青草”。这些话，在教牛过程中要反复说。教牛是吃力而乏味的事，方言中常用“比教牛还难”来形容不善于学习的人。

豆粽　农家爱牛如命，指派专人放牧照料。寒冬为防耕牛冻死，除喂以青草外还喂“豆粽”，即扎稻草成粽状，内包浸胀的大豆或马料豆。农忙季节还饲以少量黄酒及鸡蛋、糯米粥，促使耕牛恢复体力。

三、买卖

出秤　20世纪40年代前后，商人多用市秤，一般农民、居民沿用老秤。新老衡器间的差额可谓“出秤”。通常市秤、老秤比率为115∶100，商人往往视情况调整比率。农民出售大米，除打听价格信息，还盘算商家“出秤”多少，综合权衡方悟出合算、吃亏。

豆腐担　农村做豆腐者串村走卖，以黄豆换取，通常每斤黄豆换豆腐3斤。一般每斤黄豆做豆腐4斤，多出的即利润。粉干、年糕等亦上门串换。

络头担　即“货郎担”，销售针线、纽扣之类，品种多而细小，可用鸡蛋或大米串换，还收购一些废品。深受农民，特别是妇女欢迎，终年流动乡村，亦称“路头担”。有说每副货郎担可养活6口之家，又称“六头担”。20世纪80年代后只有春节前后有，且多义乌人，目的收购鸡鸭毛。近年络头担绝迹，出现专收鸭毛者。

第四节　生活习俗

生活习俗涉及衣食住行，渗透着浓郁的文化底蕴，尤其是饮食习俗最具地方特色。境内主食米饭，菜肴以蔬菜为主，辅以豆制品及禽蛋鱼肉，有加工各种干菜和腌渍品的习俗。习惯饮家酿米酒。

一、饮食

烧粥捞饭 农家惯用。烧时多放点水,锅里米粒七成熟时用策兜捞起,置饭钵中,放灶前灰塘里,以炭火余热煨熟保温。锅中剩下的,略加焖炖即成稀饭。

肉圆 旧时用蕨粉、葛粉,现在一般用番薯粉。将肥猪肉剁细成糜,加入适量萝卜丁或笋丁,有的还加入少量豆腐渣,和淀粉拌成半糊状。炊笼垫上芭蕉叶,用圆勺将粉糊舀于叶上,叠于锅上蒸熟。肉圆性韧,有肉香兼芭蕉叶香,既可做菜,也可充饥。旧时在酒席上和馒头一起分发每个客人,供其带回家去。现早餐店常年有售。

荞麦粿 馅往往是萝卜丝和咸菜,有饺子状的,也有圆饼状的,在锅中煎熟,香味特殊。荞麦粉也可揉成团压扁,切成短条在汤中煮熟,称荞麦面。荞麦产量极低,现已罕有种植。

油煎粿 制作方法为"沸"。麦粉调成糊,将粉糊舀入粿提,在沸油中烫成粿壳,然后舀入炒熟的馅料,再浇上粉糊,整个浸油中"沸"至半熟,再将粿坯从粿提中脱出在油中煎熟,以酥脆为特色。

炒番薯片 番薯收获后先存放一段时间,使其变甜。刨去表皮,切成薄片,在开水中涮熟捞出晒干。选用干净沙粒在锅中炒烫,倒番薯片于锅中翻炒,待其颜色金黄,舀米筛中筛下沙粒即成,味道香甜,是孩子喜欢吃的零食。将番薯煮熟,切成条晒至半干,置饭甑中炊蒸,再晒干就成番薯条,也是一种可口零食。乒乓球大小的番薯煮熟后风干,风味特佳,称"番薯枣"。

做豆腐 农家常自制豆腐。黄豆浸水(天寒12小时,天热4小时)后磨浆,烧适量开水猛倒入盛豆浆的木桶中,盖上桶盖10分钟后,舀去浮在豆浆上的泡沫,滤去豆腐糟后煮开,就可以用盐卤或石膏溶液点豆腐。待凝结的豆腐花与水完全分离,将豆腐花舀入包袱布中包好压实。沥去水分,即成。

晒干菜 春夏之交,芥菜洗净切碎腌两天,晒一天后置饭甑内炊熟,晒干即成。制作干菜的鲜菜以九头芥、雪里蕻最佳。掺食盐为咸干菜,否则为淡干菜。

豆腐乳 也称霉豆腐,一般在秋冬之交时制作。把豆腐切成一寸见方,放炊笼中,底部垫以干净的稻秆以免沾黏,叠笼盖严。七八天后待豆腐上有黄色菌丝,便用菜油炒盐,夹豆腐蘸盐和辣椒末后叠放于瓮中,注入适量米酒,密封放置阴凉处,数周后瓢中有汤即可食用。如撒入少许胡椒风味更佳。也有把萝卜切成块一起腌制的。

辣椒酱 取红辣椒去蒂,切成小片拌入适量食盐,在石磨中磨成浆,入姜封口置阴凉处,随取随用。也有不磨浆的,其制法是将红辣椒逐个用干布揩净,剁碎后加入食盐、姜末、蒜末和味精,拌匀后装入陶影或玻璃瓶中,随时取用。辣椒酱要秋凉后方可制作不然会起泡沫霉烂。

倒覆菜 将芥菜晒瘪洗净,晒软后剥下菜叶,切碎菜心,置木盆中加盐反复搓揉,然后加红曲酒酒糟拌匀,用菜叶将碎菜心包成菜团,逐层叠放甏中,叠一层铺一层红曲酒糟,并压实。菜甏装满后用竹叶封口,卷口朝下置阴凉处,可长期取用。由于菜甏倒覆放置,称为倒覆菜。

晒萝卜干 萝卜洗净晾干后切成条,摊在竹帘上晒成半干,加盐搓揉使其变软,再加干辣椒末拌匀,装坛压实封口。也可将萝卜刨成薄片或刨丝,晒干后装坛封口防潮。萝卜成熟时间集中,产量又大,因此农家要加工成干菜保存。萝卜叶也可以加工成淡菜干或咸菜,虽略有苦味,却也清口。

做红曲酒 将糯米炊熟,倒在团匾上摊凉后拌入红曲(每100公斤糯米用曲5公斤,也可用红曲3公斤、米酒药2公斤混合使用),酒饭和红曲拌匀后轻轻舀入水缸中(100公斤糯米兑水100公斤至150公斤),盖上团匾,20多天后酒饭全部上浮,即可抽酒入坛。

青稞酒酿　先将青稞洗净煮熟，捞出来摊在干净的麻布上降温，拌入酒曲，装进陶罐或木桶中密封发酵，酿成醪糟，二三日后，加入清水，盖上盖，再过一两天即可。

糕点　传统糕点均为甜食，如芙蓉糕、连环糕、糖枣、寸金糖、红回回、酥糖、橘红丸、橘红片、桃酥、月饼、鸡蛋糕、绿豆糕等，均与各地相仿，无特具地方特色者。过去春节前有芋糖作为粗糕饼出售（将煮熟的芋仔投入糖油锅中炸透），现已绝迹。

做泡皮酱（又称豆豉）　原料：糯米若干斤两，入水浸泡5～7日，择晴天阳光下摊晒至干燥，磨成米粉。夏秋季节，采收农家南瓜、香泡果皮（需经过水去涩）切晒成干片，准备好菜油、辣椒（经腌制、切碎的红椒）、姜蒜、红糖（加糖脆软宜咬）、豆酱、味精、料酒等。具体做法：按蒸笼大小（一般1.5公斤粉一笼）取米粉，倒入面盆里，将南瓜干、香泡皮和米粉1∶1左右，洗后沥水，切成2～3厘米片或丝，把腌好的辣椒（辣椒可多可少）和豆酱、红糖、大蒜等配料混合，加菜油，慢慢倒入盆中，与原料一起搅拌（不放水，完全用油），搅拌成糊状即可。根据个人口味加入适量的盐、味精。用竹编的蒸笼（也可用不锈钢的代替），垫上荷叶，将调好的面糊铺上去，不要太厚。2～3个蒸笼可以叠一起，上锅灶。取干柴烧，控制火候，适时往蒸锅添水，约2小时左右，蒸汽弥漫之时，面糊即熟。晒制：把摊了薄膜、布的竹匾篾席等搁在阳台屋顶或晒架上，用铲子均匀地抹平，厚度在1厘米左右，放在太阳底下晒2～3个日头，将干未干之时取干净的剪刀剪成条片块状，直到晒干为止。吃法：可以即食，当零食品味；还可用少许菜油爆炒，撒上葱段做成小菜。

图4-3　　翁海忠生产的“老朋友”牌豆豉

二、服饰

草鞋　20世纪60年代前，伐木砍柴、挑担推车都穿草鞋。选用未遭病虫害、未经雨淋的新鲜稻草，去掉稻衣，并用木锤锤打使其柔软。用苎麻搓成细绳，作为草鞋的“筋”、鞋耳、绑带。将草鞋耙、木垫、木凳组装在长方形框架内，称为草鞋床。打草鞋者坐草鞋床后部木凳上，将草鞋绳两根对折成4股，一端套在前方耙齿上，一端系于腰间布带上拉直，用苎麻丝编好鞋鼻，再用稻草束编织鞋板，为使草鞋耐用，草束中也可掺进布条。编织过程中不时插进木橇挤紧草束，并用木槌敲打两侧，使鞋板紧密匀称。其间编鞋鼻、安鞋耳、束后跟均有相当的技术要求。好的草鞋匀称平整，软硬适中，不损足又耐用，受人欢迎。现市场上出售的草鞋，仅作丧事用。

笋壳笠帽　清光绪初江西广丰人迁居境内传入。以笋壳、金竹篾为原料，手工编制。圆锥形，隔热通风、轻便凉爽。20世纪60年代，每顶售价0.15元。80年代后戴用渐少。

清末穿着　大众为粗布便装，蓝黑为主；富商、绅士穿长衫并加马褂，面料较讲究。

辛亥革命以后穿着　西装革履与旗袍大衣，成为少数追求时髦的富人的着装，公教人员和青年学生穿中山装，农民和其他人穿粗布短衣、棉袍。棉袍和女短衫为大襟，男短装为对襟，裤腰宽大不开裆。

解放后穿着　时兴中山装和列宁装，并结合二者变化为人民装，不分老少，不论面料，男性皆有穿着。由人民装又演化出青年装、学生装、军便装、女式两用衫，以男女青年学生穿着为主，女青年穿近似于女干部服的列宁装也风行一时。20 世纪 60 年代初，流行蓝、黑、灰 3 种颜色的中山装、人民装，体力劳动者穿对襟便衣，中青年在夏天穿白衬衫较多。“文化大革命”时期，身穿草绿色军衣裤，腰束皮带成为年轻人的时尚。因化纤织物出现，布料选用多样化。80 年代以来，花样翻新，青年、妇女的服饰趋于时装化。

改革开放以来　从城镇到乡村，人们的衣着形式各异，精彩纷呈，尤以女性为丰富多彩。最为普遍的是西装、夹克衫、滑雪衫等，皮鞋及各类运动休闲鞋替代解放鞋，牛仔裤也从青年人的时髦穿着变为男女老少咸宜。着装追求时尚，开始讲究品牌。

三、居住

旧时聚族而居，村中建祠堂，俗呼“大厅”。多进，不隔间，大多有戏台，成为氏族的标志和活动中心。大户人家多是砖木结构二层多进式建筑，小户人家为泥木、砖木结构“三间统”，贫穷人家住茅铺。20 世纪 60 年代木料紧缺，将檩条直接搁山墙上，叫“扛墙”。近年多砖墙、钢筋水泥框架结构楼房，讲究装饰和庭院布置。

茅铺　垒泥为墙，以茅草、稻草盖顶。多数茅铺除柱子采用木料外，屋架主要用毛竹，互相之间用篾（石灰水腌过的嫩竹篾）捆扎，也有少数用木榀架，用稻草盖顶。事先要将稻草一束一束扎在二三米长的细竹或竹片上，从檐口直到顶部一扇一扇互相叠压，扎在檩条上。顶部再用茅草将两边接合部盖严实，压以长竹片，将竹片和下面的檩条扎紧，以免覆顶的茅草被风刮走。隔数年要除去腐烂部分，添上新的丝茅或稻草。20 世纪 60 年代以后，茅铺逐渐消失。

硬三间　亦称“三间统”，一排三间，中间称“中央间”，系吃饭、会客之正堂，两边为房。大多另搭边屋作厨房，并建猪栏、厕所。也有五间统、七间统或更多的，格局相仿。如在三间统两边各加一间厢房，叫“三间两搭厢”。

三进两明堂　屋三进，进与进间有天井。头进系门厅，并有供雇工、佣人住宿的厢房；二进为大厅，不设厢房，供饮宴、会客；三进系三间两搭厢，为内宅。二进与三进之间开边门相通。均为楼屋，称“走马楼”，靠天井处作有“妃子靠”。画栋雕梁，颇为壮丽。有多至五进的，格局相仿。还有一种“前厅后楼”，只二进，前进无楼。

框架结构楼房　砖墙，钢筋混凝土框架结构，多层楼屋。20 世纪 80 年代开始发展，已成为居住的主要形式。从开始时的两间、三间并列形式发展为复合式结构，外观更为漂亮，结构更多变化，使用功能不断提高，成为农村新面貌的主要标志。

图 4-4　　中堂（蒋柳春　2022 年摄）

中堂布局　中堂是家庭会客、议

事、餐饮等的活动场所。正中墙上挂中堂画，两侧是对联。下面靠墙摆扛几，扛几前是八仙桌，中堂两侧沿壁摆有待客用的扶手椅和茶几。农家则没有扶手椅和茶几，代以俗称“四尺凳”的长条凳。尽管有时代、经济条件、主人爱好等的不同，但中堂的基本布局并无大的差异。

卧室布局　卧室一般在 20 平方米左右，靠壁置大床，讲究朝东或朝南。床前是状如矮条几的踏床，用来摆鞋。床前靠窗处是桌橱，卧室的另外两边分别是衣柜和箱橱及搁在箱橱上的板箱。在床和墙的空隙处放马桶，桌橱前往往有两张长方凳，俗称骨牌凳。门上挂有花布门帘。经济条件的差别主要体现在家具的材质和制作工艺精细程度上，时代不同则形制结构有所不同。20 世纪 90 年代后，住砖混结构楼房的开始在卧室边另设卫生间。

灶间布局　讲究朝西或朝北，一般安 3 口锅，靠墙处最大，用于煮猪食；中间稍大，用于烧饭；外端最小，用于烧菜。靠墙的一侧设烟囱，一直伸出屋顶，烟囱底部沿灶头里侧砌有烟道。灶门前用条石拦成灰塘，存放灰烬。灶间必有水缸、大碗橱、小方桌等，如兼作餐厅，则要摆饭桌和四尺凳。顶上悬有铁钩，挂着各种篮子，靠墙处还有各种缸坛等物，也有砌猪栏于灶间的。20 世纪 80 年代后，水缸逐步被自来水替代，90 年代后煤气灶的使用趋于普遍。

四、器用

扛几　置于中堂靠壁，长 2 米余，两端以落地柜支架。如两端无柜仅以四脚落地，则称“香几”。堂壁的字画、对联底端恰与扛几挂平。旧日时扛几上置香炉，另有烛台、帽筒各 1 对。帽筒瓷制，圆筒形，可搁帽，也可插一些小物件。现时扛几多置座钟。

图 4-5　　扛几（蒋柳春　2022 年摄）

站桶　杉木板箍成，圆台形桶状，上口、下口直径各约 30 厘米、60 厘米，高约 1 米。内有隔栅供小孩站立，冬天还在桶底置火保温。现农村仍有，均为前辈旧物。

竹凉床　竹凉床有些为一张床板的，床脚用长凳替代，移动方便且不占空间。也有连着床脚的，往往比较狭小。轻便价廉，是大众化的家具。

篾席　篾席按精细程度有七皮寸、八皮寸之分，以及有无花纹之别。编织篾席的毛竹以节距长、韧性大的六寸竹（即距基部 1 米处周围达 6 寸）为宜。篾席破损后可补缀，用的时间越长越觉凉爽溜滑。现大多数家庭改用席梦思床，铺床的竹席也改为拉丝席或麻将席。

大橱　秋收冬藏，谷橱为农户必备，称大橱。制作大橱的木材以柳杉为多，橱高 2 米左右，可分拆成 4 叠，互相之间有活榫连接。中间设有活动隔板，将大橱分成两部分，以贮藏不同品种的稻谷。下部开闸门，拉开闸板稻谷即自行泻下。20 世纪 80 年代，家庭趋于小型化，大号的谷橱已不适用，有些住楼房的农户改用蛇皮袋装谷，堆叠在贮藏室里。

莲子刀　是一种简易的剥莲子的工具。两块巴掌大的杉木板或别的硬实的木板夹住比木板稍小一点的刀片，木板、刀片上各有两个孔，用竹楔子或木楔子通过孔串起来固定住，带壳的莲子用手指从莲蓬里抠出来后在刀刃上一滚动，莲子壳就裂开了，白胖圆滚的莲子脱壳而出。

风车 用于清选谷物,由木制的外壳、风扇、风道、进料斗、出料斗组成。使用时,将谷物倒入进料斗,手摇风扇,开启调节门,使谷粒缓慢均匀落下,利用风力吹送比重不同的谷物、枇谷和谷壳,谷物从出料斗流出,稻谷飞落在出风口附近,谷壳则飞落在出风口远处。

图 4-6 风车(蒋柳春 2022 年摄)

图 4-7 打稻机(蒋柳春 2022 年摄)

打稻机 1955 年开始推广双人脚踏打稻机,1968 年开始推广机动打稻机,配置电动机或柴油机作动力,功效比脚踏打稻机高 1 倍以上,且脱粒干净。

五、娱乐

赶戏场 庙会、迎神要演戏,大多春耕前秋收后。这时庙会集中,且农闲,戏迷就跟着戏班到处看戏。庙会要演天亮戏,赶戏场者看至天明无须借宿。20 世纪五六十年代,剧团送戏下乡,场面非常热闹。现因娱乐形式多样,青年人看戏兴趣已不强烈。

跳房子 也叫“跷洋房”。在地上画出“洋房”,第一级为纵列 4 格,第二级横列 2 格,第三级纵列 1 格或 2 格,第四级横列 2 格,格上再画半圆。自备珠串,通常用一种叫“水萧籽”的水生植物种子串成,将珠串抛于第一格开始,单腿跳起越过到第 2 格,横列格可双脚落地,余皆用单腿逐格一直跳到半圆,再转身逐格跳回到第一级第 2 格,单腿站立捡起珠串跳到起始位置。以此方法逐步推进,如果摔倒或踩线则换人。主要是女孩子玩耍。

抓子 抓子所用的小石子比较匀称,共 7 粒。将石子撒于桌上,捡起一粒往上抛,同时迅速从桌上抓起一粒,并接住落下的石子,一齐撮于手掌。接着又将掌中的一粒往上抛,抓起桌子上的两粒石子,最后则要抓起桌上剩余的 3 粒。一遍以后又从头开始,如有失误则换人。玩抓子以女孩子为多,也有用缝制的沙袋替代小石子的。

躲夜猫 1 人作“猫”,其他人作“老鼠”。“猫”不许偷看其他人躲藏,等所有“老鼠”藏好后,“猫”即从各个隐蔽处把“老鼠”抓出来。接着由最后被抓住的人作“猫”,其他人作“老鼠”,如此循环,兴尽而散。为男孩所欢喜,女孩也有参加的。

踢毽子 取 10 余根接近公鸡鸡尾的毛染成各色,再取一至两枚铜钱,将鸡毛根部用线扎紧,置铜钱孔内,再用彩布将铜钱包裹,把布包扎在鸡毛根部,用线扎紧,即为毽子。玩耍时,用脚踢毽子,不要使之落地。有前踢、反背踢、转身踢,几个人互相踢等。

第五节 匠　　作

传统手工艺是农业社会背景下产生的,随着社会发展,许多手工技艺已经或正从人们的生活中消失。旧时,所有匠作都有严格的师承关系,民间有“无篩(师)不断谷(角)”的谚语,表示没有师傅传授,技艺就不能“到角”。如今,师承关系不如以前严格,原先的一些习俗和规矩已经淡化。

一、木作

工具 木作工具主要有劈木料的斧头、裁木料或锯榫头的锯、打榫眼的凿、光木料的刨、拼板时用干钻孔安装竹钉的牵钻等。各种工具往往又根据用途而有形制、大小等差别。比如锯子,根据裁木料和锯榫头的不同,锯齿形状和排列不同;一般的锯子均有木架,上端装有绳索用于将架子绞紧,而解板和伐木用的大锯,是长达2米的锯板,并无木架,锯板两头上翘略呈弧形,两端有套环,用以安装把手。还有一种小木用的钢丝锯,以锉有锯纹的钢丝为锯条,安装在弯成弓形的杉木条上,利用木条的弹力将钢丝绷紧,专门在木板上裁解圆形或其他复杂图形。近年来,传统木工工具逐渐被各种电动器械替代,在提高效率的同时,木工技术水平有所下降。

大木 民间有“长木匠、短铁匠”的俗语,说明木匠裁料要留有余地,因此要经把做师傅计算、丈量、画墨后,才由副手操作。屋架组装前有一道关键工序是套校,对已制成的屋架配件进行校正。先用特制的“校板”逐一检验屋架构件上的榫眼、榫头等部件的位置是否正确,再用“校篾”检查梁柱之间每对榫眼与榫头的大小形制是否相符。组装屋架时先要组装柱架,谓之“竖榀”。每副柱架视房屋的进深由5根或7根柱子组成,中间最高的柱子称为中柱。柱子之间由梁和其他各种构件连接而成,一副完整的柱架称为一榀。将各榀用栋梁檩条等构件连接起来的过程谓之“上梁”。民间视竖榀、上梁为非常隆重的事,要择定吉日和时辰,竖榀前鸣放鞭炮,完成后由木匠站在栋梁中央鸣放爆竹,然后将粽子、花生、糖果从梁上抛下,引邻里抢与取,以制造欢庆气氛。当晚东家要设“竖榀酒”酬谢木匠、泥水以及帮工。20世纪80年代以后,旧式房屋被楼房取代,年轻一代的木匠已逐渐失去建造老式木屋的技能。

小木 小木以制作家具为主,工艺以精细见长,其工具也相应比大木齐全、复杂、精致。(以刨类工具最具特色,有圆口刨、雌雄刨、出线刨、边方、一字刨等。家具的拼板接缝采用“雌雄缝”,即一边凹形另一边凸形,接口就要用雌雄刨来解决。出线刨用于在家具四腿或柜门边框制作装饰性线条,线条形式很多,因此有各种各样的线刨。)家具制作以框架四角处的榫头和榫眼的制作最为复杂,也最为关键。因为框架的四角要求“斗角”(接口构成45度),同时又要和家具的柱腿连接,榫头多为半榫,组装时边用铁锤敲击边用棕绳绞紧,再用牵钻在结合部钻孔,楔入竹钉固定。其次是板面要平整,如果刨工不精,上漆后就会显出木纹。20世纪90年代后,随着各种合成板的广泛使用和组合式家具的流行,小木工艺要求降低,并逐渐和房屋装潢合一。

圆木 即箍桶，主要制作各种圆桶形家具、炊具和农具。箍桶匠最具特色的工具是大刨(刨壳长约80厘米，刨铁刃口宽约10厘米，刨得背面前端安装有两足，使用时架在木作凳上，刨面朝上，刃口向着箍桶匠，箍桶匠双手执板坯于刨面上往前推动使之平直)。圆木匠根据器具大小，按一定角度刨出每块桶板的拼接斜面后，把桶板用竹钉拼接起来形成桶圈。用凸圆刨把桶圈内壁刨光，再将桶底锯平刨光，用企口锯在内壁底部锯出企口线，用圆凿凿出企口，装上桶底板后，再将桶板外壁刨光。桶底板的外圈带有一定的斜度，以便与桶底的企口紧密结合。箍桶的篾箍要编成花箍，20世纪60年代后大多改用粗铁丝作箍。如果制作锅盖等器具，还要在盖面安装龙挡(先用专门的锯和刨在盖面做成上小下大的梯形凹槽，而且要做成一头大一头略小。龙档的上部做成锅盖的把手，底部则要做成与凹槽相对应的凸部，穿入凹槽中敲紧，然后锯去两端的多余部分)。因有些圆木器具已不再使用，有些则被塑料和金属制品替代，圆木匠现已无多少活可做。

解板 解板是木匠的辅助工序，有专门以此为业的。开锯之前先用角尺在木段两端的横断面画出中心线，两端的中心线必须在同一个平面上。然后根据木板的厚度在中心线两侧依次画出锯口线，再用墨斗连接各锯口线在木段身上弹出锯路，将木段固定好就可开锯。锯板时由两人各执解板锯一端操作，一高一低站立，先中间后两侧，一端全部成板后用绳捆扎再换另一端。两端锯缝对接处留2厘米左右不锯，以防木板散开，两端都锯完后，再将粘连部分掰开。随着锯板机普遍应用，手工解板已淘汰多年。

棺材匠 棺材匠的主要工具是斧、刨、凿和棺材尺(斧头称为"棺材斧"，斧身狭长，斧刃两角长而尖，便于劈削棺材内侧的凹面)。棺材料是东家预先裁好的木段(一般用杉木)，将木段初步劈削并刨出上下两面后凿出榫眼，用木梢板穿过，分别拼成帮、底、盖及棺头板毛坯，然后用斧头劈削，除棺头板是平面的以外，棺帮、棺盖内侧和棺底下方均劈削成凹形。如果帮底盖，各用3段杉木拼成，称为"12格"，这种棺材规格最高。男性棺材大头板上刻圆形篆体"禄"字，女性刻方形篆体"福"字，象征"天圆地方"。民间将为老人做寿材视为喜事，要择吉日开工，棺材匠上工第一天东家要给红包，完工后要办"圆工酒"，女婿要送礼。棺材匠上门制作棺材按件计酬，如因急用赶制，要加倍计酬。2000年殡葬改革后实行火化，棺材匠停业。

二、篾作

工具 篾匠的主要工具有锯、篾刀、节铲、篾撬、一字刨、剑门、刮刀、篾替等。篾工锯的锯齿比木工锯细密，锯条也较狭窄。篾刀用来剖篾和削制各种竹片、竹条类的构件。剑门是两把小刀，刃口相向竖插在操作凳上，篾片从刃口间拉过，就有统一的宽度。刮刀的形状为"一"形，刃口弧形，由大至小排列，连成波浪形，由篾匠根据需要选择不同的刃口，用于刮去竹青，并将篾面刮平、篾丝刮圆。

编篾器 编织而成的竹篾器具大致可分成以篾片编织的席类，如篾席、地垫等；以"席"和竹片结合而成的箩筐、团匾、盒篮等。以竹片为经，以篾丝为纬编织成的淘米篮、筛箩、畚箕等；以竹条编织为主体，再配以提手的竹篮等；以篾片或篾丝和竹圈编织成的竹筛等。篾匠的头道工序是准备好各种篾片和篾丝，先根据所需长度锯竹段，用一字刨将竹段表面节圈刨平；用篾刀将竹段剖为两片，用节铲去竹节；用篾刀在小头按统一的宽度开好掰口，然后掰成篾条；将篾条剖去篾黄后再剖成薄篾片，每层篾片称作1皮，篾片的厚度视需要而定，有多至8皮的，其中留有篾青的称皮篾，余称肉篾，皮篾用得越多，器具质量越好。如果要用篾丝，则再将篾片剖成丝坯；篾片、丝坯剖好后要过剑门和过刮刀，使篾片的宽度和厚度均匀，篾丝圆润、粗细统一。编织中要随时用篾尺敲实。编织部件将要收口时，将相应部位篾头扭裂以增加韧度，用篾替撬开经纬交织处，将篾头折转塞入。如编篾席，在收口处还要置入棕绳或麻线。除篾席外，多数竹器都要安篾甲。篾甲是安装于沿口或四角的厚竹片，目的是使竹器硬撑并不会变形。篾匠削制好篾甲，弯折处内侧用篾撬薄，放在火上熏软后安插，沿口与篾甲接合处用牵钻钻孔穿入广藤扎牢，即为成品。

剖洗帚　洗帚多作为家庭副业批量生产。取两端无节的竹筒剖成宽约 2.5 厘米的竹片，剖去竹黄，再将竹片分层剖成厚约 2 毫米的薄片，然后纵向剖成帚丝，下端应留 5 厘米不剖丝。将竹青薄片包于竹肉薄片外成为扁圆形小把，用塑料藤打花箍缚紧。取一块一端有节。宽约 4 厘米的竹块，在靠近竹节处的两侧砍出"V"形缺口，再将无节一端削狭削长，成为枪尖形的竹楦。将帚丝分为两半掰至花箍部位，敲入竹楦，尖部穿出握把部位，花箍正好卡在竹楦缺口处。打楦后竹丝便呈散射状，再锯掉竹楦多余部分，即为成品。

三、泥水匠

砌砖墙　建房的基础工作是叠墙脚。先用石灰画线放样，由粗工挖出墙脚沟后，再由泥水匠在四角竖立梯形木架，拉好双行弦线，开始奠基石和安置四角的转角石，并叠墙脚。旧时墙脚有用红坯石的，用砖头的，用块石的，甚至还有用鹅卵石的。砖混结构的楼房墙基改用水泥浇筑，泥水匠负责填埋大方脚，并负责钢筋水泥腰箍的制作。砌墙前先安置门架，并挂线垂直校正门框使之垂直，在砌砖过程中要随时校正，以防门窗框架移位。泥水匠对墙面质量不敢懈怠，随时检查墙角垂线和水平弦线，水平尺使用频繁。对搁置水泥楼板的腰箍把关更为严格，扎钢筋、钉模板、捣混凝土都仔细操作。筵宴时泥水师傅和木匠师傅并坐上横头，如果两人的年龄资历差不多，则由泥水匠坐右边的正位，因为泥水匠是从地（奠基）做到天（盖瓦）的。

墉泥墙　以前农村造房多是泥墙，打泥墙的匠人属于"蛮老师"。砌墙时先架好墙司板（由两块边板和一块头板组成，另一头则是开口的，有一副起固定作用的框架，框架用木棍制成，互相用榫头连接，可以活络拆卸），打墙师傅两人各执墙柱捣泥，每面墙分三次加泥，逐层捣实。从打第二圈开始，墙肚内要放两根长竹片作墙筋。泥墙每打三圈要停歇一段时间，待打成的墙干燥以后继续动工。打至平檐一圈，还要在四角安放木制墙牵，钉在屋架边柱上，使屋架与墙体连成整体。打墙时每板的连接面上下要错开，以增加墙体互相之间的牵引力。泥墙达到一定高度后，会左右微微摇晃，如果不晃动，说明墙体质量有问题，应赶快检查并采取补救措施。

泥灶头　有些泥水匠泥的灶头特别好用，生意应接不暇，就专门以泥灶头为业。先用红坯石和砖块砌灶基，关键工序则是叠灶腔，其大小、高低、底面斜度都有讲究。手艺好的匠人砌的灶头样子好、不占位，柴火易点燃，省柴而饭易熟，水易开，而且灶面平整光滑。以前灶面用纸筋石灰涂抹，要用芋头蘸盐水精心打磨。现在改用瓷砖贴面，如不掌握一定诀窍，灶口等部位贴上的瓷砖往往过一段时间就脱落。煤气灶普及后，农家还是少不了一口灶头，泥灶头的生意仍有。

四、其他工匠

打铁　打铁时，上手师傅用小锤，下手执大锤。铁墩主体部分为方形，墩面略鼓，旁有两耳、一耳圆尖、一耳平口。打制刀具的柄套时，将铁件放在圆尖上锤打，使其翻卷成圈；如需要使铁板弯成一定角度，则放在平口耳上锤打。铁块烧透后，上手师傅执铁钳夹住铁块用小锤锤击，下手紧跟着小锤的落点用大锤猛砸。下手落锤后要略向后拖动再举起，否则极易发生大小锤互砸。毛坯成型后是上钢，将钢条在炉中烧红后打薄，再将铁器刃口部位与钢片同时烧红，把钢片贴在刃口上迅速锤打使之黏合，上钢后的铁器趁热浸入清水中“淬火”。淬火后还需用铲头将刃口和一些凹凸面铲平。

裁缝　20世纪50年代以前，普遍还是手工缝制衣服。裁缝在布料上用划粉画出衣领、袖口、钉纽扣位置等的裁剪线，用粉线弹出衣背、衣摆、裤腿的裁剪线，进行裁剪和缝制。旧时大多用布纽扣。由裁缝利用剪下的碎布制作。60年代后缝纫机开始普及，女性裁缝增多。80年代后购买成衣的愈来愈多，裁缝生意锐减，乡村里那些上门做活的裁缝，除了偶尔为办丧事的人家赶制孝衣孝帽外，平时难得有生意可做。

油漆　旧时，考究的家具用真漆（又称土漆），漆层厚实，不会剥落，用湿布擦拭后光亮如新。一般家庭使用明油。油漆家具时，先用木砂纸打磨家具，将毛刺与刨痕磨去。接着是上腻子，将家具上的缝隙、小孔、凹坑充实填平，俗称“披灰”，用石膏粉加清漆调制的为油性腻子，用石膏粉加猪血调制的为血性腻子。腻子干燥后再用细木砂纸打磨，然后用软布擦干净。接着是上底色，将专用的颜料加适量的水调配好，涂刷于家具上，待稍干燥后再涂刷一次使颜料均匀，并将上色后的家具晾干。最后一道工序是上明油，明油由漆匠自煎，明油要反复涂刷数次，使之均匀。20世纪70年代后，明油被酚醛清漆等化工产品替代。90年代后各种性能不同的调和漆广泛应用，漆匠将漆按配比调和后即可直接涂刷。

剃头　旧时，理发匠有挑担摆摊的，也有提着工具箱上门服务的，公私合营后城镇出现理发店。上门理发主要在农村。理发匠有固定的顾客，双方议定每年理发若干次（一般间隔20天左右），年底结算（20世纪60年代为每年稻谷4公斤）。旧时理发匠投师要学艺3年，满师前不论徒弟手艺是否到家，师父只管伙食，不付工资。现在学徒要向师父交学徒费，学艺时间1年。最初理发工具仅有剃刀和剪刀，后来推剪传入，称之为“洋剪”。20世纪50年代末才出现电剪。以前理发匠还有掏耳朵的耳挖、耳刷、卷耳刀，平时装在竹筒中备用。现在理发店遍布城乡，并从理发扩展到烫发、染发、焗油以及做面膜、修眉、面部按摩等。

第六节　宗　　教

境内于唐朝时就流传佛教。清光绪年间（1875—1908），基督教和天主教传入。道教至民国后期基本没有信徒，而佛教的信奉者不少，真正严格遵行佛教教义者不多。20世纪50年代，僧尼大多还俗，道宫寺院多改作他用或毁圮，基督教和天主教教会解散。“文化大革命”期间，宗教活动停止。1978年后，佛教、基督教、天主教相继恢复活动，其中基督教发展较快。

一、流传

佛教　境内唐时建佛寺较多，有乌石寺（招庆寺）、台山寺等。五代至宋、元时建寺院不多，明、清之际兴盛一时，所建以庵堂为多。民国时期不少寺庵毁于风、火、水、蚁及兵燹。“文化大革命”期间，佛像尽毁，寺宇僧舍改作他用，僧尼还俗。1988年，乌石寺率先恢复佛事。三旧志记载境内佛寺有6处,现有的已不存。目前,境内寺院有2处。

道教　道教在境内的流传无明确记载。明嘉靖年间(1522—1566)曾重建县北武林道院。民国时道教衰落。20世纪40年代末,有少数由俗人充当的"道士",不设常年香火,平时也不做功课,专营丧葬功德,祈禳建醮及招魂逐煞诸事。50年代有所谓"蛮师"既"道"亦"巫",专事"驱鬼逐煞",60年代尚有少数,现又开始流行。

天主教　清光绪二十七年(1901)八月,衢州天主教味增爵会派常山人傅某至龙游传教,在县城学前巷设天主堂。1920年法国籍神父安思定主持教务,1921年在横山设公所。1928年,横山公所因创办横峰小学而停办。中华人民共和国成立后,天主教会组织解散。

基督教　基督教传入境内较迟。1937年,兰溪教徒至模环陈家屋底传教,设聚会处;1938年,在横山童野设聚会处;1940年,两聚会处合并。1951年,横山等地聚会处停止活动。1987年8月,横山设聚会点。

二、场所

乌石寺　位于乌石山,又名招庆寺,建于唐太和元年(827)。"梵阁廊庑广四亩余,竹林环刹七亩余"(民国志卷二十四"丛载·寺观"),此"亩"非今日精确丈量之面积,古时丈量山峦"喝山为亩",即吆喝之声所达之处为一亩。寺内僧侣众多,香火鼎盛。宋政和二年(1112)重建,因处于"官道"上,岳飞、周必大等将领名臣曾登临。宋绍兴二年(1132),张浚解万寿观使放连州过此,有题壁云:"清河张德远听颜师鼓琴而去。"第二年即绍兴三年(1133),岳飞路过并留宿乌石寺,在木桌上题词。又相传寺壁有刘光世题名记,刘不能书,命侍儿代书。清道光二十四年(1844),僧知通重修,民国期间数次重修。1949年有寺僧2人,住持智圆。1958年,寺改作他用。"文化大革命"期间,大雄宝殿及地藏殿被拆,仅存观音阁5楹及客堂、厨屋10余间。1972年设麻风康复村。1987年有政协委员提交"要求拆迁乌石寺麻风病院,恢复乌石寺名胜古迹"提案,12月麻风康复村迁出。1988年10月,修葺后的观音阁重塑千手观音和地母娘娘等佛像,其后又相继建成山门、大殿、客堂等。1994—2010年,佛寺重建了大雄宝殿、天王殿、念佛堂,殿堂樟木雕刻佛像大小135尊。另有客堂、山门石牌坊、凉亭、放生池、滴水观音洞等,占地面积5000平方米,建筑面积2000平方米。此外,镇政府将80多亩山场划归寺院统一管理。2005年有寺僧2人。每年农历二月十九、六月十九、九月十九为庙会。

永丰寺　位于脉元村宝盖山,原名实际禅院,始建于宋咸淳十年(1274),元至正十七年(1357)重建。"实际院在县北三十里宝盖山,元至正丁酉庐江僧良亮建。良亮为治父山实际禅寺无用弟子,闻千岩禅师说法于义乌伏龙山,亟往见之。禅师以其诚悫,时加警策,已而命司藏钥,使日阅经律诸玄文,久之升第一座禅师,旋命之出游,遂来龙游建此寺。"(民国志卷二十四"丛载·寺观")明万历年间(1573—1620)改为晏公庙,也称永丰庙,后历经数次废兴,1961年毁。2000年9月,村民龚水清牵头集资重建,次年12月殿宇竣工,更名为"永丰寺"。2002年6月龚水清辞世,之后寺院的续建及管理工作由姚荣根、龚阿林等人负责。2004年9月,开始扩建寺宇和塑造佛像,至2008年12月,寺庙占地面积12.3亩(8200.4平方米),建筑面积1067平方米,计大雄宝殿3间,三圣殿、地藏殿各4间,天王殿3间,另加生活用房4间。共塑释迦牟尼像、文殊菩萨像、普贤菩萨像等30多尊。

胡公殿　位于会泽里村最高处,面积258平方米,坐北朝南170度,民国建筑。农历八月初一开殿门,建殿时、修复时较为热闹,八方信徒蜂拥而至,农历八月十三交流会(庙会)都以胡公生辰所定，是为纪念胡公“为官清正，造福于民”，让浙江一带人们铭记。殿为二进三开间，八字门楼，檐柱与木雕刻神话人物故事，牛腿（撑拱）上用长机，长机上承斗拱，通体木雕。门楼檐柱与额枋之间用小牛腿，木雕饰“哼哈二将”。前进明间七檩抬梁用四柱，次间山缝七檩穿斗用七柱。明间梁呈方形，左右分别雕饰“双羊”“双兔”及戏曲故事人物图案。柱与梁之间用雀替，木雕饰花卉和动物图案。天井用青石条铺筑，正中有一口“千斤缸”，四隅檐柱存牛腿四只，木雕饰武将站立和骑马图案各二。后进明间七檩用四柱，次间七檩穿斗用五柱。明间梁呈方形，木雕饰卷云纹和蝴蝶图案。鼓形柱础，三合土墁地，硬山顶，外饰马头墙，外墙表面有彩绘、墨绘壁画，大部分被白灰掩盖。2020 年 3 月列入县历史建筑名录。

相公殿 位于下宅村。据殿前桥记载，应有 300 多年历史。原供佛像是徐王为主，另有财神、五谷神、三国战将关羽，还有一介书生（即相公），共 5 尊佛像。殿朝东，殿前有小溪流过，处于田坂中间，主要供信徒烧香拜佛，也供田野作业之人避风躲雨。“破四旧”年代，殿遭到破坏，后倒塌成废墟。1994 年在原废墟上重建，并塑与以往一样的 5 尊佛像。2003 年增建观音堂，塑有千手观音、送子观音、自在观音佛像，还有一尊弥勒佛。后在小山坡上建土地庙、地藏王殿。如今殿有佛像 14 尊，每逢初一、十五，香火鼎盛。

恩赐殿 位于贤求朋村。推测原殿始建于清朝末年，20 世纪 80 年代因失管，殿渐至倒塌，房梁屋柱腐烂，2009 年恩赐殿完成重修。

红殿 位于志棠村。2006 年村民邵菊君等人发起在原址重建，乡亲纷纷捐资襄助，累计投资 40 万元。新修的红殿坐东朝西，共有 8 间，佛、神塑像有佛祖、观音、文殊、紫薇大帝、文昌帝君、关公、财神、土地、花娘娘等 70 多尊，且有钟鼓。

五龙殿 也名乌龙殿，位于河宗村安头。始建于 1924 年，1940 年扩建，1966 年拆除，神、佛塑像毁坏，1996 年安头徐阿根发起在原址重建。

下店耶稣教堂 系天池村下店王渭进民居，作为耶稣教堂使用。

龙门桥教会点 位于下宅村龙门桥。1986 年 8 月开始有活动，男性教徒 4 人、女性 36 人。1987 年 5 月批准为活动场所。2005 年，有男性教徒 3 人、女性 27 人。

西方坞教会点 位于西方坞村。1987 年 8 月 4 日，县人民政府宗教事务科通知，开放西方坞村基督教聚会点。

三、遗迹

大乘寺 民国志载：在县北四十五里唐台山。始建颇古。按：叶淑衍记云“肇于后汉，郡志载之”，蒋泰潮记则云“肇于唐，延于宋”，未详孰是，故不著时代。元时黄忠六名佚，此盖谱行。曾捐田修之，明嘉靖初黄氏复建，清顺治间（1644—1661）僧楚云重修，嘉庆时（1796—1820）黄氏子孙复修。按：蒋泰潮《碑记》。20 世纪初高僧妙泽重修。

台山寺 民国志载：在县北五十里，唐时建。按：两旧志。初名唐台寺，元时易今名，伯颜忽都有记，按：《浙江通志》引弘治旧府志。今不存。清道光初重修。按：《新采访》。

山门寺 民国志载：位于县北四十里（今山门寺水库北），莫详其始。为北乡古庙之一。祀释迦、观音。

灵坛寺 民国志载：在县北三十里吴仪宾村，今废。按：《新采访》。

集庆庵 民国志载：在县北四十里庵堂岩，始建无考，明成化元年重修。

石舟庵 民国志载：在县北五十里志棠，明时建，奇石如舟环以清泉，相传水可愈病。按：

两旧志。

静善庵　民国志载：位于县北二十五里泗塘，项氏建。以有铜佛三尊，俗称铜佛殿。

竹林庵　民国志载：位于县北四十九里席家村，始建无考。祀观音，有尼。

白鹤庙　位于白鹤桥村。万历志载：在宣教乡，建时有白鹤翔舞，遂名。民国志载：白鹤庙，在县北四十里，建时有白鹤翔舞，故名。两旧志。现村民称白鹤殿遗址，原殿坐东朝西，殿前有志棠溪和宙坞源溪汇注而成的横山溪流过。相传酆云奢在此骑鹤上升，故名白鹤山，殿以山为名，故时香火盛旺。现倒塌成废墟，仅存后进小部分，梁架也倒塌不详，遗址内现存有石板雕刻数块，案几一个，但已断为三节，大小柱础十多个。从柱础看，其柱粗大，用材考究，规模宏大，其地面还可见三合土。民国志载：位于县北四十里。始建无考，建时有白鹤翔舞，故名。坐北朝南，三开间三进两搭厢连天井。祀释迦、观音、四大天王。今废。

智堂庙　民国志载：在县北五十里上保。按：此古地名今已不存。元至正中（1341—1368）建，明万历三十六年（1608）入官，四十年（1612）知县万廷谦改为乡约所。按：万历壬子志。一说今志棠万寿庵即此庙改设。

廻龙祖庙　位于天池村新宅。万历志载：廻龙祖庙，在县北五十里天池山白岭下，王鲁扬建。民国志按：康熙志删之，未详其故。编者注：现房屋已拆除，建了民居。

王宫殿　民国志载：位于县北三十里脉元村东南王宫殿自然村，以前该地无村落，仅殿一座，始建无考。三开间二进两搭厢连天井，有戏台。祀观音等。今废。

三岗殿　民国志载：位于县北四十七里凌阁张村东北三岗殿村，始建于清末民国初（1911—1912），其时有赵、吴、严、周等姓，有温州及处州人先后迁此。因原住地有三岗殿，迁入后，新建一殿，仍名三岗殿，并以村名，以示不忘祖地。祀三国人物孙权、周瑜等。今废。

大公殿　位于相公殿之西约600米处，属后徐村胡家。占地约一亩，始建年代无考。供奉徐王，塑像高接屋顶。1953年“破除封建迷信”，徐偃王、观音娘娘等塑像全部被毁，1958年殿成为模环区万头养猪场分场，一年之后停办。“文化大革命”期间，殿建筑遭拆除，木料等被胡家两个生产队用于建仓库。门口古柏于1961年被建德寿昌人以300元买走，乌龟石也被搬去修建村内渠道。

历史上，境内寺、庵、殿众多，至今大多被毁。至民国十八年（1929），仅塔下乡寺院就有灵鹫岩、翠峰庵、三姑殿、箬迹殿、圣山殿、三姑（岗）殿、竹林庵、关王殿、通灵寺、庆云庵等，大堂山、经堂所在地现属建德市。

表4-1　**民国十八年（1929）塔下乡寺院钟磬鼎炉等物调查表**

寺院名称	所在地	距城里数（里）	法器名称	数　量	估计重量（斤）	质料
灵鹫岩	横山	35	钟	1	300	铁
集庆庵	横山	35	钟	1	200	铁
翠峰庵	方野	35	钟	1	200	铁
白鹤殿	白鹤殿	40	钟	1	400	铁
三姑殿	三姑殿	40	钟	1	350	铁
大堂山	玉（珏）塘	40	钟	1	150	铁
箬迹殿	塔下叶	45	钟	1	300	铁

续表4-1

寺院名称	所在地	距城里数(里)	法器名称	数　量	估计重量(斤)	质料
台山寺	凌阁张	45	钟	2	各 700	铁
圣山殿	官塘张	40	钟	1	150	铁
红殿	志棠	55	钟	1	300	铁
三姑(岗)殿	姚(腰)塘边	55	钟	1	300	铁
竹林庵	志棠	55	钟	1	300	铁
经堂	邵山庄	55	钟	1	300	铁
关王殿	儒大门	55	钟	1	300	铁
通灵寺	儒大门	55	钟	1	300	铁
庆云庵	杨家	55	钟	1	300	铁

四、管理组织

乌石寺管理组织　1994 年 4 月,乌石寺聘请方岩广慈寺方丈智净任乌石寺方丈,同时受聘的还有首座国声大师释可扬法师,负责乌石寺修复重建。2003 年乌石寺成立管理组织,2008 年 7 月起由释可扬法师任监院。释为东阳人,1973 年出生,俗名吴伸阳。1993 年在方岩广慈寺出家,1995 年到上海龙华古寺受具足戒。2001 年 4 月离开乌石寺出外参学。2004—2008 年回乌石寺清修,研究佛学,成就道业。为县第六届政协委员,2010 年 11 月起任乌石寺主持。

永丰寺管理组织　2000 年 9 月,由村民龚水清牵头负责。2002 年 6 月龚水清辞世后,寺院的续建及管理工作由姚荣根、龚阿林等人负责。

表 4-2　**乌石寺、永丰寺管理组织成员名录**

寺名	姓　名	性别	出生年月	文化程度	职务	宗教教职	任职时间
乌石寺	龚德圣	男	1935 年 10 月	初中	主任	—	2003 年 11 月—2010 年 11 月
	姜沙沙	男	1942 年 8 月	小学	委员	—	2003 年 11 月—2010 年 11 月
	朱土根	男	1954 年 10 月	中专	委员	—	2003 年 11 月—2010 年 11 月
	释慧祥	男	1934 年 12 月	小学	委员	—	2003 年 11 月—2010 年 11 月
	释可扬	男	1973 年 9 月	中专	主任	住持	2020 年 11 月—
	朱土根	男	1954 年 10 月	中专	副主任	护法居士	2020 年 11 月—
	柴雨明	男	1950 年 12 月	中专	委员	信徒	2020 年 11 月—
	释慧祥	男	1934 年 12 月	小学	委员	僧人	2020 年 11 月—
	姜沙沙	男	1942 年 8 月	小学	委员	信徒	2020 年 11 月—
永丰寺	龚水清	男	不详	不详	主任	—	2000 年 9 月—2002 年 6 月
	姚荣根	男	1945 年 2 月	中专	主任	—	2002 年 6 月—
	龚阿林	男	1935 年 8 月	小学	委员	—	2002 年 6 月—
	吴根清	男	1949 年 10 月	小学	委员	—	2002 年 6 月—

第五章　基础设施

水利、道路等基础设施是人们生产生活之必需，历来为政府、村民所重视。早在唐代就有从京城经杭州至福州的驿道从境内过境。宋室南渡后，境内为浙西战略要地，当时临安至衢州，陆路由梅岭关入界后，经乌石寺脚后直趋衢州，有青砖铺成的“人”字形道路。解放后，境内各项基础设施建设不断加强。特别是复县以来，无论是交通、电力还是邮政、通信以及集镇、农村等基础设施建设，都发生了翻天覆地的变化。杭衢高铁预计于2025年开通，从而结束境内无铁路的历史。

第一节　水　　利

水利是农业的命脉。据勘探，境内有碳酸盐岩类屑岩裂隙溶水，储于上震日系硅酸灰岩中上寒武系的条带状灰岩夹碎屑岩中，岩溶不发育，泉水流量每秒0.1升左右，除有构造破裂带外，一般水量贫乏。志棠等地有页岩、砂岩裂隙水，这说明境内水资源紧缺。虽然有其他河流入境，但用水供需仍不宽松。经过多年努力，一批水利工程建成，与农业机械一起向发展经济、保障生活、生态建设等综合性层面推进。1990版地名志载：

横山乡　解放后，建成山门寺、八石坂（畈）、上泉垄等中小型水库及山塘5处，蓄水共950万立方米。整治河道2.5公里。新建铜山源东干渠贯穿全乡，在会泽里、龙门桥、八石坂（畈）及殿塘等处均建有渡槽。沿渠又建电灌机埠32处，装机容量359.1千瓦，大部耕地灌溉自流化。农业机械已有4762匹马力，从排灌到农副产品加工大部分使用机械操作。

志棠乡　旧时易受旱涝。解放后，建成杨垄、石硖口、清明塘里、牛坞里等中小型水库21处，蓄水共250余万立方米，抗旱能力达50天左右。农机动力共有8181匹马力，排灌、脱粒及农副产品加工，基本上使用动力。

下宅乡　解放前农田灌溉主要靠山塘、山溪，易受旱涝。解放后，建成西垄、大塘里等中小型水库10余处，蓄水量270万立方米。1975年，铜山源东干渠建成，横贯东西，有上庄溪、胡家、项家3座渡槽，沿渠设电灌机埠12处，装机容量92.4千瓦，水利条件得到改善。发展农机动力2015.5匹马力，排灌、脱粒、农副产品加工、运输等半机械化。

一、塘

旧时，山塘、山溪是农村主要灌溉设施，也是居民日常生活之用水。民国志载：至清末，境内水利设施有水塘37口，灌溉面积7135亩。

灵塘　在二十四都二图下东门村，长五十余丈，广三十余丈，溉田一百五十余亩。

桐木塘　在二十四都二图八石坂村前，长三十丈，阔十五丈，溉田八十亩。

无忧塘　在二十四都三图河涯溪边，长七十丈，阔三十丈，溉田八十余亩。

徐班塘　在二十四都三图严家村，又称慕和严塘，长七十三丈，阔三十六丈，溉田一百八十亩。

花朵塘　在二十四都三图方野村，长三十丈，阔二十丈，溉田七十五亩。

西堰塘　在二十四都三图河涯溪边，长二十四丈，阔十五丈，溉田约一百亩。

药塘　村以塘得名，在二十五都一图，长八十二丈，阔三十丈，溉田三百余亩。

芦塘　在二十五都一图泗塘项家，广六十亩，长二百余丈，阔五十余丈，凡溉田五百亩。

胡大塘　在二十五都七图脉元村，长五十一丈，阔二十三丈，溉田二百七十亩。

白莲塘　亦在脉元，长六十丈，阔二十一六丈，溉田一百二十亩。

生水塘　亦在脉元，长七十三丈，阔三十丈，溉田一百三十亩。

湖大塘　在三十六都二图会泽李村，今称前大塘，长百五十丈，阔四十丈，溉田三百五十亩。

河郑塘　在三十六都二图横山、童墅两村间，长三十五丈，阔二十丈，溉田约百亩。按：康熙志在二十四都，今改编，故列此。

三塘　在三十六都二图会泽李，长六十丈，阔二十丈，溉田五百余亩。按：即两旧志二十四都之山塘。

河圭塘　与河郑塘相隔一山岗，长二十余丈，阔十五丈，溉田一百余亩。按：康熙志在二十四都，今改编，故列此。

双牌塘　在三十六都三图新坂(畈)，长三十丈，阔十五丈，溉田六十亩。

梅塘　亦在新坂，长三十丈，阔二十五丈，溉田百五十亩。按：康熙志在二十四部，今改编，故列此。

杨保塘　在三十六都四图山下朱村与兰溪交界处，长七十二丈，阔三十二丈，溉田一百二十余亩。

堰塘　在三十六都四图下村方，长十三丈，阔十二丈，溉田约五十亩。

瓦塘　在三十六都四图吴仪宾村，长十五丈，阔十五丈，溉田百余亩。

殿塘　亦在吴仪宾，长四十五丈，阔三十五丈，溉田二百余亩。

芦荻塘　在三十七都一图珏堂村，长三十丈，阔十五丈，溉田百余亩。

洪大塘　在三十七都二图志棠村，长二十五丈，阔十五丈，溉田五十余亩。

神塘　在三十七都二图塔下叶村，长四十丈，阔二十五丈，溉田七十五亩。

瑶塘　村以塘得名，在三十七都二图，长四十五丈，阔二十五丈，溉田三百余亩。

海塘　在三十七都二图马山干村，长三十五丈，阔二十丈，溉田二百余亩。

黄林塘　在三十七都四图李坞，长三十丈，阔十五丈，溉田百余亩。

乌大塘　在三十七都四图大塘下村，又称湖大塘，长三十丈，阔二十丈，溉田一百二十五亩。

秋塘　在三十七都四图杜墅，长一百五十丈，阔三十丈，溉田一百五十亩。按：两旧志在三十六都，今改编，故列此。

南塘　在三十七都五图廻源村，长二十四丈，阔十六丈，溉田一百余亩。

时光塘　在新宅村，长二十五丈，阔十五丈，溉田八十余亩。

潭边塘　在三十七都五图儒门附近，长四十丈，阔二十五丈，溉田二百五十亩。

里塘　在儒门，长十六丈，阔十四丈，溉田八十亩。

按：两旧志均载珏堂，万历壬子志注明弘治志原无此塘，丙子志讹珏堂为珏塘，此误书。康熙志删此注，未知何故。今复查确无此塘。又载泽塘，今复查亦未得。悉删之。

大塘　在三十八都一图大坪坂（畈），长百二十丈，阔四十丈，溉田三百五十亩；

石塘　在三十八都一图，村以塘得名，长九十丈，阔四十二丈，溉田三百八十亩；

莲塘　在三十八都一图上庄溪附近，广十八亩，溉田一百亩。

朱家塘　在三十八都二图，村以塘得名，长六十丈，阔三十五丈，溉田四百三十亩。

二、堰坝

堰大多是旧时建筑，坝大多是近代建筑。民国志载：境内堰有3处。1991版县志载：境内有活动坝6处。

十八堰　民国志载：在二十四都三图叶野、方野交界处，东西可溉田二百余亩。

樟堰　民国志载：在二十五都七图堰口，按：堰口即万历与演口，堰、演同音，似此堰明时已有之矣。自堰口起至环墙里止，长凡三里，溉田二百五十余亩。

双溪堰　民国志载：在三十七都四图周田边坂（畈）下，历横山至白鹤桥，长约十里，溉田二百余亩。

溪边活动坝　位于下西山村溪边，坝高1.6米，长21米，旋转式活动闸门9扇，1971年10月建成，灌溉面积1500亩。

后徐活动坝　位于后徐村，坝长16米，旋转式活动闸门12扇，1973年12月建成，灌溉面积300亩。

会泽里活动坝　位于会泽里村，坝长17米，旋转式活动闸门8扇，1975年2月建成，灌溉面积500亩。

钱家活动坝　位于河宗村钱家，坝长12米，旋转式活动闸门6扇，1983年春建成，灌溉面积900亩。

双溪口活动坝　位于下宅村，坝长16米，旋转式活动闸门4扇，1984年建成，灌溉面积600亩。

三姑殿活动坝　位于白鹤桥村，坝长15米，旋转式活动闸门5扇，1986年2月建成，灌溉面积400亩。

表 5-1　　1964 年志棠公社水利工程抗旱能力表

生产大队名称	现有水利工程处段(处)					蓄水量(万立方米)	灌溉面积(亩)	其中		水车(部)	现有抗旱能力				
	小计	水库	山塘	水井	堰坝			自流灌溉面积(亩)	提水灌溉面积(亩)		水田面积(亩)	30 天以下	30~50 天	51~70 天	70 天以上
杨家	42	3	36	3	—	6	652	259	393	14	757	647	105	—	5
新宅	45	1	40	4	—	11	814	658	129	12	693	436	217	—	40
下店	34	2	27	2	3	9.5	361	310	51	6	474	195	244	—	35
儒大门	25	2	1	2	4	5.6	425	425	—	15	727	342	335	—	50
后郜	28	2	21	4	1	7.4	275	194	81	8	362	241	6	—	25
卸厅	13	—	8	3	2	4.2	246	65	181	8	557	286	101	—	30
前郜	53	—	48	4	—	3.5	407	165	242	6	371	231	135	—	5
席家	18	1	16	1	—	5.5	260	112	148	8	308	170	118	—	20
凌阁张	22	1	19	2	—	4.9	400	300	100	12	572	312	50	180	30
腰塘边	42	4	3	6	2	10.3	879	547	332	9	1018	570	223	195	30
张家	10	1	8	1	—	15.2	482	472	10	8	934	324	260	—	350
钱家	20	1	16	2	1	13	581	421	160	9	6.83	200	108	175	200
东王	35	3	26	6	—	5.2	700	570	130	5	733	428	2.75	30	—
塔下叶	37	1	32	2	2	29.2	548	455	93	12	991	291	200	150	350
翁坞	8	1	4	3	—	1.5	213	168	45	—	273	169	27	77	—
合计	452	24	348	45	15	132	7216	5121	2095	149	9252	4782	2494	807	1170

注：提水工具还有抽水机，其中张家 1 合/10 部，钱家 1 合/10 部，东王 1 合/12 部，共 3 合/32 部

三、水库

水库大多是解放后建成，境内现有小(一)型水库 3 座，小(二)型水库 13 座，蓄水量 1580.93 立方米。

山门寺水库　以所在地得名。位于河宗村张家模环溪支流上，小(一)型，集雨面积 2.97 平方公里。1957 年 10 月动工，翌年 12 月建成。大坝为黏土心墙坝，坝顶高程 82.8 米，坝高 16 米，坝顶长 68 米，宽 5 米，正常库容 161 万立方米，总库容 218 万立方米。大坝西端钢筋混凝土放水涵管直径 60 厘米，大坝东端混凝土放水涵管直径 30 厘米。南干渠、北干渠共 5.5 公里，灌溉农田 386.7 公顷。共挖填土石方 6.29 万立方米，投劳 14.6 万工，投资 6 万元，其中国家补助 3 万元，群众自筹 3.5 万元。1979 年按照 50 年一遇洪水标准，将溢洪道从 6 米拓宽衬砌到 11 米，对大坝渗漏进行处理。1980 年 7 月全面整修坝体，并对内外坡进行砌石护面。2003 年列入浙江省千库保安工程项目，对大坝进行灌浆防渗，并封堵原有涵管，在大坝左侧山体中埋设直径 80 厘米的预应力涵管 1 条，长 135 米，2004 年 12 月完成。挖填土石方 1.34 万立方米，块石砌筑或混凝土浇筑 0.29 万立方米，投资 140 万元，其中国家补助

56万元。

八石坂(畈)水库 以所在地得名。位于八石坂(畈)村模环溪上,小(一)型,集雨面积1.86平方公里。1960年1月动工,1966年10月建成。主坝为黏土心墙坝,坝顶高程78.9米,坝高13.5米,坝顶长184米,宽6米,正常库容168万立方米,总库容216万立方米。正常溢洪道宽14.5米,输水设施为钢筋混凝土涵管。有横山、小坝、西方坞、上下朱、西湖叶5条渠道,共14.3公里,灌溉面积440公顷。挖填土石方12.66万立方米,投劳15万工,投资5.2万元,其中国家补助3.4万元。1981年冬,溢洪道从6.5米拓宽到14.5米,并衬砌陡坡、消力池,对主坝迎水坡衬砌块石护坡。挖填土石方1358立方米,投资1.7万元。2003年列入浙江省千库保安工程项目,2005年完成。挖填土石方1.78万立方米,混凝土浇筑或块石砌筑0.34万立方米,投资170万元,其中国家补助70万元。

杨垄水库 以所在地得名。位于天池村儒大门模环溪上,小(一)型,集雨面积1.97平方公里,从库区外引水集雨面积2平方公里。1964年12月动工,1971年4月建成。主坝为黏土心墙坝,坝顶高程111.2米,坝高19.7米,坝顶长120米,宽4米。1号副坝为黏土斜墙坝,坝高4米,坝顶长45米,宽2米。2号副坝为黏土心墙坝,坝高8米,坝顶长85米,宽2.5米。正常库容167万立方米,总库容206万立方米。溢洪道为敞开式,净宽8米,输水设施为直径0.6米钢筋混凝土涵管。有干渠1条,长5.5公里,支渠3条,共8公里,灌溉面积266.7公顷。挖填土石方12.5万立方米,投劳15万工,投资11万元,其中国家补助9万元。1978年冬,在库区上游西北开挖引水渠1条,增加成倍的灌溉能力。2003年列入浙江省千库保安工程项目,2005年12月完成。挖填土石方1.86万立方米,块石砌筑或混凝土浇筑0.386万立方米,投资182.5万元,其中国家补助73万元。

上泉垄水库 以所在地得名,位于八石坂(畈)村。小(二)型,集雨面积0.75平方公里,库容72万平方米,坝高16.5米,灌溉面积(与八石坂共灌)。1966年开工,1972年建成。2005年除险加固,2006年5月完成,投资118万元。

中塘水库 以所在地得名,位于下宅村龙门桥。小(二)型,集雨面积0.2平方公里,库容20万平方米,坝高9.5米,灌溉面积33公顷。1955年开工,1965年建成。

石岩口水库 以所在地得名,位于余岗村。小(二)型,集雨面积0.3平方公里,库容11万平方米,坝高9.5米,灌溉面积47公顷。1962年11月开工,1973年3月建成。

湾垄水库 以所在地得名,位于白鹤桥村。小(二)型,集雨面积0.4平方公里,库容28万平方米,坝高16米,灌溉面积10公顷。1954年11月开工,1966年建成。2007年10月除险加固,2008年1月完成,投资144万元。

大塘里水库 以所在地得名,位于下宅村。小(二)型,集雨面积1平方公里,库容38万平方米,坝高11米,灌溉面积40公顷。1956年3月开工,1962年3月建成。

古塘水库 以所在地得名,位于大平坂(畈)村。小(二)型,集雨面积0.4平方公里,库容15万平方米,坝高15米,灌溉面积27公顷。1967年5月开工,1972年12月建成。2004年4月除险加固,2004年12月完成,投资70万元。

新芦塘水库 以所在地得名,位于项家村。小(二)型,集雨面积0.15平方公里,库容17万平方米,坝高8米,灌溉面积54公顷。1963年10月开工,1964年11月建成。

芦塘水库 以所在地得名,位于项家村。小(二)型,集雨面积0.2平方公里,库容10万平方米,坝高2.5米,灌溉面积27公顷。1958年开工,1959年建成。

腰塘水库 以所在地得名,位于脉元村。小(二)型,集雨面积0.2平方公里,库容12万平方米,坝高5.5米,灌溉面积33公顷。1954年11月开工,1955年3月建成。

西垄口水库 以所在地得名,位于后徐村。小(二)型,集雨面积1.5平方公里,库容70万平方米,坝高12米,灌溉面积113公顷。1955年3月开工,1956年2月建成。2004年9月除险加固,2005年12月完成,投资105万元。

石夹口水库 以所在地得名,位于塔下叶村。小(二)型,集雨面积0.42平方公里,库容45万平方米,坝高19.5米,灌溉面积107公顷。1953年10月开工,1955年12月建成。2003年2月除险加固,2003年12月完成,投资62.5万元。

牛坞里水库 以所在地得名,位于天池村杨家。小(二)型,水库于1964年9月开工建设,1966年4月完工投入使用。坝址以上集水面积1.19平方公里,总库容26.3万平方米,水库枢纽工程主要建筑物由主坝、副坝、溢洪道和输水隧洞组成。水库于2006年11月进行除险加固,2010年9月完工,投资141万元。主坝为心墙坝,最大坝高14米,坝顶长67.3米。灌溉面积33公顷。水库设计洪水标准为20年一遇设计,校核洪水标准为200年一遇。

清源里水库 以所在地得名,位于天池村新宅。小(二)型,水库于1965年8月开工建设,1971年4月完工投入使用。坝址以上集水面积0.67平方公里(现为1.2平方公里),总库容28.08万立方米,水库枢纽工程主要建筑物由主坝、溢洪道和放水涵管组成。水库于2008年12月进行除险加固,2011年7月完工。主坝为黏土心墙坝,最大坝高24.3米,坝顶长79米。灌溉面积47公顷。水库设计洪水标准为20年一遇设计,校核洪水标准为200年一遇。

四、电灌站

2017年县志载:2005年,境内有电灌站3座,装机260千瓦。

大机埠 位于下西山村,1964年建成。水源:模环溪。扬程:16米。配套机电:1台;总容量55千瓦。灌溉面积1000亩。

西畈 位于许家,1965年建成。水源:模环溪。扬程:19米。配套机电:2台;总容量150千瓦。灌溉面积4500亩。

山门寺 位于河宗村张家,1977年建成。水源:山门寺水库。扬程:22米。配套机电:1台;总容量55千瓦。灌溉面积800亩。

五、干渠渡槽

铜山源水库建成后,渠道逐步延伸贯穿全境,旱灾威胁基本解除。

铜山源水库东总干渠 1975—1982年建成。块石浆砌结构,自尖山垄水库起,至八石坂(畈)水库,全长26.6公里。有14条支渠。总干渠上有8个隧洞,10个渡槽,过水流量进口为8.7立方米/秒,渠尾2.3立方米/秒。灌溉农田10.8万亩。

大平坂(畈)干渠 自下宅村上庄溪渡槽进口分水闸起,由南往北至大平坂(畈)村,长2.4公里。设计流量0.25立方米/秒,灌溉0.24万亩。

童岗干渠 自童岗分水闸起,至模环乡琚家村,长16.6公里。设计流量2.16立方米/秒,灌溉3.68万亩。

山门寺干渠 自山塘山洞进口分水闸起,至山门寺水库,长1.82公里。设计流量0.25立方米/秒,灌溉0.25万亩。

茂盛湾干渠 自总干渠渠尾至八石坂(畈)村分水闸起,至模环乡茂盛湾村,长8.3公里。设计流量1.58立方米/秒,灌溉1.31万亩。

刘家干渠 自八石坂(畈)村分水闸起,至模环乡新王村,长6.4公里。设计流量0.73立方米/秒,灌溉440公顷。

兰塘干渠 自八石坂(畈)水库副坝分水闸起,至模环乡下平山村,长8.4公里。设计流量0.54立方米/秒,灌溉753公顷。

上庄溪渡槽 位于大平坂(畈)村大平山,铜山源水库东总干渠上,浆砌石板拱结构,长266米,高5米,单跨度10米。设计流量6.9立方米/秒,1977年11月建成。

胡家渡槽 位于下宅村胡家北,铜山源水库东总干渠上。浆砌石板拱结构,长289米,高9米,单跨度10米。设计流量6.9立方米/秒,1977年11月建成。

龙门桥渡槽 位于下宅村龙门桥西南,铜山源水库东总干渠上。少筋混凝土双曲拱坝结构,长579米,最大高度19.4米,单跨度30米。设计流量5.3立方米/秒,1978年4月建成。2019年爆破拆除后重建。

会泽里渡槽 位于会泽里村西北,铜山源水库东总干渠上。钢筋混凝土矩形筒支梁结构,长705米,最高23米,单跨度15米。设计流量2.9立方米/秒,1978年7月建成。

八石坂(畈)渡槽 位于八石坂(畈)村东,铜山源水库东总干渠上。钢筋混凝土矩形筒支梁结构,长255米,高15米,单跨度15米。设计流量2.3立方米/秒,1979年5月建成。

上姜坞长征渡槽 因所在地墙上有仿毛泽东手书的《七律·长征》书法作品得名。位于八石坂(畈)村上姜坞,铜山源水库东总干渠上。为无筋无肋混凝土双曲拱坝结构,长60米,高3.5米,单跨度9米。设计流量2.5立方米/秒,1978年9月建成。

项家渡槽 位于项家村南,铜山源水库东总干渠支渠上。钻矩形筒支梁式钢筋混凝土结构,长150米。设计流量1.4立方米/秒,1979年建成。

殿塘渡槽 位于西方坞村殿塘边,铜山源水库东总干渠支渠上。钢筋混凝土矩形筒支梁式结构,长215米,设计流量1.4立方米/秒,1979年建成。

大公殿渡槽 位于下宅村胡家,浆砌石板拱结构,长289米,高9米,单跨度10米。设计流量6.9立方米/秒,1977年11月建成。

六、隧洞

西垄隧洞 以所在地得名。位于西垄口水库边。建于1974年。长175米,宽2.8米,高3.32米。铜山源水库东总干渠经此,过水流量7立方米/秒。

童岗隧洞 以所在地得名。位于余岗村童岗边。建于1976年。长131米,高3.08米,宽2.8米。铜山源水库东总干渠经此,过水流量5.11立方米/秒。

山塘隧洞 以所在地得名。位于会泽里村东北山塘边。建于1977年。长70米,宽3米,高3.44米。铜山源水库东总干渠经此,过水流量2.33立方米/秒。

新宅隧洞 以所在地得名。位于天池村新宅南边,是清源里水库向杨垄水库输水通道。建于1977年,长3000米,宽1.5米,高1.2米。2022年,投资88.2万元,清理渠道3000米,新建渠道815米,维修200多米。

七、水利治理

1972 年冬，在“农业学大寨”运动中，境内率先改造模环溪。1997 年后，小流域治理被列入政府议事日程，出台补助政策，整治与水土保持结合，力度明显加大。

模环溪整治　模环溪是境内衢江小支流，流源较长、坡降不大、流态平缓，上游建有山门寺、八石坂（畈）水库，来水量得以较大控制。小流域治理，以疏顺河道、兴利灌溉为主。溪上古有李婆堰，位于兰塘殿后，灌溉田地 800 余亩；十八堰，位于横山镇方野、叶野交界处，灌溉田地 200 余亩。除新建 9 座活动坝外，现尚有老堰 10 处：金塘堰，位于下店；麻堰、双溪堰、大堰，位于儒大门；腰塘边堰，位于腰塘边村；金桥坝（1）、金桥坝（2），位于塔下叶村；叶野堰，位于叶野；塔底堰，位于横山村；下沿桥堰，位于模环乡童村。此 10 条堰共可灌田 1600 余亩。1974 年冬，会泽里—叶野、叶野—五都桥、五都桥—模环、模环—童村、童村—西山口头、龙土公路—凤基坤 6 处河道截弯取直，共缩短河道 3000 米。

干渠治理　2005 年，完成童岗干渠 2 公里防渗加固。2006 年，完成茂盛湾和西方坞干渠浆砌改造。2009 年，投资 110 万元建设铜山源干渠至山门寺水库渠道 1000 米，投资 550 余万元完成童岗干渠横山段全线浆砌改造。2010 年，配合山门寺水库引水工程浆砌，改造会泽里干渠至山门寺水库底下游渠道 1150 米。2012 年，投资 150 万元，建成铜山源灌区莫石湾干渠配套设施，完成农改办 700 万元的水渠改造及上向徐等 5 个村机埠维修。2014 年，投资 2989 万元，整治河道 29.85 公里；投资 500 余万元，修建农田水利渠道 5000 余米、机埠 3 座。2018 年，投入 30 余万元完成 9.4 公里渠道清淤堵漏。

节水续建配套工程　（1）上庄溪渡槽防渗处理。槽身侧墙浇 10 厘米混凝土防渗面板，槽身底板浇 10 厘米混凝土，处理槽身防渗 208 米，完成混凝土浇筑 205 立方米，工程结算资金 10.95 万元。（2）会泽里渡槽修复工程。挖填土石方 0.92 万立方米，浆砌块石 0.07 万立方米，浇筑混凝土 0.21 万立方米，工程结算资金 305.55 万元。（3）大公殿渡槽防渗维修。2002 年凿除原渡槽底板混凝土、侧墙砂浆勾缝，槽身侧墙和槽底重新浇筑 10 厘米厚混凝土防渗面板，维修 305 米，浇筑混凝土 358 立方米，工程造价 13.76 万元。（4）童岗支渠节水续建配套。分 2004 年、2005 年两期实施，共完成渠道防渗衬砌 10 公里，挖填土石方 4.12 万立方米，浆砌块石 1.47 万立方米，浇筑混凝土 0.38 万立方米，竣工结算造价 526.2 万元。（5）茂盛湾支渠节水续建配套。2006 年实施，加固衬砌渠道 2 公里，挖填土石方 0.45 万立方米，浆砌块石 0.16 万立方米，浇筑混凝土 0.42 万立方米，结算造价 78.7 万元。

清洁塘工程　2014 年，完成清洁塘工程 36 个，加固山塘 3 个。

“千库保安”工程　2005 年投资 240 万元，完成上泉垄、大塘里水库“千库保安”工程。2006 年投资 87 万元，完成杨垄水库淤泥清理和牛坞里水库、腰塘水库除险加固。2007 年完成八石坂（畈）灌区改造及南塘、马塘、殿塘与牛坞里水库“千库保安”工程。2009 年投资 560 万元，完成清源里、石岩口水库“千库保安”工程。2011 年完成施光塘、大塘里、沙滩垅等山塘水库加固。2012 年投资 450 万元，完成荞麦塘等 9 座山塘及杨垄水库渠道修建。2018 年整治山塘 5 个、水库除险加固 2 个。2019 年完成项家村新芦塘水库除险加固。

杨垄水库灌区代表会　成立于 1972 年 7 月，代表 11 人。现已撤销。

横山水利服务站　1992 年县水电局增设水利服务总站，并在横山建立水利服务站。1995 年 10 月撤销。

表 5-2　**1993 年志棠镇今冬明春重点水利项目表**

类别	村名	名　称	建设内容及效益	主要工程量(立方米)		造价(万元)
				土石方	砼、砌石	
重点	儒大门	杨垄水库二期底改	U 型渠道延伸:提高抗旱能力	3000	3200	30
	腰塘边	先生坞	扩建:增加灌溉面积 800 亩	1150	51	1.1
	塔下叶	对面山活动坝	新建活动坝:增加灌溉面积 180 亩	400	45	0.8
新建机埠	东王	东坞机埠	新建:增加灌溉面积 450 亩	1250	59	1.5
	腰塘边	二头塘机埠	新建:增加灌溉面积 100 亩	138	10	0.8
	新宅	后坂机埠	新建:解决旱片 250 亩	850	47	0.8
渠道配套工程	杨家	牛坞里渠道	拓宽加固	2410	78	1.5
	后邵	杨垄支渠	新建:增加保收面积 150 亩	195	105	0.6
	席家	杨垄支渠	延伸衬砌:增加保收面积 200 亩	320	55	0.6
	下店	七丘垄渠道	新建渠道:增加保收面积 240 亩	1680	80	1.2
	前邵	杨垄支渠	延伸衬砌:增加保收面积 120 亩	240	200	0.9
	张家	山门寺渠道	延伸衬砌	500	90	0.5
	凌阁张	山塘机埠渠道	渠道拓宽	150	42	0.2
塘坝加固	翁坞	翁泥塘	衬砌外坝护坡	600	38	1
	塔下叶	石硖口副坝	副坝维修防漏	2400	65	1.5
	钱家	活动坝	下水坡修理河岸	150	60	0.7
	腰塘边	塘坝水涵	海塘、腰塘及小三型水库涵洞修理	2650	58	1.5
合计	—	—	—	18083	4283	45.2

表 5-3　**2019—2022 年境内部分水利建设项目表**

项目名称	审核预算价(万元)	工期(日历天)	时　间
塔下叶村(史不塘)灾毁修复项目	20.88	30	2019 年 8 月
天池村杨家牛坞里小坝修复工程	12.20	30	2021 年 2 月
河宗村灌溉渠道工程	43.94	60	2021 年 6 月
塔下叶村排水闸门工程	18.68	30	2021 年 10 月
上向徐村东王池塘迎水坡修复工程	34.45	60	2021 年 10 月
志棠村月影塘修建工程	50.94	60	2021 年 12 月
白鹤桥村樟树坞渠道修复工程	32.75	30	2021 年 12 月
上向徐村东王塘边挡墙修复工程	46.70	50	2022 年 2 月
塔下叶村翁坞渠道工程	35.04	40	2022 年 4 月
项家村田间渠道修复工程	17.09	30	2022 年 5 月
志棠村池塘改造及场地硬化工程	43.90	40	2022 年 5 月

续表5-3

项目名称	审核预算价(万元)	工期(日历天)	时 间
上向徐村三子塘挡墙修复及渠道浇筑工程	40.32	60	2022 年 11 月
上向徐村排水渠浇筑工程	53.53	45	2022 年 12 月
天池村自来水管道工程(杨垄里)	23.16	30	2022 年 12 月

附录 水利建设与执法事例

西垄水库管涌抢堵 第一次管涌发生在 1966 年 9 月。用毛竹和杉木编成浮筏,用长铁丝一头吊着秤砣,一头绑扎装着黄泥的麻袋,将其装上竹筏,将竹筏撑到涵管所在的水面上,一人将秤砣牵着铁丝慢慢投入水库中,游荡着试探涌流的确切位置,当秤砣进入管口漩涡区,就会被水流吸引往下拉,另一人立即将麻袋包推下水去,使黄泥麻袋包随着秤砣牵引被吸到漏洞部位。经过几次试探,只见这些抛堵物很快就随着急流冲出涵管口,说明漏洞口较大,麻袋包堵不住。又改用大捆新鲜松梢,用铁丝扎紧作为堵口物,同样用秤砣铁丝连接牵引抛堵,结果堵塞成功,涌流大为减少。然后用麻袋装黄泥大量抛堵加固,以防管涌复发。时隔 30 年后的 1996 年 6 月 27 日,西垄水库再次发生类似管涌,采用同样方法经数次反复抛堵,堵口物均被冲出涵管。29 日下午,采用直径 10 厘米以上、长 1.5 米的鲜松木段,用铁丝绑扎成接近正方体的硬骨架,外面用 6 条棉絮包裹,扎成重约 300 千克的堵口物,仍用秤砣作牵引,准确无误地抛下水中,才堵住漏口。

龙门桥渡槽双曲拱吊装 跨度 30 米,宽 2 米,重约 20 吨的混凝土少筋双曲拱,原计划一次性预制成形,但吊装单位没有吊装如此重量和体积的设备。为此,施工队先浇制双曲拱的拱肋,吊装前先在拱肋上安好预制的拱坡铁模,待拱肋吊装就位后,再组织 30 余人登上拱肋,将混凝土一畚斗吊上去,经过 30 余人的传递,在高空中完成拱坡浇筑。虽有吊装缆索做安全保护,但因人多、操作震动力大,稍有疏忽,几十人连同拱肋将会从高空倒翻下来,危险性很大。为此,专门挑选一批胆大心细的民工登高作业,并加强安全教育,严明操作纪律,总算顺利完成双曲拱的组合吊装任务。如此一跨一跨吊装,1975 年 10 月动工,1978 年才完全建成。

黄某、徐某占用河道建晒场案 1998 年 4 月 10 日,县水政监察大队接到群众举报,横山镇胡家村有人占用河道建晒场。水政监察人员立即赶赴现场,发现群众举报属实,胡家溪段约有 350 平方米水域被占用。经现场勘查,调查及询问相关人员后查明,该场地系胡家自然村村民黄某、徐某于 1997 年 7 月所建,未曾办理任何审批手续,围填占用水域 350 平方米(黄某 140 平方米、徐某 210 平方米),设置影响行洪建筑物约 300 平方米。该晒场的建筑物侵占河道,改变水流方向,直接危及行洪安全,对下宅中学及沿溪农户的生命财产安全造成很大威胁,其行为违反《中华人民共和国水法》和《中华人民共和国防洪法》有关规定。水政监察大队按法定程序于

1999年6月8日向当事人下达《水行政处罚决定书》,要求当事人在1999年6月25日前自行清障清除违章建筑物。但当事人置之不理,未在规定的期限内清除,考虑到当事人的不配合和违法情况的严重性,经水行政主管部门批准,于1999年6月30日申请县人民法院强制执行。在执法过程中,法院副院长带着法官数次上门做当事人工作,说服教育,可两当事人仍置之不理,不履行清除违章建筑物,最终当事人黄某被县法院司法拘留,经法院强制执行限期拆除该违章建筑物。

第二节　交　　通

横山为县北行门户,有自杭州而来的官道入境西行。1958年8月,龙游至兰溪诸葛的公路建成过境。经过多年建设,境内基本形成以国道、省道为干线,县、乡、村级公路为网络的公路交通圈。现有320国道、351国道、杭新景高速公路、316省道过境;有县乡公路4条,总长40千米;村村通水泥公路。杭衢高铁正在境内施工。

一、驿道官道

境内最迟在唐朝已有驿道过境。据浙江古籍出版社1992年6月出版的《浙江古代道路交通史》记载,唐代有从京城经杭州至福州的驿道,从寿昌(属建德市)梅岭入境,再通往衢州。这说明境域唐代就有驿道。明万历四十年(1612)前已设立铺递,清朝改设驿站。

驿道　古有驿道自杭州经寿昌入境,经大平坂(畈)、上溪桥、黄堂桥、汤溪桥至张公岭入衢县境。约于元代之后,不走寿昌,而经兰溪入龙游至衢州。清代,境内铺设司铺递,出城北经下倪、下方、前村、白鹤等五铺达寿昌境。驿路多数为石板和卵石路面。

驿站　驿站的功能主要是传递文书,接待过往官吏,运送官物。明朝传送公文改由铺递,清朝驿站又恢复传送公文的职能,成为与铺递并行的邮道。

官道　宋室南渡后,境内为浙西战略要地。当时临安至衢州,陆路由梅岭关入界后,经乌石寺脚、西垣、叶村至大路口直趋衢州,旧有砖砌“人”字形道路,以青砖、条石铺就。民间一直称其为“官道”,至今尚有遗迹留存。

公馆　公馆是为官方人士过往提供食宿的场所。民国志卷二十四“丛载·古迹”有梅岭公馆的记载:梅岭公馆,宋建都临安时此岭最为要道,明嘉隆时,犹存公馆数楹。壁上有女郎名赋雪者,从征过此曾题一绝:“太末山多竹似麻,雾中鸡犬几人家。此行探得春消息,十里梅花送鹿车。”岭今在寿昌接界,龙邑五岭,此则在北之一也。康熙志关于设立和废弃时间无明确记载。

至于民间商旅来往之主要道路与此略异。一般以县城为起点,向北经茶圩、下倪、豆腐王、后徐过梅岭而至建德县之寿昌。另由蜈蚣山背向东北经模环、白鹤桥、志棠达兰溪诸葛,也有经志棠、儒大门、新宅、查岭至寿昌。

二、铁路公路

旧时，县城至乡皆有大路通行，乡至村一般为泥路。1947 年，县参议会通过修路、筑路提案，发动当地农民先后修 3 米宽的大路。1956 年后，以建设县级、乡级公路为主，并筑起一批村级公路及机耕路，另还建有厂矿专用线。1983 年以来，公路建设成为国家和地方建设重点，部分乡级公路经整改提升为县级公路。境内铁路是杭衢高铁线，2024 年仍在建设中。

杭衢高铁　杭州至衢州铁路建德至衢州段（龙游段），在横山境内的起点（也是龙游段起点）位于天池村大坟头坞，终于贤求朋村。2022 年 7 月 5 日，伴随着挖掘机的轰鸣声，历经 733 天的杭衢铁路全线最长隧道——天池山隧道顺利贯通，全长 4154.52 米，隧道最大埋深 297 米。

图 5-1　天池山隧道贯通（毛慧娟　2022 年 7 月 5 日摄）

县城至后徐大路　出县城北经茶圩、后周、杨梅垄岗、下章、下倪、蜈蚣山背、上高叶、豆腐王、脉元、贤求朋、后徐、大平坂（畈）入梅岭（属建德市）。

蜈蚣山背至志棠大路　自小南海镇蜈蚣山背经王北斗、夏峰、横山、会泽里、白鹤桥、张家、志棠入诸葛（属兰溪市）。

横山至水亭大路　自横山向东经八石坂（畈）入水亭（属兰溪市）。

320 国道　为上海至云南瑞丽公路境内段。北自白鹤桥村叶坞自然村西入境，经会泽里、横山村入模环乡五都桥。全线均为双向四车道，大多为沥青混凝土路面，少数为水泥混凝土路面，路面宽以 16 米为主。2020 年 6 月 29 日，投资约 12.8 亿元（含龙游北入城口项目）的 320 国道会泽里至下章段改建工程开工，主线双向四车道，起于龙游与建德交界处至龙游经济开发区金星大道，共 15.28 公里。龙游北入城口段（金星大道至龙游大桥北侧）长 3.27 公里，双向六车道，兼顾城市道路部分功能。

351 国道　起点位于志棠村与建德市交界处，终点位于尖山垄水库南侧与衢江交界处，项目设有大桥 5 座、中桥 7 座，渡槽改建 1 座，涵洞 165 道，全长约 24.8 公里，主线及连接线路基宽度均为 24.5 米，总投资 13.84 亿元。公路设计时速 80 公里/小时，双向四车道。2019 年 10 月 15 日开工，工期 30 个月。2022 年 9 月 30 日龙游县举行 351 国道龙游横山至开化华埠段公路工程（龙游段）通车仪式。

图 5-2　351 国道横山段（罗意　2022 年 9 月摄）

表 5-4　　2020 年 351 国道被征地村土地补偿情况表

被征地村	征收地类	面积（公顷）	四级区补偿标准（万元/公顷）	小计（万元）	合计（万元）
白鹤桥村	耕地	1. 63	66	107. 50	169. 09
	园地	0. 01	36	0. 42	
	林地	0. 08	31. 5	2. 52	
	其他农用地	0. 83	66	54. 94	
	建设用地	0. 06	66	3. 72	
河宗村	耕地	6. 52	66	430. 58	652. 84
	园地	1. 65	36	59. 36	
	林地	1. 44	31. 5	45. 39	
	其他农用地	1. 72	66	113. 63	
	建设用地	0. 06	66	3. 87	
会泽里村	耕地	6. 79	66	448. 15	598. 10
	园地	1. 76	36	63. 41	
	林地	0. 07	31. 5	2. 10	
	其他农用地	1. 20	66	79. 29	
	建设用地	0. 06	66	3. 61	
	未利用地	0. 05	31. 5	1. 54	
脉元村	耕地	6. 01	66	396. 40	626. 16
	园地	1. 48	36	53. 38	
	林地	3. 22	31. 5	101. 42	
	其他农用地	1. 08	66	71. 10	
	建设用地	0. 06	66	3. 87	
上向徐村	耕地	2. 07	66	136. 88	183. 80
	园地	0. 63	36	22. 71	
	其他农用地	0. 36	66	23. 56	
	建设用地	0. 01	66	0. 65	
塔下叶村	耕地	0. 76	66	50. 40	183. 52
	园地	0. 11	36	4. 06	
	林地	3. 75	31. 5	118. 27	
	其他农用地	0. 16	66	10. 78	
贤求朋村	耕地	4. 85	66	320. 38	429. 37
	园地	0. 71	36	25. 66	
	林地	0. 01	31. 5	0. 07	
	其他农用地	1. 26	66	83. 26	

续表5-4

被征地村	征收地类	面积(公顷)	四级区补偿标准(万元/公顷)	小计(万元)	合计(万元)
腰塘边村	耕地	1.97	66	130.33	305.65
	园地	0.01	36	0.14	
	林地	4.55	31.5	143.17	
	其他农用地	0.49	66	32.01	
余岗村	耕地	2.96	66	195.45	342.36
	园地	1.77	36	63.66	
	林地	0.29	31.5	9.08	
	其他农用地	0.87	66	57.29	
	建设用地	0.14	66	9.06	
	未利用地	0.25	31.5	7.82	
志棠村	耕地	7.59	66	501.06	630.28
	园地	0.13	36	4.66	
	林地	1.01	31.5	31.82	
	其他农用地	1.04	66	68.37	
	建设用地	0.37	66	24.37	

杭新景高速公路龙游支线 北自大坪坂(畈)村乌石寺脚入境,南于小南海镇泽潭村吕塘与杭金衢高速公路和龙丽温高速公路连接,2004年7月开工,2006年12月8日通车。

316省道 原名520省道、21省道,也名龙葛线(龙游至兰溪诸葛)。起点为龙游县城,北至志棠村前邵出境,进入建德市大慈岩镇陈店村,长32.3公里。途经横山、会泽里、白鹤桥、上向徐、河宗、塔下叶、腰塘边、志棠村。1957年5月县城至模环通车,1958年8月全线开通,时为简易公路。1986年路面拓宽至9米,浇筑水泥混凝土路面,1990年竣工。1997年11月改建,1999年竣工。以双向四车道、二级公路为主,部分为一级公路,路面宽23米、15米、9米不等,水泥混凝土和沥青混凝土路面各占一半左右,造价1.95亿元。其中会泽里至下章16.07公里段为320国道重复线。

王村至三门源 1958年,为适应大办钢铁的需要而建。以王村为起点,经坞堪粮站、坞堪、大路顶、脉元、泉水坑、后徐至杜山坞,长14.2公里,砂石路面,1960年通客车。1983年向西北延伸5.32公里,途经石罐窑、塘边、火炮厂至三门源。自龙游至三门源全长28公里,通客车。1987年,下宅至回龙桥4公里横线与龙葛干线接通,途经龙门桥,有支线自对面山通童岗,方便下宅、横山二水泥厂运输,通货车。

钱家至大山沟 1970年建,为运石煤、磷矿专线。1980年通建德珏塘,往北可达航头、寿昌等地。

志棠至马鞍山 长4公里,为运石煤,石灰、磷矿专线。1958年建,投资2万元。编者注:此线建设年份有疑,2017版县志载1958年,而1990版地名志载1965年。

志棠至凌阁张 长1.88公里,为运石煤、磷矿专线。1965年建,投资0.8万元。1995年改建,长2.06公里。

20世纪60年代,随着拖拉机的广泛使用,机耕路建设有较大发展。1988年,90%以上的行政村通机耕路。2003年以来,不少机耕路改造为村级公路,新建机耕路也不少。

表5-5 **2005年境内干线、乡级、厂矿公路情况表**

起 讫	里程（公里）	路基宽度（米）	路面宽度（米）	技术等级	涵洞（道）	始建时间	改建时间
320会泽里至下章	12.60	—	18	二级	—	1998年	2000年
S12会泽里至志棠	8.00	—	12	二级	—	1998年	2000年
龙门桥至煤灰厂	0.85	5	3	等外	5	1958年	1995年12月
钱家至大山沟	3.30	4.5~5	3.5~4	准四	20	1970年	1995年12月
志棠至凌阁张	2.06	4.5	3.4	等外	15	1975年	1995年12月
志棠至马鞍山	4.18	4.5	3.5	准四	11	—	1958年12月

康庄工程 2003年,县成立康庄工程领导小组,有计划、有步骤加快乡村公路改造,计划到2007年实现村村通公路,路面硬化率100%。2005年,原横山镇规划“10分钟经济发展交通圈”,累计投入300余万元,硬化通村公路15.6公里,完成9个康庄工程项目。改扩建会泽里至下宅建材通道4.2公里,做好杭新景高速公路横山段涉大平坂(畈)、大平山、后徐、下宅、贤求朋5村长度为8公里道路的政策处理。志棠镇完成全长5286米、总投资115.7万元的志杨公路路面硬化工程,东王、张家等村康庄工程投入使用;总长1.8公里、投入40余万元的龙葛线至翁坞村公路建设顺利完工。2006年,完成凌阁张、钱家线和13条道路建设,实现所有行政村公路路面硬化。2007年,完成高山、溪边、龙门桥等村道路建设。2008年,投资75万余元重建方野桥,2009年6月竣工通车。2009年,投资110万元,先后修建钱家村乌口头进村道路、环余岗村西路及天池村赛车道边渠。2010年,配合县交通局完成320国道白改黑工程,完成天池村、白鹤桥村村级公路连接线1.9公里。2019年5月,县交通运输局发布《关于龙游县乡镇和建制村通硬化路通客车情况的公示》,表明村硬化路已可通客车。2012年,完成白鹤桥佳丰路渠配套及硬化,实施志棠村320国道边富硒园区机耕路面硬化。

表5-6 **2019年境内建制村硬化路通客车情况表**

镇、建制村名称	硬化路线名称	硬化路线路编码	优选通达路线等级	通客车形式
横山镇	沪瑞线	G320000000	G国道	2客运班线
八石坂(畈)村	横山—水亭	X714330825	X县道	2客运班线
会泽里村	沪瑞线	G320000000	G国道	2客运班线
项家村	横山—项家	Y737330825	Y乡道	2客运班线
脉元村	脉元—对面山	C216330825	C村道	2客运班线
余岗村	会泽里—窑头	C296330825	C村道	2客运班线
大平坂(畈)村	王村—建德梅岭	X710330825	X县道	2客运班线
横山村	横山—水亭	X714330825	X县道	2客运班线

续表5-6

镇、建制村名称	硬化路线名称	硬化路线路编码	优选通达路线等级	通客车形式
上宾村	上下朱—吴仪宾	C142330825	C 村道	2 客运班线
西方坞村	仓头—西方坞	C136330825	C 村道	2 客运班线
下西山村	G320—下西山	C137330825	C 村道	2 客运班线
白鹤桥村	台小线	G351000000	G 国道	2 客运班线
上向徐村	台小线	G351000000	G 国道	2 客运班线
河宗村	龙葛线—张家	C155330825	C 村道	2 客运班线
贤求朋村	王梅线—贤求朋	C206330825	C 村道	2 客运班线
下宅村	回石线—下宅	C211330825	C 村道	2 客运班线
后徐村	王村—建德梅岭	X710330825	X 县道	2 客运班线
志棠村	台小线	G351000000	G 国道	2 客运班线
天池村	志棠—杨家	Y738330825	Y 乡道	2 客运班线
腰塘边村	台小线	G351000000	G 国道	2 客运班线
塔下叶村	塔下叶—下畈	C310330825	C 村道	2 客运班线

表 5-7　2019—2022 年境内农村公路、村庄内部道路部分建设项目情况表

类　别	项目名称	审核预算价（万元）	工期（日历天）	时　间
农村公路	等级提升公路工程（横水线—吴仪宾村）	289.10	150	2020 年 3 月
	等级提升工程（钱家—大山沟）	54.91	60	2021 年 8 月
	等级提升工程（S316—下畈）	77.03	60	2021 年 8 月
	乡、村道大中修工程	208.69	90	2022 年 7 月
	路网完善工程（会泽里—下宅）	26.29	45	2022 年 9 月
	351 国道龙游段横山镇河宗村其他工程	163.80	60	2022 年 8 月
	351 国道白鹤桥村小三改工程	108.68	60	2022 年 9 月
	塔下叶村 316 省道两边整治提升工程	44.50	30	2022 年 10 月
	上向徐村 316 省道沿线及模环溪周边整治提升工程	22.60	30	2022 年 10 月
村庄内部道路	脉元村道路硬化工程	46.34	30	2019 年 7 月
	贤求朋村村内道路工程	19.51	30	2019 年 9 月
	横山村道路硬化及管网工程	41.32	60	2020 年 1 月
	腰塘边村（凌阁张、马鞍山、先生坞）村内道路工程	54.60	60	2020 年 2 月
	塔下叶村道路硬化工程	11.67	15	2020 年 11 月
	志棠村席家道路硬化工程	14.26	20	2021 年 9 月
	席家自然村路面改造工程	87.28	60	2021 年 12 月
	河宗村连村道路硬化工程	199.15	60	2022 年 4 月

续表5-7

类　别	项目名称	审核预算价（万元）	工期（日历天）	时　间
村庄内部道路	横山镇乡村道路水毁修复工程	11.76	20	2022年8月
	塔下叶村新建道路工程	19.96	90	2022年7月

三、桥梁　凉亭　渡口

境内建有众多桥梁，因大多系古建筑，见本志第十四章。此仅列解放后新建桥梁。

溪边桥　属原横山乡。桥长15米，宽5米，1孔，水泥平桥，1972年建。

太平桥　属原横山乡。桥长15米，宽4米，3孔，水泥平桥，1984年建。

张家新桥　属原志棠乡。桥长7米，宽5米，1孔，石拱桥，1984年建。

塔下叶桥　位于塔下村南，龙葛公路上，桥跨模环溪。建于1956年10月，系1孔钢板梁钢筋混凝土桥，长7.5米、宽6米、高1.8米。1987年改为石拱桥，宽9米。

水石桥　属原下宅乡。桥长20米，宽2米，3孔，水泥平桥，1965年建。

鲤鱼山殿桥　属原下宅乡。桥长20米，宽2米，3孔，水泥平桥，1977年建。

胡家桥　属原下宅乡。桥长8米，宽3米，1孔，水泥平桥，1977年建。

杨垄水库桥　位于天池村，1孔，长10米，宽6.2米，石拱桥结构。1975年5月建成。

下西山桥　隶属320国道至下西山公路，4孔，总跨径45米，长度50米，桥宽5米，桥高3米，荷载标准汽-10级，1995年12月建成或改建。

会泽里桥　隶属320国道，2孔，总跨径40米，长度52.3米，桥宽18米，桥高4米，荷载标准汽-20级，1998年12月建成或改建。

脉元桥　隶属脉元至对面山，3孔，总跨径30米，长度40米，桥宽4米，桥高4米，荷载标准公路Ⅱ级，2003年12月建成或改建。

元贤桥　隶属脉元至贤求朋，2孔，总跨径30米，桥长40米，桥宽5米，桥高5.3米，荷载标准公路-Ⅱ级，2006年12月建成或改建。

另，2019年9月，投资89.38万元，改造修建安头桥危桥；2022年8月，投资139.33万元，改造修建鲤鱼桥殿桥。

境内居民自古有“设亭施茶”风俗，深为农夫生产者憩息所爱戴，亦为过往行人纳凉避雨所赞颂。解放后，因县乡公路和农村机耕路拓开，凉亭已日趋减少。至1988年末，境域尚留3个凉亭。另，境内曾有横山渡。

洋塘底凉亭　位于横山乡洋塘底，砖木结构。

平排山凉亭　位于横山乡平排山，砖木结构。

胡家凉亭　位于下宅乡胡家，砖木结构。

横山渡　1948年6月，横山渡正常水位时江面宽300米，水深8米，洪水水位时江面宽1000米，水深30米。汽车过渡最多的一天是6月21日，当天过渡汽车10辆。

四、乡间道路

村间道路　上文提及的康庄工程，其道路大多由村间道路修建扩建而来。

表 5-8 1988 年横山、志棠、下宅乡村间道路情况表

乡别	起讫点	长度（公里）	宽度（米）	修建年份（年）	乡别	起讫点	长度（公里）	宽度（米）	修建年份（年）
横山乡	横山—吴仪宾	4.5	4	1977	志棠乡	志棠—邵源坞	4.5	3.5	1973
	仓头—下东门	1.5	4	1977		金村头—翁坞	1.5	3	1986
	溪边—下西山	1	4	1978	下宅乡	小殿下—芦塘底	2	—	—
	高山—余岗	2	4	1978		项家—翁家山	0.5	—	—
	白鹤桥—枫树岭	2.5	4	1978		泉水坑—童岗	2	—	—
	三姑殿—叶坞	1	4	1979		后徐—梅岭	4	—	—
						泉水坑—大平山	2.5	—	—

田间道路 在道路建设中，境内重视田间道路建设，为农民田间劳动提供便利。

表 5-9 2019—2022 年田间道路部分建设项目情况表

项目名称	审核预算价（万元）	工期（日历天）	时间
贤求朋村优质果园道路工程	29.52	30	2019 年 6 月
上宾村柑橘基地作业道路工程	58.95	30	2019 年 7 月
天池村粮食功能区基础设施建设工程	93.21	60	2019 年 10 月
下宅、后徐、脉元等村粮食生产功能区基础设施工程	199.00	120	2019 年 12 月
脉元村优质大米基地道路硬化工程	68.05	60	2020 年 2 月
八石坂（畈）村上泉垅优质大米基地道路硬化工程	109.15	90	2020 年 4 月
上宾村上塘到下塘柑橘作业道路硬化工程	97.12	90	2020 年 4 月
西方坞村农田道路硬化工程	18.56	20	2020 年 9 月
余岗村粮食生产功能区占补区域建设工程	48.71	60	2021 年 1 月
脉元村田间道路硬化工程	58.15	30	2022 年 4 月

墓道与公墓 随着殡葬改革，各村重视墓地与墓道等公共设施建设。

表 5-10 2019—2021 年墓道部分建设项目情况表

项目名称	审核预算价（万元）	工期（日历天）	时间
贤求朋村树葬示范点工程	17.54	30	2019 年 9 月
下宅村新建公墓工程	44.65	60	2019 年 11 月
余岗村生态公墓道路工程	18.13	30	2019 年 11 月
会泽里村公墓道路硬化工程	10.85	30	2020 年 7 月
八石坂（畈）村公墓道路硬化工程	28.56	30	2021 年 4 月

五、场站运输

横山汽车站 建于 1978 年，位于横山集镇 21 省道东侧，占地面积 700 平方米，建筑面积

300平方米,有职工2人,隶属龙游汽车站。主要承担龙游至诸葛、白沙等地客运业务。1996年撤销,在原址附近设龙游往返横山、志棠等客运停发车点。

港湾式停靠站 2005年先后建成县城至志棠、大垄6条线路的23个港湾式停靠站。

杭新景高速公路龙游服务区 位于后徐村,中心点在杭新景高速公路K21+500处。2005年动工建设,2006年12月投入使用,投资4000万元。占地面积1.88万平方米,建筑用地4117平方米,道路、广场面积9万余平方米,绿化面积近5.5万平方米。停车场占地5000平方米,可停靠大小车辆360辆。服务区总建筑面积7064平方米,其中综合楼5889平方米,加油站房523平方米(另有大棚2616平方米)。综合楼为三层建筑,底层为商场、休息厅等,三楼宾馆设标准客房24间,床位40张。

龙游开创客运有限公司 2001年6月7日成立,地址设于横山镇仓头村,主要经营龙游至志棠、模环至新王等线路,有客车24辆。2004年,三龙客运公司、兴马客运公司并入。2005年,经营线路15条,有客车47辆792座,员工103人,年客运量117.52万人次。

六、专业养护

横山公路管理站 1964年设志棠养护队,1967年设横山道班,1983年设志棠道班,1991年合并为专业道班,设横山公路管理站。

龙葛线养护 横山道班设立地点K18,至1988年道班3人,有房间4间,养护里程10公里,起讫地点K13—K23,线路级别3级。志棠道班设立地点K27,至1988年道班4人,有房间10间,养护里程9.2公里,起讫地点K23—K32+200,线路级别3级。

回下线养护 回龙桥至下宅。1988年道班2人,养护里程4.5公里,起讫地点K0—K4+500处,线路级别4级。

第三节 邮电 电力

最迟在明万历四十年(1612)前境内已设立铺递,司传邮迎送之事。1934年,县政府开始筹建乡村电话,于1936年7月动工,至1937年3月实现乡镇公所、派出所及重要村庄通电话,1956年10月,实现乡乡通电话。1958年7月,黄坛口水电站发电后,连接衢县、龙游、建德的黄坛口至新安江110千伏高压输电线路建成送电,境内自此开始用电。

一、邮政

1941年,县邮政管理局在后徐设代办所。1945年4月,县邮政管理局在横山张正泰号设立邮政信柜,派郑宝寿为经理。1957年,在横山设邮电支局,志棠乡、下宅乡设代办所。2011年末,横山镇有邮政网点1个,投递路线单程总长度215.6公里,乡村通邮率100%。有电信企业1家,服务网点3个,固定电话0.6万户,移动电话1.2万户,宽带接入0.13万户。

邮路 民国志卷五“建置考·邮传”载：迤北五铺抵寿昌界，曰下倪、曰下方（今夏峰）、曰前村、曰白鹤、曰梅岭。白鹤系域内，梅岭原系镇域。清末民初，农村邮件由县邮局派邮差，沿邮路各代办所或信柜接送。乡村代办所或信柜无专门投递人员，由过往便人认领捎带。1944年，县设北乡邮路，路径为：龙游—詹家—马叶—团石—泽随—叶村—石佛—后徐—塔下叶—横山—模环殿—坞墩—马村—茶圩里—茶圩—驿前—龙游。1954年，委办龙游至横山汽车邮路；1955年初，辟张家至志棠步班邮路；1961年，重开委办龙游至横山汽车邮路。1980年，龙游至横山自办摩托车邮路，后改为自行车邮路。1987年，龙游至横山委办汽车邮路改为自办汽车邮路。1998年，农村邮路中部分投递路线实行承包，投递员的收入与投递里程、主要报刊的收投份数、报刊流转额、邮件投递件数挂钩。

邮政编码 1986年6月，邮电部核定龙游模环区邮政编码为324406、324407。因群众书写邮政编码未成习惯，书写率较低。1988年，邮电部要求用户使用标准信封书写邮政编码，限期实施。1991年1月，全部实行邮政编码。现横山镇邮政编码为324406。

乡村物流配送中心 为适应时代发展需求，县电子商务公共服务中心、县乡村物流共配中心、龙游梦马电子商务有限公司等单位构建县乡村三级物流体系。至2021年2月，在境内开通乡村物流配送中心站点9个。

表5-11 **2021年境内行政村物流网点信息表**

站长	地　址	站点编号	站长	地　址	站点编号
徐　英	下西山乡村物流配送中心	058	毛树林	下宅乡村物流配送中心	064
柯文香	八石坂（畈）乡村物流配送中心	059	胡国瑛	后徐乡村物流配送中心	065
黄爱香	白鹤桥乡村物流配送中心	060	翁云兰	志棠乡村物流配送中心	066
付雄飞	天池乡村物流配送中心	061	吴连群	项家乡村物流配送中心	068
邵赛丽	上向徐乡村物流配送中心	063	—	—	—

二、电信

电话 1934年，县政府开始筹建乡村电话，于1936年7月动工，至1937年3月乡镇公所、派出所及重要村庄通电话。1956年10月实现乡乡通电话。1990年11月1日，横山邮电支局实现农话、市话半自动联网。1993年，横山支局开通程控模块进入程控网；志棠镇政府投资100余万元安装程控国内直拨电话，安装电话机49台。1995年，横山支局装置280门程控电话与全国联网。1996年，下宅乡实现电话交换自动化，有的行政村实现电话交换程控化。至1998年，行政村均通电话。1985年10月1日起，农话初装费标准为工矿企业600元、行政事业单位300元、中小学150元；农话月租费甲种每户每月12元，乙种每户每月20元；农话通话费20公里内每3分钟0.3元，20~50公里每3分钟0.45元，50公里以上每3分钟0.6元。1998年12月21日，农话初装费每号线1900元。2001年7月起，取消电话初装费。2004年，横山镇电话户均普及率为85%。

表 5-12　　　2002 年 1 月横山镇“电话村”计划表　　　单位：户

村　别	户数	计划数	已装数	任务数	村　别	户数	计划数	已装数	任务数
八石坂(畈)	404	215	129	86	高山	322	171	112	59
吴仪宾	228	121	60	61	横山	307	235	235	—
上下朱	206	110	46	64	白鹤桥	281	149	131	18
西方坞	279	148	133	15	上向徐	269	143	118	25
仓头	101	54	29	25	山门寺	67	36	9	27
溪边	121	64	43	21	下宅	456	243	147	96
项家	507	270	164	106	后徐	323	172	108	64
脉元	410	218	163	55	大平山	197	105	65	40
腰塘	157	84	42	42	大平坂(畈)	292	155	83	72
下西山	252	134	56	78	贤求朋	259	138	72	66
余岗	305	162	119	43	龙门桥	264	140	80	60
方野	123	65	26	39	合计	6605	3585	2313	1272
会泽里	475	253	143	110					

有线电报　1988 年 7 月后，龙游将报房至横山支局的话传电报改为传真机传送。

无线寻呼　1992 年 2 月，县电信寻呼有限责任公司开通“126”无线寻呼，1994 年开通“127”自动寻呼，形成中文数字兼容，人工自动并举，同年开通 168 自动电话信息台。1997 年 10 月起，无线寻呼月租费本地网每月 15 元，中文机每月 35 元，开户费 80 元。其后，由于移动电话快速发展，寻呼业务萎缩，2005 年停办。

移动电话　1993 年 12 月，县开通 900 兆赫公众移动电话(大哥大)，1994 年开通 450 兆“小哥大”，1996 年 11 月开通 GSM(全球移动)数字移动电话系统，横山设基站。1997 年，志棠完成移动基站建设和设备安装。1999 年 3 月，电信、全球通、联通实现互联互通。

小灵通　2004 年，横山开通小灵通。2009 年工信部下发相关通知后，小灵通业务逐步衰减，2011 年停办。

互联网　1995 年，县邮电局开通 163、169 窄带，用户利用电话线拨号上网。2000 年，开通 LAN(小区局域宽带)业务，2001 年开通 ADSL(非对称数字用户环路)业务。

有线电视　2004 年，横山镇有线电视入户率达 70%以上。

三、电网

20 世纪 60 年代初至 70 年代，农村电网已经初步形成。由于受经济、技术等条件限制，电网设备简陋，线路质量低。70 年代后期进行农村低压电网整改。1980 年，各乡村按标准整改配电装置，建设架空线路，配电房、接户线、保安设施等。1999 年 11 月，县进行第一批农网建设与改造，2002 年 4 月开始第二期农网改造。2011 年完成 500 千伏信安芝堰双回线路高电工程建设。至年末，境内有 220 千伏线 1 条、35 千伏输电线路 2 条，总长度 3.1 公里，用电负荷 813.9 千瓦，年售电量累计完成 1317 万千瓦·时。2014 年，有 35 千伏进线 3 条、10 千伏出线 10 条。

220 千伏建龙 2388 线 即原 110 千伏黄新线建德至龙游段。1976 年改建为 220 千伏线路，自大平坂（畈）村入境，止于龙游变电所，长 22.07 公里，导线型号为 LGJ－500，铁塔 90 基。2003 年以前，此线路一直是县内唯一的电源进线。

横山变电所 位于会泽里村，1990 年 12 月投入运行，时有 5000 千伏安主变 1 台。1994 年 7 月，增容 2 号主变 1 台，功率为 8000 千伏·安。1997 年，对横山变电所进行自动化改造。2001 年，1 号主变增容至 1 万千伏·安，2004 年 6 月，1 号主变降为 5000 千伏·安，主变容量共 1.3 万千伏·安。原搭接龙游变电所，2000 年改由模环变电所供电，并与石窟变电所相连。2011 年末，横山镇镇区拥有 10 千伏变电站（所）1 座，主变压器 2 台，总容量 11.3 兆伏·安。

表 5-13 **2005 年境内 35 千伏输电线路情况表**

线路名称	起 止	线路长度（公里）	导线型号	杆塔基数（铁塔/砼杆）	投产时间	电业或自备
模横 3140 线	模环变—横山变	4.18	LGJX－150	1/19	2000 年 12 月	电业
石横 3132 线	石窟变—横山变	15.03	LGJ－150	41/49	2003 年 10 月	电业

表 5-14 **2005 年境内 10 千伏输电线路情况表**

所属供电所	线路名称	线路总长度（公里）	主干线		杆塔基数（铁塔/砼杆）
			长度（公里）	导线型号	
龙北中心供电所	八石坂 7107 线	21.85	3.20	LGJ－120/20	0/36
	横联 805 线	3.70	1.52	LGJ－70/10	0/19
	横山 301 线	3.41	1.31	LGJ－70/10	0/20
	下宅 7101 线	19.26	7.87	LGJ－120/20	0/81
	志棠 303 线	39.55	9.89	LGJ－150/25	0/113

四、发电

境内有余热发电企业 1 家，光伏小康农光互补地面电站 1 个；筹建药光互补光伏项目 1 个。

青龙山水泥有限公司余热发电厂 位于下宅村。2004 年 11 月 16 日利用锅炉余热并网发电。2005 年扩容，共投资 4185.6 万元。有 3000 千瓦发电机组 2 台，4 吨/小时锅炉 1 台，6 吨/小时锅炉 2 台，10 吨/小时锅炉 1 台，1.5 万千伏安变压器、2.5 万千伏·安变压器各 1 台，搭接公司高压配电室 10 千伏母线，年均发电量 3600 万千瓦时，年节省生产成本 1800 万元。

贤求朋光伏小康工程 2019 年 3 月 30 日，装机容量为 15 兆瓦的贤求朋区块并网成功。

天池村 68 MW 药光互补项目 2023 年 5 月 6 日，县发展和改革局对天池村 68 MW 药光互补项目出具备案信息表。12 月 10 日，国网浙江省电力有限公司衢州供电公司委托浙江西子联合工程有限公司编制完成《龙游县横山镇天池村 68 MW 药光互补项目可行性研究报告》，拟在横山镇、模环乡进行 110 kV 送出工程项目建设。

第四节　集镇建设

据康熙志载：在乡街市，水之北：曰盐仓、曰张家埠、曰白鹤桥（说明当时境内白鹤桥是街市）。民国志载：白鹤桥，今已不得称市。据《龙游县建设志》载：白鹤桥，原址在今横山镇白鹤桥边，故名。古时，此处紧傍驿道，故设有饭铺客栈，嗣后市面逐渐繁荣，从而形成市镇。但自驿道废置后，市面即日渐凋零。后又屡遭洪水侵袭，居民皆迁往东北白鹤山边居住，集市遂废。20世纪50年代后，当时的区、乡政府所在地多有建设，但因陋就简的多。1984年起，集镇建设步伐加快，乡、镇政府所在地的集镇面貌大为改观。随着乡镇调整合并，原来的志棠镇、下宅乡所在地人丁来往稀少，往横山中心集镇聚集较多。

一、原乡驻地

横山乡驻地　据《龙游县建设志》载：横山，古时为墟市，农历每旬二、五、八为墟日。每逢墟日，商贩云集，顾客满街，市场繁荣，热闹非凡。旧时为邻近乡村农副产品的集散地，模环、下宅、志棠及附近建德、兰溪等地的农、林副产品，均在此集散。每年公历元旦和农历八月十三举行物资交流会。有一条长200米、宽2米的街道，称横山街，街两侧有10余家店铺，大部为商贩和手工业作坊，住宅房屋一般均为木结构的砖瓦房或泥墙屋，其时集镇建成区面积仅0.3平方公里。中华人民共和国成立后，因模环区公所及横山乡人民政府均设此，故成为全乡乃至全区的政治中心，随着一些机关单位的设置，房屋建筑的增加，使镇区面貌有所改观。1958年，龙葛公路建成通车，对该地工农业生产有一定促进作用，但发展仍比较缓慢。中共十一届三中全会后，农村改革逐步深入，乡镇企业迅速发展，以1978年创办的一家年产7000吨水泥厂为基础，通过投资扩建发展成为两家年产28万吨水泥大厂。同时，还先后创办纺织、木制品、建材食品加工等企业。1995年全镇工农业总产值已达2.96亿元，其中工业产值突破双亿大关。经济的增长，促进镇区建设的发展。1985年，横山对农民建房进行统一规划、统一设计，建成一批二层以上楼房的新村。临街住宅推行农户联建楼房，底层作营业用房，上层作生活用房。1992—1995年，投入资金360万元，加快基础设施配套建设。镇区现有（1995年数据）道路7条，共长5.59公里，面积达1352万平方米，并浇筑混凝土路面10.93万平方米。其中龙葛公路通过镇区范围内长2000米，路面拓宽至40米，并全部改建为混凝土路面，成为镇区主要道路；新建的文化路，长80米，宽36米，以花坛绿化带相配套，还在镇区街道两旁新装路灯67盏，新建排水、排污沟1500米，新建横山至石佛的道路6.3公里，全部浇筑为混凝土路面。1992—1995年，镇区开发商品房和公用房2.8万平方米，并新建牲畜、农产品、蔬菜、粮油、小商品5个专业市场，开发工业小区面积2万平方米。开通程控电话，装置280门程控电话与全国联网。1990版地名志载，时在横山的单位有：

横山汽车站　位于龙葛公路旁，占地面积1亩，建筑面积300平方米，有职工2人，隶属于龙游汽车站。该站建于 1978 年，以所在地得名，主要承担龙游至诸葛、白沙等地客运任务，年旅客流量约 8 万人次。

龙游县横山中学　参见本志第十五章。

模环区医院　参见本志第十六章。

龙游县模环粮油贸易公司　在横山。

龙游县模环粮食管理所　在横山。

龙游县模环物资供应站　在横山。

中国农业银行龙游县支行模环营业所　在横山。

龙游县邮电局横山邮电支局　在横山。

模环区供销合作社　在横山。

横山棉棕厂　在横山。

横山水泥厂　在龙门桥。

志棠乡驻地　为乡政府及前邵、卸厅、席家、后邵村委驻地。与建德、兰溪交界，早在唐代即为寿昌至兰溪古商道的必经之地，也是历代商贾去兰溪游埠走水路必由之路。至明代更是商业鼎盛，经济繁荣。旧时，集镇上仅有一条南北向的老街，长 500 米左右，宽不足 2 米，商店、摊点多数集中于此街两侧。中华人民共和国成立后，随着农村经济的恢复和发展，集镇建设有所改善，但由于经济发展缓慢，各项建设停滞不前。直至 1992 年，镇上所有商店、娱乐场所仍然集中在老街。1992 年，制定志棠集镇建设规划，集镇建设有序发展。镇区道路在原有一条老街的基础上新建从龙葛路至卫生院的新街路，全长 190 米、宽 12 米，全部浇筑为混凝土路面，共投资 20 余万元，并在该路两侧建设商业用房 50 余幢，均为三层混合建筑，每间商业用房面积 12 平方米。新建的志粮路，从龙葛路至粮站，全长 320 米、宽 4.5 米。在新建和整修街道的同时，为改善排水、排污系统，又投资 15 万元铺设一条直径 1 米水泥涵管的排水、排污沟渠，长 300 米。为解决街道照明，政府投资 30 余万元，安装公用变压器，架设路灯线路 500 米，安装路灯 25 盏；投资 20 余万元，建 400 平方米的猪仔市场，并将原老街菜市场迁至新街，菜市场面积为 200 平方米，上架设棚顶。每年农历四月二十六、九月初六举行物资交流会。内有雍睦堂（邵氏花厅）、席家大厅等明清建筑。1990 版地名志载：时乡办水泥厂、石灰厂等设此，在志棠的单位有：

志棠乡卫生院　参见本志第十六章。

志棠煤矿　在志棠。

下宅乡驻地　位于后徐，时为下宅乡政府、村委会驻地。原名沙溪堰川，后以姓氏更名厚徐，清末以后，谐音称今名。古时为通龙游、衢州、兰溪、寿昌要道，店铺甚多，商业繁荣。20 世纪 30 年代曾一度称后徐镇。西南下竭有泉井，冬暖夏凉，久旱不竭。农历每年二月二十六、十月二十六举行物资交流会，每月每旬一、四、七日为耕牛、仔猪交易墟日。1990 版地名志载，时有个体商户 60 余家，在下宅的单位有：

下宅水泥厂　在下宅。

下宅汽配厂　在大坞。

二、规划

2003 年 4 月，经衢州市人民政府批准的龙游县城市总体规划（1999—2020）曾明确，志棠镇、横山镇为农贸服务型城镇，但志棠镇于 2005 年 12 月并入横山镇，规划落实无从谈起。

志棠镇集镇总体规划 2004年投资6万元测绘集镇地形图，编制集镇总体规划。2005年，以集镇规划为龙头，落实志棠汽车站项目，启动集镇居民点建设工程，初步实现集镇清洁化、绿化、亮化的规划目标。

横山镇城镇总体规划（2003—2020） 2004年11月，横山镇政府（时下宅乡已并入）委托浙江工业大学建筑设计研究院编制，2005年4月完成。规划近期2003—2010年，远期2010—2020年，分横山镇镇域、城镇总体规划范围和城镇建设用地3个层次。镇域村镇体系规划范围为横山镇24个行政村、87个自然村，总面积57.4平方公里。城镇总体规划用地范围为横山、高山、方里、会泽里、溪边5个行政村所辖范围内划定的总体规划用地区域，用地面积约4平方公里；规划远期横山镇城镇建设用地面积控制在1.5平方公里。镇域村镇体系空间布局结构为"一主两副"："一主"指主中心（横山镇镇区），是发展点的主要核心；"两副"指两个中心村，是联系横山镇镇区与基层村的发展点。城镇性质为县北部以发展外向型经济为特色的工业重镇。人口规模近期0.9万人，远期1.5万人。用地规模：近期（2010）城镇建设用地92.26公顷，人均102.5平方米；远期（2020），城镇建设用地149.8公顷，人均99.87平方米。镇区建设用地北至会泽里村、南至溪边村、西至方野村、东至高山村。镇区用地的扩展为近期"南北聚中"，远期"西延南北拓展"。城镇用地空间总体布局为"一心四区，一带双轴一环"："一心"指一个中心区，"四区"指四个居住组团，"一带"指镇区北片建材产业带，"双轴"指溪边—横山—会泽里、方野—高山两条城镇发展轴，"一环"指镇区发展内环线。

镇域总体规划 2017年，委托浙江大学城乡规划研究院修编完善镇域总体规划和控制性详规、横山集镇规划、志棠集镇规划，使两处集镇定位更加精准，品位更具特色。

三、街道巷弄

集镇主要街道有9条、巷弄8条。

龙葛南路 南北向。为龙葛公路横山集镇路段，南至横山交警队，北起与文化路相交处，长600米，宽15米，沥青路面。

龙葛北路 南北向。为龙葛公路横山集镇路段，南起与龙葛南路相交处，北至横山加油站，长800米，宽15米，沥青路面。

塔山南路 南北向。南起与横水路相交处，北至文化路相交处，长200米，宽12米，混凝土路面。

人民路 南北向。南起与文化路相交处，北至与方叶路相交处，长400米，宽7米，混凝土路面。2006年10月建成。

文化路 东西向。东起与塔山路相交处，西至横山中学，长200米，宽7米，混凝土路面。1950年1月建成。

庆丰路 东西向。东起与横水路相交处，西至与塔山路相交处，长500米，宽5米，混凝土路面。

横水路 东西向。为横山至兰溪水亭公路横山集镇段，西起与龙葛南路相交处，东至集镇边，长1000米，宽5米，混凝土路面。1955年2月建成。

塔山北路 南北向。南起与文化路相交处，北至镇水厂管理房，长400米，宽12米，混凝土路面。

老街路 南北向。南起与横水路相交处，北至当店巷，长300米，宽2米，混凝土路面。旧有,具体建成时间不详。

牛市巷 东西向。东起与花厅巷相交处,西至与文化路相交处,长 200 米,宽 2.5 米,混凝土路面。

花厅巷 南北向。南起与庆丰路相交处,北至与七家巷相交处,长 200 米,宽 3 米,混凝土路面。

陈家巷 东西向。东起与牛市巷相交处,西至与庆丰路相交处,长 150 米,宽 3 米,混凝土路面。

七家巷 南北向。南起与庆丰路相交处,北至与陈家巷相交处,长 100 米,宽 2 米,混凝土路面。

当店巷 东西向。东起与老街路相交处,西至与小学路相交处,长 200 米,宽 2 米,混凝土路面。

小学路 南北向。南起与庆丰路相交处,北至原横山小学,长 300 米,宽 3 米,混凝土路面。

塔山后路 南北向。南起横山小学,北至横山医院,长 100 米,宽 3 米,混凝土路面。

山弄堪巷 南北向。南起与庆丰路相交处,北至与牛市巷相交处,长 200 米,宽 3 米,混凝土路面。

四、境内单位

横山集镇自解放以来,先后建有区公所、乡政府、邮电支局、银行营业所、财税所、工商所、粮管所、供销社、食品公司、学校、医院等公用及商业服务设施。1995 年后,陆续建成镇政府办公楼、法庭综合楼、工商行政综合楼、水利服务站,新建地税楼、公安派出所综合楼、交警中队办公楼、烟草大楼、国土大楼等。2022 年,驻横山集镇的单位有:

龙游县公安局横山派出所 位于横山集镇龙葛南路 59 号。有民警 9 人,管辖横山镇的 20 个行政村。

龙游县公安局横山交警队 位于横山集镇。

横山义商村镇银行 位于横山集镇。

移动公司横山分公司 位于横山集镇。

龙游县农商银行横山支行 位于横山集镇龙葛南路 1 号。由原龙游县农村信用合作联社横山信用社改称。经县联社授权代管志棠、模环、下宅 3 个分社。

龙游县横山中学 位于横山集镇文化路 1 号。

龙游县横山小学 位于横山集镇横山后路 19 号。

龙游县横山中心卫生院 公立卫生院,位于横山集镇龙葛南路 52 号。

龙游县横山粮油加工厂 位于横山集镇塔山北路 20 号。2001 年创办,占地面积 3000 平方米,主要从事大米加工,员工 7 人。

2022 年,驻集镇外的单位有:

农商银行志棠分社 位于志棠村。

农商银行下宅分社 位于后徐村。

龙游县下宅小学 位于下宅村。

龙游县志棠小学 位于志棠村。

横山变电所　位于会泽里村。1990 年 12 月建成运行。

杭新景高速公路龙游服务区　位于后徐村。2006 年 12 月开业。占地面积 14.88 万平方米,建筑面积 7064 平方米,其中停车场占地面积 5000 平方米。综合楼底层为商场、休息厅等,三楼为宾馆,设标准客房 24 间,床位 40 张。

浙江青龙山建材有限公司　位于下宅村。2000 年 9 月由原青龙山水泥厂改制组建。占地面积 20 万平方米,主产各种型号水泥,员工 566 人。

龙游县万友毛巾厂　位于宅村龙门桥,2001 年创办。占地面积 6667 平方米,主产毛巾,员工 47 人。

横山加油站　位于会泽里村。2005 年油罐总容量 150 立方米,汽油容量 80 立方米。

龙游张家医院　位于河宗村,民营医院。2014 年医疗用房 400 平方米,员工 3 人。

2005—2014 年间成立,现已消失的单位:

龙游县横山敬老院　位于后徐村。1992 年 10 月创办,占地面积 4439 平方米,建筑面积 2100 平方米,设床位 100 张,有食堂、活动室等。2014 年,入院老人 73 人,工作人员 4 人。

龙游天池山水泥制造有限公司　位于志棠村前邵 316 省道旁。2000 年创办。占地面积 11.34 万平方米,主产各种型号水泥,员工 87 人。2014 年产值 6143 万元。

龙游南方水泥有限公司　位于志棠村前邵 316 省道旁。2006 年创办。占地面积 3.34 万平方米,主产各种型号水泥,员工 117 人。2014 年产值 5552 万元。

浙江海光有色金属废料再生有限公司　位于会泽里村 320 国道旁。2008 年创办。占地面积 1.2 万平方米,主产铝锭,员工 33 人。2014 年产值 4131 万元。

志棠加油站　位于志棠村。2005 年油罐总容量 10 立方米。

五、综合整治

2005 年 12 月新的横山镇成立以来,镇政府加大集镇建设综合整治力度,设立行政执法办公室,完善集镇巡查管理,逐步形成长效维护机制,小城镇环境综合整治做法被《浙江新闻联播》报道。2011 年末,镇有自来水厂 1 座,铺设干线水管 3.2 公里,生产能力 8000 吨/日,年工业用水 22.7 万吨、生活用水 54 万吨,居民自来水普及率为 80%;有排水管道 2.1 公里,污水治理工程 1 项,日污水处理能力 1820 吨,污水处理率为 70%。2021 年,抓住 320 国道外移历史契机,邀请专业团队重新对集镇区域进行科学规划,规划出独具横山特色的“一带四区”布局。响应“两化”引领要求,高标准建设月荷小区,打造民心工程、示范工程、幸福工程,吸引周边村落人口集聚,提高城镇化率。

道路改造　2006 年,投入 60 万元,对塔山路进行改造,浇筑标准水泥路面 350 米,宽 12 米,埋设排水排污管网;街道两侧人行道铺设彩色地砖。2010 年,新拓展塔山路 150 米,完成排水及路面基础设施建设。2017 年,对重点道路、背街小巷、农贸市场及集镇重点区域进行综合治理,集镇面貌焕然一新。

环境整治　2006 年,在道路设施完工后,对街道两侧商铺店面进行整治。拆除违章建筑,统一制作广告牌,规定商铺摊位不得超过街道白线,规范车辆停放。2010 年,投入 10 万元建设集镇垃圾中转站。2013 年,以“三改一拆”行动为契机,拆除临街违章棚铺 103 家,对商户摊位乱摆乱放、占道经营进行综合治理。2020 年围绕“美丽城镇”发展格局,将镇文化站、塔山公园、荷花带延伸风光等串联成线,跟进涵盖新农贸市场、富硒综合体在内的全镇域总体规划,提升集镇承载能力和服务功能。2022年5月,建设塔山路停车场与临时摊贩点迁建,新建5座1层钢结构临时摊贩点(1号建筑面积211.76平方米,2号90平方米;3号90平方米,4号101平方米,5号129.60平方米)及水电安装、路面硬化、停车场修整等。

园林绿化 2011年,建设面积2.1公顷公园2个,园林绿地面积10.2公顷,其中公共绿地8.7公顷,绿化覆盖率19.8%。2012年,聘请浙江大学教授为横山镇规划设计塔山公园,并做好体育文化广场项目前期工作。2013年,新安装320国道集镇范围内硬隔离护栏,并对公路进行绿化;实施天马山文化公园项目,按照公园整体规划要求,完成相关土地征用政策处理。

小区建设 2012年,征用2.87公顷土地用于镇域最大规模集聚小区建设。2013年投资2500万元,建设占地面积3190平方米的清荷集聚小区。2019年,月荷小区建设项目先行征地0.37公顷。2022年7月,县奔康投资集团投资建设月荷集聚小区动工,投资约3.8亿元,工期14个月,规划用地面积约83亩,包括建设公寓楼5栋、排屋27栋。配套幼儿园为三层建筑,面积4805平方米,共9个班,建设工期10个月。

表5-15 **2019—2022年"美丽城镇"建设部分项目情况表**

项目名称	审核预算价(万元)	工期(日历天)	时　间
镇土管所宿舍及政府宿舍零星装饰工程	10.85	30	2019年8月
集镇污水终端提标改造工程	100.41	90	2020年11月
镇政府会议室维修工程	44.52	45	2021年4月
镇综合信息指挥中心工程	47.31	90	2021年4月
镇矛盾调解中心改造工程	10.41	30	2021年8月
八石坂溪(塔山公园)环境提升工程	367.42	90	2022年2月
易地搬迁安居工程(月荷小区)外围挡墙工程	67.18	50	2022年4月
塔山路停车场(临时摊贩点迁建)建设工程	158.74	45	2022年5月
易地搬迁安居工程	14370	420	2022年6月
塔山路人行道(镇院环境)提升工程	142.14	45	2022年7月
塔山南路公厕改造工程	27.60	45	2022年8月
"污水零直排"提质扩面工程(清河小区)	180.37	120	2022年12月

第六章 农 业

境内农业始终居先导性和基础性地位。旧时，以种稻、养猪为农事主业，南宋时传入种莲子技术，后引进玉米、甘薯等，逐步发展成以种植水稻和饲养猪禽为主体，适量种植各种经济作物的自给性综合农区。受封建土地所有制束缚，加上战祸天灾频仍，农业生产力低下。解放后，通过土地改革，变革生产关系，农业综合生产力不断提高。中共十一届三中全会以后，随着家庭联产承包责任制的推行，农民的生产积极性和主动性得到充分调动。进入新的时代，通过调整产业结构，实行土地流转等，农业生产正向专业化、规模化转变。

第一节 种 植 业

民国志载：北乡，则以米为出产大宗矣，岁所输出约十万袋。按：每袋二百八十斤。他若粉干、莲子、藕粉，全县皆仰给焉。其田亩之灌溉悉资于塘，大者数十亩，故产鱼最多。按：青鱼、鲢鱼、鲤鱼尤夥。另外，境内中低山和丘陵水利条件差的田地还种植较耐旱的豆类、玉米、番薯、荞麦等作物。

一、水稻

横山稻米过去一直是主要的大宗输出商品。历史上水稻皆为单熟，亩产150公斤左右。1930年始有间作稻种植，1954年开始种植连作晚稻，复种指数提高，产量大幅增加。20世纪50年代前，商品粮主料籼米，糯米次之。后因大面积种植连作晚稻，粳稻产量、品种增多。至80年代中期，杂交稻占85%以上，商品米以杂交米、晚籼米、糯米为主。

早期品种 民国志卷六“食货考·物产”载：“……千记响，按：意思训打千下犹响，喻其谷之多也，亦立秋后熟，北乡多种之。……江西糯，则形长似禾，亦有迟早两种：早者立夏后种，处暑后收；迟者，芒种前种，霜降后收。皆用以酿酒，若制汤团、麻磁尤必需之。草鞋糯，处暑熟。按：若种二熟，则必霜降乃熟。秋糯，立夏后种，立秋后熟。冬糯，则小满种，立冬熟。两种米形均尖长，大于常谷二倍，乡人以制米胖。处州糯，芒种前种，霜降后收，亦用以酿酒。白芒糯，立夏种，白露收，性最黏。胭脂糯，其谷略紫，米仍洁白。小满后种，立冬后收，以之酿酒甚佳。”

良种引进 北宋大中祥符五年（1012），从福建引进耐旱、早熟的占城稻。1937 年，引进改良稻纯系 9 号。1940 年，引进晚稻良种晚籼 9 号。1953 年开始推广连作双季稻，1954 年引进 6506、5575 品种。1956 年推广南特 16 号、陆财号，1957 年引进并推广南特号、中稻 399，1958 年引进有芒沙粳、元子 2 号早粳稻，后因其需肥量大、密植程度要求高而淘汰。1962 年推广矮秆高产抗倒伏品种，引进矮脚南特。1963 年早稻大面积种植陆财号、南特 16 号、先锋 1 号；晚稻大面积推广农垦 58、新太湖青。至 1970 年，80%以上早晚稻实现矮秆良种化。1971—1975 年，更新矮秆良种，早稻品种改为先锋 1 号、广陆矮 4 号、卡陆矮等；晚稻品种较杂。1976 年试种杂交水稻南优 2 号，因其易感染白叶枯病而淘汰，汕优 6 号成为当家品种。1985 年引进汕优桂 33 组合，1986 年大面积推广，1987 年引进协优 46 组合。1995 年引进并推广浙辐 802、中-156、辐籼 6 号、汕优 10 等。至 2005 年，先后引进中早 1 号、中组 1 号、金早 22、金早 47 号、协优 9516、Ⅱ优 63、协优 963、协优 63、两优培九、中浙优 1 号等优质高产品种。

良种繁育 20 世纪五六十年代，实行就地选种，就地繁育，就地推广，以群众自留互换为主，国家调剂为辅。1978 年，推广夏制水稻杂交种子，此后杂交稻制种面积不断扩大，1984—1987 年，杂交水稻不同组合大面积制种。1988 年后，水稻推广选种较前减少。2003 年，种子经营实行市场化管理，良种引进且更换频繁。

熟制 单季稻，即每年种一熟水稻，可分纯单季稻与稻麦、稻菜两熟及菜稻菜、麦稻菜、麦稻肥等。纯单季稻一般为易淹田或山边冷水田和高塌缺水田块，仅种植一熟中稻或晚稻，其他大部分为稻麦、稻菜两熟。占城稻引进后，部分水利条件好的肥腴水田始有三熟制，即早中稻套种马料豆（黑豆中的一种，用作饲料为主）或收割后种荞麦、秋菜，冬种绿肥或春花作物，至 20 世纪 50 年代，部分水田仍沿袭这种三熟制。双季稻，即每年种二熟水稻，又可分间作稻和连作稻。1930 年，开始推广间作双季稻，因境内丘陵起伏，水利条件差，一般夏作以早中稻为主，秋作以马料豆或稻扎豆、荞麦、玉米为主，冬作以油菜、麦、绿肥为主，复种指数较高。1953 年，周林旺农业生产合作社根据邻村鲤鱼山脚有人曾种双季稻增产的经验，拿出水利条件较好的 30.59 亩田试种连作稻，又从松阳买来 8 担烟茎用于治虫，结果每亩平均产量 909.8 斤，比其他田块平均增产 260.6 斤，增幅达 40.14%。县农林科及时进行总结，于 1954 年组织周林旺初级社进行示范试验。周林旺合作社共种 86.6 亩，增收稻谷 22200 斤，比间作稻每亩增产 249 斤。1954 年，全县推广连作双季稻，实行“肥—稻—稻”三熟制。1960 年，各地水库开始蓄水，水利条件得到改善，加上此后的“以磷增氮”技术普遍推广，“肥—稻—稻”成为主要熟制。

育秧 20 世纪 50 年代以前，耕作粗放。一般清明开始浸种，一昼夜后随即播育水秧 1 个月左右，立夏开始插栽本田。插栽丛距 1.3～1.4 尺（1 尺约 33.3 厘米）见方，每亩只需稻种 2 公斤。本田施肥主要靠花草、油菜、大小麦青、猪牛栏肥及挑塘泥培肥，因绿肥产量低，猪牛存栏很少，亩收稻谷只有 150～200 公斤上下。间作晚稻在小满边播种，夏至前插入早稻田行株间，待早稻收割后，再培育晚稻苗，直至霜降边收割。水秧田采用宽板育秧：选择避风向阳、水利方便田块，灌水耕整基本平整后待田土沉实放干田水，在秧田四周筑避水沟和横直沟，再将田面躺平，待田面高处微露裂缝时灌水上秧扳，即可播种。播后，秧板上的“娘水”不轻易排去，否则认为要造成烂秧。秧苗露青后，进行第一次追肥，一般每亩 5～6 担稀薄粪肥，待到 4 叶，排至浅水，每亩用饼灰40～60公斤（先发酵）施于秧扳，称为压秧灰。待长到一拳一翘高度时，即可移栽。这种秧田秧板阔，播种量大，秧板长期灌满水，烂秧、翻根等时有发生，因而常常贻误农时。1953年开始推广合式秧田，即在原有做好避水沟、进排水沟基础上，每4尺阔开沟做畦，耥平。在开沟时将沟泥挖出，宜于旁边筑一小埂，使每畦放板进排水口自立门户，以避免翻根倒芽或缺氧烂种。1955年后，连作晚稻发展很快，但当时晚稻育秧播种时间没有突破晚稻要吃“芒种”水的框子，形成晚稻秧苗秧龄长，秧苗细弱的缺点。当年，县农科所贾尚田与邵新富在贤求朋等地试行旱地育秧，即在旱地整畦，盲谷下种，上盖泥沙，再铺麦草，出苗后掀去麦草让其自然生长。插秧前5～6天如多雨，则插秧前3～4天灌上水，秧板施4～5公斤硫铵促发新根，然后移栽；如干旱则直接拔燥秧栽插，此法一直沿用至70年代。1964年，县农科所金维献、李马裕等在会泽里大队第9生产队试行尼龙薄膜育秧，秧板为半旱秧田，在塌谷后即在秧板上每隔3～4尺，插一长约5.5尺的竹片使成弓形，再在上面铺上尼龙薄膜，四周围烂泥固定，使薄膜内形成一个小气候，因薄膜能吸收光热又不易散热，因此膜内温度高于膜外气温、促使秧苗较快成长。如遇20℃以上气温，必须及时揭膜通风，不然引起高温烧苗。尼龙育秧除不会烂秧外，可使秧苗生育提前7～10天，有利于后作生长。但成本较高，除特殊需要外，很少应用。直到80年代地膜出现，成本仅及尼龙三分之一，很快为农民接受。

移栽　旧时，中稻一般行距1.3～1.4尺见方。境内密度较高，以1～1.2尺较多。1954年，提倡以密植为中心的增产技术，要求试验田6寸（1寸约3.33厘米）见方，一般大田不超过1尺。1958年少数领导在“大跃进”中不顾自然条件与水稻生育规律，在“人有多大胆地有多大产”错误思想指导下，要求早稻插秧密度5×2、6×3寸，甚至将孕穗的稻苗10多块田并在一块，“放”所谓“高产卫星”。1961年纠正瞎指挥和浮夸风，早稻插秧密度调整为8～9寸见方，每亩用量4公斤左右。1963年以后，随着矮秆、耐肥、抗倒、早熟品大的推广，早稻插秧密度要求提高，一个“高群体、争多穗，布其世”的栽培路子在全县推广。为克服因传统习惯造成的插秧过秧、过深、过浓、弯曲不整齐习惯，全县范围从村到乡、区开展多层次插秧比赛，明确早稻插秧标准密度6×6寸，深度不能超过1寸，丛株数3～5株，并要带秧线下田，达到整齐通风。

用水技术　旧时因受水利条件限制，以不受旱为前提，唯在田间漫灌蓄水而已，无用水技术可言。1963年，因建成一批水库和机埠，便及时总结推广浅水促早发的经验。后因当时插秧苗数过多，稻苗旺发引起病害加重，又推广烤田断根抑制后期发稞措施，至1970年前后，形成“浅水插秧，寸水护苗，皮水促蘖，搁田控苗，孕穗足水，湿润到老”的管理办法，但在实践中受水利条件和田板平整度等的限制，尚难顺利实行。20世纪80年代中期，插秧苗数减少，早稻只要求插时保水护苗促成活，以后视天气晴朗自然变化供水，要求晴久就灌水，雨多就排水，让稻田干湿交替，维持到成熟。晚稻根据水利条件，田中不长期干旱开裂即可，这样较切合生产实际，农民能自己掌握。

施肥方法　20世纪50年代以前，有嵌三朝灰的习惯。插秧后半个多月开始耘田，一般每亩施用几十斤煤灰，一个月内耘田2次后，施入栏肥，有的施入草皮、嫩柴火叶，踏入稻行间的田土中，使其腐烂为稻苗后期肥料之需。50年代，在少量试验田试用硫酸铵（肥田粉）、过磷酸钙，其中硫酸铵的效果明显。60年代初，以磷增氮成为提高水稻产量的主要措施，同时推广用磷肥粘秧根办法。1963年，推行过石灰氮，施用氮素的农户较多。1965年推广施用氨水，成为六七十年代种植水稻的主要化肥。1968年推广碳酸氢铵、硝酸铵，一直使用到80年代初期，后被尿素所取代。90年代逐步施用食用作物专用肥、复混肥、复合肥，使磷钾肥得到更广泛普及。1990年，县农业局制订的早稻辐汕6号亩产500公斤施肥要求：基肥每亩厩肥15担，耙面肥碳铵 40 公斤、过磷酸钙 15 公斤；追肥尿素 7.5～10 公斤，氯化钾 7.5 公斤，作为标准推广。

病虫害防治　水稻害虫以铁甲虫、螟虫、稻苞虫、蚰虫为主，纵卷叶螟间有暴发。20 世纪 50 年代初因缺少药械，限于采用点灯诱蛾，徒手捕捉。1958 年开始用国产 666 粉治螟虫，1962 年用 223 防治蚰虫，1964 年用敌百虫、马拉松、敌敌畏、杀螟松、乐果等有机磷农药防治黑尾叶蝉。70 年代，山区曾有稻秆潜叶蝇为害，后有了有机磷农药杀虫剂，对抑制三化螟起到较好作用。自推广矮秆良种、密植、多穗等增产措施后，纹枯病成为主要病害。1966 年矮缩病首先在横山乡溪边村发现，危害日趋严重，一般年损失在 10% 以上。1970 年，浙江农业大学植保系李德葆等人开始研究该病发病规律和防治措施，采用马拉硫磷、叶蝉散等防治，至 1980 年基本不受其危害。1964 年"龙革"品种从广东引入后，白叶枯病不断零星发生；1973 年后，每遇大风洪水过后即大片成灾，用叶青双等抗菌药类防治也不甚奏效，植检、植保等部门和县、区、乡组织力量，采取封锁发病范围、烧毁病田稻草、田土石灰消毒、病谷糠麸单独处理等配套措施，才得以抑制。在除草灭鼠方面，1973 年开始试用稻田化学除草，主要品种有五氯酚钠、除草醚、二甲氯等。近年稻田除草剂使用量增多，主要有二氯喹酸、禾大壮、乐草隆、灭草王、新代力等。

表 6-1　**1960—1998 年横山镇水稻种植情况统计表**

年份（年）	农作物播种面积（亩）	粮食作物		1. 春粮		2. 早稻及早中稻		3. 秋粮		其中：晚稻	
		播种面积（亩）	总产量（吨）	播种面积（亩）	总产量（吨）	播种面积（亩）	总产量（吨）	播种面积（亩）	总产量（吨）	播种面积（亩）	总产量（吨）
1960	58465	47254	4872	8403	400	17534	2479	21317	1993	13728	1356
1961	49480	45793	3450	8883	259	12011	1368	24899	1823	6800	752
1962	52392	43497	4722	6630	276	18692	2695	18175	1751	7406	802
1963	59174	43881	7375	3601	189	11217	3987	29063	3199	14270	2452
1964	62210	44100	7074	2520	204	20709	4223	20871	2647	17990	2316
1965	60638	42673	8273	1719	168	21378	5250	19576	2855	18447	2586
1966	62074	41246	9088	2276	192	21454	5858	17516	3038	16767	2852
1967	61621	41614	8330	3440	300	20310	4524	17864	3506	16911	3386
1968	67127	44738	8408	3190	356	21926	5139	19622	2913	18948	2680
1969	70482	48880	9595	3344	329	22439	5345	23097	3921	20201	3405
1970	73345	50098	10096	3154	332	23615	5401	23329	4363	21408	3933
1971	69697	51134	9533	6179	839	23131	5885	21824	2809	19780	2482
1972	70506	53554	11319	8253	982	22601	6514	22700	3823	18969	3278
1973	68172	52350	11107	7582	520	23166	6113	21602	4474	20482	4177
1974	67412	50498	11388	6096	672	22084	7024	22318	3692	20449	3329
1975	67412	49403	10697	4932	374	22075	6607	22396	3716	20251	3382
1976	66539	48966	10907	4426	380	22258	6590	22282	3937	20271	3617
1977	68256	49530	12400	4016	328	22573	6776	22941	5296	20714	4104

续表6-1

年份（年）	农作物播种面积（亩）	粮食作物		1. 春粮		2. 早稻及早中稻		3. 秋粮		其中：晚稻	
		播种面积（亩）	总产量（吨）	播种面积（亩）	总产量（吨）	播种面积（亩）	总产量（吨）	播种面积（亩）	总产量（吨）	播种面积（亩）	总产量（吨）
1978	69760	51712	13547	6544	786	22954	7864	22214	4897	20107	4601
1979	69429	51279	15715	7079	1097	21982	8456	22218	6162	21020	5859
1980	69547	51726	15400	7340	1075	22157	8570	22229	5755	21620	5508
1981	68841	50543	15251	6515	886	22221	8412	21807	5953	21463	5743
1982	70524	54887	20132	9519	1810	22136	9326	23232	8996	22428	8617
1983	69859	55650	17887	10377	1585	22010	7036	23263	9266	22497	8915
1984	71066	55853	20204	10474	1782	22065	8696	23314	9726	22756	9339
1985	69150	51671	17976	8532	1152	20291	8149	22848	8675	22253	8292
1986	69301	52076	17595	8121	1423	20628	8493	23327	7679	22732	7427
1987	69891	54399	17522	9383	1266	21185	7638	23831	8618	23283	826
1988	69431	53541	15654	9387	1322	21066	5620	23088	8712	22541	8477
1989	69375	54658	17328	9976	1504	21111	6442	23571	9382	23166	8851
1990	69616	54964	18846	10144	1794	21192	7532	23628	9520	23026	9005
1991	69832	55255	20712	10206	1523	21214	8467	23835	10722	23218	10147
1992	69147	52214	16503	9790	1598	19466	5799	22958	9106	21863	8581
1993	62143	45551	14577	6086	1041	18036	4419	21429	9117	20453	8314
1994	65447	47711	17241	7800	1218	18120	6017	21791	10006	20388	9119
1995	67258	52300	18137	7500	1178	19022	5668	25778	11291	22892	10922
1996	67000	52411	18335	8000	1427	18922	5801	25489	11107	22925	10775
1997	66336	52199	18265	8400	1511	18900	6119	24899	10635	22780	10223
1998	65281	47487	16628	4000	620	18902	5330	24585	10678	22515	10154

注：此数据已包括下宅乡

表6-2　　1960—1998年志棠镇水稻种植情况统计表

年份（年）	农作物播种面积（亩）	粮食作物		1. 春粮		2. 早稻及早中稻		3. 秋粮		其中：晚稻	
		播种面积（亩）	总产量（吨）	播种面积（亩）	总产量（吨）	播种面积（亩）	总产量（吨）	播种面积（亩）	总产量（吨）	播种面积（亩）	总产量（吨）
1960	15172	11774	1082	2612	96	5036	672	4126	314	3022	281
1961	17075	17051	1678	3463	114	6846	803	6742	761	2702	211
1962	23542	15791	1691	2884	116	3431	498	9476	1077	2914	277
1963	20325	15651	2702	1260	54	7196	1645	7195	1003	3975	673

续表6-2

年份（年）	农作物播种面积（亩）	粮食作物		1. 春粮		2. 早稻及早中稻		3. 秋粮		其中：晚稻	
		播种面积（亩）	总产量（吨）	播种面积（亩）	总产量（吨）	播种面积（亩）	总产量（吨）	播种面积（亩）	总产量（吨）	播种面积（亩）	总产量（吨）
1964	20613	14265	2176	1133	80	7536	1481	5596	615	4087	456
1965	21942	15265	2602	669	54	7727	1669	6869	879	5892	723
1966	21964	14704	2938	825	66	7733	1932	6146	940	5283	809
1967	21271	14802	2536	1454	134	7566	1576	5782	826	5375	766
1968	22751	15946	2785	1339	146	7945	1832	6662	807	6083	824
1969	25792	17998	3404	1612	156	8181	1882	8205	1366	6964	1147
1970	25559	17763	3416	1235	112	8345	1813	8183	1491	7144	1268
1971	25358	18733	3358	2362	304	8378	1971	7993	1083	6931	916
1972	25476	19947	4075	3240	399	8212	2169	8495	1507	6924	1175
1973	25109	19471	4036	2858	186	8198	2293	8415	1557	7191	1339
1974	24408	18802	4086	2553	274	8162	2438	8087	1374	7178	1145
1975	24205	17881	3963	1890	140	8003	2396	7988	1427	7122	1201
1976	24117	17847	3957	1786	149	8051	2395	8010	1413	7207	1203
1977	24484	17800	4530	1287	118	8177	2358	8336	2054	7513	1541
1978	24142	18190	4586	2269	326	8154	2682	7767	1578	6867	1406
1979	24561	18551	5346	2604	419	8090	2850	7857	2077	7202	1862
1980	24116	18152	5371	2401	411	7964	2856	7787	2104	7489	1889
1981	24431	18310	5431	2498	341	7885	2871	7927	2219	7702	2058
1982	24317	19192	7101	3291	686	7805	3170	8096	3245	7919	2968
1983	21028	19216	6500	3980	708	7468	2354	7768	3438	7564	2341
1984	24329	19245	6679	4161	837	7372	2512	7712	3330	7430	2957
1985	23992	18634	6448	3871	692	6906	2472	7857	3284	7457	3028
1986	23455	18389	5999	3828	724	6907	2517	7654	2758	7376	2596
1987	20374	17736	5552	2226	232	7139	2273	8371	3047	7865	2731
1988	22762	18428	5265	3754	625	7127	1708	7547	2933	7247	2779
1989	22847	19164	5951	3820	616	7033	2064	8311	3271	7804	2993
1990	23064	19301	6454	4027	853	7220	2462	8054	3139	7515	2894
1991	23428	19782	6728	4274	642	7221	2574	8287	3512	7822	3239
1992	23843	18942	5773	4018	785	6820	1483	8104	3505	7710	3002
1993	21480	16306	7496	2832	566	5912	1567	7562	5363	6935	2996
1994	22781	17260	6164	3006	465	6152	2067	8102	3632	7116	2966

续表6-2

年份（年）	农作物播种面积（亩）	粮食作物		1. 春粮		2. 早稻及早中稻		3. 秋粮		其中：晚稻	
		播种面积（亩）	总产量（吨）	播种面积（亩）	总产量（吨）	播种面积（亩）	总产量（吨）	播种面积（亩）	总产量（吨）	播种面积（亩）	总产量（吨）
1995	22990	18174	6130	3513	555	6373	1823	8288	3752	7420	3072
1996	23781	18323	6429	3220	715	6470	1923	8633	3791	7494	3335
1997	23334	18198	6338	2995	645	6450	2000	8753	3693	7400	3180
1998	24474	17537	6137	2059	328	5951	1707	9527	4102	7235	3132

1972年，衢县粮食局对龙游、模环、塔石、溪口4个区提供商品粮较多的大队（即重点粮产队）进行统计，排出37个大队的各种类别名次，其中横山公社横山大队与下宅公社项家大队、下宅大队情况如下。

表6-3　**1972年境内重点粮产队情况统计表**

大　队	人口（人）	粮食面积（亩）	粮食年总产（万斤）	向国家提供商品粮			平均每人面积		粮食亩产	
				数量（万斤）	平均每人数量（斤）	名次	亩数（亩）	名次	亩产（斤）	名次
横山大队	1741	1863	191	47	270	31	1.07	4	1025	6
项家大队	1541	1651	172	45	292	30	1.07	5	1042	4
下宅大队	1442	1654	140	37	257	34	1.15	7	846	18

二、大麦、小麦

民国志卷六“食货考·物产”中有对大麦、小麦的记载：“蜈蚣麦，穗长微有芒；鲫鱼麦，穗两端略尖中略宽扁；铁钉麦，穗上尖下圆；和尚麦，穗上圆下尖；均以其形略似而得名……是四种者统称小麦……”；“红大麦、白大麦，均白露种，翌年立夏熟。别有米麦，以穗无芒而形似米得名，白露种，翌年谷雨熟。红、白大麦，质粗无黏质，宜于豢畜，惟极贫者食之……。”1943年，省政府命各县扩大大麦和小麦种植，以济军需民食。由于种了大麦和小麦就不能种绿肥，影响稻作产量，1945年大麦和小麦产量下降。1963年后，因水稻产量提高，大麦和小麦种植面积相应减少。1971年后，政府提倡“麦（油）—稻—稻”新三熟制，大麦和小麦种植面积回升。20世纪70年代，啤酒业兴起，国家以优惠价收购，大麦产量上升。1993年后，因赤霉病危害严重，以及种粮效益差等原因，大麦、小麦产量大幅下降。

品种　大麦品种有红大麦、白大麦、三月红、三月黄、二棱大麦、六棱大麦、白壳大麦及米麦等，以三月红居多。红、白大麦性粗无黏质，供作禽畜饲料，贫家也有食用。米麦粉细味甘，以食用为主，可制酒曲。20世纪30年代，小麦品种有蜈蚣麦、鲫鱼麦、铁钉麦、和尚麦、火烧麦等。1940年，省农业推广所推广浙农9号、矮粒多等品种，其中从意大利引进的矮粒多、丽英1号、丽英3号，既耐肥抗倒又抗黄锈病。五六十年代，浙农9号和矮粒等种植面积逐步扩大，蜈蚣麦、铁钉麦逐渐减少，同时推广省内自选品种介吉、吉利，从北方引进碧玛1号和矮秆红，从萧山引进裸大麦立夏黄。60年代中期，换成苏麦7817、浙麦1号等品种。70年代，先后引进矮洛阳、扬麦1号、3号和浙麦1号等品种。80年代，大麦以浙农大1号、浙农大3号、沪麦4号、舟麦1号等多个适用啤酒酿制品种为主，小麦仍以浙麦1号为主。90年代，大麦以浙农大3号和苏皮1号为主，小麦以浙麦2号为主。2000年，引进核组8号。

耕作 一般在立冬前后播种，来年小满便收割。大麦和小麦播种以狭畦、点播为主，每亩用种3~4公斤，边播边用稀人粪尿浇籽，再施上拌入15公斤饼肥的草木灰。来年开春，中耕除草结合追肥，每亩施人粪尿2~4担，亩产一般50~60公斤。20世纪50年代后推广条播，1963年推广施用磷肥，促进苗期早发。1971年推广苏州大棱高产经验，平均亩产首次达120公斤。当年还学习义乌县徐村公社西陈村大队经验，该大队与境内儒大门大队等地土质相仿，翻耕作畦种麦比较困难，儒大门大队像西陈那样将麦子直接撒播稻板上，然后摊上栏粪盖上沟泥，结果比翻耕的产量更高。当时有人顾虑不翻耕对土壤熟化有无影响尚不明确，未大量推广。直到1986年，县农技人员李马裕等人发现儒大门等地长期坚持免耕，土壤理化性质并未变坏，产量仍有提高，于是因势利导，进行大面积推广。对油菜也进行免耕试点，同样收到良好效果。同时引进各式开沟机，逐步形成大麦和小麦半机械化播种，亩产稳步上升。2005年平均亩产180.8公斤。

植保 麦类病害以锈病、赤霉病与黑穗病为主。1941年和1945年锈病暴发，造成小麦大减产。1960年，锈病再次流行，尤以赤霉病危害为大。1975年、1983年、1985年都造成较大损失。虫害以蚜虫为主，黏虫也时有发生。1972年，黏虫暴发，因及时采用敌百虫等农药防治，未造成重大损失。1958年以来，逐渐推广浸种、农药防治和选用抗病品种等措施，至20世纪80年代，麦类病虫害基本得到控制。

三、其他粮食作物

豆类、玉米、番薯、粟、高粱和荞麦等作物，因较耐旱，在中低山和丘陵水利条件差的田地多有种植。除豆类外，余皆以自种自用为主。20世纪90年代，荞麦已罕见，粟基本绝迹。境内番薯、豆类（主要是黄豆）产量一直较大。

番薯 品种以红皮白心为主。清明前后下种育苗，芒种前后扦插。旧时采用宽畦低垄栽培，中期翻藤，以灰肥、饼肥为主，耕作粗放，一般亩产200~300公斤。20世纪50年代，引进推广胜利百号，产量稳，出粉率高，耐贮藏。80年代，普及徐薯18号、南薯88等品种，推广薯苗斜插和水平插、深沟高垄栽培、施足基肥、追施钾肥浇裂缝膨薯、不翻藤等技术，产量不断提高。1963年后种植面积减少。21世纪初，因人们喜欢食用红皮白心品种，复扩大种植，并从外地引进小番薯、紫薯等品种。至2005年，番薯种植面积扩大。

豆类 民国志卷六"食货考·物产"载："大黑豆，芒种后种，立冬后收，无浆，可煮食。黄豆，大暑前后播种于已收之稻根中，故又名稿茬豆，至霜降收。可制腐、造酱、榨油，其渣可肥田。青豆，立秋后种，立冬后收，有浆，可制腐及豉。白豆，总称六月豆，有黑嘴、白嘴两种。黑嘴者其花红，俗又名铁杆豆；白嘴者其花白，又名白圆豆。皆清明前下种，夏至后十八日或二十日收之……赤豆，三四月种，至秋开花结荚，色微白略红，三青二黄时即收之，无浆，可作饼饵。绿豆，三四月种，至秋开花结荚。长二三寸，可频摘，茎枯，始全收之。田塍豆，芒种后种，立冬前收，有浆，制腐最宜。蚕豆，小雪前种，翌年立夏前收，无浆，嫩时食之。虹豆、刀豆，俱蔓生，清明种，夏至开花，乘嫩时并荚食之，老则收子为种。扁豆，亦蔓生者，一名篱豆，亦有称夹袄豆者，谓御夹衣时可食也。有红白二色，立夏种，至立秋开花，荚如羊角，故俗又名羊角豆，食法与豇豆、刀豆同。佛豆，秋分后种，例不收子，翌年清明前后犁去以肥田，种仍采自他处。”大豆以直点播为主，阔畦栽培，一般不施追肥，只在播种时施一撮灰肥或磷肥，除草1~2次，5月上中旬播种，10月上中旬收割。

四、经济作物

境内以棉、茶、油、瓜果、蔬菜、莲子等为主，受市场、政治形势等影响，各有盛衰。20世纪50年代前，油菜、棉花、莲子、糖蔗种植面积相对较大。50年代后，因片面强调粮食生产，经济作物发展缓慢。80年代后，提倡多种经营，经济作物得以发展，柑橘从零星散植到规模种植，发展尤快。90年代后，经济作物种植面积扩大，境域尤以莲子为多。

表6-4　1960—1998年横山镇茶叶、水果、油菜、棉花种植情况统计表

年份（年）	茶叶		水果		油菜籽		棉花	
	茶园面积（亩）	总产量（吨）	果园面积（亩）	总产量（吨）	播种面积（亩）	总产量（吨）	播种面积（亩）	总产量（吨）
1960	—	—	—	—	1353	24	1069	5
1961	—	—	—	—	253	2.5	—	—
1962	—	—	—	—	750	16.7	2	0.1
1963	—	—	—	—	896	14	6	0.2
1964	—	—	—	—	1484	46	124	4
1965	—	—	—	—	911	30	82	5.3
1966	—	—	—	—	1333	56	179	3.3
1967	—	—	—	—	1989	82	87	0.6
1968	—	—	—	—	1437	58	71	2.9
1969	—	—	—	—	2047	93	27	0.9
1970	—	—	—	—	2469	126	2	0.1
1971	1029	3.0	47	5.2	1750	93	—	—
1972	1133	4.9	80	15.0	1419	92	—	—
1973	1004	7.6	70	12.4	2085	103	2	—
1974	823	34.8	210	18.7	2320	146	—	—
1975	845	15.5	138	14.6	2824	132	—	—
1976	808	16.7	121	17.1	1854	71	—	—
1977	950	24.0	222	28.0	2676	125	—	—
1978	890	22.1	337	11.7	4433	273	—	—
1979	954	27.0	329	30.0	4841	295	3	0.1
1980	835	27.0	213	9.6	5672	424	23	2.0

续表6-4

年份（年）	茶叶		水果		油菜籽		棉花	
	茶园面积（亩）	总产量（吨）	果园面积（亩）	总产量（吨）	播种面积（亩）	总产量（吨）	播种面积（亩）	总产量（吨）
1981	821	36.0	197	99.6	7128	491	74	2.8
1982	804	39.0	835	72.4	4859	426	129	8.1
1983	824	32.0	1453	980.0	4585	325	76	4.5
1984	827	21.0	1911	79.0	4583	399	54	2.4
1985	763	25.0	1525	166.0	5125	468	61	3.2
1986	762	20.0	2190	326.0	5378	527	24	1.4
1987	574	19.0	3504	422.0	5348	285	16	0.9
1988	1390	23.0	4236	274.0	5566	359	5	0.4
1989	448	19.0	4951	990.0	5225	354	15	0.9
1990	308	13.0	6708	1655.0	5332	448	34	3.0
1991	146	6.0	6317	2380.0	5497	469	34	2.0
1992	448	12.0	6226	1336.0	5691	521	535	42.0
1993	88	3.0	6308	4717.0	5625	532	299	90.0
1994	88	2.0	6403	4658.0	7800	635	235	32.0
1995	86	2.0	6075	6087.0	10000	751	335	31.0
1996	84	2.0	6291	6120.0	9509	807	512	47.0
1997	78	3.0	5731	6590.0	9000	755	306	28.0
1998	66	4.0	5402	4352.0	9000	671	282	26.0

表6-5　1960—1998年志棠镇茶叶、水果、油菜、棉花种植情况统计表

年份（年）	茶叶		水果		油菜籽		棉花	
	茶园面积（亩）	总产量（吨）	果园面积（亩）	总产量（吨）	播种面积（亩）	总产量（吨）	播种面积（亩）	总产量（吨）
1960	—	—	—	—	363	4.5	231	2
1961	—	—	—	—	—	—	—	—
1962	—	—	—	—	274	4.9	—	—
1963	—	—	—	—	546	3.0	—	—
1964	—	—	—	—	686	17.0	8	0.3
1965	—	—	—	—	477	12.0	11	0.8
1966	—	—	—	—	442	11.0	17	0.2
1967	—	—	—	—	502	16.0	—	—
1968	—	—	—	—	333	12.0	2	0.1

续表6-5

年份（年）	茶叶		水果		油菜籽		棉花	
	茶园面积（亩）	总产量（吨）	果园面积（亩）	总产量（吨）	播种面积（亩）	总产量（吨）	播种面积（亩）	总产量（吨）
1969	—	—	—	—	619	21.0	—	—
1970	—	—	—	—	712	26.0	4	0.2
1971	213	0.2	20	5.5	643	30.0	—	—
1972	178	0.4	11	0.7	508	30.0	—	—
1973	85	0.3	11	0.7	653	26.0	—	—
1974	106	0.6	11	3.9	740	37.0	—	—
1975	644	0.6	15	2.6	929	39.0	—	—
1976	536	0.8	13	1.3	631	22.0	—	—
1977	1135	1.0	17	15.0	875	36	—	—
1978	1160	2.5	23	3.3	1175	67	—	—
1979	893	4.0	57	3.3	1612	84	—	—
1980	802	9.0	158	15.9	1754	121	—	—
1981	742	12.0	157	3.9	2359	154	8	0.8
1982	733	15.0	154	4.3	2114	165	3	0.1
1983	741	10.0	410	15.0	1933	139	—	—
1984	708	9.0	809	28.0	1830	156	—	—
1985	674	18.0	928	30.0	1775	147	—	—
1986	644	14.0	1266	57.0	1871	157	—	—
1987	602	7.0	1420	60.0	826	32	—	—
1988	590	10.0	1726	107.0	1782	125	—	—
1989	560	10.0	2038	214.0	1478	94	1	0.1
1990	559	7.0	2262	234.0	1805	149	6	0.3
1991	560	8.0	2769	528.0	1917	133	1	0.1
1992	545	14.0	3331	274.0	1909	160	87	7
1993	463	13.0	3385	907.0	1994	187	—	—
1994	443	16.0	3688	1493.0	2500	196	41	3
1995	432	17.0	3778	1930.0	2913	213	26	3
1996	432	21.0	4603	3212.0	2580	250	29	3
1997	205	10.0	4466	3955.0	2665	253	30	3
1998	165	10.0	3161	2804.0	2910	224	25	2

表 6-6　　1985 年、1988 年志棠乡、下宅乡、横山乡种植养殖产品情况表

产品	年份（年）	粮食总产（吨）	亩产（公斤）	莲子（吨）	蚕茧（吨）	柑橘（吨）	柏子（吨）	家禽（只）	鲜鱼（吨）	禽蛋（吨）
志棠乡	1985	6448.0	834.5	60	11	23	2.4	23336	30	—
	1988	5266.0	—	16	8	75	43.0	24430	—	55
下宅乡	1985	6501.0	848.0	14	18	2	24.0	—	64	60
	1988	5744.0	—	6	19	—	57.0	18297	49	22
横山乡	1885	11285.7	823.0	—	10	43	157.8	35958	70	—
	1988	9910.0	—	8	15	34	115.0	32503	54	44

油菜　旧时，为白菜型品种。1955 年引进甘蓝型胜利油菜，至 1972 年基本普及，同时改直播为育苗移栽。1974 年，采用一株壮苗、一个移栽孔、一把肥土、一条深沟的“四个一”技术，提高移栽质量，并种植本地培育的迟熟品种塔农 1 号。1981 年起，先后引入试种国内外 20 余个新品种，从中筛选出浙优油 1 号低硫甙品种，其饼粕是优质饲料。1988 年，因生长期偏长、串花后硫甙含量高而逐渐淘汰。1990 年，引进双低油菜新品系浙优油 2 号，并大面积推广。2005 年，主要品种有高油 605 和浙双 72 两种。

表 6-7　　2007 年境内特色农业基地建设情况表

村　名	类　别	面积（亩）	村　名	类　别	面积（亩）
八石坂（畈）村	蚕豆	520	凌阁张村	油菜	480
下宅村	西瓜	508	志棠村	志棠白莲	1200

茶叶　实行家庭承包责任制后，境内茶叶生产减少。2018 年，横山镇响应县“黄茶三年行动计划”，塔下叶村 40 亩闲置、荒废的土地得到开发，统一种上“中黄 3 号”黄茶。

金丝草　项家村种植金丝草已有上百年历史，是县内最大的金丝草种植基地，全村家家户户的房前屋后、田间路边、漫山遍野丛丛相拥。2017 年，种植面积达 1500 余亩，年产值 1000 余万元。

柑橘　旧时，境内仅有少量柑橘、香袍、广橙零星分布，基本未成商品。1983 年，县建制恢复后，政府扶持柑橘发展，柑橘生产进入快速发展期。1984 年，境内不少农户种植柑橘。1995 年，柑橘产量大，品质优良。随后，大力推广“三疏一改”（疏树、疏枝、疏果，改良土壤）栽培技术，柑橘品质得到明显提升。1999 年，志棠镇有 300 株以上柑橘经营大户 49 户，1000 株以上 10 户。至 2005 年，橘园面积进一步扩大。

三类橘区　1986 年，衢州市农业局以温州蜜柑为标准，修订《柑橘生态适宜区划》，将全市区划分成四个自然类型，志棠、横山、下宅在地理上位于东部河谷平原及西部中丘岗地，属温州蜜柑中冻区，为三类橘区。极端最低气温-10℃，对温州蜜柑越冬有较大威胁，低洼地段和迎东北风面不宜种橘。

柑橘“三疏二改”　2008 年末出现柑橘难卖问题，2009 年上半年为调动橘农生产积极性，全镇推行柑橘“三疏二改”，在高山村、西方坞村、脉元村、后徐村设立示范点，示范面积 38.7 公

顷,通过示范和培训,全镇有180公顷柑橘完成“三疏二改”,柑橘品质得到提升。2017年,引导传统柑橘种植产业转型发展,推广柑橘优良新品种1.67公顷。

黄花梨、石榴、板栗、黄桃 境内有零星种植。1999年志棠镇翁坞村有300亩黄花梨、席家村有50亩石榴、西大门与杨家村有板栗生产基地。2022年,脉元村对面山鼎泰蔬菜专业合作社种植黄桃面积50多亩,亩产约1500公斤。

莲子 19世纪中叶,引入福建建莲、湖南湘莲,植于水田,后繁衍选育成田莲。境域是县主产地,称北乡田莲,有红花、白花两种,以红花为佳,籽粒大,产量高,其肉质厚、色泽白、香味浓、煮烂快。20世纪60年代,种植减少,1983年后逐步恢复。2000年,引进优质高产品种太空白莲,2002年太空白莲获省农博会金奖。2004年,志棠牌白莲、天子贡珠白莲通过国家原产地标志认证。2020年,全镇种植富硒莲子666.67公顷、年产量800余吨。2021年,出台莲子种植扶持政策,鼓励320国道316省道沿线、集镇周边农户扩种莲子,新种莲子25.33公顷、改良莲子40公顷。2022年,镇利用省级现代农业园区的条件,争取3000万元省级补助,结合“两非”整治,鼓励退耕复种莲子,对新种和种植改良莲子给予每亩600元的一次性补助。

图6-1 2022横山镇莲王争霸赛颁奖仪式
(罗意 2022年8月4日摄于天池村)

表6-8 **2022年横山镇新种改良莲子面积统计表** 单位:亩

行政村	新增莲子任务面积	散户		大户	
		改良莲子验收面积	新增莲子验收面积	改良莲子验收面积	新增莲子验收面积
八石坂(畈)村	80	0	53.75	0	23
上宾村	80	0	73.4	0	33
横山村	100	0	13.7	0	88
脉元村	50	0	24.0	0	0
西方坞村	120	6.8	58.12	0	0
下西山村	120	6.0	40.9	0	0
余岗村	50	0	68.9	0	0
会泽里村	100	4.25	73.95	0	0
上向徐村	300	11.1	133.06	18	169.1
白鹤桥村	300	27.3	68.15	10.5	79.87

续表6-8

行政村	新增莲子任务面积	散户		大户	
		改良莲子验收面积	新增莲子验收面积	改良莲子验收面积	新增莲子验收面积
项家村	50	0	23.25	0	35.0
大平坂(畈)村	50	0	34.94	0	35.6
下宅村	100	0	41.5	0	0
后徐村	100	0	32.8	0	35.74
贤求朋村	50	0	48.24	0	1.0
塔下叶村	150	58.7	73.25	15	104.54
志棠村	150	34.8	39.0	35	27.0
河宗村	150	26.7	118.56	80.8	25.3
腰塘边村	200	5.9	132.47	—	148.8
天池村	80	14.9	59.0	170	150.0
小计	—	196.45	1210.96	329.3	956.0

莲子收购价 民国初至抗日战争前,莲子收购价为每500克角钞3角2分左右,约合4公斤大米价。1952年,甲级伏莲收购价每50公斤50元,因定价偏低外流较多。1954年,调整至每50公斤60元。此后,莲子价格逐年提高,1981年起价格随行就市。

表6-9 **1930—2022年若干年份龙游县甲级伏莲收购价及莲粮比价统计表**

年份(年)	甲级伏莲收购价(元/50公斤)	每100公斤莲子可换稻谷数(公斤)	年份(年)	甲级伏莲收购价(元/50公斤)	每100公斤莲子可换稻谷数(公斤)
1930—1936	32	1000~1100	1984	250	1374
1952	50	806	1985	270	1484
1954	60	903	1986	290	1593
1957	70	1085	1987	450	2473
1958	80	1240	1988	620	3407
1963	90	1071	1991—1999	800	不详
1965	100	1190	2000—2002	1400	不详
1971	110	1146	2003	1600	不详
1973	120	1250	2004	1800	不详
1978	140	1458	2005	1900	不详
1979	180	1550	2008	2200~2500	不详
1981—1983	230	1260	2022	3200~5000	不详

附录　余岗成为有名的水果村

——人均种植果树78株，年人均收入137元，位于衢州市民族村首位

今年植树节前，龙游县横山镇余岗村的畲汉群众，又开发种植小水果100多亩。至此，这个村的小水果种植面积达到840多亩，人均种植果树78株，位于衢州少数民族村之首位。

余岗是畲汉群众杂居的民族村。该村的黄土地原是贫瘠的不毛之地，种什么收不了什么，只留下稀疏的毛草和草棚，祖祖辈辈都过着贫困的生活。到1980年时，该村的年人均收入还只有90来元。

改革的春风唤醒沉睡的黄土地。余岗村干部带领畲汉群众向黄土丘陵进军，通过种植果木脱贫致富。共产党员兰树荣，毅然放弃干了18年的木匠活，率先承包一块柑橘园。村里还适时提出“统一规划、连片开发、分户承包、逐年上缴”的发展小水果生产的指导思想。全村迅速掀起开发黄土丘陵，大种柑橘、板栗、红心李、黄桃等小水果的热潮。1990年，全村已产水果20万公斤，小水果收入约占全年人均收入的20%，计137元。

为适应发展小水果生产的需要，余岗村还于1987年初成立果树管理协会，对小水果苗木的栽培、技术辅导、病虫防治、产品销售实行一条龙服务。去年，果树协会就帮助群众推销各种水果15万公斤，其中柑橘就有12.5万公斤。

余岗村干部高兴地对笔者说：“我们已经在发展小水果生产中找到了脱贫致富的阳光道！”

（作者：锋铭、怀根、金建）

志棠白莲概述（节选）

2001年，志棠镇被衢州市政府命名为首批特色之乡——“白莲之乡”。2004年1月12日，国家质量监督检验检疫总局认定志棠白莲原产地标记。

志棠白莲种植历史悠久，据《浙江通志》旧通志记载，南宋乾道四年（1169），龙游知县林自立，亲自尝种白莲，并建白莲桥以示纪念。到了明末清初，志棠白莲进入鼎盛时期，呈现“十里荷花别样红”的景观。据1933年《中国实业志》载，龙游县产莲子4000担，占全省总量67.5%，而志棠是龙游县莲子主产区。悠久的种莲历史，孕育了古老的民间文化和人文景观，最有影响的当属乾隆下江南“游龙戏凤”之说（见本志“民间传说”）。

中共十一届三中全会以后,随着农业产业结构的调整,志棠白莲开始复苏,在镇党委、政府的大力引导下,志棠农民种植白莲的积极性空前高涨,种植规模不断扩大。白莲生产已成为当地农民脱贫致富奔小康的有效途径。

志棠白莲属双子叶植物睡莲科,多年生草本植物,对生长环境条件有特殊要求,主要有“喜光、喜水”“怕风”的特点。志棠镇及周边地区独特的地形、气候、土壤、水文等优势尤其适宜白莲生长。

地势优越:志棠镇受华夏式构造控制,整个地势以低山、丘陵为主,平均海拔为 80 米。镇内年平均气温为 17.1℃,极端最高气温 41℃,年平均降雨量 1640 毫米,年平均日辐射量为 107.55 千卡/平方厘米,年平均无霜期 257 天,常年气候温和、光照充足、雨量充沛,由此形成独特的莲子生长小气候环境。

土地肥沃:志棠白莲适宜生长紫砂沙红壤中,而该地区土层深厚,磷、钾含量较高。志棠镇 8863 亩耕地,80%处在畈心,土地平坦,光照充足,水利条件好,是白莲生长的天然摇篮。

水源独特:优越的地势形成了本区域内没有江、河流经,8000 余亩农田(莲田、稻田)基本由大、小 16 个水库(水域 2308.05 亩)储蓄的自然水来灌溉,镇内森林覆盖率达 52.2%,自然环境没有污染,造就了志棠白莲独特的品质和风味。

环境良好:根据浙江省质量技术监督局对志棠白莲环境质量(土壤、水源、产品)现状检测结果表明,各项指标符合国家质量监督检验检疫总局公布的《无公害农产品标志管理规定》要求,2001 年志棠白莲示范基地,被列入省级莲田生态高效示范园建设工程。

志棠白莲采用传统的手工工艺,整个流程为:莲蓬采摘→脱粒→去壳→去膜→通芯→干燥→检验→包装→贮藏。

志棠白莲属绿色保健食品,主要成分有氨基酸、蛋白质、总糖、微量元素等对人体有益有效成分 100 多种。其品质特征有:外形,颗粒饱满,呈卵圆形,通芯后内空;色泽,表面乳白,色泽一致;滋味,口味香醇、营养丰富,独特的手工工艺使志棠白莲具有看似未烊、入口即化的味道。

志棠白莲可谓全身都是宝。

莲藕:既可当水果生食、炒食、蒸食,又可加工制成藕粉,营养丰富,是老少皆宜的滋补品。具有清热、凉血、散瘀止血、清痴解渴、醒酒等功效,熟藕具有养血、健脾、开胃、滋阴等疗效,藕节具有单宁酸能止血,可治各种出血症。

莲叶:叶大而圆,翠绿如盖,用它包裹烧蒸食品,具有荷叶的清香,用作泡水当茶,格外清新凉润,预防中暑有奇效,莲叶无论鲜、干都可提取制作保健饮料。其药性味甘苦、性平,是清暑散风药,有通风宽胸功能,可用于医治慢性肠炎、贫血等症。

莲子:据《本草纲目》记载,莲子补中养神、止渴去热、厚肠胃、固精气、强筋骨、补虚损、利耳目、除寒湿。具有滋阴壮阳、强身健体、美颜驻容、延年益寿等功能。据农业部食品质量监督检验测试中心测试,每百克莲子内含蛋白质 18.01%,总糖 17.2%,氨基酸总量 18.2%(18 种氨基酸)及铁、钙、磷、钠等微量元素,其氧化黄心树宁碱还具有抗癌作用。

莲花:出淤泥而不染,有“花中君子”的美称。既有观赏价值,又有文化价值和药用价值。莲饯浮池、点缀绿波、翠叶静立、随风飘摇、芙蓉出水、娇姿欲滴、红颜白粉、姣容三变、美艳剔透、亭亭玉立为历代文人墨客所颂扬。

为统一志棠白莲的质量管理,由省农业厅提议,省质量技术监督局颁布,志棠镇于 2001 年制定实施了志棠白莲省级地方系列标准——《浙江省志棠白莲系列标准》,县农业局制定《志棠白莲无公害生产管理办法》，志棠镇制定《志棠白莲商标、包装物的管理办法》做到志棠白莲从过去单一的莲子产品发展到莲芯保健茶、种苗、藕粉、荷花等十几个产品，包装也从过去的“尿素袋”到精美的礼品装、超市小包装。

县委、县政府把志棠白莲产业作为“特色兴镇”的发展战略来抓，组建了“志棠白莲开发有限公司”，注册了“天子贡珠”牌、“志棠”牌两个商标，申请了条形码。经过一系列努力，志棠白莲自1992年被评为首届浙江食品博览会银奖以来，共获得省市级名牌产品证书6个，其中省级4个，市级2个。2001年荣获中国浙江国际农业博览会优质农产品银奖；2002年荣获浙江省农业博览会优质农产品金奖；2002年荣获衢州市首届旅游小商品设计大赛优秀奖，并先后被浙江省质量技术监督局评为“无公害农产品”，被衢州市绿色农产品委员会认定为“绿色农产品”。志棠白莲生态示范基地还被列入省级莲田生态高效示范园建设工程，今年被省旅游局列为“省级农业生态旅游观光示范点”。

此外，志棠白莲产品连续三年计50多吨，通过美国FDA检测，出口美国，并进入欧洲市场，莲花三度出口日本达十万多支，出口销售创历史新高。2001年省长柴松岳、副省长章猛进等省领导在考察志棠白莲优质农产品基地，对志棠白莲给予高度评价。2003年7月由省农业厅提议，在浙江教育科技频道制作了志棠白莲套养专题科教片。同年，农业部和中央二台联合在“金土地”节目中制作“志棠白莲”专题片。

目前，全镇白莲种植面积已从1983年的100多亩，发展到2002年的3000余亩，莲子产量从原来的8吨增加到去年的240多吨，全镇人均仅莲子一项年增收入300余元。根据龙游县《生态示范建设规划》，到2005年志棠白莲种植面积将达到4000亩。

五、农机具

传统农具有耕地用的犁、栽培用的锄、运输用的独轮车等，以铁、木、竹为主要材料制成，动力以人力、畜力为主，操作费力，工效亦低，但结构简单，适应当地耕作，不少至今尚作为农业机械的补充而使用。

犁 犁头铁制，犁辕、犁底板及扶柄木制。20世纪70年代，逐步发展为全部铁制，制作更易，使用也显轻便。犁头由犁铧与犁壁组成，犁铧呈三角形，以利入土和切土。对土壤、牛力和精耕细作的适应性较好，受牛力限制，一天只能耕0.2公顷左右，耕深仅10~13厘米，达不到高产的深耕要求。一度推广使用双轮双铧犁，在畜力强、田块大的情况下，1部双轮双铧犁用两头牛拉，每天可耕0.4~0.8公顷，深耕16.7厘米，犁底平，翻垄齐，覆盖好。

耖 呈“而”字状，木制框架，上横梁为操纵把手，下横梁装有一排铁制长条秒齿，用于水田平土。后全部材料均改为铁制，比木耖轻便。

耙 用于耕后碎土，分刀耙和滚耙两种。刀耙是在宽约0.6米、长约1.2米的木框底面装前后两排刀片；滚耙是在两排刀片中间加装一道可以旋转的滚筒，滚筒上装有长方形耙片，水田作业时，能将稻茬埋入泥下。耙田时人站在耙上，可增加耙土深度。

锄 由铁质锄头和长木柄组成。根据用途和形制不同，大致分为铲草锄、阔板锄、条锄等。用于挖穴、作垄、耕垦、除草、碎土、中耕、培土等作业。

齿耙 根据用途的不同，式样有两齿、三齿、四齿之分，齿形有尖、圆、扁之别。用于翻土、碎土、清理猪牛栏肥等。

田刨、田籂 用于稻田除草。原先均用田刨，刨身铁制，“—”字形刀刃，长约15厘米，刀刃宽约 4 厘米，刃口内翻，两端铁条长约 20 厘米，呈 100 度角内弯，固定在梯形硬木板上，木板正中有圆孔，用于安装竹柄。20 世纪 70 年代后，因密植程度提高，被田箍取代。田箍铁制，圆形，安有竹柄，比田刨灵活轻便。北乡一带，惯用安有 4 个短铁齿的长柄小田耙，除草效果好，使用亦灵活方便。

镰刀 由刀片和木把构成，铁制刀片，略弯，有细小锯齿，长约 20 厘米，尾部砧入 10 厘米左右长的木柄中。主要用于割稻。

稻桶、稻枋 稻桶齐腰高，桶口略大于底。底部装有两条平行竹档，称“泥拖”，以方便在水稻田里拖行。稻枥为一嵌有多条弓形竹片的梯形架子，斜搁于稻桶内，用于在上面甩打稻把脱粒。稻桶围有竹算作围屏，以防甩打稻把时谷粒溅出。稻枋呈仰斗形，四角有拉手，余与稻桶相仿。稻桶供 1 人使用，稻枋可供两人同时操作。一般来说，龙南山区田块狭小，以稻桶为主，其他地区以稻枋为主。

水车 又称龙骨车，木制，视地形高低配用 4～8 米长之车筒，由 2～6 人用于车水。车身由车骨、车辐板，车筒、木转轮等组成。车骨与车骨活络地连在一起，沿车筒槽底和顶板绕成一圈，套进车筒两端的木转轮上。使用时，车筒的一端用支架托放在水面下，另一端安装在岸上的手扶架中间木转轮下，以人力使木转轮转动，带动车辐板将水兜入车筒内，沿水槽上行，提升到岸上流入田内。一般用人力踩踏提水，也有形制较小以手摇提水的。

风车 用于清选谷物，由木制的外壳、风扇、风道、进料斗、出料斗组成。使用时，将谷物倒入进料斗，手摇风扇，开启调节门，使谷粒缓慢均匀落下，利用风力吹送比重不同的谷物、枇谷和谷壳，谷物从出料斗流出，稻谷飞落在出风口附近，谷壳则飞落在出风口远处。

独轮车 木制车架，有两个扶手，供人推车和平衡车体之用。早先使用木制车轮，20 世纪 60 年代后，被带有滚珠轴承的胶轮取代，胶轮车减轻滚动阻力和振动，载重量达 250 公斤以上，成为当时乡村主要运输工具。

石磨 磨盘石制，分上下两扇，两扇磨盘的啮合面凿有相对应的斜槽；下磨盘固定在木架上，中心镶有圆形木轴；上磨盘套在圆形木轴上，并有一根长柄和一个偏离磨盘中心的进料口上磨盘在人推或畜拉时绕木轴转动，将谷物磨成粉状排出盘外。另有一种小型石磨，下盘与四周接料凹槽及出料口用整块石头凿成，1 人即可操作。

20 世纪 60 年代始，机电设备在农副产品加工上得到应用。70 年代，随粮食生产三熟制面积的扩大，农事季节劳力偏紧，手扶拖拉机为主的耕作机械迅速推广。80 年代始，耕作、排灌、植保、收获、加工、运输等农业机械快速发展。进入 21 世纪，农业机械向高性能、高效率方向发展。2004 年始，省政府对购置大中型农业机械实施以奖代补政策，激发农民购买农业机械积极性，推进农业机械发展。

拖拉机 分大型、中型、手扶 3 类。1970 年后，各人民公社、生产大队先后购置兼用型轮式拖拉机，主要用于旋耕、灭茬、开沟等田间作业。1965 年，省农机研究所在境内进行手扶拖拉机使用试验，此后逐渐推广，农忙时下田作业，农闲时用于短途运输。1999 年后，因限制手扶拖拉机上路运输，数量逐渐减少。

机动喷雾器 1954 年始用背负式手摇喷雾器和喷粉器，1980 年始用东方红背负式汽油机喷雾器，并逐渐推广。20 世纪 90 年代初，推广湖州产“蜻蜓系列”背负式汽油机高压迷雾喷雾器。2000 年，担架式汽油机高压喷雾器投入使用，在橘区获得推广。

打稻机 1955 年开始推广双人脚踏打稻机，1968 年开始推广机动打稻机，配置电动机或柴油机作动力，功效比脚踏打稻机高1倍以上，且脱粒干净。

剥莲机　莲子要变成产品，需要完成剥莲蓬、剥莲壳、去莲皮、通莲心、晒莲子5道工序，手工操作耗时费力。2017年河宗村村民刘寿松花费2.2万元购买一台剥莲壳、去莲皮机器，不仅解决自家莲子剥壳、去皮问题，还替许多农户加工莲子。10公斤的莲子剥壳、去皮，人工快的需要一天，用上机器20分钟就可完成。

农用小型水泵　20世纪60年代后，各生产队陆续购置，后被电动水泵取代。推行家庭联产承包责任制后，小型水泵受到欢迎，随着柑橘等水果种植面积的扩大，农用水泵需求持续增加。以离心泵居多，潜水电泵次之，配套离心泵的柴油机动力均在2.2千瓦至3.7千瓦之间。

粮食加工机械　1954年，始用双飞轮低速柴油机带动横式铁滚筒碾米机，加工稻米和粟米，取代以前的水碓、石碾、踩碓、谷砻等传统工具。随后，磨粉机、淀粉加工机、饲料粉碎机等相继得到使用。1964年开始，推广电动机作动力的青饲料粉碎机。1965年后，由柴油机电动机带动的粮食加工设备开始普及。

六、肥料

境内有“人靠饭长肉，稻靠肥长谷”“灶里无柴难烧饭，田里无肥难高产”等俗谚，反映农家对增施肥料夺取高产作用的认识。旧时无化肥，少量饼肥亦多用于经济作物，仅以一般农家肥和绿肥为主。境内1952年始有销售硫铵记载，氮素化肥用量逐年增多，占比较大，同时还使用一定数量磷肥及钾肥，现化学肥料已成为保证农作物高产的基本条件之一。

人粪尿　使用时间最长，来源最广的农家肥。农家都有自己的粪坑，将鲜粪加水存贮发酵后使用，这样分解快，易为作物吸收。秧田追肥、麦田浇子肥和各种移栽作物的定根肥、活棵肥等，均以施用人粪尿为最好。

栏粪　农家肥中用量最大的肥料。农家习惯用稻草或草皮泥填猪、牛栏，因此富含有机质和磷钾成分。一般稻田作基肥每亩施10~20担，油菜、麦田除可作基肥在翻耕前埋于畦下外，也可作为腊肥，摊于行间，再以沟泥覆盖，起到保暖防冻作用。新鲜猪、牛栏粪要堆沤一段时间，待发酵后再施入田中。这样做从腐熟肥料、去除寄生虫卵等方面考虑都很科学。有“养猪不赚钱，回头看看田”一类农谚流传。

骨粉和骨灰　骨灰自制，即将猪、牛等兽骨用秕谷堆积，用暗火烧至黑色，取出粉碎，烧至白色则肥效较差，也可在烧焦泥灰时放入兽骨烧制。每亩用3~5公斤可保证花草产量在750公斤以上，如不用骨粉产量只能有三四百公斤左右，所以在播种花草时，要用骨灰或骨粉拌种，20世纪60年代改用磷肥代替。

饼肥　有菜籽饼、青饼、麻饼、桐饼和豆饼等，都为榨油的副产品。农民习惯将菜籽饼用于西瓜、糖蔗等经济作物，特别是柑橘用了菜饼以后，品质明显提高。青饼（即柏子饼）和桐饼均多用于水稻，如压秧灰，即每亩用20~25公斤柏子或桐子饼，粉碎后加入部分人粪尿，上盖草木灰加以发酵，然后在秧苗露青后排去田水，再将饼灰施于秧畦上面，以能育成壮秧。大小麦的稻田，则在二耘田时将田水排干，再将青、桐饼撒入稻田间耘田，耘后搁一段时间，见田土出现青泥时再复水可使稻株欣欣向荣。20世纪60年代双季稻大量发展后，种于田埂上的乌桕，因不耐长期水湿而大批死去，青饼产量大减。菜饼虽大幅度增加，但大多充作饲料。

花草　即紫云英。以往花草大多套种在稻弄和小豆、荞麦行间，一般在秋分后将种子与焦泥灰、骨粉等拌和，撒播在前作的行间，或者点播于前作根基，冬季做好清沟排水，春季适施灰肥，一般产量在250～1000公斤之间。花草主要用作早稻基肥，在分解过程中会释放出大量有机酸，用量过多，往往会使早稻发僵，而造成前期不发，后期贪青倒伏，且易受病虫危害，一般以每亩1000公斤用量为宜，多余可作饲料，或搬到油菜麦田使用。因长期实行肥、稻、稻制，形成土壤潜育化，对增产不利，冬季便适当扩大麦类、油菜面积，花草种植面积逐渐回落。20世纪90年代后播种面积减少。

其他绿肥 旧时，境内有播种油菜、大小麦、豌豆和蚕豆为绿肥，还有豌豆、绿萍、田菁、大荚箭舌豌豆等。油菜、麦青一般是种花草时因缺水不能保证出苗情况下的一种补救措施。以往，北乡水利差，很多田块秋冬季节很难保证花草出苗用水，花草种子价格又高(当时自己不留种)，而每年都有40%左右面积种油菜、麦青，一般每亩收150～250公斤绿肥。豌豆青和蚕豆青产量高，肥效好，在没有磷肥的情况下，只限于紫页岩成土母质地带种植，且不能连作，有局限性。绿萍于1972年以后曾推广，特别在冬种扩大油菜大小麦面积以后，作为广开肥源主要品种。绿萍不但是稻田肥料也是猪的好饲料，但绿萍越冬困难，繁殖比较麻烦，仅有少量留作饲料。1977年，曾试验推广过水浮莲在稻田套养利用，因成效不大而停止。

氮肥 20世纪60年代开始，氮素化肥因其增产效果显著，成为不可或缺的生产资料。当时衢州化工厂投产化肥，其初级产品——氨水(含N15%～17%)、副产品——母液(含N5%～8%)和废弃品——废氨水(含N1%～2%)大受欢迎。每个生产队均建有氨水库，贮有3～5吨氨水当基肥。氨水因氨未被固定，故使用不当会造成烧苗肥害，使用时一般作基肥，将原液加4～5倍泥浆，进行拨浇或淋施。作追肥使用时，每担清水加入正品氨水不超过2公斤。曾推广过毛竹筒施肥，效果不理想。氨水作基肥“打耙面”，绿肥田一般每亩10～15公斤，春花田则需30～40公斤，在翻耕时施用。土地承包到户后，因贮藏、分配、使用不便利，再加上农村经济有了改善，使用氨水虽然成本低，但麻烦，故很少有人使用。石灰氮，1961年开始在境内试用，并在有血吸虫病地区兼作灭螺药，肥效高而久，每亩用15～20公斤可保障一熟水稻之需，但必须堆制发酵才能使用。碳铵，1969年开始试用，存在游离氨的刺激性，但比氨水少，使用也较便，现仍大量用于基肥。其他尚有硝酸铵、尿素等，硝酸铵因来源没有固定而且适用旱地，未成为主导品种。唯有尿素含氮量高、使用安全，作基肥、追肥均可。

磷肥 1961年，县推广十里铺农场以磷增氮的经验后，境内磷肥用量成倍增长。开始磷肥大都作基肥或种肥使用，而且主要集中在花草绿肥方面。不久，大小麦、油菜、花生、芝麻、西瓜等也开始使用。

钾肥 农户一般认为土壤中已含有大量缓效钾，有灰肥、厩肥等补充已够作物所需，不必再施用钾肥。但1965年团石农垦场李明坤否定这一看法，因而境内使用钾肥成为一项增产措施。开始时用水泥厂副产品窑灰，因含钾量低，运输量大，且供应量有限，难以推广，后改用硫酸钾，但成本高，经济效益不明显。杂交水稻推广以后，需钾量大，一般每亩使用5～7.5公斤。

微量元素 如用在柑橘、棉花、大麦、水稻等作物的硼肥，施用于豆科作物的钼肥，常年积水的紫大泥田施用的锌肥等。20世纪80年代前后推广的磷酸二氢钾，对保花、保果、防止早衰、增加粒重都有很好的作用，目前仍在使用。

矿质肥料 境内素有使用石灰和石膏的习惯。石灰每亩施用15～25公斤，在耘二遍稻田时，将田水排干，施上石灰，再用田耙耘耥，耘后适当烤田。这一耕作习惯一直延续到70年代氨水、磷肥大量施用以后，才逐渐改变，80年代后已无使用。

细菌肥料 20世纪60年代，随着花草面积的扩大，花草根瘤菌用量大增，后因“文化大革命”而停止;80年代曾使用过花生根瘤菌和豆类根瘤菌,但此种肥料系活菌体,生产与供应都有一定难度,近年生产单位因利润不高停止生产。70年代也推广过5406菌肥,它是一种抗生菌,具有提高土壤肥力、促进作物生长、防病保苗等作用,一般可用于拌种、水稻催芽,生产责任制到户后使用量渐减,近年已无复使用。

生长激素　20世纪60年代,开始用24－D为黄瓜、番茄保花,1987年引进多效唑,用于水稻秧苗,可以控制其高度,又能促进分蘖,也有用于柑橘控稍、控果,只因价格较高使用不广。90年代,尚有920大量用于柑橘、黄瓜和杂交稻制种。70年代,又出现矮壮素用于麦类防倒伏,又有乙烯用于水果、番茄、棉花等催熟。

还有灰肥、塘泥、秸秆肥等,见本志第十二章。

七、农技推广

解放初期,境内先后利用机动田开办了区农场,作为县农业先进技术示范基地。1950—1953年,农业生产主要精力用于抗拒自然灾害,号召多耕、多种、多施肥,不荒田。1953年,号召选换良种,推广合式秧田,合理密植。1954年,集中力量搞改制,即一熟改二熟,间作改连作,低产作物改高产作物,农业部门总结推广发展双季连作稻的“三大好处”“五大技术”,解决发展连作稻缺少烟茎治虫不保收,试用茶籽饼和创制连作耙解决牛工等。1960年,推广加大磷肥用量代替骨粉培育绿肥,即“以磷增氮”的经验。1963年,引进矮脚南特新品种,改高秆为矮秆品种。20世纪70年代初,改肥—稻—稻为麦(油)—稻—稻,70年代后期推广杂交稻。1980年推广稀少平促,后发展为模式栽培。

技术施肥　以往农户缺少科学技术,凭经验种田,再加肥源不足,每亩产量低,无多少用肥技术。20世纪50年代以来,国家陆续培训农业技术干部,向农民传授用肥技术。1956年推广大小麦行间套种马料豆作麦田绿肥、在惊蛰后用人粪浇花草以提高花草产量。同时对人粪尿、厩肥如何保管使用,不使肥水流失等提出改进措施。1958年,省委书记江华来会泽里大队视察,对栏粪露天堆在公路边提出批评。70年代,因大小麦、油菜面积增加,肥量需求加大,放养绿萍及水浮莲、水花生成为当时肥料主要内容。同时,在氮、磷用量增加后,钾相对不足,增加钾素用量已是重点。到80年代,土地承包到户后,农户商品意识增强,用肥如何省工、高效已成主要内容。在肥料施用技术方面,60年代因绿肥产量提高,化肥有较多供应,高产耐肥推广后,创造了肥料使用分配的不同方式,最早是“捉黄塘”“吊头肥”,即哪里黄苗缺肥,就在那里少量撒点氮素肥料,或抽穗期间苗色过黄时,每亩用3~4公斤硫铵,以提高结实率和粒重。为防止氮肥挥发流失,70年代开始推广氮肥深施技术,氮素基肥在翻耕前或耕后耙前一次施下,避免肥分挥发以达到全层供肥。1987年开始推广配方施肥,其原则以土定产、以产定氮、以缺补缺、高产栽培。

植保药械　1936年,省昆虫局在双季稻区推广插烟茎治螟,在蔬菜上使用闹阳花粉,雷公藤酮防治猿叶虫。20世纪50年代初,连续几年螟虫、稻苞虫、铁甲虫成灾,虽由政府发动群众,进行捕捉、点灯诱蛾等人工防治措施,但收效不大。1953年,境内双季稻区铁甲虫再次大发,发动群众使用666粉歼灭。1954年后,双季稻面积扩大,治虫用的松阳烟茎难以满足需要,本地产的烟茎效果又不理想。时县负责植保工作的贾尚田在社阳发现当地不少茶饼资源,其用途是当柴烧,少量洗衣和毒鱼。他考虑肥皂可治软体害虫,鱼与虫同为冷血动物,茶饼既然可毒鱼洗衣,也有可能可以治虫。为此,要求周林旺农业社进行试验,结果表明效果与烟茎完全相同,而且省工、省本,很受农民欢迎。1958年,在会泽里大队试用666粉。“大跃进”期间,还用土农药防治农作物害虫,除雷公藤、闹阳花、茶子饼外,另有鸡馒头、野岗子、辣蓼、狗树、苦楝子、辣利子、乌桕叶等20余种。至1975年,农药、药械供应已能满足植保需要。

农机管理 20世纪五六十年代,农业机械数量有限。1970年后逐年增多,公社建有拖拉机站,大队组织机耕队。1975年10月,各公社建立农机管理站,并配备农机专管员1名。1978年,区、各公社根据各自经济条件与农业机械化发展程度,配备不同数额的农机专管员。农机专管员的选拔,由区、各公社负责审查,报县农机管理部门批准,业务受县农机管理部门管理指导。农机管理站经费,采用社办公助形式,以公社集体为主、国家补助为辅。县制恢复后,由县农业机械管理站负责管理。1980年后,农业机械管理实行责任制,利用率和功效有较大改观。联产承包责任制初期,由于农机改革措施没有与农村改革同步配套,原来集体的农机具纷纷变卖或承包给个人。1985年初,县农机管理站与农机管理员签订有效期1年招聘合同。1987年,对区、镇、乡非在编的农机管理员采用考试与考核相结合的办法,由劳动人事局、农业局和所在区择优聘用,按区、乡1站1员配备,实行每2年考核1次的聘用期。未被续聘的原任农机管理员,按一次性补助生活费的办法处理。1991年,根据衢州市政府《关于招收区、乡、镇农口各类聘用农业技术人员为集体所有制劳动合同制工人的通知》精神,乡、镇农机员由大集体性质转为劳动合同制工人。1993年,县编委、劳动人事局、财税局、农业局联合发文,规定乡镇农机管理站转为"国家在基层的全民事业单位",乡镇农机员由县劳动合同制工人转为省招聘干部。1983年,经县工商行政管理部门批准,建立公社农机服务站(或公司),主要任务是为农户代耕、代运、代修理、代销农机及农机配件等。1989年,推广村级机耕服务队试点,1994年普及各村。

农技推广网络 1955年7月,模环区建农业技术推广站。20世纪60年代中期,区农技站在横山公社会泽里大队建立农业技术试验示范点,进行农技试验示范,推动农业技术改革。70年代,公社、大队、生产队逐级建立农业科技推广网,公社建农科站,大队建农科队,生产队成立农科组,每组设种子示范田、高产样板田、新技术试验示范田。区农技站根据农事需要,对各级农科人员进行技术培训。实行责任制后,每个行政村设1名科技村长,负责本村农技推广,并从原有农科员中物色有一定文化水平、热心农业科技的人选为科技示范户。在每个自然村设一黑板,不定期刊载主要农事技术,有的还进行农事广播。1987年,全县开展粮食高产和其他经济作物模式栽培,印制图表进行推广。1988年12月28日,《浙江科技报》刊发《夺得粮食高产,推广农业技术——龙游科技村长发挥示范指导作用》一文,其中提道:横山乡仓头村科技村长翁根富带头在承包田里进行"千斤亩"试验,并带动全村村民开辟"高产田块"或"丰产方",在全村掀起推行模式栽培技术热潮,粮食产量有提高。村民胡汝法和胡金土种的晚糯亩产达602公斤,跃居全县榜首;杂交晚稻亩产588公斤,名列全乡第一。

第二节 养殖业

境内以养猪、牛、羊、鸡、鸭、鱼等为传统,生产队时曾发展养蚕,而养蜂、养鳖、养珍珠规模不大。1980年后,养鱼等水产养殖快速发展。随着农业产业结构调整,养殖业由传统家庭庭院式向专业化、规模化养殖转化。2002年,畜禽养殖向丘陵转移,生态型畜牧园区相继建立。

一、养殖生产

养猪 农家素有养猪传统。1950年后,生猪生产有较大增长,虽然因政策等原因走过弯路,但总体上呈发展势头。1985年,养猪专业户开始出现,1990年后生猪市场全面放开,养猪业出现新高潮。同时,饲养母猪繁殖小猪也是传统,仔猪除自养外,多数出售。20世纪60年代,横山建有仔猪交易市场。

表6-10 **1960—1999年横山镇、志棠镇生猪情况统计表** 单位:头

年份(年)	横山镇			志棠镇		
	生猪年末存栏数	其中:母猪年末存栏数	生猪全年出栏数	生猪年末存栏数	其中:母猪年末存栏数	生猪全年出栏数
1960	2104	336	939	248	35	162
1961	2104	336	—	248	35	—
1962	2815	511	—	1000	43	—
1963	4831	1027	1788	1793	114	957
1964	5304	883	3586	2416	111	2058
1965	7111	845	4801	2218	108	2142
1966	8363	944	6354	2609	122	2629
1967	6864	746	7051	2701	91	2285
1968	6431	605	6902	2095	92	2572
1969	6929	774	6541	2455	119	2974
1970	9730	843	8746	3279	219	3204
1971	12819	875	23691	5063	207	4514
1972	10842	780	11577	4292	188	4873
1973	11444	915	10370	4462	209	4856
1974	11758	797	10989	4785	197	4832
1975	10117	702	10280	3788	167	5044
1976	9037	593	10358	3231	153	3833
1977	10571	977	8432	3982	369	3281
1978	12646	1244	9858	4415	360	3480
1979	14150	1310	13010	5086	302	4857
1980	13124	1160	16328	4077	175	5986
1981	12293	1054	13776	4113	169	5050
1982	13211	1201	13598	4231	150	5409
1983	12354	1031	11912	4095	125	5161

续表6-10

年份（年）	横山镇			志棠镇		
	生猪年末存栏数	其中：母猪年末存栏数	生猪全年出栏数	生猪年末存栏数	其中：母猪年末存栏数	生猪全年出栏数
1984	11244	877	12050	4137	106	4572
1985	12943	1059	11312	4280	175	4612
1986	12732	1045	11505	4273	128	4646
1987	13267	824	12136	3994	102	4624
1988	12758	758	11902	4197	99	4523
1989	13560	842	12228	4198	92	5152
1990	13598	863	12452	4245	86	5248
1991	13888	911	12978	4439	110	5504
1992	16798	1431	14453	5161	243	6968
1993	16000	1002	12116	5161	204	4561
1994	15501	963	15992	4308	132	5294
1995	19745	940	16068	4122	120	6880
1996	23132	1007	16778	4490	111	6490
1997	19700	900	17788	4643	128	6315
1998	19027	980	15996	4724	199	6640
1999	17974	832	16977	3625	94	6415

编者注：横山镇数据包括下宅乡

养牛　牛主要用于耕役。境内历来重视耕牛保护，多有禁止屠宰耕牛的要求。20世纪60年代，曾先后引进舟山大黄牛、山东大黄牛等品种。由于饲养成本高，特别是农业机械不断增加，90年代后养牛数量趋少。

家禽　以鸡、鸭为主，鹅数量偏少。1957年前，群众养禽积极性高，此后因限制农户饲养鸡鸭，家禽生产效益多年徘徊。1978年后，家禽饲养专业户兴起，饲养技术有新突破，经济效益提高。2005年，实施丘陵山区发展家禽项目，衢州温氏家禽有限公司、龙游田野农庄等"公司+基地+农户"生产模式带动境内家禽养殖发展。

养兔　历史上以饲养本地白兔为主，但仅零星饲养，数量不多。"三年困难时期"粮食紧张，养兔数量增加。1980年后，兔毛收购价格波动，饲养量随之起伏。1986年后，兔毛价格一直下降，养兔减少。

表6-11　**1963年志棠公社猪、禽、蛋派购任务表**

生产大队名称	生猪（头）	家禽（只）	鲜蛋（斤）	生产大队名称	生猪（头）	家禽（只）	鲜蛋（斤）
杨家生产大队	20	75	75	下店生产大队	11	40	40
新宅生产大队	16	70	70	儒大门生产大队	20	80	80

续表6-11

生产大队名称	生猪（头）	家禽（只）	鲜蛋（斤）	生产大队名称	生猪（头）	家禽（只）	鲜蛋（斤）
后邵生产大队	12	40	40	张家生产大队	15	60	60
卸厅生产大队	12	30	30	钱家生产大队	10	45	45
前邵生产大队	12	40	40	东王生产大队	12	40	40
席家生产大队	10	35	35	塔下叶生产大队	22	80	80
凌阁张生产大队	16	50	50	翁坞生产大队	4	20	20
腰塘边生产大队	22	75	75	—	—	—	—

养鱼　利用池塘养鱼较普遍，主养品种为青鱼、草鱼、鲢鱼、鳙鱼、鲤鱼等，属自然放养，产量不高。20 世纪 50 年代后，加强山塘水库建设，养鱼面积和成鱼产量有所上升。1982 年，横山公社建有鱼种场。1985 年始，改自然放养为人工饲养，产量明显上升。90 年代开始，引进鳖、虾、蟹、珍珠蚌等特种水产养殖，改进养鱼技术，水产品总量迅速增长。70 年代前，养鱼以集体放养为主，80 年代后以个体承包为多。传统捕鱼工具主要有撒网、拉网、延绳网、大拉网、定制张网、吊网、拦网、罩网、三角抄网、夹网、鱼帘、滚钓、脚桶钓、鱼叉等。

养蜂　境内气候温和，粉蜜源植物种类繁多，其中具有养蜂经济价值的有油菜、柑橘、茶叶、茶籽、乌桕、紫云英、荞麦等 10 余种，其他各种瓜菜类、果树类和山杂野花等，也为蜜蜂的生存繁殖提供良好的粉蜜源条件。虽境内有养蜂传统，但规模不大。

养蚕　旧时，境内有利用田边地角和房前屋后栽种桑树的习惯，产茧不多，仅供农户缫丝加工丝线之用。1950 年后，政府鼓励种桑养蚕。1968 年开始，蚕桑发展加快，各生产队均栽桑养蚕。1970 年后，桑园进行草桑改嫁接湖桑、稀植改密植、中秆改低秆、间作桑园改专业桑园，引进荷叶白、圆头荷叶白、湖桑 197、桐乡青等良种，桑叶产量明显提高。1987 年，茧丝供不应求，桑园面积又有所扩大。1989 年后，受农药和工厂废气污染，加之茧价下跌，不少农户毁桑转产。

养鳖　1979 年，志棠公社杨垄水库利用大坝底沼泽地建鳖池两口，计 280 平方米，放养雏鳖约 20 公斤，饲养两年获得成功，初步掌握鳖的繁殖和养殖技术。

养珍珠　20 世纪 90 年代，诸暨、金华一些珍珠养殖户到境内承包水塘养殖珍珠。在他们的带动下，原横山镇内农户也逐渐开始养殖珍珠。

表 6-12　**1999 年横山镇、志棠镇牛、羊、家禽、兔、蜂情况统计表**

镇　名	村　名	牛（头）			羊（只）			家禽（只）		兔（只）	蜂（箱）
		总数	能耕田牛	母牛	总数	母羊	其他	年末存栏数	年内出栏数		年末箱数
横山镇	横山	11	8	9	70	20	50	1300	1300	—	—
	高山	8	7	2	40	30	10	1200	1800	—	80
	上向徐	14	10	7	16	9	7	829	813	30	—
	山门寺	18	12	11	11	10	1	350	300	—	—
	白鹤桥	22	20	5	80	50	30	2000	1800	20	6

续表6-12

镇名	村名	牛(头)			羊(只)			家禽(只)		兔(只)	蜂(箱)
		总数	能耕田牛	母牛	总数	母羊	其他	年末存栏数	年内出栏数		年末箱数
横山镇	龙门桥	15	10	11	30	24	6	2000	3000	—	—
	会泽里	16	13	5	43	12	31	5100	5300	—	125
	余岗	15	9	8	15	—	15	860	780	—	—
	方野	6	5	4	—	—	—	350	625	—	—
	八石坂(畈)	7	6	2	—	—	—	2000	4000	—	20
	上下朱	5	5	—	18	8	10	1200	880	—	—
	溪边	3	3	2	5	3	2	570	603	—	—
	下西山	10	7	3	10	5	5	1000	1000	—	—
	西方坞	25	15	10	20	10	10	350	3500	—	—
	吴仪宾	3	3	1	6	2	4	1170	620	—	—
	仓头	1	1	1	5	3	2	600	700	—	—
	后徐	12	12	5	45	14	31	750	800	—	—
	大平坂(畈)	14	9	9	—	—	—	5500	21200	—	—
	下宅	23	15	5	60	45	15	4200	3500	—	20
	大平山	14	10	8	40	38	2	1300	1200	—	—
	贤求朋	19	12	10	20	15	5	1500	1000	—	—
	腰塘	11	9	9	23	16	7	800	900	—	—
	脉元	28	20	8	9	2	7	600	710	—	—
	项家	17	13	6	40	10	30	3200	3500	—	—
	合计	317	234	141	606	326	280	78729	111831	50	251
志棠镇	杨家	18	16	11	40	18	22	1800	900	—	—
	新宅	17	11	11	45	19	26	1200	700	—	5
	下店	10	8	6	30	15	15	550	300	—	—
	儒大门	14	12	6	45	12	33	800	600	—	—
	后郜	3	2	2	15	5	10	150	800	15	—
	卸厅	3	3	1	40	12	28	600	1300	—	—
	前郜	7	5	2	30	9	21	400	520	—	—
	席家	3	3	1	20	7	13	460	250	—	—
	凌阁张	10	8	7	21	14	7	1800	6000	—	—
	腰塘边	25	23	10	70	15	55	2700	3000	100	—
	张家	15	11	8	36	18	18	800	400	15	—
	钱家	13	10	5	25	10	15	800	1000	—	100

续表6-12

镇　名	村　名	牛(头)			羊(只)			家禽(只)		兔(只)	蜂(箱)
		总数	能耕田牛	母牛	总数	母羊	其他	年末存栏数	年内出栏数		年末箱数
志棠镇	东王	18	15	13	20	7	13	850	600	—	—
	塔下叶	24	22	8	50	40	10	2800	2500	—	—
	翁坞	18	9	7	35	12	23	1400	900	15	—
	合计	198	158	98	522	213	309	17110	19770	145	105

编者注：横山镇家禽合计数含田野养殖场年末存栏数4万只，年内出栏数5.2万只

二、饲料

青绿饲料　包括绿肥、番薯藤叶、蔬菜、野草、树叶、人工牧草、水生饲料等。绿肥以紫云英为主，既是肥料也是饲料。1971年后，推行麦(油)—稻—稻三熟制，绿肥面积逐年下降。1979年，引进德国细绿萍，由于比绿萍耐寒、繁殖力强，比其他青饲料蛋白质含量高，被全面推广。

饲料青贮技术　为提高青粗饲料的营养价值和适口性，县农业部门曾组织开展青贮发酵和秸秆氨化处理。1953年秋冬，在下宅乡推行玉米秆青贮。

精饲料　包括粮食、糠麸、饼粕及动物蛋白质饲料。粮食类有稻谷、大小麦、玉米、番薯、大豆、蚕豆、豌豆等。农户养猪以米糠为主，豆、麦等视情况而定，有啥喂啥。饼粕类有菜籽饼、棉籽饼、糠饼、豆饼等，属植物性蛋白质饲料，是畜禽饲料的主要来源。此外还有酒糟、豆腐渣、酱渣、淀粉渣等。

配合饲料　1950年，开始加工混合饲料。1983年，开始加工猪禽配合饲料。配合饲料喂猪，比传统饲料日增重提高30%，节省精料30%，育肥期缩短1~2个月，饲料成本降低20%。

三、疫病防治

猪丹毒　1939年境内流行，1947年爆发后逐年加剧，春秋两季尤为猖獗。1950年后，猪丹毒成为危害最严重的疫病。1952年，志棠乡死亡288头。1953年，开展以预防注射为主的群防群治，全面推广皂浴疗法，发病率和死亡率大为下降，但仍有局部流行和散发。1960年，开展预防注射和消毒，疫情得到有效控制，但在部分乡村仍有流行。1983年，强化防疫管理，改进防疫程序，提高防疫注射密度，普遍开展检疫，疫情得到全面控制。

猪气喘病　始发于20世纪50年代，1960年冬曾暴发流行。此后，采取杜绝传染源、加强饲养管理、培养健康猪群等措施，普遍推行土霉素等药物防治，疫情得到控制。1985年呈回升趋势。1986年，下西山村引入带病公猪，因配种感染母猪5头、仔猪18头、架子猪7头，其中死亡12头。2000年后，在规模养猪场推行猪气喘病弱毒疫苗注射，实行分阶段饲养，肉猪全进全出，引种须经畜牧行政部门批准等措施，猪气喘病蔓延得到有效控制。

伊氏锥虫病　1951年，省农业厅《为检送冬季保养耕牛注意事项的通知》载："龙游、富阳、新登等地倒毙耕牛，多为老年，此与1949年冬、1950年春嘉兴地区发生大批耕牛死亡的孵棚症情况类似。"1973年冬至1974年春，横山等公社流行发病，经血片镜检见虫，均确诊为锥虫病。

肝片吸虫病　20 世纪 50 年代,山羊、黄牛肝片吸虫病死亡率甚高。1953 年,养羊最多的志棠乡腰塘边村死亡羊 60 余只。

畜牧兽医站(室)　1954 年,县畜牧兽医站指派专职兽医,在横山等地猪、牛市场常年开展预防注射和检疫。1960 年,建区、公社畜牧兽医网络,实行凭预防注射证收购和屠宰生猪,使猪瘟、猪丹毒和猪肺疫得到控制。1965 年,建集体性质公社畜牧兽医站;1976 年,各村设兽医室,形成较为完整的兽医防疫服务网络;1984 年,公社畜牧兽医站改为乡镇畜牧兽医站,1994 年确定为基层事业单位。2005 年,乡镇设畜牧兽医站。2019 年,县动物卫生监督所横山分所被评为省基层卫生监督规范化所。

附录　下宅大队是怎样开辟畜牧副业基地创办万猪场的?

“万只猪,千只兔,百只羊,大力开辟畜牧副业场,实现万斤粮,幸福生活万年长。”这是模环人民公社下宅大队每个社员的决心和行动,正由于他们有敢想敢为的高度的共产主义风格,因此半个月来,下宅大队出现了一片令人振奋的新气象。目前已有毛猪 5000 余只(其中采购的小猪 1630 只),养兔 1500 只,牛羊 400 余头,鸡、鸭、鹅、鱼满场、满塘。这个大队的畜牧副业场是怎么发展起来的呢? 主要经验是:

一、积极领导,全面安排。社党委根据以钢为纲、工农业并举、带动一切的方针,选择了过去较有基础的半山区的下宅大队作为公社的畜牧与蔬菜基地,并帮助这个大队制定了大力发展畜牧副业生产的具体规划。同时还从农业战线上抽调劳力 700 余名,分别组成畜牧采购、基建、饲养、饲料采集和培育等 5 个大组,成立了副业生产的专业大队,此外还确定公社副社长和大队干部 6 人专职领导,大搞畜牧副业生产。

二、边辩论,边行动。规划制定后,在全大队开展了要不要发展畜牧业生产的辩论。通过辩论,社员个个欢欣鼓舞,生产劲头更大,立即掀起了一个集体养畜、养禽、开辟万猪场高潮。如负责采购的姚秋芮同志,连续三天两夜不困觉,从外地采购小猪 1200 余只。社员毛炎贤大会回去,不仅拿出毛猪,退出房屋,甚至把自己用的扁担、锄头柄和床板都自觉地送出来做猪舍。这样就出现了个个抬猪、户户退屋、人人献用具,要什么有什么的群众性运动。

三、群策群力,白手起家。当群众性的搞畜牧副业生产运动开展起来以后,接着而来的是依据群策群力,白手起家,一切用具、设备凭着因陋就简、应用旧料、就地取材的精神,全部发动群众自行解决。毛猪饲养的问题,采取在畜牧场里大量养猪外,还积极在食堂里发展养猪副业。猪舍根据多、快、好、省的精神,采用石头、木板、小毛竹、石灰泥打墙和旧猪栏来解决的。饲料问题,从 3 个方面解决:第一搞青饲料,发动十来岁的小孩搞野草、葫芦瓢等。如项家食堂分配每个小孩拔 3 至 5 斤野草,一天就拔 14000 斤,可供 400 余头猪吃 7 天。第二搞副业产品,将脱粒后的玉米皮、玉米秆等进行加工成料。第三,加强现有红白萝卜的培育管理,保证生猪有足够的粮食。通过以上办法来解决,目前全队共退出民房400余间,做好猪舍500余个,所有毛猪的住和吃基本得到了安置。

四、建立饲养管理的责任制毛猪的饲养除根据大、小、肥、母合理分群外,饲养员还建立了"五定、四勤、二报告"的责任制。"五定"(定人、定栏、定质、定量、定时),"四勤"(勤打扫、勤垫栏、勤清洗猪工具、勤检查),"二报告"(母猪发情及时报告,发现病猪及时报告)。此外,饲养员还学会给猪治病的基本知识。如饲养员胡阿老最近采用草芥治好两只小猪的腹泻病。这就减少了仔猪的死亡率,保证了畜牧业的发展。

根据1959年发展畜牧副业生产的规划,全年可收净收入163.5万元。按全公社9200户、3.4万人计算,平均每户177.72元,每人得48.08元,这就促使了社员群众生活的大改善。

模环人民公社办公室

1958年12月11日

第三节　涉农单位

20世纪90年代,规模养殖逐渐在畜禽养殖中占主导地位。随着养殖规模不断扩大,政府提出"养殖出村,猪鸡上山"的发展思路,引导畜禽养殖向丘陵转移,推行园区饲养。2001年以来,境内高度重视涉农园区基地建设,组织相关经营者共同生产、经营,提供服务,先后涌现出一批农业专业合作社,不断提高农业生产的经济效益。

一、基地建设

富硒产业园区建设　2011年,整合农、林、水等相关政策性项目资金,推进富硒产业园区基础设施建设,保护和利用好富硒产业资源。引进浙江佳丰富硒农产品发展有限公司,年底完成土地流转。2016年11月,镇组织规划设计建设"十里荷花"长廊,范围包括天池村景区和21省道沿线景区,当年白鹤桥至志棠公路沿线新增莲子13.93公顷。2020年,全镇富硒稻米种植面积333.33公顷,年产量3000余吨。2021年全面实施"硒+"战略,建立以富硒莲子、稻米、中草药为主的富硒农产品种植基地和研发加工生产线,搭建电子商务平台,拓宽销售渠道。是年,园区入选省级现代农业园区创建名单,补助资金3000万元,带动社会投资5.5亿元。

"天池药谷"基地建设　2016年,浙江再生方医药科技有限公司在天池村流转农田200多亩、山林500亩,建设集"中药种植、中医体验、中药文化展示、研学和康养"等为一体的"天池药谷"基地。通过与村集体合作开发,发展中草药种植,动员农户利用庭院、拆后闲置用地、绿化带等种植中草药,建立"政府+村两委+企业+农户"服务平台,实现美化庭院、农民增收、村集体经济发展、乡村经济振兴、企业自身发展等多赢效果。2019年1月,省文化和旅游厅授予再生方天池药谷"2018年浙江省中医药文化养生旅游示范基地"称号。2021年公司获评"浙江林下经济种植示范基地"、省"五园"建设的"中草药示范产业园",通过"浙江农信慈善造血扶贫基

图 6-2　　再生方天池药谷(蒋柳春　2022 年 8 月摄)

地”复评和龙游农业龙头企业复评。

志棠白莲种植示范基地建设　2003 年 12 月 8 日,省农业厅认定志棠白莲开发有限公司“天子贡珠牌”白莲基地为无公害农产品基地,注册商标“天子贡珠”,生产规模 67 公顷,年产量 85 吨,年产值 34 万元。2020 年,镇流转土地 333.33 公顷,建成产量达 300 吨、产值达 4000 万元的白莲种植示范基地。

龙游田野农庄　位于下宅村大塘里山。建于 1997 年,民营企业,有山地 33 公顷。1998 年 10 月,孵化第一批土鸡苗鸡 2 万羽,饲养 4 个月,获利 5 万多元。1999 年,出栏土鸡 14 万羽,产值 184.8 万元,年利润 44.38 万元。2002 年 9 月 2 日,浙江省农业厅认定境内田野牌土鸡生产基地为无公害农产品基地,注册商标“竹香”,主产品为土鸡,生产规模 26 万羽,年产量 390 吨,年产值 520 万元。2005 年,出栏土鸡 10 余万羽,为周边农户提供土鸡苗鸡 100 余万羽,被评为浙江省现代畜牧生态养殖示范场。

二、企业选介

衢州温氏畜牧有限公司　位于县工业园区。建于 2005 年 3 月,为广东温氏食品集团有限公司所属分公司。当年,志棠镇对接温氏集团,建成鸡舍 8 幢,投资 40 余万元,年饲养量达 5 万羽。先后有 860 多农户加入,横山镇内有分布。

龙游三农富硒莲业专业合作社　位于志棠村龙葛路,2005 年 11 月 7 日成立。主要经营范围为:农业生产资料的购买、使用,初级农产品收购,食用农产品批发,技术服务、技术开发、技术咨询、技术交流、技术转让、技术推广,信息咨询服务(不含许可类信息咨询服务)。位于模环乡夏峰村 320 国道边为其分支经营场所。

龙游文君富硒种粮专业合作社　位于志棠村。注册资本 20 万元,2010 年 3 月 11 日成立。主要经营范围为:组织采购成员粮食种植所需的农业生产资料,引进粮食种植新技术、粮食新品种,开展与粮食种植有关的技术培训、技术交流和信息咨询服务。

表 6-13　**2011 年横山镇农业龙头企业情况表**

级　别	企业名称	企业地址	法人代表	主营产品	企业商标
市　级	龙游田野农庄	大平坂(畈)村	吴玉柱	土鸡蛋	田野、竹香、图案
县　级	龙游横山粮油加工厂	集镇	章春英	大　米	塔山
县　级	志棠白莲开发有限公司	志棠	邵根春	莲　子	志棠、天子贡珠
县　级	家祥粮油精制米厂	横山	龚素英	大　米	—
县　级	荣光酒厂	东坞 38 号	姜荣光	酒　类	—
县　级	志棠食品有限公司	—	陈体刚	富硒农产品	—

三、行业协会

在服务涉农企业中，镇以县制定实施的“无公害志棠白莲”“龙游金丝草”“龙游红花菜”等农产品地方系列标准为依据，加强农产品地方质量建设。同时，成立行业协会，加强产业指导。

志棠白莲研究所　2000 年 8 月成立，主要开发“志棠白莲”品牌，有研究人员 4 人。

志棠莲子协会　2004 年 9 月在志棠成立，业务范围为信息交流、技术咨询服务。

横山镇水产协会　2005 年 1 月在横山横水路 2 号成立，业务范围为技术培训、行业协调、信息交流。

“共富工坊”　2023 年由浙江再生方医药科技有限公司在天池村成立。

四、家庭农场

2013 年，境内有家庭农场 53 家，田野农庄、新青年、陈体刚、姜小林、柴茂青 5 个家庭农场成功申报县市级示范性家庭农场。2014 年，新发展家庭农场 26 家，推荐上报家庭农场质量提升 4 家。2017 年，培育新型农业经营主体，成立专业合作社、家庭农场 60 余家，农户受益近 3000 户。2021 年，投资 2000 万元的嘉豪菜牛养殖场项目完成土地平整，总投资 4800 万元的蚯蚓养殖处理项目通过评审。

表 6-14　**2014 年横山镇家庭农场基本情况表**

农场名称	农场地址	主要产品	农场负责人
田野家庭农场	下宅村	土鸡	邹春莲
茂清家庭农场	大平坂(畈)村	粮油	柴茂清
诸葛峰家庭农场	志棠村	稻谷、莲子	诸葛峰
丰登家庭农场	八石坂(畈)村	水果、蔬菜、水产品	王文平
硒园家庭农场	河宗村	莲子、稻谷、水产品	姜晓林
泽辉家庭农场	上宾村	水产品、稻谷	姜小林
美洁家庭农场	上宾村	水产品、水果、蔬菜	朱志宏
土里土气家庭农场	天池村	水果、蔬菜、莲子、水产品	王海平
硒地家庭农场	天池村	莲子、稻谷、蔬菜、水产品	徐素林

续表6-14

农场名称	农场地址	主要产品	农场负责人
松平家庭农场	下宅村	稻谷、水产品	韩香松
昊靓家庭农场	贤求朋村	稻谷、水果、水产品	毛昊靓
海英家庭农场	贤求朋村	水果、蔬菜、水产品、	洪海英
富昌家庭农场	贤求朋村	稻谷、蔬菜、水产品	何富昌
桔平家庭农场	贤求朋村	稻谷、水果、水产品	叶桔平
泉水坑家庭农场	贤求朋村	水产品、水果	薛松林
陈兵家庭农场	贤求朋村	水果、水产品	陈　兵
良强家庭农场	腰塘边村	水果、水产品	李志良
倩园家庭农场	腰塘边村	稻谷、水产品	周志祥
永斌家庭农场	腰塘边村	莲子、水产品	陈永斌
明龙家庭农场	腰塘边村	莲子、稻谷、水产品	熊省明
渔莲家庭农场	腰塘边村	水产品、莲子	钱素明
严锋家庭农场	志棠村	竹木、蔬菜、水产品	严　锋
万谦家庭农场	河宗村	水产品、莲子	张土森
新萍家庭农场	河宗村	粮油	陈幽萍
绿来家庭农场	脉元村	粮油	周志军
吴樟富家庭农场	上向徐村	粮油	吴樟富
富美家庭农场	下宅村	粮油	周裕富
俊霞家庭农场	贤求朋村	粮油	姜庆连
蔚发家庭农场	贤求朋村	粮油	缪土生
心宸家庭农场	贤求朋村	稻谷、蔬菜	姜　俊
杨帆家庭农场	上向徐村	玉米	杨　帆
瑞青家庭农场	志棠村	茶叶	诸瑞清
美然家庭农场	天池村	蜂蜜	鲁国清
福如特家庭农场	上向徐	柑橘	李敏华
采园家庭农场	大平坂(畈)村	水果	黄　振
正明家庭农场	脉元村	水果	龚正一
志云家庭农场	天池村	水果	李志云
爱平家庭农场	西方坞村	水果、蔬菜	郑爱平
仁洋家庭农场	后徐村	水果	俞根红
祝香家庭农场	大平坂(畈)村	水果	祝　香
腾宇家庭农场	大平坂(畈)村	苗木	黄金洪
泽木家庭农场	大平坂(畈)村	苗木	陈清华
帝华家庭农场	大平坂(畈)村	苗木	范小华

续表6-14

农场名称	农场地址	主要产品	农场负责人
红潇家庭农场	后徐村	苗木	黄土红
嘉蕴家庭农场	上向徐村	苗木	赖建林
奇薇家庭农场	下宅村	苗木	严小琪
福湖家庭农场	余岗村	苗木	余洪平
慧众家庭农场	白鹤桥村	苗木	刘慧仙
宗胜家庭农场	河宗村	苗木	鲁渭生
明轩家庭农场	河宗村	苗木	李　鹏
众旺家庭农场	项家村	苗木	项小军
熊小英家庭农场	志棠村	苗木	熊小英
屿浩家庭农场	腰塘边村	苗木、花卉	李茂林
宝全家庭农场	下西山村	苗木、花卉	徐宝全
佳妮家庭农场	大平坂(畈)村	油茶	毛金立
洁水家庭农场	八石坂(畈)村	水产品	吕梅娣
俊禾家庭农场	白鹤桥村	水产品	黄　俊
飞震家庭农场	横山村	水产品	叶斐霞
友梅家庭农场	脉元村	水产品	龚水清
芳生家庭农场	上宾村	水产品	朱根生
欣妍家庭农场	上宾村	水产品	吴清根
智林家庭农场	上宾村	水产品	朱建忠
连芳家庭农场	上宾村	水产品	卢树林
牛娘坞家庭农场	塔下叶村	水产品	郑时成
春有家庭农场	贤求朋村	水产品	杨春有
伟祥家庭农场	项家村	水产品	周伟祥
根兰家庭农场	项家村	水产品	吴有良
冬花家庭农场	项家村	水产品	王双福
海平家庭农场	河宗村	水产品	刘海平
红皮家庭农场	横山村	水产品	翁武军
陈敏家庭农场	脉元村	水产品	陈　敏
志英家庭农场	脉元村	水产品	龚水明
臻怡家庭农场	河宗村	莲子	陈体刚
露硒家庭农场	上向徐村	莲子	张启发
创强家庭农场有限公司	塔下叶村	莲子	翁海忠
新青年家庭农场有限公司	塔下叶村	莲子	叶良明
雪田家庭农场	贤求朋村	莲子	吴慧军

续表6-14

农场名称	农场地址	主要产品	农场负责人
兴泉家庭农场	天池村	莲子	吕敏娟
素文家庭农场	横山村	蔬菜、水果	陈洪勇

除表6-14所列之外，在工商机构登记过的家庭农场、养殖场等还有180余家。

表6-15 横山镇工商登记家庭农场、养殖场等基本情况表

名　称	详细地址	农场负责人
阿筠家庭农场	志棠村村委会南面	周明春
乐金海养殖场	横山村黄泥山头	乐金海
樟海家庭农场	下西山村水碓垅高头田垄	王樟海
晨易家庭农场	大平坂村外社塘9号	余立芳
荣峰家庭农场	上宾村38号	朱小明
余兵家庭农场	后徐村地毛山9号	余　兵
丰芳家庭农场	下西山村水碓垄1弄11号	占焕新
柏军家庭农场	白鹤桥村叶坞46号	夏柏军
帝华家庭农场	大平坂村	范小华
志君家庭农场	下宅村东殿巷2号	周志飞
宝全家庭农场	下西山村北巷10号	徐宝全
张建军家庭农场	西方坞村童麻车二弄22号	张建军
吴永军家庭农场	上宾村童家13号	吴永军
开泰湖羊养殖场	腰塘边村凌阁张	王新华
叶小春家庭农场	八石坂村上姜坞16号	叶小春
屿浩家庭农场	腰塘边村凌阁张村西头30号	李茂林
辰雨家庭农场	八石坂村文化巷33号	方文生
众旺家庭农场	项家村	项小军
兴叶家庭农场	上向徐村杜叶72号	黄国清
志银家庭农场	天池村溪东11号	徐志银
吴志良养殖场	志棠村大众路20号	吴志良
叶炳松养殖场	西方坞村大安山	叶炳松
王建华家庭农场	志棠村卸厅31号	王建华
诚源生态养殖场	横山村	陈　丹
兴野家庭农场	横山村龙江巷18号	罗卫平
嘉蕴家庭农场	上向徐村	赖建林
卸荀家庭农场	塔下叶村龙葛路33号	邓卸荀

续表6-15

名　称	详细地址	农场负责人
泽木家庭农场	大平坂村	陈清华
陈锦星养殖场	河宗村古塘山	陈锦星
朝凯家庭农场	后徐村底毛山7号	余金朝
惠云家庭农场	上向徐村杜叶20号	张卫国
姚桓家庭农场	脉元村太和北巷38号	姚　桓
硒旺家庭农场	大平坂村上大平坂(畈)21号	陈日泉
月荣家庭农场	上宾村安山横水路15号	邹月荣
革成家庭农场	余岗村园门巷6号东面二楼	王革成
豆豆家庭农场	余岗村学前巷6号	詹汝发
瑞青家庭农场	志棠村前邵路72号	诸瑞清
硒园家庭农场	河宗村	姜晓林
红皮家庭农场	横山村	翁武军
家令家庭农场	河宗村张家后门山52号	陈家令
丰莲家庭农场	塔下叶村上叶21号	郑士军
园香家庭农场	上向徐村周田边47号	周连发
周樟苟家庭农场	河宗村张家后门山1号	周樟苟
荷你有缘家庭农场	天池村儒大门57号从东向西第3间	祝凌云
敏阳家庭农场	上向徐村大平山32号东边管理房	李敏华
益华家庭农场	项家村小殿下90号	吴益华
水美家庭农场	塔下叶村塔下叶19号	叶水美
平玉家庭农场	上向徐村杜叶43号	毛小平
万兴家庭农场	志棠村后邵大众路120号	汪起兴
明香家庭农场	河宗村钱家葫芦山5号	项云香
徐月生家庭农场	八石坂村金三湾	徐月生
林上家庭农场	上向徐村上向徐55号	俞　霖
汪凯家庭农场	志棠村后邵大众路70号	汪　凯
秋雨佳家庭农场	横山村方野路12号	张　强
梦杰家庭农场	下西山村溪边胡殿山3号	周国军
初心家庭农场	脉元村文新一弄55号	鄢建华
海明家庭农场	白鹤桥村叶店40号	郑素英
光头家庭农场	大平坂村邹家2号	张雪龙
水花家庭农场	腰塘边村马鞍山1号	熊水花
洛伊家庭农场	贤求朋村腰塘新殿19号	毛小辉

续表6-15

名　称	详细地址	农场负责人
朱素梅家庭农场	大平山村桔山弄8号	黄土财
明龙家庭农场	腰塘边村	熊省明
顺余家庭农场	河宗村钱家坞口头2号从东向西第3间	余水荣
全红家庭农场	余岗村童岗5号	姜全红
熊二家庭农场	腰塘边村腰塘边106号	熊门金
豪峰家庭农场	项家村一训巷12号	项　峰
爱青家庭农场	会泽里村村学巷5号	杨勇军
俊禾家庭农场	白鹤桥村	黄　俊
陈敏家庭农场	脉元村	陈　敏
林杭兴家庭农场	上向徐村周田边62号	林杭兴
天圆地方生态农场	横山村人民路53号	舒寅峰
洪发家庭农场	大平坂(畈)村社塘垅8号	毛秀英
程慧养殖场	大平坂(畈)村社塘垅梅岭路青洞源山	程　慧
永斌家庭农场	腰塘边村	陈永斌
春风家庭农场	上宾村吴仪宾堰塘下39号	章　超
寿松家庭农场	河宗村钱家坞口头15号	叶美仙
佳妮家庭农场	大平坂(畈)村	毛金立
周宇平家庭农场	后徐村堰川路52号	周宇平
九丰家庭农场	脉元村文新二弄6号	龚正祥
佳兴家庭农场	志棠村后邵大井冈	周国生
徐虹家庭农场	横山村大坪头老橘园内	徐　虹
招发家庭农场	上向徐村上向徐125号	郑卸发
徐辉养殖场	后徐村西山边	徐　辉
钱利平家庭农场	河宗村老鼠坞	钱利平
陈志平养殖场	大平坂(畈)村王麻垅	陈志平
柯旭东家庭农场	大平坂(畈)村大平头东边大块地	柯旭东
宇宏家庭农场	高山村新村巷28号	杨文菊
张文君家庭农场	腰塘边村凌阁张东头44号	张文君
祝香家庭农场	大平坂(畈)村里社塘25号	祝　香
黄忠信家庭农场	会泽里村小山头山	黄忠信
郑国星养殖场	塔下叶村杨梅坞东侧	郑国星
赖小峰家庭农场	横山村东坞大坞头	赖小峰
家祥家庭农场	下宅村樟奶坞	龚素英

续表6-15

名　称	详细地址	农场负责人
童卸荣养殖场	西方坞村石角塘边山	童卸荣
陈土明养殖场	贤求朋村黄井山	陈土明
徐丽娟养殖场	塔下叶村杨梅坞西侧	徐丽娟
绍根家庭农场	后徐村大平山金山巷 11 号	黄绍根
博鑫家庭农场	向上徐村周田边 5 号	张启标
青林家庭农场	上向徐村杜叶 98 号	黄月林
傅庆家庭农场	白鹤桥村官潭章路口	傅　庆
硒地家庭农场	天池村杨家	徐素林
美洁家庭农场	上宾村	朱志宏
芳生家庭农场	上宾村	朱根生
云仙家庭农场	下宅村黄金棚 8 号	张云仙
志龙家庭农场	后徐村大平山平安巷 9 号	黄志龙
红潇家庭农场	后徐村	黄土红
钱勋家庭农场	河宗村花岗坞	钱　勋
利成家庭农场	大平坂(畈)村里社塘 43 号	饶水富
牛牛家庭农场	脉元村文新一弄 4 号	韦纪军
松平家庭农场	下宅村	韩香松
泽辉家庭农场	上宾村	姜小林
钱素荣家庭农场	腰塘边村腰塘边 2 号	钱素荣
欣妍家庭农场	上宾村	吴清根
君君家庭农场	下宅村仰天坞	余晓君
红根家庭农场	横山村庆丰路 73 号	赖红根
正明家庭农场	脉元村太和北巷 26 号	龚正一
义香家庭农场	后徐村上庄溪水库山	郑志清
朝汇家庭农场	塔下叶村翁坞 62 号	诸树成
小发家庭农场	后徐村文化巷 4 号	柯棋丹
吊子家庭农场	横山村庆丰路 31 号	柯益群
卸明家庭农场	脉元村文新二弄 4 号	龚卸明
素芹家庭农场	脉元村太和北巷 51 号	徐素芹
浩成家庭农场	会泽里村环村东路 5 号	邓小成
亿卓家庭农场	项家村翁家山 3 号	舒利花
秀连家庭农场	白鹤桥村山门寺枫树岭 17 号	方秀连
炳荣家庭农场	河宗村钱家葫芦山 2 号	徐秋英

续表6-15

名　称	详细地址	农场负责人
亘宇家庭农场	志棠村大众路 2 号	金土才
水清家庭农场	项家村一平巷 39 号二楼	李水清
利明家庭农场	西方坞村严家东巷 27 号	叶光明
莫新家庭农场	白鹤桥村三姑殿 32 号	叶长青
徐庆军家庭农场	八石坂(畈)村高排山外坞里	徐庆军
徐寿中家庭农场	天池村溪东 70－2 号	徐寿中
谢氏家庭农场	塔下叶村金桥头 25－2 号	谢炳根
宇鑫家庭农场	上宾村贤八弄 54 号	章小仙
桃馨家庭农场	志棠村卸厅新街路 1 号	黄　波
渭成家庭农场	上向徐村东王村大山沟 36 号	吴小宇
远阳家庭农场	脉元村太和北巷 61 号	姚　进
何胜昌家庭农场	贤求朋村腰塘四家头 7 号	何胜昌
渔莲家庭农场	腰塘边村	钱素明
陈志明养殖场	八石坂(畈)村上东门四石头	陈志明
余勇家庭农场	上向徐村周边田 49 号	余　勇
昱航家庭农场	上宾村仪宾巷 18 号	吴莲凤
卸花养殖场	项家村一平巷 18 号	洪卸花
今辉养殖场	后徐村堰川路 50 号	廖今辉
嘉豪菜牛养殖场	下西山村水碓垄二弄 24 号	陈建新
余金朝养殖场	后徐村大平山八坎头 7 号	余金朝
宋雁平种植场	塔下叶村金桥头 72 号	宋雁平
君非养殖场	下宅村仰天坞西侧	余晓君
上泉家庭农场	八石坂(畈)村上姜坞 10 号东侧三间	姜志军
阿彬家庭农场	后徐村堰川路 32 号	吴　彬
土生家庭农场	后徐村大平山地毛山 30－1 号	王卫华
桑田水产养殖场	八石坂(畈)上东门 36 号	叶君琴
志云家庭农场	天池村儒大门	李志云
常云家庭农场	白鹤桥村叶坞 23 号对面平门口	姜常云
卫成家庭农场	项家村一训巷 48 号	项卸英
慧婷养殖场	横山村卜堆塘	赖志华
土成家庭农场	河宗村张家兴村路 16 号	张土成
友华家庭农场	腰塘边村腰塘边 91 号	钱晓华
锋锋养殖场	志棠村乌风坞山	邵小锋

续表6-15

名　称	详细地址	农场负责人
卫民家庭农场	下宅村龙门桥下利巷7号	邓卫民
良强家庭农场	腰塘边村	李志良
季雪英家庭农场	脉元村承荐巷2号	季雪英
蔡水林家庭农场	八石坂(畈)村文化巷21号	蔡水林
欣乐养殖场	贤求朋村腰塘黄金山东南面	潘晓琴
张锦家庭农场	河宗村张家礼堂巷15号	张　锦
少红家庭农场	会泽里村幸福区10号	王小青
惠意养殖场	后徐村	翁月成
建雄肉牛养殖场	上宾村吴仪宾火麻山	吴建雄
龚氏小晴天家庭农场	脉元村文新巷9号	龚水明
鼎盛特种鸡养殖场	横山村叶野	盛小红
仕智水果种植场	白鹤桥村	姜仕智
鲁氏家庭农场	天池村杨邵89号	鲁春棋
丽波家庭农场	河宗村张家30号	夏丽波
熊小英家庭农场	志棠村前邵	熊小英
胡根土豪猪生态养殖场	白鹤桥村第6小组樟树坞	胡根土
前力家庭农场	贤求朋村四家头6号	何银昌
成树家庭农场	后徐村胡家大公殿路124号	范有成
土哥家庭农场	上向徐村东王油麻坞34号	陈久鹏
赖富红家庭农场	横山村高山东坞81号	赖富红
兴农家庭农场	大平坂(畈)村邹家38号	程桔明

表6-16　**2022年横山镇莲子基地创建情况表**

基地类型	主体名称(所在村)	法　人
新品种培育	毓硒酒业有限公司(志棠)	吴少君
良种繁育	屿浩家庭农场(腰塘边)	李茂林
标准化种植	庆芳家庭农场(天池)	吴庆芳
	国思农业开发有限公司(白鹤桥)	周建芳
	绍根家庭农场(后徐)	黄绍根
	连液富硒莲子专业合作社(河宗)	姜荣光
	寿松家庭农场(河宗)	刘寿松
	渔莲家庭农场(腰塘边)	钱素明

基地类型	主体名称(所在村)	法　人
标准化种植	叶爷爷家庭农场(八石坂(畈))	叶水林
	平玉家庭农场(上向徐)	毛小平
	容容家庭农场(上宾)	徐建容
	禾荷家庭农场(横山)	杨金姣
	巧农人家庭农场(塔下叶)	邵富红
莲鱼共生	涵萱家庭农场(项家)	缪　倩
	蔚发家庭农场(贤求朋)	缪土生
	豆豆家庭农场(余岗)	詹汝发
	徐寿中家庭农场(天池)	徐寿中
	余兵家庭农场(后徐)	余　兵

附录 志棠镇农业综合开发启示录

在农民觉悟的前提下加以引导

志棠镇种植莲子有900多年的历史。由于种种原因,去年全镇种植莲子450亩。今年,全镇又一下子扩大到1100亩,这是什么原因?

志棠镇农业副镇长吴有才介绍说,种稻效益要低一点,种莲子经济效益要高一点。一亩田种莲子要比种稻高一倍以上的效益。

这些年来,农民似乎悟出一个道理:凡是政府号召的最后大都没效益。去年,有关部门号召妇女养鹅,结果市场变化,养鹅亏本,受害者大骂号召者。号召者好心办坏事,深感委屈。在市场经济的新形势下,志棠镇的决策者从中悟出道理:下文件发出号召,要按市场规律办事,种什么、养什么要尊重农民的意愿。在农民有觉悟的时候,及时加以引导并做好配套服务。去年志棠镇种植莲子450亩,经济效益比种稻高一倍。农民有了觉悟,有了积极性,政府不片面强调保护粮食面积,满足农民种植莲子面积的要求。同时又着手组建莲子推销公司,召开座谈会,举办销售大户培训班,改进莲子包装,及时赴上海、杭州等地找市场,帮助农民解决销售问题,志棠镇的做法无疑将得到农民的称赞。

在政府引导下提高农民觉悟

志棠镇目前有柑橘面积2200亩,分散在千家万户。去年柑橘价格低,农民收益少,影响了今年对柑橘的投入和管理。今年,农户对柑橘的收入已不抱很大希望,但从全镇的角度看,柑橘仍是志棠镇一项重要产业。下一步如何重视呢?志棠镇镇长陆民介绍说:"主要是利用现在的低谷期来抓紧时间做好引导,调整规模经营,把分散的一家一户的,向大户集中。"

农民各家种柑橘面积小、收益少,占农户收入的比重低,必然忽视管理,这从全镇算,将失去一大笔财源。向大户集中管理,有利于提高产量和品位,调动经营大户投入的积极性,最终提高经济效益。志棠镇这一思路是正确的。然而有些农民还没能觉悟到,不愿把柑橘转包给别人,这就给集中规模经营工作带来难度。志棠镇采取抓典型的办法,以点带面把志棠镇现有的柑橘从品位、效益方面加以提高。在群众没有觉悟的情况下,志棠镇不搞行政命令,而是加强正确引导,这种做法是实事求是的。据了解,杨家村原是6户农民承包的20亩柑橘,现在已转包给1户农民经营,儒大门村4农户集中转包给1农户,东王村6户承包的30多亩转包给航埠1老板。这些典型为柑橘向大户集中规模承包经营开了好头。

农业综合开发投入要多元化

大包干以后,志棠镇农业综合开发主要是两种形式:一是集体统管;二是分到千家万户管理。由于投入主体不明确,出现了统管而不管,分到农户管理的也似管非管,没有发挥应有的效益。针对计划经济时期留下的弊端,志棠镇积极探索农业综合开发新路子。

他们建立符合市场经济要求的投入机制,建立投入主体多元化,可以农民个体投入,外地个体老板投入,也可以引进机关事业或者社会各单位来投入,搞综合开发。

根据这一思路,志棠农民付诸实践。翁坞村有200亩统管荒山,实际上是统而不管,十几年来灌木丛生,毫无效益。去年四月,村党支部带领群众投工投劳,由集体统一规划,统一标准,统一供应苗木,承包给村里7户农民经营,头三年不收费,第四年才开始上交承包款。现在,梨树长势喜人,前景美好。

下店村把分散到各家各户的200亩荒山,由集体租回再返租给诸暨老板,统一种植黑李,农户、集体、承租老板三方皆大欢喜。

今年,志棠镇已着手按市场经济规律要求,搞活山地使用权,准备拿出连片200亩以上的山地3处,向机关、事业单位和社会各界开放出租,多元化投入农业综合开发。志棠镇镇长陆民表示:“要像办企业一样来搞农业综合开发,实行谁投资谁经营。开发方面,种什么品种,怎么开发,都由投资者自己决定,政府不加干预。”

（1998年5月龙游电视台报道）

第七章　林　业

民国志卷六“食货考·物产”有“木之属不能悉数，其较多者为松、为柏、为樟、为枫、为杉，多裁为板”的记载。境域山地自然条件良好，适宜林木生长。林业生产传统深厚，基础扎实，主要分布于北部山地。中华人民共和国成立后，提倡植树造林，但因 1958 年“大办钢铁”毁林烧炭、1960—1963 年毁林种粮、“文化大革命”期间乱砍滥伐，山林损失甚巨。1984 年后，落实山林权属政策及一系列扶林措施，森林资源保护力度不断加强。

第一节　林种产品

境内林木以杉木林和马尾松林为主，阔叶树种零星分布。天然林稀少，大多为人工林。马尾松长期采用“一锄法”造林，20 世纪 50 年代采用“插杉点桐”及“插杉套粮”营造杉木林，60 年代开始采用实生苗造林。

一、用材林木

杉木林　有山的行政村均有分布。杉木生长快，材质好，木材纹理通直，结构均匀，不翘不裂，是建房和制作家具、农具的主要材料，用途广泛，需求量大。20 世纪 80 年代前系国家严格控制的木材之一。杉木林以人工营造为主，有育苗移栽、伐后树根抽苗（俗称“老丛”）和采苗条扦插三种，生长周期为 20～30 年。幼树阶段 3～5 年，速生阶段 5～15 年，10 年以上可适当间伐；干材阶段 15～20 年，此阶段材积生长迅速，心材比例增加，材积生长减慢；成熟阶段 25～30 年，材积生长趋于平稳而成熟，心材比例显著增加，材质趋于致密坚实，可采伐利用。

松木林　仅次于杉木林，以马尾松为主。飞籽成林和人工栽培相结合，是荒山、疏林山、失管山中最常见的育林树种。树龄百年以上列入县古树名木保护。马尾松为常绿乔木，可高达

30~40米，胸径可达1米以上，木质软硬适中而多脂，浸泡水中不易腐烂，旧时桥梁、水利工程建设常用其作基础，水碓专用其作轮轴。20世纪60年代前，国家用其作铁道枕木。农村常用其锯板，做谷柜、铺楼板，也作燃料及割采松脂等。

柳杉 旧时主要用材树木之一。现已无纯林，成材大木也不多。属常绿乔木，喜阴喜湿耐肥，一般都生长在土层较厚，郁闭度较高的山坞内，生长快，树木高大，条干通直节疤小。木质较杉木略粗脆，干燥后易纵裂，过去大多用于祠堂庙宇作柱料，也用于锯板做谷柜、铺楼板等。

樟树 主要分布于村旁，原先大多为自然生长及保护留养成材，现成材大木不多，以培育中幼龄苗木供城镇绿化为主。树龄百年以上列入县古树名木保护。属常绿乔木，生长迅速，寿命长，树冠开展，主干粗壮，抗风力强，病虫危害较少，萌芽力强，叶色浓绿，不怕烟尘，是珍贵的用材和特用经济树种。木材纹理细致，柔韧致密，光滑美观，硬度中等，容易加工，含挥发油和特殊芳香，耐湿、抗腐、祛虫、变形小、保存期长，为贵重家具、房屋构件、造船的良材。旧时祠堂庙宇常以樟木作装饰大梁，富家嫁妆必备樟木箱之类。

木荷 零星分布于杉木林、竹林及其他林间，尤以薪炭林、阔叶树林内为多，以自然生长、钐山时留养为主，现成材大树不多。属常绿阔叶乔木，树冠高大，树叶浓密，生长快，材质好，含水量大，被戏称为木河，适宜作防火林带。木质坚硬、细腻，干燥过程中易翘曲。旧时造房屋用作虾公梁、骑门梁、杠梁、楼栅较多，也有用作家具的，最常见的是作棕棚框架。

枫树 零星分布于杉木林及其他林间和村旁路边，以自然生长和保护留养为主，成材大树不少。树龄百年以上被列入县古树名木保护。属高大落叶乔木，有软枫和硬枫两种，主干通直挺拔，枝杈多，分布无规则。木质坚硬细腻，纹理曲折，易取材加工，但干燥过程中易翘曲，置干燥处长久不腐。旧时建房往往用作虾公梁、杠梁、楼栅、搁枕等。

黄檀 零星分布于杉木林、竹林及其他林间和村旁、路边。属落叶乔木，立夏后开始发芽长叶，又称六月黄檀。以自然生长、钐山时保护留养为主，中小型幼树较多，成材大木较少。木材坚韧、致密，心材呈黄白色或淡褐色，质硬重，切面光滑，耐冲击力强，富有弹性，可作各种负重力及拉力强的用具、器材和模具等。旧时用于制作碓头连杆和轮墙拨齿，带动木砻、石磨的齿轮也以黄檀制作为多，木工的刨壳、凿柄、斧柄等多数系此材料制作。

银杏 又名白果树。旧时境内稀少，现种植较多。属落叶大乔木，生长较慢，寿命极长，果实可入药和食用，树高可达30米以上，胸径可达4米。材质好，多用于锯板，木质细腻，心材呈黄白色，稳定性好，干晒、水泡均不变形。缫丝厂专门取其板材做煮茧设备。

榔榆 又名金丝榔。境内稀少，以自然生长及保护留养为多，成材大木已较少。木材坚韧，富有弹性，胶汁多而有黏性，干后硬度高，旧时用于做碓头连杆、轮轴上的拨齿，带动木砻、石磨的齿轮也用此材，也用其作房屋杠梁等。

红豆杉 又名赤榧、红榧，境内珍稀用材树木，国家一级重点保护野生植物。现人工种植为多。

境内稀少用材树木还有许多，不一一列举。

二、经济林

旧时，以种植油桐、油茶、乌桕为主。20世纪50年代后，油桐、乌桕、油茶种植面积下降，蚕桑、茶叶发展较快。70年代，大规模开发低丘红黄壤种植柑橘，1984年后，柑橘等果木大幅扩种。

桑树 属落叶小乔木，叶为蚕之饲料。旧时境内仅个别农户少量养蚕，以自用为主。1969

年，不少大队办起养蚕为主的副业队，专门养蚕。1970 年后，采用草桑改嫁接湖桑、稀植改密植、中杆改低杆、间作桑园改专业桑园等措施，且引进推广荷叶白、圆头荷叶白、湖桑 197、桐乡青等良种，产桑量明显提高。1975 年后，大面积种植茶叶，桑园面积开始下降。

茶树　属常绿灌木，分布广泛。旧时茶叶多处于自然野生状态，少数人工栽培管理也极粗放，产量不高。农户有零星种植和采摘野生茶的习惯，各户加工自食。品种为炒青，色绿、清香、甘甜而味浓。20 世纪 70 年代得到规模发展，不少村集中行动，开发山岭种茶。由于名茶价格逐步攀升，普通茶滞销，境内茶园面积逐步减少。

板栗　属落叶乔木，传统经济林木。种植历史长，分布广泛。20 世纪 60 年代初，随着蚕桑、茶叶面积不断扩大，板栗园逐步减少，产量下降。

油茶树　属常绿小乔木，采其果实榨油，为传统食用油料作物。旧时境内分布较广，大多种植于贫瘠的山冈、陡坡上。品种以白花油茶为主，寿命长，一次种植收获期可达百年以上。一般栽后 3~5 年开始挂果，8~10 年郁闭成林，进入丰产期。20 世纪 50 年代，国家对粮棉油实行统购统销后，油茶籽列为国家统购物资，归口粮食部门统一经营。由于粗放式种植与管理，产量不高，种植面积逐步减少。

柑橘　属常绿小乔木，为传统经济林木。旧时农户门前屋后略有种植，大多为实生苗，挂果迟，味道差。20 世纪 80 年代初，政府号召并推广，农户逐步开始规模种植。此后，柑橘面积和产量随着价格的波动变化。进入 21 世纪后，实施以提高柑橘品质为重点的橘园改造，柑橘产量有所增加。因价格不断下滑，种植面积减少。

三、毛竹林

与县内南乡相比，境内毛竹林不多。1997 年开始实施“南竹北移”工程，以扩大毛竹资源。2005 年，横山镇竹林面积 225.67 公顷，立竹量 27.76 万支，基本实现南竹北移目标。

传统毛竹林　20 世纪 70 年代前形成的竹林。旧时以挖掘冬笋、留养新竹及采伐嫩竹为主。挖冬笋一般从立冬过后开始，至立春止，常以春节为限。惊蛰至立夏为禁笋养竹期，此阶段一般不得挖笋。小满至芒种为砍竹时期，即新竹长到抽枝开叶时，将其砍伐，一般新竹砍去约三分之二，留部分作新老更替。霜降后开始砍伐用材竹（岁竹），一般砍去 10 年以上老竹。

笋竹两用林　20 世纪 70 年代毛竹资源开发利用被提上议事日程，以增加农村经济效益和城市春笋供应量，并随着交通条件改善，以适时疏笋、及时挖掘、合理留竹取代限时退死笋的传统观念。随着竹胶板、竹凉席、竹拉丝等竹产品开发，毛竹资源的经济价值不断提高。80 年代，推广笋竹两用林技术，通过对竹林的开挖松土、施肥管理、合理留竹、病虫害防治等，使竹林产出优质高产的竹材和竹笋，传统毛竹林快速过渡至笋竹两用林。

食用笋小竹林　主要有雷竹、石竹、金竹、红孵鸡竹、斑竹等。雷竹相对矮小，竹材较脆，出笋早，出笋率高，对土壤条件要求低，春节前后上市，境内种植不多。石竹是境内传统食用笋竹，竹子比雷竹略高大，竹材也较脆，出笋时间基本与毛笋同步。金竹是境内优质食用笋竹，竹子通透高大，可达 15 米以上，胸径可达 8~10 厘米，竹材韧度超过毛竹，是制作竹编工艺品的上佳材料，出笋略迟于毛笋，笋子质地柔软，味甘甜，对肥水条件要求较高，耐病虫害能力较低，境内现已较少。红孵鸡竹是近年得以较快发展的食用笋竹，竹材与石竹相类似，笋质与金竹笋接近，出笋时间长，出笋率高，对肥水要求不高，是新兴的优质食用笋竹。斑竹是境内传统食用笋竹，竹材略大于石竹，出笋时间迟，俗称“种田笋”，鲜笋入冷水煮其味微甘，反之微苦，对土壤、肥水条件要求适中,目前境内较多,是毛笋退市后的主要食用笋。

野生杂竹林 主要有苦竹、慈竹、箬叶竹和实心竹等,分布于荒山、低山山顶、溪边路旁等未被开发地块。苦竹,生长能力强,一般高5~7米,胸径1~2厘米,处于肥水条件好、郁闭度高的林间可长到十几米高,胸径可达3厘米以上,节间长,竿圆,可制笛;笋苦无法食用,根、叶可入药;其竹材旧时国家收购,用于牵引藤蔓类蔬菜和作工业原料。慈竹也称孝顺竹,丛生,菜园地角常有分布,比苦竹略小,竹材柔韧度高,可用作捆扎材料,苦笋无法食用。箬叶竹分布于湿润的山涧两旁或峭壁间,境内有分布,但不多;竹竿细节间长,竹叶特别大,有的竹叶长达50~60厘米,宽达12厘米以上,旧时渡船篷、笠帽都用其作原料,现主要用其包粽子、炊发糕等,竹材可制作胡琴弓把。实心竹在溪涧旁、荒山均有分布,竹节间所长竹枝特别粗壮,竹竿略显方形,高2~3米,胸径1~2厘米,其竹心被竹膜堵塞不见孔,故称实心竹;其笋味佳,采集人较多。

表7-1 2003年横山镇竹子造林任务情况表 单位:亩

村 名	面 积	村 名	面 积	村 名	面 积	村 名	面 积
下宅	5	脉元	100	龙门桥	20	吴仪宾	5
后徐	5	项家	5	西方坞	5	白鹤桥	5
大平山	5	会泽里	5	仓头	5	上向徐	5
溪边	5	大平坂(畈)	20	横山	5	山门寺	100
高山	5	贤求朋	100	方野	5	八石坂(畈)	20
下西山	5	腰塘	5	余岗	100	上下朱	5

编者注:合计545亩

四、其他林种

薪炭林 木炭和干柴,是旧时生产生活的主要热能燃料,需求量大。山区薪炭林面积很大,马尾松林由于难以成为大径材,大多作薪炭林。20世纪80年代后,因电、煤、油、气等快速发展,对薪炭需求逐年减少。

景观林 一般分布于村口或溪边,常以樟木和枫杨为主,现道路两旁绿化大部分为水杉,有的地段出现了珍贵的名木。

防护林 以护堤林、护路林、水土保持林等为主。1992年起,境内防护林建设规模逐步扩大。

五、林产品

木材 以松木、杉木为主,杂木次之。杉木杆形通直,纹理细致,销路甚广。

木柴 分杂柴、松柴两种。杂柴又称硬棍柴,系杂树灌木,木质坚实,耐燃且火力大。松柴易燃,但燃时有烟,不如杂柴耐燃。20世纪90年代始,煤、电、气燃料普及,木柴用量甚少。

竹笋 毛竹笋有冬笋、春笋两种,虽不多,但能满足基本消费。

乌桕 多栽于田埂、路旁及低丘山地。1962年后,横山、下宅等丘陵地开发乌桕基地,成主要产区,产量上升;后因农田改造,田边地角种植乌桕减少,加之乌桕树毛毛虫成灾被大量砍伐,至20世纪90年代已基本绝迹。

第二节　林间作业

历史上，主要靠天然更新和扦插造林。20世纪50年代初开始人工造林，苗木需求量增加，传统育苗方法不能满足造林需求，因而开始采种育苗。同时，采取植树造林、基地建设等方法进行林间作业。

一、采种育苗

采种　以采集油茶、油桐、麻栎等大粒种子为主，松、杉等小粒种子采集不多。1972年，杉木基地改扦插造林为实生苗造林，马尾松普遍推广实生苗造林，松、杉种子需求量猛增。1978年，按照“实现林木种子生产专业化、质量标准化、造林良种化”要求，县开始建立种子生产基地繁育良种，分发给各乡镇。

育苗　木育苗始于清代。1959年，一度提倡“社社办林场，队队开苗圃”。20世纪60年代，以杉木、马尾松育苗为主。1985年后，苗木生产转为以专业户为主。2000年以来，大平坂(畈)村成为苗木生产骨干基地，除满足境内绿化和防护林建设需要，部分销往县内、县外。

植树　民间向来重视植树，政府倡导植树造林。1979年2月全国人大常委会决定每年3月12日为植树节。1981年12月，全国人大提出全民义务植树要求，义务植树绿化祖国活动蓬勃展开。2006年横山镇完成造林870亩(58公顷)，其中竹子林600亩(40公顷)。2018年，开展“一村万树”示范村创建，完成植树6万株，人工更新造林约50公顷。

杨垄水库育苗造林　1974—1977年，杨垄水库自育苗木，在库区山上栽种松木苗10万株、杉木苗15.6万株。1984年5月，因杨垄水库封山育林成绩显著，志棠乡党委书记金土林被评为全国水土保持先进工作者。1985年，利用库内48.4公顷山地、20公顷水面及0.45公顷鱼塘，开展以水土保持为中心的综合开发与治理。至1988年，水库已有连片松木林26.7公顷、杉木林13.3公顷、杂木林10.7公顷，柑橘、雪花梨、红心李等果树2.6公顷，茶叶0.4公顷。此外，还种植美国杂交狼尾草、黑麦草、墨西哥玉米等优质牧草1.5公顷。

表7-2　**1960—1998年横山镇、志棠镇造林面积统计表**　单位：亩

年份(年)	横山镇	志棠镇	年份(年)	横山镇	志棠镇
1960	1503	—	1965	7842	3323
1961	—	—	1966	4511	1735
1962	6525	1255	1967	4682	343
1963	669	442	1968	2073	223
1964	15596	3115	1969	1264	1352

续表7-2

年份(年)	横山镇	志棠镇	年份(年)	横山镇	志棠镇
1970	224	1709	1985	270	—
1971	4112	2989	1986	23	187
1972	1612	925	1987	120	298
1973	2823	244	1988	2486	327
1974	314	250	1989	1387	405
1975	521	659	1990	1356	487
1976	419	1292	1991	1736	727
1977	294	1345	1992	1519	1258
1978	20	1127	1993	770	72
1979	283	131	1994	600	764
1980	370	781	1995	1233	550
1981	244	100	1996	1515	850
1982	90	202	1997	—	1737
1983	74	343	1998	1528	1978
1984	228	327	—	—	—

编者注：横山镇的数据包含下宅乡

二、营造抚育

有钐山、垦殖、套种、松土、间伐等作业。垦殖是为了营林，钐山则是竹林抚育的重要手段。随着科学技术的进步，有些作业趋于消失，有些新技术，如施肥、松土等作业，即随着笋竹两用林的发展而出现。

钐山 钐山有垦殖前的钐山和抚育管理钐山两种。垦殖前的钐山是为了清除山中杂草杂木；抚育管理钐山以竹林为主，一般两年一次。钐山用专门的钐山刀，形制与普通柴刀相似，刀身略长，其柄则长达1.5米。钐山时须穿长袖衣裤，扎绑裤腿，穿草鞋、戴笠帽，双手握刀柄，刀刃紧贴地面，从山顶往山脚带一定斜度一路往下钐，每次钐1~1.5米宽，称为一茬，可以多人同时进行，分前后排开，每人一茬。茬头开得好，利于操作，不觉山陡；开得不好则反之。收茬收得好，下一批上去钐时操作要顺手得多。垦殖前的钐山，一般在秋冬季进行，去除杂草杂木，待干燥后烧去，以便开垦。竹林抚育钐山在7—8月进行，此时杂草杂木含水分重，气温高，常伴有雷阵雨，所钐草木容易腐烂，其作用相当于施肥。

炼山 即烧山，是营林垦殖前的必要步骤。待钐山后的杂物基本干燥后，选择风力小的阴天进行。炼山前必须组织足够的劳动力，在四周铲出宽敞的隔离带，备好青松枝、带枝叶小杉树等，以用于扑火。准备就绪后从山顶开始点火，并沿横斜方向朝隔离带内侧引火，然后逐步往两侧延伸，以便控制火势。当烧出一定范围，火势已不可能越界后，方可留少量劳力守候。炼山时人手少，准备不充分，风力太大，阳光强烈火苗看不清，或操之过急等，都容易酿成森林火灾。现时出于森林防火考虑，一般不再炼山。

垦殖 杉木林的营造，一般都在土层较厚的山坞和山坡间，通常采用全垦法，即将山地全面开垦，套种其他作物后栽杉。营造松木林则简单粗放，大多选择较瘦瘠林地，采用穴垦法，即挖洞栽种，甚至采用一锄法，即一锄下去，插入松苗，提锄一敲就成。竹林栽植也采用穴垦法，但洞穴挖得较大，不仅要能植入竹根，而且还要植入连带的竹鞭，定植后要设立支撑杆。茶叶、柑橘、板栗等经济林的垦殖相对更复杂，需开垦出梯田式水平带，待沉陷稳定后挖出洞穴，投入基肥等待发酵腐烂后栽植。

套种 套种主要在刚开垦的杉木林和经济林中进行。杉木林经采伐后，全垦时留其树根重萌新苗，以供留养和扦插，需较长的恢复过程。一般采伐当年冬开垦，翌年春开始套种。茶叶、柑橘等经济林初栽期，可适当套种不影响土壤肥力的大豆之类，以提高营林效益。

松土 柑橘、茶叶、板栗等经济林，每年需铲山数次。春夏季及时清除杂草，有利林木生长。冬季进行深翻，促使土壤熟化和养分分解。近年竹林铲山松土也相当普遍，以坡度较缓的林地为主，主要挖去杂柴根、小竹根之类，并清理乱石，以减少竹鞭生长阻碍，保持林地土壤疏松。但坡度较陡的林地挖掘后容易造成水土流失，竹害虫天敌消灭过多易发虫灾，故不提倡。

间伐 杉木林10~12年后，郁闭度提高，特别是以老根萌发生长之林，两三株幼木长在同一树桩上，互相挤压争肥，不能成大材，必须及时间伐，种植实生苗的杉林，初期为考虑其及早成林，种植密度较高，待长至一定程度也需间伐，调整密度。间伐一是间伐可用材，可早出效益；二是间伐残次苗，去除弯曲、断梢和顶端优势不强的劣势树，腾出空间，减少养分分配，称作砍大、砍差，留中、留好，疏密留稀，保持适度间距。

第三节 山林管理

旧时，民间重视护林，多依乡规民约管理，违者重罚。中华人民共和国成立后，政府重视山林保护，植树造林、封山育林和林业技术推广不断加强。随着环境保护意识的提高，野生动植物保护成为森林保护的重要内容。

一、落实责任

林权演变 民国时期，山林绝大部分为地主、富农所有。1951年土地改革，山林大部分分给农户，尚有一些荒山、风景林、祠庙山和无主杂林山未改革到户，山林权属没有落实。1958年，山林划片分给生产队和大队集体经营。1961年下半年，确定山林所有权，分配社员自留山，搞好林业生产大包干。至1962年底，原属大队所有的山林，绝大多数落实到生产队所有，山林所有权、经营管理权、采伐更新权、收益分配权趋于一致。1981年起，开展稳定山权林权、划定社员自留山、确定林业生产责任制的林业“三定”工作。1984年10月，进一步完善林业承包责任制，划定社员自留山，承包到户，颁发国有林、集体林的山林权证。2003年6月，开展第二轮山林承包责任制完善工作,山林承包期延长至50年。农户不愿承包者,可交回集体另行处理,换发新林权证。2004年,建立完善森林、林木和林地使用权的流转制度,允许使用者依法、自愿、有偿流转,各种社会主体都可以通过承包、租赁、转让、拍卖等形式参与流转。

依法护林 1950—1980年,以集体组织护林为主,在重点林区设专职护林员。20世纪80年代以来,实行稳定山林权属、划定自留山、确定林业生产责任制,调动山农保护森林资源的积极性和自觉性。2003年,县政府与各乡镇签订封山育林或封育改造管护合同,护林有规划、有合同、有公约、有验收、有专人管护。2017年,陈某因个人生产需要,在塔下叶村"三根坞"林地擅自建造养鸡棚和管理房,涉及林地面积3.36亩,2019年7月县林业水利局作出对陈某罚款22350元的行政处罚。2021年10月,蒋某承包白鹤桥村的一处农场,2022年3月为扩大种植面积,蒋某安排挖机将林区内的树木整平,计划开垦近110亩田地,其毁坏林木植被、林地总范围面积达36.28亩,其中涉及毁林开垦面积32.88亩,构成非法占用农用地罪;6月,林业部门将该案移交公安机关。

表7-3　　**1964年志棠公社山林情况表**　　单位:亩

生产大队名称	山林面积	其中		封山面积	
		幼林山	荒山	已封	待封
杨家生产大队	2000	800	1200	650	1350
新宅生产大队	1500	1200	300	900	600
下店生产大队	1000	990	300	600	400
儒大门生产大队	1200	700	500	500	700
后邵生产大队	150	50	102	50	109
卸厅生产大队	75	55	40	35	40
前邵生产大队	120	60	60	60	60
席家生产大队	80	65	15	65	—
凌阁张生产大队	400	300	100	250	150
腰塘边生产大队	1500	1000	500	750	700
张家生产大队	400	200	200	150	200
钱家生产大队	180	79	110	70	100
东王生产大队	1200	700	500	600	500
塔下叶生产大队	800	500	300	400	400
翁坞生产大队	600	600	—	450	10
合计	11205	6989	4225	5600	5450

采伐审批 20世纪50年代初,允许农民采伐和出售自有木材。1953年11月,木材生产、分配计划由县计划部门制订,县木材收购组(森林工业站)负责收购和供应。50年代中期至80年代初,实行统一调配和管理,农村集体、农民自用材采伐由村或乡批准(10立方米以上由县批准)。1982年始,实行木材凭证采伐制度,单位、个人采伐林木必须先申请,领取采伐许可证,凭许可证在规定的时间、地点、树种和数量进行采伐,农户采伐自留地和房前屋后庭院内林木不在此

限。1985年,省政府颁布《浙江省森林采伐管理办法》,进一步执行森林限额采伐制度,实行森林消耗量全额管理,对商品材、农民自用材、培植业用材、生活烧柴、工副业薪材实行分类控制,严格采伐程序,实行伐前设计、伐中监督、伐后验收制度。2000年后,相继建立责任追究制度和采伐公示制度,制止乱砍滥伐,超伐现象逐步减少。

木材检查站　20世纪60年代,有林区的公社在交通要道设立木材检查站,查扣无证运输木材、毛竹及其制品。1980年12月,横山设木材检查站。1991年7月,全省清理整顿公路检查站,经省政府批准,设国省道横山木材检查站。2000年7月,经省政府批准,横山木材检查站予以保留。

二、防病防火

病害防治　20世纪60年代前,主要采取捕捉幼虫、摘虫革、除卵块等方法防治。70年代,采用飞机超低量喷洒农药等方法。1981年后,划分常灾区、偶灾区、安全区,建立虫情调查测报网,落实森防承包责任制。1995年后,以白僵菌为主的生物防治成为主要手段。2002年境内发生松毛虫危害,10月30日县林水局邀请浙江农林大学专家在天池村开展枯死松树情况调查,采用无人机飞至300米高空进行检测,专家对采集的数据照片进行分析,勾绘出疑似枯死松树分布区,以块定点,精准定位。2021年2月,县林业水利局等单位组织人员,深入天池村疫木除治山场,实地查看清理质量和清理进度。5月,针对松木林病虫危害日趋严重情况,县森防检疫站在天池村松林内悬挂松褐天牛诱捕器,对松褐天牛的种群动态和发生规律开展监测调查。

图7-1　森林防灭火演练(李胜明提供2019年摄)

护林防火　旧时森林火灾被视为天灾,山民无力扑救,任其自燃自灭,破坏性极大。1950年后,强调"防先于救,以防为主,积极灭火"方针。生产大队时期,各山区村专门设护林员,如天池村的天池山、大坟头坞、白岭曾有护林员居住。1984年后,山区乡村建民兵灭火小分队,履行防火责任。2019年12月30日,县森林防灭火技能比武暨实战演练在天池村邵源坞进行,县级半专业森林消防队伍(龙游民安公益救援中心)及横山镇、庙下乡、石佛乡等镇级半专业森林消防队伍参加防灭火实战协同演练。

依法处罚　2021年3月15日14时左右,彭某某在天池村新宅自然村铁毛山上烤土豆后未将余烬彻底熄灭,导致14时40分复燃引发森林火灾。经鉴定,彭某某涉嫌过失引起森林火灾案,过火林地面积为0.09公顷,3月30日,县林业水利局作出对彭某某罚款1000元的行政处罚。2022年11月,天池村王某因父亲去世一周年,带着鞭炮上山祭亲。没想到,鞭炮火花引燃坟前杂草,从而引发山火。镇综合指挥室得知情况后,立即联动派出所林区警长、镇村干部及护林队人员前往救援,最终将山火扑灭,所幸未造成严重影响。事后,林区警长叶顺飞召集镇、村有关单位人员，分析火灾原因，对王某在“双禁期”内违规燃放烟花爆竹依法进行处罚。据横山派出所邱学远副所长介绍，2022年该所共办理涉林犯罪案件3起，组织辖区村两委、护林队等力量开展林区巡逻20余次，参与林区防火灭火10余次。

三、野生保护

境内野生动物资源丰富，民国时曾有多狗熊（狼）出没，时咬伤人畜。20世纪50年代后，野生动物生存环境遭受破坏，加上人为捕杀、农药毒害，野生动物数量减少，有的已经绝迹。境内树种繁多，许多古树名木历经沧桑仍保存至今，有的深藏于崇山峻岭，有的散布在村头水口。

狩猎管理 境内禁止捕猎受法律保护的野生动物，其他野生动物在规定时期、区域方可捕猎。1991年始，每年农历3—5月为禁猎期。1997年，省政府确定横山镇、志棠镇为猎区。2003年始，禁猎期调整为每年4月10日至7月20日，禁猎期内收缴猎枪，严禁一切狩猎活动，违者依法处罚。

古树名木保护 民间有保护古树名木的习俗，历来禁伐珍稀林木和古树名木。为防止乱砍滥伐，1947年，县政府数次发布布告，严禁砍伐乌石寺等处古树。1994年，县政府公布列入保护对象的古树名木。1994年7月与2001年5月，县政府办公室转发县林业局《关于要求加强保护古树名木意见》，分3批公布古树名录，其中前两批（第三批无境域）涉境内38棵。2002年，设立古树名木保护标志。凡有保护标志的古树名木，不论长于何地、权属归谁，一律不得随意砍伐、挖掘、移植；确需砍伐、挖掘、移植的，必须经县林业主管部门审核，报省林业主管部门批准，发给相关证件后方可进行。对乱砍滥伐和非法收购、挖掘、移植、毁坏古树名木的，严肃查处。2003年后，实行古树名木保护属地管理，推行古树名木保护领养活动，所需经费纳入当地政府财政预算。2005年，横山镇有国家重点保护的古树名木79株，其中：一级19株、二级21株、三级39株（一级树龄为500年以上、二级树龄为300年以上、三级树龄为100年以上），分布在庭院3株、宅院2株、寺院1株、村旁55株、路旁15株、田旁1株、山坡2株。2019年7月23日，县林业水利局颁发《关于公布全县古树名木目录的通知》，横山镇古树名木主要为樟树。

表7-4 **2019年横山镇古树名木情况表**

古树编号	名 称	地 理 位 置	古树等级	树龄（年）	管护责任单位
82510700031	樟树	腰塘边村田旁	一级	720	村委会
82510700011	樟树	横山村高山学校门口	一级	614	村委会
82510700201	樟树	西方坞村严家	一级	610	村委会
82510700004	樟树	西方坞村严家	一级	600	村委会
82510700033	樟树	天池村杨家路旁	一级	583	村委会
82510700001	樟树	西方坞村严家	一级	530	村委会
82510700002	樟树	西方坞村严家	一级	530	村委会
82510700204	樟树	横山村方野	一级	514	村委会
82510700023	樟树	大平坂（畈）村乌石寺	一级	500	寺院管理
82520700032	樟树	腰塘边村后山头	二级	380	村委会

续表7-4

古树编号	名　称	地 理 位 置	古树等级	树龄(年)	管护责任单位
82520700024	樟树	下宅村路边	二级	350	村委会
82520700027	樟树	下宅村龙门桥洪土财屋边	二级	330	村委会
82520700010	樟树	上宾村上下朱丁塘下畈田边	二级	320	村委会
82520700015	樟树	白鹤桥村三姑殿旁	二级	310	村委会
82520700022	樟树	大平坂(畈)村乌石寺	二级	300	寺院管理
82530700005	樟树	八石坂(畈)村上张坞水旁	三级	500	村委会
82530700021	樟树	大平坂(畈)村乌石寺	三级	280	寺院管理
82530700029	樟树	项家村山塘边	三级	270	村委会
82530700003	樟树	西方坞村严家	三级	250	村委会
82530700206	樟树	白鹤桥村边	三级	230	村委会
82530700017	樟树	白鹤桥村边	三级	230	村委会
82530700019	樟树	大平坂(畈)村社塘垅塘边	三级	230	村委会
82530700020	樟树	大平坂(畈)村社塘垅塘边	三级	230	村委会
82530700025	樟树	下宅村龙门桥旁	三级	230	村委会
82530700030	樟树	下宅村龙门桥旧校北边	三级	230	村委会
82530700006	樟树	八石坂(畈)村上张坞山背	三级	220	村委会
82530700028	樟树	横山村高山学校门口	三级	220	村委会
82530700034	樟树	天池村杨家山坡	三级	220	村委会
82530700040	樟树	志棠村红殿田旁	三级	205	村委会
82530700008	樟树	上宾村上下朱	三级	200	村委会
82530700041	樟树	志棠村石塘边	三级	183	村委会
82530700018	樟树	上向徐村杜叶	三级	175	村委会
82530700026	樟树	下宅村龙门桥水旁	三级	173	村委会
82530700044	樟树	志棠村学校围墙里	三级	173	村委会
82530700203	樟树	西方坞村严家	三级	140	村委会
82530700009	樟树	上宾村六里山背	三级	140	村委会
82530700038	樟树	腰塘边村凌阁塘田旁	三级	133	村委会
82530700042	樟树	志棠村叶耀林屋边	三级	133	村委会
82530700202	樟树	西方坞村严家	三级	130	村委会
82530700205	樟树	白鹤桥村叶坞旁	三级	130	村委会
82530700014	樟树	白鹤桥村叶坞旁	三级	130	村委会
82530700035	樟树	天池村儒大门石头香	三级	127	村委会
82530700036	樟树	天池村儒大门破塘	三级	124	村委会

续表7-4

古树编号	名 称	地 理 位 置	古树等级	树龄(年)	管护责任单位
82530700037	樟树	上向徐村东王祠塘	三级	123	村委会
82530700039	樟树	腰塘边村凌阁塘路边	三级	123	村委会
82530700043	樟树	志棠村钱林林屋后	三级	123	村委会

附录 历时五年的盗窃松脂案

2013年5月23日《浙江在线》刊发《七千多株松树"破相",原来有人盗采松脂》一文,报道了发生在天池村石灰坞盗采松脂案件。

石灰坞有一片近百亩的村民自留山,种在这里的有7000多株湿地松和马尾松。村民徐志禄惊讶发现,几乎每一株松树的树干上都被人割开了一条条口子,下面挂着一个塑料袋,树里的松脂就一点点流进袋子里。

石灰坞地处偏僻,平时很少有人来这里。一开始村民们并不知道这个情况,听徐志禄一讲,村民们赶紧报案。这些遭"破相"的松树,最粗的直径达30厘米,细的约7厘米,归天池村30多户村民所有。警方到现场调查取证时发现,松脂已经流了30多天,每个塑料袋里有半斤左右的松脂。村里没人同意采集松脂,这是谁干的?

5月22日下午,盗采松脂的顾某被龙游森林警方抓获。据警方提供的信息,顾某,30多岁,某化妆品厂销售员,是个深谙松脂特性的高手,而松脂是化妆品里必备的原料。

据顾某交代,他原本打算半年后,再来这里"收获"松脂的,但他并没有说自己打算拿这上千斤的松脂去做什么。据了解,松脂目前的市价是8元1斤。负责该案的龙游森林公安民警占荣富说,经初步调查,顾某采松脂不经林业部门同意,违反了省森林管理条例,其行为应当追究法律责任,对此造成的损失应该赔偿。

事情发生后,村民与顾某的雇主傅某数次交涉,傅某陆续与11户村民签订采割松脂协议并支付3.62万元,但仍有10多户村民未达成协议也未收到割脂钱款。其间,傅某继续指使雇工采割松脂,直至2014年8月。

让人心痛的是,雇工未严格按照《松脂采集技术规程》标准,其采脂松树割面负荷率、割面方位高度、割面长度和宽度都超出国家规定标准,导致松树死亡或重伤。经鉴定,现场被采割松脂松树共计2576株,立木蓄积量448.5立方米,涉案金额161460元。其中已经死亡松树235株,立木蓄积量26.85立方米,涉案金额9666元;严重受伤松树2341株,立木蓄积量421.66立方米,涉案金额151794元。由此,村民将傅某告上法庭。

2015年10月8日,龙游县检察院经审查并二次退回补充侦查,认为傅某故意毁坏财物的犯罪事实不清、证据不足,决定对傅某不起诉。同时,该院向龙游县林业局发出检察建议,要求其一个月内依法处理被不起诉人的违法采脂行为并书面回复。

时间一天天过去，眼看着大片松树死亡，傅某却未受到任何惩罚，许某等村民联名向衢州市检察院提出申诉。衢州市检察院审查后认为案件作不起诉处理并无不当，但林业部门应当作出处罚，遂数次与林业部门沟通，但仍无进展。许某等23名村民坐不住了，于2016年4月5日将《不服不起诉决定申请书》寄往省检察院进行申诉。

省检察院控告申诉检察处受理此案后认为，虽然案件定性有争议，后因犯罪数额等证据问题没有起诉，但既侵害了村民的利益又损害了森林资源的违法采脂行为未受到任何惩罚，这种案件办结后的"两不管"局面，难以让人民群众感受到公平正义。同时，承办检察官还注意到，当时发往当地林业局的检察建议并没有下文。

2017年10月11日，省检察院正式对该案展开全面审查。

案件启动后，承办检察官立即调取全案卷宗审查，并赴龙游走访相关部门，向原案承办人了解案情，拟定案件处理方案。

在龙游县林业局，局负责人向承办检察官提出了三大困难："案件存疑不诉，我们如何进行定性？毁坏林木的价值如何认定，处罚多少？案件已经终结，找不到被不起诉人，如何立案？"

2018年1月3日，省检察院向省林业厅发出了《关于落实〈检察建议书〉的函》，通报案情，要求其督促下级部门落实《检察建议书》并书面反馈结果。省林业厅立即召集相关处室研究方案，并责令龙游县林业局开展案件查处。随后，龙游县检察院积极配合跟进，陪同龙游县林业局一同赴案发地向申诉村民了解诉求，现场观察树木生长情况等。2月5日，省林业厅向控告申诉检察处来电反馈工作方案及进展情况；2月9日，龙游县林业局决定对傅某毁坏林木案立案调查；2月13日，省林业厅书面回函省检察院，告知案件办理进展情况；5月8日，龙游县林业局出具《林业行政处罚决定书》，对傅某违法采脂导致松树死亡的行为，作出了补种235株松树、罚款9666元的行政处罚决定。

"真的很谢谢你们，要不是你们，我们肯定等不到这个结果。"电话中，许某对承办检察官一再致谢。检察官向许某等村民建议，可通过提起代表人诉讼进一步维权。

2018年8月1日，天池村村民许某接到了来自省检察院控告申诉检察处员额检察官竺咏华的回访电话。得益于检察机关的有力监督，横亘在他心头五年的心结终于被解开。

第八章 工 贸

境内传统工业历史悠久，现代工业起步较晚。1983 年县制恢复后，全民、集体、联营、个体工业得到较大发展，乡镇工业快速崛起，开始出现具有真正现代意义的工业企业。1993 年起工业企业经营机制转换，2000 年 3 月开始以资产买断、人员身份转换进行企业改制，国有集体资产退出，民营企业成为境内工业经济的主体。解放之初至 1978 年，实行计划经济体制，商品购销由国有公司和供销社经营，境内集市贸易时开时闭。1978 年后逐步向市场经济转变，商品流通转向多渠道经营，民营商业经济比重逐步增加，商贸服务业规模不断扩大。

第一节 传统工业

清时，境内酿造、榨油已具规模，有缝纫、制伞、雕刻、藤作、铁、木、篾、泥水等手工业。1937 年，山货业较兴盛，有横山万源等山货店铺。至今，横山集镇还保留有应公芳传统打铁匠、应公岳传统杆秤制作等手工业。

一、酿酒业

境内酿酒历史悠久，有酿米酒与做烧酒之分。米酒保质时间不长，烧酒可长期保存。

酿米酒 境内有"十月十做酒食"的乡谚。先将糯米浸水(杂交糯米 40 分钟，其他糯米 6 小时)，淋清后就可炊酒饭。饭熟后舀冷水淋饭，水由饭甑中心向四周均匀浇下，用木盆接水，直至甑底漏下的水由烫转凉。又将木盆里的热水舀起浇回甑中，直至甑底漏下的水由凉转微温。将酒饭倒在团匾上，把事先已捣成粉末状的酒药逐次拌入，使之均匀，并留少量药末待入缸后用。酒饭拌药后舀入缸中用手压实，并在中心掏出一个直至缸底的圆孔称"酒盏"。将预留的药末洒在酒饭面上及酒盏壁上，在缸盖及周围用稻草保温，七八天后酒香从缸中溢出，揭开稻草和缸盖，待缸中因发酵产生的热气散去后,仍将缸盖及稻草盖回。又经七八天后如盏中酒满、酒饭四周与缸壁分离,即可撤去稻草,等到酒饭与缸壁分离处及酒盏中皆有酒,即可加水(每 50 公斤糯米充水 50~75 公斤)。充水后再经过一段时间,见饭粒散浮于酒面,即可出缸沥酒装入酒坛。

做烧酒 烧酒,即用高粱、大麦等谷物经蒸馏酿制的白酒。因其酿造原料不同,可分为高粱烧、麦烧、玫瑰烧等。烧酒以干烧为最,其含酒精度数高。在瓷杯内倾入少许,引火点燃,可燃烧干净。烧酒一般的制作过程:原料粉碎,目的在于便于蒸煮,使淀粉充分被利用;根据原料特性,粉碎的细度要求也不同,薯干、玉米等原料,通过 20 孔筛者占 60%以上。配料,将新料、酒糟、辅料及水配合在一起,为糖化和发酵打基础;配料要根据甑桶、窖子的大小、原料的淀粉量、气温、生产工艺及发酵时间等具体情况而定,配料得当与否的具体表现,要看入池的淀粉浓度、醅料的酸度和疏松程度是否适当,一般以淀粉浓度 14%~16%、酸度 0.6~0.8、润料水分 48%~50%为宜。粉碎,五种粮食按比例准确配料后经充分搅拌,将五种粮食进行粉碎;粉碎的技术要求是:高粱、大米、糯米、小麦粉碎度均为 4、6、8 瓣,无整粒混入。蒸糠,糠壳是酿酒中采用的优质填充剂,在发酵和蒸煮过程中能生成甲醇和糠醛等物质;蒸糠可去除糠壳中的杂异味。入窖发酵,入窖时醅料品温应在 18~20℃(夏季不超过 26℃),入窖的醅料既不能压得紧,也不能过松,一般掌握在每立方米容积内装醅料 630~640 公斤左右为宜;装好后,在醅料上盖上一层糠,用窖泥密封,再加上一层糠;发酵过程主要是掌握品温,并随时分析醅料水分、酸度、酒量、淀粉残留量的变化;发酵时间的长短,有 3 天、4~5 天不等;一般当窖内品温上升至 36~37℃时,即可结束发酵。蒸酒,发酵成熟的醅料称为香醅,它含有极复杂的成分;通过蒸酒把醅中的酒精、水、高级醇、酸类等有效成分蒸发为蒸汽,再经冷却即可得到白酒;蒸馏时应尽量把酒精、芳香物质、醇甜物质等提取出来,并利用掐头去尾的方法尽量除去杂质。

浙江硒莲液富硒科技有限公司 位于河宗村 316 省道旁,2011 年 5 月 5 日成立。注册资本 800 万元,法定代表人为姜荣光。因其前身荣光酒厂传承“姜兴隆”号美氏酒坊兼米行,已获得衢州老字号和衢州市非物质文化遗产称号。公司是一家集种植基地、生产加工,科研、销售一体的综合性农业龙头企业。主要从事天然富硒农产品的研发及深加工,主要产品有各类富硒酒产品(干白富硒莲子酒、干红富硒莲子酒、莲子白酒、富硒米酒、富硒黄酒等)、富硒农产品(富硒果蔬脯、富硒莲子汁、富硒大米、富硒莲子等)及其他富硒休闲食品。公司现占地面积约 2 万平方米,总建筑面积 1 万平方米。2013 年,公司总产值 2600 余万元,销售额 1900 余万元,利税额 270 余万元。公司布局设计符合 GMP 建造标准,车间配备两条加工流水线和一条富硒农产品深加工流水线,有蒸煮机、压榨机、灌装机脱壳机、烘干机、清洗机、金属探测仪器、真空包装机及配套的化验设施。公司产品先后通过 QS 认证、绿色食品认证,产品获省农博会金奖等,“硒莲液”商标被评为衢州市著名商标。2021 年公司建立核心基地 16.67 公顷,和农户订单基地 330 多公顷,带动周边 500 多户农民共同富裕奔小康。公司先后获“浙江省农业龙头企业”“浙江省农业科技企业研发中心”“浙江省农业科技企业”“浙江省专利示范企业”“衢州市著名商标”“衢州市专利示范企业”“衢州市农业龙头企业”等荣誉。

龙游毓硒酒业有限公司 位于志棠村原镇政府食堂。2014 年 1 月 22 日成立。注册资本 500 万元,法定代表人为吴少君。主要经营范围:食品生产、销售,蔬菜、中草药、油料、豆类、食用菌、谷物、水生植物、园艺产品种植;初级农产品收购、农作物病虫害防治、农业园艺;农副产品销售、食用农产品批发;信息咨询、技术服务;广告制作、发布;市场营销策划、企业管理等。2021 年公司获“浙江省农业农村厅技术进步奖二等奖”“国家水生蔬菜育种创新基地”等荣誉。

表 8-1　**2022 年横山镇酒厂/坊情况表**

酒厂/坊名	地　址	负责人	酒厂/坊名	地　址	负责人
廻源酒坊	天池村邵源坞 102 号	鲁树根	纯之道酒坊	横山村人民路 41 号	汪金永
兴煜酒坊	腰塘边村烟蓬 8 号	王志根	左金菊烧酒坊	横山村兴野路 20 号	左金菊
国富酒坊	腰塘边村西皮山岗 3 号	李国富	童金酒坊	上向徐村原村委会对面	许土根
莲馨酒厂	志棠村龙葛路 10 号	黄根富	池硒酒坊	天池村儒大门 57 号	傅雄飞
旭升酒厂	原志棠老供销社食堂	周剑峰	莲荷烧酒坊	腰塘边村婆婆垅 1 号	陈永斌
毛记酒坊	后徐村大平山 3 号	毛志荣	邓记烧酒坊	横山村塔山北路 41 号	邓小新
硒泉酒坊	天池村杨家 105 号	徐素林	湘山酒坊	横山村龙葛北路 73 号	李登华

二、加工业

古法榨油　古法榨油技艺有“活化石”之称。早在北魏贾思勰的《齐民要术》中就有记载。一般程序：① 筛选。用风车将油菜籽中的杂质和颗粒不饱满的去除，保留颗粒饱满、色泽光亮的油菜籽；② 炒制。将筛选的油菜籽放入锅中炒，去除油菜籽里多余的水分(炒制油菜籽是重要工艺，火候不够，菜籽夹生出油少，炒制过熟也出油少)；③ 磨细。将炒好后的油菜籽用石磨磨细，后放在碾房里碾成粉末，碾成像糍粑一样有黏性；④ 蒸制。将碾好后的油菜籽放进木甑子里蒸，一般蒸 2—3 小时；⑤ 包油饼。把稻草垫在圆铁箍上，将炒好的油菜籽粉末倒入箍上的无底小木盆里，用手铺平压实，盖上稻草用力压实(包饼速度必须快，不然蒸的油菜籽冷了就榨不出油)；⑥ 上榨。将包好的油饼装进放油饼塞进木制榨樑内，然后插上木栓；⑦ 榨油。众人齐力控制着榨柱一次次撞击木栓挤压油饼，黄亮、醇香的油菜籽油便从油饼里一滴滴溢出；⑧ 过滤。将初榨的油菜籽油撇去浮沫，进行简单过滤，即可装进油桶，剩余的油渣则可用于喂饲家畜。现古法榨油已经少见。

来料加工　20 世纪 90 年代兴起，主要为浦江、义乌等企业加工，以毛绒玩具、串珠、头花、缝纫、童装、毛巾鞋等为主。1999 年，志棠镇来料加工经纪人 10 人，加工户 435 户，加工工人 500 余人，遍布 15 个行政村，加工费收入 50 余万元。2008 年，横山镇形成以服装、饰品、羊毛衫加工为重点的来料加工格局。2009 年，镇政府将来料加工作为提高农民收入、促进劳动力转移来抓。2010 年，镇政府按照“发展、引导、壮大、提升”的思路，充分挖掘农村妇女和老年劳动力、体弱多病者、伤残人员的生产潜力，拓宽致富门路。是年，有一级经纪人 55 人，比 2009 年增加 10 人，从事来料加工 3657 人，发放加工费 1847. 3 万元。

第二节　乡镇工业

手工业社会主义改造完成后，区、乡建有以手工业为主体的铁业社、木业社和篾业社等，当时横山建有农机厂。1970 年后，公社、生产队建成一些小规模的砖瓦厂、农机修造厂、丝绸厂、粮油加工厂。1977 年，各公社设社队工业办公室，社队工业发展加快。1982 年前的社队工业还称不上乡镇工业。

一、乡村企业

乡办企业　1990 年版地名志载：横山乡办汽酒厂设在东坞，煤矿、水泥厂、石灰厂驻官山脚，扩建的水泥厂驻对面山；会泽里村有企业织绸厂、砖瓦窑厂等；1972 年八石坂村在瓦窑办畜牧场、农科队，1980 年改办乡烟花厂。志棠乡办有水泥、石灰、锯板、酿酒、棒冰等厂及煤矿，马鞍山有 1 座石灰厂，东王村办有煤矿、磷矿、石灰厂、砖瓦厂等企业。下宅乡办企业有水泥、汽配、锯板厂及煤矿，在经堂殿有乡办煤矿、锯板厂、酒厂及粮站、食品收购站等，乡汽车配件厂驻大坞。横山中学有校办的铜球、锰钢厂。

村办企业　1983 年、1984 年横山、下宅、志棠乡各村企业见表 8-2、表 8-3。

表 8-2　**1983 年横山、下宅、志棠乡乡村企业统计表**

乡　名	类别（个）	名　　称
横山乡	乡办企业（11）	水泥厂、水泥纸袋厂、煤矿、煤灰厂、针织厂、农林场、鱼种场、综合商店、影剧院、黄酒厂、运输（汽车 2 辆、大型拖拉机 1 台）
	村办企业（43）	粮食加工厂 24 个，吴仪宾茶叶厂、榨油厂，横山榨油厂、粉干厂、馒头店，西方坞茶叶厂、影剧院，会泽里茶叶厂、粉干厂、锯板厂、馒头面条店、榨油厂、农机修配厂、影剧院、瓦窑厂、运输（汽车 1 辆），上下朱粉干厂，白鹤桥瓦窑厂，龙门桥瓦窑厂
下宅乡	乡办企业（11）	水泥厂、水泥纸袋厂、煤矿、农机厂、锯板厂、拖拉机站、农科站、农畜场、油店、电影队、运输（汽车 2 辆）
	村办企业（19）	粮食加工厂 8 个，项家馒头面条店、户联办瓦窑厂，脉元粉干厂、户联办煤矿，贤求朋瓦窑厂，下宅茶叶厂、大队瓦窑厂，后徐大队粉干厂、豆腐坊，大平山榨油厂、石灰窑
志棠乡	乡办企业（10）	水泥厂、水泥纸袋厂、煤矿、煤灰厂、锯板厂、黄酒厂、综合厂、棒冰厂、电影队、运输（汽车 2 辆）
	村办企业（28）	粮食加工厂 15 个，腰塘边煤灰厂，东王瓦窑厂、小煤矿，塔下叶瓦窑厂、榨油厂，张溪小煤矿，凌阁张煤矿，杨邵茶叶厂，前邵茶叶厂，席家采石场，儒大门小煤矿，卸厅粉干厂，钱家面条厂

表 8-3　**1984 年横山、下宅、志棠乡新办乡村企业统计表**

乡　别	类别（个）	名　　称
横山乡	乡办企业（3）	饮料厂、经销公司、农机服务公司
	村办企业（7）	下西山叶志明草包厂，横山豆芽厂，仓头豆芽厂，龙门桥皮具厂，横山袁志宽修理自行车，仓头胡炳松修理自行车，赖树民手套厂
下宅乡	乡办企业（6）	龙游第二汽配厂，石灰厂、鱼种场、瓦窑厂、经销公司、服装厂
	村办企业（2）	项家粉干厂，下宅榨油厂
志棠乡	乡办企业（1）	扩大水泥厂
	村办企业（14）	腰塘边汽酒箱厂，东王户联办石灰厂，塔下叶粉丝厂，张溪粉干厂、榨油厂、阮金义锯板厂，杨邵粉干厂、瓦窑厂，新源瓦窑厂，席家棒冰厂、粉干厂，儒大门石灰厂，杨垅预制场，卸厅弹簧厂

表 8-4 1984—1998 年横山镇、志棠镇工业总产值统计表 单位：万元

年份（年）	横山镇		志棠镇		年份（年）	横山镇		志棠镇	
	合计	其中：乡镇办	合计	其中：乡镇办		合计	其中：乡镇办	合计	其中：乡镇办
1984	116	76	109	87	1992	2754	1374	1980	1439
1985	349	195	158	103	1993	5871	2082	3607	1591
1986	374	171	253	181	1994	12046	3020	7256	2416
1987	534	314	321	232	1995	10970	3122	7772	3085
1988	437	243	399	246	1996	13476	3849	7944	2876
1989	962	473	578	297	1997	15382	3771	9324	3902
1990	1660	816	1158	695	1998	17935	5507	12345	7411
1991	1680	1205	1159	708	—	—	—	—	—

表 8-5 1983—1998 年横山镇、志棠镇利税统计表 单位：万元

年份（年）	横山镇		志棠镇		年份（年）	横山镇		志棠镇	
	合计	其中：利润	合计	其中：利润		合计	其中：利润	合计	其中：利润
1983	47	41	21	17	1991	180	102	139	72
1984	24	17	18	14	1992	383	244	276	151
1985	—	—	—	—	1993	892	598	482	283
1986	21	11	50	33	1994	1174	845	775	360
1987	94	39	52	20	1995	2982	2548	1802	827
1988	108	45	143	86	1996	1372	895	873	273
1989	48	-32	131	69	1997	-166	-497	996	502
1990	123	64	92	37	1998	1834	1704	239	-473

二、企业选介

志棠水泥厂 原志棠镇企业，位于原前邵村，占地面积 6 万平方米，建筑面积 1 万平方米。1978 年 12 月建，1980 年 1 月投产，有年产水泥 0.7 万吨的土窑 1 座。1986 年 3 月，建年产 4 万吨水泥的机立窑生产线 1 条。1992 年 11 月，将原土窑改造成年产 4 万吨的机立窑。1994 年 6 月，建设年产 20 万吨水泥机立窑生产线，形成年产水泥 28 万吨的生产能力。1996 年，企业固定资产 5642 万元，员工 821 人，产值 5422 万元，利税 387 万元。1999 年 6 月，以拍卖方式改制。

下宅水泥厂 属集体企业，建于 1979 年，占地面积 1.8 万平方米，设计年生产能力 7000 吨。1986 年，投资 152 万元新建 4 万吨机立窑。1988 年，投资 100 万元，改造机立窑附机设备。1989 年更名为龙游县第一水泥厂。1993 年“燕荡山”牌普通水泥获省乡镇水泥质量金奖。

1994年,投资5000余万元,新建青龙山水泥厂,年生产能力20万吨。1998年实行租赁经营,2000年9月青龙山水泥厂集体企业破产,实行整体拍卖,改制为青龙山水泥有限公司。

表8-6 **1979—1998年青龙山、天池山水泥厂主要经济指标统计表** 单位:万元

年份(年)	青龙山水泥厂			天池山水泥厂		
	工业产值(不变价)	实现利税		工业产值(不变价)	实现利税	
		合 计	其中:利润		合 计	其中:利润
1979	—	—	—	1	—	—
1980	25	—	—	22	7	7
1981	27	—	—	43	17	17
1982	112	—	—	44	8	8
1983	126	9	6	45	14	11
1984	238	9	6	52	12	8
1985	266	11	8	54	15	9
1986	273	—	—	141	43	26
1987	266	19	6	198	36	15
1988	273	28	8	201	124	69
1989	252	—	—	258	116	55
1990	369	16	-11	643	79	26
1991	347	51	15	600	79	28
1992	466	99	50	1053	252	99
1993	519	205	100	1180	332	143
1994	730	295	85	1835	263	76
1995	731	311	77	3067	552	165
1996	2263	329	56	3797	-596	-985
1997	1319	157	-22	3052	-715	-1000
1998	728	24	-12	1069	-776	-880

横山水泥预制场 1995年7月6日批准成立,四等混凝土建筑预制构件企业,位于横山街,有职工17人,其中含技术员3人,技术负责人李富,注册资金5万元,法人代表人金军忠。

上向徐预制场 1995年9月25日批准成立,四等混凝土建筑预制构件企业,位于上向徐,有职工16人,其中含工程师3人,技术负责人田志祥,法人代表人郑德荣。

三、产权改革

20世纪90年代后,企业出现效益下滑、亏损扩大态势。1992年起,为实现扭亏增盈,对乡镇企业分批进行兼并、破产、解体、股份制、股份合作制等各种形式的产权制度改革。1996—1998年,横山农机厂、横山棉棕社先后解体。至2001年10月,以资产拍卖、租赁、股份制及破产

等形式,乡镇工业企业全部完成改制。从1999年志棠镇一份汇报材料中可知当年改制情况,文中写道:

志棠镇的工业经济,改制前,以镇办集体工业为主,起始于1978年,曾先后创办8家工业企业、1家商贸企业(志棠水泥厂、天池山水泥厂、水泥纸袋厂、砖瓦厂、彩钢厂、化工厂、防护用品厂、地毯厂和镇工贸公司),到1997年底,除2家水泥厂在高负债中艰难地运行之外,其他工业企业均处在停产、倒闭状态。至1998年9月3日,仅有的2家水泥厂因债台高筑,无金进购原材料、交不起电费面临停厂。1997年11月,集体企业全面实行改制前,根据账面统计,全镇8家企业拥有固定资产净值为4150万元,而总负债达9012万元,资不抵债达4862万元,负债率达217.15%。针对以上实际,镇党委、政府统一思想,下大决心,对全镇集体办的工业企业进行全面改制,分工步骤:一是采取减员增效,二是实行依法破产,三是实行"资产清算,拍卖还债"。对小企业实行租赁经营,通过近一年的改制,取得了一定的成效。

首先,于1998年3月对2家濒临倒闭的水泥厂实行"减员增效"。2家水泥厂共有28万吨生产能力,按正常用工只需500来名职工,而当时水泥厂职工多达1000多人。镇党委、政府下了很大决心,将2家水泥厂的职工由1000多人减到700来人,所减人员全部是非生产性人员,一定程度上提高在职职工的工作积极性和责任感,也提高企业工作效率和经济效益,但终因负债过重,回天无力,于1998年9月3日因欠交供电局的电缆费670余万元,供电局采取停电措施,企业被迫停厂。

其次,鉴于水泥厂的实际,镇党委、政府在县委、县政府及县有关部门,特别是乡企局、县人民法院的支持下,对志棠水泥厂实行依法破产,整个破产工作从1998年6月开始到11月初,通过县人民法院裁定,才告一段落。当时,县人民法院确认,志棠水泥厂的债权人申报的债权总额为4542.51万元,而水泥厂仅有的资产为4232.57万元,其中有效资产抵押为61.04万元,破产费用27.9万元,欠职工工资398.48万元,三项合计为487.43万元,与资产相抵,尚不足64.17万元。镇党委、政府从公正、公平、公开的角度,将志棠水泥厂资产于1998年11月15日委托衢州嘉泰拍卖公司龙游分公司进行依法公开拍卖,原龙化退休职工杨某以470万元竞卖成交。拍卖后,杨某通过一个月的资金筹集,于1998年12月底进厂检修,一条4万吨的水泥生产线投入正常生产。目前,企业的生产经营态势良好,运行正常。8月底止统计,已实现销售产量2.9万吨,销售产值600万元。

再次,对天池山水泥厂实行"资产清算,拍卖还债"。天池山水泥厂也于1998年9月3月停厂。当时,账目总负债4364余万元,而资产通过评估为3018万元,资不抵债1300余万元。该厂未实行破产,而采取"资产清算",主要有两个考虑,一是企业破产难度加大;二是天池山水泥厂的资金结构复杂。该厂资产全部抵押县农行贷款,欠职工及其他单位个人借贷款达698万元;欠县各部门专项基金300万元,欠衢州市电力发展有限公司231万元,县供电局电费670万元,县财政420余万元等,而企业1998年9月3日停厂后,有关债权人纷纷诉诸法院,对除农行抵押的资产外,实行全部保全查封。鉴于这两方面考虑,镇党委、政府先后提出3个方案,对天池山水泥厂实行改制,几十次与各主要债权单位协商,其中得到县委、县政府领导的大力支持,各债权单位谅解,才使"资产清算"这一方案付诸实施,时间长达9个多月,于1999年6月6日,有天池山水泥厂资产清算组委托衢州市嘉泰拍卖公司龙游分公司拍卖,以2820万元的竞卖价由建德市大同镇人严某竞卖成交。拍卖后,通过协商及有关承诺,竞买人第一期1200万元交付款到位,允许其进厂对设备进行拆修。8月11日,一条十万吨生产线投入生产,通过二十余天的生产，目前生产情况良好，但存在的困难是，按照拍卖《特别规定》，第二期 1620 万元于 9 月 6 日交付款，目前尚未交清，正在联系以资产抵押贷款来解决。

其他几个小的集体企业，以租赁方式，激活了资产，目前生产情况尚好。但根据志常镇工业方面的实际情况看，问题还很多：一是天池山水泥厂改制，虽然拍卖已成，但资金能否如期到位，将直接影响全县其他 3 家水泥厂的债权转换方案的实施。另外，还影响着全县各有关部门、全镇企业职工近 700 万元集资款的兑现。二是其他各集体企业，停厂改制前还拖欠职工工资、借资等款项近 300 万元，由于改制后，偿还能力极差。这一问题的存在，不仅影响志棠镇党委、政府的形象，还严重影响着社会的稳定，有可能还会出现职工群众集体上访等，需要我们将尽最大的努力做好工作。

表 8-7　**1997—2000 年县人民法院审结境内企业破产案件情况表**　单位：万元

破产企业名称	负债金额	主管单位	破产时间
龙游县彩色不锈钢厂	1335.87	志棠镇	1997 年 7 月
龙游县志棠水泥厂	5543.00	志棠镇	1998 年 5 月
龙游县第一水泥厂	6159.14	横山镇	1998 年 8 月
龙游县第二水泥厂	1146.92	横山镇	2000 年 4 月
龙游县青龙山水泥厂	4111.17	横山镇	2000 年 2 月
龙游县橡塑厂	105.97	志棠镇	2000 年 6 月

附录　当代新材料　人们的新向往

——浙江省龙游彩色不锈钢厂发展纪实

当代新材料，色彩鲜艳，雍容华贵；当代新材料，光华夺目，富丽堂皇。

浙江省龙游彩色不锈钢厂，引进国内第一条采用光学测点、全电脑控制的 10 万平方米彩色不锈钢板材生产线，已于 1992 年 6 月 22 日一次试产成功，填补了国内 1.22×2.44 米大面积不锈钢板材着色技术的空白，开创了龙游县发展高新技术产业的先河。

这条生产线的试产成功，是该厂深化改革的丰硕成果，体现了自力更生的精神力量，是我县乡镇工业战线的自豪。转产之前这个厂先为食用化工厂，后为微生物肥料厂，于 1988 年 4 月筹建，8 月动工，次年建成。厂房设施总量 130 万元之多。1989 年宏观控制后，原柠檬酸项目中途下马。于 1990 年 8 月转产田力宝，又耗资 30 万元。到 1991 年 8 月，累计负债已达 220 万元之巨。面对困境，人们意识到：如不转产将死路一条。厂长忧心忡忡！职工惶惶不安！生存的希望在何处?！企业的出路在何方?！颇有眼光且胸有胆略的厂领导当机立断：决定发展高新技术产业，闯出一条新的生路。周金寿厂长说："人家有的，我们要有；人家没有的，我们也要有，要敢为天下先。”就在这年8月初,他便和乡长助理徐建平等人一起,到沪、杭等地寻找“不锈钢彩色技术”。终于,他们信心百倍地回来了。8月15日,县长戴峻听了他们的汇报后,拍板支持。现代化建设来不得半点拖拉,速度就是效率,时间意味着成功,当机遇到来时就得果断。于是,县里旋即组成了一个高新技术产业考察组——副县长唐文方带领县计经委、科委、乡镇企业局、财政局、农业银行、物资局有关部门领导10人,于8月18日赴杭州考察。几经周折,将“彩色不锈钢技术”引进厂来。这可真是“山重水复疑无路,柳暗花明又一村”。后又在专家的精心指导下,依靠自身努力,很快建成了一条彩色不锈钢板材生产线。这不啻是一颗闪亮的新星,从姑蔑的地平线上升起,高悬于浙西的蓝天,那么引人注目。这条生产线从论证、设计、土建、安装、调试到试产成功,只用了6个月时间。花去技术开发费仅10万元,技术转让费20万元。这样,该厂总投资额(固定资产)已达到370余万元。至此,占地面积已达1.4万平方米,厂房建筑面积(含生活设施)达3000平方米。从此,工厂呈现出新的转机。严重亏损的局面已成为过去,展示在眼前的是令人欣喜的景象:彩色不锈钢板材的年生产能力为10万平方米,年产值4万元,可创利税800万元。且CA板价每平方米450元,CK板价每平方米800元,比国外价低三分之一(国外价每平方米在2400~3600元之间)。

这一彩色不锈钢生产线,不仅单线产量居世界首位,而且技术要求通过与国外资料的对比鉴定,质量指标已达到或超过世界先进水平。到目前为止,只有美、英、日等少数发达国家才能生产大规格的彩色不锈钢板材。英国、日本的年产量仅30余万平方米,而本生产线为全世界最大的生产线(日本7条生产线,每条年产量3.6万平方米;英国1条,年产量9万平方米)。这是一门神奇的工艺。不锈钢着色后,可制成金黄、青铜、玫瑰、天蓝等12种颜色的单色板或图案,产品色彩鲜艳夺目,富丽堂皇,卓越而典雅。因其属于高新技术产品,规格1.22×2.44米,厚度一般为1.2厘米以下0.5厘米以上,被人们誉为“当代装潢新材料”或“21世纪新材料”,具有广阔的发展前景,有其他装饰材料难以匹敌的优点。

这一彩色不锈钢板材具有六大优点:其一为彩色丰富,光彩夺目,可根据用户的需求生产各种颜色的产品。其二为永不褪色,鲜明度比较固定。无论弯折、冲压还是基体断裂,色膜均不脱离;即使长期日晒雨淋,原色都能保持不变。其三为耐腐蚀,性能高出普通不锈钢6倍以上。其四为色彩的变幻能力强,从不同的角度或在不同的物质中,均有奇异的变幻性。其五为特强的耐磨性。只要不是锋利的物品刮擦,色膜均不会脱落。其六为无味无毒,可制作各种日用品和餐具。正是这些优点,决定了它是当代装潢材料中的佼佼者。高级宾馆、餐厅、舞厅、大楼以及各种建筑的门面、吊顶、扶梯、包柱等场所的高档装潢,用它作为材料是再好不过了。同时,它又是制造餐具、灯具、工艺品、仪表以及各类家用电器的最佳材料。总之,凡使用不锈钢为基材的所有场合,均可由它取而代之,用途十分广泛。

彩色不锈钢以其特有的风采赢得人们的青睐,深受海内外欢迎。现已有衢州、临海、杭州、上海、厦门、深圳等地的装潢公司以及外贸进出口公司客户,纷纷前来该厂订货。啊,彩色不锈钢板材产品是人们新的向往!新的追求!

浙江省龙游彩色不锈钢厂,位于龙游县志棠钱家。现有固定职工270人。技术人员精悍,工厂设备先进。可谓小厂办大事的典型。

(作者:周樟炳、叶京)

第三节 民营工业

1956年公私合营前,境内就有私营工业企业,尔后全部参加公私合营,民营工业企业消失。20世纪80年代始,主要行业有电子、服装、食品加工等。90年代后期开始,民营工业企业数量逐步增加,规模不断扩大,成为工业经济的主要力量。

一、企业规模

2004年前境内民营企业情况无考。《龙游年鉴》记载,2004年、2005年志棠镇、横山镇情况如下。

志棠镇 2004年,有各类工业企业69家,其中规模企业3家,全年实现工业产值2.8亿元,比上年增长15.8%。新引进企业4家,完成招商引资总额950万元,其中金紫石矿、越华橡胶厂年初投入生产,中川化学涂料项目建设基本完成,正大水泥制造有限公司资产置换,年产100万吨粉磨站项目批准立项。2005年,志棠镇引进工业项目6个,完成总投资2000余万元,工业技改投入完成600万元。

横山镇 2004年,有工业企业224家,从业人员1717人。工业总产值44995万元,比上年增长40.38%,工业销售产值43995万元;产品销售收入42854万元,利润总额4920万元,实缴税金2714万元,实现工业增加值9470万元,比上年增长33%。全镇5家销售收入500万元以上工业企业实现工业产值26563万元,销售收入25979万元,比上年分别增长82.43%、75.71%。利润总额3299万元,实缴税金2588万元。全镇完成招商引资2960万元,完成工业技改12600万元,分别为年度计划的148%和105%。利用外资1.8亿元的青龙山建材有限公司“燕荡山”牌日产2500吨新型干法窑外分解熟料生产线竣工投产,确定了水泥产品在全县的龙头地位。投资480万元的安利新型墙体砖和投资4500万元的青龙山水泥有限公司2座6000千瓦纯低温余热发电技改项目竣工投产。横山采石场、建和化工建材公司、大坞里采石场、白鹤桥砖瓦厂通过加大技改和强化管理,企业市场竞争力日益提升,县级农业龙头企业横山粮油加工厂和横山创强电器厂发展势头强劲。2005年,横山镇工业总产值53086万元,比上年增长18%。

表8-8 2003年横山镇企业情况表

企业名称	法人代表	地　址	职工(人)
青龙山水泥有限公司	杜顺仙	下宅村	180
龙游县泉水洞采石场	韩建和	李坞村	20
龙游县万友毛巾制品厂	姜赛霞	会泽里村	65

续表8-8

企业名称	法人代表	地　址	职工(人)
龙游县新泉针织制衣厂	周樟华	高山村	15
龙游县闽兴砖瓦厂	林长森	仓头村	30
龙游县白鹤桥砖瓦厂	李秀荣	白鹤桥村	70
龙游县横山采石场	徐荣枝	龙门桥村	20
龙游县大坞里采石场	张国民	龙门桥村	25
龙游县青龙山纸袋厂	余樟生	下宅村	30
龙游县上向徐水泥预制场	张启寿	上向徐村	10

表8-9　**2005年境内产值500万元以上规模工业企业情况表**

类　别	企业名称	本年产值(万元)	负责人	地　址
建　材	浙江青龙山建材有限公司	31582	余国旭	下宅村
建　材	龙游天池山水泥制造有限公司	16031	叶海成	志棠村
建　材	龙游正大水泥制造有限公司	1253	金放荣	前邵村
建　材	龙游县建和化工建材有限公司	597	韩建和	下宅村
食　品	龙游县横山粮油加工厂	1325	翁孝夏	集　镇
食　品	龙游县家祥精制米厂	1051	龚素英	集　镇
纺织服装	龙游县万友毛巾制品厂	1110	姜赛霞	会泽里村

青龙山建材有限公司　2000年9月,原青龙山水泥厂集体企业破产拍卖,改制为青龙山水泥有限公司。2001年,公司投资1500万元,改造2条机立窑生产线,生产水泥能力翻两番;2002年6月,日产1000吨回转窑生产线动工建设;2003年3月26日,新型干法窑外分解日产1000吨水泥熟料生产线投产。2004年更名为青龙山建材有限公司,11月28日总投资1.8亿元,日产2500吨新型干法窑外分解熟料生产线点火试产;投资4500万元,开发2座6000千瓦余热发电站发电技改项目动工建设,年生产能力从7000吨发展到150万吨规模,拥有固定资产2.8亿元,职工500人(其中各类专业技术人员120人),企业占地面积18万平方米,其中建筑面积12万平方米。2005年,固定资产2.13亿元,员工580人,年产水泥162万吨,产值3.16亿元,利税985.8万元。2018年,公司投资2000万元,完成窑头窑尾技改。2017年,公司投资3690万元,完成80万吨水泥熟料仓库和制成车间除尘设备技改。2021年,总投资约9500万元青龙山水洗灰飞5万吨生产线新建项目,2个技改项目落地开工。

志棠富硒食品有限公司　这是一家集经销批发、招商代理的私营有限责任公司,富硒白莲、太空白莲、富硒大米、富硒菜籽油、富硒荷花蜂胶、蜂蜜\蜂王浆、山茶油、农家土鸡蛋、菌类\菜干类、多油咸鸭蛋、无铅皮蛋、绿壳土鸡蛋、风味酱鸭是公司的主营产品。

龙游恒宇鞋业有限公司　成立于2007年3月23日,注册资本为50万元。成立以来,公司与五六家衢州公司建立了长期稳定的合作关系。2024年,公司将投入6000余万元新建综合厂房，并更新机器设备。

龙游汇硒山泉有限公司 成立于2009年5月20日，注册资本300万元。主要经营范围瓶（桶）装饮用水生产、销售。2024年，公司通过招商引资，从嘉兴引入资金2000余万元，新建厂房，扩大再生产。

图8-1　　龙游恒宇鞋业有限公司新建综合厂房效果图（杨水明提供2024年）

二、管理服务

新的横山镇成立以来，坚持一手抓管理，一手抓服务，根据镇工业经济以建材产业为主的特点，注重节能减排，指导企业加大技改力度，淘汰耗能大、污染重生产工艺，实现环保与效益双赢。

招商引资 2006年，引进项目3个，续建项目2个，到位资金44123万元，完成年度计划147%。红三界水泥投资1500万元，完成50万吨粉磨项目建设；海光金属投资712万元建设一期生产线。建材企业完成技改4200万元。2007年，引进7家企业，其中5个项目实现当年引进、当年建设、当年投产。2009年，新引进恒达矿业、天池山水泥、同丰米厂、金兰板材项目，招商引资额4600万元，实到资金3550万元，均实现当年引进当年投产；完成续建项目到位资金1050万元。2010年，新引进工业招商项目4个，协议投资7250万元，实际到位4550万元，续建项目到位资金916万元；引进农业招商项目2个，总投资额2500万元。2011年，招商引资到位资金5500万元，其中续建项目2个，到位资金2000万元；新建项目4个，到位资金3500万元。2012年，引进投资8000万元的硒莲液科技有限公司和投资1300万元的万康农产品有限公司，续建浙江佳丰农产品有限公司，到位资金1500万元。2014年，正泰集团富硒农产品种植加工项目等4条招商信息入库，投资1.2亿元的岐黄胡柚宝项目进入决策咨询。2018年，引进工业企业1家，新增规模以上工业企业2家，海光金属实现“腾笼换鸟”，申报项目投资5000万元。2020年，腰塘边矿山生态型修复治理，进入二期排隐阶段。启动建设投资2500万元菜牛养殖、2000万元益生菌生产线。粉煤灰仓储项目、青龙山建材公司更新改造项目等签约或落地开工；纽莱福医养中心、月荷小区等多个停滞重点项目进入实施；完成村级基础设施投资备案项目有效入库9个，投资5400万元。

营造环境 建立横山镇企业家协会，实行重点企业镇领导班子成员联系服务制度。开展涉企纠纷定期排查、交办、调解，2006年调处龙门桥采石矿区、马鞍山矿山、天池山土地租金纠纷。2007年，新开发鸡精、洗涤剂、空心砖等工业产品，报批“红三界”水泥争创市级名牌。2009年，推进海光有色金属有限公司的后期环评和综合利用前期工作准备以及行业标准上报和专利申报，推进红狮集团并购青龙山水泥有限公司、中国南方集团并购红三界水泥有限公司，完成洁美日用品有限公司、吉康尼饮品有限公司建设用地前期征用。2010年，建立企业应急救援预案，开展企业调查摸底，做好安全台账，培训企业职工300余人；组织安全生产大检查6次，查出企业安全隐患37处，及时指导整改，避免事故发生。2013年，镇党委、政府班子成员走访企业36

家,为困难职工子女参与金秋助学活动提供帮助。2020年,围绕一企一策、分类处置,全力做好企业亩均提效,对26家企业亩均效益进行审核。突出“保企业、稳增长”,协助青龙山开展下宅村连村公路前期政策性处理及进场施工。

督导减排　2007年,依据政策对1家黏土砖企业和2家无证照塑料企业实行关停,启动矿山整治工程。2008年,青龙山、天池山、海光金属等企业竞相进行技术改造,并投入资金开发循环项目,其中青龙山建起衢州市首个利用回转窑窑头和窑尾废气余热的发电厂,年发电量达3348万千瓦时。2009年,天池山水泥有限公司投资3500万元进行技术改造,建成年产60万吨水泥粉磨生产线。2012年,完成青龙山建材有限公司投资1.01亿元的日产3000吨生产线综合节能技改项目、投资2980万元的海光金属二期技改项目。2021年,抓住“亩均论英雄”改革机遇,引导企业集群发展,倒逼节能减排,完成低效企业出清认定15家。青龙山建材有限公司新增投资1.8亿元,浙江洁美日用品公司新增投资1500万元,泰来环保新增投资3000万元进行技改和提升。

表8-10　**2012年横山镇规模以上工业企业情况表**

企业名称	企业地址	占地面积（平方米）	建厂时间（年）	主要产品	员工（人）	年产值（万元）	法定代表
浙江青龙山建材有限公司	下宅村	200000	2000	水泥	566	37345	章小华
龙游天池山水泥制造有限公司	志棠村龙葛路边	113390	2000	水泥	87	6143	金放荣
龙游县万友毛巾厂	会泽里村320国道旁	6667	2001	毛巾	47	2032	姜赛霞
龙游县横山粮油加工厂	塔山北路20号	3000	2001	大米	7	2179	章春英
龙游南方水泥有限公司	志棠村龙葛路边	33350	2006	水泥	117	5552	金放荣
浙江海光有色金属废料再生有限公司	龙门桥工业区	11976	2008	铝锭	33	4131	胡妙光

第四节　商　贸

明中叶至清初,境内商帮活跃,商业一度繁盛。1950年后,实行计划经济,重要产品计划收购、计划供应。1978年,市场逐步放开,商品流通转向多渠道经营,民营商业经济比重逐步增加。2014年,全镇有商业服务网点278个,社会商品销售总额7.6亿元,城乡集市贸易成交额3.5亿元,出口贸易额3300万美元。2019年,有营业面积50平方米以上的综合商店或超市51个。2021年,境内有700余家从事商业的经商户。

一、集贸市场

白鹤桥 古时,白鹤桥村紧傍驿道,市面繁荣,为县内 7 个古市镇之一。

后徐村 古时为通龙游、衢州、兰溪、寿昌要道,店铺甚多,商业繁荣,20 世纪 30 年代曾一度称后徐镇。

横山村 原在鹫岩庵堂,起源于南宋宁宗时期,祀千手观音。1950 年迁横山村,改为物资交流会,八月十三前后 3 天,以经销农具为主。

物资交流会 1988 年前,公社、乡政府所在地是集贸市场。横山每年公历元旦、农历八月十三举行物资交流会,农历每旬二、五、八为墟日。志棠每年农历四月二十六、九月初六举行物资交流会。后徐农历每年二月二十六、十月二十六举行物资交流会,农历每旬一、四、七日为耕牛、仔猪交易墟日。

专业市场 1992—1995 年,在横山建牲畜、农产品、蔬菜、粮油、小商品 5 个专业市场。

二、国营和集体企业

20 世纪 50 年代开始,商业系统逐步形成国营和集体两类。国营商业为政府牵头成立的供销合作社、粮站、土特产收购站等;集体商业主要有合作商店、副食品商店和饮食店等。

供销社系统 供销社承担农村居民生活必需品的组织销售和生产资料的供应及农副产品的收购等,既是农村商业流通的主渠道,也是农村商业的管理机构。至 2000 年末,境内供销社全部退出市场。

模环区供销合作社 位于横山。1950 年 8 月模环集镇供销合作社建成,1955 年依照经济区兼顾行政区原则,在各乡设供销站,至 1959 年末有商业网点 47 个,职工 122 人。此后,按照行政区划调整网点结构,设立区基层供销社、乡分社、村代销点三级销售网络。1983 年末,辖志棠、横山、下宅 3 个分社,3 个专业商店、52 个供销网点,职工 347 人。1992 年 5 月,更名为横山供销社,2000 年 11 月改制,资产公开拍卖,职工 86 人以工龄、身份“双买断”方式安置;至是年底,基层供销社、供销分社、合作商店(组)全部退出市场。

志棠供销分社 1953 年成立,为 5 开间住户式店堂,东边为副食品、糖烟酒专柜,西边为棉布、百货专柜,后段为生产资料专柜,办公室和职员住房设在二楼。属模环供销社的分设机构,半核算经济单位,负责对下属各代销店及其他供销网点的管理和核算。随着供销事业的发展,逐步明确为和乡级行政机构相匹配的布局体系。1997 年改制,退出市场,其房产有偿转让给个人所有。

下宅供销分社 1953 年成立,为住户式店堂,设副食品、糖烟酒、棉布、百货、小五金、生产资料专柜和土特产收购站,为模环区供销社的分设机构,属半核算经济单位,负责对下属各代销店及其他供销网点的管理和核算。1997 年改制,退出市场。

粮食系统 民国二十四年(1935)7 月,新王乡上下朱分仓贷放积谷 4200 斤,时任保管主任朱佐朝;民国二十六年(1937)6 月,塔石乡蓦然分仓贷放 30 户积谷 41 石 3 斗 3 升,时任保管主任郑柏龄。这说明 1935 年前境内就有储粮机构。民国二十九年(1940)4 月,县成立“粮食管理处”,并在各乡镇设立粮食公店,作为基层粮食机构。民国三十二年(1943)7 月,县粮食管理处与田赋管理处合并为“龙游县田赋粮食管理处”,在模环设办事处,并设 3 个粮仓,至 1948 年,模环办事处 4 人。解放后,特别是实行统购统销后,专设粮食管理机构,建立购销网点,实行统一经营。随着管理体制和经营机制改革,1998 年后,粮食基层管理机构和专业营销公司陆续被撤销。

模环区粮食管理所　1954年8月设,位于横山。1955年8月22日县人民政府任命模环区第一副区长金水林兼任模环区粮食管理所所长,1956年7月撤销。1956年8月设模环油脂购销站,1959年7月恢复模环区粮食管理所。1987年底,徐银根任模环粮管所支部书记,游绍达任副所长,共有工作人员70人,其中:干部6人、职工64人;全民34人、集体27人、合同制9人;党员10人、团员22人;高中学历24人、初中学历37人、高小学历5人、初小学历4人;男51人、女19人;25岁以下22人、26~35岁29人、36~50岁14人、51~55岁1人、56岁以上1人。1998年后,粮管所陆续改制,职工以工龄、身份"双买断"方式安置。

横山粮食购销站　1954年8月设,属模环区粮食管理所。1980年,购销站安装了卧式钢板油罐。1984年12月,仓库保管的菜饼浸出29.75万斤,由于长达6个月没有检查测试散温,致使其中约26.62万斤菜饼严重结块,发黑炭化,肥效遭受破坏,被迫低价处理,造成经济损失7251.23元。

志棠粮食购销站　1954年8月设,属模环区粮食管理所。1968年,开始建造粮站仓库,投资2.3万元。

下宅粮食购销站　1954年8月设,属模环区粮食管理所。

横山中心粮站　2004年4月设。

表8-11　**1990年境内粮站仓库类型、仓容情况表**

仓点	类别	仓容(吨)	面积(平方米)	建筑时间
横山	房式、园仓	2745	1570	1971—1983
志棠	房式	1555	1077	1969
下宅	房式、园仓	2695	1843	1958—1983
金堂殿	房式	900	552	1986

粮食购销　1953年11月30日,县委召开县、区、乡三级干部大会,宣布实行中央人民政府政务院颁布的《关于实行粮食计划收购和计划供应的命令》,油料实行计划收购,农业税实行征收现粮。公粮征收和粮食统购结合进行,先征后购,统称为"征购"。1965年起,为多收粮食,对统购计划数以外超购的粮食,采用议价收购、加价收购、实物奖售等措施。1985年起改征收公粮为征收代金,实行货币结算。1985年4月取消粮食统购,改为合同定购。1993年1月1日起放开粮食购销和价格,改国家定购为合同收购。2001年起粮食购销实行市场化。2004年起停止征收。

表8-12　**1955—1956年境内各乡粮食生产购销任务分配表**

类别		下宅乡	横山乡	志棠乡	张家乡
人口(人)		5464	5084	4248	4403
粮食产量	面积(亩)	11258	10874	8010	9102
	产量(万斤)	474	446	310	388
	每亩平均(斤)	422	410	387	426

续表8-12

类别			下宅乡	横山乡	志棠乡	张家乡
产粮人口平均留粮标准	口粮(斤)		490	490	490	490
	饲料(斤)		55	53	54	61
	种子(斤)		28	29	24	28
	小计(斤)		573	572	568	579
三留合计(万斤)			313	291	241	255
征购	1954 年入库粮食(万斤)	征收	81	76	50	64
		统购	87	85	36	71
		小计	168	161	86	135
	1955 年任务(万斤)	征收	75	69	46	60
		统购	70	71	30	60
		小计	145	140	76	120
居民农民供应量(万斤)			11	11	11	9
社会余粮数(万斤)			27	26	4	22
滞留社会余户粮数及标准	占统购百分比(%)		3	3	3	3
	应留数量(万斤)		210	213	90	180

注:居民农民供应量指的是 1955 年 9 月至 1956 年 6 月底居民农民供应量。解放后粮食年度有过两个阶段:1953 年至 1962 年按当年 7 月 1 日至下年 6 月底为 1 个粮食年度,1963 年至 1988 年按当年 4 月 1 日至下年 3 月底为 1 个粮食年度

农村粮油加工 解放后,在较长的一段时间内,境内农村粮油加工仍沿用古老而传统的方法。其后,随着集体经济的发展壮大和工业生产、水电事业的迅速发展,到 1963 年,不少社、队都有了电,社、队(乡、镇)办的农副产品加工用上电动机械,碾米、榨油、制粉实现机械加工,改变了过去落后加工方法。据 1988 年统计,境内有各类粮油加工的农村“四坊”达到 139 个。

表 8-13 **1988 年境内农村“四坊”与主要设备情况表**

乡名	四坊总数(个)	从业人数		碾米			榨油			豆腐			粉干、面条		
		集体企业(人)	个体经营(人)	户数(户)	月加工量(万斤)	资本额(万元)	户数(户)	月加工量(万斤)	资本额(万元)	户数(户)	月加工量(万斤)	资本额(万元)	户数(户)	月加工量(万斤)	资本额(万元)
横山乡	82	56	56	38	70	3.80	2	1.67	5.00	35	0.20	0.70	7	0.40	0.50
下宅乡	19	3	15	8	21	1.44	1	2.00	0.28	8	0.11	0.85	2	0.45	0.22
志棠乡	38	31	29	21	69	2.70	1	1.50	0.10	10	0.63	0.26	6	0.36	0.45

乡名	碾米机(台)	榨油机(台)	小钢磨(台)	电动机(台)	面条机(台)	粉碎机(台)	粉干机(台)	年糕机(台)
横山乡	38	2	36	40	7	50	—	—
下宅乡	8	1	8	19	1	10	1	—
志棠乡	21	1	10	37	4	19	2	2

物资供应站 1979年3月设模环区物资供应站，位于横山，1994年2月与溪口、塔石3个物资供应站联合创办县物资有限公司，为股份合作制企业。1998—2000年，物资有限公司改制，职工以工龄、身份“双买断”方式安置，资产公开拍卖。

三、民营商业

解放前，境内商业欠发达，商号不多。解放后民营商业可分社会主义工商业改造前的私营商店和中共十一届三中全会后逐步形成的个体工商户和国营、集体商业改制后组建的民营商业。

商铺 宣统二年(1910)，北乡钱家有王恒兴店铺。1937年，横山有万源山货铺。解放后，民营商业向自选商场、连锁店、加盟店方向发展，大体可分为农业生产资料、建筑装潢材料、日常生活用品、烟酒副食品、床上用品、服装针织品、小型家用电器、烟花爆竹祭祀用品等。1985年境内商业网点139处，其中：志棠乡39处，下宅乡40处，横山乡60处。

农业生产资料连锁店 进入21世纪后，以县农业生产资料连锁有限公司为依托，境内各村相继办起加盟店，在工商登记的农业生产资料连锁店23家。

表8-14 **2000—2022年境内农业生产资料连锁店情况表**

名　称	法人代表	地　址
蒋永祥农产品经营部	蒋永祥	横山村庆丰路77号
宣涛农资经营部	邵海林	志棠村龙葛路16号
为农农资店	李春祥	横山村塔山北路
妙收农资经营部	郑卫华	横山村塔山北路47号
四珍含硒农产品经营部	赵友松	志棠街
便农农资店	叶金根	项家村迎康巷131号
晨雨农产品经营部	陈赛君	横山村塔山南路16号
谷易农副产品商行	黄国义	腰塘边村腰塘边56-2号
美花农副产品经营部	蔡小汤	横山村老街路42号
智佳农资经营部	胡　智	白鹤桥村叶坞14号
春春农副产品经营部	邓春春	下宅村龙门桥下利巷8号
青苗农资经营部	鄢　青	横山村塔山北路24号
志棠硒源农产品经营部	徐素林	横山村龙葛路
知农农资经营部	胡文龙	横山村塔山北路39号
优垦农产品经营部	席伟俭	志棠村席家21号
愉方农资经营部	方素琴	横山村龙葛北路79号
生根农资店	张生根	横山村龙葛北路67号
炳成农产品经营部	王炳成	天池村新宅新北路1号
能信农资经营部	项卫卿	项家村大礼堂
海有农资经营部	项海有	项家村迎康巷9号

续表8-14

名　称	法人代表	地　址
子禾农资店	龚亦为	脉元村文新二弄22号
满质堂农副产品经营部	王兴明	后徐村(G4012高速公路服务区9号西区)
满益堂农副产品经营部	王兴明	后徐村(G4012高速公路服务区9号东区)

五金、建筑、装潢材料店　以批发和零售为主,分布于志棠村、下宅村、横山村等地,经营范围为钢材、水泥、板材、铝合金、建筑陶瓷、玻璃建材、不锈钢、花岗石、大理石、耐火材料等。境内在工商登记的五金建材经营部有100余家。

表8-15　**2000—2022年境内五金建材经营部情况表**

名　称	法定代表	地　址
郑明星建材经营部	郑明星	塔下叶村塔下叶131号
邵晓明建材经营部	邵晓明	志棠村新街路11号
龙佳建材经营部	项　胜	下宅村龙门桥黄桥路中心巷27号
英林建材经营部	叶小英	下西山村溪边西巷69号
盛贤建材经营部	童赛花	横山村龙葛北路55号
丰芳门窗经营部	占焕新	横山村龙葛南路3号
暴丰建材经营部	周　丹	横山村龙葛南路49号
顺源建材经营部	王小娟	志棠村破山脚23号
赖小亭建材经营部	赖小亭	腰塘边村烟蓬21号
致力建材经营部	朱明清	会泽里村中兴街44号
子淳建材经营部	叶建群	横山村人民路90号
正高门窗经营部	鲁雪平	横山村龙葛北路33号
志明五金建材经营部	何志明	横山村
永昱建材经营部	钱明军	横山村龙葛南路7号
永林建材经营部	许永林	下宅村中街10-1号
昌锋建材经营部	诸菊娥	腰塘边村凌阁张村东头1号
昱晟建材经营部	董秀春	志棠村集聚小区A区9号
惠芳建材经营部	华惠红	后徐村后梅路4号第二层
林富建材经营部	林志富	贤求朋村环山巷17号
方樟洪建材经营部	方樟洪	横山村龙葛北路83号
国杰建材经营部	朱国荣	上宾村上下朱庙山30号
宏富建材经营部	赖天红	上向徐村东王大山沟37号
卫国建材经营部	兰卫国	下宅村龙门桥黄桥路12号
余燕青建材经营部	余燕青	下宅村龙门桥后山西巷4号

续表8-15

名　称	法定代表	地　址
曹建忠建材经营部	曹建忠	横山村龙葛北路75号
久峰建材经营部	韩九建	下宅村5号从东到西第三间
锋影建材经营部	马翠萍	下宅村新塘里2号从东到西第二间
绍君建材经营部	席绍君	志棠村前邵龙葛路28号
横山建材商店	叶建兰	横山街
詹佳建材经营部	詹　佳	脉元村文新二弄53号
月清建材商行	徐月清	八石坂村上姜坞75号
起航建材经营部	刘海寿	腰塘边村凌阁张麻车岭23号
小颜五金店	颜成明	横山村塔山北路72号
锡达建材经营部	彭锡军	下宅村龙门桥后畈弄12号
香松建材经营部	韩香松	下宅村正西弄2号
詹翠建材经营部	詹　翠	横山村龙葛南路27号
晓红建材经营部	韩晓红	大平坂村上大平坂25号
泽鑫建材经营部	陈　静	白鹤桥村三姑殿6号
协美建材经营部	何青青	会泽里幸福区1号
伟霆建筑材料经营部	姜小平	八石坂村上姜坞89号
张志成建材商行	张志成	后徐村后梅路9号
红达建材经营部	吴森洪	下宅村东墙头29号
佑邦建材经营部	方立清	横山村人民路44－4号
峰芳建材经营部	薛　峰	贤求朋村中巷47号二楼
晟飞建材经营部	姜勇飞	横山村龙葛南路10号
陈唐红建材经营部	陈唐红	大平坂村上大平坂10号
创艺建筑材料经营部	朱学程	横山村龙葛南路43号
王拨泉建材经营部	王拨泉	会泽县村光明路1号
统艺建筑材料经营部	叶　婷	横山村龙葛南路41号
嘉豫建材经营部	邵晨超	志棠村卸厅雍睦堂9号
红业建材批发经营部	缪小红	西方坞村下东门石板巷15号
欣冉建材经营部	蒋根富	下宅村西叶巷11号
大茅建材经营部	姜大茅	脉元村太和巷59号
黄甘荣建材经营部	黄甘荣	后徐村大平山桔山弄7号东向西第3间
苏乐建材经营部	苏　乐	横山村塔山北路18号
新辉建筑材料经营部	姜新来	横山村高山清河巷119号
仙球建材经营部	黄国锋	腰塘边村腰塘边59号

续表8-15

名　　称	法定代表	地　　址
小韩建材经营部	韩慧玲	下宅村西学弄 10 号
茂莲建材经营部	龚　琳	脉元村承荐巷 11 号
沐汐建材经营部	吴驰航	贤求朋村腰塘四家头 9 号
桥林建筑材料经营部	刘仕华	塔下叶村金桥头 4 号
奇胜建材经营部	严小琪	下宅村龙门桥对面山 15 号
赵明爱建材经营部	赵明爱	上宾村吴仪宾北巷 36 号
冬青建材经营部	黄冬青	横山村龙葛北路 43 号第三层
毛彩梅建材经营部	毛彩梅	脉元村对面山路 28 号
听涛建材经营部	蒋挺涛	项家村一训巷 88 号
广义建材批发经营部	王文花	天池村新中路 10 号二楼
心怡建材经营部	周宏伟	脉元村文新二弄 55 号
黄婷建材经营部	黄　婷	后徐村大平山桔山弄 7 号
丽仙管材经营部	金华伟	横山村塔山南路 27 号
鑫港建材经营部	黄树祥	后徐村金山巷 22 号
强强五金经营部	李志强	横山镇龙葛路北路
金霸五金经营部	黄国清	上向徐村杜叶 32 号
慧红建材经营部	金　飞	横山村人民路 13 号
会强建材经营部	廖志强	会泽里村高升巷 1 号
一平建材经营部	祝友松	横山村人民路 35 号
日结建材经营部	席建国	志棠村李家井 27 号
欣月建材经营部	周国军	志棠村天池山水泥制造有限公司
兰军五金商行	邓土军	志棠村龙葛路 13、14 号
悦妍建材经营部	胡允挺	塔下叶村金桥头 20 号南侧一间
志祥建材经营部	周志祥	腰塘边村凌阁张麻车岭 8 号
泽富建材经营部	黄庆良	会泽里村百顺巷 7 号
永宏五金经营部	姜美兰	横山村塔山北路 23 号
高婕装饰材料经营部	高　婕	上宾村上下朱庙山 39 号
杰骏五金经营部	纪杰骏	西方坞村西福巷 7 号自东向西第 1 间
锦溪建材批发经营部	徐卫明	天池村儒大门 26 号
忠生门窗经营部	姜忠生	会泽里村李宅 46 号
洪彪五金经营部	洪　彪	石佛至横山公路北侧 102 室
红香装饰材料经营部	朱红香	贤求朋村环山巷 15 号
芯芯门窗经营部	赖素珠	横山村高山新村巷 5 号

续表8-15

名　　称	法定代表	地　　址
东旺五金经营部	赖天华	上向徐村东王老日蓬6号
小根建材经营部	王芳芳	余岗村学前巷23号
陈棒建材经营部	陈　棒	天池村新宅鲁家33号
瑾宸装饰材料经营部	郑　静	横山村人民路86号清荷小区
响钟门窗经营部	项响钟	项家村迎康巷43号
锦红建材经营部	方健龙	横山村方野幸福巷36号
老蔡建筑材料店	蔡立洪	横山村人民路63号清荷小区
黄燕军门窗经营部	黄燕军	后徐村大平山瓦窑4号
更美水暖洁具店	詹永飞	横山村龙葛路2号
居佳木扶手经营部	李康康	横山村龙葛南路11号
徐伟斌装饰材料经营部	徐伟斌	下西山村北巷27号
梁兄建材经营部	梁竹平	志棠村卸厅长后山23号
荣华门窗经营部	叶宝珠	横山村龙葛路93号

日常生活用品商店　以经营各种食品、大米、油盐、糖烟酒、饮料、乳制品、日用小百货等为主，各行政村和大部分自然村都有分布，这些商店基本以超市的形式经营，货物品种较多。经营针棉织物的商店以床上用品、服装、鞋帽、皮革制品为主，带有一定的季节性。境内在工商登记的日常生活用品等商店有200余家。

表8-16　　**2000—2022年日常生活用品商店情况表**

名　　称	法人代表	地　　址
周明良家具店	周明良	横山村塔山北路22-1、2、3号
汝凤洗车店	吴汝凤	后徐村车站路12号
李红日用品商行	徐李红	横山村人民路87号
李昊日用品商行	叶水根	横山村方野路10号
光香百货商行	王光富	横山村人民路89号
横山国成商行	张国成	横山村方野路7、8、9号三间
百信商场	吕　斌	横山镇庆丰路
泽昊食品商行	杨小梅	横山村人民路8号
群燕百货商行	吴群燕	下宅村后山东巷4号
春上服装加工厂	张乐群	横山村人民路45号
汝良水果店	刘汝良	横山村人民路29号
依尚坊服装店	黄利英	横山村塔山北路2号(原工商所南侧1、2间)
云蓝窗帘经营部	叶跃松	志棠村凌阁张路口(原合作社第一幢1-1号)

续表8-16

名　　称	法人代表	地　　址
游兔儿服装店	胡慧红	西方坞村下东门石板巷 9 号
卡哇伊童装店	蓝　杰	横山村人民路 66 号清荷小区
为民食品商店	徐　英	下西山村东巷 16 号
红兵食品厂	柯红兵	大平坂村大平头
新耀家电商行	徐伟红	后徐村
方巧清日用品商行	方巧清	八石畈村石头巷 12 号
池硒土特产经营部	傅雄飞	天池村儒大门五间统
柏根百货店	陈柏根	横山村横水路 12 号
龙北家电城	吴美凤	横山镇横山街
横山新辉家电商行	付存咪	后徐村
梦晨家电经营部	朱国英	横山村龙葛北路 12 号
福星家电商行	王忠伟	横山村龙葛北路公交车站边
范雪琴日用品商行	范雪琴	大平坂村外社塘 25 号
横山左邻右舍清平食品店	徐阿青	下宅村前进巷 21 号
宝明家电经营部	吴宝明	后徐村
伟霞百货商行	廖伟霞	后徐村堰川路 27 号
逸雪日用品商行	袁素贞	余岗村邓家 41 号
锐呈调味品经营部	卢　锋	志棠村前邵南方水泥有限公司南侧第四栋
微一化妆品店	邵玉琴	塔山南路 20 号第二层
项彩玉日用商行	项彩玉	八石坂村广场巷 36 号
明元食品店	郑志元	志棠村席家园门里 34 号
横山第一家俱店	刘水祥	横山村
蓝沫尔化妆品商行	郑慧莹	塔下叶村上叶 36 号二楼
零度眼镜店	张家阳	横山村龙葛南路 29 号
雨辰家电商行	夏红霞	横山村塔山北路 12 号
建君工艺品经营部	江建君	志棠村后邵大众路 77 号
丰粮粮食加工厂	赖志刚	横山村横水路 45 号
爱军电动车行	方爱军	横山村龙葛北路 93 号
翁红英日用品商行	翁红英	横山村小学路 10 号二楼
伟平机械配件商行	黄伟平	石佛至横山公路北侧 101 室北面一间
清春汽车修理店	胡玉清	横山村龙葛路 43 号
横山瑞平车行	钱瑞平	横山村龙葛北路 31 号
朱军汽车修理店	朱　军	横山村龙葛南路 59 号

续表8-16

名　　称	法人代表	地　　址
博福家具店	陈军兵	志棠村卸厅原横山粮油购销中心内
珍珍食品厂	段志珍	横山村高山原小学内
小宋食品商行	宋小清	塔下叶村金桥头 3 号
博玲食品商行	翁晓玲	横山村方野路 14 号
荣腾汽车修理店	冯雪东	横山村交警大队对面
阿平农产品经营部	缪小平	脉元村文新二弄 21 号
雯子日用百货店	王芳芳	余岗村学前巷 66 号
春剑食品商行	黄春有	横山村高山东坞 4 号
叶娟日用百货商行	叶　娟	志棠村新街 19 号
万佳购超市	邵益刚	横山村人民路 50 号
新冠节能设备商行	王国增	八石坂村上东门 85 号
小文饰品店	王小文	横山村方野路 4 号清荷小区
小雪便利店	吴忠来	后徐村后梅路 22 号
飞飞便利店	管小飞	余岗村学前巷 55 号
中诺贸易商行	吴金洪	大平坂村邹家 42 号
久诺达食品加工厂	钱海红	横山村高山小学路 41 号
秋萍日用品商行	蒋秋平	塔下叶村 119 号
张智塑料制品商行	张　智	河宗村张家兴村路 10 号
国兴塑料制品商行	张国兴	河宗村张家后门山 8 号
桥姥爷首饰商行	黄梦桥	大平坂村下大平坂 31 号
龙韵便利店	姚松林	后徐村杭新景高速服务区西区 1 号
吴攀日用品商行	吴　攀	后徐村后梅路 22 号右侧一间
红旺日用品商行	杨美红	腰塘边村 75 号
丽泽服饰加工点	何艳丽	脉元村文新一弄 3－2 号
小徐百货商行	徐文娟	八石坂村上姜坞 35 号
胡玉容化妆品经营部	胡玉容	上宾村吴仪宾堰塘下 4 号
众康食品经营部	王小英	会泽里村幸福区 12 号
龙新便利店	姚松林	后徐村杭新景高速服务区东区 1 号
志成猪肉经营部	黄志成	后徐村堰川路 64 号
永乐家电商行	孟庆刚	横山村塔山路 22 号
睿智百货商行	陈　敏	龙葛路 23 号自西向东第一间
小李工艺品经营部	李建峰	腰塘边村马鞍山 42 号
宣果日用品商行	方秀清	塔下叶村上叶 22 号

续表8-16

名　　称	法人代表	地　　址
康丽食品经营部	章小云	会泽里村中兴街 33 号
衣派服装店	徐巧英	横山村龙葛北路 39 号
建军服装经营部	邵建军	西方坞村仓头 20 号自东向西第 2 间
燕鹏食品商行	李鹏飞	会泽里村中兴街 23 号
美美服装店	余美花	横山村庆丰路 3 号
彩红理发店	叶彩红	志棠村前邵 107 号
星期八理发店	翁小军	横山村塔山南路 17 号
花兰理发店	叶兰花	志棠村后邵新街路 49 号
国瑛手机店	胡国瑛	后徐村车站路 19 号
雁翔烟花爆竹经营部	张国成	横山村方野路北面十八塘边
邵志银烟花爆竹经营部	邵志银	志棠村龙葛路原食品收购站
永其百货商行	江永其	白鹤桥村 40 号
炳宏水果店	沈炳宏	后徐村(溧宁 G4012 高速公路)服务区内西区 4 号
民源水果店	沈炳宏	后徐村(溧宁 G4012 高速公路)服务区内东区 4 号
体林香烟店	陈体林	塔下叶村上叶 3 号
成美香烟经营部	项云成	上向徐村周田边 46 号
韩燕香烟店	韩　燕	下西山村溪边东巷 19 号
甘花服装店	胡甘花	塔山路
洪康果蔬经营部	张洪康	志棠村新街 16 号
靖崴贸易商行	邵蓉娟	下宅村龙门桥后山西巷 3 号
琴军日用品商店	苏　军	横山村塔山北路 88 号
栋栋便利店	许燕芳	志棠村前邵 76 号
澄河食品商行	项澄河	白鹤桥村三姑殿 30 号
文娥烟花爆竹经营部	方文忠	横山村塔山南路 51 号-7、8
月英烟花爆竹经营部	吴月英	横山村龙葛南路 32 号东侧
美仙烟花爆竹经营部	方永国	志棠村龙葛路 120 号
杨根林烟花爆竹经营部	杨根林	会泽里村环村西路 22 号
捷紫烟花爆竹经营部	邓土军	志棠村卸厅龙葛路 17 号南侧 1 间
朝华消防器材经营部	郑朝华	上向徐村杜叶 89 号
鑫彭百货店	郭　腾	横山村兴野巷 5 号
俊俊日用品商行	徐俊珠	横山村人民路 58 号清菏小区
竞浩百货商行	徐玉峰	项家村一平巷 27 号
喜乐食品厂	颜国荣	横山村塔山后路 18 号第三幢

续表8-16

名　　称	法人代表	地　　址
周群龙食品经营部	周群龙	会泽里村吉祥弄6号
逸美农产品经营部	张巧萍	横山村高山东坞45号
老七便利店	李根连	下西山村水碓垄二弄6号
菲菲百货商行	陈徐伟	横山村高山中巷52号
梦华水暖器材经营部	黄水华	腰塘边村99号
柏龙通讯器材经营部	何晓坤	贤求朋村腰塘7号
昌达亚家具店	吴益飞	横山村人民路98号清菏小区
石步便利店	姜小君	横山村塔山北路17号
脉超机电经营部	吴志义	脉元村太和北巷14号
军马便利店	翁军马	西方坞村仓头91号
小航轮胎汽修店	章雨航	横山村龙葛北路63号
佳燕女鞋店	徐佳燕	下宅村前进巷一弄7号
廖氏服饰店	廖兴宏	会泽里村环村东路8号
殊苗服装店	项志飞	横山村塔山南路3号
甜也服装商行	翁跃鹏	塔下叶翁坞村12号
孝君便利店	余孝君	横山村龙葛北路65号
宜惠莲子商行	郑　宇	上向徐村杜叶90号
志棠镇金星家电行	王忠良	志棠村新街10号
伟华香烟店	缪伟军	贤求朋村下王祥里36号
袁羽农产品经营部	袁　羽	天池村新宅鲁家24号
廖红艾百货商店	廖红艾	后徐村车站路8号
二牛肉铺	赖佳升	上向徐村东王油麻坞24号
老巧百货店	翁雀红	横山村兴野巷28号
章荣泉饲料店	章荣泉	白鹤桥村官塘樟9号
阿霞水果店	童鑫星	横山村塔山北路7－7号
红福日用品商行	杨月英	横山村塔山南路14号
新花卤味店	汪新花	横山村人民路24号
心丽美水果店	刘久群	志棠村前邵红塘13号
元素理发店	黄燕清	横山村塔山北路7－1号
黄伟服装店	黄　伟	塔山北路4号
雅石居工艺品店	王　琦	后徐村(G4012高速公路服务区西区11、12号)
藏宝阁礼品店	王　琦	后徐村(G4012高速公路服务区东区11、12号)
烈烈服饰厂	郑　烈	河宗村钱家

续表8-16

名　　称	法人代表	地　　址
豆豆来料加工点	詹晨刚	余岗村学前巷村委会综合大楼1楼
小脚丫服装店	翁秋琳	塔山南路9号
益宏服装店	王芳芳	横山村塔山南路33号
凯琴日用品商行	杨玉琴	志棠村卸厅长后山55号
纽莱福百货商行	鲁灵丹	河宗村钱家葫芦山57号1楼101室
汝英百货店	张汝英	志棠村龙葛路6号
海良便利店	许海良	天池村儒大门97号
海兰猪肉铺	马海兰	后徐村堰川路33、34号
项丽美超市	项丽美	横山村塔山北路52号
诺涵农副产品经营部	吴柏松	横山村庆丰路2－3号
拜丁电动车修理店	方小仙	横山村龙葛南路5号
水宏便利店	诸葛水宏	腰塘边村婆婆垅22号
胡进日用品经营部	胡　进	后徐村车站路5－2号
鑫宇奶茶店	王悲鸿	横山村文化路2－1、2－2号
卸根便利店	蓝卸根	项家村翁家山14号
政佑猪肉铺	徐彩云	横山村塔山北路22－4号
延年养生馆	莫晓俊	横山村人民路62号清荷小区
荣欣养生馆	徐利荣	横山村人民路38、39号
财运烟花爆竹店	余达康	白鹤桥村三姑殿39号
承豪烟花爆竹经营部	朱国良	后徐村后梅路4号1－3间
志树烟花爆竹经营部	邵志树	志棠村龙葛路108号
文来烟花爆竹经营部	廖红芸	后徐村车站路15号
小宝烟花爆竹店	刘志忠	后徐村车站路13号
雯洁烟花爆竹经营部	郑思敏	八石坂村广场巷70号
小严鲜肉经营部	严小银	西方坞村严家西巷9号
尝千味食品小作坊	项小波	项家村迎康巷72号
连英化妆品店	祝连英	志棠村前邵红塘10号
胖子便利店	黄利英	横山村文化路2－3、2－4号
小段面条加工坊	段加彭	横山村人民路21号
树平农副产品经营部	卢树平	横山村原横山派出所综合楼
宏宏农副产品经营部	王　英	河宗村钱家葫芦山81号
运源贸易商行	岑　寅	横山村塔山南路55号
宝祥商行	蔡宝祥	横山村人民路18号

续表8-16

名　称	法人代表	地　址
嘻嘻鞋店	杨　婧	志棠村龙葛路35号
晓康日用品商行	童晓康	会泽里村童野南巷1号
兰兰殡葬用品店	钱松兰	河宗村钱家103号
晓晓便利店	廖春梅	余岗村园门巷50号
奕萌便利店	廖兴才	横山村清河巷88号
伟龙便利店	徐伟龙	下西山村水碓垄一弄30号
蕾蕾便利店	张　蕾	横山村高山仁德巷49号
茗柔母婴用品店	吴亦娟	上向徐村上向徐123号
飞叶纸制品经营部	叶志波	贤求朋村兴村巷8号
老余猪肉经营部	余根昌	天池村6号
国生日用品经营部	周国生	上向徐村东王28号从东向西第九间
骆倩日用品经营部	骆　倩	上向徐村东王28号从东向西第十一间
永超日用品商行	林永超	脉元村太和北巷6号
杨海纱线加工厂	杨　海	八石坂村上东门9号
鸿发清洁用品加工厂	黄雨仙	余岗村高头18号
小琴汽车修理店	徐建新	下宅村金堂殿原锯板厂
语海副食品店	吴美花	后徐村车站路20号
志林豆腐坊	陈志林	上宾村庙山22号
横山老朋友食品加工厂	翁海忠	庆丰路41号
仓辉烟花爆竹经营部	叶小军	西方坞村仓头叶家原大队部
瑞希贸易商行	许小平	下宅村学朝弄15号
玉欣日用品商行	胡文龙	横山村塔山北路42号
骆琴百货商店	童　非	横山村龙葛北路4号
钱家村惠中便利店	童光明	河宗村龙葛路
智康发糕坊	王小华	会泽里村庆丰巷11号
横水施工队	赖红生	横山村横水路29号
蓝森苗木场	洪锡忠	腰塘边村35号
老应食品商行	应公芳	横山村龙葛北路43号
元红食品店	王国华	横山村塔山南路43号
熠成食品商行	祝　城	下西山村水碓垄二弄33号

餐饮服务业　以小吃店、早餐店为主。境内在工商登记的餐饮服务业店有70余家。

表 8-17　**2000 年以来境内餐饮服务业情况表**

名　　称	法人代表	地　　址
刘记饭店	刘伟清	横山村龙葛北路 37 号一楼
嘻味小吃店	杨　军	横山村人民路 19 号
卸牛饭店	罗雪平	横山村塔山北路 33 号
芬平早餐店	张的平	横山村塔山北路 11 号从南向北第 1 间
志英饭店	陈志英	横山村龙葛北路 6 号
苏家小吃店	苏善富	志棠村龙葛路 111 号
华民面馆	虞华民	后徐村(G4012 高速公路)服务区内东区 8 号
方方长面馆	虞华民	后徐村(G4012 高速公路)服务区内西区 8 号
焕发西饼屋	王秀兰	横山村龙葛路新公交车站边
速客汉堡店	陆燕林	横山村塔山北路 21 号
亚细亚饭店	王汝文	横山村塔山北路 49 号
客客西奶茶店	汤妙权	后徐村杭新景高速服务区西区 5 号
欧咪东客奶茶店	汤妙权	后徐村杭新景高速服务区东区 5 号
晓文小吃店	黎新岷	横山村塔山北路 5 号
龙通快餐店	姚松林	后徐村杭新景高速服务区西区 2 号
互通快餐店	姚松林	后徐村杭新景高速服务区东区 2 号
百荷园饭店	龚　农	白鹤桥村塘下叶百荷园内
宏群食品店	吴宏群	河宗村张家兴村路 43 号
小侠食品商行	王小侠	志棠村卸厅 2 号
渝姗食品商行	赖建平	横山村龙葛南路 2 号第一至三间
小哎烧烤店	张　建	横山村龙葛南路 22 号
老夏食品商行	夏长兴	塔下叶村金桥头 56 号
黄国君饭店	黄国君	横山村文化路 10 号一楼
青峰食品商行	吴青峰	横山村高山中巷 62 号
阿泽饭店	肖自泽	横山村塔山北路 53 号
玉红饭店	詹玉红	下宅村青龙山水泥厂北侧第一幢
晓忠食品店	叶晓忠	横山村龙葛北路 11 号
麦田食品加工坊	许琼瑛	志棠村原人民公社
冯卸土早餐店	冯卸土	横山村人民路 26 号
惠惠饭店	陈淑芳	志棠村龙葛路 20 号
王文珠小吃店	王文珠	横山村庆丰路 2－6 号
满口香土菜馆	蒋小翠	后徐村大平山桔山弄 53 号
妍婕饭店	周少峰	后徐村后梅路村委会对面南往北 6、7 间

续表8-17

名　　称	法人代表	地　　址
国良食品商店	徐在英	白鹤桥村三姑殿56号
粉色甜心小吃店	李　振	横山村塔山南路7号
邓星明蛋糕店	邓星明	横山村塔山南路19－3、4号
小祝食品经营部	祝文香	横山村庆丰路2－8号
百客聚食品商行	苗育花	横山村庆丰路23号从东往西第一间
王爱军副食品商行	王爱军	横山村人民路23号
平升食品商行	吴利兵	横山村文化路1号(横山中学内)
朱秀英食品商店	朱秀英	上宾村上下朱53号
慧春饭店	叶慧春	横山村人民路10号
珊杰食品商行	许土根	横山村人民路27号
汝华饭店	严美英	横山村人民路60号清荷小区
糖总小吃店	章志祥	横山村庆丰路1号
茶尔斯奶茶店	林　斌	横山村人民路75号清荷小区
槐庭饭店	李胜明	天池村儒大门王氏小厅
徐爱军食品商行	徐爱军	横山村龙葛北路21号
唯美西饼屋	苏美兰	横山村龙葛北路9号
赖佳豪食品商行	赖佳豪	横山村人民路22号
熊益饭店	熊　益	后徐村东站路26号
忠来卤味店	吴忠来	后徐村堰川路28号
周厨饭店	周小明	横山村人民路15号
思敏副食品商店	郑富荣	龙葛公路边
童莲香早餐店	童莲香	后徐村后梅路19号
罗树根小吃店	罗树根	横山镇庆丰路
吊子饭店	柯益群	横山镇龙葛路68号
竹君农家乐	吴竹君	腰塘边村龙葛路(原志棠道班)
大芳土菜馆	陶大芳	横山村文化路4号
西海农家乐	王樟海	下西山村水碓垅高头垅
竹根餐馆	张竹根	志棠村前邵116号
梅英饭店	余宏英	横山村龙葛南路52号
松林饭店	叶美红	志棠村龙葛路3号
佩思鸡柳小吃店	陈佩思	横山村文化路2－5号
横山吊子饭店	柯益群	横山镇龙葛路68号
大芳土菜馆	陶大芳	横山村文化路4号

续表8-17

名　　称	法人代表	地　　址
西海农家乐	王樟海	下西山村水碓垅高头垅
竹根餐馆	张竹根	志棠村前邵116号
鑫瀛大酒店	夏玉英	横山村龙葛北路38号
荷巷酒庄	赵寿林	志棠村新区二期39号
恒尚宾馆	叶卸成	横山村文化路10号二、三、四楼
枝荣旅馆	赖枝荣	龙葛北路3号
棠溪慢谷休闲山庄	张土森	河宗村张家盈丰巷18号
硒园休闲农庄	姜晓林	河宗村(浙江硒莲液富硒科技有限公司内)
横山溪东农家乐	徐寿中	天池村70号
周益香农庄	周益香	大平坂村邹家38-1号
莲都农家乐	李　洪	天池村儒大门
赏荷农庄	徐志禄	天池村溪东路72号
香子宾馆	祝文香	横山镇庆丰路2-8号二楼

文化、卫生服务业　随着时代发展,文化、卫生服务业随之发展,境内在工商登记的文化、卫生服务业有20余家。

表8-18　**2000年以来境内文化、卫生服务业情况表**

名　　称	法人代表	地　　址
艳琴婺剧团	邓金花	项家村迎康巷92号
龙新婺剧文艺团	王　进	天池村新宅新中路18号
朋轩文化交流工作室	叶燕红	塔下叶村塔下叶87号
横山小徐打字店	徐岳群	横山街
默默广告工作室	周伟兵	会泽里村高升巷21号
新文化书店	黄永花	横山村人民路55号清荷小区
舒龙印刷器材经营部	翁晓龙	横山村高山仁德巷5号
樟炎打字店	陈樟炎	横山村龙葛北路19号
小杨广告制作部	杨仁福	横山村高山仁德巷18号
十足文化书店	廖红英	横山村塔山南路4号
览阅书店	俞良亚	后徐村堰川中巷50号
一生缘婚姻介绍所	徐月清	八石坂村上姜坞75-1号
雅霏广告工作室	朱雅霏	西方坞村西福巷7号自东向西第3间
翁礼芳卫生站	翁礼芳	横山村人民路95、96号
横山章志生口腔卫生站	章志生	塔山南路15号

续表8-18

名　称	法人代表	地　址
横山吴剑口腔卫生站	吴　剑	横山村塔山南路41号
横山峰俐口腔卫生站	王　峰	横山村塔山南路19-1号
横山叶建华口腔卫生站	叶建华	后徐村车站路21号
小邵理发店	邵国军	志棠村新街8号
献平理发店	张献平	横山村人民路42号

电子商务商行　随着时代发展，境内电子商务业得到蓬勃发展。据统计，2021年境内从事电子商务的商行至少有21家。

表8-19　**2021年境内电子商务商行情况表**

名　称	法人代表	地　址
吕琛数码产品经营部	吕　琛	上宾村吴仪宾仪宾巷8号
登登电脑经营部	周登燕	横山村塔山南路
池回客电子商务商行	杨　阳	天池村下店72号
鱼玄电子商务商行	钱丽超	下西山村水碓垄二弄38号
胡柏根电子商务商行	胡柏根	西方坞村仓头叶家73号
果之郎电子商务商行	陈志忠	大平坂村上平坂75号
心凝电子商务商行	姚冬娟	脉元村环村北路8号
小贝电子商务商行	姜晨曦	下西山村水碓垄一弄19号
顺良电子商务商行	钱顺良	河宗村钱家20号
胡斌电子产品商行	胡　斌	后徐村堰川路23号
项素萍电子商务商行	项素萍	八石坂村广场巷48号
洪磊电子商务商行	王洪磊	横山村龙葛南路9号
剑寒软件开发工作室	彭剑寒	下宅村龙门桥广财坪11号
徐娅仙通讯设备经营部	徐娅仙	横山村龙葛路1号
叶斐通讯经营部	叶　斐	八石坂村中心巷35号
汇昌电子设备经营部	钟伟军	余岗村高头3号
丹艺电子商行	范仲剑	后徐村胡家124号
裴爱根通讯设备经营部	裴爱根	横山村塔山南路24号
赣英电子商务商行	江赣英	项家村余岗圆门巷5号
横山佐清通讯配件商行	涂佐清	横山村龙葛北路27号
晨语电子商务商行	姜红军	下宅村学朝弄8号

其他服务业　有婚姻介绍，自行车、摩托车、家用电器修理，家政服务，垃圾搬运，管道疏通，设备租赁等，境内在工商登记的服务业服务部有200余家。

表 8-20

2000 年以来境内其他服务业情况表

名　　称	法人代表	地　　址
北阳机械设备租赁服务部	卫彩连	上宾村上下朱安山 20 号
张卸苟工程机械租赁服务部	张卸苟	天池村儒大门 70 号
建风空调维修服务部	李建峰	下宅村新塘里 5 号
恒添机械设备租赁服务部	胡成林	横山村叶野龙江路 10 号
为明空调维修服务部	方　华	腰塘边村凌阁张西头 29 号
畅达汽车维修服务部	祝凯伟	大平坂村里社塘路 47 号
邵晓平机械设备租赁服务部	邵晓平	志棠村后邵大众路 112 号
姜纪明机械设备租赁服务部	姜纪明	西方坞村西龙巷 3 号
张文富汽车租赁服务部	张文富	西方坞村龙岗巷 8 号
敬林医药信息咨询服务部	李敬林	塔下叶村翁坞路 6 号
冬艳医药信息咨询服务部	刘冬梅	塔下叶村翁坞路 7 号
国荣挖机租赁服务部	余荣建	河宗村钱家坞口头 2 号
席金伟庆典策划服务部	席金伟	志棠村席家龙葛路 32 号
利源竹木采伐服务部	王美姣	项家村迎康巷 120 号
寿华装卸服务部	翁寿华	白鹤桥村塘下叶 49 号
佳兴竹木采伐服务部	鲁银松	天池村杨家 45 号
启英企业管理服务部	张启英	上向徐村周田边 55 号
云云企业管理咨询服务部	赵金云	上向徐村东王泉塘下 4 号
燕萍商务咨询服务部	李燕萍	塔下叶村塔下叶 1 号
国庆企业信息咨询服务部	王国庆	天池村新宅上新屋 9 号
金艳企业管理服务部	金　艳	上向徐村杜叶 55 号
张英英企业管理服务部	张英英	上向徐村东王 22 号
明仙企业管理服务部	兰红仙	下西山村溪边东巷 49 号
明仔企业管理服务部	李益明	下西山村水碓垄二弄 5 号
封水林企业管理服务部	封水林	下西山村南巷 42 号
昌永企业管理服务部	余永昌	下西山村溪边东巷 37 号
建峰企业管理服务部	王小峰	下西山村东巷 24 号
铭洪汽车租赁服务部	方建民	西方坞村仓头叶家 4 号
乐心儿童临时看护服务部	宋　康	横山村庆丰路 47 号
彩香机械设备租赁服务部	卫彩香	上宾村横水路 35 号
龙高货运服务部	徐　高	西方坞村龙葛南路 37 号
银丽挖机租赁部	李海银	白鹤桥村 29 号
恒龙装卸服务部	朱庆生	志棠村后邵大众路 16 号

续表8-20

名　　称	法人代表	地　　址
范小玲货运服务部	范小玲	下宅村中街10号
兰飞机械设备租赁服务部	刘国俊	下宅村105号
晓飞机械设备租赁服务部	胡晓飞	下宅村里坞曹元路156号
熊小英机械设备租赁服务部	熊小英	志棠村前邵62号
鑫晨机械设备租赁服务部	余晨芳	贤求朋村中巷49号
常根信息技术服务部	柯常根	后徐村堰川中巷1号
来雪信息技术服务部	吴忠来	后徐村堰川路9号
伟霞信息技术服务部	廖伟霞	后徐村锦溪巷5号
子云信息技术服务部	王子云	后徐村胡家134号
月圆网络信息服务部	杨月元	会泽里村瓦窑头22号
剑金网络信息服务部	裴　剑	高山村新村巷27号
笑峰机械设备租赁服务部	汪笑峰	白鹤桥村三姑殿8号
楷毅信息咨询服务部	徐友生	天池村溪东19号
越灵机械设备租赁服务部	鲁毓林	天池村杨家90号
月根机械设备租赁服务部	项月根	项家村一平巷49号
盛月农业技术服务部	翁建萍	塔下叶村40号
严国标机械设备安装服务部	严国标	志棠村后邵大众路60号
明辉保洁服务部	黄国明	上向徐村杜叶路32号
唐志龙机械设备安装服务部	唐志龙	后梅路25号北侧一间
强强挖机租赁服务部	高　强	后徐村堰川中巷9号
平惠工程机械设备租赁服务部	廖建军	后徐村信用路11号
小娟机械设备租赁服务部	蒋金生	下宅村龙门桥后山西巷19号
顺溢保洁服务部	童慧莲	贤求朋村腰塘新殿10号
军浩机械设备租赁服务部	周华鹏	上宾村吴仪宾西叶山边9号
俊霆鞋类修理服务部	刘　东	后徐村车站路3号
子康商务信息咨询服务部	黄建萍	大平坂村下大平坂62号
诚俊商务咨询服务部	刘国俊	西方坞村仓头路95号
樟俊机械设备租赁服务部	吴樟炯	脉元村太和北巷30号
小翁装卸服务部	翁俊杰	白鹤桥村塘下叶38号
海根挖机租赁服务部	黄梅英	后徐村大平山瓦窑10号
建翔机械设备租赁服务部	周建平	脉元村太和北巷19号
启程机械设备租赁服务部	谢　峰	贤求朋村腰塘22号
翠翠机械租赁服务部	封依翠	下西山村东巷28号

续表8-20

名　　称	法人代表	地　　址
乐兴工程管理服务部	王美英	下宅村龙门桥广财坪9号
鑫哥机械设备租赁服务部	王海燕	八石坂村高排山8号
卓普企业管理服务部	陈　默	天池村杨家18号
汇立信息咨询服务部	江小燕	八石坂村上东门61号
云冬营销策划工作室	章云冬	志棠村卸厅长后山130号
聂滔营销策划服务部	聂　滔	上向徐村东王大山沟59号
睿泽信息技术咨询工作室	黄雪花	下宅村龙门桥黄林巷18号
晟辉机械设备租赁服务部	朱望楼	上向徐村东王老日蓬7号
阿拐机械设备租赁服务部	范建军	后徐村锦溪巷33号
俊辉机械设备租赁服务部	项小宝	白鹤桥村秋塘底66号
文华来料加工点	邓小军	龙门桥村黄林巷1号
龙行户外用品加工厂	王茂彬	贤求朋村腰塘礼堂
利军搬运服务部	章莉军	后徐村胡家路121号
科亿机械租赁经营部	蒋夏明	下宅村新塘里17号
宏军劳务服务部	杨宏军	天池村杨家126号
志根劳务服务部	邹志根	上宾村上下朱安山21号
叶孟机械设备租赁服务部	叶　孟	八石坂村广场巷42号
同鑫汽车修理服务部	王庆国	后徐村溧宁高速公路服务区东区
正鑫汽车修理服务部	王庆国	后徐村溧宁G4012高速公路服务区西区
锦祥商务信息咨询服务部	郑士相	塔下叶村38号
倚山商务服务部	叶　琴	八石坂村广场巷41号
项忠机械设备租赁服务部	吴建忠	项家村小殿下60号
素珍机械加工厂	廖素珍	脉元村
生松水泥制品经营部	童生松	后徐村大平山老预制场内
会泽里废旧金属收购站	吴永兰	会泽里村
丽佳水暖电器经营部	陈旭华	志棠村前邵龙葛路112号
俊江废石经营部	陈立金	腰塘边村腰塘边40－1号
连合矿产品经营部	龚文龙	脉元村文新一弄45号
申宏砂岩经营部	陈立宏	腰塘边村40号
乌石寺园艺场	黄金洪	后徐村
王世锋五金产品经营部	王世锋	上向徐村东王28号从东到西第五间
周志祥家电维修部	周志祥	后徐村堰川路18号
章美琴电动车经营部	章美琴	横山村龙葛南路19号

第九章　财税　金融　市场监管

财税、金融与市场监管部门，虽不属镇辖，但它们是社会经济运行的职能机构，也是国家行政管理和行政执法的职能机构，在境域的经济社会发展中发挥着不可替代的作用。旧时税负偏高，是居民的沉重负担。解放后，税务奉行"取之于民、用之于民"的政策，2004年停征农业税，为旷古未有的利民举措。境内的金融和行政执法机构主要有银行设立的办事处、分理处、营业所、信用社、储蓄所和行政执法派出机构、管理所等。

第一节　财　　政

民国政府于1914年颁布《地方自治施行条例》、1921年颁布《乡自治制》、1934年通过《县自治法》，均有乡镇收支之条款，但未实施。乡镇经费除依赖县，还来自附加、摊派和筹募。解放后至1984年，乡镇行政费是县财政一个"报账制"单位，一切事业经费均由县级主管部门按"条条"管理。1986年开始实行乡镇财政管理制度。

一、制度

乡镇财政管理制度　1986年4月12日，县人民政府颁发《关于建立乡级财政管理体制的通知》，对乡镇财政实行"定收定支、超收分成、超支不补、结余留用、一年一定"的财政制度。乡镇财政分固定收入（农业税、农林特产税、屠宰税、牲畜交易税、个体工商业户所得税、奖金税以及其他收入）、超收滚动分成收入（产品税、增值税、营业税、城市维护建设税）、财政预算外资金收入（按规定留归或由上级部门拨给、教育附加等）、自筹资金收入、支出（用于乡镇自筹资金安排的各项建设和公益事业的开支）等部分。此后，1994年6月、1998年7月、2001年4月对包干基数、分成比例、税种划分、支出范围等进行调整和变更。2001年1月1日，乡镇推行"三保两挂"制度，即保当年财政收支平衡、保当年税收任务完成、保消化一定历年财政赤字与补助、奖金挂钩。

社队会计　1954 年 5 月,下宅乡为适应合作化需要,在金融部门指导下,成立了会计联系小组,学习会计业务知识,互相交流经验。9 月,模环区委推广下宅乡会计联系小组经验,以区农业技术推广站为主,组织县人民银行模环营业所、供销社等部门培训财会人员 20 多名,同时将全区 20 多个农业社联成会计互助网。1971 年,人民银行在模环区进行社队会计辅导试点,采取区设网、社建站、队设组的办法,在全区 5 个公社 337 个生产队建立 15 个会计互助网。银行营业所和各信用社经常召开互助网组长会议,建立学习、工作、汇报制度。通过会计互助网业务辅导,模环区 119 名会计新手有 86 个能独立工作,账目清楚、民主理财、财务制度健全的生产队有 184 个,比办辅导互助网以前增加 61%;财务紊乱、经济不清、制度不严的队,从原来 95 个下降到 50 个,下降 47.4%。1981 年后,农村实行经济体制改革,会计互助网活动内容转移到农业承包合同管理、农民收支调查、农产品成本核算等方面。

预算管理　1994 年 3 月 22 日,第八届全国人民代表大会第二次会议通过《中华人民共和国预算法》,并于 1995 年 1 月 1 日起施行。按照综合预算的原则,乡镇人民政府所有收入和支出均纳入部门预算管理。收入包括:一般公共预算拨款收入、上年结转;支出包括:一般公共服务支出、文化旅游体育与传媒支出、社会保障和就业支出、卫生健康支出、农林水支出、交通运输支出、商业服务业支出等。

表 9-1　**2022 年横山镇收支预算情况表**　单位:万元

收　入		支　出	
项　目	预算数	项　目	预算数
总数	10372.88	—	—
1. 上年结转	7959.26	—	—
2. 财政拨款(一般公共预算)	2413.62	2.1　一般公共服务支出	958.36
		2.1.1　人大事务行政运行	23.31
		2.1.2　政府办公厅(室)及相关机构事务	782.29
		2.1.3　其他事务支出	71.00
		2.1.4　财政事务行政运行	58.59
		2.1.5　党委办公厅(室)行政运行	23.17
		2.2　文化旅游体育与传媒支出	39.64
		2.3　社会保障和就业支出	129.04
		2.3.1　机关事业单位基本养老保险缴费支出	71.89
		2.3.2　机关事业单位职业年金缴费支出	35.95
		2.4　抚恤	3.20
		2.5　退役士兵安置	18.00
		2.6　卫生健康支出	53.73
		2.6.1　计划生育事务	4.30
		2.6.2　行政单位医疗	30.66

续表9-1

收　　入		支　　出	
项　目	预算数	项　　目	预算数
2. 财政拨款(一般公共预算)	2413.62	2.6.3　事业单位医疗	18.77
		2.7　农林水支出	1201.85
		2.7.1　农业农村行政运行	330.86
		2.7.2　林业和草原支出	0.41
		2.7.3　村民委员会和村党支部补助	316.01
		2.7.4　村集体经济组织补助	6.00
		2.7.5　其他农林水支出	548.57
		2.8　交通运输支出	3.00
		2.9　商业服务业支出等	28.00
3. 财政拨款重点项目支出	—	3.1　单位资金	7925.86
		3.2　一般公共预算	998.49
		3.3　合计	8924.35
4.“三公”经费支出	—	一般公共预算	30.32

第二节　税　　务

税收是国家财政的命脉,历代均有严密的管理制度,也是考核地方官的“硬杠”。即使在轻徭薄赋的“太平盛世”,皇粮国税对百姓来讲仍是沉重的负担,至于横征暴敛时期,矛盾之尖锐更不待言。中华人民共和国成立后,改田赋为农业税,20 世纪 80 年代以来税收在调节社会经济利益上的杠杆作用凸显,工商业税成为主要税源。

一、机构

模环区税务所　1989 年 11 月设于横山,1992 年 5 月撤并。

横山财税所　1992 年 5 月由模环区税务所改为横山财税所,负责横山镇、下宅乡、志棠乡的税费收缴和财税管理。税费征收主要由粮管所、供销社、食品公司、乡镇政府等代办。

横山税务分局　2000 年 12 月,横山财税所改为县地方税务局横山征收份局,2002 年 2 月又改为县地方税务局横山征管局,2004 年 1 月更名为县地方税务局横山税务分局。2008 年 1 月并入经济开发区分局。现横山镇范围内的税费征收和税务管理由经济开发区税务所负责。

二、税种

农业税 1949年,按田亩等级和每户占有土地计征,田亩按肥瘠分甲、乙、丙、丁4等,土地按数量分16级,按全额累进制计征税额。1950年,按人均占有土地常年产量多少,以差额全额累进制分40级计征。1951年土地改革后,改为人均产量75公斤以上者分23级,税率8%~30%无免税额全额累进制,1952年改为有免税额全额累进制。1953年,执行"增产不增税",人均常年产量无论超过还是未及,征额均不作增减。1953年起,执行24级全额累进制。1958年6月《中华人民共和国农业税条例》颁布,废除累进税制,全国统一实行地区差别比例税制,龙游为15.8%,1961年降至8.81%,1963年提至10.4%,以后稳定在12.6%左右。20世纪90年代,农业税逐步退出主税源,2004年起停止征收。

地方附加 1950年起随同农业税征收,1952年、1953年一度停征,1984年并入工商税附加、教育费附加一并计征。地方附加占农业税正税的比例是:1950年15%、1951年20%、1954年7%、1955年5%、1956年12%、1958年15%、1960年12%、1961年10%,1964年调整为15%。

农林特产税 1949年,采用评定常年产量办法征收,1953年起改为按产品实际销售单独制定税率,随售随征。1953年,定毛竹、林木税率为10%;1955年起按木材、毛竹10%,元胡、贝母13%,麦冬15%,茶叶7%税率征收。1973年起调整为茶叶、桐籽、柏籽、油菜籽、山核桃、香榧8%,原木、原竹9%,芍药11%,白术14%。1978年将白术、芍药税率调整为7%,1979年将桐籽、柏籽、油菜籽、山核桃、香榧税率降至1%,水产品按10%税率征收。1981年,原木、原竹税率分别降为2%和3%。1988年4月,对收益较高的珠蚌、珍珠、柑橘、西瓜等开征农林特产税。1989年,征收范围定为9类近60个品种,税率5%~15%。1993年下调部分产品税率,降幅3%~7%。1994年1月30日,国务院颁发《关于对农业特产收入征收农业税的规定》,征收范围分5大类38个品种,税率除烟叶为31%外,其余在8%~16%之间。

耕地占用税 1987年4月开征,税额为建制镇每亩每年4000元,其他3000元,农业户口占用耕地减半征收。耕地占用税收入50%上交中央财政,10%上交省财政,40%留县建立农业发展基金。1989年上交中央财政下调为30%,县留部分上调为60%。

契税 1953年开征,1964年停止,1987年恢复。1987年税率6%,1997年7月降为3%~5%。

工商税 1973年,合并工商统一税及其附加、城市房地产税和车船使用牌照税的企业缴纳部分和盐税为工商税,分44个税目、16档税率,其中工业产品税率3%~66%,农、林、牧、水产品税率3%~40%,交通运输税率1.5%~3%,商业零售和服务业税率3%~5%,无证经营者税率10%。1985年起停止征收。

产品税 1984年10月开征,工业部分设260个税目25档税率和1个固定税额,最高60%,最低3%;农、林、牧、水产品部分设10个税目、7档税率,最高25%,最低3%。1994年,按税目分别并入增值税或农业特产税、屠宰税。

增值税 1984年10月开征,税目12个,税率6级,最高16%,最低6%。1989年扩展到31个税目,税率12档,最高45%,最低8%。1994年,设货物和应税劳务两种,税目9个,基本税率17%,低税率13%。1997年划归国税。

表 9-2

1998 年横山镇柑橘与淡水鱼税额任务表

村　名	税额合计(元)	柑　桔			淡　水　鱼		
		采摘面积(亩)	计税面积(亩)	税额(元)	水面面积(亩)	计税面积(亩)	税额(元)
八石坂(畈)	580	348	20880	122.99	73	2920	23800
吴仪宾	85	51	3060	241.95	145	5800	8860
上下朱	210	126	7560	122.74	73	2920	10480
西方坞	200	120	7200	135.88	81	3240	10440
仓头	80	48	2880	63.60	38	1520	4400
溪边	50	30	1800	33.76	20	800	2600
会泽里	260	156	9360	201.56	120	4800	14160
高山	130	78	4680	80.46	48	1920	6600
横山	280	168	10080	62.10	37	1480	11560
白鹤桥	240	144	8640	143.67	86	3440	12080
上向徐	400	240	14400	134.28	80	3200	17600
项家	200	120	7200	262.40	157	6280	13480
脉元	150	90	5400	299.50	137	5480	10880
山门寺	60	36	2160	35.17	21	840	3000
腰塘	230	138	8280	86.60	52	2080	10360
下西山	128	76.8	4608	105.14	63	2520	7128
余岗	222	133.2	7992	217.35	130	5200	13192
方野	50	30	1800	49.67	29	1160	2960
下宅	110	66	3960	224.60	134	5360	9320
后徐	30	18	1080	187.91	112	4480	5560
大平山	480	288	17280	63.30	37	1480	18760
大平坂(畈)	65	39	2340	152.20	91	3640	5980
贤求朋	152	91.2	5472	77.60	46	1840	7312
龙门桥	70	42	2520	193.02	115	4600	7120
总计	4462	2677.2	160632	3327.45	1952	77000	237632

注：柑橘计税面积=采摘面积×60%，大田种植和蜜橘减收由40%内自行调剂；淡水鱼同上

营业税　1953 年开征，1958 年并入工商统一税，1984 年 10 月起恢复征收。1984 年，按行业设置 11 个税目，后经 3 次调整成为 13 个税目。随着经济发展，营业税成为工商税收中的主要税源。

企业所得税　1998 年，合并国营企业所得税和集体企业所得税为企业所得税。基本税率33%，对年应纳税所得额 3 万元（含 3 万元）以下的企业，减按 18%的税率征收，对年应纳税所得额 10 万元（含 10 万元）以下、3 万元以上的企业，按 27%的税率征收。

个人收入所得税 1994年开征，工资、薪金所得按9级超额累进税率征收，经营所得按5级超额累进税率征收，其他所得按比例税率征收，国家统一规定发给的补贴津贴、储蓄存款利息、保险赔款、离退休费、救济金、军人转业和复员费免征。

城镇土地使用税 1990年开征，采用有幅度差别税额，县城、建制镇、工矿区每平方米每年0.2~4元，建制镇镇政府所在地每平方米每年0.3元。

房产税和城市房地产税 1950年6月开征城市房地产税，1973年，企业缴纳的城市房地产税并入工商税，1984年对企业恢复征收城市房地产税，1986年，分城市房地产税为房产税和土地使用税。1986年10月，开征房产税，从价税率1.2%，从租税率12%，按年计征，分期缴纳。

印花税 解放初沿用旧税法计征。1950年12月，政务院颁布印花税暂行条例，共25目，按全额比例贴花率分0.1‰、0.3‰、3‰共3档，按件定额贴花税额分2分、5分、2角、5角共4档。1953年9月并入工商统一税。1988年10月1日恢复征收，设13目，税率分1‰、0.5‰、0.3‰、0.05‰、0.03‰共5档。营业账簿及权利许可证均按件定额贴花5元。

三、附加税、费

20世纪80年代开始，特别是90年代后，先后开征公益性建设事业、社会保险和水利、文化等方面的专项资金。

文化事业建设费 1997年开征，对象是缴纳娱乐业、广告业营业税的单位和个人，费率为营业额的3%。

水利建设专项资金 1996年开征，以征集的单位和个人应缴纳的增值税、营业税为依据，按5%比例征收。

养老保险基金 1998年开征，企业职工个人从1998年起按不低于本人缴费工资基数的4%缴纳，以后每两年提高1个百分点，最终达到本人缴费工资基数的8%；单位按照全部职工缴费工资基数之和的20%缴纳。2003年6月前，城镇个体劳动者统一按缴费工资基数的17%缴纳，6月以后统一按缴费工资基数的19%缴纳，其缴费工资基数按上一年全省月平均工资60%、100%、200%、300%共4个档次中任选1档执行。事业单位养老保险基金则由社保经办机构负责征收。

医疗保险基金 2002年开征，用人单位以全部参保人员上年度工资收入和养老金（退休金）收入总和的7.5%缴纳，职工个人以上年度工资收入的2%缴纳。统筹基金由社会保险经办机构统一管理，用于支付按规定负担的住院费用和特殊病门诊费用。

残疾人就业保障金 2004年执行，各类用人单位均应该按本单位在职职工总数1.5%的比例安排残疾人就业，每少安排一名残疾人，按统计部门公布的上年度职工平均工资的100%缴纳保障金，不足1人的根据比例差额缴纳。个体工商经济组织可适当降低标准，但原则上不低于本地区上年度职工平均工资的60%。保障金在每年7月10日前统一由地方税务部门代征。此资金属地方性基金，纳入财政预算管理，专用于残疾人职业培训和生活困难补助等。

失业保险基金 2004年开征，国家机关单位缴纳有劳动合同制职工工资总额的2%，其余单位均按全部职工工资总额的2%交纳，职工本人按工资的1%交纳。此基金用于缴纳失业保险金期间的医疗补助、死亡丧葬补助及供养人员的抚恤金、职业培训等。

工伤保险基金 2004年开始征收，由各类企业、有雇工的个体工商户等为本单位全部职工或雇工缴纳，费率依据行业风险区分，一类行业1%、二类1.5%、三类2%，实行浮动调整制度。

境内2006年征收22.07万元,2008年征收74.12万元,2010年征收129.04万元,2013年征收315.28万元。

地方教育费附加 1985年开征,征收范围为乡镇企业(包括乡村集体办、个体联合办、个体办的企业)、农业(包括农、林、牧、水产等)。乡镇企业按照企业销售收入的2%~8%计征,1986年调整为2%~5%;农业按农业税额的15%~50%征收,林、牧、水产品按产品值的0.3%计征。2001年,为减轻农民负担,停止向农民直接征收教育费附加。1986年7月,开征城镇教育费附加,以单位或个人实际缴纳产品税、增值税、营业税税额为计征依据,附征率1%,1989年6月起提高到3%,1990年6月下调为2%,1993年12月提高到3.5%,后统称为地方教育费附加。

表9-3 **1997年新宅村农业税、教育费任务落实表**

户号	户 名	农业税		教育费		合 计	
		数量(公斤)	金额(元)	数量(公斤)	金额(元)	数量(公斤)	金额(元)
1	鲁耀光	84.0	77.3	64.0	58.9	148.0	136.2
2	王荣良	50.5	46.5	46.5	35.4	89.0	81.9
3	姜远强	50.5	46.5	38.5	35.4	89.0	81.9
4	姜远征	50.5	46.5	38.5	35.4	89.0	81.9
5	姜远峰	33.5	30.8	25.5	23.5	59.0	54.3
6	姜远林	17.0	15.6	13.0	12.0	30.0	27.6
7	姜阿金	33.5	30.8	25.5	23.5	59.0	54.3
8	张 江	84.0	77.3	64.0	58.9	148.0	136.2
9	丁阿香	46.0	42.3	36.5	33.6	82.5	75.9
10	鲁小良	55.0	50.6	40.0	36.8	95.0	87.4
11	王亦平	84.0	77.3	64.0	58.9	148.0	136.2
12	王士进	78.5	72.2	59.5	54.7	138.0	127.0
13	王士银	62.0	57.0	47.0	43.2	109.0	100.3
14	姜远雷	67.0	61.6	51.0	46.9	118.0	108.6
15	王士元	92.5	85.1	71.0	65.3	163.5	150.4
16	王恭清	67.0	61.6	51.0	46.9	118.0	108.6
17	鲁荣林	50.5	46.5	33.5	30.8	84.0	77.3
18	王有富	33.5	30.8	25.5	23.5	59.0	54.3
19	王国良	117.5	108.1	89.5	82.3	2071.0	190.4
20	王文高	67.0	61.6	51.0	46.9	118.0	108.6
21	王志华	67.0	61.6	51.0	46.9	118.0	108.6
22	王志升	33.5	30.8	25.5	23.5	59.0	54.3
23	陈彩富	67.0	61.6	51.0	46.9	118.0	108.6
24	陈 宏	33.5	30.8	25.5	23.5	59.0	54.3

续表9-3

户号	户　名	农业税		教育费		合　计	
		数量(公斤)	金额(元)	数量(公斤)	金额(元)	数量(公斤)	金额(元)
25	王治平	59.0	54.3	44.0	40.5	103.0	94.8
26	王士正	62.0	57.0	52.0	47.8	114.0	104.9
27	席友友	67.0	61.6	51.0	46.9	118.0	108.6
28	王士章	67.0	61.6	51.0	46.9	118.0	108.6
29	王文通	33.5	30.8	25.5	23.5	59.0	54.3
30	王文秀	67.0	61.6	51.0	47.0	118.0	108.6
31	王文成	50.5	46.5	38.5	35.4	89.0	81.9
32	金荣富	50.5	46.5	43.5	40.0	94.0	86.5
33	陈志中	101.0	92.9	77.0	70.8	178.0	163.8
34	鲁文华	59.0	54.3	42.0	38.6	101.0	92.9
35	鲁文泰	93.0	85.6	68.0	62.6	161.0	148.1
36	陈寿明	33.5	30.8	25.5	23.5	59.0	54.3
37	叶志华	67.0	61.6	51.0	46.9	118.0	108.6
38	王秀根	67.0	61.6	46.0	42.3	113.0	104.0
39	王渭国	177.5	163.3	38.5	35.4	89.0	198.7
40	徐雪明	17.0	15.6	13.0	12.0	30.0	27.6
41	钱正春	101.0	92.9	77.0	70.8	178.0	163.8
42	本　队	270.0	248.4	—	—	270.0	248.4
43	王阿金	120.0	110.4	68.0	62.6	188.0	173.0
44	王恭宽	48.0	44.2	29.0	26.7	77.0	70.8
45	王亦军	87.5	80.5	53.0	48.8	140.5	129.3
46	王渭军	114.5	105.3	70.0	64.4	184.5	169.7
47	王向军	114.5	105.3	70.0	64.4	184.5	169.7
48	蒋永国	48.0	44.2	29.0	26.7	77.0	70.8
49	王文升	131.5	121.0	80.0	73.6	211.5	194.6
50	王文元	83.5	76.8	50.5	46.5	134.0	123.3
51	樊树根	120.0	110.4	73.0	67.2	193.0	177.6
52	王治水	167.5	154.1	102.0	93.8	269.5	247.9
53	王阿代	95.5	87.9	58.0	53.4	153.5	141.2
54	纪华光	71.5	65.8	43.5	40.0	115.0	105.8
55	纪华前	71.5	65.8	43.5	40.0	115.0	105.8
56	胡素兰	71.5	65.8	53.5	49.2	125.0	115.0

续表9-3

户号	户　名	农业税		教育费		合　计	
		数量(公斤)	金额(元)	数量(公斤)	金额(元)	数量(公斤)	金额(元)
57	叶赛文	24.0	22.1	15.0	13.8	39.0	35.9
58	王新寿	71.5	65.8	43.5	40.0	115.0	105.8
59	鲁亦翔	143.5	132.0	87.5	80.5	231.0	212.5
60	纪文根	48.0	44.2	29.0	26.7	77.0	70.8
61	纪华章	24.0	22.1	15.0	13.8	39.0	35.9
62	鲁亦平	120.0	110.4	73.0	67.2	193.0	177.6
63	鲁毓根	111.0	102.1	64.0	58.9	175.0	161.0
64	鲁毓明	83.5	76.8	48.0	44.2	131.5	121.0
65	鲁秀云	71.5	65.8	43.5	40.0	115.0	105.8
66	鲁寿庆	71.5	65.8	43.5	40.0	115.0	105.8
67	纪华明	71.5	65.8	43.5	40.0	115.0	105.8
68	黄付英	24.0	22.1	15.0	13.8	39.0	35.9
69	翁兰英	71.5	65.8	43.5	40.0	115.0	105.8
70	周文玉	48.0	44.2	29.0	26.7	77.0	70.8
71	徐樟明	71.5	65.8	43.5	40.0	115.0	105.8
72	徐松云	71.5	65.8	43.5	40.0	115.0	105.8
73	王溪远	71.5	65.8	43.5	40.0	115.0	105.8
74	纪华亮	48.0	44.2	291.0	26.7	77.0	70.8
75	纪小林	24.0	22.1	15.0	13.8	39.0	35.9
76	金瑞明	71.5	65.8	43.5	40.0	115.0	105.8
77	王溪会	24.0	22.1	15.0	13.8	39.0	35.9
78	纪荣金	24.0	22.1	15.0	13.8	39.0	35.9
79	村租田	34.0	31.3	13.5	12.4	47.5	43.7
80	王文之	91.5	84.2	61.5	56.6	153.0	140.8
81	吴永生	55.0	50.6	37.0	34.0	92.0	84.6
82	王荣土	55.0	50.6	32.0	29.4	87.0	80.0
83	王荣金	55.0	50.6	37.0	34.0	92.0	84.6
84	王文夫	91.5	84.2	56.5	52.0	148.0	136.2
85	王素林	73.0	67.2	44.0	40.5	117.0	107.6
86	王宝奎	70.0	64.4	43.0	39.6	113.0	104.0
87	王渭昌	78.0	71.8	46.0	42.3	124.0	114.1
88	王土生	55.0	50.6	32.0	29.4	87.0	80.0

续表9-3

户号	户　名	农业税		教育费		合　计	
		数量(公斤)	金额(元)	数量(公斤)	金额(元)	数量(公斤)	金额(元)
89	王国富	55.0	50.6	37.0	34.0	92.0	84.6
90	卜爱花	36.5	33.6	20.5	18.9	57.0	52.4
91	张赛琴	36.5	33.6	20.5	18.9	57.0	52.4
92	王　勤	36.5	33.6	20.5	18.9	57.0	52.4
93	叶栋良	53.5	49.2	31.0	28.5	84.5	77.7
94	王渭金	73.0	67.2	49.0	45.1	122.0	112.2
95	吴永良	73.0	67.2	54.0	49.7	127.0	116.8
96	王启英	18.0	16.6	12.0	11.0	30.0	27.6
97	王恭海	55.0	50.6	37.0	34.0	92.0	84.6
98	徐荣泉	79.0	72.7	53.0	48.8	132.0	121.4
99	王仕清	73.0	67.2	49.0	45.1	122.0	112.2
100	王正有	18.0	16.6	12.0	11.0	30.0	27.6
101	王牛崽	91.5	84.2	61.5	56.6	153.0	140.8
102	董雪平	112.0	103.0	70.0	64.4	182.0	167.4
103	王国荣	91.5	84.2	61.5	56.6	153.0	140.8
104	董雪洪	91.5	84.2	61.5	56.6	153.0	140.8
105	徐荣良	79.0	72.7	53.0	48.8	132.0	121.4
106	徐荣成	61.0	56.1	41.0	37.7	102.0	93.8
107	王土斌	55.0	50.6	37.0	34.0	92.0	84.6
108	应李根	73.0	67.2	49.0	45.1	122.0	112.2
109	樊沙子	36.5	33.6	20.5	18.9	57.0	52.4
110	王溪彩	36.5	33.6	20.5	18.9	57.0	52.4
111	王仁华	73.0	67.2	44.0	40.5	117.0	107.6
112	王恭庆	55.0	50.6	37.0	34.0	92.0	84.6
113	叶志清	91.0	83.7	51.5	47.4	142.5	131.1
114	叶柏荣	55.0	50.6	37.0	34.0	92.0	84.6
115	叶渭赛	55.0	50.6	37.0	34.0	92.0	84.6
116	鲁树棠	151.0	138.9	80.0	73.6	231.0	212.5
117	王士善	55.0	50.6	37.0	34.0	92.0	84.6
118	王耀昌	86.0	79.1	54.0	49.7	140.0	128.8
119	王国书	91.5	84.2	61.5	56.6	153.0	140.8
120	吴永根	18.5	17.0	12.0	11.0	30.5	28.1

续表9-3

户号	户　名	农业税		教育费		合　计	
		数量(公斤)	金额(元)	数量(公斤)	金额(元)	数量(公斤)	金额(元)
121	金根寿	18.5	17.0	12.0	11.0	30.5	28.1
122	王茂昌	18.5	17.0	12.0	11.0	30.5	28.1
123	王银昌	18.5	17.0	12.0	11.0	30.5	28.1
124	王炳荣	44.5	40.9	23.0	21.2	67.5	62.1
125	陈水荣	18.5	17.0	12.0	11.0	30.5	28.1
126	鲁海松	73.0	67.2	49.0	45.1	122.0	112.2
127	鲁海林	36.5	33.6	24.5	22.5	61.0	56.1
128	王小平	54.5	50.1	36.5	33.6	91.0	83.7
129	童彩松	54.5	50.1	41.5	38.2	96.0	88.3
130	郑根清	36.5	33.6	24.5	22.5	61.0	56.1
131	方烈升	36.5	33.6	24.5	22.5	61.0	56.1
132	陈银林	73.0	67.2	49.0	45.1	122.0	112.2
133	陈云生	18.0	16.6	12.0	11.0	30.0	27.6
134	王献生	73.0	67.2	49.0	45.1	122.0	112.2
135	邱寿根	18.0	16.6	12.0	11.0	30.0	27.6
136	王炳升	52.0	47.8	36.0	33.1	88.0	81.0
137	郑志荣	36.5	33.6	24.5	22.5	61.0	56.1
138	叶庆明	91.0	83.7	61.0	56.1	152.0	139.8
139	陈阿云	36.5	33.6	24.5	22.5	61.0	56.1
140	王道善	36.5	33.6	24.5	22.5	61.0	56.1
141	王水清	18.0	16.6	12.0	11.0	30.0	27.6
142	陈永昌	36.5	33.6	24.5	22.5	61.0	56.1
143	诸玉兰	36.5	33.6	24.5	22.5	61.0	56.1
144	王阿清	91.0	83.7	61.0	56.1	152.0	139.8
145	王中心	73.0	67.2	49.0	45.1	122.0	112.2
146	王炳良	73.0	67.2	49.0	45.1	122.0	112.2
147	毛秀兰	18.0	16.6	12.0	11.0	30.0	27.6
148	樊树海	91.0	83.7	61.0	56.1	152.0	139.8
149	童海中	54.5	50.1	31.5	29.0	86.0	79.1
150	童海松	54.5	50.1	36.5	33.6	91.0	83.7
151	叶庆祥	88.5	81.4	55.0	50.6	143.5	132.0
152	王炳洋	109.0	100.3	68.5	63.0	177.5	163.3

续表9-3

户号	户　名	农业税		教育费		合　计	
		数量(公斤)	金额(元)	数量(公斤)	金额(元)	数量(公斤)	金额(元)
153	王国强	54.5	50.1	36.5	33.6	91.0	83.7
154	方爱良	73.0	67.2	49.0	45.1	122.0	112.2
155	童春根	54.5	50.1	36.5	33.6	91.0	83.7
156	鲍海富	73.0	67.2	49.0	45.1	122.0	112.2
157	王炳林	73.0	67.2	44.0	40.5	1171.0	107.6
158	童海生	54.5	50.1	36.5	33.6	91.0	83.7
159	王云金	82.0	75.4	53.0	48.8	135.0	124.2
160	王炳生	100.0	92.0	60.0	55.2	160.0	147.2
161	鲍雪富	73.0	67.2	49.0	45.1	122.0	112.2
162	金海云	73.0	67.2	44.0	40.5	117.0	107.6
163	金海兵	36.5	33.6	24.5	22.5	61.0	56.1
164	童海荣	54.5	50.1	36.5	33.6	91.0	83.7
165	陈爱祥	73.0	67.2	49.0	45.1	122.0	112.2
166	方国良	91.0	83.7	61.0	56.1	152.0	139.8
167	王国康	54.5	50.1	36.5	33.6	91.0	83.7
168	王春松	73.0	67.2	44.0	40.5	117.0	107.6
169	郑雪芳	73.0	67.2	49.0	45.08	122.0	112.2
170	王绍华	63.5	58.4	40.0	36.8	103.5	95.2
171	王仕清	6.0	5.5	2.0	1.8	8.0	7.4
172	鲁毓根	14.0	12.9	5.0	4.6	19.0	17.5
173	王土生	13.0	12.0	5.0	4.6	18.0	16.6
174	金瑞明	18.0	16.6	7.0	6.4	25.0	23.0
175	鲁寿清	3.0	2.8	1.0	0.9	4.0	3.7
176	王炳成	53.0	48.8	41.0	37.7	94.0	86.5
177	叶松云	93.5	86.0	62.5	57.5	156.0	143.5
178	叶松林	18.5	17.0	12.0	11.0	30.5	28.1
179	王生生	74.5	68.5	45.0	41.4	119.5	109.9
180	王建明	56.0	51.5	32.5	29.9	88.5	81.4
181	王文荣	74.5	68.5	5.0	46.0	124.5	114.5
182	徐素荣	84.0	77.3	56.0	51.5	140.0	128.8
183	王治华	74.5	68.5	50.0	46.0	124.5	114.5
184	王威林	74.5	68.5	55.0	50.6	129.5	119.1

续表9-3

户号	户　名	农业税		教育费		合　计	
		数量(公斤)	金额(元)	数量(公斤)	金额(元)	数量(公斤)	金额(元)
185	徐素良	114.0	104.9	73.0	67.2	187.0	172.0
186	徐素光	65.0	59.8	43.5	40.0	108.5	99.8
187	徐永林	18.5	17.0	12.0	11.0	30.5	28.1
188	王渭安	93.5	86.0	62.5	57.5	156.0	143.5
189	赵新富	84.0	77.3	56.0	51.5	140.0	128.8
190	赵有松	84.0	77.3	56.0	51.5	140.0	128.8
191	赵有良	84.0	77.3	56.0	51.5	140.0	128.8
192	赵有富	84.0	77.3	56.0	51.5	140.0	128.8
193	陈永国	69.0	63.5	46.0	42.3	115.0	105.8
194	陈永光	69.0	63.5	46.0	42.3	115.0	105.8
195	陈永富	86.0	79.1	57.0	52.4	143.0	131.6
196	金兴长	112.0	103.0	75.0	69.0	187.0	172.0
197	徐素明	26.5	24.4	18.0	16.6	44.5	40.9
198	王永清	112.0	103.0	75.0	69.0	187.0	172.0
199	王有祥	37.5	34.5	25.0	23.0	62.5	57.5
200	王素清	93.5	86.0	62.5	57.5	156.0	143.5
201	王治详	93.5	86.0	62.5	57.5	156.0	143.5
202	叶志明	74.5	68.5	50.0	46.0	124.5	114.5
203	王文进	74.5	68.5	50.0	46.0	124.5	114.5
204	王渭祥	37.5	34.5	25.0	23.0	62.5	57.5
205	王炳福	56.0	51.5	37.5	34.5	93.5	86.0
206	王炳泉	18.5	17.0	12.0	11.0	30.5	28.1
207	王高栋	18.5	17.0	12.0	11.0	30.5	28.1
208	蒋国昌	18.5	17.0	12.0	11.0	30.5	28.1
209	叶志银	74.5	68.5	50.0	46.0	124.5	114.5
210	叶道昌	56.0	51.5	37.5	34.5	93.5	86.0
211	叶志成	74.5	68.5	50.0	46.0	124.5	114.5
212	鲁亦红	56.0	51.5	37.5	34.5	93.5	86.0
213	叶道生	74.5	68.5	50.0	46.0	124.5	114.5
214	陈美珠	18.5	17.0	12.0	11.0	30.5	28.1
215	陈耀进	74.5	68.5	50.0	46.0	124.5	114.5
216	陈素明	74.5	68.5	50.0	46.0	124.5	114.5

续表9-3

户号	户　名	农业税		教育费		合　计	
		数量(公斤)	金额(元)	数量(公斤)	金额(元)	数量(公斤)	金额(元)
217	王文钧	56.0	51.5	37.5	34.5	93.5	86.0
218	鲁亦鹏	74.5	68.5	50.0	46.0	124.5	114.5
219	李梅香	18.5	17.0	12.0	11.0	30.5	28.1
220	王永辉	112.0	103.0	75.0	69.0	187.0	172.0
221	王水银	37.5	34.5	25.0	23.0	62.5	57.5
222	王文方	37.5	34.5	25.0	23.0	62.5	57.5
223	王树生	18.5	17.0	12.0	11.0	30.5	28.1
224	王文中	56.0	51.5	37.5	34.5	93.5	86.0
225	王渭平	74.5	68.5	50.0	46.0	124.5	114.5
226	王有昌	74.5	68.5	50.0	46.0	124.5	114.5
227	王炳成	24.5	22.5	10.0	9.2	34.5	31.7
合　计		14511.0	13350.1	9335.0	8588.2	23846.0	21938.3

第三节　金　　融

境内金融业解放前无考。1953 年 3 月，各乡成立金融委员会，村设金融小组。1954 年后，采取群众集股等形式办起横山、下宅、志棠等信用合作社，农村储蓄存款和生产、生活贷款等业务逐步得到发展。进入 21 世纪后，农村居民储蓄存款逐年攀升。

一、机构

中国农业银行模环营业所　1951 年 12 月，中国人民银行龙游县支行在横山设服务组。1954 年 5 月，服务组升级为营业所。1956 年 1 月，中国农业银行从中国人民银行析出，模环营业所归属中国农业银行龙游县支行，8 月模环营业所撤销。1958 年 1 月，模环营业所恢复。9 月，模环区建立政社合一的原子人民公社(11 月改为模环人民公社)，农村金融机构相应调整，营业所与信用合作社合并为信用部，下辖信用分部。翌年，信用部撤销，恢复营业所。之后经过数次变更，直至 1984 年 1 月模环营业所划归中国农业银行龙游县支行。1986 年 5 月，设中国农业银行横山储蓄所，地址在横山。

横山信用合作社　1954 年 10 月在横山设立。1958 年成立大公社时，信用合作社与横山营业所合并为信用服务部，下设信用服务站。1961 年，设横山信用社，行政归横山人民公社管理，业务归中国人民银行模环营业所管理。1987 年 4 月,县农村信用合作社联合社成立,横山信用合作社成为联合社的下属单位,业务直接由县农村信用合作社管理。

下宅信用合作社　1954 年 12 月在后徐设立。1961 年,设下宅信用社,行政归下宅人民公社管理,业务归中国人民银行模环营业所管理。1987 年 4 月,县农村信用合作社联合社成立,下宅信用合作社成为联合社的下属单位,经县联社授权由横山信用合作社代管。

志棠信用合作社　1956 年 2 月在志棠设立。1961 年,设志棠信用社,行政归志棠人民公社管理,业务归中国人民银行模环营业所管理。1987 年 4 月,县农村信用合作社联合社成立,志棠信用合作社成为联合社的下属单位,经县联社授权由横山信用合作社代管。

中国邮政银行横山营业所　1990 年,县邮电局在横山设邮政储蓄所。2010 年 12 月 16 日成立横山营业所,位于塔山南路 46 号。2019 年,横山邮政营业所重新装修,改善厅堂环境,营造厅堂氛围。

浙江省证券公司龙游代理处横山代理点　1989 年 3 月 21 日,浙江省证券公司龙游代理处成立,1990 年 8 月龙游代理处在横山设代理点。

龙游农村商业银行横山支行　2005 年 1 月 26 日成立,位于龙葛西路 1 号。

龙游农村商业银行横山支行志棠分理处　2005 年 1 月 26 日成立,位于志棠村龙葛路 36 号。

龙游农村商业银行横山支行下宅分理处　2010 年 8 月 6 日成立,位于后徐村后梅路西侧后徐村委会办公楼 1—2 楼。

龙游义商村镇银行横山支行　2013 年 12 月 10 日成立,位于龙葛南路 1 号。

二、储蓄　贷款

金融机构储蓄、贷款的种类繁多,选录人们熟悉与新办的几种。

活期储蓄　1949 年 7 月开办,原分存折、支票 2 种。开办初,每月结息一次,后改 3 个月结息一次,1952 年改 6 个月结息一次,1955 年起停办支票户,改为每年结息一次。

定活两便储蓄　分不固定面额和固定面额 2 种。1950 年 5 月开办不固定面额的定活两便储蓄,年底停办,1959 年恢复办理,1965 年 10 月又停办。1984 年起,各专业银行先后恢复此种储蓄,并开办固定面额定活两便储蓄。

整存零取定期储蓄　1950 年开办。因存储者极少,不久即停办。1980 年 5 月,农业银行又开办此种储蓄,30 元起存,多存不限,存期分 1 年、3 年、5 年 3 种,凭存单分期支取本金。支取期分 1 个月 1 次、3 个月 1 次、半年 1 次等,由储户于开户时确定。

整存整取定期储蓄　1952 年 7 月开办。2 元起存,多存不限。存期分 15 天和 1~12 个月,共 13 种。后在存额和存期方面作过数次修改。1990 年为 10 元起存,分 3 个月、6 个月、1 年、2 年、3 年、5 年、8 年七种。

存本付息定期储蓄　1952 年 7 月开办。100 元起存,多存不限。存期为 1~12 个月,共 10 种。凭存单每半个月或一个月支息一次,到期支取本金。1986 年为 1000 元起存,存期分 1 年、3 年、5 年 3 种,凭存单约定 1 个月或数月支取利息一次,到期支取本金。

实物有奖储蓄　1982 年 12 月 10 日县农业银行首次开办,存款期限为 1 年,存单面额 50 元。因奖品皆为市场紧俏商品,深受群众欢迎。此后,各专业银行相继举办,存期、面额、奖励办法各行不尽相同。1989 年底停办。

保值储蓄 1988年9月10日开办。凡城乡居民个人存入3年期以上整存整取定期储蓄均实行保值；对同年9月10日以前存入尚未到期的3年以上存期的整存整取定期储蓄亦给予保值。

集体农业贷款 集体农业贷款是国家银行、信用合作社对集体农业组织发放的农、林、牧副、渔各项贷款。如1955年，下宅乡试办新生活高级农业生产合作社，入社农户324户，曾贷款购买生产设备。1962年，县金融部门针对黄土丘陵低产田多的实际，推广"以磷增氮，以肥增粮"经验，贷款重点投向横山等10余个较大田畈改造。

乡镇企业贷款 境内1958年始有社队企业贷款。1970年8月，根据省财政金融局《关于发放社队办小煤窑贷款的通知》，银行发放22.6万元无息贷款支持小窑，志棠、横山、下宅公社煤矿得到部分贷款。1981年，社队企业贷款从农贷指标中划出，实行专项管理。模环营业所对全区18个社办企业，从产品销路、能源落实、技术力量、运输条件及污染等情况划分3个类型：第1类是建材煤炭行业，有8个厂矿，作为重点支持对象；第2类是轻纺加工行业，有5个厂，贷款从严，分别对待；第3类是农机修配行业，有5个厂，促其并入相应的砖瓦厂、水泥厂。由于实行"区别对待，择优扶植"，当年贷款55.5万元，促使企业总值上升169.2万元。1984年，社队企业改名为乡镇企业后，企业贷款数明显增加。

"幸福乡村贷" 由农商银行推出，以村股份经济合作社为借款人发起的一种创新型信用贷款。2021年11月25日，"幸福乡村贷"授信仪式在横山镇举办。其中，白鹤桥村、志棠村、横山村和后徐村被评定为3A级信用村，每个村授信贷款200万元；会泽里村、河宗村、天池村等8个村被评定为2A级信用村，每个村授信贷款100万元；项家村、上宾村、余岗村等7个村被评定为1A级信用村，每个村授信贷款50万元。

三、农村信用合作

信用社 1954年4月，县人民银行通过试点，组建信用合作社，5月在供销社建立信用部。1956年，在农业合作化推动下，信用社发展到1乡1社。1958年9月，实现人民公社化，信用社与银行营业所合并，称人民公社借用部，生产大队（后称管理区）设信用分部。原信用社股金和积累全部转入人民公社信用部信贷基金，不分红，不计息。1961年，撤销人民公社信用分部，重新恢复信用合作社，各人民公社设立1个信用社，大队视需要设立信用服务站。1969年，信用社实行贫下中农管理，各生产大队建立贫下中农管理小组，推行干部职工不脱产，走"亦工亦农"道路，致使信用社财务混乱，业务开展受影响。1983年，信用社实行管理体制改革，恢复社员代表大会制度，选举产生理事会、监事会，主任由任命制改为选举制。

县联社 1987年5月19日，模环区成立县农村信用合作社联合社办事组。至1990年末，境内有各类信用合作组织37个，其中信用社3个（横山、下宅、志棠），信用社储蓄所1个（横山），信用服务站33个（横山镇15个、下宅乡6个、志棠乡12个）。1992年，为适应行政区划调整，境内设志棠、横山2个信用合作社和下宅信用分社。是年12月，县农村信用合作社联合社模环办事组改称横山办事组。2005年12月，志棠镇并入横山镇，志棠信用合作社改称志棠信用分社。2014年，横山信用合作联社有员工29人，存款余额65156万元，贷款余额29564万元。其中，社本级员工15人，存款余额28109万元，贷款余额16682万元；志棠信用分社员工4人，存款余额11185万元，贷款余额2998万元；下宅信用分社员工4人，存款余额10099万元，贷款余额3866万元。

表 9-4 **1990 年末横山、志棠、下宅信用社资金状况表** 单位：万元

社 名	各项存款余额	各项放款余额	转存银行款	存款准备金	股 金	公积金	当年盈亏	
							盈余	亏损
横山信用社	329.3	146.4	79.6	49.7	0.9	0	—	8.0
志棠信用社	258.8	124.3	43.3	38.0	0.4	0	—	2.2
下宅信用社	161.4	99.9	58.0	25.4	1.1	3.5	0.2	—

四、保险

机动车辆险及附加险 1983 年开办。保险费率按照营业车辆和非营业车辆及型号、吨位、座位等分别确定。最高费率 8‰，最低 5‰，保期一年。保险期内，无赔款者在续保时发给实交保险费 10%作为奖励。

国内货物运输险 1950 年开办。以运输过程中各类物资为保险标的。保险费率按不同运输工具、运载区域及货物危险程度等确定，最高费率 15‰，最低 0.2‰。1958 年停办，1984 年恢复。

家庭财产险及附加盗窃险 以个人家庭财产为保险标的，保期一年，期满可续保。保险费率最高 3‰，最低 1‰。保险金额由投保家庭自行确定。附加盗窃险按保额 2‰收取保险费。1982 年开办，1989 年增设家庭财产两全保险业务。

自行车盗窃险 1986 年开办。保险费率 2.5%。

农业险 1987 年起，先后开办生猪险、耕牛险、养鱼险、金针菇险、珍珠险及村干部种养殖业平安险等。2013 年，县府办下发《关于开展生猪保险全覆盖工作的实施意见》；2020 年 9 月，人保龙游支公司对 52 户生猪保险户进行理赔，其中涉横山镇 11 户。

表 9-5 **2020 年生猪保险户理赔情况情况表**

出险时间	出险地点	联系人	头数(头)	金额(元)
2020 年 8 月 24 日	下宅村	饶根祥	79	8060
2020 年 8 月 24 日	后徐村	翁月成	76	7200
2020 年 8 月 24 日	天池村	周勇明	35	4620
2020 年 8 月 25 日	贤求朋村	徐光林	42	4460
2020 年 8 月 25 日	横山村	陈 丹	35	6250
2020 年 8 月 28 日	志棠村	邵小锋	22	4280
2020 年 8 月 28 日	天池村	周勇明	19	4560
2020 年 8 月 30 日	大平坂(畈)村	柯旭东	4	2160
2020 年 8 月 30 日	后徐	翁月成	11	2340
2020 年 8 月 30 日	大平坂(畈)村	陈志平	67	5520
2020 年 8 月 30 日	贤求朋村	徐光林	34	4780

简易人身险 1953年开办。投保条件为年满16周岁至65周岁，有当地户口的男女公民。保险期限分为5年、10年、15年、20年、30年5个档次。保险费按份计算，每份每月保险费1元。不分年龄和期限，每人可投保1份或多份。总保险金额不得超过5万元。到期还本，并支付一定利息。1958年停办，1986年8月恢复。

养老金险 1985年开办。被保险人在年老丧失劳动能力后，可向保险公司逐月领取约定数额养老金。根据投保人年龄与商定保险费标准，每月向保险公司缴纳一定数额保险费。为使村级干部安心工作，1988年3月，县保险公司在省内率先创办村级干部养老金保险，以村党支部书记、村民委员会主任为养老保险对象，以乡镇为单位统一投保。中共中央组织部曾专门发文向全国介绍，中共浙江省委组织部、省保险公司也联合发文向全省推广，《农民日报》《浙江日报》先后刊登。1989年，增办农社电影放映员养老金保险、招聘选聘干部养老金保险、义务兵养老金保险。1990年5月，开办农村独生子女及两女父母养老金险。1993年5月，乡、镇设农村社会保险事业管理所，由各乡镇民政助理员负责农村养老保险业务。保险对象为农村户口20~60周岁公民，满60周岁停止缴纳，投保人员自年满60周岁的下月起，按月或按季领取养老金。9月，横山镇开展首轮农村社会养老保险投保工作。11月23日，县民政局、县人武部对农村户籍义务兵等优抚对象参加农村社会养老保险有关问题作出规定。1994年11月，农村男女青年结婚登记和农村幼儿户口登记需先缴纳保险费再办理登记手续。2010年6月，县政府在横山镇开展城乡居民社会养老保险试点，全镇45~60周岁参保6980人，参保率为96.8%，16~60周岁参保8651人，参保率为63.5%。2011年参加新型农村养老保险12527人，参保率为71.2%。2019年，发放城乡居民养老保险金1684万元。

表9-6 **1995年志棠镇农村社会养老金保险任务表**

村　名	总人数（人）	20~60岁人数（人）	任务数（元）	村　名	总人数（人）	20~60岁人数（人）	任务数（元）
杨家	851	485	6500	凌阁张	530	325	4500
新宅	733	431	6000	腰塘边	1027	639	9100
下店	436	250	3300	张家	712	472	7100
西大门	748	441	5700	钱家	598	362	5000
后郜	470	262	4000	东王	506	323	4200
卸厅	418	248	4000	塔下叶	872	535	7600
席家	416	238	3000	翁坞	247	148	2000
前郜	539	343	4000	合计	9103	5502	76000

师生平安险 1986年5月为保障学生和教职员工身心健康开办。由所在学校集体办理，保险期一年，期满后重办续保手续。保险金额每人2000~5000元，保险费率2‰。

公路旅客意外伤害险 50年代初开办。凡持票搭乘国营、集体单位客运汽车旅客均属保险对象。保险金额每人3000元，保险费按原票价2%加计票价内，由公路客运部门代为收取。1958年停办，1985年恢复。

团体人身意外伤害险 1985年开办。以单位为投保人，在职职工为被保险人，集体投保，凡年龄在16~60周岁,身体健康,能正常工作或劳动者,均可为被保险人。保险期限一年,期满后重新办理投保。保险金额最低3000元,最高2万元。保险费率根据行业或工作性质确定,最高14‰,最低1‰。

驾驶员人身意外伤害险　1987年开办。凡持有机动车辆驾驶执照和身份证件自驾人员,均可投保。保险期限一年,期满后重办续保手续。保险金额每人5000元,保险费率6‰。

独生子女平安险　1986年,为促进计划生育工作,保障婴幼儿和少年儿童健康成长,解除家长后顾之忧而开办。凡从出生至15周岁,身体健康,发育正常的独生子女,均可投保。保险期限从投保日起至15周岁止。保险金额每份1000元,每人可投保1份或多份,最多不超过50份,每份保险费5元。

农村独生子女及两女户父母养老金险　1990年5月,为解决农村有女无儿户夫妇老有所养,解除农村纯女户夫妇晚年生活顾虑而试办。凡生育一个或两个女孩后,采取绝育措施的夫妇均可投保。被保险人,男性至60岁、女性至55岁时,由保险公司按月付给所规定养老金数额,直到身故为止。

五、债券

公债　亦称国债。民国时期,公债名目繁多,有中央发行的国家公债和地方政府发行的地方公债。县内派募发行可查的有:1928年5月发行的"浙江省公路公债",派募额为5万元(国币);1937年发行"救国公债",派额为30万元(法币);1942年7月发行"同盟胜利美金公债",派额3万元(美元);同时发行的"同盟胜利国币公债",派额120万元;1943年6月发行的"同盟胜利公债",派额200万元,劝募额100万元;1944年发行的"同盟胜利公债",派额500万元。民国时期的公债,大多以强制手段硬性派募。如筹募1942年同盟胜利国币公债120万元时,以国币公债50万元、美金公债3万元分配各乡镇派募,又以70万元分成11个等级:特等户5万元,甲等户3万元,乙等户2.5万元,丙等户2万元,丁等户1.5万元,戊等户1万元,己等户0.5万元,庚等户0.4万元,辛等户0.3万元,壬等户0.2万元,癸等户0.1万元,向工商业户、自由职业者、房屋业人员强行派购。派募对象如不及时缴款,即派警察督催。解放后,人民政府为发展生产,于1950—1958年发行人民胜利折实公债和国家经济建设公债共6次,1968年按期如数还清本息。从1981年起连年发行国库券,发行初期不允许流通,1985年起规定购买期限满2年后可办理贴现,1988年4月起开办国库券流通转让市场,国库券成为金融商品。1985—1995年,县内曾发行金融债券和企业债券。1989年3月,浙江省证券公司龙游代理处成立,次年8月在横山等地设证券代理点,专营中国人民银行批准上市的国债买卖业务。

地方企业债券　由企业依照法定程序发行,不记名,不挂失,可转让、继承,在一定期限内还本付息,但不得在市场上流通。1988年3月,经县人民银行批准,志棠水泥厂首先发行企业债券100万元,面额50元,期限3年,利率20%,实际完成99.05万元,由县农业银行代理发行。1993年,县人民银行批准志棠水泥厂发行企业债券198万元,期限为1年、3年,年利率分别为9.9%、11.5%,由县农业银行代理发行。1994—1995年,县人民银行批准龙游第一水泥厂(位于下宅青龙山)、志棠水泥厂等单位,发行企业债券,期限均为9个月,月利率11.25%,由县农业银行、建设银行代理发行。1996年后,境内未再发行企业债券。

第四节 市场监管

作为经济行政管理重要组成部分的工商行政管理、质量技术监督和食品药品监督管理，长期处于分散和兼管状况。2014 年县市场监督管理局成立后，职能不断强化，经济行政管理趋于规范和严密。

一、机构

模环区工商行政管理所（简称模环区工商所） 位于横山。1979 年 4 月成立，负责辖区内的工商管理业务和行政执法。1992 年 12 月，模环区工商所改为横山工商所。

横山工商所 1992 年 12 月由模环区工商所改立。1998 年 6 月改横山工商所为县工商局基层派出机构。2003 年，横山工商所与塔石、小南海工商所合署，地址设于小南海集镇。

横山质监工作站 2005 年 5 月，县质监局在横山设质监工作站，设站长 1 名、专职质监员 1 名，负责片区范围内的质量技术监督管理和服务。志棠镇由分管领导兼任质监员，并在经济较发达的重点村各设置兼职的协管员 1 名。

横山烟草专卖管理所 1989 年 5 月，在横山设烟草专卖管理所。

消费者协会模环区分会 1988 年 12 月，县消费者协会模环区分会设立，地址在横山。依法对市场商品和服务进行监督，保护消费者合法权益。1990 年，建立消费维权监督体系，在各乡、镇设消费维权监督站，在行政村、社区、农场设消费维权监督点，在部分集贸市场、商场、景区、学校、企业设消费维权联络站，均聘有消费维权监督员。

镇食品安全委员会 2005 年 3 月，县政府转发县质监局制订的《关于建立质监工作网络切实抓好质量安全工作的实施意见》，横山镇、志棠镇成立由镇长为主任，有关分管领导为副主任的食品安全委员会。

二、职能

办理营业执照 模环区工商所成立于改革开放之时，当时农村完成国家统购粮食和油料的任务后允许在市场上出售粮油，一些合作商店和二轻企业（中国原第二轻工业部管辖的轻工业企业）相继改制或解体，个体工商户陆续出现。1985 年，区工商所开始办理个体工商业户营业执照。1988 年，根据县政府关于鼓励发展个体经济和私营经济若干问题的意见，进一步放宽对从事个体工商业、私营企业限制，放宽从业对象、行业范围、经营网点、经营方式和名称字号，简化外来生产经营户登记。1998 年，建立投资兴业联合办公室制度，证、照实行一条龙办理。2001 年 4 月，横山工商所经授权直接办理个体工商户的开业、变更、注销等业务。

打击走私、假冒等活动 20 世纪 80 年代初，随着对紧俏商品需求日益旺盛，走私、贩私增多。1986—1987 年，工商所开展各种形式的突击检查，查获的主要走私物资有摩托车、彩色电视机、电子表、香烟、磁带、鳗鱼苗等。80 年代后,市场上假冒伪劣商品渐多,工商部门加大打击力度,查获假冒物资有烟、酒、手表、银圆、盗版录音带、滋补品、名牌服饰、鞋类等。1995 年起,每年开展“红盾打假保农业、打假保健康、打假保名牌、打假保节日”专项整治行动。

商标、广告管理 1983 年,开始执行《中华人民共和国商标法》,恢复商标自愿注册。2004 年,境内青龙山水泥注册的“燕荡山”商标被评为省级驰名商标。2017 年起停止了新的省市级著名商标认定和延续确认。

烟草专卖 1961 年起,卷烟实行凭票供应。农村采取奖售办法,根据投售生猪、鲜蛋、茶叶、柑橘等农副产品的数量奖售卷烟。1984 年,取消卷烟供应券,但一些名牌烟仍供不应求,每逢重大节日,由县糖烟酒公司分配到区、乡和各单位。直至 1991 年春节,一些紧俏卷烟仍按户分配,城镇每户 4 盒,农村每户 3 盒。此后,市场经济发展,烟草由市场调节。

保护消费者权益 2005 年 12 月,县工商所在横山举行消费知识竞赛,在横山等集镇开展送《新消费宣传手册》、送消费知识、维权下乡“三送”活动。

食品生产排查 2005 年,在乡镇质监员的共同努力下,采取“进村入企入户”的办法,对辖区内的食品生产加工企业全面排查,做到企业数量、质量状况、人员素质、生产设备、证照情况、产品流向“六清楚”。对普查的食品企业数据,都经村、镇逐级确认,同时按照省局要求绘制“三员四图”(三员:乡镇质监员、村协管员、企业质管员;四图:食品生产加工企业监管责任图、食品生产加工企业总图、食品生产加工企业分布图、高风险产品警示图),分乡镇建立台账、分企业建立档案。

三、服务

培育农村放心店 2005 年开展农村放心店培育活动,建立《进货验收备查制度》《不合格商品下柜制度》《消费投诉处理制度》《统一对外开展消费安全承诺制度》等,对整改不力的取消其“放心店”资格。2007 年,横山农产品市场推行部分重要商品准入制度,将农贸市场的家禽、肉类、豆制品、卤制品等商品列入准入范围,开展流通领域商品质量检测,健全和完善检测体系。

评比五好经营户 1991 年起,在个体工商户和私营企业中,开展遵纪守法好、经营作风好、服务态度好、整洁卫生好、纳税缴费好的“五好”经营户评比。

实施“绿色、安全”工程 1998 年末,农村实行生猪定点屠宰,实施生猪集中检疫管理。镇食品安全委员会成立以来,有效推进食品安全“三网”(农村现代流通网、监管责任网、群众监督网)建设,食品安全保障体系逐步健全。通过推进以“绿色、安全”为核心的“放心肉、放心粮、放心油、放心蔬菜、放心农资”工程建设,规范食品种植和养殖、生产加工、流通、使用等环节的行为,生猪、粮食、蔬菜产品基本实现无公害要求,食用油基本达到 QS 市场准入标准。

药品“两网”建设 2003 年起,出台有关农村药品“两网”(农村药品监督网络、药品供应网络)建设指导意见。2004 年 5 月,在乡镇建立药品配送站,行政村设药品配送零售点,引导和鼓励各种主体在农村开办药品零售连锁企业、零售企业和村级药品零售点,在“千镇连锁超市和万村放心店”中,建设乙类非处方药柜。各定点供应单位与村卫生室、个体诊所共同担负药品质量责任,签订质量保证协议。

品牌创建 2005 年,境内 3 个市级农业标准规范产品——《无公害志棠白莲》《龙游金丝草》《龙游红花菜》,完成省级地方标准修订。浙江青龙山建材有限公司“燕荡山”牌水泥为 2005 年“浙江名牌”,获得“国家免检产品”称号,实现了县创名牌工作的突破。

服务新农村建设 2009 年,在横山设立工商新农村服务站,拓展工商服务三农的新途径。

国家出台种粮专业合作社优惠政策后，工商所采取分时培训、巡回讲解、集中全程代理等方式开展行政指导，完成种粮专业合作社登记，使种植农民都享受国家惠农政策。鼓励农村土地流转，开展土地流转政策咨询、业务指导、编制流转流程、收集发布流转信息，指导帮助村委会与农户签订土地流转合同，完善土地流转合同档案，促进农村土地流转。

附录　模环区社队会计互助网情况调查（节录）

模环区各级党组织广泛开展会计互助网活动。加强党对财务工作的领导，提高广大财务人员政治觉悟和业务水平，建立和健全社队财务管理制度。对于开展农村经济领域的斗争，落实党的分配政策，巩固集体经济，发展农业生产，促进农、林、牧、副、渔全面发展，发挥了很好的作用。

模环区的实践证明，办好会计互助网，加强党对经济工作的领导，是一个重要方面，是巩固农村社会主义阵地、发展集体经济的有力措施，是搞好社队财务管理的一条群众路线。

认真总结经验，提高办网的自觉性

在农村经济蓬勃发展的大好形势下，模环区委用一分为二的观点，总结经验，发现有些社队财务管理不民主，制度不严，账目混乱，经济不清，“乱三支”严重。全区不完全统计，超支的金额达十六万多元，严重削弱集体经济，挫伤农民社会主义积极性，危害极大。看到了这些问题，认识到要改变这种状况，必须加强党对财务管理工作的领导，并提出了建立会计互助网，提高会计政治和业务水平，搞好财务管理的意见。但是，有的同志却认为财务问题不过是个经济问题，会计工作是个业务工作，互助网是个方法而已，办网没有必要；有的认为，任务重，中心忙，哪有工夫来办网，只要配备好专职人员，专门抓就好了。针对这些思想，模环区党组织，组织大家学习毛主席在《中国农村社会主义高潮》一书中关于“以区为单位，由农业生产合作社、供销合作社和信用合作社的会计员组织成会计互助网，就是这种提高会计员的文化、技术水平的好办法，……县和区的党组织都要注意去领导这项工作”的教导，总结了模环公社上张大队和兰塘公社茂盛湾大队正反两个方面的经验，深入进行思想政治教育。上张大队党支部加强对财务管理工作的领导，坚持勤俭办社、民主办社、年年分配兑现，没有超支户，集体经济日益壮大，生产不断发展，社员生活逐步提高，生产情绪高涨。而茂盛湾大队，放松了财务工作领导，导致“乱三支”严重，财务混乱，集体经济被挖空，大队代销店可以赊销，加工厂的加工费可以挂欠，集体的现金可以随便借支，逢时过节还搞统一预支，挫伤了农民的生产积极性。两个大队的对比，对大家教育启发很大，在这个基础上，他们还回顾总结办网经验。这个区在合作化高潮时期和社会主义教育运动中，曾先后两次办过互助网，它对于培养提高会计人员技能，建立健全社队财务管理，推动合作化运动发展、巩固集体经济起过很大的作用。后来，由于“左”倾思想的干扰，放松了对互助网活动的领导，致使互助网活动没有坚持下去。

后来发现社队财务管理松弛,账目混乱不清,贪污挪用乱支滥用迭起,引起各级领导的注意。通过总结分析,认为农村当前的情况,财务管理是个薄弱环节,需要加强党对财务工作的领导,它关系到集体经济发展,巩固农村社会主义阵地。建立会计互助网,正是加强社队财务管理工作领导的一条群众路线,只有广泛开展互助网活动,才能适应当前日益发展的大好形势和人手少、任务重、财务管理跟不上的矛盾,才能克服单纯依赖少数专职人员冷冷清清搞好财务的局面,从而统一认识,提高办网的自觉性。于是从1971年6月以来,对全区5个公社,337个社队核算单位,建立了15个会计互助网,把办好互助网列入党委的议事日程,当作提高财务人员政治业务水平、加强财务管理工作的一项重要内容来抓。

会计互助网具有强大的生命力

模环区各级党委在领导互助网活动中,把不断提高财会人员业务水平和政治觉悟作为指导思想,每次结合中心和经济领域中发现的问题和新动向,结合本网点实际和社员群众的要求,解决一些突出问题。活动采取先进现场学,问题现场帮,交流经验谈体会,提问题大家来解决等各种方法,因而取得较好效果,显示出强大生命力。

一、有利于党加强对经济工作的领导。互助网活动,在农村经济领域能及时反映新动向,发现新问题,成为党在农村领导广大群众抓好经济工作的有力助手。去年某些社队出现了"乱三支"的严重情况,互助网通过互查帮助揭露不少问题,使党组织尽快下决心,及时发动群众刹住了"乱三支"歪风。

二、有利于检查、推动社队分配和农村各项经济政策的落实。社队的一切经济活动,与党在农村的一系列政策是密切相连的,政策落实得好坏就会在经济上得到反映。他们针对今年春粮面积广、数量大、收成好、群众要求搞好春粮预分的新情况和有的干部手脚不清不肯搞,社员生产忙、会计怕麻烦不愿搞的思想,把检查落实党在农村经济政策作为重要活动内容。志棠等三个互助网通过活动试点情况,说明搞好春粮预分,可以促进各项经济政策的进一步落实;可以促进"勤俭办社"方针的贯彻;可以促进处理超支和整顿财务;可以促进计划用粮、节约用粮,进一步调动社员的积极性。在全区互助网组长会议上作了交流,统一思想,提高认识,有力地推动春粮预分工作的进行和各项经济政策的落实。

三、有利于加强党对财务人员的领导,提高觉悟,树立为社会主义理好财,为贫下中农管好家的思想。互助网是全体会计人员在党的领导下,共同学习,互相帮助的一个集体,在这个集体里,有什么思想要解决,最清楚;有什么问题要解决,最及时。模环区各级党组织,充分利用互助网这个组织形式,经常组织他们学习马列、毛主席著作,从根本上改变了过去财会人员"上面无人管,下面无人抓,拨拨算盘子,写写阿拉伯字"的倾向,消除了"财会工作危险""财会人员没出息"和怕麻烦、怕吃亏、怕结怨、怕受气、怕犯错误、怕挨整等想交班的"六怕一交"思想,还批判了单纯业务观点和放松财务管理的"老好人"思想,提高了广大财务人员全心全意为生产服务,树立为社会主义理好财,为贫下中农管好家的思想。

四、有利于提高新老会计的业务水平,建立和健全财务管理制度。近几年来,有的会计不敢钻研业务,不敢讲规章制度,加上会计人员调动频繁,新手比较多。他们虽然工作热情高,但业务生疏,财会队伍的业务水平不适应形势发展的需要。他们针对这个情况,积极开展业务辅导,以老带新,以新带弱,互教互学,相互促进,共同提高新老会计员的业务水平,建立健全了财务管理制度。全区119个新会计有86个能独立工作,财务制度健全,账目清楚。民主理财的队有184个,比办网前增加61%;财务紊乱,经济不清,制度不严的队,从办网前95个,下降到50个,下降47.4%。

五、有利于总结推广财务管理工作的经验。互助网活动在基层,与群众的联系最密切,贫下中农有什么要求最易了解。互助网在活动中根据社员对民主理财的意见和要求,推广总结了志棠公社后邵大队和模环公社许家大队实行五天、十天或一月一次利用晚上或农闲、雨天,由全体社员参加,将这一段时间里的经济收支活动,由经济保管员逐笔公布发票、凭证,经手人核对盖章,群众审查,会计当众记账公开核实现金的"开门记账"法,社员赞扬这种记账方法"易懂、及时、保证账目清楚不乱",可以堵住不合理的支出和借支挪用,可以使财会人员有更多时间参加集体劳动。在互助网的活动中,总结推广这个经验,深受群众欢迎,促进财务管理的进一步健全。

办好互助网,关键在于加强领导

模环区会计互助网,之所以能活动经常,取得显著效果,主要体会是:

一、加强党的领导,是办好互助网的根本保证。模环区各级党组织加强了对互助网的领导,党的主要负责同志把互助网活动,经常放在心上,抓在手里,摆在一定的议事日程上,关心他们的活动,重视和支持他们的要求。每当互助网活动时,区社党组织成员和所在大队党支部有人参加,帮助他们总结经验,及时掌握情况,发现问题,解决问题,使互助网活动坚持不断,日益巩固,越办越好。

二、在党的领导下,充分发挥财政部门的作用,是办好互助网的重要环节。这个区财金所,在"发展经济,保障供给"方针指导下,认识到要把农村金融工作切实转移到以农业为基础的轨道上来,当好支持农业生产的促进派,必须克服过去那种单纯业务观点,要跳出狭隘的业务圈子,消除人少事多的畏难情绪。他们积极主动地加强对互助网的具体辅导,经常深入实际,调查研究,掌握情况,发现问题,及时汇报,当好党委参谋。还根据党在农村各个时期的中心要求,经常召开互助网组长会议,研究活动内容和重点,检查总结工作。信用社同志也积极参加互助网具体活动,推动互助网活动正常开展。

三、选好组长,是办好互助网的重要条件。他们在建网中,每个网点挑选政治思想好、觉悟高、有一定工作能力和业务水平的会计为互助网组长,使互助网有一支基层领导骨干力量。并对他们加强政治思想教育,培养典型,树立样子。对认真负责,以身作则,在本大队搞好工作,以实际行动带动互助网活动的好组长,及时总结经验,组织交流,不断丰富他们办网经验,并及时表扬鼓励。

四、办好互助网,必须建立切实可行的、行之有效的规章制度。他们在实践中,根据工作需要,建立三项制度:一是学习制度。每次活动坚持看书学习,发扬理论联系实际的良好学风,做到马列的书、毛主席著作结合实际学,党的方针政策和上级指示结合中心学,先进经验及时虚心学。二是活动制度。每个网点都建立定期活动,每月至少一次,还根据党的中心工作和本网的实际情况,做到灵活机动。三是汇报制度。有经验及时交流,有问题如实反映,互通情报,沟通思想,密切上下联系。

(衢县政协调查组,写于1972年5月5日)

第十章　政　　治

早在20世纪20年代，境内就有中国共产党、中国国民党组织活动。横山境域是中国共产党早期开展革命活动的区域之一。蒋介石发动“四一二”反革命政变后，境内中共党组织遭到破坏，党员被杀害。至40年代，国共两党曾两次合作，促进了境内工农运动发展。1949年5月，龙游解放，国民党在境内的组织消亡。中华人民共和国成立后，境内中国共产党地方党组织领导人民进行社会主义革命和社会主义建设。

第一节　中国共产党

1928年，中共龙游北区区委成立，发展共产党和共青团组织。1931年10月，中共龙游北区区委暴露，党员被捕，区委组织解体。中华人民共和国成立以来，在中国共产党龙游县委员会的领导下，党组织不断得到巩固和发展。

一、早期党组织

1928年4月22日，中共浙西特委在兰溪女埠成立。月底，特委委员周啸秋（又名裘古怀）到龙游传达特委决定，宣布成立中共龙游县委员会，书记为汪瑞云、组织委员为沈衮宝、宣传委员兼共青团龙游县委书记为方策、农运委员为钱春泰。5月，龙游县委按区域建城区、南区、东区、北区4个区委，辖11个支部，党员91人。农运委员钱春泰兼任北区区委书记。12月，因浙西特委被撤销，县委与上级党组织联系中断。1930年7月，汪瑞云以报考为名，赴杭州寻找党组织，因叛徒出卖被捕，县委领导成员方策、傅梁广等因被追查出走，至此县委组织解体，下属组织大多停止活动，唯北区区委在书记钱春泰领导下坚持斗争。

北区区委　1928年5月，由中共龙游县委设立。区委书记钱春泰，机关驻清塘村（今属模环乡），辖清塘、兰塘2个支部。1930年7月县委解体后，下属组织失去领导，大多停止活动，北区区委在钱春泰领导下坚持活动。为有力打击反动派、劣绅的反动气焰，解决党的活动经费，北区区委先后组织“接财神”（指秘密绑架有罪恶劣迹的地主老财作为人质，再通知其家人按指定时间到指定地点以钱赎人）活动。1931年4月，共产党员张志文被捕，严刑下招供，致使北区4名党员被捕遇害，7名党员被判刑，钱春泰于9月因被通缉出走。至此，北区区委解散。

清塘支部 1927年冬，兰溪中共党员洪承鲁在龙游北乡兰塘村发展钱春泰等党员30余人，建立中共清塘支部，驻地清塘村，归属兰溪党组织领导。1928年4月，根据浙西特委决定，将中共清塘支部及钱春泰等党员30余人划归龙游县委领导。

衢属特委（工委） 1938年5月，中共金衢特委建立。1940年7月，金衢特委划分为金属特委和衢属工委，衢属工委书记朱惟善。1940年春，衢属工委改称衢属特委，书记为张贵卿（见本志第十七章）。衢属特委（工委）隶属中共浙江省委领导，下辖江山县委、龙游县工委、常（山）开（化）县工委、淳（安）遂（安）县工委及衢州中学支部。特委机关曾设会泽里村，特委书记张贵卿隐蔽于此。1942年2月在温州的中共浙江省委被敌人破坏，由于叛徒出卖，中共衢属特委也遭破坏。3月27日，张贵卿在会泽里村被国民党浙江省党部调查统计室逮捕，随即被解送到国民党浙江省党部临时驻地永康县方岩。5月18日，张贵卿在方岩英勇就义。

二、区党组织

1949年5月，中共龙游县委成立，下辖北区等5个区委。10月，北区区委分设塔石、模环两个区委，模环区委机关驻模环村。1955年冬，农村掀起合作化运动高潮，为减少领导层次，1956年2月起区、乡建制调整，模环区撤销，模环区委随之撤销。1958年9月，按原区范围建立“政社合一”的原子人民公社党委，11月改为模环人民公社党委，党委机关驻横山，下辖模环、新王、横山、杜叶、志棠、下宅、兰塘7个大队党总支；1960年2月，上述7个大队党总支改称管理区党总支。1959年12月起，龙游县建制撤销，区、管理区党组织归衢县县委领导。1961年7月，撤销模环公社党委，恢复模环区委建制，下辖管理区总支改为人民公社党委，隶属区委领导。“文化大革命”期间，党的活动一度中断，1968年4建立模环区革命领导小组，实行“一元化”领导。1970年1月建立模环区党的核心小组，1973年8月恢复中共模环区委。1981年衢县改为衢州市（县级市），模环区委归衢州市委领导。1983年，龙游县制恢复。模环区委归龙游县委领导。1992年5月，模环区建制撤销，模环区委随之消失。

表10-1 **中共模环区委历任领导情况表**

组织名称	职　务	姓　名	任职时间	备　注
中共模环区委（1949年10月从北区区委分设）	书记	崔寿芳	1949年10月—1949年12月	兼任
		张秀岩	1950年5月—1952年9月	—
		张树行	1953年9月—1954年12月	—
		夏阿崽	1955年6月—1956年2月	—

续表10-1

组织名称	职　务	姓　名	任职时间	备　注
中共模环区委（1949年10月从北区区委分设）	副书记	张宝珊	1949年10月—1950年12月	—
		阎国梁	1952年12月—1953年1月	主持工作
			1953年1月—1955年11月	—
		张树行	1953年2月—1953年9月	—
		夏阿崽	1954年12月—1955年6月	为第二副书记,主持工作
		刘维彬	1955年10月—1956年4月	—
模环人民公社委员会（1958年9月建立原子人民公社党委,11月改为模环人民公社党委）	书记	黄樟水	1958年9月—1958年10月	兼任
		何樟德	1958年10月—1961年7月	—
	副书记	何樟德	1958年9月—1958年10月	—
		叶文祥	1958年9月—1958年11月	—
		孟宪起	1958年9月—1958年10月	—
		陈邦本	1958年10月—1959年7月	—
		季卸才	1958年10月—1959年2月	—
		赖忠高	1958年10月—1961年7月	—
		柯常喜	1958年10月—1961年7月	—
		傅樟标	1958年11月—1961年7月	—
		武琴轩	1959年4月—1959年12月	—
		戴桂英(女)	1960年2月—1961年7月	—
		季卸才	1960年2月—1961年7月	—
		张达和	1960年2月—1961年7月	—
		吴树才	1960年2月—1961年7月	—
中共模环区委（1961年7月恢复）	书记	何樟德	1961年7月—1968年4月	—
	副书记	柯常喜	1961年7月—1968年4月	—
		张达和	1961年7月—1961年9月	—
		诸葛静	1962年12月—1964年7月	—
模环区党的核心小组（中共模环区委）	核心小组组长	张达和	1970年2月—1972年2月	—
	组长	毛志飞	1972年2月—1973年6月	—
	副组长	柯常喜	1970年2月—1970年6月	—
		谢玉台	1971年6月—1972年12月	—
		赖忠高	1972年4月—1973年6月	—
	书记	毛志飞	1973年6月—1977年6月	—
	副书记	赖忠高	1973年6月—1977年6月	—
		金水林	1973年6月—1977年4月	—

续表10-1

组织名称	职　务	姓　名	任职时间	备　注
中共模环区委	书记	赖忠高	1977 年 6 月—1984 年 3 月	—
		琚世光	1984 年 3 月—1988 年 1 月	—
		谢林达	1988 年 1 月—1988 年 12 月	—
	副书记	席阿交	1977 年 2 月—1988 年 12 月	—
		缪伍祥	1978 年 1 月—1983 年 2 月	—
		朱宝根	1982 年 3 月—1983 年 4 月	—
		金土林	1982 年 12 月—1984 年 3 月	—
		王汝华	1984 年 3 月—1988 年 7 月	—
		谢林达	1985 年 10 月—1988 年 1 月	—
		阮土良	1988 年 1 月—1988 年 12 月	—
		姜锡林	1988 年 6 月—1988 年 12 月	—
	书记	谢林达	1988 年 12 月—1989 年 10 月	—
		姜锡林	1989 年 10 月—1992 年 5 月	—
	副书记	姜锡林	1988 年 12 月—1989 年 10 月	—
		阮土良	1988 年 12 月—1990 年 5 月	—
		席阿交	1988 年 12 月—1992 年 1 月	—
		邱柏祥	1989 年 10 月—1992 年 5 月	—
		余树成	1989 年 12 月—1992 年 5 月	—
		徐康仁	1990 年 5 月—1992 年 5 月	—
	委员	叶瑞金、胡水松、韩秀云、翁耀贵		—
	纪委书记	翁耀贵	1991 年 11 月—1992 年 5 月	—

附录　春风春雨化春潮

——模环区抓形势教育促春耕备耕

2 月 16 日至 23 日，龙游 154 位县、区、乡干部进驻模环各村，结合春耕生产，开展党的基本路线教育，其情景令人振奋。

志棠乡儒大门村的老党员、老干部、老农民、老富裕户主、老家族长者聚到了一起，畅谈村情家境变化。这是村党支部在县、乡干部提议下召开的“五老特别座谈会”。老人们现身说法，句句在理。几个主张抛荒的农户自觉有愧,振作精神备耕;80多位青年组成突击队,义务清理田外沟,整修机耕路。

模环乡坞坎村、夏峰村和横山乡白鹤桥村、龙门桥村则兴起别开生面的干部群众联谊赶超劳动竞赛。各村党支部邀请村民参加"党支部领导亮相会"或"村干部自我批评会",双方坦诚相见,干部恭敬纳谏,严格自责,村民中肯批评,谅解干部,消除了干群之间的隔阂。白鹤桥村8名干部不再消沉,组织种粮大户和青年骨干开展日积百担土余肥活动,邻村外泽里村民也闻风而动,大挑起塘泥。粮食高产示范村——仓头更是不甘落后,扎扎实实地落实了300亩吨粮田种植计划。

一缕缕春风、一滴滴春雨化成了滚滚春潮。目前,模环区各村忙于闹春耕,15处水利工程整修好了,3500亩吨粮田落实到户,19万亩小麦、油菜长势良好,春季开发性种植达800亩……近400名个体工商户、运输户、私营企业也纷纷围绕春耕备耕,开展服务活动。

(作者:吉舟文载于1990年3月30日《衢州日报》)

三、乡镇委员会

1953年3月,境内开始建乡党支部。1956年2月,乡建党总支。1958年9月,乡党总支改为人民公社的生产大队(管理区)党总支。1959年12月,龙游县建制撤销,党组织归衢县县委领导。1961年,将生产大队(管理区)党总支改为人民公社党委,隶属区委领导。1966年,"文化大革命"开始后,基层党组织一度停止活动。1969年11月—1970年8月,恢复人民公社党委。1983年,公社恢复乡建制,公社党委称乡党委。党员发展方面,20世纪50年代主要在工农群众中发展,1978年后主要吸收优秀知识分子入党。2017年横山镇共有党总支3个、村级党支部20个、企业党支部11个、教育服务中心党支部1个,有党员1592名。2021年横山镇有党支部28个,党员1521人。

中共横山乡级组织 1961年始召开公社党员代表大会,至2021年12月,共召开16次党员代表大会,选举产生乡(公社、镇)委员会。第一次于1961年10月26日至27日召开,正式代表63名,列席4名,因病因事请假3名,实到64名。第二次至第七次党员代表大会无考,第八次至第十六次党员代表大会情况如下:

中共横山乡(镇)第八次代表大会 1990年3月召开,出席会议正式代表45名,列席代表6名。大会由7人组成主席团,设秘书长1人。会议听取和审议中共横山乡第七届委员会工作报告,讨论并通过工作报告决议。大会选举产生由5人组成的中共横山乡第八届委员会,并选举出席县第五次党代会代表。1991年3月和1992年3月,分别调整副书记1人。1990年12月,横山乡改为镇建制,领导班子成员职务不变。1992年5月,下宅乡并入,县委对镇党委领导班子作了调整。1992年6月,建立中共横山镇纪律检查委员会。

中共横山镇第九次代表大会 1993年3月召开,出席会议正式代表73名,列席代表8名。大会由12人组成主席团,设秘书长1人。会议听取和审议中共横山镇第八届委员会和镇纪律检查委员会的工作报告,讨论并通过工作报告决议。大会选举产生由8人组成的中共横山镇第九届委员会和由5人组成的中共横山镇纪律检查委员会。同时,选举出席县第六次党代会代表。

中共横山镇第十次代表大会 1995年10月25日至26日召开,出席会议正式代表88名,列席代表42名。大会主席团由9人组成,设秘书长1人。会议听取和审议中共横山镇第九届委员会和镇纪律检查委员会的报告，讨论并通过工作报告决议和中共横山镇委员会《关于加强自身建设的若干规定》《关于横山镇围绕奔小康加强村级组织建设"九五"规划》和《关于建立中共横山镇代表大会活动制度的决定(试行)》的决议。大会采取无记名投票方式，差额选举产生由9人组成的中共横山镇第十届委员会和由5人组成的中共横山镇纪律检查委员会。

中共横山镇第十一次代表大会　1999年1月12日在横山影剧院召开，出席会议代表110名。大会听取和审议中共横山镇第十届委员会和镇纪律检查委员会工作报告，讨论并通过报告决议。大会选举产生由8人组成的中共横山镇第十一届委员会和由5人组成的中共横山镇纪律检查委员会。

中共横山镇第十二次代表大会　2002年2月26日在横山影剧院召开，出席会议代表57名。大会听取和审议了中共横山镇第十一届委员会和镇纪律检查委员会工作报告，讨论并通过报告决议。大会选举产生由8人组成的中共横山镇第十二届委员会和由5人组成的中共横山镇纪律检查委员会。2005年12月，撤销原中共横山镇委员会和纪律检查委员会、撤销中共志棠镇委员会和纪律检查委员会，建立新的中共横山镇委员会和纪律检查委员会。

中共横山镇第十三次代表大会　2006年6月28日在镇政府会议室召开，出席会议代表66名。大会听取和审议中共横山镇第十二届委员会和镇纪律检查委员会工作报告，讨论并通过报告决议。大会选举产生由9人组成的中共横山镇第十三届委员会和由5人组成的中共横山镇纪律检查委员会。

中共横山镇第十四次代表大会　2011年8月8日召开，应到代表69人，实到68人，列席代表6人。大会审议通过《关于中国共产党横山镇第十三届委员会工作报告的决议》《关于中国共产党横山镇纪律检查委员会工作报告的决议》。大会通过无记名投票差额选举方式，选举产生由9人组成的中共横山镇第十四届委员会，选举产生中共横山镇纪律检查委员会委员5名。

中共横山镇第十五次代表大会　2016年10月26日召开，应到代表70人，实到70人。会议听取和审查镇党委、镇纪委工作报告和党费收缴、管理、使用情况的报告，通过大会"两委"报告和党费收缴、使用和管理报告的决议和《横山镇党代表履职积分管理实施办法》。采用无记名投票、差额选举的办法，选举产生中共横山镇第十五届委员会委员9名、中共横山镇纪律检查委员会委员5名。

中共横山镇第十六次代表大会　2021年10月20日召开，应到代表70人，实到70人。会议听取和审查镇党委、镇纪委工作报告和党费收缴、管理、使用情况的报告，通过大会"两委"报告和党费收缴、使用和管理报告的决议。采用无记名投票、差额选举的办法，选举产生中共横山镇第十六届委员会委员10名、中共横山镇纪律检查委员会委员5名和出席县第十二次党代会代表8名。

表10-2　**中共横山乡级组织历任书记、副书记、党委委员情况表**

组织名称	职　务	姓　名	任职时间	备　注
横山乡党支部	书记	徐樟荣	1953年3月—1956年2月	—
横山乡党总支部	书记	徐樟荣	1956年2月—1956年3月	—
		郑永清	1956年3月—1956年12月	—
		范兰桂	1956年12月—1958年6月	—
		何樟德	1958年6月—1958年10月	—

续表10-2

组织名称	职 务	姓 名	任职时间	备 注
横山乡党总支部	副书记	郑永清	1956 年 12 月—1958 年 7 月	—
		徐锡棠	1956 年 3 月—1958 年 10 月	—
		吴文增	1958 年 6 月—1958 年 11 月	—
横山生产大队(管理区)党总支部	书记	叶宝祥	1958 年 11 月—1959 年 2 月 1959 年 7 月—1960 年 2 月	—
		姚锡芝	1958 年 11 月—1959 年 2 月	兼任
		赖忠高	1959 年 2 月—1959 年 7 月	兼任
		廖永根	1960 年 2 月—1961 年 7 月	不脱产
		叶宝祥	1959 年 2 月—1959 年 7 月	—
	副书记	夏开友	1959 年 7 月—1961 年 7 月	—
杜叶生产大队(管理区)党总支 (1958 年 9 月从横山乡党总支分设,暂列横山)	书记	梁樟星	1958 年 10 月—1958 年 11 月	—
		吴树才	1958 年 11 月—1959 年 2 月	兼任
		毛樟荣	1958 年 11 月—1959 年 7 月	—
		余冬桂	1960 年 7 月—1961 年 7 月	—
		徐卸奶	1959 年 7 月—1960 年 7 月	—
	副书记	余冬桂	1959 年 2 月—1960 年 7 月	—
		余曼宜	1958 年 10 月—1959 年 5 月	不脱产
		韩樟瑞	1960 年 7 月—1961 年 7 月	—
横山人民公社党委 (1961 年 7 月杜叶管理区党总支并入)	书记	赖忠高	1961 年 7 月—1968 年 5 月	—
	副书记	陈根友	1961 年 7 月—1968 年 5 月	—
		夏开友	1961 年 7 月—1962 年 9 月	—
	书记	赖忠高	1970 年 4 月—1972 年 4 月	—
		郑林坤	1972 年 4 月—1977 年 2 月	—
		朱宝根	1977 年 2 月—1982 年 12 月	—
	副书记	郑林坤	1971 年 6 月—1972 年 4 月	—
		陈根友	1970 年 4 月—1971 年 6 月	—
		朱宝根	1972 年 4 月—1976 年 12 月	—
		袁顺潮	1972 年 4 月—1982 年 1 月	—
		詹彩根	1977 年 2 月—1979 年 2 月	—
		方樟林	1982 年 3 月—1984 年 1 月	—
		叶 青	1982 年 3 月—1984 年 1 月	—
横山人民公社(乡)党委 (1984 年 1 月,人民公社党委改为乡党委)	书记	胡水松	1982 年 12 月—1988 年 12 月	—
	副书记	许耀成	1984 年 1 月—1988 年 12 月	—
		周水土	1984 年 4 月—1985 年 3 月	—

续表10-2

组织名称	职　务	姓　名	任职时间	备　注
横山人民公社(乡)党委(1984 年 1 月,人民公社党委改为乡党委)	副书记	张汝华	1987 年 1 月—1988 年 12 月	—
		郑敬杭	1988 年 8 月—1988 年 12 月	—
横山乡党委(第七届 1988 年 12 月—1990 年 3 月)	书记	胡水松	1988 年 12 月—1989 年 12 月	—
		余树成	1989 年 12 月—1990 年 3 月	—
	副书记	郑敬杭	1988 年 12 月—1989 年 12 月	—
		张汝华	1988 年 12 月—1989 年 12 月	—
		许耀成	1988 年 12 月—1989 年 12 月	—
		黄宝林	1989 年 12 月—1990 年 3 月	—
		夏阿明	1989 年 12 月—1990 年 3 月	—
	委员	黄石良、尹樟苟		—
横山乡(镇)党委(第八届 1990 年 3 月—1992 年 5 月)	书记	余树成	1990 年 3 月—1992 年 5 月	1990 年 12 月,横山乡改为横山镇
	副书记	黄宝林	1990 年 3 月—1991 年 3 月	
		夏阿明	1990 年 3 月—1992 年 3 月	
		张鹏翼	1991 年 3 月—1992 年 5 月	
		张汝华	1992 年 3 月—1992 年 5 月	
	委员	胡正宜、尹樟苟		
横山镇党委(1992 年 5 月—1993 年 3 月)	书记	叶向明	1992 年 5 月—1993 年 3 月	1992 年 5 月,下宅乡并入,建立新的横山镇委员会。6 月,建立横山镇纪律检查委员会
	副书记	钱柏根	1992 年 5 月—1993 年 3 月	
		童土华	1992 年 5 月—1993 年 3 月	
	委员	张鹏翼、严甘发、诸汤奶、韩秀云、王树林、张文才		
横山镇党委(第九届 1993 年 3 月—1995 年 10 月)	书记	叶向明	1993 年 3 月—1995 年 10 月	—
	副书记	钱柏根	1993 年 3 月—1995 年 10 月	—
		童土华	1993 年 3 月—1995 年 10 月	—
	委员	严甘发(1993 年 3 月—1995 年 10 月)诸汤奶(1993 年 3 月—1995 年 10 月) 韩秀云(1993 年 3 月—1995 年 10 月)王树林(1993 年 3 月—1995 年 10 月) 张文才(1993 年 3 月—1995 年 10 月)余汝根(1994 年 3 月—1995 年 10 月)		
横山镇党委(第十届 1995 年 10 月—1999 年 1 月)	书记	叶向明	1995 年 10 月—1998 年 6 月	—
		曾义文	1998 年 8 月—1999 年 1 月	—
	副书记	钱柏根	1995 年 10 月—1997 年 3 月	—
		童土华	1995 年 10 月—1998 年 8 月	—
		韩秀云	1996 年 7 月—1998 年 8 月	—
	副书记委员	洪一舟	1997 年 3 月—1997 年 12 月	—
		曾义文	1997 年 12 月—1998 年 8 月	—
		方永宏	1998 年 8 月—1999 年 1 月	—

续表10-2

组织名称	职 务	姓 名	任职时间	备 注
横山镇党委（第十届 1995 年 10 月—1999 年 1 月）	副书记	刘正浩	1998 年 8 月—1999 年 1 月	—
		姜小芳	1998 年 8 月—1999 年 1 月	—
	委员	王树林（1995 年 10 月—1998 年 9 月）余汝根（1995 年 10 月—1998 年 9 月）王 丰（1995 年 10 月—1999 年 1 月）杨根华（1995 年 10 月—1998 年 9 月）严兆大（1995 年 10 月—1999 年 1 月）袁连英（女，1998 年 9 月—1999 年 1 月）祝庄明（1998 年 9 月—1999 年 1 月）周树金（1998 年 9 月—1998 年 12 月）詹正生（1998 年 9 月—1998 年 12 月）		
横山镇党委（第十一届 1999 年 1 月—2002 年 2 月）	书记	曾义文	1999 年 1 月—1999 年 6 月	—
		倪德银	1999 年 10 月—2001 年 9 月	—
		姜 锴	2001 年 9 月—2002 年 2 月	—
	副书记	方永宏	1999 年 1 月—2001 年 1 月	—
		姜小芳	1999 年 1 月—2001 年 12 月	—
		刘正浩	1999 年 1 月—2000 年 1 月	—
		王土祥	2000 年 1 月—2002 年 2 月	—
		方金元	2001 年 1 月—2002 年 2 月	—
		陈永成	2001 年 12 月—2002 年 2 月	—
	委员	王 丰（1999 年 1 月—2001 年 2 月）严兆大（1999 年 1 月—2001 年 2 月）袁连英（女，1990 年 1 月—2001 年 12 月）祝庄明（1999 年 1 月—2002 年 2 月）张亨荣（2001 年 2 月—2002 年 2 月）吴生祥（2002 年 1 月—2002 年 2 月）雷文美（女，畲族，2002 年 1 月—2002 年 2 月）		
横山镇党委（第十二届 2002 年 2 月—2005 年 12 月）	书记	姜 锴	2002 年 2 月—2003 年 5 月	—
		方金元	2003 年 5 月—2005 年 12 月	—
	副书记	方金元	2002 年 2 月—2003 年 5 月	—
		王土祥	2002 年 2 月—2004 年 5 月	—
		陈永成	2002 年 2 月—2004 年 5 月	—
		陈 岗	2003 年 5 月—2005 年 12 月	—
		郑敬杭	2003 年 5 月—2005 年 12 月	—
		姜爱芳（女）	2004 年 5 月—2005 年 12 月	—
		郑宇峰	2004 年 6 月—2005 年 12 月	—
	委员	张亨荣（2002 年 2 月—2005 年 12 月）吴生祥（2002 年 2 月—2004 年 5 月）雷文美（女，畲族，2002 年 2 月—2004 年 5 月）祝庄明（2002 年 2 月—2004 年 3 月）方建林（2004 年 5 月—2005 年 12 月）张柏成（2004 年 5 月—2005 年 12 月）范国洪（2004 年 6 月—2005 年 12 月）		
横山镇党委（2005 年 12 月—2006 年 6 月）	书记	方金元	2005 年 12 月—2006 年 6 月	2005 年 12 月，横山镇与志棠镇合并，建立新的中共横山镇委员会
	副书记	徐政建	2005 年 12 月—2006 年 6 月	
		郑敬杭	2005 年 12 月—2006 年 6 月	
		吴军杰（女）	2005 年 12 月—2006 年 6 月	
		郑宇峰	2005 年 12 月—2006 年 6 月	—

续表10-2

<table>
<tr><th>组织名称</th><th>职　务</th><th>姓　名</th><th>任职时间</th><th>备　注</th></tr>
<tr><td>横山镇党委（2005 年 12 月—2006 年 6 月）</td><td>委员</td><td colspan="3">张亨荣（2005 年 12 月—2006 年 6 月）姜宝银（2005 年 12 月—2006 年 6 月）周利民（2005 年 12 月—2006 年 6 月）翁忠茂（2005 年 12 月—2006 年 6 月）方建林（2005 年 12 月—2006 年 6 月）范国洪（2005 年 12 月—2006 年 6 月）江德文（2006 年 6 月）张文才（2006 年 6 月）冉雄进（2006 年 6 月）</td></tr>
<tr><td rowspan="7">横山镇党委（第十三届 2006 年 6 月—2011 年 8 月）</td><td rowspan="2">书记</td><td>方金元</td><td>2006 年 6 月—2010 年 7 月</td><td>—</td></tr>
<tr><td>余继民</td><td>2010 年 7 月—2011 年 8 月</td><td>—</td></tr>
<tr><td rowspan="4">副书记</td><td>徐政建</td><td>2006 年 6 月—2007 年 2 月</td><td>—</td></tr>
<tr><td>严建军</td><td>2007 年 2 月—2011 年 8 月</td><td>—</td></tr>
<tr><td>吴军杰（女）</td><td>2006 年 6 月—2011 年 8 月</td><td>—</td></tr>
<tr><td>胡小华</td><td>2011 年 7 月—2011 年 8 月</td><td>—</td></tr>
<tr><td>委员</td><td colspan="3">江德文（2006 年 6 月—2011 年 8 月）周利民（2006 年 6 月—2007 年 2 月）翁忠茂（2006 年 6 月—2010 年 12 月）方建林（2006 年 6 月—2011 年 8 月）姜宝银（2006 年 6 月—2011 年 8 月）张文才（2006 年 6 月—2011 年 8 月）冉雄进（2006 年 6 月—2011 年 8 月）何宝林（2007 年 2 月—2011 年 8 月）胡水发（2010 年 12 月—2011 年 8 月）马　骏（2011 年 7 月—2011 年 8 月）杨德贵（2011 年 7 月—2011 年 8 月）</td></tr>
<tr><td rowspan="10">横山镇党委（第十四届 2011 年 8 月—2016 年 10 月）</td><td rowspan="4">书记</td><td>余继民</td><td>2011 年 8 月—2013 年 8 月</td><td>—</td></tr>
<tr><td>胡益峰</td><td>2013 年 8 月—2014 年 9 月</td><td>—</td></tr>
<tr><td>吴军杰（女）</td><td>2014 年 9 月—2016 年 6 月</td><td>—</td></tr>
<tr><td>汪益平</td><td>2016 年 6 月—2016 年 10 月</td><td>—</td></tr>
<tr><td rowspan="5">副书记</td><td>吴军杰（女）</td><td>2011 年 8 月—2014 年 9 月</td><td>—</td></tr>
<tr><td>胡小华</td><td>2011 年 8 月—2014 年 9 月</td><td>—</td></tr>
<tr><td>汪益平</td><td>2014 年 9 月—2016 年 6 月</td><td>—</td></tr>
<tr><td>张余伟</td><td>2014 年 9 月—2016 年 6 月</td><td>—</td></tr>
<tr><td>金添艳（女）</td><td>2016 年 8 月—2016 年 10 月</td><td>—</td></tr>
<tr><td>委员</td><td colspan="3">姜宝银（2011 年 8 月—2014 年 7 月）张文才（2011 年 8 月—2015 年 12 月）何宝林（2011 年 8 月—2014 年 10 月）马　骏（2011 年 8 月—2014 年 9 月）胡水发（2011 年 8 月—2016 年 3 月）杨德贵（2011 年 8 月—2016 年 10 月）冉雄进（2011 年 8 月—2012 年 4 月）吴国胜（2012 年 4 月—2014 年 12 月）金添艳（女，2015 年 2 月—2016 年 8 月）姚建平（2015 年 12 月—2016 年 10 月）翁　震（2016 年 1 月—2016 年 10 月）虞文胜（2016 年 3 月—2016 年 10 月）洪淑芳（女，2016 年 8 月—2016 年 10 月）陈建伟（2016 年 8 月—2016 年 10 月）邵卫忠（2016 年 6 月—2020 年 1 月）</td></tr>
<tr><td rowspan="4">横山镇党委（第十五届 2016 年 10 月—2021 年 10 月）</td><td rowspan="2">书记</td><td>汪益平</td><td>2016 年 10 月—2020 年 4 月</td><td>—</td></tr>
<tr><td>张余伟</td><td>2020 年 4 月—2021 年 10 月</td><td>—</td></tr>
<tr><td rowspan="2">副书记</td><td>张余伟</td><td>2016 年 10 月—2018 年 4 月</td><td>—</td></tr>
<tr><td>金添艳（女）</td><td>2016 年 10 月—2019 年 1 月</td><td>—</td></tr>
</table>

续表10-2

组织名称	职务	姓名	任职时间	备注
横山镇党委（第十五届2016年10月—2021年10月）	副书记	叶 剑	2018年4月—2019年5月	—
		刘 静(女)	2019年7月—2021年10月	—
		张 斌	2019年7月—2021年10月	—
	委员	陈建伟(2016年8月—2016年10月)程元超(2016年10月—2017年12月)杨德贵(2016年10月—2018年4月)虞文胜(2016年10月—2021年9月)姚建平(2016年10月—2017年12月)方小建(2017年12月—2020年1月)张 斌(2018年4月—2019年7月)琚红松(2019年3月—2021年9月)胡林华(2019年7月—2021年10月)吴加群(2019年3月—2021年9月)朱珍琪(2021年9月—2021年10月)翁 震(2016年10月—2017年12月)孙 骏(2017年12月—2019年7月)杨 豪(2019年7月—2021年8月)徐宁萍(女,2021年8月—2021年10月)方启航(2021年9月—2021年10月)洪淑芳(女,2016年10月—2021年9月)诸葛青(2020年1月—2021年10月)商华军(2017年12月—2019年1月)尹晓远(2019年7月—2021年10月)谢立平(2020年8月—2021年10月)		
横山镇党委（第十六届2021年10月— ）	书记	张余伟	2021年10月—2023年7月	—
		叶 锋	2023年7月—	—
	副书记	刘 静(女)	2021年10月—2023年10月	—
		张 斌	2021年10月—2023年8月	—
		傅俊杰	2023年10月—	—
		盛小燕(女)	2024年1月—	—
	委员	朱珍琪(2021年10月—2023年8月)徐宁萍(女,2021年10月—)诸葛青(2021年10月—2024年3月)胡林华(2021年10月—)琚红松(2021年10月—)方启凯(2021年10月—)谢立平(2021年10月—2023年8月)尹晓远(2021年10月—)		

表10-3 **中共横山镇纪委历任书记、监察办主任情况表**

届次（时间）	职务	姓名	任职时间	备注
第八届（1992年6月—1993年3月）	书记	张鹏翼	1992年6月—1993年1月	—
第九届（1993年3月—1995年10月）	书记	张文才	1993年3月—1995年10月	—
第十届（1995年10月—1999年1月）	书记	韩秀云	1995年10月—1997年12月	—
		严兆大	1997年12月—1999年1月	—
第十一届（1999年1月—2002年2月）	书记	严兆大	1999年1月—2001年2月	—
		王土祥	2001年2月—2002年2月	兼任
第十二届（2002年2月—2005年12月）	书记	王土祥	2002年2月—2003年5月	—
		郑敬杭	2003年5月—2005年12月	—
2005年12月—2006年6月	书记	郑敬杭	2005年12月—2006年6月	—

续表10-3

届次(时间)	职　务	姓　名	任职时间	备　注
第十三届(2006年6月—2011年8月)	书记	江德文	2006年6月—2011年7月	—
		姜宝银	2011年7月—2011年8月	—
第十四届(2011年8月—2016年10月)	书记	姜宝银	2011年8月—2014年7月	—
		张文才	2014年7月—2015年12月	—
		姚建平	2015年12月—2016年8月	—
		陈建伟	2016年8月—2016年10月	—
第十五届(2016年10月—2021年10月)	书记、监察办主任	陈建伟	2016年10月—2019年3月	—
		吴加群	2019年3月—2021年9月	—
		朱珍琪	2021年9月—2021年10月	—
第十六届(2021年10月—　)	书记、监察办主任	朱珍琪	2021年10月—	—

中共下宅乡级组织　1961年开始筹备召开人民公社党员代表大会，至1992年12月并入横山镇，共召开8次党员代表大会，选举产生乡(公社、镇)党委员会。第一次于1961年10月26日至27日召开。第二次至第七次党员代表大会无考，第八次党员代表大会情况如下：

中共下宅乡第八次代表大会　1990年3月召开，出席会议正式代表39名，列席代表6名。大会由9人组成主席团，设秘书长1人。会议听取和审议中共下宅乡第七届委员会的工作报告，讨论并通过工作报告的决议。会议选举产生由5人组成的中共下宅乡第八届委员会，并选举出席县第五次党代会代表。1991年4月和1992年3月分别调整书记1人，副书记2人。

表10-4　**中共下宅乡级组织历任书记、副书记、党委委员情况表**

组织名称	职　务	姓　名	任职时间	备　注
下宅乡党支部	书记	叶文祥	1954年3月—1956年2月	—
	副书记	周林旺	1954年3月—1956年2月	不脱产
下宅乡党总支部	书记	叶文祥	1956年2月—1958年6月	—
	副书记	黄寿林	1956年2月—1958年11月	—
		周林旺	1956年2月—1958年6月	—
		孟宪起	1958年6月—1958年11月	—
下宅生产大队(管理区)党总支部	书记	邵新富	1958年11月—1961年7月	—
	副书记	邵樟根	1959年2月—1961年7月	—
		翁福友	1959年2月—1961年7月	—
		周林旺	1961年3月—1961年7月	—
下宅人民公社党委	书记	邵新富	1961年7月—1962年9月 1966年9月—1968年5月	—
		吴树才	1962年9月—1966年9月	—
	副书记	邵樟根	1961年7月—1964年12月	—
		翁福友	1961年7月—1962年9月	—

续表10-4

组织名称	职　务	姓　名	任职时间	备　注
下宅人民公社党委	副书记	周林旺	1961年7月—1962年5月	—
		邵新富	1962年9月—1966年9月	—
		袁顺潮	1965年3月—1965年5月	—
		范兰桂	1965年3月—1968年5月	—
	书记	邵新富	1970年4月—1971年6月	—
		陈根友	1971年6月—1973年3月	—
		徐任荣	1973年3月—1977年2月	—
		徐任荣	1977年2月—1980年11月	—
		徐任荣	1971年7月—1973年3月	—
	副书记	林汝才	1973年3月—1977年2月	—
		郑　献	1973年3月—1973年11月	—
		林汝财	1977年2月—1982年3月	—
		诸汤奶	1977年2月—1982年3月	—
下宅人民公社(乡)党委 (1984年1月,公社党委改为乡党委)	书记	詹彩根	1980年11月—1986年6月	—
		翁金明	1986年7月—1987年1月	—
		吴茂荣	1987年1月—1988年12月	—
	副书记	柯常基	1982年3月—1985年4月	—
		夏阿明	1985年4月—1987年1月	—
		吴茂荣	1986年7月—1987年1月	—
		叶向明	1987年1月—1988年12月	—
		韩秀云	1987年1月—1988年8月	—
		张鹏翼	1988年8月—1988年12月	—
下宅乡党委 (第七届1988年12月—1990年3月)	书记	吴茂荣	1988年12月—1990年8月	—
	副书记	叶向明	1988年12月—1989年12月	—
		张鹏翼	1988年12月—1989年12月	—
		钱柏根	1988年12月—1990年3月	—
	委员	胡立明、邵跃华、邵来友、张汝华、严甘发		
下宅乡党委 (第八届1990年3月—1992年5月)	书记	吴茂荣	1990年3月—1991年4月	—
		黄宝林	1991年4月—1992年5月	—
	副书记	张鹏翼	1990年3月—1993年3月	—
		钱柏根	1990年3月—1992年5月	—
		张汝华	1991年4月—1992年3月	—
		邓树成	1992年3月—1992年5月	—
	委员	邵来友、张文才		

中共志棠乡级组织 1961年开始筹备召开公社党员代表大会，至2005年12月并入横山镇，共召开十二次党员代表大会，选举产生乡(公社、镇)党委员会。第一次至第七次党员代表大会无考，第八次至第十二次党员代表大会情况如下：

中共志棠乡第八次代表大会　1990年3月召开，出席会议正式代表46名，列席代表8名。大会由11人组成主席团，设秘书长1人。会议听取和审议中共志棠乡第七届委员会的工作报告，讨论并通过工作报告的决议。会议选举产生由5人组成的中共志棠乡第八届委员会，并选举出席县第五次党代会代表。1992年3月调整副书记1人。1992年5月撤扩并时，志棠乡建制不变，县委对乡党委领导班子作了调整。6月，建立中共志棠乡纪律检查委员会。

中共志棠乡第九次代表大会　1993年3月召开，出席会议正式代表67名，列席代表9名。大会由11人组成主席团，设秘书长1人。会议听取和审议中共志棠乡第八届委员会和乡纪律检查委员会的工作报告，讨论并通过工作报告的决议。会议选举产生由6人组成的中共志棠乡第九届委员会和由5人组成的中共志棠乡纪律检查委员会。同时，选出参加县第六次党代会代表。1993年4月，志棠乡改为镇制，其领导班子成员职务不变。

中共志棠镇第十次代表大会　1996年1月23日至24日召开，出席会议正式代表63名，列席代表5名。大会由12人组成主席团，设秘书长1人。会议听取和审议中共志棠镇第九届委员会和镇纪律检查委员会的工作报告，讨论并通过工作报告的决议。会议选举产生由7人组成的中共志棠镇第十届委员会和由5人组成的中共志棠镇纪律检查委员会。

中共志棠镇第十一次代表大会　1999年1月18日在镇会议室召开，出席会议代表65名。会议听取和审议中共志棠镇第十届委员会和镇纪律检查委员会的工作报告，讨论并通过工作报告的决议。会议选举产生由7人组成的中共志棠镇第十一届委员会和由5人组成的中共志棠镇纪律检查委员会。

中共志棠镇第十二次代表大会　2002年2月27日在镇会议室召开，出席会议代表48名。会议听取和审议中共志棠镇第十一届委员会和镇纪律检查委员会的工作报告，讨论并通过工作报告的决议。会议选举产生由7人组成的中共志棠镇第十二届委员会和由5人组成的中共志棠镇纪律检查委员会。

表10-5　**中共志棠乡级组织历任书记、副书记、党委委员情况表**

组织名称	职　务	姓　名	任职时间	备　注
志棠乡党支部	书记	季卸才	1955年2月—1956年2月	—
张家乡党支部	书记	徐锡棠	1955年10月—1956年3月	张家乡党组织只一届，暂列志棠
	副书记	廖阿土	1955年2月—1956年3月	
志棠乡党总支部	书记	季卸才	1956年2月—1956年12月 1958年6月—1958年10月	—
		袁樟树	1956年12月—1958年6月	—
	副书记	季卸才	1956年12月—1958年6月	—
		姜树林	1958年6月—1958年10月	—
志棠大队(管理区)党总支部	书记	祝成裕	1958年11月—1959年2月	兼任
		袁金喜	1958年11月—1959年3月	—

续表10-5

组织名称	职　务	姓　名	任职时间	备　注
志棠大队(管理区)党总支部	书记	季卸才	1959 年 2 月—1960 年 2 月	—
		徐茂昌	1961 年 2 月—1961 年 7 月	—
		季卸才	1961 年 2 月—1961 年 7 月	兼任
	副书记	徐茂昌	1959 年 7 月—1961 年 2 月	—
		王景隆	1959 年 2 月—1960 年 2 月	—
		徐卸奶	1960 年 9 月—1961 年 2 月	—
志棠人民公社党委	书记	徐茂昌	1961 年 7 月—1962 年 8 月	—
		应　平	1962 年 9 月—1968 年 10 月	—
	副书记	季卸才	1961 年 7 月—1968 年 10 月	—
		王景隆	1961 年 7 月—1962 年 5 月	—
		余冬桂	1962 年 9 月—1968 年 10 月	—
	书记	金土林	1970 年 4 月—1982 年 12 月	—
	副书记	范兰桂	1970 年 4 月—1982 年 12 月	—
		曹尚春	1973 年 3 月—1977 年 11 月	—
		季卸才	1973 年 6 月—1978 年 10 月	—
		席阿交	1976 年 1 月—1977 年 2 月	—
		姜锡林	1977 年 2 月—1982 年 12 月	—
志棠人民公社(乡)党委(1984 年 1 月,公社党委改为乡党委)	书记	姜锡林	1982 年 12 月—1987 年 1 月	—
		翁金明	1987 年 1 月—1988 年 6 月	—
		夏五拜	1988 年 6 月—1988 年 12 月	—
	副书记	徐六有	1983 年 4 月—1984 年 1 月	—
		方樟林	1984 年 1 月—1986 年 7 月	—
		王　旭	1984 年 1 月—1988 年 12 月	—
		夏阿明	1987 年 1 月—1988 年 12 月	—
志棠乡党委(第七届 1988 年 12 月—1990 年 3 月)	书记	夏五拜	1988 年 12 月—1990 年 3 月	—
	副书记	王　旭	1988 年 12 月—1989 年 12 月	—
		夏阿明	1988 年 12 月—1989 年 4 月	—
		徐志明	1989 年 4 月—1989 年 12 月	—
		叶向明	1989 年 12 月—1990 年 3 月	—
		严甘发	1989 年 12 月—1990 年 3 月	—
	委员	王　丰、郑敬杭		
志棠乡党委(第八届 1990 年 3 月—1992 年 5 月)	书记	夏五拜	1990 年 3 月—1992 年 5 月	—
	副书记	叶向明	1990 年 3 月—1992 年 3 月	—
		严甘发	1990 年 3 月—1992 年 5 月	—

续表10-5

组织名称	职　务	姓　名	任职时间	备　注
志棠乡党委（第八届 1990 年 3 月—1992 年 5 月）	副书记	叶水清	1992 年 3 月—1992 年 5 月	—
		张汝华	1992 年 5 月—1993 年 1 月	—
		张鹏翼	1993 年 1 月—1993 年 3 月	—
	委员	王　丰、郑敬杭		
志棠乡党委（1992 年 5 月—1993 年 3 月）	书记	夏五拜	1992 年 5 月—1993 年 3 月	1992 年 5 月撤扩并时，志棠乡建制不变，县委对志棠乡党委作出调整。6 月，建立中共志棠乡纪律检查委员会
	副书记	张汝华	1992 年 5 月—1993 年 3 月	
		王　旭	1992 年 5 月—1993 年 1 月	
		张鹏翼	1993 年 1 月—1993 年 3 月	
	委员	饶永红、邵跃华、姚建平		
志棠镇党委（第九届 1993 年 3 月—1996 年 1 月）	书记	夏五拜	1993 年 3 月—1996 年 1 月	1993 年 3 月，志棠乡改为建镇制，其领导班子成员职务不变
	副书记	张汝华	1993 年 3 月—1995 年 12 月	
		张鹏翼	1993 年 3 月—1996 年 1 月	
		阮土良	1994 年 3 月—1996 年 1 月	
		郑国华	1995 年 12 月—1996 年 1 月	
	委员	饶永红（1993 年 3 月—1996 年 1 月）邵跃华（1993 年 3 月—1996 年 1 月）姚建平（1993 年 3 月—1995 年 12 月）叶伟清（1995 年 12 月—1996 年 1 月）		
志棠镇党委（第十届 1996 年 1 月—1999 年 1 月）	书记	夏五拜	1996 年 1 月—1997 年 12 月	—
		郑国华	1997 年 12 月—1999 年 1 月	—
	副书记	张鹏翼	1996 年 1 月—1997 年 3 月	—
		阮土良	1996 年 1 月—1998 年 8 月	—
		郑国华	1996 年 1 月—1997 年 12 月	—
		陈金新	1997 年 3 月—1998 年 8 月	—
		陆　民	1997 年 12 月—1999 年 1 月	—
		马盈忠	1998 年 8 月—1999 年 1 月	—
		吴有才	1998 年 3 月—1999 年 1 月	—
	委员	饶永红（1996 年 1 月—1998 年 9 月）邵跃华（1996 年 1 月—1999 年 1 月）姚建平（1996 年 1 月—1998 年 9 月）吴有才（1997 年 12 月—1998 年 3 月）杨根华（1998 年 9 月—1999 年 1 月）姜宝银（1998 年 9 月—1999 年 1 月）		
志棠镇党委（第十一届 1999 年 1 月—2002 年 2 月）	书记	郑国华	1999 年 1 月—2000 年 1 月	—
		陆　民	2000 年 1 月—2000 年 8 月	—
		徐九成	2000 年 8 月—2002 年 2 月	—
	副书记	陆　民	1999 年 1 月—2000 年 1 月	—
		马盈忠	1999 年 1 月—2001 年 1 月	—

续表10-5

组织名称	职　务	姓　名	任职时间	备　注
志棠镇党委（第十一届 1999 年 1 月—2002 年 2 月）	副书记	吴有才	1999 年 1 月—2001 年 12 月	—
		陈　林	2010 年 1 月—2001 年 12 月	—
		廖英（女）	2001 年 2 月—2002 年 2 月	—
		涂以芳	2001 年 12 月—2002 年 2 月	—
		姜小芳	2001 年 12 月—2002 年 2 月	—
	委员	杨根华（1999 年 1 月—2001 年 12 月）姜宝银（1999 年 1 月—2002 年 2 月）邵跃华（1999 年 1 月—2000 年 4 月）翁忠茂（2000 年 4 月—2002 年 2 月）倪永军（2001 年 12 月—2002 年 2 月）		
志棠镇党委（第十二届 2002 年 2 月—2005 年 12 月）	书记	徐九成	2002 年 2 月—2003 年 5 月	—
		涂以芳	2003 年 5 月—2005 年 12 月	—
	副书记	涂以芳	2002 年 2 月—2003 年 5 月	—
		廖英（女）	2002 年 2 月—2004 年 5 月	—
		姜小芳	2002 年 2 月—2005 年 12 月	—
		倪永军	2003 年 3 月—2005 年 12 月	—
		徐政建	2003 年 3 月—2005 年 12 月	—
		吴军杰（女）	2004 年 5 月—2005 年 12 月	—
	委员	倪永军（2002 年 2 月—2003 年 3 月）姜宝银（2002 年 2 月—2005 年 12 月）翁忠茂（2002 年 2 月—2005 年 12 月）余益文（2004 年 6 月—2005 年 12 月）		

表 10-6　**中共志棠乡（镇）纪委历任书记情况表**

届次（时间）	职　务	姓　名	任职时间	备　注
第八届（1992 年 6 月—1993 年 3 月）	书记	王　旭	1992 年 6 月—1993 年 1 月	—
		姚建平	1993 年 1 月—1993 年 3 月	—
第九届（1993 年 3 月—1996 年 1 月）	书记	姚建平	1993 年 3 月—1995 年 12 月	—
		饶永红	1995 年 12 月—1996 年 1 月	—
第十届（1996 年 1 月—1999 年 1 月）	书记	饶永红	1996 年 1 月—1998 年 9 月	—
		吴有才	1998 年 9 月—1999 年 1 月	—
第十一届（1999 年 1 月—2002 年 2 月）	书记	吴有才	1999 年 1 月—2001 年 12 月	—
		倪永军	2001 年 12 月—2002 年 2 月	—
第十二届（2002 年 2 月—2005 年 12 月）	书记	倪永军	2002 年 2 月—2005 年 12 月	—

四、党务工作

乡镇党组织成立以来，认真贯彻执行党的路线、方针、政策，结合当地实际，充分发挥党组织的战斗堡垒和党员的先锋模范作用。历届党委班子注重从理论武装入手，认真学习马克思列宁主义、毛泽东思想、邓小平理论、“三个代表”重要思想、科学发展观，深入贯彻习近平新时代中国特色社会主义思想。

2005年5月10日开始，原横山镇组织第七届村级组织换届选举。全镇24个行政村，选举产生村党支部委员63人，调整村支部书记4人，调整支部委员24人。

2005年12月，原横山镇与志棠镇合并，建立新的中共横山镇委员会，下辖党支部48个，党员1388名。新成立的镇党委重视抓好基层组织党组织建设，以完善基层党组织制度建设为抓手，注重发挥党支部的战斗堡垒和党员的先锋模范作用。

2007年，实施农村基层组织建设“先锋工程”，完成第一轮五年规划创建。加强村务公开，对12个重点村的财务进行审计。以典型引路，钱家、儒大门、脉元、西方坞、张家、龙门桥、贤求朋、腰塘边、后邵9个村为学用示范点、实践示范基地和学用致富典型，开展村级班子现状专题调查，为2008年村级组织换届打好基础。重视非公有制企业党建工作，符合条件的规模以上非公企业建立党支部。

2008年4月21日—5月30日，组织第八届村级换届选举，一批政治素质好、群众威望高、服务信念强、办事能力优的能人志士纳入村级基层组织。全镇20个行政村新产生村两委干部117名，其中女性25名、大学生村官3名。平均年龄45.8岁，其中35岁以下20人，占16.05%；村主职干部平均年龄44.05岁，35岁以下6人。高中以上学历66名，占35.05%，其中大专以上23名。40名村主职干部均有致富项目，新任的7名村民主任多为经商、办厂、承包大户等经济实体能人，村干部队伍进一步优化。

2009年，镇党委围绕“科学发展创实业，齐心协力建名镇”主题，大力发展镇域经济，不断改善人居环境，朝着“打造富硒宝地、培育建材之乡、建设美丽家园、构筑和谐横山”目标稳步前进。

2010年，共培养党员发展对象30余名，吸收预备党员41名，37名预备党员按期转正。实行“党员实事评议和实事不作为”告诫制度，以实事完成情况为依据，对党员的日常表现进行考评，对表现突出的党员予以表彰，对“实事不作为”的党员进行告诫。《党员实事评议和实事不作为告诫制度执行案例》被评为全国第一届基层组织党建创新优秀案例，得到中组部领导表扬。

2011年2月21—25日，组织第九届村级党组织换届选举，选举产生党支部成员59人，支部书记20人，平均年龄47.02岁，其中初中及以下文化程度6人，高中、中专文化程度7人，大专以上7人。支部委员共39人，平均年龄48岁，其中女性4人、少数民族1人，初中及以下文化程度21人，高中、中专文化程度14人，大专以上4人。年底，建有20个行政村和镇机关、下宅小学、青龙山水泥厂、中心小学、志棠小学、南方水泥厂、恒宇鞋业、建和化工等28个党支部，党员1471名。

2012年，总结挖掘原镇人大主席周言松典型事迹，营造“学习周言松，争做最美干部，争创一流业绩”的良好氛围。抓党建促发展，富硒产业带、美丽乡村带、党建示范带同步推进。在富硒产业发展中，发挥钱顺良等产业服务队在种、养、加、销、游等方面的示范作用。组织村干部、驻村干部开展“互看互学”活动，形成“三带互动”良好局面。白鹤桥村党支部被评为2012年度龙游县“十佳服务型基层党组织”。

2013年11月18—21日，组织第十届村级党组织换届选举，选出党支部书记20人，其中女性1人，大专及以上文化程度6人，高中(中专)文化程度9人，初中及以下文化程度5人，平均年龄48.04岁；选举支部委员58人，其中女性6人，大专及以上文化程度13人，高中(中专)文化程度23人，初中及以下文化程度22人，平均年龄47.05岁。

2014年,开展换届后村党支部书记培训,结合清“三多”工作,定期召开村级基层党建工作会议,强化支部书记队伍建设。借助“党性体检、民主评议”活动,对1360名党员进行“党性体检”,成立镇党员帮教支部,将全镇8位80岁以上生活困难、符合低保条件的村退职主职干部纳入低保。认真落实“第一书记+生态指导员”工作法,由镇班子成员担任村第一书记,参与村内各项事务;在推进重点、难点工作中发挥生态指导员作用。

2015年,精心谋划3个党建书记项目,认真落实47个任务清单。开展村级组织换届回头看,对村级组织的运行进行“健康体检、集体会诊”;开展“三有三带头”(有岗位、有职责、有作为,带头执行政策、带头引领乡风、带头发挥主观能动性)创先争优活动,发挥无职党员在重点工作中的先锋带头作用,1400多户党员户全部挂牌亮身份,接受群众监督;开展村级三项竞赛活动,形成村组织互赛互比氛围。按照“十个一”标准打造脉元、项家、白鹤桥6个党建示范点。开展党章学习教育,对党员进行党性体检,开展民主评议。开展“守规矩、严纪律”活动,对镇干部上下班纪律、值班纪律、每周一到村集中办公情况等进行检查,检查结果与年终考核相结合;重视抓好以村书记为核心的村干部队伍建设,每季度召开村书记党建工作会议,提升党建工作水平。

2016年,扎实推进“两学一做”学习教育活动,通过“专包自学、专题讨论、专刊报道、专栏宣传、专场会演、专日活动”等举措,全面加强党员干部思想理论教育,涌现出市级优秀党员2名、镇优秀党员17名。开辟党建网络新阵地,运用“党建+互联网”模式,以党员微信群为载体,建立全覆盖党员微社区,累计新建“微信党支部”33个,开展“微活动”50余次。严格落实“书记项目、三会一课、零基积分、志愿服务”等机制,深化“三民工程”标准化建设,健全完善“驻镇蹲村联户”制度,“党建+中心工作”推进模式在全镇得到广泛应用,项家村、脉元村等10个村被评为党建示范点,20个行政村在“三民工程”升级版工作中全部达标,以项家村、脉元村、贤求朋村、下宅村、大平坂(畈)村为主线的“五村联创绿色党建示范区”获县“十大党建好风景”称号,所有行政村经营性收入均达5万元以上。

2017年,镇党委做实“选人、育人、用人”三篇文章,以党建统领各项中心工作,树立“党建+”理念,将基层党建与美丽乡村创建、小城镇环境综合整治、“四个平台”建设和“五四三”等重点工作相结合,拓展基层党建服务新体系,围绕“一镇”(基层党建整镇推进)“二带”(富有龙游北乡特色的绿色家园示范带、富有“造血”功能的十里荷花通景带)“三推”(推进“两学一做”学习教育常态化制度化、推进党建特色品牌打造、推进富硒特色产业发展)“六工程”(书记管党、阵地监管、素质提升、组织堡垒、党内民主、先锋示范工程)的党建工作规划,打造基层党建工作新亮点。县“基层党建工作重点任务推进会暨双整工作百日攻坚行动现场会”在横山召开。3月23日—4月1日,组织第十一届村级党组织换届选举,共产生村支部委员63名,其中大学生村官3名,女性支委8名,35周岁以下3人,大专及以上学历4人,新进成员22人。

2018年,进一步完善制度建设,建立健全驻村干部抓基层党建工作责任制,创新村干部年度绩效考核办法。严格党内组织生活,实施村干部“三色”考评,评定“灰色”干部2名,勒令辞职;评定“黄色”干部6名并停职教育。以“大整风”行动破解党员队伍管理顽疾,打造肯干事、干成事的村干部队伍。从严抓好党员发展,全年吸收预备党员9名。围绕乡村振兴,全面启动“两全”(全领域建强、全区域提升)示范创建,打造市级“十里荷花”人才振兴党建示范带和县级绿色家园产业振兴示范带,重点打造天池廉政文化、志棠古村落文化等。镇基层党建工作得到省委组织部督察组肯定。认真贯彻落实中央八项规定精神等相关要求,全面落实党风廉政建设主体责任,切实加强对惠农政策落实、重大事项民主决策、农村“三资”管理、工程项目建设、村级

“三务”公开和村干部廉洁履职等方面的监督力度，严肃查处各类违纪违法案件，积极配合县委第七巡察组开展农村作风巡察，完成7大类136个问题整改落实。服务全县工作大局，县专班常年抽调班子成员3名、一般干部6名，参与县重点工作。

2019年，以4个后进村整顿为突破口，调整村“两委”干部7名，其中主职干部5名；处理不合格党员11名，其中除名1人；增补支委8名；后进村的书记、主任全部“一肩挑”，基层组织凝聚力、战斗力得到提升。立案查处给予党纪处分28人（撤销党内职务1人、严重警告处分9人、警告处分18人），恢复党员权益3人。严肃财政纪律，牢固树立过“紧日子”的思想，厉行勤俭节约，严格控制一般性支出和“三公”经费，降低行政成本。2019年，会议支出费用比2018年下降48.39%。

2020年，贯彻新时代党的建设总要求，在常态化开展主题党日“两学一做”基础上，做好“乡村振兴讲堂·村情通”平台推广应用，开办线上讲堂100余期，参与群众2600余人次。组织“8090新时代理论宣讲”50余场，参与群众3000余人。加快乡村振兴讲堂、文化礼堂融合共建，打造“两堂”10处。严格落实党风廉政建设，开展廉政警示教育3次，在思想、作风、党性上为全镇村党员干部“补钙”“加油”。依托胡公执政为民、关西杨氏廉洁自律等清廉特色文化，打造“十里荷花、一路廉风”清廉横山特色品牌。建成“三槐堂”清廉文化展示馆、槐庭书院等，加快白鹤桥村清廉展示馆建设，推动全面从严治党向基层延伸。在组织换届中，把选优配强村级组织带头人作为首要任务来抓，顺利实现两个100%（“一肩挑”100%、村“两委”足额当选100%），呈现“两高三好”态势。10月18日—11月5日，组织第十二届村级党组织换届选举，共产生村支部委员73名，其中女性支委11名，35周岁以下3人，大专及以上学历15人。新进村党支部书记8人。此届村支部配备副书记。

2021年，以习近平总书记对“三民工程”的重要批示精神为指导，围绕基层党组织“全领域建强、全区域提升”示范创建工作，坚持党建引领基层治理，完善落实村级班子和村干部绩效考核制度，开展村党支部书记“月晒季评年考”大比武活动，激励村级党组织进位争先。发扬“两勤”“两专”精神，树立德才兼备、以德为先的鲜明用人导向，扩大选人用人视野；通过自我提高、导师帮带、组织培养，不断提升党员干部能力素质。顺应“一肩挑”“三改五”后基层治理体系变革，精心做好农村换届“后半篇”文章，实施基层干部“素质提升”工程。加强两委班子日常监督管理，健全完善运行规则、村务监督、议事决策、激励约束、待遇保障等机制。始终保持惩治腐败的高压态势，综合运用监督执纪“四种形态”，常态化开展警示教育，开展“清廉村居”建设，强化农村党风廉政建设和“三资”管理，加强小微权力规范化运行。

2022年，深入贯彻《中国共产党党员教育管理工作条例》《2019—2023年全国党员教育培训工作规划》精神，落实市、县委组织部关于党员轮训工作部署，全面抓好党员培训教育，加强党员队伍建设，提升基层党组织凝聚力，以优异的成绩迎接建党101周年。6月29日—7月1日，党委分别在白鹤桥村、上向徐村、后徐村举办“抢抓机遇、干字当头”党员轮训，组织开展重温入党誓词，颁发“光荣在党50年”纪念章等活动。镇党委张余伟书记要求党员干部不仅要看到成绩，更要看到差距，通过党建引领、形成合力，发挥优势、补齐短板，在人口集聚、集镇建设、产业振兴等重点工作中贡献党员力量，不断加快横山经济社会事业发展，奋力推进共同富裕示范区的区域明珠建设。

附录　推行党员实事评议和“实事不作为”告诫制度

横山镇地处浙江西部衢州市龙游县，是浙江的欠发达地区，距县城20公里和建德、兰溪交界。全镇有32000多人口，下辖20个行政村（其中有2个民族村），31个基层党支部，有党员1372名。

在新的形势下，农村党员教育管理面临新情况、新问题，在基层党员的评议过程中，感性操作多、刚性操作少，模糊操作多、量化操作少，年终评议多、日常评议少，在党员管理中缺少硬的抓手。为把教育管理落到实处，横山镇在继续推行党员“政治生日”谈心谈话制度的基础上，加大探索力度，在全镇上下推行了党员实事评议，并对“实事不作为”的党员进行告诫，对党员教育管理进行了新的尝试。

一、党员实事评议和党员“实事不作为”告诫制度的总体思路

为把党员的日常教育、管理和监督落到实处，增强党员评议的可操作性，通过实事完成情况体现党员的先锋模范作用，提高党员素质，真正做到“政治坚定、团结合作、有所作为、群众拥护”。并以实事完成情况为依据，对党员日常表现进行考评，对表现突出的党员进行表彰和鼓励，对“实事不作为”的党员实行告诫。从而达到“提高党员素质，转变政府职能，服务人民群众，促进各项工作”的目的，使党员受教育、百姓得实惠。

二、党员实事评议和党员“实事不作为”告诫制度的主要做法

党员实事评议和党员“实事不作为”告诫制度的考评对象是镇全体党员，考评内容以各党支部每月开展的工作为主，包括上级党组织交办的中心工作，村支部（村两委）讨论决定的重大村级事务以及组织交办的其他工作等。考评办法实行“一月一报，一事一评”，对于所做实事“就事论事”客观公正地反映每位党员的具体表现。

1. 上报。各支部结合每月村级集中办公，填报本支部上月所开展的实事，由支部对每位与任务相关的党员按其表现分为先锋带头、一般、不作为等三档上报到工作站党总支，责任人为支部书记和联村干部。

2. 汇总查实。以工作站为单位，结合每月民情分析会，对各支部上报的实事完成情况和党员表现情况进行汇总查实，责任人为工作站领导。

3. 告诫。对于在实施执行过程中不作为的党员，要进行提示警醒，经警醒仍不完成工作的，按情节轻重实行口头告诫或书面告诫限期改正。口头告诫由镇党委派员执行，书面告诫由镇党委下发告诫书。对于在实事完成过程中长期表现落后的党员，要以支部为单位进行民主评议，民主评议不合格的，坚决劝退。要求外出务工党员时刻牢记自己的党员身份，离家不离党，平时按要求向党组织汇报工作。对于党支部开展的实事，与自己有关的必须委托家属（或个人）争先完成任务。无家属或个人可委托的，由外出务工党员主动申请要求党组织代为完成任务，回村后主动做好补做工作。长期不与党支部主动联系，组织安排的工作无法落实，党员本人

也不委托、不申请、不参与，回村后不主动补做工作的，年终由党支部汇总上报，镇党委统一公布、警醒、告诫。

4. 监督。涉及村级重大事务的，要求支部对党员的表现在村务公开栏中进行公开，接受群众监督。

5. 处罚。被告诫的党员名单由镇党委在全镇公布。凡被告诫的党员，当年不得参加各类评先评优活动。党员一年内被口头告诫三次以上、被口头告诫与书面告诫合计两次以上，作为年终考评不合格的重要依据，视情节按党员管理有关规定予以劝退或除名。对党员村干部的表现及其实事考核要与其报酬待遇相挂钩，实行奖优罚劣，提高干部为民办实事的积极性和责任心。

三、党员实事评议和党员"实事不作为"告诫制度的实践效果

通过近一年来党员实事评议和党员"实事不作为"告诫制度的推行，全镇上下广大党员的先锋模范带头作用得到极大发挥，各项工作推进速度明显加快，人民群众对党员的评价明显提高。制度的执行过程中，我们主要抓了以下几个方面。

一是鼓励先进的更先进。脉元村党支部多年来各项工作均走在全镇的前列，今年又提出村庄卫生管理新思路，在酝酿和执行的过程中党员干部始终身先士卒走在前列，工作站党总支和镇党支部按照实事评议的要求，及时对党员在实际中的表现进行鼓励和表扬。现在村里的经验受到了县政府的表扬并在全县推广。县垃圾填埋场土地租改征是县里的重点工作之一，在复杂情况下，腰塘村党员带头在公共利益和个人利益之间做好选择，为整个工作的顺利推进起了关键作用。横山、席家等村结合"无职党员"设岗定责，对党员实事完成情况进行评议，在村里的垃圾集中管理、日常卫生保洁和农村合作医疗工作中，党员不仅自己带头，还带动群众做好工作，使这些村的工作都走在全镇乃至全县的前列。

二是促进一般的变先进。村庄整治改变农村生活基础设施建设、特别是道路硬化、污水处理、水电统一规划安装等都深受群众欢迎和拥护。但在村庄规划整治的过程中，可能涉及一些群众的个体利益，在大局利益和个体利益产生矛盾时，党员的作用就非常重要。党员干部的表现直接影响到工作推进，群众都盯着党员。横山镇项家村是全镇较大的村，又是个少数民族村，自然村多而分散，全村总人口1600多人，有党员57人。以前党员人数虽多，但在实际的工作中带头的不多，大多数都抱着从众和等待思想，结果你等我、我看你，村里的各项工作开展都十分困难，重大任务基本上只是由村两委干部着急，不仅难度大，进度缓慢，也无法调动群众的积极性。今年，项家村庄整治，整治工程工作量大，涉及面广，特别是在政策处理等前期准备阶段更需要做大量的工作，仅靠村两委几个人是很难把工作做好的。镇党委实行党员实事评议和党员"实事不作为"告诫制度后，村党支部以此为契机，首先召开全体党员大会，把党员实事评议和党员"实事不作为"告诫制度的内容传达给每一个党员；其次按照村庄整治的整体任务提出党员必须做到的实事；然后在每月的月底将对每个党员的表现进行评议并在群众中公开，使党员在道路硬化让地、水泥路面养护等实事中的表现一目了然，本来有拖沓思想的党员深受触动，从原来的"等"到后来的带头执行，彻底解决部分党员思想落后，战斗力不强的问题，调动全体党员的积极性。政策处理过程中党员不仅带头做好自己的工作，还积极地深入农户做工作。都说群众看党员，在党员干部实际行动的带领下，政策处理工作提前完成，村庄整治工程得以顺利实施。现在村里主干道路全部硬化，群众都高兴地说"现在雨天也可以穿牛皮鞋了"。

三是让“后进”的受教育。在实际工作中也有少数党员的认识和行为与基层党组织的决策、群众的公共利益存在错位,影响工作的开展。对于这些党员,镇党委对其进行严肃的批评和告诫,使他们意识到自己的错误行为,并及时改正。横山镇凌阁张村在县乡公路的修筑过程中,涉及该村一名党员家的一间灶房需要拆迁,但他却要求极不合理的高额补偿。凌阁张村本来只有一条泥路,天晴灰满天、天雨路泥泞,通上水泥公路是村民盼了多年的好事,当时,路段前段的村民都已接受村里的政策处理,后段路段的政策处理亟待进行,灶房成了“中梗阻”,严重干扰了工程的正常施工,在村民中造成了恶劣的影响。村党支部和工作站党总支再三做其思想工作,都遭到拒绝,镇党委先对其进行口头告诫,希望他能认识到自己的错误,但他仍是诸多借口,最后镇党委对其正式下达了书面告诫通知书,并由镇党委成员与其谈话,告知其问题的严重性,如果仍不作为的话,镇党委将按制度对其严肃处理。最后,那名党员终于认识到自己的错误行为,主动拆除自己的房屋,按照合理的政策条件进行处理,工程顺利实施。横山镇翁坞村是个市级贫困村,为修建村办公场所村党支部提出在上级组织补助的基础上全体党员投工投劳参加义务劳动,许多群众也主动参与了义务帮工,但村里个别党员不顾及党员形象,不但以各种理由不参加投工投劳还在群众中说风凉话,在群众中影响很差,镇党委对其口头告诫,进行了严肃的批评教育,使其认识到自己的错误并及时改正。党员“实事不作为”告诫制度推行以来,受到告诫的党员虽然是极少数的,但它的教育和鞭策力却是巨大的。

通过对党员做实事进行评议,增强了党组织对党员日常管理的硬抓手,也使党员表现在群众中进一步明朗化,从而加强了党员的自我监督和群众监督,增强了衡量党员表现的硬杠杠。告诫制度对落后党员形成一种威慑,党组织对党员的组织约束力进一步加强。在基层组织建设中,以前对党员的评议往往是笼统的,现在党员的表现由事实说话,党员增强了责任感和光荣感,从而积极引导、鼓励每个共产党员成为群众中的一面旗帜,平常时候看得出来,关键时刻站得出来,危难关头豁得出来,使广大党员始终走在时代的前列、走在发展的前列、走在群众的前列,充分发挥模范带头作用,增强基层党组织的战斗力。在探索中创新、在实践中检验,经过近几年的实践,我们觉得党员实事评议和实事“不作为”告诫制度在基层组织管理中取得了一定的成效,但还需要在今后的实施过程中加以不断改进和完善。

(载于 2011 年 1 月 13 日《上海智慧党建网》)

五、行政村支部

1956 年 1 月前,各行政村未设支部,党员由各乡党支部直接管理,据查 1955 年各乡党员名单,横山乡有党员 23 名、下宅乡有党员 26 名、张家乡有党员 21 名,志棠乡党员数不详。1956 年 2 月,横山乡、下宅乡、志棠乡总支部成立后(张家乡撤销),开始在各农业生产合作社成立分支部,并发展一批新党员。1958 年 9 月各乡总支部改为生产大队总支部,并从横山乡总支部分设杜叶生产大队总支部,1960 年 2 月各生产大队总支部改为管理区总支部,各生产队设分支部。1961 年 7 月,各管理区总支部改为人民公社党委,各生产队改为生产大队,随之各生产大队党支部成立。“文化大革命”期间,基层党组织一度停止活动,村设革命领导小组。1969 年 11 月—1970 年 8 月,生产大队党支部逐渐恢复。1983 年,生产大队恢复行政村建制后,生产大队党支部称为村党支部。1999 年,注重农村基层组织建设,试行村党支部书记“公推直选”。

表 10-7 **1975 年志棠人民公社党员情况表** 单位：名

单位	总数	性别		年龄			入党时间		文化程度			
		男	女	25 岁以下	26~55 岁	56 岁以上	1949 年 10 月至 1966 年 5 月	1966 年 5 月后	高中	初中	小学	文盲
杨家村	10	9	1	1	9	—	8	2	—	—	5	5
新宅村	17	16	1	3	14	—	9	8	—	1	11	5
下店村	8	6	2	1	7	—	7	1	—	1	4	3
儒大门村	11	11	—	—	10	1	10	1	—	—	6	5
后邵村	13	11	2	—	13	—	11	2	—	—	9	4
卸厅村	9	9	—	1	7	1	7	2	—	—	8	1
前邵村	11	11	—	—	11	—	7	4	—	—	11	—
席家村	9	8	1	1	7	1	6	3	1	1	4	3
凌阁张村	14	12	2	—	13	1	9	5	1	1	7	5
腰塘边村	14	14	—	2	11	1	9	5	—	1	10	3
张家村	15	15	—	1	13	1	14	1	—	—	8	7
钱家村	9	9	—	1	8	—	7	2	—	—	7	2
东王村	9	8	1	—	9	—	8	1	—	—	5	4
塔下叶村	20	19	1	—	18	2	12	8	—	—	16	4
翁坞村	5	4	1	—	4	1	4	1	—	—	3	2
人民公社	11	11	—	—	11	—	10	1	—	5	6	—
合计	185	173	12	11	165	9	138	47	2	10	120	53

2008 年行政村规模调整前，各村党支部书记名单依县档案馆资料与各村提供资料整理，换届选举资料不详。

表 10-8 **天池村历任党支部书记情况表**

村名	姓名	职务	任职时间	备注
原杨家村	杨木子	光明高级合作社书记	1956 年 3 月—1956 年 12 月	—
	鲁文林	光明高级合作社书记	1957 年 1 月—1958 年 8 月	—
	鲁文林	杨家生产队、大队书记	1959 年 9 月—1964 年 3 月	—
	鲁纪清	杨家生产大队书记	1964 年 3 月—1968 年 3 月	—
	因“文化大革命”空缺		1968 年 3 月—1969 年 5 月	—
	鲁纪清	杨家生产大队书记	1969 年 5 月—1983 年 3 月	1968—1977 年兼任革命领导小组组长（以下简称组长）
	杨宝金	杨家村书记	1983 年 3 月—2008 年 3 月	—

续表10-8

村 名	姓 名	职 务	任职时间	备 注
原新宅村	鲁亦飞	新宅生产大队书记	1960 年 2 月—1965 年 5 月	—
	王德余	新宅生产大队书记	1965 年 6 月—1968 年 3 月	—
	因“文化大革命”空缺		1968 年 3 月—1969 年 5 月	—
	王德余	新宅生产大队副书记	1969 年 5 月—1970 年 2 月	负责人
	蒋永国	新宅生产大队书记	1970 年 3 月—1977 年 5 月	—
	王有祥	新宅生产大队书记	1977 年 6 月—1984 年 4 月	—
	王治清	新宅村书记	1984 年 5 月—1987 年 5 月	—
	王文成	新宅村书记	1987 年 5 月—1994 年 5 月	—
	鲁文华	新宅村书记	1994 年 5 月—1997 年 5 月	—
	王文成	新宅村书记	1997 年 5 月—2001 年 7 月	—
	陈炳根	新宅村书记	2001 年 7 月—2002 年 1 月	—
	鲁勇林	新宅村书记	2002 年 1 月—2008 年 3 月	—
原下店村	杨讨饭	下店生产大队书记	1960 年 2 月—1962 年 5 月	—
	王景隆	下店生产大队书记	1962 年 6 月—1967 年 4 月	—
	杨讨饭	下店生产大队书记	1967 年 4 月—1968 年 3 月	—
	因“文化大革命”空缺		1968 年 3 月—1969 年 5 月	—
	杨讨饭	下店生产大队书记	1969 年 5 月—1983 年 3 月	—
	王恭祥	下店生产大队书记	1983 年 4 月—1984 年 4 月	—
	杨柏松	下店村书记	1984 年 4 月—1986 年 2 月	—
	徐竹松	下店村书记	1986 年 2 月—1986 年 5 月	代理,乡下派
	吴阿金	下店村书记	1986 年 6 月—1990 年 12 月	—
	鲁文钧	下店村书记	1991 年 1 月—1998 年 10 月	—
	王道夫	下店村书记	1998 年 10 月—2005 年 4 月	—
	鲁文成	下店村书记	2005 年 5 月—2008 年 3 月	—
原儒大门村	陈春根	康乐高级合作社书记	1956 年 3 月—1959 年 8 月	新宅村人
	徐锦清	儒大门生产队、大队书记	1959 年 9 月—1968 年 2 月	—
	因“文化大革命”空缺		1968 年 3 月—1969 年 5 月	—
	徐锦清	儒大门生产大队书记	1969 年 5 月—1982 年 5 月	1968—1977 年兼任组长
	王广球	儒大门大队(村)书记	1982 年 5 月—1986 年 9 月	—
	王永清	儒大门村书记	1986 年 10 月—1989 年 9 月	—
	诸水林	儒大门村书记	1989 年 10 月—1992 年 9 月	—
	王广球	儒大门村书记	1992 年 10 月—1994 年 6 月	—
	王素月(女)	儒大门村书记	1994 年 7 月—1997 年 6 月	—

续表10-8

村 名	姓 名	职 务	任职时间	备 注
原儒大门村	叶向华	儒大门村书记	1997 年 7 月—2001 年 8 月	—
	王甫义	儒大门村书记	2001 年 9 月—2002 年 4 月	—
	王本源	儒大门村书记	2002 年 4 月—2003 年 8 月	—
	李 洪	儒大门村书记	2003 年 8 月—2008 年 3 月	—
天池村	李 洪	天池村书记	2008 年 4 月—2011 年 2 月	—
	鲁永林	天池村书记	2011 年 2 月—2013 年 11 月	—
	王素月(女)	天池村书记	2013 年 11 月—2017 年 3 月	—
	张卸苟	天池村书记	2017 年 3 月—	—

表 10-9 志棠村历任党支部书记情况表

村 名	姓 名	职 务	任职时间	备 注
原后邵村	陈新宝	联胜高级合作社书记	1956 年 3 月—1958 年 8 月	原志棠乡 3、4 村合并
	袁金喜	志棠生产队书记	1958 年 9 月—1959 年 4 月	—
	邵根福	志棠生产大队书记	1959 年 4 月—1961 年 6 月	—
	邵宝芳	后邵生产大队书记	1961 年 7 月—1968 年 8 月	—
	因“文化大革命”空缺		1968 年 8 月—1969 年 5 月	1969—1972 年并入志棠
	严永芳	后邵生产大队书记	1972 年 5 月—1977 年 5 月	1968—1977 年兼任组长
	邵宝芳	后邵生产大队书记	1977 年 6 月—1983 年 4 月	—
	陈云成	后邵村书记	1983 年 4 月—1997 年 12 月	—
	钱林林	后邵村书记	1997 年 12 月—2001 年 3 月	—
	叶跃林	后邵村书记	2002 年 5 月—2008 年 3 月	—
原席家村	叶树元	席家生产大队书记	1961 年 7 月—1968 年 3 月	—
	因“文化大革命”空缺		1968 年 3 月—1969 年 5 月	1969—1972 年并入志棠
	席阿交	席家生产大队书记	1972 年 5 月—1975 年 5 月	兼任组长
	席金良	席家生产大队(村)书记	1975 年 5 月—1991 年 6 月	—
	方永庆	席家村书记	1991 年 6 月—1994 年 5 月	—
	高志斌	席家村书记	1994 年 6 月—1998 年 4 月	—
	席建平	席家村书记	1998 年 5 月—1998 年 9 月	—
	陈炳根	席家村书记	1998 年 10 月—2002 年 2 月	—
	周根友	席家村书记	2002 年 2 月—2004 年 7 月	—
	邵根春	席家村书记	2004 年 8 月—2005 年 6 月	代理,乡下派
	赵志清	席家村书记	2005 年 7 月—2008 年 3 月	—

续表10-9

村 名	姓 名	职 务	任职时间	备 注
原卸厅村	邵茂春	卸厅生产大队书记	1961 年 7 月—1963 年 4 月	—
	徐富财	卸厅生产大队书记	1963 年 4 月—1968 年 7 月	—
	因“文化大革命”空缺		1968 年 8 月—1969 年 5 月	1969—1972 年并入志棠
	徐富财	卸厅生产大队书记	1972 年 5 月—1984 年 8 月	1968—1977 年兼任组长
	周志清	卸厅村书记	1984 年 9 月—1990 年 5 月	—
	邵卫平	卸厅村书记	1990 年 7 月—1996 年 5 月	—
	邵志树	卸厅村书记	1996 年 6 月—2005 年 5 月	—
	邵卫平	卸厅村书记	2005 年 5 月—2008 年 3 月	—
原前邵村	宋金龙	前邵生产大队书记	1961 年 7 月—1968 年 7 月	—
	因“文化大革命”空缺		1968 年 8 月—1969 年 5 月	1969—1972 年并入志棠
	宋金龙	前邵生产大队书记	1971 年 2 月—1972 年 5 月	1968—1972 年兼任组长
	邵根福	前邵生产大队书记	1972 年 6 月—1977 年 8 月	兼任组长
	吴卸龙	前邵生产大队(村)书记	1977 年 8 月—1997 年 12 月	—
	张竹根	前邵村书记	1997 年 12 月—2005 年 6 月	—
	方永国	前邵村书记	2005 年 6 月—2008 年 3 月	—
原志棠生产大队	严永芳	志棠生产大队书记	1969 年 5 月—1972 年 5 月	4 村合并
志棠村	邵卫平	志棠村书记	2008 年 4 月—2017 年 3 月	—
	邵忠根	志棠村书记	2017 年 4 月—	—

表 10-10 **腰塘边村历任党支部书记情况表**

村 名	姓 名	职 务	任职时间	备 注
原腰塘边村	熊樟奶	新建高级合作社书记	1956 年 3 月—1958 年 8 月	原志棠乡 1、2 村合并
	宋金海	腰塘边生产队指导员	1958 年 9 月—1960 年 2 月	—
	熊阿奶	腰塘边生产大队书记	1960 年 2 月—1968 年 5 月	—
	因“文化大革命”空缺		1968 年 8 月—1969 年 5 月	—
	熊阿奶	腰塘边生产大队书记	1969 年 5 月—1977 年 4 月	1968—1977 年兼任组长
	洪海松	腰塘边生产大队书记	1977 年 5 月—1984 年 4 月	—
	吴开林	腰塘边村书记	1984 年 4 月—1991 年 9 月	—
	诸葛水昌	腰塘边村书记	1991 年 10 月—1997 年 11 月	—
	李国富	腰塘边村书记	1997 年 12 月—2005 年 4 月	—
	陈立银	腰塘边村书记	2005 年 5 月—2008 年 3 月	—
原凌阁张村	张宝庆	凌阁张生产队指导员	1958 年 9 月—1960 年 2 月	—
	张宝庆	凌阁张生产大队书记	1960 年 2 月—1968 年 5 月	—

续表10-10

村　名	姓　名	职　　务	任职时间	备　注
原凌阁张村	因“文化大革命”空缺		1968 年 8 月—1969 年 5 月	—
	张宝庆	凌阁张生产大队书记	1973 年 11 月—1977 年 6 月	1968—1977 年兼任组长
	周金寿	凌阁张生产大队书记	1977 年 7 月—1983 年 3 月	—
	方秀清	凌阁张生产大队（村）书记	1983 年 3 月—1989 年 2 月	—
	吴卸根	凌阁张村书记	1989 年 3 月—1997 年 10 月	—
	鲁跟棠	凌阁张村书记	1997 年 11 月—1998 年 10 月	—
	方云清	凌阁张村书记	1998 年 11 月—1999 年 11 月	—
	张土生	凌阁张村书记	1999 年 12 月—2000 年 4 月	—
	周志祥	凌阁张村书记	2000 年 5 月—2008 年 3 月	—
腰塘边村	陈立银	腰塘边村书记	2008 年 4 月—2017 年 3 月	—
	杨水明	腰塘边村书记	2017 年 4 月—	—

表 10-11

塔下叶村历任党支部书记情况表

村　名	姓　名	职　　务	任职时间	备　注
原塔下叶村	叶阿标	新建高级合作社书记	1956 年 3 月—1958 年 8 月	原张家乡 7 村
	叶阿标	塔下叶生产队、大队书记	1958 年 9 月—1960 年 1 月	划入志棠乡（生产大队）
	叶阿标	塔下叶生产大队书记	1960 年 2 月—1961 年 6 月	划入杜叶管理区
	叶阿标	塔下叶生产大队书记	1961 年 7 月—1963 年 3 月	划入志棠人民公社
	阮金土	塔下叶生产大队书记	1963 年 4 月—1967 年 2 月	—
	因“文化大革命”空缺		1968 年 2 月—1969 年 5 月	—
	阮金土	塔下叶生产大队书记	1969 年 5 月—1984 年 4 月	1968—1977 年兼任组长
	宋海根	塔下叶村书记	1984 年 4 月—2008 年 3 月	—
原翁坞村	诸来昌	翁坞生产大队书记	1962 年 2 月—1966 年 3 月	原属志棠乡 1 村
	毛正元	翁坞生产大队书记	1966 年 5 月—1968 年 11 月	—
	因“文化大革命”空缺		1968 年 11 月—1969 年 5 月	—
	诸来昌	翁坞生产大队书记	1969 年 5 月—1983 年 4 月	1968—1977 年兼任组长
	祝惠林	翁坞生产大队、村书记	1983 年 5 月—1986 年 10 月	—
	诸文松	翁坞村书记	1986 年 10 月—1990 年 12 月	—
	翁寿富	翁坞村书记	1990 年 12 月—1993 年 12 月	—
	翁寿昌	翁坞村书记	1993 年 12 月—1996 年 1 月	—
	翁寿富	翁坞村书记	1996 年 1 月—2001 年 4 月	—
	余永红	翁坞村书记	2001 年 4 月—2002 年 3 月	—
	诸文松	翁坞村书记	2002 年 4 月—2008 年 4 月	—

续表10-11

村名	姓名	职务	任职时间	备注
塔下叶村	宋小兵	塔下叶村书记	2008年4月—2012年6月	—
	叶卸福	塔下叶村书记	2012年6月—2013年11月	—
	翁海忠	塔下叶村书记	2013年11月—	2013年11月时为副书记，主持工作

表10-12 河宗村历任党支部书记情况表

村名	姓名	职务	任职时间	备注
原张家村	钱小伏	和平高级合作社书记	1956年3月—1958年8月	4、5村合并，划入志棠乡
	廖日茂	张家生产队书记	1958年9月—1961年6月	划入杜叶生产大队（管理区）
	朱根兰（女）	张家生产大队书记	1961年7月—1965年10月	划入志棠人民公社
	廖日茂	张家生产大队书记	1965年11月—1968年3月	—
	因“文化大革命”空缺		1968年3月—1969年5月	—
	廖日茂	张家生产大队书记	1969年5月—1980年8月	1968—1977年兼任组长
	包志华	张家生产大队书记	1980年9月—1983年8月	—
	郑阿土	张家村书记	1980年9月—1992年10月	—
	诸正洪	张家村书记	1992年10月—1997年10月	—
	饶金林	张家村书记	1997年10月—2002年5月	—
	吴雪康	张家村书记	2002年5月—2008年4月	—
原钱家村	余根松	钱家生产大队书记	1961年7月—1968年3月	—
	因“文化大革命”空缺		1968年3月—1969年5月	—
	余根松	钱家生产大队书记	1969年5月—1980年3月	1968—1977年兼任组长
	钱林林	钱家生产大队书记	1980年4月—2002年4月	—
	赵根林	钱家生产大队书记	2002年4月—2008年4月	—
河宗村	赵根林	河宗村书记	2008年4月—2016年11月	—
	陈宝龙	河宗村书记	2016年11月—	—

表10-13 原山门寺村历任党支部书记情况表

村名	姓名	职务	任职时间	备注
原山门寺村	汪有松	山门寺大队党员负责人、书记	1961年7月—1968年2月	—
	因“文化大革命”空缺		1968年3月—1969年5月	—
	汪有松	山门寺生产大队书记	1969年5月—1979年2月	1968—1977年兼任革领组组长
	陈志高	山门寺生产大队书记	1979年3月—1984年2月	—

续表10-13

村　名	姓　名	职　　务	任职时间	备　注
原山门寺村	朱树发	山门寺村书记	1984 年 3 月—1994 年 10 月	—
	王锦潭	山门寺村书记	1994 年 10 月—2005 年 4 月	—
	朱绍荣	山门寺村书记	2005 年 5 月—2008 年 3 月	—

编者注：2008 年山门寺古塘岗和施家垄自然村并入河宗村，枫树岭和官塘自然村并入白鹤桥村，因而山门寺村单列

表 10-14

会泽里村历任党支部书记情况表

村　名	姓　名	职　　务	任职时间	备　注
会泽里村	廖永根	红星高级合作社书记	1956 年 3 月—1958 年 8 月	—
	廖永根	会泽里生产队、大队书记	1958 年 9 月—1968 年 3 月	—
	因“文化大革命”空缺		1968 年 3 月—1969 年 5 月	—
	廖永根	会泽里生产大队书记	1969 年 5 月—1973 年 10 月	1968—1973 年兼任组长
	饶根土	会泽里生产大队书记	1973 年 10 月—1974 年 8 月	1973—1974 年兼任组长
	徐瑞根	会泽里生产大队书记	1974 年 9 月—1977 年 3 月	代理
	饶根土	会泽里生产大队、村书记	1977 年 4 月—1986 年 10 月	—
	李茂林	会泽里村书记	1986 年 10 月—1997 年 9 月	—
	曾树林	会泽里村书记	1997 年 9 月—2000 年 9 月	—
	许金寿	会泽里村书记	2000 年 10 月—2017 年 3 月	—
	邓友发	会泽里村书记	2017 年 4 月—2020 年 11 月	—
	李小林	会泽里村书记	2020 年 11 月	—

表 10-15

上向徐村历任党支部书记情况表

村　名	姓　名	职　　务	任职时间	备　注
原上向徐村	郑祖熏	红旗高级合作社书记	1956 年 3 月—1958 年 8 月	—
	余金德	上向徐生产队、大队书记	1958 年 9 月—1968 年 3 月	—
	因“文化大革命”空缺		1968 年 3 月—1969 年 5 月	1969—1972 年称杜野生产大队
	余金德	上向徐生产大队书记	1969 年 5 月—1974 年 5 月	1968—1977 年兼任组长
	姜沙沙	上向徐生产大队、村书记	1974 年 5 月—2002 年 4 月	—
	张启寿	上向徐村书记	2002 年 4 月—2008 年 4 月	—
原东王村	王金茂	穗丰高级合作社书记	1956 年 3 月—1958 年 8 月	划入志棠乡
	王金茂	东王生产队、大队书记	1958 年 9 月—1968 年 2 月	—
	因“文化大革命”空缺		1968 年 3 月—1969 年 5 月	—
	赖荣标	东王生产大队书记	1969 年 5 月—1972 年 5 月	1968—1972 年兼任组长
	吴锦根	东王生产大队、村书记	1972 年 6 月—1988 年 5 月	—

续表10-15

村　名	姓　名	职　　务	任职时间	备　注
原东王村	赖树根	东王村书记	1988 年 10 月—1996 年 9 月	—
	朱康生	东王村书记	1996 年 9 月—2003 年 6 月	—
	王新富	东王村书记	2003 年 6 月—2008 年 3 月	—
上向徐村	张启寿	上向徐村书记	2008 年 4 月—2011 年 2 月	—
	张启发	上向徐村书记	2011 年 2 月—2020 年 11 月	—
	张志明	上向徐村书记	2020 年 12 月—	—

表 10-16　**横山村历任党支部书记情况表**

村　名	姓　名	职　　务	任职时间	备　注
原横山村	余永秀	五星高级合作社书记	1956 年 3 月—1958 年 8 月	—
	周林旺	横山生产队书记	1958 年 9 月—1960 年 1 月	—
	黄金荣	横山生产大队书记	1960 年 2 月—1966 年 8 月	—
	李寿根	横山生产大队书记	1966 年 9 月—1968 年 3 月	—
	因“文化大革命”空缺		1968 年 3 月—1969 年 5 月	—
	黄金荣	横山生产大队书记	1972 年 5 月—1974 年 2 月	兼任组长
	李寿松	党员召集人	1974 年 3 月—1978 年 6 月	—
	李宝松	横山生产大队书记	1978 年 6 月—1979 年 6 月	—
	叶六群	横山生产大队、村书记	1979 年 6 月—1985 年 4 月	—
	李　富	横山村书记	1985 年 4 月—1989 年 6 月	—
	陈志华	横山村书记	1989 年 6 月—2008 年 4 月	—
原高山村	刘发有	高山生产大队书记	1961 年 7 月—1968 年 2 月	1969—1972 年与横山合并
	因“文化大革命”空缺		1968 年 3 月—1969 年 5 月	—
	刘发有	高山生产大队书记	1969 年 5 月—1977 年 7 月	1968—1977 年兼任组长
	杨土根	高山生产大队书记	1977 年 7 月—1979 年 3 月	—
	余志义	高山生产大队、村书记	1979 年 3 月—1988 年 5 月	—
	余樟庭	高山村书记	1987 年 5 月—1995 年 2 月	—
	张庆荣	高山村书记	1995 年 2 月—2002 年 4 月	—
	余樟庭	高山村书记	2002 年 4 月—2008 年 4 月	—
原方野村	方海荣	方野高级合作社书记	1956 年 3 月—1958 年 8 月	—
	方海荣	方野生产队、大队书记	1958 年 9 月—1968 年 2 月	—
	因“文化大革命”空缺		1968 年 3 月—1969 年 5 月	—
	方海荣	方野生产大队、村书记	1969 年 5 月—1984 年 11 月	1968—1977 年兼任组长

续表10-16

村　名	姓　名	职　　务	任职时间	备　注
原方野村	方来发	方野村书记	1984 年 12 月—1996 年 11 月	—
	陈有正	方野村书记	1996 年 12 月—1999 年 6 月	—
	方发有	方野村书记	1999 年 6 月—2008 年 4 月	—
原横山大队	杨土根	横山生产大队书记	1969 年 5 月—1972 年 5 月	东坞村人
横山村	陈志华	横山村书记	2008 年 4 月—2013 年 11 月	—
	柯益群	横山村书记	2013 年 11 月—2017 年 3 月	—
	赖红生	横山村书记	2017 年 4 月—2020 年 12 月	—
	姜新安	横山村书记	2020 年 12 月—	—

表 10-17　　**下西山村历任党支部书记情况表**

村　名	姓　名	职　　务	任职时间	备　注
原下西山村	王金发	下西山高级合作社书记	1956 年 3 月—1958 年 3 月	—
	余阿水	下西山生产队书记	1958 年 9 月—1960 年 2 月	—
	王金发	下西山生产大队书记	1960 年 3 月—1968 年 2 月	—
	因“文化大革命”空缺		1968 年 3 月—1969 年 5 月	—
	王金发	下西山生产大队书记	1969 年 5 月—1977 年 7 月	1968—1977 年兼任组长
	周阿土	下西山生产大队书记	1978 年 1 月—1982 年 9 月	—
	封土荣	下西山生产大队、村书记	1982 年 10 月—1994 年 10 月	—
	李根清	下西山村书记	1995 年 11 月—2008 年 3 月	—
原溪边村	余阿沙	溪边村党员负责人	1961 年 7 月—1968 年 2 月	—
	因“文化大革命”空缺		1968 年 3 月—1969 年 5 月	—
	余阿沙	溪边生产大队、村书记	1969 年 5 月—1984 年 3 月	1968—1977 年兼任组长
	王友根	溪边村书记	1984 年 3 月—1994 年 4 月	—
原溪边村	余锦琪	溪边村书记	1994 年 10 月—1997 年 12 月	—
	王友根	溪边村书记	1998 年 1 月—2002 年 4 月	—
	余锦琪	溪边村书记	2002 年 4 月—2008 年 4 月	—
下西山村	李根清	下西山村书记	2008 年 4 月—2017 年 4 月	—
	王小峰	下西山村书记	2017 年 4 月—2020 年 11 月	—
	余永昌	下西山村书记	2020 年 12 月—	—

表 10-18　　**西方坞村历任党支部书记情况表**

村　名	姓　名	职　　务	任职时间	备　注
原西方坞村	凌根海	和平高级合作社书记	1956 年 3 月—1958 年 3 月	—
	徐茂昌	西方坞生产队、大队书记	1958 年 9 月—1961 年 6 月	—

续表10-18

村 名	姓 名	职 务	任职时间	备 注
原西方坞村	童海顺	西方坞生产大队书记	1961年7月—1968年2月	—
	因“文化大革命”空缺		1968年3月—1969年5月	—
	童海顺	西方坞生产大队书记	1969年5月—1977年1月	1968—1977年兼任组长
	严志芳	西方坞生产大队书记	1977年1月—1980年10月	—
	姜炳祥	西方坞生产大队、村书记	1980年10月—1991年3月	—
	夏金水	西方坞村书记	1991年3月—1994年9月	—
	童樟荣	西方坞村书记	1994年9月—2008年3月	—
原仓头村	胡立修	仓头生产大队书记	1961年7月—1981年11月	1970—1977年兼任组长
	方有其	仓头生产大队、村书记	1981年12月—2008年3月	—
西方坞村	童樟荣	西方坞村书记	2008年4月—2013年3月	—
	童伟龙	西方坞村书记	2013年4月—2020年11月	—
	蓝春富	西方坞村书记	2020年12月—	—

表10-19 **上宾村历任党支部书记情况表**

村 名	姓 名	职 务	任职时间	备 注
原上下朱村	朱宝根	上下朱高级合作社书记	1956年3月—1960年2月	原横山乡2村
	蔡日苟	上下朱生产队、大队书记	1960年3月—1968年5月	—
	因“文化大革命”空缺		1968年3月—1969年5月	—
	陈根发	上下朱生产大队书记	1969年5月—1984年2月	—
	叶树清	上下朱村书记	1984年2月—1992年9月	—
	陈志荣	上下朱村书记	1992年10月—1994年9月	—
	朱柏成	上下朱村书记	1994年10月—2008年4月	—
原吴仪宾村	朱佰瑾	吴仪宾合作社书记	1956年3月—1959年7月	—
	朱佰瑾	吴仪宾生产队、大队书记	1959年8月—1968年2月	—
	因“文化大革命”空缺		1968年3月—1969年5月	—
	朱佰瑾	吴仪宾生产大队书记	1969年5月—1977年2月	1968—1977年兼任组长
	章志成	吴仪宾生产大队书记	1977年3月—1986年8月	—
	李益清	吴仪宾生产大队书记	1986年8月—1989年2月	—
	吴根荣	吴仪宾村书记	1989年2月—1991年9月	—
	夏金水	吴仪宾村书记	1991年10月—1994年9月	—
	章红星	吴仪宾村书记	1994年9月—1997年10月	—
	吴东富	吴仪宾村书记	1997年10月—2003年4月	—
	吴富林	吴仪宾村书记	2003年4月—2008年4月	—
上宾村	朱柏成	上宾村书记	2008年4月—	—

表 10-20

下宅村历任党支部书记情况表

村　名	姓　名	职　　务	任职时间	备　注
原下宅村	黄樟森	新生活社第四分支部书记	1956 年 2 月—1958 年 9 月	兼任副社长
	徐清明	下宅生产队、大队书记	1958 年 9 月—1961 年 6 月	—
	黄樟森	下宅生产大队书记	1961 年 7 月—1964 年 2 月	—
	徐卸奶	下宅生产大队书记	1964 年 2 月—1966 年 4 月	—
	童文根	下宅生产大队书记	1964 年 4 月—1968 年 2 月	—
	因“文化大革命”空缺		1968 年 3 月—1969 年 5 月	—
	童文根	下宅生产大队书记	1969 年 5 月—1976 年 6 月	1968—1976 年兼任组长
	詹苟仪	下宅生产大队书记	1976 年 7 月—1984 年 12 月	—
	徐昌根	下宅村书记	1985 年 3 月—1994 年 9 月	—
	林　华	下宅村书记	1994 年 10 月—1997 年 10 月	—
	周昌林	下宅村书记	1997 年 10 月—1997 年 12 月	—
	徐银根	下宅村书记	1997 年 12 月—1998 年 12 月	—
	詹苟仪	下宅村书记	1998 年 12 月—2002 年 4 月	—
	韩香松	下宅村书记	2002 年 4 月—2008 年 3 月	—
原龙门桥村	余曼宜	龙门桥生产队、大队书记	1958 年 9 月—1961 年 6 月	—
	林培富	龙门桥生产大队书记	1961 年 7 月—1968 年 2 月	—
	因“文化大革命”空缺		1968 年 3 月—1969 年 5 月	—
	林培富	龙门桥生产大队书记	1969 年 5 月—1978 年 2 月	1968—1977 年兼任组长
	余曼宜	龙门桥生产大队书记	1978 年 3 月—1983 年 6 月	—
	邓连永	龙门桥大队、村书记	1983 年 9 月—1986 年 12 月	—
	黄卸宝	龙门桥村书记	1987 年 1 月—1990 年 9 月	—
	邓连永	龙门桥村书记	1990 年 10 月—1993 年 11 月	—
	俞曼宜	龙门桥村书记	1993 年 11 月—1997 年 11 月	—
	姚正春	龙门桥村书记	1997 年 11 月—2000 年 11 月	—
	邓连永	龙门桥村书记	2000 年 12 月—2002 年 3 月	—
	姜连发	龙门桥村书记	2002 年 5 月—2005 年 3 月	—
	黄卸宝	龙门桥村书记	2005 年 3 月—2008 年 4 月	—
下宅村	韩香松	下宅村书记	2008 年 4 月—2013 年 11 月	—
	韩建和	下宅村书记	2013 年 11 月—2019 年 9 月	—
	许胜东	下宅村书记	2019 年 9 月—	—

表 10-21

后徐村历任党支部书记情况表

村　名	姓　名	职　　务	任职时间	备　注
原后徐村	吴冬成	后徐合作社、生产队书记	1956 年 2 月—1961 年 6 月	—
	毛发根	后徐生产大队书记	1961 年 7 月—1968 年 2 月	—
	因“文化大革命”空缺		1968 年 3 月—1969 年 5 月	—
	毛发根	后徐生产大队书记	1969 年 5 月—1984 年 1 月	1968—1977 年兼任革领组组长
	王华祥	后徐村书记	1984 年 2 月—1994 年 4 月	—
	吴有生	后徐村书记	1994 年 4 月—1997 年 11 月	—
	周根宜	后徐村书记	1997 年 11 月—2002 年 3 月	—
	姜建忠	后徐村书记	2002 年 4 月—2008 年 4 月	—
原胡家村	廖发明	新生活社胡家生产队书记	1956 年 3 月—1961 年 6 月	—
原大平山村	严树根	大平山生产大队支部书记	1961 年 7 月—1968 年 2 月	—
	因“文化大革命”空缺		1968 年 3 月—1969 年 5 月	—
	严树根	大平山生产大队支部书记	1969 年 5 月—1978 年 6 月	1968—1977 年兼任革领组组长
	严甘发	大平山生产大队支部书记	1978 年 7 月—1983 年 7 月	—
	柯常德	大平山生产大队支部书记	1983 年 7 月—1984 年 7 月	—
	黄卸根	大平山村支部书记	1984 年 7 月—2005 年 2 月	—
	黄绍宏	大平山村支部书记	2005 年 3 月—2008 年 3 月	—
后徐村	唐水土	后徐村支部书记	2008 年 4 月—2011 年 2 月	—
	黄绍宏	后徐村支部书记	2011 年 2 月—2019 年 10 月	—
	吴忠来	后徐村支部书记	2019 年 10 月—2020 年 11 月	—
	徐卫成	后徐村支部书记	2020 年 11 月—	—

表 10-22

贤求朋村历任党支部书记情况表

村　名	姓　名	职　　务	任职时间	备　注
原贤求朋村	周林旺	新生活社第三分支部书记	1956 年 2 月—1958 年 9 月	兼新生活社社长
	姚福生	贤求朋生产队、大队书记	1958 年 9 月—1962 年 4 月	—
	周立成	贤求朋大队书记	1962 年 4 月—1968 年 2 月	—
	因“文化大革命”空缺		1968 年 3 月—1969 年 5 月	—
	周立成	贤求朋大队书记	1969 年 5 月—1984 年 3 月	1968—1977 年兼任组长
	姚宝根	贤求朋村书记	1984 年 4 月—1994 年 4 月	—
	周小良	贤求朋村书记	1994 年 4 月—2002 年 4 月	—
	姜庆连	贤求朋村书记	2002 年 4 月—2008 年 4 月	—

续表10-22

村 名	姓 名	职 务	任职时间	备 注
原腰塘（边）村	毛吉根	腰塘边生产大队书记	1962 年 4 月—1968 年 2 月	1970—1977 年兼任组长
	因“文化大革命”空缺		1968 年 3 月—1969 年 5 月	—
	毛吉根	腰塘边生产大队书记	1969 年 5 月—1977 年 7 月	—
	杨根华	腰塘边生产大队书记	1977 年 7 月—1983 年 2 月	—
	王永根	腰塘村书记	1983 年 3 月—1985 年 9 月	—
	邱土华	腰塘村书记	1985 年 9 月—1988 年 8 月	—
	陈卸土	腰塘村书记	1988 年 8 月—1999 年 8 月	—
	何银昌	腰塘村书记	1999 年 8 月—2002 年 4 月	—
	何富昌	腰塘村书记	2002 年 4 月—2008 年 4 月	—
贤求朋村	何富昌	贤求朋村书记	2008 年 4 月—2013 年 11 月	—
	曹建忠	贤求朋村书记	2013 年 11 月—	—

表 10-23 **白鹤桥村历任党支部书记情况表**

村 名	姓 名	职 务	任职时间	备 注
白鹤桥村	黄启达	白鹤桥生产队、大队书记	1959 年 4 月—1961 年 6 月	—
	黄有根	白鹤桥大队书记	1961 年 7 月—1968 年 2 月	—
	因“文化大革命”空缺		1968 年 3 月—1969 年 5 月	—
	黄有根	白鹤桥大队书记	1969 年 5 月—1983 年 3 月	—
	刘瑞年	白鹤桥村书记	1984 年 4 月—1989 年 4 月	—
	李秀荣	白鹤桥村书记	1989 年 4 月—1995 年 4 月	—
	胡寿清	白鹤桥村书记	1995 年 4 月—2001 年 6 月	—
	叶伟仙（女）	白鹤桥村书记	2001 年 6 月—2008 年 4 月	—
	李海银	白鹤桥村书记	2008 年 4 月—	—

表 10-24 **八石坂（畈）村历任党支部书记情况表**

村 名	姓 名	职 务	任职时间	备 注
八石坂（畈）村	蔡樟清	民主高级合作社书记	1956 年 2 月—1958 年 9 月	—
	蔡樟清	八石坂（畈）生产队书记	1958 年 9 月—1960 年 6 月	—
	叶寿根	八石坂（畈）生产大队书记	1960 年 7 月—1968 年 2 月	—
	因“文化大革命”空缺		1968 年 3 月—1969 年 5 月	—
	叶寿根	八石坂（畈）生产大队书记	1969 年 5 月—1982 年 5 月	1968—1977 年兼任组长
	姜土根	八石坂（畈）大队、村书记	1982 年 6 月—1985 年 4 月	—

续表10-24

村　名	姓　名	职　　务	任职时间	备　注
八石坂(畈)村	叶卫清	八石坂(畈)村书记	1985 年 4 月—1991 年 7 月	—
	黄爱顶	八石坂(畈)村书记	1991 年 8 月—2002 年 4 月	—
	徐礼平	八石坂(畈)村书记	2002 年 4 月—2017 年 3 月	—
	叶发成	八石坂(畈)村书记	2017 年 3 月—2020 年 11 月	—
	叶　俊	八石坂(畈)村书记	2020 年 12 月—	—

表 10-25　**项家村历任党支部书记情况表**

村　名	姓　名	职　　务	任职时间	备　注
项家村	张土荣	新生活社第一分支部书记	1956 年 2 月—1958 年 9 月	兼任副社长
	张土荣	项家生产队、大队书记	1958 年 9 月—1968 年 2 月	—
	因“文化大革命”空缺		1968 年 3 月—1969 年 5 月	—
	张土荣	项家生产队、大队书记	1969 年 5 月—1984 年 8 月	1968—1977 年兼任组长
	项樟全	项家村书记	1984 年 9 月—2005 年 3 月	—
	邓和平	项家村书记	2005 年 3 月—2013 年 11 月	—
	项国根	项家村书记	2013 年 11 月—2018 年 8 月	—
	项立根	项家村书记	2018 年 9 月—2020 年 11 月	代理
	邓雪军	项家村书记	2020 年 11 月—	—

表 10-26　**脉元村历任党支部书记情况表**

村　名	姓　名	职　　务	任职时间	备　注
脉元村	翁福有	新生活社第二分支部书记	1956 年 2 月—1958 年 9 月	—
	管水根	脉元生产队、大队书记	1958 年 9 月—1961 年 6 月	—
	翁福有	脉元生产大队书记	1962 年 9 月—1968 年 3 月	—
	因“文化大革命”空缺		1968 年 3 月—1969 年 5 月	—
	翁福有	脉元生产大队书记	1969 年 5 月—1977 年 10 月	1968—1977 年兼任革领组组长
	管卸务	脉元生产大队、村书记	1977 年 11 月—1994 年 10 月	—
	龚阿明	脉元村书记	1994 年 10 月—2008 年 3 月	—
	姚政宏	脉元村书记	2008 年 4 月—2011 年 2 月	—
	周志明	脉元村书记	2011 年 2 月—2016 年 10 月	—
	龚水明	脉元村书记	2017 年 3 月—	—

表 10-27　　大平坂(畈)村历任党支部书记情况表

村　名	姓　名	职　　务	任职时间	备　注
大平坂(畈)村	钱秋苟	利民高级合作社书记	1956 年 3 月—1958 年 8 月	—
	陈云富	大平坂(畈)生产队书记	1958 年 9 月—1960 年 1 月	—
	陈荣发	大平坂(畈)生产大队书记	1960 年 2 月—1968 年 3 月	—
	因“文化大革命”空缺		1968 年 3 月—1969 年 5 月	—
	陈荣发	大平坂(畈)生产大队书记	1969 年 5 月—1983 年 5 月	1968—1977 年兼任组长
	陈庆华	大平坂(畈)生产大队书记	1983 年 5 月—2005 年 2 月	—
	余樟土	大平坂(畈)村书记	2005 年 3 月—2008 年 4 月	—
	陈清华	大平坂(畈)村书记	2008 年 4 月—2017 年 3 月	—
	毛金立	大平坂(畈)村书记	2017 年 3 月—	—

表 10-28　　余岗村历任党支部书记情况表

村　名	姓　名	职　　务	任职时间	备　注
余岗村	詹炳根	余岗生产合作社书记	1956 年 3 月—1958 年 8 月	—
	邓金寿	余岗生产队、大队书记	1959 年 9 月—1968 年 3 月	—
	因“文化大革命”空缺		1968 年 3 月—1969 年 5 月	—
	邓金寿	余岗生产大队书记	1969 年 5 月—1977 年 7 月	1968—1977 年兼任组长
	邓金发	余岗生产大队书记	1977 年 8 月—1978 年 8 月	—
	蓝阿清	余岗生产大队书记	1978 年 9 月—1981 年 4 月	—
	龚正林	余岗村书记	1981 年 5 月—1986 年 11 月	—
	詹根祥	余岗村书记	1986 年 12 月—1997 年 11 月	—
	郭永年	余岗村书记	1997 年 11 月—2005 年 3 月	—
	詹春云	余岗村书记	2005 年 3 月—2017 年 3 月	—
	蓝春富	余岗村书记	2017 年 3 月—	—

第二节　人民代表大会

乡镇人民代表大会,是最基层一级地方国家权力机关,与人民群众有着直接联系。乡镇人大代表名额,按选举法规定,由县人大常委会核定。乡镇选举委员会,在本行政区域内划分若干选区,并将代表名额分解到选区或选民小区,由选区各单位、团体、组织或个人推荐代表候选人,经过协商,确定代表候选人名单,由选民直接差额选举产生。1954年4月,境内各乡开始分别召开乡人民代表大会,选举产生正副乡长。“文化大革命”期间,乡一级的人民代表大会一度中断。县建制恢复后,乡镇人民代表大会逐步趋向正常化、规范化。

一、代表会议

2004年前,乡镇人民代表大会每届任期3年,2004年后每届任期5年,每年至少举行1次会议。会议审查和批准本级政府工作报告、乡镇人大主席团工作报告、上年度预算执行情况和本年度财政预算报告,决定本行政区域内的重大事项,检查督促乡镇政府工作,选举本行政区域人民代表大会主席、副主席和乡(镇)长、副乡(镇)长,并提出议案及建议意见。

二、主席团

1987年开始建立乡镇人大主席团,由本级人民代表大会会议在代表中选举产生,名额7~13人。主席团主持代表大会会议,在会议期间行使职权。1990年起,乡镇人大主席团设常务主席,任期一年。1993年换届选举,乡镇设专职常务主席,主席由乡镇党委书记兼任。根据修改后的《中华人民共和国地方各级人民代表大会组织法》,1995年起乡镇人民代表大会设主席、副主席。1999年换届,各乡镇人大主席均由党委书记兼任。2015年6月后,根据中共中央有关文件精神,乡镇党委书记不再兼任人大主席。

横山乡(镇)人民代表大会 横山乡至今共召开人民代表大会17届。1990年横山乡改为建制镇以及1992年下宅乡、2015年志棠镇并入,横山镇人民代表大会按原届次顺延。第一届至第八届人民代表大会无考,第九届至第十七届人民代表大会情况如下:

横山乡第九届人民代表大会 第一次会议于1990年3月召开,出席会议正式代表61名,列席代表9名。大会由9人组成主席团,设秘书长1人。会议听取和审议上届乡人民政府的工作报告,讨论并通过工作报告的决议。大会选举产生横山乡人民政府领导班子,选出乡长1人、副乡长3人,通过人大常务主席1人。1990年12月,横山乡改为镇建制,乡人民政府领导成员职务不变。1992年3月调整镇长1人。1992年5月,下宅乡撤销并入。上级对镇人民政府领导班子作了调整,并经镇人民代表大会选举产生。

横山镇第十届人民代表大会 第一次会议于1993年3月召开,出席会议正式代表85名,列席代表41名。大会由11人组成主席团,设秘书长1人。会议听取和审议上届镇人民政府的工作报告,讨论并通过工作报告的决议。大会选举产生横山镇人大常务主席团和横山镇人民政府领导班子,选出人大常务主席1人,镇长1人、副镇长3人。第二次会议于1994年3月22日召开。第三次会议于1995年3月3日召开。

横山镇第十一届人民代表大会 第一次会议于1995年11月15—16日召开,出席会议正式代表55名,列席代表72名。大会由12人组成主席团,设秘书长1人。会议听取和审议上届镇人民政府的工作报告,讨论并通过工作报告的决议。大会选举产生横山镇人大常务主席团和横山镇人民政府领导班子。第二次会议于1997年3月14—15日召开。第三次会议于1998年3月18—19日召开。

横山镇第十二届人民代表大会 第一次会议于1999年1月20日召开,出席会议代表55名。会议听取和审议上届镇人民政府的工作报告,讨论并通过工作报告的决议。大会选举产生横山镇人大常务主席团和横山镇人民政府领导班子。第二次会议于2000年3月20日召开。

第三次会议于2001年2月24日召开。

横山镇第十三届人民代表大会　第一次会议于2002年3月6日召开，出席会议代表55名。会议听取和审议上届镇人民政府的工作报告，讨论并通过了工作报告的决议。大会选举产生横山镇人大常务主席团和横山镇人民政府领导班子。第二次会议于2003年3月14日召开。第三次会议于2003年6月28日召开。第四次会议于2004年5月28日召开。第五次会议于2004年6月18日召开。第六次会议于2005年4月1日召开。

2005年12月24日，根据龙人大常办〔2005〕11号文件，行政区划调整中撤销建制的横山镇，其人大、政府机构相应撤销，经镇人民代表大会选举产生的人大主席、副主席和镇长、副镇长，其职务自然消失。2005年12月26日，根据县委干〔2005〕51号文件，提议方金元、杨根华任横山镇第十三届人民代表大会主席、副主席，提议徐政建任横山镇第十三届人民政府镇长，方建林、张佐、王树银为副镇长。

2006年6月13日，根据县委干〔2006〕30号文件，提议周言松任横山镇第十三届人民代表大会主席，提议翁忠茂任横山镇第十三届人民政府副镇长，不再提议方金元任横山镇第十三届人民代表大会主席。

横山镇第十四届人民代表大会　第一次会议于2007年1月11日召开，出席会议代表60名，列席代表72名。会议听取和审议上届镇人民政府的工作报告，讨论并通过工作报告的决议。大会选举产生横山镇人大常务主席团和横山镇人民政府领导班子。第二次会议于2008年1月8日召开。第三次会议于2009年1月13日召开。第四次会议于2010年1月26日召开。第五次会议于2011年1月24日召开。

横山镇第十五届人民代表大会　第一次会议于2012年2月28日召开，大会应到代表60人，实到代表59人。大会审议通过《关于横山镇第十四届政府工作报告》《关于横山镇第十四届人大工作报告》《关于横山镇2011年财政决算和2012年财政预算报告》。大会选举余继民为横山镇第十五届人民代表大会主席团主席；选举吴军杰为横山镇人民政府镇长，胡水发、杨德贵、金添艳、程元超为副镇长。第二、第三次会议不详。第四次会议于2015年1月16日召开，大会应到代表60人，实到代表51人。会议审议通过《横山镇人民政府工作报告》《横山镇人大主席团工作报告》《2014年财政预算执行情况和2015年财政预算草案的报告》，选举吴军杰为横山镇第十五届人民代表大会主席团主席、叶志春为副主席；选举汪益平为横山镇第十五届人民政府镇长、吴加群为副镇长。

横山镇第十六届人民代表大会　第一次会议于2017年1月9日召开，选举张文才为镇人大主席。第二次会议召开时间不详。第三次会议于2018年1月24日召开。第四次会议于2018年7月26日召开，大会应到代表61名，实到代表57名。会议审议并通过《横山镇2018年政府上半年工作报告》《横山镇2018年上半年财政预算执行情况的报告》《横山镇2018年环境状况与保护目标完成情况报告》《横山镇2018年政府票决实事完成情况的报告》，选举叶剑为镇长、张斌为副镇长。第五次会议于2019年1月31日召开，选举胡礼刚为镇人大主席。第六次会议于2019年8月30日召开。第七次会议于2020年4月18日召开，选举产生黄界明为镇人大主席。第八次会议于2020年9月29日召开。第九次会议于2021年4月7日召开。第十次会议于2021年7月29日召开。

横山镇第十七届人民代表大会　第一次会议于2021年12月24—25日召开，应到正式代表62人，实到59人。会议听取并审议《政府工作报告》《人大主席团工作报告》《2021年民生实事项目完成情况的报告》《2021年环境状况和环境目标完成情况的报告》《财政决算报告》，选举黄界明为镇人大主席，刘静为镇长，杨宁、何晨、何攀翔、胡林华、颜光为副镇长。第二次会议于2022年9月2日召开，应到正式代表62名，实到59名，会议听取并审议通过《2022年上半年政府工作报告》《2022年上半年度财政预算执行情况的报告》《2022年上半年民生实事项目完成情况的报告》《2022年上半年度财政预算执行情况的报告》。

表10-29　**横山镇(乡)第九至十七届人民代表大会主席情况表**

届次(时间)	职　务	姓　名	任职时间	备　注
第九届(1990年3月—1993年3月)	常务主席	许耀成	1990年3月—1992年5月	—
	常务主席	许耀成	1992年5月—1993年3月	下宅乡并入
第十届(1993年3月—1995年11月)	常务主席	许耀成	1993年3月—1995年11月	—
第十一届(1995年11月—1999年1月)	常务主席	童土华	1995年11月—1999年1月	—
	副主席	诸汤奶	1995年11月—1999年1月	—
第十二届(1999年1月—2002年3月)	主席	曾义文	1999年1月—2000年3月	—
	副主席	倪德银	2000年3月—2002年3月	—
第十三届(2002年3月—2005年12月)	主席	姜　锴	2002年3月—2003年6月	—
		方金元	2003年6月—2005年12月	—
	副主席	傅唐根	2002年3月—2005年12月	—
2005年12月—2007年1月	主席	方金元	2005年12月—2006年6月	属县委提议
		周言松	2006年6月—2007年1月	
	副主席	杨根华	2005年12月—2007年1月	
第十四届(2007年1月—2012年2月)	主席	周言松	2007年1月—2012年1月	—
	副主席	杨根华	2007年1月—2012年2月	—
第十五届(2012年2月—2017年1月)	主席	余继明	2012年2月—2015年1月	—
		吴军杰	2015年1月—2017年1月	—
	副主席	叶志春	2014年10月—2017年1月	—
第十六届(2017年1月—2021年12月)	主席	张文才	2017年1月—2019年1月	—
		胡礼刚	2019年1月—2019年7月	—
		黄界明	2020年1月—2021年12月	—
第十七届(2021年12月—　)	主席	黄界明	2021年12月—2023年8月	—
		张　斌	2023年8月—	—

下宅乡人民代表大会　1984年召开下宅乡第七届人民代表大会，至1992年5月下宅乡撤销，共召开人民代表大会九届。1987年开始建立乡(镇)人大主席团，设人大主席团常务主席。第一届至第八届人民代表大会无考，第九届人民代表大会情况如下：

下宅乡第九届人民代表大会　第一次会议于1990年3月召开，出席会议正式代表51名，列席代表11名。大会由9人组成主席团，设秘书长1人。会议听取和审议了上届乡人民政府的工作报告，讨论并通过了工作报告的决议。大会选举产生下宅乡人民政府领导班子，选出乡长1人、副乡长2人，通过人大常务主席1人。1991年4月调整人大常务主席1人。

表 10-30　**下宅乡第九届人民代表大会主席情况表**

届次（时间）	职　务	姓　名	供职时间	备　注
第九届（1990 年 3 月—1992 年 5 月）	常务主席	吴茂荣	1990 年 3 月—1991 年 4 月	—
	常务主席	黄宝林	1991 年 4 月—1992 年 5 月	—

志棠乡（镇）人民代表大会　1984 年召开志棠乡第七届人民代表大会，至 2005 年 12 月志棠镇撤销，共召开人民代表大会十三届。1987 年开始建立乡（镇）人大主席团，设人大主席团常务主席。第一届至第八届人民代表大会无考，第九届至第十三届人民代表大会情况如下：

志棠乡第九届人民代表大会　第一次会议于 1990 年 3 月召开，出席会议的正式代表 50 名，列席代表 22 名。大会由 9 人组成主席团，设秘书长 1 人。会议听取和审议上届乡人民政府的工作报告，讨论并通过工作报告的决议。大会选举产生志棠乡人民政府，选出乡长 1 人、副乡长 2 人，通过人大常务主席 1 人。1990 年 11 月任命乡长助理 1 人。1991 年 4 月和 1992 年 3 月，分别调整副乡长 1 人、乡长 1 人。1992 年 5 月“撤扩并”时，志棠乡建制不变，上级对乡人民政府领导班子作了调整，并经乡人民代表大会选举产生。

志棠乡第十届人民代表大会　第一次会议于 1993 年 3 月召开，出席会议正式代表 53 名，列席代表 24 名。大会由 9 人组成主席团，设秘书长 1 人。会议听取和审议上届乡人民政府的工作报告，讨论并通过工作报告的决议。会议选举产生志棠乡人大常务主席团和志棠乡人民政府领导班子，选出乡人大常务主席 1 人、乡长 1 人、副乡长 3 人。1993 年 4 月，志棠乡改为镇建制，其领导班子成员职务不变。第二次会议于 1994 年 3 月 22—23 日召开。第三次会议于 1995 年 3 月 7 日召开。

志棠镇第十一届人民代表大会　第一次会议于 1996 年 3 月 13—14 日召开，出席会议代表 46 名。大会由 11 人组成主席团，设秘书长 1 人。会议听取和审议上届人民政府的工作报告，讨论并通过工作报告的决议。会议选举产生志棠镇人大常务主席团和志棠镇人民政府领导班子，选出镇人大常务主席 1 人、镇长 1 人、副镇长 3 人。第二次会议于 1997 年 3 月 12 日召开。第三次会议于 1998 年 3 月 17 日召开。

志棠镇第十二届人民代表大会　第一次会议于 1999 年 1 月 21—22 日召开，出席会议代表 45 名。会议听取和审议《政府工作报告》《人大主席团报告》和《财政预决算的报告》，讨论并通过上述报告的决议。会议选举产生人大主席 1 人、镇长 1 人、副镇长 2 人。第二次会议于 2000 年 4 月 3 日召开，同意辞去人大主席 1 人、镇长 1 人，选举产生人大主席 1 人、镇长 1 人。第三次会议于 2001 年 2 月 23 日召开，同意辞去人大主席 1 人，选举产生人大主席 1 人。

志棠镇第十三届人民代表大会　第一次会议于 2002 年 3 月 5—6 日召开，出席会议代表 45 名。会议听取和审议《政府工作报告》《人大主席团报告》和《财政预决算的报告》，讨论并通过上述报告的决议。会议选举产生人大主席 1 人、副主席 1 人、镇长 1 人、副镇长 2 人。第二次会议于 2003 年 3 月 13 日召开。第三次会议于 2003 年 7 月 8 日召开，同意辞去人大主席 1 人、镇长 1 人、副镇长 1 人，选举产生人大主席 1 人、镇长 1 人、副镇长 1 人。第四次会议于 2004 年 6 月 16 日召开，同意辞去副镇长 1 人，选举产生副镇长 1 人。第五次会议于 2005 年 4 月 8 日召开。

2005 年 12 月 24 日，根据龙人大常办〔2005〕11 号文件，行政区划调整中撤销建制的志棠镇，其人大、政府机构相应撤销，经镇人民代表大会选举产生的人大主席、副主席和镇长、副镇长，其职务自然消失。

表 10-31 志棠镇(乡)第九至十三届人民代表大会主席情况表

届次(时间)	职 务	姓 名	任职时间	备 注
第九届(1990 年 3 月—1993 年 3 月)	常务主席	夏五拜	1990 年 3 月—1992 年 5 月	—
		翁耀贵	1992 年 5 月—1993 年 3 月	—
第十届(1993 年 3 月—1996 年 3 月)	常务主席	翁耀贵	1993 年 3 月—1996 年 3 月	—
第十一届(1999 年 3 月—1999 年 1 月)	主席	翁耀贵	1996 年 3 月—1999 年 1 月	—
第十二届(1999 年 1 月—2002 年 3 月)	主席	郑国华	1999 年 1 月—2000 年 4 月	—
		陆 民	2000 年 4 月—2001 年 2 月	—
		徐九成	2001 年 2 月—2002 年 3 月	—
第十三届(2002 年 3 月—2005 年 12 月)	主席	徐九成	2002 年 3 月—2003 年 7 月	—
		涂以芳	2003 年 7 月—2005 年 12 月	—
	副主席	杨根华	2002 年 3 月—2005 年 12 月	—

第三节 政 府

清末民初推行地方自治,建立乡镇议事会、参事会,议事会议决境内兴革事宜,参事会协助知事施政,并受议事会监督,1926 年 2 月同时撤销。1927 年施行村里制,1932 年改村里为乡镇,设乡镇公所。中华人民共和国成立后,实行中国共产党领导下的人民代表大会制度,以乡镇人民代表大会为权力机关,乡镇人民政府为执行机构。乡镇人民政府是管理本乡镇政治、经济、文化、教育、卫生、建设、社会治安等方面一级基层政权。

一、民国时期机构

清末民初,政府机构可分为议政与施政两大部分。议政机构有乡议事会、参事会、参议会,施政机构有乡镇公所、保甲等。

乡议事会 1912 年奉省民政司令,乡镇同时成立乡议事会、董事会,选举议员、议长(兼乡董),议员及副议长不支薪水。议员按人口分配名额,经选举产生,每届任期 3 年。议员条件是:居民内有本国国籍的男子(女子无被选举权),年满 25 岁,并续住县内 2 年以上,年纳直接税 4 元以上,有动产或不动产 1000 元以上,曾任或现任公职教员一年以上,曾在中等以上学校毕业或有相当资格等项条件之一者。翌年 4 月,奉袁世凯政府令,议会停止活动。1922 年县议会恢复,乡镇议事会设法定自治委员 6~7 人,任期 2 年,并选出乡董、乡佐各 1 人。1926 年 2 月撤销。

乡参事会 与乡议事会同时成立,参事会参事从议员中选出。1913 年 4 月,奉袁世凯政府令,参事会停止活动。1922 年与议会同时恢复,1926 年 2 月与议会同时撤销。

乡镇公所 1928 年施行村里制,村以下为闾,设闾长,闾以下为邻,设邻长。1929 年,改村里为乡镇,设乡镇公所,乡镇长 1 人,副乡镇长 1~2 人,总干事、乡镇队副、庶务兼会计、书记及民政(户籍管理)警卫、经济、文化干事各 1 人。内设民政、警卫、经济、文化 4 股,每股设主任 1 人,由副乡镇长及中心学校教员兼任,副乡镇长及股主任为不支薪人员。

表 10-32 **1929 年横山等 14 个乡乡长情况表**

乡别	职别	姓名	乡别	职别	姓名
横山乡	乡长	廖日新	会泽乡	乡长	李佩华
	副乡长	张守松		副乡长	李庚华
三镇乡	乡长	翁桂麟	蓦然乡	乡长	龚来富
	副乡长	周纪华		副乡长	吴金鳌
珏塘乡	乡长	孙樟荣	后徐乡	乡长	袁明亮
	副乡长	朱志璋		副乡长	任学曾
塔下乡	乡长	李品亨	新殿乡	乡长	不详
	副乡长	翁敏政		副乡长	不详
志棠乡	乡长	邵志琢	廻源乡	乡长	王超
	副乡长	邵宝瑜		副乡长	王康年
龙门桥乡	乡长	李树荆	上下朱	乡长	朱佐朝
	副乡长	黄廷献		副乡长	朱正熙
项家乡	乡长	季武贵	上姜坞	乡长	不详
	副乡长	项瑜生		副乡长	不详

表 10-33 **1931—1933 年横山、三镇、珏塘、塔下、志棠乡乡长情况表**

乡别	乡址	职别	姓名	故里
横山乡	高山顶	乡长	张腾海	东坞
		副乡长	廖日新	高山顶
三镇乡	三姑殿	乡长	翁桂麟	塘下叶
		副乡长	周才高	杜野
珏塘乡	珏塘	乡长	孙德荣	珏塘
		副乡长	朱志璋	油麻坞
塔下乡	塔下叶	乡长	李品亨	马鞍山
		副乡长	翁宝升	翁坞
志棠乡	志棠	乡长	邵志琢	后邵
		副乡长	邵樟棠	志棠

1934年,因村闾制改为保甲制,小乡只设乡长1人,无其他工作人员,工作开展比较困难,因此小乡合并为大乡,成立乡公所后,内设工作人员多人,便于办理乡镇事务。

1940年,当时的塔下乡因行政管辖范围广阔及龙游、寿昌两县划界,为便于管辖整顿张家地方,因此大乡又改划为小乡。

1943年,乡公所编制较小,只设乡长1人、事务员1人、书记1人、乡丁2人。至1943年冬,因抗战时期乡镇事务繁重(如征兵、征粮、征夫及提供驻军副食品等),乡公所编制增加,设乡长1人、副乡长1人、乡队副1人、干事5人、事务员2人、书记2人、会计1人、乡丁3人,下设1个警备班。1945年抗战胜利后,因乡镇事务较少,为节省乡镇经费,减少工作人员,把原有的人员裁并,只设乡长、副乡长、乡队副各1人,干事2人、事务员1人、书记1人、乡丁2人,其余干事、书记、会计、乡丁和警备班都予以裁撤。

表10-34 **1934—1949年塔下乡乡长、副乡长名单**

职　别	姓　名	任职时间	故　里
乡　长	邵志琢	1934年—1936年6月	后邵
	翁敏政	1936年7月—1938年12月	翁坞
	杨万春	1939年1月—1948年9月	杨家
	王　超	1948年10月—1949年4月	儒大门
副乡长	张廷海	1934—1940年	东坞
	王　超	1941—1948年	儒大门
	张寿康	1948年10月—1949年4月	张家

乡民代表会 乡民代表会由保民大会选举,每保选2人,参加选举正、副乡长和村民代表会主席,选举县参议员。1945年,新宅村(现天池村)王康年曾当选龙游县参议会参议员。

二、区公所

区级机构始建于清末民初,断断续续延伸至1992年5月,其间管辖范围和名称多有变化,基本职能均为代替县政府行使部分行政职能。宣统三年(1911),依城镇乡自治章程,废乡都图制,县下设区,区下为庄,当时县共21个区,现横山境域分属塔石头区、蛮王区、塔下叶区、新王区。1928年7月,县设5个自治区,现境域属第五区,1948年改设为北区,以区公所为办事机构。1949年5月龙游解放,北区民主政府建立,隶属县军管会。6月,成立模环区人民政府,隶属县人民政府,辖模环、后徐、新王、朝阳、塔下乡。1949年10月,模环区人民政府改为模环区公所。1950年2月调整乡境,模环区辖模环、横山、志棠、张家、下宅(后徐)、新王、凤基(兰塘)、士元8个乡。1952年2月,增设天井翁乡、会泽里乡,11月撤销,分别并入模环乡、横山乡。1953年,改称模环区公所,为县人民政府派出机构。1956年模环区撤销,境域归县直辖。1958年9月,模环、横山、志棠、下宅、兰塘、新王、杜叶7个生产大队及学校、供销社、信用社组织全部纳入其中,建成"政社合一、五位一体"的原子人民公社,成立人民公社管理委员会;11月,改原子人民公社为模环人民公社,下辖模环、横山、志棠、下宅、兰塘、新王、杜叶7个生产大队(1960年2月大队改称管理区)。1961年11月,模环人民公社撤销,恢复模环区公所。1968年2月,改区公所为区革命领导小组。1979年3月恢复区公所,1992年5月区建制撤销。

表 10-35　**1949 年 10 月—1992 年模环区公所历任领导情况表**

组织名称	职　务	姓　名	任职时间	备　注
模环区公所（1949 年 10 月建立）	区长	刘　靖	1949 年 10 月—1950 年 2 月	—
		李汉桐	1950 年 2 月—1950 年 5 月	—
		张秀岩	1950 年 5 月—1952 年 9 月	—
	副区长	钟金荣	1950 年 5 月—1952 年 6 月	畲族
		李杏发	1952 年 12 月—1953 年 9 月	—
		章土荣	1953 年 8 月—1955 年 10 月	—
		金水林	1954 年 6 月—1956 年 9 月	—
		许大曼	1955 年 5 月—1955 年 10 月	—
		胡士芳	1952 年 8 月—1953 年 12 月	—
	代理副区长	琚国梁	1954 年 1 月—1954 年 7 月	—
	第一副区长	李士贵	1953 年 10 月—1954 年 6 月	—
	第二副区长	姜山河	1954 年 12 月—1956 年 2 月	—
模环人民公社管委会（1958 年 9 月建立原子人民公社，11 月改为模环人民公社，1961 年 7 月撤销，恢复区公所）	主任	赖忠高	1958 年 9 月—1958 年 10 月	—
	副主任	季卸才	1958 年 9 月—1958 年 10 月	—
		陈邦本	1958 年 9 月—1958 年 10 月	—
		吴树才	1958 年 9 月—1958 年 10 月	—
		吴文增	1958 年 9 月—1958 年 10 月	—
		周林旺	1958 年 9 月—1958 年 10 月	不脱产
		柯常喜	1958 年 10 月—1961 年 7 月	—
	社长	祝成裕	1958 年 10 月—1959 年 2 月	—
	副社长	吴树才	1958 年 10 月—1960 年 2 月	—
		戴桂英（女）	1958 年 10 月—1960 年 2 月	—
		姚锡芝	1958 年 10 月—1959 年 7 月	—
		周林旺	1958 年 10 月—1961 年 3 月	不脱产
		祝成裕	1960 年 2 月—1961 年 7 月	—
		黄伟成	1960 年 2 月—1961 年 7 月	—
		应　平	1960 年 2 月—1961 年 7 月	—
		陈茂松	1960 年 2 月—1961 年 7 月	—
模环区公所	区长	柯常喜	1961 年 10 月—1968 年 4 月	—
	副区长	赵绍庭	1961 年 10 月—1963 年 2 月	—
模环区革命领导小组（1968 年 2 月成立）	组长	柯常喜	1968 年 4 月—1970 年 3 月	—
		张达和	1970 年 3 月—1972 年 2 月	—
		毛志飞	1972 年 2 月—1977 年 6 月	—
		赖忠高	1977 年 6 月—1979 年 7 月	—
	副组长	席阿交	1977 年 6 月—1979 年 7 月	—
		缪伍祥	1978 年 1 月—1979 年 7 月	—

续表10-35

组织名称	职　务	姓　名	任职时间	备　注
模环区公所（1979 年 3 月恢复）	区长	缪伍祥	1979 年 7 月—1982 年 12 月	—
		金土林	1982 年 12 月—1984 年 3 月	—
		王汝华	1984 年 3 月—1988 年 5 月	—
		姜锡林	1988 年 6 月—1988 年 12 月	—
	副区长	席阿交	1979 年 7 月—1988 年 12 月	—
		叶瑞金	1986 年 8 月—1988 年 12 月	—
		姜锡林	1987 年 2 月—1988 年 6 月	—
模环区公所	区长	姜锡林	1988 年 12 月—1989 年 10 月	—
		邱柏祥	1989 年 10 月—1992 年 5 月	—
	副区长	席阿交	1988 年 12 月—1992 年 11 月	—
		叶瑞金	1988 年 12 月—1990 年 2 月	—
		胡水松	1992 年 1 月—1992 年 5 月	—
		叶向明	1992 年 3 月—1992 年 5 月	—
	区长助理	夏剑平		—
	人武部长	韩秀云		—
	团委书记	黄宝林、徐晓军		—
	妇联主任	潘春菊		—

三、乡级人民政府

1949 年 8 月后，各乡相继建立人民政府，设乡长 1 人、副乡长 1~2 人，农会主任、文书、财粮员各 1 人。1956 年 2 月，改乡人民政府为乡人民委员会，1958 年 9 月改乡为生产大队。1960 年 2 月，改生产大队为管理区，设管理委员会（简称管委会），主任 1 人、副主任 1~2 人，委员若干人。1961 年 7 月改管理区为人民公社，行使乡人民委员会职能，设社长 1 人、副社长 1~2 人，委员若干人，属区公所领导。“文化大革命”初期，“文化革命小组”取代乡政权。1968 年 3 月撤“文化革命小组”，人民公社成立“革命委员会”（简称革委会）。1980 年后，人民公社撤“革命委员会”，恢复管理委员会。1983 年政社分设，恢复乡镇人民政府，人民公社仅作为集体经济组织。1986 年，人民公社体制终止。1992 年 5 月，撤区扩镇并乡，扩并后的乡镇人民政府直属县政府领导。

横山乡级人民政府　1997 年前机构设置与编制数不详。根据县委办〔1997〕89 号文件规定，横山镇机关内设 7 个职能办公室：党委、政府综合办公室，工业办公室，农业办公室，村镇建设办公室，科教文卫办公室，政法办公室（社会治安综合治理办公室），计划生育办公室；行政编制 30 名（含公安、司法、计生单列编制 4 名），其中领导职数 14 名。根据县委办〔2002〕28 号文件规定，横山镇机关内设 4 个职能办公室：党政综合（财政）办公室、工业办公室、农业（村镇建设）办公室、社会事业发展（科教文卫、计划生育）办公室；行政编制 24 名，其中领导职数 12 名。根据县委办

〔2006〕42号文件规定，横山镇机关内设党政综合办公室、经济发展办公室、社会事务办公室、社会治安综合治理工作中心（社会治安综合治理办公室、司法所）、行政便民服务中心；行政编制32名，其中领导职数9名；组建镇事业综合服务中心，事业编制22名。根据县委办〔2019〕6号文件规定，横山镇机关内设党建工作办公室、综合督考办公室（与人大常委会办公室合署）综合信息指挥室（挂执法办公室牌子）社会治理办公室、农业农村办公室、集镇建设办公室、财政管理办公室、文化旅游办公室、生态文明办公室、镇政务服务中心（挂镇退役军人服务站牌子）；机关行政编制32名，镇政务服务中心事业编制22名，镇机关与下属事业单位股级领导职数20名（含人大办公室副主任1名）。

表10-36 **横山乡级人民政府历任领导情况表**

组织名称	职　务	姓　名	任职时间	备　注
横山乡人民政府（1950年11月建立）	乡长	许万田	1950年11月—1951年7月	—
		胡士芳	1951年7月—1952年2月	—
		袁樟树	1952年3月—1953年3月	—
		姜根宝	1952年6月—1956年3月	—
		饶海林	1950年11月—1951年2月	—
	副乡长	姜根宝	1951年2月—1952年8月	—
		许万田	1951年10月—1955年6月	—
		杨阿牛	1952年1月—1952年11月	—
		郑永清	1953年7月—1954年12月	—
		祝江西	1955年1月—1956年2月	—
会泽里乡人民政府（1952年6月建立，11月撤销，并入横山乡）	乡长	童阿永	1952年6月—1954年11月	兼任。成立时间短，暂列横山
横山乡人民委员会（1956年2月建立）	乡长	徐樟荣	1956年3月—1958年6月	—
		姚雪芝	1958年6月—1958年10月	—
	副乡长	许万田	1956年3月—1957年4月	—
		毛樟荣	1958年6月—1958年11月	—
横山生产大队（管理区）（1958年9月建立，1960年2月改为管理区）	大队长	叶寿根	1958年11月—1959年2月	八石坂（畈）人
		黄伟成	1959年2月—1960年2月	—
	副大队长	叶寿根	1959年2月—1960年2月	—
		张凤梧（女）	1959年2月—1960年2月	—
		梁樟星	1959年2月	未到职
	主任	叶宝祥	1960年2月—1961年2月	—
		张金芝	1961年2月—1961年7月	—
	副主任	叶宝祥	1961年2月—1961年7月	—

续表10-36

组织名称	职 务	姓 名	任职时间	备 注
杜叶生产大队(管理区)(1958年9月建立,1960年2月改为管理区。1961年7月撤销,并入横山人民公社。暂列横山)	大队长	吕树禄	1957年7月—1960年2月	—
		廖日茂	1958年11月—1959年2月	—
		余冬桂	1959年2月—1959年7月	—
	副大队长	廖日茂	1959年2月—1960年2月	不脱产
		朱根兰(女)	1959年2月—1959年9月	—
		俞曼宜	1959年2月—1960年2月	不脱产
		叶 青	1959年7月—1960年2月	—
	主任	袁志明	1960年2月—1960年6月	—
		张振森	1960年6月—1960年11月	—
		叶 青	1960年11月—1961年7月	—
	副主任	廖日茂	1960年2月—1961年7月	—
		叶 青	1960年2月—1960年11月	—
横山人民公社管理委员会(1961年7月建立)	社长	张金芝	1961年7月—1968年5月	—
	副社长	叶宝祥	1961年7月—1962年2月	—
		叶 青	1961年7月—1962年9月	—
		朱吉堂	1963年7月—1968年5月	—
横山人民公社革命委员会(1968年5月建立)	主任	张金芝	1968年5月—1970年3月	—
		赖忠高	1970年3月—1972年4月	兼任
		郑林坤	1972年4月—1977年2月	—
		朱宝根	1977年2月—1977年7月	—
横山乡(人民公社)政府(革委会、管委会)	革委会主任	朱宝根	1977年7月—1979年2月	—
		许耀成	1979年2月—1980年9月	—
	副主任	袁顺潮	1977年7月—1981年3月	—
		詹彩根	1977年7月—1979年2月	—
		夏开友	1977年7月—1980年9月	—
		翁金明	1979年2月—1984年1月	—
		周水土	1979年2月—1984年1月	—
	管委会主任	夏开友	1980年9月—1983年12月	—
	乡长	许耀成	1984年1月—1988年12月	—
	副乡长	饶永红	1984年1月—1984年6月	—
		夏阿明	1984年6月—1985年5月	—
		赖小芬(女)	1984年1月—1987年4月	—
		胡正宜	1985年12月—1988年12月	—
		张汝华	1985年12月—1987年4月	—
		王树林	1987年4月—1988年12月	—

续表10-36

组织名称	职　务	姓　名	任职时间	备　注
横山乡政府（第八届 1988 年 12 月—1990 年 3 月）	乡长	许耀成	1988 年 12 月—1990 年 3 月	—
	副乡长	王树林	1988 年 12 月—1990 年 3 月	—
		胡正宜	1988 年 12 月—1990 年 3 月	—
横山乡（镇）政府（第九届 1990 年 3 月—1992 年 5 月）	乡（镇）长	夏阿明	1990 年 3 月—1992 年 3 月	1990 年 12 月，横山乡改为横山镇
		张汝华	1992 年 3 月—1992 年 5 月	
	副乡（镇）长	王树林	1990 年 3 月—1992 年 5 月	
		叶向荣	1990 年 3 月—1992 年 5 月	
		胡正宜	1990 年 3 月—1992 年 5 月	
横山镇政府（1992 年 5 月—1993 年 3 月）	镇长	钱柏根	1992 年 5 月—1993 年 3 月	1992 年 5 月下宅乡并入，县委调整政府人员
	副镇长	杨根华	1992 年 5 月—1993 年 3 月	
		胡正宜	1992 年 5 月—1993 年 3 月	
		余汝根	1992 年 5 月—1993 年 3 月	
横山镇政府（第十届 1993 年 3 月—1995 年 11 月）	镇长	钱柏根	1993 年 3 月—1995 年 11 月	—
	副镇长	杨根华	1993 年 3 月—1995 年 11 月	—
		余汝根	1993 年 3 月—1995 年 11 月	—
		胡正宜	1993 年 3 月—1995 年 11 月	—
横山镇政府（第十一届 1995 年 1 月—1999 年 1 月）	镇长	钱柏根	1995 年 11 月—1997 年 3 月	—
		洪一舟	1997 年 3 月—1998 年 3 月	—
		曾义文	1998 年 3 月—1999 年 1 月	—
	副镇长	余汝根	1995 年 11 月—1999 年 1 月	—
		胡正宜	1995 年 11 月—1999 年 1 月	—
		张根友	1995 年 11 月—1999 年 1 月	—
横山镇政府（第十二届 1999 年 1 月—2002 年 3 月）	镇长	方永宏	1999 年 1 月—2001 年 2 月	—
		方金元	2001 年 2 月—2002 年 3 月	—
	副镇长	张根友	1999 年 1 月—2002 年 3 月	—
		周树金	1999 年 1 月—2002 年 3 月	—
		詹正生	1999 年 1 月—2002 年 3 月	—
横山镇政府（第十三届 2002 年 3 月—2005 年 12 月）	镇长	方金元	2002 年 3 月—2003 年 6 月	—
		陈　岗	2003 年 6 月—2005 年 12 月	—
	副镇长	周树金	2002 年 3 月—2003 年 6 月	—
		詹正生	2002 年 3 月—2004 年 5 月	—
		吴生祥	2002 年 3 月—2004 年 5 月	—
		方建林	2004 年 5 月—2005 年 12 月	—
		张　佐	2004 年 5 月—2005 年 12 月	—
		缪富亭	2004 年 6 月—2005 年 12 月	—

续表10-36

组织名称	职 务	姓 名	任职时间	备 注
横山镇政府（延第十三届次，2005 年 12 月—2007 年 1 月）	镇长	徐政建	2005 年 12 月—2007 年 1 月	横山镇、志棠镇合并，组建新的横山镇；县委提议任职人员
	副镇长	方建林		
		张 佐		
		王树银		
横山镇政府（第十四届 2007 年 1 月—2012 年 2 月）	镇长	徐政建	2007 年 1 月—2008 年 1 月	—
		严建军	2008 年 1 月—2012 年 2 月	—
	副镇长	翁忠茂	2007 年 1 月—2011 年 1 月	—
		方建林	2007 年 1 月—2012 年 2 月	—
		张 佐	2007 年 1 月—2008 年 1 月	—
		王树银	2007 年 1 月—2012 年 2 月	—
		胡水发	2011 年 1 月—2012 年 2 月	—
		金添艳（女）	2011 年 7 月—2012 年 2 月	—
		程元超	2011 年 7 月—2012 年 2 月	—
横山镇政府（第十五届 2012 年 2 月—2017 年 1 月）	镇长	吴军杰（女）	2012 年 2 月—2014 年 9 月	—
		汪益平	2014 年 9 月—2016 年 6 月	—
		张余伟	2016 年 6 月—2017 年 1 月	—
	副镇长	胡水发	2012 年 2 月—2016 年 3 月	—
		杨德贵	2012 年 2 月—2017 年 1 月	—
		金添艳（女）	2012 年 2 月—2015 年 2 月	—
		程元超	2012 年 2 月—2014 年 7 月	—
		吴加群	2014 年 7 月—2017 年 1 月	—
		黄界明	2015 年 2 月—2017 年 1 月	—
		虞文胜	2016 年 3 月—2017 年 1 月	—
横山镇政府（第十六届 2017 年 1 月—2021 年 12 月）	镇长	张余伟	2017 年 1 月—2018 年 4 月	—
		叶 剑	2018 年 4 月—2019 年 5 月	—
		刘 静（女）	2019 年 7 月—2021 年 12 月	—
	副镇长	杨德贵	2017 年 1 月—2018 年 4 月	—
		张 斌	2018 年 4 月—2019 年 7 月	—
		吴加群	2018 年 4 月—2019 年 3 月	—
		黄界明	2018 年 4 月—2020 年 1 月	—
		琚红松	2019 年 3 月—2021 年 9 月	—
		胡林华	2019 年 7 月—2021 年 12 月	—
		颜 光	2020 年 4 月—2021 年 12 月	—
		何 晨（女）	2021 年 8 月—2021 年 12 月	—
		何攀翔	2021 年 9 月—2021 年 12 月	—

续表10-36

组织名称	职　务	姓　名	任职时间	备　注
横山镇政府（第十七届 2021 年 12 月— ）	镇长	刘　静（女）	2021 年 12 月—2023 年 10 月	—
		傅俊杰	2023 年 10 月—	—
	副镇长	胡林华	2021 年 12 月—	—
		颜　光	2021 年 12 月—	—
		何　晨（女）	2021 年 12 月—	—
		何攀翔	2021 年 12 月—	—

下宅乡级人民政府　其机构设置与编制数不详。

表 10-37　**下宅乡级人民政府历任领导情况表**

组织名称	职　务	姓　名	任职时间	备　注
下宅（后徐）乡人民政府（1949 年 11 月建立）	乡长	徐庆华	1950 年 9 月—1951 年 11 月	—
		章土荣	1951 年 11 月—1952 年 6 月	—
		缪必成	1952 年 6 月—1954 年 9 月	—
		徐爱全	1954 年 9 月—1954 年 12 月	—
	副乡长	章土荣	1949 年 11 月—1951 年 11 月	—
		沈永贞	1951 年 11 月—1954 年 9 月	—
		陈有富	1953 年 2 月—1956 年 2 月	—
		徐进明	1953 年 8 月—1954 年 10 月	—
		叶逢春	1954 年 9 月—1956 年 2 月	1954 年 12 月后主持
下宅乡人民委员会	乡长	徐卸奶	1956 年 2 月—1958 年 6 月	—
		徐庆华	1958 年 6 月—1958 年 11 月	—
	副乡长	陈有富	1956 年 2 月—1957 年 1 月	—
		叶逢春	1956 年 6 月—1958 年 11 月	—
		廖有娣（女）	1956 年 2 月—1957 年 3 月	不脱产
下宅生产大队（管理区）（1958 年 9 月建立，1960 年 2 月改为管理区）	大队长	姚发生	1958 年 11 月—1959 年 2 月	不脱产
		叶逢春	1959 年 2 月—1959 年 7 月	—
		翁福友	1959 年 7 月—1960 年 2 月	—
	副大队长	叶逢春	1958 年 11 月—1959 年 2 月	—
		魏秋招（女）	1959 年 2 月—1960 年 2 月	—
	主任	翁福友	1960 年 2 月—1961 年 7 月	—
	副主任	魏秋招（女）	1960 年 2 月—1961 年 7 月	—
下宅人民公社管理委员会	社长	翁福友	1961 年 7 月—1962 年 9 月	—
		邵新富	1962 年 9 月—1968 年 5 月	—

续表10-37

组织名称	职 务	姓 名	任职时间	备 注
下宅人民公社管理委员会	副社长	叶逢春	1961 年 8 月—1968 年 5 月	—
		范兰桂	1965 年 3 月—1968 年 5 月	—
下宅人民公社革命委员会（1968 年 5 月建立）	主任	邵新富	1968 年 5 月—1971 年 6 月	—
		陈根友	1971 年 6 月—1973 年 3 月	—
		徐任荣	1973 年 3 月—1977 年 7 月	—
下宅乡（公社）政府（革委会、管委会）	革委会主任	徐任荣	1977 年 7 月—1980 年 11 月	—
	副主任	邵樟根	1977 年 7 月—1980 年 12 月	—
		林汝才	1977 年 7 月—1979 年 3 月	—
		周明清	1977 年 7 月—1979 年 3 月	不脱产
		诸汤奶	1977 年 7 月—1982 年 3 月	—
	管委会主任	林汝才	1979 年 3 月—1982 年 3 月	—
		柯常基	1982 年 3 月—1984 年 1 月	—
	副主任	柯常基	1979 年 3 月—1982 年 3 月	—
	乡长	柯常基	1984 年 1 月—1985 年 4 月	—
		夏阿明	1985 年 4 月—1987 年 4 月	—
		叶向明	1987 年 4 月—1988 年 12 月	—
	副乡长	王树林	1984 年 1 月—1987 年 4 月	—
		张振森	1984 年 1 月—1984 年 12 月	—
		韩秀云	1985 年 12 月—1987 年 1 月	—
		邵跃华	1987 年 4 月—1988 年 12 月	—
		张文才	1988 年 3 月—1988 年 12 月	—
下宅乡政府（第八届 1988 年 12 月—1990 年 3 月）	乡长	叶向明	1988 年 12 月—1989 年 12 月	—
		钱柏根	1989 年 12 月—1990 年 3 月	—
	副乡长	邵跃华	1988 年 12 月—1989 年 12 月	—
		张文才	1988 年 12 月—1990 年 3 月	—
下宅乡政府（第九届 1990 年 3 月—1992 年 5 月）	乡长	钱柏根	1990 年 3 月—1992 年 5 月	—
		张文才	1990 年 3 月—1992 年 5 月	—
	副乡长	余汝根	1990 年 3 月—1992 年 5 月	—

志棠乡级人民政府 1997 年前机构设置与编制数不详。根据县委办〔1997〕91 号文件规定，志棠镇机关内设 7 个职能办公室：党委、政府综合办公室，工业办公室，农业办公室，村镇建设办公室，科教文卫办公室，政法办公室（社会治安综合治理办公室），计划生育办公室；行政编制 22 名（含公安、司法、计生单列编制 4 名），其中领导职数 11 名。根据县委办〔2002〕31 号文件规定，志棠镇机关内设 4 个职能办公室：党政府综合（财政）办公室、工业办公室、农业（村镇建设）办公

室、社会事业发展(科教文卫、计划生育)办公室;行政编制 17 名,其中领导职数 9 名。

表 10-38 **志棠乡级人民政府历任领导情况表**

组织名称	职 务	姓 名	任职时间	备 注
志棠乡人民政府(1950 年 6 月建立)	乡长	周高山	1950 年 6 月—1951 年 8 月	—
		陈曼奶	1952 年 8 月—1954 年 1 月	—
		季国藩	1954 年 2 月—1956 年 3 月	—
	副乡长	余拜丁	1950 年 7 月—1953 年 12 月	1951 年 8 月—1952 年 8 月主持
		叶树元	1954 年 2 月—1956 年 2 月	—
张家乡人民政府(1950 年 6 月建立,1956 年 3 月撤销,并入志棠乡)	乡长	胡士芳	1950 年 6 月—1951 年 7 月	—
		罗根富	1951 年 11 月—1954 年 10 月	—
		童阿永	1954 年 12 月—1956 年 3 月	—
	副乡长	黄金土	1950 年 6 月—1951 年 7 月	—
		叶时敏	1950 年 11 月—1952 年 1 月	—
		吴汝根	1951 年 5 月—1951 年 11 月	—
		童阿永	1952 年 2 月—1954 年 6 月	—
		郑国新	1952 年 8 月—1954 年 11 月	—
		黄启达	1954 年 12 月—1956 年 3 月	—
志棠乡人民委员会	乡长	童阿永	1956 年 3 月—1957 年 6 月	—
		祝成裕	1957 年 6 月—1958 年 10 月	—
	副乡长	蒋金荣	1956 年 12 月—1958 年 2 月	—
		邵樟根	1958 年 6 月—1958 年 9 月	—
志棠生产大队(管理区)(1958 年 9 月建立,1960 年 2 月改为管理区)	大队长	王忠富	1958 年 11 月—1959 年 2 月	—
		袁金喜	1959 年 2 月—1960 年 2 月	—
	副大队长	叶阿标	1959 年 2 月—1960 年 3 月	不脱产
		陈春根	1959 年 2 月—1960 年 2 月	—
		洪秀云(女)	1959 年 2 月—1960 年 2 月	—
	主任	袁金喜	1960 年 2 月—1961 年 7 月	—
	副主任	张宝庆	1960 年 4 月—1961 年 7 月	—
志棠人民公社管理委员会	社长	季卸才	1961 年 7 月—1965 年 5 月	—
		余秉文	1965 年 5 月—1968 年 10 月	—
	副社长	叶 青	1962 年 9 月—1968 年 10 月	—
		江淦清	1963 年 1 月—1963 年 3 月	—
志棠人民公社革命委员会(1968 年 10 月建立)	主任	应 平	1968 年 10 月—1970 年 3 月	—
		金土林	1970 年 3 月—1977 年 2 月	—
		姜锡林	1977 年 2 月—1977 年 7 月	—

续表10-38

组织名称	职　务	姓　名	任职时间	备　注
志棠乡(公社)政府(革委会、管委会)	革委会主任	金土林	1977年2月—1980年12月	—
		姜锡林	1980年12月—1983年3月	—
	副主任	姜锡林	1977年2月—1980年12月	—
		叶　青	1977年7月—1982年3月	—
		范兰桂	1977年7月—1981年3月	—
		曹尚春	1977年7月—1977年11月	—
		季卸才	1977年7月—1978年10月	—
	管委会主任	徐六有	1983年4月—1984年1月	—
	副主任	周樟荣	1980年2月—1983年12月	—
	乡长	方樟林	1984年1月—1986年8月	—
		叶向明	1986年8月—1987年4月	—
		夏阿明	1987年4月—1988年12月	—
	副乡长	陈招娣(女)	1984年7月—1987年4月	—
		胡正宜	1984年3月—1985年12月	—
		叶向明	1986年1月—1986年8月	—
		徐志明	1986年1月—1988年12月	—
		叶锡荣	1987年4月—1988年12月	—
志棠乡政府(第八届1988年12月—1990年3月)	乡长	夏阿明	1988年12月—1989年4月	—
		徐志明	1989年4月—1989年12月	—
		叶向明	1989年12月—1990年3月	—
	副乡长	徐志明	1988年12月—1989年4月	—
		叶锡荣	1988年12月—1990年3月	—
志棠乡政府(第九届1990年3月—1992年5月)	乡长	叶向明	1990年3月—1992年3月	—
		叶水清	1992年3月—1992年5月	—
	副乡长	叶水清	1990年3月—1992年3月	—
		徐竹松	1990年3月—1992年5月	—
		王慧卿(女)	1991年4月—1992年5月	—
		江水清	1992年3月—1992年5月	—
	乡长助理	徐剑平		
志棠乡政府(1992年5月—1993年3月)	乡长	张汝华	1992年5月—1993年3月	—
	副乡长	吴有才	1992年5月—1993年3月	—
		姜远强	1992年5月—1993年3月	—
		徐竹松	1992年5月—1993年3月	—

续表10-38

组织名称	职　务	姓　名	任职时间	备　注
志棠镇政府（第十届 1993 年 3 月—1996 年 3 月）	镇长	张汝华	1993 年 3 月—1996 年 3 月	—
	副镇长	徐竹松	1993 年 3 月—1996 年 3 月	—
		吴有才	1993 年 3 月—1996 年 3 月	—
		姜远强	1993 年 3 月—1996 年 3 月	—
志棠镇政府（第十一届 1996 年 3 月—1999 年 1 月）	镇长	郑国华	1996 年 3 月—1998 年 3 月	—
		陆　民	1998 年 3 月—1999 年 1 月	—
	副镇长	徐竹松	1996 年 3 月—1999 年 1 月	—
		吴有才	1996 年 3 月—1999 年 1 月	—
		姚建平	1996 年 3 月—1999 年 1 月	—
志棠镇政府（第十二届 1999 年 1 月—2002 年 3 月）	镇长	陆　民	1999 年 1 月—2000 年 4 月	—
		陈　林	2000 年 4 月—2002 年 3 月	—
	副镇长	杨根华	1999 年 1 月—2002 年 3 月	—
		徐勇勤	1999 年 1 月—2002 年 3 月	—
志棠镇政府（第十二届 2002 年 3 月—2005 年 12 月）	镇长	涂以芳	2002 年 3 月—2003 年 7 月	—
		徐政建	2003 年 7 月—2005 年 12 月	—
	副镇长	徐永恒	2002 年 3 月—2003 年 3 月	—
		陈建军	2002 年 3 月—2004 年 7 月	—
		王树银	2003 年 7 月—2005 年 12 月	—
		余益文	2004 年 6 月—2005 年 12 月	—

四、农村工作站

为镇人民政府下设的行政性区块管理组织，配备若干行政及经济管理人员，行使某些政府职能。

下宅办事处　1992 年 6 月设，办公地点设在原下宅乡政府内，主要负责原下宅乡所属村。童土华曾任办事处党总支书记，林文建曾任办事处主任，王巧明曾任副主任。

东片工作站　2006 年 1 月设，办公地点设在镇政府内，主要联系原横山乡所属村。

西片工作站　2006 年 1 月设，办公地点设在原下宅乡政府内，主要联系原下宅乡所属村。

北片工作站　2006 年 1 月设，办公地点设在原志棠镇政府内，主要联系原志棠镇所属村。

五、村级机构

村级机构历来多变，清宣统三年（1911）废都图制，至 1934 年实行保甲制，其间有村庄制、村里制、闾邻制等。解放后，废除保甲制，开始以阿拉伯数为行政村名，如 5 村、6 村等。农业生产合作化时期，先后成立初级社、高级社，不少以合作社名为村名，如康乐村、光明村等，一般由村长任社长。1958 年 9 月改村为生产队，辖若干生产小队。1960 年 2 月改村为生产大队，原生产小队则改称生产队。“文化大革命”期间，村设革命领导小组。1983 年 8 月政社分设后，改生产大队为行政村。

至于村干部称呼，实行保甲制前称村长，保甲制时称保、甲长。解放初称农会主任，后称村长。农业生产合作化时期称社长，因合作社从初级社至高级社，各村变动较大，1 个村有多位社长（参见本志第十二章）。1960 年 2 月—1983 年 12 月称队长、大队长。“文化大革命”期间称革命领导小组组长。1984 年后称村民委员会主任。

村　保甲制前设村长、副村长各 1 人，配办事员 1~2 人。现村配主任（支部书记兼任）、副主任各 1 人，妇女主任 1 人，办事员 1~2 人。

表 10-39　**1930—1934 年境内部分村长情况表**

乡　名	村　名	姓　名	任职时间	故　里
塔下乡	钱　家	钱炳亨	1930—1933 年	钱家
志棠乡	杨　家	赵樟盛	1930—1934 年	杨家
	邵源坞	鲁樟福	1930—1934 年	邵源坞
	儒大门	王佩书	1930—1934 年	儒大门
	溪　东	徐根富	1930—1934 年	溪东
	新　宅	鲁柏荫	1930—1934 年	新宅
珏塘乡	张　家	张兴耀	1930—1933 年	张家

保甲　1934 年施行保甲制，乡镇以下划保，编制以 10 甲为原则，不少于 6 甲，不多于 15 甲。保设保办公处，置保长、副保长各 1 人，保队副 1 人，乡民代表 1 人，干事 1 人，由副保长及国民学校教员兼任。甲之编制以 10 户为原则，置甲长 1 人。

表 10-40　**1934—1940 年境内各保保长情况表**

乡名	保名	姓名	任职时间	故　里	乡名	保名	姓名	任职时间	故　里
塔下乡	1	张阿玉	1934—1938 年	横山	塔下乡	13	孙樟富	1934—1940 年	珏塘
		张纪根	1938—1940 年	横山		14	翁来苟	1934—1940 年	梅岭
	2	张守槐	1934—1940 年	横山		15	翁宝鼎	1934—1936 年	翁坞
	3	廖正林	1934—1940 年	横山			李炳亨	1936—1940 年	马鞍山
	5	胡光裕	1934—1940 年	湖涯溪边		16	叶树铭	1934—1935 年	塔下叶
	6	李士文	1934—1940 年	会泽里			叶俊荣	1936—1940 年	塔下叶
	7	李玉书	1934—1940 年	会泽里		17	钱炳亨	1934—1938 年	钱家
	8	徐海芳	1934—1940 年	上向徐			钱永生	1938 年代理 2 月	钱家
	9	周财高	1934—1937 年	杜野			钱永生	1939—1940 年	钱家
		周水棠	1938—1940 年	杜野		18	邵启棠	1934—1936 年	前邵
	10	姜海寿	1934—1940 年	塘下叶			邵樟康	1937—1938 年	卸厅
	11	余玉琳	1934—1940 年	龙门桥			邵宝棠	1939—1940 年	后邵
	12	朱志璋	1934—1940 年	油麻坞		19	邵树荣	1934—1935 年	后邵

续表10-40

乡名	保名	姓名	任职时间	故　里	乡名	保名	姓名	任职时间	故　里
塔下乡	19	邵宝炎	1936—1938 年	后邵	石佛乡	2	徐毓华	1934 年	不详
		邵学寅	1938—1940 年	后邵		3	徐樟明	1934 年	不详
	20	张正东	1934—1939 年	凌阁张		4	黄樟顺	1934 年	不详
		张庆祥	1940 年	凌阁张	新王乡	10	章樟禄	1934 年	不详
		邵鹤皋	1934—1940 年	童家邵山头		11	朱唐元	1934 年	不详
	22	王渭璜	1934—1937 年	儒大门		12	叶锦林	1934 年	不详
		王裕槐	1937—1940 年	儒大门		13	叶灼华	1934 年	不详
	23	鲁柏荫	1934—1936 年	新宅	模环乡	19	严樟根	1934 年	不详
塔石乡	1	项如渊	1934 年	不详		20	黄泰奇	1934 年	不详
	2	项执圭	1934 年	不详	曲斗乡	9	张学圣	1934—1936 年	张家
	4	龚秉常	1934 年	不详			张云峰	1936—1938 年	张家
	5	林樟森	1934 年	不详			张浩云	1938—1939 年	张家
石佛乡	1	徐文招	1934 年	不详			张国富	1939—1940 年	张家

编者注：1. 凡任职时间只标明“1934”且故里不详的，只查到其村首任保长的任职起始时间，其后人员任职情况不详。2. 曲斗乡原为寿昌县，现为建德市，第 9 保系曲斗乡张家村，现为河宗村

表 10-41　**1940—1949 年境内各保保长情况表**

乡名	保名	姓名	任职时间	故　里	乡名	保名	姓名	任职时间	故　里
塔下乡	1	李士文	1941—1946 年	会泽里	塔下乡	6	朱志璋	1940—1941 年	油麻坞
		李佩芬	1947—1949 年	横山			朱永才	1941—1944 年	油麻坞
	2	姜海寿	1940—1941 年	塘下叶			吴永富	1944 年	柳塘坂
		项卸根	1942—1943 年	三姑殿后			朱永铨	1945—1947 年	油麻坞
		翁福和	1944—1945 年	塘下叶			刘以藏	1947—1949 年	东王
		何根棠	1946—1949 年	三姑殿后		7	叶俊荣	1940—1943 年	塔下叶
	3	周永堂	1941—1944 年	杜野			叶锦春	1943—1945 年	塔下叶
		周佐臣	1945—1949 年	杜野			叶如松	1945—1949 年	塔下叶
	4	张国富	1940—1943 年	张家		8	李品亨	1940—1944 年	马鞍山
		王正云	1943—1945 年	张家			王金桃	1945—1948 年	烟蓬
		黄培兴	1945—1946 年	张家			李国富	1948—1949 年	马鞍山
		张学文	1946 年代理 1 月	张家		9	张庆祥	1940—1941 年	凌阁张
		王正云	1946—1947 年	张家			张广生	1941—1943 年	凌阁张
		张原春	1947—1949 年	张家			张长如	1943—1947 年	凌阁张
	5	钱永生	1940—1949 年	钱家			张庆祥	1947—1949 年	凌阁张
		钱士云	1948 年代理 2 月	钱家		10	邵宝棠	1940—1942 年	后邵

续表10-41

乡名	保名	姓名	任职时间	故　里
塔下乡	10	邵光华	1942—1946 年	前邵
		邵宝祥	1946—1948 年	前邵
		赵汝良	1948—1949 年	席家
	11	邵学寅	1940—1942 年	后邵
		邵宝庆	1943—1949 年	后邵
	12	王裕槐	1940—1948 年	儒大门
		杨景根	1948—1949 年	杨家
	13	陈金培	1940—1946 年	新宅
		叶寿荣	1946—1948 年	新宅
		王宝旺	1948—1949 年	新宅
新王乡	7	朱佩文	1940—1944 年	童家
		吴春寿	1944—1946 年	吴仪宾
		朱正熙	1946—1949 年	童家
	8	朱炳炎	1940—1944 年	上下朱
		朱宗熹	1944—1949 年	上下朱
	9	姜庆福	1940—1946 年	西方坞
		叶向荣	1946—1949 年	下东门
新王乡	10	徐学富	1940—1949 年	上姜坞
	11	张纪根	1940—1944 年	高山顶
		张允承	1944—1949 年	横山
	12	张守槐	1940—1949 年	高山顶
后徐乡	1	叶开芳	1948 年	不详
	2	龚士干	1947 年	不详
	3	薛志友	1945 年	不详
	6	黄树成	1947 年	不详
	7	徐志鸿	1948 年	不详
	8	徐天爵	1943 年	不详
		韩汝根	1948 年	不详
	9	李春荣	1949 年	不详
	10	黄老米	1948 年	不详
塔石乡	1	项善松	1945 年	不详
		项善林	1947 年	不详
模环乡	12	封石根	1943 年	不详
—	—	—	—	—

编者注：凡任职时间只标明单年年份且故里不详的，只查到其担任保长的起始时间，其他任职情况不详

合作社　设社长 1 人、副社长 1~2 人，会计 1 人。

生产（大）队　1961 年 7 月后生产大队设大队长、副大队长，妇女主任、治保主任、民兵连长等。

革命领导小组　“文化大革命”期间，村设革命领导小组，设组长、副组长，下设治保主任、民兵连长、妇女主任等。组长一般由大队长兼任，副组长一般由原支部书记兼任，也有原支部书记任小组组长的。

村民委员会　1983 年 8 月政社分设后，生产大队改为行政村，建村民委员会。村民委员会由主任、副主任、委员若干组成。1998 年 11 月，全国人大通过《中华人民共和国村民委员会组织法》，明确村民委员会直接由村民大会选举产生，下辖村民小组，组长由组内村民选举产生，村民委员会任期 3 年。2020 年开始，村民委员会主任由支部书记兼任，且任期 5 年。

2005 年 5 月 10 日开始，原横山镇组织第七届村级组织换届选举。选举产生村民主任 24 人，村委 46 人，其中新当选村民主任 14 人，新当选村委 21 人。

2008 年 4 月 21 日—5 月 30 日，横山镇组织第八届村级组织换届选举。

2011 年 3 月 21—25 日，组织第九届村民委员会换届选举，选举产生村委会成员 60 人。选出村委会主任 20 人，平均年龄 46. 95 岁，其中女性 1 人，初中及以下文化程度 11 人，高中、中专文化程度 6 人，大专以上 3 人。村委会委员共 40 人，平均年龄 45. 65 岁，其中女性 18 人，少数

民族 1 人,初中及以下文化程度 21 人,高中、中专文化程度 19 人。

2013 年 12 月 16—20 日,组织第十届村民委员会换届选举,选出村委会主任 20 人,其中女性 1 人,大专及以上文化程度 3 人,高中(中专)文化程度 5 人,初中及以下文化程度 12 人,平均年龄 45.04 岁;选举村委会成员 60 人,其中女性 19 人,少数民族 1 人,大专及以上文化程度 4 人,高中(中专)文化程度 24 人,初中及以下文化程度 32 人,平均年龄 43.8 岁。

2017 年 4 月 26—29 日,组织第十一届村委会换届选举,共产生村委会成员 59 人,其中女性 21 人,35 周岁以下 5 人,大专以上学历 3 人;新进成员 25 人,包括新当选主任 8 人。

2020 年 11 月 16 日—12 月 23 日,组织第十二届村委会换届选举,共产生村委 84 人,其中女性村委 27 人。村委中,35 周岁以下 16 人,大专及以上学历 18 人。此届开始,村民委员会主任由支部书记兼任,且任期 5 年。

表 10-42　**2011 年各行政村村民小组统计表**

村　名	村民小组(个)	村　名	村民小组(个)	村　名	村民小组(个)
天池村	19	会泽里村	10	项家村	14
志棠村	15	横山村	16	脉元村	14
腰塘边村	14	上宾村	14	贤求朋村	12
塔下叶村	9	西方坞村	10	后徐村	15
河宗村	16	八石坂(畈)村	13	下宅村	18
上向徐村	13	下西山村	9	大平坂(畈)村	6
白鹤桥村	9	余岗村	9	—	—

表 10-43　**天池村历任主要负责人情况表**

村　名	姓　名	职　　务	任职时间	备　注
原杨家村	鲁文林	6 村农民协会主任、村长	1950 年 6 月—1956 年 2 月	原志棠乡 6 村
	鲁文林	光明高级生产合作社社长	1956 年 3 月—1958 年 8 月	—
	何永松	杨家生产队队长	1958 年 9 月—1960 年 1 月	—
	何永松	杨家生产大队大队长	1960 年 2 月—1963 年 3 月	—
	鲁土财	杨家生产大队大队长	1964 年 6 月—1984 年 7 月	—
	鲁永祥	杨家村民委员会主任	1984 年 7 月—1989 年 6 月	—
	鲁文政	杨家村民委员会主任	1989 年 7 月—1991 年 6 月	—
	鲁宝荣	杨家村民委员会主任	1991 年 7 月—2002 年 4 月	—
	鲁毓生	杨家村民委员会主任	2002 年 4 月—2005 年 6 月	—
	杨康松	杨家村民委员会主任	2005 年 7 月—2008 年 3 月	—
原新宅村	洪秀云(女)	7 村农协主任、村长(下店人)	1950 年 6 月—1956 年 2 月	原志棠乡 7 村(新宅、下店)
	王德余	新宅生产大队大队长	1960 年 2 月—1965 年 12 月	—
	蒋永国	新宅生产大队大队长	1966 年 1 月—1970 年 3 月	—

续表10-43

村　名	姓　名	职　务	任职时间	备　注
原新宅村	王　勤	新宅大队革领组组长	1969年3月—1976年10月	公社革委会成员
	王治清	新宅生产大队大队长	1976年10月—1984年4月	—
	王文成	新宅村民委员会主任	1984年5月—1987年4月	—
	王治清	新宅村民委员会主任	1987年5月—1989年3月	—
	鲁树棠	新宅村民委员会主任	1991年5月—1994年5月	—
	王有祥	新宅村民委员会主任	1994年5月—1997年5月	—
	姜水成	新宅村民委员会负责人	1997年6月—1997年12月	代理
	王治清	新宅村民委员会主任	1997年12月—2002年5月	—
	毛森林	新宅村民委员会主任	2002年5月—2005年5月	—
	鲁勇林	新宅村民委员会主任	2005年5月—2008年3月	兼任
原下店村	王恭祥	杨家生产大队大队长	1960年2月—1982年12月	—
	王中一	杨家大队大队长、村主任	1983年1月—1984年11月	—
	鲁文钧	杨家村民委员会主任	1984年11月—1990年12月	—
	王道夫	杨家村民委员会主任	1991年1月—1995年5月	—
	鲁文钧	杨家村民委员会主任	1996年6月—1997年12月	—
	王海松	杨家村民委员会主任	1997年12月—2001年5月	—
	王仕松	杨家村民委员会主任	2001年6月—2003年4月	—
	王仕文	杨家村民委员会主任	2005年5月—2008年3月	—
原儒大门村	徐锦清	5村农民协会主任、村长	1950年6月—1956年2月	原志棠乡5村
	陈春根	康乐高级社社长(新宅人)	1956年3月—1959年4月	原志棠乡5、7村合并
	徐锦清	儒大门生产队长	1959年4月—1960年1月	—
	王讨饭	儒大门生产队、大队长	1960年1月—1963年4月	—
	王广球	儒大门生产大队大队长	1963年4月—1966年5月	—
	李元发	儒大门生产大队大队长	1966年7月—1977年7月	—
	张土根	儒大门大队革领组副组长	1966年7月—1977年10月	贫管组长
	徐国富	儒大门生产大队大队长	1977年10月—1979年9月	—
	王广球	儒大门生产大队大队长	1979年10月—1982年5月	—
	王永清	儒大门大队大队长、村主任	1982年5月—1985年5月	—
	徐德康	儒大门村民委员会主任	1985年5月—1987年4月	—
	李向忠	儒大门村民委员会主任	1987年4月—1994年5月	—
	叶向华	儒大门村民委员会主任	1994年7月—1997年11月	—
	徐志银	儒大门村民委员会主任	1997年12月—1999年9月	—
	项向成	儒大门村民委员会主任	1999年10月—2002年5月	—

续表10-43

村　名	姓　名	职　　务	任职时间	备　注
原儒大门村	徐德金	儒大门村民委员会主任	2002 年 5 月—2005 年 6 月	—
	徐志禄	儒大门村民委员会主任	2005 年 6 月—2008 年 3 月	—
天池村	鲁永林	天池村民委员会主任	2008 年 4 月—2011 年 3 月	—
	鲁春祺	天池村民委员会主任	2011 年 3 月—2013 年 12 月	—
	张卸苟	天池村民委员会主任	2013 年 12 月—2017 年 4 月	—
	鲁　军	天池村民委员会主任	2017 年 4 月—2020 年 12 月	—
	张卸苟	天池村民委员会主任	2020 年 12 月—	兼任

表 10-44 **志棠村历任主要负责人情况表**

村　名	姓　名	职　　务	任职时间	备　注
原后邵村	陈金龙	4 村农民协会主任	1950 年 6 月—1953 年 2 月	原志棠乡 4 村（后邵、席家）
	王忠富	4 村村长	1953 年 3 月—1956 年 2 月	
	王忠富	联胜高级合作社社长	1956 年 3 月—1958 年 8 月	原志棠乡 3、4 村合并
	陈新宝	志棠生产队队长	1958 年 9 月—1960 年 1 月	—
	邵宝芳	志棠生产队副队长	1958 年 9 月—1960 年 1 月	—
	陈圣宝	志棠生产大队大队长	1960 年 2 月—1961 年 6 月	—
	严永芳	后邵生产大队大队长	1961 年 7 月—1969 年 2 月	1969—1972 年并志棠
	邵宝芳	后邵大队革领组副组长	1972 年 8 月—1978 年 1 月	—
	陈云成	后邵生产大队大队长	1978 年 1 月—1983 年 4 月	—
	邵宝芳	后邵村民委员会主任	1983 年 4 月—1985 年 11 月	—
	叶跃军	后邵村民委员会主任	1985 年 11 月—1989 年 2 月	—
	吴志星	后邵村民委员会主任	1989 年 3 月—1994 年 8 月	—
	钱林林	后邵村民委员会主任	1994 年 9 月—1997 年 11 月	—
	邵晓军	后邵村民委员会主任	1997 年 12 月—2000 年 3 月	—
	叶跃林	后邵村民委员会主任	2000 年 3 月—2002 年 5 月	—
	邵宝良	后邵村民委员会主任	2002 年 5 月—2008 年 3 月	—
原席家村	姜景福	志棠生产队、大队副队长	1958 年 9 月—1961 年 6 月	—
	金来姣（女）	志棠生产队、大队副队长	1958 年 9 月—1961 年 6 月	—
	姜景福	席家生产大队大队长	1961 年 7 月—1969 年 2 月	1969—1972 年并志棠
	严庆年	席家生产大队大队长	1972 年 8 月—1977 年 11 月	—
	席寿良	席家生产大队大队长	1977 年 12 月—1980 年 12 月	—

续表10-44

村 名	姓 名	职 务	任职时间	备 注
原席家村	赵海松	席家生产大队大队长	1981 年 1 月—1984 年 12 月	—
	方永庆	席家村民委员会主任	1984 年 12 月—1990 年 12 月	—
	高志斌	席家村民委员会主任	1991 年 1 月—1997 年 11 月	—
	席建华	席家村民委员会主任	1997 年 12 月—1998 年 4 月	代理
	周海龙	席家村民委员会主任	1998 年 4 月—2001 年 11 月	—
	诸广君	席家村民委员会主任	2001 年 11 月—2005 年 9 月	—
	诸葛峰	席家村民委员会主任	2005 年 9 月—2008 年 3 月	—
原卸厅村	陈新宝	3 村农民协会主任、村长	1950 年 6 月—1956 年 2 月	原志棠乡 3 村(卸厅、前邵)
	邵茂春	志棠生产队副队长	1958 年 9 月—1960 年 1 月	—
	邵茂春	志棠生产大队副大队长	1960 年 2 月—1961 年 6 月	—
	徐富财	卸厅生产大队大队长	1961 年 7 月—1962 年 5 月	—
	梁宝松	卸厅生产大队大队长	1962 年 9 月—1984 年 9 月	—
	邵卫平	卸厅村民委员会主任	1984 年 9 月—1990 年 6 月	—
	严海金	卸厅村民委员会主任	1990 年 7 月—1991 年 6 月	代理
	邵志树	卸厅村民委员会主任	1991 年 7 月—1996 年 5 月	—
	邵卫平	卸厅村民委员会主任	1996 年 6 月—2005 年 5 月	—
	邵卫平	卸厅村民委员会主任	2005 年 5 月—2008 年 3 月	兼任
原前邵村	陈银福	前邵生产大队大队长	1961 年 7 月—1972 年 3 月	1969—1972 年并志棠
	吴卸龙	前邵生产大队大队长	1975 年 1 月—1977 年 6 月	—
	邵根良	前邵生产大队大队长	1977 年 6 月—1984 年 11 月	—
	方永国	前邵村民委员会主任	1984 年 12 月—1987 年 6 月	—
	邱国清	前邵村民委员会主任	1987 年 6 月—1991 年 4 月	—
	张竹根	前邵村民委员会主任	1991 年 4 月—1997 年 11 月	—
	邵忠根	前邵村民委员会主任	1997 年 12 月—2002 年 12 月	—
	邵忠良	前邵村民委员会主任	2003 年 1 月—2005 年 6 月	—
	邵忠根	前邵村民委员会主任	2005 年 6 月—2008 年 4 月	—
原志棠生产大队	宋金龙	志棠生产大队大队长	1969 年 5 月—1971 年 5 月	席家、卸厅、前邵、后邵合并
	邵根富	志棠生产大队大队长	1971 年 5 月—1972 年 5 月	
志棠村	邵忠根	志棠村民委员会主任	2008 年 4 月—2017 年 3 月	—
	周剑峰	志棠村民委员会主任	2017 年 4 月—2020 年 12 月	—
	邵忠根	志棠村民委员会主任	2020 年 12 月—	兼任

表 10-45

腰塘边村历任主要负责人情况表

村　名	姓　名	职　　务	任职时间	备　注
原腰塘边村	陈正棠	1 村农民协会主任	1950 年 6 月—1953 年 2 月	原志棠乡 1 村(腰塘边、翁坞)
	熊樟奶	1 村村长	1953 年 3 月—1956 年 2 月	—
	熊樟奶	新建高级生产合作社社长	1956 年 3 月—1958 年 8 月	原志棠乡 1、2 村合并
	熊阿奶	志棠生产队副队长	1958 年 9 月—1960 年 1 月	并入志棠
	杨秀花(女)	志棠生产队副队长	1958 年 9 月—1960 年 1 月	
	王树奶	志棠生产队副队长	1958 年 9 月—1960 年 1 月	
	熊炳根	腰塘边生产大队大队长	1960 年 2 月—1962 年 5 月	—
	王树奶	腰塘边生产大队大队长	1962 年 5 月—1978 年 12 月	—
	陈富春	腰塘边大队革领组副组长	1966 年 10 月—1978 年 5 月	公社革委会副主任
	熊锦松	腰塘边生产大队大队长	1978 年 5 月—1983 年 4 月	—
	吴开林	腰塘边村民委员会主任	1983 年 4 月—1987 年 4 月	—
	李　根	腰塘边村民委员会主任	1987 年 4 月—1989 年 3 月	—
	方炳林	腰塘边村民委员会主任	1989 年 4 月—1992 年 1 月	—
	陈富春	腰塘边村民委员会主任	1992 年 1 月—2002 年 6 月	—
	陈立银	腰塘边村民委员会主任	2002 年 6 月—2005 年 6 月	—
	王忠良	腰塘边村民委员会主任	2005 年 6 月—2008 年 3 月	—
原凌阁张村	洪金华	2 村农民协会主任	1950 年 6 月—1953 年 2 月	原志棠乡 2 村
	杨土银	2 村村长	1953 年 3 月—1958 年 8 月	
	张宝庆	志棠生产队副队长	1958 年 9 月—1960 年 1 月	并入志棠
	张秀香(女)	志棠生产队副队长	1958 年 9 月—1960 年 1 月	
	杨土银	凌阁张生产大队大队长	1960 年 2 月—1979 年 4 月	—
	方秀清	凌阁张生产大队大队长	1979 年 5 月—1983 年 4 月	—
	严根土	凌阁张大队大队长、村主任	1983 年 4 月—1985 年 4 月	—
	张寿福	凌阁张村民委员会主任	1985 年 4 月—1987 年 11 月	—
	吴卸根	凌阁张村民委员会主任	1987 年 12 月—1989 年 3 月	代理
	张志根	凌阁张村民委员会主任	1989 年 3 月—1991 年 4 月	—
	张文根	凌阁张村民委员会主任	1991 年 5 月—1996 年 5 月	—
	张土生	凌阁张村民委员会主任	1997 年 12 月—1999 年 11 月	—
	王海根	凌阁张村民委员会主任	1999 年 12 月—2002 年 5 月	—
	张生华	凌阁张村民委员会主任	2002 年 6 月—2005 年 6 月	—
	张益民	凌阁张村民委员会主任	2005 年 6 月—2008 年 3 月	—

续表10-45

村　名	姓　名	职　　务	任职时间	备　注
腰塘边村	周志祥	腰塘边村民委员会主任	2008 年 4 月—2017 年 3 月	—
	杨水明	腰塘边村民委员会主任	2017 年 4 月—2020 年 11 月	—
	杨水明	腰塘边村民委员会主任	2020 年 12 月—	兼任

表 10-46　**塔下叶村历任主要负责人情况表**

村　名	姓　名	职　　务	任职时间	备　注
原塔下叶村	叶阿标	7 村农民协会主任	1950 年 6 月—1952 年 2 月	原张家乡 7 村
	叶云康	7 村村长	1952 年 3 月—1956 年 2 月	
	叶阿标	新建高级生产合作社社长	1956 年 3 月—1958 年 8 月	划入志棠乡（生产大队）
	宋金海	塔下叶生产队队长	1958 年 9 月—1960 年 1 月	
	宋金海	塔下叶生产大队大队长	1960 年 2 月—1961 年 6 月	划入杜叶管理区
	叶志林	塔下叶生产大队大队长	1961 年 7 月—1963 年 3 月	划入志棠人民公社
	陈圣宝	塔下叶生产大队大队长	1963 年 4 月—1969 年 2 月	—
	宋金海	塔下叶生产大队大队长	1969 年 2 月—1973 年 4 月	—
	张炳荣	塔下叶生产大队大队长	1973 年 4 月—1980 年 11 月	—
	宋海根	塔下叶生产大队大队长	1980 年 11 月—1983 年 3 月	—
	郑明均	塔下叶村民委员会主任	1983 年 4 月—2005 年 6 月	—
	叶卸福	塔下叶村民委员会主任	2005 年 6 月—2008 年 3 月	—
原翁坞村	诸彩莲（女）	翁坞生产大队大队长	1960 年 2 月—1962 年 3 月	原志棠乡 1 村
	翁田春	翁坞生产大队大队长	1962 年 5 月—1968 年 11 月	—
	翁正堂	翁坞生产大队大队长	1968 年 12 月—1976 年 4 月	—
	诸文松	翁坞大队大队长、村主任	1977 年 5 月—1986 年 10 月	—
	翁寿富	翁坞村民委员会主任	1986 年 10 月—1990 年 12 月	—
	翁寿昌	翁坞村民委员会主任	1991 年 1 月—1993 年 12 月	—
	翁寿高	翁坞村民委员会主任	1993 年 12 月—1996 年 1 月	—
	翁寿富	翁坞村民委员会主任	1997 年 11 月—1998 年 12 月	—
	诸国忠	翁坞村民委员会主任	1999 年 1 月—2001 年 5 月	—
	余永宏	翁坞村民委员会主任	2001 年 6 月—2002 年 4 月	—
	翁寿昌	翁坞村民委员会主任	2002 年 4 月—2004 年 8 月	—
	翁炳良	翁坞村民委员会主任	2004 年 8 月—2008 年 3 月	—
塔下叶村	叶卸福	塔下叶村民委员会主任	2008 年 4 月—2013 年 12 月	—
	郑士军	塔下叶村民委员会主任	2013 年 12 月—2020 年 11 月	—
	翁海忠	塔下叶村民委员会主任	2020 年 12 月—	兼任

表 10-47 **河宗村历任主要负责人情况表**

村　名	姓　名	职　　务	任职时间	备　注
原张家村	张冬根	4 村农民协会主任	1950 年 6 月—1950 年 9 月	原张家乡 4 村
	裴福清	4 村农民协会主任	1950 年 9 月—1951 年 11 月	
	廖日茂	4 村农民协会主任	1952 年 1 月—1954 年 12 月	
	诸大荣	4 村村长	1950 年 6 月—1950 年 9 月	
	宋海金	4 村村长	1950 年 9 月—1951 年 6 月	
	许继发	4 村村长	1951 年 6 月—1955 年 6 月	
	廖日茂	张家农业生产合作社社长	1955 年 6 月—1960 年 6 月	—
	张根春	和平高级合作社社长	1956 年 3 月—1958 年 8 月	4、5 村合并，划入志棠乡
	张根春	张家生产队队长	1958 年 9 月—1960 年 1 月	划入杜叶生产大队（管理区）
	朱曼宜	张家生产大队大队长	1960 年 2 月—1961 年 6 月	—
	胡玉其	张家生产大队大队长	1961 年 7 月—1963 年 3 月	划入志棠人民公社
	包志华	张家生产大队大队长	1963 年 4 月—1970 年 12 月	—
	冯海根	张家生产大队大队长	1971 年 1 月—1980 年 2 月	—
	郑阿土	张家生产大队大队长	1980 年 9 月—1983 年 8 月	—
	郑锦根	张家大队长、村民主任	1983 年 8 月—1994 年 5 月	—
	姜根土	村民委员会主任	1994 年 5 月—2005 年 5 月	—
	徐在龙	村民委员会主任	2005 年 5 月—2008 年 4 月	—
原钱家村	曾宝荣	5 村农民协会主任	1950 年 6 月—1951 年 4 月	原张家乡 5 村
	张湖广	5 村农民协会主任	1951 年 6 月—1953 年 2 月	—
	陈荣标	5 村村长	1951 年 6 月—1955 年 6 月	—
	张根春	和平高级合作社社长	1956 年 3 月—1958 年 8 月	4、5 村合并，划入志棠乡
	张根春	张家生产队队长	1958 年 9 月—1960 年 1 月	划入杜叶生产大队
	钱小伙	钱家生产大队大队长	1960 年 2 月—1962 年 3 月	属杜叶管理区
	钱猪拜	钱家生产大队大队长	1962 年 5 月—1968 年 11 月	—
	钱小伙	钱家生产大队大队长	1968 年 12 月—1976 年 4 月	—
	钱猪拜	钱家生产大队大队长	1976 年 5 月—1983 年 4 月	—
	钱小里	钱家村民委员会主任	1983 年 4 月—1997 年 5 月	—
	钱昌钧	钱家村民委员会主任	1997 年 5 月—2008 年 4 月	—
河宗村	吴雪康	河宗村民委员会主任	2008 年 4 月—2013 年 12 月	—
	赵根林	河宗村民委员会主任	2013 年 12 月—2014 年 5 月	兼任
	陈宝龙	河宗村民委员会主任	2014 年 5 月—2017 年 4 月	—
	余国华	河宗村民委员会主任	2017 年 4 月—2020 年 12 月	—
	陈宝龙	河宗村民委员会主任	2020 年 12 月—	兼任

表 10-48

原山门寺村历任主要负责人情况表

村 名	姓 名	职 务	任职时间	备 注
原山门寺村	汪有松	山门寺水库大队大队长	1961 年 7 月—1970 年 12 月	属杜叶管理区,兼任
	朱树发	山门寺水库大队大队长	1971 年 1 月—1984 年 2 月	—
	朱绍荣	山门寺村民委员会主任	1984 年 2 月—1990 年 10 月	—
	王锦潭	山门寺村民委员会主任	1990 年 10 月—2008 年 4 月	兼任
	朱绍富	山门寺村科技村长	1990 年 10 月—2002 年 4 月	—

编者注：2008 年山门寺古塘岗和施家垄自然村并入河宗村，枫树岭和官塘自然村并入白鹤桥村，因而山门寺村单列

表 10-49

会泽里村历任主要负责人情况表

村 名	姓 名	职 务	任职时间	备 注
会泽里村	陈仍仪	1 村农民协会主任	1950 年 6 月—1953 年 9 月	原张家乡 1 村
	李树华	1 村村长	1953 年 10 月—1956 年 3 月	
	李树华	红星高级合作社社长	1956 年 3 月—1958 年 8 月	划入横山乡
	李树华	会泽里生产队队长	1958 年 9 月—1960 年 1 月	—
	李树华	会泽里生产大队大队长	1960 年 2 月—1962 年 9 月	—
	饶根土	会泽里生产大队大队长	1962 年 10 月—1972 年 10 月	—
	李海松	会泽里生产大队大队长	1972 年 10 月—1981 年 6 月	—
	李锦宏	会泽里大队长、村主任	1981 年 7 月—1994 年 10 月	—
	许金寿	会泽里村民委员会主任	1994 年 10 月—1997 年 10 月	—
	余汝清	会泽里村民委员会主任	1997 年 10 月—2008 年 5 月	—
	曾树林	会泽里村民委员会主任	2008 年 5 月—2017 年 5 月	—
	廖兴林	会泽里村民委员会主任	2017 年 5 月—2020 年 12 月	—
	李小林	会泽里村民委员会主任	2020 年 12 月—	兼任

表 10-50

上向徐村历任主要负责人情况表

村 名	姓 名	职 务	任职时间	备 注
原上向徐村	徐樟汝	3 村村长	1953 年 10 月—1956 年 3 月	原张家乡 3 村
	李金标	红旗高级合作社社长	1956 年 3 月—1958 年 8 月	划入横山乡
	余汝木	上向徐生产队长(上江西)	1958 年 9 月—1959 年 1 月	划入杜叶生产大队
	张启根	上向徐生产队、大队长	1959 年 1 月—1965 年 10 月	属杜叶管理区,1961 年划入横山
	姜沙沙	上向徐生产大队大队长	1965 年 11 月—1980 年 10 月	1969—1972 称杜叶大队
	张毅根	革命领导小组副组长	1973 年 2 月—1980 年 3 月	—

续表10-50

村　名	姓　名	职　　务	任职时间	备　注
原上向徐村	郑德荣	上向徐生产大队大队长	1980 年 6 月—1994 年 12 月	—
	张启寿	上向徐村民委员会主任	1995 年 1 月—2001 年 9 月	—
	周卫群	上向徐村民委员会主任	2001 年 10 月—2005 年 6 月	—
	许土根	上向徐村民委员会主任	2005 年 7 月—2008 年 3 月	—
原东王村	王金茂	6 村农民协会主任、村长	1950 年 6 月—1956 年 2 月	原张家乡 6 村
	王金茂	穗丰高级合作社社长	1956 年 3 月—1958 年 8 月	划入志棠乡
	王三奶	东王生产队队长	1958 年 9 月—1960 年 1 月	划入杜叶生产大队
	王三奶	东王生产大队大队长	1960 年 2 月—1961 年 6 月	属杜叶管理区
	赖荣标	东王生产大队大队长	1961 年 7 月—1964 年 5 月	划入志棠人民公社
	朱永成	东王生产大队大队长	1964 年 6 月—1967 年 5 月	—
	吴锦根	东王生产大队大队长	1967 年 6 月—1973 年 5 月	—
	张永根	东王生产大队大队长	1973 年 5 月—1984 年 11 月	—
	赖树根	东王村民委员会主任	1984 年 11 月—1988 年 6 月	—
	李根荣	东王村民委员会主任	1988 年 7 月—2002 年 5 月	—
	赖树根	东王村民委员会主任	2002 年 6 月—2008 年 3 月	—
上向徐村	许土根	上向徐村民委员会主任	2008 年 4 月—2013 年 12 月	—
	徐菊花(女)	上向徐村民委员会主任	2013 年 12 月—2020 年 12 月	—
	张志明	上向徐村民委员会主任	2020 年 12 月—	兼任

表 10-51　**横山村历任主要负责人情况表**

村　名	姓　名	职　　务	任职时间	备　注
原横山村	陈玉林	4 村农民协会主任	1950 年 11 月—1954 年 2 月	原横山乡 4 村
	方瑞清	4 村村长	1950 年 11 月—1954 年 2 月	—
	余永秀	五星高级合作社社长	1956 年 3 月—1958 年 8 月	—
	余有根	横山生产队、大队长	1958 年 9 月—1969 年 2 月	—
	李寿松	横山生产大队大队长	1972 年 8 月—1978 年 1 月	1970—1977 年兼任组长
	叶六祥	横山生产大队大队长	1978 年 2 月—1979 年 6 月	—
	李银松	横山生产大队大队长	1979 年 6 月—1983 年 4 月	—
	陈志华	横山村民委员会主任	1983 年 4 月—1989 年 11 月	—
	李　富	横山村民委员会主任	1989 年 11 月—2005 年 5 月	—
	柯益群	横山村民委员会主任	2005 年 5 月—2008 年 4 月	—

续表10-51

村 名	姓 名	职 务	任职时间	备 注
原高山村	张阿曼	高山合作社社长(上江西)	1956年3月—1957年6月	原横山乡4村
	张来顺	高山高级合作社社长	1957年6月—1958年8月	—
	张来顺	高山生产队队长	1958年9月—1969年2月	1969—1972年与横山合并
	杨土根	高山生产队队长	1972年8月—1976年6月	—
	余志义	高山生产队队长	1976年7月—1979年3月	—
	刘发有	高山生产队队长	1979年3月—1982年5月	—
	陈樟茂	高山生产队队长	1982年5月—1984年5月	—
	余樟庭	高山村民委员会主任	1984年5月—1987年5月	—
	张庆荣	高山村民委员会主任	1987年5月—1994年10月	—
	裴冬根	高山村民委员会主任	1994年10月—2000年7月	—
	杨土成	高山村民委员会主任	2000年7月—2005年5月	代理
	赖富祥	高山村民委员会主任	2005年6月—2008年4月	—
原方野村	余有根	5村农民协会主任	1950年11月—1956年2月	原横山乡5村
	方海荣	5村村长	1950年11月—1956年2月	—
	余有根	方野高级合作社社长	1956年3月—1958年8月	—
	余有根	方野生产队、大队长	1958年9月—1978年8月	—
	方来发	方野生产大队大队长	1978年8月—1984年10月	—
	方发有	方野村民委员会主任	1984年10月—1994年12月	—
	陈有正	方野村民委员会主任	1994年12月—2002年5月	—
	方立翔	方野村民委员会主任	2002年5月—2008年4月	—
原横山大队	赖阿生	横山生产大队大队长	1969年5月—1972年5月	—
横山村	柯益群	横山村民委员会主任	2008年4月—2013年12月	—
	赖红生	横山村民委员会主任	2013年12月—2017年3月	—
	朱国庆	横山村民委员会主任	2017年4月—2020年12月	—
	姜新安	横山村民委员会主任	2020年12月—	兼任

表10-52 **下西山村历任主要负责人情况表**

村 名	姓 名	职 务	任职时间	备 注
原下西山村	周阿土	6村农民协会主任、村长	1950年11月—1954年2月	原横山乡6村
	凌根海	下西山高级合作社社长	1956年3月—1958年3月	—
	叶树华	下西山生产队队长	1958年9月—1959年4月	—
	周阿土	下西山生产队、大队队长	1959年5月—1979年2月	—
	封土荣	下西山生产大队大队长	1979年2月—1983年9月	—

续表10-52

村　名	姓　名	职　　务	任职时间	备　注
原下西山村	李根清	下西山大队长、村主任	1983 年 10 月—1997 年 8 月	—
	徐根连	下西山村民委员会主任	1997 年 9 月—2008 年 3 月	—
原溪边村	余阿沙	溪边生产大队大队长	1961 年 7 月—1966 年 8 月	兼任
	凌根海	溪边生产大队大队长	1966 年 8 月—1979 年 12 月	—
	张树发	溪边生产大队大队长	1980 年 1 月—1983 年 2 月	—
	余锦琪	溪边村民委员会主任	1983 年 2 月—1987 年 4 月	—
	翁塘松	溪边村民委员会主任	1987 年 4 月—1991 年 10 月	—
	余永成	溪边村民委员会主任	1991 年 10 月—1994 年 10 月	主持工作
	王友根	溪边村民委员会主任	1994 年 10 月—1997 年 10 月	—
	徐根连	溪边村民委员会主任	1997 年 10 月—2002 年 4 月	—
	余锦琪	溪边村民委员会主任	2002 年 4 月—2008 年 4 月	兼任
下西山村	王小峰	下西山村民委员会主任	2008 年 4 月—2017 年 3 月	—
	李益明	下西山村民委员会主任	2017 年 4 月—2020 年 11 月	—
	余永昌	下西山村民委员会主任	2020 年 12 月—	兼任

表 10-53　**西方坞村历任主要负责人情况表**

村　名	姓　名	职　　务	任职时间	备　注
原西方坞村	姜金根	1 村农民协会主任	1950 年 11 月—1952 年 12 月	原横山乡 1 村
	王根标	1 村农民协会主任	1953 年 1 月—1956 年 2 月	—
	姜廷荣	1 村村长	1953 年 1 月—1956 年 2 月	—
	姜廷荣	和平高级合作社社长	1956 年 3 月—1958 年 3 月	—
	徐庆华	西方坞生产队队长	1958 年 9 月—1960 年 1 月	—
	严水法	西方坞生产大队大队长	1960 年 2 月—1970 年 12 月	—
	严志芳	西方坞生产大队大队长	1971 年 1 月—1975 年 11 月	—
	姜炳祥	西方坞生产大队大队长	1975 年 12 月—1980 年 9 月	—
	叶伟清	西方坞生产大队大队长	1980 年 10 月—1984 年 10 月	—
	严樟风	西方坞村民委员会主任	1984 年 11 月—1994 年 10 月	—
	童水清	西方坞村民委员会主任	1994 年 10 月—1997 年 10 月	—
	童汝清	西方坞村民委员会主任	1997 年 11 月—2002 年 4 月	—
	童正忠	西方坞村民委员会主任	2002 年 4 月—2008 年 4 月	—
原仓头村	胡立修	仓头生产大队大队长	1961 年 7 月—1977 年 10 月	原横山乡 6 村,兼任
	方有其	仓头生产大队大队长	1977 年 10 月—1981 年 11 月	兼任

续表10-53

村　名	姓　名	职　务	任职时间	备　注
原仓头村	翁来富	仓头大队长、村主任	1981 年 12 月—1994 年 10 月	—
	方有其	仓头村民委员会主任	1994 年 10 月—2008 年 4 月	兼任
西方坞村	童正忠	西方坞村民委员会主任	2008 年 4 月—2011 年 3 月	—
	童伟龙	西方坞村民委员会主任	2011 年 3 月—2020 年 11 月	—
	童伟龙	西方坞村民委员会主任	2020 年 12 月—	兼任

表 10-54

上宾村历任主要负责人情况表

村　名	姓　名	职　务	任职时间	备　注
原上下朱村	叶新元	2 村农民协会主任、村长	1950 年 11 月—1956 年 2 月	原横山乡 2 村
	童阿贵	上下朱生产队长	1956 年 2 月—1960 年 2 月	—
	陈根发	上下朱生产大队大队长	1960 年 3 月—1970 年 6 月	—
	叶卸沙	上下朱生产大队大队长、村主任	1970 年 6 月—1988 年 10 月	—
	陈志荣	上下朱村民委员会主任	1988 年 10 月—1992 年 10 月	—
	叶阿曼	上下朱村民委员会主任	1992 年 11 月—1994 年 10 月	—
	陈志荣	上下朱村民委员会主任	1994 年 10 月—2005 年 5 月	—
	郑金土	上下朱村民委员会主任	2005 年 6 月—2008 年 4 月	—
原吴仪宾村	吴富才	吴仪宾高级合作社社长	1956 年 3 月—1958 年 8 月	—
	吴富才	吴仪宾生产队长、大队长	1958 年 6 月—1966 年 5 月	—
	章志成	吴仪宾生产大队大队长	1966 年 6 月—1969 年 4 月	—
	吴棠发	吴仪宾生产大队大队长	1969 年 5 月—1973 年 8 月	—
	朱光华	吴仪宾生产大队大队长	1973 年 9 月—1983 年 3 月	—
	李益清	吴仪宾大队长、村主任	1983 年 4 月—1985 年 6 月	—
	章金生	吴仪宾村民委员会主任	1985 年 6 月—1987 年 4 月	—
	卫文林	吴仪宾村民委员会主任	1987 年 5 月—1990 年 6 月	—
	姜立荣	吴仪宾村民委员会主任	1990 年 7 月—1991 年 4 月	—
	周汝清	吴仪宾村民委员会主任	1991 年 5 月—1994 年 10 月	—
	卫文林	吴仪宾村民委员会主任	1994 年 10 月—1996 年 2 月	代理
	宋马富	吴仪宾村民委员会主任	1996 年 2 月—1997 年 11 月	—
	章红星	吴仪宾村民委员会主任	1997 年 12 月—2002 年 4 月	—
	朱小平	吴仪宾村民委员会主任	2002 年 5 月—2005 年 5 月	—
	吴连生	吴仪宾村民委员会主任	2005 年 5 月—2008 年 4 月	—
上宾村	吴连生	上宾村民委员会主任	2008 年 4 月—2011 年 3 月	—
	吴永军	上宾村民委员会主任	2011 年 3 月—2020 年 12 月	—
	朱柏成	上宾村民委员会主任	2020 年 12 月—	兼任

表 10-55 下宅村历任主要负责人情况表

村名	姓名	职务	任职时间	备注
原下宅村	陈有志	6 村农民协会主任、村长	1949 年 11 月—1952 年 12 月	原下宅乡 6 村
	周海寿	下宅农业生产合作社社长	1953 年 1 月—1956 年 2 月	—
	徐清明	新生活社下宅生产队队长	1957 年 5 月—1958 年 8 月	—
	韩来富	下宅生产队队长、大队长	1959 年 4 月—1965 年 10 月	—
	林寿根	下宅生产大队大队长	1965 年 11 月—1966 年 6 月	—
	詹苟仪	下宅生产大队大队长	1966 年 7 月—1976 年 6 月	—
	陈国松	下宅生产大队大队长	1976 年 7 月—1979 年 12 月	—
	陈国根	下宅生产大队大队长	1980 年 1 月—1984 年 5 月	—
	徐昌根	下宅村民委员会主任	1984 年 5 月—1985 年 3 月	—
	徐银根	下宅村民委员会主任	1985 年 1 月—1997 年 6 月	—
	陈仕臣	下宅村民委员会主任	1997 年 12 月—1998 年 6 月	—
	徐昌根	下宅村民委员会主任	1998 年 7 月—2005 年 3 月	—
	周昌林	下宅村民委员会主任	2005 年 3 月—2008 年 3 月	—
原龙门桥村	邵寿根	2 村农民协会主任、村长	1950 年 7 月—1956 年 2 月	原下宅乡 2 村
	邵寿根	红三高级合作社社长	1956 年 3 月—1958 年 8 月	划入横山乡
	邵寿根	龙门桥生产队队长	1958 年 9 月—1960 年 1 月	划入杜叶生产大队
	黄爱香(女)	龙门桥生产大队大队长	1960 年 2 月—1961 年 6 月	划入横山管理区
	俞曼宜	龙门桥生产大队大队长	1961 年 7 月—1977 年 10 月	—
	邓土荣	龙门桥生产大队大队长	1977 年 10 月—1982 年 10 月	—
	黄卸宝	龙门桥大队长、村主任	1982 年 10 月—1986 年 10 月	—
	俞曼宜	龙门桥村民委员会主任	1986 年 11 月—1990 年 6 月	—
	姚正春	龙门桥村民委员会主任	1990 年 7 月—1997 年 11 月	—
	俞曼宜	龙门桥村民委员会主任	1997 年 11 月—1998 年 5 月	—
	李春银	龙门桥村行政负责人	1998 年 5 月—2000 年 7 月	—
	李春银	龙门桥村民委员会主任	2000 年 7 月—2005 年 3 月	—
	杨维松	龙门桥村民委员会主任	2005 年 3 月—2008 年 2 月	—
下宅村	韩建和	下宅村民委员会主任	2008 年 4 月—2013 年 12 月	—
	杨维松	下宅村民委员会主任	2013 年 12 月—2019 年 9 月	—
	左国军	下宅村民委员会主任	2019 年 10 月—2020 年 10 月	—
	许胜东	下宅村民委员会主任	2020 年 11 月—	兼任

表 10-56 后徐村历任主要负责人情况表

村名	姓名	职务	任职时间	备注
原后徐村	刘维昌	后徐村农民协会主任	1949 年 11 月—1951 年 12 月	—
	范奶保	后徐村农民协会主任	1951 年 12 月—1953 年 12 月	—
	叶发兰	后徐村农民协会主任	1953 年 12 月—1954 年 12 月	—
	徐兆根	后徐村村长	1950 年 11 月—1952 年 4 月	—
	吴阿标	后徐村村长	1952 年 4 月—1953 年 6 月	—
	翁金华	后徐村村长	1953 年 6 月—1956 年 2 月	—
	毛发根	新生活社后徐生产队队长	1956 年 3 月—1959 年 5 月	—
	姜汝林	后徐生产大队大队长	1959 年 6 月—1968 年 9 月	—
	张青松	后徐生产大队大队长	1968 年 10 月—1978 年 3 月	—
	范有求	后徐生产大队大队长	1978 年 4 月—1979 年 4 月	—
	朱阿根	后徐大队长、村主任	1979 年 4 月—1989 年 5 月	—
	吴有生	后徐村民委员会主任	1989 年 6 月—1994 年 11 月	—
	周根宜	后徐村民委员会主任	1994 年 11 月—1997 年 11 月	—
	唐水土	后徐村民委员会主任	1997 年 11 月—2008 年 4 月	—
原胡家村	周土根	新生活社胡家生产队队长	1956 年 3 月—1961 年 6 月	—
原大平山村	范有才	大平山生产大队大队长	1961 年 7 月—1968 年 8 月	—
	吴汝荣	大平山生产大队大队长	1968 年 8 月—1974 年 7 月	—
	柯常德	大平山生产大队大队长	1974 年 7 月—1977 年 8 月	—
	鲍连根	大平山生产大队大队长	1977 年 8 月—1980 年 3 月	—
	李红贵	大平山生产大队大队长	1980 年 3 月—1983 年 2 月	—
	黄卸根	大平山生产大队大队长	1983 年 2 月—1984 年 4 月	—
	柯常德	大平山大队长、村主任	1984 年 7 月—1987 年 6 月	—
	黄卸沙	大平山村民委员会主任	1987 年 7 月—1994 年 11 月	—
	赵根源	大平山村民委员会主任	1994 年 11 月—2002 年 5 月	—
	黄志云	大平山村民委员会主任	2002 年 5 月—2005 年 2 月	—
	赵根源	大平山村民委员会主任	2005 年 2 月—2008 年 4 月	—
后徐村	黄绍宏	后徐村民委员会主任	2008 年 4 月—2011 年 3 月	—
	徐正龙	后徐村民委员会主任	2011 年 3 月—2013 年 12 月	—
	范建军	后徐村民委员会主任	2013 年 12 月—2017 年 4 月	—
	王卫华	后徐村民委员会主任	2017 年 4 月—2020 年 11 月	—
	徐卫成	后徐村民委员会主任	2020 年 11 月—	兼任

表 10-57

贤求朋村历任主要负责人情况表

村　名	姓　名	职　　务	任职时间	备　注
原贤求朋村	周林旺	贤求朋农协主任、村长	1949 年 11 月—1958 年 9 月	—
	吴樟文	贤求朋生产队、大队长	1958 年 10 月—1961 年 6 月	—
	周立成	贤求朋生产大队大队长	1961 年 6 月—1976 年 3 月	—
	傅樟生	贤求朋生产大队大队长	1976 年 4 月—1984 年 4 月	—
	余冬富	贤求朋村民委员会主任	1984 年 4 月—1989 年 4 月	—
	吴海明	贤求朋村民委员会主任	1989 年 4 月—1994 年 4 月	—
	傅阿生	贤求朋村民委员会主任	1994 年 4 月—2000 年 4 月	—
	姜庆连	贤求朋村民委员会主任	2000 年 4 月—2001 年 4 月	—
	王宝伟	贤求朋村民委员会主任	2001 年 4 月—2002 年 4 月	—
	姚开华	贤求朋村民委员会主任	2002 年 4 月—2008 年 3 月	—
原腰塘（边）村	毛吉根	腰塘边生产大队大队长	1961 年 7 月—1971 年 5 月	兼任
	余樟寿	腰塘边生产大队大队长	1971 年 5 月—1982 年 1 月	—
	何寿根	腰塘大队长、村主任	1982 年 1 月—1986 年 9 月	—
	王永根	腰塘村民委员会主任	1986 年 10 月—1991 年 3 月	—
	毛荣富	腰塘村民委员会主任	1991 年 4 月—1997 年 10 月	—
	杨有富	腰塘村民委员会主任	1997 年 10 月—2002 年 4 月	—
	姜金龙	腰塘村民委员会主任	2002 年 5 月—2008 年 4 月	—
贤求朋村	姚开华	贤求朋村民委员会主任	2008 年 4 月—2020 年 11 月	—
	曹建忠	贤求朋村民委员会主任	2020 年 12 月—	兼任

表 10-58

白鹤桥村历任主要负责人情况表

村　名	姓　名	职　　务	任职时间	备　注
白鹤桥村	阮志琴	2 村农民协会主任、村长	1950 年 6 月—1956 年 2 月	原张家乡 2 村
	杨昌进	红二高级合作社社长	1956 年 3 月—1958 年 8 月	划入横山乡
	胡增发	白鹤桥生产队、大队队长	1958 年 9 月—1961 年 6 月	划入杜叶生产大队（管理区）
	阮双根	白鹤桥生产大队大队长	1961 年 7 月—1983 年 4 月	1970—1977 年兼任组长
	刘瑞年	白鹤桥生产大队大队长	1983 年 5 月—1984 年 4 月	—
	李秀荣	白鹤桥村民委员会主任	1984 年 5 月—1989 年 5 月	—
	胡寿清	白鹤桥村民委员会主任	1989 年 5 月—1994 年 10 月	—
	王金松	白鹤桥村民委员会主任	1994 年 10 月—2005 年 5 月	—
	詹有明	白鹤桥村民委员会主任	2005 年 5 月—2008 年 3 月	—
	姜常云	白鹤桥村民委员会主任	2008 年 4 月—2020 年 12 月	—
	李海银	白鹤桥村民委员会主任	2020 年 12 月—	兼任

表 10-59

八石坂(畈)村历任主要负责人情况表

村 名	姓 名	职 务	任职时间	备 注
八石坂(畈)村	吴樟进	3 村农民协会主任	1950 年 6 月—1954 年 2 月	原横山乡 3 村
	蔡樟清	3 村村长	1954 年 2 月—1956 年 2 月	—
	蔡樟清	民主高级合作社社长	1956 年 3 月—1958 年 8 月	—
	邵才宝	八石坂(畈)生产队队长	1958 年 9 月—1960 年 1 月	—
	王正益	八石坂(畈)生产大队大队长	1960 年 2 月—1978 年 6 月	—
	姜土根	八石坂(畈)生产大队大队长	1978 年 6 月—1982 年 2 月	—
	叶大嘴	八石坂大队长、村主任	1982 年 3 月—1985 年 4 月	—
	叶樟发	八石坂(畈)村民委员会主任	1985 年 4 月—1988 年 9 月	—
	黄爱顶	八石坂(畈)村民委员会主任	1988 年 10 月—1991 年 8 月	—
	徐树成	八石坂(畈)村民委员会主任	1991 年 8 月—2002 年 2 月	—
	陈荣根	八石坂(畈)村民委员会主任	2002 年 2 月—2005 年 2 月	—
	吴秀权	八石坂(畈)村民委员会主任	2005 年 2 月—2020 年 12 月	—
	叶 俊	八石坂(畈)村民委员会主任	2020 年 12 月—	兼任

表 10-60

项家村历任主要负责人情况表

村 名	姓 名	职 务	任职时间	备 注
项家村	陈有志	7 村农民协会主任	1950 年 6 月—1952 年 12 月	原下宅乡 7 村
	周海寿	7 村村长	1953 年 2 月—1956 年 2 月	—
项家村	张土荣	项家农业生产合作社社长	1956 年 3 月—1958 年 8 月	—
	毛如亮	项家生产队队长	1958 年 9 月—1960 年 1 月	—
	邓寿荣	项家生产大队大队长	1960 年 2 月—1982 年 5 月	—
	项阿生	项家生产大队大队长	1982 年 5 月—1984 年 2 月	—
	邓金海	项家村民委员会主任	1984 年 2 月—1991 年 3 月	—
	叶树荣	项家村民委员会主任	1991 年 4 月—1997 年 11 月	—
	张根发	项家村民委员会主任	1997 年 11 月—2008 年 4 月	—
	项小军	项家村民委员会主任	2008 年 4 月—2011 年 3 月	—
	毛建香	项家村民委员会主任	2011 年 3 月—2013 年 12 月	—
	项小军	项家村民委员会主任	2013 年 12 月—2020 年 11 月	—
	邓雪军	项家村民委员会主任	2020 年 12 月—	兼任

表 10-61

脉元村历任主要负责人情况表

村 名	姓 名	职 务	任职时间	备 注
脉元村	翁发友	2 村农民协会主任、村长	1950 年 6 月—1956 年 2 月	原下宅乡 2 村
	翁发友	脉元农业生产合作社社长	1956 年 3 月—1958 年 8 月	—

续表10-61

村　名	姓　名	职　　务	任职时间	备　注
脉元村	占仁贵	脉元生产队队长	1958 年 9 月—1960 年 1 月	—
	姚永林	脉元生产大队大队长	1960 年 2 月—1972 年 5 月	—
	张阿成	脉元生产大队大队长	1972 年 5 月—1982 年 5 月	—
	龚光林	脉元生产大队大队长	1982 年 6 月—1984 年 2 月	—
	姚海明	脉元村民委员会主任	1984 年 2 月—1994 年 9 月	—
	周耕友	脉元村民委员会主任	1994 年 10 月—2008 年 4 月	—
	周志明	脉元村民委员会主任	2008 年 4 月—2011 年 3 月	—
	龚水明	脉元村民委员会主任	2011 年 3 月—2017 年 4 月	—
	鄢裕斌	脉元村民委员会主任	2017 年 4 月—2020 年 12 月	—
	龚水明	脉元村民委员会主任	2020 年 12 月—	兼任

表 10-62

大平坂(畈)村历任主要负责人情况表

村　名	姓　名	职　　务	任职时间	备　注
大平坂(畈)村	钱秋苟	6 村农民协会主任、村长	1950 年 6 月—1956 年 2 月	原下宅乡 6 村
	方六有	利民农业生产合作社社长	1956 年 3 月—1958 年 8 月	—
	方六有	大平坂(畈)生产队队长	1958 年 8 月—1960 年 2 月	—
	陈日根	大平坂(畈)生产大队大队长	1960 年 3 月—1967 年 3 月	—
	方六有	大平坂(畈)革领组副组长	1967 年 3 月—1973 年 9 月	—
	陈日根	大平坂(畈)生产大队大队长	1973 年 10 月—1981 年 3 月	—
	余樟土	大平坂(畈)大队长、村主任	1981 年 3 月—1992 年 10 月	—
	陈发寿	大平坂(畈)村民委员会主任	1992 年 10 月—1997 年 10 月	—
	朱土根	大平坂(畈)村民委员会主任	1997 年 10 月—2000 年 5 月	—
	柯旭东	大平坂(畈)村民委员会主任	2002 年 4 月—2005 年 2 月	—
	占根良	大平坂(畈)村民委员会主任	2005 年 3 月—2008 年 5 月	—
	毛金立	大平坂(畈)村民委员会主任	2008 年 4 月—2020 年 11 月	—
	毛金立	大平坂(畈)村民委员会主任	2020 年 12 月—	兼任

表 10-63

余岗村历任主要负责人情况表

村　名	姓　名	职　　务	任职时间	备　注
余岗村	邓金寿	1 村农民协会主任、村长	1950 年 6 月—1953 年 7 月	原下宅乡 1 村
	蓝廷寿	余岗农业生产合作社社长	1953 年 7 月—1955 年 7 月	—
	郑祖熏	余岗农业生产合作社社长	1955 年 7 月—1958 年 8 月	—
	郭樟高	余岗生产队队长	1958 年 9 月—1959 年 4 月	—
	詹炳根	余岗生产队、大队长	1959 年 5 月—1960 年 2 月	—

续表10-63

村名	姓名	职务	任职时间	备注
余岗村	詹炳根	余岗生产大队大队长	1960年2月—1971年2月	—
	邓金发	余岗生产大队大队长	1971年2月—1977年8月	—
	詹炳根	余岗生产大队大队长	1977年8月—1980年8月	—
	蓝寿清	余岗生产大队大队长	1980年8月—1984年7月	—
	詹根祥	余岗村民委员会主任	1984年8月—1986年11月	—
	郭永年	余岗村民委员会主任	1986年11月—1997年10月	—
	詹春云	余岗村民委员会主任	1997年12月—2000年10月	—
	王根基	余岗村民委员会主任	2000年10月—2002年12月	—
	詹春荣	余岗村民委员会主任	2003年1月—2005年1月	—
	詹汝发	余岗村民委员会主任	2005年2月—2020年12月	—
	蓝春富	余岗村民委员会主任	2020年12月—	兼任

第四节　党派　社团

1926年，境内始有中国国民党地方组织。解放后不久，境内先后组织了农民协会、贫下中农协会、妇女联合会、少年先锋队、共产主义青年团等群众团体，为驻地的社会、经济、文化事业发展发挥了积极的作用。

一、中国国民党及其他党团

1926年始，境内有中国国民党地方组织，至1949年5月解放前夕瓦解。1939年12月三民主义青年团龙游直属分队成立，1947年与国民党合并。期间，境内曾设党部、分部，发展国民党员、三青团员。另，为参加国民大会代表竞选，民主社会党、青年党曾在境内建立地方组织，竞选结束后随即销声匿迹。

中国国民党　1927年6月，中国国民党北区党部成立，各乡设分部，党员以小学教员居多。区党部（1934年后一度撤销）、区分部权力机关为区党员大会（或区代表大会）、区分部党员大会，在各级党员（代表）大会闭会期间，各级执行委员会为权力机关。从民国34年（1945）情况看，区党部设置在乡级，区分部设置在各保，区党部一般由执委3~5人、候补执委1~3人组成。执委设书记、组训、宣传、监察；候补执委设执行、监察等。

表 10-64　**1945 年境内国民党党部情况表**

名　称	保　名	所在地名	小组数（个）	党员数（名）	本届委员会选举时间	备　注
后徐乡区党部	共 11 保	后徐	43	461	1945 年 4 月 1 日	—
第一区分部	1 保	余岗	2	37	1945 年 3 月 24 日	—
第二区分部	2 保	脉元	4	38	1945 年 3 月 21 日	—
第三区分部	3 保	贤求朋	5	34	1945 年 3 月 21 日	—
第四区分部	4、5 保	下翁墩	5	39	1945 年 3 月 22 日	现属石佛乡
第五区分部	6 保	上庄溪	3	31	1945 年 3 月 20 日	—
第六区分部	7 保	胡家	3	61	1945 年 3 月 20 日	—
第七区分部	8 保	下宅	6	86	1945 年 3 月 22 日	—
第八区分部	9 保	龙门桥	5	35	1945 年 3 月 24 日	—
第九区分部	10 保	石(社)塘	4	41	1945 年 3 月 23 日	—
第十区分部	11 保	朱家塘边	6	59	1945 年 3 月 23 日	现属石佛乡
新王乡区党部	共 12 保	蛮王殿	21	304	1945 年 4 月 9 日	—
第六区分部	10、11、12 保	横山	5	49	1945 年 4 月 6 日	仅录现属境内
塔下乡区党部	共 13 保	塔下	22	363	1945 年 4 月 28 日	—
第一区分部	1 保	会泽里	2	55	1945 年 4 月 20 日	—
第二区分部	2、3 保	塔下叶	3	37	1945 年 4 月 26 日	—
第三区分部	4、5 保	张家	3	15	1945 年 4 月 23 日	—
第四区分部	6、7 保	塔下叶	3	29	1945 年 4 月 23 日	—
第五区分部	8、9 保	翁坞	3	35	1945 年 4 月 24 日	—
第六区分部	10 保	志棠前邵	2	22	1945 年 4 月 25 日	—
第七区分部	11 保	志棠后邵	2	97	1945 年 4 月 25 日	—
第八区分部	12、13 保	新宅	4	73	1945 年 4 月 25 日	—
模环乡区党部	共 12 保	蛮王殿	36	457	1945 年 12 月 15 日	—
第十二区分部	12 保	下西山	2	27	1945 年 12 月 12 日	仅录现属境内

三民主义青年团　1939 年 12 月，三民主义青年团浙江省支团衢县分团龙游直属分队成立。1943 年 5 月，直属分队改为区队。1944 年 3 月，区队举行第一期入团训练，参训 121 人。1945 年 5 月，实行团务指导员制。是年 7 月，区队下辖几十个分队，其中塔下乡为 21 分队、新王乡为 33 分队，在后徐乡、石佛乡设小组。1947 年底，与国民党合并，团员转为国民党党员。

二、农民团体

乡(村)农民协会　1950 年 3 月，境内各乡农民协会相继建立，各村建立农会小组。农民协会在土地改革、镇压反革命、抗美援朝中发挥重要作用。农民协会配专职干部，乡配主任 1 人。1953 年后乡镇政权加强，农民协会活动减少，1954 年乡农会随之解体。

农民代表大会　1951 年 9 月，张家、横山、下宅、志棠乡召开农民代表大会。

贫下中农代表大会　1964年6月,依据《中华人民共和国贫下中农协会组织条例(草案)》,大队成立贫下中农协会(简称贫协)。“文化大革命”期间,代之以贫下中农代表大会(简称贫代会)。1981年,贫协机构撤销。

三、少、青、妇、工组织

少先队　1950年成立少年儿童队,1953年改称中国少年先锋队,简称少先队。“文化大革命”期间一度改称“红小兵”,1978年10月恢复。

共青团　1953年6月,横山、下宅、志棠乡建立中国新民主主义青年团。1957年7月改称共产主义青年团。1971年3月5日,中共衢县县委下发《关于建立庙下等26个公社和单位的共青团委员会的批复》,境内各公社相继恢复建立团委,各大队、机关、中学、厂矿、企业等单位也相继恢复建立团支部。

妇女联合会　1952年10月,横山、下宅、志棠乡召开第一次妇女代表大会,成立民主妇女联合会,1956年11月改称妇女联合会。1971年6月28日,衢县县委下发《关于建立上圩头等48个公社、镇革命妇女委员会的批复》,境内各公社相继恢复建立革命妇女委员会,大队设妇女主任,生产队设妇女队长。1977年12月9—12日,衢县第八次妇女代表大会召开,要求境内各级党组织遵照全国妇联提出的工作任务,加强妇女干部队伍和妇女组织建设,在普遍整顿妇女组织的基础上,恢复建立城市和农村人民公社妇联组织,凡有工会组织的企事业单位都要设立女工委员会,配备专职或兼职女干部。

工会　1973年9月15—20日,衢县召开第六次工会代表大会(简称工代会)。此后,境内各基层工会相继恢复。1977年3月,衢县县委决定撤销县工代会,成立县总工会筹备领导小组,进行工会会员登记,恢复和发展工会会员,建立基层工会。

表10-65　**1951年5月模环区农村各种组织情况统计表**

组　织	性　别	人数(人)	占总人数比例(%)	组　织	性　别	人数(人)	占总人数比例(%)
农会会员	男	7785	20.70	党员	男	5	0.01
	女	20	0.05		女	—	—
妇女会会员	女	5860	15.58	团员	男	38	0.10
民兵	男	1065	2.83		女	2	0.01
	女	—	—	合作社社员	男	1443	3.84
儿童	男	2396	6.37		女	82	0.22
	女	1060	2.82				

备注:时模环区8个乡,全区人口37616人。现境域占当时模环区4个乡

表10-66　**1959年11月各生产大队团委书记情况表**

单　位	姓名	年龄(岁)	入党时间	单　位	姓名	年龄(岁)	入党时间
横山生产大队	李阿才	25	1958年11月	志棠生产大队	阮金土	25	—
下宅生产大队	徐德全	24	1956年5月	杜叶生产大队	钱春春	24	1956年1月

表 10-67 1988—1993 年境内群团组织负责人情况表

乡 镇	团委书记	妇联主任
横山乡(镇)	黄宝林、徐晓军、潘春菊(女)、王国军	潘春菊(女)、王慧卿(女)
下宅乡	姜宝银、叶锡荣、宋伟华	李菊红(女)、袁素娟(女)、王宝兰(女)、蓝雅琴(女,畲族)
志棠乡(镇)	范卫祥、徐豪、江水清、宋伟华	陈招娣、李菊红、王慧卿、蓝雅琴(女,畲族)

表 10-68 1994 年以来境内群团组织负责人情况表

单 位	主任及任职时间
横山镇工会工作委员会	刘正浩(1998 年 3 月—2000 年 1 月)王土祥(2000 年 1 月—2004 年 5 月)姜爱芳(女,2004 年 5 月—2005 年 12 月)吴军杰(女,2005 年 12 月—2011 年 10 月)胡小华(2011 年 10 月—2012 年 2 月)
志棠镇工会工作委员会	马盈忠(2000 年 5 月—2001 年 1 月)廖　英(女,2001 年 2 月—2004 年 5 月)吴军杰(女,2004 年 10 月—2005 年 12 月)
单 位	书记及任职时间
共青团横山镇委员会	潘春菊(女,1994 年 1 月—1999 年 3 月)陈志芳(女,1999 年 3 月—2001 年 7 月)胡小华(2001 年 7 月—2002 年 7 月)钱菊红(女,2002 年 7 月—2006 年 3 月)周其生(2006 年 3 月—2012 年 11 月)叶　俊(2012 年 11 月—2017 年 7 月)郑　凯(2017 年 7 月—2020 年 4 月)余志成(2020 年 4 月—2023 年 3 月)符翔杰(2023 年 3 月—　)
共青团志棠镇委员会	王松林(1994 年 1 月—1994 年 5 月)蓝雅琴(女,畲族,1994 年 5 月—1996 年 10 月)童斌全(1996 年 10 月—1999 年 3 月)王松林(1999 年 3 月—2001 年 7 月)徐向东(2001 年 7 月—2004 年 1 月)郑德胜(2005 年 6 月—2005 年 12 月)
单 位	主席及任职时间
横山镇妇女联合会	王慧卿(女,1994 年 1 月—2017 年 7 月)黄　蕊(女,2017 年 7 月—2020 年 4 月)李　祥(女,2020 年 4 月—2023 年 3 月)周　莹(女,2023 年 3 月—　)
志棠镇妇女联合会	蓝雅琴(女,畲族,1994 年 1 月—2005 年 12 月)

四、政协联络组

1987 年 6 月,县政协第三届委员会(1987. 6—1990. 4)在各区设政协联络员,时模环区联络员为:叶瑞金。1998 年 10 月,县政协第六届委员会(1998. 3—2003. 3)在各乡镇始设政协联络组。2006 年 1 月,全县乡镇区划调整,分别设立乡镇政协工作委员会及联络组。2010 年,浙江省编委印发《关于停止在乡镇(街道)设立政协工委的通知》(浙编〔2010〕8 号),乡镇(街道)政协机构停止。2015 年,乡镇政协联络组恢复。

表 10-69 1998—2024 年横山镇、志棠镇政协联络组长情况表

县政协届次	单 位	姓 名	时 间
第六届	横山镇	姜小芳	1998 年 11 月—2002 年 1 月
		王土祥	2002 年 1 月—2003 年 3 月

续表10-69

县政协届次	单 位	姓 名	时 间
第六届	志棠镇	吴有才	1998年11月—2002年1月
		廖 英(女)	2002年1月—2003年3月
第七届	横山镇	王土祥	2003年3月—2004年7月
		姜爱芳(女)	2004年7月—2006年1月
	志棠镇	廖 英(女)	2003年3月—2004年7月
		吴军杰(女)	2004年7月—2006年1月
第八届	横山镇	吴军杰(女)	2006年7月—2010年8月
第九届	横山镇	金添艳(女)	2016年10月—2017年2月
第十届	横山镇	金添艳(女)	2017年2月—2019年1月
		张 斌	2019年7月—2022年1月
第十一届	横山镇	张 斌	2022年1月—2023年8月
		盛小燕(女)	2024年1月—

第十一章 政　务

民政、治安、司法、武装等行政事务，一直是基层政权机构的主要工作内容，关系群众生活和社会安定，事关公民民主权利，是救济帮困、稳定社会、伸张正义、保家卫国的重要方面，以领导分管、专人负责和相关人员兼管等结合进行。本志主要记述乡镇人民政府成立以来各部门工作，人民政府成立前的有关内容随事附记。

第一节 民　政

民政历来是政府的主要工作。1991 年以前，民政工作由乡镇政府办公室负责，相关人员兼任民政助理员。1992 年乡镇成立民政办公室，由民政助理员负责。2001 年，民政工作划归乡镇社会事务办公室统管，由民政助理员具体负责。根据县委办〔2019〕6 号文件规定，民政工作由政务服务中心承办。

一、赈灾救济

慈善之举自古有之。20 世纪 50 年代中期始，县民政局每年发放一定数量的救济金和救济粮，用于特困户救济。80 年代后，社会救济逐步由乡镇财政实施。

灾害救济　新的横山镇成立以来，一直重视救济事业。2006 年，发放救灾救济款 32280 元。2008 年发放救灾救济款 11.2 万元，送温暖 4.98 万元。2009 年，发放救灾救济款 7 万元。2010 年，发放救灾救济金 7.9 万元。2012 年，发放救灾救济款和慰问金 9.8 万元。2019 年，发放临时救助款 21.6 万元，惠及 212 人。2020 年，发放救灾救助金 11.5 万元，惠及 69 人。2022 年，发放救灾救助金 8.97 万元。

贫病救济　2006 年，发放大病医疗救助金 15 户共 45580 元，救济生活困难群众 576 户共

923人。2009年,发放大病救助款15万元,送温暖5万元。2010年,发放大病医疗救助金15.53万元。2011年,发放大病医疗救助金20.6万元。2012年,发放医疗救助金13万元,惠及71人,帮助190户生活困难家庭渡过难关。2013年,发放医疗救助金73526元,惠及50人;为120户困难群众发放春节慰问金8.33万元。2014年,发放医疗救助金18.43万元,惠及50人;发放困难慰问金15.2万元。2019年,实行医疗救助137户,发放救助金141万余元。2020年,发放困难慰问金11.58万元。2021年,发放困难慰问金20.64万元。2022年,发放临时救助金15.15万元。

扶贫与专项救济 2019年完成3个扶贫项目立项,争取补助资金157万元;推进精准扶贫,1003户低收入农户实现"一对一"结对帮扶;资助14名农村低收入农户子女上学,发放临时救助款21.6万元、惠及群众212人;实行医疗救助137户,发放救助金141万余元。2020年,落实23户特困人员供养服务,完成3栋D级危房、48栋C级危房安全改造;12月,县民政局对8户困难家庭、2户水库移民进行补助。2021年,对11名低收入农户家庭在读子女申报"雨露计划",补助3万余元。2022年11月,县住建局对7户境内农村困难家庭危房改造予以补助。是年,全镇817户、969人低收入农户完成结对,为10名经济困难学子对接"雨露计划"助学补助。

表11-1 **2020年、2022年境内困难家庭临时救助、危房改造情况表**

行政村与住址	申请人	家庭类别	救助事由	家庭人数(人)	救助金额(元)	救助时间
河宗村	张强斌	边缘户	教育支出	3	1800	2020年10月
项家村	蓝潮辉	低保户	教育支出	3	3100	2020年10月
后徐村	姜佳伟	边缘户	教育支出	3	1400	2020年10月
会泽里村	李双双	低保户	教育支出	2	3000	2020年10月
天池村	王渭东	低保户	教育支出	2	5100	2020年10月
贤求朋村	邱佳惠	低保户	教育支出	2	3100	2020年10月
志棠村	邵文笑	边缘户	教育支出	2	3400	2020年10月
大平坂村	黄根荣	低保户	突发事件	1	5100	2020年11月
下宅村	舒忠鹏	困难水库移民	危房改造扶持	—	5000	2020年12月
下宅村	傅翌莹	困难水库移民	教育扶持	—	3000	2020年12月
天池村毛家7号	徐素明	低保户	危房D级	1	不详	2022年11月
腰塘边村89号	吴海清	低保户	危房C级	1	不详	2022年11月
下宅村西学弄40号	汪有明	低保户	危房D级	1	不详	2022年11月
下宅村西学弄36号	韩文英	低保户	危房D级	2	不详	2022年11月
下宅村新农村10号	周招弟	低保户	危房C级	1	不详	2022年11月
志棠村卸厅63号	邵建国	低保户	危房C级	1	不详	2022年11月
志棠村后邵24号	郑水清	低保户	危房C级	1	不详	2022年11月

二、社会福利

1956年农业生产合作化后，对农村鳏、寡、孤、独及失去劳动能力的病残人员实行“五保”（保吃、保穿、保住、保医、保葬）（孤儿保教）。20世纪90年代后，对无经济来源、无法定赡养人、无劳动能力的“三无”人员实施最低生活保障制度。对60岁以上老人纳入社会福利事业保障范围。

“五保”与敬老 解放初期，人民政府对生活困难老人进行临时性救济，保障农村鳏、寡、孤、独及失去劳动能力的病残人员生活。1956年后，由集体供给“五保”户粮油、被服、柴草等。1959年，下宅建有敬老院。2004年实行“五保”老人集中供养，2005年供养59人（其中在院“五保”对象56人，户院挂钩3人），2006年全镇60名“五保”老人入住敬老院，集中供养率达80%。2008年补助敬老院18.36万元，2009年对60岁以上老人发放补助，全镇符合领取条件的老人5400人。2010年集中供养“五保”老人55人，2011年余岗村童梅英（女，1911年6月生）、会泽里村王招娣（女，1912年5月生）列入县百岁老人，每月补助300元。2017年，探索建立“政府建设、监管，社会资本运作”新型农村老年公寓，与腰塘边老年公寓签订转让协议，让农村老人“老有所养”。2019年投资170万元装修腰塘边村星光养老院，河宗村纽莱福医养中心项目完成土地招拍挂，一期项目进行施工。2020年落实特困人员供养服务，其中22户入住镇养老服务中心，1户分散供养实行委托照料；9月27日，后徐村居家养老服务中心工程开标。2022年末，横山镇有80岁以上老人1180人。2022年11月横山镇有90周岁以上高龄老人132人。

表11-2 **2022年11月境内90周岁以上高龄老人情况表**

姓名	周岁	村	姓名	周岁	村	姓名	周岁	村
胡根梅	100	河宗村	童根美	94	上宾村	廖有姣	92	会泽里村
徐秋娥	100	横山村	许卸奶	93	八石坂（畈）村	王桂花	92	会泽里村
谢菊香	100	塔下叶村	郭冬兰	93	八石坂（畈）村	俞樟松	92	八石坂（畈）村
章阿姣	100	天池村	姜连香	93	白鹤桥村	李友仁	92	后徐村
胡阿娥	97	上宾村	吴汝招	93	上宾村	王银风	91	西方坞村
张卸沙	97	塔下叶村	季永贤	93	项家村	姜春财	91	西方坞村
叶秋文	97	腰塘边村	徐爱花	93	上向徐村	黄海兰	91	上宾村
吴竹香	97	志棠村	李根根	93	上宾村	胡春姣	90	河宗村
周招风	97	后徐村	廖日进	93	横山村	项寿荣	91	项家村
叶宝金	96	上宾村	张银娣	93	横山村	姜中根	91	横山村
詹阿姣	95	横山村	叶阿奶	92	天池村	詹炳寿	91	余岗村
鲁文林	95	天池村	何金莲	92	贤求朋村	龚卸松	91	脉元村
周海菊	95	天池村	邵福英	92	下西山村	何珠奶	91	上宾村
刘根娣	95	贤求朋村	陈汝姣	92	上向徐村	李友芝	91	后徐村
刘阿英	95	西方坞村	郭永发	92	余岗村	许樟娣	91	横山村
李长春	94	天池村	方伍奶	92	腰塘边村	郑广文	91	上向徐村
鲁纪渭	94	天池村	吴英发	92	横山村	张国香	91	八石坂（畈）村
张秋菊	94	西方坞村	周香奶	92	天池村	蔡禹英	91	会泽里村

续表11-2

姓名	周　岁	村	姓名	周　岁	村	姓名	周　岁	村
方纪荣	91	横山村	刘春花	90	大平坂(畈)村	郑海银	90	塔下叶村
陈土姣	91	后徐村	余彩招	90	横山村	邱卸苟	90	腰塘边村
徐秋娣	91	下宅村	丁卸奶	90	余岗村	李海云	90	项家村
陈伟勋	91	横山村	邱连发	90	横山村	方有海	90	横山村
邹汝英	91	上宾村	袁卸奶	90	下西山村	余樟明	90	横山村
刘汝美	91	脉元村	季阿莲	90	横山村	赖三妹	90	横山村
王鸿根	91	下西山村	童阿兰	90	横山村	詹有才	90	下宅村
邓彩贞	91	大平坂(畈)村	龚英奶	90	脉元村	童阿枝	90	会泽里村
方彩娥	91	西方坞村	马福英	90	后徐村	张雪香	90	塔下叶村
吕桂香	91	贤求朋村	余志明	90	余岗村	毛汤水	90	项家村
叶彩连	90	八石坂(畈)村	徐樟有	90	后徐村	诸银文	90	天池村
徐雪梅	90	下宅村	项爱文	90	脉元村	王阿奶	90	八石坂(畈)村
胡大奶	90	大平坂(畈)村	楼玉双	90	下宅村	徐阿清	90	天池村
水秋姣	90	横山村	廖怀玉	90	会泽里村	夏阿凤	90	会泽里村
徐樟英	90	下西山村	何珠奶	90	上宾村	叶启荣	90	八石坂(畈)村
王春兰	90	上宾村	徐银海	90	下西山村	周文美	90	上宾村
毛汤水	90	项家村	赖志清	90	横山村	席美玉	90	塔下叶村
曾根苟	90	会泽里村	黄卸美	90	后徐村	胡金花	90	志棠村
胡卸有	90	西方坞村	陈爱爱	90	塔下叶村	杨土根	90	会泽里村
邵兰奶	90	天池村	刘根发	90	河宗村	方根祥	90	横山村
廖永美	90	横山村	袁素卿	90	西方坞村	沈桂花	90	横山村
黄金香	90	塔下叶村	詹阿标	90	余岗村	陈赛莲	90	腰塘边村
方菊英	90	白鹤桥村	余爱英	90	横山村	郑根清	90	天池村
吴汝英	90	下西山村	郭冬兰	90	八石坂(畈)村	刘阿富	90	脉元村
王兰花	90	贤求朋村	王仲英	90	天池村	王有财	90	横山村
余宝香	90	河宗村	陈兰菊	90	项家村	项卸兰	90	项家村

最低生活保障　1997 年 1 月，乡镇实施最低生活保障制度。是年，最低保障标准为农村每人每年 700 元、城镇每人每年 1800 元。2004 年，志棠镇建立农村和城镇居民最低生活保障，受益群众 160 户 240 人，全年发放最低生活保障金 13 万余元。2005 年，低保标准提高到农村每人每年 1080 元、城镇每人每年 2160 元。志棠镇落实享受低保政策农户 162 户 267 人，发放低保生活费近 13 万元。原横山镇 2004 年受益 377 户 667 人，发放最低生活保障金 31.6 万元；2005 年农村农民最低生活保障进行扩面调整，由上年的 377 户 670 人调整到 422 户 654 人，城镇居民由 9 户 11 人调整为 11 户 13 人，总低保金额达 31.52 万元。2006 年，全

镇有低保户 541 户 856 人，发低保金 52.28 万元，134 名低保户子女享受免费入学资助。2007 年，核定低保户 546 户 855 人，发保障金 65 万元，低保户子女 134 人免费入学。2008 年，低保户 550 户 854 人，发保障金 73.4 万元，128 名低保户子女免费入学。2009 年，全镇低保户 573 户 870 人，年发保障金 92 万元，120 多名低保户子女免费入学。2010 年，全镇低保户 576 户 868 人，发低保金 97 万元。2011 年，农村最低生活保障 595 户 934 人，发保障金 44.52 万元。2012 年，全镇低保对象 586 户 858 人，低保户子女享受免费入学 66 人。2013 年，全镇 656 户 876 人享受低保，发低保金 172.9 万元，60 名低保户子女免费入学。2014 年，有低保户 696 户 877 人，发低保金 211.5 万元。2017 年，完成低收入农户信息系统建设，有 1100 户 1351 人入库，其中低保边缘户 172 人，新增低保农户 55 户，新增社会养老保险 72 人。2018 年，按照"应保尽保、应退尽退"原则，退出低保 234 户 285 人，实有低保户 771 户 861 人，累计发放各类救助金、补助金 595 万余元。2020 年，开展低保核查，所有五保户均补差到位，发放救助金 11.5 万元，惠及 69 人。资金来源起初由镇、村各承担 20%，县财政承担 60%，后调整为镇财政承担 20%、县财政承担 80%，2003 年调整为镇财政承担 15%、县财政承担 85%。

残疾人事业　2005 年，志棠镇建立村级残疾人协会 2 个，残疾人莲子、红花种植示范基地 2 处，完成残疾人危房改造 1 处。2006 年，横山镇被衢州市残疾人工会评为"十佳残疾人扶贫就业基地"。2008 年，对 930 多名残疾人进行调查登记，为 15 名白内障患者免费手术，为 5 户残疾困难户子女解决上学难题，免费为 23 名听残人员安装助听器，为 2 名肢残人员安装假肢并赠送轮椅，与县残联在河宗村建立残疾人培训基地。2009 年，换发第二代残疾人证 826 人，发放残疾扶助金 5.1 万元。2010 年，有重残对象 271 人，发放重残金 125 万元；开展慈善救助，发放慰问金 15.2 万元。2011 年，在横山中心卫生院设立残疾人康复中心，并新增余岗村残疾人康复站。2012 年，解决 198 名残疾人员生活保障。2013 年，有 248 名重度残疾人享受保障金。2014 年，发放重残金 125 万元，惠及 271 人。2017 年，发放残疾人生活补贴 585 人、护理补贴 375 人。

横山中心敬老院　创办于 1992 年 10 月，建筑面积 200 平方米，有 6 人进院。1998 年进行扩建，入院人员 15 人。2003 年，对原闲置的下宅乡政府办公楼房进行改造，共投资 30 余万元扩建为横山中心敬老院，面积 2100 多平方米，可容纳 100 多人养老，10 月 17 日举行竣工揭牌仪式，入院"五保"老人 41 人，配工作人员 3 人。2004 年 11 月，又接纳 16 名原志棠镇"五保"老人进院供养，被评为市级"五保"集中供养先进集体。2020 年 5 月，投资 650 万元回购原腰塘边老人公寓作为敬老院新址，对室内进行装修改造，建筑面积 2378 平方米，总床位 80 张，成为全县乡镇敬老院样板示范点。

三、人员安置

复退军人安置　复退安置虽由县民政局（现为退役军人事务局）负责，但各乡镇均有接受安置复退军人之任务。1968—1970 年，原横山公社接收复退军人 55 人，推荐县属工厂 2 人，建设兵团 4 人，县汽车驾驶员 1 人，县属煤矿 14 人，区煤矿 2 人，区粮站 2 人，供销社商店 2 人，民办老师 5 人，充实大队民兵连干部 15 人，大队会计、经济保管员 3 人，大队团支部书记 2 人，学泥工 1 人，回大队从事农业生产 2 人。20 世纪七八十年代，乡办企业接收复退军人众多。改革开放后，城镇退伍义务兵和转业志愿兵（1999 年改称转业士官）由政府安排工作。在部队参战荣立三等功以上农村退伍军人，以及在部队致伤致残，退伍后仍有劳动能力的，都在国营或集体企事业单位就业。

回乡下乡人员安置　1958年"大跃进"，工业企业用工失控。1960年国民经济调整，精减大批职工，大多回乡参加农业生产。

表11-3　**1963年境内回乡下乡人员接受安置任务分配表**

社　名	安置任务数		本县回乡		外地回乡		动员城镇人口下乡插队	
	户数(户)	人数(人)	户数(户)	人数(人)	户数(户)	人数(人)	户数(户)	人数(人)
横山人民公社	36	98	10	30	16	48	10	20
下宅人民公社	33	90	3	10	20	60	10	20
志棠人民公社	36	94	6	14	20	60	10	20
合　计	105	282	19	54	56	168	30	60

注：1. 本县回乡指减少城镇人口回农村数，不包括各区减少农村吃商品粮人口。2. 外地回乡指外县精减回本县农村人数，这个数字是根据典型调查分析而定，不完全正确，具体到人民公社有或多或少情况，各区可作适当的调整，后各人民公社的任务数应报县委精简办公室备案。3. 这次分配的任务数，包括1—6月份已回到各地的人数在内。4. 以上三项指标，凡到各地安置的，都必须保证安排好

知识青年安置　1960—1978年，先后有多批城镇知识青年"上山下乡"，安置在境内农村落户555人(1974年统计467人，1979年统计88人)。1972年，开始在下乡知青中招工或招生。1974年起，知青分期分批迁回城镇，安排城镇就业。至1984年，下放知识青年除个别落户农村外，全部迁回城镇就业。

表11-4　**1974年、1979年境内下乡青年统计表**

社　名	生产大队	1974年(人)	1979年(人)	社　名	生产大队	1974年(人)	1979年(人)
横山人民公社	高山	12	1(横山)	横山人民公社	上下朱	12	4
	仓头	9	2		合计	234	37
	溪边	9	1	下宅人民公社	项家	23	—
	方野	6	1		脉元	10	4
	西方坞	23	5		贤求朋	10	1
	八石坂(畈)	24	4		后徐	11	4
	下西山	18	2		下宅	20	3
	余岗	14	1		腰塘边	18	1
	龙门桥	22	2		大平坂(畈)	20	2
	上向徐	23	5		大平山	10	1
	会泽里	18	5		合计	122	16
	白鹤桥村	22	3	志棠人民公社	杨家	7	—
	吴仪宾	22	1		新宅	8	1

续表11-4

社　名	生产大队	1974 年（人）	1979 年（人）	社　名	生产大队	1974 年（人）	1979 年（人）
志棠人民公社	下店	3	—	志棠人民公社	腰塘边	14	15
	儒大门	5	1		凌阁张	7	2
	前邵	5	—		塔下叶	13	5
	卸厅	5	2		东王	14	1
	席家	5	2		钱家	15	3
	后邵	5	2		张家	16	2
	翁坞	4	—		合计	126	36

编者注：1974 年、1979 年两组数据并非人员数相减，而是不同人员

移民安置　1970—1972 年，铜山源水库建设期间，横山公社安置铜山源库区移民 11 户 59 人，下宅人民公社安置 9 户 44 人。至 2005 年 12 月，已建有山门寺水库移民小区。2007 年，完成涉及 27 个村 93 户 177 人水库移民资金发放和小（一）型、小（二）型水库移民调查。2010 年，救助危房农户 120 户。2013 年，根据新的移民政策，八石坂（畈）、后徐、白鹤桥、下宅、下西山、上宾、河宗 7 村获 112 万元资金补助。2014 年，完成西方坞、贤求朋村大中型水库移民项目和天池、余岗等 5 个村小型水库移民项目，整体搬迁古塘岗自然村。

表 11-5　**2013—2014 年境内水库移民与淹没土地统计表**

水库名称	库内迁出			淹没土地（亩）
	户数（户）	房屋（间）	人口（人）	
西垄水库	22	77	120	500
山门寺水库	40	150	200	500
杨垄水库	6	9	22	240
八石坂（畈）水库	1	6	6	600

四、拥军优抚

中华人民共和国成立后，政府先后建立抚恤、优待、拥军优属等制度。县退役军人事务局成立后，在横山镇设退役军人服务站，拥军优抚工作得到进一步重视与拓展。

优待　1951 年，对缺乏劳动力的烈军属及复员、退伍回乡二等以上残废军人实行代耕制。农业合作化后，对烈军属普遍优待劳动工分，记入烈军属劳动工分账户内，参加收入分配。家庭承包责任制后，实行优待金制度，由村按人口或田亩数向农户统筹，1988 年每个军属户享受优待金 300 元。1997 年后改由乡、镇统筹，2002 年后由省财政转移支付，烈军属户每年享受优待金数额相当于 1 个普通劳力的年收入。2004 年，义务兵家属年优待金标准为农村 2500 元、城镇 2700 元。2008 年县人民政府〔2008〕78 号文件规定，进藏义务兵除享受全市统一的优待标准外，入伍当年一次性发给奖励金 3000 元，服役期间每人每年发给 1.5 万元的家庭优待金，农村籍入伍的进藏义务兵退伍返乡后，按城镇兵退伍安置金标准的一半发给一次性安置补助费。

表 11-6 1952年4月横山、下宅、张家、志棠乡烈军属代耕情况表

乡别	原有						代耕								
	军属		荣军		工属		军属			工属			合计		
	户数（户）	人数（人）	户数（户）	人数（人）	户数（户）	人数（人）	户数（户）	人数（人）	亩数（亩）	户数（户）	人数（人）	亩数（亩）	户数（户）	人数（人）	亩数（亩）
横山乡	20	82	—	—	8	34	17	—	51.5	4	—	11.3	21	—	62.8
下宅乡	1	6	—	—	—	—	25	—	59.9	12	—	41	37	—	100.9
张家乡	35	172	4	6	8	40	25	—	60	4	—	15.2	29	—	75.2
志棠乡	—	—	—	—	—	—	25	97	56.4	—	—	—	25	97	56.4

抚恤 1951年开始，对烈军属救济大米，发放优抚事业经费。1957年开始，老、弱、病、残、烈军属及复员、退伍军人经优待生活尚有困难的，由政府给予定期定量补助。为解决重点优抚对象医疗问题，按照《龙游县在乡七级至十级残疾军人旧伤复发医疗管理暂行规定》，对残疾军人旧伤复发实行定点医院治疗。对参战和参加核试验退役军人，镇政府给予相应补助。2008年，发放“两参”（参加抗美援朝、对越自卫还击战，参加核试验）人员补助费72.7万元。

拥军优属 1950年，县首次给烈属户、军属户、荣誉军人户赠送光荣牌匾，敲锣打鼓给烈军属拜年，区、乡、村制订拥军优属公约。1956年4月，县召开烈军属和复员建设军人评选模范代表大会。1984年，县成立“双拥”工作领导小组，规定每年八一建军节、元旦、春节期间，乡镇领导要对重点优抚对象进行慰问，并在每年春节前举办茶话会等。2022年8月1日，上宾村组织“老兵话共富”活动，进行升国旗、给老兵戴大红花、重温军人誓词、集体发放优待证等仪式。

退役军人服务站 县退役军人事务局成立以来，重视对退役军人关爱与服务，在退役军人较多的行政村，设立退役军人服务站。

五、社会管理

婚姻登记 1950年，《中华人民共和国婚姻法》公布后，实行婚姻登记，开始由区公所办理，1955年改由乡镇政府办理。1984年，婚姻登记由男女双方或一方常住户口所在地乡镇政府办理，领取结婚证。2004年9月1日，婚姻登记改由县民政局婚姻登记处办理。

殡葬改革 境内自古奉行土葬。1992年5月8日起，政府工作人员去世后一律进行火化，骨灰葬入公益性墓地。1994年6月，县规定建制镇政府所在地的村（居）民去世后一律实行火葬，同时规定在火葬区内不准生产、销售棺木和土葬墓碑。2000年5月始，县区域内一律推行火化，并实行骨灰集中安葬。2003年，县政府印发《关于进一步深化殡葬改革的通知》，推行以生态葬法为重点的葬法改革。2005年，原横山镇有12个村完成公益性生态公墓建设。2008年3月起，各村建生态墓地，骨灰统一葬入。2010年1月起，60周岁以上村民去世后，家人凭死亡证明、火化证明、入墓证明领取20个月的基础养老金作为一次性丧葬补助。

统计调查 1996年，全国开展人口变动和城镇劳动力情况调查，抽中横山镇下西山村、志棠镇张家村。调查项目按人填报16个项目，按户填报6个项目，劳动力情况按社区填报10个

项目。2001 年,根据省统计局、省人口普查办公室布置,进行 2001 年度人口变动情况抽样调查和群众安全感调查,横山镇项家村为新农村住户调查点。

村委会建设　1985 年始,根据《中华人民共和国村民委员会组织法》,以民主选举、民主决策、民主管理、民主监督为内容的村民自治工作得到发展。新的横山镇成立以来,重视村级组织建设。2007 年,对 12 个重点村的财务进行审计;在钱家、儒大门、脉元、西方坞、张家、龙门桥、贤求朋、腰塘边、后郜 9 个村建立"学用示范点""实践示范基地"和"学用致富典型"建设。2008 年、2011 年、2013 年、2017 年、2020 年先后举行 5 次村民委员会换届选举,均一次性完成,"一肩挑"人选全部顺利当选(2020 年选举由支部书记兼任村委会主任)。

行政村规模调整　2008 年 3 月,镇政府围绕"规模调大、布局调优、实力调强、发展调快"目标,坚持有利发展、尊重民意、依法规范要求,对行政村规模进行较大幅度的调整。全镇行政村数量由 39 个减少到 20 个,村平均人口由 795 人增加到 1550 人,村域平均面积由 2.26 平方公里扩大到 4.4 平方公里。调整共涉及 33 个村,6 个行政村保留不变。

第二节　治　　安

民国时期实行保甲制,以保甲连坐的手段维护治安,加强对群众控制。1953 年,乡村普遍建治保组织。1959 年 12 月后,境内建有模环区派出所,乡设公安员,属乡政府行政编制。村曾设治保委员会,治保主任由村党支部、村委会成员兼任。1987 年 9 月,在志棠设民警值勤室,1990 年 6 月横山交通警察分队成立。2005 年 12 月,设横山派出所。

一、组织机构

治保委员会　1953 年,乡村建立治保组织,协助政府和公安机关检举、监督和管制反革命分子,维护社会治安。1956 年,100 户以上的合作社建治保委员会,50 户以上的合作社建治保小组。1958 年后,基层治保组织与调解组织合并,建立人民公社、生产大队治保调解委员会。1961 年,治安与调解重新分开,恢复治保组织。1978 年后,实行社会治安综合治理。1986 年,实行治安保卫承包责任制。1990 年,调整农村治保组织,解决活动经费,提高治保人员待遇。

综治办　1996 年各乡镇设社会治安综合治理办公室,1997 年开展"创安"活动,1998 年开展学习"枫桥经验"活动,1999 年起分级签订目标管理责任书,坚持每半年开展督查和年终考核,对社会治安综合治理实行一票否决。2002 年开展创安维稳活动,推出"平安乡镇""平安校园""平安大道""平安网吧"等创建举措。2005 年推进治安防控网络建设,确保政治和社会稳定。

横山派出所　1983 年县制恢复后,龙游县公安局成立。因横山属模环区区公所所在地,故县公安局模环派出所设立于横山集镇塔山路模环区公所内,管辖横山乡、模环乡、志棠乡、下宅乡，时模环派出所共有民警5人、警务辅助人员3人。1992年7月，模环区公所撤销，模环派出所改为横山派出所，办公地点设在横山镇龙葛路，后搬迁至龙葛南路60号。2022年，有民警11人、警务辅助人员8人。

表11-7 横山派出所人员配备情况表

时 间	所 长	民警数(人)	警务辅助人员数(人)
1992年7月—1994年7月	祝连松	6	5
1994年7月—1996年5月	余宏庆	9	4
1996年5月—1997年5月	王甘洪(指导员，主持工作)	9	4
1997年5月—2002年2月	叶家荣	10	4
2002年2月—2006年7月	范国洪	9	5
2006年7月—2012年4月	冉雄进	9	5
2012年4月—2015年3月	吴国胜	9	6
2015年3月—2020年1月	邵卫忠	9	6
2020年1月—2023年2月	谢立平	11	9
2023年2月—	翁建昱	11	12

二、重点工作

解放后，治安工作坚持走群众路线，发动群众，依靠群众。改革开放以来，治安工作逐步由静态管理转向动态管理。

监督和管制专政对象 1951年至20世纪70年代末，治保委员会每月召集专政对象、“四类分子”开一次学习汇报会，每季度召开一次训话会，表现好的报上级批准予以摘帽，表现不好的继续加强监督改造。“文化大革命”期间搞阶级斗争扩大化，实行“群众专政”，造成人人自危。20世纪80年代后，不再进行类似“管制”，治保委员会主要工作对象转变为乱砍滥伐者、偷鸡摸狗者、装神弄鬼者，主要处理一些突发的民事、刑事案件。

平安建设活动 2016年，横山镇获县“G20杭州峰会维稳安保先进集体”。2018年，将全镇划分为40个网格，配强“一长三员”1081名，开展工矿商贸企业监督检查109家次，查处安全隐患116处，实现刑事案件“零发案”。2019年，围绕“平安横山、法治横山”建设，开展扫黑除恶专项斗争，累计收集问题线索60条，办理群众举报线索27件；化解2起涉及47户农户的351国道失地农民参保群体性纠纷，确保垃圾热解汽化项目建设、腰塘边废弃矿山治理等重大项目平稳有序推进。2020年，推进“扫黑除恶专项斗争决胜年”活动，办理完结涉及村霸、村干部、干扰换届选举等线索18条。2021年，以“无纠纷积案、无亡人事故、无电诈发案”为目标，开展“三无村居”平安创建，有13个行政村创建成功，全年电诈发案数比上年下降10.6%，亡人事故发案数比上年下降50%。横山派出所办理行政案件45起，行政处罚99人，侦破盗窃、开设赌场等刑事案件25起。2023年1—6月，辖区警情数同比下降26.69%、本地盗窃发案同比下降33.33%，矛盾纠纷伤害类案件化解率100%，实现动态清零。

反邪教警示教育 境内曾有过“呼喊派”等邪教组织，20世纪80年代被取缔后，尚有个别信徒秘密活动。“法轮功”问题出现后，乡、镇党委及时召开反邪教警示教育动员大会，采取“团结、教育、挽救”方针，揭露邪教活动本质，提高警示教育效果。天池村作为衢州市反邪教警示教育基地，2014 年 2 月被市委防范和处理邪教问题领导小组授予“市级无邪教村”奖牌，2015 年 1 月被省人民政府防范和处理邪教问题办公室授予“省级无邪教村”奖牌。2016 年，镇被命名为第三批省级无邪教乡镇。2017 年 3 月，国务院防范和处理邪教问题办公室授予天池村“2015‘百县千乡万村无邪教创建示范工程’活动创建无邪教示范村”奖牌。

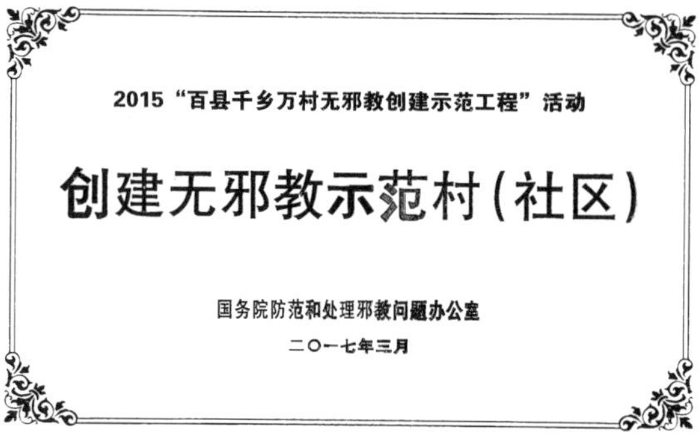

图 11-1　天池村获“创建无邪教示范村”奖牌

边际联动　2007 年，镇与兰溪市诸葛镇、水亭畲族乡，建德市大慈岩镇等毗邻的 5 个乡镇建立“三界”互动联防，三地公安派出所联合打造“边际警务”。2023 年，三地共同侦办跨辖区民生案件 5 起，为群众解决走失、失物求助 10 余次。

禁毒　2001 年 4 月，横山派出所查获志棠镇新宅村某村民种植罂粟苗 1318 株，并缴获村民已自行拔掉的罂粟苗 83 株，当众销毁。

三、案例

兰廷寿盗窃集团案　兰廷寿盗窃集团原为兵痞张作霖（江西萍乡人）组建。1940 年，张随国民党部队来龙游，后脱离部队定居于横山乡苗高垄。该处地处偏僻，系少数民族集居小村落，张作霖结识当地惯窃兰廷寿、兰廷富、兰富崽、雷秋苟等人，后秘密扩充人员，至 1949 年解放时，已发展到 50 人，以龙游为据点，分布龙游 30 人、兰溪 15 人、寿昌 4 人、淳安 1 人。镇反高潮中，张犯被逮捕处决。此后，以兰廷寿、雷秋苟为主继续进行盗窃活动。集团大部分是盗窃成性屡教不改的惯犯和土匪流氓分子，兰希增等 9 人曾因行窃被逮捕判刑劳改，主犯雷秋苟、雷仁贵等 4 人，均系土匪分子。自建立以来，集团先后盗窃 102 起，抢劫 4 起，其中解放后作案 54 起。窃得耕牛 15 头、毛猪 16 头、油脂 2900 多斤，以及大量粮食、布匹、钱币和其他物资，杀害 1 人。集团成员全为畲族，且大都系亲属，有利于隐蔽，同时首要分子窃取农业生产合作社重要职位，更便于掩护。如兰廷寿、兰廷富、兰富崽、兰定水、兰希增等，均分别担任社长、会计和社务委员。他们手段毒辣，在社内发号施令，说一不二，群众稍有抵触或泄露其劣迹，即遭打击报复。中农钟阿贵曾向亲友透露过该集团内幕，兰廷寿趁 1954 年土改补课之机给钟划为地主（当时兰系合作社社长），并私设公堂，严刑拷打，致使该社群众噤若寒蝉。

该集团活动于龙游、兰溪、汤溪、寿昌、淳安等边缘地区，其联络与销赃处所均在少数民族聚居区域，通常以走亲访友之名进行串联，其流窜范围广，行动迅速，并且规定“不摘门前菜”（不在横山乡作案），一般是甲地作案，乙地销赃，相互窝藏，因而不易被人发觉。如 1953 年兰廷寿、兰廷水等在寿昌大店口周远震商店偷到棉布多匹，运到兰溪水亭乡雷阿水家窝藏销赃；雷秋苟等在汤溪、洋埠偷得大米和衣着，运到兰溪柳塘乡兰马根家窝藏销赃。其作案手段有“开窑口”（挖洞）、“起高峰”（爬墙）、端门、撬锁等。作案时一般为 2 人，多者 5 人，抢劫则结伙行动。1949 年在塔石区上王村抢劫何宝松家，纠结了 20 多人。平时，集团成员经常坐茶馆、酒店吃喝玩乐，经济来源令人费思。其间，龙游与兰溪、寿昌毗邻地连续发生抢劫、盗窃、猪牛失窃事件，仅模环一带即失窃毛猪6头,连县人民法院1头毛猪也被盗。这些猪都是宰杀后挑走的。寿昌、兰溪出现数起失牛、失猪事件,其作案手段完全相似,因而引起公安机关的高度关注。

根据案情分析,县公安局研究确定以模环为侦查重点,并与兰溪等邻县公安局取得密切联系,分别在模环区和毗邻的兰溪水亭乡、寿昌的大店口乡开展侦查。经过一月余的侦察,摸清了主犯的来龙去脉,查清了盗窃犯罪事实。为严厉打击盗匪犯罪活动,县公安局制定破案方案,报请县委、专署批准后实施,县局组织9名干警,于1955年7月25日凌晨一举将首要分子兰廷寿、兰廷高、兰廷水、兰富崽、雷煜生等6人逮捕归案,从罪犯居所内搜出赃物。审讯中,以政策攻心、各个击破的方式,迫使首犯兰廷寿在确凿的证据面前低头认罪。经审判,兰廷寿被判死刑,其余主要骨干均受到法律的制裁。

儒大门交通肇事逃逸案 2005年12月10日20时许,志棠镇儒大门村发生一起交通肇事车辆逃逸案件,受害人王某医治无效于12月12日死亡。经向群众调查得知,王某曾说是拖拉机将其撞倒。在县农机站的帮助下,通过现场遗留碎片确定肇事车型,并对走访范围内所有拖拉机进行人车见面。12月13日傍晚,在志棠路边修车店发现肇事嫌疑车,并抓获嫌疑人方某。经审查,方某交代肇事逃逸经过,后被依法处理。

制造假商标过滤器案 2011年3月25日,县经济侦查大队会同横山派出所,在一工厂内,查获假冒商标标识的过滤器成品1.2万余只,白坯2.2万只,各类假标识4.2万张,案值300余万元。经侦查,郭某、董某用横山村的民房作厂房,购来移印机、烘干机、封口机等,从市场上收集小松、日立、卡特、现代等国际品牌的商标和包装盒式样,自行印制并用油漆在采购来的过滤器白坯上打样,冒充品牌销往外地,从中非法牟利。郭某、董某等被刑事拘留。

第三节 司法行政

20世纪50年代,境内司法行政工作以调解纠纷和矛盾为主。“文化大革命”时一度中断,1984年恢复,先后设立镇人民法庭、司法所和法律服务所,随着机构不断完善,司法行政工作的范围逐步拓宽,工作成效明显。

一、组织机构

人民调解委员会 1952年11月,乡村建立人民调解委员会,各村设调解主任1名。1954年3月,中央政务院颁布实施《人民调解委员会暂行通则》,对调解委员会进行检查与完善。1955—1956年,各农业生产合作社普遍建立调解组织。1958年,调解组织和治保组织合并为治保调解委员会。“文化大革命”期间,调解组织受冲击,调解活动停止,直至1984年恢复。1998年,成立横山镇、模环乡与兰溪市水亭乡跨界联合调解小组,协调处理相邻县(市)、相邻乡镇村民中发生的纠纷。2004年,横山镇、志棠镇设人民调解委员会。

乡镇司法所 1984年,模环区公所发文,为各乡配备司法助理员,人员编制属各乡镇。1998

年11月，县编制委员会批复，同意在乡镇建司法所。2022年，横山司法所负责人为虞文胜。

法律服务所 1988年设志棠乡法律服务所，1989年成立模环区法律服务所。2001年5月，横山法律服务所在市司法局重新登记。2004年3月横山法律服务所注销。同年，志棠、横山建残疾人法律援助联络分站。

二、行政业务

法制宣传、法律服务、人民调解、归正人员安置帮教、社区矫正、法律援助等，是司法行政工作的主要业务，具体工作由乡政府领导、安排，接受县司法局业务指导。

普法教育 1984年开始，在各乡、村开展普及法律知识宣传教育活动，教育的基本内容是：宪法、兵役法、刑法、刑事诉讼法、民法通则、民事诉讼法、婚姻法、继承法、经济合同法，以及社会治安管理处罚法等基本法律。经过多年普法教育，人民群众法制观念增强。

人民调解 新的横山镇成立以来，积极做好矛盾调处。2007年，民事矛盾纠纷调解成功率达98%。2010年，调处矛盾纠纷143件。2020年，推动矛盾纠纷调处化解中心建设，实现群众反映诉求、化解矛盾纠纷“只进一扇门”“最多跑一地”。建立镇、村两级“两难”问题工作处置群，通过组团联村、网格力量化解纠纷69起，镇协调化解7起。

表11-8 **2011—2021年横山镇民间纠纷调解情况表**

类别		2011年	2012年	2013年	2014年	2015年	2016年	2017年	2018年	2019年	2020年	2021年
调解纠纷（件）	婚姻家庭纠纷	40	155	4	39	1	4	—	—	27	25	23
	邻里纠纷	98	186	16	109	7	12	3	2	47	88	254
	合同纠纷	13	—	1	—	—	—	—	—	1	4	1
	赔偿纠纷	44	31	5	46	3	—	1	1	8	45	107
	劳动纠纷	23	—	3	15	—	—	—	—	—	1	4
	山林土地承包纠纷	28	29	1	7	—	—	—	—	8	10	30
	征地及宅基地纠纷	31	54	6	10	4	2	—	—	7	11	19
	村务管理纠纷	—	4	7	75	—	—	—	—	—	—	—
	计划生育	—	3	—	—	—	—	—	—	—	—	—
	医疗纠纷	—	—	—	—	—	—	—	—	—	15	23
	其他纠纷	44	29	7	32	3	—	—	1	66	65	78
调解结果（件）	全年调解数	321	491	613	333	261	168	137	55	165	265	555
	调解成功数	313	487	613	333	259	168	137	55	165	265	555
	成功率(%)	97.5	99.2	100	100	99.2	100	100	100	100	100	100

信访稳控 2007年，受理来访39人次(件)，其中上级交办24人次(件)，自行受理15人次(件)。2015年，处理县级以上信访件46件。2016年，办理初信、初访48件，对10件疑难信访案件实行重点包案督办，55起信访问题得以有效处理，实现“三个确保”(确保不发生赴省以上集体访、不发生去京非正常访、不发生各类恶性事件)目标。2018年，处理信访问题245起，信访办结率达100%，息信止访率达98%。2019年，办理村民信访712件，来信来访来电380件，办结率达

100%,息信止访率达98%,创建“无信访村”19个,实现非正常上访人员“零进京”。2020年,加大初信初访化解力度,上级交办的来信、来访、来电办结率达100%,息信止访率达98%。探索试行信访代办制度,成立由20名村级信访代办员组成的代办队伍,处理网上信访代办件60余件,调处率达100%,成功率达98.5%。2021年,上级交办来信来访来电办结率达100%,息信止访率达98%。不断强化镇、村、网格三级维稳网络体系建设,做到“源头把控、关口前移、层级过滤、隐患清零”,全镇来信来访来电总量比上年减少42.7%。

公证 1984年4月起,县司法局公证处开办公证业务。1987年,志棠镇塔下叶村将村集体两块柑橘园发包,村两委决定延长承包期限,村民担心政策多变,无人敢承包。为消除村民思想顾虑,村干部将合同进行公证,解除村民后顾之忧。

安置帮教 1998年4月,乡镇成立归正人员管理工作站,行政村和居委会建立安置帮教小组。通过签订帮教责任书,开展结对子“二帮一”活动,落实安置措施,促使归正人员理智对待就业和生活困难,做遵纪守法公民。

法律援助 2004年,建立乡镇残疾人法律援助联络分站。2005年,建立法律援助工作站,维护弱势群体合法权益。

民主法治村创建 2003年,县委组织部、综合治理办公室、民政局、司法局联合下发《关于在全县农村开展“民主法治村”创建活动的实施意见》。2006年底,席家村被市委组织部、市民政局、市司法局评为市级民主法治村,脉元村、上下朱村被市司法局评为“四星级”村。2011年,下宅村被市委组织部、民政局、司法局评为“民主法治村”。2019年上宾等7个村被推荐为市级民主法治村,志棠村被评为“浙江省善治示范村”。

三、案例

志棠水泥厂采石场重大伤亡事故调处 1996年9月,省信访局转来嘉兴市董某致国务院总理的上访信,反映志棠水泥厂重大伤亡事故善后问题。事情经过:1996年3月6日,志棠水泥厂采石场发生坍塌,造成8人被埋,其中两人经抢救生还,其余6人当场死亡。事故发生后,志棠镇党委、政府、企业领导立即组织力量抢救,县五套班子领导当即赶赴现场指挥抢救,衢州市有关领导也赶赴现场,抢救历时9个小时。处理结果:采石场负责人赵某因违反矿山安全规程进行开采,对事故负有直接责任,司法机关依法判处其有期徒刑3年6个月。志棠水泥厂分管安全生产的副厂长邵某管理不力,对事故负有重要责任,给予撤职处分。总厂厂长席某作为企业法定代表人,对厂内安全生产管理存在的问题未及时纠正,并将采矿场发包给不具备矿长资格人员,对事故负有领导责任,给予行政记过处分,并处罚6000元。主管工业的志棠镇党委书记对事故负有一定责任,给予记过处分。按水泥厂安全生产责任制,对保卫科长洪某罚款600元,对原料工段长冯某给予撤职处分。至1996年5月底,死亡6人中5人的善后工作已处理结束。原籍嘉兴的死者张某的善后工作也在1996年9月3日结束。善后处理皆以浙江省有关文件为依据,对事故受害者分别给予丧葬费、抚恤金、赡养费和困难补助金,同时责令该采矿场停产整顿。

第四节 军 事

境域为县北门户，曾是军事要道。中华人民共和国成立后，军事工作主要有征兵、预备役管理、民兵等事宜。

一、旧时防务

营寨 民国志卷二十四“丛载·古迹”载：梅岭寨在治北五十里。此地势险要，系龙游之北门户。明、清时期，寨约配备乡兵百名巡守，以本乡壮民充当，选1人统率。

保卫团 民国初，城乡建保卫团（自治公所）。

表11-9 1916—1930年塔下叶乡保卫团名单

职 务	姓 名	故 里	职 务	姓 名	故 里
团 总	鲁樟富	新宅	团 总	翁敏政	翁坞
	张阿癞	高山顶	团 丁	王老柄	新宅
	叶树铭	塔下叶		温高化	东王
	姜兆里	余岗		老 饶	湖南

基干队 1931年，县建保卫团。1932年7月，各区建区团基干队。1933年10月，区基干队奉命改编为县团基干队，集中驻防县城，11月编入社训总队。

社训队 1933年11月建，县设总队，区设中队，乡镇设分队，分别由县长、区长、乡镇长兼任队长。1938年，编入抗敌自卫队。

国民兵团 1939年12月成立，乡镇设独立分队。1941年，全县兵团有13717人。抗日战争胜利后不存。

民众自卫总队 1946年12月，县将抗敌自卫队改为民众自卫总队，乡镇设中队。1949年解放前夕溃散。

二、武装机构

区中队 1949年5月解放，主力部队继续向南挺进。7月，第三野战军部分干部来县筹建地方武装。8月1日，解放军龙游县大队成立。9月在各区建中队。至1950年4月，全县扩建至4个连、6个中队，789人。

人民武装部 1951年4月，区设人民武装部，属军队编制，人员为现役军人，配部长或副部长1人，参谋1~2人。1954年9月，区人武部撤销。1961年后，区、公社（乡）均设人武部，配专职干部。区乡人武部的主要职能：组织所在区乡民兵工作，配合完成征兵任务。区乡人武部受所在地党委、政府和上级军事机关双重领导，区、乡（镇）人武部人员列地方行政编制，部长为同级党委班子成员。现镇人武部编制2人：部长1人，副部长（干事）1人。

表11-10　　1988—2022年境内各乡（镇）人武部部长名单

乡　镇	姓名及任职时间
横山乡（镇）	韩秀云（1988年—1995年12月）王　丰（1995年12月—2001年3月）张亨荣（2001年3月—2006年2月）翁忠茂（2006年2月—2006年8月）周利民（2006年8月—2007年2月）何宝林（2007年2月—2014年10月）翁　震（2016年10月—2017年12月）商华军（2017年12月—2019年1月）尹晓元（2019年7月—2022年12月）
下宅乡	邵跃华（1988—1990）邵来友（1990—1992）
志棠乡（镇）	王　丰（1988年—1993年12月）邵跃华（1994年1月—2000年5月）翁忠茂（2000年5月—2006年2月）

编者注：横山镇人武部长2014年10月—2016年10月、2019年1月—7月空缺

三、兵员征集

兵员征集包括兵役制度、时间程序等。旧时，境内情况无考。

募兵制　唐、宋两代均实行募兵制，以雇佣方式招募兵员补充军队。应募者视当兵为职业，长期在军中服役。明代主要实行募兵制。民国初，扩充兵员仍沿用募兵制。

世兵制　元代实行世兵制，将强壮者编为军户，父死子继，兄终弟及，世代为兵。

征兵制　民国初试图实行征兵制，因军阀混战难以实行，抗日战争爆发前，仍靠募兵补充兵员。1933年，施行《中华民国兵役法》及《国民兵役实施细则》。1936年，正式实行征兵制，规定按“三丁抽一”“五丁抽二”的比例，设签筒当众抽签，抽中者即为应征对象，俗称“抽壮丁”。服役分常备兵役和国民兵役两种。常备兵役又分现役、正役、续役三种：现役征20~25岁男子，入营两年，战时延长年限；正役由现役期满者再服6年，不在营；续役由正役期满后转充，到年满40岁止。凡未服常备兵役的年满18~45岁壮丁，一律服国民兵役。1938年，省政府制订《非常时期征集国民兵及抽签实施补充办法》，凡适龄壮丁中签者即为征集对象，实则“大都无所谓抽签，乡保长择肥而噬。贿以重金，则应服役者可免。否则，不应征者亦强拉而来。各乡、镇保长均将有钱者卖放，而以贫穷及残废者拉来顶替”（国民政府军政部代电语）。1939年，实行五户联保连坐切结法，普设盘查所，组织稽查队，如有一丁逃脱，五户均要治罪。1942年起，买替之风盛行，被征壮丁以数百元至千元赎买替身应征。1941—1949年，境内捆绑入营壮丁不少。

志愿兵役制　中华人民共和国成立初期，实行志愿兵役制，主要依靠政治动员和思想教育补充。1949年5月，境内有青年学生自愿报名，考入第二野战军军政大学。1950年，境内有青年学生报考军事干校。抗美援朝开始后，境内有青年农民和学生报名参军。随着武器装备现代化程度不断提高，部分技术骨干需要较长期在部队服役。历史上的志愿兵、军士以及现时的士官均属此类，志愿兵、军士、士官服役满一定年限退出现役后，由原征集县（市、区）人民政府安排工作。

义务兵役制　1955年7月30日起，施行《中华人民共和国兵役法》。凡年满18岁的男性公民，不分民族、职业、社会出身、宗教信仰和教育程度等，都有义务依法服兵役。服役年限陆军3年，海、空军4年。新的《兵役法》实施后，义务兵一律改为2年。

图 11-2　　新兵壮行礼(江一帆　2017 年 9 月 13 日摄于河宗村)

预备役制度　1956 年起，建立预备役制度。预备役人员分为预备役士兵和预备役军官。预备役士兵包括经过登记的 35 岁以下退出现役士兵；经过登记的 35 岁以下地方与军事专业对口的技术人员；其他编入预备役部队和预编到现役部队 28 岁以下预备役士兵；编入民兵组织人员；其他经过登记的 35 岁以下男性公民。预备役军官包括退出现役转入预备役的军官；确定服军官预备役的退出现役士兵；确定服军官预备役的高等院校毕业生、专职人武干部和民兵干部、非军事部门的干部和专业技术人员。

时间程序　中华人民共和国成立后，义务兵征集一般每年进行一次。自每年 3 月 1 日起到次年 2 月止，为征兵年度。1956 年后，征兵时间时有变更。1956—1963 年为冬季征兵，1964 年夏、冬两季征兵，1965—1968 年改为春季征兵，1969 年春、冬两季征兵，1970—1974 年冬季征兵，1976—1978 年春、冬两季征兵，1979 年起恢复冬季征兵，1989 年为春季征兵，1990 年为春、冬两季征兵，1991 年起为冬季征兵。2013 年开始，由冬季改为夏秋季征兵。2016 年调整为每年两次，上半年 2 月中旬开始，3 月底结束；下半年 8 月中旬开始，9 月底结束。征兵工作程序，通常为征兵教育宣传、组织兵役登记、确定预征对象、体格检查、政治审查、病史调查、基层推荐、审定预征对象，最后由县征兵办公室根据集体定兵、择优定兵的原则，审批定兵。

四、民兵组织

为防流寇盗匪侵扰，历代都设有民众武装。明代称民壮，清代设保卫局、团练局，民国时期设国民兵团，乡设警备班。中华人民共和国成立后，始建民兵组织。2005 年，镇有基干民兵 239 人，占人口比例 0.76%；有专业技术民兵 85 人，占基干民兵 35.6%；退伍军人占基干民兵 33.9%。

普通民兵　1951 年，中共中央、中央军委颁发《关于加强民兵建设的指示》，指出："凡适龄公民，只要身体健康，不分民族种族、社会出身、宗教信仰、教育程度，都有参加民兵的权利与义务。"1952 年 11 月 28 日，施行《中华人民共和国民兵组织暂行条例》，凡 18～40 周岁的男性公民，身无残疾或精神病者，都有义务参加民兵组织，普遍接受政治教育和军事训练。1958 年，"大办民兵师"，凡 16～50 周岁男女公民，经批准编入民兵组织。从 1980 年起，参加民兵年龄，男性公民由 16～45 周岁调整为 18～35 周岁，女性公民调整为 18～28 周岁。

基干民兵　1951 年，在实行普通民兵制的同时，将其中 18～25 周岁的男性公民编为基干民兵。基干民兵单独编组，日常与普通民兵一起接受教育、参加训练，集中执行任务则以基干民兵营、连、排、班实施。1958 年，将 16～30 周岁(退伍军人 40 周岁)公民编入基干民兵，男女不限。

武装基干民兵 1950年底,境内组建武装民兵。1980年起,简化民兵组织层次,武装基干民兵取消。

民兵团 1978年,各公社成立民兵团。11月4日,衢县县委任命各民兵团团长、政治委员、副团长、副政治委员。

表11-11 **1978年11月境内各民兵团领导情况表**

单 位	团 长	政治委员	副团长	副政治委员
横山人民公社	黄石良	朱宝根	占彩根	袁顺潮
下宅人民公社	王树林	徐任荣	赖樟发	诸汤奶
志棠人民公社	金土林	—	姜锡林、张水华	季卸才

民兵营(连) 1958年,"大办民兵师",当时乡(公社)建有普通民兵营,村建民兵连。2022年,镇设普通民兵营,营长尹晓元(镇人武部长)、教导员张余伟(镇书记兼任)、副营长刘静(镇长兼任)、副教导员张斌(镇副书记兼任);村设普通民兵连,设连长1人、政治指导员1人(村书记兼任)。

表11-12 **1959年11月境内各生产大队民兵营长名单**

单 位	姓 名	年龄(岁)	入党时间	单 位	姓 名	年龄(岁)	入党时间
横山生产大队	李海松	30	1954年1月	志棠生产大队	蒋永国	24	1956年6月
下宅生产大队	吴东成	28	1954年12月	杜叶生产大队	王有根	28	1956年2月

民兵应急分队 1985年,在基干民兵中组建能够随时执行任务的快速小分队,主要执行维护社会治安、抢险救灾等任务。1989年,快速小分队更名为民兵应急分队,实行单独编组。1990年,县人民政府和县人武部联合下文,对加强民兵应急分队建设作出部署,乡、镇政府所在地及800人以上企业组建民兵应急排。排长由乡、镇人武部长担任。

民兵训练 20世纪50年代初,民兵训练局限于村中队长以上干部和少数骨干,内容主要是武器使用、射击、武器保管和巡逻放哨等。1962年,重点训练民兵干部和基干民兵,以小型、就地、分散和单兵训练为主。"文化大革命"开始,民兵训练一度中止。1970年,民兵训练恢复,组织民兵干部和基干民兵进行射击、投弹等训练。1977年起,主要抓民兵干部和武装基干民兵的技术战术训练。1983年,志棠人民公社曾在杨垄水库组织民兵骨干训练。

五、战事

境内以往战事无考,有据可查的有二:1933年以郑秾为代表的红十三军第二师在境内招募红军及计划暴动;1949年剿灭以国民党原交警总局少将高参叶鹤为首的武装股匪。

参加红军暴动 1933年八九月间,境内有37名农家子弟在石木岭平月桥(现建德市航头镇石木岭村)参加红十三军第二师,原计划趁农历九月十九(11月6日)三叠岩庙会之机,举行武装起义,攻打龙游县城。红二师骨干邵志熙、周大清、吴廷林等多次在石木岭附近的清塘源、西金坞、米塘垄等地开会,研究暴动事宜。因混入红二师任师部文书的江天吉向国民党龙游县政府出卖暴动计划,10月30日红二师师长郑秾在龙游桥头江下童渡口船上被捕,12月15日郑秾在县城西门外遇害。37名参加红军的被强迫进行“自首登记”，其中：东王13人，油麻坞13人，大山沟4人，泉塘下3人，张家2人，塔下叶1人，钱家1人。

剿灭叶鹤武装土匪 1949年7月13日，国民党原交警总局少将高参、匪首叶鹤率“总统府苏浙闽皖赣军事联合委员会青年救国军浙江纵队”武装土匪40余人，袭击北区人民政府，杀害区妇女主任张凤俊、区中队班长吕贞来，抢去长短枪49支，机枪1挺，手枪2支，子弹3000多发，电话机3部，粮食2500余公斤以及其他物资。8月19日，剿匪部队与地方武工队包围躲藏在新宅清明塘（里）的以叶鹤为首的匪徒，历经两小时激战，击毙匪政治部主任张俊等3人，俘10人，缴获步枪5支。叶鹤等3人化装后逃逸，8月26日在杭州车站中转候车时，被杭州市公安局逮捕。翌年7月，叶鹤等人在龙游被枪决。

附录　红二师在石木岭

建德市航头镇石木岭村，以其村边山岭有岩石矗立如门而得名。那里，为旧时寿昌、龙游、兰溪三县交界地带。石木岭至龙游界1千米、至兰溪界不到5千米。这一地区，有不少清末来落脚的温州、台州、处州（今丽水）新移民。土地革命斗争时期，这里因地理上、乡谊上的关系，曾经建立中国工农红军第十三军第二师（以下简称“红二师”）武装。

红军种子

1930年5月，根据中共中央指示精神，浙南红军游击队统一编为中国工农红军第十三军（以下简称“红十三军”），后来建立3个团，因有“将现有的三团扩充为三师的前途”指示，后来有时也使用“师”的番号。

青田仁庄罗溪村人郑秾，小学文化，练过武术，年轻时为谋生离家到上海做苦力。第一次世界大战时，他应征赴法国做华工。1922年，与胞兄到苏联学做皮鞋。其间，受中共党员、留学生谢文锦的影响，接受了革命思想洗礼。1928年回国后，参加了浙南红军游击队。1930年5月，随红十三军第一团攻打平阳县城。

红十三军失败以后，郑秾于1931年初，随回青田老家仁庄探亲的同乡林云熙、郑炳根，一起到兰溪、汤溪交界青田移民集居地的包塘殿（今属兰溪市永昌街道）落脚。郑秾以行医、教拳术为掩护，在寿昌、兰溪、龙游、汤溪一带，深入贫苦农民之中宣传革命思想，秘密发展武装。

发展队伍

郑秾以在兰溪的青田同乡陈荣发、林云熙、郑炳根等为骨干，通过他们秘密介绍亲朋发展武装组织，遍及兰（溪）、寿（昌）、龙（游）、汤（溪）交界地带。仅两年多时间，有34个乡镇169个村庄1500余人参加红军，其中在以石木岭为中心的寿昌地区发展红军近百人。

1931年8月,郑秾从兰溪包塘殿来寿昌县曲斗乡石木岭(今属建德市航头镇)活动,秘密发展红军。当时,石木岭只有四五十户人家,大都是温、台等地移民。郑秾刚到石木岭村时,住在同乡郑富奶家。一日,郑秾给石木岭闾长邵志熙看病时,乘机向他宣传革命思想,动员他参加红军。邵志熙是前清秀才,后毕业于浙江政法学校,有较高威望,他追求进步,有正义感,在与郑秾的接触中,接受了革命思想,毅然参加了红军。

邵志熙参加红军的消息一传开,在石木岭一带的村庄中引起极大震动。于是水碓底、大店口、梅岭等地,先后有95位农民加入红军队伍。随着红军队伍的壮大,郑秾任命邵志熙为区委部指挥,周大清为秘书,以加强红军的领导。

9月25日晚上,石木岭红军在瓦塘背举行成立大会。到会者有郑秾、邵志熙、周大清、郑富奶、郑安良等百余人。郑秾讲述了在苏联的见闻、参加红十三军的亲身革命经历,告诉众人:革命就是要打倒帝国主义,推翻国民党反动派及其走狗地主阶级的统治,实行"耕者有其田"。他用"一双筷子易折断、十双筷子折断难"的比喻,鼓励参加红军的同志,团结起来坚持斗争,不要害怕,要有信心。随后进行集体宣誓。

英勇就义

随着红军队伍的日益壮大,郑秾遂组织红军骨干,发动农民群众开展"二五减租",并积极准备武装暴动。

1931年秋,站稳脚跟的红二师,发动农民对兰溪孟湖井头童地主开展面对面的斗争,最后以"二五减租"是国民党政府明令施行的条例为由,通过法院判决赢得胜利。1932年春,地主豪绅勾结国民党水亭警察分驻所,逮捕了红二师成员、"二五减租"骨干李林汝等3人。郑秾等人组织红二师成员和包塘殿等村民,抗议非法捕人,国民党兰溪当局被迫释放被抓的3人。斗争的胜利,鼓舞了广大农民的斗志,推动了红二师的发展,但同时也强化了反动当局对红二师瓦解的企图。

1933年7月,郑秾再次召集红二师骨干150多人在龙游县东乡大宗殿秘密开会,计划趁农历九月十九(11月6日)龙游三叠岩庙会之机,举行武装起义,攻打龙游县城、夺取警察枪支,开展游击战争,创建游击根据地。邵志熙、周大清、吴廷林等多次在石木岭附近的清塘源、西金坞、米塘垄等地开会,研究贯彻红二师骨干会议精神。

正当红二师上下都忙于暴动准备之时,混入红二师任师部文书的江天吉叛变,向国民党龙游县政府出卖暴动计划。10月30日,江天吉又从红军骨干周金海处盗抄了红二师骨干名册。同日,师长郑秾在龙游桥头江下童渡口船上被捕。11月2日和3日,国民党反动当局派出何炳达、赵见征、赵一虬及卢廷汉等9人至龙游,具体策划镇压红军事宜。国民党省政府也密令龙兰寿汤四县县长于4日到龙游集中,商议"分头缉捕办法"。

5日,寿昌县军警到石木岭村追捕红军,由于事先得到消息,使敌人扑了空。11月12日,石木岭红军骨干吴廷林在衢州被捕。次日,邵志熙不顾个人安危,以石木岭闾长身份毅然去衢州保释吴廷林。当晚,国民党暗探发现邵志熙的行踪,遂将其逮捕。不久,朱继赛、周新富等石木岭红军骨干也相继陷入敌手,并作为"要犯"处理。11月30日,邵志熙被押解回寿昌。12月1日,在寿昌西门外刑场英勇就义,时年50岁。朱继赛、吴廷林、周江美、周新富等骨干被押至杭州陆军监狱,被判刑监禁。15日,国民党政府在龙游县城西门外杀害了红二师师长郑秾。普通红军被强迫进行"自首登记"。

经历3年时间发展壮大,并领导农民开展斗争的红二师,虽然由于国民党反动派的疯狂镇压失败了,但红二师的革命斗争精神,却在严、金、衢人民心中留下了深远的影响。

(载于2021年7月20日《今日建德》)

叶鹤武装土匪剿灭记

1950年7月21日下午,骄阳似火,洒满大地,散发出阵阵热浪,使人感到异常闷热。古城龙游镇南边的运动场上,群众雀跃云集,人山人海,挤得水泄不通。龙游县公判大会在进行着,人们抑制着激动的心情,头顶烈日,不顾热气炙人,汗流浃背,寂静无声地聆听着县人民法院院长的宣判:"匪首叶鹤,男,……经报请省高等法院核准,将匪首叶鹤验明正身,绑赴刑场,就地正法。"顿时,全场犹如火山爆发似地沸腾起来,人们无不拍手称快。叶鹤,这个昔日骄横跋扈、双手沾满人民鲜血的刽子手、国民党交警总局少将高参、老牌军统特务、土匪头子,终于结束了他罪行累累的一生。

潜故里罗织匪窟

匪首叶鹤,龙游县模环乡夏峰村人,从小顽劣不驯,好逸恶劳。1925年在兰溪招募入伍,由其在国民革命军第三军任军械处长的舅父潘贤滨介绍,入滇军军官团学习。毕业后历任忠义救国军中校参谋、副团长,并加入了军统特务组织,历任中美合作所雄村训练班总队附兼第一分队长、教育副总队长,忠义救国军上校参谋组长、淞沪办事处主任,伪国防部直属军官队队长、交警总局少将高参,是一个国民党豢养的老牌军统特务。

解放前夕,叶鹤驻军在上海,因故未能去台,随交警四旅(鲍步超部)拟撤往福建。1949年5月6日撤至衢县十五里街时,该旅被我解放军歼溃,叶鹤被俘解送衢县。他隐瞒身份,谎说是"上尉军需",并捏报眷属失散,借以寻眷之名被解放军释放。即携带卡宾枪1支、短枪2支、弹药若干,潜回龙游模环乡夏峰老家。

叶鹤死心塌地坚持反动立场,潜回夏峰后,伺机组织土匪武装。他以找同事、朋友、老部下为名,会见了龙游北区的所有伪乡长,进行反革命煽动宣传,串联密谋。5月中旬,窜赴寿昌、衢县、兰溪、汤溪等地,串联一些反动军、警、特、宪等顽固分子,探讨组织土匪武装,察看地形。经多次串联和密谋,齐集了回乡的军统局上海稽查所少校所长胡光,特务头子毛森学生、原衢州绥靖公署特务周长寿,原忠义救国军第一纵队附、军统特务邵光远,原中美合作所训练班特务、交警第一纵队分队长周维新等龙、衢、兰、汤四县的军、警、特、宪反动骨干分子10多人,于6月14日在龙、寿、衢交界的石佛乡西垣村的原蒋介石侍卫队一组组长林杰家召开了秘密会议,成立了"总统府苏浙闽皖赣军事联合委员会青年救国军浙江纵队"。叶鹤自任司令,林杰、胡光任副司令。司令部有电台两部,负责和外省、国民党上层联系。下设有参谋、政工、总务三个组和三个武装支队,建立兰溪、寿昌两个办事处。在一个多月的时间里,网罗武装土匪174人,分别建立了寿昌、淳安、兰溪、汤溪、衢县等地的联络站和情报组织。

袭击龙北区政府

叶鹤股匪自匪首到骨干,大多是受过国民党军事训练和深受反动毒素灌输的亡命之徒,具有狡猾、凶狠、残暴的本性,有一套敌特活动经验和能力。为了能在龙游北区站稳脚跟,打开局面,制定了一套行动纲领,妄图以龙、兰、寿、衢交界地带的有利地形为屏障,与共产党相抗衡,破坏刚刚建立的人民新政权。他们丧心病狂地进行反革命宣传,张贴布告进行威胁、恐吓、造谣、污蔑,借以动摇民心,挑拨共产党和政府与人民群众的关系;派遣匪徒利用关系混入龙北区政府、区中队、伺机里应外合;冒充解放军到处派粮派款、敲诈勒索、拦路抢劫、拦路盘查、滥杀无辜。仅一个月中,就极其残忍地杀害了龙北过往行人、小商贩、干部和军人家属等30余人。弄得人心惶惶,人民日常用品得不到正常供应。

距离塔石一公里的陈家村,龙北区政府和区中队就驻扎在村中大地主陈兆兰家。整座房子坐落在南、北、东三面环山之中,呈"凹"字形,大门朝西,门前一个广场,广场前面有一个半月形的水塘,南北两边各有一条进出通道。7月上旬,叶鹤接到潜伏在北区政府和区中队的匪徒姚竹林、胡长寿情报,得悉北区政府的主要领导人均去县里开会,工作人员大部分下乡,区政府内人员很少,叶鹤即决定里应外合,乘虚而入,偷袭北区政府。

7月13日下午3时左右,天色昏暗,下着蒙蒙细雨。叶鹤纠集40余名匪徒,按照当地农民的打扮,头戴箬帽,倒背长枪,外着蓑衣,自匪巢杜山殿出发,沿途又强拉了30余名民夫,冒雨分三路包围了北区政府。一路自东面抢占南北两侧山上的制高点,切断退路;一路控制大门前水塘,用两挺机枪自塘边两通道封锁大门;一路自南面乘区政府以开晚饭哨声为号,在干部、队员毫无准备的情况下,直接冲进区政府。一时枪声大作,北区政府干部和区中队队员在吕班长指挥下,分三批强行向南面小门突围。突围中,老地下党员、区中队班长吕贞来,为掩护突围同志,手端机枪,占据南面制高点与敌人展开激战,不幸中弹,壮烈牺牲。年仅19岁的南下干部、区妇联委员张凤俊,情知形势严峻危险,置个人安危不顾,一心想着尚未脱险的同志和及时向县委报告情况,反身冲进装有电话机的房间,打电话时,匪徒从背后向她扑来,她反手朝匪徒一枪,因手枪"臭子"未响,被匪徒绑架劫走。一路上,张凤俊正气凛然,面对匪徒的威胁利诱,破口大骂,被匪徒残忍地杀害于下洪板桥南端。经此事变,北区政府被匪徒洗劫,抢去长短枪49支,各种子弹3400余发,粮食5000余斤,收发报机1台和电话机2部,以及其他物资若干。

叶鹤股匪偷袭北区政府得手,以为共产党的地方武装、地方政府不堪一击,扬言"国民党已打倒××地方了""不日将攻打龙游县城",到处张贴布告威胁,"凡是向共产党通风报信者,格杀不赦",反动气焰十分嚣张。

部署剿抚并举

严重的匪患,给人民群众带来了深重的灾难。清除匪患巩固新生政权,稳定民心沟通城乡交流,保证正常的社会秩序让人民安居乐业,已成为刚建立不久的龙游县委、县人民政府的中心任务。

7月中旬的一天,在龙游县政府会议室,分别坐着刚参加省委扩大会议归来的县委书记和县长、野战军某部308团某营首长、公安局局长、县大队领导等党政军主要负责人,举行剿匪联席会议。根据省委扩大会议精神,分析了龙游县的匪情,确定了“充分发动群众,政治瓦解和军事清剿相结合”的剿匪方针,成立了以县委书记曹墨亭为主任,县长宋秀村、308团某营二连刘连长、县公安局局长赵宝成、县大队大队长梁加申等为委员的“龙游县剿匪委员会”,决定了县委主要领导分工及发动群众、广泛宣传、建立区乡武装工作队等事项。

会后,按照剿匪联席会议决定,以县委书记曹墨亭、县长宋秀村联名向叶鹤等大、小匪首发出劝告信的形式,阐明中国共产党和人民政府的政策和态度;规劝他们认清形势,放下武器,悔过自新,重新做人;保证既往不咎,立功受奖。这一举措犹似一颗重型炮弹,起到了启发教育和震慑匪徒的作用。接着,各区乡在县委领导和县武装工作队的帮助下,积极发动群众,广泛开展剿匪政治宣传,动员匪徒家属规劝亲人投案自首;建立乡、村政权和群众自卫组织,组织民兵、农民自卫队轮流站岗放哨,昼夜巡逻;与毗邻县、区相互通气,共同配合,形成了一个强大的军事和政治攻势,布下了清剿匪特的天罗地网。

在广大人民群众和地方民兵组织的大力支持下,县公安局组织侦查力量,调查分析,不分白天黑夜,连续作战,在很短时间内,先后连续侦破了叶鹤股匪在朝阳乡、新宅、新王等地的联络站,捕获了一些匪特情报人员,掐断了叶匪的眼线,为剿匪部队提供了准确的情报。

7月23日晚,接到群众确切报告,叶鹤带领一帮匪徒,窜回杜山殿老巢,县长宋秀村即率野战308团某营二连和县大队部分指战员80余人,星夜赶往北区。24日上午,在北区领导和当地农民积极分子的向导下,火速奔赴石佛村,占领了制高点,从三面包围了叶鹤股匪的大本营——杜山殿。该殿为坐东朝西建筑,大门前由石块垒砌成一个广场,系以往赶庙会设摊、歇足之所,北南为山坡,东面靠山。这里地理能守、能攻也能退,是叶鹤股匪的巢穴兼仓库。中午时分,剿匪部队从东面吹号进攻,南、北二面突然炮轰攻击,一时打得匪徒们措手不及,慌忙持枪还击。战斗中,野战二连及县大队的干部战士们,如离弦之箭,攀山越石匍匐前进,迅速接近大殿,压制住敌人的火力。殿内的匪徒在匪首叶鹤的逼迫下,疯狂进行反击,妄图夺路逃生。英勇的解放军和县大队战士,怎么容匪徒夺路,他们紧密配合,强大的火力两面夹攻,协同正面作战,顽强地打退了匪徒的多次反扑,经历了近3个小时的激战,击毙匪徒3名,生俘4名,击伤10名;缴获机枪2挺、步枪43支、手榴弹20枚,还有其他物资若干。匪首叶鹤手腕中弹负伤率部分匪徒趁战斗激烈之际逃窜。这场战斗中,野战二连刘连长,身先士卒、顽强奋战,中弹挂彩,坚持指挥战斗结束。石佛村贫农会的积极分子们,一听说打叶鹤土匪,便自告奋勇组织起后勤队支援部队,他们冒着呼啸的枪弹,为部队送饭、送水、抬担架、送弹药。这说明清除匪患是人民群众的心愿和要求,显示了军民共同剿匪的威力。

追穷寇匪首落网

杜山殿一场激战,叶鹤匪部损失惨重,失去了巢穴。匪徒们士气低落,东躲西逃,成了过街的老鼠,处处挨打。剿匪部队则在区乡武装工作队、人民群众的大力配合下,穷追不舍,跟踪追击,勇歼穷寇。

当匪首叶鹤率领残匪自杜山殿遁逃,匆匆避入三门源寺里时,当地群众立即报告给地方武工队。剿匪部队会同武工队连夜赶赴,天尚未亮就包围了寺里。匪徒们尚在蒙眬中,不知神兵从天而降,被打得晕头转向。有9名匪徒当场被缴械当了俘虏,余皆逃逸。

匪首叶鹤率邵光远、邵周等匪徒趁天黑的掩护,又一次逃遁,潜至龙、兰、寿三县边境回源新宅附近的清明塘(里)。匪情很快被剿匪部队获悉。8月19日,剿匪部队与地方武工队用拉网式战术包围了清明塘(里)。战斗打响后,匪徒们垂死挣扎,疯狂反扑,历经两小时激战,当场击毙匪政治部主任张俊及中队长以上骨干3名,生俘匪徒10名,缴获步枪5支。奸诈狡猾的匪首叶鹤与骨干邵光远、邵周化装后又再一次漏网。

8月20日,剿匪部队和武工队在群众的配合下,继续搜索,又捕获了潜伏、化装的匪大队长、情报组长、匪徒15名。次日,叶鹤股匪的副司令林杰,眼看人散枪缺,便率领部分匪徒经寿昌欲往淳安取枪,以期再度行事。后在寿昌航头被剿匪部队全部捕获。

叶鹤股匪的另一股匪徒,在副司令胡光的率领下,遁往张家山(三)门寺内,也被剿匪部队侦悉击溃,匪中队长林樟秀(绰号小癞子)当场被击毙。胡光见北区难以立脚,带着10余名残匪窜至东区的龙(游)、遂(昌)、汤(溪)、宣(平)四县边界的圣坛山上圣坛殿内潜伏、蛰居,被附近群众发现,报告希唐区政府,县大队和区武工队于8月21日深夜出发,次日凌晨包围了圣坛殿,一场激战,活捉了匪副司令胡光(押解途中脱逃)等匪徒4名,余皆溃散。

匪首叶鹤和匪联络参谋、寿昌办事处主任邵光远、匪政务秘书邵周三人见大势已去,一起潜至衢、龙交界处衢县管辖的北山下邵光远的娘舅家,由邵光远、邵周二人用木头伪造刻制了“寿昌县人民政府”关防和印信,开具好通行证及所需的证明,搞到一笔路费,从衢县经江山再前往福州下海赴台。行至江山仙霞一带,被江山“东南义勇军”匪首刘昌久率匪徒劫洗一空。随后又获悉福州已经解放,此行难成,仍折回江山。三人乔装打扮成木商,从江山乘火车逃往上海,8月26日在杭州车站中转候车时,被杭州市公安战士盘问识破,叶鹤、邵光远、邵周三人同时被杭州市公安局逮捕归案。至此,以叶鹤为首的“总统府苏浙闽皖赣联合军事委员会青年救国军浙江纵队”土匪组织,终被彻底剿灭。

匪患清除,龙游境内随之出现了社会秩序日趋稳定,人民群众安居乐业的新景象。龙游人民在中共龙游县委和县人民政府的领导下,开始朝着和平幸福的社会主义康庄大道迈进。

(整理人:姚天熙、姜惠伟)

第五节 政事选要

中华人民共和国成立以来,境内先后完成新旧社会制度更替,建立新的政治、经济体制和社会生产关系,开展社会主义建设。中共十一届三中全会后,乡镇党委、政府带领人民群众坚持实事求是、一切从实际出发的思想路线,坚持创新发展理念,贯彻乡村振兴战略。本章记述的政事多与境内有关,有的将在本志第十二章中选录,此不赘记。

一、社会主义改造时期

解放初,首要任务是建立基层组织,巩固胜利果实。废除保甲制,由村民推荐或选举农民协会主任和村长。乡政府成立后，开展镇压反革命、土地改革、社会主义改造、合作化运动等。

反霸斗争 1949年10月，北区召开民主反霸斗争大会，通过开诉苦会，发动群众将苦水吐出来。群众诉抓丁派夫之苦，诉苛捐杂税之苦，诉高利贷之苦，诉恶势力欺压老百姓之苦，诉迫害进步人士之苦，诉地主老财盘剥老百姓之苦。在诉苦的同时，进一步发动群众，搜集和整理一批反革命分子罪行，分期分批召开公审大会和审判大会。公审大会，一般审判某人罪恶后执行枪决；审判大会，一般审判某人罪恶后，则送去劳改。通过民主反霸斗争，培养和锻炼了一批干部。

减租减息 1949年9月，省人民政府发布《执行华东新区农村减租暂行条例实施补充办法》，规定：凡地主、富农等出租的土地，从中华人民共和国成立之日起，一律按原租额的30%减租，减租后租额最高不得超过土地正产物的35%。农民向地主、富农所借之旧债，一律按月利1.5分计息清偿。10月24日，后徐、模环乡作为"双减"运动的第一批乡，于12月上旬结束；新王、石佛、塔下乡为第二批乡，年底前结束。1950年6月，县委对减租不彻底的新王等乡进行补课，也称第二次减租。

贯彻《婚姻法》 1950年5月，《中华人民共和国婚姻法》颁布施行。这是中华人民共和国成立后颁布的第一部法律，是几千年来中国社会家庭生活的一大变革，是扫除封建旧传统、实现妇女解放的一件大事。在县委、县政府的统一部署下，运用黑板报、墙报及文艺宣传等形式营造婚姻自由的社会氛围，批判和改变买卖婚姻、父母包办和收童养媳等社会旧习，运用法律保护妇女在婚姻、家庭中的合法权益。

土地改革 1951年1月5日—5月8日分3批进行土改，没收地主、工商地主土地，征收公堂、庙宇、学校等公共土地和富家土地，给农民颁发土地房产所有权证。第一批(1月5日—4月10日)有模环、新王2乡，模环为重点，负责人为阎兴荣、张秀岩；第二批(3月5日—4月9日)包括模环区张家、志棠、横山、下宅等6个乡，由县委组织部部长王竹生统一领导；第三批(3月25日—5月8日)，不涉现境域。土地改革贯彻"依靠贫农、雇农，团结中农，中立富农，有步骤、有分别地消灭封建制度，发展农业生产"方针，以乡、村为单位，以农民协会为土改执行机关，有步骤地完成。首先，建立和整顿组织。发动农民加入农民协会，使贫农、雇农在协会中占绝对优势。实行"三坚决、三不要"(即坚决镇压恶霸地主，但不要乱杀；坚决开展斗争，但不要乱抓乱斗；坚决整顿组织，但不要一脚踢开，团结一切可以团结的人)，清洗混在乡、村干部中的特务、地主和其他不纯分子，整顿乡、村农民协会组织。其次，划定农村阶级成分。依据中央人民政府政务院《关于划分农村阶级成分的决定》，由乡农民代表会定出具体标准，先划地主成分，再划其他成分。一般由户主自报，群众公议，区政府批准，再张榜公布。再次，依法没收地主土地、耕牛、农具及多余粮食、房屋，征收富农出租的部分土地。在没收、征收中，坚持"六要、四不要"(即要土地，要耕牛，要农具，要多余粮食，要多余房屋、家具，要契约、字据、租簿；不要追挖浮财、底财，不要将地主扫地出门，不要乱抓、乱罚、乱杀、乱拿东西，不要侵犯工商业)。乡、村建立没收管理委员会，下设搬运、检查、登记保管3组。没收地主耕牛、农具、家具、房屋、余粮等，除留少量公用外，全部分配给农民。地主也分得一份土地，使其成为自食其力的劳动者。

表 11-13　　1951 年 5 月模环区各阶层土改前后土地变化情况统计表

阶　层	户数（户）	农业人口（人）	非农业人口（人）	土　改　前		土　改　后	
				占有土地（亩）	使用土地（亩）	占有土地（亩）	使用土地（亩）
地主	475	2765	143	23007	13374	5609	5687
半地主富农	7	33	—	236	115	123	104
富农	253	1842	21	7795	7855	7066	6870
工商业兼地主	10	29	50	484	228	50	50
佃富农	5	45	3	89	171	107	87
中农	2649	13502	106	25136	39286	32090	34883
贫农	3857	15649	268	10911	24906	32552	34060
雇农	909	2268	74	522	1762	4988	5160
小商贩	13	24	17	8	8	8	23
小土地出租者	114	209	12	1328	514	925	954
手工业	65	128	59	63	141	272	261
游民	100	343	4	369	124	792	775
其他	17	26	12	31	29	61	49
公共土地	—	—	—	12483	20	129	129
合计	8484	36840	776	82464	89033	83961	88629

注：占有土地是指自耕、租出、当出土地；使用土地是指自耕、租入、当入使用土地

表 11-14　　1951 年 5 月模环区各阶层土改中土地变化情况统计表

阶　层	没　收		征　收		抽　动		不　动		分　地		又抽动又分地	
	户数（户）	土地（亩）	户数（户）	土地（亩）	户数（户）	土地（亩）	户数（户）	土地（亩）	户数（户）	土地（亩）	户数（户）	抽动（分地）（亩）
地主	475	23007	—	—	—	—	—	—	475	5609	—	—
半地主富农	—	—	6	113	—	—	—	—	—	—	—	—
富农	—	—	97	799	121	810	22	591	3	7	17	174(63)
工商业兼地主	—	—	10	484	—	—	—	—	7	50	—	—
佃富农	—	—	—	—	1	30	—	—	—	—	4	54(18)
中农	—	—	—	—	569	1811	503	5553	613	3864	964	3784(5056)
贫农	—	—	—	—	54	115	200	1002	3218	19756	386	852(1881)
雇农	—	—	—	—	1	1	24	54	852	4362	29	42(103)
小商贩	—	—	—	—	1	4	4	—	12	23	—	—
小土地出租者	—	—	62	410	20	49	27	256	2	5	3	9(4)
手工业	—	—	—	—	1	36	7	20	44	199	4	12(5)

续表11-14

阶　层	没　收		征　收		抽　动		不　动		分　地		又抽动又分地	
	户数（户）	土地（亩）	户数（户）	土地（亩）	户数（户）	土地（亩）	户数（户）	土地（亩）	户数（户）	土地（亩）	户数（户）	抽动（分地）（亩）
游民	—	—	—	—	9	19	9	28	66	374	16	30(52)
其他	—	—	—	—	1	4	2	16	11	29	—	—

表 11-15　**1951 年 5 月模环区农具、耕畜、家具、房屋分配表**

<table>
<tr><th colspan="2">类　别</th><th>雇农</th><th>贫农</th><th>中农</th><th>游民</th><th>手工业</th><th>小土地出租者</th><th>其他</th><th>地主</th><th>收归集有</th><th>合计</th></tr>
<tr><td colspan="2">原有户数（户）</td><td>911</td><td>3947</td><td>2588</td><td>85</td><td>18</td><td>13</td><td>8</td><td>479</td><td>—</td><td>8049</td></tr>
<tr><td colspan="2">原有人数（人）</td><td>2332</td><td>15966</td><td>13468</td><td>289</td><td>72</td><td>20</td><td>13</td><td>2928</td><td>—</td><td>35088</td></tr>
<tr><td colspan="2">分得户数（户）</td><td>896</td><td>3762</td><td>1940</td><td>72</td><td>18</td><td>5</td><td>4</td><td>474</td><td>—</td><td>7171</td></tr>
<tr><td colspan="2">分得人数（人）</td><td>2213</td><td>15022</td><td>9723</td><td>257</td><td>72</td><td>10</td><td>8</td><td>2892</td><td>—</td><td>30197</td></tr>
<tr><td rowspan="11">分得主要农具</td><td>犁（把）</td><td colspan="7">764</td><td>94</td><td>—</td><td>858</td></tr>
<tr><td>耙（把）</td><td colspan="7">424</td><td>66</td><td>—</td><td>490</td></tr>
<tr><td>耖（把）</td><td colspan="7">386</td><td>66</td><td>—</td><td>452</td></tr>
<tr><td>稻坊（个）</td><td colspan="7">501</td><td>114</td><td>1</td><td>616</td></tr>
<tr><td>水车（架）</td><td colspan="7">563</td><td>106</td><td>1</td><td>670</td></tr>
<tr><td>风车（架）</td><td colspan="7">198</td><td>21</td><td>9</td><td>228</td></tr>
<tr><td>锄头（架）</td><td colspan="7">2388</td><td>916</td><td>—</td><td>3304</td></tr>
<tr><td>仓柜（个）</td><td colspan="7">1411</td><td>296</td><td>44</td><td>1751</td></tr>
<tr><td>萝（担）</td><td colspan="7">9790</td><td>1556</td><td>53</td><td>11399</td></tr>
<tr><td>垫皮（领）</td><td colspan="7">2107</td><td>488</td><td>3</td><td>2598</td></tr>
<tr><td>蓑衣（件）</td><td colspan="7">931</td><td>461</td><td>—</td><td>1392</td></tr>
<tr><td rowspan="6">分得主要家具</td><td>桌子（张）</td><td colspan="7">586</td><td>—</td><td>—</td><td>665</td></tr>
<tr><td>凳子（张）</td><td colspan="7">1614</td><td>—</td><td>—</td><td>1852</td></tr>
<tr><td>床铺（张）</td><td colspan="7">186</td><td>—</td><td>—</td><td>207</td></tr>
<tr><td>厨（只）</td><td colspan="7">153</td><td>—</td><td>—</td><td>173</td></tr>
<tr><td>缸（只）</td><td colspan="7">5108</td><td>—</td><td>—</td><td>5215</td></tr>
<tr><td>锅（只）</td><td colspan="7">145</td><td>—</td><td>—</td><td>156</td></tr>
<tr><td rowspan="3">分得耕牛房屋粮食</td><td>耕牛（头）</td><td colspan="7">399</td><td>78</td><td>—</td><td>477</td></tr>
<tr><td>房屋（间）</td><td colspan="7">3096</td><td>—</td><td>652</td><td>3748</td></tr>
<tr><td>粮食（斤）</td><td colspan="7">465234</td><td>—</td><td>16964</td><td>482198</td></tr>
</table>

表 11-16　　**1951 年 8 月模环区改变成分户数统计表**　　单位：户

阶　层	降　低　的					提　升　的			错　划　的		
	降为富农	降为中农	降为小土地出租者	降为贫农	降为游民	提为地主	提为半地主富农	提为富农	列为地主兼工商业	列为中农	列为游民
地主	9	5	3	1	2	—	—	—	—	—	—
富农	—	6	—	—	—	15	1	—	—	—	—
工商业兼地主	—	—	—	—	—	1	—	—	1	—	—
中农	—	—	—	—	—	4	—	35	—	—	—
贫农	—	—	—	—	—	—	—	—	—	—	4
小土地出租者	—	—	—	—	—	9	1	1	—	3	—
游民	—	—	—	—	—	1	—	—	—	—	—
合计	9	11	3	1	2	30	2	36	1	3	6

“三反”“五反”　1952 年 1 月开始，县在国家工作人员中开展反贪污、反浪费、反官僚主义的“三反”运动。同时，在私营工商业者中开展反行贿、反偷税漏税、反盗骗国家财产、反偷工减料、反盗窃国家经济情报的“五反”运动。“三反”“五反”运动于 6 月底结束。

新“三反”运动　1953 年 1 月 5 日，中共中央下达《反对官僚主义、反对命令主义、反对违法乱纪的指示》(简称新“三反”)。县委先后召开机关干部大会和区乡干部扩大会议，对部分犯了错误并造成严重后果者，给予党纪、政纪处分。下宅乡乡长对群众敲诈勒索，新王乡农会主任生活作风问题，经审查核实后，予以开除党籍，并精减回家。

土改镇反补课　1954 年 8 月，重新核查土地改革时所划成分，一部分贫农、中农、富裕中农被错划，加上自然灾害和购“过头粮”，导致农村出现严重饥荒，部分农户卖儿弃女、外出逃荒乞讨，有的甚至迁徙他乡。1955 年春，国务院第一办公室农村调查组及省委工作组调查龙游农村情况后，省委、地委指示龙游县委迅速纠正错误偏差，对错划成分作了一定的纠正。遗留问题于 1986 年全部得到纠正，对被错划者除政治上恢复名誉外，给予适当经济补偿。

表 11-17　　**1955 年 5 月土改镇反补课统计表**　　单位：户

乡名	总户数	原有成分		新划成分		县办批	区委批	已纠正		划为地主			划为富农	被划的人员中		
		地主	富农	地主	富农			地主	富农	富农	中农	小地出租	中农	劳动模范	人民代表	青年团员
横山乡	1203	74	26	57	4	61	—	9	—	20	33	4	4	2	1	1
下宅乡	1313	64	38	12	1	—	13	1	—	4	3	1	—	—	1	1
张家乡	1178	52	25	16	2	—	18	1	1	4	8	1	1	—	—	—
志棠乡	1036	47	28	14	1	—	15	1	—	4	5	1	1	—	—	1

粮食统购统销　1954 年 8 月撤销区级粮库，改称区粮食管理所，各区区长或副区长兼任所

长。统购粮计算到户,以田定产,土质肥沃、水利条件好的田坂(畈),每亩定产225公斤,垄脚田每亩定产150~175公斤,垄顶田每亩定产100公斤。定口粮计算到人,一等劳力每人350公斤,二等劳力每人300公斤,妇女既参加家务劳动又参加田间劳动者每人275公斤,只参加家务劳动者每人250公斤,小孩按岁数定量,最多不超过250公斤。以户为单位的粮食产量与口粮、种子、饲料之差即为余粮,也就是统购粮。因当时定产过高,有"征过头"粮现象,农民缴完统购粮后所剩无几。1955年,实行定产、定购、定销的"三定"政策,因受种子、农药、肥料、水利等条件制约,定产偏高。据1955年省委工作组对模环、塔石、湖镇3个区的调查,入春以来,因缺粮发生20人以上的骚乱、请愿事件59起。1985年,统购统销制度取消。

二、社会主义建设时期

1956年,社会主义改造任务基本完成后,开始全面建设社会主义。由于忽视经济规律,急于求成,导致以高指标、瞎指挥、浮夸风和"共产风"为主要标志的"左"倾错误泛滥,酿成"三年困难时期"的严重后果。在国民经济调整期间,境内各级贯彻"调整、巩固、充实、提高"八字方针,艰苦奋斗,共渡难关,国民经济得以恢复和发展。

"大跃进"运动 1958年5月,中共八大二次会议通过"鼓足干劲、力争上游、多快好省地建设社会主义"的总路线,出发点是尽快改变中国经济落后状况,但因忽视客观规律,出现盲目追求高速度、高指标现象。6月21日,在县小队长以上干部超规划誓师大会上,县长唐蓬仙提出"坚决执行总路线,大力开展超规划运动,为保证全县亩产1500斤,争取双千斤而奋斗"口号,各乡代表上台表态坚决执行。8月24日,县委召开全县干部会议,提出"实现亩产3000斤"的口号。11月14日,县委出台《龙游县人民公社三年发展规划(草案)》,粮食生产指标调整为:1959年亩产0.75万公斤,1960年亩产1万公斤,对棉花、油菜、大豆等经济作物和林、牧、副等各业也作大幅度调整提高,其后果是造成群众生活困难,导致经济状况严重恶化。

大办钢铁 从1958年9月开始到1959年7月结束,历时10个月。当时生产队除参加农业生产外,其余劳力无论男女老幼均参加"大办钢铁",小学也停课。"大办钢铁"实行军事化编制,出工、收工以吹号为准。境内各人民公社成立"钢铁兵团",抽调上万人在白鹤殿、大平山等"钢铁基地"建造土高炉,搞炼铁大协作,放钢铁"卫星"。其间,砍伐了一批古树名木。炼铁炉分为两种:一种通天炉,一层木炭(或木柴)一层矿石叠成数米高,四周放上柴火,然后点火燃烧;另一种小高炉,由泥水匠搭建。每座小高炉先由矿石班将矿石敲成直径2~3厘米的小块,然后由炉前班冶炼,最后由炉后班将冶炼物按规格整理。这种土法上马冶炼的钢铁由于炉温低,矿石质量差,炼出来的钢铁不能用,被老百姓称为"铁屎"。

食堂化 伴随着"大办钢铁",催生出来的是食堂化。以生产队为单位开办,饭票由人民公社制作,老百姓称"公社票",在辖区范围内凭票可到食堂用餐。1959年7月,大办钢铁结束,"公社票"不再使用,改为生产队饭票。食堂负责人由生产队队长兼任,除食堂内部工作人员外,还有专业的蔬菜组、砍柴组、机米组。办食堂浪费了大量的劳力,砍柴也损坏了一批林木,加之管理不善,群众意见颇多,但也不敢散伙。核算单位下放后,生产队成生产了大队,生产小队变成生产队,因生产队自负盈亏,食堂便由生产队开办。直到1962年5月,食堂化宣告结束。

贯彻两个文件 1961年3月,中共中央印发《农村人民公社工作条例(修正草案)》(即六十条)、《关于改变农村人民公社基本核算单位问题的指示》,明确:实行三级所有,队为基础,以生产队为基本核算单位,由生产队组织生产,实行评工记分,按劳动工分分红;恢复社员自留地,允许零星开荒扩种,允许和鼓励社员发展家庭副业。1962 年,将供销社从人民公社中划出,恢复独立核算。同时,精简单位职工及城镇人口,吃国家供应粮的人数明显下降。

粮食大包干 经过高级农业生产合作社、人民公社两个阶段,主要解决部分插花山和插花田问题,使土地连成片。但随着核算单位下放也带来不平衡,如因土地数量的多少,土地质量的好坏、水利条件的不同,各生产队并不平衡,为此各生产队对粮食大包干标准作了同步调整:由公社下达给各生产大队征购任务数,由生产大队将任务数分解到各生产队。所谓征粮,就是缴农业税代金;所谓购粮,就是购社员余粮。落实到生产队,按照先国家、后集体、再社员顺序安排。向国家缴的是征购任务,集体留的是种子、饲料、储备粮。社员口粮标准:男劳力一等 325 公斤、二等 310 公斤、三等 295 公斤;女劳力一等 310 公斤、二等 295 公斤、三等 285 公斤;单身汉一等 360 公斤、二等 335 公斤、三等 315 公斤;家庭妇女一等 250 公斤、二等 225 公斤;儿童 1 岁 60 公斤、2 岁 75 公斤,3 岁 90 公斤、4 岁 105 公斤、5 岁 120 公斤、6 岁 135 公斤、7 岁 150 公斤、8 岁 165 公斤、9 岁 180 公斤、10 岁 192.5 公斤、11 岁 205 公斤、12 岁 217.5 公斤、13 岁 230 公斤、14 岁 242.5 公斤、15 岁 255 公斤。这造成社员口粮实际上的差距,一些人口多、劳力少的农户在青黄不接时断粮。但粮食大包干的实施,避免了多产多购,调动了农民的种粮积极性。

"四清"运动 1963 年 6 月,中共衢县县委抽调干部组成"四清"工作队,开展社会主义教育运动试点,重点揭发处理社队干部政治、经济、组织、思想"四不清"问题,以及社员群众"资本主义自发倾向"。1964 年,"四清"运动在各乡铺开,着手清理账目(做到账账相符,总账和明细账相符;账证相符,账与凭证相符;账实相符,账和已用实物及库存实物之和相符)、清理仓库、清理财物、清理工分。经过背靠背审计和面对面核实,一些基层干部除经济上做退赔外,还被组织处理。

三、"文化大革命"时期

持续十年的"文化大革命",境内工农业生产、各项社会事业和人民生活遭到极大破坏,但广大党员、干部和人民群众坚持抓农业生产不动摇,农田水利基本建设、低丘红壤土开发等仍取得较大成就,国有经济仍然取得一定进展。

破"四旧"与大串联 1966 年 6 月上旬,横山等初级中学师生在校园张贴标语,声援所谓"北大七位同志一张大字报",下旬,模环区委派出工作组进驻横山初级中学。8 月 5 日,浙江省委作出撤销各大专院校工作组、联络组的决定,随后模环区委也撤离驻横山初级中学工作组。月底,红卫兵、学校师生走上社会破"四旧"(即旧思想、旧文化、旧风俗、旧习惯),一批被视为"四旧"的文物古迹、民间古董、图书字画、雕刻家具、戏服道具、古旧书报等被销毁。境内乌石寺、乌石庵等一些寺庙塑像、壁画毁于一旦。10 月中旬,各校停课,境内少数红卫兵乘车去北京、去全国各地大串联,后徒步串连进行"新长征"。红卫兵带回外地"经验",把"文化大革命"推向城乡基层。

造反夺权 1966 年底,区、公社机关、企事业单位以至农村社队,纷纷成立"战斗队""司令部""兵团""赤卫队"等群众组织。大字报、大幅标语铺天盖地,"走资本主义道路的当权派"及地、富、反、坏、右等均遭揪斗。基层党组织停止活动,各级领导干部被夺权,靠边"受审查",处于无政府状态。1967 年 2 月,驻军奉令介入地方"文化大革命",实行"三支两军"(即支左、支工、支农,军管、军训),区、公社均驻有军代表。1968 年 5 月,下宅、志棠、横山公社革命委员会相继成立,供销社、粮管所、学校等单位和各大队均成立"革命领导小组"。

"三忠于"活动 1968 年 5 月,境内掀起"三忠于"(即无限忠于伟大领袖毛主席,无限忠于战无不胜的毛泽东思想,无限忠于毛主席的无产阶级革命路线)狂潮。7月,横山公社西方坞大队户户设“宝书台”“忠字室”,农户用卖猪的钱购买3万余张毛泽东画像贴满全大队农户墙壁、屋柱、门板,省革委会总结推广西方坞大队“经验”,数万人前往参观。干部、群众佩戴毛泽东像章和忠字牌,对毛泽东画像早请示、晚汇报。工人上班、农民下田、学生上课及会前、饭前、睡前,均举行“一祝”(即敬祝毛主席万寿无疆)、“二唱”(即唱《东方红》《大海航行靠舵手》)、“三读”(即读毛主席著作、毛主席语录、毛主席最新指示)。被揪斗的“走资派”“牛鬼蛇神”,早、晚须在毛泽东画像前“请罪”。

开展“教育革命” 1968年9月,省颁布教学体制改革方案,高中、初中实行2年学制,小学由6年制改为5年制,原有教材被视为“封、资、修”而摒弃,改为以毛泽东著作为主要教材,强调以社会为主要课堂,开门办学,组织学生“学工、学农、学军”,在城镇学校派驻“工宣队”,在农村学校建“贫下中农管理委员会”。1968年11月14日,《人民日报》发表《建议所有农村公办小学下放到大队来办》群众来信。月底,模环区公办小学下放大队办,实行贫下中农管理学校。公办教师回队任教,接受贫下中农“再教育”,实行“工分加补贴”,外地教师返回原籍,教师不足由贫下中农讲师团取代。1969年3月11—18日,省革命委员会在衢县召开全省中小学教育革命现场会,模环区的经验在会上作介绍。7月10日,《人民日报》发表《回队任教,余缺调剂,就地落实,合理安排》,介绍模环区、横山公社公办小学下放大队的经验。此后,提出“读高中不出公社,读初中不出大队,读小学不出村”的口号,初级中学大量发展,挤占小学校舍,小学教师调初中任教,民办教师激增,文化课基本取消,学制缩短,正常的教育秩序受到破坏。

农业学大寨 1964年2月22日—3月2日,中共衢县县委在龙游召开三级干部大会,号召走大寨之路,大兴水利、改造低丘红黄壤,发展粮食生产,并开展比学赶帮超竞赛。当年模环区、横山公社会泽里大队、下宅公社贤求朋大队,因开发低丘红黄壤,改造低产畈、低产田,积极发展粮食生产取得成绩,被评为全县农业先进单位。“文化大革命”中,农业学大寨被纳入“突出政治”“以阶级斗争为纲”轨道,推广大寨大队记工分画“O”“经验”。1967年春夏之交,志棠公社以坚持“学大寨要以大队为核算单位”,将下属22个生产队合并为4个大队,因而出现合并前比较富裕的生产队,因怕“一平二调”,卖耕牛、处理农具、乱砍松木等现象。1972年,会泽里大队被评为省农业学大寨先进单位。1969—1975年间,中共模环区委组织下宅、横山、志棠等人民公社几百名劳力,在兰塘大鼓山、大治山进行连片开发,造田造地200公顷。

知识青年“上山下乡” 1968年9月17日,衢县革委会发出《关于城镇高、初中毕业生上山下乡安置任务的通知》,境内各大队安置本县知识青年及杭州知识青年多名。1974年,模环区安置杭州市江干区知识青年300人。7月,省委、地委知识青年办公室推广团石公社与龙游汽车中心站挂钩,将知识青年的户粮关系落实到各生产队,劳动生活集中安置在大队副业队,建立知识青年安置点的经验,各生产大队积极行动,建起质量较好的“知青房”。知识青年“上山下乡”前后持续10年。1972年起,按要求招收少数符合条件的知识青年返城工作。1978年后,知识青年户口分期分批迁回城镇,并在城镇安排就业。

清理阶级队伍 1968年8—9月,广泛开展“三查”(查阶级敌人动态、查单位阶级斗争情况、查历次政治事故)“四忆”(忆本单位阶级斗争特点、忆反动组织活动情况、忆历次运动遗留下来的疑案、忆现行反革命活动事例)活动,区、人民公社相继建立“社会治安指挥部”,具体负责本单位的“清阶”工作。县革委会派宣传队进驻区内领导运动,以“大揭、大批、大斗”开路,从大挖“阶级敌人”入手,不少干部、教师、群众被戴上“反革命分子”“坏分子”“政治扒手”“现行反革命”“变色虫”等帽子,大会批、小会斗,游街示众,被强迫劳动改造。

开门整党 1968 年,在“清理阶级队伍”和“斗、批、改”基础上,开展“整党建党”活动。一些党员、干部被诬为“叛徒”“特务”“死不改悔的走资派”“阶级异己分子”等而清除出党,一些造反起家及帮派思想严重的人被“纳新”(吸收入党)。这次整党不仅没有纯洁党的组织,反而搞乱了党的思想、党的组织,削弱了党的领导。1970 年 5 月恢复人民公社党委后,党的组织生活才逐步趋向正常。

“批林整风”和“批林批孔”运动 1971 年 10 月 21—26 日,衢县县委召开行政 22 级以上党员干部会议,部署开展“批林整风”运动。会后,区、人民公社、部门按照先党内后党外的顺序召开党员大会,传达中共中央“批林整风”系列文件,至 12 月底,自上而下做好复查处理工作。1974 年 4 月 1 日,衢县成立“批林批孔”小组,区、人民公社、部门、学校等单位层层建立“批林批孔”小组,凌驾于党委之上,名曰“踢开党委闹革命”。在农村,大揭大查所谓“资本主义复辟”,大刹“资本主义歪风”,将生产队的工副业等经营和社员家庭副业,统作“资本主义尾巴”进行批判,原先分给社员的自留地,也被收归集体所有。

“揭、批、查”运动 1976 年 10 月下旬,区委、人民公社党委书记参加县委扩大会议,听取中共中央关于粉碎王洪文、张春桥、江青、姚文元反党集团罪行有关文件传达。12 月,金华地委、衢县县委先后召开会议,部署开展“揭、批、查”运动。1977 年 3 月 14—30 日,区及各人民公社、生产大队、单位召开揭发、批判、声讨大会,对有牵连的骨干进行批判、停职交代和隔离审查,其中志棠公社有 7 人受到停职审查处理。

四、社会主义建设新时期

1978 年中国共产党召开十一届三中全会,确立实事求是、一切从实际出发的思想路线,模环区、各人民公社党委、政府积极推进和深化改革,社会事业统筹发展,人民生活普遍改善。

落实政策 1983 年 4 月,右派分子全部改正,同时摘掉地主、富农分子“帽子”,改正其子女个人成分。落实红军失散人员政策和国民党起义、投诚人员及去台湾地区人员在县内亲属政策。1983 年 12 月,龙游复县之初,继续复查纠正历史老案,重点是镇反补课时期错划成分问题。经有关部门调查核实,平反“文化大革命”中由群众专政判刑的冤假错案,清退“文化大革命”期间非法抄家没收的财物。

整党 1985 年 6 月,按照县委“统一思想,整顿作风,加强纪律,纯洁组织”要求,境内开展整党,至 1986 年末结束。对“双突”期间入党以及“文化大革命”中犯有严重错误的,根据其认识态度和粉碎江青反革命集团以来的表现,符合和基本符合党员标准的,给予党员登记并严格履行登记手续。对有拖欠公款、滥占耕地违章建房、违反计划生育、搞封建迷信、以权谋私、赌博、生活作风不正等问题的党员,进行教育和处理。

扩大企业自主权 1987 年,国营工商企业推行经理负责制,供销社、粮管所等试行承包经营责任制,由所长、经理、站长个人承包或牵头集体承包。1988 年,大部分商业企业实行“劳动优化组合”,企业对职工、职工对企业有一定选择权。改变商业流通体制的“封闭式、少管道、多环节”为“多渠道、少环节、多经济成分、多经营方式并存”的流通体制。实行商业企业所有权与经营权适当分离,实行工资总额包干,有的按照“全民所有,集体经营,照章纳税,自负盈亏”,有的试行租赁经营方式,使之更具活力。

企业产权制度改革 1996 年 7 月—1999 年 3 月,对乡镇企业(含村及村以下企业)实行第一轮产权制度改革,组建股份合作制和有限责任公司。因企业而异,分别采用租赁、破产、拍卖、解体等改制形式，促使企业成为独立的生产、经营者和市场竞争主体。打破传统的“铁饭碗”观念，职工风险意识、竞争意识、危机意识基本形成。

“三民工程”建设 新的横山镇成立以来，围绕“三民工程”（民情档案建设，深化民情沟通，实行为民办事全程服务）总要求，确立方便群众办事、服务群众办事思想。2010 年，推行镇干部“民情半月谈”制度，隔周一召开村情走访汇报会，镇村干部共走访 9400 余农户，形成纸质档案 3.2 万余份。全年为民办实事 530 余件。村实行逢五集中办公制度，对村民需要办理且可代办事项，镇村干部按照受理、承办、回复环节，无偿、依法开展全程代办服务，对暂不具备条件办理或不能代办事项，及时向群众耐心细致解释。2012 年，围绕“三民工程”标准化建设要求，做好村级民情档案管理系统数据输入和门户网站建设维护。2015 年，发放《村级便民服务手册》10000 余册，落实项目 80 个，帮助群众解决问题 892 个。2016 年，从加强管理、完善制度入手，推行“七公开”（即项目名称公开、办事程序公开、申请条件公开、申报材料公开、办结时间公开、收费标准和收费依据公开），实行“五规定”（即一般事项直接办理、特殊事项承诺办理、重大事项联合办理、上报事项负责办理、控制事项明确答复），镇行政服务中心窗口全年累计办理各类证件 5476 件，其中上门办理各类证件 56 人次。注重镇村联动，提高村级便民服务中心服务能力与服务水平，定期对村文书和代办员进行培训，村级便民服务中心累计办理各类事项 24873 件次，横山村、腰塘边村、白鹤桥村、项家村、下宅村、贤求朋村 6 个便民服务中心通过市、县示范村验收。2020 年，围绕“最多跑一次”对接“四个平台”，全年 APP 移动办理各类事项 725 件，数据共享调用 1659 件，政务 2.0 系统办理 2650 件，农村合作医疗 2 万余人真正做到服务零距离。

打造旅游名镇 2015 年投入 100 余万元，在天池荷花景区修建观荷长廊、荷塘排灌水渠、观荷亭等基础设施，改良扩种天池莲子 20 公顷；投资 20 余万元种植 2 公顷柳叶马鞭草，营建紫色花海。引进 2 家投资主体对天池荷花景区进行旅游深度开发，协议引资额超过 5000 万元。开通“魅力横山”微信公众号，通过衢州发布、衢州在线、微龙游等关注度较高的微平台扩大宣传效应。推出“富硒八大碗”“富硒莲子宴”等招牌农家菜和本土特色的农家乐，先后承办、举办“舞动健康·魅力横山”广场舞大赛、衢州“金花”现场投票暨天池荷花节开幕式、浙江流动大舞台等 10 余场文化旅游活动。2016 年，以古建筑文化资源和富硒莲子农业资源为依托，推进观荷长廊、刹下塔周边景观节点、天池山古道等配套设施建设，建成龙北旅游集散中心。加快金荷旅游龙游天池度假山庄、天驰旅游龙游天池景区建设及棠溪曼谷度假山庄单体乡村旅游休闲项目建设，加大天池 AAA 级旅游景区对外推荐力度，新增三星级农家乐 2 家、四星级农家乐 1 家，新建 A 级旅游厕所 4 个。天池村被评为省级农家乐集聚村，天池 AAA 旅游景区成功入选衢州市十大休闲景区，志棠白莲成功入选衢州市十佳特色农产品。2018 年，横山镇荣获全国休闲农业与乡村旅游三星级单位，在“全省最受关注浙江省旅游风情小镇 TOP10”中位列第八。2019 年开展“‘莲’风千年”天池村古城楼落成揭幕仪式、“缘‘荷’而来，遇见你”迷辣音乐节等一系列活动，吸引游客 2 万余人，直播观看 4 万余人次。

附录 志棠镇按市场经济要求转变政府职能

日前,龙游县志棠镇前邵村一位农民来到镇政府办事,他看到墙上挂着全镇干部照片、身份和职责,以及与农民有切身利益的计划生育、建房审批、婚姻登记等办事程序,高兴地说现在到镇政府办事不用再问这问那了,一目了然。

随着市场经济的逐步到位,习惯于行政命令的政府职能已经不再适应新形势,而新的政府职能又未能完全确立。志棠镇政府在工作运行中越来越感到目前的政府职能运作相当吃力,全镇工业集体企业已不能正常运行。政府机构人员臃肿,一个9000余人口的小镇,干部达51人。该镇党委、政府深感政府职能转换不能等待上面拿办法,应该根据市场经济的要求主动转变政府职能。他们把传统机构设置打乱,划分为服务、管理、监督三大块。把带有服务功能的原工业、农业办公室等合并,成立了"志棠镇科技信息服务中心",主要为经济主体提供信息和技术等服务。把计生办、综治办等带有政府行政管理功能的部门合并,成立"志棠镇社会发展管理中心",强化管理的规范化,着力营造良好的经济发展环境。把凡具有监督保障职能的单位和部门如政府办等进行归口管理,成立了"志棠镇综合协调管理办公室",统一领导监督,保障合力。三大块工作体系所有岗位都建立职位说明书,实行竞争上岗。新机制一运行就合拍于市场经济的节奏,特别是表现在有利于经济主体放开手脚发展经济上。

新设机构首先解决机构臃肿、人浮于事、工作效率低下的问题。志棠镇党委、政府敢于动真、碰硬,坚持公开、公平、公正的原则,减员分流,实行竞争上岗,推行政务公开,强化监督制约机制。使行政人员职数由原来的51人减到32人,精简三分之一。被精减的人员有的给予一次性经济补助,让其自谋职业,有的充实到村级领导班子中去。志棠镇在转变职能中一下子精减了19人,没有发生矛盾。用志棠镇党委书记郑国华的话说,主要是采取了公正、公平、公开的原则。党政一把手要顶住各种压力和说情风,过好人情关和权力关。

政府职能转变牵涉镇领导的权力调整,对镇办企业不能再直接干预,对农民从管理监督转向服务。对此志棠镇党政领导有新的认识,镇长陆民认为,新的政府职能要求政府要摆正位置,政府官员要演好角色,要把主要精力集中到为经济主体服务上来,转变到帮助农民一家一户解决不了的事情上来。对水利、交通等基础设施建设、政府要组织协调,不能消极地撒手不管,而且要积极地做好引导、服务、协调工作,为经济主体发展创造良好的条件。新机制运行后,政府重抓落实,投资30余万元完成了志棠到杨家5公里简易公路的新建任务,投资80万元建成了镇中心小学教学大楼,抓紧实施村村通电话。这些"民心工程"的实施,改善了发展环境,获得了当地老百姓的信任。

(1998年12月28日浙江电视台报道)

第十二章　农村纪事

境内经济以农业为主，兼营工业。作为地处县北的农村乡镇，一直致力于社会主义新农村建设，通过长期努力，生产力发展、居民生活宽裕、乡风文明、村容整洁、管理民主的社会主义新农村基本形成。

第一节　初步探索时期

土地改革的胜利完成，彻底消灭了封建土地所有制。农业合作化作为改变农村生产关系、解决落后生产力问题的手段，被提上议事日程。境内经过互助组、低级社、高级社到人民公社化等阶段，全面进入集体化。农村男女劳动力统称为人民公社社员，在生产队参加劳动与分配。这一制度一直沿用至1983年。

一、合作化进程

从境内原下宅乡周林旺互助组的演变进程，可以看到其探索的整个过程，从中也反映了其他乡村的发展演变。

互助组　1951年春，县委在下宅乡第2村试点，组织叶树铭互助组，开展互助合作运动。互助组的规模一般为10来户，分为临时互助组和常年互助组。临时互助组是农忙时相互帮忙，农闲时各户自己经营；常年互助组一般全年相互帮忙。这种互助以换工形式进行生产，做到种、管、收及时，但家庭缺劳动力户相对困难，许多问题解决不了。1952年春，在下宅乡政府的指导下，贤求朋村周林旺临时互助组转为常年组，由9户发展到15户，有土地107亩，其中水田94亩、山地13亩。互助组认真贯彻“自愿互利、等价交换、民主管理”三大原则，实行民主管理；采用“民主评分、田头结清”的记账方法，每天在田头评定工分，晚上发给工票，每半月结账一次；

以正劳动力每天 10 分为标准，自报公议，根据劳动能力和技术水平，评出个人劳动底分，每天结合当天的工作效率，记给工分，重活多记工分，轻活少记工分；以工换工，工分多的进工资，工分少的出工资，以农忙每工 4 公斤谷、农闲工每工 3 公斤谷计算，收割后付清。后互助组又采取“定质、定量、定时、定分”四定记账法，实行包工包分，即工前定好某项农活工分，按要求完工后，按工前定的标准记给组员工分。耕田则与用牛、劳力捆绑在一起，按所耕田面积记工分；水车等大件农具按照“自愿两利”的原则给予损耗费（折记工分），损坏由互助组集体负责修理；箩筐等小件农具不予折旧。互助组重视劳动力的合理安排，农闲时组织组员挖塘泥、修路、积肥、改造烂冬田、兴修水利，在村前村后修建防洪坝 6 条，其中一条长 600 多米、高 6 米多，结束以往屡遭洪水侵袭的历史。1952 年 7 月中旬，县委召开农业互助合作第一次代表会议，并举办互助组组长训练班。

表 12-1　**1952 年 8 月横山、下宅、张家、志棠乡互助合作情况表**

乡名	村名	常年互助组					临时互助组				
		组数（个）	户数（户）	人数（人）	土地		组数（个）	户数（户）	人数（人）	土地	
					田（亩）	地（亩）				田（亩）	地（亩）
横山乡	西方坞	6	48	233	540	43.2	3	23	117	261	20
	2 村	4	33	116	248	36.4	7	68	356	780	156
	3 村	10	67	313	773	69	3	19	86	115	6.4
	4 村	14	96	424	751	82	—	—	—	—	—
	5 村	14	96	439	636	67	5	17	92	138	—
	湖涯溪边	5	31	175	334	28.8	—	—	—	—	—
下宅乡	1 村	8	63	291	536	75.8	—	—	—	—	—
	2 村	19	170	695	769	81	—	—	—	—	—
	3 村	8	84	369	643	88.2	3	23	—	—	—
	4 村	15	165	690	1394	217	—	—	—	—	—
	5 村	14	132	492	1114	134	—	—	—	—	—
	6 村	4	37	198	493	37.8	—	—	—	—	—
	7 村	14	157	633	1222	902	—	—	—	—	—
张家乡	1 村	8	62	423	632	32	9	72	400	75	36
	2 村	16	154	452	904	64	—	—	—	—	—
	3 村	13	80	326	560	89.2	—	—	—	—	—
	4 村	9	70	212	424	327	—	—	—	—	—
	5 村	4	30	127	279		—	—	—	—	—
	6 村	2	143	53	117	5.2	—	—	—	—	—
	7 村	11	82	123	629	32.5	—	—	—	—	—

续表12-1

乡名	村名	常年互助组					临时互助组				
		组数（个）	户数（户）	人数（人）	土地		组数（个）	户数（户）	人数（人）	土地	
					田（亩）	地（亩）				田（亩）	地（亩）
志棠乡	1村	9	81	396	785	99.7	4	23	105	194	22.4
	2村	6	42	180	305	14	—	—	—	—	—
	3村	13	85	396	458	295	—	—	—	—	—
	4村	10	40	325	495	200	1	6	28	43	3.1
	5村	9	78	283	494	43.6	—	—	—	—	—
	6村	3	19	85	149	13.3	5	35	150	284	16.9
	7村	—	—	—	—	—	—	—	—	—	—

初级社 在互助组的基础上发展而成，称初级农业生产合作社。开始时本着入社自愿、退社自由的原则，一般以2~3个互助组合并成一个初级社，也有规模较大的。1952年6月，县委决定以周林旺常年互助组为核心，联合吴樟德、吴雪祥、吴石荣3个互助组，试办初级农业生产合作社。6月26日，周林旺初级农业生产合作社成立，由周林旺任社长。全社有35户共160人，入社水田264.3亩，旱地33.35亩，有水牛8头、大型农具60多件，集体养猪40来头。合作社分4个生产队，队与队之间开展劳动生产竞赛。1952年，全社共收粮食6.11万公斤，比上年增产1.25万公斤，同比增产25.9%，产量比单干农户增加三成以上。1953年，虽遭连续62天无有效降水大旱，全社仍收获稻谷6.94万公斤，同比增长13.5%，出现"千斤亩""丰产田"，其中一块地两季亩产达550公斤。《龙游报》曾刊登《救命恩人，农业生产合作社》一文，报道周林旺合作社的先进事迹。1954年2月4日《人民日报》以《周林旺农业合作社走上富裕的道路》，报道周林旺合作社先进经验。初级社改变了互助组调工、换工互助合作形式，土地归集体所有，种植计划、劳动力由社长调配，所产粮食等除提取部分地租外，其余按人口、劳动力出勤、耕牛及大型农具折合劳力出勤数进行分配。1954年3月，县委在干校分期举办互助合作骨干培训班，大部分互助组向区、乡递交要求办社申请，初级社猛增。因违背自愿互利原则，出现窝工浪费现象，造成粮食减产。1955年春，根据有些农户提出退社单干等情况，省委提出"全力巩固，坚决收缩"方针，农业生产合作社收缩。但至9月，"坚决收缩"方针受到批判，农业生产合作社又得到发展。

表12-2 **1954年9月横山、下宅、张家、志棠乡互助合作情况表**

乡名	常年互助组				临时互助组				新发展		农业生产合作社				增产运动中自发		准备再发展	
	原有		恢复		原有		恢复		组数	户数	已准		未准		社数	户数	社数	户数
	组数（个）	户数（户）	组数（个）	户数（户）	组数（个）	户数（户）	组数（个）	户数（户）			社数（个）	户数（户）	社数（个）	户数（户）				
横山乡	68	732	65	707	—	—	—	—	7	79	—	—	3	59	2	65	18	170
下宅乡	10	118	5	57	31	294	9	110	3	26	15	359	—	—	—	—	10	205

续表12-2

乡名	常年互助组				临时互助组				新发展		农业生产合作社				增产运动中自发		准备再发展	
	原有		恢复		原有		恢复		组数	户数	已准		未准		社数	户数	社数	户数
	组数（个）	户数（户）	组数（个）	户数（户）	组数（个）	户数（户）	组数（个）	户数（户）			社数（个）	户数（户）	社数（个）	户数（户）				
张家乡	22	237	11	131	31	194	1	8	1	9	2	38	4	34	13	166	6	87
志棠乡	14	201	5	63	46	504	14	137	—	—	—	—	—	—	4	30	3	46

表 12-3　1954 年 9 月横山、下宅、张家、志棠乡农业生产合作社情况表

乡名	应组织农户数（户）	占有土地		现有合作社			现有互助组			应参加未参加		应参加未参加对象与原因					
		田（亩）	地（亩）	社数（个）	户数（户）	占应组织农户（%）	组数（个）	户数（户）	人口（人）	户数（户）	人口（人）	缺劳动力户		手工业户		有劳动力、生产好的户	
												不愿参加	不吸收他	不愿参加	不吸收他	不愿参加	不吸收他
横山乡	1028	10326	1119	29	761	74	4	41	182	43	149	12	18	7	7	—	3
下宅乡	1126	10654	1197	23	969	86	—	—	—	—	—	—	—	—	—	—	—
张家乡	998	8863	718	25	700	70	9	110	395	44	207	2	18	3	4	2	15
志棠乡	940	6802	1630	22	699	71	23	792	3136	149	349	50	25	9	8	16	20

表 12-4　1954 年 10 月横山、下宅、张家、志棠乡农业生产合作社政策处理情况表

乡名	社数（个）	已订年度计划	定产		耕牛		农具		肥料		肥料投资		种子投资		小段包工	季节包工	已建立管理组织的	不巩固的
			分片队	指定队	折价	租用	折价	租用	折价	评分	按土地	按劳动力	按土地	按劳动力				
横山乡	32	24	8	—	12		6	1	20	—	24	—	24	—	3	—	24	4
下宅乡	24	15	17	2	16	7	17	3	24	—	23	1	23	1	10	6	24	3
张家乡	27	5	1	—	26		11	8	13	13	15	4	26	—	4	2	26	3
志棠乡	22	1	10	—	10	4	57	15	18	—	14	4	18	—	5	3	18	2

表 12-5　1954 年 10 月横山、下宅、张家、志棠乡农业生产合作社类型划分情况表

单位：个

乡　名	社　数	一　类	二　类	三　类	四　类
横山乡	32	4	11	15	2
下宅乡	24	12	7	5	0
张家乡	27	6	16	5	0

续表12-5

乡　名	社　数	一　类	二　类	三　类	四　类
志棠乡	22	9	5	8	0

注：一类，是指基础好、骨干强，政策处理妥当，生产有显著成绩的合作社；二类，是指基础差、骨干弱，政策处理不妥当，生产管理搞得不好，部分社员不是真正自愿的合作社；三类，是指没有基础，也没有骨干，政策尚未处理，生产上混乱的合作社；四类，是指干部强迫，组织成为空架子，或者被敌人掌握的合作社

表 12-6　**1955 年 3 月横山、下宅、张家、志棠乡农业生产合作社情况表**

乡名	村名	合作社名	社长	户数（户）	类别	乡名	村名	合作社名	社长	户数（户）	类别
横山乡	1 村	西方坞社	姜廷荣	38	一类	下宅乡	7 村	张土荣社	张土荣	36	—
	2 村	西湖叶社	叶新元	15	一类		7 村	团结社	项锡奎	24	—
	2 村	安山社	周洪祥	18	一类		6 村	饶秋苟社	饶秋苟	—	—
	3 村	八石坂（畈）社	叶寿根	43	一类		1 村	红新社	蓝廷寿	22	—
	3 村	八石坂（畈）社	蔡樟清	18	一类		1 村	民主社	余土根	35	—
	4 村	横山第一社	陈玉林	42	一类		7 村	信义社	邓寿荣	45	—
	5 村	方野社	余有根	46	一类		7 村	礼仪社	项爱根	22	—
	6 村	红家乡社	兰廷宝	16	一类		5 村	新华社	范衢州	32	—
	6 村	湖涯溪边社	张樟寿	41	一类		5 村	第一社	曹文高	35	—
	1 村	严家社	严水发	13	二类		1 村	庙高	邓汤水	13	—
	5 村	方野社	施根根	31	二类		4 村	繁荣社	范土根	37	—
	5 村	下殿社	张卸成	36	二类		7 村	周水清社	周水清	18	—
	2 村	李叶社	陈平林	16	二类		7 村	项阿明社	项阿明	19	—
	3 村	上姜坞社	吴樟进	33	二类		5 村	第三社	黄文标	24	—
	4 村	高山顶社	余永秀	58	二类		5 村	第二社	余有高	28	—
	4 村	东坞社	张付付	34	二类		5 村	第五社	黄曼奶	15	—
	5 村	横山第二社	朱根富	24	三类		5 村	第四社	邱彩有	12	—
	2 村	上下朱社	朱卸芳	18	三类		1 村	先进社	郭章彩	—	—
	2 村	上下朱社	朱士财	38	三类		1 村	洋龙放社	周有高	9	—
	2 村	上下朱社	童阿富	19	三类		1 村	童岗社	赖必洪	12	—
	1 村	童麻车社	童开发	12	三类		4 村	瑞文社	李董梁	50	—
	2 村	高排山社	徐根松	13	四类	张家乡	1 村	红星社	李金标	—	—
	6 村	红家乡社	蓝虎再	26	四类		2 村	三姑殿后	胡增发	—	—
	1 村	下东门社	王根标	29	四类		2 村	白鹤桥	阮志琴	—	—
下宅乡	2、3 村	新生活社	周林旺	315	—		3 村	周田边	徐樟汝	—	—
	4 村	和平社	李金财	91	—		4 村	红荣社	黄邱永	—	—
	7 村	友爱社	毛如亮	34	—		4 村	和平社	张启根	—	—

续表12-6

乡名	村名	合作社名	社长	户数(户)	类别	乡名	村名	合作社名	社长	户数(户)	类别
张家乡	4村	永新社	王德标	—	—	志棠乡	1村	马鞍山	李生富	—	一类
	7村	新建社	叶阿标	—	—		2村	凌阁张	杨土银	—	二类
	7村	上叶	陈圣宝	—	—		3村	卸厅	吴永寿	—	二类
志棠乡	3	第一社	张金福	26	一类		3村	前邵	邵根富	—	二类
	7村	第二社	程明昌	31	一类		1村	腰塘边	熊樟奶	—	二类
	7村	新宅	陈春根	37	一类		1村	翁坞	王如奶	—	二类
	6村	杨家社	马天富	39	一类		3村	前邵	张宝根	—	三类
	6村	邵源坞	鲁文林	—	一类		4村	后邵	王忠富	—	四类
	5村	儒大门	朱柏渭	—	一类		3村	前邵	方有祥	—	四类
	1村	红星社	周五富	—	一类		—	—	—	—	—

高级社 1956年6月下宅乡成立第一个高级农业生产合作社——新生活高级社，其特点为：取消了土地分红，实行各尽所能、按劳分配、多劳多得的分配原则。生产分若干操作组，土地、劳力、耕地、耕牛、农具“四固定”到组，建立小段包工，季节包工，包工、包产、包成本，超产奖励，减产赔偿的“三包一奖”责任制，社员之间评工计分，按件计酬，定额管理。至1956年12月底，境内具有完全社会主义性质的高级社猛增，这标志着农业社会主义改造任务基本完成，农民个人私有土地完全转为集体所有。

新生活高级社 1956年6月17日，下宅乡试办成立新生活高级农业生产合作社，21个自然村合为一乡一社，入社农民1370户5325人，划分为13个大队、50个生产小队和1个开荒大队，经营土地11788.94亩。因规模过大，又缺乏管理经验，很快就暴露出一些问题：领导召开会议多，深入基层少；干部活动多，群众活动少；任务贯彻多，实际收效少。乡社干部分片下去，无法顾全整社大局，出现各顾各、乱糟糟的局面。下宅乡党总支为改变这一状况，对乡、人民公社领导进行分工，理顺关系。党总支主要抓好方针政策和中心任务的贯彻落实，发挥党组织核心作用，抓好乡社干部队伍建设。总支下设5个党支部，负责政治思想教育和发展积极分子入党，团结党员群众。乡人民委员会重点抓好行政队伍建设和行政管理，并通过乡人民代表大会贯彻落实。社务委员会侧重抓生产，包括生产计划制定、生产管理、劳力调配、收益分配等。高级社建立社员代表大会制度，通过民主选举，产生社员代表大会代表132名(其中妇女50人)，在此基础上再选举产生由17人组成的管理委员会，设主任1人、副主任5人。管理委员会下辖生产大队，生产大队下辖生产队，并建立社办企业、农业技术、畜牧业、水特产、财经、文教卫生、福利、治安保卫8个专业管理委员会，各委员会主任由社长和高级社管理委员会委员担任，各生产队也建立相应的专业组。全社除13个农业生产大队外，还增设开荒、畜牧、果园林业、水产、工业、副业6个专业大队，实行分工分业管理。全社认真落实“以产定工”责任制，充分调动社员的生产积极性，粮食亩产由1952年的198公斤提高到1957年的246公斤，农副业总产值1957年达到39.14万元，比1952年增加9.92万元。1957年，全社人均收入285.67元，比1952年增长223%。

人民公社 1958年8月,中共中央作出建立人民公社的决议。9月29日,高级农业生产合作社按原所属区为单位,组成原子人民公社,将原来的乡改为生产大队。公社化后,打破原来的社界、队界,搞共产主义大协作,社员自留地、垦荒地和果树等全部归集体所有,实行统一经营,统一调配劳力,经济分配实行公社统一核算、统一分配,推行粮食供给制。1960年2月,人民公社下属的生产大队改设为管理区,管理区下设生产大队、生产队,以生产队为核算单位。

表12-7

1959年9月基本核算单位情况表

生产大队/生产队名	户数(户)	人数(人)	劳动力(个)			生产小队数(个)	耕地面积(亩)		
			正	半	合计		水田	旱田	合计
横山生产大队	1354	5026	981	1062	2043	46	10725	897	11622
下西山生产队	193	792	187	158	345	5	1655	153	1808
西方坞生产队	157	637	165	248	413	8	1417	158	1575
八石坂(畈)生产队	193	705	116	82	198	8	2222	99	2321
横山生产队	305	1012	218	264	482	8	1932	268	2200
会泽里生产队	252	924	163	169	332	6	1672	105	1777
余岗生产队	141	584	84	90	174	8	1144	69	1213
方野生产队	113	372	48	51	99	3	683	45	728
杜叶生产大队	769	2530	342	580	922	25	6147	412	6559
龙门桥生产队	138	478	44	168	212	4	1155	102	1257
白鹤桥生产队	165	543	108	128	236	7	1265	38	1303
上向徐生产队	155	519	45	173	218	3	1270	106	1376
张家生产队	242	732	101	83	184	9	1723	109	1832
东王生产队	69	258	44	28	72	2	734	57	791
志棠生产大队	1212	4529	1223	782	2005	43	7125	622	7747
杨家生产队	139	552	165	102	267	4	771	43	814
儒大门生产队	343	1298	363	244	607	13	1977	112	2089
志棠生产队	543	2006	453	280	733	19	1507	187	1694
塔下生产队	187	673	242	156	398	7	1253	89	1342
凌阁张生产队	—	—	—	—	—	—	572	81	653
腰塘边生产队	—	—	—	—	—	—	1045	110	1155
下宅生产大队	1326	5185	1029	968	1997	17	10192	492	10684
下宅生产队	1326	5185	1029	968	1997	17	10192	492	10684
吴仪宾生产队	117	532	109	86	195	4	1266	111	1377
上下朱生产队	155	617	93	128	221	7	1084	111	1195

编者注:此时凌阁张、腰塘边并入志棠,下宅各村为1个核算单位,吴仪宾、上下朱属新王生产大队

表 12-8

1960 年 6 月基本核算单位情况表

管理区/生产大队名	户数（户）	人数（人）	其中：女（人）	劳动力总数（个）	实际参加社内劳动		生产队数（个）	耕地面积（亩）		
					人数（人）	其中：五业（人）		水田	旱田	合计
横山管理区	1570	5669	2780	2320	2320	1062	46	12256	897	13153
下西山生产大队	123	474	233	149	149	149	3	901	125	1026
西方坞生产大队	144	562	267	377	377	377	5	1315	129	1444
八石坂（畈）生产大队	189	643	304	283	283	283	6	1725	92	1817
横山生产大队	283	902	432	322	322	322	6	1925	116	2041
会泽里生产大队	238	872	429	413	413	375	4	1672	155	1827
余岗生产大队	155	628	311	177	177	177	7	1144	69	1213
方野生产大队	107	347	168	124	124	112	3	643	42	685
龙门桥生产大队	140	450	258	147	147	114	5	1130	15	1145
白鹤桥生产大队	143	536	267	257	257	257	5	1262	38	1300
农科所生产大队	48	235	91	69	69	69	2	538	42	580
杜叶管理区	627	2035	938	760	760	760	28	5160	290	5450
张家生产大队	116	383	186	119	119	119	4	980	81	1061
钱家生产大队	82	269	139	73	73	73	4	714	46	760
上向徐生产大队	129	425	174	174	174	174	5	1275	69	1344
东王生产大队	71	242	113	77	77	77	3	733	31	764
塔下叶生产大队	152	511	241	257	257	257	8	975	27	1002
翁坞生产大队	40	141	64	57	57	57	2	279	16	295
三门寺生产大队	37	64	21	44	44	44	2	204	20	224
志棠管理区	1018	3660	1788	1192	1192	1180	46	7125	622	7747
杨家生产大队	140	564	279	208	208	208	5	771	43	814
新宅生产大队	132	474	223	173	173	173	8	740	41	781
下店生产大队	72	298	133	82	82	82	6	481	23	504
儒大门生产大队	156	510	248	155	155	152	7	744	58	802
志棠生产大队	280	961	491	280	280	277	9	1445	151	1596
凌阁张生产大队	93	320	156	102	102	100	3	570	82	652
腰塘边生产大队	145	542	258	192	192	188	8	1041	133	1174
下宅管理区	1519	5674	2757	1683	1231	1199	34	9832	312	10144
项家生产大队	325	1148	556	330	286	211	7	2095	90	2185
脉元生产大队	247	921	446	249	182	178	4	1616	25	1641

续表12-8

管理区/生产大队名	户数（户）	人数（人）	其中：女（人）	劳动力总数（个）	实际参加社内劳动		生产队数（个）	耕地面积（亩）		
					人数（人）	其中：五业（人）		水田	旱田	合计
贤求朋生产大队	129	489	239	151	127	124	4	746	21	767
腰塘边生产大队	68	281	124	86	65	62	2	501	17	518
下宅生产大队	300	1010	516	280	204	200	4	1828	115	1943
胡家生产大队	206	755	362	190	135	130	3	1090	6	1096
大平山生产大队	102	413	205	147	107	104	4	714	12	726
大平坂（畈）生产大队	134	603	300	205	150	145	5	1234	24	1258
畜牧场	8	54	9	45	45	45	1	14	2	16
吴仪宾生产大队	107	383	186	122	122	117	5	1196	113	1309
上下朱生产大队	132	480	265	185	167	165	7	1016	57	1073

编者注：此时，吴仪宾、上下朱属新王管理区

生产大队　1961年核算单位下放后，生产大队组织得到完善，成为既是农村基层行政机构，又是一级集体所有制经济组织。收益分配有一级核算和两级核算两种。一级核算即社员劳动在小队，收益分配在大队，实行一级核算的一般为大队领导力量较强或大队规模较小，生产队间收益较平衡。实行两级核算的占多数，即农民劳动和收益分配均在生产队。

生产队　1961年核算单位下放后得以完善，成为基本核算单位，规模一般为15~20户，100多人，规模大的为30~40户，由生产队长、会计、经济保管员、粮食保管员等组成队务委员会。

附录　组织起来力量大，战胜灾害获得丰收

——周林旺农业生产合作社比去年多收13000多斤稻子

浙江龙游县下宅乡贤求朋村的右角上，有一条双溪江。江水往往冲出堤岸，淹没村里的田地。因此，贤求朋村的农民对自己的土地，是并不寄予什么大希望的。他们说："大溪沿田不算田，有就收，没就丢。"

去年正月里，村里的共产党员周林旺带领许多农民组织了4个互助组。到了三月里，忽然连来两次洪水，互助组里有十多亩田被淹没了，有些田里的秧和泥都给洪水冲走了。洪水一退，组员就一起动手，把冲毁的田重新耕过、耖过，并补种上秧苗。四月里，正是水稻发棵的时候，第三次洪水又来了。互助组里有12亩水稻被水淹黄了。洪水退后，组员又立即在这些田里补施上肥料。慢慢地，稻苗转青了。从这些事情上，大家体会到组织起来和洪水作斗争，比单干时的

力量大多了。王忠基说：一个人生产自顾自，你冲坏了田我不管；组织起来生产，大家一条心，洪水就不必怕了。不久，村里4个互助组就进一步组织起来，成为周林旺农业生产合作社，除11户外，全村农民都入了社，共37户。

周林旺农业生产合作社成立没多久，就联合了村里的单干农民，动工修堤。到五月底，筑成了一条四丈长、一丈高、一丈宽的拦水坝。水坝才筑成三天，天就下了倾盆大雨，双溪江上游山洪暴发，第四次洪水又来了。这次洪水来得特别猛，可是它一碰上拦水坝，势头就减弱了。当夜，社员在夜里挑泥加高养猪屋子的门槛，把已经流进猪栏的水舀出去，救护了社里公养的30多头猪。天亮时，洪水开始退了。社员们赶到田里去一看，有十七八亩稻子被水冲得横七竖八，稻叶上全是泥浆。可是大家并不心慌，他们知道自己人多力量大。当天早晨，80多名男女社员全出动了：有的把被水冲到田里的木条、石头搬掉；有的把歪歪斜斜的稻棵扶直并垒上土；有的用木勺泼洗稻叶上的泥浆，只大半个上午，十七八亩受灾稻田就全部抢救出来了。

本来去年是50年来洪水最厉害的一年，周林旺农业生产合作社因为发挥了组织起来的力量，战胜了洪水，得到丰收：全社共收了十二万两千斤稻子，比前年增产两成四。社员吴昌琪的一亩五分田，先是种的早稻，后来被洪水冲走了禾苗，又补种了中稻，又被冲走，又补种双季稻，还是被冲走，又补种荞麦，结果仍被洪水淹死。可是社员们都说：庄稼给水冲掉心不甘，不收到粮食不罢休，最后又种了萝卜，到冬天收了六担。吴昌琪说："要不是合作社，我的田早就荒了，哪有这么多劳力、本钱来耕五次、种五次。"

今年正月底，西北风刮在脸上像刀割。贤求朋村的大路上，很少有行人往来，很多人都坐在家里烘火。可是周林旺农业生产合作社的男女农民们，却忙得满头大汗。原来他们趁冬闲，在赶筑第二条、第三条拦水坝。姚福生、吴云海等力气大的社员，分成两人一班，把二三百斤的石头从塔山上抬下来。社长周林旺和另外一些年轻力壮的社员，站在架起的木梯上，在使劲地打桩子。妇女们挑着满担的泥沙，从溪滩上经过，脚给冷水浸得像红萝卜，可是谁也不叫冷。吴招弟说："修水利，搞生产，多劳多得，挑沙比烘火还暖和哩！"十多天中，社里就筑成了两条拦水坝，还开了一条十多丈长、一丈宽的排水沟。

筑了坝，开了沟，又能挡水，又能排水，社里的田不再受水灾威胁了。谁知在今年夏秋之交，竟接连48天不下雨。太阳晒在田里像火烧，吹的又是西风，田里的水干得很快。周林旺农业生产合作社的294亩水稻全部缺水。但社员们说：哪里有水可车，哪里的田就有稻子收。男女社员分了工，7架水车日夜转动，歇人不歇车。大家被"多劳多得""多争产多分红"的口号鼓舞着，一点也不松劲。女社员毛水莲连车了十天水，脚底起了指头大的水泡也不叫疼。陈阿菊起初赤脚车水，脚底车红了，她就穿上草鞋车，后来脚底又起了水泡，她又改穿布鞋车，始终坚持着不休息。溪里的水干了，社员就打了四个"沙汀"（在车干了水的溪里挖洞，直挖到有水从洞里出来），灌溉了39亩稻子。社员陈仁松的一亩两分田，用了六架水车才车进了水。

现在，周林旺农业生产合作社的秋收已经结束了，全社共收了144000多斤稻子，比去年多收13000多斤，增产一成。每户社员都分到了比单干时多了许多的粮食。过去，在秋收后不久，有些人家已没有稻谷了，老鼠跳到他们的谷柜里去是会跌死的。现在他们却为谷柜里小盛不下稻子发愁了。社员周立成，全家四人，有五亩五分田，一个半劳力，前年单干时纯收入1242斤稻子，去年入社后纯收入3359斤，今年则分到4016斤，比单干时多收了2700多斤。现在社员们已买了600余万元（旧币）的布，正在添做各种新衣。年轻社员的衣袋上都插着钢笔。为了支援工业建设,社员们准备把余粮卖给国家。

(本报通讯员:蒋鸣球,载于1953年12月11日《解放日报》)

周林旺农业合作社走向富裕的道路

现在的愉快生活

浙江省龙游县贤求朋村有48户人家,参加周林旺农业生产合作社的就有37户。去年秋收以后,周林旺社的农民,家家户户粮食堆满仓,玉米挂满堂,呈现一片丰收的景象。

随着生产的提高,收入的增加,社员们的物质生活和文化生活大大改善了。去年一年,全社除添置锄头200多把、风车1部、水车2部外,还新做单衣130多套、棉被9条、棉袄14件、毛线衣3件,买卫生衣2件、列宁服15套、雨鞋21双,新建瓦房10间。全社有18个儿童上了学(解放前只有3个),社里还订有《农民大众》等报。冬天,社员们在白天辛勤劳动以后,晚上就在明亮的煤油灯下愉快地学习、读报。有时,大人们在一起谈笑,活泼的孩子们就在灯下唱歌跳舞。邵新富的娘说:"过去的天没黑就关门闭户,一片黑暗,现在晚上张灯点火,学习、唱歌,热闹翻天。贤求朋村真是改朝换代啦。"全社农民,以前有19户是贫农,5户是雇农,组织起来以后,现在都已经上升为中农。原有的中农,生活就过得更好了。正如社员们常说的:"再也不愁没吃没穿啦!"

组织起来之前

贤求朋村周围都是黄泥荒山,村东有条山溪。1952年以前,每当大雨以后,村周围的山水就有山溪汇流而来,往往淹没整个村庄。农民的一年辛勤劳动所种的庄稼,常被山洪冲毁。雨水多的年份,因土地被淹,一熟作物种三四次也得不到收益。全村土地上所施用的一点肥料,大都被水冲走,每亩地顶多只能收谷子180斤到200斤。所以,解放前农民生活得十分贫困。

解放后,1951年初,贤求朋村实行了土地改革,农民分到了土地。但是山洪仍然为害,耕牛、肥料、农具、劳力等等都是很缺乏,农民在生产和生活上仍有很多困难不能解决。雇农吴樟文在土地改革中虽然分到了六亩五分田,但种子、肥料、耕牛一无所有,生产很不及时,田里收成低,还得靠砍柴糊口;老农姜中禄在土地改革时分了两亩四分田,因为缺乏耕牛、农具,别人已经种田了,他还没有耕田,加之缺乏肥料,到秋收时只收了250斤的谷子。吴昌祺的一亩田和姜中禄的五间茅屋被山洪冲毁,汪麦古的一亩七分五田被冲后种了三次,还是颗粒无收。据1951年26户的统计,每亩平均只收到260斤谷子,其余较好的,每亩也只收到300来斤。

找到了走向富裕的道路

1952年,贤求朋村的农民找到了走向富裕的道路。劳动模范周林旺从县里开会回来,就对农民宣传组织起来生产的好处。他首先组织9户农民成立了一个互助组,当时正是春耕的时候,9户组员就有7户缺粮食吃。但由于组织起来生产节省了劳动力,组里就抽出3名劳动力出外打短工,又替组外包耕了十多亩田,共赚回大米5担多;组员们又发挥了友爱互助的精神,终于解决了春荒缺粮的问题,及时地进行了春耕播种,并普遍做到了比个体农民多耕一次。农民亲眼看到,周林旺互助组生活和生产中的困难问题,由于组织起来得到了解决,庄稼也长得很茁壮,就先后又组织起了4个互助组。

互助组组织起来以后,组员的生产积极性很高。可是在分散经营、集体劳动的基础上,又碰到了许多解决不了的困难问题。他们往往为了评工找账、生产先后,争吵不休。在这个时候,组员们听到说组织农民生产合作社可以解决这个问题,大家认为听共产党的话不会错,还是早组织起来好。所以在1952年6月,就以周林旺互助组为主,成立了农业生产合作社。

农业生产合作社成立后,1952年在人民政府的帮助下,首先在村南、村西做好了两条防洪水坝,这就给贤求朋村发展生产打下了基础。社员吴樟文说:"我一辈子的愿望今天实现了!"也有的说:"合作社刚组织起来,就给咱村除了一大祸害。"在爱国增产竞赛的号召下,全村社员提出了"把瘦田变肥田,保证要比1951年增产两成"的口号,进行复耕施肥,一般都做到耕三耘四,施用的草灰等肥料比1951年增加两万多担。这一年社里并特别注意了防虫工作,结果1952年得到空前的丰收,全社秋庄稼共打谷子122171斤,平均每亩441斤,比1951年增产三成多,比解放前增产一倍多,比当地互助组和单干农民增产一成半,社里1953年更加发挥了组织起来的作用,完全统一经营管理土地,选换粮种,培育壮苗,多耕深耕,普遍做到适当密集,合理施肥。这年每亩平均产稻谷497斤,比1952年又增产一成多,比当地最好的互助组增产一成半,比最好的单干农民增产两成以上。全社纯收入每人可得到1100斤以上。增加收入的最多的周立成,他有五亩五分田,1951年单干时纯收入是稻谷1442斤,1953年参加社后的纯收入是稻谷5803斤,比单干时增加了三倍多。

集体劳动的作用

周林旺社的农民深深体会到了农业生产合作社的好处。1953年夏天,稻子正在抽穗需要水分的时候,却一连50多天不下雨,社内283亩田普遍受旱。他们决心要战胜严重的天灾。平潭底的田干了,他们就从沟洞里车水来浇,后坂(畈)的田干了,他们就用6架水车接起来,两次车水救稻。富农龚继生在那里有两亩七分田,因劳力不足没有抽水,结果减产三成。社员们说"劳力比资本强,合作社赛过富农"。老佛殿的田干了,他们就用七架水车连接起来,两次把水搬过山顶,救出了稻子。单干农民周尚根在那里有三亩田,有两辆车就把水搬过来,可劳力不足,没有车水,结果颗粒无收。经过这样和旱灾做斗争后,全社庄稼都获得了丰收,去年在早稻成熟时受理,社里又要割早稻,又要车水抗旱,还要种晚稻和芭萝,各种生产工作都挤在一起。但由于社里80多个人实行科学分工,男正劳动力负责车水抗旱、收割、夏种;妇女负责拖稻草、撮灰,配合抽水;老年人养猪,拾狗粪;大点的孩子就出去放牛。所以做到了边抗旱、边收割、边下种,并且保证扩大了秋种面积25%。此外,社里土地劳力集中使用以后,283亩田,平常只要28个正劳动力耕种就可以(社里有正劳动力45个),其余的劳动力就用来搞副业生产。1953年这些多余的劳动力出去,帮别人挖山、打油、收石灰,就赚回稻谷25000斤,使社里的生产资金更增加了,在晚稻田中就有条件使用足够的肥料,结果,每亩晚稻田比当地一般农民增产了100多斤谷子。社里按照土质,分片种植作物,也是提高产量的重要原因。社外农民羡慕地说:"合作社的田都是一片莲子,一片中稻,一片晚稻,长得齐刷刷的,真是好。”

(记者:凌济忠、董信、朱仙本,载于 1954 年 2 月 4 日《人民日报》)

二、生产队管理

生产队长经社员选举产生,负责全年生产计划和每天农活安排。生产队会计负责管理生产队账务,编制“一年早知道”及各季预分方案和年终结算方案,记载和公布社员投劳、投肥和全年收入及日常预支情况。经济保管员负责保管生产队现金,记好现金日记账,每月与会计结算核对。粮食保管员为生产队管理粮食,负责入库、出库等收付账登记。记工员记录社员的劳动出勤,登记社员出勤工分,按月公布社员出勤天数及劳动工分。生产队管理主要表现在计划制订、组织生产和收益分配等方面。收益分配是社员劳动成果的直接反映。

评底分 每年必做的基础工作。底分由社员评议,一般男正劳动力底分为 10 分,女正劳动力则为男劳动力的一半或略高于一半。农村青年 18 周岁开始评底分,从 5 分开始(也有更低的),以后逐年增加。60 岁以上老人及 18 岁以下青少年参加劳动一般不评底分,只评基本分。底分和基本分的区别在于有底分的必须承担义务基建工(或叫劳动积累工)。公社和大队的各种基本建设用工、大队和生产队干部开会等非生产性用工都按劳动力底分摊派到生产队,每年扣除底分 10 分者 200~300 分的劳动工分,评基本工分者则不必扣除。

制定生产计划 开社员会议制定。生产队长提出一年的计划打算,包括种植计划、品种搭配、栽培地点、肥水管理、添置大宗农机具、基本建设项目等等,经讨论后形成实施方案,然后搞好“一年早知道”,即根据生产计划和各家各户情况,由会计进行测算,编造出生产队年度收入支出的预算总方案和分户分配预算方案,使社员预先了解当年的大致收入情况。

预支清单 社员领取实物或现金由会计编制预支清单,写明实物名称、数量、金额,社员领取实物或现金时需在清单上盖章,生产队各户的支取数量等全部反映在清单上。清单一式两份,一份由粮食或经济保管员保管,一份交会计作为票据附件入账。

核账 收益分配前,由社员审查全年各项收入和支出,核对全年生产的各项收入,做到全部入账不遗漏;核对社员劳动工分和投肥等,核对社员已预分的各种实物及现金,核对库存现金和粮食,理清所有往来账目。

列支 根据不同的支出性质处理账务,列支合理与否对当年的分配有一定的影响,如添置犁、耙、耕牛等固定资产类可列入公积金支出,当年公积金余额不足可作为待摊费用转入下年。对烈军属、困难户的照顾金额可列入公益金支出,对冬种的生产成本等可列入下年生产费等,这些费用列支不当,将使分配收入减少,影响社员生活。

股份基金 组织高级社时,各农户土地、农具等经过逐户登记,实行公社化时,全部无偿归集体所有。核算单位下放过程中,纠正“一平二调”错误,重新进行折价入账,各户资金数额拨入生产队,作为集体发展生产的股份基金,生产队在年终分配时提取一定比例的公积金,或将公积金支出后结余部分充实到股份基金中,以此体现各户股份的不断壮大和生产队集体经济与各户的直接关系。此后,如有社员调换生产队,名下股份基金必须随其户划入调进的生产队。1966 年以后,股份基金作为剥削阶级的烙印被废除,资金冲入生产队公积金中,分户账册销毁。

山林报酬 组织高级社时,有些农户成材林木被集体无偿占有,后在纠正“一平二调”错误时进行适当折价,称为山林报酬,计入个人投资额中。核算单位下放时,拨入各户所在生产队,生产队在每年收益中提取一定比例归还给投资户,每年归还总额 5%~10%。1962 年林木入社较多农户每年可得3~5元山林报酬,1966年后被当作剥削制度延续而取消。

生产大队分配总方案 内容有:大队相关收入分配(副业队、畜牧场及其他企业收入),按各生产队劳动力底分、土地和人口确定比例分配到生产队;大队支出负担,全年参加县区、公社、大队的水利、道路等建设和副业队、畜牧场及其他企业的投工,全年干部参加县、区、人民公社、生产大队的开会学习误工,烈军属应给补贴,上级摊派的款项及其他支出,大队报纸杂志订阅及办公费用等,按劳动力底分、土地和人口比例分摊到生产队。队与队之间所得的分配收入和应负担的支出有一定的差距,需按每10分工若干金额的标准进行平衡找补,生产队分配必须在大队总方案找补平衡的基础上进行。

粮食分配总方案 内容有:供分配粮食总产量,包括春粮、夏粮、秋粮和其他杂粮及其折合原粮数。分配栏中包含国家征粮、购粮,集体提留种子、集体饲料,储备粮、社员分配总量等。社员分配总量中,又分为以人定量数量和以工分分配数量及肥料粮、饲料粮等。以人定量基本上按年龄计算,肥料粮按社员投肥量计算,饲料粮按出售生猪头数或毛重计算,储备粮根据历年储备数和当年工分粮可分配数而定,丰年多提,称以丰补歉,其余按工分计算,作为工分粮分给农户。

经济分配总方案 内容有:全年经济总收入,包括农、林、牧、副、渔各业收入。总支出,包括各项生产成本和上缴国家农业税,上交大队义务基建投资等支出款项。集体提留的公积金、公益金、下年生产费等。总收入减去总支出和集体提留部分得出社员可分配收入。社员分配总收入除以总工分乘以10,即为当年劳动日分红。

明细方案 即社员收益分配分户方案,分为粮食和经济两类,以户为单位记载。经济分配明细方案主要栏目有:总工分,应扣义务基建分,实际参加分配工分;工分值,分得金额,归还投资(土肥投资折价、买口粮户的预交款等),享受补贴照顾,实得总金额;已支付部分,其中实物折价,现金支取;待分配,应分未分实物金额提留;余缺情况,有余为短支,不足为超支。粮食分配明细方案主要栏目:全户定量,全户实际参加分配工分;以人定量分得粮食、工分分得粮食、照顾粮食、饲料粮、肥料粮等,全户应分粮食合计;已支取粮食,其中春粮、夏粮、秋粮等分品种记载(番薯等杂粮按国家规定比率折成原粮计算);待分配粮食。

方案审批 分配方案编制后必须上报生产大队审查批准,大队会计对生产队方案中的相关数据进行核对和审查,特别是集体提留的公积金、公益金、下年生产费和储备粮是否已按规定提取,该列入照顾的对象是否已达到照顾的标准等,经确认无误后签上"同意按此方案兑现"字样,并盖上大队公章。

通方案与兑现 经审批后的年终结算方案要召开社员会议公布,称为"通方案"。兑现就是找补多余缺,一般先兑现经济方案,短支户可以领到生产队分配的现金,超支户意味着一年劳动还没赚足所分配实物的钱。超支户一般是人口多劳动力少、遇有天灾人祸得病或者是懒汉。粮食方案的兑现,须在落实好超支户现金的基础上进行。即超支户要向生产队兑现现金,如一时兑现不出,须承诺兑现计划,如猪卖了兑现或请短支户担保等,经认可,粮食可以如期兑现。对无计划又无人担保的懒汉之类,粮食暂时保存在生产队,交多少钱,付多少粮食。

附录　1958 年 5 月志棠乡各高级农业生产合作社春花预分方案

表 1　　1958 年 5 月光明高级农业生产合作社春花预分方案表

<table>
<tr><th colspan="5">收　　入</th><th colspan="3">支　　出</th></tr>
<tr><th>作物名称</th><th>播种面积（亩）</th><th>数量（斤）</th><th>金额（元）</th><th>占比（%）</th><th>农业支出</th><th>金额（元）</th><th>占比（%）</th></tr>
<tr><td>大麦</td><td>111.9</td><td>15760.0</td><td>945.6</td><td rowspan="7">96.7</td><td>种子</td><td>903.9</td><td rowspan="4">52.5</td></tr>
<tr><td>小麦</td><td>136.5</td><td>26166.4</td><td>2093.6</td><td>土肥</td><td>684.3</td></tr>
<tr><td>荞麦</td><td>53.9</td><td>7230.8</td><td>470.0</td><td>家具修理</td><td>350.8</td></tr>
<tr><td>马铃薯</td><td>29.9</td><td>2495.0</td><td>149.7</td><td>预留生产费</td><td>280.0</td></tr>
<tr><td>蚕豆</td><td>4.2</td><td>553.0</td><td>53.1</td><td>社务支出</td><td>108.0</td><td>2.6</td></tr>
<tr><td>黄豆</td><td>6.9</td><td>1227.4</td><td>98.2</td><td>其他支出</td><td>28.6</td><td>0.1</td></tr>
<tr><td>油菜</td><td>49.4</td><td>1630.0</td><td>277.5</td><td>公租金</td><td>338.3</td><td>8.1</td></tr>
<tr><td>副业</td><td>—</td><td>—</td><td>110.6</td><td>2.6</td><td>公益金</td><td>84.6</td><td>1.9</td></tr>
<tr><td>其他</td><td>—</td><td>—</td><td>30.5</td><td>0.7</td><td>劳动分红</td><td>1395.4</td><td>34.3</td></tr>
<tr><td>合计</td><td>—</td><td>—</td><td>4228.1</td><td>100</td><td>合计</td><td>4228.1</td><td>100</td></tr>
</table>

说明：全社 135 户 575 人，劳动力 210 个

表 2　　1958 年 5 月康乐高级农业生产合作社春花预分方案表

收　　入				支　　出		
作物名称	播种面积（亩）	数量（斤）	金额（元）	农业支出	金额（元）	占比（%）
大麦	157.8	20510.0	1189.6	预留下年种子	2093.0	24.4
小麦	311.5	65420.0	5233.6	归还土肥投资	584.7	6.4
米麦	167.1	10875.0	1174.9	预留下季生产资金	758.0	8.2
马铃薯	65.5	折 13250	795.0	预留下季管理费	80.0	0.8
佛豆	5.5	697.0	55.8	照顾困难户	105.0	1.2
黄豆	—	—	—	公租金	456.0	5.0
油菜	115.3	—	631.7	公益金	91.2	1.0
副业	—	—	40.0	归还货款	228.0	0.8

续表2

收　　入				支　　出		
作物名称	播种面积(亩)	数量(斤)	金额(元)	农业支出	金额(元)	占比(%)
其他	—	—	—	按劳预支	4753.7	52.2
合计	—	—	9121.6	合计	9121.6	100

说明：全社325户1322人。劳动力男373个，女173个。参加分配工分345917分，劳动日分红0.14元

表3　**1958年5月联胜高级农业生产合作社春花预分方案表**

收　　入					支　　出		
作物名称	播种面积(亩)	数量(斤)	金额(元)	占比(%)	项目	金额(元)	占比(%)
农业收入	—	—	21753.2	92.3	农业支出	6290	26.6
副业收入	—	—	1767.0	7.7	副业支出	22	0.1
—	—	—	—	—	畜禽支出	11	0.05
—	—	—	—	—	管理费	247.3	1.05
—	—	—	—	—	下季生产费	2274	9.68
—	—	—	—	—	到期贷款	500	2.12
—	—	—	—	—	公积金	1653	7
—	—	—	—	—	公益金	945	4
—	—	—	—	—	劳动预分	11677.8	49.4
合计	—	—	23623.2	100	合计	23623.2	100

说明：全社556户2121人，男1157人，女964人。参加分配工分54594.71分，劳动日分红0.21元

表4　**1958年5月新建高级农业生产合作社春花预分方案表**

收　　入					支　　出		
农业收入	播种面积(亩)	数量(斤)	单价(元)	金额(元)	农业支出	金额(元)	占比(%)
大麦	72.4	8050.0	5.8	466.9	归还土肥	670.9	10.5
小麦	198.8	31578.0	8	2525.2	留待找补	800.0	7.6
米麦	98.4	1370.9	6	822.5	下年种子	1325.0	18.1
洋芋	24.5	622.5	6	375.5	管理费	51.0	0.8
蚕豆	169.5	3848.0	8	307.8	公积金	638.0	10.0
佛豆	12.9	106.8	9	96.1	公益金	127.0	2.0
油菜	75.5	1580.0	17	268.5	归还贷款	150.0	2.5
副产品	—	—	—	35.6	按劳分红	3104.8	48.5
副业收入	—	—	—	—	—	—	—
油车	—	—	—	1036.9	—	—	—

续表4

收　入					支　出		
农业收入	播种面积（亩）	数量（斤）	单价（元）	金额（元）	农业支出	金额（元）	占比（%）
矿工	—	—	—	241.8	—	—	—
山林	—	—	—	311.8	—	—	—
合计	—	—	—	6386.7	合计	6386.7	100

说明：全社 184 户 682 人

表 5　1958 年 5 月和平高级农业生产合作社春花预分方案表

收　入					支　出		
作物名称	播种面积（亩）	数量（斤）	单价（元）	金额（元）	农业支出	金额（元）	占比（%）
大麦	172.4	31385	6	1883.1	管理费	50	0.5
小麦	283.9	64308	8	5144.7	归还土肥	668	6.2
米麦	237.9	36214	7	2534.9	留待找补	800	7.5
马铃薯	57.3	32218	2	644.4	预留生产费	3300	30.0
蚕豆	169.5	3848	8	307.8	公租金	460	4.3
佛豆	—	186	8	14.9	公益金	280	2.6
油菜	191.5	656	16	104.9	劳动预分	4484.7	42.3
合计	—	—	—	10634.7	合计	10634.7	100

说明：全社 262 户 1034 人，男 559 人，女 475 人。劳动力男正 259 个，男半 27 个，女劳动力 47 个

表 6　1958 年 5 月穗丰高级农业生产合作社春花预分方案表

收　入				支　出		
作物名称	播种面积（亩）	数量（斤）	金额（元）	农业支出	金额（元）	占比（%）
大麦	53.5	5345	320.7	生产费	405.0	20
小麦	109.9	13355	1068.4	管理费	10.1	0.5
米麦	91.5	7170	521.9	公积金	364.5	18
马铃薯	—	3200	48.0	公益金	243.0	12
佛豆	—	50	4.0	劳动分红	1002.7	49.5
黄豆	14.7	815	65.2	—	—	—
油菜	—	100	17.0	—	—	—
合计	—	—	2025.5	合计	4228.1	100

说明：全社 83 户 338 人

1978 年度新宅生产大队分配实例

表 1　　1978 年度新宅生产大队农作物实际产量情况表

类　别	播种面积(亩)	单产(斤)	总产(斤)	类　别	播种面积(亩)	单产(斤)	总产(斤)
粮食耕地面积	627	1211	759297	荞麦	46	102	4711
非耕地上粮食产量	1123	—	7838	2. 大豆小计	—	—	—
总计	1750	—	767135	六月豆	—	—	1428
(一) 粮豆合计	1372	559	767503	田塍豆	—	—	6456
1. 粮食作物	1372	553	759670	(二) 工业原料	—	—	—
(1) 春粮(小麦)	170	325	55293	油菜籽	58	108	6230
(2) 早稻及早中稻	613.5	741	454774	(三) 其他作物	—	—	—
(3) 秋粮小计	—	—	—	秋菜萝卜	51	—	—
双季晚稻	523	453	237109	甘蔗	0.8	—	—
田玉米	12	101	1217	绿肥	241	—	—
山番茄(5 折 1)	10	658	4575	其中:草子种	40	—	—

补充资料:① 年末总户数 176 户,其中:非农业户 0 户。年末总人口 681 人,男 366 人,女 314 人;② 在年末总人口中,男女正半劳动力 311 个;③ 年末集体耕地面积 627 亩,水田 645 亩,旱地 10 亩;④ 年末社员自留地(田)38 亩,社员自营的粮食及大豆产量 20420 斤;⑤ 年末生猪存栏头数 374 头,全年饲养生猪头数 209 头,耕牛存栏 30 头

表 2　　1978 年度新宅生产大队经济分配总方案情况表

类　别	项　目	数　量	类　别	项　目	数　量
参加分配的	户数(户)	176	收入(元)	其他收入	2043.8
	人数(户)	681		合计	96320.4
	劳动力(个)	311	支出(元)占收入的 32%	生产费支出	23394.5
	劳动日(天)	1031016		管理费支出	258.3
收入(元)	农业收入	78667.9		其他支出	2489.9
	林业收入	7659.4		合计	26637.7
	牧业收入	4731.0	分配(元)	国家税金	2913.0
	渔业收入	147.7	集体提留(元)	公积金	3468.9
	副业收入	3070.5		公益金	1448.3

续表2

类　别	项　目	数　量	类　别	项　目	数　量
集体提留(元)	生产基金	5424.8	社员分配(元)	平均每人收入(不含家肥)	83.0
	储备粮基金	627.7		—	—
	合计	17197.6	社员超支情况	户数(户)	74.0
社员分配(元)	家肥报酬	4796.1		年度超支(元)	2807.1
	分得现金	12401.5	累计	年底四项积累(元)	10742.3
	平均每人收入(含家肥)	89.8		年底固定资产值(元)	7410.2

表3　**1978年度新宅生产大队粮食分配总方案情况表**　单位：斤

类　别	项　目	数　量	类　别	项　目	数　量
基本情况	户数	176	饲料	集体留用	22903
	人数	681		分给社员	58114
粮食产量	春粮	55293	当年储备粮	—	12841
	夏粮	454774	其他用粮	—	36797
	秋粮	237109	分给社员口粮	按人口分配	354375
	合计	766783		按工分分配	77374
交国家	征粮	104500		合计	431749
	加价议价	19102	种子	—	55190
	合计	124402	平均每人口粮	—	636

三、集体力量展示

集体化一定程度影响人们主观能动性的发挥，容易造成窝工、磨洋工、出勤不出力，干好干不好一个样弊端。但在生产力落后情况下，组织起来发展生产，还是富有成效的。其最大优势就是依靠集体力量，发扬自力更生、愚公移山精神改造山河，诸如改善水利条件、改良土壤、改变耕作等，单凭一家一户之力难以实现。

耕冬田　冬田是指刚被降低地下水位的“烂糊”田，多数土壤板结，泥土黏性大，通透性差，磷、钾离子释放少。为加速土壤改良，初冬时节先将空板田翻耕过来，让阳光照晒和低温冻化，促进土壤肥力的释放。这在耕牛数量有限而单干时，是难以做到的。

烧“双灰”　主要有草木灰和焦泥灰两种。草木灰是农家用秸秆作燃料的烬余物，焦泥灰则是铲取草皮泥和垃圾、稻草等堆置用暗火焖烧而成。两种灰肥都富含钾素和磷素，是种麦类、绿肥、豆类不可缺少的肥料，有“无酒不请客，没灰不种麦”的农谚。灰肥另一用途是用作稻田嵌三朝灰，使用前3天将人粪尿加于灰中，用时拌匀，以手捏成团、落地能散为准，待插秧后两三天，以一特制之灰船盛装灰粪放入稻行，捏灰肥嵌于稻根，一边嵌，一边将灰船往前推行。对水稻提早成活、防止发僵有很好作用。

挑塘泥　农闲时车干塘水，挖出淤积塘底的烂泥晒干，是用作基肥的土杂肥，富含有机质。

特别在沙质旱地，不但是重要肥料，更能收改良土壤之效，农民习惯用塘泥作西瓜和糖蔗的基肥，每担塘泥种两丛西瓜，也在糖蔗行间挑上塘泥。直到80年代土地承包到户以后，塘泥的使用才有所减少，但在种果树时，仍不失为优质基肥。

以磷增氮　20世纪50年代末与60年代初，冬种绿肥作为改造低产田、低产坂(畈)的一项主要措施，会泽里大队是县、区试点大队，衢县农业局派技术人员蹲点指导，区委工作组长期进驻。绿肥品种以紫云英为主，种植面积由1957年380亩增加到1962年949亩，鲜草亩产量由几百公斤提高到1250公斤以上。通过施磷肥与绿肥产量情况对比，得出以每亩施20公斤磷肥，绿肥亩产可达1500公斤以上。

推广三熟制　由于粮食长期紧张，为增加粮食产量，试行麦、稻、稻三熟制。主要采取间作办法，即在早稻即将成熟时，在稻丛中先插入晚稻秧苗。20世纪60年代"连塘早""陆财号"等一批生长期较短的早稻品种问世后，开始大面积种植连作稻"新三熟制"。

推广良种　20世纪60年代，推广"连塘早""陆财号"等早熟品种，后推广矮脚南特、江矮早、团粒矮、珍珠矮、浙福802、农垦58等矮秆水稻品种，为合理密植创造条件。70年代后，推广杂交水稻，产量明显提高，耕作也发生全新变化。

推广使用化肥　最早推广"硫酸铵"，农民叫肥田粉，为白色粉末，气味不大，施用后效果明显，为群众所接受，但数量有限，时常缺货，而且生产成本也大幅增加。后推广使用液态氮肥"氨水"，因"氨水"氨气散发快，刺鼻刺眼，熏得人喘不过气，熏到作物叶子马上枯焦，开始时农民不愿意用，但因其效果好、价格便宜而接受。

开沟排水　长期以来土地分散在各家各户，缺乏统一的排灌体系，造成排水不畅，不少田块成为终年积水的烂冬田。土壤改良从开沟排水、降低地下水位入手。1954年，各村对原来沟渠进行全面整治，填老沟，开新沟。经过几个冬春努力，地下水位普遍降低，烂冬田明显减少。至20世纪60年代，烂冬田基本得到改造。

学习"上华经验"　兰溪市上华大队是集体养猪先进典型，"猪多肥多，肥多粮多，粮多猪多"。境内各大队先后办起畜牧场，至1971年，生猪饲养量4.72万头，其中横山与下宅公社年末存栏数有12819头，全年出栏数23691头，有母猪875头；志棠公社年末存栏数5063头，全年出栏数4514头，有母猪207头。

秸秆还田　农家素有稻草还田的习惯。20世纪60、70年代，生产资料部门专门组织生产一种用于切稻草秸秆闸刀，安装在凳子上，割稻时带到田间，将新鲜稻草闸切成3~5厘米小段，经翻耕后再将其踩入泥底，数量不低于田块中稻草总数的1/3。但稻草是群众不可缺少的燃料，还田多了，社员得到的稻草就相对减少，增加了农户燃料紧张矛盾，如不是集体化，推广不容易。

渠水控制　夏收夏种时，用水矛盾十分突出。特别是遇到旱情时，争水抢种问题经常发生，容易发生争斗。遇到抗旱年份，各大队由大队干部挂帅，组织好各生产队之间用水平衡，这从一个侧面反映了集体的力量。

第二节 快速发展时期

中共十一届三中全会以来，农村经济快速提升，社会事业统筹发展，人民生活普遍改善。2005 年 10 月，中国共产党十六届五中全会通过《“十一五”规划纲要建议》，提出要按照“生产发展、生活宽裕、乡风文明、村容整洁、管理民主”的要求，扎实推进社会主义新农村建设。

一、农村改革

中共十一届三中全会后，农村改革提上议事日程。群众逐步认识到“干多干少、干与不干一个样”是阻碍农村经济发展的主要因素，各级政府开始探索落实农业生产责任制的有效途径。随着温饱问题的解决和农村经济体制改革的深入，农村经济建设走上正轨，实行土地流转、加速劳动力转移，开拓来料加工业务，发展生产、改善民生等举措逐步得到落实。

实行联产承包责任制 1982 年春，县全境实行家庭联产承包责任制。在土地等基本生产资料集体所有的前提下，土地、耕牛、农具按人口、劳力比例承包到户，以家庭为单位经营，取消工分分配，实行包干分配，即“保证国家的、留够集体的、余下自己的”，农民生产有自主权，分配打破“大锅饭”。土地分配按人平均，将土质好差、水利条件好坏、畈田与垄田合理搭配分给各户，也有连片分给社员的。有的队还留出一定数量的机动田，以解决青年男女结婚问题。1984 年，按照“大稳定、小调整”原则，对土地分得过于零碎及人口、劳力增减变化较大的作适当调整，大田承包期由 3 年延至 10 年或 15 年。2004 年 8 月，县委办下发《关于进一步稳定完善农村土地承包关系的意见》，进一步明确并重申坚持和稳定农村二轮土地承包关系，落实农嫁女的土地承包经营权，加强土地承包经营权证和合同管理等。

表 12-9 **1984 年横山、下宅、志棠乡农村政社组织情况表**

乡名	村 名	村民小组（个）	实行承包责任制户数（户）	乡名	村 名	村民小组（个）	实行承包责任制户数（户）
横山乡	吴仪宾	8	206	横山乡	溪边	3	96
	上下朱	6	164		下西山	6	215
	八石坂（畈）	13	337		余岗	9	218
	高山	7	265		龙门桥	6	227
	横山	7	277		上向徐	8	265
	西方坞	8	264		白鹤桥	8	264
	仓头	2	84		会泽里	11	410

续表12-9

乡名	村　名	村民小组（个）	实行承包责任制户数（户）	乡名	村　名	村民小组（个）	实行承包责任制户数（户）
横山乡	方野	2	88	志棠乡	儒大门	5	183
	山门寺	4	56		后邵	3	114
下宅乡	项家	14	430		卸厅	4	111
	脉元	14	354		前邵	5	128
	腰塘	4	122		席家	2	111
	贤求朋	8	217		凌阁张	4	150
	下宅	12	317		腰塘边	10	161
	后徐	8	259		张溪	9	183
	大平山	7	171		钱家	5	156
	大平坂（畈）	8	197		东王	5	130
志棠乡	杨邵	6	220		塔下叶	8	223
	新源	5	186		翁坞	2	56
	下店	3	117		—	—	—

完善林业生产责任制　1980年境内开始划分自留山，将山林面积15%划给农户。1984年增划自留山，减少统管山。2004年8月12日，县委办公室下发《关于长期稳定山林承包责任制的通知》，进一步明确和重申新一轮山林承包期为50年等6项政策。

土地流转　1994年县下发《关于建立土地用权流转机制若干意见的通知》，境内有50余家农户参加山林（丘陵）经营权有偿转让，不少农户转包转让大田。20世纪末，按照"依法、自愿、有偿"的原则进行土地流转试行，外出户、无劳动能力户将土地流转到懂经营、有技术、会管理的种植养殖大户手中。2011年横山镇流转土地100公顷，2013年流转土地122.93公顷。2017年流转橘园16.67公顷，改造低产低效橘园7.33公顷。以白鹤桥等7个村经济合作社为主体，采取返租倒包、浮动分红等方式，探索土地流转新模式，收回160公顷闲置荒地经营权，农户每亩土地保底增收400元，村集体年均增收2万元。

图12-1　正大再生方志棠白莲种植示范基地揭牌
（杨豪　2020年8月22日摄于天池村）

附录　发展村级经济，增加农民收入的新路子

——西方坞村发展一村一片的调查报告

西方坞村基本状况。西方坞村有4个自然村，人口1048人，男、女正半劳力492人，耕地面积1262亩，山场面积600多亩，已开发500亩，待开发100多亩。现有茶园面积160亩，柑橘50亩。

西方坞村集体经济的主要来源。西方坞村没有村办企业，集体经济的主要来源靠茶叶收入。全村160多亩茶叶承包给12户农户管理，从落实责任制以后，生产状况良好。1986年茶叶产值达1.8万元，成本2400元，管理投工900工，茶叶加工投工320工，采茶投工2000工，全年上交集体7700元，1987年预计可达产值2万元。由此可见，茶叶生产是西方坞村的一大特点，既节约成本，又不需在劳力上有很大的投入，不误农时，投资少、经济效益较高。

从茶叶生产看发展一村一片的优越性。西方坞村从实行承包责任制之后，对茶叶生产抓得比较紧，他们重视集体领导和管理，抓好承包责任制的落实。所以，没有出现有的村分户承包后造成四分五裂的现象。近几年来的实践证明，实行承包责任制之后，不是集体可有可无，相反，还要不断巩固和加强集体经济。加强集体经济可有各种渠道，而发展一村一片不失为一条好路子。像西方坞村发展茶叶生产，实现了一村一片，其优越性得到体现。首先，壮大了集体经济。近几年来，西方坞村新建了礼堂，造了自来水，新建了机耕路，还完成收缴电费、水费，交付干部工资等。全村正常开支，大部分是从茶叶收入中支付的。如果没有茶叶的收入，集体经济就比较薄弱，为群众办点事业也就困难。其次，增加农民收入、减轻农民负担。12户农户承包茶叶之后，全部收入除上交7700元、成本2400元之外，每户收入可达500多元，村全年向农户收缴积累，每亩3~4元，大部分开支由集体承担，从而大大减轻了农民的负担。

今后发展方向及措施。管好现有茶园，发展一村一片是西方坞村的今后努力方向，全村还有100多亩山待开发利用，现在大部分都是种植一些山番茄、青菜等其他作物，各户种植不一，不利于统一管理和规划，经济效益不高。今后还要继续开发、种植柑橘等小水果，发展多种经营，向一村一片方向发展，将会进一步壮大集体经济，增加农民收入。

（调查人：韩根良　1987年5月14日）

二、产业引导

1984年冬，农产品统购派购制度改革，农村商品经济由单一经营转向多种经营。翌年，开始扩大经济作物种植面积，经逐步调整，近万农村劳动力从粮油农业转向经济农业。1988年后，国家政策进一步向种粮、种棉、养猪、养鸡等种植、养殖及各类专业大户倾斜。1990年，在县

委“科技立县、教育为本”战略指导下，境内优化农作物种植布局，注重经济效益，提高农产品质量，促进加工增值。

表 12-10　　1998 年横山镇农业各项指标分配表

村　名	年末应保持耕地面积（亩）	总产值（万元）	粮食播种面积（亩）	粮食总产量（吨）	村级集体经济（万元）	人均收入（元）	粮食定购任务（百公斤）	农业税（公斤）	教育费（公斤）
八石坂（畈）	1704	374	3800	1275	31.7	3420	3049	22157	14705
吴仪宾	1038	238	2255	778	11	3200	1990	19705	12854
上下朱	834	215	1850	625	14.6	3500	1798	22718	17474
西方坞	1190	277	2640	892	23	3350	1620	25789	17105
仓头	371	108	800	278	7.7	3600	3167	7859	5281
溪边	388	91	835	291	9	3400	567	9087	5876
会泽里	1624	357	3420	1218	36.5	3450	2368	88713	14754
高山	828	159	1980	695	23.5	3350	1898	23718	18474
横山	857	142	1840	643	43	3900	1398	20661	13474
白鹤桥	1183	288	2420	887	37.5	3500	739	23908	16257
上向徐	1043	295	2180	788	21.5	3450	1767	24605	15922
项家	1806	385	3700	1354	39.5	3600	186	38987	26364
脉元	1601	340	3020	1201	35	3650	2634	39086	24860
山门寺	220	23	420	168	4	3200	2005	1046	1471
腰塘	525	130	1020	394	11	3200	2110	9388	6825
下西山	980	198	2150	735	18	3200	682	18238	13080
余岗	1230	242	2600	922	23.5	3300	1710	20647	15166
方野	390	104	840	292	9.1	3400	2205	9058	6027
下宅	1647	340	3600	1310	35	3300	667	34469	24079
后徐	999.7	198	2200	750	25	3350	2547	26780	17019
大平山	691	175	1470	518	17	3400	1478	15866	10586
大平坂	1115	185	2130	880	11.5	3200	1047	21741	15289
贤求朋	830	193	1840	622	18.5	3250	1567	21575	13819
龙门桥	995	193	2200	745	20.5	3400	1209	19318	13473
合计	24284	5200	51200	18200	516.6	3420	37900	535686	357223

调整结构　2004 年，志棠镇扩大具有 800 多年种植历史的省优质农产品志棠白莲的种植，种植面积达 2000 余亩（133.33 公顷），并建立儒大门志棠白莲省级示范基地，开展太空白莲、志棠白莲品种繁育和莲田套养水产等试验；培育下店村红花基地，开发“天池山牌补血野红花”包装；招商引进兰溪、衢州等地经济主体到本镇从事珍珠养殖、种植西瓜、承包柑橘等。2005 年，10 余万支荷花出口日本，7 月 16 日，中央七台“致富经”栏目作了专题播报，扩大了志棠白莲的知名度。

原横山镇组建土鸡、金丝草、红花菜行业协会,注册产品商标,制定地方标准,带动特色种养殖业规模发展。2010年,出台莲子产业激励政策,新增莲子种植面积33公顷,莲子销售单价达每公斤70元,农民增收幅度超过7%,莲子深加工得到提升,莲子酒产销形势良好。2011年发展畜牧业,防疫率、禽流感免疫率达95%,生猪口蹄疫免疫率达100%,全镇年出栏生猪5万头,鸡(鸭)372万羽,实现销售收入1.4亿元。2013年,引进"金芙蓉""建选17""建选35"等优质莲子新品种,引导农户扩种、改种新品种38.87公顷;引进12台莲子剥壳去膜机及莲子烘干机等设备,做大做强莲子产业。2014年,镇政府兑现补助政策,鼓励龙葛公路沿线100米范围内种植莲子及进行品种改良,全镇新增莲田26.97公顷,品种改良10.99公顷;实施浙江省农业厅莲子品种种植对比、肥料用量比对等田间试验课题,完成富硒莲子产业提升方案文本制作。2018年,抓好莲子产业转型升级,"十里荷花"带新增莲田种植约17公顷,完成天池村富硒莲子核心基地统一流转耕地20公顷。

政策扶持 2022年4月2日镇印发《2022年"志棠白莲"产业化发展扶持政策》,6月与建德市大慈岩镇、兰溪市诸葛镇结成莲子产业发展联盟,在大慈岩镇签订浙硒莲子产业区域品牌战略协作框架协议,协商制定莲子收购保护价;开展莲子育种、栽培、管护、销售等专业技术培训交流,打造共用品牌(产品),拓宽莲子销售市场;鼓励市场效益高的莲子新品种相互推广种植等。

技能培训 20世纪末,利用镇成人文化技术学校对农村劳动力进行就业技能培训。2001年乡镇成人文化技术学校开展来料加工、柑橘"三疏一改"等技术培训。2004年乡镇实施"万名农民素质培训工程""创业素质工程""双证制教育培训工程",包括资格证书、岗位证书培训及计算机应用、农业技术、会计、外语、保姆、保安等培训。2005年,原横山镇组织劳务技能培训8期,培训人数226人;组织农技培训7期,培训人数106人;组织预备劳动力培训1期,培训人数70人。2011年,在河宗村举办莲子栽培技术培训。2020年,开设舞蹈、插花、种植等84课时培训。同年,以"春播种、夏赏荷、秋品鉴、冬体验"创新荷花节四季融合新模式,形成"荷"经济全链条闭环,引领游客互动体验"四季横山"之美。

表12-11 **2003年横山镇劳务培训和新增输出人数分配表**

村 名	培训(人)	输出(人)	村 名	培训(人)	输出(人)
会泽里村	28	56	余岗村	20	40
白岳桥村	18	36	项家村	28	56
高山村	18	36	脉元村	25	50
横山村	17	34	腰塘村	12	24
上向徐村	17	34	下宅村	26	52
吴仪宾村	14	28	后徐村	20	40
上下朱村	12	24	大平山村	12	24
八石坂(畈)村	25	50	大平坂(畈)村	18	36
西方坞村	17	34	贤求朋村	15	30
仓头村	8	16	山门寺村	5	10
溪边村	8	16	龙门桥	15	30
下西山村	14	28	方野村	8	16

注:参加培训人数400人,新增输出人数800人

基地建设　2010年,龙游盈州园林有限公司在贤求朋村建设“高效立体栽培示范基地”,规模20公顷;兰溪老板到河宗村投资养殖泥鳅,组建规模7公顷的龙游宝龙科技养殖有限公司。2012年,白鹤桥溪西坂(畈)水稻高产示范畈通过市、县农业部门专家实地实割测产验收,“甬优12”单产每亩948公斤,名列全市第一。2017年,建立以富硒莲子、稻米、迷你小紫薯为主的富硒农产品基地,培育富硒农产品开发企业19家,其中市级农业龙头企业2家,成功打造省级富硒现代农业园区。是年,引进投资10亿元的再生方“天池药谷”智慧中药文化产业园项目。2018年,扶持黄茶种植基地2个,新增黄茶种植19公顷。

横山省级现代农业园区　2021年10月26日,浙江省粮食安全和推进农业现代化领导小组农业“两区”办公室发布省级现代农业园区拟创建对象,横山省级现代农业园区入选。园区规划以“四区一园一带”为总体框架,涉及横山镇、石佛乡24个行政村11.82万亩。

表12-12　**2021年横山现代农业园区功能分区表**

园区	区　块	面积(万亩)	比重(%)	具体内容
四区	现代农业核心区	2.82	23.87	包括公共服务中心、农业可持续发展示范园、莲子标准化生产示范区。打造成数字农业示范区、现代农业创新创业平台、农业全产业链示范区、省级休闲乡村等
	稻莲轮作示范区	6.63	56.1	打造成粮食生产功能区、省富硒农产品生产基地、省“智慧农机”示范基地等
	生态循环农业示范区	1.23	10.43	打造成省级绿色农业发展示范区、省级美丽牧场、生态健康养殖示范基地、绿色优质稻米生产基地等
	天池产村融合示范区	1.11	9.35	打造成富硒农产品生产基地、国家4A级旅游景区、省级中药材良种繁育基地、省级道地药园、省级中医药文化养生旅游示范基地、省级休闲乡村
一园	加工物流园	0.03	0.25	多点分布,打造成健康农产品精深加工基地、农产品交易集散中心
一带	十里荷花观光带	—	—	打造成省级美丽乡村精品线、十里荷花风情线、龙游县新时代美丽乡村共同富裕示范带
合计	—	11.82	100	—

三、新农村建设

历史上,一些聚族而居的村庄,能较好地控制布局,注重水口维护,村庄格局较为合理。20世纪50年代后,随着人口快速增长,村庄布局趋于随意。90年代后,村庄布局开始得到重视。2003年以来,新农村建设有实质性突破和提高。

规划　2004年,原横山镇对23个行政村编制村庄规划,实施“十村示范、百村整治”工程。新的横山镇成立以来,高度重视行政村的规划与设计。2010年,全镇完成基础1∶500比例测绘。2017年,腰塘边村庄规划通过专家评审,天池村、志棠村、项家村成功申报第一批省级传统村落,其中志棠村“千年志棠、白莲之乡”特色整治规划被评为省级优秀规划方案。2018年,完成天池村传统村落保护发展规划。2019年,对志棠、后徐、天池等5个重点村庄进行规划,以点带面、辐射周边同步提升。

饮水工程 长期以来，农村饮用水主要依赖溪流河水、井水、山间泉水，也有少数为池塘水，多数农村人口饮水安全得不到保障。2003年，开始实施“千万农民饮用水工程”，境内先后实施了志棠片饮用水工程、横山镇农民饮水安全工程。

水资源开发利用、保护与供水工程规划（2005—2020） 2004年7月县水利局编制。规划2003—2005年建成志棠自来水厂，2010年前建成横山自来水厂。

志棠片饮用水工程 原有志棠水厂，供水规模仅为0.05万立方米/日，供水区域人口仅350人。农村绝大部分农民采用地下水，自备水井或水塔取水。地下水水质较差，硬度高，亚硝酸盐含量严重超标，结石发病率高。2004年，该片列入千万农民饮用水项目计划，饮用水水源改从6公里外的杨垄水库引取（水库水位高程为117.2米，而志棠片一般村庄高程87.47米，高程自然落差29.73米），主要铺设引水管道和布置净水设施，采用LJD型高效组合式净水器（压力式）进行过滤，引水管道为DN400承梯式自应力钢筋混凝土管，主管长6020米，然后分支延伸到卸厅、后邵、前邵、席家和工业开发区。2004年4月开工，当年10月完工，共完成土石方挖填13.01万立方米，安装DN400压力管6020米、DN200压力管8653米、DN150压力管9836米、DN800钢管120米，投资703.71万元。受益0.6万人。

表12-13 **2007年横山镇农村饮用水工程受益人口统计表**

受益村	受益人口（人）	受益村	受益人口（人）
前邵	531	下宅	1585
新宅	671	凌阁张	540

横山镇农民饮水安全工程 列为2009年县人大1号议案，并被列入国债项目，受益范围为横山镇和模环乡境内36个行政村（其中学校6所），受益人口45851人，设计日供水规模为8000立方米，年内完成一期工程及自来水厂建设和总管铺设，投资额2746万元。项目前期，镇党委政府在县政府、县人大的支持下，多渠道融资，9月30日工程开工。二期“进村入户”工程列入县2010年“六个一批”重点建设计划，工程项目概算投资2381万元，其中第一批实施的贤求朋、横山、下宅等7个行政村农民集资140万元，“进村入户”管道铺设及水表、水龙头安装于2011年5月底完成，辖区16个行政村和4所学校共计3万余人喝上安全饮用水。

龙北水厂管网延伸工程 横山自来水厂建于2008年，承担横山镇、模环乡共30个行政村的农村区域供水，日供水能力为8000吨，受益人口5万余人。水厂唯一水源为山门寺水库系小（一）型水库，总库容为218万立方米，正常库容161万立方米。龙北水厂管网延伸工程主要为：新建模环开发区给水管、模环沿320国道管网延伸及志棠给水管，新建模环许家、横山会泽里2个无负压气罐式加压泵站，设计流量每小时416立方米，新建配水管总长约16.6公里。项目总投资4509.39万元，2021年4月开工，9月底通水。横山镇20个行政村、模环乡10个行政村共5.74万人喝上高坪桥水库水。

办公场所建设 2005年7月开始，采取省里补一点、县里出一点、结对部门帮一点、乡村两级筹一点的办法，以新建、购买、改建、修缮等方式，帮助集体经济薄弱村解决办公场所。是年，完成高山、仓头、山门寺、吴仪宾、贤求朋5个村600平方米的村级办公楼建设，2006年完成钱家村办公楼新建和其他13个行政村办公场所修缮以及36个行政村党员远程教育网络建设。

2012年,对白鹤桥等3个新建的村办公楼进行统一规范,对会泽里、八石坂(畈)等4个村办公楼进行修缮。2019年,完成上宾村、下西山村党群综合楼建设。

村庄整治　2003年9月,县委、县政府成立“十村示范、百村整治”工程领导小组,对发展滞后的村进行整治。2004年,完成会泽里、脉元、上向徐、后徐4个村整治。2005年,投入50余万元完成横山、下宅村整治,投入60余万元整治席家村。2006年,新的横山镇成立后,首先完成钱家、儒大门、腰塘、项家、西方坞村整治,并探索席家、脉元整治后续管理。是年,衢州市村庄整治现场会在席家村召开。组织开展15个行政村垃圾集中处理,新建垃圾房6座、垃圾池296个,清理各类垃圾36吨,村村建立保洁队。脉元村卫生费收缴工作得到县政府肯定并向全县推广。2007年,完成生活垃圾填埋场二期征迁,席家村获市森林生态示范村。2008年,投入81.2万元,对龙门桥、仓头、席家、脉元村进行整治,拆除房屋、围墙、露天粪缸和旧厕所近百处,浇筑水泥路面7.5公里,新建公厕3所、垃圾池12处,拆除污染大户养殖场1家,对9家养殖场进行整治;完成4个生态养殖区规划,对下宅、腰塘边村门口塘进行治理。2010年,投入266.23万元,集中整治下店、前邵、白鹤桥、东王、贤求朋5个自然村。

文明村镇创建　2008年,镇政府被县推报为市级文明单位,志棠村被推报为市级文明村,脉元村被评为县特色文化村。2009年,推进文明村创建,申报县级文明村1个、文化特色村1个。2014年,脉元村、项家村创建市级卫生村。

农房管控　2018年,实施志棠“十里荷花”农房管控、风貌提升先行区创建,连片拆除316道路两侧违章建筑30余处,建成农房管控示范村3个;启动“四必拆百日攻坚”行动,全镇累计拆除一户多宅共180宗1.57万平方米、附房141宗5673.35平方米、圈占农用地围墙67宗,拆后利用率90.52%,12个村通过风貌管控考核验收。腰塘边村在全省生态宜居示范村考核中获评优秀,志棠村获评衢州市、浙江省AAA级景区村庄。2019年,继续推进农房整治,累计拆违4559宗,面积14.8万平方米。通过建设用地复垦、“一米菜园”、旧物改造等方式,提升人居环境。2019年,推行有偿选位集聚安置模式,整合旧房资源。凡需新建房屋的农户原宅基地和住房无偿由村集体收回,凡新建房必须严格按村庄风貌管控规划审批建设,既化解违建存量又严控增量。共回收老旧房屋28幢,收储面积达3000余平方米。结合村庄规划和拆违情况,布局合法建设,加大“边角料”和零散“留白”区域管理,促进拆后土地的高效利用。

“五水共治”　2014年,共拆除生猪养殖户443户,拆除猪舍10.3万平方米,剩余84家符合整治条件的生猪养殖户年底前全部截污到位;投资500余万元集中整治集镇污水,一期工程网管建设投资111万元,完成网管铺设2.8公里;模环溪沿岸农村生活污水处理工程投资1879万元,涉及志棠、天池等11个村,共接纳污水农户3058户。探索全水域洁水养殖,完善16座小(一)型和小(二)型水库、78座在册山塘的承包补充协议,组织企业结对认养清洁塘,实现流域内所有山塘、水库清洁水养殖全覆盖;设立河道保洁员,落实长效保洁机制,11个村全面完成“贺田模式”复制。2016年,围绕“一年打基础、三年求突破、五年见成效、八年基本建成”的总体要求,镇发动干部群众50人次,沿线村共组织500余人,对塔石溪、模环溪、河湖塘库进行淤泥清理,并排查水塘180个、沟渠75条。11月22日,省水利厅考核组分别对八石坂(畈)、下宅、大平坂(畈)等村“河湖塘库”清淤工程项目进行实地考核。至年底,全镇共组织开展治水行动数十次,千余人参与,完成沟渠清理约1公里,清理水塘80个。2017年,创新“一塘一长一党员”结对机制,通过“立军令状”“挂作战图”“定计划表”“列责任单”等举措,率先完成43处劣

V类水体剿灭任务，其做法先后被《浙江日报》等媒体报道，县“四比四赛”剿灭劣V类水体现场会在横山镇召开。2018年，推进城镇截污纳管，完成20个村农村生活污水治理，实现污水治理设施全覆盖，农户受益面达85%以上，出境水质100%达到环境功能区要求。持续开展生猪养殖整规工作，对所有养殖场进行测绘，核定栏舍面积，限定存栏量，完成44家保留养殖场的发证初验，实行全天候监控。是年，横山镇被省委、省政府被评为全省剿灭劣V类水工作突出贡献集体，荣获全国休闲农业与乡村旅游三星级单位和浙江省科技特派员工作先进集体。2019年，贯彻落实“河(湖)长制”，处置河道淤积10余起，制止河道采砂3起；做好“剿灭劣V类水体”防反弹工作，开展畜禽养殖污染治理行动，下发整改通知书42份，完成整改事项38个。联合县环保执法大队对4家养殖场开展联合执法，对1家猪场给予立案处罚。不断深化“五水共治”工作，从单纯的河道环境整治向“污水零直排区”建设转变，完成集镇内115处雨污分流改造和113户商铺整治。2020年，纵深推进“五水共治”，落实“河长制”，完成非法排污、河道疏浚等22起问题整改，完成大平坂(畈)、会泽里等5个村农村生活污水终端提标改造。落实生猪养殖场“一场一册一干部”制度，联合县环保执法大队对23家养殖场开展联合执法。2022年，镇在以产业为核心联姻的基础上，对模环溪上游岸上污染进行整治，实现达标排放。

创建“美丽乡村” 2010年下半年，启动“美丽乡村”创建，年内5个村获“美丽乡村”创建村。以“十里荷花”观光带为依托，推进天池村核心观光区建设。2011年，县农业局向“十里荷花”长廊内莲子、水稻种植户赠送紫云英(俗称“花草”)良种2.4吨，并由塔下叶、上向徐、腰塘边3个村统一播种。对21省道沿线村庄开展全面整治，以村民为主体美化绿化家园。2013年，以财政部“一事一议”财政奖补政策试点为契机，打造志棠白莲“十里荷花”AAA级景区和美丽乡村建设，重点推进荷花长廊沿线10个村垃圾分类处理、污水连片治理及节点绿化景观建设，启动会泽里村路口改造等节点工程。以天池、志棠古文化村落建设为核心，做好景区配套设施建设，完善集农业观光、休闲旅游为一体的景区功能。积极探索并推广清洁水养鱼模式，改善水质，减少水产养殖污染，使“洁水养鱼”“贺田模式”“开启模式”成为治水“三大模式”。开展生猪养殖整治，关停所有村内养殖场，拆除村内猪舍385户共45034平方米。启动实施志棠溪、模环溪清淤工程，溪流水质明显好转。2013年，横山镇被评为浙江省“生态乡镇”。2016年，全镇20个村开展农村生活污水治理，有17个村完工并投入运行。2017年，开展“60119”新一轮“拔钉清障”行动，351国道(龙游)征迁项目，涉及9个村67座坟墓迁移和91亩青苗清理；11月23日，衢州市小城镇“道乱占”治理工作现场推进会在志棠村召开。12月，镇联合县住建、公安和综合行政执法等多部门40余人，开展集镇环境综合整治，拆违50户，面积300余平方米。2018年，实施“万盏灯光”工程，全镇安装路灯1700余盏；完成生活污水治理项目运维移交40个，创建省市级生态循环养殖示范场和美丽牧场4家、县级美丽牧场5家；推进“清洁家园”专项行动，创建市级垃圾分类示范村6个、县级14个；建成太阳能垃圾沤肥房9个、机器垃圾终端2个；开展“厕所革命”，完成农村公厕改扩建85座。开展“四边区域”“青山白化”整治，在320国道边种植红叶石楠400余株，柏树10余株。2020年推进“一村万树”建设，种植彩色珍贵树种4300株，清理枯死松木约1950吨。上向徐村试点变废为宝、户建村补机制，推进农房风貌管控提升，县拆后利用现场会在村召开。

安置小区建设 2021年，志棠村矿山安置小区开始搬迁入住，一排排整齐的楼房，崭新的外墙，洋溢出现代的气息。2022年7月9日，由县奔康投资集团投资建设的横山镇易地搬迁安居工程月荷集聚小区动工，投资约3.8亿元，总工期14个月。工程位于横山镇横水线以南、横山小学以北，规划用地面积约83亩，包括建设公寓楼5栋、排屋27栋。配套幼儿园，为三层建筑，面积4805平方米，共9个班，建设工期10个月。是年10月1日，横山镇农民集聚转化迁建小区开始清表。小区选址横山镇原国土所边，东靠320国道，南靠清荷小区，西靠模环溪，北靠横山镇变电站；规划面积75亩，其中一期规划面积20亩，设计安置41户，2022年实际迁建27户，涉及横山镇10个行政村。

图12-2　　志棠村矿山安置小区（刘佳蓓　2022年10月24日摄于志棠村）

表12-14　**2020年横山镇村级集体经济收入情况表**　单位：元

村　名	1. 经营性收入		2. 土地等资源性资产发包收入	3. 投资收益	4. 补助收入	5. 其他收入	总收入
	租赁收入	服务与其他收入					
八石坂（畈）村	—	—	23420.00	92118.82	1651175.00	600.00	1767313.82
上宾村	14453.00	—	29905.00	62998.01	1563733.00	2353.00	1673442.01
西方坞村	139694.00	—	4488.00	3276.77	512256.00	200.00	659914.77
会泽里村	142311.24	105000.00	57402.00	36723.08	542871.00	14160.00	898467.32
横山村	555250.00	—	33106.00	13586.27	1487041.00	3950.00	2092933.27
白鹤桥村	73132.00	—	34000.00	2419.68	2468279.33	8622.01	2586453.02
上向徐村	83375.22	—	38280.00	62460.79	288283.00	2910.31	475309.32
项家村	—	—	52000.00	60000.00	2014726.20	57018.24	2183744.44
脉元村	96825.00	—	53700.00	64890.84	895001.00	39889.00	1150305.84
下西山村	—	—	1600.00	100000.00	812293.00	5022.56	918915.56

续表12-14

村　名	1. 经营性收入		2. 土地等资源性资产发包收入	3. 投资收益	4. 补助收入	5. 其他收入	总收入
	租赁收入	服务与其他收入					
余岗村	70001.57	—	0	65762.20	1157746.00	2358.57	1295868.34
下宅村	458120.43	—	225.00	100149.58	433069.50	34750.53	1026315.04
后徐村	74470.00	—	37500.00	30281.14	478625.00	1032.00	621908.14
大平坂(畈)村	15641.98	—	—	105368.17	400544.92	443.46	521998.53
贤求朋村	211970.00	—	—	78529.97	1708788.00	107689.46	2106977.43
天池村	109195.50	—	11375.00	15468.80	1020331.00	4357.25	1160727.55
志棠村	313299.04	—	13350.00	116421.72	3547611.00	69904.01	4060585.77
腰塘边村	98523.47	—	2300.00	30084.72	1566743.00	13769.63	1711420.82
河宗村	1000.00	50100.00	35008.66	63087.26	831899.00	13477.56	993472.48
塔下叶村	28358.00	—	114583.00	16288.94	1025613.00	7183.84	1192026.78

编者注：河宗村土地等资源性资产发包收入中含村办企业上缴利润21500元

图 12-3　　志棠村废弃矿山整治

矿产整治　结合矿产利用，加大矿山生态环境治理力度。2018年完成后徐村废弃矿山治理项目的交工验收；12月11日，腰塘边村废弃矿山生态环境治理及土地复垦项目完成招投标，由浙江民翔环境建设公司竞得，涉及土地复垦费1629.06万元。2020年12月，志棠村废弃矿山生态治理及矿地综合利用项目挂牌出让，矿区面积33.8公顷，由浙江交投龙新矿业有限公司以6.11亿元拍得，2021年11月28日开工试产。在2020年启动志棠区块矿地环境整治中，7天完成签约，14天全面完成腾空拆除，1个月完成6个村民小组200余户38.33公顷的集体山林和83户自留山流转签约，其政策处理工作受到县“十条军规”表扬。

表 12-15　　**2019—2022年境内新农村建设部分项目情况表**

项目名称	审核预算价(万元)	工期(日历天)	时　间
上宾村村级公共活动场所工程	77.18	90	2019年6月
上宾村文化综合楼工程	116.26	90	2019年6月

续表12-15

项目名称	审核预算价（万元）	工期（日历天）	时　间
下西山村党群服务综合楼工程	82.87	120	2019年6月
塔下叶村家宴厨房改造工程	16.77	60	2019年8月
会泽里村清明山集聚小区挡墙防护工程	22.23	30	2019年9月
塔下叶村游步道及附属绿化（一村万树）工程	20.27	30	2019年9月
上宾村新建村集体物业楼场所工程	104.57	90	2019年11月
腰塘边村村级组织活动场所工程	145.36	150	2019年11月
志棠村风貌提升工程	66.49	60	2019年12月
志棠村莲子交易中心及村办公场所工程	178.07	150	2019年12月
项家村一村万树工程	17.76	30	2019年12月
横山敬老院迁建工程（室内装饰）	172.67	150	2020年1月
塔下叶村党群综合楼工程	107.00	150	2020年1月
河宗村党群综合楼工程	196.52	150	2020年3月
脉元村农村生活污水治理（湿地）工程	8.25	20	2020年6月
志棠村农村生活污水治理工程	56.42	60	2020年6月
上宾村柑橘加工储运基地工程	55.09	90	2020年6月
志棠村集体用房改造工程	18.70	30	2020年7月
会泽里村文化礼堂修缮工程	35.71	90	2020年8月
下西山村党建主题公园工程	21.92	30	2020年10月
后徐村居家养老服务中心工程	151.38	150	2020年10月
会泽里村党群服务中心工程	188.44	150	2020年12月
后徐村村北路口环境整治工程	18.32	30	2020年12月
志棠新区附属工程	94.18	60	2021年1月
腰塘边村腰塘人家村口节点工程	44.99	60	2021年1月
项家村精品村提升仓库建设工程	92.60	120	2021年2月
脉元村党群综合楼工程	107.35	150	2021年3月
后徐村居家养老服务中心装饰及室外附属工程	38.26	60	2021年5月
天池村礼堂修缮工程	56.37	120	2021年6月
天池村家宴厨房工程	16.25	60	2021年6月
上向徐村入村口景观提升工程	45.74	50	2021年8月
八石坂村文化礼堂工程	230.13	120	2021年8月
上向徐村农产品保鲜冷库建设项目	119.30	90	2021年9月
志棠新区附属工程（二期）	218.77	60	2021年11月
后徐村党群服务综合楼工程	399.00	210	2021年12月
腰塘边村村级组织活动场所景观节点工程	17.40	15	2021年12月

续表12-15

项目名称	审核预算价(万元)	工期(日历天)	时 间
天池村美丽宜居示范村项目	170.00	90	2022 年 2 月
横山村叶野自然村景观风貌提升工程	192.64	70	2022 年 5 月
志棠村后部自然村停车场改造工程	37.22	30	2022 年 5 月
白鹤桥村黄茶基地生产管理用房工程	155.21	150	2022 年 5 月
腰塘边村小三改工程	106.06	60	2022 年 9 月
腰塘边村风貌提升工程	65.59	30	2022 年 10 月
志棠村居家养老服务中心工程(电梯井及公厕)	78.83	60	2022 年 11 月
会泽里村小区挡墙砌筑工程	49.12	60	2022 年 12 月
志棠村老街消防改造工程	23.30	30	2022 年 12 月
上向徐村农村生活污水治理“强基增效双提标”项目	270.95	90	2022 年 7 月
横山镇模环溪东公厕工程	44.94	45	2022 年 6 月

四、国家工程建设

320 国道“二改一”征迁　项目涉及境内 6 个村 400 余户 15.8 公顷田地及 19 户房屋征迁。2020 年镇村采取分片包干,成立 7 个专班推进验收,8 天完成涉及西方坞、会泽里等村项目红线范围内的土地和农户房屋征迁,保障项目土地提前交付。

杭衢高铁征迁　2020 年镇专班及时对接县指挥部,反复研判,镇村两级召开政策讲解会 10 余次,研究解决疑难问题 3 个,两个月完成涉及 5 个行政村 11.55 公顷土地、5 户农房、76 座坟墓的政策处理。

351 国道改建征迁　2020 年,做好施工过程中矛盾纠纷调解,梳理个性问题 17 个,共性问题 2 个,均抓好落实整改。

第十三章　文　化

境内文化底蕴深厚，文化事业可追溯至明清时。众多古建筑、近现代史迹和民间婺剧、草龙等非物质文化遗产传承，与山川河流、美丽乡村相辉映，与名人轶事、民间传说、历史典故相联系。历代寓外人士的著（译）作反映境内乡贤的聪明才智，丰富多彩的群众文化活动、极具特色的旅游节庆、与时俱进的文化设施，为境域提供了丰厚的人文环境。

第一节　文化事业

有据可查的境内文化事业，起步于明时。众多的古戏台（多为明代建筑）遗存，说明当时文化事业十分繁荣。民国时期延续了这一传统，现天池村新宅的太子班曾轰动一时。复县以来，境内一批新的文化设施先后建成。20 世纪 90 年代以来，各级对文化事业高度重视，投入增加，群众文化生活丰富多样。

一、旧时文化

古戏台　戏台是戏曲演出的专门场地。境内古戏台为木结构，大多为单层，台基高度 1 米左右。可分为一面观、三面观两种，多在四根角柱上设雀替大斗，大斗上施四根横陈的大额枋，以形成一个巨大的方框，方框下面是空间较大的表演区，上面则承受整个屋顶重量，这种额枋建筑形制，对需要开间较大的舞台十分有利。明代中期的戏台一般是活动戏台，可装可拆，一台多用，体量较小，结构简朴。演员一般在台下化妆，观众在天井及两侧看戏。明晚期至清初的戏台，半固定、半活动，一般有藻井、厢房和看楼。清中期之后，戏台一般固定，均有藻井、厢房和看楼，戏台面积也扩大，雕饰更精细美观。

绍衣堂戏台　位于横山村东坞。据《张氏宗谱》和遗存旧匾推断，戏台建于明代中期（明嘉

靖年间)。宗祠坐北朝南,总体布局为平面长方形,共二进。戏台设在门厅,正台宽为4.9米、深2.8米,面积约13.72平方米。戏台坐南朝北,有8根木柱支撑台板,木柱高1.9米,其中柱头高0.2米,呈方形。戏台分三部分,左右两部分台板固定,中间部分台板可拆合,拆则行人,合则演戏。戏台前为天井,门厅梁架为四檩悬山后檐廊,前后用三柱,柱略呈梭形,柱头卷杀,柱础皆板形,下垫覆盆。

雍睦堂戏台　位于志棠村御厅,依宗祠覆盆式柱础和梁枋两头巷杀到底等建筑结构分析,应属明代所建。戏台建在后金柱与前檐柱之间,属活动戏台,用二座拼成,每座南北纵向并排,正台宽5米、深6.5米,面积为32.6平方米,台面高1.43米,整个戏台以16根木柱支撑着台面板,其中四周台沿有12根木柱。现存戏台大多保留原构件,无藻井、无厢房、无看楼、无多雕饰。戏台能搬动,厅楼墙上留有许多婺剧戏班艺人的演出剧目、角色行当和劝世警语等题壁。

杨氏宗祠戏台　位于天池村杨家。据正厅东墙石碑记载,前厅建造于明万历元年(1573)。戏台设在前厅,建成时间不详。现存戏台可分为三个构件。中间为通道,演出时搭上台板。左右各为矩形台基,高1.35米、宽1.26米、进深5米,二柜之间宽1.32米,演区无台顶,台前为一小天井,隔天井为明堂。戏台有24根木柱支撑台板,四周台沿有16根木柱,前后柱头雕有莲座、花草、文房四宝等纹饰。杨家村历来崇祀杨业,每逢农历正月初十至十三,循例至新宅村廻源殿中接神,演戏三天四夜。凡属亵渎杨家将的戏,如《二狼山》《双龙大会》则一律禁演。

三槐堂戏台　位于天池村儒大门。据明万历志和王氏宗祠原有三槐堂匾所载,戏台至迟建于明万历二十三年(1595)。戏台宽4.66米,深7.18米,用5根方柱。两台四边柱皆有柱头,上雕如意形花纹,各柱头间又插有栏板,栏板上亦雕有花纹。台面离地高1.36米,整个台架用20根柱支撑台板,四周台沿有14根木柱。每年正月初九起,要将新宅鲁家廻源殿中的徐偃王、毛令公神像抬入祠堂中,演戏四天四夜,正月十三抬回廻源殿。

东陵侯府戏台　位于志棠村后部。戏台呈长方形,前后均临一天井。始建年代不详,留有清乾隆间艺人题壁。台宽4.9米,用4根方形柱;深6米,用3根方形柱;四边柱皆有方形柱头,无雕饰。柱头间插有栏板,面积29.4平方米。整个戏台架用12根木柱支撑着台面板,其中四周台沿有十根木柱。台面高1.37米,大门两侧各为一厢房。

图13-1　东陵侯府戏台(载于1991版县志)

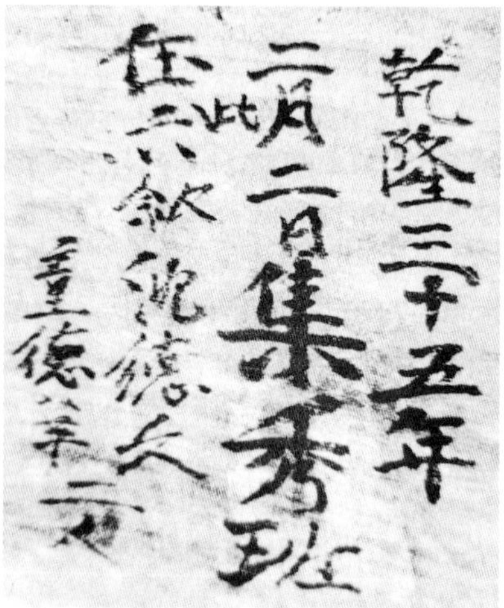

图13-2　东陵侯厅演出题记(载于1991版县志)

戏剧演出　东陵侯厅戏台后的左厢房横梁上，留有不少演戏题记。原厢房为二层，上层是优伶宿处，演出之余，笔墨书之。东厢房壁上尚有：“乾隆三十五年二月二日 集秀班在此六叙 沈德文童德华二人”“嘉庆四年二月初 金邑三秀班到此一叙 好乐也 永砥题”“杭城忠清里水陆寺巷口在此一叙”。同村的雍睦堂也留有不少戏班遗迹，如“东邑大鸿禧班民国五年五月初二开始夜演 全本梅龙镇白水滩白云洞”“日演 崔子杀妻八虎下幽州联演”“夜演 落马湖连二全本玉石篮”“日演 全本大战金沙滩全部景阳冈”“夜演 红梅阁 第壹本天宝图”“日演 清河桥 大破牛头山”“夜演 三雅园 全部吞蛇记”。从题记可知，东阳县的鸿禧班（二合半班）在雍睦堂戏台演了三天四夜戏。

庙会戏　旧时的神庙大多建有戏台，戏班争相赶会，称庙会戏，常成斗台场面。如逢庙里菩萨开光，排场更大。聚族而居的村坊，凡有祠堂的亦多建戏台，按定例以族产延请戏班，称祠堂戏。各戏班正月初一开锣，演到农历五月。6月进入农忙季节，大多数演员回乡夏收夏种，下半年从7月初演到11月。

二、广播影视

解放后，政府致力于发展有线广播，1957年实现乡乡通广播，至20世纪70年代初，基本实现村村通广播。1953年后，区电影队（16毫米电影放映机）在城乡巡映，1976年实现社社有电影队。1986年，电视卫星信号覆盖至横山。

广播机房设备　1957年乡乡通广播后，机房质量不高。1988年，各乡镇广播放大站配备控制台、扩音机。1991年改造乡镇广播站“四大件”（播控台、扩音机、电源柜、输出柜），使之达到部颁乙级指标。1992年，横山配备1台250瓦甲级指标扩音机。

电视卫星地面接收　1986年12月，电视卫星地面信号覆盖至横山。1987年2月，开始转播中央电视台节目。1992年，建志棠地面接收站。至2005年末，农村电视卫星地面接收站全部淘汰。

有线电视　1991年县建有线电视播出系统，1995年开始向农村延伸。1998年，横山镇、志棠镇实现有线电视联网。

“村村通”“村村响”工程　2008年，横山镇组织实施“村村通”“村村响”工程，安装有线电视430户、数字电视100户，安装小广播500余只、调制器14台。2010年国庆期间，开展有线电视安装惠民活动，全镇共安装有线电视450余户，为低保户免费安装有线电视76户，改造有线电视网络，对下西山、大平坂（畈）两村电视网络进行全面整改。2013年，协助电信部门对镇内首批12个村进行数字电视改装，推进农村信息化建设。

三、文化建设

乡镇文化站　1958年各乡建文化站，指导农村俱乐部业余剧团，活跃农村文化艺术活动。1983年，各乡重建文化站。1992年5月“撤区并镇扩乡”后，调整为镇文化中心。2004年7月，横山镇文化站获省“东海文化明珠”荣誉。2005年底，镇文化站有工作人员3人，办公用房30平方米。2014年，横山镇综合文化站建成。

横山影剧院　1981年4月，横山乡影剧院基建完工，乡党委即向原衢州市电影公司申报，要求建立农村16毫米影剧院，经批准于7月正式开始放映。1984年1月30日境内普降大雪，影剧院在中午场映完后，因观众上座率低，且大雪继续不停地下，影剧院领导决定夜场停映。傍晚6时许，因屋面大量堆雪，影剧院房屋承受不住，舞台即倒塌，幸未造成人员伤亡。1989年10

月,横山影剧院电影放映机改成解放 104 型 35 毫米双机,放映质量得到提升。

电影放映队 1976 年,各公社均建有电影放映队。1993 年 1 月,县电影公司公布境内各电影队在编合格人员,其中:横山影剧院 2 人,横山镇下宅电影队 2 人,志棠乡电影队 1 人,志棠乡塔下叶电影队 1 人。1997 年,境内电影队采取承包方式,如横山影剧院全年上交 5600 元,镇补助 1870 元;下宅电影队上交 3730 元,镇补助 1870 元。2002 年因观众减少,各电影队解散。2003 年,为贯彻省农村电影工作座谈会精神,解决乡镇电影放映员历史遗留问题,县对乡村电影放映员进行一次性补偿。补偿标准:每人基础补偿费 1500 元,1983 年 12 月 31 日以前入队的每年再补助 420 元;1984 年 1 月 1 日以后入队的每年再补助 300 元,截止时间为 1999 年 12 月底。如志棠放映员吴忠庆当年领取补偿费 8640 元。

图书室 2005 年底,镇文化站图书室面积 60 平方米,藏书 1500 册。2016 年,免费开放图书室和电子阅览室,完成脉元村文化活动中心建设和特色农家书屋申报。

乡村文化俱乐部 2009 年,横山镇组织实施乡村文化俱乐部创建,选定天池村为试点村。2010 年全面组织实施,下宅村作为创建村通过县级验收。

农村文化礼堂建设 2013 年,镇内建成首个农村文化礼堂——天池村文化礼堂。2014 年,建成镇综合文化站和腰塘边村、项家村文化礼堂,下宅村、贤求朋村新建活动场所项目开工,塔下叶村对原村办小学校舍进行改造修缮。至 2016 年,累计建成农村文化礼堂 7 家,其中新建 2 家(上向徐村、下宅村农村文化礼堂)。2020 年,志棠村创建省级书香礼堂,通过地方元素融入、功能布局合理、文旅功能完善,将其打造成全县网红打卡目的地、理论宣讲主阵地、乡村振兴新高地。至 2022 年末,20 个村农村文化礼堂建成,并举行各项活动及礼堂开堂仪式。

表 13-1 **2017—2022 年境内部分农村文化礼堂活动情况表**

村 名	开堂(活动)主题	开堂(活动)时间
项家村	"相约项家 · 欢度重阳"送戏进礼堂文艺晚会	2017 年 10 月 28 日
上向徐村	文化礼堂开堂仪式	2017 年 10 月
上向徐村	"文化活水润乡风,文明乡村促振兴"群众自发文艺演出	2018 年 5 月 25 日
腰塘边村	浙江传媒学院文学院师生到村进行文化走亲演出暨礼堂开堂仪式	2018 年 6 月 2 日
脉元村	文化礼堂开堂仪式	2019 年 5 月
后徐村	"礼遇后徐,与美为邻"文化礼堂开堂仪式暨村晚大联欢	2019 年 12 月
西方坞村	"好家风褒奖"礼暨文化礼堂开堂仪式	2019 年 11 月 22 日
志棠村	"壮丽七十年,奋斗新时代"崇德敬老礼暨文化礼堂开堂仪式	2019 年 10 月 30 日
白鹤桥村	"8090 新时代理论团"宣讲暨文化礼堂开堂仪式	2020 年 12 月 20 日
天池村	新建成	2022 年 12 月

影视拍摄点 2018 年 1 月 12 日,中央电视台 10 套《味道》节目组到八石坂(畈)村拍摄节目,在春节期间 2 月 17 日播出。2018 年 8 月 5 日,电影《卡尔遇奇记》剧组到志棠老街取景,十多年前曾有剧组来这拍摄乾隆下江南相关影视剧。

四、文化活动

三界文化联谊活动 1995 年 9 月 29 日,兰溪市诸葛镇、建德市檀村镇与志棠镇"三界文化联谊会”成立，决定每年举行联谊活动，加强三镇间的文化交流。2001年9月建德市檀村镇更名为大慈岩镇，2005年12月志棠镇并入横山镇，联谊活动承办主体更改为兰溪市诸葛镇、建德市大慈岩镇与横山镇。至2013年停办，先后举办17届（其中第12届未举行）。2002年开始，每年编辑《三界之花》乡土文学内部年刊。活动中，将畲族文化、民俗文化、商帮文化等要素纳入活动。如打击乐《竹韵欢歌》，群舞《六月清荷》《橘子红了》《圣堂茶韵》，均展现当地丰富的竹、荷、橘、茶等自然资源特色；《状元返乡》《儒商颂》《梨园后代看田铺》，则体现当地状元、龙商、婺剧等历史人文资源。

表13-2　　1995—2013年三界文化联谊会活动情况表

届　别	举办时间	举办地点	联谊活动内容
第一届	1995年9月29日	诸葛镇	三界文化联谊会成立暨首届卡拉OK赛
第二届	1996年5月6日	檀村镇	建（德）、兰（溪）、龙（游）篮球友谊赛。驻地部队也派球队参加
第三届	1997年6月20日	志棠镇	“迎香港回归，迎十五大召开”文艺汇演和农民书画展览
第四届	1998年10月12日	诸葛镇致远楼	舞狮、断头龙、腰鼓、秧歌表演，“走向辉煌”文艺汇演，书法美术现场表演，象棋赛
第五届	1999年9月26日	诸葛镇致远楼	国庆50周年暨澳门回归祖国文艺汇演
第六届	2000年8月4日	志棠镇卸厅村雍睦堂	2000年志棠荷花节：文艺会演、“天子贡珠杯”全省荷花摄影大奖赛获奖作品展、志棠白莲加工比赛、“荷韵书画”作品展
第七届	2001年7月16日	檀村镇里叶村大厅前	“新安江之夏”旅游节暨第三届里叶荷花节开幕式，文艺会演，布龙、腰鼓、虾灯等民间艺术广场表演
第八届	2002年11月6日	诸葛镇八卦村	三镇“三个文明”成果图片展、《三界之花》创刊首发式
第九届	2003年10月31日	志棠镇	百人长跑比赛、堆稻草趣味比赛、江心洲联欢活动、“荷花之韵”全省摄影作品展
第十届	2004年11月26日	大慈岩镇	文艺会演、“三界文化联谊会”历届活动图片展，三界工农业、旅游工艺品等特色产品展，有奖猜谜活动
第十一届	2005年11月30日	诸葛镇	文艺会演，“三界文化联谊会”历届活动图片展，三界工农业、旅游工艺品等特色产品展，三镇民间剪纸艺术作品展，摄影作品展
第十二届	因2005年12月志棠镇并入横山镇，2006年本应由志棠镇承办的第十二届活动未如期举行		
第十三届	2007年11月3日	横山镇	三镇特色产业论坛、三镇新农村建设图片展、“三界文化联谊会”历届活动回顾展、民间艺术踩街、农民趣味运动赛
第十四届	2008年7月11日	大慈岩镇里叶村	文艺会演、民间艺术现场演示、“三界文化联谊会”历届活动回顾展、举双轮车胎和拔河比赛、三镇“三个文明”图片展
第十五届	2009年9月29日	诸葛镇长乐村	文艺会演、民间艺术现场演示、“三界文化联谊会”历届活动回顾展、农民排舞、腰鼓表演、你定我画大家参与“留墨宝”
第十六届	2010年12月2日	横山镇天池村	文艺会演、民间艺术精品展示、三镇“美丽乡村”建设成果展

续表13- 1

届　别	举办时间	举办地点	联谊活动内容
第十七届	2012 年 7 月 18 日	大慈岩镇里叶村	浙江电视台《流动大舞台》栏目走进里叶、建德市第四届荷花节、文艺会演、“三界文化联谊会”历届活动回顾展、荷花摄影展

图 13-3　第十六届三界文化联谊会(徐豪　2010 年 12 月摄于天池村)

送戏送电影下乡　2010 年,累计送戏、送电影下乡 56 场次。2019 年,实施文化惠民工程,开展送戏下乡 8 次,开展少儿公益培训暨春泥计划 9 期,举办各类培训 26 期,送电影下村 80 余次,6000 余人次参加。2019 年 10 月 22 日晚,“衢州有礼,礼在乡村”——龙游县“农房管控和风貌提升”主题宣传启动仪式晚会在志棠古街举行。

送书画篆刻下乡　2020 年 5 月 23 日,县文联下属的艺术刻字协会组一行 6 人在下宅村举行送文化进基层才艺表演。

天池荷花节　至 2022 年已举办十届。2011 年 8 月 3 日,由县农业和农村工作办公室、横山镇政府主办的首届富硒荷花节在天池村开幕。同日,浙江电视台《流动大舞台》栏目在天池制作节目。2012 年 8 月 6 日,第二届富硒荷花节在天池村开幕。2013 年 8 月 13 日晚,第三届富硒荷花节暨“相约七夕夜,浪漫荷花节”在天池村开幕。2014 年 8 月 2 日,第四届富硒荷花节在天池村开幕。2015 年 6 月 30 日,衢州市“五朵金花”和“五大金花”胜地线下投票暨第五届天池荷花节开幕式在天池荷花景区举行。2018 年 7 月 20 日,由衢州市旅游委员会、龙游县人民政府主办,“衢州有礼,‘荷’美横山”第六届荷花节在天池村开幕。2019 年 8 月 17 日,举行“‘莲’风千年”天池村古城楼落成揭幕暨第七届荷花节开幕仪式,龙游广电、横山镇人民政府在天池荷花景区举办“嗨爆你的夏夜”风味美食节。2020 年 7 月 4 日,第八届荷花节暨荷塘夜色体验之旅活动开幕,并组织 20 组家庭前往荷花景区开启体验之旅。2021 年 7 月 30 日,第九届荷

图 13-4　“等你,在天池”(徐豪　2014 年 8 月摄于天池村)

花节暨横山镇莲产业高质量发展大会在天池村开幕。2022 年 8 月 4 日，由县发改局、经信局、农业农村局、文化和广电旅游局主办的第十届龙游荷花节在天池荷花景区开幕，横山镇与建德市大慈岩镇、兰溪市诸葛镇组成“同心共富”党建联盟，正式发布“浙硒莲”区域共有品牌，三地“莲”动助推小荷花绽放大产业。

首届杭金衢荷花节　2023 年 8 月 10 日，首届杭金衢荷花节横山镇站“品荷风莲韵·展三地风采”活动在天池村举行，现场举行莲心馆开馆、三地荷花节活动接续、三地莲子产业联合会成立仪式。

图 13-5　第五届天池荷花节游人（徐豪　2015 年 6 月摄于天池村）

创意文化活动　2011 年，横山镇编制《“十二五”文化事业发展规划》。2013 年，举办最美荷花发现之旅、微博达人采风、富硒莲蓬吉尼斯大赛、浪漫七夕篝火晚会等活动和首届“舞动荷乡”广场舞大赛。2014 年，举办横山镇第一届全民健身运动会。2016 年开设“锣鼓培训班”，举办各类村级文化活动 6 次，其中项家村敬老文化活动被省纪委采编报道。2017 年 12 月，举办“舞动横山，健美人生”全民健康广场舞大赛。2018 年，举办音乐节、创意婚纱摄影展等活动。2020 年 7 月，举办“荷塘夜色”体验之旅活动。10 月 24 日，镇在志棠村举办“荷你相遇·我为横山代言”2020 全民才艺大赛总决赛。

参加汇演　2018 年 12 月 8 日晚，“衢州有礼，幸福乡音”龙游县第五届农村文化礼堂精品节目展演，项家村依真实故事改编的小品《回家就好》获得好评。2024 年 2 月 23 日晚，县组织农村文化礼堂“龙游龘龘·和美家园”“我们的村晚”百村赛事精品节目展演，横山村选送的舞蹈《荷韵》获得佳绩。

请戏班子演出　遇有重要时机，各村采取集资的方式，出资邀请外地与本地的戏曲班子来村演出。如 2019 年末，凌阁堂重修竣工典礼暨己亥年拜祖大典举行，请来戏班搭台唱戏 5 天；2023 年 5 月，塔下叶村请来美丹婺剧团在村文化礼堂连演 5 天；2024 年 3 月底，白鹤桥村请来金华联谊婺剧团在村文化礼堂连演 6 天 6 夜等。

第二节　文学艺术

境内文学艺术源远流长、丰富多彩，民间文艺根植于群众之中，传承不息。戏剧演出历史悠久，成为县婺剧主要发源地之一。以舞龙为代表的民间舞蹈形式丰富，地方特色鲜明。民间歌谣、故事等，折射出丰富的风土民情，生活气息浓郁。

一、戏曲

万历志卷五“风俗”中有北乡元宵节，“招优人祈年，经月不休”记载，可见境内戏剧活动起源之早，流传之广。高腔、昆腔、乱弹、徽戏等主要声腔均有流传，当时的声腔相当于剧种，之间互相影响、互相融合。1950 年后将相关声腔合称为婺剧。

高腔 高腔与历史上的南戏有明显的传承关系。以衢州、龙游为中心的西安高腔，产生于明朝，清初兴盛，道光后因昆腔、乱弹传入，高腔班社逐渐减少，有的与昆腔、乱弹等合班演出。

滩簧 清乾隆、嘉庆年间，已有滩簧坐唱班流行，其慢板特别适合平和地叙述，唱腔为其他婺剧声腔吸收，光绪年间始有舞台演出。

徽戏 原是徽州的地方戏，产生于明中叶。清朝以后，徽州商人到龙游经商日多，建徽州会馆，徽戏随之传入。因徽戏比高腔、昆腔易懂好学，故雅俗共赏。终以其优势使高腔、昆腔与之合班演出。至民国期间，不少农村坐唱班也由昆腔改唱徽戏。

图 13-6　　婺剧演出（蒋柳清　2022 年 8 月摄）

婺剧 随着三合班和二合半班的活跃，各种声腔互相渗透、糅合渐成趋势。1950 年 8 月 15 日，华东戏剧改革工作会议在上海召开，出席会议的衢州专区、龙游县、兰溪县文化馆领导与龙游、金华戏班的剧团演员协商，效仿越剧的命名，将活跃于金华、衢州一带的相关声腔合称为婺剧。

斗台 规模较大的庙会常有两个以上戏班同时演出，称“斗台”，互相争强斗胜，输赢影响戏班声誉，演员尤为卖力。斗台演出，必高腔班开锣，继则昆腔班，最后乱弹班、徽班。少则 1 天，多则 7 天，以最后那日天亮前放铳为准，铳声一响，根据台下观众多寡定胜负。如果两个戏班同台演出同一个剧目，则称之“合台戏”，竞争更显激烈。

摆八仙 开场先演“摆八仙”。演员扮演汉钟离（大花脸）、铁拐李（小花脸）、张果老（老外）、曹国舅（二花脸）、吕洞宾（正生）、何仙姑（正旦）一对一对上场，最后韩湘子（小生）与蓝采和（小旦），簇拥王母娘娘（老旦）上场。内容为八仙拜寿，一方面是为讨彩图吉利，同时也是为向观众展示角色阵容。其中头戴展脚凤冠的蓝采和最惹人注目，观众以其服饰新旧，判断戏班行头好坏，以其表演台步观察戏班演技水平。

三跳 接“摆八仙”后进行。首先是“跳魁星”，魁星由小花脸扮演，手拿如椽巨笔，于长号、大锣、大鼓声中走矮子步上场，并由乐手朗声念白：“魁星出华堂，提笔写文章。麒麟生贵子，必中状元郎。”继为“跳加官”，由老生身穿蟒袍表演，台步沉稳，气度从容，并亮出“天官赐福”“一品当朝”“风调雨顺”“国泰民安”等条幅。最后“跳财神”，由大花脸表演，身穿黑蟒袍，头戴战盔，手捧一只巨大的元宝。“三跳”表演者均戴面具，意在敬神，也为讨彩求吉利。

行头主 当地戏班有“十三顶半网巾”（徽戏则为“十五顶半网巾”）之说，意为戏班由 13 个半演员组成。“半顶网巾”即副末，充副末者往往是带班“行头主”（或由其行头组成班子）。按规定，行头可分得一个半角色份金，加副末半个，故演戏收入按15份均分，行头主得双份。演正戏前，行头主头戴黑罗帽，身穿白襟无花大红衫，手拿白纸扇，脚拖旧布鞋出场，不化妆抹粉。上台后坐正中椅子上，念几句台词，清唱几句，然后合拢纸扇，指点一下将出台门，正戏随即开始。一般来说，只演奏不唱的谓之“十番班”，奏而唱的谓之“坐唱班”，业余演出的谓之“太子班”，职业演出的谓之“戏班”。戏班中条件差而无名气的，人们讥之为“草台班”。当然，有时界限也并不明显。20世纪50年代后，戏班改称剧团，其中非专业性的则称业余剧团。境内历史上坐唱班、太子班活动普遍，有的发展为业余剧团。

十番班　也称“十番锣鼓班”，一般都配有先锋（长号）、笛子、梨花、吉子（中型唢呐）、徽胡、月琴、大钹、小钹、大锣、小锣10件乐器，因此也叫“十响班”。以器乐演奏为主，目的为自娱自乐，旧时非常普遍，家长、祠堂等为避免子弟迷上赌博，均十分支持。主要演奏各种婺剧曲牌。

坐唱班　9~13人组成，乐器配置和十番班相似，除担任正吹者外，余均兼唱，唱腔以滩簧和昆腔为多。逢年过节，迎神赛会，纳凉消夏，庙会开光及红白事等随叫随到。一般能唱七八个正本共三四十出折子戏。大多以村为单位组成，相当普及。

太子班　能唱会演的婺剧业余组织，组成与职业班社无大差异，不少由坐唱班发展而成。以乱弹为多，也有唱昆腔或滩簧的。成员大多为同村或邻村，发起人往往经济条件较好，他们拿出钱财，祠庙和其他参加者再凑一点，请师傅教戏，大家一起排练、演出。好角色常被吸收参加正式戏班，也有从太子班发展为正式戏班的。民国期间，新源（现新宅村）等太子班较有名。

二合半班　是不同声腔的相互融合。起初每个戏班只唱一种声腔，称徽班、乱弹班、昆腔班、高腔班等，后来各种声腔逐渐互相融合，直至混合演出。开始时以高腔班为主，吸收昆腔、乱弹，而成三合班，正式三合班须能演高腔、昆腔、乱弹正戏各18本。随着高腔观众减少，又演变成昆腔、乱弹、徽戏混合演出的戏班，这类戏班昆腔、乱弹能各演18本正戏，徽戏只能演8~9本，故称“二合半班”。

业余剧团　20世纪50年代始，坐唱班、太子班基础上形成。个别唱越剧，大多为婺剧。“文化大革命”期间，被毛泽东思想文艺宣传队替代，以表演小歌舞、现代小戏为主，有的能演“样板戏”。70年代末，业余剧团相继恢复，境内志棠等村业余剧团较活跃。1989年，境内有业余剧团2个：横山乡高山村业余剧团、志棠乡荣昌婺剧团。近年文娱活动形式趋于多样，业余剧团大多停演。

龙游荣昌婺剧团　前身为民国时期新宅村王海青创办的太子班，一直活跃在龙游北乡农村。1984年，建新宅婺剧团，历时3年。随着生活的逐渐富裕，农民渴望剧团进村，王海青之子王一平由此萌发重建剧团的想法，并逐渐开展演出活动。2005年末，投入资金15万元，招聘演职员，排演剧本，取名龙游荣昌婺剧团，在龙游及金华、义乌、兰溪、建德等相邻县市农村巡演。

二、民间舞蹈

境内舞蹈流传历史悠久，起源往往和祈求风调雨顺、驱灾辟邪目的有关。许多村庄或祠堂都有一种或数种舞蹈，以龙舞最流行。解放后祭祀、迎神色彩淡化，渐成为以娱乐为主的民间文艺活动。

舞草龙　以天池村儒大门最具代表。自南宋端平元年（1234）王氏先祖从萧山迁居以来，就有每年农历八月十五舞稻草龙的习俗，以祈求天龙赐水，元宵和重大喜庆日也有活动。龙身11

节，长约30米，直径40厘米，原用稻草捆扎而成，后发展为用竹篾制成架子，外用稻草编织，每节安灯1盏。活动时先要祭龙，由家族中辈分最高或最具权威的人为龙点睛。舞龙人身穿蓑衣，脚穿草鞋，用鳖叉举着稻草龙舞耍，以手持龙珠者为指挥，有盘龙、翻江倒海、走八字、头尾相应等套路。后随3人乐队，村民也举着各式花灯随龙灯巡游，按规定路线行走，每家每户都要游到。传说将龙须放置在新媳妇床上，有龙生贵子之兆，因此在制作龙头时，特意多做一些龙须，供新婚家庭扯用。活动结束后，将龙身在小溪边烧毁，"送龙上天"。2009年列入第三批浙江省非物质文化遗产保护名录。

采茶灯　起源于明万历前，流传于横山村一带。表演时由小男孩手拿绑有1只蝴蝶的竹竿出场舞蹈（也有扮成丑角的），先后引出12位采茶姑娘，左手提采茶花篮，右手执纸扇，扇柄下系香罗帕，载歌载舞。曲调有松阳高腔、婺剧时调、二簧等，有顺采茶、时采茶、倒采茶、牧灯歌、报花名等唱段。主要队形为人字形、S形、圆场、纵队、横队等。乐队6人，由锣、鼓、箫、笛、钹、胡琴等伴奏。

三、传说

千百年来口耳相传、妇孺皆知的民间传说，寄托了境内人民群众的美好愿望和真实情感。

稻草龙传说

稻草龙历史悠久，自王氏始迁新宅以来就有舞龙的传统。相传某年7月正值大旱，万物干涸，眼见颗粒无收，始祖王烽一日忽梦天上一条天龙腾云而来，对王烽说，要解涸旱只有在八月十五月圆之时以草为龙，张灯结彩狂舞，才能赢得甘霖以救百姓。于是王烽率族人按梦中所见天龙形状，日夜赶制草龙，在中秋月圆之时舞起龙灯，月圆之后果然下起大雨，谷禾丰收，百姓得救。为纪念天龙赐水和祈求新的一年风调雨顺，每年八月十五，族人们就舞龙闹中秋，并将猪、牛、羊等祭品扎成灯以谢天龙之恩。解放后因"破四旧"，停止草龙闹中秋的活动。2004年在县、镇文化主管部门的支持下，按照原来草龙的特点及习俗，恢复草龙活动。

志棠贡莲传说

相传清乾隆年间，风流皇帝乾隆下江南微服私访，一日沿钱塘江逆流而上来到龙游，在街头小巷寻觅喜爱之物，当来到北乡小店前，乾隆止步不前，也许是宫中吃惯莲子羹的缘故，乾隆要了一碗莲子羹，只见水晶透亮的莲子羹中白里透红，红枣、枸杞子把莲子羹点缀得如画，一股清香扑面而来，乾隆胃口大开，连吃三碗，并对莲子羹中的莲子看似未烊却入口即化大为赞赏，询问店主莲子出自何方，店主如实相告，说是北乡田莲，主产地志棠，现正是赏花采莲之时。次日，乾隆便来到志棠，一路上，亭亭玉立的荷花在翠绿如盖中翩翩起舞，鲜艳夺目，如同沐浴刚出的真妃、凌波挺立的佳人、浓妆淡抹的宫女，正当乾隆陶醉在荷花的秀容丽姿丛中，远处忽然传来悦耳动听的歌声，"芍药争春耀彩霞，芙蓉秋尽却荣华，有色有香兼有实，百花都不似莲花"。听闻着美妙的歌声，只见一群天真烂漫的少女，正在莲塘中赏花采莲，正在唱歌的名叫荷花，长得水玲标致，像出水芙蓉娇姿欲滴，把乾隆看得目不转睛。乾隆对荷花的一见钟情，在莲乡停留半月有余，留下游龙戏凤佳话。乾隆回宫后，念念不忘北乡莲子羹，于是下旨龙游每年进贡志棠白莲。志棠白莲因此盛名于世，流传至今。（整理：徐　豪）

天池山传说(1)

民国《寿昌县志》载：天池山在县南 15 里，上有石池，旁有大士庙。昔有航村吴姓至山取薪，见池内有龙。吴乘龙去，不知所之。既梦于村人曰："如遇旱，至池取水，呼我名，当得雨。"果灵应，村人为之立庙。正是龙在天池，旱也无忧。

天池山传说(2)

天池山石壁陡峭，只有一条上山之路，窄而陡，可谓一夫当关，万夫莫开，但山顶有一块十多亩平地。传说黄巢在此操练兵马，日出之初常有天马腾空而起，每当清明时节，在风清月明之夜，一匹白马自天而降，来吃山顶一棵千年茶树。相传此马乃黄巢坐骑，生有翅膀，能腾云驾雾。明代杨万里游览后，留下《青龙隐雾》一诗："天池山上隐青龙，绝胜天台第一峰，旱岁祈时歌惠泽，良宵赏处咏清风，嵯峩怪石排银浪，崱岃崇岚耸碧空，待看云雷相际会，甘霖润物庆三农。"

天池传说

相传很早时，天池山绿荫成林，古木参天，一年四季山花烂漫，水池中水清如镜，深可见底，水狗(娃娃鱼)、石鸡(石蛙)自由自在地在水池中戏耍。每当月圆之夜，天上七仙女飘然而至在水池中沐浴，连月宫中的嫦娥也禁不住凡间诱惑，偷偷地来到水池中戏水。有天晚上，嫦娥正在水池中尽情嬉耍，被天上的一条神犬看到，神犬早就羡慕嫦娥的丽容，便悄悄地来到水池边窥探，见嫦娥脱下衣服放在池边，偷偷把它放在自己怀里，想以此要挟嫦娥，谁知不小心踩到一块碎石上，石头滑向水池发出响声惊动了嫦娥。嫦娥发觉有人偷看，便挥手一挡将神犬击倒在悬崖峭壁上，用手一点把神犬变成石头，从此神犬便仰着头望着天上月亮可望而不可即。山顶水池也因此被称为天池。

天池神蛙战蛇精传说

七仙女在天宫嬉腻了，相约下凡游嬉，哗啦啦出了南天门，在天上自由飘荡，欣赏着人间美景。当她们飘到千里岗上空，往下一睧(qǐ，北乡方言："看"之意)，呵呵，崇山峻岭中，有个地方在月光下闪闪发光，像是一颗夜明珠。七仙女飘然降落在天池山顶，这才晓得，那闪闪发光的弗(北乡方言："不"之意)是啥个夜明珠，而是一潭清水。

看见这样美丽的人间仙境，仙女们开心极了，毫无顾忌地脱下身上衣服，跳入天池里戏水沐浴。玩累了，一个个赤身裸体在水池边躺下，一记工夫竟都进入梦乡，忘记这是在人间。仙女们没想到，危险正一步步向她们靠近。

原来，在天池山南面的山洞里，住着一条蛇精，被七仙女们戏水玩耍的笑闹声吵醒了。为了成仙，蛇精已经食了附近 999 个山民，再食 1 人便可升天成仙了。可周围的人已被它食光，现这里已荒无人烟。几百年过去，这深山冷坞冇有(mǎo，"没"之意)人进来过。蛇精饥饿难耐，几乎绝望。哪想，今夜山上忽然传来讲话声。蛇精担心失去这千载难逢的机会，悄悄地起身，循声寻觅人的踪迹。蛇精慢慢地从石洞探出蛇头，伸出长长的舌头，缓缓地向着声音发出的方向攀爬。一会，蛇精就来到山顶，看到仙女们正在天池里尽情玩耍戏水，毫无察觉。蛇精打算悄悄接近天池，然后在仙女毫无防备时发起攻击。

正当蛇精打着小算盘时，山顶突然响起震耳欲聋的"呱——""呱呱——"叫声，这声音显得特别响亮。

蛇精骂了一声:“该死的东西,是谁在跟俺过弗去?”扭头一瞥,瞥见通往天池的山口,一只巨大的蛙昂着头,旁若无人地鸣叫着,挡住了它的去路。

蛇精火了,伸出蛇头对准牛蛙就是一击,牛蛙灵巧地避开,蛇头在石头上碰得很重。蛇精恼羞成怒,再次向牛蛙发起攻击,牛蛙长相笨拙,行动迟缓,现却身轻如燕,蛇精根本咬不到它。

蛇精被激怒了,它的身子在山顶来回穿梭,追逐着牛蛙,弄得飞沙走石。蛇精没想到,牛蛙一直是手下败将,盘中快餐,现居然可灵巧地躲开它的攻击。原来,牛蛙一直生长在天池,喝着甘甜的泉水,沐浴在清澈的池水里几百年,修身养性,已经成了神蛙。蛇精咬不到牛蛙,就拖出尾巴来帮忙,用它细细的尾巴横扫牛蛙,扫得山上石头乱飞,神蛙上下跳跃,化险为夷。蛇精瞀瞀赚不到便宜,就想先赶到天池,吃下一个仙女,回头再来收拾牛蛙。

牛蛙看出蛇精的企图,马上跳到蛇精的背脊上,张口咬蛇的背脊。蛇身上有着光滑坚硬的鳞片,弗要说咬动蛇皮,就是站也站不稳。牛蛙没办法阻挡蛇精的前行,眼看天池边的仙女就要被蛇精吃掉。牛蛙急了,一口咬住蛇精的尾巴,四只脚牢牢地抓住山顶的岩石,蛇精身子被拉得老长老长,脊梁被牛娃拉断,痛得满地打滚。但牛娃仍不松口,死死地咬住蛇精的尾巴,蛇精只好收回已经伸到天池边的蛇头,绕到了牛蛙的身后……

这时景,天空强光一闪,霹雳响起,天池山顶,碎石乱飞,蛇头被雷电击中,僵死在半空中……

原来,王母娘娘发现七仙女不见了,马上派出天兵天将到处找寻,发现她们私自下凡,在天池边遇到险情,就派雷公雷母前来救援。雷公当即发起雷击,打死蛇精。可是,因为神蛙正咬着蛇精的尾巴,也被雷击身亡。

如今,你来到天池山顶,迎面瞀见一座突起的石柱,样子像极蛇头,那就是遭了雷击悬空的蛇精。沿着游步道再往上,有一段光秃秃的山脊梁,那就是蛇精的身子。再往上,你瞀见突出的岩石就是神蛙——它的嘴里还咬着蛇的尾巴呢!

“十八缸金、十八缸银”传说

在天池村下店自然村,世代留下的“十八缸金、十八缸银”传说中的一些口诀和谜语,至今无人能破译。

据年长人说,下店王姓祖宗是开粮店的,并在很多地方开有店铺。明朝初期,朱元璋还没做皇帝时,因打仗途中没有粮草,下店祖宗无偿地给予接济,使朱元璋渡过难关。朱元璋做皇帝后,念念不忘下店祖宗的恩德,为表谢意,朱元璋特送圣旨牌匾一块,悬挂在下店大厅内(“文化大革命”时被毁),从此下店祖宗店越开越多,越做越红火,家财万贯。

到太平天国时,因战乱,下店村祖宗为使金银财宝保存、留传,便在村中埋下了十八缸金和十八缸银,并留下口诀:门对门,出对出,子孙后代没得吃,请道万字诀。长久以来,此口诀由王氏一代传至一代,从不外露,除了下店祖宗外,后代也不知金银埋在什么地方。解放后,此口诀被村民知道,曾有人按此口诀去寻找,却找不到金银,但口诀流传了下来。(整理:徐　豪)

斗拱的传说

相传明嘉靖八年(1530),木匠邵高师在建造“雍睦堂”时,一天中午贪杯多喝了几杯酒,飘飘然竟把大柱子少算一尺,待酒醒后,邵高师心中明白此事的后果,不仅90根木头全部报废,而且有损自己高师的名声,便急得日不思食,夜不成寐,焦虑成疾。他的娘子得知此事,给他出了一个主意，下加石垫，上加斗拱，以补足高度，邵高师果真用此法解了危厄。让邵高师意想不到的是，这解危之策竟成为木匠相继学习的样板，并逐渐演变成明代建筑的传统风格，在中国建筑史上占了一席之地。（整理：徐　豪）

鲁千斤与将岭传说

相传明朝末期，砚山脚下出了一位真命太子，廻源（新宅村）鲁家出了一个鲁千斤，由天将托世，力大无比，为辅助砚山太子一统天下。刘伯温夜观天象，观到东南有紫气，朝廷遂派人追杀民间"太子"。

太子家里养着一只多年的老公鸡，能知天下事，且能说话。据说是上天派来辅助太子的军师。一只公鸡卜得太子有难，大批官兵正向砚山开来，转移太子已经来不及，于是公鸡叫太子躲在荷叶底下，不要发出任何响声，无论发生什么事，都不要出来，太子按照吩咐躲在荷叶底下，公鸡跳上房屋顶上观看动静。

正在家中耕田的鲁千斤听到太子有难的消息后，来不及回家拿兵器，随便将耕田的犁作为武器，插在辫子上直奔砚山脚而来。

再说，官兵来到砚山脚，远远看见房顶上一只公鸡，搜遍整个村庄也不见太子的人影，便一箭射死在房顶上的公鸡，准备打道回去，正在这时，一只停留在莲蓬上的翠鸟不停地叫道："荷叶底下，荷叶底下……"于是官兵们乱箭齐发，将太子射死在荷塘里，顿时，满塘清水变成红色，几百年来此塘水再也没有清过，无论春夏秋冬都浑浊不清，传说那是太子的血变的。却说鲁千斤正赶到志棠破山上（与砚山交界），闻讯太子已遇难，便撞石而亡，以身殉职。后人为纪念鲁千斤的忠诚，将此岭叫作将岭。（整理：徐　豪）

狮象山昼开夜关传说

在志棠村东北面的席家，有两座山：一座叫狮子山；另一座叫大麦山，山上有一根十多米的石柱，像大象的鼻子故也有人叫象山。两山虽不高，但峙对着，远看像一个关口，古时候有一条官道在两山之间通过，现为21省道龙葛路。

相传宋朝时，岳飞率兵曾驻扎在乌石寺，当时驻在兰溪金兵探报后，便准备偷袭宋兵。一天深夜，伸手不见五指，金兵在向导带路下由兰溪经诸葛往志棠行进。夜幕下，弯弯曲曲的官道若隐若现，向导带着金兵一队人马不停行进。约走了一个多时辰，还未到志棠，金兵开始怀疑。据白天探马报告，诸葛到志棠只有十里路，不要半个时辰就可到达，而如今却走了一个多时辰还未到，意为是向导故意带错路，于是不分青红皂白，下令把向导斩了，让白天的探马带路继续行进，约又过了一个多时辰，金兵们还未到志棠，这时天蒙蒙亮了，金兵远远看去，两座山合在一起，不见了官道。金兵们几个时辰的行进，原来是在两座山转来转去，眼看天就要亮了，再去偷袭，肯定不行，于是金兵赶快往回撤退，等待明晚再来偷袭。

第二天，金兵头领对昨晚的事不相信，又派了两个探马到志棠探路，两来探马从诸葛出发不到半个时辰，就到了志棠，沿路官道既平坦又好走，绝不像昨晚走的路。探马回报后，晚上金兵又向志棠方向行进，可走了一个多时辰，还是未到志棠。于是金兵害怕，再也不敢往前走，退回后不久就撤兵回北方了。从此，狮象昼开夜关的传说传开了，很多为避北方战乱的难民，听说后纷纷来志棠开基立业，故明清时志棠兴旺发达，人才辈出，百业俱兴。（整理：徐　豪）

麻车岭神仙打油传说

麻车岭位于凌阁张自然村，与兰溪市双牌交界，过去水亭、双牌、游埠人要到新宅白岭割柴，都要经过此岭。此岭满山皆石，长约百米，较陡，麻车岭得名源于神仙谷糠打油的民间故事。

相传很早的时候，凌阁张一带经常受旱，老百姓生活艰苦，神仙吕洞宾云游到此，见满山都是石，遂想用仙术把石头打成油，以救济百姓，便在石山上打造麻车，准备打油。有一天，一位老农上山割柴看见吕洞宾正在制造麻车，便问吕洞宾大旱之年麻车拿来何用，吕洞宾说在此要用石头来打油，老农听后哈哈大笑说："石头能打油，除非神仙阿爸差不多。"吕洞宾听后非常生气，心想我是神仙难道还比不上我的阿爸，要他来打油，真是笑死人，一气之下，遂腾云驾雾而去。老农见状方知此乃真神仙，但不知何故神仙会突然离去。其实老农说话的意思是石头能打油，只有神仙做得到，吕洞宾未能理解，造成误会。因过去打油使用麻车，故后人将此岭叫麻车岭。（整理：徐　豪）

破山的传说

破山位于卸厅自然村，是志棠东南面的一道天然屏障，与兰溪市双牌以山尖滴水为界。相传八仙之一铁拐李云游来到志棠，远远看到台山寺绿树成荫中显示着许多楼台亭阁，紫烟萦绕，香客如潮，便降下祥云一凑热闹。他一只脚刚踏上破山，竟因用力过猛踏破半个山头，慌乱中铁拐李忙将拐杖落地撑住，而另一只脚却踏在亚六坞，留下一个大脚印。因山破了一半，故叫破山，而铁拐李拐杖所撑的位子变成了泉眼，冬暖夏凉长年不断，后来就叫泉井溪。

破山半山腰有一个地下溶洞，深不见底，掉进一块石头很久才能听到响声，相传洞中有一条蜈蚣精，经常出来害人，村民无奈之下只有请道士帮忙，道士作法用一公鸡投入洞中，此后村人平安无事。但此洞究竟有多深无人下去过，有人曾经做过这样的试验，将谷糠倒入洞中，一星期后，会在相距 5 公里远的诸葛某一水塘中浮出。据地质部门勘测，志棠所在地地质属石灰岩，地下 80 米左右，具有相当的地下溶洞群，两地相通极有可能。（整理：徐　豪）

先生坞传说

先生坞自然村，其地名来历颇为有趣。相传，该村始祖本姓共，是朝廷命官，后因他治理河水有功，皇上赐他共旁加水，改姓"洪"。其后裔有名叫洪希霞者，于元朝时携家小迁此定居。几年后，此地人丁繁衍，但遗憾的是村中没有学堂，子女无处求学。族长于是托人四下打听，物色教书先生。有一天，果真有位先生上门应聘，族长喜出望外，便热情款待，照顾甚周。之后，先生来学堂开课，却有条规定，不容大人随便进学堂。更为奇怪的是，这位先生并不教学生读书写字，只见他用毛笔套蘸墨汁，印成一个圆圈，让学生们照样画，要求画圆为止。日复一日，族长见孩儿们天天画圆圈，不读书写字，便问先生何故，先生也不回答。原来这位先生乃是一位文盲，他来应聘，原想混口饭吃，知道再也混不下去了，便在夜深人静之时，卷起铺盖逃走了。

次日，学生们等候先生上课，却迟迟不见先生到来，到处寻找，杳无踪影，消息传开，大家都说先生无了。因当地方言"无"与"坞"谐音，后来这个村庄就被称为"先生坞"。

月亮洞传说

在贤求朋村汪家山的半山腰，有一个石洞，洞内面积大概有 20 平方米，在洞口岩石上面有一个像月亮形状的痕迹。传说以前一到晚上月亮会跑到岩石上面发光，后来被一个采宝的人把月亮采走了，现在只留下这个月亮形状的痕迹。

鲤鱼山传说

在贤求朋村山朋与鲤鱼山脚各有一座山，形状酷似鲤鱼。相传很早以前，有两个鲤鱼精一雌一雄，每到春季交配的季节，鲤鱼精就要到河里交配，河里就要发大水。后来天上的神仙为了拯救百姓，把鲤鱼精化成了两座山，到现在有些老人还说一到晚上两座山会合在一起呢！

乌龟石传说

古时候贤求朋村是一望无际的大海，一个神仙撑船过海，看见一个村妇在洗衣服，就问妇女：这个海我能不能过呀？妇女说：海这么大，就算神仙的爸爸都过不去。神仙一想，我爸爸都过不去，那我肯定也过不去了。神仙就把撑船的篙一插，使用法力并且口中念念有词：石船开，石娘生。大海立即变成了陆地，船也变成了一块巨石，至今竖立在王祥里的路口。

八角井传说

脉元村中有九井十三厅，九井当中的八角井最有名，它有一个美丽的传说。

古时候，就在现在的八角井旁，有一户人家，全家只有一个年过七旬的老太婆。村里人喝水都很困难，要到离村两里多路的溪里去挑，老太婆也天天扭着小脚去挑水吃。村里人都十分希望村里有口井。

一年夏天，有个衣衫破烂的老者，样子很像讨饭人，但是看上去精神却很好，光着又宽又厚的脚板，走起路来咚咚响。他路过村庄，人们都忙着干活，差不多家家锁门，只看见一个老太婆坐在门前树荫下补衣裳，他就走上去可怜巴巴地问道："好心的老婆婆，可怜我吧，我渴得喉咙都出烟啦，给我一杯水吧，给我一杯水吧。"老太婆看了他一眼：精神蛮好，就是嘴唇有点干裂，确实渴了一点。老太婆心眼向来很好。往日，她常一大早起来扫路，补缺口，全村人都热心地称她为老大娘，老大娘也真好，无儿无女，大伙儿这样称她，她当然高兴得合不拢嘴。现在，有人求她给水喝，这有啥不肯的？她就转身走进屋子，拿了撮青茶叶，就想去泡杯浓茶，哪知茶壶里的水早被隔壁光棍阿二给倒光啦。她就满含抱歉的口气对老人说："大叔您稍微等一下，我家现在没茶啦，我到溪边提水来烧给您喝，您在我家坐一会儿。"说罢，拿起水桶就往外走。

老大娘走后，这位老人望着她远去的背影，捋了捋山羊胡子喃喃地说："好一位热心人啊！"说着走出屋来，四周看了一下，来到一个阴暗地方，用脚尽力一踏，一泓清水当即涌了出来。"此地就有仙井，何须多劳心神？"便走进屋子，专等老婆子回家。约莫过了五盏茶时，老太婆才提了一桶水回来，长长的路途，使她满身上下全是汗。她说了声："大叔，真不好意思，让您等了这么多时，我这就去给您烧。唉，也真是的，要是屋旁有口井该多好哇！"这时，老人站起身来，笑笑说："老婆子！你不必太费心啦，我只想试试你。果然不错，真太麻烦啦，你要的鲜水井倒有一口，就在你屋旁，往后你就不必到很远的地方打水啦。"说完就领着老婆子来到屋旁那阴的地方去看。"宝泉就在贵地。"说完，"呼"的一声，一道白光伴着一缕白烟，老者已飘然而去。老婆子晓得遇上了神仙，倒身便拜。这时，只听得半空中传来那老人的声音："热心的人啊，从今往后你不必到很远的地方打水喝啦，叫人们把它筑成井。"说完早就无影无踪。

以后，人们真的把它筑成井，品尝一下水的味道，清甜无比，沁人心脾。人们为了纪念那个神仙，就把它筑成八个角的井。因为传说那个老者就是八洞神仙中的赤脚大仙，所以现在清洗

水井的时候,还可清楚地看见赤脚大仙留下的那个大脚印,印在井底的岩石上。(讲述:李小宝;整理:姜旭辉)

塔下叶与刹下塔传说

塔下叶村原有两座古塔:主塔高大,耸立于村东南前山之巅;副塔矮小,塔檐呈菱角牙齿形,坐落在村西北后山斜坡上。村前溪流上有三座石板桥等距离跨于溪面。每逢风雨,塔铃传声,桥孔发响。如此奇观异景,曾吸引着不少过往行人。

塔下叶的地形酷似航船。传说早先一到夜间,便会游动,半夜子时出游,天亮卯时归位。倘有谁家能得到好风水,这船便可为其载回宝气。后来,只因建造了大塔作撑篙,小塔作船桩,分别镇固住此船的头尾,破了风水,塔下叶才不得游动而静止了。

相传明天启年间,村子里出了一个别名叫精剥鬼的老财主。有一天,老财主突然身患重病,性命危在旦夕。家人四处求医,未解其危,只好筹划后事。财主婆有心寻得好风水,以借神灵保佑赐福。说来凑巧,就在这时,来了位眉清目秀、仪表堂堂的陌生人,自称"一口准",是专门测看风水的。财主婆便将他硬拉进家,沏茶敬酒,笑问道:"敢请先生指点,能否为家主测取一块好风水坟地?"一口准见这户人家殷勤相待,好生高兴,便一口应承。但转而又皱眉沉脸,忧心忡忡。原来,这一方好风水非同寻常,自身的吉利若被应去,双目就会失明。一口准于是将心事说出,财主婆求风水心切,便拍板立约:因风水应验本家,牵连先生双目失明,本家愿担负供养之责,包其终身。一口准便奔向村外,选准方位,测定后山为老财主的"龙穴"。

就在老财主入土之时,一口准先生的双眼也变瞎了。财主婆虽吝啬成性,但因有约在先,难以推辞,只好忍痛给盲人供食。财主婆自认为风水定将给他带来好运道,便加倍雇工盘剥,扩充家产,心更狠,手更辣,门庭果有新的发迹。这便苦了一方村民,大家平添怨愤,风水盲人也受到百姓的反感。

一晃两年过去,财主婆也命归西天了。财主的儿媳们,便产生驱逐瞎子的歹心。供给瞎子的粗茶淡饭开始减量。不久,就只给剩汤馊粥。最后,竟捣烂蚯蚓做馅包汤圆,切碎八角刺做浇头拌面,逼盲人食用。盲人气得大喝三声:"还我眼睛!还我眼睛!还我眼睛!"盲人打定主意,悄悄相邀好友通法道士商定对策:用财主的钱财,在村头各建两座大小砖石塔,把风水破掉。他托通法道士亲临该村游说:"近来有佛托梦,此地将有妖怪作恶,邪气冲犯,最伤风水,欲保风水者只有建塔造桥,方能避邪消灾。"消息传开,财主家的几房儿媳惶恐不安,只得忍痛献出百金千银,造塔之事很快筹划就绪。天启二年(1622)大小两塔,便在村旁拔地而起。大塔定名"刹下塔",小塔取名"上叶塔"(此小塔现已倒坍拆除)。三座石桥,也在村前溪面并列出现。塔为砖石仿木楼阁结构,势态庄重,两相对峙,巍然而立。当双塔竣工之日,风水盲人双眼突然复明。他疾步登上塔山说:"大塔是撑篙,小塔是船桩,现已把'游船'紧紧镇锁。三桥是三支利箭,牢牢对准村心,狗财主独占的一方宝气丧失殆尽了。"说罢,合掌朝天一拜,一阵大笑拂袖而去。

不久,财主家境每况愈下了。凡出门经商的儿辈,赔尽血本;沦落天涯者,不见音讯;有远行求学的甥孙,染病身亡。各房媳妇不见官人见棺材,活活守寡,叫苦不迭。从此,当地流传起一首民谣:

有道人生良心浅,恶有报应苦自尝。
塔桥镇锁船宝地,人杰地灵空一场!

民国初年,曾有当地乡贤、秀才荣景先生作诗文以赞之:"塔镇腐恶显神威,净化精灵辨

德行。”(讲述：周汝荣;整理：周樟炳)

吴仪宾的传说

明朝弘治年间,龙游北乡有个吴家庄。庄内高楼广宇,鳞次栉比,良田千顷,富可敌国。庄太公便是百万富翁吴员外,有水流50里,不过人家田之说。他家的金银财宝数不清,粮食堆积如山,几代都吃不完。人们会问,他家的财产是从哪儿来的呢?原来,有银神和五谷神暗中护佑。

银神和五谷神

离吴家庄不远的下洪村,有一青年人,以打柴为生。家中老母年逾八十,双目失明,母子相依为命,生活异常清苦。一天,母亲患病在床,为给母亲治病,青年人起个大早出去打柴。走到半路,看见许多人推着独轮车迎面走来。他想:都说打柴人辛苦,怎么也有和我一样辛苦人?夜色中他看到,领头的老者累得满头大汗,气喘吁吁,似有不胜之状。青年人见了,便站在路边打一拱道:“客官辛苦,歇一下不?”老者见打柴人热情招呼他,回了一声:“你打柴辛苦。”说完就呼唤后面的人。“大家都歇一下吧!”车队停下来了,大家坐在路边休息,青年人也就顺着老者身旁找个地方坐下。一边拨弄着自己的草鞋,一边和推车人唠起家常事。“车里是什么东西?”青年人问。“棉花”,老者漫不经心地回答。“推哪里去?”“吴家庄吴员外家。”

这时,青年人忽然想起草鞋,便对老者说:“老伯伯!我这双草鞋新打的,很束脚,送一点棉花塞一塞可以吗?”老者一听哈哈大笑:“初次打柴吧?常言道,稻草捶得透,砍柴山上走;稻草捶得少,脚上起血泡。上山打柴,小小年纪可不容易哪!”青年人说:“打柴多年啦,往日我捶稻草母亲翻,把稻草捶得熟透,打起草鞋软又牢。昨天,母亲病啦,稻草自己捶自己翻,草鞋也自己打,不很合脚还痛呢。”“既然这样,就送你一点吧。”老者慷慨地说,“请自己拿。”青年人站起,向老者施了一礼。“打扰了,谢谢你!”说完从车上扯下一小块棉花。“再扯一块吧!”老者说。“不用啦,不用啦!”青年回答。一边用棉花把草鞋塞了起来,软软的棉花垫在脚背,脚也不痛了。他向老者千恩万谢,忽然想起了自己的事情,就立即背起柴,告别老者上山去了。青年走了一段路,东方显出鱼肚白,他觉得双脚越走越重,就看了看脚:天哪!草鞋绳子下面,哪里是棉花?分明是一色的50两银锭。银子,白花花的银子,多么令人高兴!于是,他柴也不打了,把银子拿回家奉养老母。后来这打柴的青年也成为当地一富户。可见吴员外银子有多少了,家里怎么堆得了呢?他自己也莫名其妙。家中金库银库每天上涨,到处都是金锭银锭。

吴员外有良田千顷。有一年割稻时节,数十个长工在一丘不大的田里割稻。说也奇怪,稻在稻桶里打几下,一稻桶谷就满了。原来又是五谷神护佑,数十个长工一天都挑不完。吴府丫鬟见晒场上的人忙忙碌碌,就笑呵呵向长工们打招呼:“这丘田恐怕割得一百箩吧?”结果被这个女人说死了,真的只能割一百箩谷。现在人们仍称这丘田为百箩丘。

乌云盖雪

吴员外有一女儿,芳龄二八,长得异常聪明美丽:白皙的面孔,苗条的身材。但平时寡言少语,身体羸弱。员外爱她如掌上明珠,总是百依百顺。大凡二八妙龄的大家闺秀,就要忙于择婿,因而上门求婚者络绎不绝,但员外都借口婉言谢绝了。

有一天,家里来了一个测字看相先生,吴员外待如上宾,请他为小姐测字看相。相命先生就把吴小姐八字推排,对员外说:“令爱生于大富人家,但命中不宜与富贵人家匹配,否则其命不长,寿也不永。”员外一听急了,问:“那何等人家可配?”他说:“小姐太娇嫩了,需‘乌云盖雪’者方可长命百岁，白头偕老，日后子贵孙荣，荣华富贵”“何谓‘乌云盖雪’？”员外不解地问。“天机不可泄漏啊，天机不可泄漏！”他摇头晃脑，神妙莫测地说，“出去察访察访吧！”于是，吴员外陪同相命先生出去察访“乌云盖雪”。他们骑着马出了吴家庄，取道诸家，过新王上刘家，漫不经心地走去。

时值盛夏天气，田野一片碧绿。水稻因快成熟，田块水沟都挖清了。有个小癞子在水沟里捉泥鳅。天气炎热，员外与相命先生满头大汗，可小癞子头上顶着一朵乌云，显得非常凉快。见小癞子赤膊，全身乌黑，相命先生就对员外说：“‘乌云盖雪’者，头上之癞痢也。”吴员外起初将信将疑，后听得先生道破玄机，也就欣然同意了，于是很快和刘家谈妥了这门亲事。

这小癞子家境贫寒，住茅草棚，与老父亲相依为命。老父亲做梦也没想过会和吴员外结亲，小癞子也做梦没想到会娶吴小姐为妻。父子俩惊得目瞪口呆，不知是祸是福。

“不好吧？人家是员外，不知什么阴谋，我们不要上他的当，这门亲事是假的。”老父亲忧心忡忡地说。“不见得，俺家与员外素无冤仇，绝不至于害我们吧？听说，员外对相命先生言听计从，可是真心实意哩。”这小癞子倒有见识，说服了父亲。

纳聘的日期到了，小癞子洗了热水澡，打扮一新：着一件新长衫，戴一顶瓜皮帽，变成一个非常英俊漂亮的后生，叫人看了喜欢。父子俩用借来的钱做了新衣服，还买了番薯之类，做好包成糕饼的形状，又用萝卜切成元宝的模样包好当白银，分作几挑，向吴府纳聘。吴府张灯结彩，大摆宴席，家奴收进姑爷的彩礼，拿出员外给女婿的红包。小癞子酒足饭饱，带人挑回了礼物。员外给他的红包，全是黄金白银。这黄白之物加上美丽的妻子，使小癞子一步登天成了富户，他便大兴土木，购买田地。

迎亲的那天，男女双方亲朋满座，鞭炮齐鸣，鼓乐喧天，酒席山珍海味，说不尽的富贵荣华。新娘子八抬大轿起程，嫁妆多得数也数不清。扛箱、扛桶、扛家具的，排了两里多长，浩浩荡荡开向刘家，一路吹吹打打，热闹非凡。

吴员外还给刘家女婿盖了一座花厅，作为女儿的嫁妆。后来小癞子夫妻百年好合，子孙满堂。

皇帝的侄婿——吴仪宾

吴员外的豪富，使他有机会和皇帝攀上亲戚。他把大批粮食献出作军粮，又把大批白银献出充军饷。皇帝闻知，龙心大悦，立召吴员外赴京面君。员外年迈，由公子代行。吴公子年轻有为，天生英俊，皇帝召见后大喜：“真才子也！”当即由皇上做主，将其弟女儿许配给吴公子为妻，号称吴仪宾，官封延陵大夫。迎亲那天，说不尽的荣华，道不完的富贵。在送嫁妆的队伍前，皇上送的御书匾额由四人抬着，上书“延陵大夫”，左下角小字“大明弘治十五年正旦皇上贺”，并盖有金印。员外将此匾悬挂在大厅里，以示荣耀。大厅门口还布满了雕花凿字的青石插旗杆基石，每天数十面龙旗迎风飘扬。大厅里更是雕龙画凤，西瓜石碑子垫屋柱。吴府八面威风，人从厅前过，都要低首而行，文官过此下轿步行，武官过此牵马而走。不得喧哗，诚惶诚恐。

君子之泽，五世而绝，非谬言也。吴员外故去了，吴仪宾也故去了。吴仪宾的子孙不善治家，又暴殄天物，银神走了。金库的黄金借土遁去，个个银锭化作白鸽统统飞走，其中有一批白鸽飞到兰溪圣山乡横塘村，成全了一户不小的财主。吴家的百箩丘因走了五谷神，也割不到几担谷了。吴仪宾的子孙也成了普通的平民百姓，靠种田为生。唯有一点使他们感到荣耀的是，吴家庄这土气的村名不用了，改称吴仪宾，直到今天，人们还这样称呼它。

尾 声

光阴易逝,转眼数百年过去了。昔日吴员外因金钱太多,无处堆放,大批埋在地下窖里。于是后人到处找窖寻宝,结果什么也没有。20世纪60年代,富丽堂皇的吴氏宗祠拆建改作礼堂。上厢房的金库银库地底下,除了一些残木断砖之外,什么也没有。黄金借土遁去,白银化鸽飞走,当然什么也找不到了。粗大的青石柱埋到地底下,成了现成的墙脚;大青石板抬到池塘做埠头,专供妇人洗衣服。当然耀武扬威的旗杆石,也有了它们最好的归宿,静静地躺在水库大坝的最低处,成了下水管道。祠堂门口的一对石狮子,是太湖石雕刻的,在"文化大革命"期间,遭到粉身碎骨的下场,成了一大堆乱石,而现在这批乱石也不知到哪里去了。弘治十五年皇上御书的延陵大夫匾额也无处寻,据说和吴太公的位牌一起,亦化作熊熊烈火,走向自己应去的地方。历史的长河把一切旧的东西冲刷得一干二净,可是吴仪宾这个村庄的名字是永远冲刷不了的,它就是现在的横山乡吴仪宾村。(讲述:章文进;整理:叶 京)

井的传说

北乡有个小村庄名叫老院,仅有300来亩田地,200多人口,但这个村庄先前却是好大的。提到这个井的故事,就该从这村中的水井谈起。

早先,这个村共有七口井:竹林里的八角井、湖边的湖泉井、村中央的门前井,还有姚塘井、前塘井、石塔井、油车井。这故事又是由那村西头竹林里的八角井引出。

村西头有户人家,主人叫童良标,身高八尺,能挑千斤重的担。因为这户人家平常吃喝都用这八角井的,村里人都称这是口神井。

有一回,童良标和村上人打赌上80里外的煤灰山挑煤,赌的是路上不撒煤,不休息。煤钱由那个人出,而童良标出力。如童良标赢,不用煤钱,煤全归他;要是童良标输,那算他白出力。再说别人挑煤,只用小筐,童良标却用能装千斤的大筐,手里还拿根30多斤重的撑棍。到了煤灰山,山上人笑话他,他是走错了门子。他不理,只是叫他们装,于是装了个满筐。他挑了便往回走,路上果不曾撒一点煤,也没有停着休息。傍晚的时候,离村还有两里路,他才感到有点儿累,而那个人却已累得要死那光景。童良标故意对那人说:"喂!老弟,快到家啦,这样吧,你给我拿撑棍,这条路我不用换肩也挑得回去。"那人不相信,便拿住了撑棍,可谁知这下,童良标走得更加轻松。那人却是跟不上,只好认输。童良标不花一文钱,得了千斤上好的煤。

时来运转,谁知童良标这人居然发家起来,做了朝廷的运粮官,还置了房舍田亩,家大业大,成了当地一霸,便把这小村子改作了老院,意为国家的粮仓,曾威风了一阵子。可又因为他的恶习,闯了大祸。

童良标有个恶习,每逢出嫁的年轻女子路过村里,他便要去敲竹杠,讨点银子。可有一年春天,却出了件大事。那时赵匡胤的妹妹省亲路过这儿,童良标又去敲点竹杠,这可不得了,恼火了御妹。一声令下,即刻满门抄斩,这可惨啦,那一大片的房舍变成了废墟。

尽管童良标一家被满门抄斩,可这还不解公主心头恨,又命令填那八角井。因为祸根还是那口井。可是这口井也怪,任你扔什么,就是填不死,水还会涨上来。后来,来了个风水先生,他装模作样地算了一番,说要用金谷、金床、金罗、谷壳填,填下这些东西后,还要绕井洒一圈大黄狗的血,才能填死这口井。于是照办,果然井填死啦。

至今,北乡的那个老院村依然存在,只是比起原先小了好多。原来村落的人,陆续散了。后来,由于灾荒战乱,又从别处迁来好多户人家。这就是现在这个20来个姓的小村的来由。人们从村四周迁进村中央，至今用的井，便是原先的七井之一的门前井。村西头的小竹林里，至今还保留着那口八角井遗址。（整理：叶海燕）

天子地传说

在龙游北乡横山至石佛的公路边，有一座不起眼的山，山不高，却分布着水泥厂、建筑材料厂等五六家规模不小的企业，俨然成了横山镇的工业园区。山上是清一色的石灰岩，阳光下，闪着亮光，酷似一条游动的巨龙，当地人叫它青龙山。传说青龙山有一处天子地，是千载难逢的风水宝地，拥有了它，可以贵为天子，福及后人。

传说危险（北乡方言："十分"之意）早以前，邻省安徽有一个风水世家，一家人男女老少，人人精通阴阳八卦，名震大江南北。这年，老先生一双伲囡（北乡方言："儿子、女儿"之意）都已经长大成人。为测试他俩能力，老生让兄妹俩分头行动，为老爸百年之后寻觅一处"风水宝地"。

阿哥沿着钱塘江逆流而上，来到龙游北乡一个叫下宅的地方，顿时眼睛一亮：这里有一个大平坂（畈），良田一眼看不到边；两条清澈的溪流静静地从村边流过，溪流出口汇合处有两座鲤鱼山，正是雌雄一对。每年到了春耕季节，农田需要灌溉，正值鲤鱼繁殖的季节，一到夜里，雌雄鲤鱼便靠拢交配，挡住水口，河水满溢，大片田地得到灌溉；东方发白，它们又自然分开，村民来往自如，管理农田。村庄后面是乌石山，山高坡陡，像一头猛虎侧卧在北面，阻挡了北来的寒风；村庄的东南，横亘着一座石山，瞀弗见一棵参天大树，只在山的皱褶里长着灌木茅草。满山满岭都是青色的石灰岩，闪着亮光，就像是一条游动的青龙，是一处难得的卧虎藏龙之地。于是，他掏出罗盘，仔细搜索，最后在青龙山上，找到了一处风水宝地的"穴位"，他埋下一枚铜钱做标记，高兴地打道回府，请老爸前来验证定夺。

阿哥到家有几日，阿妹也到家了，说她也找到了"风水宝地"，并在"穴位"上插了一根独门绣花针，做了标记。

老先生危险高兴，立刻启程，来到了他伲所说的"风水宝地"。一瞀，果然弗一般。他摆上罗盘，很快便找到了伲选定的"穴位"。

老先生上前扒开表面泥土，大吃一惊：只见"穴位"上赫然立着一枚闪闪发光的绣花针——这正是他囡的标记。

老先生恍然大悟：原来，他伲和囡所说的"风水宝地"，竟然在同一处地方——那枚独门绣花针不偏不倚插在铜钱的方孔中。

话说下宅当地有个富豪，名叫金堂，老爸仙逝已经3年，一直停放在家里，正想找一处"风水宝地"入土为安。他听说村里来了外地的风水先生，便请到家里，好酒好菜盛情款待。

几杯米酒下肚，老先生不胜酒力，很快醉眼蒙眬，他把伲和囡在青龙山找到"风水宝地"的事，一五一十地对金堂讲了，并夸口讲，青龙山是一处"天子地"，是千载难逢的风水宝地，如果哪位先人能够葬这位置，后辈可以出"真命天子"。并说他打算买下这座山，问金堂可晓得是谁家的产业。

金堂听后，就欺骗他讲，青龙山是他金家的祖业，给多少铜钿银子都弗卖。

老先生无奈，只得遗憾地摇头离去。

其实，青龙山是小殿下项轿夫家的祖业。因为山上都是石头，种不起树，想卖又有人要，一直荒废着。现在，一家人的生活，就靠项轿夫替人杠轿赚几个"脚步钱"维持着。

项轿夫有一个囡妮，已经到了婚配岁数，因为家里穷得叮当响，有陪嫁，加上人长得又矮又胖,像个冬瓜,一直有人上门提亲,让项轿夫夫妻俩成天唉声叹气。

这日,金堂来到项轿夫家里,说他看中了他的囡妮,他今日就是来提亲的。项轿夫一听,哪里肯信?金家是北乡首富,他的儿子不缺胳膊少腿,怎么可能肯娶他家的囡妮?可金堂说得有鼻子有眼的,弗像开玩笑。项轿夫以为囡妮可攀高枝,喜出望外,当即两家爹娘做主,选定良辰吉日,办了喜事。囡妮过门满月那日,项轿夫去探望囡妮,正赶上金家轮到丑媳妇下厨做饭。厨房里青烟缭绕,项轿夫被熏得睁弗开眼睛。瞥见泪水涟涟,咳嗽弗停地在灶底忙碌的囡妮,项轿夫讨问缘由。

囡妮哭诉讲,轮到大姆、二姆做饭,她们都烧去年积存下来的燥松桠——她们嫁过来时景,都有松树山做陪嫁,剃下的松树桠,一年压一年,年年烧弗了。

囡妮冇有松树山做陪嫁,只好临时上山砍柴烧。新砍的柴火湿漉漉的,难点火,常常烧夹生饭,挨公婆痛骂。

世上哪个父母弗心疼自家的囡妮?项轿夫一拍胸脯,许诺把青龙山作为给女儿的陪嫁,送给金家。金堂听后,正中下怀,当即找来笔墨纸砚,写下契约,让项轿夫按了指印。

得了青龙山,遂了心愿。金堂名正言顺地把老父亲葬到了青龙山那处风水宝地,并在青龙山脚建了一座"金堂殿",塑了菩萨,日夜供奉,盼望着"真龙天子"的降临。

无巧弗成书,冇多久,金家人发现丑女竟然怀孕了。看到丑媳妇怀孕,金家人却怎么也高兴弗起来——孩子生下来,要是像他阿娘可怎么办?那岂弗辱没了金家的列祖列宗?于是,丑女成了金家人的眼中钉。

时间慢慢过去,丑女的肚子越来越大,因为人长得矮,行动更加不便。金堂却寻找借口,让她做各种各样的杂活,有心想让丑女小产。

这日一大早,丑女正在河埠头洗衣服。

有一鹤发童颜的老者,撑着一条石船来到她面前曰:"小娘子,河水平,浪不惊,石头船,能撑否?"

丑女心里不痛快,只顾手上洗衣服,头也冇抬,冇好气地讲:"石头船?神仙阿爸都撑不动!"

神仙撑的石船,本是来渡天子的,一听这话,傻眼了:"罢了!俺石船不得撑,你的天子省得生!"

说话间,河水倏地浅了,石船一头扎进河滩,一头高高翘起在岸上,神仙已经不知去向。如今你到脉元,还可以见那高高翘起的石船尾。

因为丑女怀的是天子,不是凡人,10个多月过去,丑女还没有要生产的样子。

这日,项轿夫依着乡俗,挑着小箩担,再次到金家来催生。

金堂管见亲家来了,表面上危险亲热,暗地里,一个毒计正悄悄地进行着。

丑女把菜端上餐桌,金堂就把一只酒壶递到媳妇手里,让她去里屋打壶酒来。

在龙游北乡,家家户户都有酿制米酒招待客人的习惯。有钱人家酿酒多,酒瓮也大,金家的酒瓮更是硕大无朋。丑女人矮,又怀着身孕,她扶着酒瓮就是舀不到瓮里的米酒,只得搬来一条凳子垫脚。哪里想到,背后突然过来一个人,翻了她的凳子,迅速逃开了。

可怜丑女一头扎进酒瓮里,身子卡在瓮口,双腿在外面乱蹬,直到气绝身亡。

项轿夫看囡妮进去舀酒老半天冇出来,等得有点不耐烦了,就跑到里屋,看见囡妮已经淹死在酒瓮里。项轿夫捶胸顿足,痛哭失声。

老实本分的项轿夫,做梦都冇想到,这一切都是金家人设下的圈套。

天子胎死腹中,天庭震怒。当晚,电闪雷鸣,暴雨如注,青龙山上,到处是雷击的孔洞。事后,人们发现山上有 18 个洞穴。有人讲,那是天帝为了迎接天子,放置了 18 把金交椅,那个夜里统统收回天庭去了。

丑女葬在"天子地"后,金家在"金堂殿"里,吃斋念佛,顶礼膜拜,祈求菩萨保佑,却难洗去害死丑女的罪孽。从此,金家人丁骤减,家道败落,终致断子绝孙。

黄巢和十八鼓桥传说

石佛乡下洪和建德梅岭(原属境内)附近,有一条大溪,溪上有一座桥,叫十八鼓桥。一天早上黄巢路过这里,他看到这景色迷人,山清水秀,便独自上山观看。这时,有各种各样的鸟飞到黄巢头顶,叫着:"黄巢没天下,黄巢没天下。"黄巢觉得奇怪:我身经百战,攻克了不少城池,杀了不少官吏,难道这样下去还管不了天下吗?便扫兴地往回走。刚走下十八鼓桥时,对面出现一老者,看上去白发银须,童颜仙骨。黄巢很有礼貌地上前请早安,老者也以礼相迎。老者自称是某山道士,早闻黄巢大名。两人客套一番后,老者说:"你如要得天下,那么这桥上 18 个石鼓就打得响;如打不响 18 个石鼓,你就不得有天下。"黄巢一听这话,又和刚才碰到的情景联想在一起,自知必有原因,便当即打起鼓来,"咚咚咚……"一连 17 个石鼓全部打响,可到最后一个石鼓,一打不会响。黄巢气愤至极,就狠力一脚,把这第 18 个石鼓踢入溪水之中,把一把宝剑插在山上。如今,这十八鼓桥上只有 17 个石鼓,另一个石鼓至今还在溪水里。黄巢的一把宝剑至今还插在溪边的山上,变成了一座山峰,山峰看上去和宝剑一模一样。(讲述:余樟岳;整理:余金土)

四、轶事

有着浓郁的乡土气息和人文色彩的民间轶事,对一些史实的追溯不无参考价值。

白捡一个大厅

下西山叶氏宗祠为县级文物保护单位,相传木材从会泽里购得,因木料粗大,不便运输,从水路顺水而下。到下西山时有一冬瓜梁沉入水底,族人深感奇怪,所有木料都浮于水面,唯此梁沉于水,遂叫人捞起查验,原来梁中藏有白银。下西山人等于白捡了一个大厅。

岳飞不吃翻(反)食

横山与建德交界处的梅岭关,南宋时是通往临安官道上的重要关隘。紧靠梅岭关的境内,有座乌石山,山上有乌石寺,寺里有位得道的禅师。

传说岳飞奉旨从抗金前线回京,快到梅岭关时天色已晚。他见乌石寺气宇不凡,就沿着石阶上山,准备在寺里借宿。

到达山门前,岳飞见道旁石壁上有"你来了"三个墨迹未干的大字,禅师也在一旁迎候,便高兴地感谢禅师题词相迎。禅师连忙解释:"元帅你错了,这并非欢迎之意,乃是一句偈语,'了'即'了'也"。岳飞听罢,沉吟不语。

进寺坐定,禅师吩咐端上一碗面,给元帅洗尘。岳飞一尝,竟是淡的,便问是否忘了放盐。禅师忙回答:"酱(将)在下面,何不朝上一翻(反)?"岳飞闻言顿时变了脸色,厉声说:"忠良宁死不吃翻(反)食!”说罢,挥手将这碗面条抛到山顶幽岩上。禅师只得顿足长叹。

岳元帅进京后被陷害,受难后,天恸地哭。幽岩上的面条变成百条瀑布,呜呜咽咽。现在瀑布虽已枯竭,但斑驳水痕仍留在乌黑的岩石上,乡人称之为“幽岩泪”。

岳飞题字

乌石山以山石呈黑色而得名。位于下宅乡大平坂村北,与寿昌梅岭关接壤。唐文宗太和元年(827)在山上建了招庆寺(又名乌石寺)。寺中有岳飞、张浚、刘光世遗迹。龙游版图呈南北长条形,处于金衢盆地之腹。衢江由西往东经兰溪入钱塘江。水两侧各有古道:水南称江左道,水北称江右道,史谓“三衢通道”“八省通衢”。北乡大道即今王街,因岳飞过宿散步而名。王街东抵临安,西至江州,全程1000余里。路面以长条青砖铺就,呈人字形图案,故又名青砖人字路。相传为岳家军所筑。岳飞在木桌上的题文是:“岳飞奉旨趋前,复如江右,假宿幽岩。游上方,览山川之胜。志期为国,急欲扫平胡虏,恢复舆图。迎二圣沙漠之辕,辅圣上无疆之休。因给缘故佛寺,以纪岁月。”(讲述:叶风梧;整理:叶　京)

项家接龙水的习俗

项家村地处北乡丘陵地带,虽然海拔弗高,只有60米左右,山塘水库也弗少,还有面积达60多亩的芦塘,但从前提水灌溉的工具只有木龙水车,只能解决水塘周围农田灌溉的燃眉之急,遇到大旱年份,只能靠天食饭,为消除旱灾,求得雨水,人们只能迷信烧香拜佛,祈求神灵保佑,赏赐雨露甘霖,降伏旱魔。于是,村里祖辈留传下接龙水的习俗。

每当旱季来临,族长就会把族人聚集到总厅,开个接龙水的碰头会。然后请风水先生挑选黄道吉日,从家族里挑选十几个身强体壮的年轻人,给他们分配各自的任务:背龙瓶(村民外出干活时常用来带茶水用的长毛竹筒)的、抬龙腾(用毛竹片编成骨架,糊上纸做成的竹龙)的,敲锣打鼓的,扛旗幡的,背砍刀(负责砍掉沿路会碰到龙腾的树枝)的……

准备接龙水的前一天夜里,食过晚饭,从各房选拔出来去接龙水的十几个人,就在祠堂里忙忙碌碌准备开了:他们洗漱净身,点纸上香,祭拜龙神之后就结伴上路。

大家在祠堂大厅食饱饭,喝足茶,小睡一会儿,因为,夜里一路过去,中途弗可以停留歇息,弗能食饭、喝水、睡觉,一个来回要走七八十里山路,有点毅力是弗行的。

背着砍刀的人打着灯笼走在前头,负责开路,遇到挡路的树枝就上前砍掉,以免挑破竹龙。接着,抬龙腾、背锣鼓敲锣的,背龙瓶的殿后。他们一定要在天亮以前赶到淳安境内的一个“仙姑洞”里,接取洞中的“龙涎”作引子,用来祭拜本地的龙神,祈求降下甘霖,赶走旱魔。

“仙姑洞”是一个大溶洞,洞口弗大,石洞弯弯曲曲地向大山深处延伸,洞深1000多米,感觉像一条龙。仙姑洞里面一片漆黑,地面乱石丛生,高低弗平,大家得在灯笼的照亮下,慢慢地往山洞里头行走。走到溶洞尽头,大家才瞥见,洞顶的一个石缝里,有清澈的泉水,从洞顶上吧嗒吧嗒地落下来。大家在洞里一番敲锣打鼓、扦香拜龙神以后,背龙瓶的人拔开竹筒塞子,对准滴沥的泉水,开始收集“龙涎”——接龙水。等到龙瓶里的“龙涎”装满,祭拜仪式结束,一群人才调转头,带着龙瓶,打道回府。回来的时辰,天空已经大亮,前头有人鸣锣开道,后头跟着背龙瓶的人,大家抬着龙腾,场面危险壮观,吸引了路过村庄早起人的围观。当地人都晓得接龙水的习俗,听到锣声会自觉让路,挑着粪桶或猪栏粪的人,会提早离开接龙水队伍的视线,因为,如果被背砍刀的人瞥见,会马上把他的粪桶拷碎,把他的粪箕砍掉。听讲,一大早遇到这些污秽之物,触霉头,接回去的龙水就弗灵验了。如果路上正好碰到有官吏坐轿出游,官吏一定要下轿祭拜龙神。参加接龙水的人都弗能带遮阳的笠帽,背龙水的人走路必须危险小心,弗能跌跤,弗能让"龙涎"从龙瓶里溢出,否则,前功尽弃,接来的龙水就没有了灵气,一场辛苦也就白费了。

接龙水的队伍来到项家村口,全村的男女老少都要赶到村口迎接,大家高兴地把龙神和龙水迎进祠堂,然后把装满龙水的龙瓶放在祖宗牌位的前面,派人日夜烧香守候,每个时辰就要祭拜一次,一直到下雨才停止。有的时候,接龙水的队伍还没有进村,天空就乌云密布,阵雨随即而至;有时候,龙水接回半个月还是滴雨未落,但人们也弗会责怪,每日坚持烧香祭拜弗停,期盼着龙王下令落一场透雨。

据村里的老人讲,项家村最后一次接龙水是在解放后的1953年。

项叔俊祈雨

项叔俊是哪个？大家都不晓得,可是在明朝的时景,他可是龙游北乡赫赫有名的人物。据说,有他出面求雨,每次必成,特灵验,当时衢州府衙的好多官吏都表扬奖励过他呢。

项叔俊祈雨的事情,发生在正统十二年(1447),是明英宗执政年间,《泗塘项氏宗谱》有载:这年五月后,衢州地区气候一直干燥冇雨,骄阳似火,田地开裂,禾苗焦枯,眼晵当年收成落空,村民心急如焚。

当时的龙游县令汪休宁,带着县衙一帮人,每日吃斋念佛,沐浴净身,晵见庙烧香,晵见老佛就拜,期盼老天爷能够降下透雨,消除灾情。可是,祈雨一个多月,老天爷还是冇被感动,仍然滴雨未下。

泗塘项氏族人叔俊,是龙游当地有名的大户东家项自然的大倪,他从小喜欢读书,头脑聪明,记忆力超群,精通四书五经,他把《老子》《庄子》《周易》"三玄"读得滚瓜烂熟,掌握了玄学的精髓,并加以融会贯通。县令听说他有这方面的特长,就邀请他出面设坛祈雨。

据《泗塘项氏宗谱》之"赠泗塘项君叔俊祈雨序"记载,祈雨的时辰,项叔俊"自以科而行,阐扬至道之精,敷衍至妙之玄:一掌诀也,而云雾为之遮蔽;一指顾也,而雷电为之轰闪,雨势滂沱,焦土沃渥。连日登坛,致雨沟浍通流,田畴膏渍,将枯槁之禾黍,芃然而复生;半焦之艺稷,勃然而后育。于是,缙绅欣于署,农庶歌于野,上下皆感其德,欲酬以玉帛,而公固辞不受"。

项叔俊果然祈来了一场透雨,开裂的土地得到了灌溉,焦枯的禾苗恢复了生机。县人欢呼雀跃,奔走相告。县令更是喜不自禁,赞赏有加,许诺奖励他铜钿银子,可是项叔俊分文未取,表示把他该得的奖励分发给灾民。

在当时的社会背景下,事件发生虽然偶然,但是,从"正统十二年丁卯夏六月吉日衢州府龙游县儒学训导惠阳张以敎书""赠泗塘项君叔俊祈雨序"来看,这件事在当时影响还是蛮大的,毕竟其序后面署着包括知县、县丞、衢州府推官等41个人的名字,可见该事件影响之大,仿佛确有其事。

项叔俊祈雨的事听起来玄乎,弗足为信,当是茶余饭后的闲聊。

雨打先生何处去　天教才子这方来

在脉元村,至今流传着明朝商辂的一个小故事。

商辂字弘载,号素庵,杭州淳安人,是中国古代科举制度中14个连中"三元"者之一,历任兵部尚书、户部尚书兼文澜阁大学士、吏部尚书、太子少保、谨身殿大学士。成化十三年辞官,成化二十二年七月十八未时卒于正寝，享年73岁。皇帝听说商辂离世，当即下旨："故少保兼吏部尚书谨身殿大学士商辂，性资刚直，操履端方，三榜魁名，四海仰其文学，两朝内阁庶政，资以经纶。念其往劳可无褒奖，兹特赠太傅衔，进光禄大夫，谥文毅。"

据说，商辂为人刚正不阿，宽厚有容，时人有"我朝贤佐，商公第一"的称号。商辂一生著作多，因不幸遭两次火毁，仅存《商文毅疏稿》《商文毅文集》两部。

传说明成化年间，商辂当时还没有考取功名，怀才不遇。这年，他离开家乡严州梅城，在龙游城里的祝家巷开了学堂，教授四书五经。因学识渊博，其不少学生考取了功名，因此声名大噪，成了当时龙游城乡尽人皆知的名师。

一次，他回严州探亲，路过脉元村时，天空突然暗了下来，眼看一场大暴雨就要来临。商辂没带雨具，他环顾四周寻找避雨的地方。当时，路边没有住户，只见溪边有一座水碓房，他就躲了进去。没想到里面有人，正在水碓房舂米。

舂米的正是水碓房的主人，脉元龚氏族人龚瑊。龚瑊也算是个读书人，断文识字，曾多次参加科举考试，但一直没有考取，也没有谋得一官半职。

商辂名声在外，在龙游早已家喻户晓，龚瑊见面就认出了他，但没有说破。这次邂逅，龚瑊感到非常高兴，于是半文半白地打趣说："雨打先生何处去？"商辂见问，随口应对："天教才子这方来。"一句简单平常的问话，配上商辂巧妙的对答，居然凑成了对仗工整、妙趣横生的对联。为此，龚瑊非常佩服商辂的才华，便邀请他回家，好酒好菜，盛情款待。因为两个人年龄相仿，于是惺惺相惜，一见如故，遂成无话不谈的好朋友。最后，两个人报出各自的出生年月，竟然是同年同月生。于是两个人结为兄弟，相约来年一起参加科举考试。

后来，商辂参加科举考试的乡试、会试、殿试，分别考取了解元、会元、状元，竟然连中三元，成了朝廷命官。

龚瑊初试落榜，没有考取功名，回家重操旧业。商辂知道后，授龚瑊七品散官的职务作为回报。后来有人说，龚瑊因为与商辂的雨中邂逅，因为一句"雨打先生何处去"的对话，才有了脉元龚氏家族日后的飞黄腾达。

商辂失言道歉

商辂（1414—1486），字弘载，号素庵，淳安县人，自幼天资聪慧，才思过人，是明代近300年科举考试中第二个"三元及第"（同时获解元、会元、状元）。任内阁首辅，官至少保、吏部尚书兼谨身殿大学士等。获赠太傅，谥号"文毅"。著有《商文毅疏稿略》《商文毅公集》等。年少时，商辂从淳安赴京会考，在途经建德梅岭时随身携带的衣物、盘缠等被强盗洗劫一空。为不误考期，商辂只得继续赶路。

脉元村有位人称"大胡子"的龚氏太公，平时喜爱垂钓，这天虽然天空中飘着雪花，但他仍在村口的白莲塘持竿钓鱼。突然，"大胡子"见路上急匆匆走着一位少年，衣衫褴褛，一副落魄的样子，就问："这是谁家的孩子啊，要到哪里去？"商辂停下脚步，向"大胡子"细说了自己的遭遇，告诉说自己是去赶考的。"大胡子"太公见商辂眉清目秀，双眼炯炯有神，气质非凡，料定日后定是有出息之人，便邀商辂到他家吃饭过夜。商辂跟着进了太公家，受到了热情的招待，他深为感动，当即拜"大胡子"为义父。第二天，"大胡子"太公为商辂准备好了衣物等用品，并派2位家丁护送了商辂一程。随后，"大胡子"太公还差人给商辂家中父母送去了猪肉、鱼等物品。商辂考取功名后，专程到脉元村来看望义父，一路上敲锣打鼓，鞭炮齐鸣，煞是热闹。临近脉元村，锣鼓声、鞭炮声惊到了白莲塘的鱼，大鱼、小鱼纷纷从塘中跃出水面。商辂见此情景，随口说了一句："没想到这里地盘这么浅啊！"

不料这句话很快传到了"大胡子"太公的耳中。太公极不高兴，心里说，你这商辂怎么能说脉元地盘浅？商辂到了家门口，"大胡子"太公顾自躺在床上，拒不与商辂见面。商辂意识到得罪了义父，便送上龙凤烛、马蹄炮，向义父赔礼道歉。马蹄炮不是普通的鞭炮，大如篮球，响声震天，是商辂特地差人去衢州府办来的。"大胡子"太公见商辂知错诚心改过，这才跟他见面，举杯言欢。（作者：徐光海）

吴学诗和婺江大桥

清乾隆年间，詹文焕任金华知府。金华本是繁华之地，能在这里供职，实在是上司器重，皇恩浩荡。他上任后，就大肆搜刮民脂民膏，以饱私囊。俗话说："三年清知府，十万雪花银。"何况金华宝地，只要用心搜刮，还愁白银不滚滚而来吗？果然不上一年，他的腰包早满了。

詹文焕一方面大刮地皮，另一方面又要表示自己并非等闲之辈。为在金华树起政治声望，以便任满后向皇上邀功，便主张重建婺江大桥。

婺江大桥原是一座浮桥，但是浮桥每逢大雨，常被冲垮，来往行人就阻于两岸。后来地方官又把浮桥改建成木桥，可木桥又怎能经得起江水的冲击？金华百姓多么希望有一座大桥啊！詹文焕知道，只要自己能在任期内建起婺江大桥，那么金华的子民就没有不感恩戴德的，他也就可以大吹特吹在婺州的政绩啦。然而要造婺江大桥谈何容易？首先府库空虚，钱从什么地方来呢？还是师爷李宝嘉有办法，他对知府说："造桥还会没钱？大人可以募捐嘛！偌大的婺州，豪富何止几千？即使不是富有人家，平民百姓也是乐于捐助的；只要您知府大人一声号令，又自己带头捐银，谁还不愿意呢？"詹知府一听募捐，倒觉得是好办法，但要自己带头，又感到心痛了。于是骂道："混蛋！我任金华知府，虽是皇上门生，也两袖清风哪！只这一点薪俸，哪来的钱捐？"李宝嘉不动声色地说："大人太自谦啦！您的底细难道我还不清楚吗？我已把造桥的告示写好啦，正准备给大人过目呢！告示中写上了您自愿捐银千两。"詹知府可是个爱财如命的人，一听捐银千两，心如刀割，便当着师爷的面大怒："好哇！你倒替我当起家来啦，这一千两银子，你为我垫出去！"李宝嘉镇定地说："大人只知其一，不知其二。""什么是其一，什么是其二？"詹知府大惑不解。李宝嘉说："你造婺江大桥，已是政声远播，又带头捐银，更是大得民心，这是其一。其二，大人可以暗中克扣桥工银两，这别人是不知道的。羊毛出在羊身上，大人啊，您何乐而不为呢？"詹知府听了这一席话，对师爷佩服得五体投地；又听说以后还有好处可得，当即便转怒为喜，连忙说："好好好！我听师爷的，不过克扣桥工银两的事，下官自然不敢做，师爷也不必多操心。"于是，两人说说笑笑进入后衙。

经过一番密谋，造桥的募捐工作开始啦，詹知府的告示，也在市中心张贴出来，上面明白写道："修桥铺路，善事也！上能恩及父母，下可荫庇子孙。下官莅任知府，日夜以民为念。婺州自古繁华，文物之邦，天下有闻。然则交通不便，商贾不通，无桥故也。官宦士人，无不嗟叹。故而，本府主持重建婺江大桥。下官虽经济拮据，囊中不裕，然建桥之事大，愿献白银千两，还望仁人志士，依法效之……"人们读了告示，无不歌功颂德，期望大桥早日建成，都竞相捐募。

宣教乡（今横山一带）吴仪宾村吴学诗（字伯儒，号雅省，清康熙乙卯年正月十五生，乾隆甲子年十月二十二卒，乾隆三十八年为龙游县知事），祖上是前明弘治皇帝的侄婿，先祖吴仪宾曾任延陵大夫。到吴学诗时，家中仍有良田万亩，牛马成群，为龙游豪富。一天，吴学诗带着账房先生来金华各店铺结账,看见市中心贴有知府的募捐告示,又见闹市中设立多处募捐亭,行捐的官员操着公鸭嗓子在招呼着人们捐助。这吴学诗为龙游豪富,但他衣着普通,又平易近人,不知就里地还以为他是乡村老头子。他迈着方步慢慢来到募捐亭前,见知府詹文焕也在亭里瞎忙,觉得好生奇怪,也就凑了过去。“走开!走开!有钱的人过来捐献银两,你这老头过来干什么?”师爷李宝嘉有些不耐烦地怒斥。“番薯芋一样的人理他干什么?”知府训着李宝嘉。

吴学诗见知府这般不讲情理,出口伤人,几乎发怒。但他毕竟是有修养的长者,不和他们计较,只是淡淡一笑。他招呼家人说:“孩子们!这是募捐亭,捐银造婺江大桥,大好事啊!我们在这里少喝几杯,把袋角翻翻,找几个钱来捐助府太爷大人造桥用吧!”几个家人听了,就各拿几锭银子,凑齐一千两,由账房先生送到知府面前。吴学诗说:“府太爷!在下龙游客人,今番到金华办事,出门带钱不多,这几两银子是我家人出门的零用钱,就捐助给您造桥用吧。”詹知府见这干老头如此富裕,早已惊呆;又见这白花花的一堆银子,也便转怒为喜。想起刚才的一些不恭之言,非常后悔,忙赔笑道:“龙游贵客请坐!不知贵客尊姓大名?”“免尊姓吴,名学诗,吴仪宾后人,龙游三岁小儿皆知。”吴学诗有礼貌地回答。他又说:“老朽蜗居乡里,世事鲜知,望太爷多多包涵。日后造桥如有不顺当之处,可招小人前来,或许可为分忧。”吴学诗说完,双手抱拳示礼后,就离开了。

没多久,募捐工作结束,造桥动工。可是由于桥的工程浩大,募捐的银钱又不多,且有相当一部分被知府大人及师爷中饱私囊,府库里又垫补不起,结果大桥还差一拱,造不起来。眼看工程就要半途而废,知府詹文焕又担心自己贪银的事情露出马脚,急得如热锅上的蚂蚁,团团乱转。师爷李宝嘉见知府急得这般模样,便献计道:“大人,急什么呢?龙游那个干老头,不是叫您造桥遇到不顺当的地方去找他吗?如今何不请他来府中一趟?”詹知府听了师爷的话,蓦地眼睛一亮,但转念又想:“难哪!桥差一拱,银钱何止万两?那老儿行吗?”他半天不敢吭声。“大人有何顾虑?下公文令他进府就是了!”李宝嘉补充说。“不行!人家是大富,岂可令他进府?还是我去他家一趟为好。”李宝嘉便讨好地说:“大人不耻下问,廉洁奉公,为民操劳,万苦不辞,真乃为民父母!在下陪同大人走一遭就是了。”

知府大人要下乡视察民情的消息一传出,人们就纷纷评说:“詹文焕知府体恤民情,关心民间疾苦,世间少有。”可知府心想:这次下乡,一方面可以躲过建桥工的噜苏;另一方面又可大肆搜刮,满载而归;还可以赢得关心民间疾苦的美名,真是无本而万利啊!于是急急择好吉日,一早就带上随从,乘着八抬大轿出发了。他大吹大擂走在婺江大桥上,桥工在最后一拱铺上木板让他和随从通过,但还是把这位大人吓得半死。过了大桥,就往龙游进发,只一日,便到了吴仪宾村,真累坏了轿夫和随从。

吴仪宾村人早听说知府大人要来,吴学诗家人忙开了:下人在祠堂门口的旗杆石上竖起了文官下轿、武官下马的龙旗;另一些人则杀猪宰羊,拿出山珍海味,准备款待贵宾。吴学诗正在新建的客厅里,见家人这般忙碌,准备隆重招待,忙说:“别慌!拿番薯芋来。”家人大吃一惊:“老爷!用番薯芋宴请客人?”吴学诗说:“听从吩咐!”“是!”家人就拿来了番薯芋。吴学诗叫人把番薯芋磨成粉浆,拌上糯米粉、白糖,再加进鸡肉丝等调料,做成一颗颗丸子,然后放进油锅里去炸,等松脆后捞出沥干油汁备用。

傍晚时分,一声锣响知府到,吴学诗当即率领家人出门迎接。吴学诗跪到轿前,口称:“府太爷莅临寒舍,未曾远迎,望乞恕罪!”知府见吴学诗家人衣着华丽,高雅不凡,慌忙下轿,亲自把吴学诗扶起说:“免礼!免礼!”吴学诗连忙起来引知府和师爷进入新客厅。知府见吴家客厅金碧辉煌,雕龙画凤,早已惊得目瞪口呆。分宾主坐定后,仆人便献茶,摆上点心。

这知府和师爷由于一天的奔波,口也渴了,肚也饿了,眼见清茶香色俱全,闻点心香气扑鼻,也就顾不得体面,急如牛饮水般地喝起来,又用手抓起油炸番薯芋大嚼着。他们从未吃过这又香又甜又脆的东西,不由赞不绝口。于是胃口大开,饱吃了一顿,等到正式开宴,已无心于丰盛的山珍海味。

詹知府虽是个酒囊饭袋,见宴席上酒香菜好,主人又苦苦相劝,但连喝数杯后也不胜酒力。他早已面红耳赤,满口胡言不止。知府本是正途两榜出身,颇能胡诌几句歪诗。于是便趁着醉意,大呼小叫道:"取文房四宝来!"吴家仆人应了声,就慌忙送来文房四宝。知府便铺开宣纸,作画一幅(今已失传),题匾额曰"懿德流芳",又写七律一首,诗曰:

元春淑气在华堂,瑶岛琼花日渐长。夜月灯联辉绮席,仙楼乐奏进霞觞。

芝兰满砌新英发,玉树临风绛袖扬。花事一周人未老,满徵会见赐龙章。

这家伙肚里虽没有什么货色,可一手毛笔字倒写得不错。后来,他的墨迹还裱在牌匾里,挂在吴家祠堂上。

席间,吴学诗同意为重建婺江大桥独助一拱。知府的要求得到满足,不由大喜过望,也就不顾随从的辛苦,第二天一早便打道回府去。吴学诗见知府执意要行,也不挽留,就亲自送他上路,还用精致的花篮装上油炸番薯芋,给他路上充饥。

一群人浩浩荡荡出了吴仪宾村,经水亭,下游埠,中午时分到达兰溪西。人困马乏,便坐下歇足。知府肚子饿了,就拿出吴学诗送的干粮,同师爷津津有味地吃起来,只苦于途中无酒。这时,有一鸣锣老军见知府大人和师爷吃东西,忙将偷来的一瓶好酒献上。知府大人高兴,便赏老军一颗丸子。这老军一面吃着干粮,一面皱起眉头,师爷见了不知何故,忙问:"不好吃吗?""还好吃。""这是什么点心,你可知道?""番薯芋。""啊?"知府詹文焕和师爷李宝嘉几乎惊叫起来,但他们没有去兴师问罪。自己先说人家是番薯芋,结果自己反是番薯芋。

由于吴学诗大力资助,婺江大桥总算完工。雄伟的婺江大桥,直到今天还飞架在婺江上。

全国解放后,金华市人民政府为尊重吴仪宾人独造一桥的功绩,50年代大桥重修时,还通知吴学诗后人去金华协商修桥事宜。(作者:章文进、叶　京)

张龚二姓不结亲

明嘉靖年间,模环上张村张姓和脉元村龚姓之间发生了一件震动朝野的纠纷。

在朝中做官的龚承荐,倚势抢占了上张村的枫和山作为自己风水宝地,开工动土后,上张村便鸡犬不鸣,疫病横生。张姓人以为伤了风水。那时张姓人丁稀少,无财无势,只有张姓宗祖第二房排行叫廿二公的,先后去县、府、巡抚等衙门控告,可是却被县衙打了大板,轰出大堂。府里又说他是刁民,拔了他的指甲,将他赶出衙门。巡抚衙门还说他诬告朝廷命官,取出了他的膝盖骨。原来当时的九千岁魏忠贤是龚的义父,龚是当朝一霸,难怪层层衙门都是官官相护。

当然也有人为廿二公抱不平,他们到京城去告,并替他写了皇榜。廿二公背着皇榜进京,围观的人成千上万,看了都心怀不平。当时有个同乡人叫毛一路(原名汝麟,模环区毛家人。明嘉靖二十九年(1550)进士,四品,授官西江兵备道)在按察司做事,闻讯后就乔装来访廿二公,看了皇榜问清了实情,便对廿二公说:"告御状非同儿戏,滚钉板九死一生,你有这胆子吗?"廿二公说:"我早已抱定一死。"毛一路看他胆大志坚,随即代写了御状,并告诉他于某月某日,趁皇上放告拦驾喊冤,可免滚钉板。

张廿公二遵照嘱咐，把御状放在帽顶，按时挤在道旁，御辇临近时，当道大呼冤枉。威严的羽林军早得毛一路事先关照，就取下廿二公头上的御状呈送皇上。嘉靖皇帝一看大怒，便回朝查出龚承荐先前回乡择穴的奏章。当时朝廷只准择一穴，而他竟改“择一穴为择一月”，所以他的坟地遍布龙游北乡、南乡、西乡等数十处。嘉靖皇帝当即命令按察司查勘。

龚承荐一向欺下瞒上，这回全都败露，他就躲进魏忠贤王府。魏情知事关重大，拒不接见，差人送出一枣一桃，暗示早早逃走为妙。可已经来不及，龚承荐终于被捕，起解回乡。到达蜈蚣山时，龚忽然哈哈大笑，人问他为什么发笑，他说：“脉元村就在眼前，我能全尸回乡岂不发笑?”说时京官快骑奉旨到达，宣读罪状，并立即斩去龚承荐的头和腿，回京复命。由于奸臣血染蜈蚣山，蜈蚣山至今草木不生。

龚承荐无头无腿，入殓时用黄金铸头，白银铸腿。为防止人家掘墓，一式做了 18 口棺材，尸体装在哪口棺材，只有嫡亲子女知道。出殡时，又同时分别发往北乡、南乡、西乡落葬。

张廿二公因受刑致残，又跋涉风霜，贫病交加。家里两兄弟去迎接他，才到达牛岗就已奄奄一息，死后就葬在牛岗。为了洗雪沉冤，张姓人弄得倾家荡产，所以祖先们对天发誓：“张龚二姓不结亲，结亲不接后。”（讲述：张庆祥；整理：张根华）

龚氏父子清廉仰承

在龙游民居苑，有 45 幢各具特点和代表性的民居古建筑。其中有 1 幢“进士第”门楼，原位于脉元村，门楼的主人是龚承荐。

龚承荐，字彦升，号湛源，明万历四十一年（1613）进士，排二甲七名。明朝科举惯例，新晋进士要集中学习几个月，再行考核，按结果分“留馆”和“外委”。“外委”一般授七品以下地方官员，“留馆”是入翰林院或任京中职官。龚承荐则被留任京官，可见其才能功底。初授兵部职方司主事，掌理各省之舆图、武职官员之叙功、核过、赏罚、抚恤及军旅之检阅、考验等事。不久转任武选司郎中（世袭武官的升调、袭替、优给等铨选之事机构的主官），任上量才授任，用人得当，备受朝廷称赏。之后，授福建延平府转建宁府知府（从四品），为政绩考核第一。后升迁湖广下荆南道参政，掌管政务，并分管粮储、屯田、军务、驿传、水利、抚名等事，为从三品。后调任四川按察使（正三品），职责是赴各道巡察，考核吏治，主管全省范围内刑法之事。凡诉讼案件审理，勤而慎之，遇案情证据可疑，龚承荐便设法婉转开释，从不枉法裁判、草菅民命。在广东任职时，因巡视海道前任污秽淫乱，当局特委龚承荐代理，掌管印信，承荐案无留牍，措置裕如。广州城海边的五羊驿码头，是外国贸易船只来往集中停靠之地。前任海道总是指为私货登记他们的财物，又以查验物品价值的多少，设法婪索。龚承荐兼管此职后，为公平贸易，将以前的舞弊惯例予以革除并禁止，那些来中国做生意的外国商人为表示感谢，用外文在码头勒碑歌颂其德。

崇祯三年（1630）九月，龚承荐因岷藩王案连累，去官回家。居村“捐田赡族，族人赖之”（康熙《龙游县志》语）。

龚承荐从朝廷的一名普通小吏起始，直至派任知府、参政、按察使，一路从政，兴利除害，抑强扶弱，虽实权在握，但尚法崇德，持正守廉，所历之地清誉美满，当地百姓都非常怀念他。其为官之德可以说与其父龚世仰一脉相承。

龚世仰，字惟仁，号晓峰，嘉靖三十七年（1558）举人。初任鸡泽（今河北邯郸市）教谕，转望江县（今安徽安庆市）知县。望江地处长江下游北岸，土地沃饶，每年上缴的鱼盐畜植税额，前任县官想方设法用各种名义超额征收，以什之五进献上司。世仰认为“剥下以奉上，身冒秽声，非计也”。于是将此征税之法予以裁罢，每年除去额外税赋至千余金。望江县西南与宿松县连接，两县间运往行来的通道两旁，有古松绵亘百余里，供过路者休憩。上司决定全部砍伐变卖后作为郡城修建道路的资费，世仰抗争，虬枝古松得以存留，往返百姓避以暴晒，负者歌于途，行者休于树，古道古风亦然。但龚世仰因为古树之争违背了上司的旨意，反而被降职为广平县(今属河北邯郸市)教谕。之后，迁河南辉县知县。辉县是明朝廷分封给潞王朱翊镠的属地，县内侍从宦官行事放纵嚣张，连知府也对他们奈何不得，不敢得罪。世仰上任后，自有主见，敢作敢当，从不为阻挠挫折而屈服。辉县境内有五闸渠，灌溉田亩数千，潞王的宦官戚友想以之牟利，世仰力持不可，得以止遏。当遇旱涝年景，百姓生活艰难拖欠赋税，世仰不忍催收，因而被贬职。归家，行李萧然，居脉元村，饘粥仅给。年七十三卒，望江人闻之，祀于学。

父为举人、知县，子为进士、按察使；一个任七品官，一个为三品衔，父子俩为官之德相袭，清廉之风绵延。

父“世仰”，子“承荐”，永远值得世人仰承。(作者：方冬成)

夏峰娘娘脉元臣

走进龙游民居苑，首先映入眼帘的是一座名为“过街楼”的明代建筑。正门上方，横挂着皇帝赠予的“进士第”匾额，使人们自然而然地想起龚承荐和他的父亲龚世仰同为明朝进士的荣耀。龚承荐是脉元人，村名的含义是“龙脉之始”。明嘉靖三十七年，龚承荐的父亲龚世仰考中举人，出任望江知县。万历四十年，龚承荐又考取进士，由建宁知府升任广东监屯道使、湖广荆南道参政、四川按察使等，每到一处都兴利除害，抑强扶弱，体察民情，清正廉明，深受百姓爱戴。因政绩显赫，被皇帝召到京城为官，做了户都主事，官至三品。龚承荐正直刚毅，大胆直言，不畏权势，秉公办事，深得同僚的信任。

可夏峰娘娘夏玉莲与进士龚承荐又有什么关系呢?

明朝万历年间，离脉元 15 里的夏峰村出了一位美女，名叫夏玉莲，有沉鱼落雁之容，闭月羞花之貌，邻村的青年都慕名而来欲睹芳颜。谁知，这朵水灵灵的“玉质莲花”总是深藏闺房不露艳，使得那些男青年乘兴而来，败兴而归。也有托媒求婚的，却被玉莲一一谢绝。

为了躲避络绎不绝的媒人，玉莲向在杭州经商的姑姑写信诉苦。姑姑膝下无女，向来视玉莲为亲生女，疼爱有加，很快，姑姑就把玉莲接到杭州居住。一天，姑姑带着玉莲在西湖的湖滨游玩，尽情地饱览这“接天莲叶无穷碧，映日荷花别样红”如诗如画的风光。正当玉莲看得入迷的时候，突然，有人喊了起来：“快快回避，御驾来了!”人们纷纷跑向偏僻处。纷乱中，姑姑的脚背不知被谁踩了一脚，痛得揪心。玉莲扶着一瘸一拐的姑姑正欲跟随众人离去，岂知皇帝的车队已到面前。

明神宗朱翊钧是专程从北京南下南京祭祖的。祭祖活动结束后，神宗皇帝决定在苏州、杭州等地游览一番。原来神宗离开北京前，曾亲临名寺求签，高僧在解签时告诉他，如御马对着哪位姑娘张嘴，则那位姑娘便是贵妃娘娘，此乃天意所使。说也奇怪，当御马见到如花似玉的玉莲时，竟真的昂首长啸一声。神宗大惊，忙令随从将那姑娘领至御驾前，明神宗仔细端详，眼前这姑娘果然容颜出众，如芙蓉出水，似仙女下凡，不由得龙颜大悦，旋下旨将夏玉莲带回宫中。

一个普普通通的村庄，出了一位贵妃娘娘，夏峰人自然欣喜若狂，与夏玉莲家沾亲带故的人们更是弹冠相庆。夏贵妃入宫后，第二年就为皇帝生一龙子，神宗更是视夏贵妃为掌上明珠。

日复一日，年复一年。明神宗年事已高，自然要考虑立太子的事。按照祖训宗法，理应立皇后娘娘所生的长子为太子。但自从得了夏贵妃后，就一直冷落皇后娘娘母子俩，东宫与西宫之间明争暗斗，越演越烈，矛盾越来越重。而神宗皇帝却偏袒贵妃，竟将皇后母子打入冷宫。一日，明神宗上朝后，将欲立西宫之子为太子的事提交朝中大臣商议，部分大臣为明哲保身，顺水推舟地主张立夏妃娘娘之子为太子，可一部分以龚承荐为代表的正直的大臣却坚持皇后娘娘之子为太子，认为“立幼不立长”有违祖训，与大明朝理律相背，于理于法均不能容。龚承荐更是据理力争，措辞激烈，指责西宫与太监们暗中作梗，力谏皇上为了大明江山要惩邪扶正，依律行事。龚承荐的举动冲撞了皇上，招来了杀身之祸。幸得浙江官员巧心良策，说服皇上，神宗才下旨将龚承荐削去一切职务，流放浙江蜈蚣山服苦役。皇上哪里知道，原来蜈蚣山就在脉元附近，把龚承荐流放到蜈蚣山实际上等于送他回家乡。

两位解差，一位是检察司派的，名叫张立厚，为人谦和公道；另一位是夏贵妃吩咐太监选派的，名叫杨横贯，为人凶狠毒辣。杨横贯出发前，太监头目李公公交代过，龚承荐在哪里放声大笑，就在哪里结束他的生命。两位解差押着承荐，日夜兼程，南下浙江，不日到了龙游北乡。当行到坞塴岭背时，承荐抬头看见梅岭尖和自家的“过街楼”，情不自禁地纵声大笑起来：“我回故乡了！我回老家了！”那杨横贯见龚存荐放声大笑，立即举起砍刀，一刀下去，龚承荐人头落地，那颗头颅从坞堪岭背往下滚一直滚到岭脚。说也奇怪，龚承荐的头落地后，还边滚边呐喊两声：“我回故乡了！我回老家了！”弄得胆大包天的杨横贯也毛骨悚然，浑身皱起了鸡皮疙瘩。张立厚见龚身首异处，只得随杨横贯包好龚承荐的首级回京复命。

脉元龚府人得知龚承荐被害的消息，悲痛万分，过街楼内哭声震天。他们一边布置灵堂，一边安排家属亲人抬着棺柩到坞塴岭背收拾无头尸。

当张立厚、杨横贯回到京城时，朝廷局势已发生翻天覆地变化。神宗皇帝驾崩，神宗长子东宫娘娘之子朱常洛在文武重臣的拥戴下，发动宫廷政变，废原太子，自登皇帝宝座，国号泰昌。夏贵妃无奈只得悬白绫自尽。

明光宗朱常洛得知龚承荐为力保自己太子地位而获罪遇难的情况后，龙颜悲愤，即命大臣撰文悼念并下旨为其平冤昭雪。光宗帝还下令让金匠按龚承荐的原样铸成金头，赐给龚以全尸。

当护送金头的使者快马加鞭、日夜兼程地将金头送到脉元时，龚承荐的尸体已下葬。于是挖出棺材，遵照御旨配上金头，按国重臣级别举行隆重的仪式，重新予以安葬。因考虑金头太贵重防止日后贼人盗墓，就取同样的木材做了 18 具同样规格的棺材出殡时分 18 处下葬，各处送葬人数、祭品都一样，其中只有一个有金头，其他 17 口棺材内装的都是石头和木料，当然这一切都在十分保密的情况下进行。

朋友，如今当你漫步在民居苑的卵石路上时，就会发现那间风格别具一格的过街楼；当你站立在过街楼的大门前时，就会看到门楼正中悬挂着的“进士第”匾额，它仿佛在向你诉说着主人的故事，仿佛在向你倾诉着那段数百年前的恩怨情仇。曾有文人作诗叹：

同是龙游北乡人，一为贵妃一为臣。
演绎一段传奇事，留给后世作点评。

（作者：吴正章）

过街楼里的故事

明朝万历年间，脉元龚承荐考中进士，历任多处地方官员，最大当过按察使。其父龚世仰也中过进士，当过县官、太守。家父子两进士，皇上赐一“进士第”牌匾。龚承荐就将这块牌匾挂在刚造好的龚氏官厅的过街门楼上。

过街楼下是一个大门。门里、门外是两个小门厅。过街楼连结左右两边房屋，便于官厅各楼之间来往。门楼上有房间可以住人，兼有守望之责。楼下大门一关，出入皆可控制。

龚家一门两进士，又造了那么大一个官厅，在脉元当地，家族势力显赫。尤其造起官厅后外人难以入内。过街楼门一关，院内更显得神秘。龚承荐有兄弟四人。那年家父已逝，龚承荐在外做官，家中老二在乡里依仗其兄权势，为非作歹，欺男霸女，横行乡里。他贪淫好色，不择手段搜罗美女，占为已有。更令人发指的是乡里谁娶亲，新娘子第一夜必须先到他家陪宿，否则婚嫁两家人都不得好过。慑于龚家二爷的淫威，谁敢不从？龚家老二罪行累累，罄竹难书，乡人有敢怒不敢言者，也有不少人不断告状。地方官也接了不少状子，收了状，却如泥牛入海无声无息，于是又有人上告鸣冤。龚家二弟见人们告他不倒，更是有恃无恐，无法无天，肆无忌惮，扬言：我大哥身为朝廷高官，谁敢奈何我？由于龚家老二恣肆无忌，原先人来人往的过街楼下成了人们望而却步的禁区，过街楼下自然也就冷冷清清了。

有一天，龚承荐回来了，还带回了好几只箱子。这个恶棍竟然又疯狂起来了，狂呼：“我哥回来了。我那个当大官的哥哥回来了，还给我带来好几箱银子，我又有银子花了。”

龚承荐到了家，吩咐管家将箱子打开，取出送给各兄弟、亲友的礼物，对二弟说：“这只大箱子是送给你的，搬回房里去，好好看看是什么东西。好好想想，你怎么自处？”

图 13-7　进士第门楼（又称过街楼，原位于脉元村，现移至龙游民居苑，属明代时期建筑）

龚老二看大哥送他这么大的一只箱子，真是喜出望外，忙让人把箱子抬到自己房内，心想，箱子里总该是金银财宝吧！一到房里急忙打开箱子，没想到箱子里竟是一捆捆的纸卷，上面密密麻麻写满了字，有的盖上了鲜红的大印，有的还有斑斑血迹。老二取出一份，看后吓了一大跳，原来这竟是告自己的状子！再取一份，还是状告自己的状子……一箱子竟然都是状告自己横行不法、强霸民女、恃强凌弱、残害人命的状子。他看一份，又看一份，一份一份状纸，看得他心惊肉跳，顿觉天昏地暗。想起大哥龚承荐那张没有表情的脸，想起搬箱子时龚承荐那几句冷冰冰的话，心里凉了半截。

“烧！”把一箱状子都烧光，可不敢哪！想想龚承荐的不徇私情、不畏权势，他能放过我吗？

“求！”去求求他吧，毕竟是我的亲哥哥呀，但求得动吗？想想大哥那张“铁面”敢求吗？

“逃！”逃得了吗？过街楼门早已关得严严实实，连一只鸟都飞不出去，自己作恶多端，能逃到哪里去?

“躲!”躲到哪里去?门口有人看着,躲得了吗?

龚家老二这时才知道,自己已是上天无路,入地无门了,只有以死谢罪!死,多可怕呀!可不死又能怎样?兄长让我好好想想怎么自处。自处?只有自裁了。这个龚老二,只得用一条白绫自裁了。

家人来报,老二自杀了。龚承荐轻轻地叹了一声:“咎由自取!”龚承荐让其二弟看状子,让其自裁,大义灭亲,乃是聪明之举,既保全了家族名声,又平息了乡民的怨愤。龚家淫徒除去了,过街楼内也不那么神秘可怕了。过街楼下,又恢复了往日的喧闹。在大门通道的里外两个门厅里,人们夏天乘乘凉,冬日晒晒太阳,妇女们边干活、边聊天,纳鞋缝补、剥莲子、择蔬菜、拣豆子……家长里短,东家娶亲、西家嫁女的热闹趣闻也在这里不胫而走。人聊天、孩子嬉闹,好一派平安祥和的乡村风光。(作者:杜明福)

项氏族人的故事

项氏民居原位于项家村。项家村以姓氏得名,原名泗塘项家,后简称项家。据《泗塘项氏宗谱》载:“始祖名项一训,由贡士任湖广荆门知州,……其名6年考满归家,道经龙邱泗塘,因雨阻,假宿于村舍黄叟之家,翌日雨停天晴,一训公与父及兄散步于外,见泗塘山清水秀,田宽畈平,正风水所钟之大地也,遂率父康山、兄一鹏由淳安小溪迁居于此。时在宋淳祐元年(1241)。”

项氏第三世子容公,字有光,行忠三,公平生善于操持,有大谋略,于元朝至正十六年(1356)迁居墙里,构厅堂楼宇,以安其居,创置田地、塘以足其食。墙里,也称圆门里。此地原为王姓人家菜园,其父本汪公与王姓人家是好友,多次提及买地造厅,但王姓人家一直未能同意,到了子容公时,两家仍为好邻,子容公提及此事,王姓人家再不好推辞,遂答应将此地转让给项氏建造厅堂。相传此地为项家“二虎二龟”分水地形其中一虎的肚子所在处,故王姓人家一直不想转让给项氏,碍于两代好友的面子,得以出让。项氏厅堂建好后,原来人气很旺的王姓家族开始衰退,项氏取而代之,最后王姓衰败外迁。该建筑原主要功能为族人祭祀之用,后改为居住之用。

贩蜡发横财

项家人善于经商,且在外声名颇佳。据旧《泗塘项氏宗谱》载:有一年子容公与族人贩蜡于扬州,因路遇大雨受阻,故赶到扬州时已是上灯之时,原来预订的客店见上灯之时子容公尚未到达,遂将预订之房让给前来贩蜡住店的其他客商。待子容公赶到时,客店已住满贩蜡的客商,无奈之下店家腾出一间房让子容公一班人居住,房间无法放置货物,只得将蜡担等货物堆放在天井之中一块高地上。晚饭后子容公与其他客商一起上街看戏,客店里只有店家和店小二几个人,因店小二不小心将灯打破自燃,引发一场大火,所有货物难逃厄运,被烧个整光。由于蜡遇火即溶,故在天井中都是溶化了的蜡。同住在客店的客商都说此蜡有份,因为溶化后根本无法辨认是谁的蜡了,遂闹到扬州府,府太爷亲临客店察看,问店家天井之上蜡为谁家,店家说是项氏子容公的,于是官判天井中蜡为项氏所有。其他客商无话。

第二天,子容公率人对天井中的化蜡进行挖掘,不挖不知道,一挖吓一跳,整个天井及排水沟内都是熔化的蜡,整整挖了一月有余,换回大量的银子。由于当时社会不稳定,沿路强盗多如牛毛,如此多银子,怎么平安地带回家?经过多日的苦思冥想,子容公想出了一条妙计,命人铸造一尊佛像,重36担,把金条、银圆放入佛内。果然,一路未曾受到抢劫,平安到家。从此项氏置田地,构厅堂,人财两旺。后项氏有谚语,“不要看我项家人穷,家里还有36担铜”,其意就是铸佛所用 36 担铜,炫耀家中富有。

恩贡项东财

清朝后期项氏家族出了一个恩贡项东财,此人上通天文,下知地理,由于文采好,一度受到排挤和谋害,而他福大命大,一次次死里逃生。据说当时模环新王有个叫王老一的进士,不服项东财本事,多次和衢州府太爷谋划,想置他于死地,可每次都化险为夷。第一次,王老一设计以练兵为名射死东财。当时正值太平天国时,衢州府建有一支军队,晚上府太爷与王老一商量,恰被府中烧饭的老头听到,于是老头告知东财,明日练兵千万不要去,有杀身之祸,东财明白,第二天以有事不能走开和练兵不好看为名,没有去。第二次,王老一设计让东财剃光头后状告东财。因清朝时都留长发,不能剃光头,否则要杀头的,此事又被烧饭老头听到,东财又避免一次被害。第三次,王老一计划借东财外出坐船之机将其沉入江中。此事又被烧饭老头知道了,东财又逃过劫难。此后,王老一再不敢加害于他,两人相安无事过了好多年,但王老一和府太爷心中有怨,对项东财还是怀恨在心。

这年,王老一和府太爷合股在大山沟开煤矿,不让东财参加,东财越想越气,非要出出这口恶气。于是他率 16 岁以上的项氏族人,全都上山,拎着水桶,以破坏项氏风水为名,不准开采石煤,否则将水灌进煤洞。双方诉于官府,因衢州府太爷有股份,故东财难以打赢官司,被关入牢中。东财长子前来探监,他让长子去金华府告状,结果连门都不让进;次子来探监,东财又命次子去告,同样门也进不了;孙子来探监,东财叫孙子去拦路告状,经过三番五次的被轰,无奈之下孙子大声背起了项氏家谱谱头,引起了下来察访钦差的注意,遂告此状。衢州府太爷被撤职查办,正在赶路的王老一在途中听说此事,当即气死在路上。此后东财名声大作,四周乡邻都来找他帮忙告状,连淳安那边都来请他,官司告到严州府。

据说,东财死后,恰巧碰到一位王姓的风水先生,风水先生为王老一报仇,将他坟地选在腰塘这个地方,故意害他,几年后被发现,后裔将其搬迁至大山脚下。后经多次被盗,直至农业学大寨时,因开山挖田其坟被挖,坟内已无值钱之物,据当事人说只有佛珠及官帽等物。(作者:徐豪)

诚信美德照项家

横山镇项家村,居衢江以北,距县城约 20 公里,是龙游县内古村落之一,由项家、芦塘底、翁家山、小殿下四个自然村组成,约 568 户、1600 人左右。区域面积 2395 亩,耕地面积 1824 亩,芦塘(古称泗塘)面积 60 亩,为北乡古已有之的最大池塘,是立村的"风水塘",有聚财塘之誉。

项家村主姓项,人数约占全村一半,畲族人口近 400 人,其余有李、吴、张、邓等姓氏。据《泗塘项氏家谱》记载,项氏起源于周,远祖是黄帝,浙江淳安系项氏后裔。至四十四世康山公生一鹏、一训两个儿子。一训仪表堂堂,聪明好学,科举中进士,官居湖北荆门知州。他为官清正廉洁,从不接受贿赂,名望很高。任职期满,与父、兄回淳安,途经龙游北乡泗塘遇上暴雨,道路被毁。"父子三人宿于黄叟之家。翌日,天晴雨霁,公同父及兄散步于外,见泗塘山清水秀,田宽畈平,正风水所钟之大地也,遂起迁居之谋,询于黄叟。黄叟答曰,此地山川毓秀攸钟,且有田可耕,有山可樵,有池可渔,有园可蔬,正可以居君子也。"一训公于是在宋淳祐元年(1241)"命工伐木,构造厅堂,前后竖两厅,檐牙高耸于云霄"。在泗塘定居立脚,"由是创置田地,山塘,圃园,以足一家之食。"乃成项家始祖。

项氏宗祠如今依然巍然屹立于村西山岗之上,后有晒场一块,前有"文化大革命"时期所建小学旧舍。尽管周边环境凌乱，宗祠还是宗祠，老年人对其敬重有加，由专人掌管钥匙。祠堂画栋雕梁，气势壮观，供奉开村始祖画像，终年香火相伴。祠堂不畏灾害所迫，不为政治斗争所伤，历经数代修复，为项氏后人争得许多脸面。无奈正门有低屋挡道，破坏风水，有碍瞻仰，乃一大憾事。

项家村地临官商古道，自古商号众多，代有商人巨贾，诚信美德源远流长，荡漾古村，滋润心田。项氏家族走过700多年的风风雨雨，繁衍生息，开创基业，终成名门望族。而这一段历史，与龙游商帮从萌发兴盛最后走向衰败的时间是相吻合的。弘治《衢州府志》卷一记："龙游，瀫水以南，务耕稼；以北，尚行商。"在地理区域上与龙游商帮也是一致的。我们通过大量的田野调查，又在家谱史书中梳理寻觅，钩沉发微，探究项氏家族与龙游商帮关联的点点滴滴，以补阙漏。

村中有子容公祠，三进二天井，明清时期所建，建筑精美，特色鲜明，颇有气势，保存也较为完整。村人素有敬重。子容公何许人也？后人何故为其建祠纪念？带着这些疑问，查家谱发现，"项子容为项家第三世，一训公之孙。自号东野主人。平生清心寡欲，不慕朱紫之荣华，优游泉石之乡，乐耽山水之趣。有司屡举贤良，辞不就，甘效古人之清隐也。且天性慧明，博通群书，尤精于阴阳地理医卜之技。迁祖宅之东号曰墙里，杰构高大之居。广创膏腴之业以遗后人。今子孙繁衍，税增加，咸由公存仁积德以得之也"。真所谓一座古建就是一个故事。厚厚的家谱告诉我们一个真实的人，收获大矣。但是，子容公如何广创膏腴之业，家谱未作交代。我作猜想，经商是其门路之一，他或许就是龙游商帮之先驱。古人视经商为末技，是不载入正史的。正因为此，龙游商帮存史资料甚少。古人云，小富在智，大富在德。以诚待人，以信经商，诚信理应是商人的基本道德。项氏先人做到了这一点，后人建祠立碑是理所当然。道德丰碑更重要的意义在于，不仅仅是为了光宗耀祖，而是要用祖宗的美德教诲后人，约束后人的行为，保持家族百年长盛，青春永驻。

家谱又载，"项子忠（项子容之弟）为人勤俭，立志以耿，忠直立心，平居寡言，不与人谑戏。自以务耕为业而致家业之富足。元末大荒，慨然出粟以济人饥。及我朝平定，挺身而出运粮于京。有司知其尚义，赐以冠带，不受，甘隐林下享天年"。

读读这些道德文章，让人肃然起敬。项氏家族富裕而有道德，难能可贵。道德立身，道德立命，已经渗透到项氏家族的血脉之中，代代相传，后继有人。

项氏家族与龙游商帮一样，在经商中言而有信，信守契约；重视信誉，重视商品质量。龙游北乡旧时盛产乌桕。乌桕经加工后成白蜡，是制作蜡烛的主要原料。明末，项氏三兄弟做白蜡生意，做到江淮一带，贸易量很大。有一次，货船装着100担白蜡运往扬州，停靠苏州码头时，当地商号以高于扬州10%的价格要他们的货。项氏兄弟回答，我们与扬州商号签有契约，不可言而无信，败其信誉，断然拒绝了这笔生意。货船沿京杭运河继续北上，数天后到达扬州。白蜡卸船堆置于仓库中，当夜突发大火，白蜡受热融化全部流入阴沟。当时还有另外三位老板也有白蜡置于同一仓库。流入阴沟的白蜡属于谁家，就成了难题。其他三位老板为了争得这批白蜡，遂向官府起诉。最后还是扬州商号出面摆平此事，这批白蜡当属龙游项氏兄弟，理由有二：一是这批白蜡质量优等，产地出自龙游；二是龙游项氏白蜡最迟到达，就堆在仓库门口，火是从门口烧起的，龙游白蜡损失最重。而其他客户的白蜡堆在仓库里间，基本无损。由此可见，龙游项氏兄弟在商界口碑甚好。

在《泗塘项氏家谱》里，还记载着许多诚信的人和诚信的故事。项文鼎，自号翠林主人，生平简重，诚信正直刚方，为当代之伟人，不求闻达，历览江湖，以至殷富士大夫美之。经营中言而有信。有次与常州客商做一笔烧纸生意，合同约定一个月内交货。然而货船在桐庐江面上突遇大风，船翻纸毁。获悉后，他马上组织货源，装船发货，日夜兼程，终于赶上交货时间，自己损失不少银子，却做成了生意上的朋友。对方知情后很受感动。民国初年，项小军的祖父开了一家商铺，主营陶器。平常从兰溪等地采购缸啊罐啊，转手买卖，小本生意。有一次挑着数担酒坛路过横山溪，一阵大风刮来，把他吹进山溪之中，人伤坛碎。被救起，因伤及内脏，村医回天乏术。弥留之际，祖父再三叮嘱子女，拖欠窑主酒坛货款已过期限，快快送去，不可遗忘。说完此话，才合上双目，驾鹤西去。（作者：余林）

“解元匾”背后的故事

凡到过鸡鸣山的人都知道，民居苑内有一座古宗祠，名“敦睦堂”，又称“高冈起凤”。它初建于元末，后“不戒于火，尽为煨烬”。现建筑为清康熙年间重建，是横山镇横山村的张氏宗祠。1991年迁建至鸡鸣山民居苑内。当地张氏后裔说起先辈的往事，都十分骄傲。据说当年“敦睦堂”内挂满了金匾，足有七八十块之多，这些都是祖宗的荣耀。在众多的匾额中，有一块“解元”金匾，特别醒目，它旌表的是横山村张氏族人张广益高中大清顺治庚子科乡试第一名“解元”的事迹。有关于他的趣闻轶事，当地张氏后裔娓娓道来。

脱下湿袍换蟒袍

大清顺治庚子年(1660)，正是乡试的年份。这年，张广益单身一人步行赴省城赶考，出村没多久，走着走着，不小心一跤摔进了路边的水塘。他挣扎了好一会儿才爬出水塘，这时身上的长袍早已湿透，他只得垂头丧气地返回了家。

一进家门，妻子吃惊地问：“你去省城赶考，为什么这么快就回来了？”他回答：“嗨！别提了！一出村就掉进水塘，弄成这副狼狈相，真是倒霉透了！今年我看是不用去考了，去也是白去，肯定考不上的——你看，一出门就碰上这种晦气事，兆头不好。”

妻子当即反驳：“怎么兆头不好？依我看，这是好兆，是脱下湿袍换蟒袍！再没有比这更好的兆头了！你一定得去考！有这个好兆头在，保管你榜上有名！”

在妻子的鼓励下，张广益再次走出家门，急往省城杭州而去。

“解元未到”

张广益一路风餐露宿，靠着两条腿紧赶慢赶，好不容易才从龙游横山走到了杭州城外。

这已是考生报到的最后一天。当时，日薄西山，街上的过往行人已经十分稀少，杭州的守城官正准备关闭城门，忽然听见“解元未到！解元未到！”的鸟鸣声，这守城官感到很怪，心想：难道今科的解元将要从这个城门进城吗？

守城官满腹狐疑地登上城楼一看，果然远远地看见有个书生背负行囊，腋下夹着一把雨伞正匆匆忙忙地往城里赶呢！于是，这守官专等他进城，问过姓名，才关闭城门。三天考试过后，等到放榜的那天一看，乡试第一名“解元”正是这个张广益！于是，“解元未到”的故事就这样传遍了杭城，传到了横山。

中了解元，别人宴客

有钱人家子弟赶考都是骑马、乘车、坐轿，但张广益家境贫寒，只能靠两条腿走路。同族中有个有财有势的人家，这年也有一个子弟要去赶考，听说张广益也同科去考，很瞧不起他，料他绝对考不中，于是对族人说：“他怎么可能考中？要是他能考中，我来代他请酒！”

当时通信不便，有人从省城探得消息，传言横山张家子弟高中解元，这户人家便就此认定是自家子弟，兴高采烈地到处发请柬。但后来的确切消息传来，“解元”并不是那个富家子弟，偏偏是身出寒门的张广益。

此时，这有财有势的人家一大堆请柬早已经分发出去，何况自己又说过要“代他请酒”的话，也只好顺水推舟，做个顺水人情，再加请了几个张广益家的亲戚，风风光光大开筵席。这就是张广益中解元，别人替他宴客的故事。

贤妻慧眼识夫才

张广益的妻子郑氏是模环乡夏峰村人，在娘家三姐妹中排行老二。姐夫考取功名的时候，父母为大女婿立了一块匾。后来，妹夫又考取了功名，父母又为小女婿做了一块匾，打算挂在大女婿的匾旁边。这时，回娘家吃贺酒的张广益妻子坚决不同意，说：“我丈夫现在虽然是个白丁，但你们怎么知道他将来就不能考取功名？”在她的坚持下，张广益的岳父、岳母只得把小女婿的匾挪开，为二女婿留出位置。后来，张广益果然高中解元，圆满地填补了这个空位。人们纷纷夸赞郑氏有远见、有志气。

史料记载：张广益中“解元”以后，经吏部考选，出任知县。但还没有到任，就去世了，时年四十三岁。后张氏族人为颂扬其事迹，激励后人，专门修建了一座大厅，名“解元厅”。惜该厅早年已毁。（作者：黄胜元）

举人张慷侯轶事

清朝雍正十二年(1734)秋，横山张氏家族年仅13岁的张慷侯考中了举人！乡亲们奔走相告，一时传为佳话。

接喜报的“野孩子”

话说这张慷侯从省城考毕回家没几天，早把科举的事抛到九霄云外去了，三天两头和同伴们到附近的溪边去捉泥鳅。

这天，慷侯又和同伴一起在村头的溪边捉起泥鳅来。午时刚过，只见远处一公差策马直奔横山方向而来，到了慷侯和伙伴们身旁，跨下马背，饮马溪边。又问这几个捉泥鳅的小孩：“横山有个叫张慷侯的人，他家住哪里？”慷侯急忙回答：“你说的这个人正是我啊。”公差看了看他，一声不吭，满脸的不高兴，心里还在嘀咕；这孩子，年纪这么小就学会了哄人，这还了得！摇着头，公差转身上马进村询问。

在村民的指引下，公差来到慷侯家，宣读喜报，并恭请举人张慷侯接旨。这时，满身沾泥的慷侯早已跪在地上，双手举过头顶接旨。公差见了，惊诧不已：眼前的这个“野孩子”，不就是溪边所见的那个小孩吗！公差傻眼了，怎么也不敢相信这样一个小孩子竟然就是“举人老爷”！

家中断案

年幼的慷侯一举考取举人。横山张氏上至族中的太公头，下到刚刚“开蒙”的书童，无不喜气洋洋。只见“位居高冈、形如飞凤”的宗族祠堂“惇睦堂”内张灯结彩，宴席大开，还请来几个戏班连演七天大戏，远亲近邻纷纷前来赶场祝贺，喜庆气氛引得十里八乡的乡亲好不羡慕。这当中，最高兴的自然是慷侯的父母双亲了。庆典过后，慷侯的父母不觉又心生隐隐的担忧。他们担心的是，儿子虽然考上了举人，但毕竟年纪尚小，今后如何出仕为官呢？一天，父母心生一计，在家中设下“鸡蛋案”，准备考一考儿子的才干。

他们先将鸡蛋煮熟，暗中指使家中一人把鸡蛋吃掉。随后叫来慷侯，命他在一刻钟内侦破此“案”,查出究竟是谁偷吃了鸡蛋。只见慷侯镇定自若,叫家中所有的人围坐在桌前,他在每人面前放了一碗白开水,叫他们每人喝一口,然后吐回碗中。慷侯细细查看了每人面前的碗内之物,只见其中一人面前的碗里明显有蛋黄、蛋白的残渣,在清水里看得清清楚楚,慷侯断定是这人偷吃了鸡蛋。

大家十分惊喜,点头称赞慷侯过人的才智,父亲高兴地拍着他的肩膀说:“你可以出门做官去了。”

带石上任

第二年春,圣旨传到横山,任命慷侯为乐亭县令,限期赴任。

慷侯依依不舍地跪别父母,走马上任。一路上,因为慷侯年少体轻,四个轿夫二人一班轮流着抬轿,轿夫抬着慷侯奔走如飞,十分轻松。轿夫见慷侯小小年纪就做了县官,不免心生嫉妒,存心要捉弄捉弄慷侯。他们故意把轿子抬得上颠下跳、左摇右摆。张慷侯在轿子里有些坐不住了,屁股被颠得发痛,胃里也开始翻江倒海……转眼已到了模环夏峰村口,慷侯瞥见路旁有一块青石,不由得偷偷一笑。他喝令停轿,叫轿夫将此石搬上轿子,说要带此“宝石”上任,好天天看看,为的是不忘家乡。轿夫们不由得暗暗叫苦,轿中多了这么一块青石头,抬不了几步,轿夫们就气喘吁吁了,轿子自然没有了先前的颠簸。轿夫们只得埋怨自作自受,不由对慷侯刮目相看,乖乖地听从调遣,再也不敢戏弄他了。

黄杨木轿杠

乾隆初年,慷侯履任保定府知府。

一次微服出门,慷侯偶然见到一副轿杠,为黄杨木所制。慷侯十分喜欢,遂倾巨资购得,视如珍宝。几十年后,秩满回乡的慷侯将黄杨木轿杠也带回了家乡,妥藏在那“高冈起风”的祠堂中,并郑重其事地吩咐儿孙:“我为官几十年,没给你们留什么家当,唯有这副轿杠可以作个纪念。以后你们好好收藏,家里再穷,就是卖房卖地也不要卖了这副黄杨木轿杠啊!”俗话说“千年黄杨木,做不成一个头梳盒”。可见能做这轿杠的黄杨木,又岂止千年所成? 从此,这副杠成了张氏后代的镇宅之宝。

可惜,在20世纪中期闹饥荒的年代里,慷侯的裔孙还是拿这副黄杨木轿杠换回了几十斤大米,以渡难关。要知道,这几十斤米可是救命粮啊! 想必慷侯泉下有知,也会原谅子孙们所作所为吧。抑或慷侯执意要儿孙们妥善珍藏这副轿杠,本来就有意让它能在儿孙危难时派上大用场? (作者:黄胜元)

徐万顺奉母育孤

天池村位于群山环抱之中,犹如一个大盘子,“盘子”四周山脚下皆有溪,或为此故而旧称廻源。廻源之东依山而成一自然村,是为溪东。自宋室南迁,徐氏族人卜居溪东,乃成望族。然而,明末清初,溪东有徐氏一家迭遭灾难,后凭徐万顺一人兴家。其事迹载于溪东《徐氏宗谱》。

徐万顺生于明神宗壬午年(1582),卒于清康熙壬辰年(1652),乳名六桂,号启南,有兄弟七人,他排行老六。正值明末清初社会动荡时期,万顺9岁那年,父亲和长兄外出做生意途中遭遇盗贼,被害身亡;之后,二哥也在外做生意时被杀害。万顺家频遭劫难,一家三个“顶梁柱”没了,导致家道中落。万顺的三嫂眼看徐家生活难以为继,便狠心扔下才满周岁的儿子弃家离去,三哥因此悲愤过度而一病不起。眼看着一个大家庭支离破碎,一家人吃了上顿没下顿,吃了米糠吃野菜,日子实在过不下去了,万顺庶母只得带着万顺尚未成年的四哥、五哥、七弟回到福建建阳娘家以求生存。其时,万顺一家房屋、田产等因生意亏本和办丧事已变卖殆尽,万顺与生母和三哥遗留的幼儿相依为命。由于生计艰难,万顺一直未能婚娶,但他侍母恪尽孝道,对侄子也倍加爱护,每有饭食必先供奉母亲、喂养侄子,待母亲、侄子吃饱了自己才吃点剩饭剩菜。万顺在28岁那年,生母去世,他极其悲痛,哀哭之声令乡邻闻之垂涕。到33岁时,经乡亲们极力促合,万顺得以娶童氏为妻。夫妻二人琴瑟和谐,一方面尽心哺育侄子,还想尽办法供侄子读书;一方面克勤克俭操持家业,没日没夜劳作又精打细算过日子。在此后的数十年如一日,夫妇二人同心同德不懈努力,家境渐渐好了起来,还先后生育了六子三女。据溪东《徐氏宗谱》:万顺"持筹握算,光裕后昆;辛勤课子,燕翼怡孙",昔日孤苦伶仃,渐至儿孙绕膝了。脱离生活困境后,万顺专赴建阳迎回庶母和三兄弟,极尽孝悌之道。凭着勤俭,万顺建起高楼大厦,拥有良田三顷,徐氏家族蓬勃兴旺起来,在当地又成为一大望族。侄子长成,万顺即张罗着帮他成家立业。万顺少语寡言,待人以诚,一诺千金。他为人慷慨,乐善好施,遇人急难能倾其所有鼎力相助。有人向他借贷,如其人确无力偿还,则即焚烧掉借据。万顺平时广行善事,修桥铺路自不消说的,还花巨资开挖修筑沟渠,让乡亲们耕种有灌溉之便,无旱涝之虞。

从一贫如洗到煌煌巨族,尽心尽力赡养生母、庶母和哺育侄儿并善待兄弟,而且发家之后泽被乡亲,清初康熙年间地方官将徐万顺的事迹上报朝廷,康熙帝随即颁旨嘉奖,于是朝野闻其名,时人以之为名人达士。(作者:徐金渭)

徐应祖灾年救乡亲

横山镇辖区有乌石山,与建德梅岭关接壤,乃龙游县北部屏障。乌石山上有乌石寺,又名招庆寺。南宋"中兴四将"之一的岳飞(另三将为韩世忠、张俊、刘光世)与该山该寺有缘。据传说,在抗金前线的岳飞被朝廷十二道金牌召回,在途经乌石山时,他驻军山下,自己带着几个随从上山进寺拜会主持和尚。和尚料知他此番回京将遇不测,便委婉相劝他拒不应召。岳飞忠心为国,不听从和尚劝告,结果回京后果然被以"莫须有"罪名谋害。

乌石山下有后徐村,在南宋初期发生过一件惊动朝廷的好人好事。

后徐村有户家境丰饶的人家,户主名叫徐应祖。徐应祖乐善好施,每逢别人有急难,他得知后定会不遗余力相助,平时还常做修桥铺路建凉亭的善事,在后徐及周边田野山道仅凉亭就建了18座。话说宋高宗绍兴年间某年春季,连续暴雨不断,导致洪水泛滥,乌石山下一带村庄田野一片汪洋;洪灾过后,又是数月干旱,骄阳似火,沟渠枯竭。这一年,后徐村及四邻八乡庄稼颗粒无收,一场大饥荒发生了,民不聊生。对此,徐应祖心急如焚,当即开仓放粮,在灾区各地搭棚施粥救急。灾情严重,朝廷震动,高宗下旨命龙游县打开仓廪平粜粮食,以助饥民度过荒年。然而,官府虽开仓平价卖粮,却有众多贫穷百姓无钱买粮。有鉴于此,徐应祖又拿出钱来给贫困户购买粮食。徐应祖舍小家帮大家,既让众乡亲得以活命,也让众乡亲免除背井离乡以乞讨为生之苦,更让大灾之年社会得以相对稳定。徐应祖功德无量,地方官为此特地具表将徐应祖的事迹奏报朝廷。宋高宗览表,得悉乡野有这样一位主动为国分忧、心系芸芸众生的大善人,龙心大悦,专门派官员来到后徐传圣旨,召徐应祖进京。高宗当面对徐应祖予以嘉勉,随后又特地召集百官商议,意欲给徐应祖封官。徐应祖以山野之人不懂为官之道为由恳切力辞官职,坚持回乡务农。高宗对徐应祖的高风亮节大加褒奖,尊重他的意愿不勉强他做官,便亲拟十个字赐予他,作为他的子孙排行字辈。这十个字是:千万重隆惠,荣华富贵昌。

徐应祖享年九十八岁。在他九十岁时,朝廷还特地下旨为他庆寿,还赐官迪功郎。迪功郎,又称宣教郎，宋代为从九品，这是朝廷封给耄耋老人徐应祖的荣誉职位。

徐应祖行善救灾的事迹被载于《溪东徐氏宗谱》。据该谱，徐应祖子孙繁盛，其中一支迁居现今的横山镇天池村溪东自然村，是为溪东徐氏始祖。（作者：徐金渭）

张羽翔为官刚正

清顺治三年（1646），山西蒲州人张昌期上任龙游知县伊始，即跪拜张羽翔遗像。蒲州与龙游相距有1500公里，张昌期为何跪拜张羽翔？难道同系张氏的缘故？

张羽翔，字仪明，今横山村东坞人，明万历十九年（1591）举人，刚出仕即任蒲州知州。

蒲州，古称蒲坂，位于山西南端永济市黄河东岸，负山面河，距古城西安约150公里，是我国古代六大雄城之一。《帝王世纪》云："尧旧都在蒲，舜都蒲坂"。早在部落联盟时期，蒲坂一带就是华夏文明的政治、经济、文化中心。

明洪武三年（1370），蒲初为州，在城中西北建衙。《蒲州府志》载，当时城内户7万余，人口近50万，祭祀设施、官署编制及官员配置略近中央级别。城内建筑高大雄伟，有钟楼、鼓楼、文庙等；城外有普救寺、鹳雀楼、蒲津渡及横跨黄河的浮桥和用于固桥的大铁牛。蒲州历代人才荟萃，"手把鼓楼往南看，二十四家翰林院，对门三阁老，一巷九尚书，大大小小州县官，三斗六升菜籽多"，说的就是蒲州文人学士、名宦显贵等各类人才众多。明朝时官位在尚书以上的官员就有20多位。差不多与张羽翔同时代被皇帝誉为"三朝太宰"的杨博、接替张居正位居内阁首辅的张四维、两度担任内阁首辅的韩爌都出于蒲州。在社会政治环境错综复杂的地方从政，要么曲意逢迎与地方势力结成联盟以求自保，要么刚正不阿抑强扶弱维护公道，两个选择摆在为官者面前。张羽翔初任蒲州知州，"初生牛犊不怕虎"，诉讼案件不偏听偏信徇私枉法，明察事实真相务求公正判断；税收征缴、济贫扶困等涉及百姓利益之事，凡有空子可钻的陋规积弊，一概予以去除，以杜绝不义之人谋财情况的发生。身为知州，他率先垂范，丝毫不染分外之利。由于张羽翔不随俗俯仰，行得正、坐得直，其下属也都不敢胡作乱为。明代朝廷每三年要举行一次外官考核，张羽翔因清廉有加，被朝廷赐予清廉宴，时为天下官吏第一。就因为张羽翔两袖清风又勇于担当，处事公正，得罪了地方势力与权贵，不久他被降调陕西苑马监正。陕西之任后，张羽翔转任云南寻甸府通判。寻甸是汉族与回、彝、苗等少数民族混杂居住的地区，纠纷频繁，争斗激烈。身为协助知府掌管粮运、农田、水利和诉讼等事项的官员，张羽翔多措并举，化解辖区民族间矛盾，让军民得以安居乐业、和谐相处。之后，张羽翔升柳州府同知，同时掌管思恩府及宾州、象州等地的印信，他以仁德治政，务求清弊害、除邪恶，使得一方政通人和。

从"三晋""舜都"到广西"壶城"，从七品知州至正五品衔同知，张羽翔历官20年之久，但他从不为己谋一钱之利，晚年家徒四壁，挥弦自娱，年七十卒。

张昌期之拜张羽翔，应是慕张羽翔的为官之德。张昌期在龙游知县任上，恪尽职守。就在张昌期到任的当年六月，清兵自金华至龙游，县丞弃城逃跑，城中百姓四处逃匿，城虚巷空，但他临危不惧，收藏府库册籍，招抚流亡百姓，以致卒于知县之任。（作者：方冬成）

一座古民居满载行善故事

受组织委派，今年我担任后徐村生态指导员。在走访村情民情过程中，我了解到村内有一处叫"徐氏民居"的古建筑，距今已有五六百年的历史，保存基本完好，而且尚有人居住。因为姓徐，我对这座徐家先辈留下来的古民居上了心，每次到后徐村只要有了空闲，就对该古民居实地考察，还多方查阅资料、走访村民尤其是徐氏后人，试图搞清“徐氏民居”前世今生，其间听到该村徐氏先祖的很多行善故事。

后徐村位于县城北面，距县城约22公里，以驻地后徐得名，原为下宅乡政府所在地。后徐历史上曾称沙溪堰川，后以徐氏迁入更名厚徐，至清朝末年因谐音称今名。据有关资料，唐朝太宗贞观年间御史徐瑶第六世孙万一公自上饶迁沙溪，为沙溪徐氏始迁祖。村东有“昼锦”古桥，桥西有明代嘉靖年间古门墙一堵，题有“兄弟贡元”四字。

古时，后徐位于龙游、衢州、兰溪、寿昌交通要道，店铺甚多，商业繁荣，20世纪30年代曾一度称后徐镇。村西南下埚，有泉井，冬暖夏凉，久旱不竭。2008年行政村规模调整，后徐村与大坪山村合并，成为现在的后徐村。现有人口1823人，以粮油、柑橘生产为主，外出经商务工较多。

2007年，国务院部署开展第三次全国文物普查，县文物主管部门对徐氏民居进行了详细的调查登记。徐氏民居位于后徐村胡家自然村33号，始建于明朝，具体建造年代因《沙溪堰川徐氏家谱》在20世纪“文化大革命”期间被烧毁，难以查考。该建筑为二进三开间楼屋（二进两明堂），占地面积约237平方米。一进正立面有门罩，门柜为砖砌，过门梁上平板砖用铁泡钉固定。实木门外包铁皮并钉铁泡钉。一进为楼上厅结构，明间两缝九檩抬梁式前后双步用五柱（楼上用四柱），次间山缝九檩式前后双步用五柱，鼓形础，下置覆盖，天井边有挡雨板，楼上格扇窗已毁。二进为楼屋，明间两缝六檩穿斗式前单用六柱，次间山缝梁相同，天井四周有挡水板，目前局部已有残损。小青瓦用望砖，三合土墁地，保存较完整，建筑中艺术构件较少，斗拱等做法规矩。二进为楼上厅，用材讲究，做法规矩，具有鲜明的时代特征，具有较高的保护价值。一进与二进间以木板相隔，现分别由徐氏后人徐耀祥、徐樟有居住。民居东面有一株100多年历史的金桂，树高达10余米，现仍枝繁叶茂，农历八月间桂花盛开，路过的行人都会纷纷停下脚步闻一闻百年桂花的怡人清香。该建筑西北角另有一处占地约100平方米的楼上厅建筑，其结构、用材、做工均与民居相仿，可惜1997年被拆除，在原址上新建了一幢三层楼房。

徐氏民居为何而建？是徐氏祖上在外为官多年，告老还乡后所建？还是在外经商赚到了钱，结束在外漂泊的生活回家乡安度晚年所建？现已无从查考。但从该建筑的规模、用材、结构、做工等看，徐氏祖上在方圆数十里称得上大户人家。我在二进楼上厅见到一只木箱，已有200多年历史，木箱箱体完好，仍可使用；木箱上的图案因年代久远已模糊不清，图案上用的金属片已腐蚀，手碰即脱落。但从箱子做工及油漆工艺看，相当考究，应是大户人家所用。徐氏后人还保存着一只祖先留下的千斤缸，据说是该建筑建造完工时就有，原先放在二进天井。千斤缸是古时用来存水，以备救火之用。前些年，文物贩子数次找到徐氏后人，表示愿出高价购买，但徐氏后人坚决不肯。

在徐耀国家，我们请来了现住在古民居一进的徐耀祥。徐耀祥今年已74岁，中等的身材，长着一张和蔼的脸，平时不善言辞。听说我们找他了解祖先情况，略显激动，说话也变得有点小结巴，但脸上明显流露出骄傲神色。据耀祥介绍，他的曾祖父徐廷栋育有毓华、毓清、记春三个儿子，三兄弟析产时，该建筑一进分给毓华，二进分给毓清，记春则分得前述该民居西北角的另一处房子。徐廷栋从其父辈徐龙樟手中继承有48石即120亩（1石=2.5亩）良田，这在现今也是种粮大户了。

徐廷栋为人正直、做事公道，能言善辩，加之出身大户人家，又写得一手好字，在周边百姓中有相当高的威望，是民间的“调解能手”。胡家、后徐、下宅三个保（保相当于现在的村）的百姓遇到邻里纠纷、家庭矛盾都乐意请徐廷栋出面调解处理。而徐廷栋处理矛盾纠纷也自有一套办法，他先是分别与双方交谈，了解事情起因、背景、诉求，清楚双方争议焦点后，再召集双方当面协调。由于公正合理、不偏不倚，矛盾纠纷每每都能圆满化解，皆大欢喜。

徐廷栋乐于行善。据年长者介绍，徐廷栋对村里因病、因灾生活困难的村民，常给予粮食、蔬菜、衣物乃至钱财方面的救济，具有较好的口碑。某年盛夏，村中有位老人因病去世，因老人的女儿远嫁，一时难以赶回，而儿子残疾，家中贫困，无钱下葬，徐廷栋出钱购买了棺木，下葬了老人。对上门乞讨的，徐家总是先让饱餐一顿，然后给一二斤大米。

徐家有 120 亩良田，雇有长工数人，徐廷栋视他们为家人，并教育小孩要尊重雇工劳动，不准对雇工呵斥，不得为难雇工。遇雇工家中有红白喜事，徐廷栋必亲自携礼登门祝贺、慰问。在他家做过事的雇工，都说遇上一个好东家。徐廷栋晚上常备茶水、点心之类，招待雇工及乡邻，乡亲们也乐意到他家串门聊天。徐家家教也很严，不准子女参与赌博、不准吸食鸦片。

临近新中国成立之时，徐家不知发生了何种变故，120 亩良田几近分光。解放初划定成分时，徐家被划为下中农，因而没有成为打击斗争对象，而且徐氏族人在土地改革时还分到了徐氏古民居。这是一件很奇怪的事，乡亲们说，这叫“善有善报”。

徐氏民居由于建成时间较长，保存尚好，具有一定保护价值，先后被市、县列为重点文物保护单位，2011 年又成为省文物保护单位。“徐氏民居”受到重点保护，这也应是一种“善报”吧。

居住过徐氏民居的后人们，目前有五六十人之多，或工或农或军，在各自的岗位上为国家、为社会、为家庭尽力。他们秉承了祖先勤劳、善良、扶贫济困的品德和优良的家风。徐耀祥担任生产队会计多年，工作认真负责，任劳任怨，颇有人缘。徐耀国担任生产队长、村民小组长 20 余年，积极支持配合村工作，热心为本组村民服务，是一个热心人。徐氏后人中，不乏长寿者，住在二进的徐樟有今年已 93 岁，除耳背外，身体硬朗，其胞弟徐樟土也已 91 岁，早年从江西省鹰潭磷肥厂退休，在家颐养天年。（作者：徐光海）

胡家仗义执言　徐家赠地相酬

后徐村地处衢江以北，距离县城 22 公里。该村有个自然村叫胡家，位于村委会东北方向 0.69 公里。

胡家旧时称墩滨，东、西各有一条被称为梅林水、清潭水的小溪流环绕，南与后徐自然村相连，北与大平畈村毗邻，是一个典型的平原小村落。村内以徐姓、吴姓为多，被列为浙江省文物保护单位的徐氏民居楼上厅即坐落于此。胡家地势平坦，村中仅有一处小山包，面积约 3 亩余，因形似龟状被称作龟山。

旧时，龟山上有一块长 5 米多、宽 2 米多倾斜着的石块，表面平整、光滑，村中小孩喜欢爬到石块上仰躺着由上往下滑，以此玩耍。山上曾有一棵古樟树，树荫下是村民们集聚聊天和盛夏时节纳凉的好去处。然时过境迁，物是人非，现龟山早已没了往日的模样，小山包几乎削平，古樟树早已被毁，巨石也不知去向，只有弃之不用的水泥晒场尚留痕迹，四周杂草丛生。

墩滨为何改称为胡家？这与胡姓迁入有关。据《安定龟山胡氏宗谱》记载，胡姓先祖胡子玉，河南开封府人，自幼聪明，勤奋好学，于元末明初得中高魁，授龙游知县。其时因兵荒马乱，民不聊生，子玉公便弃职隐居塔石镇后舒村叶家自然村，胡家胡姓族人奉其为龙游胡氏第一世祖。后徐村大公殿自然村年已 80 岁高龄的胡永年仍记得小时候父亲带他到叶家祭祖的情形。现如今叶家的胡氏宗祠早已被拆除，却仍存有一口胡家塘。

至明朝末年，胡氏在叶家繁衍至第十二代时，不知何故，胡家人在饮用当地井水后，经常会双眼发红、心情烦躁，第十二代世祖元一公胡聪遂有了举家搬离叶家、另择地而居的想法。几番选址比较,最终确定搬至墩滨的溪滩上。元一公成为胡家胡氏始迁祖。搬迁之时,胡家长辈给元一公 100 桶桐子油,并一再告诫,桐子油只可零卖,不可整桶出售。

从后舒村叶家迁入之初,元一公和家人在墩滨西边的溪滩上搭建了几间茅草房居住。

有一天,邻村一位告老还乡颐养天年的宫姓宰相去世,宫姓家人请风水先生寻找风水宝地,以便为其安葬。风水先生四处踏勘,相中了龟山。这龟山乃徐姓人所属。有位在宫家做佣人的徐姓人,无意中听到此消息后,借故回墩滨向族长作了汇报,徐氏族长觉得事关重大,马上召集族人商讨如何阻止宫姓宰相葬入龟山。

次日,徐氏族长怀揣诉状,赶赴龙游县衙,递上诉状,请求官府禁止外姓人埋葬在龟山。知县知道宫姓一家权势,不敢得罪宫家,案子一直久拖不决。胡氏族长也为此事替徐姓人鸣不平,思忖该如何帮助徐姓人。胡姓家中有一位娘家在山东的太婆,性格爽朗,乐于助人,人们平常都称她为“山东太婆”。

一天傍晚时分,一位过路的陌生人来到墩滨溪滩边胡姓人的茅草房,说是路过去衢州府做生意,因身体疲惫,请求山东太婆给予方便让其借宿一晚。山东太婆好客,马上端上茶水、点心招待客人。过路客一边喝着茶水、吃着点心,一边有意无意地和山东太婆聊着宫姓家人情况。山东太婆见过路客面相和善,便一五一十地跟他讲了宫姓家人平时倚仗权势横行乡里、欺压百姓的斑斑劣迹。过路客听了,对山东太婆道了谢,借口生意要紧,便起身告辞而去。这让山东太婆有点丈二和尚摸不着头脑,不知哪里得罪了他。

第二天一早,一名衙役骑着白马分别到了墩滨的徐家和邻村的宫家,通知马上赶到县衙开庭,并让胡姓族人参加旁听。身着官服的县令端坐在威武的大堂之上,听完原告徐氏族长的控告和被告宫氏家人的答辩后,县令说道,徐氏和宫氏居住在相邻村庄,理应和睦相处,不可因葬坟之事伤了和气,宫姓宰相能不能葬在徐姓的龟山上,用抓阄作一决断。

随后,县令分别在两张纸上写了字并揉成一团,放在一只托盘上,让衙役给徐、宫双方拿取。宫氏家人先取,随即展开纸团后一看是“不能葬”三个字,便狠狠地瞪了一眼徐氏族长,不再吭声。县令当堂宣布,从今之后任何外姓人均不得葬在龟山上。走出县衙大门,徐姓人当即买了鞭炮在街上燃放庆祝胜诉。原来,头天到墩滨的过路客就是微服私访的县令。大堂上抓的阄,两张纸上都写着“不能葬”三字,县令事先告知徐氏族长抓阄后不要抢先读出来。

徐氏族长了解事情的前因后果后,为表示对山东太婆及胡姓人感谢,便邀请胡姓人到村中央建造房屋,并将龟山赠送给胡姓人。胡姓人也特别珍惜这份礼物,在编修谱牒时,取谱名为《龟山胡氏宗谱》。

胡姓人迁入村中央建造房屋,因需要资金,便想起长辈留下的那 100 桶桐子油,并向邻村的一家棺材店铺售卖了一桶。没想到第二天一大早,棺材店铺老板带上银两,说要将胡姓人家中所剩下的桐子油全部买走。胡姓人感觉事有蹊跷,想起先辈告诫,任凭棺材店铺老板软磨硬泡,就是不肯把桐子油再卖给他。棺材店铺老板走后,胡姓人马上关上大门,拿出一桶倒出桐子油,发现桶底下竟有金灿灿的一根金条,第二桶、第三桶……桶桶如此。有了这 99 根金条,胡姓人便在村中建起了 18 间门面房,开始做起了生意,家境渐渐地好了起来。

因胡氏族人渐次兴旺,墩滨也就慢慢被称作胡家了。清代咸丰年间(1851—1861),胡姓人兴建了一座胡氏大厅。大厅面积有 300 多平方米,三进两明堂结构,一进有一大天井,二进两个龙眼天井,三进放置着胡家先祖的牌位。民国 32 年(1943),胡氏大厅不慎失火,变成一堆废墟。

胡姓人在胡家辛勤劳作,养儿育女,过着平凡的生活。现今胡家的胡姓人中不乏佼佼者,第十九世柔字辈孙胡建源(出生于1973年,初中毕业后先后在建筑工地、火腿加工厂、造纸厂打工,至2000年在义乌创办了一家生产纸袋、礼品袋的彩印公司,产品走向国际市场,年产值达亿元),恪守胡家古训,秉持一颗仁爱之心,回馈家乡,回报社会,多次在春节期间出资延请戏班子为父老乡亲演戏,并向云贵川困难地区捐赠物品价值共达数十万元。(作者:徐光海)

一家两指挥,父子双金匾

明万历三十年(1602),横山张氏第十一代孙张善言升任皇城西城兵马指挥司副指挥。在任期间"守职不阿",有廉吏风。

那天,万历皇帝的一个儿子要溜出皇城出宫游玩。张善言部下军官见是皇子,轻不得、重不得,放又不敢,拦又难拦,只好报告张善言。张善言执法素以"守职不阿,不畏权势"闻名。依照皇宫规定皇子未经皇上允许不能随便出皇城,不能随意出皇宫。张善言下令拦下皇子,不准出宫。皇子见出宫不成,竟躺在地上耍无赖,又哭又闹。张善言不受威吓,也不怕皇子耍赖,任由皇子怎么去闹,就是不行,并义正词严地告诉皇子:"把守宫门,是臣职责所在,不敢有丝毫怠慢,辜负皇恩。"皇子见张善言软硬不吃,耍赖也没用,只好气呼呼地回到宫中,到皇上那里告张善言一本,说是张善言要打他,要皇上为他出气,治张善言"藐视皇家"之罪。

明朝时,皇上的密探遍布朝廷,耳目众多。皇子如此举动,早已有"东厂"密探报于皇上:"皇子出宫门——被阻,指挥司内哭闹——撒泼,张善言执法——无私,无畏。"皇上得知张善言忠于职守,是皇儿在无理取闹。觉得如此忠勇之臣真正难得,不加恩宠收为心腹之臣,让其忠心耿耿效力皇家,岂不可惜?因而不但不准皇儿的本,还申斥了他一番。为表彰张善言,皇帝特下圣旨嘉奖,把张善言官级连升三级,并赐金一块。

不仅如此,而且还表彰其父张景怡教子有方,将其父亲也封为兵马指挥使,又下圣旨,称:"张善言之父立心正直,行已谦和,德行著于乡,评议方筹,庭训尔子服官底绩,皆尔施教所贻是用。"也赐给金匾一块,上书"金吾世家"。皇恩浩荡,皇权显赫,离张家的高冈起凤厅二里外开始到大门边,竖起了五重辕门。官员等到第一座辕门就要"文官下桥,武将下马",步行二里,经过五重辕门才能到达大厅门前。

张善言后来曾赴河间府景州安陵镇(现河北景县)地方为官,官声绝佳,民皆称之。监察御史冯应风嘉其正直。张善言寿至六十二岁,卒于家。(作者:杜明福)

志棠邵家的故事

因父母亲在一次意外中双双身亡,四岁的邵卢成了一名孤儿。邻村的张海渊见邵卢眉清目秀,聪明伶俐,几次三番地来到志棠邵氏小厅(原位于志棠镇卸厅村,为明代早期建筑,是龙游民居苑内搬迁复建古建中年代最早的建筑之一,建筑面积为89平方米,该建筑属于主厅堂的一个附属建筑,称之为"边厅"或"小厅"。由于古代的封建等级观念非常严格,而邵氏小厅又为普通百姓人家所建,所以建筑取材较小,但建筑小巧简朴,整体线条流畅简洁。内设天井,正面不开门,而设边门进出,两边门进出处置木板墙,并设两道门,起到了较好的防盗作用。建筑较充分地体现了明代早期的建筑风格。)恳求孩子的舅舅邵意成做主,让邵卢做他的养子,并保证会视邵卢为心肝宝贝。原来张海渊的妻子体弱多病,只生了两个女儿,家中人丁不旺,香火不继。邵意成知道张某为人器量不大,但毕竟家境殷实,也为了让邵卢有个好的归宿,就把他送入张家大宅,养母姜氏对他特别疼爱与关心,邵卢也算过了几年快活日子。可是到邵卢八岁时,姜氏不幸身染重病离开了人间,张海渊又娶了李氏为妻。李氏带来了一对儿女,她视邵卢为眼中钉,趁张海渊外出时,她与儿女一道辱骂邵卢,叫他吃剩饭剩菜。有一次,李氏叫邵卢到二楼去舀油,他小心翼翼地爬上木楼梯,打开陶瓷油罐,结果一个趔趄,撞在了油罐上,油罐被撞裂了一道缝,油不断地往外流。李氏知道了,随手拿起一根粗粗的木棍不由分说地就打了他一顿,打得他全身瘀青,走起路来一瘸一拐的。邵意成知道此事后,十分难过,多次与张家交涉,要让外甥回到自己的身边生活。

在舅舅的努力下,十岁的邵卢重新回到志棠邵氏小厅,终于可以不再受李氏的虐待了。他迈进舅舅家的小院子,表兄弟们早就在门口等候他了,舅妈从厨房里笑吟吟地走出来,牵着他的手,带他到餐桌前吃刚为他烧好的鸡蛋面,并语重心长地说道:"以后这儿就是你的家了,虽然厅堂不够宽敞,但你可以安心地与哥哥弟弟们一起到学堂读书,一起玩耍。"晚上,他与大表哥睡在偏房的卧室里,他睡得特别踏实,特别香,再也不用像在张家那样担惊受怕了。

在志棠邵氏小厅里,邵卢快乐地度过了童年时光。但天有不测风云,生性耿直、为人豁达的邵意成后来被奸人陷害,家里的楼屋被官兵破坏得一塌糊涂,家具被砸烂,所有值钱的物品也被官兵顺手牵羊地带走了。没过多久,心黑的财主就霸占了邵氏小厅,邵意成一家只得生活在破破烂烂的泥墙屋里。迫于生计,邵卢不得不跟随表兄弟们外出谋生。次年,邵意成满怀忧愤地离开了人世,邵卢悲痛万分,东拼西凑了一些银子与表兄弟们一起安葬了舅舅。他暗下决心:有朝一日,一定要赎回邵氏小厅,让邵家的老老少少过上富足的生活。

邵卢再次背上简单的行囊,独自外出经商。六年过去了,他摸索出做布艺生意的门道,生意做得红红火火。不久,他重新回到志棠,赎回了老宅。此时的邵氏小厅已破败,邵卢把志棠的能工巧匠召集在一起,让他们重修小厅。半年后,小厅装修一新,颇有气势。为了给修葺一新的邵氏小厅讨个好彩头,希望邵氏家族年年吉祥如意,邵卢请来戏班子,在小厅唱了七天七夜的大戏。表兄弟们也先后带家小搬回了邵氏小厅。空闲时分,邵卢也会带上妻小回小厅住上一段时间,享受那乡间的悠闲与乡亲们的热情。

他又觉得当地的岩石及地理环境非常适合办石灰厂,于是他雇了十多位村民,在山脚下造了十来间房子,开窑烧石灰,生产的石灰销路也挺不错。两年下来,一部分百姓的生活条件逐渐好了起来,为了扩大再经营,他培养了一些业务骨干,先后在大麦山、龙门桥等地办起了石灰厂,使周边的村民都有事可做,他自己也有了丰厚的利润。他还在前邵、后邵、席家等地造了上井、后井、三井两面堂,把这些大厅用作老百姓办喜事、祭祀祖先等活动的场所。为了使大家出行方便,他资助各村修路,从腰塘边村至志棠村的四个村庄都铺设了长长的青石板路。他对子女严格要求,在方圆几十里赢得了好口碑。(作者:严建英)

李锺兴学

仅明清两代,会泽里村即有太学生、贡生多达百余人,这与该村崇学之风兴盛且历久不衰有着密切关系。在清代乾道年间,该村有位贡生即不遗余力兴办教育,泽被一方。所谓"贡生",即成绩优异、有资格进入国子监学习深造的秀才。这位贡生名为李锺。

李锺,字巨声,又字伫宣,号晓楼,乾隆戊戌年(1778)生人,道光壬寅年(1842)卒。父亲李友琴系国子监太学生,然不幸在李锺尚在幼年时即亡故,而此前李锺生母已亡。李锺从小懂事,勤奋好学,年方弱冠即成贡生。继母长期患病,李锺竭尽孝道,悉心为继母求医寻药、调理饮食,继母有需要即倾力为之。他在继母面前都表现得和颜悦色,说话慢声细语,即使自己心中有烦恼也强作笑颜。在家里事事操心而且处置得宜,竭力不让继母忧心。继母虽久病在身，但在李锺尽心尽力照料之下，仍得寿逾八旬。李锺与邻里和睦相处，村坊有人起了争执纠纷，他便挺身而出帮助调解，且不偏不倚，持心公正，乡亲们都信服。李锺少年老成，严于律己而待人以礼，深得乡亲们喜爱、敬重，渐至名扬四方。长大后，李锺勤俭持家，又乐善好施。道光乙未年(1835)，恰逢大旱，李锺一方面拿出自己家里的粮食接济乡亲，另一方面还四处筹措钱粮解救乡亲们饥荒。他的这一善举受到官府的褒扬，衢州府颁给一匾，上书“谊敦任恤”四个大字。

尤其值得一说的是李锺对于教育的重视与不遗余力地投入。他出资在会泽里建造文阁，倡导崇学风尚，吸纳宗族子弟读书。自此，会泽里村书声琅琅，自晨至昏不绝于耳。道光辛丑年(1841)，名重当时的李锺被推举主持在县城兴建考棚书院即学子考试场所，他欣然应命，并捐献银两以襄助其事。对于所有资金用途，李锺精打细算，绝不浪费分毫；对于工匠，他独具慧眼，唯贤能是用；对于建筑用材，务求考究。在建造考棚书院期间，李锺殚精竭虑、事必躬亲，不敢有所疏忽松懈。工程告竣，县人盛赞李锺之才非他人可及。

李锺品行端正，好做公益，造福桑梓多多。六十五岁时，积劳成疾的李锺不幸亡故，为此官宦士绅百姓莫不悲痛叹惜，甚至有耄耋老者流涕不已。龙游县知事秦淳熙闻此噩耗，也不禁潸然泪下。秦淳熙任龙游县知事之初，即听说李锺为人磊落而待人以诚、才识非常而急公好义种种事迹，于是每有大事要事便邀李锺相商、要求帮助处理，二人情意深重。李锺去世后，秦知事亲笔书写“质直好义”四个大字制成匾额送到会泽里，之后又专为其作传，其中盛赞李锺道：“其为一乡之善士欤？其为一邑之善士也！”

夜半书声响槐庭

廻源王氏是以耕种为主的大家族，贫苦人家的孩子长到五六岁就得由爸爸妈妈或爷爷奶奶带着干些力所能及的活了。水稻收割季节，要下田捡稻穗，或守护着晒谷场，不让鸡鸭把谷子吃了；大人从莲田里摘回莲蓬，就得老老实实在家剥莲子。长到七八岁，就要独自一人上山砍柴放牛，有的则提着竹篮在田坂拔猪草。读书，对贫苦人家的孩子来说，是不可企及的梦想。

槐庭办有四维学堂，那是条件较好人家孩子读书求知的场所。王高壬、王福庆都是八岁的孩子，两人最要好，每天天刚亮就一起上山放牛，无论寒冬酷暑还是刮风下雨从不间断。临近中午，牛吃饱了，两个孩子也饿了，于是就赶着牛回家。路经槐庭，高壬、福庆就能听到琅琅读书声，或是听到先生抑扬顿挫讲课声。两个懂事的孩子知道，读书是一种奢望，养好牛才有饭吃！

然而，那读书声太迷人了，福庆、高壬终于抵挡不住诱惑。这天一早，两个孩子牵着牛上了山，坐在大树底下聊开了。

“读书真好，雨也下不着日头也晒不到。”高壬说。“读书能懂很多东西呢，书读得好还能当大官。”福庆朝着槐庭方向望着。

两个孩子沉默了一会，仿佛进入读书的幻境之中。

“我们也能读书！”突然，福庆兴奋地喊了一声。“嘿！做梦吧？”高壬颇不以为然。

“真的！”福庆说了自己的想法：每天把牛放在槐庭附近的山吃草，这样我们就能听到槐庭里传出的读书声。果然是好办法！两人当即把牛往回赶，在离槐庭不足半里路的小山包上静静地“听书”。

时间一天一天地过去，高王、福庆“听书”听得认真，记得用心，居然背得下先生教的文章，对先生讲的内容也能有个一知半解。“可是字怎么写，我们还不知道呢！”福庆不满足。是啊，都说“读书识字”，字都不认识、不会写，还算读书吗？福庆、高壬一合计，想出了一个办法：趴到槐庭窗口看先生怎么写字。于是他们把牛放在山上，顾自下山看先生写字去了。

然而，意外发生了。当槐庭里的孩子们放学回家吃午饭时，高壬、福庆回到山上，两头牛却没了踪影。两个孩子急了，慌慌张张、跌跌撞撞地到处找，却都找不到。早已过了午饭时间，两个孩子还没牵牛回家，他们的父母也急了，连忙上山找孩子。全村青壮年甚至老人都上山帮着找孩子，直到夜间才在一块石岩下找到两个眼角挂着泪珠睡着了的孩子，牛也被乡亲们找着了。

当得知高壬、福庆丢失耕牛的原委后，四维学堂的王庚先生深受震撼。决定：除了白天开课，再办“夜读班”，让那些白天要干活的穷人家的子弟们也能免费读书。

自此，“槐庭夜读”成了“廻源八景”之一，穷苦孩子们琅琅的读书声夜夜在天池山脚下回荡。

指点槐庭处，书声午夜清。灯光连树炯，逸韵隔墙生。
音逐微风远，人缘入耳倾。吟残万籁寂，月上已三更。

这首《槐庭夜读》正是当年槐庭之夜的真实写照。

图 13-8　“槐庭春色”门楣

槐庭，原位于儒大门村，建于明代中期，建筑面积 210 平方米，世居王姓。建筑平面呈四合院布局，楼上楼下皆为厅堂，前厅后楼通过单坡顶厢廊相连。三开间布局，正立面砖墙封顶，明间抬梁式七檩用四柱，次间穿斗式七檩用五柱。建筑用材考究，木雕粗犷，颇具特色。该建筑原位于王氏宗祠“三槐堂”附近，门楣还有“槐庭春色”之字样，迁建后称之“槐庭”。

该建筑原是一座读书楼，有诗为证：“古槐久不存，虚庭犹似昔。灯光夜深时，书声散空碧。”“空庭藜火明，银河一色清。万籁如俱寂，惟闻嘹亮声。”

（作者：徐金渭）

第三节　非物质文化遗产

非物质文化遗产是文化多样性中最富活力的部分，是人类文明的结晶和最宝贵的共同财富。境内非物质文化遗产资源丰富，有的已入选省、市、县保护名录。

一、保护名录

2009年6月，省公布境内龙游婺剧、草龙为省级非物质文化遗产项目。2020年8月，龙游县第六批非物质文化遗产保护名录公布，镇申报的莲子酒酿造技艺、志棠白莲古法加工技艺、豆豉制作技艺入选。2023年1月，省人民政府发布第六批省级非物质文化遗产代表性项目名录，镇域有分布的莲子酒酿造技艺、小辣椒制作技艺入选。

龙游婺剧　2009年6月22日，浙江省人民政府公布。流传范围：横山镇。

草龙　2009年6月22日，浙江省人民政府公布。流传范围：横山镇。

莲子酒酿造技艺　2023年1月16日，浙江省人民政府公布。流传范围：横山镇、石佛乡、塔石镇等地。迄今已有160余年历史，主要采用本地盛产的莲子，酒曲以68味中药为基础，加入大小麦等谷物，并以稻秆为培菌床，以交叉镂空堆积培养而成。酿造过程分蒸煮、发酵、蒸馏、储存四个流程，具体细分为采摘、择料、清洗、浸泡、蒸煮、一次发酵、二次发酵（七蒸五酿）、蒸馏等16道工序。

小辣椒制作技艺　2023年1月16日，浙江省人民政府公布。流传范围：包括横山镇在内的龙游县北部乡镇。

龙游豆豉制作技艺　流传范围：包括横山镇在内的龙游县北部乡镇。境内传承人：塔下叶村翁海忠。

二、代表性传承人

王海清（1939.11—2013.4）　新宅人。1952年开始从事婺剧表演，直至2006年。1984年公社文化站恢复后，其组建新宅婺剧团，一直为继承传统文化遗产、弘扬民族文化努力着。其戏班子经常在各村演出，深受当地百姓的喜爱。2006年前后，在文化大省和文化先进县建设中，王海清与其儿子一起将新宅婺剧团改建并取名为“龙游县荣昌婺剧团”。剧团拥有演员34名，排练剧本40余本。在他的努力下，荣昌婺剧团在省、市、县举办的婺剧表演中频频获奖，剧团不断发展壮大。2005年国庆节参加县文化局举办的民间传统文化表演获鼓励奖。2009年9月23日，王海清被公布为浙江省第三批非物质文化遗产（门类：传统戏剧，项目名录：婺剧）代表性传承人。

王允文（1938.4—2015）　儒大门人。13岁时跟随父亲王鲠学习编扎草龙技术。1956年成为村草龙队队员；1961年成为舞龙头队员，长达十几年。草龙被停后，他从事木匠活。2004年6月，在王允文的牵头下，组织民间艺人通过一个多月的制作，恢复了草龙，并于中秋节开展了灯会活动。先后为衢州等地编扎草龙4条。2007年被评为省文化示范户。2006年11月8日，“儒大门草龙”在全县首届群众文化艺术节开幕式暨石窟杯民族民间传统文化精品展演中荣获优秀奖。2011年元宵节活动中荣获优秀奖。2013年，王允文被省文化厅评为“浙江省优秀民间艺术人才”，2013年11月4日被浙江省公布为第四批非物质文化遗产（门类：传统舞蹈，项目名录：草龙）代表性传承人。

王允军（1958.11—　）　儒大门人。1975—1985年，随兄王允文学习制作草龙和舞草龙，1985—1986年在舞龙中为龙头，引领舞龙队伍进行操练及演出。1986—2004年，村舞龙队解散。2004年，协助其兄王允文恢复村舞龙队，重新制作草龙，并组建一支20人的舞龙队，坚持常年活动。2004—2015年一直舞龙头，除每年2次的村舞龙活动外，还多次外出参加演出活动。40余年来，王允军全身心投入草龙的工艺改革，协助王允文将实心草龙改为空心草龙，并以编扎股绳、分段连接等办法，使草龙活动更加灵活方便。2015年，在其兄王允文病重去世后，承担起村舞龙队队长的重任。2017年12月25日，被浙江省公布为第五批非物质文化遗产(门类：传统舞蹈，项目名录：草龙)代表性传承人。

表13-3　龙游县第三批非物质文化遗产代表性传承人公示名单

姓　名	性　别	申报项目	项目名称	公示时间
王建国	男	传统舞蹈	草龙(横山稻草龙)	2021年4月
姜荣光	男	传统技艺	龙游莲子酒酿造技艺	
吴少君	女	传统技艺	龙游志棠白莲古法加工技艺	
翁海忠	男	传统技艺	龙游豆豉制作技艺	

三、非遗调查项目

2008年2月，横山镇文化站根据浙江省非物质文化遗产调查通知，组织人员对境内非物质文化遗产进行调查，共筛选出44个项目。

表13-4　2008年横山镇非物质文化遗产调查筛选项目表

编号	门　类	种　类	项目名称	传承人	普查人
1	民族语言	民族语言	志棠方言	邵炳友	徐　豪
2	民族语言	民族语言	志棠方言	周根荣	吴卫青
3	民间文学	神话	破山的传说	方友成	徐　豪
4	民间文学	传说	横山的历史	陈水根	吴卫青
5	民间文学	故事	八月十五闹龙灯	王锡福	徐　豪
6	民间文学	谚语	下店十八缸金、十八缸银	王恭林	徐　豪
7	民间舞蹈	岁时节令习俗舞蹈	舞狮子	方立祥	袁素娟
8	民间舞蹈	岁时节令习俗舞蹈	貔貅	方祥云	袁素娟
9	戏曲	曲牌体戏曲	婺剧	王一平	徐　豪
10	曲艺	唱曲类	道情	陈水根	吴卫青
11	民间美术	其他	剪纸	朱文娣	吴卫青
12	民间手工技艺	工具和机械制作	木匠	占汝发	徐　豪
13	民间手工技艺	农畜产品加工	千层糕	杨宝金	徐　豪
14	民间手工技艺	金属工艺	打铁	王国军	徐　豪
15	民间手工技艺	编织扎制	篾匠	席才才	徐　豪
16	生产商贸习俗	农业生产习俗	插秧	王志高	徐　豪
17	消费习俗	居住习俗	挂栋	李宁银	吴卫青

续表13-4

编号	门　类	种　类	项目名称	传承人	普查人
18	人生礼仪	妊娠和分娩习俗	催生	黄继有	袁素娟
19	人生礼仪	妊娠和分娩习俗	坐月子	吴松芳	吴卫青
20	人生礼仪	诞生和命名习俗	求子	韩香松	袁素娟
21	人生礼仪	满月、百日和周岁习俗	周岁	柴雨明	袁素娟
22	人生礼仪	婚礼、离婚习俗	相亲	章文进	吴卫青
23	人生礼仪	寿诞礼	做寿	叶顺潮	徐　豪
24	人生礼仪	葬礼习俗	报丧	朱永坚	徐　豪
25	人生礼仪	其他	倒茶	王允文	徐　豪
26	岁时节令	节气与习俗	惊蛰	周志祥	徐　豪
27	岁时节令	节气与习俗	过冬至节	叶成祥	袁素娟
28	岁时节令	传统节日习俗	正月初五接神	夏文奎	袁素娟
29	岁时节令	传统节日习俗	春节	刘根发	吴卫青
30	民间信仰	原始信仰	道士	黄卸宝	袁素娟
31	民间信仰	俗神信仰	算命	李根清	袁素娟
32	民间信仰	庙会	庙会（十月二十六）	徐亚平	袁素娟
33	民间信仰	祖先信仰	祭祖	李　洪	徐　豪
34	民间知识	物候天象知识	如何预知下雨	袁素娟	袁素娟
35	民间知识	数理和测量知识	计算方法	姜晓平	袁素娟
36	游艺、传统体育与竞技	民间游戏	踢毽子	徐亚平	袁素娟
37	游艺、传统体育与竞技	民间游戏	拷骆驼	余立成	袁素娟
38	游艺、传统体育与竞技	民间游戏	跳绳	严素香	袁素娟
39	游艺、传统体育与竞技	民间游戏	十拍棋、跷房子	袁素红	袁素娟
40	游艺、传统体育与竞技	竞技	猜拳	诸文松	徐　豪
41	游艺、传统体育与竞技	其他	荡秋千	项根发	袁素娟
42	其他	香会	接老佛	王讨饭	徐　豪
43	其他	村规乡约	村规民约	叶宝祥	吴卫青
44	其他	其他	祭谱	邵炳友	徐　豪

四、地名文化遗产

2016 年 3 月 24 日，县政府办印发《关于龙游县第一批地名文化遗产保护名录的通知》，其中明确：脉元村为古村落，乌石山为著名山川，横山塔、刹下塔为古迹遗址。

表 13-5　　2016 年境内第一批地名文化遗产保护名录

类　别	名　称	释　　义
古村落	脉元	属横山镇。以“龙脉之元”之意得名。旧名蓦然，俗称马元。主姓龚，南宋宝祐年间从福建兴化蒲田迁入。明代龚存荐父子宦游一生，颇具宦绩，返乡后构筑大量建筑，如进士第等，蔚然为北乡望族
著名山川	乌石山	位于横山镇境内，海拔 439 米。乌石山主峰石壁裸露精光溜滑，颜色黝黑，“乌石”之名即由此而来。“上有幽岩，岩深三丈，广倍之，有泉穿石而出，终年不竭。岩背乌石划开，分峙南北，中深数十丈。山半古刹为招庆寺。”（民国志卷二“地理考·山川”）。此山密逐梅岭，为江右孔道。宋岳飞于绍兴三年（1133）赴江右时在此过宿，曾题字木桌
古迹遗址	横山塔	位于横山村塔山口，以山得名，明嘉靖十三年（1534）张氏建。塔砖模印“大明嘉靖甲午横山张氏塔砖”。2013 年被公布为全国重点文物保护单位
	刹下塔	位于塔下叶村，明万历年间建。因在古刹台山寺（今已废）下，故名。2011 年被公布为浙江省文物保护单位

第四节　寓外人士著（译）作

境内人才辈出，许多乡贤在各自岗位撰有论文、专著。由于客观条件限制，寓外人士著（译）作目录仅录收集到的，难免有脱漏错讹之处。

一、明代

《稽道编》　卷数不详。叶良相撰。《浙江通志稿·著述》《两浙著述考》著录。

《题行集》　1 卷。张文介撰。《千顷堂书目》、清代雍正年间《浙江通志·经籍》《浙江通志稿·著述》著录。

《代赀集》　1 卷。张文介撰。《浙江通志稿·著述》著录。

《醉吟集》　1 卷。张文介撰。《浙江通志稿·著述》著录。

《少谷集》　卷数不详。张文介撰。《千顷堂书目》、清代朱彝尊著《明诗综》著录。

《孤愤集》　卷数不详。张文介撰。清代钱谦益选编《列朝诗集》有载。

《湖上集》　卷数不详。张文介撰。《列朝诗集》有载。

《金闺秘方》　共 72 方。张文介撰。

《救急秘传新方》　共 80 方。张文介撰。

《制药秘传》　共 31 法。张文介撰。

《医药见证秘传》　3 卷。张文介辑注，张尚玄校。上海图书馆藏明刻本。

《医学脉要秘传》　2 卷。张文介撰。

《医书要字音释》 分5部分。张尚玄辑。张尚玄系张文介子。是书与《救急秘传新方》《制药秘传》《金囷秘方》合称“医学四要”,“海外回归中医善本古籍丛书(续)”收录。

《广列仙传》 7卷。张文介撰。成书于明万历十一年(1582)。浙江图书馆藏明刻本,国家图书馆藏清刻本。

《征蛮录》 卷数不详。龚承荐撰。《浙江通志稿·著述》著录。

《啸歌集》 卷数不详。龚承荐撰。《浙江通志稿·著述》著录。

《抒愤集》 卷数不详。龚承荐撰。《浙江通志稿·著述》著录。

二、当代

《离子注入双极晶体管的微波特性》 宋马成合著,载于《半导体情报》1973年第12期。

《离子注入原理和应用》 宋马成著,载于《半导体情报》1974年第3、4期。

《半导体器件与集成电路制造中的亚微米技术》 宋马成合著,载于《微细加工技术》1991年第2期。

《GaAs超高速门阵列集成电路Se离子注入技术研究》 宋马成合著,载于《电子器件》1997年第1期。

《电子工业生产技术手册》(第5卷) 宋马成合著,国防工业出版社2015年版。

《氨合成催化剂还原动力学》 李小年等著,载于《石油化工》1994年第10期。

《铁催化剂母体相组成的研究和FeO基氨合成催化剂的发现》 李小年合著,载于《中国科学》1995年第1期。

《氨合成催化剂的性能与母体相组成的关系》 李小年著,载于《化学工业与工程研究》1997年。

《助催化剂对Fe(1-x)O基氨合成催化剂还原性能的影响研究》 李小年著,载于《催化学报》1997年。

《氨合成催化剂母体相组成对还原性能的影响》 李小年合著,载于《化工学报》1997年第3期。

《Fe1-xO基氨合成催化剂母体相歧化行为及基效应研究》 李小年著,载于《催化学报》1998年。

《助催化剂对Fe(1-x)O基氨合成催化剂活性的影响》 李小年等著,载于《催化学报》1998年第3期。

《助剂对氨合成Fe(1-x)O基催化剂母体歧化反应的抑制作用的穆斯堡尔谱研究》 李小年等著,载于《催化学报》1999年第1期。

Twofold Domain Decomposition Method for the Analysis of Multiscale Composite Structures 胡俊著,IEEE Transactions on Antennas and Propagation, 2019,美国。

《基于积分方程区域分解算法的研究进展》 胡俊合著,载于《电波科学学报》2020年第2期。

《用于电磁散射分析的积分方程快速直接求解法研究及进展》 胡俊等著,载于《电波科学学报》2020年第1期。

Hybrid FEM-DDM and BEM-BoR for the Analysis of Multiscale Composite Structures 胡俊著,IEEE Transactions on Antennas and Propagation, 2020,美国。

A Flexible FEM - BEM - DDM for EM Scattering by Multiscale Anisotropic Objects　胡俊著，IEEE Transactions on Antennas and Propagation，2021，美国。

Strong admissibility skeletonization factorization for fast direct solution of electromagnetic scattering from conducting objects　胡俊著，IEEE Trans，Antennas Propag，2021，美国。

Analysis of Electromagnetic Scattering From Homogeneous Penetrable Objects by A Strong Skeletonization-Based Fast Direct Solver　胡俊著，IEEE Trans，Antennas Propag，2022，美国。

A Modified HODLR Solver Based on Higher Order Basis Functions for Solving Electromagnetic Scattering Problems　胡俊著，IEEE Antennas and Wireless Propagation Letters，2022，美国。

《放眼看广州起义》　徐小林著，国防大学出版社 2007 年版。

“军人忠诚品格培育法律化研究”等　徐小林主持，国家社科基金课题。

《军事应用逻辑》　王海兰合著，国防大学出版社 1993 年版。

《逻辑学新论》　王海兰副主编，河海大学出版社 1998 年版。

《润物细无声》　王海兰著，台海出版社 2004 年版。

《筑牢健康的心理长城》　蒋柳清著，黄河出版社 1991 年版。

《落潮——金门战俘沉浮记》　蒋柳清著，江苏人民出版社 1999 年版。

《杨柳青青》　蒋柳清著，海风出版社 2001 年版。

《文化的光芒》　蒋柳清著，解放军文艺出版社 2005 年版。

《战争种子》　蒋柳清著，长江文艺出版社 2013 年版。

《中共锄奸保卫史记》　蒋柳清著，解放军出版社 2015 年版。

《股份制企业会计》　吴晓根编著第一至五章，北京大学出版社 1995 年版。

《商业银行会计》　吴晓根编著第四至第六章，中国统计出版社 1995 年版。

《投入品市场的现状及走势》　吴晓根著，载于《中国科技信息》1995 年第 9 期。

《关于高储蓄的思考》　吴晓根著，载于《金融研究》1995 年第 11 期。

《生产资料市场走势分析》　吴晓根著，载于《经济预测》1996 年第 6 期。

《转轨经济中融资结构变迁与金融发展关系分析》　吴晓根著，载于《中国证券报》1997 年 10 月 28 日，荣获 1997 年中国证券报与大鹏证券公司联合主办的“建设有中国特色的货币市场和资本市场”有奖征文一等奖。

《利率机制的新探索》　吴晓根著，载于《中国资产新闻》1997 年 11 月 17 日。

《宏观调控方式的国际比较研究》　吴晓根撰写第十六、十七章，选题为国家哲学社会科学“九五”计划的重点课题，中国财政经济出版社 1999 年版。

《消费启动与投资启动》　吴晓根副主编，撰写第十一、十三章，选题为国家哲学社会科学“九五”计划的重点课题，经济管理出版社 2000 年版。

《金融危机与会计披露》　吴晓根著，载于《审计研究》2001 年第 6 期。

《上市银行境内外审计差异分析》　吴晓根著，载于《金融会计》2001 年第 8 期，优秀稿件三等奖。

《金融危机的会计防范》　吴晓根著，载于《会计之友》2001 年第 9 期。

《从上市公司中报看新会计制度的影响》　吴晓根著，载于《金融会计》2001 年第 11 期。

《上市银行境内外审计差异的案例分析》 吴晓根著，载于《中国注册会计师》2001 年第 11 期，优秀稿件纪念奖。

《解析注册会计师考试之重点难点——审计》 吴晓根著，载于《中国审计》（半月刊）2003 年第 1、3、5 期。

《东方电子会计报表审计的理性认定：审计失败》 吴晓根著，载于《审计研究》（双月刊）2003 年第 4 期。

《解析注册会计师考试之重点难点——财务成本管理》 吴晓根著，载于《中国审计》（半月刊）2003 年第 7、9 期。

《独立审计功能扭曲的四大成因》 吴晓根等著，载于《中国注册会计师》2003 年第 12 期。

《会计道德在校教育刍议》 吴晓根著，载于《中国审计》（半月刊）2003 年第 13 期。

《解析注册会计师考试之重点难点——会计》 吴晓根著，载于《中国审计》（半月刊）2003 年第 15、17 期。

《中国审计准则》 吴晓根著，载于《亚洲研究》2004 年第 5 期。

《审计学》 吴晓根主编，中国经济科学出版社 2004 年版。

《中药灌肠治疗慢性结肠炎 40 例》 王体华著，载于《实用中医药》1996 年第 6 期。

《豁痰祛瘀法治疗冠心病心绞痛 58 例》 王体华著，载于《浙江中西医结合》2002 年第 4 期。

《辨证分型治疗缺血性中风 52 例》 王体华著，载于《江苏中医》2002 年第 3 期。

《益气养阴活血通络法治疗房室传导阻滞 32 例》 王体华著，载于《湖南中医》2002 年第 3 期。

《钟坚治疗过敏性紫癜的临床经验》 王体华著，载于《山西中医》2005 年第 6 期。

《钟坚治疗胆汁反流性胃炎经验》 王体华著，载于《辽宁中医》2006 年第 3 期。

《钟坚治疗高血压病经验》 王体华著，载于《山东中医》2008 年第 1 期。

《钟坚治疗咳血的临床经验》 王体华著，载于《中医健康养生》2015 年第 8 期。

《绵竹笋材两用林丰产培育技术》 吴柏林著，浙川东西部扶贫协作培训教材。

《苦竹早出丰产培育技术》 吴柏林著，浙川东西部扶贫协作培训教材。

《油茶丰产培育技术》 吴柏林著，浙川东西部扶贫协作培训教材。

第十四章　文物古迹

境内古遗址、古建筑众多，有国家级文物保护单位 3 个 6 处、省级文物保护单位 8 个 23 处、县级文物保护单位 28 处、县级文物保护点 13 处、入县历史建筑名录 44 处。2010 年第三次不可移动文物普查时，全镇有不可移动文物 500 多处，2018 年对第三次不可移动文物情况进行核查时，减少至 379 处。除遗址等有关建筑外，各建筑凡未注明文物保护单位、保护点及历史建筑名录、未通过 2018 年核查的，现均已倒塌或拆除。

第一节　古 遗 址

境内现有古文化遗址 1 处、古窑址 4 处、古采石场遗址 1 处。

一、古文化遗址

横山新石器遗址　位于横山村横山塔东北小学校内，面积 500 平方米。2001 年在建房施工时发现，现场挖掘出石戈 2 件，质地细腻，双刃打磨精细锋利。出土石器的地形是一隆起的山坡，为横山东侧的余脉，有一条小溪环绕而过，很适合古代人类生活。根据现场环境判断，石器遗存可能是遗址中的墓葬。遗址未进行考古调查，文化面貌性质不详。横山石器遗存的发现，填补了龙北地区史前文化空白。2006 年 4 月被公布为县级文物保护点。

二、古窑址

腰塘边宋窑址　位于腰塘边村。2012 年 4 月被公布为县级文物保护单位。

花缸坞宋窑址　位于河宗村钱家西北面花缸坞，为龙窑，依山坡而建，长约 70 米，坡度约为 30 度。依山势沿山脊一路上行，随地可见古窑址遗存物，计有：瓶底座残片、青瓷带耳瓶瓶口残片等。右侧有荷塘一座，疑为古窑取土后所遗留。现遗址被橘园覆盖，遗址距地面深度不详，地下情况不详，可见抛留残片的面积约1800平方米。根据器型特征判断，遗址为宋代。

东王村壶瓶塘宋窑址 位于河宗村东王泉塘下对面山壶瓶塘山丘，面积1000平方米左右，范围内散见瓷片、半成品陶片，数量多，尤以西面山坡最多。山丘高约25米，呈45度倾斜，其西面山坡为当时龙窑地址。遗址植被丰茂，发现的瓷片有：花瓣口壶残片、青瓷碗底残片、青瓷瓶残片、双系瓶口残件，堆积层高约2米。釉色有天青色、黄色、乳浊釉等。胎较薄，瓷化程序较高，满釉，釉色温润均匀，估计为匣钵烧，但未见匣钵。据发现的残片造型、釉色等判断，应为宋代瓷窑。另据当地居民称该地为“壶瓶塘”可知，以生产壶、瓶为主，故名。

社塘坞宋窑址 位于大平坂（畈）村社塘坞鲤门塘山坡上，丘陵山地，龙窑长约50米、宽约15米，范围内有碎片。碎片有韩瓶、碗、带流壶、窑具（垫柱等）、青瓷等。窑址下有一池塘，名为鲤门塘。窑址地处山坞，无人居住，且山林植被良好。根据器型等判断，窑址的烧造年代为宋代。

三、古采石场遗址

脉元采石场遗址 位于脉元村西面老虎岩山上，距村约300米，海拔约80米。整个采石场面积约300多平方米，开采区域约2000平方米以上。保存明代文字记载有6条，“正德三年□□□王宅”“嘉靖八年七月”“嘉靖十一年王家”等模糊字迹约十多条，部分字迹已分化脱落。采石场分东、西两个开采区，北端有一打通不成形的石洞相连，在西面洞的上部有一刻画的明代画像，头戴官帽，身穿官服，形象逼真，从像的脸部结构及上身图像的安排来看，非出自画家和雕刻大师之手，系采石场一般采石工所为。该采石场有文字记载，记年准确，据此判断开采年代最迟为明代，从开采场面及面积判断，开采时间50年以上，不排除宋代为始开采时期。采石场石质为红砂岩，其用途为造房基石，溪沿、塘坝砌堪等，从现存文字看，“王宅”“王家”，有可能是王姓人家造房时采石所留。采石方法为露天切割开采，以石条为主，人工抬杆运输，多以附近村民就地取材之用。2012年4月被公布为县级文物保护单位。

第二节 古道、墓、碑、瓷

境内现有古道1处，古墓2处、墓志1穴，碑石1块，出土藏品10多个。

一、古道

茶岭古道 位于天池村新宅西北茶岭—大坟头坞，宋至清代修建，海拔302米，为新宅至建德县弯岭村之通道。岭北之水流向西北，入建德县白岭坑水库，岭南之水入廻源溪东南流入建德县，再入兰溪县。从建德县黄岭村沿下溪上行，到中凉亭（剩遗址）到老鼠偷馒头（有驳墈遗迹，原先为桥梁，已毁）再上行到大坟头坞口，右侧到中岭，左侧行到大坟头坞自然村，现存夯土建筑五间，硬山顶。从大坟头坞自然村到新宅自然村，该地段古道保存完整，所经山岗的上坡、下坡全部用当地的砾石和石块分别铺砌，结实而牢固。古道两侧分别有散水等，完整连接，几乎没有损伤。2012 年 4 月被公布为县级文物保护单位。

二、古墓、墓志

迴源王公墓　位于天池村新宅大坟头坞东面半山腰上，明代建筑。墓葬所处平台面积 30 亩左右。墓葬坐南朝北 355 度，分三个层次，第一部分为主墓葬区，用青石板制作，形制为八字形，正立面用四柱，其中边柱为望柱以莲花宝座宝珠纹饰，中间坟二柱之间有方碑三块石做成。字样为楷书“大明万历五年岁在丁丑孟春朔俊八日立”（万历五年为 1577 年），落款“龙邑水北宣教乡□□里”“迴源新宅万十八公裔”“第十三世孙□□谷安人叶氏”“□王文文孙人张氏”之墓等字样，两侧有阴刻书“王公墓”二块，东西墓首有青石板并有望柱各一柱，梁枋以上有云纹青石花板。

图 14-1　　迴源王公墓（徐豪　2008 年摄）

墓葬墓碑长 4.5 米、高 2.1 米，墓前有祭俸案台一座，1.6 米×0.68 米，案台面积较大。墓前有墓道，用青石板铺作。围墙用砾石衬砌，长 55 米、宽 25 米。该墓纪年准确，是龙游县明代墓葬唯一的实物性标志。2012 年 4 月被公布为县级文物保护单位。

项氏佳城祖墓　位于项家村屋里山，坐北朝南 150 度，三座墓碑分别为：遼西郡堂上祖，（考妣）康山公元配方氏合墓，宋理宗淳祐元年（1241）迁至；遼西郡一鹏公元配宋氏合墓；遼西郡一训公元配宋合墓。为土墩墓，分别有一方墓碑。1993 年 7 月，20 至 25 代后裔重修。为项氏先祖墓，占地面积大，三座墓碑合在一起属少见。

龚承志墓志　龚承志，明万历年间（1573—1620）任南京兵部、吏部员外郎。墓志发现于腰塘水库（属贤求朋村），现存于当地农家。断为四截，字迹尚可辨。

三、古碑、瓷器

杨氏宗祠禁条碑　明万历十二年（1584）立。高 30 厘米，宽 50 厘米，厚不详，石灰岩，石质细腻，灰白色。楷书，字迹清楚。立于杨家村杨氏宗祠（又名关西世家厅）北面山墙上。

龙泉窑牡丹纹大罐　元代。三级文物。1987 年 5 月 19 日于下宅村出土。高 26.8 厘米，口径 21.2 厘米，底径 14.4 厘米。口微侈，广肩，鼓腹下内收，假圈足内凹，上半腹部有缠枝牡丹图案，下半部为草叶纹，施青绿釉。缺盖，口沿略损，底裂。

净水瓶、八角方瓶等　2012 年，腰塘边村修建自来水池，古窑遗址初次显现，经专家勘察，为宋代遗址。出土的有柱子、盏、碗、净水瓶、八角方瓶、荷叶盖等精美瓷器。

第三节 古建筑

以明清时期为主，塔、桥、井特色明显，宗祠体量宏大、装饰考究，不少宗祠建有戏台。民居注重门楼的装饰和构件的精雕细刻，不少为江南民居建筑的杰出代表。

一、古塔

横山塔 原名横峰塔，位于横山村。明嘉靖十三年(1534)，横山张氏族人集资建造，嘉靖二十年(1541)竣工。八面七层楼阁式空心砖塔，高33.5米。每层隔面辟壶门塔基须弥座，塔砖模印"大明嘉靖甲午横山张氏塔砖"字样，塔顶铁质露盘表面铸铭文122字，说明建塔旨在保佑族人"功名显达、买卖遂心"。1989年12月2日被公布为浙江省文物保护单位，2013年3月被公布为全国重点文物保护单位。

刹下塔 位于塔下叶村。始建年代不详，万历志卷三"祠祀"中"刹下塔"条目下有"柱山叶氏鼎建"的记载。六面七层楼阁式空心砖塔，高30.30米。底层北、东南、西南辟拱券门，以上每层隔面辟壶门，塔顶置覆钵。1982年4月被公布为县级文物保护单位，2011年1月以风水塔组合被公布为浙江省文物保护单位。

二、桥梁

黄桥 有二。一在县北三十里鲤鱼山下，高三丈，广一丈二尺，长二丈五尺，凡一矼二墩，相传清乾隆间某知县捐廉创建。另一在县北三十五里胜山庵下，高三丈，广一丈二尺，长三丈六尺，莫详所始，光绪十年重修。按：《续采访》。

永宁桥 在县北三十里堰口蓬，当昼锦桥下游，清康熙间建，年久倾圮，光绪十八年重建。长七丈，广六尺，为矼五墩六。按：《新采访》。

黄桥(双岩桥) 在永宁桥下游脉元双岩，故又名双岩桥。长四丈，广九尺，为矼二墩三。建自明初，清乾隆四十二年(1777)重修之。按：《新采访》。该桥为南北走向，横跨于脉元大后坎溪上。双孔石桥，跨度9米，正桥长17.1米，总长45.55米，宽3.55米，矢高6.3米。桥墩为水刀。桥基础用红砂岩方块石砌筑，桥拱用红砂岩条石错缝平砌起拱。无栏杆，桥墩北面设有三角形剖水刀墩，桥南墩左侧约20米处原有条石平板桥一座，现已毁。2012年4月被公布为县级文物保护单位。

潘二桥 在县北三十里翁五水口，清乾隆间，村人翁某独建。按：《续采访》。

金桥 在县北三十里烟篷村前，高二丈，广一丈，长二丈，凡一矼。相传宋代建。按：《续采访》。

乌溪桥 在县北三十里下叶村。高二丈，广八尺，长二丈，宋度宗建，凡一矼。按：《续采访》。

昼锦桥 在县北三十五里后徐村东，高二丈二尺，广一丈二尺，长三丈二尺，凡二矼三墩。

莫详所始。按：《续采访》。

仙迹桥　在县北三十五里，旧名上虹。按：《浙江通志》引弘治府志。明洪武间，里人龚子礼建。相传有异人过，掷钱赍匠氏，钱迹印石犹存，故名。按：两旧志。

狮子桥　在县北三十五里横山，长五丈，广七尺，为矼三墩四。按：《新采访》。该桥位于横山村西面，中心卫生院对面50米，东西走向，横山溪南北贯穿，四墩三拱，现存桥墩及南面桥拱，中间二墩北面施剖水刀。桥墩用红砂岩条石铺就，第三、四拱的桥面被改造，拱身拱面被破坏，现用水泥钢筋预制板铺筑。桥长23.6米，第一墩7.5米，第二墩长7.1米，第三墩长8.9米，桥宽1.4米，总宽2.3米。桥面距水面高度4米，桥面于1968年重修，拆除原来拱形桥面，用钢筋水泥预制板铺筑。始建年代不详，为明清北乡至县城的水路通道。

新桥　在县北三十五里东坂门前，高三丈，广一丈二尺，长三丈余，清道光间建。按：《续采访》。

方野桥　在县北三十五里方野村，以桥畔有翠峰庵，因又名翠峰流，长约八丈，阔约六尺，凡六墩五矼。清嘉庆间方以仁独建。按：《新采访》。现改为水泥平桥，桥长24米，宽4米，3孔。

黄堂桥　在县北三十五里。按：康熙志。凡二矼三墩，高六丈，广一丈，长二丈大六尺，清顺治间建。按：《续采访》。

白鹤桥　在县北四十里，按：两旧志。明时建，长六丈，广一丈三尺，凡三矼四墩。清光绪二十八年重修。按：《续采访》。该桥位于白鹤桥村边，龙葛公路上，桥跨模环溪。1984年10月改建为2孔石拱桥，长28.2米、宽9.5米、高3.7米，桥名仍旧。

西梁桥　在县北四十里会泽里村前，高三丈，广一丈二尺，长三丈，凡二矼一墩。清道光间李钟建。按：《续采访》。1973年改建为水泥平桥，桥长13米，宽4米，3孔。

回龙桥　在县北四十里会泽里村上，高三丈，广一丈，长五丈，凡二墩三矼。清道光间建。按：《续采访》。1976年改为石拱桥，桥长28.7米，宽5.4米，3孔。

龙门桥　在县北四十里龙门桥村边，长二丈，广一丈，凡一矼。明代建，清咸丰九年重修。按：《续采访》。

坂西桥　在县北四十里三姑殿后村边，长二丈，广一丈，凡一矼。莫详所始，清光绪十九年，里人胡彩如重修。按：《续采访》。

横桥　在县北四十五里许上山徐村前，长四丈，广一丈，凡二矼一墩。清道光年间建。按：《续采访》。该桥称杜野渡溪桥，是杜野连接上向徐的唯一通道。桥建于宋朝，以青石凿面，筑2拱浆砌而成，桥长30米左右。桥横跨模环溪，桥东为杜野，桥西为上向徐，两以此桥相连接。目前是村景观亮点地段，为双拱石桥，横跨横山溪溪上，桥长14.7米，宽3.77米，南北向。桥墩用条石平砌，双拱用红砂岩条块石错缝平砌；两侧缘用条石竖砌；原桥上可见青石板平铺，后经二次改造，分别有青条石铺砌，现上面为水泥桥面浇筑。桥中墩有∧形剖水刀墩，上游东侧双拱之间有青石板匾额一块，上书有“古渡”两字。下游西侧双拱之间也有青石匾额一块，上书“横桥”二字。古桥材料皆用红砂岩。桥设计规整，做工精细，至今仍发挥重要功能。

横桥　在县北四十五里钱家村，长三丈许，阔八尺，凡二矼三墩。按：《新采访》。

刹下桥　旧称插花桥，在县北四十五里钱家村，通寿昌县要道也。长二丈，广八尺，一矼二墩，相传宋时建。按：《新采访》。该桥又名插花桥、七花桥，位于河宗村张家自然村。南北走向，二孔拱桥，桥拱纵联式结构。长15米，宽3.2米，矢高3.4米。2006年4月被公布为县级文物保护单位。

迴源石桥 在县北五十里徐门村前，广一丈，长二丈，凡一缸。相传宋时建。按：《新采访》。该桥现位于天池村溪东自然村，建于明代。南北走向，单孔拱桥，连锁式结构。长 11 米，宽 2.3 米，桥面青石横铺，两端各有台阶 9 级。2006 年 4 月被公布为县级文物保护点。

开光桥 在县北五十里迴源，长一丈二，广八尺，凡一缸。明代建。按：《续采访》。编者注：20 世纪 70 年代迴源溪改道时拆除，今已不存。

王公桥（弯弓桥） 原名迴源桥，位于天池村下店自然村。始建于宋元年间，明代重建。南北走向，长 5.5 米，宽 1.7 米。单孔拱桥，连锁式结构。王公桥西侧有石碑一块，长 0.32 米，宽 0.32 米，阴刻有楷书，字样为“仁十三朝奉八世孙王希禹重修讳题”。2006 年 4 月被公布为县级文物保护点。

六子桥 位于塔下叶村。传说明朝时为方便 6 个书生过河读书而建，因此得名。东西走向，长 12 米，宽 35 米，矢高 4 米。单孔拱桥，连锁式结构，桥面铺石板呈弧状。2006 年 4 月被公布为县级文物保护单位。

路灯桥 位于塔下叶村。建于明代，民国时曾重修。桥上原有路灯，故名。东南走向单孔拱桥，连锁式结构。长 10 米，宽 3.5 米，桥面以条石铺砌。2006 年 4 月被公布为县级文物保护点。

寿桥 位于塔下叶村东南，龙葛公路南 20 米处，南北走向跨石木岭溪。石质拱桥，用青石条错铺。桥面距水面高 3 米，桥长 5.3 米，桥宽 2 米，桥两端各有三级石台阶，桥身布满薜荔藤。东南面桥墩有残破。桥通往寿昌、兰溪古道。2006 年 4 月被公布为县级文物保护点。

神仙桥 在县北五十里乌石寺西边。据说神仙搭桥，在挑石头时扁担挑断，二块大石头掉落此处，称神仙桥。实际为吴大昌建于南宋。

对面山桥 位于塔下叶村西 50 米，横跨石木岭溪（发源于建德市境内），南北走向。为单孔石拱桥，桥面距水面高度 3 米，桥长 8.3 米，宽 2 米，桥拱跨度 4 米。桥拱券用青石卷砌而成，四排青石条。桥面用青石板横砌。桥两侧布满薜荔藤。桥南北各有小埠斗一个，用青石铺砌。现仍在用，保存完好，小巧美观。

《龙游交通志》还录下列桥，因未标明村落位置，不知与前是否重复，照录。

平桥 位志棠乡，2 孔，长 6 米，宽 2 米，石拱桥结构。

塔下桥 位志棠乡，1 孔，长 5 米，宽 2.5 米，石拱桥结构。

翁心桥 位志棠乡，1 孔，长 5 米，宽 2.5 米，石拱桥结构。

平桥 位下宅乡，5 孔，长 30 米，宽 1.5 米，石板桥结构。

后徐古桥 位下宅乡，2 孔，长 15 米，宽 4 米，石板桥结构，明末建。

上山溪桥 位下宅乡，1 孔，长 7 米，宽 3 米，石拱桥结构，清时建。

三、井亭壁

双眼井（新宅） 位于天池村新宅。一眼为圆形井圈，直径 0.9 米，高 0.5 米，厚 0.15 米；一眼内圆外八角形井圈，直径 0.7 米、高 0.5 米、厚 0.1 米。圆形井圈内壁镌有“大明万历丁丑”字样，当建于明万历五年（1577）。2006 年 4 月被公布为县级文物保护单位。

双眼井（下店） 位于天池村下店。长方形井圈，青石凿成，分别为 0.9×1.2 米和 0.95×1.10 米，高 0.5 米、厚 0.13 米。水清澈，现仍为饮用水。井圈外壁题刻已模糊不清，据井壁所砌“廿四斤砖”，判断为明代古井。2006 年 4 月被公布为县级文物保护单位。

图 14-2　新宅双眼井(徐豪　2008 年摄)

图 14-3　下店双眼井(徐豪　2008 年摄)

石塘边古井　位于志棠村后部。2017 年 1 月与志棠建筑群被公布为浙江省文物保护单位。

杨贵妃井　位于天池村杨家“关西世家”门前池塘北面,石质井圈,用整块花岗岩凿成,内圆形,外边六边形,内径 0.45 米,外径 0.65 米,六边形边长 0.38 米,井圈高 0.45 米,井圈一边有石刻,但字迹漫灭无法辨认。井圈内有一对对称的小孔,为固定井盖之用。井腰用卵石铺砌,井口距水面约 0.6 米,井深不详。井台原用条石,现用水泥浇地。井水清幽甘甜,水面明显高于 5 米处的池塘水面,至今仍用作饮用水。通过 2018 年核查。

八文井　位于脉元村大会堂屋后“八文厅”(已拆除)前,故名“八文井”,为脉元村“九井十三厅”之一。井四周红砂岩砌高成不规则四边形,以防污水入井。井无井圈,用四块红砂岩石板围砌成井口,对面的两块石条有凿印,为古代锁井之用,井口 1.10×0.77 米,井腹用大块卵石围砌成八角形,水面与井口约 0.5 米,井深不详。井台原用石条,现用水泥浇地。古井为“九井十三”之一,见证了脉元村古时的繁盛。

乌大塘井　位于脉元村北,为脉元村“九井十三厅”之一,紧贴乌大塘井边,井圈用红砂岩石条围成长方形井口,井口 0.56 米×1.08 米,井腹用条石围成四方形,水面离井口约 0.8 米,井深不详。井边有石台阶通往塘面。

塘里井　位于脉元村中心,原井前有一塘,故名“塘里井”,为脉元村“九井十三厅”之一。井圈部分已改造,1992 年用红砖水泥浇成圆形。井腹用规整的青石条围砌成正方形,约为 0.8×0.8 米。水面距井口约 2.5 米,井深不详,原用青石条围成井台,现用水泥浇地。

八角井　位于脉元村太和北路 98 号前,明代建筑,为脉元村“九井十三厅”古井之一,现仅存此井。水质清纯透彻,仍为村民饮用水。井壁用红砂岩块石错缝平砌,为八角形,约 4 米左右深,井口形状则为六边形,亦用红砂岩石板平砌,略内收。井径 2.1 米,井面积约 11 平方米。井面现用水泥加固。2012 年 4 月被公布为县级文物保护单位。

项家水井　位于项家村中心塘边,始建年代不详,井圈为方形,1.2 米×1.2 米,井圈原用条石四周围砌,现在石条上用水泥混凝土浇筑上升约 20 厘米,井圈下用红砂岩条砌围砌,井深约 12 米。据居民反映,方形井圈之下为圆形井圈。现井圈四周有部分不明构件围筑。古井的北面为一水塘,水质浑浊,但水井水质清冽。

席家凉亭　位于志棠村席家东北角村口。既是古道(兰溪、建德至龙游)的附属建筑,又是席家村寨的寨门。坐南朝北30度,亭设拱券门,门宽2.3米,高度2.7米,拱券门用当地青石砌,厚0.53米。凉亭三开间,明间五檩抬梁式用二柱,次间檩直接架于山墙之上,明间地面为古道,用当地青石块铺筑,古道两边有车辙,凹于地面,青石光滑。明间柱础用櫍形础。沿山墙二面皆用水泥浇筑台阶用于行人休息。无任何雕饰,部分地面用水泥浇地,硬山顶,砖墙,无马头墙。此亭保存了部分古道风貌,对研究龙游古代交通史提供实物材料。2017年1月与志棠建筑群被公布为浙江省文物保护单位。

朱小龙照壁 位于上宾村上下朱中心,原为香火厅(已拆除改建)的照壁,现存长8米,宽0.5米,高3.8米,基座高0.84米。素砖拼成斜方格纹,素砖底。照壁四周存四块砖雕,尺寸0.6×0.6米,内容“一路(鹭)连(莲)科”“喜上梅(眉)梢”,照壁正中为“鲤鱼跳龙门”砖雕,0.84×0.84米。基座分四层,最底为红砂岩石条,第二层为砖雕波浪纹,第三层为砖雕如意绶带,第四层为素砖。残砖为“廿四斤砖”,刻有“天”“三”等字样。照壁素砖为底,砖雕内容丰富,雕工细腻,照壁顶部檐不存。

四、宗祠

境内宗祠多是明清古建筑,不少宗祠还建有戏台。戏台见本志第十三章。

绍衣堂 位于横山村东坞16号,坐北朝南193度,为张氏宗祠,建于明洪武年间(1368—1398)。朝向南,四进三开间,现存第一、二进,面阔12.5米,通进深18.7米。第一进设门厅。明间两缝五檩前双步后卷棚用三柱(以中柱为界分前后两部分),卷棚上设覆水椽。次间山缝梁架相同。明间中柱间设正门,门左右有抱鼓石,高约1.8米。正立面左右次间平板枋下设墙,墙饰墨绘,枋上置攀间斗拱二跺,斗六升,出两跳承撩檐枋,山柱与山墙间有约1米空间,卷棚下斗拱上出斜撑接卷棚,斗拱饰枫拱。第二进为厅。明间两缝九檩抬梁式前后双步用五柱,次间山缝五檩穿斗式前后双步用五柱。冬瓜梁截面略鼓,接近矩形。山缝冬瓜梁为扁作梁。梭柱,櫍形础,下置覆盆,三合土墁地。用材粗大,做法规格,艺术构件较少,明间金檩、下金檩额枋下饰木雕凤凰、牡丹等。大门两侧立抱鼓石,堂内有“金榜题名”木匾,落款为“嘉靖辛丑科”,族人张文愚是年中进士。1986年7月公布为县级文物保护单位,1989年12月2日与横山塔一起被公布为浙江省文物保护单位,2013年3月与横山塔一起被公布为全国重点文物保护单位。

雍睦堂 位于志棠村卸厅雍睦堂1号,坐北朝南170度,五进三开间,为邵氏宗祠,面积743.7平方米。建于明嘉靖八年(1529),朝向南,五进三开间,面阔12.42米,通进深56.3米。第一进为门厅,第二进设戏台,门厅及走廊设彩绘天花,由斗拱支撑。第一进明间七檩用四柱,次间用五柱。大门两侧设置抱鼓石,门廊上施天花,有三幅明代彩绘,内容为“飞龙在天”。梁、枋上皆施斗拱,两侧厢房共有12扇格窗。大门前有五级台阶。正中偏西有池塘。第一、二进之间的过廊上施天花,左右各有一幅彩绘,内容为“百鸟朝凤”。第二进明间九檩前后双步用四柱,次间九檩穿斗用五柱。明间设活动戏台,前后檐柱皆有牛腿(撑拱),作斜撑状,木雕饰“双凰”“菊花”。第三进明间九檩前后双步用四柱,次间用五柱。第二、三进之间的过廊原施天花,现存右侧天花,有二幅明代彩绘,内容为“双麟”“双凤”。第四进为楼结构,明间七檩用四柱,次间用五柱,前施过廊。第五进原为楼,因倒塌后修建,现改为厅,明间九檩用四柱,次间山缝用五柱,第二、三进柱梁用材粗大,柱用梭形。第一、二、三进皆用櫍形础,下置覆盆。第四、五进柱梁用鼓形础,明间用櫍形础,无覆盆。柱端皆有斗,斗上有拱,部分斗上施丁头拱,饰象鼻昂。三合土墁地,硬山顶,外饰马头墙。1986年4月被公布为县级文物保护单位,2011年1月被公布为浙江省文物保护单位。

关西世家厅（又名三鳣堂）位于天池村杨家129号，为杨氏宗祠，建于明万历元年（1573）。朝向东，二进三开间，面阔12米，通进深23.5米。前厅门楼重檐歇山顶，檐下有“关西世家”木质横额。后厅明间后檐额枋有“三鳣堂”木匾，北面山墙嵌石碑，碑文中有“万历元年八月二十八日造后厅一所”的记载。大门外饰抱鼓石一对，门廊上天花板有五幅彩绘。前进明间双缝九檩前卷棚后双步用四柱，次间九檩用五柱，明间为活动戏台。天井用条石铺砌，天井左厢房山墙嵌有纪年石碑一方。碑文如下：“凡人家必有庙，庙必有主，神主安则人宅兴，人宅兴则生财足，太祖仁九朝奉子孙原造前厅一所，后杨富五为首于万历元年八月二十八日造后厅一所，厅柱、廊柱俱。礼十九朝奉子孙均出外，富五已多赔银九两，正室邵氏亦多银七钱，中见室厅成俱，不肯还倩工□石遗后，观念以彰勤苦，亲载柏木四根，塘沿樟木一根，合族子孙不许砍伐作践，特立示后。万历十二年七月吉旦。”后进明间双缝九檩前卷棚，后双步用四柱，次间山缝九檩用五柱，次间柱、梁皆仿木砖叠砌，后进明间正厅有匾额一方，楷书“三鳣堂”，柱端有柱斗，丁斗拱，饰象鼻昂。榀形础，下置覆盆。金柱、檐柱皆粗大考究，披麻捉灰髹漆。三合土墁地，硬山顶，外饰马头墙。1986年4月被公布为县级文物保护单位，2005年3月被公布为浙江省文物保护单位，2013年3月被公布为全国重点文物保护单位。

东陵侯厅（又名三和堂）邵氏宗祠。位于志棠村后邵西北边，建于明万历年间（1573—1620）。朝向北，五进三开间，面阔13.15米，通进深52.7米。门楼设廊，前置抱鼓石。第一进为门厅，正立面左右山墙各有“拱门”，明间为正门，门设于金柱间，有抱鼓石一对，明间两缝五檩抬梁式用三柱，前有天花彩绘（图案残损严重，模糊不清）后为卷棚，次间山缝五檩抬梁用三柱，左右次间均为厢房，右厢房枋上有清乾隆年间“集秀班”演戏题字多处。天井用当地石材砌筑，第二进设戏台，明间两缝九檩抬梁式前双步后卷棚用四柱，次间山缝九檩前双步后卷棚用五柱，榀形础下置覆盆。第三进为主厅，明间有“三和堂”匾一方（新仿），明间两缝九檩抬梁式前卷棚后双步用四柱，次间双缝九檩抬梁式前卷棚后双步用五柱，屋面有覆水椽，榀形础下置覆盆。第四进为后厅，明间两缝九檩抬梁式前后双步用四柱，次间山缝九檩抬梁式前后双步用五柱。第五进为后楼，供奉先祖灵位，后墙原有彩绘一方，原有神话人物数十人（现经修复），四、五进均为鼓形础，两进室内地坪高出1.6米。2011年1月被公布为浙江省文物保护单位。

三槐堂（又名下三槐）位于天池村儒大门，坐北朝南195度，为王氏宗祠，建于明万历三十三年（1605），部分构件清代修缮。朝向南，共五进，第一进和第五进五开间，其余三开间，通进深50米，前四进面阔14.3米，后进29.82米。由闾门、门楼和正屋（五进三开间）组成。闾门五檩用三柱。门楼前有旗杆石，门楼由三间组成，明间五檩用三柱，中设大门，大门两侧饰青、白色抱鼓石，次间五檩用三柱，前、后皆施卷棚，门楼正中有匾额一方，楷书“岁进士”。正屋前进明间设活动戏台，明间两缝九檩用四柱，前施卷棚，次间山缝五檩用五柱。中进明间两缝九檩用四柱，前施卷棚，次间用五柱，明间正中有匾额一方，楷书“三槐堂”。中进檐柱，金柱粗大。前二进间天井用青石砌。后进五开间，有楼。明间九檩用四柱，次、稍间用五柱。第四进左右设双天井。条石铺砌。后进天井设重檐。柱端皆有斗施丁头拱，施象鼻昂，所有柱披麻捉灰髹漆。除后进用鼓形础外，其余皆榀形础，大部分础下置覆盆。除后进用三合土墁地外，其余皆用地砖，饰方格斜纹。大部分雀替等艺术构件完整。后进前廊天花饰彩绘，保存较完整的尚存18块。后进板壁上有金箔描绘。1986年7月被公布为县级文物保护单位，2005年3月被公布为浙江省文物保护单位，2013年3月被公布为全国重点文物保护单位。

王氏大厅(又名中三槐) 位于天池村下店,建于明万历年间。坐北朝南205度,长35米,宽14.5米,面积507.5平方米,大门开东侧,三进三开间,面阔14.8米,通进深35.6米,前厅明间设戏台。第一进明间两缝十檩抬梁用四柱,前单步后双步有卷棚置撩檐枋设二牛腿,下设戏台一座,次间十檩穿斗用五柱前单后双步,一、二进之间有青石天井较大;二进明间十檩抬梁用四柱前双步有卷棚后单步,次间十檩穿斗用五柱,三进明次间修缮较大。一、二进保存原状较好,斗拱雀替为原状态,其中明间檐柱金柱,柱头顶斗拱斜撑分别有"忠信""廉耻""礼义""孝悌"楷书字样。外墙设马头墙,左右侧各设门三扇,分别有置铁钉砖门。2006年4月被公布为县级文物保护单位。2013年3月被公布为全国重点文物保护单位。

王氏宗祠(又名上三槐) 位于天池村新宅,明代建筑。朝向南,二进三开间,梁、柱用材粗大,前进明间原为戏台,已拆除。屋顶及大部分艺术构件为清代重修,故兼具明、清两代建筑风格。2013年3月被公布为全国重点文物保护单位。

叶氏宗祠 位于下西山村中巷11号,坐北朝南175度,明清建筑。三进三开间,面阔13.2米,进深23米。前厅设戏台,明间天花施藻井,设戏楼,檩下雕刻双凤穿牡丹图案。青砖、黛瓦,马头墙。门楣上被粉刷,不见当年题字及图案。门上檐头砖雕花卉草虫,鱼水情深等图案。栉齿内侧各置一万字纹石雕圆窗,门前台阶已毁。前进为活动戏台,明间双缝六檩用三柱,不对称,次间双缝用四柱,明间为抬梁式,正中置藻井,呈八角形,中间饰双狮雕件。井沿两檩雕工气势大方,天井四隅牛腿雕饰人物图案,人物头部毁于"文化大革命"时期。中进明间九檩用四柱,次间九檩用五柱,用材粗大,明间中檩雕饰鱼藻图案。后进明间五檩用三柱,次间五檩用四柱。2006年4月被公布为县级文物保护单位。

祝家厅 位于脉元村,祝氏宗祠,建于清道光年间(1821—1850)。朝向东偏南,三进三开间,面阔12米,通进深28米。砖雕门楼,一、二进为厅,后进为楼阁。2006年4月被公布为县级文物保护单位。

子容公祠 位于项家村中心,坐东朝西255度,始建于元代,清中期重建,为项氏宗祠,子容公系世迁祖之孙,朝向西,二进三开间,面阔13.9米,通进深27.4米,八字门楼。前进明间两缝九檩用四柱,前部为八字门楼,后部为戏台。门楼前有四级石台阶,门前左边有旗杆石一块,门楼存牛腿二只,木雕装饰花卉及鱼龙图案。次间山缝九檩穿斗用五柱,左边存厢房一间,有花格窗,饰几何纹。天井用红砂岩石条铺筑,四隅檐柱上牛腿早已盗失。后进明间九檩用四柱,次间九檩用穿斗五柱,后进主体后接一个香火堂,香火堂左边各有一个小天井,现已被覆盖。前后进所有础皆用椟形,明间所有柱础下皆置覆盖,用材柱粗大,部分柱呈菱形。柱端皆施斗。三合土墁地,饰斜方格纹。2006年4月被公布为县级文物保护单位。

瀫北名家厅(又名三异堂) 位于天池村邵源坞,坐北朝南185度,二进三开间结构,面积248平方米。为鲁氏宗祠,建于清光绪二十五年(1899)。二进三开间,面阔126米,进深20米。单檐歇山顶,八字门楼,门前有抱鼓石,前厅设戏台。檐角起翘有匾额一方,楷书"瀫北名家"。门柱有两只牛腿,木雕饰"双狮"图案,柱、枋间小牛腿二只,透雕武将骑马(疑为门神),枋上有三幅木雕,雕饰戏曲故事人物,枋上有斗,斗上有小牛腿二只,雕饰"双鹿"图案,挑头上承斗拱,一斗六升。前进明间为活动戏台,双缝九檩前后双步用四柱。次间山缝九檩用五柱。前进枋、柱间有用雀替,也有用丁头拱饰象鼻昂,前进明金柱顶端有用斗,斗上承拱。其他柱顶端无斗。前进柱础有椟形,也有用鼓形,有置覆盆也有不置覆盆。前进柱皆披麻捉灰髹漆。天井用青石条铺砌,四隅檐柱有四只牛腿,雕饰寿星图案。挑头雕饰戏曲故事人物,挑头上有斗,斗上有拱。后进明间双缝七檩前双步后单步用四柱，次间七檩穿斗用五柱。金柱顶端及月梁上用斗，檐柱顶端不用斗。后进明间厅堂有匾额一方，楷书“三异堂”，有“已亥年＊冬月”落款。后进柱础皆榧形，金柱及檐柱础下置覆盆，柱皆披麻捉灰髹漆。水泥浇筑地面。硬山顶，外饰马头墙。2007年檐柱两只牛腿被盗，经公安机关破案追回，也是我县众多牛腿被盗唯一追回的案例。2006年4月被公布为县级文物保护单位。

席家大厅　位于志棠村席家中心，坐北朝南140度，面积506.55平方米，为席氏宗祠，清代建筑。朝向南，三进三开间，面阔14米，通进深16.65米。第一进明间九檩用四柱，明间前部分为门楼，后部分为戏台。门楼有匾额一方，楷书“席大宗祠”。门楼上四只牛腿盗失，现修为斜撑。前进次间山缝九檩穿斗用五柱。前天井用条石铺砌，四隅檐柱存牛腿四只，木雕饰喜鹊等图案，作斜撑状，牛腿上挑头上承斗拱。第二进明间九檩用四柱，次间山缝九檩穿斗用五柱。后天井用条石铺，双侧厢房开边门，后天井有楼檐，后天井四隅檐柱用斜撑，木雕饰蕉卷纹。后进为楼屋结构，明间七檩用四柱，次间七檩穿斗用五柱。该建筑第一、二进用材粗大考究，柱端施斗，有较明显的明代建筑风格。第一、二进用榧形础，下置覆盆，后进用鼓形础。三合土墁地，硬山顶，外饰马头墙。1986年4月被公布为县级文物保护单位，2017年1月以志棠建筑群组合被公布为浙江省文物保护单位。

项氏宗祠　位于项家村北面，坐北朝南160度，三进二开间结构，面积285平方米，明代建筑。前进明间前双步后过廊九檩抬梁用四柱，次间九檩用五柱，天井用青石条铺筑，四隅檐柱有四只年腿，木雕饰双狮双鹿图案。后进明间九檩抬梁用四柱，次间山缝九檩穿斗用五柱。前后进的金柱及檐柱皆用鼓形础，下皆置覆盖，柱用材粗大，皆披麻提灰髹漆。地面皆用三合土墁地，饰斜方格斜纹。前后进的梁皆用“冬瓜梁”用材粗大。用猫梁，生动粗硕。柱端皆施斗。前进梁、柱之间的雀替木雕饰羊、牛等动物图案。前进柱、枋之间有小牛腿木雕饰卷草纹图案。柱、檩之间有丁头拱，上用长机与檩相接。后进檐柱与额枋之间有小牛腿，木雕饰“哼哈”二牲。后进的梁上有“双喜”木雕饰。前后进檐椽下施望砖，望砖上用小青瓦，硬山顶，外饰马头墙。2012年4月被公布为县级文物保护单位。

叶氏宗祠(五福厅)　位于项家村迎康巷，清代建筑。二进三开间对合楼屋，坐北朝南165度，面积150平方米，一进明间五檩穿斗抬梁用二柱，次间五檩穿斗用三柱，二进明间七檩抬梁用四柱，次间七檩穿斗用五柱，二进间设天井，天井用红砂岩条石砌筑，天井檐柱有三只撑拱，饰简单浮雕。明间梁柱间施雀替，并饰以浮雕。建筑鼓形础，三合土墁地，硬山顶，马头墙。大门素面砖砌，墙体稳固。目前建筑用于村加工厂，室内堆积杂物后比较差。天井两侧的墙边门封闭。天井两侧梁架有过维修。2020年12月被公布为县级文物保护单位。

永和堂　位于塔下叶村翁坞，坐东朝西225度，三进三开间，面积350平方米，为翁氏宗祠。硬山顶、外饰马头墙。规模中等，用材一般，第二进重修时破坏原貌。第一进明间两缝九檩用四柱，次间山缝九檩穿斗用五柱，明间前为八字门楼，后为活动戏台，门楼有行书“永和堂”匾额一方，门楼柱有牛腿二只，木雕饰寿星骑鹿、骑狮图案，另有小牛腿二只，木雕装饰麒麟和象(谐音“吉祥”)七级石台阶，廊上施天花，饰万字纹。门楼左右有墨绘壁画，内容为三国人物故事和“出门逢猴(出门封猴)”和“鹿和喜鹊”。前天井用条石铺砌，四隅牛腿俱缺。第二进明间九檩前后双步用四柱，次间九檩穿斗用五柱。后天井石板无存，存牛腿二只，木雕饰卷云纹和寿桃。后进为楼屋结构，明间九檩穿斗用五柱，次间亦用五柱。础用鼓形、榧形、方形，部分三合土墁地，部分用水泥浇地。硬山顶、外饰马头墙。2006年4月28日被公布为县级文物保护点。

凌阁堂(又名张氏宗祠) 位于塔下叶村凌阁张东头46号,坐南朝北340度,面积272平方米,共三进,三进房屋渐次升高,第一进明间九檩用四柱,明间前部为八字厅,后部为活动戏台。第一进次间九檩用五柱。门厅前檐柱有牛腿两只,木雕饰卷蕉叶纹,呈斜撑状,柱与梁、枋间皆用雀替,木雕饰卷草纹。前天井用条石及石板铺砌,天井四隅檐柱存牛腿四只,木雕饰卷蕉叶纹,呈斜撑状。第二进明间九檩前后双步用四柱,次间九檩穿斗用五柱。柱用材一般,但梁较粗大,呈弧形。后天井亦用条石铺砌,四隅牛腿俱失。后进明间五檩抬梁式用二柱,次间山缝五檩用三柱,梁、椽、檩皆解放后重修,较简陋,无雕饰。第一、第二进明间柱下除第二进金柱外皆用櫍形砖,下皆置覆盆。三合土墁地,硬山顶,外饰马头墙。始建于明代,以后多次重修,建筑风格驳杂,用材用料粗细不均。2006年4月28日被公布为县级文物保护点。2019年重修。

高山村九狮堂 位于横山村高山顶红何巷37号,主体结构为三进两明堂,坐东朝西280度,前厅因迁建到龙游民居苑时发生倒塌,连九狮门楼全部被毁。后进民国时就拆毁。现存中厅,明间九檩抬梁式用四柱,前双步后双步,次间山缝穿斗、抬梁式用五柱。前双步,明间、次间皆做天花、中天花云龙纹比较精细。檐柱额枋中有双狮雕花;第二柱额枋用双凤及双鲤鱼图案,柱上雀替有小斗上置斜撑额枋。天井用青石板独板板材。门口有7级台阶。

邵氏宗祠 位于志棠村后邵志棠小学内,坐北朝南170度,七开间厅屋结构,面积372平方米,原邵氏宗祠一大型四合院结构古建筑群,现仅存此七开间厅屋,为宗祠最后一进。明、次间两缝穿斗抬梁复合式八檩用五柱。梢间山缝穿斗抬梁复合式八檩用五柱,梢间施房。上施望砖,明、次间梁用方梁,雕饰蟠螭纹,童柱下端卷杀,饰莲花座图案。檩与柱之间用蚕腹改长机相连。原来金柱之间用木排门,现无存,但梁枋间仍存拼花板,饰几何图案,檐柱存牛腿六只,饰蟠螭纹及宝瓶花卉图案,挑头饰花卉图案,挑头上用斗拱承檐。明间檐柱与枋梁之间有三只小牛腿。饰武将骑马图案。用鼓形础,柱粗大垂直,水泥浇地、砖墙、硬山顶,两边饰马头墙。建筑规模七开间古建为我县仅有,艺术雕刻保存完好。2017年1月以志棠建筑群组合被公布为浙江省文物保护单位。

朱氏宗祠 位于上宾村上下朱,坐北朝南偏西,面阔12.6米,进深21.9米。始建明代万历十四年。前进保存明代前廊卷棚,面阔2.6米,有两檩并置望砖,上有覆水椽。后进明间二缝九檩抬梁式用五柱前双步后双步,檩上雕有松鹤图案;次间山缝九檩抬梁与穿斗式用五柱,保存完整。后壁与墙之间1.2米左右的走廊,左侧开一小门,左小右大。中有天井一座,四只牛腿已于1998年被盗。门厅现存有抱鼓石地座两只。上枋存匾额一块,有瑞宇姜应麟书赠"承芳"行楷两字,落款有"赐进士出身翰林院庶吉士龙 万

图14-4 上宾村朱氏宗祠(吴红星 2023年摄)

历十四年在冬十二月立”(万历十四年为1586年)。前进用马头墙,后进用八分墙,外饰彩绘。外檐栏牛腿“福禄”,两侧人物牛腿,挑头有“源远流长”四字。2012年4月被公布为县级文物保护单位。

王氏小厅祠堂　位于天池村儒大门,坐北朝南180度,面积122平方米,明代建筑。为该村王氏家族小厅,三间二搭厢结构。明间双缝前卷棚后单步五檩用四柱,次间山缝五檩用五柱。柱端用柱斗,施丁头拱,用梁粗大呈弧形,雀替透雕花卉图案。瓦下施望砖。鼓形础,硬山顶,外饰马头墙,有较高的文物价值。2006年4月被公布为县级文物保护点。2019年7月被列入县历史建筑名录。

叶氏宗祠　位于上宾村上下朱,坐北朝南,进深20.3米,面阔13米。民国时期建筑,叶氏族人所建。前进明间两缝八檩穿斗式用五柱,次间山缝八檩穿斗用五柱,后进明间两缝八檩抬梁用四柱,次间山缝八檩穿斗用五柱,后进屋面全用望砖。二进之间有天井,用红砂岩衬砌,檐柱四隅保存四只牛腿,分别雕刻有“双狮”“双鹿”并铺以“马到封候”“三羊开泰”图案,置撩檐枋;门框用青石板,用鼓形础青石作。屋面柱子皆刷有“文化大革命”期间的红底黄漆标语,曾经为上下朱小学。

龚氏大厅祠堂　位于脉元村文新巷,坐北朝南130度,原为三进三开间厅屋,现有较大改进,中进被完全拆除,仅存檐柱与金柱的柱础和覆盆。前进明间两缝九檩抬梁式用四柱,次间山缝九檩穿斗用五柱,明间原用冬瓜梁,现改用方梁,柱端原用斗,现降低屋高,皆被锯低。后进亦为厅结构,明间两缝九檩穿斗式用五柱,次间山缝九檩穿斗用五柱,穿斗梁之间用竹编和泥造,前进和后进的明间用榧形础,下置覆盆。原用马头墙,现拆除,硬山顶。

李氏宗祠　位于会泽里村中心,坐西朝东90度,原为三进二明堂,前二进厅屋已倒塌,现存后进楼屋。明间楼上七檩用五柱,楼下减中柱用四柱,次间楼上山缝七檩穿斗用五柱,楼下亦用五柱。椽上施望砖,柱与檩间用长机相接,无雕饰。楼下明间用冬瓜梁,柱、梁之间用雀替木雕饰卷云纹,次间靠山墙用双方梁,用驼峰相接。檐柱与额枋之间用丁头拱,饰象鼻昂,丁头拱上用长柄与额枋相接,左右侧厢房及天井已被改造。鼓形础,明间础下置覆盆,梁柱用材较大。原用三合土墁地,现用水泥浇地,上盖塑料膜。硬山顶,外饰马头墙。

姜氏宗祠　位于西方坞村西龙巷12号,坐北朝南225度,三进三开间。大门口有5级石台阶,砖砌门罩,原有彩墨绘壁及门匾,现被白灰掩抹。第一进明间两缝七檩抬梁用二柱,为活动古戏台。次间山缝七檩穿斗用五柱。前天井条石铺砌,四隅檐柱存牛腿四只,木雕饰花瓶花卉及“双狮”“双麟”。第二进明间九檩用四柱,次间九檩穿斗用五柱,第二进的梁较粗硕大,呈方形,木雕饰卷云纹。后天井用当地条石铺筑,四隅牛腿无存,后天井双侧的边门上有楷书“左昭”“右穆”。后进明间五檩用四柱,次间山缝五檩用五柱。后进原为楼屋,现楼板无存。部分柱顶端施斗,中进、后进柱端皆不施斗,原用三合土墁地,现改用水泥浇地。每进的明间皆用榧形础,下皆置覆盆,硬山顶,外饰马头墙。

叶氏大厅　位于西方坞村下东门,清代建筑。坐西朝东偏南10度,前进梁架保存,但已无原有面貌,四周饰马头墙,前门用青石板做,门楣上有匾额,因“文化大革命”期间用泥灰涂刷不见字迹。前檐用砖雕出檐,下置14幅墨绘;两侧有边门分别有“左昭”“右穆”字样。马头墙制作比较规范,左侧中进边门有“本支百世”“源远流长”。前进与中进的天井皆用红砂岩做成,屋内存有大量青石与红砂岩柱础。

严家大厅　位于西方坞村严家,修建于1924年。坐南朝北335度,长26.2米,宽11.8米,三进二明堂。前进明间七檩抬梁用三柱，次间七檩穿斗用三柱。天井四隅有檐柱置撩檐枋，牛腿雕饰“福、禄、寿、喜”，上挑头枋有“源远流长”四字；中进明间七檩穿斗用四柱，次间七檩穿斗式用五柱；天井皆用红砂岩铺作；檐柱四周有人物雕饰，被凿后难辨别，后进有错层略高。明间七檩穿斗式用四柱，抬梁用长扁形制造，上雕有麒麟、瑞兽形状，次间七檩用五柱。房屋用材较简单，而且全部使用杉木作柱。用红砂岩作鼓形础。前进原设有戏台，左侧存有“出将”挂落。大门及四周墙角倚柱，基础墙脚等用红砂岩筑就。

蔡氏宗祠 位于下宅村中心，坐南朝北330度，明代建筑。二进三开间结构，前进穿斗式明间楼上用五柱，楼下用四柱，不对称。次间楼上七檩用五柱，楼下用三柱。后进明间抬梁式七檩用四柱，次间穿斗式，七檩用五柱。椽上设望砖，柱础为櫍形础，柱上设斗。明间堂上檩枋间设驼峰。雀替等周红简朴，门砖饰鼓钉。

李家大厅 李姓宗祠。位于下宅村龙门桥中心，坐北朝南160度，二进三开间结构。砖砌门罩，原有匾额，“文化大革命”时被毁。青石砌门框。前进明间七檩用四柱，但不对称，开井一侧无檐柱，门一侧多一柱。前进次间七檩穿斗用五柱，前进梁、枋有简单木雕，天井用条石铺砌，四隅存四只牛腿，木雕饰卷云纹，及桃、木瓜、石榴等水果，挑头有“光前裕后”四字。后进明间七檩用四柱，次间七檩穿斗用五柱，础皆鼓形，下置覆盆。柱用材较粗大。后进地势比前进略高约20厘米。前进明间原有戏台，现拆除。后进右侧次间现用砖砌一间房。原用三合土墁地，现用水泥浇地。硬山顶，外饰马头墙。

黄氏宗祠 位于下宅村龙门桥中心，坐北朝南180度，二进三开间结构。前进明间七檩用四柱，明间前部金柱至檐柱为八字门楼，门楼檐柱两只牛腿被盗。前进次间山缝七檩穿斗用五柱。开井用条石铺砌，沿天井四周有六根檐柱，柱上简单木雕斜撑，六根挑头有“永、怀、孝、友、恭、慈”，后进明间九檩用四柱，后进次间山缝九檩穿斗用五柱。前后进梁上皆有木雕，内容为“戟、剑”“盒、笔”等图案。后进略高于前进，础皆用鼓形，柱用材较小，硬山顶，外饰马头墙。

叶氏宗祠 位于八石坂(畈)村中心巷20号，坐北朝南，面阔12.7米，进深8.2米，为典型的抬梁式建筑结构，现存很少。明间二缝十一檩用四柱前双步后双步；次间山缝十一檩穿斗用五柱。屋面用红砖铺设，地面用三合土墁地，墙脚，柱础用红砂岩作，鼓形础，青石门框，门罩有砖雕并浮雕出檐，有彩绘现已损毁。外有马头墙。

高排山大厅(又名徐氏宗祠) 位于八石坂(畈)村高排山，坐北朝南155度。二进三开间宗祠建筑，为该村。门楣上有楷书“□□世家”四字，前进明间七檩抬梁用四柱。其中金柱已用砖柱代替。天井用当地红砂岩条石铺砌，天井四隅檐柱上无牛腿。后进明间九檩用四柱，其中后金柱用砖代替。次间山缝九檩穿斗用五柱。梁用方形，挑梁上书“民国岁在戊子年孟冬月吉日徐楚宝堂建造”(民国时期戊子年为1948年)。后进月梁十分粗大，呈梭形，檐柱亦粗大。后进用櫍形础，下置覆盆。后进地势略高于前进。三合土墁地。硬山顶，外饰马头墙。始建年代较早，础、柱粗大，虽经民国时期重修，却是典型的宗祠建筑。

徐氏大厅 位于八石坂(畈)村上姜坞30号，始建于明代，民国36年(1947)重修。为前厅后厅形制，明间两缝九檩抬梁式用五柱前后双步；次间山缝九檩用六柱，后进七檩抬梁式用四柱；次间山缝七檩用五柱。前、后进之间有牛腿四只；分别雕狮子、鹿等，后被出售。柱子皆用柏树等杂木，上有描金对联等，已模糊。天井用红砂岩砌作。所用的柱础为櫍形础，但柱础与柱子不匹配，可见柱础更早些。墙体用马头墙，屋面用望砖。八字门被改造为平房，但见生动彩绘“武松打虎”，为原作。

何氏大厅　位于贤求朋村腰塘中心9号,坐北朝南220度。为二进三开间对合厅堂建筑。一进明间两缝七檩抬梁式穿斗用四柱,次间山缝七檩抬梁式穿斗用五柱,鼓形础,檩下长替用丁头拱,用材较简单。二进明间两缝八檩抬梁式前双步后单步用四柱,次间山缝八檩抬梁式前双步后单步用五柱,鼓形础。建筑用材普通,艺术构件较少,工艺较精致。牛腿已被拆卖。清初始建,丁头拱做法较规矩,雀替、冬瓜梁等装饰有清早期风格,为何姓宗祠。

郭氏小厅宗祠　位于余岗村东南面,坐东朝西240度,为郭氏宗祠。二进三开间厅屋结构,完工于民国,八字门楼。墙面砖砌仿木立童柱左右各五个。檐柱中间沿八字墙面砖砌飞檐楼阁左右各一,上有墨绘山水画共八幅。檐柱上呈八字形设牛腿二只,木雕饰人物与松柏图案,人物面部在“文化大革命”期间被凿去。牛腿上施挑头,上木雕戏曲故事人物,挑头上用斗拱支承檐头。门厅施天花板,饰“福禄寿喜”四字。前进明间原为戏台,现被拆除。前进左右次间的前部分有戏楼,前进明间七檩抬梁用五柱。天井用青石条铺筑,沿天井四隅及过廊共有六根檐柱,共有六只牛腿,分别雕饰“双狮”“双鹿”及人物图案。牛腿上挑头木雕饰戏曲故事人物图案,挑头上用半拱支承屋檐。后进九檩抬梁用四柱,次间山缝九檩穿斗用五柱。所有梁皆用方形,木雕回纹。柱端与檐之间皆用雀替相接。础皆鼓形,梁柱用材中等,三合土墁地,硬山顶,饰马头墙。

五、门楼、台

杨家过街楼　位于天池村杨家,明代建筑。

下店门楼　位于天池村下店王氏祠堂门口,砖砌仿古结构,牌坊式营造,原为宗祠,主体建筑已毁,仅存门楼。明代建筑。坐东朝西235度。朝向西,宽4.6米,高6.6米。二柱三楼,用素青砖,有台阶7级。主楼檐下有“思敬”竖额,正额“慎终追远”。匾额四周用彩绘“龙纹”,内设二柱置撩檐枋,并设二只牛腿。用青石门框,高2.44米,宽1.64米,两侧用素面青砖砌衬。2006年4月被公布为县级文物保护单位。

塔下叶门楼　为塔下叶村四村门之一,唯一仅存的村门,也是古道的休息场所。朝向东面的志棠镇,同时也是附近几个村庄通向志棠的古道村门。明间前后皆为门,原有抱鼓石,现无存。两缝五檩用四柱,前设廊,檐柱有斜撑状牛腿二只,牛腿上施斗拱,饰象鼻昂,但有装饰化倾向,檐柱柱端施斗,斗上置长机承托额枋,金柱之间原设门,现倒圮。金柱之间梁呈方形,梁间有驼峰,次间山缝五檩穿斗用五柱。前檐重檐。明间为大路,用鹅卵石铺地。用椟形础,硬山顶,外饰马头墙。

荷花台　位于志棠村前邵87号门前“梨头街”上,村民称之为“五花台”。原在台中心种植一株古柏,现柏树无存,有八角形须弥座。须弥座用本地青石凿砌,二层,上层八角形,每边皆雕饰花卉绶带图案,棱角雕刻竹节图案;下层亦为八角形,每边饰波浪纹及如意图案。上层须弥座直径2米,下层直径2.24米,总高度64厘米。须弥座古朴苍劲,石雕稳重。2017年1月以志棠建筑群组合被公布为浙江省文物保护单位。

六、民居

境内不少民居是明清时期的江南建筑代表,是古建筑遗存中的精华。

文物保护民居　境内有30处民居被省、县列为文物保护单位和文物保护点。

席氏民居　位于志棠村席家“席大宗祠”东面,坐北朝南140度,面积228平方米,明初建筑。面阔12.8米,通进深20米。砖雕门楼二柱三楼牌楼式结构,中饰宝葫芦,两端饰以吻兽。

前厅后楼,前厅为楼屋结构,后进为楼上厅结构。门楼仿木构牌坊式,二柱生檐,柱端仿木构一斗六升承托砖砌门罩。砖雕有吻兽、宝葫芦、鹭鸟、菊花等。正屋前进楼上七檩用五柱,楼下用四柱。前进次间楼上楼下皆七檩用五柱。前进厅在楼下,楼下用五柱。次间楼上、下皆用五柱。柱端用斗,斗上施蚕腹长条,承托檩。椽上施望砖,上盖小青瓦。前进楼下厅梁、柱间施丁头拱,饰象鼻昂。前进用鼓形础,下置覆盆。原用三合土墁地,现皆用水泥浇筑。楼上、下房间皆用竹编和泥造,硬山顶,外饰马头墙。2006 年 4 月被公布为县级文物保护单位,2017 年 1 月以志棠建筑群组合被公布为浙江省文物保护单位。

蔡氏民居　位于横山村老街路 41 号,蔡汝清宅,坐北朝南 200 度,明代建筑。七间二搭厢楼屋结构,朝西面楼上三间为楼上厅结构,西面第二间七檩抬梁用四柱,其余皆七檩用五柱。楼下各间皆用五柱。柱原有“大明嘉靖甲午”(为 1534 年)字样,现装潢被掩盖。窗户皆用红砂岩做门框,大门被拆下保存,包青砖并用铁泡钉装饰。部分砖上有“南谷”字样。柱粗大,披麻捉灰髹漆,部分墙壁保存原貌,用竹编和泥造。天井较长,用条石铺砌,沿天井所有檐柱原用斜撑现皆无存。原有门厅,现拆除无存。柱端皆施斗,斗上用蚕腹形长机与檩相接。楼上除楼上厅用冬瓜梁外,皆用方形梁,楼下皆用方形梁。用鼓形础,原用三合土墁地,现皆用水泥浇地,硬山顶,外饰马头墙。为横山张姓先人与横山塔同年同人所建。2017 年 1 月被公布为浙江省文物保护单位。

许氏民居　位于天池村儒大门 100 号,坐北朝南 210 度,明代建筑。三间二搭厢楼上厅结构。前檐设天井,楼上明间两缝九檩前后双步用四柱,次间山缝穿斗式。平梁上驼峰饰菊花,骑栿栱第二翘斜撑饰四树根,两翅间施以耍头,梁断面矩形,略外弧,龙须文单线眉月状,用丁头重栱,櫍形础,方形柱顶石,硬山顶,外饰马头墙。楼上厅用材较粗大讲究,装饰庄重肃穆。2017 年 1 月被公布为浙江省文物保护单位。

诸氏民居(诸文松宅)　位于塔下叶村翁坞 60 号,坐北朝南 130 度,明代初年建筑。五开间楼上厅结构,面积 104 平方米,楼上明间七檩用四柱,次间两缝九檩穿斗用五柱,梢间为楼梯。次间有二根柱下端饰鹰嘴。柱端施斗,斗上置长机与檩相接,墙壁用竹编和泥造。椽粗大细密,施望砖,上盖小青瓦。楼下明间用四柱,次间用五柱,稍间为楼梯。原设天井,后覆盖,楼上前部直接出檐,楼上前部墙壁开格窗采光。柱下不设础石,直接架柱于石条之上。楼下房间也用竹编和泥造。三合土墁地,硬山顶,外饰马头墙。2017 年 1 月被公布为浙江省文物保护单位。

邵氏小厅(邵华庆宅)　位于志棠村后邵西北面,坐南朝北 330 度,明代建筑。明间两缝八檩抬梁式前卷棚后单步用四柱,櫍形础,下置覆盆。次间双缝抬梁式前双步后单步用五柱,鼓形础,风格突出,丁头拱,牛腿及梁等做法规矩工整,艺术构件简洁精巧,牛腿为斜撑状,三合土墁地。2017 年 1 月以志棠建筑群组合被公布为浙江省文物保护单位。

邵氏民居(邵瑞庆宅)　位志棠村后邵大众路 107 号,坐东朝西 250 度,明代建筑。建筑为“邵氏小厅”左侧边屋,稍迟于小厅建造年代,一进四开间楼层,局部与“邵氏小厅”后附属屋共梁架,梁架均为五檩抬梁式用三柱,无雕刻艺术构件,但做法精巧。2017 年 1 月以志棠建筑群组合被公布为浙江省文物保护单位。

邵氏民居(邵志云宅)　位于志棠村前邵 77 号,坐东朝西 295 度。二进三开间对合楼屋,走马墙,面积 121 平方米。砖砌门罩,挂檐翘角,前山墙檐下,门罩四周有大量墨绘壁画,门罩下匾额砖雕阳刻楷书“云蒸霞蔚”四字,匾额四周饰卷云纹。前进楼下明间五檩穿斗用五柱,次间山缝五檩穿斗用五柱。楼下明间四柱落地,次间五柱落地。前进梁用方梁,饰蟠螭纹,前进额枋用冬瓜形,两端雕饰虾须纹,前端变形为鹤嘴灵芝。正中雕饰聚宝盆。天井原用条石,现用水泥浇地,四隅檐柱有牛腿四只,饰蟠螭纹与花瓶花卉图案,挑头雕饰花瓶花卉,刻有"竹苞松茂"四字,挑头承楼上围栏望柱,并饰枫拱,枫拱雕饰菊花图案。前后进额枋与檐柱之间用长替,饰蟠螭纹。后进楼上明次间皆五檩穿斗用五柱,楼下明间四柱落地,次间山缝四柱落地,明间梁用方梁,梁上饰蟠螭纹。用鼓形纹,水泥浇地,砖墙,硬山顶,外饰马头墙。为典型的对合楼屋,木雕内容以蟠螭纹为主,雕刻较精细,保存较好。2017 年 1 月以志棠建筑群组合被公布为浙江省文物保护单位。2019 年 7 月被列入县历史建筑名录。

邵氏民居(邵中兴宅)　位于志棠村后邵大众路 10 号,坐南朝北 350 度,明代建筑。为二进三开间对合楼上厅结构,一进明间两缝五檩抬梁式用二柱,次间双缝五檩抬梁式用三柱,楼上厅做法规整。明间月梁用半边梁,二进明间八檩抬梁式前双步后单步用四柱,次间山缝八檩抬梁式前双步后单步用五柱,楼上厅做法较精致,一楼及厢房隔断,格扇做法简洁精巧,艺术构件较少,明间用榀形础,山柱用鼓形础,三合土墁地,小青瓦屋面,下施望砖,结构精巧,做法特殊。2017 年 1 月以志棠建筑群组合被公布为浙江省文物保护单位。

邵氏民居　位于志棠村卸厅,坐北朝南 140 度,明代建筑。面积 138.32 平方米,大门开西侧,三间两搭厢楼屋,面阔 11.4 米,通进深 22 米。砖雕门罩,大门梁装饰铁泡钉。前厅为楼上厅,后楼檐下施防雨板,用铁皮泡钉包门。明间七檩穿斗用四柱,次间七檩穿斗用五柱,明间设天井,天井四隅檐柱存四只牛腿,牛腿用斗拱支撑檐头,天井檐头重檐,两侧楼上设厢房,天井用青石板条石砌筑,但表面用水泥浇筑,建筑额枋用材粗大,檐柱、金柱与梁交接处施雀替(雀替有三只),饰有浮雕,及"福禄寿喜"字样,额枋与檐柱、金柱、中柱施梁托,用方栅,楼板完好,厢房完整,天井楼上四沿檐柱亦置牛腿,榀形础,地面改浇水泥,左右山墙开门。右侧山墙开大门出入,正面不开门。楼梯设在左次间。2006 年 4 月被公布为县级文物保护点。

毛氏民居　位于志棠村前邵 68 号,坐南朝北 310 度,明早期建筑。三间二搭厢结构。天井及左右厢房已改造。正屋楼上楼下皆设厅。楼下明间四柱,前檐增一柱为卷棚廊。单步梁上置驼峰,驼峰上置斗拱,装饰枫拱,上承天花。次间用五柱,前檐增一柱为卷棚。明次间置攀间斗拱于枋间,柱与楼棚间用雀替,镂雕花鸟图案,梁柱之间施丁头拱,饰象鼻昂。楼上明间七檩用四柱,楼上次间七檩用五柱,柱端不设斗,用蚕机与椽相边,柱、梁之间用雀替相连,长机与雀替皆素面。次间双缝柱装饰鹰嘴。椽密致,椽上置望砖,盖小青瓦。柱、梁用材粗大,柱披麻捉灰髹漆。楼下厅楼层很高,约 5 米,楼上厅相对低矮。三合土墁地饰斜方格纹,进门处用条石铺地。榀形础,下置覆盆。硬山顶,外饰马头墙。规模宏大,用材粗大考究,特别是楼上楼下皆设厅,比较罕见。2017 年 1 月以志棠建筑群组合被公布为浙江省文物保护单位。

姜氏民居(姜寿荣宅)　位于志棠村席家北面,坐南朝北 320 度。硬三间结构,有楼上厅,明间楼上五檩抬梁用四柱、楼下用五柱,次间楼上、楼下靠山墙皆无柱,檩直接施于墙上。楼上柱端施斗,斗下有驼峰状承托,斗上施蚕腹形长条,镂雕。楼上开窗,窗户用青砖贴面、外饰铁泡钉。楼上椽上施望砖,上盖小青瓦。楼下房间用砖砌。地面用条砖砌。大门有铁条及铁泡钉装饰。鼓形基,硬山顶,外饰马头墙。形制很小,为较早期的硬三间雏形,但营造严谨规整,小巧玲珑,为县最小的楼上厅结构建筑。2017 年 1 月以志棠建筑群组合被公布为浙江省文物保护单位。

吴昌根店铺　位于志棠村席家,坐北朝南 210 度。三开间楼屋,面积 74 平方米,楼下沿街三间原用木排门,现皆用红砖白灰砌墙,楼上沿街施栏杆,施晒台(晒药材之用)开设窗户。门面四根檐柱有牛腿四只，饰蝙蝠纹、花卉及戏曲故事片人物图案，挑头饰蟋蟀纹和花卉图案，挑头承楼上栏杆望柱，并饰枫拱，望柱上饰菊花花卉图案，木排门上端枋梁通体雕饰，浅浮雕蝙蝠纹和花卉图案。明、次间皆五檩穿斗用五柱，楼下明间抬梁三柱落地，梁上有简单雕饰，楼下次间亦抬梁三柱落地。用鼓形础，砖墙，硬山顶，饰马头墙，马头墙上有部分墨绘壁画。建筑为典型的店铺建筑，解放以前为一药材店，具有一定的保护价值。2017 年 1 月以志棠建筑群组合被公布为浙江省文物保护单位。

徐氏民居（胡家徐耀祥宅）　位于后徐村胡家 33 号，坐北朝南 140 度，明代建筑。二进三开间，砖雕门罩，大门梁装饰铁泡钉。前厅后楼结构，一进为楼上厅，面阔 11.3 米，通进深 21 米。一进正立面有门罩，门框为砖砌，过门梁上有平板砖，用铁泡钉固定。实木门，外包铁皮，钉铁泡钉。一进为楼上厅结构，明间两缝九檩抬梁前后双步用五柱（楼上四柱），次间山缝九檩抬梁式前后双步用五柱，鼓形础，下置覆盖，天井边有挡雨板，楼上格扇窗已毁。二进为楼屋，明间两缝六檩穿斗式前单用六柱，次间山缝梁相同，天井四周有挡水板，局部有残损。小青瓦用望砖，三合土墁地。2011 年 1 月以楼上厅组合被公布为浙江省文物保护单位。

王渭祯宅　位于天池村下店 26 号，坐北朝南 200 度，明代建筑。二进五开间，面阔 17.9 米，通进深 17.6 米。用材粗大，梁剖面呈矩形呈弧，柱端用斗，有丁头拱，披麻捉髹漆。原为二进五开间前厅后楼结构，现前厅已倒塌，后楼存四间，左边梢间已倒塌。明次间皆双缝七檩前后单步用五柱，梢间山缝七檩用四柱。楼上厅堂用梁粗大，剖面呈矩形呈弧，柱端用斗，有丁头拱，上承蚕肚形长条。梢间梁用长方形。房间用竹编和泥造。天井原用条石铺砌，现用混凝土浇筑，天井用挡雨板。椽粗大，略呈方形，上覆望砖，盖小青瓦。柱梁用材粗大，披麻捉灰髹漆。鼓形础，原用三合土墁地，现用混凝土浇地。硬山顶，饰马头墙。2011 年 1 月以楼上厅组合被公布为浙江省文物保护单位。

陈国瑞宅　位于下宅村中心，坐东朝西 235 度，清代建筑。原为二进三开间，后进已拆除，存三开间楼屋，楼上厅结构，面阔 10.9 米，进深 8.3 米。雀替镂雕花卉、禽兽图案。柱端用莲瓣斗，施望砖，天井重檐。明间七檩抬梁用四柱，次间七檩穿斗用五柱。额枋与檩间饰驼峰，柱上用莲瓣斗。梁下雀替饰仙鹤牡丹等雕花。椽粗而密，望砖已局部脱落。用材一般，没设牛腿，用象鼻昂雀替装饰。有楼檐，天井用条石砌成，条石结构松散。结构独特，保存完好，规模宏大，用材粗大考究，结构严谨，建筑为户主陈国瑞祖父陈景好从江西迁入而购置。2011 年 1 月以楼上厅组合被公布为浙江省文物保护单位。

王氏民居　位于天池村新宅新中路 55 号，坐东朝西 250 度，两进三开间前厅后楼结构。独立闾门，三檩三柱。正屋大门有砖砌门罩，行草“桂秀兰芬”四字。前天井朝门一边有金鼓架。前天井用条石砌，四隅牛腿俱全。前进为厅，明间两缝七檩前后双步用四柱，次间山缝七檩用五柱，后天井有楼檐，后天井用条石铺砌，四条牛腿俱存。后进明间两缝七檩前卷棚后单步用五柱，次间山缝七檩用五柱。柱披麻捉灰髹漆。鼓形础，柱端用斗，施丁头拱，饰象鼻昂。三合土墁地，饰斜方格纹，硬山顶，外饰马头墙。2006 年 4 月被公布为县级文物保护单位。

王氏民居（又名醉月轩）　位于天池村新宅新中路 8 号，朝南 210 度。二进三开间，面阔 10.8 米，通进深 19.2 米。为王氏祖居，明初建筑。前进为厅，后进有楼。前进明间两缝七檩前后双步用四柱，次间用五柱。前天井已覆盖，前天井四隅牛腿俱存，木雕饰“八仙”图案。前进额坊木雕饰戏曲人物图案，前进柱、枋间小牛腿木雕饰“刘海戏金蟾”。后天井用条石铺砌，四隅牛腿俱全，木雕饰“渔、棋、耕、读”图案。天井左右侧厢房花窗俱存，贝雕花草图案及唐诗宋词。后进明间七檩前过廊后双步用四柱,次间山缝用五柱。后进额坊木雕饰“双凤朝阳”图案。鼓形础,三合土墁地,硬山顶,外饰马头墙。建筑曾为新宅王姓氏族学堂,艺术构件中文化寓意丰富。尤其是贝雕艺术,别具一格。2006 年 4 月被公布为县级文物保护点。

姜氏民居　位于脉元村太和北路 8 号,朝向南偏西,面积 196 平方米,清中期建筑。三开间,面阔 11.6 米,进深 15.6 米。门楼砖雕四柱三楼,砖雕匾额“谱韵琴南”,有九狮戏球、戏曲故事、鹿苑图等砖雕。砖雕精细,内容丰富,堪称砖雕极品。一进明间梁架八檩前单步后双步用四柱,次间山缝穿斗用五柱。二进为楼屋重檐,明间两缝梁架四檐四柱,一层前檐扩一柱为卷棚廊共用四柱。次间山缝梁架同。二进间设天井,天井四隅牛腿雕刻古代人物,雕刻精细,保存完好。天井为青石板砌筑,天井两侧为过廊。柱础鼓墩青石造,下置覆盆,地为三合土,刻画龟背图形和斜方格图案。硬山顶,用望砖,上盖小青瓦,檐口用沟头滴水。该建筑原为脉元龚氏私建,1935 年姜树清父亲以 1400 块“白洋”购买。2006 年 4 月被公布为县级文物保护单位。

龚氏民居　位于脉元村,坐北朝南 220 度,建于清道光年间(1821—1850)。二进三开间,面阔 12 米,进深 21 米。门楼砖雕二柱一楼,砖雕匾额“奎壁联辉”,前厅明间两缝五架前双步后单步用四柱。天花装饰精细。天井用青石砌筑。天井四隅牛腿雕饰四季平安,雀替饰花卉图案。后进为楼屋,前二檐柱作莲柱。鼓形础,下置覆盆,硬山顶。三合土墁地,雕饰方格纹。2006 年 4 月被公布为县级文物保护单位。

王鉌福宅　位于天池村儒大门 6、7 号,坐西朝东 110 度,明代建筑。二进三开间对合楼,有楼上厅。前进明间双缝七檩前后单步用四柱。次间山缝七檩用五柱。后进明间双缝七檩用四柱,次间用五柱。楼上厅平梁驼峰饰菊花,月梁粗大呈弧形,有猫梁,柱头饰柱斗,施丁头栱,饰象鼻昂。月梁下雀替饰雕花卉图案。楼上四围内墙饰樘壁。瓦下有望砖。天井用条石砌,有一对石水缸,有防雨板,鼓形础,三合土墁地,硬山顶,外饰马头墙。楼上厅装饰庄重华丽,用材粗大。2012 年 4 月被公布为县级文物保护单位。

钱林林宅　位于河宗村钱家 2 号,坐北朝南 140 度,明代建筑。二进二明堂前厅后楼结构。砖雕门楼,仿木二柱二层。门楼柱、枋之间砖雕雀替,菊花图案。门楼额枋有五块砖雕,内容为戏曲人物故事,保存完好。门楼枋上有楷书“朝阳永赖”匾额,另有五块完整的菊花图案砖雕。前天井用条石铺砌,搭厢房的檐柱上两只牛腿已失,前进檐柱上牛腿尚存,镂雕戏曲人物故事。天井原为楼檐,现楼檐拆除,沿天井楼上原有栏杆,现拆除。前进为厅,且楼上亦为厅,前进额枋通体木雕,内容为八仙故事及仙鹤、鱼化龙图案。楼上明间两缝七檩抬梁用四柱,次间山缝七檩穿斗用五柱。楼下明间用四柱,次间用五柱。后天井用条石铺砌,四隅存四条牛腿,草龙图案。后进为楼,明间七檩用四柱,次间七檩用五柱。所有柱、梁之间皆用雀替,木雕戏曲人物故事和亭台楼阁。楼栅呈方形,梁与楼栅之间用丁头拱饰家鼻昂。柱梁用材粗大,础鼓形,前、后进明间的檐柱和金柱下础下用覆盆。原用三合土墁地,部分已用水泥浇地。硬山顶,外饰马头墙。该建筑砖雕、木雕皆精美绝伦,用材硕大,房屋宽敞,构造华丽严谨。2012 年 4 月被公布为县级文物保护单位。

熊氏民居　位于志棠村前邵老街,坐东朝西 300 度,明代早期建筑。三间二搭厢楼上厅结构,面积 78 平方米。楼上明间七檩抬梁用四柱,楼上次间山缝七檩穿斗用五柱。柱端施斗,两组斗拱承托步梁,次间童柱饰鹰嘴。梁横截面为长方形,椽粗大细密,上覆望砖,上盖小青瓦,楼下明间四柱,次间用五柱。天井用条石铺砌。三合土墁地,檐柱用槓形础,其他用鼓形础。厢房楼上用竹编和泥造,硬山顶,外饰马头墙。2020 年 12 月被公布为县级文物保护单位。

潘氏民居(潘元龙民居)　位于志棠村席家东面,坐南朝北320度,清代建筑。三间二搭厢结构,面积145.8平方米。前沿设有天井,天井两边为走廊,天井用条石铺砌,原置活动防雨板,现拆除。楼上厅结构,楼上厅明间九檩前后双步用四柱,楼下明间亦用四柱,楼上次间山缝九檩穿斗用五柱,楼下次间亦用五柱。楼上柱皆披麻捉灰髹漆,楼上墙壁用三合土浇斜方格纹。柱端用斗,斗上承蚕腹形长条托檩。椽较粗大,略呈方形,椽上施望砖,上盖小青瓦。楼下较低矮,楼上宽敞。硬山顶,外饰马头墙,鼓形础,三合土墁地。2020年12月被公布为县级文物保护单位。

张寿林民居　位于河宗村张家西北角,坐东朝西230度,清代建筑。为五间二搭厢结构,前为长条形天井,原用条石铺筑现拆除。明间、次间皆两缝七檩前单步用四柱,梢间山缝七檩前单步用四柱,梢间山缝七檩穿斗式用五柱。四根檐柱皆用斜撑,斜撑上用斗拱承檩。梁呈月形、粗大。梁、柱之间用雀替,深雕菊花等花卉图案。柱端皆施斗,斗上用长条与檩相连。椽粗大细密,上施望砖,上盖小青瓦。用鼓形础,原用三合土墁地,饰斜方格纹。现部分用水泥浇地。硬山顶,外墙马头墙。2020年12月被公布为县级文物保护单位。

前邵50号民居　位于志棠村前邵50号。2020年12月被公布为县级文物保护单位。

项阿富民居　位于项家村中心,坐北朝南,三间楼屋,通面阔6.67米,通进深8.59米,楼上明间两缝七架前后单步,次间山缝穿斗式,斗拱用象鼻昂,雀替镂雕虫草、花卉,梁用拼合梁,龙须文单线呈圆形,方形柱顶石,硬山顶。两山墙外饰挡风板。2006年4月被公布为县级文物保护点。

项善枝民居　位于项家村中心,坐东朝西260度,二进三开间(对合楼)。后进楼上设厅,楼上明间七檩两缝抬梁式用四柱,次间山缝穿斗式七檩用五柱,楼下亦用四柱,天井用青条石砌筑,天井四隅檐柱用斜撑,左面过廊,右面楼上楼下皆为厢房。天井楼上四周花格窗已缺失。前进明间前后单步,七檩穿斗用五柱。次间山缝七檩穿斗用七柱。柱端设斗,斗上用长机与檩相接,雕饰简朴,但建筑结构严谨、用材讲究。柱用髹漆。鼓形础,原为三合土墁地。饰斜方格纹。前进地面已用水泥改造。硬山顶,饰马头墙。2020年12月被公布为县级文物保护单位。

郑氏民居(郑福清宅)　位于横山村当店路6号,坐东朝西,原为三间二搭厢楼屋结构,现左右厢房和天井皆被改造。楼上设厅,楼上明间双缝七檩抬梁用四柱,楼上次间山缝七檩穿斗用五柱。楼下皆用五柱。楼上梁柱之间有雀替,柱端施斗,斗上用蚕腹纹长柄与檩相接,次间童柱下端饰鹰嘴,次间梁用方形。天井原有楼檐,上层檐柱用斜撑,椽粗大细密,上施望砖,盖小青瓦,楼下梁用方形,额枋亦用方形,楼栅粗大细密,用圆形,板壁用木板。鼓形础,原用三合土墁地,现用水泥浇地,窗户原用红砂岩凿成门框,现保存楼上一扇窗户原貌。硬山顶,外饰马头墙。始建年代较早,明清以来是横山地方众多当铺之一,保存了明代龙游民居的楼上厅结构。2006年4月被公布为县级文物保护点。

余氏民居　位于下宅村龙门桥中心,坐北朝南150度,通阔12.25米,深9.5米,现存后进,前进于2003年迁建至龙游民居苑。三开间,为楼屋,木雕精细,额枋浮雕百寿图。鼓形础,硬山顶。2006年4月被公布为县级文物保护点。

翁氏民居　位于塔下叶村翁坞56号,坐北朝南130度,明代建筑。为前厅后堂楼结构,面积143.44平方米。前天井已被覆盖改造,天井四隅存牛腿四只,呈斜撑状,透雕虾尾纹。前进明间两缝七檩前单步后双步用四柱,次间九檩穿斗用五柱。梁呈月形,梁、柱间雀替透雕花卉动物图案。柱、檩之间施丁头拱、饰象鼻昂,柱端施斗,斗上用长机与檩相接,长机及檩皆深雕刻花卉绶带图案。用櫍形础、柱披麻捉灰髹漆。后进为楼上厅结构,楼上明间七檩用四柱,次间七檩穿斗用五柱，童柱下端饰鹰嘴。柱端皆施斗。三合土墁地，硬山顶，外饰马头墙。2006 年 4 月 28 日被公布为县级文物保护点。

迁至龙游民居苑建筑　1991—2004 年，境内各村迁至龙游民居苑建筑共 10 幢。龙游民居苑 1997 年 8 月被公布为浙江省文物保护单位，2013 年 3 月被公布为全国重点文物保护单位。

表 14-1　**境内迁至龙游民居苑建筑情况表**

名　称	原　址	年　代	概　　况	迁建时间（年）
项氏民居	项家村	元至正十六年（1356）	第一进楼上厅，面阔 12.58 米，进深 7.02 米；第二进楼屋，面阔渐内收，进深 4.04 米	2004
邵氏卸厅	卸厅自然村	元代	邵氏家庙，仅存后进，面阔 11.7 米，进深 6.8 米	2004
邵氏民居	卸厅自然村	明初	二进三开间，面阔 9.4 米，通进深 9.5 米。足材、斗拱及鹰嘴童柱做法保留宋元风格	1995
龚氏建筑群过街楼	脉元村	明早期	一进三开间楼屋，面阔 8.15 米，进深 5.8 米。做工精细，多木雕花卉	2004
槐庭	儒大门自然村	明中期	四合院式布局，楼上楼下皆为厅堂。面阔 10.58 米，进深 17.7 米。门楼饰动物、花鸟砖雕	2003
鲤鱼厅照壁	后徐村	明嘉靖年间（1522—1566）	“八”字形结构，面阔 9 米，高 6 米。饰仙鹤、孔雀、双狮戏球砖雕，正中“鲤鱼跳龙门”砖雕	2003
高冈起凤厅	高山顶自然村	始建于元末，清康熙年间（1662—1722）重建	张氏宗祠，三进三开间。现存两进，面阔 14.28 米，通进深 26 米，重檐歇山顶门楼	1991
龚氏民居	脉元村	清咸丰三年（1853）	二进三开间楼屋，面阔 12.5 米，通进深 23.1 米，砖雕精美	2002
杨家店铺	杨家自然村	清晚期	一进三开间楼屋，面阔 11.3 米，进深 7.5 米，多木雕饰	2003
余氏民居	龙门桥自然村	1912 年	原三进三开间，前厅后楼走马楼，迁建一、二进。面阔 12.08 米，通进深 16 米，多戏曲人物木雕	2001

不可移动民居　除列入文物保护单位外，境内还有许多不可移动的民居。为便于查阅，以行政村名分类。

【横山村】

叶根茂民居　位于叶野村兴叶路 32 号，坐东朝西 260 度，清代建筑。二进三开间前厅合楼楼屋结构。大门框用红砂岩筑。通过 2018 年核查。

郑志华民居　位于老街路 43 号，坐西朝东 100 度，明代建筑。三间二搭厢楼屋结构，明间楼上七檩用五柱，次间山缝七檩用五柱。通过 2018 年核查。

朱根全民居　位于山弄堪 5 号，坐东朝西 265 度，明代建筑。通过 2018 年核查。

蔡秋荣民居　位于老街路 42 号，坐东朝西 285 度，清代建筑。三间二搭厢楼屋结构。通过

2018年核查。

另有：李兴堂宅、朱根良宅、高山小学、张国光宅、张阿曼宅、张志荣宅、廖小群宅、罗招生宅、余海友宅、张树岳宅、张正祥宅等。通过2018年核查的：东坞65号张亭良宅（清代）、东坞79号张宝其宅（明代）、老街路35号廖樟根宅（民国）、老街路21—23号张益群宅（民国）、老街路15号张根奶宅（民国）、医院对面狮子桥宅（明代）、方野100号徐阿伍宅（清代）、龙江路28号周发华宅（清代）、高山新村巷22号张炳友宅（明代）、高山新村巷12号张卫华宅（清代）、高山仁德路30号张高寿宅（清代）、高山下厅张有铭宅（清代）、高山下厅黄根发宅（清代）、高山南山头粮食所（民国）、仁德巷11号徐兴宝宅（清代）、高山新村巷20号苏兴飞宅（清代）、高山新村巷19号杨美向宅（清代）、高山顶下厅张卫平宅（清代）。

【上向徐村】

张阿生民居　位于周田边33号，坐东朝西245度，明代建筑。厅屋结构，三开间。通过2018年核查。

周伟强、周礼强民居　位于周田边47号，坐北朝南130度，明代建筑。通过2018年核查。

徐樟富民居　位于周田边28号，坐西朝东130度，清代早期建筑。三间二搭厢结构。通过2018年核查。

周连庆民居　位于杜叶69号，坐西朝东110度，长11米，宽5.6米，门12.3米。清代建筑。原主体建筑的后进被拆除，只剩前进和天井。通过2018年核查。

徐根华民居　位于上向徐，坐西朝东65度，为典型的三间二搭厢结构。建筑正立面墙置马头墙，高度较高。

周氏民居　位于上向徐，坐东朝西295度，为典型的对合楼屋，长约17.5米，宽11.5米。

朱宁发民居　位于油麻坞49号，坐北朝南195度，清代建筑。由三间二搭厢正屋、闾门及附屋组成。

另有：徐瑞康宅、张土明宅。通过2018年核查的：上向徐62号周雪林宅（清代）、周田边32号张启祥宅（民国）、杜叶张金根宅（清代）。

【白鹤桥村】

姜曼奶宅　位于塘下叶10号，坐南朝北350度，明代建筑。原为二进三开间前厅后楼结构，现存前进厅屋。通过2018年核查。

通过2018年核查的：叶坞30号胡宝金宅（明代）、三姑殿40号项志强宅（明代）。

【下宅村】

袁素娟民居　位于村中心，坐北朝南340度，为清代二进三开间建筑。通过2018年核查。

姜樟岳民居　位于村中心，坐东朝西340度。为清代二进三开间建筑。通过2018年核查。

许海林民居　位于村中心，坐南朝北355度。为明代的前厅后楼结构。

另有：柳森土宅、许培根宅、袁卸荀宅、徐建祥宅、韩勇军宅。通过2018年核查的：龙门桥徐静芝宅（民国）、杨仁荣宅（清代）、杨成荣宅（清代）、龙门桥中心巷7号黄沛霖宅（明代）、龙门桥黄桥路1号李根荣宅（民国）、东殿巷11号金永华宅（民国）、龙门桥礼堂巷6号余氏民居（民国）、龙门桥黄氏宗祠（民国）、龙门桥黄林巷9号杨信宅（清代）、龙门桥大礼堂（现代）、黄桥路11号李樟土宅（民国）、黄桥路2号黄兴来宅（民国）、西学弄5号徐新强宅（民国）、长街21号杨志明宅（清代）、长街36号陈国民宅（民国）、徐亚连宅（民国）、中街24号老年活动中心（清代）、长街31号徐土洪宅（民国）、学朝弄6号柳森土宅（民国）。

【会泽里村】

李建芳民居　位于瓦窑头口，坐南朝北30度。二进三开间对合楼屋，走马楼。青石条门框，门楣上存砖砌门罩，存匾额，石膏塑楷书“瑞气盈庭”。

李根土民居　位于中兴街28号，坐西朝东50度，面积179平方米，民国建筑。二进三开间对合楼屋结构，走马楼。大门上有砖砌门罩，前山墙檐下及楼上圆窗边皆存大量墨绘壁画，饰螳螂纹和花卉。前进楼上明间双缝七檩穿斗式用五柱，次间山缝七檩穿斗式用五柱，前进楼下明间抬梁式四柱落地，次间山缝五柱落地，梁用方梁，饰蟠螭纹及聚宝盒，花卉图案，梁下雀替饰戏曲故事人物图案。前进额枋雕饰枝蔓花卉图案，正中饰亭台楼阁及人物图案，额枋与檐柱之间小牛退饰蟋蟀纹和花木图案。天井用条石铺砌，四檐柱存牛腿四只，饰蟋蟀纹和宝瓶花卉（梅兰、竹菊）图案。2020年3月被列入县历史建筑名录。

童永彬民居　位于童野北巷7号，坐东朝西，面积85平方米，清代建筑。明间、次间五檩用五柱前单步。建筑为边屋靠大屋有天井一座，门开左侧，天井四隅四只牛腿，用材用量硕大，雕刻有“双狮戏球”“双鹿如意”图案。牛腿以下雀替及挑头皆用人物图案，全部用“镂空雕清”。用三合土墁地，红砂岩鼓形础，天井用红砂岩。挑头上有“腾蛟迟凤”“清霜□电”字样。门罩有“□□雍睦”四字，置马头墙。牛腿木构件完整。2020年3月被列入县历史建筑名录。

许春富民居　位于瓦窑头8号，坐南朝北5度，深15米，宽12.8米，面积182平方米，1946年左右始建。为对合楼屋，前进明间二缝五檩穿斗用四柱，次间山缝五檩用五柱；后进明间、次间五檩穿斗式用五柱。中设天井，檐柱四隅有牛腿四只，保存完整，分别雕刻有“双狮戏球”“鹿、马、鹤、猴”等图案。额枋分别雕有“刘备招亲”“尧舜让位”等戏曲故事木雕。中堂饰有墨绘“琴棋书画”图案。三合土墁地，用鼓形础；步架两侧开有二小门，门框用当地青石，门罩用民国时期典型的浮雕，门批有“瑞气盈庭”字样，窗台有“骑马到桂山，骑牛到瓦窑头”浮雕。2020年3月被列入县历史建筑名录。

李发明民居　位于光明路41号，坐北朝南240度。三间二搭厢楼屋结构，右边厢房及正房已拆除，并用泥土墙筑。大门用斜撑支撑木质门罩，门罩下有楷书“紫气西来”四字。

李季军民居　位于中兴街14号，坐东朝南偏西220度，面积129.47平方米，晚清建筑。

汪志根民居　位于中兴街9号，坐北朝南195度，三间二搭厢楼屋结构。明间两缝七檩用五柱，次间山缝穿斗用五柱。

何文达（何海清）民居　位于中兴街22号，坐北朝南230度，面积171平方米，民国建筑。二进三开间对合楼房屋结构。大门及前窗上方用红瓦拱成弧形门罩，门罩下有楷书“鸟草翼飞”四字。前进明间楼上两缝五檩用五柱，前进明间楼下间中柱用四柱，楼上次间山缝用五柱，楼下亦用五柱。前进额枋雕饰卷云纹，正中为“双旗宝新”图案，旗上有国民党十二角星。天井用条石铺筑，四隅檐柱存牛腿四只，有“渔樵耕读”图案及瓜果花卉图案。2020年3月被列入县历史建筑名录。

李树森民居　位于礼贤巷9号，坐北朝南210度。三间二搭厢楼屋结构。

黄海明民居　位于百顺巷24号，坐北朝南，清代建筑。三间二搭厢楼屋结构。通过2018年核查。

李柏根民居　位于朝阳门22号，坐西朝东90度。三间二搭厢楼屋结构。

刘三奶民居　位于村中心，坐南朝北350度，面积84.87平方米，明代建筑。三间二搭厢楼屋。

李茂松民居　位于李宅24号，坐北朝南偏西350度，面积104.29平方米，民国建筑。三间二搭厢楼屋。

李培金民居　位于李宅20号，坐东朝西252度，面积108.26平方米，民国建筑。三间二搭厢用楼屋结构。通过2018年核查。

另有：会泽里大礼堂、李阿曼宅、谢阿土宅、滕伟明宅、李登富宅。通过2018年核查的：百顺巷28号周友清宅(清代)、童野东巷17、18号童永生宅(民国)、中兴街12号李银宁宅(民国)、中兴街16号姜树华宅(民国)、中兴街23号李林生宅(民国)、中兴街32号江有清宅(民国)、中兴街34号黄锦清宅(民国)、礼贤巷4号李志仁宅(民国)、礼贤巷9号李树森宅(明代)。

【余岗村】

郭樟根民居　位于学前巷48号，坐东朝西240度，二进三开间对合楼屋，走马楼。是县内不多见的完整对合屋。

另有：余岗小学、郭文荣宅、叶有才宅、余海东宅、陈根龙宅、占兴龙宅、林有才宅等。

【八石坂(畈)村】

徐氏民居　位于高排山，始建于明末清初年间。村140余人都为徐氏后代，传说其祖先在外做生意积累了大量财富，为光宗耀祖，世代显赫，盖了徐氏民居。

叶氏民居　位于村中心，始建于清朝年间。

通过2018年核查的：高排山39号徐绍荣宅(民国)、八石坂(畈)中心巷23号叶三槐宅(清代)、中心巷26号叶寿根宅(清代)、广场巷61号原村办公室(清代)、61号对面村集体房(清代)、文化巷40号叶九田宅(清代)、文化巷42号王樟生宅(明代)、上姜坞29号、30号林学发宅(民国)、上姜坞63号徐根荣宅(民国)、上姜坞40号徐彩根宅(民国)、上姜坞55号吴金标宅(清代)、上姜坞49号徐小老四宅(清代)、上姜坞57号、56号徐宝根宅(民国)、上姜坞32号徐小平宅(清代)、上东门叶永生宅(明代)。

【上宾村】

朱正清民居　位于上下朱大厅巷10号，坐北朝南200度，四间二搭厢楼屋结构。砖砌门罩，门罩下存墨绘壁画，匾额上有楷书“龍翔鳳翥”四字。

朱家客厅民居　位于上下朱，坐北朝南偏西10度。面阔14米，进深10米，为朱氏家人设计用于接待客人所用，称之为“客厅”，形制类似三间二搭厢状。

另有：上下朱大礼堂、吴仪宾大礼堂、朱根生宅、朱樟喜宅、祝海涛宅、李根室宅、徐志根宅、刘志明宅、朱红乐宅、叶彩云宅、朱海涛宅、章金根宅、童有才宅、叶惠根宅、朱银根宅、陈根发宅、章树祥宅。通过2018年核查的：吴仪宾贤八弄37号吴汝华宅(民国)、西叶山边11号叶宝金宅(民国)、上下朱5号朱惠荣宅(民国)、堰塘下28、32号章兆良宅(清代)、上下朱蒋水凤宅(清代)、樟塘下28号余素银宅(清代)、上下朱朱宗正宅(民国)、中山巷6号叶招寿宅(民国)、中山巷10号叶江民宅(民国)、大厅巷18号朱柏荣宅(民国)、大厅巷14号童树清宅(明代)、上下朱朱宝金宅(明代)、上下朱大厅巷3号朱小龙宅(明代)、吴仪宾村吴彩银宅(明代)。

【下西山村】

杨土富民居　位于下西巷3号，坐东朝西245度，清代建筑。三间二搭厢结构，一进、二进已拆除。通过2018年核查。

胡奶永民居　位于溪边村中心，坐东朝西290度，先厅后楼结构。

另有：徐樟清宅、下西山农会、姜来根宅、余七财宅等。通过2018年核查的：村中巷10号下西山农会(民国)、村中巷14号姜来根宅(民国)、溪边村西巷39号王炳文宅(清代)。

【西方坞村】

周金祥民居 位于下东门石坂巷23号,坐西朝东110度,清代建筑。对合楼屋。通过2018年核查。

姜海顺民居 位于西龙巷29号,坐东朝西110度,是典型的对合屋结构。通过2018年核查。

姜海祥民居 位于西龙巷34号,坐北朝南210度,明代建筑。三间二搭厢楼上厅结构,面积111平方米。通过2018年核查。

姜阿庆民居 位于西龙巷34号东面,坐北朝南210度,明代建筑。为楼上厅结构。通过2018年核查。

姜宝其民居 位于西龙巷20号,坐北朝南210度。前厅后楼结构,门框用红砂岩条石建造。

姜阿顺民居 位于西龙巷29号,坐北朝南205度,明代建筑。二进三开间,前厅后楼结构。通过2018年核查。

另有:梅伟彬宅、周宅、童宅、翁氏大厅、翁宅、姜连生宅、吴永良宅、姜宝军宅。通过2018年核查的:童麻车一弄梅正清宅(民国)、龙岗巷5号吴云根宅(民国)、胡家胡小芳宅(民国)、严家西巷30号严献忠宅(清代)、下东门中心巷11号童金荣宅(民国)、中心巷12号徐秀生宅(民国)、仓头翁树贵宅(清代)。

【后徐村】

李金鼠民居 位于大平山上庄溪38号,坐南朝北340度,明代建筑。原建于东山村,清后期迁建于此,由李姓族人所购。通过2018年核查。

柯长乐民居 位于堰中巷3号,坐北朝南160度,明代建筑。为二进三开间对合楼屋。通过2018年核查。

徐氏民居 位于胡家村33号,坐北朝南140度,明代建筑。为二进三开间楼屋。通过2018年核查。

毛土成民居 位于锦溪巷4号,坐北朝南165度,明代建筑。二进三开间楼屋(工艺明堂)。

廖氏民居 位于村中心,坐北朝南140度,通面阔13.5米,进深12.9米,对合楼结构。

另有:吴氏宅(后徐村)、李氏小厅(李有仁)。通过2018年核查的:堰川路61号范茂祥宅(民国)、堰川路57号陈根清宅(民国)、胡家20号吴志仁宅(明代)、上庄溪31号李钱生宅(清代)。

【大平坂(畈)村】

徐氏小厅 位于社塘珑西面,坐南朝北345度。为三间二搭厢厅式建筑,原为徐氏小厅,现为居住场所。

另有:汪伟宏宅。

【贤求朋村】

傅建飞民居 位于安康巷23号,坐东朝西268度。三间二搭厢结构,正面大门有门罩,有砖雕,门楣上有“奎壁联门”四字。通过2018年核查。

另有:汪伟宏宅、傅南樟宅、傅宝金宅等。通过2018年核查的:腰塘村17号何树良宅(清代)、鲤鱼山脚黄根华宅(清代)、安康巷19号傅有樟宅(清代)、安康巷傅根财宅(清代)、安康巷20号黄荣清宅。

【脉元村】

吴雄飞民居　位于承荐巷21号，坐北朝南200度，明代建筑。三开间厅屋结构，天井和左右厢屋皆已改造拆除，但主体建筑保存完好。通过2018年核查。

吴土根民居　位于承荐巷32号，坐西朝东120度，民国建筑。二进三开间对合楼屋结构，走马楼。门楣上砖砌门罩，匾额上有楷书“紫气东来”四字。通过2018年核查。

龚唐水民居　位于文新巷二弄39号，坐北朝南190度，清代建筑。原为三开间前厅后楼前后天井，现前进厅结构仅存后廊部分，前天井已不存。通过2018年核查。

姚永怀民居　位于文新巷一弄3号，坐东朝西100度，明代建筑。三间二搭厢楼屋结构，吸壁天井。通过2018年核查。

龚永富民居　位于环城北巷北面，坐北朝南40度，清代建筑。三开间厅屋结构，为“小厅”结构建筑。通过2018年核查。

徐康清民居　位于环城北巷35号，坐西朝东120度，清代建筑。三间二搭厢楼屋结构。通过2018年核查。

徐康成民居　位于环村北巷35号，坐西朝东80度，明代建筑。五间二搭厢楼屋结构，为典型的明末清初民宅建筑。通过2018年核查。

龚甘清民居　位于文新巷23号，坐西朝东120度，明代建筑。三间二搭厢楼屋结构。通过2018年核查。

龚阿海民居　位于承荐巷85号，坐东朝西305度，明代建筑。五开间楼屋结构。建筑结构合理简朴，存世较少。通过2018年核查。

龚永发民居　位于村中心，坐西朝东110度。一进三开间，原为前厅后楼，现仅存前进小厅。

姜金寿民居　位于村中心，坐东朝西270度。三开间，左右厢房，前设过廊。

姜氏民居　位于太和北路8号，朝向南偏西，面积196平方米，清代建筑。共二进，前厅后楼配置，三开间。原为脉元龚氏私建，1935年姜树清父亲以1400块“白洋”购买。通过2018年核查。

魏昌潮、龚炳林民居　位于承荐巷86号，坐北朝南偏西212度，面积148.72平方米。三间二搭厢楼屋，设前廊。

吴水根民居　位于村中心，坐北朝南178度，面积260平方米，清代建筑。二进三开间楼屋（二进二明堂）。

另有：永丰寺、龚发明宅、汪志朋宅、周土根宅、姚永江宅、吴新高宅、蒋金娣宅、汪松清宅、创乌厅、小厅。通过2018年核查的：龚海涛宅（清代）、吴志林宅（民国）、龚卸根宅（清代）、文新一弄45号龚文龙宅（明代）、文新一弄26号龚海发宅（明代）、太和北巷36号姜岳昌宅（民国）、太和北巷10号姜海兵宅（民国）、承荷巷62号台鸿厅（民国）、承荷巷72号龚国清宅（清代）、承荷巷87号龚文昔宅（清代）、姜志宏宅（清代）。

【项家村】

项汝柱民居　位于一平巷13号，坐北朝南185度，明代建筑。五开间，左右两搭厢。通过2018年核查。

项柏林民居　位于一训巷48号，坐南朝北，明代建筑。一进三开间、楼上厅结构。

项志宏民居　位于一平巷9号，坐西朝东55度，面积128平方米，对合屋结构，素面砖饰仿木门楼。

包樟明民居 位于一训巷31号,坐东朝西260度,面积198平方米,明代建筑。二进三开间前厅后楼结构。通过2018年核查。

项阿生民居 位于迎康巷18号,坐北朝南240度,面积160平方米,民国建筑。二进三开间对合楼屋。通过2018年核查。

项永成民居 位于迎康巷68号,坐北朝南180度,面积132平方米,清代建筑。二进三开间对合楼屋走马楼。通过2018年核查。

邓有根民居 位于一训巷68号,坐北朝南180度,面积130平方米。三间二搭厢楼屋。

项寿华民居 位于一训巷27号,坐北朝南169度,面积81平方米,明代建筑。三间二搭厢楼屋。通过2018年核查。

项根发民居 位于村中心,坐西朝东75度,面积41平方米,民国建筑。硬三间楼屋,保存完整,艺术物件雕刻精细。通过2018年核查。

项龙根民居 位于一平巷,坐西朝东75度,面积80平方米,民国建筑。三间二搭厢楼屋。通过2018年核查。

项宝泉民居 位于一训巷67号,坐北朝南165度,面积80平方米,明代建筑。三间二搭厢楼屋。通过2018年核查。

项金友民居 位于一训巷20号,坐北朝南181度,面积110平方米,清代建筑。二进三开间对合楼屋。

项阿富民居 位于村中心,坐北朝南,通面阔6.67米,通进深8.59米。三间楼屋。

另有:项彩富宅、项树强宅、邓寿金宅、项胜云宅、项金潮宅、项唐根宅、项家村副业队、养蚕室。通过2018年核查的:鸡冠山17号季志成宅(清代)、迎康巷62号张赛兰宅(民国)、一训巷项卸明宅(清代)、项家村礼堂、一训巷17号项新富宅(清代)、一训巷27号项寿华宅(明代)、一训巷45号项柏林宅(明代)、一训巷56号项金标宅(民国)、一平巷55号项宝贤宅(元代)、一训巷76号邓寿成宅(清代)、一训巷项家老年活动室(民国)、迎康巷59号项阿桥宅(民国)、门楼(大串门,清代)、迎康巷66号邓九根宅(清代)。

【志棠村】

方永庆民居 位于席家东北角,坐北朝南150度,面积102平方米,明早期建筑。三间二搭厢结构,设楼上厅。通过2018年核查。

童致成民居 位于席家西南面,坐南朝北40度,清代建筑。由门厅和三间二进对合正房组成。通过2018年核查。

席锦升民居 为席氏祖传老宅,位于席家圆门里48号,坐北朝南45度,面积73平方米,清初建筑。三间二搭厢楼屋结构。原大门开设于天井前壁,现用砖封墙,在中堂后壁开设大门。天井用条石围框,水泥浇地,天井四隅檐柱存牛腿四只,“S”型斜撑状简单雕饰,挑头饰卷草板。额枋呈冬瓜形,两端刻虾须纹,额枋与檐柱之间用长机相接并饰昂,用丁头拱,长机雕饰卷草纹。梁用方梁穿柱,楼上明次间皆五檩穿斗用五柱,楼下明间五柱落地,次间山缝亦五柱落地,用鼓形础,础略呈直筒状,梁柱用材规整,水泥浇地,砖墙,硬山顶,外饰马头墙。2020年3月被列入县历史建筑名录。

高志森民居 位于席家北面,坐北朝南150度,清早期建筑。三间二搭厢楼屋。通过2018年核查。

席卸苟民居 位于席家东北角,坐北朝南140度,明代建筑。为前厅后楼大宅院,砖墙,硬

山顶,饰马头墙。通过2018年核查。

席有庆民居　位于席家圆门里76号,坐北朝南135度,面积181平方米,民国建筑。通过2018年核查。

姜国军民居　位于席家老街路边,坐北朝南135度,面积96平方米,民国建筑。硬三间楼屋,大门上有砖砌门罩。楼上明间七檩穿斗用五柱,次间山缝七檩穿斗用五柱。楼下明间五柱落地。次间山缝五柱落地,明间前部留天井位,但不施天井,梁皆用方梁,穿柱。楼栅用方形。楼下房间用砖砌墙,外抹石灰。用鼓形础,水泥浇地。屋内梁柱皆无雕饰。砖墙,硬山顶,外饰头墙。2020年3月被列入县历史建筑名录。

邵氏民居　位于卸厅中心,雍睦堂北面,坐北朝南140度,面积138.32平方米,明代建筑。三间二搭厢楼屋结构。

邵瑞斌民居　位于卸厅中心,坐东朝西254度,面积89平方米,明代建筑。三间二搭厢结构。明间五檩穿斗用四柱,次间亦五檩用四柱,明间设天井,天井四檐柱有两只牛腿,天井用花岗石条石砌筑。搭厢梁架有改动,其余梁架基本完好,正面不设大门,鼓形础,三合土破损严重,后次间地面升高,用水泥浇。左次间和明间分隔使用,明间与右次间各为一住户,分别为雍睦堂18、23号。2019年7月被列入县历史建筑名录。

邵宝生民居　位于卸厅长后山2号,坐北朝南170度,面积98平方米,明代建筑。三间二搭厢楼屋,楼上厅结构,明间五檩穿斗用五柱,次间五檩亦用五柱,明间设天井,天井檐柱和二只牛腿,天井青石板条石砌筑,厢房、搭厢基本保存完整,左搭厢砌灶台,左次间山墙开门,门前为弄堂。圆栅、楼板保存完整,天井檐头有楼檐。正面不设大门,左次间门素面砖砌、二级台阶,鼓形础,三合土墁地,硬山顶,马头墙。2019年7月被列入县历史建筑名录。

邵勤昌民居　位于卸厅长后山42号,坐北朝南170度。三间二搭厢结构。

邵益平民居　位于卸厅长后山48号,坐北朝南150度。三间二搭厢结构,楼上厅结构,明代风格明显。

邵向明民居　位于后邵大众路111号,坐东朝西260度,明代建筑。原为三进三开间楼屋,现仅存第二进。通过2018年核查。

邵文庆1号民居　位于后邵大众路83号,主楼朝东80度,面积134平方米。为一进五开间二层楼屋结构,做法精巧、规整。

邵文庆2号民居　位于后邵大众路73号,朝向东80度,面积105平方米,明代建筑。一进三开间二层楼屋结构。通过2018年核查。

邵永富民居　位于后邵大众路27号,朝向朝北320度,面积97平方米,明代建筑。一进三开间二层楼屋。明间两缝梁架七檩穿斗用四柱。次间两缝梁架同,一层明间两缝减柱用四柱,天井四檐牛腿镂空雕刻狮子和鹿,承托额枋的雀替雕饰花卉用斜撑,其他花板镂雕卷草。天井用石灰岩石砌,柱础鼓墩式用石灰岩凿。椽上覆板瓦,仅檐口用望板,上盖小青瓦。三合土墁地,硬山顶,外饰马头墙。2019年7月被列入县历史建筑名录。

严向标民居　位于后邵中心大众路62号,坐西朝东70度,面积106平方米,清代建筑。原二进三开间,前厅后楼结构,现存前进三间二搭厢楼屋结构,门楣上有“瑞气□□”字样。

陈永军民居　位于后邵大众路64号,坐南朝北335度,清代建筑。二进三开间对合楼屋。面积218平方米,一进明间五檩穿斗用五柱,次间五檩亦用五柱,二进明间五檩用五柱,次间亦用五柱,前后进分隔使用,二进间设天井,天井四隅檐柱有四只牛腿,牛腿饰花卉,人物图案,雕刻精致，额枋亦饰人物浮雕，形象逼真，栩栩如生，天井用青石板条石砌筑，井台用水泥浇筑，天井左侧建卫生间。建筑施雀替、梁托，额枋中间饰人物图案，两头与金柱间施梁托（小牛腿），雕刻精细，做工考究。2019 年 7 月被列入县历史建筑名录。

叶跃清民居　位于后邵大众路 102 号，坐东朝西 285 度，面积 86 平方米，清代建筑。三间二搭厢楼屋结构，面积 86 平方米，明间五檩穿斗用四柱，次间五檩穿斗用四柱，明间设天井，天井四隅檐柱无牛腿，天井用条石砌筑，井池用鹅卵石砌筑，天井两侧砌墙改造，厢房尚存，左搭厢房砌灶台，右搭厢基本完好，但堆放杂物，圆栅、楼板尚完整，楼梯位设在照壁后，正面不设大门，门开在左次间山墙，门素面砖砌，存石门槛。鼓形础，三合土墁地，硬山顶，马头墙。外有围墙、闾门。2020 年 3 月被列入县历史建筑名录。

邵华庆民居　位于后邵，坐南朝北 335 度，面积 73 平方米，明代建筑。三间二搭厢楼屋结构。

邵庆荣民居　位于后邵大众路 81 号，坐西朝东 70 度，面积 67 平方米，民国建筑。三间二搭厢楼屋结构，面积 67 平方米，明间五檩穿斗用三柱，次间亦用三柱，明间设天井，天井檐柱无牛腿，天井筑水泥地改造，施雀替，梁、雀替饰有浮雕图案，圆栅、楼板完整，天井檐头重檐。鼓形础，三合土墁地，硬山顶，马头墙，楼梯设在左搭厢，正面不开门，门设在后檐墙。2020 年 3 月被列入县历史建筑名录。

邵志银民居　位于后邵大众路 57 号，坐北朝南 176 度，清代建筑。三间两搭厢楼屋，面积 89.87 平方米，明间五檩穿斗用五柱，次间亦五檩穿斗用五柱，明间天井已覆盖改造，井池已填埋，方栅，除施梁托外，无其他艺术构件，明间中柱起砌墙分隔，右次间与明间分隔使用，另开正门，并砌灶台，左厢房尚存，但室内铺地砖装修，左次间山墙开门通向另一建筑，右次间搭厢砌灶台，原明间正门封闭，大门改开左次间前檐墙。鼓形础，三合土墁地，硬山顶，马头墙。建筑除天井改造外，梁架基本完整，但室内多处分隔装潢改造，大门素面砖砌。表面浇水泥，上置简单门罩，存石门槛一副。2019 年 7 月被列入县历史建筑名录。

邵国成民居　位于后邵大众路 120 号，坐南朝北 330 度，清代建筑。三间二搭厢结构。通过 2018 年核查。

83 号邵氏民居　位于前邵老街上，坐北朝南 140 度。二进三开间对合屋结构，面积 215 平方米。前进明间七檩用四柱，次间山缝七檩用五柱。前进额枋木雕饰卷草纹及菊花纹、柱、梁之间雀替木雕饰“暗八仙”图案。柱、枋之间雀替木雕饰卷草纹。天井用条石铺砌，天井四隅檐柱有四只牛腿，木雕饰山水图案和亭台楼阁，牛腿上用斗拱承托楼上围栏。楼上沿天井四周施栏杆，后进明间七檩用四柱，次间山缝七檩用五柱。后进额枋木雕饰卷草纹和果盒图案。后进朝北方向檐柱存牛腿二只，木雕饰龙凤图案。大门朝街开设，门上施砖砌门罩。原用三合土墁地，饰斜方格纹，现局部用混凝土浇地。鼓形础，硬山顶，外饰马头墙。原为三进，现存前、中二进。2019 年 7 月被列入县历史建筑名录。

邵祖良民居　位于前邵老街 102 号，坐北朝南 140 度，建筑面积 139 平方米。二进三开间对合屋结构，面积 139 平方米。大门上有砖砌门罩，前进明间三檩抬梁用二柱，次间山缝穿斗用三柱。前进柱与枋、梁之间皆有雀替，木雕饰卷草纹。天井用条石铺砌，天井楼上四沿施栏杆，天井中有圆形石缸一只，天井四隅檐柱存牛腿四只，木雕饰卷草纹和菊花图案牛腿上的挑头端有“春夏秋冬”楷书。后进楼上明间五檩穿斗用五柱，楼上山缝五檩穿斗用五柱，后进楼下明间减中柱用四柱，楼下次间减金柱用四柱，柱一般，但梁、枋粗大。柱与梁、枋之间皆用雀替连接，木雕饰卷草纹和菊花图案。前进进深较浅,后进进深较深。三合土墁地。鼓形础。硬山顶,外饰马头墙。2019 年 7 月被列入县历史建筑名录。

邵阿章民居　位于前邵老街上,坐南朝北 310 度,面积 98 平方米,清代建筑。三间二搭厢结构。楼上明间五檩穿斗用五柱,楼下间中柱用四柱,次间山缝五檩穿斗用五柱,楼下亦用五柱,柱、枋、梁之间皆用雀替相连,木雕饰回云纹和菊花图案,天井用条石铺砌,天井有石水缸一只,俗称“千斤缸”。柱用材较小,但梁、枋用材较粗大,鼓形础。三合土墁地。硬山顶,外饰马头墙。2019 年 7 月被列入县历史建筑名录。

邵氏民居　位于前邵老街,坐北朝南 220 度,清早期建筑。为南边大屋的附属边屋,面积 80 平方米,吸壁天井,天井地面用大块石板铺砌,石板有雕花。天井四隅檐柱有牛腿四只,“S”形斜撑状,雕饰牡丹花图案。挑头雕饰花卉图案,并刻有“福禄寿禧”四字,楼上设有天井围栏,饰几何图案,天井原施挡雨板现拆除。楼上明间双缝五檩用五柱,次间山缝五檩用五柱,楼下明间四柱落地,次间五柱落地,梁用方梁,楼栅亦用方形,额枋用方形,无雕饰檐柱与桥梁之间用长替相接,并饰昂,楼下楼层十分高敞。用鼓形础,三合土墁地,砖墙,外饰马头墙。2019 年 7 月被列入县历史建筑名录。

139 号邵氏民居　位于前邵老街,坐北朝南 135 度,面积 113 平方米。三开间楼屋,楼下沿街原开设木排门,现用砖砌墙。沿街三根额枋两端雕饰蟋螭纹,四根檐柱存牛腿四只,原为山水人物图案,“文化大革命”时期被凿去,挑头上的雕花与刻字亦被凿去,楼上沿街开设栏杆,并设窗门,楼上明间双缝五檩用五柱,次间山缝五檩用五柱。楼下明间双缝抬梁式三柱落地,次间山缝抬梁式三柱落地。室内无任何艺术雕饰,用鼓形础,梁柱用材较粗大,泥土地,砖墙,外饰马头墙。为典型的沿街店铺建筑,设木排门,楼上沿街有栏杆,室内用抬梁减柱,以扩大使用空间。2019 年 7 月被列入县历史建筑名录。

邵应平民居　位于前邵东南角,坐北朝南 210 度,清朝中期建筑。二进三开间对合楼屋,走马楼,面积 197 平方米。现前进的明间和右边次间已拆除改造砖屋。前进楼上次间山缝五檩穿斗式用三柱。天井为重檐结构。天井地面已用水泥浇地,天井四隅檐柱有四只,“S”形斜撑状,雕饰花卉和蕉叶。牛腿上用花拱承接天井楼檐。后进楼上明间双缝七檩穿斗式用五柱。次间山缝七檩穿斗式用五柱,楼下明次间皆五柱落地,檐柱与额枋之间用长柄相接,并饰象鼻昂,后进过廊用冬瓜梁,梁两端刻虾须纹,梁下雀替雕饰蟠螭纹及花瓶花卉图案。楼栅与柱之间亦用长替相接并饰象鼻昂。砖墙,硬山顶,外饰马头墙。2019 年 7 月被列入县历史建筑名录。

邵柏成民居　位于前邵西面,坐北朝南 150 度,明代建筑,面积 100 平方米,前厅后楼(楼上厅)。原为三进二明堂结构,现前进及前天井改造拆除。第二进与第三进目前呈“前厅后堂楼”结构。

2 号邵氏民居　位于前邵中心,坐北朝南 135 度。原为前厅后楼结构,建筑始建于明代,后经多次改造,现存为清代建筑。

另有:席良富宅、祝肖彬宅、邵清寿宅、石塘边古井、王富华宅。通过 2018 年核查的:席家圆门里 38 号林氏民居(清代)、圆门里路边潘云龙宅(明代)、圆门里 43 号席伟松宅(清代)、圆门里 64 号林玉生宅(清代)、圆门里 70 号席炳洪宅(清代)、圆门里 78 号姜国君宅(民国)、席家李家井 32 号席志和宅(清代)、卸厅长后山 43 号周志福宅(清代)、后邵大众路 77 号陈文军宅(三进头,清代)、大众路 132 号邵国庆宅(明代)、邵向红宅(清代)、大众路 102 号叶跃明宅(清代)、大众路 108 号郑水清宅(清代)、大众路 65 号邵向军宅(清代)、大众路 75 号周云弄宅(民国)、大众路 73

号邵章庆宅(清代)、前邵50号农家书屋(清代)、前邵51号邵土银宅(清代)、前邵52号张竹金宅(清代)、前邵古街熊有根宅(明代)、前邵5队(清代)、前邵80号邵志洪宅(清代)、前邵139号前邵三队(清代)、前邵104号邵根溪宅(清代)、前邵83号老年活动室(清代)、前邵139号村集体店铺(清代)、前邵37号叶树清宅(民国)。

【天池村】

王松林民居　位于儒大门中心,坐北朝南140度,明代建筑。三间二搭厢结构。通过2018年核查。

王本源民居　位于儒大门94号,坐北朝南220度,明代建筑。三间二搭厢结构。通过2018年核查。

李寿福民居　位于儒大门62号,坐西朝东130度,明代建筑。硬三间结构。通过2018年核查。

张土根民居　位于儒大门86号,坐南朝北40度,面积113平方米,清早期建筑。原为前厅后楼结构,现厅屋已拆除,仅存后进及天井、厢房,构成独立完整的“三间二搭厢”式楼屋,天井吸壁、重檐,用规整青石条围砌,四隅檐柱存牛腿四只,“S”形斜撑状,简单雕饰蕉叶图案,挑头饰花卉,用斗和花拱承接重檐,楼上沿天井施花窗,花窗之间用竹编和泥造筑,楼上明间两缝七檩穿斗式用五柱,次间山缝七檩穿斗用五柱,楼下明间五柱落地,次间山缝四柱落地。额枋呈冬瓜形,两端刻双线龙须纹,额枋与檐柱之间用长机,长机雕饰莲花图案,饰昂。柱端皆饰斗,斗上直接架檩,椽粗密,上施望砖。楼下明间用竹编和泥造隔房,用鼓形础,三合土墁地,砖墙、硬山顶,外饰马头墙。尚存部分明代建筑风格(如柱端挂斗)。2019年7月被列入县历史建筑名录。

王士军民居　位于儒大门85号,坐西朝东130度,面积91平方米,明代建筑。三间二搭厢楼屋结构,吸壁天井,天井地面用砖铺地,天井四隅存“S”形斜撑状牛腿四只,饰蕉叶图案。挑头粗大,饰菊花,用斗和花拱承天井檐头。楼上明间两缝抬梁式四柱落地。次间山缝五柱落地。柱端施斗,斗上直接架檩,上饰望砖,用櫍形础,部分用直筒状柱形础,水泥浇地,砖墙,硬山顶,外饰马头墙。2019年7月被列入县历史建筑名录。

王石根民居　位于儒大门66号,坐西朝东110度,面积98平方米,清代建筑。三间二搭厢楼屋,楼上厅结构,天井已被改造覆盖,地面已用水泥浇筑,吸壁天井,天井原有楼檐。天井四隅存牛腿四只,“S”形斜撑状,雕饰蕉叶及花卉,挑头饰花卉,上用斗拱承天井楼檐。楼上明间为厅结构,两缝五檩抬梁式用四柱,次间山缝五檩用五柱,楼下明间双缝四柱落地,次间山缝五柱落地。额枋呈冬瓜形,两端刻双线龙须纹,饰枝蔓图案,额枋与檐柱之间用长机相接,用丁头拱,饰象鼻昂。楼下过廊梁用冬瓜梁,梁两端刻虾须纹,楼下楼层宽敞,楼上亦宽敞,用鼓形础。三合土墁地,砖墙,硬山顶,外饰马头墙。2019年7月被列入县历史建筑名录。

王氏民居　位于儒大门三槐堂右侧,坐东朝西285度,面积87平方米,民国建筑。三间二搭厢楼屋结构,大门开设于左边厢房,大门有四级石台阶,门楣上有木构门罩,存牛腿二只,饰蟠螭纹及麒麟图案,挑头饰花卉图案,吸壁天井,天井用规整青条石铺筑,天井四隅檐柱存牛腿四只,雕饰蟠螭纹及器皿、宝瓶、花卉、双狮、双鹿图案。挑头饰山水阁图案,厢房梁呈方形,整体雕刻,饰蟠螭纹及宝瓶花卉图案。楼上明间两缝五檩穿斗式用五柱,次间山缝五檩穿斗式用五柱。楼下明间抬梁四柱落地,次间山缝五柱落地,额枋两端饰枝蔓花卉,正中为聚宝盆,惜已被凿去,明间梁用方梁,通体雕饰蟠螭纹和花卉宝瓶。梁下饰枝花,饰冰裂纹间以花卉图案,右边厢房存花格窗,饰几何图案。用鼓形础,水泥浇地,砖墙,硬山顶,外饰马头墙。2019年7月被列入县历史建筑名录。

徐永林民居　位于溪东81号，坐南朝北350度，面积163平方米，明代建筑。原为三进二明堂结构，面积163平方米。现第一进和前天井拆毁，存二进一个天井。前进明间五檩用四柱，次间山缝五檩用五柱。前进梁上雕饰卷云纹，柱梁之间的雀替木雕饰戏曲人物故事。前进额枋木雕饰菊花图案，正中为戏曲人物故事，天井用青石条铺砌，天井楼上设栏杆，厢房的梁木雕饰"蝠倒"图案。天井四隅檐柱存牛腿四只，木雕饰戏曲人物故事。牛腿上挑头木雕饰戏曲人物。后进明间五檩穿斗用五柱，次间五檩用五柱，后进额枋木雕饰戏曲人物故事，后进檐柱与枋之间用丁头拱。后进柱梁之间雀替木雕饰戏曲人物故事。三合土墁地，用鼓形础，硬山顶，外饰马头墙。梁架完整，木雕饰数量众多，多为戏曲人物故事。2019年7月被列入县历史建筑名录。

王成忠民居　位于儒大门中心，坐东朝西285度，明代建筑。硬三间结构。梁架为五檩用五柱，柱上施斗，椟形础，三合土墁地，外置马头墙。

徐润芝民居　位于溪东30号，坐南朝北350度，面积163平方米，明代建筑。原为前厅后楼二进三开间结构形制，后进为楼上厅。前厅七檩用四柱，后楼为五檩用五柱，木雕一般，用材中等。三合土墁地，鼓形础，外饰马头墙。2019年7月被列入县历史建筑名录。

李文才民居　位于儒大门23号，坐西朝东130度，明代建筑。三间二搭厢结构。通过2018年核查。

鲁宝华民居　位于邵源坞96号，坐东朝西285度，面积119平方米，清代建筑。三间二搭厢楼屋结构，原有砖砌门罩，后改建天井时拆前山墙时拆除。天井已被改造覆盖，地面用水泥浇地。天井原重檐。天井四隅檐柱无牛腿，楼上明间七檩穿斗式用五柱。次间山缝七檩穿斗用五柱，楼下明次间皆五柱落地。额枋呈弧形。两端刻双线虾须纹，额枋与檐柱之间长机相接，长机下用丁头拱，饰象鼻昂。梁用方梁。用鼓形础，水泥浇地，砖墙，硬山顶，外饰马头墙。2019年7月被列入县历史建筑名录。

鲁春棋民居　位于邵源坞东面，坐北朝南150度，面积118平方米，明代建筑。三间二搭厢楼屋结构。通过2018年核查。

杨荣华民居　位于杨家148号，坐北朝南210度，面积91平方米，明清建筑。三间二搭厢厅式结构。通过2018年核查。

杨绍泉民居　位于杨家141号北面，坐东朝西245度，面积79平方米，明清建筑。三间二搭厢楼上厅结构，吸壁天井砖用"廿四斤砖"，饰马头墙。楼层高敞，为典型的楼上厅结构。通过2018年核查。

杨志军民居　位于杨家村81号，坐北朝南135度，面积130平方米，明清建筑。三间二搭厢楼屋结构。通过2018年核查。

赵金松民居　位于杨家107号，坐东朝西240度，面积85平方米，明清建筑。原为二进三开间对合楼屋，现拆去前进，存天井与后进，呈独立完整的三间二搭厢结构。通过2018年核查。

鲁金标、鲁宝松民居　位于杨家68、67号，坐北朝南150度，面积98平方米，始建于清早期，斗、拱结构形制皆有明代遗痕。三间二搭厢结构。明间两缝五檩前卷棚后单步用四柱，次间山缝五檩用五柱。天井用条石铺砌，四隅存牛腿四只，木雕饰云纹，菊花及暗八仙图案，挑头有"文、行、忠、信"四字。额坊木雕饰卷草纹，"蝠倒"图案。雀替木雕饰花卉图案。楼上沿天井设栏杆。月梁较粗大，柱用材一般。鼓形础，三合土墁地，硬山顶，外饰马头墙。附属房屋为厨房，三间、明、次间皆五檩五柱。布局严谨，大部分艺术构件保存完好。2019年7月被列入县历史建筑名录。

杨建功民居　位于杨家76号,坐北朝南150度,面积174平方米,清代建筑。二进三合间对合屋结构。前进明间双缝五檩前后单步用四柱,次间山缝五檩用五柱。前进额坊木雕饰卷云纹及卷草纹。天井用条石铺砌,天井四隅檐柱有四只牛腿,木雕饰草龙、宝瓶、花卉。后进明间双缝七檩前卷棚后单步用四柱,次间山缝七檩用五柱。后进额坊木雕饰卷草纹和卷云纹。楼为走马楼,楼上天井四隅设栏杆。三合土墁地,鼓形础,硬山顶,外饰马头墙。2019年7月被列入县历史建筑名录。

鲁永根民居　位于邵源坞30号,坐北朝南190度,面积77平方米,明清建筑。三间二搭厢结构。通过2018年核查。

鲁万军民居　位于邵源坞中心,坐东朝西290度,面积88平方米,明清建筑。三间二搭厢楼上厅结构,明间七檩前后单步用四柱,次间山缝七檩穿斗用五柱。檐柱与额枋间用丁头拱,饰象鼻昂。天井用条石铺砌,有楼檐,四隅檐柱有牛腿四只,作斜撑状,透雕卷云纹,牛腿上无挑头,直接呈斗拱。楼下简朴,楼上厅装饰富丽堂皇。楼上厅明间抬梁式,次间穿斗式。柱梁之间施丁头拱,拱与承蚕腹形长条。檩梁间有驼峰。柱端皆用斗拱。椽粗大,上覆望砖,盖小青瓦。楼上天井四周格窗已损毁。三合土墁地,用鼓形础。硬山顶,外饰马头墙。楼上厅结构严谨细致。2019年7月被列入县历史建筑名录。

杨康富民居　位于杨家中心,关西世家大门口,坐南朝北50度,明代建筑。硬三间楼屋结构。通过2018年核查。

赵云三民居　位于杨家南面,坐北朝南140度,明代建筑。三间二搭厢结构楼屋。通过2018年核查。

杨金国民居　位于杨家92号,关西世家西面,坐南朝北50度,面积118平方米,清代建筑。三间二搭厢楼屋结构。明间七檩用四柱,天井用条石铺砌,牛腿雕饰卷云纹,无正门,设边门,三合土墁地,鼓形础,外饰马头墙。2019年7月被列入县历史建筑名录。

杨氏民居　位于杨家中心,关西世家屋后,坐北朝南140度,面积162平方米,清代建筑。二进三开间对合楼屋。前进明间五檩楼下三柱,左右次间五檩用五柱,后进明间五檩用五柱,次间相同。天井用条石铺砌,天井四隅四只牛腿被盗,楼下梁架及廊梁雕饰回纹,木雕简单,用材中等。三合土墁地,鼓形础,外饰马头墙。为北乡较典型的对合楼屋结构。2019年7月被列入县历史建筑名录。

鲁志焕民居　位于邵源坞,坐东朝西290度,明代建筑。三间二搭厢形制。通过2018年核查。

王阿代民居　位于新宅新中路10号,坐东朝西220度,明代建筑。五开间,前设天井,楼上厅结构。现已拆除。

姜远雷民居　位于新宅新中路9号,坐北朝南偏西210度,清代建筑。为三间二搭厢楼屋。

陈阿明民居　位于新宅新中路14号,坐东朝西220度,清代建筑。二进三开间二明堂,对合屋结构。通过2018年核查。

王阿金民居　位于新宅新中路24号,坐北朝南216度,明代建筑。四开间楼屋,硬山顶。通过2018年核查。

鲁寿清民居　位于新宅新中路33号,坐东朝西315度,清代建筑。三间二搭厢,楼上厅结构。通过2018年核查。

王献生民居　位于新宅新中路38号，民国建筑。三间二搭厢楼屋。通过2018年核查。现已拆除。

郑根清民居　位于新宅新中路28号，坐东朝西230度，明代建筑。三间二搭厢结构。通过2018年核查。

王溪远民居　位于新宅新中路27号，清代建筑。三间二搭厢楼屋。通过2018年核查。

王文升民居　位于新宅新中路55号，坐东朝西250度，明代建筑。两进三开间前厅后楼结构，独立闯门。

叶东良、叶柏林宅　位于新宅新中路19号，坐东朝西220度，明代建筑。三间二搭厢结构。通过2018年核查。

王渭成民居　位于新宅新北路15号，民国建筑。三间二搭厢楼屋，前厅后楼。通过2018年核查。

王渭成宅　位于新宅新北路4号，坐东朝西230度，民国建筑。二进三开间对合楼屋结构。通过2018年核查。

陈阿云民居　位于新宅，明代建筑。三间二搭厢，梁架有倾斜，毁坏，成危房。通过2018年核查。

王仁华民居　位于新宅，坐西朝东135度，清代建筑。三间二搭厢楼屋。通过2018年核查。

王恭清民居　位于新宅，坐东朝西315度，清代建筑。三间二搭厢楼屋。通过2018年核查。

杨金宝民居　位于新宅，坐西朝东北47度，民国建筑。原为硬三间，右边另加为楼梯屋。

王树昌民居　位于新宅，民国建筑。硬三间楼屋。2023年已拆除。

鲁毓根民居　位于新宅，坐南朝西222度，明代建筑。为二进三开间，前厅后楼结构。通过2018年核查。

郑明昌民居　位于下店，坐北朝南210度，体量较小，长10米，宽9米，为清朝早期建筑。三间二搭厢形制。通过2018年核查。

王士斌民居　位于下店东南角，坐东朝西220度，面积107平方米，明代建筑。为三间二搭厢楼上厅结构。明间五檩穿斗用五柱，次间山缝五檩用五柱。天井用条石围筑。檐柱有两只牛腿，木雕饰卷云纹及亭台楼阁，额枋木雕饰山水花卉。梁截面为方形。施丁头拱，饰象鼻昂。柱端用斗，无拱，无雕饰，楼上厅房间用竹编和泥造。椽粗大，截面呈矩形，用望砖，上盖小青瓦，鼓形础，原用地砖墁地，后部分改用三合土。柱披麻捉灰髹漆。硬山顶，外饰马头墙。楼上厅虽不华丽，但有明代民居特点。2019年7月被列入县历史建筑名录。

王启才民居　位于下店南面，坐东朝西310度，面积88平方米，明代建筑。三间二搭厢结构，无楼。大门口有砖雕门罩，楷书“勤俭起家”四字。明间五檩穿斗用五柱，次间山缝五檩穿斗用五柱。柱端无斗，无拱，无昂。天井用条石铺砌，檐柱作斜撑。椽粗大，上覆望砖，盖小青瓦。房间墙壁下部用砖砌，上部用杉木板。原用三合土墁地，现改用混凝土浇筑，槓形础。硬山顶砖墙，外饰马头墙。因始建明朝，保留了明代民居的部分特点。2019年7月被列入县历史建筑名录。

王中一民居　位于下店上新屋，坐北朝南224度，面积138平方米，民国建筑。三间二搭厢楼屋，面积138平方米。大门素面砌砖，上置门罩，门罩用青砖叠涩出檐，上盖小青瓦。明间五檩穿斗用四柱，次间五檩穿斗用五柱，明间设天井，天井四隅檐柱有四只牛腿，雕饰花瓶、人物、花卉浮雕，额枋中间饰人物、动物浮雕，两头饰龙纹，天井四沿用青石板铺砌，井台用三合土浇筑，天井右侧浇水泥地，施雀替和梁托。上下梁之间附有花板，天井楼上四沿栏杆完好，天井局部覆盖，用方栅，楼板完整。左厢房、搭厢隔断砌墙。楼梯设在明间照壁后，櫍形础，三合土墁地，硬山顶，马头墙，有门廊。2019 年 7 月被列入县历史建筑名录。

王品雄民居　位于下店中心，坐北朝南偏西 225 度，面积 153 平方米，民国建筑。二进三开间对合楼屋，面积 153 平方米。大门素面砖砌，有石门坎，上置门罩，门罩用青砖叠涩出檐，上盖小青瓦，门楣上有“山抱水秀”字样。一进明间五檩穿斗用三柱，次间五檩用五柱；二进明间七檩穿斗用四柱，次间亦七檩用四柱，二进间设天井，天井有三只牛腿，牛腿饰花卉浮雕图案。天井四周用青石板铺筑，井池杂草丛生，前后进分隔使用。天井檐头重檐，天井四沿梁架局部倒塌，二进明间櫍形础，次间鼓形础，二进后檐墙开门出入。一进鼓形础。保存基本完好，前后进分隔封闭使用，一进厢房装潢改造。墙体完整、稳固，三合土地面，硬山顶，马头墙。为对合走马楼结构形制。2019 年 7 月被列入县历史建筑名录。

王士生民居　位于下店中心，坐南朝北 24 度，面积 162 平方米，清代建筑。五开间二搭厢楼屋结构，面积 162 平方米，建筑明间六檩穿斗用六柱，次间亦用六柱，梢间用六柱，前面靠其他建筑墙体，并设天井，天井檐柱无牛腿，建筑也无艺术构件。天井用青石板条石砌筑，井池内堆积杂物，檐头重檐，正面不开门，门设在左梢间山墙。室内堆积杂物、生活用具等，管理较差。大门素面砖砌，存有石门坎一副，鼓形础，三合土墁地，硬山顶，左搭厢砌灶台。2019 年 7 月被列入县历史建筑名录。

王渭进民居　位于下店中心，坐东朝西 310 度，面积 142 平方米，民国建筑。三间二搭厢楼屋，明间五檩用四柱，次间五檩穿斗用四柱，建筑设前廊，明间设天井，天井四隅檐柱有四只牛腿，牛腿饰人物、花卉图案，人物图案头像破坏，天井用玻璃瓦覆盖，井池填埋。额枋饰“凤凰”图案，两头饰龙纹，楼板完整，用材粗大，左前檐墙亦开门。左次间砌墙改造，分隔厨房。左次间砌灶台，楼梯位设右次间。鼓形础，水泥地面，右次间前檐墙开门。雕刻精巧，用材考究。现作为耶稣教堂使用。2019 年 7 月被列入县历史建筑名录。

杨金宝民居　位于上新屋，坐西朝东北 47 度，面积 152 平方米，民国建筑。三开间楼屋，每间均为九檩用四柱，次间设厢房，左加一间。左侧建厨房，砌灶台，楼梯设在厨房屋，建筑用方栅，楼板完整。屋为硬三间，右面另加一间为楼梯屋，无天井，门窗装饰欧化，硬山顶，四面滴水，右山墙开门。外墙稳固，门面有西洋风格。外有八字门厅，并有抱鼓石坐垫。大门存石门框、门槛一副，大门素面砖砌，两边砖柱顶端及门楣上饰有图案，上设门罩。建筑具有西洋风格，是县建筑史上中西结合的代表，有较高的历史和研究价值。2019 年 7 月被列入县历史建筑名录。

王雪君民居　位于下店 1 号，坐南朝北 30 度，面积 203 平方米，清代建筑。由并列相连的 2 幢三间二搭厢组成，面积 203 平方米。2 幢房屋梁架结构及房间布局完全对称相同。明、次间皆七檩用五柱。左边天井四隅檐柱有四只牛腿，透雕“和合二仙”“刘海戏金蟾”图案，其中右边檐柱牛腿雕饰中有“道光通宝”铜钱。右边天井四隅牛腿木雕饰卷云纹及花卉、宝瓶图案。四间厢房有三间花窗尚存。右边楼上天井四沿的木栏杆被风刮倒，左边尚存。房间皆用墙砌底部，上部用竹编和泥造。右边厅堂上有残缺的清代“喜报”。楼上有清代农具若干，有水车、纺机、织机、草鞋织机、弹棉絮工具、耙等。右边楼上有祖上题诗于壁上。壁上题名：“静远轩”，有

“静坐攻书若此楼，心思不奔外方游”，“云际依依认旧林，断崖荒草路难认。西山望见朝来雨，南润归时度处深”等诗句。三合土墁地，鼓形础，硬山顶，外饰马头墙。梁架、艺术构件基本完好。2019 年 7 月被列入县历史建筑名录。

王士开民居　位于下店 43 号，坐南朝北 20 度，面积 222 平方米，明末清初建筑。二进三开间前后进结构。前进明间两缝五檩用四柱，次间山缝五檩用五柱。天井用青石条铺砌有楼檐。檐柱有牛腿，作斜撑状，雕饰卷草纹，牛腿上用斗，额枋木雕饰菊花。房间花格窗尚存。鼓形础，下置覆盆，三合土墁地。后进修建年代稍晚，约为清初，明间两缝五檩用四柱，次间山缝五檩用五柱。天井用条石铺砌，有楼檐，天井四隅有四只牛腿，木雕饰山水花鸟，挑头有篆书“□□□□”，厢房梁上木雕饰双凤朝阳。明间额枋木雕饰双凤及八卦。后进所有梁上都有精美木雕。用鼓形础，下置覆盆，三合土墁地。硬山顶，外饰马头墙。后进雕刻精美，但明间额枋已严重糟朽，几成危房。规模较大，梁架、艺术构件基本保存完好。2019 年 7 月被列入县历史建筑名录。

王树荣民居　位于下店西面，坐北朝南 200 度，明代建筑。原为二进三开间前厅后楼形制，现存前进三开间。通过 2018 年核查。

另有：王允文宅、叶向明宅、徐奶强宅、杨邵云宅。通过 2018 年核查的：溪东应树林宅（清代）、村集体杨氏民居（明代）、杨家杨永庆宅（明清）。

【塔下叶村】

包永清民居　位于塔下叶 148 号，原为“姚子殿”，离塔下叶村约 150 米，位于龙游至寿昌的古官道旁，坐南朝北 40 度。为三进三明堂。

姜永清民居　位于塔下叶 63 号，坐南朝北 10 度。硬三间，不设天井，不设楼，面积 76 平方米。

叶宝银民居　位于塔下叶 20 号，坐北朝南 185 度，清代建筑。三间二搭厢结构，面积 91 平方米。通过 2018 年核查。

叶发荣民居　位于塔下叶 132 号，坐北朝南 180 度，清代建筑。二进三开间对合屋结构，面积 180.80 平方米。通过 2018 年核查。

通过 2018 年核查的：塔下叶 67 号叶天宝宅（清代）、69 号叶土成宅（民国）以及叶志根宅（清代）、叶成高宅（清代）和翁坞 45 号张培松宅（民国）。

【腰塘边村】

张卸奶宅　位于凌阁张中心，坐西朝东 70 度，面积 133 平方米，始建于明代。原为楼上厅结构，后改造。

张树奶民居　位于凌阁张东头 53 号，坐南朝北 332 度。三开间，无天井，设楼上厅。

张益平民居　位于凌阁张西头 15 号，坐西朝东 80 度。三间二搭厢结构，面积 83 平方米。

王水金民居　位于马鞍山 25 号，坐北朝南 178 度。二进三开间，前厅后堂楼结构，前后天井，面积 224 平方米。大门门框用青石条，门楣上有楷书“景福维新”，砖砌门罩。

邱金木民居　位于马鞍山 15 号，坐东朝西 266 度。三间二搭厢结构，面积 75 平方米。

钱宝清民居　位于腰塘边中心，坐西朝东 110 度。三间二搭厢楼屋结构，面积 65 平方米。

李云棠民居　位于马鞍山，坐北朝南 180 度。二进三开间对合楼屋，面积 136 平方米，民国建筑。

通过 2018 年核查的：腰塘边 15 号邱永银宅、马鞍山大厅、马鞍山 33 号李志仁宅，均为民国建筑。

【河宗村】

徐锡棠民居　位于张家盈丰巷,坐南朝北340度。三进二明堂结构,仿木砖砌门楼,二柱二层,门框用青砖砌就,立柱用素砖砌就,门枋由独立的五块砖雕组成,为戏曲人物故事图案。门楼二层枋由七块砖雕组成,为花卉图案。二层枋上施四个斗拱,上承砖砌门罩。所有砖雕在“文化大革命”期间用黄泥涂抹保护,现部分显露。

郎于春民居　位于张家盈丰巷33号,坐北朝南340度。为隔壁胡玉其宅的附属边屋,三间二搭厢结构。

洪文林民居　位于张家西面,坐南朝北340度。三间二搭厢结构。现存明间和左侧次间及厢房。

张富清民居　位于张家老街,坐南朝北340度。四开间楼屋结构,为村活动室边屋。

胡玉其民居　位于张家老街,坐南朝北340度,明代建筑。原为三间二搭厢楼屋形制,现存左侧厢房及次间,其他无存,梁架为五檩用五柱,牛腿为斜撑状,木雕简单,三合土墁地,鼓形础,外饰马头墙。

曾阿富民居　位于钱家5号,坐北朝南140度,清代建筑。二进二明堂前厅后楼结构。通过2018年核查。

钱昌荣民居　位于钱家中心,坐北朝南140度,清代建筑。原为前厅后楼结构,现存后楼。通过2018年核查。

另有:钱氏宗祠、吴有苟宅、钱永发宅、钱金林宅、钱樟发宅、钱祖清宅、钱永生宅、钱根信宅、吴雪清宅、许甘根宅等。通过2018年核查的:钱家39号徐炳溪宅(民国)、钱家12号钱小徐宅(民国)、钱家7号钱志春宅(民国)、钱家18号钱顺太宅(民国)、钱家56号曾斌宅(民国)、张家盈丰巷31号老年活动室(清代)。

第四节　文物保护

境内古村落以及古建筑的保护、管理、修缮,一直得到国家、省市县有关部门的关心与支持。1991年10月13—14日,国家文物局专家组组长罗哲文一行考察关西世家、三槐堂(下)等古建筑。2008年12月11日,衢州市副市长考察三槐堂(下)、关西世家。2009年8月12—13日,省专家组考察并确定将三槐堂、雍睦堂、绍衣堂与横山塔列入“第七批全国重点文物保护单位”推荐名单。2010年4月9日,浙江省考古专家到天池村考察古建筑;8月20日国家文物局专家现场考察复核第七批国家重点文物申报对象。2015年6月10日,浙江省文物监察总队到境内调研国家级文物保护单位。2022年9月22日,中国文物交流中心党委书记、主任谭平一行实地走访横山塔、三槐堂、关西世家,并召开座谈会。

一、保护模式

专人负责　主要在县文化旅游部门的指导下，由村委会负责管理，具体由镇文化站及村业余文物保护员负责。一方面，加大古村与文物保护宣传力度，对上级有关文物保护文件，及时向村民公布，做到家喻户晓，增强村民保护意识；另一方面，指定专人对古村落加大检查，及时发现问题、解决问题。2018 年起探索“捐赠+认领”模式做好古建文物保护，并分工相关村支委为业余文保员，负责日常检查。

划定区域　对文物保护单位划定核心保护范围和建设控制地带，如三槐堂（下）保护范围，依据 1987 年龙政办〔1987〕16 号文件公布的：以墙为界，东、西、北各 5 米，南 25 米；监控地带，东、西、北各 15 米内，南 30 米内。2009 年龙政办发〔2009〕117 号文件公布的三槐堂（中）保护范围：以墙为界，四面向外各 10 米；建设控制地带，保护范围向外至 20 米。2023 年 1 月 9 日，县人民政府印发《关于划定第五批县级文物保护单位保护范围和建设控制地带的通知》，其中涉境域 6 处古建筑。

表 14-2　**第五批县文物保护单位涉境域保护范围和建设控制地带情况表**

序号	名　称	年代	地　址	保护范围	建设控制地带
1	志棠熊氏民居	明代	志棠村	东面以墙体向外 2.5 米为界，南面以墙体为界，西面包括巷弄至老街东侧围墙为界，北面以墙体向外 6 米为界，总面积约 288 平方米	与荷花台遗址、邵志云民居、毛氏民居、前邵 50 号民居共同划定。东自前邵 50 号民居保护范围向外 18 米，南自熊氏民居保护范围向外 26 米，西自荷花台遗址保护范围向外 18 米，北自前邵 50 号民居保护范围向外 17.5 米，总面积约 5611 平方米
2	志棠潘氏民居	清代	席家村	东面以墙体向外 3 米为界，南面以墙体向外 2 米至边界，西面以墙体为界，北面以墙体向外 3 米为界，总面积约 382 平方米	与席家大厅、席氏民居、姜寿荣民居共同划定。东自潘氏民居保护范围向外 12 米，南自席家大厅保护范围向外 15 米，西自席家大厅保护范围向外 26 米，北自姜寿荣民居保护范围向外 11 米，总面积约 4653 平方米
3	前邵 50 号民居	清代	志棠村	东面以墙体向外 1～2 米为界，南面以墙体向外 6 米至水塘边界，西面以墙体为界，北面以墙体向外 3 米为界，总面积约 279 平方米	与荷花台遗址、邵志云民居、毛氏民居、熊氏民居共同划定。东自前邵 50 号民居保护范围向外 18 米，南自熊氏民居保护范围向外 26 米，西自荷花台遗址保护范围向外 18 米，北自前邵 50 号民居保护范围向外 17.5 米，总面积约 5611 平方米
4	张寿林民居	清代	张家村张家自然村	东面以墙体向外 1.5～4 米为界，南面以墙体为界，西面以墙体为界，北面以墙体向外 3 米为界，总面积约 377 平方米	东至东侧道路西边界，南自保护范围向外 16 米，西自保护范围向外 9 米，北至北侧道路南边界，总面积约 1957 平方米
5	项善枝民居	清代	项家村中心	东面以墙体向外 2.5 米为界，南面以墙体向外 2 米为界，西面以墙体为界，北面以墙体为界，总面积约 218 平方米	与子容公祠、项家五福厅共同划定。东自项善枝民居保护范围向外 20 米，南自子容公祠、项家五福厅保护范围向外 33 米，西自子容公祠、项家五福厅保护范围向外 10 米，北自子容公祠、项家五福厅保护范围向外 33 米，总面积约 5114 平方米

续表14-2

序号	名　称	年代	地　址	保护范围	建设控制地带
6	项家五福厅	清代	项家村迎康巷	与子容公祠共同划定。东面以子容公祠墙体向外2.5米为界，南面以子容公祠墙体向外3米为界，西面以项家五福厅墙体向外1米为界，北面以项家五福厅墙体向外8米为界，总面积约1208平方米	与子容公祠、项善枝民居共同划定。东自项善枝民居保护范围向外20米，南自子容公祠、项家五福厅保护范围向外33米，西自子容公祠、项家五福厅保护范围向外10米，北自子容公祠、项家五福厅保护范围向外27米，总面积约5114平方米

发动群众　20世纪70年代，有村民在三槐堂(上)前搭建两处民房，挡住了正门，几十年来进入厅内只能通过侧门。为恢复上厅正常使用，2020年11月初，新一届支部班子一上任，就与其中一处房屋的使用人姜远林进行沟通。姜远林是低保户，刚开始并不同意拆除住了近40年的房子，支书张卸荀找姜远林的哥哥商量，请其提供一间房给弟弟居住。经过十多次沟通协调，最终姜远林同意拆除用房。另一处住户，也在村两委一次又一次劝说下同意拆除。如今，村民终于可以从正大门进入大厅。

二、保护措施

文物普查　2005年10月，县博物馆组织各乡镇文化员及专业人员进行第二次文物普查，随后公布第三批县文物保护单位。2010年组织开展第三次不可移动文物情况普查，经过近半年努力，全镇共普查不可移动文物500多处。

文物核查　2018年，根据县博物馆部署，镇文化员及专业人员对第三次不可移动文物情况进行核查，发现因各种原因，不可移动文物明显减少，从2010年的500多处减少至379处。

公布历史建筑名录　2019年7月25日，县人民政府公布《新确定119处历史建筑名录》，其中涉及境域35处。2020年3月12日，县人民政府公布《新确定15处历史建筑名录》，其中涉及境域9处。

古建筑修缮　1991年省文物局下拨绍衣堂修缮费5万元，7月开工后发现经费不够，9月县文化局向省文物局报告，申请再补助5万元。2013年，横山镇投资106.9万元，完成志棠村第一期27幢古建筑修缮。2014年投资300余万元完成志棠古建筑二期工程，天池、塔下叶、横山村3处古建筑维修得以推进。2016年10月18日，县公共资源交易中心发布三槐堂修缮工程施工招标公告。2018年，探索古建"捐赠+认领"模式，做好古建文物保护工作，完成全镇不可移动文物评估379处，挖掘全国和省、县文物保护单位历史故事，助力乡村旅游发展。是年，投资42.25万元对天池村的三异堂进行修缮。2019年，坚持"宜拆则拆、宜整则整、宜建则建"的思路，抓好镇域内古民居保护与农房整治的"双联动、双提升"。

表14-3　**2019—2021年境内古建筑部分建设项目情况表**

项目名称	审核预算价(万元)	工期(日历天)	时　间
国保省保屋面抢险翻漏工程	15.37	30	2019年8月
腰塘边村凌阁张自然村"凌阁堂"复建工程	25.70	60	2019年10月

续表14-3

项目名称	审核预算价(万元)	工期(日历天)	时　间
志棠村古建筑屋面及木构件保养工程	73.11	90	2020 年 2 月
项家村项氏宗祠修缮工程	63.40	90	2020 年 5 月
志棠古街整治提升工程	111.17	60	2021 年 9 月
醉月轩修缮工程	62.70	90	2021 年 10 月

附录　三槐堂修缮工程

三槐堂修缮工程项目，由国家文物保函〔2014〕1779 号、浙文物发〔2014〕208 号、浙文物许〔2015〕64 号文批准建设。工程包括儒大门三槐堂——寝楼(门屋和前四进之前已维修)、新宅三槐堂、下店三槐堂 3 个单体，修缮内容为 1~2 层木结构，建筑总占地面积约 2117.3 平方米，总建筑面积约 1703 平方米，预算 341 万元，计划工期 240 天。

价值评估　分析认为，3 处三槐堂建筑保存较完整，布局对称，时代特征明显，地方特色浓郁，建筑规模宏大，是龙游明代中后期祠堂建筑中不可多得的实物资料，是研究明代宗祠建筑布局的重要例证，价值有三。1. 历史价值。三槐堂为王氏家族的聚居发展演化而成，集中反映了迴源王氏自宋以来到明代氏族聚落型村落发展的历史沿革，体现了明代王氏家族的历史发展，保留了较为丰富的历史文化遗产和传统文化，展现了中国传统民居和传统村落的发展变化过程，以家族聚居为基础的传统村落聚居形式在同时代、同类型中具有突出的代表性。2. 科学价值。三槐堂具有明显的时代特征及浓郁的地方风格，且至今仍发挥着原有的祭祀等功能，建筑形制、内部分隔、日常习俗都没有很大改变，是研究明末清初氏族祠堂类古建筑的重要参考实例，其建筑工艺精美、规模宏大、用材考究，代表明代中后期地方民居建筑设计和施工高超工艺水平，在传统民居建筑等领域有很高的研究价值。3. 艺术价值。三槐堂建筑内部结构保存完好，梁架造型美观，用料粗硕，木构件雕琢精细，内部装饰华丽，所用牛腿、雀替皆用透雕、浮雕相间工艺，饰人物、山水、花草图案，线条流畅，栩栩如生，具有明显的时代特征及浓郁的地方风格，具有很高的建筑艺术价值。

管理现状　三槐堂自明万历年间建成后，即由当地王姓族人派专人管理，负责建筑的维护保养。1986 年被龙游县人民政府公布为县保单位后，由所在地村委会管理，2000 年由龙游县文物管理委员会委托龙游县博物馆主要管理，由镇人民政府负责日常监督管理，具体由镇文化站及村业余文保员负责管理。根据《古建筑木结构维护与加固技术规范》，三槐堂建筑结构可靠性综合评定为Ⅲ类建筑，亟需修缮。其格局、形态和风貌特点受到一定程度破坏，特别是部分木构糟朽破损严重，必须根据现存有价值的实物为依据，恢复建筑原形制、原结构、原工艺、原做法，根据病害损伤类别和程度，采取必要保护措施，保障建筑安全，恢复文物原状，保持建筑的真实性和完整性。

修缮内容　三槐堂（下）寝楼，主要是：揭瓦重铺屋面，木构架打牮拨正，构件修补加固，恢复原有门窗。铲除前廊水泥地面，恢复原地坪高度，恢复三合土地面，归位松动离位外倾阶沿石，补齐缺失天井条石。拆除二层前檐后加的立柱，归安南侧前檐拔榫的牛腿、坐斗等，整修加固木构架，剔开裂补糟朽、柱子，裂缝较深加铁箍二或多道，根据构架各部分构件存在腐朽、开裂、缺失的具体现象采取必要的维修措施。按留存的门窗样式恢复后楼门窗，修补室内木装修，恢复明、次间北侧屏门。揭瓦翻修屋面，更换破损瓦件，补配缺失的勾头滴水。更换糟朽开裂的椽子，补配望砖，重摆屋脊。补齐掉落天花板，对有彩画的天花吊顶不予以扰动，绘画由专业另行设计。保留原有柱子表面褪色、破损油饰，不予以重新油漆。清除天井内杂草、青苔，疏通排水系统。

三槐堂（中），主要是：拆除前天井后搭梁架及屋面，铲除水泥地面上后砌砖墙及门隔断，去除后期水泥地面，恢复原有天井。封堵南侧墙体后开一窗洞。拆除后搭屋面、封堵后开檐，恢复原有墙体。恢复天井西侧入口原有门洞及2扇缺失板门，恢复前厅约1/3缺失前阶沿石，剔补6处表面糟朽檩条，更换3处后换檩条，贴补3处月梁表面虫蛀部分，贴补1处猫耳梁表面局部虫蛀部分，更换1处后换猫耳梁、1处后换雀替、1组后换斗拱，恢复2组牛腿及雕花构件、1处雕花构件、1组一斗五升斗拱。恢复梁架间缺失竹编夹泥墙约10%。去除明间、西次间前檐柱间后砌砖隔断。恢复戏台东侧楼梯、戏台护栏。翻修铺屋面，恢复原有前出檐，更换东次间船棚轩椽子约1/3。更换补配开裂破损缺失瓦片约15%，更换糟朽椽子约10%，更换补配破损缺失砖约5%。去除东过廊后搭梁架结构，恢复原有过廊。去除后期屋面，更换补配开裂破损缺失瓦片约20%，更换椽子、补配望砖。拆除东侧墙石库门后期封堵砖墙，恢复2扇缺失板门。剔补西过廊3处表面糟朽檩条，更换1处后换檩条，去除1处后加檩条，刨平1处后换穿枋，更换1处破损严重穿枋，嵌补1处局部破损穿枋，恢复3组丁头拱及雕花构件，修复2处局部缺失雕花构件，恢复1组斗拱缺失，接榫归位1组斗拱。卸盖翻修小青瓦屋面，更换补配开裂破损缺失瓦片约20%，更换糟朽椽子约30%，更换补配破损缺失砖约5%。恢复梁架间缺失竹编夹泥墙约60%。恢复西侧墙2扇缺失板门。去除正厅与后堂间为屋面排水后期加设砖混柱及砖混檐沟，剔补1处表面糟朽檩条，按原尺寸、式样更换4处后换檩条，贴补6处月梁表面虫蛀部分，更换2处后换月梁、11处后换雀替、13处后换丁头拱，恢复1处缺失雀替、4处缺失雕花构件，更换2处后换穿枋，恢复梁架间缺失竹编夹泥墙约20%。恢复两次间后檐柱间原有砖隔断，恢复后檐柱间6扇缺失板门。翻修屋面，更换补配开裂破损缺失瓦片约20%，更换糟朽椽子约10%、后换椽子约50%，更换补配破损缺失砖约50%。恢复天井、阶沿石。拆除东侧墙石库门后期封堵砖墙，恢复1扇缺失板门。平整附房1素土夯实地面，封堵南侧墙体后开门洞，恢复原有墙体。拆除东侧墙上门洞后期封堵砖墙，恢复2扇缺失板门。重修屋面更换补配开裂破损缺失瓦片约35%，更换糟朽椽子约10%，更换补配破损缺失砖约5%。小平整附房2素土夯实地面，恢复缺失木楼板约80%，恢复缺失阁栅24根，恢复楼梯，更换1处后换穿枋。重新白灰粉刷墙体；修复双落水及瓦脊少数残缺的马头墙，重铺屋面，更换补配开裂破损缺失瓦片约45%，更换糟朽椽子约35%。清理疏通建筑四周排水沟。

三槐堂（上），主要是：前厅（大门）拆除后期封堵墙体，恢复南侧立面八字形墙体。清除前檐柱黄泥抹面的45度牛腿以及琴枋，参照现有猫儿梁恢复前厅明间前双步梁上破损猫儿梁以

图 1　　修缮三槐堂(上)(李胜明提供　2017 年摄)

及前厅明间后双步梁猫耳梁,对前厅一层后期水泥地面保留现状,恢复前厅西侧二层楼板35%霉烂的楼板,恢复东侧缺失的楼栅以及楼板。清理天井排水沟中的淤泥,清除杂草。恢复西侧墙体原有门洞,恢复木板门;修复紧固西侧过廊1交F轴柱与3交F轴柱表面糟朽月梁。恢复3交F轴柱缺失雀替、过廊脊檩两侧缺失蝴蝶木、恢复4交G轴柱缺失的雀替、缺失的雕花构件;铁箍紧固东侧过廊6交E轴柱与8交E轴柱,恢复缺失的雀替、缺失的雕花构件;铁箍紧固6交F轴柱与8交F轴柱表面糟朽的月梁,恢复脊檩一侧缺失的蝴蝶木、金檩下糟朽严重的雕花构件、缺失的雕花构件。恢复正厅原有格局,拆除正厅东西次间后加墙体。恢复正厅明间东西缝梁架缺失的后檐柱、缺失的猫耳梁、后檐檩,恢复东西缝梁架缺失雀替以及丁头拱。恢复正厅次间东西缝梁架缺失的后檐柱,拆除北立面墙体,恢复部分插入墙体的穿枋并恢复缺失的丁头拱。拆除正厅东西两侧山墙后开窗洞。整体性翻修屋面,重新粉饰西侧墙体。修复东西两侧建筑门窗,替换西侧破损严重的木门。

表 1　　**横山镇省级以上文物保护单位情况表**

<table>
<tr><th>序号</th><th colspan="2">名　称</th><th>年代</th><th>位　置</th><th>文保级别</th><th>公布时间、文件</th></tr>
<tr><td>1</td><td colspan="2">绍衣堂和横山塔</td><td>明代</td><td>横山村东坞</td><td>全国</td><td rowspan="5">2013 年 3 月 5 日国发〔2013〕13 号</td></tr>
<tr><td>2</td><td colspan="2">关西世家</td><td>明代</td><td>天池村杨家</td><td>全国</td></tr>
<tr><td rowspan="3">3</td><td rowspan="3">三槐堂</td><td>儒大门下厅</td><td rowspan="3">明代</td><td rowspan="3">天池村</td><td rowspan="3">全国</td></tr>
<tr><td>下店中厅</td></tr>
<tr><td>新宅上厅</td></tr>
<tr><td>4</td><td>龙游风水塔</td><td>刹下塔</td><td>明代</td><td>塔下叶村</td><td>浙江省</td><td rowspan="6">2011 年 1 月 7 日浙政发〔2011〕2 号</td></tr>
<tr><td>5</td><td colspan="2">雍睦堂</td><td>明代</td><td>志棠村卸厅</td><td>浙江省</td></tr>
<tr><td rowspan="3">6</td><td rowspan="3">龙游楼上厅建筑</td><td>王渭祯宅</td><td>明代</td><td>天池村下店</td><td rowspan="3">浙江省</td></tr>
<tr><td>徐耀祥宅</td><td>明代</td><td>下宅村后徐</td></tr>
<tr><td>陈国瑞宅</td><td>清代</td><td>下宅村</td></tr>
<tr><td>7</td><td colspan="2">邵氏宗祠</td><td>明代至民国</td><td>志棠村后邵</td><td>浙江省</td></tr>
<tr><td>8</td><td colspan="2">横山蔡氏民居</td><td>明代</td><td>横山村</td><td>浙江省</td><td rowspan="3">2017 年 1 月 13 日浙政发〔2017〕2 号</td></tr>
<tr><td>9</td><td colspan="2">天池许氏民居</td><td>明代</td><td>儒大门村</td><td>浙江省</td></tr>
<tr><td>10</td><td colspan="2">翁坞诸氏民居</td><td>明代</td><td>塔下叶村翁坞</td><td>浙江省</td></tr>
</table>

续表1

序号	名　称		年代	位　置	文保级别	公布时间、文件
11	志棠建筑群	席家大厅（席氏大厅、席大宗祠）	明代至民国	志棠村	浙江省	2017 年 1 月 13 日浙政发〔2017〕2 号
		邵氏宗祠				
		席氏民居				
		邵氏民居（邵华庆、邵瑞庆民居）				
		毛氏民居				
		姜寿荣民居				
		邵志云民居				
		邵中兴民居				
		吴昌根店铺				
		席家凉亭				
		荷花台遗址				
		古井				

表 2　**横山镇县级文物保护单位情况表**

序号	名　称	年　代	位　置	公布时间、文件
1	刹下桥	宋代	河宗村张家	2006 年 4 月 28 日龙政发〔2006〕17 号
2	双眼井（新宅）	明代万历前	天池村新宅	
3	王氏民居	明代	天池村新宅	
4	双眼井（下店）	明代	天池村下店	
5	下店门楼	明代	天池村下店	
6	六子桥	明代	塔下叶村	
7	叶氏宗祠	始建于明代（迁建于清晚期）	下西山村	
8	瀫北名家（三异堂）	清代中期	天池村邵源坞	
9	姜氏民居	清代中期	脉元村	
10	龚氏民居	清代道光	脉元村	
11	祝家厅	清代道光	脉元村	
12	子容公祠	清代	项家村	
13	腰塘边窑址	宋代	腰塘边村东北面	2012 年 4 月 27 日龙政发〔2012〕18 号
14	茶岭古道	宋—清代	天池村茶岭—大坟头坞	
15	脉元采石场	明代	脉元村老虎岩山上	

续表2

序号	名　称	年　代	位　置	公布时间、文件
16	王公墓	明代	天池村新宅大坟头坞	2012 年 4 月 27 日龙政发〔2012〕18 号
17	明代楼上厅（王卸福宅）	明代	天池村儒大门 6、7 号	
18	项氏宗祠	明代	项家村北面	
19	黄桥	明代	脉元村西北角	
20	八角井	明代	脉元村西北角	
21	朱氏宗祠	明代	上宾村上下朱	
22	钱林林宅	明代	河宗村钱家 2 号	
23	熊氏民居	明代	志棠村	2020 年 12 月 3 日龙政发〔2020〕107 号
24	潘氏民居	清代	志棠村	
25	前邵 50 号民居	清代	志棠村	
26	张寿林民居	清代	河宗村张家	
27	项善枝民居	清代	项家村中心	
28	项家五福厅	清代	项家村迎康巷	

表 3　**横山镇县级文物保护点情况表**

序　号	名　称	位　置	公布时间、文件
1	卸厅邵氏民居	志棠村	2006 年 4 月 28 日龙政发〔2006〕17 号
2	王公桥	天池村	
3	王氏小厅	天池村	
4	廻源溪东桥	天池村	
5	翁氏民居	塔下叶村	
6	路灯桥、寿桥	塔下叶村	
7	凌阁堂张氏宗祠	腰塘边村	
8	醉月轩	天池村	
9	龙门桥余氏民居	下宅村	
10	永和堂	塔下叶村	
11	横山新石器遗址	横山村	
12	项阿富宅	项家村	
13	郑氏民居	横山村	

第十五章　教　　育

境内居民历来重视教育，讲究耕读传家、尊师重教，把读书作为孩子事业发展、改善家庭社会地位的重要途径。清末开始建学堂，民国改学堂为学校。中华人民共和国成立后，逐步普及小学教育，发展中等教育，推广业余教育。境内各乡镇、村党政领导与学校一起承担普及初等教育任务，20 世纪 90 年代境内各乡镇党委书记悉获省“绿叶奖”，1999 年、2003 年志棠镇、横山镇分别被评为浙江省教育强镇。

第一节　学前教育

解放前，境内幼儿教育无考。1956 年，境内始有小学附设幼稚班，教养工作由小学教师兼任，公办与民办并举，农村幼儿园（班）一度有较大发展。20 世纪 60 年代初至“文化大革命”期间，农村幼儿园（班）大多停办。1979 年，城乡幼儿教育恢复。1984 年，社会力量参与办学。2001 年，各乡、镇普遍设立中心幼儿园。2002 年，县政府要求各乡镇集中办好 1 所中心幼儿园，各行政村原则上办 1 所幼儿园，提倡大村独办，多村就近联办，并力求按国家标准配备师资和设施。2020 年 5 月，县委教育工作领导小组印发《幼教共同体组建方案》，在境内设横山幼儿园共同体，下设横山中心园（二级）、下宅分园（二级）和志棠分园（三级）。

一、学制课程

学制　1955 年定学制为 3 年，按年龄 4、5、6 周岁，分别编为小、中、大班。1980 年调整为小班 3~4 岁、中班 4~5 岁、大班 5~6 岁。实际上相当长时期，均为“学前班”性质。1985 年，按学制规定分班逐渐普及，1995 年起对班额、学额进行控制，规定大、中、小班学额分别不超过 35、30、25 人，中心幼儿园应有 3 个班以上规模。1998 年，幼儿教育向早期延伸，开始出现

“小小班”,招收 2~3 岁幼儿,学制调整为 4 年。

课程　1952 年起,参考苏联《幼儿教学大纲》自编教材,进行爱国主义、集体主义和培养良好卫生习惯等教育,其后或用自编或用省编、部编教材,并开设讲故事、做游戏、画画、唱歌、跳舞等课程。1960 年施行幼儿教学改革试验,要求大班幼儿学会部分韵母、声母的拼音,学会 50~80 个汉字读写,100 以内的数数和 10 以内加减等。1981 年后每周课时为小班 6~8 节,每节 10~15 分钟;中班 6~11 节,每节 20~35 分钟;大班 12 节,每节 25~30 分钟。1990 年后,注重幼儿情感、态度、能力、技能等方面知识学习,成立电子琴、舞蹈、书画、小制作等兴趣小组。

二、管理与质量

管理　县恢复之初,幼儿园归口县妇女联合会管理,县教育局负责幼师培训和教学研究等业务。农村幼儿园实行乡办乡管、村办村管,附设在小学的幼儿园实行村办校管。1998 年 8 月全县幼儿园归属县教委管理。2000 年县教委、卫生局、妇联、总工会联合印发《浙江省托儿所、幼儿园卫生保健管理办法》,要求各级各类托儿所、幼儿园必须设立保健室,配备相应的保健人员,建立合理的生活、安全、卫生消毒、健康检查、计划免疫、营养管理、卫生保健登记等制度。2001 年开始,各乡镇普遍设立中心幼儿园,由所在乡镇校管会、中心小学管理。

质量　1985 年,下宅乡有幼儿班 6 所,幼儿 180 名。2005 年,横山镇有幼儿园 17 所,幼儿教师 27 人,入园幼儿 520 人。2011 年境内有幼儿园 9 所,在园幼儿 526 人,专任教师 27 人。2019 年,志棠中心幼儿园获省三级幼儿园先进集体,脉元幼儿园获准办级幼儿园先进集体,横山三字经幼儿园被县教育局评为省三级幼儿园先进集体。2020 年,横山幼共体依据地域特色“荷”,创建“荷”文化特色品牌,秉持“教之以真,育之为美”教育理念,确立“孩子 · 本真,情感 · 朴实,陪伴 · 童趣”的“嬉 · 荷”园本课程,让孩子“自然 · 自主 · 阳光”成长;同年 8 月,投资 27.53 万元,将横山、下宅中心幼儿园原水泥地面重新铺设透水型塑胶面层,新建排水沟。2021 年 9 月横山中心幼儿园志棠分园迁入新园区,12 月志棠分园被评为省二级幼儿园,2021 年 5 月和 2022 年 5 月下宅分园和横山中心幼儿园分别通过省二级复评。2021 年 9 月,横山中心幼儿园雷丽娜被县教育局评为 2020 学年度优秀班主任、徐畅被评为学科带头人、许惠婷被评为教育工作先进个人。2021 年 10 月,横山中心幼儿园结合幼儿心理特点,编创了篮球操、韵律操、“贪吃蛇”跑操等趣味体育项目,并邀请家长委员会成员观摩评比。2022 年 9 月,横山中心幼儿园韩翠被评为县教育先进个人。2022 年 11 月 22 日,横山中心幼儿园组织幼儿到龙游民居苑实地探寻典籍中的旧时学堂风貌,在古色古香的“高冈起凤”建筑前,聆听横山小学前身“惇睦义塾”的故事,接受一场富有新意的乡土文化教育。

横山幼儿园共同体　2020 年 8 月横山幼共体成立,以横山中心幼儿园为总园,设下宅、志棠 2 个分园。2021 年共 13 个班、292 名幼儿、41 名教职工,拥有一支专业强、素质高、爱岗敬业的教师团队,多名教师获得市教坛新秀、县学科带头人、县先进教育工作者、县优秀班主任、县优秀党员、县优秀团员等荣誉。横山中心幼儿园设小小班、小班、中班、大班若干;下宅分园有小班 1 个,幼儿 10 人,另有中大班少量名额;志棠分园有小班 1 个,幼儿 10 人,另有中大班少量名额。2022 年,横山幼共体响应国家级普惠县创建,引退两所民办园,公办园覆盖率、优质园覆盖率达 100%。2022 学年横山幼共体共 14 个班,幼儿 352 名,教职工 44 名。2022 年 10 月 8 日,横山中心幼儿园新园动工,计划 10 个月竣工交付。新园设 9 个班,面积 6425 平方米,按省一级标准建造。横山幼共体在 2021、2022 学年连续两年被评为县教育工作先进集体。

第二节　小学教育

旧时从事基础教育的场所是学塾，大体有义塾（义学）、社学、私塾诸类。义塾由官民捐资或公田、祠堂地租而设，供贫寒子弟就学。社学为官办蒙学。私塾由私人开办，或由乡井族人合资开办，富家则独办并延师授课。塾师多由秀才、贡生担任，教材有《三字经》《百家姓》《千字文》《增广贤文》等，酌授《幼学琼林》《千家诗》《朱子家训》及四书五经等。

境内最早小学系1923年由“惇睦国民学校”改名而来的“高岗初级小学”与“志棠初级小学”。在办学思想、办学方式上，仍带有旧式教育传统。解放后，小学教育受到重视，实行公办、民办并举，方便学生就近上学。1985年，横山乡有小学18所，志棠乡有小学8所，下宅乡有小学8所。2005年，境内有中心小学3所，其他小学3所，57个班级，123名教师，学生2105人，适龄儿童入学率、升学率、巩固率均达100%。是年，下宅小学开展“送营养工程”（按每周每人二素一荤5元标准，为寄宿学生提供营养餐）试点。2011年，镇内有横山小学、志棠小学、下宅小学3所，在校生1807人，专任教师126人，小学适龄儿童入学率100%。2021年，3所小学有在校生725人，专任教师85人，小学适龄儿童入学率100%。2022年，镇内有横山小学、志棠小学和下宅小学1~3年级小学，横山小学有在校生356人、志棠小学有在校生108人；专任老师59人，其中横山校区42人，志棠校区17人。

一、学校选介

惇睦义塾　位于高山张氏大厅内，创办于清康熙年间，首任教师为贡生张廷升。学校屡停屡办，光绪年间改名为“惇睦学堂”。1913年，在义塾原址创办“惇睦初等小学校”，1917年改名为“惇睦国民学校”。

横山镇中心小学（简称横山小学）　学校前身为“惇睦国民学校”。1923年改名为“高岗初级小学”。1938年设2个班级，教员2人。1928年在原天主教横山公所创办横峰小学，1933年改横山小学。1940年，高岗初级小学、横山小学合并，校址在高岗小学内，校名为“新王乡第十一、十二保联立国民学校”。1947年设2个班级，学生77人。1949年8月改名为“新王乡横山村校”，设3个班，学生100多名，教师2人。翌年春，设置高小班，改名为“横山乡完全小学”，5个班，学生200多名，教师6人。1958年改名为“原子人民公社中心小学”，次年改名为“模环人民公社中心小学”。1960年改名为“模环区横山中心小学”。1963年起，学校开展社会普及义务教育，同年在凤凰山脚新造“一”字形4个教室，建筑面积259平方米，办学条件得到初步改善，学龄儿童入学率提高到88.3%。1969年改名为“横山公社五七学校”。1966年，受“文化大革命”影响，学校教学秩序不正常。1968年由贫下中农管理学校，公办小学下放到大队办，教师回队任教，推荐民办教师到校任教，教学质量下降。同年，有村完全小学21所。1974年，为改善学校办学条件，全体师生整体平整凤凰山，学校操场基本成形。翌年，新造6个“工”字形教室，建筑面积 473 平方米，同年办起小学“戴帽”初中，招收新生 2 个班。

1978 年，学校改名为“横山公社中心学校”，被指定为衢县六所重点学校之一。是年，新造 6 个“工”字形教室，建筑面积 473 平方米，设 10 个班（含初中 4 个），在校学生 602 人。1982 年 8 月，中小学单独设校，学校复名“横山公社中心小学”，校舍分开，操场合用。翌年，学校共设 7 个班，学生 341 名，下辖 17 个村完小。1988 年 8 月，学校由五年制过渡到六年制。方叶小学并入本校，仓头小学并入西方坞小学，全校 8 个班，学生 320 人，教职工 15 人，学校占地面积 4663 平方米，建筑面积 1303.8 平方米。次年 9 月，上东门小学并入八石坂小学，邵志文教师荣获全国优秀教师称号。1990 年，中小学合造新教工宿舍（2 层）。翌年，张氏大厅拆除移入龙游民居苑。学校新建 3 层 12 教室教学楼 1 幢，设 8 个班，学生 367 名。山门寺小学并入杜野小学，溪边小学并入下西山小学。1992 年 6 月，全县撤区扩镇并乡，学校改名为“横山镇中心小学”。1994 年 9 月，学校有 10 个班，学生 480 名，教职员工 15 人。1997 年 9 月，白鹤桥小学并入杜野小学。次年 8 月，高排山小学并入八石坂小学。1999 年 9 月，学龄儿童入学率达 100%。2000 年 8 月横山初中迁出校园，9 月置办拥有 25 台电脑的微机室。是年，班级 18 个，学生 736 人，教职员工 35 人。2001 年 9 月，横山初中并入横山中学，初中设施归小学使用，学校占地面积 15020 平方米，建筑面积 3490 平方米。是年，撤余岗小学、下西山小学、西方坞小学、八石坂（畈）小学并入本校；撤龙门桥小学并入会泽里小学，撤吴仪宾小学并入上下朱小学。此时，学校有班级 23 个，在校学生 890 人，教职员工 43 人。2003 年 1 月，学校整体搬迁至横山塔底原横山初中校址。2004 年 8 月，会泽里村小与上下朱村小并入本校。是年，学校筹措资金 90 余万元、征用土地 16.2 亩，新建标准操场。2005 年 8 月，杜野村小并入本校，至此学校布局调整完成。学校占地面积 21317 平方米，建筑面积 3282 平方米，绿化面积 4326 平方米。有 19 个教学班，学生 947 人，教职员工 52 人，其中专任教师 49 人，专任教师中取得大专学历的 41 人，占专任教师总数的 83.7%；有 4 人已取得大学学历。具有高级职称的教师 1 人，中级职称的教师 19 人。2019—2020 学年横山小学招 2 个班。

至 2021 年末，学校占地面积 20374 平方米，建筑面积 4718 平方米，绿化面积 5850 平方米，有 12 个教学班，学生 380 人；有专任教师 45 人，其中高级职称 5 人、中级职称 23 人，有本科学历 36 人、专科学历 9 人。

横山教育共同体　2020 年 7 月，志棠小学与横山小学合并成立横山教育共同体。学校秉承“每天进步一点点”的办学核心理念，朝着“让农村孩子同步享有优质教育资源”的办学目标，践行“以人为本、文化育人”的办学宗旨，落实“育心、育德、育智、育能”四大育人举措，两个校区牵手，团结教共体全体教职员工群策群力，发挥智慧与爱，立足内涵发展，团结协作、顺势而为。2022 年，横山教共体横山校区有 12 个教学班，学生 356 人，专任教师 41 人，其中高级职称 7 人、中级职称 16 人，有本科学历 37 人、专科 5 人。

表 15-1　**横山镇中心小学及教共体历任主要领导情况表**

职　务	姓　名	性别	籍　贯	任职时间
负责人	张廷升	男	浙江龙游	清康熙年间
负责人	张锦标	男	浙江龙游	清光绪年间
校　长	张锦标	男	浙江龙游	1913 年 8 月—1932 年 7 月

续表15-1

职　务	姓　名	性别	籍　贯	任职时间
校　长	张守槐	男	浙江龙游	1932 年 8 月—1940 年 7 月
校　长	张国祥	男	浙江龙游	1940 年 8 月—1946 年 2 月
校　长	胡连有	男	浙江龙游	1946 年 2 月—1947 年 7 月
校　长	张守槐	男	浙江龙游	1947 年 8 月—1949 年 7 月
校　长	张有铭	男	浙江龙游	1949 年 8 月—1950 年 1 月
校　长	汪春一	男	浙江龙游	1950 年 2 月—1952 年 1 月
校　长	黄　雁	男	浙江龙游	1952 年 2 月—1952 年 7 月
校　长	许树有	男	浙江龙游	1952 年 8 月—1954 年 7 月
校　长	蔡裕熙	男	浙江龙游	1954 年 8 月—1956 年 7 月
校　长	周志霖	男	浙江龙游	1956 年 8 月—1958 年 3 月
校　长	李志祥	男	浙江龙游	1958 年 4 月—1958 年 7 月
校　长	吴樟贵	男	浙江龙游	1958 年 8 月—1960 年 7 月
副校长	周志霖	男	浙江龙游	1958 年 8 月—1960 年 7 月
校　长	叶生庆	男	浙江龙游	1960 年 8 月—1968 年 11 月
校　长	邱阿良	男	浙江龙游	1968 年 11 月—1979 年 7 月
副校长	张有铭	男	浙江龙游	1975 年 8 月—1979 年 7 月
校　长	吴根华	男	浙江龙游	1979 年 7 月—1989 年 1 月
副校长	赖志仁	男	浙江龙游	1979 年 8 月—1982 年 7 月
副校长	童立功	男	浙江龙游	1981 年 8 月—1987 年 7 月
副校长	王赛钰	女	浙江龙游	1983 年 8 月—1987 年 7 月
校　长	柯根有	男	浙江龙游	1989 年 2 月—1996 年 7 月
校　长	傅根才	男	浙江龙游	1996 年 8 月—2003 年 7 月
副校长	蓝启辉	男	浙江龙游	1996 年 8 月—1998 年 7 月
校　长	蓝卸林	男	浙江龙游	2003 年 8 月—2012 年 7 月
副校长	黄土荣	男	浙江龙游	2005 年 7 月—2008 年 7 月
副校长	周友华	男	浙江龙游	2005 年 8 月—2008 年 7 月
校　长	黄晓华	男	浙江龙游	2012 年 8 月—2017 年 7 月
校　长	方惜春	男	浙江龙游	2017 年 8 月—2022 年 7 月
校　长	姜小富	男	浙江龙游	2022 年 8 月—2022 年 12 月
教共体书记兼校长	方惜春	男	浙江龙游	2020 年 8 月—2022 年 7 月
教共体书记兼校长	姜小富	男	浙江龙游	2022 年 8 月—

编者注：张廷升为清贡生

表 15-2　　**横山镇中心小学及教共体历任党组织领导情况表**

职　务	姓　名	性　别	籍　贯	任职时间
书　记	邱阿良	男	浙江龙游	1975 年 8 月—1981 年 7 月
书　记	鄢锦松	男	浙江龙游	1981 年 8 月—1982 年 7 月
书　记	吴根华	男	浙江龙游	1982 年 8 月—1989 年 1 月
书　记	柯根有	男	浙江龙游	1989 年 2 月—1992 年 6 月
书　记	邱阿良	男	浙江龙游	1992 年 7 月—2002 年 12 月
书　记	傅根才	男	浙江龙游	2003 年 1 月—2004 年 8 月
书　记	蓝卸林	男	浙江龙游	2004 年 9 月—2012 年 8 月
书　记	朱加友	男	浙江建德	2012 年 8 月—2016 年 8 月
书　记	蓝黎建	男	浙江龙游	2016 年 8 月—2018 年 7 月
书　记	方惜春	男	浙江龙游	2018 年 8 月—2022 年 7 月
书　记	姜小富	男	浙江龙游	2022 年 7 月—

表 15-3　　**横山镇中心小学先进集体先进个人情况表**

荣誉名称	获奖单位、个人	颁奖单位	颁奖时间
省优秀教师	邵志文老师（上下朱小学）	省教委	1985 年
全国第二届“让精神世界更美好”读书活动优秀奖	叶茂良老师	省教委、省团委	1991 年
县电教工作先进学校	横山小学	县教委	1992 年
县电教工作先进学校	横山小学	县教委	1996 年
市新时期好形象教师	柯根有老师	市教育工会	1996 年
县电教工作先进学校	横山小学	县教委	1998 年
省第十四届“春蚕奖”	黄土荣老师	省人民教育基金会	2001 年 9 月
一、二、三等奖	詹婷、吴琼等 6 名学生	全国纸模服装创新设计比赛组委会	2003 年 3 月
一等奖（征文《秋天树叶考察报告》）	六（1）班科技小组	全国“生物与人类”征文活动组委会	2003 年 5 月
市“教坛新秀”	赵子圣、蓝雪敏老师	市教委	2003 年 10 月
市“幼儿教育先进教师”	周凤梧老师	市教委	
市教育工作先进单位	横山小学	市教委	2005 年
市勤工俭学达标学校		市教委	
市先进家长学校		市教委	
市卫生先进单位		市卫生局	
第十八批文明单位	横山小学	县精神文明建设委员会	2007 年 1 月
优秀少先队集体	横山小学	县团委	2013 年 9 月

续表15-3

荣誉名称	获奖单位、个人	颁奖单位	颁奖时间
市第二轮学校示范性图书馆	横山小学图书馆	市教委	2013 年 11 月
年度先进集体	横山小学	龙游县教育局	
省第七批省级“绿色学校”		浙江省教委	2014 年
教学质量优质奖		县教育局	
市数字校园先进学校		市教委	2015 年
先进集体		县教育局	2016 年
2016 学年教学质量优质奖、工作创新奖		县教育局	2017 年
五星党支部	横山小学党支部	市教委	2018 年
市“文明校园”	横山小学	市教委	2019 年
省课外阅读先进集体		省教育报刊总社	2020 年 5 月
省健康促进学校(铜牌)		省教委	2020 年
先进基层党组织		龙游县委	2020 年
安全管理 5A 校园		县教育局	2021 年
市“五好”学校		市学校机关工委	2021 年
2020 年度教育工作先进个人	钟宏鸣老师	县教育局	2021 年 9 月
学科带头人	何家豪老师		
优秀班主任	毛丽芳老师		
县教育先进个人	黄小冬、蓝树忠老师	县教育局	2022 年 9 月
第 23 届中小学文艺汇演小学声乐二等奖	横山小学	县教育局办公室	2022 年 6 月
第 10 届小学美术“一校一品”展评团体二等奖		县教育局教研室	2022 年 6 月
阳光大课间评比二等奖		县教育局	2022 年 10 月
2022 年优秀校本研修方案		县教师进修学校	2022 年 10 月
8090 百团大战总决赛优秀战队	何家豪	县 8090 新时代理论宣讲工作专班	2022 年 7 月

下宅中心小学(简称下宅小学)　学校创建于 1934 年,由下宅、后徐、胡家 3 村联办,校址在后徐乡下宅村,校名为“三保小学”,设两个复式教学班,学生 30 余人。1941 年,学校一部分搬迁下宅村大厅,另一部分搬迁下宅村金堂殿,学校改称下宅小学。1943 年学校合并至在下宅村大厅。

1953 年下半年,拆下宅大厅,建造 1 幢 4 教室的二层砖木结构教学楼、1 幢 2 教室的平房。1954 年投入使用,学校占地面积 3.25 亩,有学生 200 余人。1958 年,学校改称“下宅公社中心小学”,下辖脉元小学。1969 年,学校下辖项家、脉元、腰塘、贤求朋、后徐、大平山、大平坂(畈)、社塘笼、李坞、上庄溪、鲤鱼山脚 11 所小学。

1981年，上庄溪小学并入后徐小学，社塘笼小学并入大平坂小学，鲤鱼山脚小学并入贤求朋小学。1982年，李坞小学并入中心小学，下辖项家、脉元、腰塘、贤求朋、后徐、大平山、大平坂（畈）7所小学。1983年4月，学校迁址下宅村童泥后山，占地面积5.085亩，建成两幢“工”字形平房教室，共计8间教室，辅助用房10间，有教师9人，学生269人。是年，龙游县恢复建制，下宅恢复乡建制，学校更名为“下宅乡中心小学”。1987年8月至1989年，学校实施了“六配套”工程。1989年4月，衢州市办学条件“六配套”现场会在学校召开，副市长毛土升，市教委主任王先芝、副主任胡东根及各县分管教育副县长、教委主任、各乡镇分管教育领导参加。11月，学校代表龙游县参加在诸暨举行的省劳技教育现场会，并作交流发言。1991年，大平山小学、后徐小学并入中心小学，学校有教师16人、学生400人。翌年，县撤区扩镇并乡，下宅乡并入横山镇，学校改名为“横山镇下宅中心小学”，下辖大平坂（畈）、腰塘、脉元、贤求朋、项家村5所小学。

1998年9月，学校增设学前班1个，有幼儿20多人。是年，腰塘、贤求朋2所小学并入，全校有学生547人、教师20人。是年，学校成立教科室，积极鼓励教师参加教育课题研究。1999年11月，学校拆除“工”字形平房教室1幢，新建有15间教室的三层教学楼1幢，建筑面积1280平方米。2000年9月，学校整体搬迁到原横山镇下宅初中校址，大平坂（畈）小学并入。2002年8月，学校新教学楼竣工，9月投入使用。2003年，拆除原学生宿舍、小礼堂、旧水塔，次年4月，新建三层综合楼，建筑面积683平方米；新建三层学生宿舍楼，建筑面积480平方米，共计面积1163平方米。挖平校园西面的小山，填平校园东面落差达8米的凹地，新建300多米的通透式围墙。2005年3月26日，市长孙建国一行来校调研“两改一送”工程。4月8日，省电视台科技频道《纪实》栏目组专程来学校拍摄“两改一送”工程的实施情况。4月11日，市“两改一送”现场会在学校举行，市长孙建国、各县（区）分管教育的副县（区）长、教育局局长、各中小学校长参加。6月，接待淳安、东阳、遂昌等县市的中小学校长来校参观。9月，项家、脉元两所小学并入。12月，新建两层学生餐厅竣工。同时，学校开展改水改厕工程，建成蓄水10吨的水塔两座、蓄水20吨的水塔一座；投入5万余元维修学生厕所；着手对校园进行绿化。是年，建筑面积400平方米的食堂、1200平方米的宿舍竣工。

2005年末，学校有16个班，在籍学生数626人；附属幼儿园幼儿班3个，在园幼儿160人；在编教师32人。学校占地面积15152.6平方米，建筑面积5200平方米，绿化面积3797.7平方米。建成多媒体教室、电脑室、音乐室、图书室、阅览室、实验室、美术室、仪器室等10个专用教室；添置移动式篮球架、乒乓球台、水泥球场、钢琴、校园广播系统等教育教学设施。学校锐意创新，崇尚以德育人，重视学生素质的培养，形成了“团结、进取、求实、创新”的校风和“勤学、乐思、活泼、健康”的学风。2019—2020学年下宅小学招2个班。

2021年末，有专任教师23人，其中高级职称2人、中级职称9人，有本科学历20人、专科学历3人。学校占地面积16850平方米，建筑面积4127平方米，绿化面积5280平方米，有9个教学班，学生223人。2022年下宅小学只开办1~3年级班。

表15-4 下宅中心小学历任主要领导情况表

职　务	姓　名	性　别	籍　贯	任职时间	备　注
校　长	徐天巧	男	浙江龙游	1934—1940年	—
校　长	徐日昌	男	浙江龙游	1940—1943年	—

续表15-4

职　务	姓　名	性　别	籍　贯	任职时间	备　注
校　长	李春盛	男	浙江龙游	1943—1946 年	—
校　长	姜秀华	男	浙江龙游	1946—1947 年	—
校　长	徐汪渤	男	浙江龙游	1947 年—1948 年 7 月	—
校　长	徐　进	男	浙江龙游	1948 年 8 月—1949 年	—
校　长	童立功	男	浙江龙游	1949 年—1951 年 7 月	—
校　长	许树有	男	浙江龙游	1951 年 8 月—1952 年 7 月	—
校　长	赖志清	男	浙江龙游	1952 年 8 月—1958 年 7 月	—
校　长	叶生庆	男	浙江龙游	1958 年 8 月—1959 年 2 月	—
副校长	周方旭	男	浙江龙游	1959 年 2 月—1961 年 7 月	主持工作
校　长	赖樟发	男	浙江龙游	1961 年 8 月—1964 年 7 月	—
校　长	吴樟贵	男	浙江龙游	1964 年 8 月—1968 年 7 月	—
校　长	许锦华	男	浙江龙游	1968 年 8 月—1981 年 7 月	—
校　长	邱阿良	男	浙江龙游	1981 年 8 月—1987 年 7 月	—
校　长	张光铎	男	浙江龙游	1987 年 8 月—1990 年 7 月	—
副校长	傅根才	男	浙江龙游	1990 年 8 月—1991 年 7 月	主持工作
校　长	傅根才	男	浙江龙游	1991 年 8 月—1996 年 7 月	—
副校长	傅绍圣	男	浙江龙游	1996 年 8 月—1997 年 7 月	主持工作
校　长	傅绍圣	男	浙江龙游	1997 年 8 月—2003 年 7 月	—
副校长	徐更红	男	浙江龙游	2003 年 8 月—2004 年 7 月	主持工作
校　长	徐更红	男	浙江龙游	2004 年 7 月—2011 年 8 月	—
校　长	季　宏	男	浙江龙游	2011 年 8 月—	—
副校长	季　宏	男	浙江龙游	2006 年 8 月—2008 年 7 月	—
	蓝　宏	男	浙江龙游	2009 年 8 月—2011 年 8 月	—
	琚剑锋	男	浙江龙游	2011 年 8 月—2014 年 8 月	—
	林应宏	男	浙江龙游	2013 年 8 月—2016 年 8 月	—
	朱胜男	女	浙江龙游	2016 年 8 月—2019 年 8 月	—
	林应宏	男	浙江龙游	2019 年 8 月—	—

表 15-5　**下宅中心小学历任党组织领导情况表**

职　务	姓　名	性　别	籍　贯	任职时间
书　记	许佛华	男	浙江龙游	1968 年 8 月—1981 年 7 月
	邱阿良	男	浙江龙游	1981 年 8 月—1987 年 7 月
	张光铎	男	浙江龙游	1987 年 8 月—1990 年 7 月

续表15-5

职　务	姓　名	性　别	籍　贯	任职时间
书　记	傅绍圣	男	浙江龙游	2001 年 1 月—2003 年 7 月
	徐更红	男	浙江龙游	2003 年 8 月—2011 年 8 月
	季　宏	男	浙江龙游	2011 年 8 月—2016 年 8 月
	林应宏	男	浙江龙游	2016 年 8 月—2019 年 8 月
	季　宏	男	浙江龙游	2019 年 8 月—2022 年 12 月
副书记	季　宏	男	浙江龙游	2016 年 8 月—2019 年 8 月
	林应宏	男	浙江龙游	2019 年 8 月—2022 年 12 月

表 15-6　　**下宅中心小学先进集体先进个人情况表**

荣誉名称	获奖单位、个人	颁奖单位	颁奖时间
中小学危房改造先进个人	张光铎校长	衢州市教委	1989 年
十佳青年校长	吴黎红校长	衢州市教委	2000 年
优秀园丁奖	卢慧军老师	“双龙杯”全国少儿书画大赛组委会	
银杯奖	黄群、夏晨、童小峰、周宏伟同学		
铜杯奖	吴杰、杨坤、黄博、徐迟寒同学		
优秀奖	周玉琴、周玮、童卿、徐晓航、邹一航同学		
三等奖	下宅小学		2001 年
银杯奖	夏晨、黄群、周玮、廖珊、童晨晨、王可宇、项旭、龚望超、陈菲、龚群、周志群同学		
铜杯奖	姜渝川、傅仕圣、林霞、吴维顾、姜晓东、李杰、蓝振轩、蓝茗、钟倩、徐峰、姜秋雨、龚婉婷、周望扬、龚蕾萌同学		
优秀奖	徐迟寒、曹璐、雷胜其、严永军、卢慧军、吴炜、傅丽霞、张俊、傅小康、王俊、韩婷婷、吴佳俊、雷梦、陈卓淑、龚欢、姜雅婷、周凌杰同学		
二等奖（论文《提问是打开学生思维闸门的钥匙》）	诸建华老师	中国未来教育论文组委会	2001 年 5 月
一等奖	陈蕴同学	“小学数学报”杯小学生探索与应用能力竞赛组委会	2002 年
二等奖	吴昊同学		
三等奖	黄问裕同学		
县电教工作先进学校三等奖	下宅小学	县教委	2002 年

续表15-6

荣誉名称	获奖单位、个人	颁奖单位	颁奖时间
三等奖(论文《语文课堂教学迁移策略的探索》)	诸建华老师	浙江教育报刊社、教育科学研究院	2002年6月
三等奖(论文《思想品德课中体悟式教学法》)	汪卓智、卢慧军老师	市教育局教研室	
省三等奖、市一等奖(课题报告《小学常识课中信息反馈的实践与探索》)	周伟军老师	省教育科学研究院、市教研室	
一等奖(课题报告《改革评价体系促进学生发展》)	周伟军老师	市教研室	2004年12月
二等奖	下宅小学	市中小学舞蹈比赛组委会	2005年11月
小学组二等奖(论文《探究中学习,合作中升华》)	周伟军老师	市基础教育课程改革展示活动组委会	2005年12月
省示范小学	下宅小学	省教育厅	2006年5月
省标准化学校	下宅小学	省教育厅	2007年2月
省第一轮“农村中小学现代远程教育工程”先进个人	陈林红、程丽敏老师	省电教馆	2008年7月
办学进步奖	下宅小学	县教育局	2009年12月
市“群体师德创优”先进单位	下宅小学	市教育学会	2009年12月
“农远工程”先进单位	下宅小学	省教育厅	2011年
论文一等奖	琚剑锋老师	市教研室	2012年10月
论文二等奖	林应宏老师	市教研室	2016年12月
论文二等奖	徐飞胜老师	市教育科学规划领导小组办公室	2018年4月
论文三等奖	刘丽霞老师	市教育学会	2018年4月
论文一等奖	谢苑老师	市教育学会小学语文教学研究分会	2017年6月
义务教育学校质量优质奖	下宅小学	县教育局	2019年
浙江省健康促进学校(铜牌)	下宅小学	省教育厅	2020年
春蚕奖	林应宏老师	省人民教育基金会	2020年9月
“争做最美资助人”年度人物	徐飞胜老师	省教育发展中心	2020年12月
论文三等奖	汪萍老师	市教育学会	2021年5月
教育工作先进个人	吴金路老师	县教育局	2021年9月
学科带头人	王君燕老师		
优秀班主任	刘丽霞老师		
“红烛奖”	汪卓智老师		

续表15-6

荣誉名称	获奖单位、个人	颁奖单位	颁奖时间
中小学创客辅导老师比赛一等奖	王祎卉老师	市教育事业发展中心	2021 年 12 月
小学数学青年老师素养大赛一等奖	王君燕老师	衢州市	2022 年 1 月
论文二等奖	刘丽霞、林应宏老师	市教育学会	2022 年 5 月
浙商证券红烛教师奖	诸建华老师	省人民教育基金会	2022 年 8 月
县教育先进个人	诸建华老师	县教育局	2022 年 9 月

志棠小学（志棠镇育英学校）　学校创办于 1923 年，校舍为志棠花厅，学生 30 余人，校名为“志棠小学”。翌年 2 月，学校改名为“龙游县塔石区立志棠初级小学”。1929 年 2 月，学校迁至邵氏宗祠，学生 50 余人。1941 年 9 月，国民政府推行保甲制度，学校改名为“龙游县塔下乡第十、十一保校”。1942 年 9 月，县政府教育科执行省教育厅颁发的《各县试办中心小学办法大纲》，试行中心小学辅导员制度，学校改名为“塔下乡中心小学”。1945 年抗日战争胜利后，改名为“塔下乡中心国民学校”，学制为“四二”两段制，学生 200 余人，设 6 个班，教职员工 9 人。

图 15-1　志棠花厅（载于《龙游县教育志》）

1949 年 5 月 7 日，学校由军管会接管，学校改名为“龙游县志棠乡中心小学”。1951 年 9 月，改名为“志棠乡完全小学”。1958 年“大跃进”，许多超龄生进校，学生数增至 350 人，6 个班，9 名教师。是年，增设一个“带帽”初中班，学生 40 余人，教师 1 人。1959 年 8 月，学校改名为“龙游县模环区第三中心小学”，校长兼辅导员，负责志棠乡辅导区工作。是年，龙游县制撤销，学校改名为“衢县志棠管理区中心小学”。1960 年，初中班并入横山中学。1965 年，志棠增设农业中学 1 个班。1967 年 2 月，学校复课，教材为《毛主席语录》。1971 年 2 月，学校整顿教学秩序，增设 2 个初中班，学制为 2 年，学校改名为“衢县志棠公社五七学校”。1976 年 9 月，志棠乡东王开办了煤矿中学，设 1 个高中班，学制 2 年。

1977 年，煤矿中学撤销并入志棠公社五七学校。1979 年 8 月，高中班停止招生，并入区属横山中学。1978—1987 年，中小学并存，校名为“志棠乡学校”。

1986 年，学校贯彻《中共中央关于教育体制改革的决定》和《分级办学、分级管理教师队伍建设等问题的决议》。同年，中小学分开办学，建 1 个党支部，小学更名为“龙游县志棠乡中心小学”。1987—1990 年，学校申办龙游县第一届远程教育电视中专班，修学 4 年，9 位民办教师和3位代课教师取得毕业证书。1989年，全乡实施九年义务教育。翌年，撤并翁坞、凌阁张、腰塘边3所小学，学生并到乡中心小学。1991年开设书法课。

1992年8月，模环区教育辅导学校撤销，志棠镇学校管理委员会成立。学校对破旧教室进行整修，投资5万多元，购置教学仪器，拥有教学用彩电2台、收录机16台、投影仪13台、放像机2台、教学屏幕6块，电化教学仪器基本达到了省Ⅰ类水平；配备学生实验室、仪器室、图书室；音、体、美、劳设施配套齐全，实现“六配套”。12月16日，市农村学校“六配套”现场会在志棠镇召开，推广学校改善办学条件的先进经验。1993年创办“龙游县志棠培智班”是浙西地区乡村唯一的培智班，办班宗旨是让“三残儿童”享有同样的受教育权、发展权和人格尊严。学龄儿童入学率、巩固率连续14年达到100%。1994年，志棠镇被市教委命名为“九年制义务教育示范乡(镇)”，志棠镇“普九”“普实”工作通过省级验收，被评为“普实”先进单位。1996—1997年9月，全镇各班均达到“两机一幕”，开始执行《国家体育锻炼标准》，配备体育专职教师。1997年9月，投资80万元，筹建四层十六教砖混结构的教学大楼，翌年8月28日交付使用，建筑面积1940平方米。1997年，学校通过县“两基”验收，逐步实施高标准“普九”。同时，学校对下辖的两所村完小进行督导评估。1998年，志棠镇被市政府命名为教育强镇。1999年被省政府命名为省级教育强镇。1998、1999学年，学校每周四下午安排半天时间，对学生进行特长教育；撤并所有村小，设立新宅、塔下叶两所完小，完成了布局调整规划的第一步。

2000年9月1日，志棠初级中学与志棠镇中心小学合并，组建九年一贯制学校“龙游县志棠镇育英学校”，有19个班，735名学生，47名教职工。学校占地面积20369平方米，建筑面积5503平方米。2001年7月，初中并入横山中学，学校有11个教学班，288名学生，19名教职工。2003年9月，学校提出“外树形象，内增质量”管理目标，进行一系列改革调整。

2004年上半年，投资近16万元，拆除4个旧教室和教职工宿舍，扩建镇中心幼儿园，加固学校池塘，新建花坛，平整地基，种植草皮，绿化校园，校园绿化面积达到47%，通过县平安学校、绿色学校验收。2004年10月，学校工会小组被评为市先进“教工小家”。翌年5月，投资近4万元，建多媒体教室1个；暑期完成校校通建设。9月，塔下叶小学四、五、六年级，新宅小学六

图15-2 与山村孩子过“六一”(江一帆 2016年5月摄于志棠小学新宅教学点)

年级并入中心校，完成学校布局调整第二步。至2005年底，学校有12个班级，在校学生462人，教职工27人，其中中专学历1人、大专学历23人、本科学历3人。自1996—2003年连续9年被县教育局评为先进集体。2006年，志棠镇育英学校更名为志棠小学。

2019—2020学年志棠小学招1个班。2020年7月，志棠小学与横山小学合并成立横山教育共同体。

2022年末，学校有6个教学班，学生122人；有专任教师17人，其中中级职称4人，本科学历15人、专科学历2人。

表15-7　　志棠小学（志棠镇育英学校）历任主要领导情况表

职　务	姓　名	性　别	籍　贯	任职时间	备　注
校　长	李品三（亨）	男	浙江龙游	1942年8月—1945年1月	—
校　长	邵学谦	男	浙江龙游	1945年2月—1946年7月	—
校　长	邵学诚	男	浙江龙游	1946年8月—1947年1月	—
校　长	胡长庚	男	浙江龙游	1947年2月—1947年7月	—
校　长	王康年	男	浙江龙游	1947年8月—1949年7月	—
主　任	戴康年	男	浙江龙游	1949年8月—1951年1月	校委
校　长	李志仁	男	浙江龙游	1951年2月—1952年1月	—
校　长	张胜华	男	浙江龙游	1952年2月—1956年7月	—
副校长	许树有	男	浙江龙游	1954年2月—1956年7月	—
校　长	张志华	男	浙江龙游	1956年8月—1959年7月	—
副校长	戚来同	男	浙江诸暨	1958年8月—1959年7月	—
校　长	毛元贵	男	浙江江山	1959年8月—1960年7月	—
校　长	潘海根	男	浙江龙游	1960年8月—1961年9月	—
副校长	许锦华	男	浙江龙游	1961年2月—1968年11月	—
校　长	吴樟贵	男	浙江龙游	1961年2月—1965年1月	—
副主任	徐富贤	男	浙江龙游	1968年11月—1970年7月	革委会
教育干部	朱永坚	男	浙江龙游	1970年5月—1977年8月	—
副校长	钟煜华	男	浙江龙游	1978年8月—1986年7月	初中
副校长	吴英发	男	浙江龙游	1977年8月—1986年7月	小学
教育干部	翁耀贵	男	浙江龙游	1977年8月—1982年8月	—
副校长	陈炳根	男	浙江龙游	1983年8月—1985年7月	初中
校　长	王仕荣	男	浙江龙游	1985年8月—1989年7月	—
副校长	郑国唐	男	浙江龙游	1989年8月—1992年7月	主持工作
校　长	王仕荣	男	浙江龙游	1992年8月—2003年8月	—
副校长	黄根娣	男	浙江龙游	2000年9月—2002年8月	—
校　长	雷晓祥	男	浙江龙游	2003年9月—2006年7月	—

续表15-7

职　务	姓　名	性　别	籍　贯	任职时间	备　注
副校长	朱加友	男	浙江建德	2004 年 9 月—2006 年 7 月	—
校　长	徐建清	男	浙江龙游	2006 年 8 月—2008 年 7 月	—
校　长	季　宏	男	浙江龙游	2008 年 8 月—2011 年 8 月	—
校　长	赵子圣	男	浙江龙游	2011 年 8 月—2015 年 7 月	—
校　长	王小忠	男	浙江龙游	2015 年 7 月—2020 年 8 月	—
负责人	周洪波	男	浙江龙游	2020 年 8 月—	横山教共体

表 15-8　　志棠小学（志棠镇育英学校）历任党组织领导情况表

职　务	姓　名	性　别	籍　贯	任职时间
书　记	朱永坚	男	浙江龙游	1974 年 7 月—1977 年 8 月
副书记	钟煜华	男	浙江龙游	1978 年 8 月—1986 年 7 月
书　记	翁耀贵	男	浙江龙游	1977 年 8 月—1982 年 7 月
书　记	朱永坚	男	浙江龙游	1982 年 8 月—1994 年 4 月
副书记	王仕荣	男	浙江龙游	1985 年 8 月—1989 年 7 月
书　记	王仕荣	男	浙江龙游	1994 年 5 月—2004 年 7 月
副书记	郑国唐	男	浙江龙游	1989 年 8 月—2002 年 7 月
书　记	雷晓祥	男	浙江龙游	2004 年 8 月—2006 年 7 月
副书记	朱加友	男	浙江建德	2002 年 8 月—2006 年 7 月
书　记	徐建清	男	浙江龙游	2006 年 8 月—2008 年 7 月
书　记	季　宏	男	浙江龙游	2008 年 8 月—2011 年 8 月
书　记	赵子圣	男	浙江龙游	2011 年 8 月—2015 年 7 月
书　记	许　晔	男	浙江龙游	2015 年 7 月—2019 年 8 月
书　记	王小忠	男	浙江龙游	2019 年 8 月—

表 15-9　　志棠小学（志棠镇育英学校）先进集体先进个人情况表

荣誉名称	获奖单位、个人	颁奖单位	颁奖时间
人民教育基金会第二届“春蚕”奖	夏晓华老师（女，腰塘边小学）	省教委	1989 年
中小学“鲁迅纪念奖”和“让精神世界更美好”读书活动优秀指导教师	诸葛松老师	省教委、省团委	1990 年
全国优秀教师	王渭仙老师（女，新宅小学培智班）	国家教委、人事部	1995 年 9 月
“特教”先进工作者	王渭仙老师（女，新宅小学培智班）	省人民政府	1996 年

续表15-9

<table>
<tr><th>荣誉名称</th><th>获奖单位、个人</th><th>颁奖单位</th><th>颁奖时间</th></tr>
<tr><td>团体总分第 7 名</td><td rowspan="2">志棠小学</td><td>县十一届中小学田径运动会</td><td>1996 年</td></tr>
<tr><td>先进集体</td><td>县小学办学水平督导评估</td><td>1997 年</td></tr>
<tr><td>县电教工作先进学校一等奖</td><td>志棠镇育英学校</td><td>县教委</td><td>2002 年</td></tr>
<tr><td>依法治校示范校</td><td>志棠镇育英学校</td><td>县教育局</td><td>2004 年</td></tr>
<tr><td>省第二届农村教师突出贡献奖</td><td>王渭仙老师(女,培智学校)</td><td>省人民政府</td><td>2011 年 9 月</td></tr>
<tr><td>全国师德标兵</td><td>王渭仙老师(女,培智学校)</td><td>中国教科文卫体公会全国委员会、教育部办公厅</td><td>2015 年 8 月</td></tr>
<tr><td>省义务教育标准化学校</td><td rowspan="8">志棠小学</td><td>省教育厅</td><td>2013 年</td></tr>
<tr><td>省第七批绿色学校</td><td>省环保厅、省教育厅</td><td>2014 年 12 月</td></tr>
<tr><td>教育质量优质奖</td><td rowspan="4">县教育局</td><td rowspan="2">2016 年</td></tr>
<tr><td>德育示范学校</td></tr>
<tr><td>第二批“美丽校园”</td><td rowspan="2">2017 年</td></tr>
<tr><td>教育工作先进集体</td></tr>
<tr><td>市优秀学校空间</td><td>市教委</td><td>2018 年</td></tr>
<tr><td>文明校园</td><td>县教育局</td><td>2019 年</td></tr>
</table>

新宅小学培智班　1993 年 9 月 1 日,志棠小学为 4 名智障儿童开办特殊教育培智班。翌年 9 月,为解决学生住宿问题,培智班移址新宅小学。此后,在社会各界支持下,办学条件不断改善。培智班教师撰写的论文《弱智儿童行为缺陷的纠正》在全国特教通讯大赛中获奖,《弱智儿童语文分层教学实验报告》获浙江省普教论文三等奖。至 2005 年,培智班有教师 2 人、学生 19 人。

县培智学校　2008 年 11 月,在新宅小学培智班的基础上成立龙游县培智学校,学校设在志棠小学内,按“一套班子,两块牌子”方式运作,全年招生 18 人。2009 年,在校学生 54 人,其中在普通班跟班随读 39 人,特设特殊培智班 1 个,学生 15 人。入学时重度智障的学生不会数数认字,不会洗脸穿衣,有的甚至大小便解在裤子上、床上。学校本着“让三残儿童同样享有教育权、发展权和人格尊严”的宗旨,引导学生点滴认识、点滴模仿、点滴做起,对学生精心呵护、精心浇灌、精心培育。办学以来共招收学生 213 人次,经培育的学生在普通班的成绩能达到班内中等水平。在“六一”儿童节文艺汇演中,智障儿童与普通儿童同台表演获得成功,深受到场观看的县领导称赞。学校教师有 5 篇特殊教育论文在国家、省、市、县级获奖,实验课题“弱智儿童行为缺陷的矫正”报教育部基础教育司立项。2014 年 3 月 28 日,衢州市第二次随班就读工作现场会在志棠小学召开,推广龙游县特殊教育对象“随班就读”的经验。2015 年,培智学校移至县城,更名为泽雅学校。

表 15-10

1988 年境内小学基本情况表

校　名	班级数（个）	学生数（名）	教职工数(名)	代课教师数(名)	校　名	班级数（个）	学生数（名）	教职工数(名)	代课教师数(名)
横山乡中心小学	8	320	15	—	下宅乡中心小学	6	232	14	—
会泽里小学	5	145	6	—	项家小学	4	128	5	1
杜叶小学	4	119	5	—	脉元小学	5	187	6	1
余岗小学	3	83	3	—	后徐小学	4	116	5	—
西方坞小学	3	122	4	—	大平坂(畈)小学	3	91	3	—
八石坂(畈)小学	3	98	4	—	贤求棚小学	2	65	2	—
吴仪宾小学	2	52	2	—	大平山小学	1	22	1	—
上下朱小学	2	54	2	—	腰塘小学	1	21	1	—
白岳桥小学	1	19	1	—	志棠乡中心小学	8	296	14	1
龙门桥小学	2	45	2	—	新宅小学	6	214	5	3
下西山小学	2	56	2	—	张家小学	3	103	3	1
溪边小学	1	27	1	—	塔下叶小学	3	75	3	1
上东门小学	1	11	1	—	杨家小学	1	32	1	—
高排山小学	1	14	1	—	凌阁张小学	2	50	2	—
山门寺小学	1	6	1	—	腰塘边小学	1	16	1	—

表 15-11

2005 年、2022 年境内小学基本情况表

时间	校　名	班级数(个)	学生数(名)	教职工数(名)	其中：专职老师(名)
2005 年末	横山镇中心小学	25	944	53	49
	下宅中心小学	12	491	30	29
	下宅脉元小学	2	57	3	3
	志棠镇育英学校	11	419	27	27
	志棠塔下叶小学	3	81	6	5
	志棠新宅小学	4	113	4	4
2022 年末	横山小学	12	346	51	50
	下宅小学	7	182	23	23
	志棠小学	6	110	14	14

表 15-12

1983—2005 年境内撤并小学情况表

校　名	创办时间	被撤时间	最后一任负责人	最后一年教师数(名)	最后一年学生数(名)	并入学校
仓头小学	1968 年 8 月	1988 年 8 月	童土英	1	18	横山镇中心小学
上东门小学	1960 年 8 月	1989 年 8 月	叶美姣	1	11	

续表15-12

校　名	创办时间	被撤时间	最后一任负责人	最后一年教师数(名)	最后一年学生数(名)	并入学校
山门寺小学	1968年8月	1991年8月	张发祥	1	3	横山镇中心小学
溪边小学	1958年8月	1991年8月	童土英	1	30	
白岳桥小学	1952年8月	1997年8月	姜有铭	1	11	
高排山小学	1963年8月	1998年8月	王樟林	1	14	
龙门桥小学	1953年8月	2002年8月	胡惠香	1	14	
余岗小学	1952年8月	2002年8月	许玉玲	1	22	
下西山小学	1954年8月	2002年8月	童土英	1	18	
西方坞小学	1952年8月	2002年8月	严发根	2	48	
吴仪宾小学	1952年8月	2002年8月	张发祥	2	22	
八石坂(畈)小学	1952年8月	2002年8月	邵有祥	5	103	
上下朱小学	1953年8月	2004年8月	张发祥	2	24	
会泽里小学	1948年8月	2004年8月	徐志明	10	150	
杜叶小学	1952年8月	2005年8月	徐志明	4	60	
后徐小学	1968年	1991年8月	吴土华	7	283	下宅中心小学
大平山小学	1950年	1991年8月	林永富	1	13	
贤求朋小学	1965年	1998年8月	诸建华	1	21	
腰塘小学	1963年	1998年8月	徐根荣	1	16	
大平坂(畈)小学	1950年	2000年8月	黄国昌	1	18	
项家小学	1947年	2005年8月	郑樟富	1	11	
儒大门小学	1968年9月	1984年7月	王渭仙	1	—	志棠镇育英学校
钱家小学	1968年9月	1984年7月	邵向明	1	—	
腰塘边小学	1968年9月	1991年7月	诸葛明	2	59	
翁坞小学	1968年9月	1991年7月	邵向明	1	12	
杨家小学	1968年9月	1991年7月	鲁越珍	1	23	
凌阁张小学	1968年9月	1993年7月	张秀花	1	12	
东王小学	1968年9月	1998年7月	舒秋香	1	7	
张家小学	1956年1月	2003年7月	徐艳芳	1	9	

二、学制与教材

学制　清光绪二十九年(1903),清朝学部规定:初等小学堂儿童7岁入学,修业期限5年,高等小学堂修业期限4年。1912年,教育部规定,初等小学校修业期限4年,高等小学校修业期限3年。1922年,规定小学入学年龄为6周岁,小学修业年限6年,分初高两级,初级4年,高级2年。1952年秋,各完全小学曾一度招收五年一贯制新生,翌年恢复初小4年、高小2年。

1958年起，曾有部分中心小学试行五年一贯制。到1973年，境内小学全部实行五年一贯制。1983年秋，部分入学新生恢复六年制。1985年起，小学全面实施六年制。

课程　小学课程设置变化甚大。清宣统年间(1909—1911)，初等小学堂必修课为修身、读经讲经(一、二年级无)、国文、算术、体操，随意科为图画、手工、乐歌；高等小学堂必修课为修身、读经讲经、国文、算术、图画、体操，随意科为手工、乐歌、农业、商业、英文。1912年7月，规定初等小学有修身、国文、算术、手工、图画、唱歌、体操7科，女生加授缝纫；高等小学有修身、国文、算术、本国历史、地理、理科、手工、图画、唱歌、体操10科，男生加授农业，女生加授缝纫，农业也可改为商业，并可加设英语或别种外语。1923年，规定科目为国语、算术、卫生、公民、历史、地理、自然、园艺、通用艺术、形象艺术、音乐、体育，其中国语又细分为语言、读文、作文、写字。初级小学则合并卫生、公民、历史、地理为社会，合并自然、园艺为自然。1929年，规定科目为党义、国语、社会、自然、算术、劳作、美术、体育、音乐。1948年调整科目，规定初级小学为公民训练、音乐、体育、国语、算术、常识、美术、劳作8科，高级小学为公民训练、音乐、体育、国语、算术、社会、自然、美术、劳作9科。中华人民共和国成立后，取消公民训练，改设政治课。1955年规定，设语文，算术，历史、地理、自然、体育、唱歌、图画、手工劳动9科。1963年，科目调整为周会、语文、数学、历史、地理、自然、生活常识、体育、音乐、图画、手工11科。“文化大革命”期间，则设毛泽东思想、语文、数学、革命文艺、军事体育、劳动等课程。1978年秋，课程调整为政治、语文、数学、自然常识、体育、音乐、美术7科，外语为选科，其中政治、自然常识为四、五年级的科目。1992年，小学课程调整为思想品德、体育与保健、语文、数学、常识、音乐、美术。2001年起，小学增设英语、信息技术科目。嗣后多有改革，课程设置更具灵活性，也更适合学生身心健康成长。2022年3月，省教育厅印发《浙江省义务教育课程设置及课时安排(2022年修订)》，明确一至六年级不组织期中考试或考察，期末考试仅限语文、数学两门学科，其他学科只组织期末考察：一、二年级期末考试和考察推广非纸笔测试形式。一至六年级运用等级和评语报告考试和考察成果，拓展性课程在期末或课程学习完毕时开展考察。2003年开始，实施基础教育课程改革实验，实行国家、地方、学校三级课程管理。根据2015年修订的《浙江省义务教育课程设置及课时安排》，一至六年级开设品德、语文、数学、体育与健康、艺术及地方课程与校本课程，三至六年级开设外语、科学。

教材　清末，采用商务印书馆出版的初等小学堂教科书、高等小学堂教科书。民国初，先后采用商务印书馆出版的共和国教科书、全套新法教科书、新学制教科书、新时代教科书等。1941年，各小学采用正中书局出版的国定本教科书。1946年后，采用商务、中华、世界、大东、开明、正中书局联合出版的各类教科书。1951年起，均使用人民教育出版社出版的各种部编教材。1969年起，采用省编教材。1978年，始用部编十年制全日制中小学通用教材。1992年，始用浙江教育出版社出版的省编教材。1996年，县教研室编写《龙游县综合版乡土教材》6册，供小学各年级使用。2019年始衢州地区一至六年级语文采用人教版，数学采用北师大版教材。2021年一至六年级道德与法治采用人教版，其他课程采用的版本较多，不一一列出。

复式教学　民国时期，教学设施匮乏，师资短缺，学龄儿童入学率低，小学通常采用复式教学。把两个或两个以上年级的学生编在一个班里，同一节课内由同一位教师，对不同年级的学生轮换授课。农村初级小学大多设三复式以上班级，城乡中心小学低年级、中年级，也以复式班居多。中华人民共和国成立后，入学儿童逐年增多，小学复式班比例有所下降。随着学校布局调整的深入推进，复式班不断减少。

【志棠小学创建“荷文化”】 志棠小学依托当地独特的莲荷文化资源，创建鲜明的学校“荷文化”。学校建成“荷文化”浮雕、“荷文化”艺术墙、“荷文化”门厅、荷花池、成长足迹小池等建筑或景观，形成浓郁的“荷文化”校园氛围。成立绘荷、舞荷、吟荷、绣荷等多个学生兴趣活动组织，积极开展丰富多彩的社团活动。通过“荷文化”建设，增强了学生热爱家乡的感情，在全校形成争做积极的“荷花少年”的良好风尚。（《龙游年鉴·2014》）

附录　回队任教　余缺调剂　就地落实　合理安排

在清理阶级队伍的基础上，领导与群众相结合，踏踏实实地做好公办小学教师下放工作，做到思想落实、政策落实、组织落实，调动一切积极因素，夺取无产阶级教育革命的新胜利

浙江省衢县横山公社在落实公办小学下放到大队来办的过程中，遇到一个急需解决的问题，就是全公社18名公办教师中，家在本公社的只有5人，而且没有一个是在本大队任教的；11名民办教师，家在本公社的也只有3人。同时，大队与大队之间教师的余缺也很不平衡。贫下中农对这个问题很关心，他们说：“教师不落实，工分没法记，教师不安心，我们不欢心。”公社革委会认为，教师的调动是一项复杂、细致、涉及面广、政策性很强的工作，存在着两个阶级、两条道路、两条路线的激烈斗争，领导必须亲自动手，突出无产阶级政治，深入地进行调查研究，放手发动和依靠群众，认真做好这一工作。

调整工作开始时，有的群众打算趁教师调动之际来个“大换班”。部分教师也在个人问题上打圈子，有的想到经济条件较好的地区去任教，有的要求回城镇。公社革委会遵照毛主席关于“掌握思想教育，是团结全党进行伟大政治斗争的中心环节”的伟大教导，多次举办有贫下中农、革命干部、革命教师参加的毛泽东思想学习班，针对不同的思想情况，用毛主席关于正确对待知识分子的政策，来统一广大革命群众的认识，着重解决要团结一切可以团结的力量，调动一切可以调动的积极因素，巩固贫下中农掌管的教育大权，夺取教育革命新胜利的问题。贫下中农遵照毛主席关于“从旧学校培养的学生，多数或大多数是能够同工农兵结合的，有些人并有所发明、创造，不过要在正确路线领导之下，由工农兵给他们以再教育，彻底改变旧思想”的伟大教导，对全公社小学教师的现状进行了具体分析，一致认为，大多数教师是能够同工农兵结合的，对他们不能“一脚踢开”，但必须用毛泽东思想对他们进行再教育。老贫农余阿苟说：“我们应该把千仇万恨集中到大叛徒身上，决不能恨那些中了毒、受了害的教师，我们要听毛主席的话，切实担负起对知识分子进行再教育的光荣任务。”在学习班中，贫下中农帮助教师活学活用“老三篇”，大讲贫下中农管理学校的重大意义，大批的反革命修正主义教育路线，使革命教师受到了一场最生动、最实际的阶级教育和两条路线斗争教育，大大提高了教师接受贫下中农再教育的自觉性。

横山公社调整教师的工作，是根据大量调查研究材料，摸清了教师的活思想，教师需要调动和余缺的情况，本着有利于对教师进行再教育、有利于夺取无产阶级教育革命的新胜利和有利

于教师生活安排的精神，确定了“回队任教，余缺调剂，就地落实，合理安排”的原则，在认真清理阶级队伍，基本搞清了教师政治面貌的基础上，在县革委会领导下，由公社革委会负责主持，有计划有步骤地逐个安排落实。他们的做法是：

一、在本县范围内，公社之间的调动，经过公社互相协商，县革委会同意后，调回本公社任教，目前已有12名家不在本公社的教师调回了本公社。家在本公社的22名（包括从外公社调回来的）教师中，已有17名教师回本大队任教。公社革委会根据大队与大队之间教师余缺情况，经过贫下中农讨论，有5名教师安排到离家较近的大队任教。

二、对于家在城镇的教师，根据面向农村、面向山区的原则，采取就地安排落实的办法，横山公社有两名家在城镇的教师，贫下中农遵照毛主席关于“知识青年到农村去，接受贫下中农的再教育，很有必要”的教导，动员他们留下任教。在贫下中农的热情教育鼓励下，他们就在缺教师的大队落户了。

三、经过公社之间协调，横山公社还留下了3名外公社的教师，安排在缺少师资的大队任教。贫下中农对这些教师，在多做思想教育工作，促进思想革命化的同时，对他们生活上的一些实际问题，给予必要的照顾。贫下中农还考虑到，队里按工分分配给他们的农副产品，带回家有困难，就采取实物折价照顾的办法，让教师能够安排生活。有一个在上下朱大队任教的教师，家在本县外公社，在该队任教六年来，与贫下中农心连心，贫下中农要他留下，他自己虽然也考虑到在该队任教生活有些不便，但是想到毛主席关于“完全”“彻底”为人民服务的教导，就毅然决定在该队继续任教。

四、通过清理阶级队伍，对证据确凿的四个阶级敌人，经过领导和群众相结合定案后，清除出教师队伍，并区别情况，给予出路。

五、现有小学教师全面调整落实后，根据农村教育事业发展的需要，由贫下中农推荐，经公社革委会批准，选拔了13个政治觉悟高，有一定文化水平的贫下中农、复员军人和经过二年以上劳动锻炼的优秀知识青年，充实教师队伍。

现在，横山公社的教师（包括新充实的）都已经全部调整落实到大队。横山公社广大贫下中农，由于认真执行伟大领袖毛主席关于知识分子的政策，做到了思想落实，政策落实，组织落实，从而大大调动了教师的革命积极性，有力地推动了农村教育革命的深入发展。

浙江省革委会、金华地区革委会、衢县革委会调查组

（载于1969年7月10日《人民日报》）

第三节　中学教育

1958年，境内始有初中与高中。20世纪60年代后期，初中教育以小学“戴帽”形式得以发展。1978年起“戴帽”小学开始“脱帽”，单独设置的初级中学增多。至1984年，基本形成每乡一所初中。1985年开始将初中纳入普及教育范围，1995年实现全县普及九年制义务教育，2003

年提出初中向中心镇集聚思路，至2022年基本构成布局合理、满足需求的普通中学教育网络。

一、学校选介

横山镇初级中学（简称横山初中）　学校创办于1975年，校址设在高山凤凰山上，原名"横山五七学校"，属小学附设初中班，时有2个班，学生110名，学制2年，学校由"贫管组"管理。教师办公在"高冈起凤"厅里。1976年，高山五队和六队免费为学校提供建造"工"字形6个教室土地，学校开展艰苦的建校劳动。年底，建成面积540平方米的新教室。为记住不平凡的建校劳动，初二乙班学生朱益明在县曲艺艺人的指导下，把它编成了道情，在衢县县城宣传。1978年，2个班的毕业生中有5人考入衢州二中，学生张旭东后来成为解放军某部驱逐舰舰长。1979年，学制改为三年。1980年，学校改劳动课为劳技课，教材选用"农业基础知识"，利用2亩大寨田作为学农基地种油菜、种水稻，丰富了师生农业生产知识，初步学会种田本领。1981年创办水泥袋商标印刷厂，为横山水泥厂进行商标印刷，学生在老师指导下，学习印刷技术和模板雕刻技术。

1982年8月，初中独立设置，校名为"横山公社初中"。是年，杜叶、会泽里小学附设初中班并入，学生寝室租用民房。1983年县恢复后，政府拨款3万元，学校自筹资金1.5万元，用2亩学农基地与高山七队换地建成使用面积720平方米2层8教室教学楼1幢。是年，原"工"字形6教室改为学生寝室。1992年，校名改为横山镇初级中学。1998年，陈家才当选县第九届人大代表。1999年，筹集资金300余万元，在横山塔底新建校舍。

2000年8月，建筑面积2850平方米，拥有25间教室的5层教学楼及配套设施竣工；9月，学校整体搬迁至新校园。是年，下宅初中并入，学校共有19个班，学生911人，教职工57人。两校合并后，师资力量得到加强，教学质量有了提高，学校设立教科室，县教研室多次来校举行教研活动，教师教学论文获奖次数比以往增多。

2001年2月，筹款11万余元建电脑室，配置浪潮牌电脑28台。是年，学生黄亮获全国"希望杯"数学竞赛三等奖。2002年，学校有18个班级，学生839人，教职工52人，学校占地面积15020平方米，建筑面积3490平方米，绿化面积3224平方米，教学仪器总额达22.3万元，有标准水泥篮球场一个。是年，投入9万多元向横山村征地756平方米，筹建学生公寓。9月，根据全县布局调整需要，学校并入横山中学，原校舍及部分设施归小学管理。

表15-13　　横山镇初级中学历任主要领导情况表

职　务	姓　名	性　别	籍　贯	任职时间	备　注
校　长	邱阿良	男	浙江龙游	1975年9月—1979年7月	—
副校长	赖志仁	男	浙江龙游	1979年8月—1986年7月	主持
校　长	钟煜华	男	浙江龙游	1986年8月—1997年7月	—
校　长	张建民	男	浙江龙游	1997年8月—2002年7月	—

下宅初级中学（简称下宅初中）　学校创办于1964年5月，时为农业中学，校址在下宅村金堂殿农场，有1个班，2名老师，负责人姜锦松。1966年"文化大革命"开始后，学校停课。1968年，由贫下中农管理学校，为方便群众就近上学，下宅中心小学、项家小学、脉元小学都附设初中

班，实行半农半读制，开设的课程是语文、数学、机电，并组织学生到龙游探矿厂、龙游化工厂开展实践活动，在离校三里的大塘里水库边开辟15亩学农基地。1974年，由于学生人数增加，政府决定将中小学分离，在胡家山新建424平方米的“工”字形教室1幢，建造432平方米的活动室及2间厨房和师生宿舍。9月，初中整体搬迁至新校园，校名为“下宅公社初中”。1976年第2幢“工”字形教室建成，面积450平方米。1980年，项家、脉元两个初中班并入。1981年，学校用学农基地与邻近的小队交换土地，扩大校园面积18亩。1982年，学校物理组制作的惯性实验教具获金华地区三等奖。

1983年，学校有6个教学班、学生333人，教职工17人。有两个实验室，有办公室、阅览室、活动室，操场上有100米的直跑道和200米的环形跑道。学校四周建有2.5米高的围墙，周围是高大的水杉、梧桐，教室前后是冬青、花坛，师生宿舍前是整齐的松柏、石榴，绿化面积占校园面积的四分之一。6月，学校创办了纸袋厂，一年后停办。是年，项善枝被评为衢州市优秀班主任。1986、1987年，学校被评为县教育工作先进集体。1989年，投资7.7万元建650平方米教师宿舍1幢。1995年新建水泥篮球场1个。1998年，投资3万元建90平方米厕所、浇筑水泥路350米。2000年9月，学校并入横山镇初中。

表15-14　**下宅初级中学历任主要领导情况表**

职　务	姓　名	性　别	籍　贯	任职时间
负责人	姜锦松	男	浙江龙游	1964年5月—1968年7月
校　长	朱茂根	男	浙江江山	1968年8月—1972年7月
校　长	许锦华	男	浙江龙游	1972年8月—1979年7月
校　长	朱茂根	男	浙江江山	1979年8月—1984年7月
校　长	丁鼎文	男	浙江义乌	1984年8月—1992年7月
副校长	张阿务	男	浙江龙游	1984年8月—1987年7月
校　长	张建民	男	浙江龙游	1992年8月—1997年7月
校　长	吴黎红	男	浙江龙游	1997年8月—2000年7月

志棠初级中学（简称志棠初中）　1958年，志棠管理区中心小学增设“戴帽”初中班1个，有学生40余人，教师1人。1959年，根据上级指示精神，动员超龄生参加农业生产。翌年，初中班并入区属横山中学。1965年，设农业中学，招1个班。1971年，增设2个初中班，学制为二年，“衢县志棠管理区中心小学”改名为“衢县志棠公社五七学校”。1975年11月，学校与后邵大队协商，将校后一座祠堂山划为学校管理。全体师生利用生产劳动课和课外活动时间，积极参加挖土劳动。1976年，在东王开办煤矿中学，设1个高中班，学制为二年。次年，煤矿中学并入志棠公社五七学校，继续招收高中新生。1979年，学生晨跑只能在公路上进行，发生初三班1名学生碰车伤亡事故。是年，高中停止招生，并入区属横山中学。

1980年，学校师生开辟荒山5.5亩，办起小农场，种上番薯、小麦、油料作物和瓜果蔬菜，饲养长毛兔，养羊、养猪。1985年，面积3000平方米的大操场开始使用。1986年8月，初中独立设置，校名为“龙游县志棠初级中学”，校址在龙葛路42号，占地面积19.8亩，有7个班，学生364名，教职工16人。同年，新建初中教工宿舍2幢计20间；建厨房1幢，建筑面积750平方米。1988 年，学校办起水泥纸袋厂和养猪场，栽种柑橘 300 多棵，当年经济收入 3.8 万元。1990 年，吴开银获九省一市数学竞赛三等奖。1991 年，县教委拨款 5 万元、乡政府筹资 23 万元，新建 1500 平方米 4 层教学大楼 1 幢。

1992 年，学校把原破旧"工"字形教室整修成男生宿舍，同时扩建、平整操场，面积达 4000 平方米。学校拥有图书 1000 余册，教学参考资料 1700 余册，教学挂图 300 余张，物理、化学实验仪器柜 20 只，各种仪器计价 2 万余元，每班配有"两机一幕"，电化教学、实验教学设备达省 I 类标准。12 月 16 日，衢州市农村学校"六配套"现场会在志棠镇召开，校长叶炳土介绍学校改善教学环境、完善教学设施的经验。1994 年，学生杨军的习作《游江南悬空寺》被香港未来出版社采用，编入《最新初中生范文选》；学生杨灵华的习作《窗外》发表在《中学生天地》1994 年第 5 期。1996 年，通过国家"两基"年审。1997 年，投资 2 万元新建无公害厕所一座。1998 年，投资 1.4 万元浇筑水泥路面 100 米，新建宣传窗 3 个，投入 3 万元购置音、体、美、电化教学器材。是年，志棠镇通过市"教育强镇"验收。

1999 年，投入 10 万元建成有 25 台微机的计算机室。是年，通过省"教育强镇"验收。2000 年 9 月，学校与小学组建为九年一贯制学校，校名为"龙游县志棠镇育英学校"。2001 年 7 月，志棠镇育英学校初中部并入横山中学。

表 15-15　**志棠初级中学历任主要领导情况表**

姓　名	职　务	性　别	籍　贯	任职时间	备　注
校　长	张志华	男	浙江龙游	1958 年—1959 年 7 月	—
副校长	戚来同	男	浙江诸暨	1958 年 8 月—1959 年 7 月	—
校　长	毛元贵	男	浙江江山	1959 年 8 月—1960 年 7 月	—
校　长	潘海根	男	浙江龙游	1960 年 8 月—1961 年 7 月	—
校　长	许锦华	男	浙江龙游	1961 年 8 月—1968 年 11 月	—
副校长	吴樟贵	男	浙江龙游	1961 年 2 月—1965 年 1 月	—
副主任	徐富贤	男	浙江龙游	1968 年 11 月—1970 年 7 月	革委会
教育干部	朱永坚	男	浙江龙游	1970 年 5 月—1977 年 8 月	—
副校长	钟煜华	男	浙江龙游	1978 年 8 月—1986 年 7 月	初中
教育干部	翁耀贵	男	浙江龙游	1977 年 8 月—1982 年 7 月	—
副校长	陈炳根	男	浙江龙游	1983 年 8 月—1985 年 7 月	初中
校　长	朱永坚	男	浙江龙游	1982 年 8 月—1992 年 7 月	校管会
副校长	赖志仁	男	浙江龙游	1986 年 8 月—1988 年 7 月	—
副校长	叶炳土	男	浙江龙游	1986 年 8 月—1987 年 7 月	主持
校　长	张阿务	男	浙江龙游	1987 年 8 月—1990 年 7 月	—
校　长	叶炳土	男	浙江龙游	1990 年 8 月—2000 年 8 月	—
副校长	席根庆	男	浙江龙游	1999 年 7 月—2000 年 8 月	—

横山中学　位于龙葛公路西侧。学校原为"戴帽初中"，创建于 1958 年秋。1958 年 4 月，

县文教局及有关单位领导在横山中心小学召开现场会，筹办小学附设初中班。9月，借高山村民房为校舍，招收初一年级新生48名，校名为“龙游县第十三初级中学”，吴樟贵兼任校长，有专职教师1人，兼职教师3人。

1959年2月，原模环区各乡附设初中班并入，共4个班。校址迁至横山塔底旧庙，并新建4间教室。是年，毕业2个班。9月，招收初一年级新生2个班，原横山、志棠、模环3个初中班及龙游工业学校部分学生并入，学校规模6个班，300名学生，改校名为“龙游县第五初级中学”，有教职工8人。

1960年1月，因龙游县撤销县制，学校改名为“衢县横山初级中学”。8月在叶野新建6教室1幢，9月学校迁入新址。是年秋，招收初一新生4个班，学校发展为8个班，有学生420名、教职工30人。10月召开学校第一届田径运动会。1961年，师生平整操场，建成包括50米直道、150米环形跑道、两个篮球场在内的运动场。7月，首届初中毕业生参加中考，语文成绩荣获金华地区第一名。秋季，招收初一新生1个班，全校共7个班，有教职工27人。11月，衢县各中学初三语文教师到横山中学听虞家钦老师上公开课。1962年5月，虞家钦老师在金华地区语文教师专业会议上作《中学语文阅读和写作教学》经验介绍；9月，招收初一新生2个班；10月，孙炎松任副校长，主持学校工作。1965年，筹集资金1.9万元，修建礼堂、教工宿舍和厨房。12月，330平方米的礼堂竣工。

1968年，部分教师分赴各公社初中任教，学生减至5个班。1969年，各公社学生返回本校学习。1970年2月，招收初一新生3个班，部分教师回校任教。9月，招收初一新生2个班，始设高中班，招收高一新生100名，成为完全中学，校名改为“衢县横山中学”，此后学校保持初、高中共12个班规模。1971年，投资0.6万元新建简易学生宿舍12间，面积约270平方米。1972年，创建石灰窑，并投资0.47万元创办饲料加工厂。1973年9月，胡东根调离学校，张志华主持学校工作。1973年成立校党支部，张志华任支部书记。1974年，校园向东扩大约2500平方米，修建校门、围墙，拆除石灰窑，修整操场，建成200米环形跑道。1975年，筹资1.9万元新建教工宿舍14间，面积约300平方米；修建学校到横山街的通衢大道，长200米、宽4米。

1976年秋季，招收高一新生4个班、初一新生2个班。1977年，恢复高校考试招生制度，学生李志豪考取杭州大学，为当年龙游片唯一本科生。1977年，各公社停止招收高一新生，横山中学招收高一新生4个班，有学生230名。1978年有18名学生考取大学。是年，学校筹资打井，加高水塔，安装自来水。全校师生参加改造模环溪劳动，改溪工程导致校园面积减少1400平方米。1979年有34名学生被大中专院校录取。1980年投资6.43万元新建教工宿舍16间，面积630平方米。秋季，停招初一新生，改招初三新生2个班、高一新生2个班。是年，26位学生考取大中专院校。1981年秋，恢复招收初一新生，共2个班，有学生108名；招高一新生2个班，有学生110名。是年，衢县撤县建市，10月校名改为“衢州市横山中学”。同年，学校被市教委授予“教育工作先进集体”。1982年有10名学生考取大中专院校。

1983年龙游恢复县制，校名改为“龙游县横山中学”。8月投资3万余元，新建462平方米6教室教学楼1幢，建60平方米的厕所1座。1983年召开第一次教代会，有22名学生考取大中专院校。1984年投资7.5万元新建学生宿舍楼1020平方米，投资1万元新建厨房230平方米，新建二层办公楼、传达室。1985年，召开第二次教代会；吴俊雄当选为市第一届人大代表。1986年制定学校十年发展规划，筹建校办工厂“横山钢球厂”并于9月投产，罗有根任厂长；34名学生考入大中专院校。1987年3月，召开由县政府、教委、区委、本地水泥厂领导参加的联席会议，商讨校钢球厂发展事宜，筹备发展锰钢车间；征用土地1404平方米，扩大校园；35人考取大中专院校。1988年，制订教代会条例试行草案；创办《未名》校刊；20位学生考取大专院校；钢球厂锻打锰钢球获得成功。1989年投资27万元，建1100平方米的科学楼1幢，建假山花坛1座，拓宽学校到横山街道路；22人考取大中专院校。1990年学校有12个班，投资10.7万元配备理、化、生实验室。1991年学校筹集资金1.4万元建自行车棚140平方米，浇筑水泥路；27人考取大中专院校。

1992年秋，停招初一、高一新生，改招电视中专两个班，学校班级数减为10个。是年，10人考取大中专院校。1993年9月，恢复高一招生，招收2个班，并招收电视中专2个班，学校班级数减为8个。是年，21人考取大中专院校。1994年秋季，招收高一4个班，停招电视中专，将原有中专班学生并入龙游电视中专学校，学校成为一所农村高级中学，班级数减为5个，在校学生242名。是年，22人考取大中专院校；校办钢球厂钢球产品在华东展交会上被评为新技术、新产品金奖。1995年，招收高一3个班，学校班级为8个。1996年秋，招收高中新生3个班，塔石中学高中部学生并入，学校班级数9个。是年，校办钢球厂被机械部铸造研究所授予全国铸造科技成果先进单位，罗有根获全国铸造科技成果先进个人；年底，横山钢球厂实行改制，成立横山耐磨材料有限公司。1997年投资2.4万元，修建校门和水泥路，筹备40周年校庆；秋季，招收高一4个班。是年，16名学生考取大中专院校。1998年5月2日，学校举行建校四十周年庆典大会。是年，学校投入17万元，新建计算机网络教室1个；秋季，招收高一4个班，学校共有10个班。1999年秋，招收高一4个班，学校班级数11个。2000年3月，学校抓住布局调整的有利时机，投资40万元，征用土地12亩左右，南扩校园，修建操场；秋季，招收高一2个班，学校班级数9个，在校生457名。是年，高考上线人数98人。

2001年5月，投资181万元，建2512平方米教学楼1幢；校办企业横山耐磨材料有限公司再次进行改制，学校从公司中退出，资产由个人买断；6月，拆除原教室，投资72.7万元，建1280平方米的女生公寓1幢；下半年，投资11万元，在新教学楼、科学楼、女生公寓间修建5个大型花坛，面积3047平方米；9月，志棠镇初中并入，招收初中新生6个班、高中新生4个班，学校班级数达21个，在校生1096名。是年，高考上线人数108人。

2002年，再次南扩校园，投资40万元，征用土地约13亩；6月，投资140万元，建2000平方米男生公寓楼1幢；9月，横山镇初中并入，学校班级数41个，在校生数2178名；投资127.8万元，建2162平方米教学楼1幢；12月，投资137.3万元，建2048平方米学生餐厅1座；是年，高考上线112人，教师获市级奖6人、获省级奖3人。

2003年，平整操场，建成直道100米、环形跑道300米，浇筑水泥球场2个；3月，投资5.7万元，建成多媒体教室1个；5月，投资8万元，在两栋教学楼间修建1058平方米的中心广场；8月，投资87.8万元，建1200平方米女生公寓1幢；秋季，招收初一7个班、高一8个班，全校班级数42个。是年，高考上线76人，教师获市级奖9人、获省级奖6人、获国家级奖1人。

2004年，投资16.2万元，建计算机教室1个；投资4万元，更新自来水设施；秋季，招收初一6个班、高一8个班，全校班级数42个。是年，高考上线132人，教师获市级奖16人、获省级奖5人、获国家级奖3人。

2005年，操场植树绿化800平方米。投资4万元，续建两个水泥球场、1个排球场，修建围墙。3月，市长孙建国、副市长高启华、县委书记杜世源、县长诸葛慧艳及市县教育局领导至横山中学视察食宿改造工程。5月19日，省农村教育工作现场会200多位代表到校参观，学生食宿改造工作受到高度评价。8月,投资3万元,在科学楼东侧打井。9月招收初中新生6个班,高中新生10个班。是年,学校高考上线人数达305人。2005年底,全校班级数42个,其中初中18个,高中24个,在校学生2270人,教职工152名,其中中学高级教师12名,中学一级教师56名。占地面积38000平方米,建筑面积14337平方米。2006年底,全校班级数43个,在校学生2312人,教职工153名。2008年11月16日,横山中学举行建校五十周年庆典。中国工程院院士郑树森、省教育厅副厅长张绪培、市教育局局长姚宏昌、副县长吕玉茹、县教育局局长李林先后在庆典大会上讲话。是日,郑树森为横山中学师生作专题报告。省教育厅、县人民政府致电,横山中学北京校友会致信表示祝贺。

2013年,横山中学高中招10个班、400人,其中资助生67人;初中部招5个班、143人。2014年,横山中学高中招8个班、300人,其中体育特长生6人、美术特长生3人、音乐特长生2人;初中部招6个班、194人。2015年,横山中学高中招8个班、335人,其中体育特长生4人、美术特长生3人、音乐特长生3人;初中部招5个班、186人。2016年,横山中学高中招8个班、320人,其中体育特长生4人;初中部招5个班、177人。2017年,横山中学高中招8个班、316人,其中体育特长生7人;初中部招5个班、178人。2018年,横山中学高中招8个班、300人,其中体育特长生5人;初中部招5个班。2018年,横山中学高中招8个班、320人;初中部招5个班。

2020年8月,横山中学初中部并入模环初中,高中招8个班、340人。投资11.48万元修建横山中学围墙。2021年底,全校有班级42个,在校学生979人,教职工94名,其中高级教师34名,中学一级教师28名。有硕士研究生8名、本科生80名。占地面积34157平方米,建筑面积15217平方米。2022年底,横山中学校园占地面积约3.4万平方米,建筑面积约1.8万平方米。有24个教学班,学生1000余名,教职工95人,其中专任教师89人,中高级教师64人,硕士研究生8人,县级骨干教师15人。

表15-16　**横山中学历任主要领导情况表**

职　务	姓　名	籍　贯	任职时间	备　注
校　长	吴樟贵	浙江龙游	1958年9月—1959年1月	—
校　长	卫金英	山西稷山	1959年2月—1960年12月	—
校　长	柴树林	浙江龙游	1960年12月—1961年10月	—
副校长	孙炎松	浙江龙游	1961年11月—1965年11月	主持
校　长	胡东根	浙江常山	1965年11月—1973年8月	—
校　长	张志华	浙江龙游	1973年9月—1977年8月	—
校　长	杨有福	浙江杭州	1977年9月—1979年8月	—
校　长	邵樟法	浙江诸暨	1979年9月—1980年8月	1977年8月—1979年8月副校长
校　长	童法旺	浙江江山	1980年9月—1981年8月	1979年9月—1980年8月副校长
副校长	徐寿山	浙江龙游	1979年9月—1982年8月	—
校　长	林秉文	浙江常山	1982年9月—1984年8月	1981年9月—1982年8月副校长

续表15-16

职　务	姓　名	籍　贯	任职时间	备　注
校　长	吴俊雄	浙江龙游	1984 年 9 月—1986 年 8 月	1982 年 9 月—1984 年 8 月副校长
校　长	金土才	浙江龙游	1986 年 9 月—1991 年 8 月	1984 年 9 月—1986 年 8 月副校长
副校长	张有铭	浙江龙游	1986 年 8 月—1990 年 7 月	兼模环区教研室主任
副校长	李庆才	浙江龙游	1989 年 2 月—1989 年 9 月	—
副校长	陈　元	浙江龙游	1991 年 9 月—1992 年 8 月	主持
校　长	徐寿山	浙江龙游	1992 年 9 月—1996 年 8 月	—
副校长	姜宝祥	浙江龙游	1996 年 9 月—1999 年 8 月	主持
校　长	姜宝祥	浙江龙游	1999 年 8 月—2007 年 1 月	—
副校长	张建民	浙江龙游	2002 年 8 月—2005 年 5 月	—
副校长	陈振华	浙江龙游	2001 年 8 月—2013 年 8 月	—
副校长	项松根	浙江龙游	2005 年 10 月—2007 年 9 月	—
校　长	邱子龙	浙江龙游	2007 年 1 月—2009 年 8 月	—
副校长	曾国柱	浙江龙游	2007 年 9 月—2010 年 8 月	—
校　长	吴蔚萍	浙江龙游	2009 年 8 月—2012 年 8 月	—
副校长	舒忠达	浙江龙游	2010 年 8 月—2014 年 8 月	—
校　长	缪正荣	浙江龙游	2012 年 8 月—2015 年 8 月	—
校　长	项松根	浙江龙游	2015 年 8 月—	—
副校长	吴开昌	浙江龙游	2013 年 8 月—2019 年 8 月	—
副校长	石宏军	浙江龙游	2017 年 8 月—2019 年 8 月	—
副校长	丁慧军	浙江龙游	2014 年 8 月—2017 年 8 月	—
副校长	曾伟雄	浙江龙游	2017 年 8 月—2019 年 8 月	—
副校长	江小红	浙江龙游	2019 年 8 月—2020 年 8 月	—
副校长	姜小春	浙江龙游	2019 年 8 月—	—
副校长	江苏明	浙江龙游	2019 年 8 月—	—
副校级支部委员	陈丽君	浙江龙游	2020 年 8 月—2021 年 8 月	—

表 15-17

横山中学历任党组织领导情况表

职　务	姓　名	籍　贯	任职时间	备　注
书　记	张志华	浙江龙游	1973 年 8 月—1977 年 7 月	—
副书记	杨有福	浙江杭州	1977 年 8 月—1979 年 7 月	主持
书　记	邵樟法	浙江诸暨	1979 年 8 月—1980 年 7 月	—
副书记	童法旺	浙江江山	1980 年 8 月—1982 年 7 月	主持
书　记	林秉文	浙江常山	1982 年 8 月—1988 年 7 月	—

续表15-17

职 务	姓 名	籍 贯	任职时间	备 注
书 记	金土才	浙江龙游	1988 年 8 月—1991 年 7 月	—
副书记	叶阿寿	浙江龙游	1988 年 8 月—2001 年 7 月	—
书 记	徐寿山	浙江龙游	1992 年 8 月—1997 年 7 月	—
副书记	姜宝祥	浙江龙游	1997 年 8 月—2002 年 7 月	主持
书 记	张建民	浙江龙游	2002 年 8 月—2006 年 6 月	—
副书记	席根庆	浙江龙游	2001 年 8 月—2013 年 8 月	—
书 记	陈延宏	浙江龙游	2006 年 8 月—2013 年 8 月	—
书 记	缪正荣	浙江龙游	2013 年 8 月—2014 年 8 月	—
副书记	陈振华	浙江龙游	2013 年 8 月—2020 年 8 月	—
书 记	舒忠达	浙江龙游	2014 年 8 月—2018 年 8 月	—
书 记	项松根	浙江龙游	2018 年 8 月—2019 年 8 月	—
书 记	舒忠达	浙江龙游	2019 年 8 月—2020 年 8 月	—
副书记	江小红	浙江龙游	2019 年 8 月—2020 年 8 月	—
书 记	项松根	浙江龙游	2020 年 8 月—	—
副书记	舒忠达	浙江龙游	2020 年 8 月—	—

二、学制与教材

中学学制 中华人民共和国成立之初，初中为 3 年制，春秋两季招生。1953 年起，停止春季招生。1956 年创办高中班，学制也为 3 年。1971 年，改为初中、高中各修业 2 年。1978 年，教育部颁发《全日制中小学教育计划（试行草案）》，规定实行 5 年制，即初中 3 年、高中 2 年，是年，初中恢复招收 3 年制新生。1981 年，龙游中学高一年级新生恢复 3 年制。1982 年，境内其他高中陆续改制。1983 年起，普通高中全部招收 3 年制新生。

初中课程、教材 1952 年，教育部颁布《中学暂行规程（草案）》初中开设政治、语文、数学、生物、物理、化学、历史、地理、外语、体育、美术、音乐 12 门课程。1954 年，增设农业常识课。1956 年秋，语文试行汉语、文学分科，采用人民教育出版社编的《汉语》和《文学》课本。1963 年 7 月，教育部颁布《全日制十二年制中小学新教学计划（草案）》，统一采用部编全日制中学新编教材。“文化大革命”期间，课程缩减，增设毛泽东思想教育、工农业基础知识等课，教学计划、课堂教学均无定式。1978 年起，课程设置逐步趋于正常。1981 年，初中执行教育部颁布的《全日制六年制中学教学计划（试行草案）》，初一、初三年级开设 11 门课程，初二年级开设 12 门课程，均使用人民教育出版社出版的教材。1990 年秋，县编乡土教材《龙游历史》《龙游地理》供初中学生使用。1992 年，初中起始年级参加省新一轮课程教材试验，课程设置为必修课、选修课和活动课三个板块，体育课改为体育与保健，物理、化学、生物合为自然科学，历史、地理合为社会，增设家庭生活和职业指导课，教材均采用浙江教育出版社出版的省编教材。1994 年上学期至 1996 年下学期，在初三年级试用 A、B 两种教材。选 A 类教材的学数学 A、自然科学 A，继续选修英语；选 B 类教材的学数学 B、自然科学 B，可不选修外语。2001 年，初中开设信息技术课。2003 年秋，初中起始年级称为七年级，参加新一轮基础课程改革实验，实行国家课程、地方课程、校本课程三级课程管理，执行《省级实验区义务教育阶段课程及课时安排》，设置 11 门课程。体育与保健改为体育与健康，物理、化学、生物统称为科学，历史、地理统称为历史与社会，国家课程由市组织选用，地方课程使用省地方通用教材《自然·社会》。2005 年，初中增加使用市教育局编写的地方课程《薪火相传》，停止使用县编《龙游历史》《龙游地理》。2015 年后，浙江省初中课程包括：语文、数学、英语、科学、思想品德、历史与社会、信息技术、体育与健康、音乐、美术、综合实践活动、地方课程与校本课程。衢州市七至九年级语文配人教版，数学配浙教版，科学配浙教版，英语配外研版。

初中升学考试 中华人民共和国成立后，高中招生全县统一进行。1966 年 7 月废止初中、高中招生制度，实行推荐和选拔相结合的升学办法。1970 年秋，高中恢复招生，仍采用推荐和选拔相结合的办法。1978 年开始，高中招生实行统一考试。1990 年，初中专（技）高中招生，英语学科首次设有听力测试。1991 年，初中专（技）高中招生由省统一命题，动物、生理卫生按会考成绩满分各 10 分计入总分，英语成绩 50%入总分，单报初中技考生英语免考。当年初中毕业生填报衢州二中、龙游中学志愿，且文化考试成绩达到相应成绩者，必须加试体育。1992 年，初中专（技）高中招生，英语考试成绩 100%入总分。1995 年，实行文化课毕（结）业与升学考试相结合，语文、数学、自然科学、英语，由省统一命题，职业技术、测试项目选考及初三社会结业考由县命题。1998 年，中考试题由毕业考试和升学加试两部分组成，无升学要求的考生，仅需完成毕业考试题的解答。1999 年，中考实行主观、客观题分卷考试，客观题由计算机评阅。2000 年，中考试卷由衢州市和金华市联合命题。2003 年，首次增设实验操作考查，满分 10 分计入中考总分。是年起，对获省中学生信息技术二级、三级证书的考生给予 5 分、10 分的加分，对县内的“双农独女”考生给予 8 分加分，首次对公办高中招收的择校生实行“三限”（限分数、限钱数、限人数），首次将游泳列入体育测试项目。2004 年，中考由市自行组织命题，社会科学实行开卷考。根据省教育厅印发《浙江省义务教育课程设置及课时安排（2022 年修订）》，七至九年级可组织思想品德、语文、数学、外语、科学、历史与社会 6 门学科的期中、期末考试，其他学科只组织期末考试或考察。考试和考察要求应与课程标准相同，突出学科根本素养。七至九年级实行等级、分数和评语相结合的报告方式。

表 15-18 **2000—2020 年境内撤并初中情况表**

校名	创办时间	被撤时间	最后一任负责人	最后一年教师数（名）	最后一年学生数（名）	并入学校
下宅初级中学	1964 年 5 月	2000 年 7 月	吴黎红	21	277	横山镇初级中学
志棠镇育英学校（初中部）	1986 年 9 月	2001 年 7 月	王仕荣	27	378	横山中学
横山镇初级中学	1975 年	2002 年 7 月	张建民	18	839	横山中学
横山中学（初中部）	1958 年 9 月	2020 年 7 月	项松根	60（专任教师 50，职工 10）	445（其中：初一 121，初二 156，初三 168）	模环初中

编者注：1997 年 8 月，塔石中学（高中部）8 名老师与 42 名学生并入横山中学

高中课程、教材 20世纪50年代末,高中所授科目分为政治思想教育、文化科学知识教育、生产劳动和体育三大类。1963年秋,开设政治、语文、外语、数学、物理、化学、生物、历史、地理、体育等课程。“文化大革命”期间,改用省编教材,语文学毛泽东著作,物理改机电,化学、英语停开,“三史”(家史、村史、厂史)为文史科主要教学内容,“走出去”(下村下队调查)和“请进来”(请工农兵讲课)风靡一时。1978年,执行省教育局颁发的中学教学计划。1984年,高中数学、物理、化学发行甲、乙两种教材,境内中学选用乙种教材。1990年,国家教委下达《现行普通高中教学计划的调整意见》,课程结构由学科课程、活动课程两部分组成。必修课有政治、语文、数学、外语、物理、化学、生物、历史、地理、体育和劳动技术共11科,选修课分单科性和分科性选修两种。1994年秋季入学的高一新生,按国家教委调整后的普通高中教育教学计划安排教学,高二、高三年级的必修课暂时不变,选修课及课外活动的周课时各减一节。1995年,横山学校高中班实施分流教育试验,基本结构为“二一分段、高三分流”,即两年时间学完普通高中教学计划所规定的必修课,结束规定科目的会考,高三年级进行为期一年的升学预备教育或就业预备教育。2001年,省教育厅制定《全日制普通中学课程计划(试验修订稿)》的实施意见,高中开设思想政治、语文、数学、外语、物理、化学、生物、历史、地理、艺术、体育与健康、信息技术12科必修课,此外设综合实践活动和地方课程。综合实践活动为国家规定必修课,包括研究性学习、劳动技术教育、社区服务、社会实践四部分。高级中学的学生军训,统一纳入社会实践课程中,时间7~14天。2002年秋季入学的高一新生,不再进行分流试验,经省教育厅批准的综合高中学生,参加综合高中会考,其他学校均参加普通高中会考。2022年高中课程有:语文、数学、英语、历史、地理、物理、化学、生物,除地理采用湖南教育出版社湘教版与生物采用浙江科学技术出版社浙教版外,其他课程均采用人民教育出版社的部编教材。

表15-19 **境内中学先进集体先进个人情况表**

荣誉名称	获奖单位、个人	颁奖单位	颁奖时间
先进教育工作者	邵意志老师(志棠初中)	县教委	1986年9月
九省一市数学竞赛三等奖	邵利清同学(志棠初中)	组委会	1986年12月
市教育工作先进个人、勤工俭学先进个人	金土才老师(横山中学)	衢州市教委	1987年
先进党支部	横山中学党支部	龙游县委	1988年
县教育工作先进集体	志棠初中	县教委	1988年
市教育工作先进学校	横山中学	市教委	1988年
省保险作文征文竞赛一等奖	钱剑(横山中学)	省教委、省保险公司	1988年
市体育达标先进学校	横山中学	市教委	1989年
“校园经济、小三场、绿化”三项比赛第一名	志棠初中	模环区	1989年
县教育工作先进集体	志棠初中	县教委	1989年
市数学竞赛三等奖	吴开银同学(志棠初中)	组委会	1989年
省中小学“鲁迅纪念奖”和省“让精神世界更美好”读书活动银奖	横山中学	省教委、省团委	1990年

续表15-19

荣誉名称	获奖单位、个人	颁奖单位	颁奖时间
县文明单位	横山中学	县教委	1990 年
勤工俭学先进学校、先进党支部	横山中学、党支部	市教委	1990 年
县文明学校、勤工俭学先进单位、教育先进学校	志棠初中	县教委	1992 年
县卫生监测学校	横山中学	县卫生局、教委	1992 年
省级体育达标先进学校	横山中学	省教委	1993 年
省勤工俭学先进个人	罗有根同学(横山中学)	省教委	1993 年
省“义务教育教材实验先进学校”	志棠初中	省教委教研室	1995 年
县文明单位	志棠初中	县教委	1995 年
县“行为规范达标学校”	志棠初中	县教委	1996 年
省第十届“春蚕奖”	叶炳土老师(志棠初中)	省人民教育基金会	1997 年
市第四届十佳青年校长	张建民校长(横山初中)	市教委	1998 年
县教育工作先进学校	志棠初中、横山初中	县教委	1998 年
县教育工作先进集体	志棠初中、横山中学	县教委	1999 年
市文明学校	横山中学	衢州市教委	1999 年 12 月
县教育工作先进集体	横山中学	县教委	2000 年
市卫生先进单位	横山中学	市教育局	2001 年
省高中办学水平 A 类学校	横山中学	省教育厅	2001 年 12 月
青少年计算机竞赛一等奖	吴欢欢同学(横山中学)	市教育局	2002 年
省 A 级普通高(完)中	横山中学	省教委	2002 年
县电教工作先进学校三等奖	横山中学	县教委	2002 年
市第三届中小学电脑制作比赛一等奖	童卉同学(横山初中)	市教育局	2003 年
县第七届“飞龙杯”教学二等奖	曾银萍老师(横山中学)	县教育局	2004 年
学生军训工作先进个人	陈振华老师(横山中学)	省教育厅、省军区司令部	2006 年 12 月
市“十佳”师德标兵	林岚(横山中学)	市教育局	2008 年
2008 年度教育信息宣传先进个人	姜小春老师(横山中学)	市教育局	2009 年 3 月
2008 年度县优秀思想政治工作者	邱子龙老师(横山中学)	县委宣传部	2009 年 2 月
省第二十三届“春蚕”奖	尹军老师(横山中学)	省人民教育基金会	2010 年 9 月
“信合杯”第三名	横山中学代表队	县青少年科技运动会	2010 年 12 月
省中小学教坛新秀	严谨老师(横山中学)	省人民教育基金会	2017 年 9 月
2019 年度省课外阅读先进集体	横山中学	省教育报刊总社	2020 年 5 月
第十批省绿色学校	横山中学	省教育厅、省发改委、省生态环境厅办公室	2020 年 12 月

续表15-19

荣誉名称	获奖单位、个人	颁奖单位	颁奖时间
2020年度先进个人	杨陈盈、戴伟忠、金晨、赵翰树、郑虹老师	县教育局	2021年9月
教坛新秀	夏芳、兰太玲老师		
学科带头人	蒋桂军、张懿老师		
优秀班主任	毛相平、童乐、钟小颖老师		
2021年度浙江省健康促进金牌学校	横山中学	省教育厅、省卫健委	2021年12月
2021年度教育工作先进个人	陈宏辉、侯春燕、秦雅南老师	县教育局	2022年9月

表15-20　1988—2020年部分年份境内中学高级(小高挂)教师名录

姓　名	评聘时单位	取得资格时间	备　注
赵水根	横山中学	1988年6月	—
吴建华	横山中学	1994年12月	—
叶炳土	志棠初中	1998年12月	—
姜宝祥	横山中学	1999年11月	—
童友新	横山中学	1999年11月	—
王仕荣	志棠小学	1999年11月	小高挂职称
胡荣土	横山中学	2000年10月	—
张建民	横山初中	2000年10月	—
陈家才	横山初中	2001年12月	—
项强、方来发、钟煜华、项卸永	横山中学	2002年11月	—
傅根才	横山小学	2003年12月	小高挂职称
徐志清	横山中学	2004年11月	—
吴建军、何有清	横山中学	2005年1月	—
赵新、蒋桂军	横山中学	2020年11月	—
杨贞松、方惜春	横山小学	2020年11月	—
林应宏	下宅小学	2020年11月	—

第四节　成人、职业教育

1940年，推行国民教育制度，乡设中心学校，保(村)设国民学校。中华人民共和国成立后，农村兴办冬学。1950 年,乡建冬学委员会,政府、学校、群众团体负责人任委员。1952 年,县人民政府成立扫除文盲工作委员会,乡设专职干部 1 人。1956 年 9 月,乡建扫除文盲协会。“文化大革命”开始,成人教育专职干部队伍撤销。1972 年,农村兴办政治文化夜校,1979 年为农民业余初等学校所替代。1984 年,县委常委会作出 1985 年基本扫除文盲的决定。1987 年 9 月,省人民政府核准龙游县为基本无文盲县。境内中等职业技术教育,以 1958 年区、乡兴办农业中学开始,时办时停。1984—1985 年,改革中学教育结构,在完全中学设职业高中班。1990 年始,学校与用人单位签订联合办学协议,学校负责教育教学管理,用人单位负责落实学生就业。学习期满,学校将毕业生学习成绩、实习成绩、品德操行三项考核得分相加,从高到低排列名次,由用人单位择优录用。

一、农民学校

民众学校(简称民校)　吸收 15~45 周岁农民入学。1940 年 5 月,执行《浙江省战时民众学校施行强迫入学办法》,规定除特殊情况者外,凡 16~35 周岁失学民众,由所在地乡镇保甲长分期编派入学,强迫入学期 2 个月,由大中专回乡学生办暑期民校。1940 年 9 月起,实施国民教育,各中心民众学校停办。《国民教育实施纲领》规定,失学民众补习教育,应在保国民学校及乡镇中心学校内实施。是年秋,各小学设民教部,举办成人班、妇女班,开展失学民众文化补习教育。

冬学　1949 年 12 月,学校和村农民协会兴办冬学,吸收 14~45 周岁的文盲、半文盲入学。1950 年,乡建立冬学委员会,在冬季农闲时举办夜校,每年 11 月开始,至次年备耕前结束。1952 年春,有的冬学转为农民业余教育,坚持常年学习。

表 15-21　**1952 年境内冬学学校基本情况表**

乡　名	班级数(个)	教师数(名)	学生数(名)		
			合　计	其中:男生	其中:女生
横山乡	15	22	478	348	130
下宅乡	13	20	526	401	125
张家乡	12	15	438	332	106
志棠乡	10	11	432	313	119

农民业余初等学校　“文化大革命”开始,农民业余教育停办。1973 年,农村普设政治文化夜校,1980 年改称农民业余初等学校,不久停办。

乡镇成人文化技术学校(简称成校)　1987 年后,农民业余教育在巩固扫盲成果的同时,重点转向农村实用技术培训,农民业余初等学校逐步改称农民技术培训学校。2001 年,农民技术培训学校统一改称乡镇成人文化技术学校。乡镇成校由当地政府主办、主管,以相应的文化教育为基础,以职业技术教育为重点,以提高成人文化技术水平和培养农村各种专门人才为目标。配有专职教育干部,成为成人教育机构和培训基地。开设经济作物栽培、水电安装、缝纫技术、制砖技术、计算机应用、家政服务、烹饪、失地劳动力转移培训等技术培训。2020 年,创新公益培训点单模式,开设舞蹈插花、种植等方面共 84 课时培训。

二、学历教育

干部业余文化补习学校　1952年上半年，模环区曾设工农速成初等学校，以工农干部为主。1954年，区工农速成初等学校改为干部业余文化补习学校。

自学考试联络站　1984年5月，县高等教育自学考试工作站成立，1989年10月改为龙游县高等教育自学考试办公室，1991年成立县高等教育自学考试委员会。至1998年，乡镇全部建立自学考试联络站。

三、农业中学

新宅、横山农业中学　1958年4月，在新宅、横山建乡农业中学，招收农村高小毕业生和同等学力的农村青少年，由农业生产合作社拨出土地建立学基地。学生既学习又劳动。由于师资等因素，当年秋模环区只保留在夏峰(现属模环乡)的农业中学，新宅、横山农业中学停办。

横山、志棠、下宅公社农业中学　1964年，横山公社农业中学建成；1965年，志棠、下宅公社农业中学建成。1969年，横山、志棠、下宅公社的农业中学停办。

东王煤矿中学　1976年，志棠公社在东王开办煤矿中学，1977年撤销，并入志棠公社五七学校。

四、职业学校

横山中学电视中专班　1985年，横山中学开设职业高中班(电视中专班)，1994年并入县广播电视中等专业学校。

第五节　经费与校舍

旧时，教育经费多以学田租息为主要来源，此法一直延续至解放初土地改革，学田废除。中华人民共和国成立后，教育经费主要由国家和地方财政拨款，1985年改革教育体制，实行九年制义务教育后，旋采取财政拨款、征收教育事业费附加、捐资助学、学生学杂费和勤工俭学、校办企业收入等办法多渠道筹措办学经费。2001年开始，教育经费投入实行“以县(财政)为主”的体制。

一、经费来源

解放后，境内教育经费主要由财政拨款，各校数据不详。其他办学经费渠道有如下几种：

公租宾兴　据民国志载：宋绍兴十九年(1151)，龙游县令吴芑始置学田，出租给农民耕种收取租谷为教育经费。明万历三十九年(1613)，知县万廷谦捐置学田112亩3分，出租给佃农管仓等人耕种，每年按期缴纳租谷。光绪二十三年(1897)二月十五日，知县张炤(1895—1900年任龙游知县，卒于官)清查公租及宾兴，谕凤梧书院监院廪生方晋寅、王迩英知悉：按照燹后清厘荒产编入龙永安、龙归仁、龙秋元、龙向义、龙汇源等五公户无主公田，缘由各该图董保经理收租完粮，馀应归公。乃因日久弊生，多被隐占私收，租赋悬而无着。前据城乡绅董请将是项公田拨归书院，虽经邹前具情禀奉宪执饬清查，未及核办。本县来宰是邦，查悉前情，概念地方善举款而兴者正复不少，不仅书院之一端。……不意各图经董碍于情面，因循不办，历时半年之久，迄无一图办有端倪，徒使数千亩有着公产，一任不肖董保据为己有，尚复成何事体……此系责成该监院等理之事，务须和衷共济，秉公办理，毋得各存私见，稍涉冒犯，致滋物仪，是为至要。

上文的意思是，原来那些无主荒地荒田由龙永安、龙归仁、龙秋元、龙向义、龙汇源五公户管理，各图董保经理收租完粮，余下的应归公，要求监院等理之事秉公办理。归公是用在"宾兴"(宾兴是指地方官设宴招待应举之士，亦指乡试)。据民国志载，当时涉现境域的公租宾兴总额如下：

【横山厂】 三十七都五图　田一十七石一斗，计谷二千六百三十斤半。

三十六都二图　田三石七斗，计谷四百六十七斤。

三十六都三图　田六石三斗五升，计谷八百七十七斤半。

三十六都一图　田三石二斗一升，地一分五厘，计谷六百十斤。

三十七都一图　田一十四石五斗五升，计谷二千一百四十六斤。

三十七都三图　田十三石三斗六升，地四分，计谷一千九百三十斤。

三十七都四图　田三十二石二斗八升，地四亩五分，山一十三亩五分，计谷五千六百六十二斤。

二十四都二图　田三石二斗五升，计谷五百二十一斤。

二十四都三图　田八石二斗二升，地八分，计谷一千一百三十五斤。

三十七都二图　田四十一石一斗一升，计谷五千九百五斤。

【蓦然厂】 二十五都三图　田三十石五斗，计谷五千零八十四斤半。

【石佛厂】 三十八都一图　田四石七斗五升，计谷七百九十斤。

三十八都二图　田十三石一斗五升，计谷二千零四十六斤。

按：此总额与公租册不符，盖当时犹未清查也，录此以存原委。

那么，当时涉现境域的公租总数是多少呢？民国志卷二十八、卷二十九载：

【凤梧书院】 二十四都二图　田二亩五分。

二十四都三图　田六亩七分五厘。

二十五都一图　田一亩二分五厘。

【龙向义】 官立高等小学校　田八亩五分。此户为宣统三年胡近仁助入，现由高等小学校长经收。

二十四都二图　田七亩一分二厘五毫。

二十四都三图　田二十九亩五分二厘五毫，地三亩三分九厘，山一亩四分八厘二毫，塘二亩九分六厘。

二十五都一图　田二十亩，地三分，山十三亩九分，塘一亩。

二十五都三图　田七十亩四分二厘五毫，地一分，山二亩七分三厘。

二十五都七图　(缺。)

三十六都一图　田十一亩三分五厘，地一亩一分。

三十六都二图　田五亩八分七厘五毫。

三十六都三图　田十八亩三分七厘五毫,地四分,塘二分三厘。

三十六都四图　无业主,田三亩。

三十七都一图　田四十六亩一分二厘五毫,山六亩一分,塘二亩六分。

三十七都二图　田九十八亩一分五厘五毫,地一分,山二十九亩六分,塘一亩一分。

三十七都三图　田二十二亩九分二厘五毫,地七分一厘,山十四亩一分五厘,塘六分。

三十七都四图　田五十六亩一分二厘五毫,地一分二厘五毫,山二十五亩七分,塘六分。

三十七都五图　田七十五亩二分,地八亩七分四厘,山二亩,塘一亩一分。

三十八都一图　田二十亩五分二厘五毫,地三分,山一亩六分。

三十八都二图　田三十九亩三分七厘五毫,地四分,滩七亩,塘一亩一分。

民国志又载:以上收成租息以六成归教育费,四成归公益费。公益费所以充县议会、参事会及公共租宇并城外马路一切岁修之用。公租原归公租局经收,其后局撤,乃由乡自治委员经收,公举公租总董一人董其事云。

农村教育费附加　1985年,根据国务院《关于筹措农村学校办学经费的通知》,县人民政府制订《关于筹措学校经费的实施意见》,规定乡镇人民政府征收教育事业附加费。1995年10月,县府办下发《关于做好农村教育事业费附加征收和管理工作的通知》,是年,境内各乡数据不详,但从全县农村教育费附加实际征收数达481.6万元,比上年增加101.4%看,数目不少。以1997年原新宅村为例,全村227户,上缴教育费附加8588.20元。2002年,为减轻农民负担,国务院决定停止向农民直接征收教育费附加。

学杂费　中小学学杂费是学校公用经费主要来源。1984年秋,调整中小学学费收费标准,同时规定,小学少数民族学生免收学费。1992年起,小学、初中免收学费,只收杂费。2003年,普通高中择校费开始执行"三限"(限人数、限分数、限钱数)政策,规定择校生比例控制在招生总数的20%以内;划定一定的分数线:择校生按学校等级设定最高限——省一级重点中学不超过30000元/生;省二、三级重点中学不超过20000元/生;省A级普通中学不超过10000元/生;省B级普通中学不超过5000元/生。普通高中学费标准,按学校等级,从未定级普通中学每生每学期350元到省一级重点中学每生每学期1200元不等。代管费每生学期380元。同年,根据《市政府关于开展城乡最低生活保障家庭子女基础教育免费入学工作意见》,从秋季开始,在全县范围内实行困难家庭子女基础教育免费入学。2004年,全县义务教育阶段学校收费统一执行"一费制",同时对少数民族学生实行学杂费减免。

捐资助学　1984—1986年间,模环区3个乡办水泥厂捐助水泥11吨。1992年,新宅小学因年久失修,根据教育部门意见,重新选址在下店村口新建小学。虽以国家拨款为主,但附近4村仍采取筹

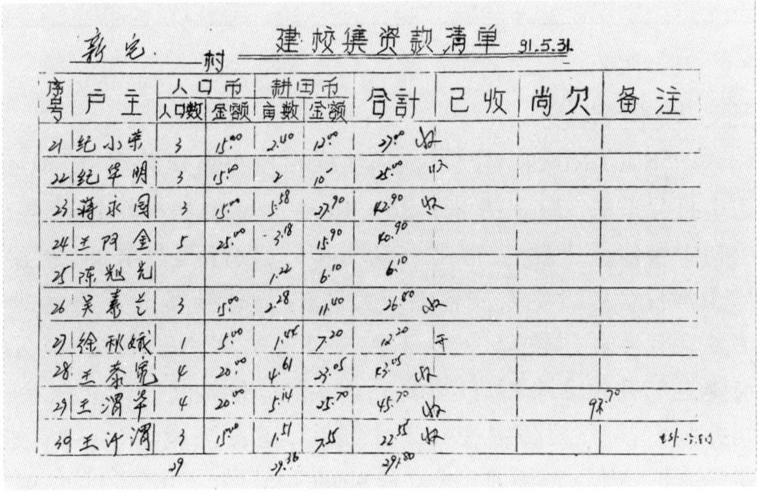

新宅　村　建校集资款清单　91.5.31

序号	户主	人口币 人口数	人口币 金额	耕田币 亩数	耕田币 金额	合計	已收	尚欠	备注
21	纪小荣	3	15.00	2.40	12.00	27.00	收		
22	纪华明	3	15.00	2	10	25.00	[illegible]		
23	蒋永国	3	15.00	5.58	27.90	42.90	收		
24	王阿金	5	25.00	3.18	15.90	40.90			
25	陈魁光			1.22	6.10	6.10			
26	吴寿生	3	15.00	2.28	11.40	26.40	收		
27	徐秋娥	1	5.00	1.44	7.20	12.20	[illegible]		
28	王泰宽	4	20.00	4.61	23.05	43.05	收		
29	王渭华	4	20.00	5.14	25.70	45.70	收	93.70	
30	王许渭	3	15.00	1.51	7.55	22.55	收		[illegible]
		29		29.36		291.80			

图15-3　　新宅村建校集资捐款清单

款、派民工、出土地，新建8间教室的二层楼房，后又配建了教师宿舍和厨房。早在1991年5月，4村就按每户5元、承包土地每亩5元进行集资筹款。同时，发动爱心人士捐款，时有37名人士捐款4950元。1999年4月，新宅村为捐资人员立碑以纪。

学农基地 如同“公租宾兴”，1992年境内各乡镇及中学落实学农基地13.17亩，其中：下宅乡1.5亩、志棠乡3亩、横山镇6.8亩、横山中学1.87亩，由教职工带领学生勤工俭学。

二、校办企业

横山中学钢球厂 1987年4月10日，横山中学建成钢球厂并正式投产，有固定资产18万元，流动资金40万元，从业人数35人。1988年2月2日，县政府下发《关于支持学校办好教育实验厂场的意见》，要求各区、镇、乡都要重点扶持一所学校，办好一个教育实验工厂或实验农场；财税、工商、农行等部门要给予优惠，积极扶持其发展。当年，总产值34万元，年利润4万元，曾入《中国校办企业名录》。1993年，钢球厂投入30万元，新建厂房700多平方米，购置汽车、拖拉机，筑围墙100米，年产值188万元。

白鹤桥小学耐磨材料厂 1994年，校办企业进行整顿，新办横山镇白鹤桥小学耐磨材料厂。1995年，为适应市场经济体制改革的需要，县对校办企业进行经营机制改革。1997年，根据省教委下发的《对校办企业进行界定和实行证书年检管理的通知》，校办企业深化改革，加强管理，建立自主经营、自负盈亏、自我约束、自我发展的新体制。是年，横山中学钢球厂与白鹤桥小学耐磨材料厂合并称横山耐磨材料有限责任公司，有固定资产18万元，流动资金40万元，主要产品有钢球、钢锻、锰钢件等。

表15-22 **1997年、2002年校办企业改制情况表**

原企业名称	原企业性质	改制形式	完成时间	备　注
横山中学钢球厂	校办	有限责任公司	1997年4月30日	横山耐磨材料有限责任公司
耐磨材料总厂				
龙游耐磨材料有限责任公司	有限责任公司（横山中学、罗有根）	承载式整体协议转让	2002年12月	改为横山钢球厂（私营）

三、校舍建设

1958年横山初中建校舍，同年横山乡小学建教室；1960年志棠初中建校舍；1961年横山初中排除危房313平方米；1963、1964年横山初中维修校舍；1965年横山小学新建校舍，横山初中维修拆建教室、宿舍。1984年后，教育经费增加，新建、改建校舍有较大进展。而农村小学校舍建设主要靠各生产大队出土地与集资办法解决。如天池村新宅小学1970年申请在新宅新建校舍，上级下拨2.2立方米木材和2700元钱，其余由村里解决。新宅村与附近的其他3个村齐心协力，出劳力、出木材、出钱，在上三槐堂（上）旁盖起4间教室、1间办公室、4个教师宿舍和1个厨房，还在三槐堂（上）后进修建两间教室，共6间教室。建校舍时，因资金困难，派有经验的社员，挖已沉没或多年无人祭扫的古坟，用坟砖建校舍，校舍的墙体大部分由坟砖砌成。

表 15-23　　1984—1989 年境内中学新建、改建校舍情况表

建设学校	项目名称	竣工面积(平方米)			拆除危房(平方米)	实际投资(万元)	
		教学房	宿舍	其他		合计	其中：县补助
横山中学	学生宿舍	—	1020	—	420	9	7
横山中学	综合楼	1100	—	—	254	20	8
横山中学	厂房	—	—	300	—	4	—
横山初中	教学楼	650	—	—	—	4.5	3
志棠初中	教师宿舍	—	680	—	200	6.8	2.5
下宅初中	教师宿舍	—	650	—	—	7.7	2.7

表 15-24　　1990—2005 年境内中小学新建校舍情况表

年份(年)	建设学校	项目名称	竣工面积(平方米)			实际投资(万元)	
			教学房	宿舍	其他	合计	其中：补助
1990	横山中学	实验楼	1100	—	—	20	8
	横山小学	教学楼	600	—	—	10	—
	下宅小学	四教室	250	—	—	4.5	—
1991	志棠初中	教室等	1100	—	—	22	—
1993	横山小学	教学楼	960	—	—	16.3	—
1997	志棠小学	教学楼	1300	—	—	54	—
2000	横山初中	教学楼	2850	—	—	180	—
2001	横山中学	教学楼	2510	—	—	181	—
	横山中学	学生宿舍	—	1280	—	64	—
2002	横山初中	学生宿舍	—	1500	—	75	—
	横山中学	生活用房	—	—	2000	140	—
	横山小学	教学楼	2060	—	—	148	—
	下宅小学	教学楼	1280	—	—	67	—
2003	横山中学	学生宿舍	—	1200	—	70	—
2004	下宅小学	综合楼	648	557	—	130	—
2005	下宅小学	食堂	—	—	1200	135	—

表 15-25　　2003—2004 年境内学校改水、改厕项目情况表

项目名称	投资额(万元)	改水补助(万元)	蹲位数(个)	时间
横山小学改水	3.5	0.7	—	2003 年
下宅小学改水	1.5	0.5	—	
横山中学改水	4.6	0.7	—	

续表15-25

项目名称	投资额(万元)	改水补助(万元)	蹲位数(个)	时间
塔下叶完小改水	3.0	0.5	—	2003 年
志棠育英学校改水	2.4	0.7	—	
新宅小学厕所改造	2.0	—	14	
下宅小学厕所改造	6.8	—	20	2004 年
杜叶小学厕所改造	1.2	—	4	
上下朱小学厕所改造	1.2	—	4	
塔下叶小学厕所改造	2.4	—	10	
横山小学接水、建化粪池	1.8	—	—	

表 15-26　2020 年境内学校部分建设项目情况表

项目名称	投资额(万元)	工期(日历天)	时　间
志棠小学场地平整工程	25.53	30	2020 年 5 月
横山中学教师办公室改造工程	26.39	30	2020 年 7 月
横山中学教学楼 20 间连体厕所改造工程	46.20	30	2020 年 7 月
横山中学围墙修建工程	11.48	30	2020 年 7 月
横山中学教学楼内外墙面及地面改造工程	49.84	30	2020 年 7 月
横山小学道路、地面改造及教室粉刷工程	44.80	20	2020 年 7 月
志棠村小学西侧道路加宽及停车场工程	35.10	30	2020 年 8 月

第六节　管理体制

一、行政管理

教育员　1923 年推行学区制度，学区大体以行政区划的区为单位设置，每学区设教育委员 1 人，负责教育相关事务。1929 年，区教育委员改称为“区教育员”。1932 年，区教育员改称区教育助理员。1935 年实行国民义务教育，按户口 1000～4000 户标准，划分小学区。1938 年各区设学董 1 人，小学区设助理员 1 人。

文化干事　1940 年，乡公所设文化股文化干事 1 人，保设文化干事 1 人，分别由各乡中心学校校长、保国民学校校长或教员兼任。1945 年，乡镇设文化干事，一般由乡镇中心国民学校校长兼任，乡镇公所并设专职干事 1 人，负责本乡镇文化教育事项。

文教助理　1949年10月模环区增设后,在区公所设文教助理1人。1952年推行辅导学区,每辅导区设中心小学1所,辅导校长1人,负责本学区教育辅导工作。1954年,模环区建立中心小学管理模式。当时,模环中心小学负责辅导横山小学、下宅小学;新王中心小学负责辅导兰塘小学、志棠小学。1955年,各区中心小学由区公所管理,设文教干事1人。对学校重大事项,区长应签署意见。1958年人民公社化,各公社宣传委员兼管教育,中心小学撤销。

辅导学区　1959年4月,龙游县委在《关于整顿文教基层单位若干问题的处理意见》中,就领导体制作出规定:全日制中学(包括民办)均由县委领导,人民公社所在地的初级中学、农业中学、中心小学和完全小学政治思想由各公社党委领导,完小与农业中学委托学校所在地管理区党总支领导,初小由生产队管理,其财务、人事(农业中学与民办学校不在内)招生、教学业务由县委管理。8月,中共模环学区支部建立,中心小学校长在党支部的领导下,负责全区教育行政工作。年末,县制撤销后,仍沿用辅导学区制。学区设文教党支部,学区校长在党支部统一领导下开展工作。1966年"文化大革命"开始,区、乡教育行政机构,渐形瘫痪。1968年,区成立革命领导小组,下设教育办公室,设主任1人、会计1人,办公地址在横山镇中心小学。农村实行贫下中农管理学校。1971年中小学恢复学校党支部,人民公社中学由人民公社党委领导,生产大队小学由生产大队党支部领导。

教育办公室　1977年各区建文化教育革命领导小组,下设文教办公室,1978年更名为教育办公室,在横山公社高山村征地435平方米,建1幢144平方米办公楼。办公室共有主任、中小学业务干部、会计等5人。之后,各人民公社相继配备文教干事。1983年县恢复建制后,区仍设教育办公室,有正、副主任及业务干部、会计、业余教育干部等。1985年县委、县人民政府印发《关于贯彻"中共中央关于教育体制改革的决定"的若干意见》,明确乡镇的主要职责是:制订并组织实施本乡、镇实行九年制义务教育的规划;办好乡镇初中、小学及幼儿园;管理本乡镇教育系统内部的教师调动;筹措教育经费,改善办学条件;征得县教育部门同意,任免乡中心小学、初中副校长以下领导。

辅导学校　1986年8月区教育办公室撤销,改名为区辅导学校,配中小学辅导校长1人、副校长1人(兼教研室主任),由县教委任命。1989年,在原教办址再建1幢100平方米办公楼。

学校管理委员会　1992年区辅导学校撤销,改设乡镇学校管理委员会(简称校管会),设主任、教研员、成教副校长、会计,人员纳入所在乡镇中心小学或中学编制。1996年县对教育系统干部管理权限作出调整:乡(镇)学校管理委员会主任、非义务教育阶段的县属学校(单位)党政正职由县委宣传部任免,乡镇中小教育党支部书记、副书记由乡镇党委任命,其余干部由县教委任命。2002年推行"分级管理,以县为主"体制,各乡镇和农村学校均归属县教育局直接管理。

教育共同体　2020年,横山教育共同体成立。教共体与城区优质小学组建城乡共育发展联盟,实施紧密型精准帮扶。

表15-27　**横山镇教育行政管理历任主要领导情况表**

职　务	姓　名	性　别	籍　贯	任职时间
学区支部书记兼校长	柴树林	男	浙江龙游	1959年2月—1960年5月
区中心小学代理校长	叶生庆	男	浙江龙游	1960年6月—1962年2月

续表15-27

职　务	姓　名	性　别	籍　贯	任职时间
学区党支部书记	张志华	男	浙江龙游	1961 年 7 月—1962 年 2 月
学区党支部书记	柴树林	男	浙江龙游	1962 年 2 月—1968 年 7 月
区中心小学校长	徐友贤	男	浙江龙游	1962 年 9 月—1968 年 7 月
区教办主任	柴树林	男	浙江龙游	1968 年 9 月—1977 年 4 月
区教办主任	陈樟海	男	浙江龙游	1977 年 5 月—1981 年 7 月
区教办主任	童法旺	男	浙江龙游	1981 年 8 月—1984 年 7 月
区教办主任	朱茂根	男	浙江龙游	1984 年 8 月—1986 年 7 月
区辅导校长	林秉文	男	浙江龙游	1986 年 8 月—1988 年 7 月
区辅导校长	徐寿山	男	浙江龙游	1988 年 8 月—1991 年 7 月
校管会主任	邱阿良	男	浙江龙游	1992 年 8 月—2001 年 7 月
校管会主任	吴岳庭	男	浙江龙游	2001 年 8 月—2002 年 7 月
校管会主任	姜宝样	男	浙江龙游	2002 年 8 月—2007 年 2 月

二、学校体制

政府委任制　1911 年后，将小学堂改称小学校，堂长改称校长，由县知事委任，教员由校长聘请，报区董转呈知事备案。规模较大的学校，校长下设教导处和总务处，协助校长管理教育、教学和后勤工作。

乡镇保长兼任制　1939 年 9 月，国民政府公布《县各级组织纲要》，规定乡镇长兼任中心学校校长，保长兼任国民学校校长，实行“政教合一”的管理体制。时值抗战时期，加之兼任校长有学历限制，政令未能全部实施。

表 15-28　**民国 36 年(1947)新王乡国民学校情况表**

校　　名	校长姓名	教员人数（名）	师范生数（名）	代用教员数（名）	民教部是否成立	校　址
新王乡中心国民学校	刘敏歆	11	1	—	已成立	新　王
新王乡第 7 保国民学校	朱正熙	2	—	1	已成立	童　家
新王乡第 8 保国民学校	朱宗熹	2	1	—	已成立	上下朱
新王乡第 9 保国民学校	叶向荣	2	1	—	已成立	下东门
新王乡第 10 保国民学校	徐学富	2	—	—	已成立	上姜坞
新王乡第 11、12 保国民学校	张守槐	—	—	—	已成立	高山顶

编者注：仅录乡本级与涉现境域学校

师生选举、政府聘任制　1949 年 6 月，部分中小学设校务委员会、设主任委员 1 人，委员若干人，由师生选举思想进步的教职员和学生代表担任，报县核准。当时实行这一制度的涉现境的有模环、新王乡中心小学，后徐乡中心小学仍为校长制。

政府任命制 1952年3月,教育部颁发中小学《暂行规程草案》,中小学均实行校长责任制。校长由县人民政府任命,负责领导全校工作。必要时,得设副校长。

党支部领导下的校长负责制 1958年"整风反右"后,强调党对学校教育工作的绝对领导,区中心小学建立中共支部,各乡完全小学大多由党员校长负责全面工作。1963年3月,中共中央颁发全日制中小学《暂行工作条例(草案)》,逐步实行党支部领导下的校长负责制。校长是学校行政负责人,在当地党委和主管的教育行政部门领导下,负责领导全校工作。学校党支部对学校行政工作负有保证和监督的责任。校长下设教导主任,并根据学校规模大小酌设事务主任或事务员,协助校长管理教学和行政事务。

革命委员会制 1968年8月中共中央、国务院、中央军委、中央文化革命小组发出《关于派工人宣传队进驻学校的通知》后,境内学校由各公社、大队分别建立贫下中农管理学校委员会和贫下中农管理学校领导小组管理学校,废除校长负责制。1970年各校相继成立"学校革命委员会",由贫管会代表、教师代表、原学校领导干部等人组成,主持学校工作。1972年,恢复校长制。1974年取消校长制,恢复革命委员会制。1977年贫管会逐步取消,革委会即行解体。

党支部领导下的校长分工负责制 1978年,根据教育部颁布的《全日制中学暂行工作条例(试行草案)》和《全日制小学暂行工作条例(试行草案)》,全日制中小学实行"党支部领导下的校长分工负责制",学校一切重大问题必须经党支部讨论决定。此后,各中小学形成"校长全面负责、支部保证监督、教工民主管理"的校长负责制。

第十六章　卫生　体育

旧时，境内居民就医主要靠个体医户、药店坐堂医为主。民间素有传统游戏、武术、棋艺等活动，结合祭神、庙会、节日喜庆的民间体育活动丰富多彩。民国时期，学校体育活动初步发展。中华人民共和国成立后，逐步建立健全各级医疗卫生机构，群众性体育活动普遍开展，运动项目多样化，学校体育锻炼活动制度化。20 世纪 80 年代以来，公共卫生体系趋于完善，医疗条件不断提高，群众卫生意识、体育锻炼意识日益增强。

第一节　医疗机构

解放后，境内医疗机构主要有乡镇医疗机构和村（生产大队）医务室（卫生服务站）构成。至 2011 年末，镇内有各级各类医疗卫生机构 21 家，病床 25 张，固定资产总值 389 万元，专业卫生人员 69 人，其中执业医师 14 人、执业助理医师 11 人、注册护士 11 人，医疗机构（门诊部以上）完成诊疗 9.25 万人次，新型农村合作医疗参合人数 23359 人，参合率 90.5%。至 2022 年末，境内有中心卫生院 1 所，额定床位 30 张，在职职工 53 人，乡村医生 2 人。村卫生室 29 家、村卫生站 1 家、口腔卫生站 4 家，基本形成一个能满足群众不同需求的医疗与保健网络。

一、中心医疗机构

模环区医院　1951 年 10 月模环区卫生所成立，为全民所有制事业单位。1956 年春，模环区撤销区建制，同年 8 月改名为塔石区卫生所模环分所。1958 年 10 月，更名为原子人民公社中心医院。1961 年模环区制恢复后，改称模环区医院。1992 年“撤区并镇扩乡”后，改称“横山中心卫生院”。

1951 年建所时有医师、医士、药剂士各 1 人，翌年增至 6 人。1956 年，有职工 9 人。成为塔石区卫生所分所后，人员锐减，1958年底仅剩西医2人，中医、中药、妇幼(兼药剂)各1人。以后，人员逐年增加，1983年曾一度增至32人。1989年，有卫生技术人员19人，行政管理人员2人，工勤人员1人。

建所时，设门诊室、妇产科、西药房。1954年，增设外科、注射室。1956年，设中医科。1958年，院址由模环迁至横山，因人员不足，房舍紧缺，仅设中西医诊疗室和西药房。翌年，重设妇产科。1961年，增设中药房。1963年，单独设立内科，并重设中医科。1968年，重设外科，并增设手术室。翌年，增设化验室，重设注射室。1971年，设会计室。翌年，设五官科。1974年，设放射科。1976年，增设中、西药库。1978年，设防保科。1982年，增设心电图室、超声波室。1984年，增设小儿科、急诊观察室，并设院长、党支部办公室。

20世纪50年代，内科仅能诊治农村常见病和多发病。60年代初，开始收治流脑、乙脑患者，并在全区范围内多次开展钩虫病查治工作。1967年，成功抢救一口服25%二二三乳剂达800毫升的重度中毒患者。1971年8月，一因触电致心跳、呼吸停止6分钟之久的8岁男孩，经各种措施抢救后恢复了呼吸、心跳，并痊愈出院。此外，自70年代始，能抢救和收治脑血管意外、心血管疾患、上消化道出血、流行性出血热等危重病人。50年代，外科仅能作清创缝合、脓肿切除及小囊肿摘除手术，1969年首行输精管结扎术。翌年，开展阑尾切除、疝气修补、大隐静脉高位结扎等手术。1974年，曾行输卵管再通术2例。1951年，妇产科开展平产接生，1961年能做足位、臀位产处理。翌年，开展人流、放环手术。1967年，首行输卵管结扎术。目前能处理子痘、胎盘部分残留等急诊病人。自1972年以来，五官科能诊治一般耳、鼻、咽喉疾病，并开展拔牙、补牙业务化验室，于1968年开展三大常规检验，1972年增做肝功能检验项目。1974年，放射科开展常规摄片、透视，1986年增做胃肠造影项目。

1952年，门诊4220人次，业务收入4440元。1956年设病床3张，全年门诊5360人次，业务收入5580元。翌年，门诊6402人次，业务收入6604元。1958年门诊17396人次，业务收入情况不详。翌年至1963年各年业务和收支情况，皆无资料可稽。1964—1989年部分年份医院业务、收支情况详见表16-1。1990年，门诊31228人次，X光检查1852人次，设病床12张，住院596人次，床位使用率84.5%，床位周转率49.65%，治愈率88.93%，好转率9.9%，死亡率0.17%，入院诊断符合率89.93%。

表16-1　**1964—1989部分年份模环区医院业务、收支情况表**

年份(年)	总收入(元)	业务收入(元)	上级拨款(元)	总支出(元)	门诊人次(人)	住院床日(天)
1964	18400	12860	5540	16430	10060	312
1968	36482	21482	15000	32800	16420	444
1972	47330	18876	28454	33883	19734	1085
1973	48558	26458	22100	43148	23686	1135
1974	42745	25738	17007	40539	20879	1187
1975	55245	30258	24987	49690	24208	1101
1976	66864	44332	22542	57781	25054	708
1977	63211	42620	20591	55038	19527	911

续表16-1

年份(年)	总收入(元)	业务收入(元)	上级拨款(元)	总支出(元)	门诊人次(人)	住院床日(天)
1978	70905	47606	23299	58987	21442	824
1979	84329	54021	30308	68888	22178	883
1980	89563	60858	28705	83368	25508	875
1981	80700	65364	15336	83015	25487	912
1982	78586	69280	9306	82454	26504	862
1983	99993	78934	21059	96868	28142	786
1984	132128	102752	29376	114519	28990	770
1985	147557	115218	32339	122397	24939	1012
1986	157277	130814	26463	140073	25923	975
1987	240716	205736	34980	208341	32248	2365
1988	346655	317005	29650	251041	32163	3911
1989	356162	326262	29900	292177	30135	3127

建所初期,仅有血压计、听诊器、注射器及清创缝合用的手术器械。后逐年添置,至 1989 年底已拥有 34000 余元的医疗设备。

表 16-2 **1989 年模环区医院主要医疗设备情况表**

器材名称	数量	价值(元)	器械名称	数量	价值(元)
200 毫安 X 线机	1	11000	台式牙科电辅车	1	305
30 毫安 X 线机	1	3500	电冰箱	2	2171
防护椅	1	275	电动吸引器	1	225
LD4—2 电动离心器	1	500	电动洗胃机	1	340
581——G 型光电比色计	1	326	铁质产床	1	200
电热恒温干燥箱	1	483	轻便手术床	1	250
电热恒温培养箱	3	1614	ST—4 手术床	1	2156
电热恒温水温箱	1	288	九孔无影灯	1	805
显微镜	2	1100	四孔无影灯	1	400
分析天平	1	476	中号氧气瓶	2	300
中压电泳仪	1	800	立式消毒锅	1	800
电热蒸馏器	1	173	手提式消毒锅	1	184
心电图机	1	1260	压片机	1	809
超声波诊断仪	1	2000	两用磅秤	1	809
牙科手术椅	1	244	—	—	—

1951 年,以模环村 1 幢 300 平方米集体房屋为区卫生所房舍。1958 年迁址横山,租用高山

图 16-1　时称模环区医院门诊楼(载于《龙游县卫生志》)

顶村 150 平方米民房为院舍。1963 年与横山小学调换使用房舍,院址迁至横山塔底,有用房 300 平方米。至 1976 年,上级共计拨款 2.05 万元,自筹资金 1.57 万元,在院内先后建成模环区医院门诊楼等供医疗、生活用大小平房 5 幢,面积 1020 平方米。1985 年 10 月,县卫生局拨款 8 万元,自筹资金 3095 元,新建 809.6 平方米四层门诊楼 1 幢。至 1989 年底,医院面积 4930 平方米,共有房舍 1929.6 平方米,其中医疗用房 1309.6 平方米,生活用房 620 平方米。

表 16-3　**1951—1992 年模环区医院历任负责人情况表**

姓　名	性　别	任职时间	职　　务
王亚治	男	1951 年 10 月—1958 年 4 月	负责人
朱　轼	男	1958 年 10 月—1959 年 2 月	负责人
刘宽成	男	1959 年 2 月—1960 年 2 月	负责人
朱　轼	男	1960 年 2 月—1962 年 2 月	副院长、负责人
朱　轼	男	1962 年 2 月—1980 年 2 月	副院长
冯孝先	男	1961 年 10 月—1979 年 8 月	副院长
季卸才	男	1973 年 7 月—1974 年 6 月	院长、党支部书记
余大根	男	1978 年 2 月—1984 年 8 月	院长
余大根	男	1984 年 8 月—1987 年 8 月	党支部书记
余大根	男	1984 年 8 月—1992 年 6 月	党支部副书记
韦绍荣	男	1980 年 2 月—1987 年 8 月	副院长
韦绍荣	男	1987 年 8 月—1992 年 4 月	副院长、党支部书记
陈靖阳	男	1984 年 8 月—1988 年 9 月	副院长
王国兴	男	1984 年 8 月—1992 年 4 月	院长

表 16-4　**1951—1990 年部分年份模环区医院人员情况表**　单位:名

年份(年)	职工总数	卫生技术人员											行政管理人员	工勤人员
		主治医师	医师	医士	中医	药剂士	中药	护士	助产士	妇幼医士	检验士	无职称人员		
1951	3	—	1	1	—	1	—	—	—	—	—	—	—	—
1952	6	—	1	1	—	1	—	—	—	—	—	2	1	—

续表16-4

年份（年）	职工总数	卫生技术人员											行政管理人员	工勤人员
		主治医师	医师	医士	中医	药剂士	中药	护士	助产士	妇幼医士	检验士	无职称人员		
1954	8	—	1	2	—	1	—	—	1	—	—	2	1	—
1956	9	—	1	2	1	1	—	—	1	—	—	2	1	—
1958	5	—	1	1	1	—	1	—	1	—	—	—	—	—
1961	15	—	1	1	1	1	2	—	1	—	—	6	1	1
1964	14	—	2	2	1	—	2	—	1	—	—	4	1	1
1969	19	—	3	3	2	1	2	1	1	—	1	2	2	1
1973	19	—	4	3	1	—	2	2	—	—	1	4	1	1
1978	28	—	4	8	1	—	2	2	1	—	1	6	2	1
1979	27	—	3	6	1	—	2	2	1	—	1	8	2	1
1980	29	—	2	8	2	—	2	2	2	—	1	6	2	2
1981	31	—	3	7	2	—	2	2	1	—	1	9	2	2
1982	32	—	3	7	2	—	2	3	1	—	1	9	1	3
1983	32	—	3	7	2	—	2	3	1	—	1	9	1	3
1984	31	—	3	7	2	—	2	3	1	—	1	8	2	2
1985	25	—	2	4	1	—	2	2	—	1	1	8	2	2
1986	23	—	3	3	1	—	2	2	—	1	1	7	2	1
1987	22	2	4	—	1	—	2	1	—	2	1	6	2	1
1988	21	2	3	1	1	—	2	—	—	3	1	5	2	1
1989	22	2	4	1	1	2	2	1	—	3	2	1	2	1
1990	21	1	3	1	1	4	1	1	3	—	2	1	2	1

横山中心卫生院 1992年6月，模环区医院改称横山中心卫生院，为国家一级甲等卫生院，是一所集门诊、住院、预防保健、助产技术、社区卫生服务中心为一体的综合性中心卫生院，是农村新型合作医疗、城镇职工医疗保险、人寿意外伤害保险、交通事故、残疾人康复中心定点医疗单位，承担辖区基本医疗和公共卫生服务。2005年，医疗用房2548平方米，医疗设备总值85.39万元，床位20张；员工41人，其中中级职称2人、初级职称27人；年门诊1.23万人次，住院435人次，检验1366人次，业务收入182.17万元，财政拨款27.47万元。设置内科、外科、中医科、妇产科、检验科、放射科、心电图超声波室、中西药房等，成为担负预防、医疗、保健、康复、健康教育、计划生育技术指导的基层中心医疗单位。2005年底，卫生院面积6794平方米，病床25张，医务人员56人。2006年，拥有X光机、心电工作站B超机、尿液分析仪、血球仪、半自动生化分析仪、麻醉机监护仪、高频电刀、产科治疗仪、胎心监护仪、婴儿抢救台、产科专用监护仪、微波综合治疗仪、高压舱及救护车辆等一批医疗仪器设备，能开展胆道手术、肾手术、脾切除术、甲状腺手术、胃切除术、子宫肌瘤切除术、子宫切除术、剖宫产、大隐静脉

高位结扎术等。

2019年4月，县人民医院医共体与中心卫生院组成医疗共同体，实行同质化、扁平化管理；9月底，医共体分院首个专家工作站“雷永珍专家工作站”正式挂牌横山分院。是年，横山中心卫生院中医专科被评为“衢州市乡镇卫生院特色专科”。2021年“邵医博士工作站”在中心卫生院成立，让患者在乡镇也能享受省级医院专家的优质医疗服务；9月25日，浙江大学医学院附属邵逸夫医院10余位肝胆科专家到中心卫生院，为153名村民提供血液检测、肝脏超声、专家咨询、健康生活指导等服务。2022年9月，中心卫生院诊疗范围增加精神科精神卫生专业、儿科、口腔科；9月19日，利用先进的5G+AR技术，开启邵医专家多学科联合“云查房”新模式。同时，以医共体和信息化手段整合全省医疗资源，中心卫生院可以上接省内三级医院、县内龙头医院和智慧远程医疗“三根天线”，为群众提供优质高效的健康服务。硬件建设方面，2020年6月，投资29.43万元，对消防工程进行改造。2021年5月，投资16.93万元，对内镜中心、手术室等进行改造。

2022年末，有固定资产总值881万元，在职职工53人，其中医学专业卫生人员49人，执业医师14人，执业助理医师6人，注册护士13人，药剂、检验、影像等其他医学专业16人；行政管理2人，高级职称3人，中级职称12人，初级职称30人，乡村医生2人。

表16-5　**1992—2022年横山中心卫生院负责人情况表**

姓　名	性　别	任职时间	职　务	备　注
劳瑞荣	男	1992年4月—1994年4月	院长兼支部书记	—
钱志升	男	1994年5月—1996年3月	院长兼支部书记	—
翁孝夏	男	1997年4月—2002年5月	院长	—
楼应宏	男	2002年6月—2004年4月	院长兼支部书记	—
王兴洪	男	2004年5月—2005年3月	副院长	主持
杨庆红	男	2005年4月—2006年5月	院长兼支部书记	—
杜志斌	男	2006年6月—2008年12月	院长兼支部书记	—
吴　鹏	男	2009年1月—2011年5月	院长兼支部书记	—
钱　衔	男	2011年5月—2013年7月	院长兼支部书记	—
姚雁丰	男	2013年8月—2017年3月	院长兼支部书记	—
祝利腾	男	2017年4月—	院长兼支部书记	—

二、乡医疗机构

横山乡联合诊所　详情无考。但从新王分诊所与模环乡联合诊所资料看，曾成立横山乡联合诊所。1959年，横山联合诊所和模环“仁寿堂”“葆三堂”药店先后并入原子人民公社中心医院模环大队分院。

横山乡联合诊所新王分诊所　1952年8月，由模环中医联合诊所设立新王分所，其时人员仅有中医叶蔼青一人。翌年5月，分所改称横山乡联合诊所新王分诊所。1958年12月，改称原子人民公社中心医院新王大队分院，此年有中医药人员5人。1958年前，诊所一直租用新王村同仁堂药店一间厢房作门诊用房。1959 年 2 月同仁堂药店楼房 1 幢折价并入后，卫生院始有自己房舍。1961 年 7 月，更名模环公社新王卫生所，交由模环公社卫生所管理。

志棠乡卫生院 位于志棠村后部。1954 年 5 月成立志棠乡中西医联合诊所，时有中医 3 人、西医 2 人，童致和为负责人。翌年 2 月，童德寿、王寿生等 4 家中药店并入，人员增至 9 人。1958 年 8 月，易名为志棠乡医院。1961 年 7 月，改名为志棠公社卫生所。1964 年减至 5 人，1973 年有职工 7 人。1979 年 6 月，改称志棠公社卫生院。1982 年有各类人员 9 人。1984 年 4 月改为志棠乡卫生院。1989 年，有助产士、西医士、防疫医士各 1 人，中药剂士 2 人，临时工 2 人(分别担任妇幼、注射工作)，钱志升任院长，王彩虹任副院长。1985 年经市、县部门检查考核，在医院管理、卫生防疫、妇幼保健等得分 917 分，被省卫生厅评为"文明卫生院"。1990 年，有在编西医士、防疫医士各 1 人，中药剂士 2 人，共 4 人。

1974 年前，先后租用志棠村、卸厅村民房和公房为医疗用房。1975 年，衢县卫生局拨款 6500 元，模环区医院资助 1500 元，在卸厅村建 300 平方米平房院舍 1 幢。1979 年，为加强邻县毗邻地区卫生事业建设，衢县卫生局拨款 4.5 万元(卫生院自筹资金 7000 元)在后邵村大殿处新建医疗、生活用房各 1 幢。至 1989 年，卫生院面积 3600 平方米，有医疗用房 400 平方米，生活用房 455 平方米。

1954 年，志棠乡中西医联合诊所只设综合诊疗室，翌年增设中西药房。1962 年，门诊 5840 人次，业务收入 7002 元。1965 年，增设妇产科。1968 年，门诊 6420 人次，业务收入 9300 元。1976 年，中西药房分开设立，增设注射室，并设简易病床 2 张。1978 年，门诊 9659 人次，业务收入 1.68 万元。1980 年，改设综合诊疗室为内科室和外科室。1982 年，增设手术室、防疫室、X 光室、化验室，全年门诊 12785 人次，业务收入 2.67 万元。1986 年，增设儿保门诊室。1988 年有病床四张，门诊 1.1 万人次，改善饮水 5 个企业单位、16 个自然村，惠及人口 5400 人，占全乡总人口 67%。1989 年，门诊 1.05 万人次，业务收入 7.21 万元。1990 年，门诊 9896 人次，化验 62 人次，X 光检查 400 人次，设病床 2 张。

1954 年，能以中西医结合诊治农村内、外科常见病。1965 年，开展平产接生和人流、放环术。1968 年，曾应用穴位埋羊肠线治疗胃病数百例。1978 年，首行女性绝育手术。1982 年后，辅助科室能开展透视、摄片、三大常规检验等项目。1990 年主要医疗设备有 30 毫安 X 线机、显微镜、电动离心器、电冰箱、手术床、轻便产床、四孔无影灯、手提高压消毒锅等，各种器械、设备价值计 8500 余元。1988 年 7 月，乡卫生院进行管理体制改革，乡卫生院实行"县乡两级管理、以乡政府管理为主"，移交给乡政府，并签订协议书。

志棠乡卫生院张家分院 1954 年 5 月志棠乡中西医联合诊所设立张家分诊所，其时有中医 2 人，徐樟贵为负责人。翌年 2 月，张家村王景云中药店并入，人员增至 3 人。1958 年末，改称原子人民公社中心医院张家大队分院。1961 年 7 月，易名为志棠公社张家卫生所。1969 年有职工 4 人，1977 年增至 5 人。1979 年 6 月改名为志棠公社卫生院张家分院。1984 年 4 月改称志棠乡卫生院张家分院。1989 年，有妇幼医师、防疫医士、无职称人员各 1 人，临时工 2 人(分别担任中、西药房工作)，王秀琦任院长。1990 年，有在编助产士、防疫医士各 1 人，共 2 人。

诊所成立时只设门诊室，1955 年设中药部，全年门诊 3541 人次，业务收入 2458 元。1965 年 7 月增设妇产科。1969 年增设西药房。1970 年门诊 4081 人次，业务收入 6570 元。1980 年设简易病床 2 张，并增设防疫室、手术室。1986 年设儿保门诊室。1989 年门诊 5676 人次，业务收入 40285 元。1990 年，门诊 4803 人次，设病床 2 张。

1960年前,仅能以中医诊治一般农村常见病。1960年后,才逐渐采用中西医结合诊治病人。1965年,妇产科除开展平产外,还能处理臀位牵引,施行人流、放环手术。1978年,首行女性绝育术。1990年,主要医疗设备有电冰箱、高压消毒锅、反光灯、男女绝育手术包等,各种医疗器械、设备价值约3000元。

1954—1960年,该院先后租用张家村王景云、余樟发家私房作医疗用房。1961年,改租张家村90平方米集体房屋为卫生所房舍。1976年冬,模环区医院、衢县卫生局各拨款2000元,在钱家村公路边建成244平方米平房院舍1幢,厨房33平方米。1988年7月,乡卫生院进行管理体制改革,实行“县乡两级管理、以乡政府管理为主”,移交给乡政府,并签订协议书。

下宅乡卫生院　1955年春成立下宅联合诊所,其时有中医3名,王仲岐为负责人。1956年秋,下洪联合诊所并入,人员增至5人。1958年8月更名为下宅乡医院,有职工8人。1961年7月改名为下宅人民公社卫生所。1979年6月改称下宅人民公社卫生院。1981年,有职工9人。1984年4月始用今名。1989年有妇产科医师、西医士、防疫医士、中药剂士、无职称人员各1人,临时工2人(分别担任西药房、化验室工作),李冬兰任院长。1990年,有在编助产士、中药剂士、防疫医士、无职称人员各1人,共4人。

1955年只设门诊室,1956年增设中药部,1959年设妇产科。1960年,门诊6646人次,业务收入5261元。1966年增设西药房。1973年,门诊10642人次,业务收入1.59万元。1977年增设化验室、注射室。1980年,中西医分科门诊,并增设防疫室、X光室、手术室。1982年,门诊14813人次,业务收入3.55万元。1986年,增设儿保门诊室,并设简易病床4张。1989年,门诊17527人次,业务收入8.67万元。1990年,门诊12163人次,化检471人次,X光检查64人次,设病床2张。

联合诊所初期,主要以中医中药诊治农村常见病。1959年开始接收平、难产孕妇,并施行人流、放环术。1970年,首行输卵管结扎术。1977年,开展三大常规检验。1980年,能做摄片、透视检查。1990,卫生院能对脑血管意外、农药中毒等危重病人做应急处理。

1966年前,先后租用下宅、后徐村集体房屋为医疗用房。1967年,卫生所自筹资金7000元,在大平山村建院舍250平方米。1972年,又自筹资金4000元,新建3间二层宿舍楼1幢。1979年,衢县卫生局拨款2.8万元,卫生院自筹资金4000元,在大平山现址建造420平方米砖混结构二层门诊楼1幢、平房48平方米(用作病房)。1989年,卫生院面积2400平方米,有医疗用房468平方米,生活用房310平方米。至1989年末,院医疗设备价值已达近万元,主要有30毫安X线机、显微镜、电冰箱、电动离心器、万能产床、两用手术床、防护椅、手提高压消毒锅、儿童两用磅秤等。1988年7月,乡卫生院进行管理体制改革,实行“县乡两级管理、以乡政府管理为主”,移交给乡政府,并签订协议书。

表16-6　**境内医疗机构集体与个人获奖情况表**

荣誉名称	获奖单位、个人	颁奖单位	颁奖时间
省妇幼卫生工作先进个人	李冬兰(下宅乡卫生院)	省卫生厅	1978年11月
省先进护士	王彩虹(志棠乡卫生院)	省卫生厅	1982年5月
省计划生育工作先进个人	李冬兰(下宅乡卫生院)	省卫生厅	1983年10月
省文明卫生院	志棠卫生院	省卫生厅	1986年1月

续表16-6

荣誉名称	获奖单位、个人	颁奖单位	颁奖时间
卫生文明单位	横山中心卫生院	市卫生局	2002 年
2004—2005 年度优秀党务工作者	杨庆宏（横山中心卫生院）	龙游县委	2006 年 6 月
县第一批优秀人才（医药卫生类）	周渭贤（横山中心卫生院）	县委人才工作领导小组	2009 年 1 月

三、企事业单位医务机构

1989 年，境内有企事业单位医务室 3 家。

志棠乡镇企业医务室　1970 年成立，医务人员 1 人。

横山水泥厂医务室　1985 年 12 月成立，医务人员 1 人。

横山中学医务室　1989 年 12 月成立，医务人员 1 人。

四、私立医疗机构

2005 年，境内有私立医疗 2 家。2024 年，纽莱福医养服务中心正在建设中。

志棠卫生院　有职工 6 人，其中卫生技术人员 5 人，医疗用房 330 平方米，医疗设备 15 万元，开放床位 5 张，门急诊 5870 人次，住院 42 人次，检验 1100 人次，业务收入 38 万元。

图 16-2　　建设中的纽莱福医养服务中心（陈宝龙提供　2021 年摄）

张家卫生院　有职工 2 人，其中卫生技术人员 2 人，医疗用房 380 平方米，医疗设备 1 万元，门急诊 9600 人次，业务收入 28 万元。

龙游纽莱福医养服务中心　位于河宗村西北侧丘陵山岗，按照国家行业标准规范一级标准建设，打造基于医养中心、高端智库的高端人才养老平台。含医养中心、农旅区、水面休闲旅游娱乐区三大功能区，有 10 幢养老公寓、1 幢综合楼和 1 幢医院。共有床位 459 张，其中住院病床 78 张。公寓类型包括一室一厅、二室一厅及独幢（抱团）式养老公寓。2022 年建筑主体基本完成，其董事长为浙江大学教授、河宗村人胡树根。

五、村卫生室

发展演变　1958 年，各生产大队开始办保健室，仅备红汞、碘酒及少量常用药品，保健员大都不脱产，利用饭后工余时间免费为群众诊疗小伤小病（经费由生产大队公益金开支）。年终，生产大队给予保健员一定劳动补贴。1965 年，模环区有生产大队卫生员 82 人。1970 年，生产大队实行合作医疗（1972 年为最多），医疗室增加（1974 年为最多）。医疗室内备有常用西药和听筒、血压计及外科小手术方面的简单器械，有的还采集中草药或开辟草园，自制丸、散、膏、丹为群众治病。卫生员报酬一般为工分加补贴，收入略高于本生产大队同等劳动力。1982年后，实行自费医疗制度（即谁看病谁出钱），"赤脚医生"报酬不再由集体负担，但对其所担负的社会卫生工作（防疫、妇幼保健、计划生育等），生产大队则根据其工作量及完成情况，每年仍从公共积累中给予一定的补贴。2006年，新的横山镇成立以来，镇建卫生社区服务中心1所、村级公共卫生服务站5家。2007年，扩建社区、村卫生服务站23家，经县主管部门验收达标的甲级站14家、乙级站9家。2009年，对20个行政村的服务站进行重新规划，设置6家规范化社区卫生服务站。2010年，协助县卫生局收回原志棠卫生院房屋，终止租赁合同，创办志棠村社区卫生服务站。2013年新建后徐、项家、余岗、会泽里4家村级卫生室。2017年，推进与深化医院合作项目，规划新建村卫生室13家。6月30日，后徐医疗站正式开业，设有门诊、B超、心电图、常规化验等科室，满足以后徐村为中心1万多名村民日常诊疗需求。2020年7月14日，县民政局给后徐村、脉元村、天池村、项家村迎康巷卫生室下达准予成立登记的批复；12月3日，县民政局给横山养老中心下达准予成立登记批复。2022年4月，上向徐村利用村存量建设用地新建村卫生室，用地面积295平方米，建筑面积120平方米，檐口高度3.95米。2023年6月会泽里村卫生室完成规范化改建。

"赤脚医生"　1969年1月，模环区举办首期"赤脚医生"培训，学员59人。此后，多次进行培训、轮训，"赤脚医生"数以1976年为最多，此时，"赤脚医生"一般实行"半天为群众治病，半天参加集体生产劳动"制度。1981年，县对"赤脚医生"进行首次业务考试，对考试及格者颁发《赤脚医生合格证》，并进行为期3个月的复训，以提高"赤脚医生"医学基础理论和基本操作技能。1985年5月，根据国家卫生部决定，改称"赤脚医生"为乡村医生。1986年10月、1989年8月，根据卫生部对乡村医生规定和要求（业务达到医士水平），县卫生局对乡村医生进行业务考试和考核，对成绩及格又从事防疫工作的颁发《乡村医生合格证》。

第二节　防疫保健

旧志中多有"疫""大疫""死者日以百计"之类的记载，说明旧时疫情不少。1986年4月后，区医院、各乡卫生院建立预防保健科或预防保健组。1989年，区、乡设专职防疫医生，行政村有乡村医生做防疫工作。1997年，成立横山中心卫生防疫保健组。2003年9月，改中心卫生防疫保健组为农村预防保健中心，负责辖区预防保健工作。

一、传染病防治

民国前，境内疫情无考。民国期间，特别是1940年、1942年（还很有可能在1944），日军在衢州多次投放鼠疫、炭疽、霍乱等病菌。疫情刚开始仅限于衢县，后逐步传播至龙游、江山、开化、常山等地，直到1948年底，疫情才得以控制。解放后，县内流行的脑脊髓膜炎、痢疾、天花、鼠

疫、结核病、流行性乙型脑炎、白喉、麻疹、脊髓灰质炎等,未见涉境域记述。各县志中涉现境内的传染病主要有:

回归热 1945年4月间,后徐、下宅驻军发生回归热病症,传染居民。至6月中旬,城区、官村、七都、后徐、石佛、灵山等乡镇染病59例、死亡12例。

钩端螺旋体病 1970年8月,龙游区首次发现钩体病人46例。次年,疫情波及各区,发病76例。1972年疫势蔓延,发病191例,其中模环区占发病总数的71.13%。

疟疾 民国34年(1945)夏秋,新王等乡流行,新王乡死亡59人。

肠原性青紫病 1960年2—7月,模环区先后发生肠原性青紫病59例,查明原因后采取措施,得以控制。

麻风病 县首例病人发现于1952年,1966年共发现病人27例。1967年3月,衢县卫生科、民政局在下宅公社乌石寺建麻风病康复村,先后收治衢县、龙游、江山、开化、建德、兰溪等地麻风病患者266人,1987年底撤销。1974年9月中旬,志棠公社开展麻风病普查,发现新病人3例。

甲型病毒性肝炎 1996年,横山中学电视中专班甲肝暴发。

钩虫病 俗称"黄胖病",属地方病。1960年、1964年,模环区用四氯乙烯与佛敖丁合用,治疗钩虫病15323人。

疫苗防治 1957年后,防疫生物制品种类先后有鼠疫活菌苗、霍乱菌苗、牛痘苗、伤寒副伤寒菌苗、百日咳菌苗、卡介苗、白喉类毒素、脊灰炎疫苗、麻疹疫苗、乙脑疫苗、流脑菌苗、钩体菌苗、白破二联、破伤风类毒素等17种。鼠疫、天花、霍乱等甲类传染病首先得到有效控制,流脑、乙脑、疟疾、伤寒、回归热、猩红热等发病率逐年下降。1984年起,推广计划免疫按月接种,传染病管理日趋规范,麻疹、脊髓灰质炎、白喉、百日咳等发病率大幅下降,有的接近消灭。2005年6月1日,国务院颁布《疫苗流通和预防接种管理条例》,每年对0~7岁儿童实行免费接种卡介苗、乙肝疫苗、百白破三联疫苗、麻疹疫苗、脊髓灰质炎疫苗、乙脑疫苗、流脑疫苗等第一类疫苗,免疫规划得以顺利实施。

二、妇幼保健

接生 1947年8月,县参议院通过"筹设助产训练班"议案,规定各乡镇保送2名以上知识妇女,由县卫生院传授新法接生知识,每乡配发一只接生箱。1951年,各乡建接生站,推广新法接生。

妇女劳动保护 1952年,推行经期、孕期、产期、哺乳期保健。1953年,规定女职工生育假42天,1955年增至56天。20世纪60年代以来,女职工劳动保护措施得到健全,农村生产队安排妇女队长参与对女社员的派工。1984年后,女职工孕期保健和产假待遇进一步提高。

妇女病查治 1974—1976年,模环区开展妇女病普查。

儿童保健 1959—1961年,重视小儿营养不良症防治。1962年、1963年,开展小儿营养不良症普查普治。1979年,对7岁以下儿童进行保健检查,为1~12岁儿童免费驱蛔。1985年,区所在地实行0~7岁儿童系统管理。1987年,各乡开设儿科保健门诊,建立儿童佝偻病、小儿营养性缺铁性贫血、小儿肺炎、婴幼儿腹泻"四病"防治登记,并加强对Ⅱ度以上营养不良、中度以上贫血等体弱儿童保健。

三、公共卫生管理

1952年4月，模环区设防疫委员会，组织开展爱国卫生运动。1953年，改防疫委员会为爱国卫生运动委员会。20世纪90年代以来，爱国卫生运动向主题化发展，重视做好学校卫生、劳动卫生、农村改水改厕、健康教育等工作，加大基础设施投入，做好突发公共卫生事件处置。

健康教育　利用广播、电视、报纸等媒介在农村、学校以咨询、黑板报、宣传窗等形式开展健康教育宣传。2005年11月，衢州市“健康面对面——乡村行”活动在横山镇启动。活动以现场咨询、免费体检、分发各类卫生防病资料、重点疾病防治知识画板展览、走访慰问农村低保特困户等形式开展。2017年6月25日，横山中心卫生院党支部组织“96345党员志愿”服务队成员，带着医疗检查设备及慰问品到志棠荷庄养老院慰问、关怀老人，并给老人们播放中医药保健知识和中老年人夏季养生保健知识幻灯图片。

青垄山生活垃圾填埋场　2003年8月，位于腰塘村青垄山坳内的青垄山生活垃圾卫生填埋场投入使用，占地面积16.47万平方米，总容量160万立方米，设计填埋年限22年，投资5833万元。2005年末，建成污水处理站，日处理填埋垃圾中渗出的污水150吨。

突发公共卫生事件处置　1996年，及时控制横山中学电视中专班甲肝疫情。2003年4月，部分省、市发生传染性非典型肺炎（简称“非典”）疫情，县投入230余万元，将下宅卫生院改造成“非典”病区，设病床30张，安装呼吸机3台，床边X光机2台。志棠镇、横山镇制定防治预案，坚持24小时值班，有效控制“非典”在境内扩散。

新冠疫情防控　2020年2月4日，镇发出红色征集令，号召基干民兵和退役军人积极参加防控队伍，加入各卫生消毒小分队，上门为集中隔离人员住所进行消毒、清运垃圾，参与本村外来人员排查、维护村出入口车辆疫情排查，向村民发放防治宣传单、张贴防治宣传横幅等。镇党委、政府坚决贯彻落实上级决策部署，构建“党支部+网格+群众”网格布防线，发动900余名党员志愿者参与其中，为居家群众开展“红色代跑”“红色代办”服务；推动复工复产，为6家本地企业发布159个岗位招工信息；与兰溪市水亭乡签订两地疫情防控和复工复产联防联控协议，建立跨县域联防联控协作机制。为确保实现无禁忌人员第一剂次应接尽接，积极开展疫苗接种“清零”行动，逐户逐人掌握疫苗接种情况，做到不漏一户、不漏一人。至2021年8月1日，全镇共接种17843人，完成率达94.3%。

大规模核酸检测实战演练　2021年11月17日，镇在后徐村文化礼堂开展大规模核酸检测实战演练，镇村干部参加。在接到县指令后，镇第一时间启用应急预案，封控后徐村各主要路口，动员小组人员立即行动，核酸采样点人员迅速到位，按照测温亮码、信息核对采集、信息绑定录入、核酸样本采集流程展开。

图16-3　后徐村大规模核酸检测实战演练（陈纾提供2021年摄）

表 16-7　　2022 年横山镇核酸采样服务点情况表

采样服务点	所在地	采样服务点	所在地
余岗村村委会	余岗村	脉元村文化礼堂	脉元村
河宗村文化礼堂	河宗村	下西山村文化礼堂	下西山村
西方坞村文化礼堂	西方坞村	下宅村文化礼堂	下宅村
天池儒大门三槐堂	天池村	龙门桥	下宅村
新宅核酸检测点	天池村	下宅青龙山建材有限公司	下宅村
志棠村文化礼堂	志棠村	贤求朋村文化礼堂	贤求朋村
腰塘边村文化礼堂	腰塘边村	项家村文化礼堂	项家村
塔下叶村文化礼堂	塔下叶村	横山村村委会	横山村
上向徐村文化礼堂	上向徐村	横山村高山采集点	横山村
白鹤桥村文化礼堂	白鹤桥村	后徐村文化礼堂	后徐村
会泽里村文化礼堂	会泽里村	大平坂村文化礼堂	大平坂村
上宾村文化礼堂	上宾村	塔山公园	横山镇
八石坂(畈)村文化礼堂	八石坂村	—	—

新型合作医疗　2001 年后，施行新型合作医疗，采取个人每年缴纳一定数额的医疗保险金，患病住院治疗给予适当报销医药费的办法，赢得广大群众的拥护。2006 年，新型农村合作医疗参保率为 89%，参保对象体检率 45%。2007 年，参保率 83%，农民体检率 87. 63%，建档率 100%。2008 年农户参保率 93%，发放大病救助款 12. 8 万元。2008 年，全镇参保率 93. 4%，全年为参保对象免费体检 9922 人次，体检率 60. 3%。2009 年，参保 25140 人，参保率为 91. 82%；发放大病医疗救助金 15. 53 万元。2010 年，参保率 92. 52%，组织医务人员进村上门为参保对象免费体检 1064 人次，体检率 41. 24%。2011 年，参加新型农村合作医疗 24997 人，参保率 92. 52%。2013 年，有 50 人享受大病医疗救助，共发放医疗救助金 73526 元。2014 年，参加新型农村合作医疗 25140 人，参保率 92. 15%；发放医疗救助金 18. 43 万元，48 人享受医疗救助。2019 年，合作医疗保险参保人数 2 万余人。

第三节　体育活动

境内素有传统游戏、武术、棋艺等体育活动，结合祭神、庙会、节日喜庆的民间体育活动丰富多彩，农民在田间休息时的打扁担、竖壁立等体育游戏十分普遍。民国时期，学校体育活动已有开展。解放后，群众性体育活动普遍开展，学校体育锻炼制度化。2003 年，境内开始承办全国汽车拉力锦标赛，推动了境内体育事业的蓬勃发展。

一、场地设施

20世纪70年代起，区、乡所在地及较大厂矿企业建有篮球场，区、乡文化站设有乒乓球室、棋室等。

学校体育场地　20世纪50年代后，中小学均设操场、篮球场等，并配置体育教学器材。课程改革后，学校体育改变以竞技体育为主的教学模式，实施健康第一教育理念，在修建竞赛场地的同时，也重视游戏场地设施的配置。进入21世纪，学校体育场地和设施进一步完善，不少学校在扩建操场的同时修建塑胶田径场。

公众体育场地　2007年境内新建篮球场2个、体育健身路径11条，添置乒乓球桌12张。2010年，新建篮球场8个。2022年，全镇20个村均建有标准篮球场，会泽里、集镇各建有灯光篮球场，集镇建有健身房1个。

亚太汽车拉力赛场地　2003年以来，凡县举办国际汽联亚太汽车拉力锦标赛中国（龙游）拉力赛暨中国汽车拉力锦标赛（龙游站），均需在境内举行。为保证赛事顺利举行，境内发动干部群众搞好线路保障与群众管理。主要涉及的线路：腰塘边村—天池村—塔下叶村—腰塘边村路段，总长13.2公里。

二、学校体育

学校体育活动始于民国时期。民国初，小学设体操课，后改为体育课。1932年起，高级小学将童子军训练列为必修课，并定期组织远足、爬山等活动。1954年，开始推行劳动卫国体育锻炼制度。1956年，教育部颁发中小学《体育教学大纲》，体育教学趋于规范。除早操、课间操外，20世纪60年代开始推行课间眼保健操。“文化大革命”期间，学校竞技体育教学一度废弃。1978年中小学施行教育部新编《体育教学大纲》和教材，并实施《国家体育锻炼标准》，开展体育锻炼达标活动。1987年5月，县教委、县体委命名境内3所学校为体育传统项目学校：横山中学（田径）、横山乡中心小学（田径）、下宅乡中心小学（田径、排球）。1993年起，初中毕业生升学考试，体育必须通过三项测试（男生1000米、铅球、立定跳远，女生800米、铅球、立定跳远，总分30分）。2012年，横山中学创建省青少年体育俱乐部。

乡镇学生运动会　1944年秋，各乡镇先后举行运动会，由各乡镇中心国民学校主持赛务，参赛者为各保国民学校及私立小学。1946年秋，举行第二届乡镇学生运动会。1966年6月，横山初中派人参加辅导片区少年足球友谊赛。

小学生乒乓球赛　1986年5月23日，首届全县小学生乒乓球赛在虎头山乡中心小学举行，横山小学徐浩获男单冠军。

体育传统项目田径赛　1987年6月，横山、下宅乡中心小学参加县第一届体育传统项目学校小学生田径对抗赛。10月中旬，县中小学生田径达标赛在龙游中学举行，横山中学获丙组第三名，志棠乡中心小学获乡初中丁组第二名。

三、群众体育

民国时期，常有民众代表参加以学生为主的全县运动会。解放后，群众体育活动普遍开展。20世纪90年代后，健身理念深入人心，群众体育活动更趋活跃，象棋、围棋、游泳、篮球、太极拳、跆拳道、瑜伽、门球、舞蹈等尤为兴盛。以妇女为主体的健身舞蹈,已向农村延伸。2007 年 10 月,横山镇代表团参加衢州市第一届残疾人运动会,获团体总分第一名。2013 年,镇组队参加浙西“决战黄龙山”山地运动会、市第九套广播体操比赛总决赛、市首届体育大会拔河比赛,均取得好名次。是年 11 月,横山镇被市人民政府、市体育局评为“群众体育先进工作单位”,并成功创建省“体育强镇”。2021 年 4 月 25 日,在县“明珠龙游·古韵湖镇”庆祝中国共产党成立 100 周年民间舞蹈大赛上,天池村妇女舞蹈队《龙腾盛世》获铜奖。

图 16-4 县第二届全民健身运动会(叶晶 2015 年摄于横山)

第一届全民健身运动会 2014 年,举办横山镇第一届全民健身运动会。

全民健康广场舞大赛 2012 年,镇举办“舞动荷乡”全民健康广场舞大赛。2015 年,举办“舞动健康·魅力横山”全民广场舞大赛,配合县举办第二届全民健身运动员。2017 年 12 月,镇再举办“舞动横山,健美人生”全民健康广场舞大赛,共有 14 支村代表队参赛,志棠村《茶韵》、天池村《中国歌最美》、余岗村《太湖美》、横山村《茶香中国》、上向徐村《我的祖国》等,取得好成绩;西片工作站 8 个村妇女主任也上台助兴表演。

篮球友谊赛 2022 年 6 月 13 日,由镇政府、横山派出所和龙新矿业共同参与的篮球友谊赛在腰塘边村篮球场举行。

第十七章　人　　物

本章依万历志“人物”、康熙志“人物志”、民国志“人物传”“人物阙访”“列女传”“选举表”以及1991版、2017版县志，录涉境内人员的传录与表，民国以后以收集到的资料编写。因旧志中许多人物未注明乡村，仅录有明确故里的人物。

第一节　人物传

万历志录4人，其中流寓1人、隐德1人、文儒1人、武弁1人；康熙志除录万历志4人外，另录人物4人、烈女2人；民国志除录万历志、康熙志人员外，另录人物3人、烈女4人、节妇数十人。因各志有差异，现以民国志录之。解放前后录8人。

翁　洮　唐，寿昌人，所居珏堂县界地也。其乡人建州刺史李频荐于福宗，遣使就征之，固辞不受。按：当时赋《枯木》诗见志，诗见《文征》。《诏》称其“笃学苦吟，隐居求志，宜即丘园之贲，以旌山涧之伦，遥授侍御史加主客员外郎”。按：两旧志。有制，见《文征》。今县中翁氏诸族皆其裔也。按：详《氏族考》。

叶　敦　字子厚，宣教乡柱山里人。性至孝，知县涂杰旌之。年九十余，吟咏山谷间，不识县治。

叶良相　字邦佐，宣教乡人，诸生。按：两旧志均云攻制艺，此不足传者也，故删。受学钱德洪，与闻良知之旨，居家以孝友立训。按：两旧志载倡立宗祠事，今以不必入志，删之。滕督学伯轮遴良相与徐天民为天真书院长。万历二年，按：两旧志云“明年”，上文既未叙遴良相、天民为天真书院长系何年事，忽云明年，殊欠明了。兹以《选举表》天民为万历二年贡，故据改。良相当贡，力让天民，更十二年始贡。选婺源县训导，讲诵亹亹，士乐从焉。擢卢州教授，未顾致性归。尽出其宦囊，分给族中之能学者。按：两旧志。

席　永　字孟常，宣教乡人。祖贵，以功授小旗，正统初，永袭职。时贼叶宗留、邓茂七相继反，寇福建漳、泉等郡。朝廷遣将讨之，永在伍中，大小三十余战，按："余"字依康熙府志加。生擒贼首数人，升总旗。寻随石亨北征，遇敌于雷公山，逐北三十里，敌为披靡，授百户。成化元年，按：两旧志作"天顺初"。今考《明史》，天顺初年两广、荆襄均无事，唯宪宗成化元年广西猺獞流剽广东，又越湖广、江西，有遣赵辅、韩雍征讨之事。其年三月，荆襄间有刘千斤、石和尚、刘长子等作乱，朝命朱永、白圭讨之，席永从征事，当在是时。今正。从征两广有功，升副千户。明年，从平襄献俘于朝，进大宁中卫指挥佥事，子孙世袭。两旧志。

万历志在"武职"中，对席氏有以下记载：

席　南　洪武中累功义俗卫百户，世袭。席和、席页（民国志称席真）、席孟贵、席志、席勋袭职。

席三牙　正统初功授典武所百户，世袭。席晟、席善、席春以功调升卫辉卫千户，席廷定袭职。

席廷贤　天津把总，有防海功（康熙志，席南列席永前）。民国志云：两旧志《选举志》廷贤下注云："天津把总，有防海功。"此与前祝云鹤下云"征倭有功"，疑皆当时任意载之者。检校、把总有功，亦不甚著也。

龚世仰　字惟仁，号晓峰，嘉靖三十七年举人。初任鸡泽教谕，以孝悌勉诸生，恒指其堂而语之曰："此以明伦名者也，可不念诸？"转望江县知县，望江地饶，鱼盐畜植岁有税额，前县官多取赢，以十之五奉当道。世仰目曰："剥下以奉上，身冒秽声，非计也。"一切裁罢之，所蠲如额外税至千除金。无赖啸聚山谷，世仰单骑从一二卒往捕，咸伏其辜。望江界宿松，道旁古松亘百余里，行路者资以荫憩者也。上官议尽伐而鬻之，为郡城除道费。世仰抗争之，事始寝。望江人推贤县官前唐后龚，唐名佚，亦以赈饥有功于其县者也。然世仰竟以此失上官意，谪广平县教谕，再徙辉县知县。辉为潞藩封国，中贵人张甚，上官不敢抗，世仰行意自如，终不以遭蹶故有所挠诎。辉旧有五闸灌溉田亩，中贵人欲擅以为利，世仰力持不可，事亦寝。值岁饥多逋负，世仰不忍催科，坐左转。归家，行李萧然，饘粥仅给。居脉元村，足迹不履城市。年七十三卒，望江人闻之，祀学。本县祀乡贤祠。按：以上据叶向高撰《墓志》、康熙志纂辑。子，承荐。

张文介　字惟守，诸生。娴于词赋，澹雅秀逸，卓然成家。常游益藩，礼为重客，分题授简，拟于邹、枚。所著有《代贽》《题行》《醉吟》《孤愤》《湖上》诸集，选入明朝十二名家中，钱谦益撰《列朝诗集》亦采入焉。按：据康熙志纂。

张羽翔　字仪明，榖北横山人。性至孝，立身正直，一介不苟，万历九年举人。父母早逝（民国志点校者注：原作"早世"，兹改作"早逝"），每至讳日水不入口，危坐思慕，至老无异，自号曰有怀。初任蒲州知州，执法不挠，人不敢干以私。凡陋规积弊可充囊橐者，悉屏去，丝毫无所染。大计赐清廉宴，为天下有司第一。旋以忤贵人意，降调陕西苑马监正。按：似御马监之官，明代非宦官不与，又明代上林苑有监正，亦无陕西苑马监正也。此当系陕西马政，太仆寺所属之官，今姑仍之。转云南寻甸府通判，抚平爨棘诸蛮，军民赖以宁集。迁柳州府同知，摄思恩府及宾州、象州等篆，所至有惠政，锄豪剔蠹，奸宄敛迹。历官二十年，俸入之外不赢一钱，家徒四壁，挥弦自娱晏如也，年七十卒。清初知县张昌期者蒲州人也，夙闻其在蒲之德政，既莅任即求拜其遗像，则其流风遗泽之入人心可知矣。按：据康熙志纂。

龚承荐　字彦升，号湛源，万历四十一年进士。初授兵部职方司主事，转武选司郎中，量才授任，号称得人。除福建延平府，转建宁府知府，举治行第一。按：康熙志。故事，知府视监司皆方面，得不拜，拜非古也。承荐犹行古礼，尝长揖备兵使者于阅武场，其人始虽杰傲，终亦无如承荐何。黎元宽撰《墓志》。擢广东监屯道副使，按：黎元宽《墓志》记承荐治艇及索帷事，两事本可采入，以文义不明，疑有舛脱，未敢率录。迁湖广下荆南道参政、四川按察使。所至有清声，兴利除害，抑强扶弱，民咸怀之。在广东时值海道缺，前任多以秽闻，当道特委令摄篆。旧日，澳夷贸易船过省会五羊驿，辄指为私货籍其资，又盘验银两以意为多寡，设法婪取。承荐一切禁革，夷人感之，以番字勒碑颂德焉。至于谳狱，遇有矜疑辄婉转开释，全活甚多。会以楚藩事诖误，去官。按：黎元宽撰《墓志》载承荐折狱数事并岷藩暴薨事，亦以传抄本舛讹颇多，难以据录。居乡慕范文正之风，捐田赡族，族人赖之。闭门却扫，足不入城。晚益好学，披览不辍，所著有《征蛮录》《啸歌集》《抒愤集》各若干卷。康熙志。

叶　氏　横山民张恒妻。恒卒，叶氏年二十，冰操自励。坐卧一小楼，勤纺织，善奉姑舅。婢仆年过十三，即摈不用。不下楼者五十余年。巡按萧重望题表“节寿之门”。卒年八十有六。

胡　氏　横山村民张旭初妻。归二年旭初卒，将殉，舅姑以有遗孕四月，慰止之。及生女，姑贫欲夺其志，度不免，投药酒中饮之，垂绝救苏，谓妯娌曰：“必不复生矣，幸毋苦我。”复饮热水二瓶而死，年仅二十。按：《浙江通志》作“三十”。时康熙八年也。据康熙志纂。

姜廷举　字士雄，别号古民，康熙四十三年岁贡。平生刚方喜任事，勇于为义。康熙末年，胥吏骫法为患乡里，廷举乃条列宿弊于知县谢汝梅，请其禁革。汝梅俗吏也，袒庇胥吏，寝其事。廷举愤甚，上书督抚道府，慷慨陈词，卒得请。一时豪蠹屏窜，吏治肃然，而汝梅寻亦以事去，士民称快焉。按：据童谦亨撰《传》纂。

徐氏、龚氏　徐氏，厚徐村人，父名鸣高。生十九年归塔石村童兆麟，生一子曰应亨。二十五岁兆麟卒，一恸几绝，既苏，哭于舅姑曰：“二大人年已垂暮，不幸遘此，既无伯叔可分老人忧，遗孤茕然，遗孤鞋然，媳敢以一死了之乎？”于是茹疏苦寝，终其身素服，不与戚族燕会，言笑未尝露齿，事舅姑曲尽其道。徐故知书，居恒与人道古往今来之事、福善祸淫之理，受其感化者不乏人焉。应亨既成立，娶于蔫然村龚氏，父廷宠亦读书人也。龚性明敏，克修妇道。既归于童，徐以其贤委以家事。而应亨体素冲服羸多病，不能治生，内外事遂由龚主之。无何兆麟之父死，家故贫，龚乃向其母家告急，始得金勉营丧事，而葬资又告绌矣。应亨丁此惨痛，病益深，乃往苏州求医，又死于中途，龚闻讣欲以身殉。时兆麟之母犹在，乃挥老涕谕之曰：“妇死固宜，然尔孤何依，尔女谁抚耶？吾止一孙，今已死，妇若殉之，如吾两世何？”徐亦泣阻之。一堂哭泣之哀，闻者陨涕，龚乃绝殉志之念。治丧既毕，以三世无葬地，乃设宴于宗祠，长跪诸亲族之前，痛哭求于祖茔之旁画地营葬事。众初难之，旋感其诚，族长某者故钦其节孝，力为陈说，卒得许。龚由是稍慰，上事祖姑与徐，备极孝养，抚其孤成立，为名诸生。龚治家勤俭，蚕桑织纫，不辞劳瘁，卒以此兴其家。既不嗟贫，遂好施与，其里中有田家贫欲鬻其妻者，告于龚，龚即予以积赀，无难色。后其人卒，遣其妻持金来偿，龚掷还之，谓不屑受也。乾隆五十一年卒，年五十六，凡守节三十年。后七年徐始卒，年八十五，守节至六十年。时称“童氏双节”云。按：据蒋泰清撰《传》纂。

龚贞英　诸生龚景涛之女也，景涛早卒。咸丰十一年粤寇至，景涛子联成被害，贞英与其嫂王氏亦被掠至项家村。贞英有姿色，贼逼贞英，不从，且哭且骂以死自誓，贼乃使王反复劝之，竟一夕，卒不可夺。平明贼隧杀贞英。按：据续、新两《采访册》纂。

邵海英　陈谷祺妻，志棠村人，邵金奶之女也。金奶早死，无子，海英赖母陈抚之成人。谷祺本与海英为中表兄妹，自幼约为婚姻。谷祺之父开达，家道小康，已遭粤寇乱，与其妻张相继死。及乱平，谷祺幼无知，所遗产悉荡尽。海英归于陈才一月，而谷祺卒，至于无以为殓，赖其族人陈志坤为理其丧。海英本欲殉志，念母老孀居，贫苦无依，乃号泣归家，誓不再适。有讽劝者，辄厉声拒之。母子相依赖以存活者,薄田五亩而已,不足则纺绩以继之。母卒,孤居食贫不改其志。今年七十一矣,犹康强不衰云。按:据续、新两《采访册》纂。

张贵卿(1908—1942),原名高一飞,男,河北顺义县(今北京市)人。早年就读于天津水产专科学校、燕京大学。1933年初,参加中国左翼作家联盟,后转入中国共产党,从事学运工作,传递上海、天津、北平之间地下党秘密文件,接送来往负责干部。1934年三四月间调上海任交通员,是年11月在上海寓所被捕,判处有期徒刑10年,在狱中受尽折磨致患肺病咯血,仍坚持斗争。1937年获释出狱,积极投入革命斗争。1941年春调任衢属特委书记(后改任特派员)。1942年3月27日,因叛徒告发,不幸在会泽里村住所被国民党浙江省党部调查统计室逮捕,随即被解送到国民党浙江省党部临时驻地永康方岩。5月18日,在方岩英勇就义。

徐鉴泉(1923—1952),男,遂昌县城南街人,祖籍天池村溪东。民国28年(1939)就读于衢州中学。暑假回遂参加中华民族解放先锋队,改名为徐源,后参加遂昌县政府战时政治工作队。年底参加新四军,任教导队第四队青年队长,1940年4月加入中国共产党。“皖南事变”中,遭敌包围被俘。4月,在难友帮助下越狱,6月重新入党,担任城乡交通。抗日战争胜利后,考入上海民治新闻专科学校,与著名学者王造时、夏征农、陈鹤琴及哲学教授文超发起组织客观出版社。1948年5月后在衢县、龙游开展党的工作。1949年4月建立城工部遂昌支部,任书记,月底策动国民党遂昌县县长许扬本起义,未成。遂昌解放第三天(5月11日),他与城防司令部接上关系,成立遂昌县民主政府办事处,接管遂昌县城。5月21日,遂昌县民主政府成立,任副县长。9月调任衢州专署文教科科长。1951年,被错定为“叛党自首分子”。1980年,中共衢县县委为其平反,恢复其党籍。

廖永根(1921—1981),男,会泽里村人。1955年加入中国共产党,1960年任会泽里大队党支部书记,带领社员治山治水,改造低产田。他所总结的“水利先行,肥料紧跟,相应改制,绿化保土”的改造黄土丘陵经验,在全省都有影响。任支部书记期间,会泽里大队多次被评为省级先进集体,1963年出席华东区农业生产先进集体代表会议。1973年辞去支部书记职务后,为把黄土荒山变为花果山身体力行,吃住山铺守护果园,直至去世。

周林旺(1917—1993),男,贤求朋村人,1953年参加中国共产党,同时成为我县第一个农业生产合作社——周林旺农业生产合作社社长,1954年12月成为新生活高级社社长,兼任中共下宅乡党委副书记,1956年至1958年7月任下宅乡党委书记,在人民公社化期间,任原子公社(模环区)副社长兼任下宅管理区副书记,大公社解体后,任下宅人民公社副书记。他带领贤求朋和王祥里的农民积极发展互助合作,吸收周围300余户农民,组成第一个高级社,为全县互助合作做出榜样。1953年组织互助组时,在门前水利较好的30.59亩水田试种双季稻,又从松阳买来8担烟茎用于双季稻治虫,结果得到大丰收,平均亩产达到454.9公斤,每亩单产增加40.14%。因此,周林旺农业生产合作社获得1953年度全省丰产模范单位的光荣称号。

周岩松(1964—2012),男,中共党员,横山镇人大原主席。他扎根乡镇,尽心尽职服务群众。2007年调任横山镇担任人大主席后,向县人大提出建设横山自来水厂议案,并亲自担当自来水厂建设管理重任,切实解决当地群众生活质量差问题。他分管农村建房和集镇管理工作,常到农户家中做耐心细致的思想工作,使拆违工作顺利推进。在2011年县、乡人大代表换届选举中,他深入基层访问,认真编写代表选举工作培训材料,圆满完成县、镇两级人大代表选举。2012年1月因病去世。他先进事迹经媒体报道宣传,时任市委书记赵一德,市委常委、县委书记徐旭分别作出学习宣传其先进事迹的批示，被誉为“最美干部”。获 2012 年龙游县“十大年度人物”。（《龙游年鉴·2014》）

鄢航（1984 年 11 月—2019 年 8 月 28 日），男，籍贯龙游，生前任县公安局交警大队副大队长；**王忠**（1978 年 10 月—2019 年 8 月 28 日），男，籍贯龙游，生前任县公安局交警大队横山中队中队长；**吴建胜**（1989 年 2 月—2019 年 8 月 28 日），男，籍贯龙游，生前任县公安局交警大队横山中队辅警。2019 年 8 月 28 日 16 时许，3 位交警在事故现场开展复勘时，一辆经过改装的货车疾驰而来，驾驶员因过度疲劳直接撞上警车尾部导致警车旋转侧翻，将鄢航、王忠、吴建胜撞飞撞倒，三人不幸殉职，获 2019 年度“最美龙游人”特别荣誉奖。

第二节　人 物 录

本录以各行各业先进为代表，录其事迹，以彰乡风。

姚　克　男，1950 年 9 月生，杭州人。1970 年 3 月响应国家号召，下放至杨家村任知识青年，1971 年 4 月考入上海第二医科大学眼科学专业学习。毕业后任浙江大学附属二院眼科中心主任，医学博士，教授、主任医师、博士生导师，为浙江省特级专家，省眼科创新团队带头人。曾获全国先进工作者、“五一”劳动奖章获得者、国家有突出贡献中青年专家、全国百佳医学科技之星、全国“大医精诚”先进个人、全国医德标兵、中国医师奖获得者、浙江大学“三育人”标兵称号。为政协第十届、第十一届浙江省委员会副主席。2019 年 1 月，任浙江省医学会第九届理事会会长。2020 年 1 月 10 日，获 2019 年国家科学技术进步奖二等奖（白内障精准防治关键技术及策略的创新和应用，第一完成人）。2021 年 10 月，被浙江省民政厅确定为“2021 年度浙江省社会组织领军人物”。

王渭仙　女，1961 年生，天池村人。县培智学校教师。从教 19 年来，她针对智障儿童智力、性格发展实际，在课堂中探索“分层教学”“融合、分层、互助学习”等教学模式，探索矫正不良行为的方法，用爱心真诚面对智障学生，经常为大小便失禁学生换洗衣裤，带孩子看病，为孩子煎药，多次被评为省、市、县“特教先进工作者”。2011 年，获浙江省第二届农村教师突出贡献奖和省十大教育新闻人物，获 2012 年龙游县“十大年度人物”。（《龙游年鉴·2014》）

吴柏林，　男，1962 年 10 月生，上向徐村东王人，中共党员，龙游县林业水利局教授级高级工程师（二级）。浙江省有突出贡献中青年专家，浙江省劳动模范，获浙江省东西部扶贫协作突出贡献奖，浙江省“最美林业人”，浙江省道德模范，“中国好人”。浙江农林大学经济管理学院专业硕士校外兼职教授，博士研究生实践导师；竹子研究院特聘教授。第五届衢州市党代表，第六、七届衢州市人大代表。（2023 年 9 月 13 日中国文明网）

柴茂清　男，大平坂（畈）村人，龙游谷丰种粮专业合作社总经理。被评为全国种粮大户。他的“甬优 12 号”单季晚稻千亩示范基地，平均亩产达 880.7 公斤，最高亩产达 949.1 公斤，打破了全市单季晚稻亩产的最高纪录。2013 年 1 月获“全国种粮大户”称号，2020 年 12 月 10 日获衢州市第二届“乡村百师”之乡村振兴能工巧匠。

汪福兰 女，1955年生，后徐村人，龙新高速公路龙游服务区餐厅保洁员。2008年7月以来，她多次捡到舟山等外地顾客遗失的包袋，现金共达14万多元，还有银行卡、身份证、手机、数码电器等重要证件和贵重物品，均主动交还失主，从不接受酬谢。获2012年龙游县“十大年度人物。”（《龙游年鉴·2014》）

舒忠达 男，1970年12月生，中共党员，横山中学党支部书记。20年来，他忠诚于教育事业，热爱学生，专心教研教改，分管学校安全工作，他认真仔细，身体力行。2014年春节，他两次参与森林大火扑救，受到村民及乡镇领导表扬。曾多次应邀为师生做师德讲座，被评为浙江省师德楷模、衢州市第二届“最美教育人”，获2014年龙游县“十大年度人物。”（《龙游年鉴·2015》）

毛文通 男，1998年生，塔下叶村人。2014年4月14时30分许，村中小孩乐乐和小伙伴在村边一口深约2.3米的“门口塘”边玩陀螺，乐乐不慎落入水塘。路过此地的他听到呼救声后，迅速跳入塘中，将乐乐救上岸，并立即进行抢救。乐乐脱险后，他却悄悄地离开了。获2014年度龙游县“十大年度人物”提名奖。（《龙游年鉴·2015》）

黄金才 男，75岁，上海铁路局原总调度长。2015年退休后，他怀着浓浓的家乡情结，为家乡铁路项目建设出谋划策，倾注了全身心血。无论是争取杭衢高铁通龙游和设立龙游北站项目，还是实施龙游高铁站房改扩建工程，都离不开他的全力支持和付出。他和铁路界的其他乡贤经过科学论证和比选，提出在龙游设站的充足论据，最终得到了各级领导和铁路部门的肯定。龙游作为小县城有3个高铁站，离不开他与其他批乡贤的努力。获2018年度龙游县“年度人物。”（《龙游年鉴·2019》）

夏建军 男，1975年6月生，白鹤桥村人，杭州出租汽车集团出租车司机。2018年9月11日晚，他遇到一位迷路老人，在征得乘客同意后，他将老人扶进车内。与老人家人取得联系后，他又连夜驱车百里送老人从杭州回绍兴。《人民日报》官微披露后点赞浏览量超10万，获得阿里巴巴正能量奖金奖励。他多次被行业协会、所在公司评为“见义勇为标兵”“优秀出租车司机”，2016年被评为杭州最美司机。获2018年衢州市“最美衢州人”提名。（《龙游年鉴·2019》）

徐立芃 男，2002年11月生，横山中学学生。他一出生就被诊断出脊髓性肌肉萎缩症的罕见病，全身瘫软的他，骨骼已被挤压变形，仅手指有点力量握笔写字。面对先天疾病折磨，他表现出非一般人的毅力和能力。在爷爷奶奶的帮助下，他在家自学，全年无休，保持与他人一样学习进度，日复一日地坚持学习，成功考上高中，成绩还班里名列前茅。他在获全国大奖的作文中写道：“我绝不向命运屈服！我这条韧性十足的命，比我想象得耐磨得多。”获2019年度“最美龙游人”责任类奖。（《龙游年鉴·2020》）

方永国夫妇 方永国，男，1961年7月生，志棠村人，中共党员。2003年方永国夫妇租下林爱菊家两位老人的两间临街店铺做生意，从那时起开始帮忙照顾两位老人的生活起居，老人生前曾想把店铺赠送给他们，被方夫妇谢绝，最终订立遗嘱将店面赠予村集体。老人病危之际，交给方夫妻6万多元遗款，在无人知道的情况下，方夫妇主动将钱上交村集体。获2019年度“最美龙游人”诚信类奖。（《龙游年鉴·2020》）

志棠村救人群体 2015年7月26日，家住志棠村公路旁的67岁村民翁爱玲出门被货车撞倒，左腿卷入车轮底。乡村医生赵国荣听到呼救后立即赶到现场，迅速拨通急救电话，在等待救援时，赵与村民们争分夺秒行动，有的用撬棍撬车，有的配合千斤顶徒手抬车，终于将老人成功救出。“救人群体”获2015年度“最美龙游人”年度人物特别荣誉奖。（《龙游年鉴·2016》）

何秋菊、占志英　上向徐村的婆婆何秋菊、媳妇占志英，婆媳俩互敬互爱，和睦相处30年，关系比亲母女还亲。何曾担任村妇女主任，对待儿媳关心爱护，视如己出。1999年占住院动手术，何寸步不离地在医院照顾。婆婆年龄渐大，占在生活上对婆婆关怀备至，悉心照料，包揽了家里所有的脏活、重活，不让婆婆做一点家务事。占是村“贺田模式”复制保洁员，工作上碰到难处，婆婆总会帮助出点子。两人获2014年度县委宣传部、县妇联主办的“金牌婆媳”候选人。

叶良明　男，1985年2月生，龙游新青年家庭农场有限公司总经理。2008年回乡创业，2013年创办公司，注册“志棠”牌商标，种植销售富硒莲子、富硒大米等农产品。面对农产品销售难，积极寻求新出路，利用发达的电子商务系统，建立网络销售渠道，帮助农户销售农产品，带动农户增收。2013年被评为衢州市农村致富带头人。获“最美龙游人”——第二届龙游县“十大杰出青年”荣誉。

吴宏建　男，1997年7月生，横山中学高三学生。独自照顾重病父亲和奶奶，在亲人去世后，没有向命运低头。他坚持理想，学习刻苦，成绩优异，曾获高中物理竞赛县三等奖；他性格开朗，总以一种乐观的心态感染周围同学；他用自己的孝行、坚强感动了很多人，也感染了身边人。获2013年横山中学“十大孝星”。

黄德良　男，1962年10月生，中共党员，横山镇干部。从事农技推广服务工作20多年，农村工作有基础，“三农”工作有感悟。他通过多年不断学习摸索，开展各类农业技术服务，如超级杂交稻品种比较试验，测土配方施肥用量的摸索，土壤的动态变化及土壤肥力技术的应用等，为镇粮食生产持续稳定打下基础。获2014年度县“最美基层干部”候选人。

项国根　男，1967年3月生，中共党员，项家村党支部书记。在村集体经济薄弱的情况下，积极争取上级支持，努力办实事办好事。在他的带领下，村两委班子凝心聚力，事为群众所想、利为群众所谋。积极投身“美丽乡村”建设，推广“贺田模式”，浇筑绕村公路、小殿自然村道路，完善基础设施建设，实现亮化、绿化、美化，成功打造精品文化礼堂，村庄面貌得到明显改善。获2014年度县“最美基层干部”候选人。

李金凤　女，1954年1月生，后徐村人，龙游高速服务区保洁员。2015年8月12日7点30分，她在东区前广场打扫卫生时，发现一个浅黑色的背包，内有钱物，随即将钱包上交服务区，并通过派出所将背包交还失主项先生。入选2015年9月“龙游好人”榜。

徐土洪　男，1952年10月生。**徐彩祥**　男，1949年7月生。**韩淑英**　女，1953年10月生。均为下宅村人。2018年2月27日傍晚，一辆皮卡车不慎驶入村委会旁清洁塘内。在现场的村民立即报警，一边呼救一边跑回家拿工具，两分钟后，徐彩祥、韩淑英和徐土洪3人便扛着锄头、竹竿等工具跑来现场施救。落水后车子仅露左侧部分车门，驾驶员徐玉华一边呼救一边挣扎着打开车门，借力爬到车头引擎盖上，3人连忙给徐玉华递上一根结实的竹竿，一起成功将他拉上岸。就在这一瞬间，车身沉入了水底。徐土洪等3人入选2018年4月“龙游好人”榜。

廖兴林　男，1964年9月生，中共党员，会泽里村村民委员会主任。**严永贤**　男，1962年6月生，中共党员，会泽里村支委。**李金发**　男，1969年1月生，中共党员，会泽里村村民。73岁村民邓根寿是村里的孤寡老人，但他却拥有十几个“孩子”。这“孩子”就是会泽里村“两委”干部、党员，他们齐心协力，像亲人般共同照料这位孤寡老人，用实际行动展现爱老、敬老、助老的传统美德，为后辈树立了榜样。廖兴林等 3 人入选 2019 年 4 月“龙游好人”榜。

叶　俊　男，1984 年 7 月生，中共党员，2002 年入伍，2015 年退役。2020 年当选八石坂（畈）村党支部书记兼村民主任。入职以来以共产党员的标准严格要求自己，抱着改变家乡落后面貌的决心，带领全村干部群众一起“战天斗地”。为搞好班子团结，他定期召开村“两委”会及个人谈话谈心；为搞好群众关系，他常去村民家中了解需求及难处。他了解到因路黑有村民下班回家路上，不小心撞到石头，导致手臂骨折，便召集村“两委”会议进行整改，添置了 30 盏路灯；他广泛听取党员、群众意见建议，新建网格小组活动室 1 处，修缮古建筑 3 处，浇筑水泥路 4 公里，完成公墓道路硬化，建设文化礼堂与办公楼。入选 2021 年 8—9 月县“有礼之星”。

黄　忠　男，1987 年 10 月生，现居下宅村，油漆工。2021 年 12 月 13 日，一位老人跌倒在兴龙路与荣昌路交叉口，当时黄忠上班经过，看到后果断停车，考虑天气寒冷又正值早高峰，来往车辆多，毫不犹豫上前将老人转移到安全地带，并拨打 110 和 120。这幕恰巧被热心市民拍到，受黄忠感染，这位市民也参与到救援中，待送老人上救护车后，热心市民询问姓名，但黄忠摆摆手默默离开。当日，龙游视频号、微龙游抖音号发布蓝衣小伙救人的温馨画面，经网友“爆料”终于找到黄忠。入选 2021 年 12 月县“有礼之星”。

第三节　人 物 表

一、古代人物表

表 17-1　**古代人物及官职表**

姓　名	时代	年　间	故　里	主要事迹、官衔	资料来源
龚　宸	唐	贞观	脉元	贞观三年(629)进士	雍正浙江通志、民国志
邵　颐	宋	淳熙	志棠下邵	淳熙十一年(1184)进士	三旧志
张禹畴	宋	淳熙、庆元	高山顶	庆元二年(1196)进士	三旧志
邵　用	宋	庆元	志棠下邵	庆元五年(1199)进士	三旧志
张振思	宋	嘉定	凌阁张	嘉定七年(1214)进士	三旧志
李梓童	元	世祖至元	会泽里	荐辟	龙游县教育志
李万钟	明	洪武	会泽里	荐辟。以明经举，袁州万载知县	民国志
叶月枝(字景星)	明	洪武	八石坂(畈)	福建浦城教谕	民国志
叶彦纲(字孟宏)	明	洪武	八石坂(畈)	广东安定知县	民国志
李　鸿	明	宣德	会泽里	福清县丞	民国志

续表17-1

姓　名	时代	年　间	故　里	主要事迹、官衔	资料来源
席三牙	明	正统	席家	以军功任兴武所百户	三旧志
席　永(字五常)	明	成化	席家	以军功升至大宁中卫指挥佥事	康熙衢州府志、三旧志
李有年	明	嘉靖	会泽里	嘉靖十二年(1533)举人,郑王府教授	民国志
张文愚	明	嘉靖	东坞	嘉靖二十年(1541)进士,新淦知县	三旧志
龚世仰(字惟仁,号晓峰)	明	嘉靖	脉元	嘉靖三十七年(1558)举人,任望江知县、广平教谕等	康熙志、民国志
龚承荐(字彦升,号湛源)	明	万历	脉元	龚世仰子。万历四十一年(1613)进士,四川按察使。有著述	康熙志、民国志
龚崇源	明	嘉靖	脉元	琼山县丞	嘉靖衢州府志、三旧志
龚廷璧	明	嘉靖、隆庆间	脉元	嘉靖四十四年(1565)进士,云南建水州籍、工部主事	三旧志
叶良相(号邦佐)	明	万历	八石坂(畈)	万历十四年(1586)岁贡,婺源训导,卢州教授。有著述	三旧志
张羽翔(字仪明)	明	万历	东坞	万历十九年(1591)举人,蒲州知州、柳州同知	康熙志、民国志
张宗孔(字时中,号尼山、仰山)	明	万历	凌阁张	万历二十年(1592)进士,平阳知府	浙江通志、三旧志
龚承志(字君义,号云林)	明	万历	脉元	南京兵部、吏部员外郎	龚承志墓志
张文介(字性守)	明	万历	东坞	娴于辞赋,诗作选入《列朝诗集》,著《题行集》《代贽集》《醉吟集》《少谷集》等,明朝十二名家、列朝诗集	康熙志、民国志
张善言(字应夫)	明	万历	东坞	西城兵马指挥司副指挥	民国志
龚　铭	明	崇祯	下宅下龚坞	崇祯四年(1631)进士,广平推事	龙游县教育志
李正光(字际熙)	明末	崇祯	会泽里	北京虎责左卫参军,李自成军进京阖门自尽	雍正浙江通志、民国志
张广益	清	顺治	高山	顺治十七年(1660)解元	康熙志、民国志
姜廷举(字士雄,号古民)	清	康熙、雍正	后徐	康熙四十三年(1704)岁贡,为革除宿弊上书督抚道府	民国志
龚绍性	清	雍正	脉元	雍正十年(1732)岁贡,安吉教谕	民国志
邵　岷	清	乾隆	志棠下邵	博学鸿词科	龙游县教育志
童谦亨(字利用)	清	乾隆、嘉庆	上庄溪	乾隆三十一年(1766)拔贡,有著述	民国志

续表17-1

姓　名	时代	年　间	故　里	主要事迹、官衔	资料来源
徐汝述（字申言，号肯堂）	清	乾隆、嘉庆	下宅	乾隆六十年（1795）举人，饶州同知，广东乡试同考官	民国志
张凤苞	清	乾隆	东坞	乾隆三十三年（1768）岁贡，号十九	民国志、横山东坞谱
龚　照	清	嘉庆	脉元	嘉庆六年（1801）	民国志、脉元谱
王　照	清	嘉庆	廻源新宅	嘉庆二十五年（1820）贡生（岁贡）	民国志、廻源谱
吴锦澜（字碧光）	—	道光	吴仪宾	道光二十二年（1842）岁贡	民国志、吴仪宾谱
李梗森	—	—	会泽里	金吾卫经历	民国志、会泽谱
李　添（字宗显）	—	—	会泽里	兴化府知府，见陈敬宗撰《会泽堂记》	民国志、会泽谱
叶迁凤（改名为世荣）	—	—	八石坂（畈）	河南应山县典史	民国志、八石坂谱
李锦熊	—	—	会泽里	锦衣卫指挥	民国志、会泽谱
张廷升	—	—	高山	贡生，创办惇睦义塾	龙游县教育志

表17-2

贞烈表

姓　氏	事　　迹	出　处
方氏李时凤妻	弘治四年生，二十七岁夫故，守节五十四年	龙门桥谱
王氏邵良奎妻	正德六年生，二十八岁夫故，守节四十四年	志棠谱
王氏邵希镇妻	正德时人，十九岁夫故，守节五十九年	志棠谱
席氏邵良垫妻	嘉靖三十四年生，三十一岁夫故，守节四十一年。已旌	志棠谱
童氏张国绵妻	万历三十四年生，童日章女，三十四岁夫故，守节四十年。清咸丰二年汇旌	横山谱
钱氏李日壮妻	顺治七年生，三十二岁夫故，守节五十二年	会泽谱
袁氏张维荣妻	康熙三十四年生，二十七岁夫故，守节五十四年。咸丰二年汇旌	横山谱
袁氏张长寿妻	康熙三十四年生，二十七岁夫故，守节五十四年	横山山顶谱
童氏李作梅妻	康熙四十二年生，三十三岁夫故，守节三十七年	会泽谱
诸葛氏邵乾亨妻	康熙四十三年生，二十三岁夫故，守节三十四年	志棠谱
王氏李应雷妻	康熙四十五年生，三十一岁夫故，守节四十三年	会泽谱
鲁氏王汝淳妻	康熙五十年生，二十六岁夫故，守节四十三年	儒门谱
李氏张守埴妻	康熙五十一年生，三十五岁夫故，守节五十一年	横山东坞谱
徐氏叶文彩妻	康熙五十二年生，二十四岁夫故，守节四十七年	八石坂（畈）谱
钱氏龚望鏊妻	康熙时人，二十四岁夫故，守节六十年。咸丰二年汇旌	脉元谱
余氏邵继武妻	雍正十三年生，二十三岁夫故，守节五十七年	志棠谱

续表17-2

姓　氏	事　　迹	出　处
诸葛氏王焕猷妻	雍正十三年生,二十八岁夫故,守节四十九年	廻源谱
叶氏王鹤年妻	乾隆十八年生,三十岁夫故,守节四十八年	新宅谱
张氏李友琴继妻	乾隆二十八年生,二十八岁夫故,守节五十七年	会泽谱
余氏杨士宏妻	乾隆二十八年生,二十九岁夫故,守节十七年	杨家谱
朱氏李良佐妻	乾隆四十二年生,二十八岁夫故,守节四十二年	会泽谱
席氏邵梦奎妻	乾隆四十三年生,二十一岁夫故,守节六十三年。咸丰二年汇旌	志棠谱
余氏王维藩妻	乾隆四十七年生,二十三岁夫故,守节五十八年。咸丰二年汇旌	廻源谱
王氏项秉中妻	乾隆四十八年生,三十三岁夫故,守节四十三年	泗塘谱
叶氏席庆弟未婚妻	乾隆五十四年生,十八岁未婚夫故,守贞二十年。咸丰二年汇旌	志棠谱
叶氏李灵沼妻	乾隆五十八年生,二十四岁夫故,守节四十四年。咸丰二年汇旌	会泽谱
张氏龚士林妻	乾隆时人,三十二岁夫故,守节四十一年	脉元谱
夏氏龚士楷妻	乾隆时人,二十四岁夫故,守节四十二年。咸丰二年汇旌	脉元谱
周氏姜维庆妻	嘉庆元年生,二十九岁夫故,守节三十八年。咸丰二年汇旌	高山谱
龚氏王瑞年妻	嘉庆六年生,二十九岁夫故,守节三十年。咸丰二年汇旌	廻源谱
余氏邵鹤停妻	嘉庆九年生,二十三岁夫故,守节三十五年	志棠谱
吴氏鲁兆兴妻	道光元年生,二十八岁夫故,守节五十一年	邵源谱
蒋氏邵金富妻	道光四年生,二十三岁夫故,守节十六年	志棠谱
姜氏叶朝禄妻	道光十二年生,三十岁夫故,守节五十七年	八石坂(畈)谱
李氏邵阿清妻	道光十四年生,三十三岁夫故,守节三十七年	志棠谱
鲁氏邵炳林妻	道光二十二年生,三十五岁夫故,守节十六年	志棠谱
余氏姜望纶妻	道光二十三年生,三十一岁夫故,现存,守节已五十一年	高山谱
程氏张钟球妻	道光二十三年生,三十四岁夫故,守节二十五年	横山山顶谱
翁氏傅嗣进妻	道光二十五年生,三十二岁夫故,守节四十四年	鲤鱼山脚谱
胡氏张敏功妻	嘉庆五年生,二十五岁夫故,守节年数未详	横山山顶谱
胡氏张华妻	又子妇徐氏张卸诗妻　万历以前人,夫妇生卒年月均失考,清乾隆年间儒学奖有“冰心同操”匾额	横山谱
叶氏张文锷妻	万历时人,少寡,守节至九十余岁卒	横山谱
钱氏龚岱妻	万历时人,舅疾刲股疗之	脉元谱
金娘龚一德女	万历时人,父疾,金娘割股疗之,长适石佛村胡姓	脉元谱
徐氏张沿恺妻	明末人,夫座矢志抚孤,未几孤死遂不食死,人称为荼节	横山谱
诸葛氏邵毓椿妻	乾隆五十四年生,二十八岁夫故,守节十四年	志棠谱
邵氏席光远妻	嘉庆二十年生,三十五岁夫故,守节十三年	志棠谱
张氏叶景和妻	生卒失考,曾经本县奖“节孝兼隆”匾额,知县何人未详	八石坂(畈)谱

续表17-2

姓　氏	事　　迹	出　处
童氏叶梦桂妻	夫故无子，守节，孝事舅姑	八石坂(畈)谱
叶氏龚一敬妻	夫病笃，刲股和药以进	脉元谱

编者注：贞烈表录自民国志

二、现代人物表

以革命烈士、参加红军、黄埔军校同学会、参战官兵和寓外人士、先进人物分类列表，记载相关人物。

表 17-3　　革命烈士名录

姓　名	出生时间	故　里	牺牲时间	牺牲地点	牺牲时所在单位职务
杨土根	1920 年	白鹤桥村	1949 年 9 月	福建厦门	29 军 86 师 258 团战士
方汝敏	1926 年	方野村	1950 年	第 2 野战医院	18 军 53 师 157 团战士
曹金土	1922 年	塔下叶村	1951 年	朝鲜	志愿军某部战士
吴月苟	1933 年	脉元村	1953 年 12 月	朝鲜金城	21 军 61 师 181 团三连战士
王寿荣	1931 年	张家村	1957 年 8 月	北京	北京军区空军训练大队汽车驾驶员
蔡汝荣	1937 年	横山村	1960 年 10 月	浙江嘉兴	浙江省军区工兵营四连战士
郑根清	1944 年	横山村	1967 年 9 月	中越边境	工程兵建筑 221 团战士
王水华	1958 年	腰塘边村	1979 年 3 月	中越边境	广西军区独立师 1 团七连战士，中共党员

表 17-4　　志棠公社 1933 年参加红十三军第二师人员登记表

姓　名	年龄	参加时间	参加地点	职　务	现单位地址	说　明
何长寿	81	1933 年 9 月	石木岭平月桥	—	东王大队油麻坞	已故
李文彬	74	1933 年 8 月	石木岭平月桥	五十总	东王大队油麻坞	已故
张善来	77	1933 年 8 月	石木岭平月桥	—	东王大队油麻坞	已故
张善金	71	1933 年 9 月	石木岭平月桥	百总	东王大队油麻坞	已故
朱志章	69	1933 年 9 月	石木岭平月桥	—	东王大队油麻坞	曾任保长，已故
王金海	72	1933 年 9 月	石木岭平月桥	—	东王大队大山沟	已故
林大牛	66	1933 年 9 月	石木岭平月桥	—	东王大队大山沟	已故
林三牛	64	1933 年 8 月	石木岭平月桥	五十总	东王大队大山沟	曾任甲长
吴锡三	68	1933 年 9 月	石木岭平月桥	—	东王大队东王	曾任保长
王炳银	72	1933 年 8 月	石木岭平月桥	—	东王大队东王	已故
王阿狗	74	1933 年 9 月	石木岭平月桥	—	东王大队东王	已故
王和春	63	1933 年 9 月	石木岭平月桥	—	江西花桥	曾任甲长

续表17-4

姓　名	年龄	参加时间	参加地点	职　务	现单位地址	说　明
王汝丰	73	1933年8月	石木岭平月桥	百总	东王大队泉塘下	已故
吴开唐	69	1933年9月	石木岭平月桥	—	东王大队大山沟	—
吴秀来	70	1933年9月	石木岭平月桥	—	东王大队油麻坞	—
张阿三	67	1933年8月	石木岭平月桥	—	东王大队油麻坞	已故
李文金	70	1933年9月	石木岭平月桥	—	东王大队油麻坞	已故
李文民	67	1933年9月	石木岭平月桥	—	东王大队油麻坞	曾任甲长,已故
廖苟奶	75	1933年9月	石木岭平月桥	—	东王大队油麻坞	—
朱志文	67	1933年9月	石木岭平月桥	—	东王大队油麻坞	曾任甲长
刘秋苟	69	1933年9月	石木岭平月桥	—	东王大队泉塘下	—
朱永成	56	1933年9月	石木岭平月桥	—	东王大队油麻坞	现中共党员
吴守洪	68	1933年9月	石木岭平月桥	—	东王大队油麻坞	曾任甲长
史卸钟	56	1933年9月	石木岭平月桥	—	东王大队东王	—
郑富奶	64	1933年8月	石木岭平月桥	—	塔下叶大队	已故
徐新富	69	1933年9月	石木岭平月桥	—	张家大队	—
王金奶	67	1933年9月	石木岭平月桥	—	东王大队泉塘下	已故
徐连连	—	1933年9月	石木岭平月桥	—	钱家大队	已故
陈金发	69	1933年9月	石木岭平月桥	—	张家大队	已故
曾沾贤	64	1933年9月	石木岭平月桥	—	东王大队	已故
赖永生	69	1933年9月	石木岭平月桥	—	东王大队	已故
朱志贤	70	1933年9月	石木岭平月桥	—	东王大队	已故
王炳高	74	1933年9月	石木岭平月桥	—	东王大队	已故
王炳兴	71	1933年9月	石木岭平月桥	—	东王大队	已故
柳新富	76	1933年9月	石木岭平月桥	—	东王大队	已故
毛金生	80	1933年9月	石木岭平月桥	—	东王大队	已故
朱贤荣	—	1933年9月	石木岭平月桥	—	东王大队	—

编者注:此表统计时间为1969年8月,年龄与说明以此时间为记。石木岭原属寿昌县,现属建德市

1985年9月,黄埔军校学员曹振芳与黄埔军校同学会浙江省分会及衢州市联络组联系,经过调查,并经黄埔军校同学会浙江省分会审核,确认龙游有黄埔军校学员38人。1986年9月,黄埔军校同学会龙游县小组成立,其中境内2人。

表17-5　**境内黄埔军校同学会名录**

姓　名	出生年月	期　别	兵　科	出生地
王　汇	1923年8月	17	炮兵	天池村新宅
李中民	1920年12月	19	通信	会泽里村

中华人民共和国成立以来，入伍在部队的境内人员先后参加抗美援朝、炮击金门、抗美援越、对越自卫还击作战等战斗，有不少人立功。表 17-6、表 17-7 所列参战、立功人员名录由县退役军人事务局提供及根据有关资料整理。

表 17-6　中华人民共和国成立以来境内参战人员名录

姓名	故　里	参战时间	参战地点	所在单位	战　事
黄樟根	白鹤桥村	1961 年 7 月—1964 年 9 月	东南沿海		炮击金门
		1966 年	越南	高炮 3 师 9 团	援越抗美
		1978 年 12 月—1979 年 6 月		高炮 15 师	对越自卫反击
陈爱祥	天池村新宅	1966 年		6537 部队	援越抗美
鲁文太	天池村鲁家				
项步龙	天池村溪东				
廖有根	横山村				
廖日进	横山村				
郭卸根	余岗村				
詹金昌	余岗村				
黄根松	八石坂（畈）村				
余福球	下西山村溪边				
徐苟清	下西山村				
翁根富	西方坞村仓头			0795 部队	
章文进	吴仪宾村			2841 部队	
张树明	上向徐村			6537 部队	
周瑞芳	上向徐村			0795 部队	
吴樟才	河宗村东王			6537 部队	
周爱林	后徐村				
左彩华	下宅村				
周明清	下宅村				
杨汝根	下宅村				
陈树林	下宅村				
严银根	下宅村龙门桥				
邱卸明	贤求朋村新殿				
毛荣富	贤求朋村杨毛湾				
龚成才	脉元村				
项日林	项家村				
王海林	项家村				

续表17-6

姓名	故　里	参战时间	参战地点	所在单位	战　事
周仕号	志棠村后邵	1966 年	越南	3757 部队	援越抗美
吴海龙	志棠村前邵			0795 部队	
张宝顺	腰塘边村凌阁张			6537 部队	
叶水松	塔下叶村				
张文发	河宗村张家				
杨荣兴	八石坂(畈)村	1966—1968 年			
袁根土	横山村	1979 年 2 月		38036 部队	对越自卫反击
蔡金寿	八石坂(畈)村			64256 部队	
李海根	会泽里村			54252 部队	
詹寿甘	贤求朋村			53201 部队	
宋云寿	横山村高山			38011 部队	
王炳荣	会泽里村		云南前线	89736 部队	
詹彩朝	余岗村				
詹彩刚	余岗村				
韩土荣	白鹤桥村				
姜长松	白鹤桥村				
余水清	下西山村溪边				
饶根祥	大平坂村				
汪炳松	贤求朋村				
吴正良	贤求朋村				
项寿龙	项家村				
邵志林	志棠村卸厅				
王光青	下西山村	20 世纪 80 年代	云南	39598 部队	
蓝伟清	余岗村				
方立翔	方野村				
余有清	横山村				
李清泉	横山村				
俞　松	龙门桥村				
徐志华	会泽里村				
阮永华	上向徐村				
郑树明	上向徐村				
江文荣	白鹤桥村				
胡根林	西方坞村				

续表17-6

姓名	故　里	参战时间	参战地点	所在单位	战　事
章德兴	吴仪宾村	20 世纪 80 年代	云南	39598 部队	对越自卫反击
王光青	下西山村				
叶志平	八石坂(畈)村				
周建平	脉元村				
徐景春	下宅村				
徐汝祥	项家村				
项文荣	项家村				
邵　羽	后徐村				
张　平	大平坂(畈)村				
鲁万企	天池村邵源坞				
余寿根	张家村				
范柏根	大平坂(畈)村			87300 部队	
姚康荣	河宗村				
韩香松	下宅村				
鲁银通	天池村邵源坞				
鲍海荣	天池村新宅				
郑培土	塔下叶村				
颜发荣	横山村				
黄甘松	后徐村大平山				
邵　峰	志棠村				
熊益明	腰塘边村				
陈汝良	钱家村	1984 年 7 月—1985 年 7 月	云南八里河东山	12 军 36 师 108 团【14 军(甲)42 师 3 团】	
蒋柳清	新宅村				
饶金富	张家村				
阮永富	上向徐村				
童志森	会泽里村				
吴卸荣	横山村				
占彩芝	余岗村				
蔡永春	八石坂(畈)村				
陈永根	八石坂(畈)村				
叶树才	八石坂(畈)村				
童樟土	西方坞村				
赵冬根	脉元村				

续表17-6

<table>
<tr><th>姓名</th><th>故 里</th><th>参战时间</th><th>参战地点</th><th>所在单位</th><th>战 事</th></tr>
<tr><td>林 华</td><td>下宅村</td><td rowspan="5">1984 年 7 月—1985 年 7 月</td><td rowspan="5">云南八里河东山</td><td rowspan="4">12 军 36 师 108 团【14 军(甲)42 师 3 团】</td><td rowspan="6">对越自卫反击</td></tr>
<tr><td>王建清</td><td>后徐村</td></tr>
<tr><td>黄甘宏</td><td>大平山村</td></tr>
<tr><td>黄根友</td><td>贤求朋村</td></tr>
<tr><td>王士正</td><td>新宅村</td><td>12 军 36 师 106 团</td></tr>
<tr><td>徐小林</td><td>上向徐村</td><td>1986—1987 年</td><td>云南</td><td>41 集团军(乙)</td></tr>
<tr><td>张旭东</td><td>横山村</td><td>1988 年 3 月</td><td>南海南沙群岛</td><td>南海舰队驱逐舰第二支队 164 舰</td><td>对越赤瓜礁海战</td></tr>
</table>

表 17-7 境内荣立三等功人员名录

姓名	家庭住址	入伍时间	退役时间	部队名称	时间或次数
叶树高	八石坂(畈)村	1958 年 3 月	1961 年 9 月	宁波军分区司令部	1 次
杨荣兴	八石坂(畈)村	1964 年 11 月	1986 年 7 月	6537 部队	1966、1967、1968 年
张树明	上向徐村杜叶	1965 年 3 月	1969 年 4 月	0795 部队	1 次
严阿海	后邵村	1966 年 11 月	1968 年 4 月	6537 部队	1 次
徐德荣	天池村	1972 年 12 月	1980 年 1 月	基建工程兵	1 次
余有清	横山村	1980 年 10 月	2001 年 9 月	39598 部队	1983 年
徐景春	下宅村	1980 年 10 月	1986 年 1 月	39598 部队	1983 年
余寿根	张家村	1980 年 10 月	1990 年 12 月	39598 部队	1983 年
范柏根	大平坂(畈)村	1980 年 10 月	1998 年 11 月	广州军区空军司令部	1992、1996 年
詹根发	余岗村	1981 年 11 月	1987 年 1 月	83522 部队	1 次
徐小林	上向徐村	1981 年 9 月	2023 年 10 月	41 集团军(丁)、长沙炮院、解放军体院	战功 2 次、平时 2 次
吴卸荣	横山村	1983 年 10 月	1988 年 1 月	83238 部队	1 次
蒋柳清	天池村新宅	1983 年 10 月	2019 年 10 月	14 军(甲)、南京军区保卫部	战功 1 次、平时 3 次
陈荣林	八石坂(畈)村	1987 年 11 月	1991 年 11 月	32360 部队	1 次
徐雪红	天池村溪东	1993 年 12 月	1996 年 11 月	泉州边防	1 次
王宇军	上向徐村东王	1996 年 12 月	2001 年 12 月	73132 部队	1 次
吴剑刚	贤求朋村	1997 年 12 月	2013 年 12 月	69076 部队	1 次
余 全	河宗村张家	1999 年 12 月	2004 年 12 月	95561 部队	1 次
胡 敏	白鹤桥村叶坞	2000 年 12 月	2013 年 4 月	91194 部队	1 次
邵耀刚	白鹤桥村	2000 年 12 月	2005 年 12 月	武警台州支队	1 次
严红伟	西方坞村	2001 年 12 月	2007 年 12 月	武警浙江总队	1 次

续表17-7

姓名	家庭住址	入伍时间	退役时间	部队名称	时间或次数
翁军马	西方坞村仓头	2001 年 12 月	2003 年 12 月	68262 部队	1 次
叶　俊	八石坂(畈)村	2002 年 12 月	2015 年 4 月	武警衢州支队	1 次
滕安康	会泽里村瓦窑头	2003 年 12 月	2016 年 6 月	73228 部队	1 次
黄应龙	横山村	2003 年 12 月	2011 年 12 月	73051 部队	1 次
张　涛	前邵村	2009 年 12 月	2011 年 12 月	武警四川南充支队	1 次

编者注：此表仅录收集到之名录

表 17-8

境内寓外人士表

姓　名	出生年月	故　里	职称职务
周树清	1925 年 9 月	天池村下店	金华市交通局原副局长(已故)
项可风	1933 年 10 月	白鹤桥村	中国科学院系统科学研究所原研究员(已故)
傅敏华(女)	1938 年 2 月	会泽里村	北京化工学院应用数学系原主任,副教授
周昌元	1941 年 7 月	下宅村	清华大学毕业,西安自动化仪表厂原厂长,高级工程师
项继谦	1943 年 3 月	三姑殿	浙江水利专科学校原高级工程师
宋马成	1944 年 2 月	上宾村	信息产业部电子第十三研究所集成电路研究部原主任,教授
黄樟根	1944 年 9 月	白鹤桥村	空军昆明基地原副司令员,大校
黄金才	1944 年 12 月	大坪坂(畈)村	上海铁路局原总调度长,高级工程师
翁耀南	1945 年 11 月	后徐村	中国兵器工业第五设计研究院翻译室原主任兼党支部书记
刘土福	1947 年 2 月	上东门村	解放军 62 医院(云南)原院长
胡树根	1953 年 5 月	张家村	浙大机械能源工程学院教授,全国模具设计委员会原理事长
姜仕仁	1953 年 6 月	白鹤桥村	天台县副县长,杭州大学生命科学学院生物系原主任,教授
吴根茂	1953 年 10 月	贤求朋村	宁波市科协原巡视员(已故)
吴锡富	1954 年 5 月	八石坂(畈)村	鄂尔多斯龙商协会副会长
姜正昌	1954 年 9 月	下宅村	衢州市五建公司原总经理
熊志明	1955 年 2 月	腰塘边村	武警杭州医院原书记,浙江省卫生厅原副巡视员
黄锦朝	1956 年 12 月	上宾村	金华市委原副书记,市人大原主任,市咨询委主任
方永春	1956 年 12 月	腰塘边村	金华市中心医院原党委书记
徐周佳	1957 年 3 月	天池村溪东	衢州市人民医院原党委书记、院长
鲁　峰	1958 年 5 月	天池村	大屯煤电公司医院原院长
余国旭	1958 年 6 月	横山村	恒盛能源集团有限公司董事长,衢州市工商联副主席
方少华	1958 年 8 月	腰塘边村	浙江省林业厅原处长
鲁文斌	1958 年 9 月	天池村下店	中铁十九局集团第一工程有限公司原财务科长
吴智亮	1958 年 10 月	天池村杨家	宁波市镇海区市场管理局原调研员
童彩根	1961 年 3 月	下宅村	衢州市审计局原处长

续表17-8

姓　名	出生年月	故　里	职称职务
陈宝云	1961 年 3 月	河宗村	广西和风新能源装备制造、钦州古道岭风能有限公司总裁
余有清	1961 年 9 月	横山村	云南省财政厅办公室原主任
徐宝清	1961 年 12 月	下西山村	柯城区人大常委会代表工委原主任
徐洲赤	1962 年 8 月	天池村	浙江传媒学院文学院党委书记、副院长，教授
李庆才	1962 年 8 月	会泽里村	宁波华茂教育集团党委原副书记
徐小林	1962 年 11 月	上向徐村	陆军特种作战学院军政基础系教授，技术 4 级，大校
林群霞(女)	1962 年 11 月	张家村	九三学社浙江省委员会社会服务部原部长
王海兰(女)	1963 年 1 月	天池村	南昌陆军学院教授，技术 4 级，大校
李永琪	1963 年 1 月	会泽里村	浙江工业大学纪委副书记、纪检监察室主任
阮永华	1963 年 2 月	上向徐村	空军航空兵某部原空中机械师，大校
张树有	1963 年 5 月	白鹤桥村	浙江大学工程及计算机图学研究所原所长，教授
范柏根	1963 年 9 月	大平坂(畈)村	广州市委老干部局原领导班子成员，副厅级
兰汝生	1963 年 10 月	余岗村	中央广播电视总台民族语言节目中心副主任、党委副书记
钱顺宝	1963 年 11 月	河宗村	杭州市下城区经贸旅游局原局长
李小年	1964 年 2 月	会泽里村	加拿大工程院院士，浙工大原校长，省政协经济委副主任
陈小龙	1964 年 7 月	余岗村	浙江培华建设有限公司董事长
蒋柳清	1964 年 9 月	天池村新宅	丽水军分区原政委，东部战区军事法院原院长，大校
李土金	1964 年 10 月	天池村	金华婺城新区工业开发与建设管委会地征动迁局原局长
周友林	1964 年 12 月	下西山村	杭州市委组织部一级调研员
黄海沧	1965 年 3 月	上向徐村	浙江金融职业学院教授、财富管理专业主任
童樟土	1965 年 4 月	西方坞村	新疆和田皮山县人武部原部长
张旭东	1965 年 5 月	横山村	海军一级舰长，大校，硕士，杭州市社科联原副主席、副院长
吴翼飞	1965 年 6 月	项家村	美国泰金控股集团总裁
陈双林	1965 年 9 月	下宅村	中国林业科学研究院亚热带林业研究所博士，硕士生导师
徐　诚	1966 年 1 月	下宅村	上海勘测设计院院长
吴晓根	1966 年 3 月	上向徐村	中共 20 大代表，国务院国资委中央企业专职外部董事
项俊庆	1966 年 3 月	项家村	杭州科人医药技术咨询有限公司总经理
刘晓洪	1966 年 8 月	下宅村	中国人民银行条法司一级巡视员
胡水发	1966 年 12 月	西方坞村	杭州西子美兆健康集团董事长，贵州省浙江商会常务会长
赖天明	1967 年 8 月	横山村	浙江华瑞信息资迅股份有限公司总经理、高级工程师
黄颖朝	1967 年 10 月	上宾村	沐尘乡政府人大原主席，金华市纪委处长
王体华	1968 年 6 月	天池村新宅	衢州市中医院主任中医师、心血管内科主任
邵永忠	1968 年 6 月	志棠村	衢州市应急管理局党委委员、总工程师

续表17-8

姓　名	出生年月	故　里	职称职务
张宏辉	1968 年 7 月	大平坂(畈)村	衢州市发改局党委委员
邹金荣	1968 年 9 月	上宾村	森凯有限公司总经理
黄海翔	1968 年 12 月	上向徐村	杭州翰丰建设有限公司副总经理，高级工程师
张伟东	1969 年 3 月	横山村	宁波杭州湾新区区委办原副主任
邵土荣	1968 年 11 月	志棠村	衢州市纪委、市监委派驻粮食局纪检监察组副组长
邓富根	1969 年 4 月	下宅村	浙江省建设厅二级调研员
占　珺	1969 年 4 月	横山村	衢州市住房公积金中心书记、主任
项连发	1969 年 12 月	项家村	衢州交通学校校长
梅　翔	1970 年 9 月	西方坞村	卓研精密(苏州)、阿法德精密(常熟)有限公司董事、总经理
刘水平	1970 年 9 月	腰塘边村	宁波市市公交集团有限公司党委书记、董事长
毛伟忠	1970 年 9 月	西方坞村	平安银行温州分行副行长
熊志坚	1970 年 10 月	志棠村	宁波海事局分工会主席、高级工程师
石更明	1970 年 11 月	下宅村	上海技德环保有限公司总经理
黄剑虹	1971 年 1 月	大平坂(畈)村	浙江上洋机械股份有限公司总经理
童　辉	1971 年 3 月	西方坞村	贵州罗甸雄黄矿业有限公司董事长
徐明飞	1971 年 9 月	下宅村	浙江东信公司财务总监
张亚军	1971 年 10 月	西方坞村	浙江省拱宸强制戒毒所四级高级警长
余洪平	1972 年 1 月	余岗村	义乌悦动汽车租赁有限公司总经理
陈国民	1972 年 4 月	八石坂(畈)村	天津大宅门餐饮有限公司龙游县名厨协会常务副会长
杨霄飞	1972 年 8 月	下宅村	上海市松江区税务局四级调研员
翁晓丹	1972 年 9 月	后徐村	杭州市工商联处长
方庆高	1972 年 9 月	志棠村	浙江二建集团有限公司党委副书记，正高级工程师
熊志强	1972 年 12 月	志棠村	湖北省水利厅水文中心副处长
王　成	1973 年 9 月	河宗村	武警总部后勤部军事设施建设局副局长
胡　俊	1973 年 10 月	西方坞村	电子科技大学党委副书记、校长，教授，博士生导师
邵碧英(女)	1973 年 10 月	志棠村	福州海关技术中心研究员，博士
邵献平	1974 年 8 月	志棠村	温氏股份河北养猪公司副总经理
熊卫兵	1974 年 9 月	腰塘边村	中国能建浙江火电华业钢构有限公司总经理
章卫军	1975 年 2 月	河宗村	杭州舜安建设公司经理
邵一娟(女)	1975 年 2 月	志棠村	假日旅游公司总经理
叶劲操	1975 年 2 月	横山村	宁波逐鹿文化传媒有限公司、劲华环境科技有限公司总经理
黄国胜	1975 年 12 月	腰塘边村	浙江省监狱管理局
胡益峰	1976 年 1 月	下西山村	衢州市柯城区区长

续表17-8

姓 名	出生年月	故 里	职称职务
叶建平	1976年2月	塔下叶村	上海电气集团输配电装备有限公司经理
吴建锋	1976年2月	天池村下店	广州市比佳豪酒店管理有限公司总经理
蒋国宏	1976年3月	下宅村	青岛92742部队副参谋长
徐建芳	1976年6月	下宅村	杭州银行副总经理
李权胜	1976年7月	下宅村	北大硕士，博时基金管理有限公司股票投资部总经理
朱晓斌	1976年8月	后徐村	江苏昆山中日新国际贸易有限公司董事长
柯宏伟	1976年10月	大平坂(畈)村	宁波智能技术研究院执行院长
柳玉萍(女)	1977年2月	下宅村	沪士电子股份有限公司高级工程师
邵伟华	1977年4月	志棠村	上海建工二建集团经理
黄志成	1977年10月	后徐村	上海市人民政府原处长，华虹集团总部原书记
王文生	1978年2月	天池村	上海铁路局计划处
胡文香(女)	1978年3月	上向徐村	杭州铁雅物质有限公司经理
沈 军	1978年10月	天池村	浙江中信检测有限公司经理
徐成刚	1978年11月	八石坂(畈)村	中共浙江省委宣传部处长
朱建国	1978年11月	上宾村	重庆沙坪坝区武装部副部长
吴红军	1979年6月	上宾村	浙江(嘉兴)红元汽车销售服务股份有限公司总经理
吴 俊	1979年9月	上宾村	浙江省侨联办公室(组织人事部)主任(部长)
鲁燕(女)	1979年11月	天池村鲁家	北大硕士，太平洋人寿保险深圳合规与风险管理部总经理
王文中	1979年11月	天池村	上海船舶研究设计院高级工程师
陈水生	1979年12月	横山村	恒盛能源集团有限公司总经理
张雪军	1980年1月	上向徐杜叶	杭州银行东阳支行副行长
邵 平	1980年3月	志棠村	浙江工业大学教授
吴晔军	1980年4月	后徐村	国家金融监管总局处长
谢雪青	1980年11月	塔下叶村	浙江省国家安全厅副处长
杨金花(女)	1980年12月	天池村杨家	北京大学硕士，国家应急救援产业技术创新联盟秘书长
张建锋	1981年6月	腰塘边村	中宣部办公厅副主任
叶卫军	1981年6月	横山村	宁波市中职电子商务教学研究会副会长
叶巧龙	1981年6月	八石坂(畈)村	武警宁波支队政治处主任
吴晓庆	1981年9月	贤求朋村	北京火箭军研究院科研保障中心三室主任
钱 峰	1981年10月	腰塘边村	广东清远市退役军人事务局科长
王恭顺	1982年8月	天池村新宅	温州市洞头区人民检察院党组书记、检察长
项成安	1983年10月	项家村	陆军工程大学通信士官学校科研学术处参谋
柳会民	1984年1月	下宅村	北京贝斯平云科技有限华东区副总裁

续表17-8

姓　名	出生年月	故　里	职称职务
余慧娟(女)	1984 年 4 月	横山村	浙商金汇信托股份有限公司法律合规部副总经理
杨剑飞	1986 年 1 月	天池村杨家	空军某训练基地政治工作处副团职人力资源干事
邓鸿胜	1986 年 2 月	大平坂(畈)村	金华市中心医院重症医学科病区副主任
叶雄建	1986 年 5 月	上宾村	欧宇化工有限公司总经理
徐卓余	1986 年 9 月	下宅村	江苏省军区警备纠察队教导员
余俊陶	1987 年 12 月	横山村	英国伦敦玛丽女王大学副教授、博士后研究员、博士生导师
余慧峰	1990 年 5 月	横山村	衢州智造新城应急管理局综合科科长
周航波	1990 年 9 月	项家村	96724 部队正营职参谋
王凯强	1992 年 10 月	天池村	无锡联勤保障中心干部
吴　谨	—	脉元村	深圳市思达印刷有限公司董事长(已故)
王致民	—	天池村	上海市委干部
王士槐	—	天池村	南昌市建材公司董事长
吴柏泉	—	下宅村	轻工部设计院教授级高工
宋小华	—	塔下叶村	杭州市教育局成教处处长
梅　翔	—	西方坞村	卓研精密工业有限公司董事、总经理
翁星河	—	下西山村	北京大学毕业,美国博士
詹春林	—	余岗村	金华人寿保险公司总经理

编者注:此表依出生年月排序。未收集到"出生年月"者,所在单位与现职可能有出入,人员不全

表 17-9　境内部分在县域人士表

姓　名	故　里	职　称　职　务
杨荣兴	八石坂(畈)村	中国共产党第十次全国代表大会代表,县纪委原副书记
邵宝成	贤求朋村	县人大常委会原副主任
徐志明	上向徐村	县人大常委会原副主任
严志源	西方坞村	县政协原副主席
钱阿水	河宗村	塔石区委原书记,县计委原主任,县人大工委原主任
童文岳	会泽里村童野	县委办公室副主任,县政协文史委主任、县农村经济委员会副主任
洪世友	脉元村	县国资委原主任,县人大工委原主任
郑锦荣	河宗村	县卫生局原局长,县人大工委原主任
徐畅元	河宗村	县司法局原党组书记、局长
钱竹清	河宗村	原团石区区长,小南海镇镇长、书记,县民政局、林业局原党组书记、局长
钱柏根	河宗村	塔石镇委原书记,县房改办原主任
项根乃	项家村	原溪口区委书记,县林业局原局长

续表17-9

姓　名	故　里	职　称　职　务
占彩根	余岗村	原团石区委书记，县农开办原主任
翁金明	后徐村	原协作办主任，县机关事务局原局长
赵春根	脉元村	原县二轻局局长
祝永成	贤求朋村	原县粮食局局长
方土新	下宅村	县委统战部原副部长、民宗局原局长
黄宝林	白鹤桥村	原灵山乡书记，县老干部原局长
吴茂荣	上宾村	原小南海镇书记，县物价局原局长
阮土良	上向徐村	原塔石区委副书记，模环乡原党委书记
席友友	席家	原溪口区副区长、悟村乡书记
张鹏翼	横山村	原悟村乡书记，县司法局原副局长
童晓阳	会泽里村	原县粮食局副局长
钱树清	河宗村	县农行原副行长
李建华	会泽里村	县医保局原副局长（副科级）
兰水英	余岗村	县自然资源和规划局原副局长
兰建春	余岗村	驻县委统战部纪检监察组原组长
余　晓	下宅村	县卫健局原党委书记
方有成	西方坞村	原龙游镇副书记、人大主席
邓树成	龙门桥	石佛乡原书记，湖镇镇原人大主席
严甘发	后徐村	詹家镇原人大主席
张如斌	白鹤桥村	塔石镇原人大主席
叶水清	塔下叶村	县科协原主席
姜远强	天池村	县经信局原副局长
张汝华	西方坞村	原龙游镇副镇长
宋小兵	塔下叶村	模环乡原副乡长
张文松	上向徐村	县农业局高级工程师
吴柏林	上向徐村	县林业水利局教授级高级工程师（二级）
龚岳成	脉元村	县国税局局长
余浏娟（女）	白鹤桥村	县司法局党组书记、局长
余剑飞	后徐村	县公安局党委副书记、政委
徐　意	河宗村	县公安局党委委员、东华派出所所长
吴建军	后徐大平山	县自然规划局副局长（正科长级）
廖成钢	后徐村	县民政局副书记、副局长（正科长级）
钱育智（女）	河宗村	县经信局党委委员，贸促会专职副会长（副科级）

续表17-9

姓　名	故　里	职　称　职　务
陈　滨	大平板(畈)村	县交通运输局副书记、副局长(正科长级)
郑建清	志棠村	县委办公室室务会议成员、社会治理中心主任
王国清	会泽里村	县政协研究室主任
黄　琼	横山村	县林业水利局党组成员、农水中心副主任
邵张准	志棠村	县纪委派驻浙江龙游经济开发区纪检监察工委书记
胡洁军	下西山村	县征迁事务中心副主任
周其生	后徐村	县邮政管理局副局长
郑德胜	塔下叶村	溪口镇人大主席
王仕伟	天池村新宅	招商银行龙游支行行长
周友成	下西山村	县高坪桥水库副总指挥
陈　湛	下宅村	县中医院医共体党委书记
江文荣	白鹤桥村	县税务局主任
朱柏银	上宾村	县退役军人事务局干部
陈水生	横山村	恒盛能源集团有限公司总经理
徐　浩	下西山村	龙游华宇钢构公司总经理
严樟凤	西方坞村	万友毛巾厂厂长
李雪飞	下宅村	华岗中学原校长
项亦鹏	白鹤桥村	雅村小学校长
王士国	天池村	桥下小学原副校长

编者注：因在县域人数较多，仅录收集到资料人士

三、表彰人物表

下列表彰人物，除获国家级(含部门)荣誉外，获省以下荣誉的教育、卫生先进人物见第十五、十六章。

表17-10 **获国家级(含部门)荣誉人物表**

姓　名	出生年份	当时工作单位	荣誉称号	表彰单位	表彰时间
金土林	1934年	模环区公所	全国水土保持工作先进个人	农业部	1984年
邵志文	1937年	上下朱小学	全国优秀教师	国家教委、人事部、中国教育工会全国委员会	1989年
蓝树荣	1950年	余岗村	全国民族团结进步先进个人	国家民委	1991年5月
夏晓华(女)	1947年	志棠镇育英学校	全国优秀教师	国家教委、人事部	1995年9月

续表17-10

姓　名	出生年份	当时工作单位	荣誉称号	表彰单位	表彰时间
柴茂清	—	大平坂(畈)村	全国种粮大户	农业部	2013 年 1 月
王渭仙(女)	1964 年	志棠小学培智班	全国师德标兵	中国教科文卫体公会全国委员会、教育部办公厅	2015 年 8 月

表 17-11

获省级(含部门)荣誉人物表

荣誉名称	获奖人员	颁奖单位	颁奖时间
第一届“绿叶奖”获得者	吴茂荣(下宅乡党委)	省人民教育基金会	1990 年
第五届“绿叶奖”获得者	夏五拜(志棠镇党委)	省人民教育基金会	1994 年
第六届“绿叶奖”获得者	张汝晔(志棠镇政府)	省人民教育基金会	1995 年
第七届“绿叶奖”获得者	叶向明(横山镇党委)	省人民教育基金会	1996 年
浙江省优秀普法工作者	姜小芳(志棠镇司法所)	省司法厅、省普法办	2004 年 2 月
优秀人民调解员	徐雪平(下宅村)	省司法厅	2007 年 11 月
省级绿色家庭	童致成家庭(席家村)	省妇女联合会	2007 年 11 月
省第三批非物质文化遗产项目代表性传承人	王海清(传统戏剧：婺剧，天池村)	省文化厅	2009 年 9 月
全省司法行政系统第二届百名优秀人物	王福忠(横山司法所)	省司法厅	2010 年 11 月
省第四批非物质文化遗产项目代表性传承人、优秀民间艺术人才	王允文(传统舞蹈：草龙，天池村)	省文化厅	2013 年 11 月
省千名好支书	项国根(项家村党委)	省委党的群众路线教育实践活动领导小组、省委组织部、省委宣传部	2015 年 2 月
省第五批非物质文化遗产项目代表性传承人	王允军(传统舞蹈：草龙，天池村)	省文化厅	2017 年 12 月
省级乡村文化能人	洪卸花(舞蹈)、邓金花(戏剧曲艺)	省文化和旅游厅	2021 年 9 月
浙江省担当作为好干部	张余伟(横山镇党委)	省委组织部	2022 年 7 月

表 17-12

获市级荣誉人物表

荣誉名称	获奖人员	颁奖单位	颁奖时间
市优秀法制副校长	翁建锋(横山派出所)	市人民政府	2004 年 12 月
市第三届农村妇女“双学双比”女能手	吴汝凤(横山镇后徐村)、黄玉仙(志棠镇杨家村)	市“双学双比”协会	2004 年 12 月
2004 年“建行杯”“十大女企业家”	杜顺仙(青龙山建材有限公司)	市委宣传部、市妇联	2005 年 3 月

续表17-12

荣誉名称	获奖人员	颁奖单位	颁奖时间
优秀共产党员	傅雪中(志棠供电所)	市电力局党委	2005 年 6 月
十佳电管员	夏永清(横山供电所)	市电力局、工会	2006 年 3 月
十佳专职电工	邵跃平(横山供电所)		
市优秀党务工作者	龚阿明(脉元村)	市委	2006 年 6 月
市优秀妇女干部	王慧卿(横山镇妇联)	市妇女联合会	2006 年 8 月
市文明家庭	韩香松家庭(下宅村)	市妇女联合会	2007 年 12 月
优秀家政服务员	顾菊香	市来料加工业协调指导小组	2012 年 2 月
第三届"孝心好媳妇"	王少红(会泽里村)	市妇女联合会	2018 年 10 月
2019 年全市农房整治突出贡献个人	汪益平(横山镇)	市委、市人民政府	2020 年 3 月
2021 年度市平安建设突出贡献个人	张余伟(横山镇)	市委、市人民政府	2022 年 4 月
2021 年度市乡村振兴突出贡献个人	张余伟(横山镇)	市委、市人民政府	2022 年 4 月

表 17-13 **2005—2024 年获县委、县人民政府荣誉人物表**

荣誉名称	获奖类别	获奖人员	颁奖单位	颁奖时间
2004 年度民兵基层建设先进个人	—	张亨荣(横山镇人武部长)	县委、县人民政府、县人民武装部	2005 年 5 月
农村工作指导员先进个人	"十佳指导员"	袁勇(计生局派驻志棠镇翁坞村)	县委、县人民政府	2005 年 7 月
	优秀指导员	林武洪(横山镇派驻龙门桥村)		
2004 年度征兵工作先进个人	—	翁忠茂(志棠镇人武部长)	县人民政府、县武装部	2005 年 10 月
2005 年度信访工作先进个人	—	郑宇峰(横山镇)	县委、县人民政府	2006 年 1 月
2005 年度优秀村干部	—	王信富(东王村支书)		
2005 年度农业种养经销大户	水产养殖大户	张成山		
2004—2005 年度优秀共产党员	—	吴雪熙(张家村支书)、吴富林(吴仪宾村支书)	县委	2006 年 6 月
2004—2005 年度优秀党务工作者	—	龚阿明(脉元村支书)、吴军杰(横山镇党委副书记)		

续表17-13

荣誉名称	获奖类别	获奖人员	颁奖单位	颁奖时间
第二批农村工作指导员先进个人	“十佳指导员”	冯岳梁(县科协派驻横山镇余岗村)	县委、县人民政府	2006年7月
	优秀指导员	郑明(县粮食局派驻横山镇后徐村)、夏伟(县建设局派驻横山镇大平山村)		
2006年度建设“平安龙游”先进个人	—	翁忠茂(横山镇)	县委、县人民政府	2007年1月
2006年度信访工作先进个人	—	黄光荣(横山镇)		
2007年度安全生产工作先进个人	—	方建林(横山镇)	县人民政府	2008年1月
2008年度建设“平安龙游”先进个人	—	方金元、翁忠茂(横山镇)	县委、县人民政府	2009年1月
2008年度柑橘贩销大户	—	兰树荣(余岗村)、吴秀全(八石坂村)、余斌(上向徐村)	县人民政府	2009年2月
2007—2008年信访工作先进个人	—	兰树发	县委、县人民政府	2009年2月
2009年建设“平安龙游”先进个人	—	方金元、翁忠茂(横山镇)	县委、县人民政府	2010年2月
第五批县派农村指导员先进个人	“十佳”农村工作指导员	黄界明(县农业局派驻志棠村)		
	优秀农村工作指导员	祝洪峰(县安监局派驻腰塘边村)		
2009年度信访工作先进个人	—	兰树发(横山镇)	县委、县人民政府	2010年2月
2009年度“十佳农民创业带头人”	富硒大米种植大户	余春祥		
县首届“全民创业带头人”	富硒农产品种植、销售大户	余春祥	县人民政府	2010年5月
2014年度农业农村工作先进个人	美丽乡村	翁忠海(横山镇)	县委、县人民政府	2015年2月
	“洁净家园”行动	项国根(横山镇)		
2014年度“五水共治”工作先进个人	乡镇优秀河段长	汪益平(横山镇)		
	村级优秀河段长	周志明、童伟龙、项国根、李海银		
2016年建设“平安龙游”、信访工作先进个人	“平安龙游”	汪益平(横山镇)	县委、县人民政府	2017年1月
	信访工作	张余伟(横山镇)		

续表17-13

荣誉名称	获奖类别	获奖人员	颁奖单位	颁奖时间
2019年“民生工作”突出贡献个人	三联工程	张斌(横山镇)	县委、县人民政府	2020年3月
	乡村振兴大花园建设	吴益良(横山镇)		
	农房整治和风貌提升(“三改一拆”)	张宝宏(横山镇)、吴忠来(后徐村)		
	五水共治/优秀河段长	徐小军(横山镇)		
2019年“经济发展”突出贡献个人	“最多跑一次”改革	王津宏(横山镇)		
	助力县级各战役(士元实验区)	张文才(横山镇)		
	土地开发	杨丹妮(横山镇)		
	项目推进	王福忠(横山镇)		
2019年“平安龙游”突出贡献个人	法治龙游	叶进(横山镇)		
	平安龙游(扫黑除恶)	傅涛(横山镇)		
	信访工作	叶青(横山镇)		
	武装工作	张飞飞(横山镇)		
2020年“民生工作”突出贡献个人	三联工程	张守懿(横山镇)	县委、县人民政府	2021年2月
	乡村振兴大花园建设	杨豪(横山镇)		
	疫情防控	张斌、余杰威(横山镇)		
	五水共治/优秀河段长	龚水明(脉元村)		
2020年“经济发展”突出贡献个人	项目推进	黄界明(横山镇)		
2020年“平安龙游”突出贡献个人	打造“最有礼县”	诸葛青(横山镇)		
	平安龙游(扫黑除恶)	蓝树发(横山镇)		
	信访工作	傅涛(横山镇)		
	安全生产	刘静(横山镇)		
优秀共产党员、优秀党务工作者	优秀共产党员	张志明(上向徐村)、翁海忠(塔下叶村)、曹建忠(贤求朋村)	县委	2021年7月
	优秀党务工作者	龚水明(脉元村)		
2021年共同富裕示范区试点百佳优秀建设者	十大项目推进能手	刘静(横山镇)	县委、县人民政府	2022年2月
	十大国土整治先锋	黄界明(横山镇)		
	十大治村兴村先锋	杨水明(腰塘边村)		
	十佳优秀网格员	刘海寿(腰塘边村)		

续表17-13

荣誉名称	获奖类别	获奖人员	颁奖单位	颁奖时间
2021年“民生工作”突出贡献个人	县乡一体、条抓块统	李菲（横山镇）	县委、县人民政府	2022年2月
	疫情防控	张斌（横山镇）		
	民生工作综合奖	吴益良（横山镇）		
2021年“经济发展”突出贡献个人	征迁工作	华柏根（横山镇）		
	乡村振兴大花园建设	王福忠（横山镇）		
2021年“平安龙游”突出贡献个人	以文化人	诸葛青（横山镇）		
	平安龙游	蓝树发（横山镇）		
	信访工作	叶青（横山镇）		
	安全生产	吴棋彬（横山镇）		
	七张问题清单	颜喜岳（横山镇）		
实干发展标兵	龙游工匠	吴少君（龙游毓硒酒业有限公司）	县委、县人民政府	2023年1月
农民集聚转化攻坚先锋	—	黄界明（横山镇）		
2023年度新时代兴村治社先锋	—	邵忠根（志棠村）	县委、县人民政府	2024年2月
2023年度农民集聚转化攻坚先锋	—	余文胜（横山镇）		

第十八章　诗 文 选

境内的山水风光和人文环境，引发历代乡贤及过往文人灵感和情思，创作了大量诗文。本章以资料价值为选录标准，录自各版县志与各种报刊、网络，以时代先后排列，并以朝代分类，注明出处，附以作者简介。

第一节　诗　　选

一、唐代

枯木诗辞召命作

翁　洮

枯木傍溪崖，由来岁月赊。有根盘水石，无叶接烟霞。二月苔为色，三冬雪作花。不因星使至，谁识是灵槎。

选自《全唐诗》卷六百六十七（中华书局1960年4月版第19册7639页），民国志有载。翁洮，字子平，号青山，唐光启三年（887）进士，归隐青山，征召不起。所居珏堂村位于龙游、寿昌两县交界处，曾长期属龙游。

避寇上唐台山

贯　休

苍逞缘鸟道，峰胁见楼台。桂桂香皆滴，烟霞湿不开。僧高眉半白，山老石多摧。莫问尘中事，如今正可哀。

选自《禅月集》卷九，见巴蜀书社2006年8月版《禅月集校注》198页。贯休（832—912），俗姓姜，字德隐，婺州兰溪人。唐末五代时期前蜀画僧、诗僧。

乌石山

陶令君

岩壑六七巘，茅茨三两家。整巢归燕子，刺水长蒲芽。贯碧流春涨，埋红落野花。困随木上坐，脚力未须嗟。

选自两旧志。民国志按：原注云"唐人"。今考群书，均未知其为何许人，岂"令君"二字称其官耶？

二、宋代

题《翁征君集》

谢翱

樵猎识冠裳，何言志四方。离秦风日冷，过楚薜萝长。野梦违征诏，衰年枉荐章。故山唐室晚，应种术为粮。

选自民国志。原注云：翁征君疑即翁洮，观末四句自知。

谢翱(1249—1295)，字皋羽，一字皋父，号宋累，又号晞发子，原籍长溪(今属南平市浦城县)。咸淳元年(1265)赴临安应进士举，不第。恭宗德祐二年(1277)文天祥开府延平，翱率乡兵数百人投之，任谘议参军。文天祥兵败，脱身避地浙东，往来于永嘉、括苍、鄞、越、婺、睦州等地，与方凤、吴思齐、邓牧等结"月泉吟社"。有《晞发集》，明嘉靖三十四年(1555)出版。

招庆寺送张紫岩北伐

岳飞

号令风雷迅，天声动北陬。长驱渡河洛，直捣向燕幽。马蹀阏氏血，旗枭可汗头。归来报明主，恢复旧神州。

选自康熙志。岳飞(1103—1142)，南宋抗金名将，相州汤阴(今属河南)人。此诗为绍兴二年(1132)，岳飞在乌石山招庆寺欢送张浚(号紫岩)北伐而作。后人亦有怀疑此诗系他人伪作。

唐台山

赵抃

唐台压郡东北陲，势旋力转奔而驰。伟哉造物谁其尸？一山中起高峨巍。群峰环辅拱以立，背面肘腋相依毗。怪石差差少媚色，长松落落无邪姿。岩隈有路数百仞，直登不悔形神疲。中间轩豁浮图舍，栋宇彩错金壁辉。寒泉一亩清可鉴，优游鳣鲔扬鳞鬐。猿闲鸟暇两呼笑，老僧矍铄趋且嬉。天风烈烈骨毛竦，更云六月无炎曦。攀缘绝顶下四顾，溪山百里如掌窥。我思宜有隐君子，放心不与时安危。巢由之行已高世，白云卧此逃尧妫。

选自民国志卷三十七"文征"。赵抃(1008—1084)，字阅道，号知非，衢州西安(今柯城区信安街道沙湾村)人，景佑元年(1034)进士，为殿中侍郎、御史期间，弹劾不避权贵，京师号称"铁面御史"。历知蓉及虔、杭、越等州，熙宁年间官至参知政事，以太子少保致仕。元丰七年(1084)逝世，年七十七，追赠太子少师，谥号"清献"。著有《赵清献公集》。

己未岁十月七日登唐台山偶成

赵抃

直到巢峰最上头，旋磨岩崖着诗留。重来转觉寒松老，三十六年前旧游。

选自宋赵抃著《赵清献公文集》卷五，见四川大学古籍研究所编纂，北京线装书局2004年影印版《宋集珍本丛刊》第6册749页。民国志卷三十七“文征”有载，“旋磨崖石看诗留”作“旋磨岩石着诗留”，万历志、康熙志题目和作者均误。

唐台山

王 介

天地凿开混沌国，鬼神剜搜骊龙窟。不知发秘是何年，欲扣山灵无处得。遐想先生未仙时，此地绝无车马迹。穷幽山水有高人，踏破峻岩劳蜡屐。我来一见快平生，不觉凉风生两腋。乘鸾归去梦魂消，白云依旧埋苍石。

选自《大明一统志》卷四十三“衢州府·山川”。王介(1015—1087)，字中甫、中父，常山芙蓉人，著有《王中甫诗集》。

登乌石寺

杨万里

回头身忽在树杪，一览千山万山小。怪崖不落欹欲摧，令人仰看怯眼开。小亭解事知依倦，翼然飞出青山半。上头最上却镜平，百亩金碧千衲僧。高峰高寺更高阁，进步竿头若为脚。兹游胜绝庸非天，山下虚行二十年。

选自宋杨万里著《江湖集》卷六，见中华书局2007年9月版《中国古典文学基本丛书·杨万里集笺校》330页，辛更儒笺校。杨万里(1127—1206)，字廷秀，号诚斋，自号诚斋野客。吉州吉水(今江西省吉水县)人。南宋文学家、官员。

登乌石寺观张魏公刘安成岳武穆留题，刘云“侍儿意真奉命题记”

姜 夔

诸老凋零极可哀，尚留名字压崔巍。刘郎可是疏文墨，几点胭脂汙绿苔。

选自宋姜夔著《白石诗集》下卷，见四川大学古籍研究所编纂，北京线装书局2004年影印版《宋集珍太丛刊》第69册187页。三旧志均载。民国志卷三十七“文征”题为“招庆寺”，“凋零”作“凋残”，“名字”作“名姓”，“汙绿苔”作“湿绿苔”。姜夔(约1155—约1221)，南宋词人。字尧章，号白石道人，鄱阳(今江西波阳)人。

招庆寺

无名氏

东风吹老越山微，步上乌峰逐夕晖。林外月明风虎啸，岩头云送雨龙归。听琴慷慨怀张浚，题石精忠想岳飞。一曲阳关追往事，牛山何必泪沾衣。

选自民国志，并按：右诗录自两旧志，均载姜尧章之后，今仍之。

编者注：今查弘治《衢州府志》(天一阁藏明代方志选刊续编版)第517页，发现与上文同样的诗，诗的标题为《乌石寺》，作者：翁青山，如是，其也应为宋或宋后人(因文中有岳飞名)。

乌石山

刘克庄

客子家山亦此峰，可堪投宿听疏钟。旋沽村酒并霜柿，欲访禅扉隔暮松。乡信写成无便寄，寒衣著绽倩人缝。远来只为营瓜圃，不为贪渠万户封。

选自宋刘克庄著《后村先生大全集》卷一，见四川大学古籍研究所编纂，北京线装书局2004年影印版《宋集珍本丛刊》第82册691页。刘克庄(1187—1269)，南宋文学家，字潜夫，号后村居士，莆田(今属福建)人。

三、明代

雨霁登灵鹫峰

张文介

积雨十日不出门，乍晴山色青满轩。偶登悬岩豁幽抱，清虚绝胜桃花源。远公素得张仙趣，一笑开樽对芳树。醉罢白云犹未知，纷纷漫拥峰头路。

选自民国志卷三十八"文征"。注云："采自横山张氏谱。"张文介，见人物传。

灵鹫峰怀童子鸣二首

胡应麟

（一）

行尽天台三十峰，春烟重叠锁芙蓉。孤云不作还家梦，卧听僧堂雨后钟。

（二）

翠拥千林路不分，夕阳回首一钟闻。天南词客留题处，惆怅西岩满寺云。

选自民国志卷三十八"文征"。胡应麟(1551—1602)，字元瑞，号少室山人，后又更号为石羊生，兰溪县城北隅人。明万历丙子举人，是明代中叶著名的学者、诗人和文艺批评家、诗论家，明中后期"末五子"之一。

迴源八景诗

陈　珏

天池龙隐

源源一派见天真，云物潜藏足养神。玉宇夜晴眠霄月，金花浪起绝氛尘。
拍昂头角惊多士，懒作甘霖济万民。自是年深蟠卧稳，任他天上拥风景。

胜山狮笑

壮哉形状压熊貔，露出乾元造化机。春满石球萦草带，雨余涧系染苔衣。
好风声裹添清响，旭日光中肃令威。磅礴根基盘万古，共夸名胜奠皇畿。

南岳金鞍

大将功成汗马闲，金鞍卸掷在尘寰。不教豪士仍依据，更有何人敢妄扳。
气带紫烟芳草嫩，色殷红雨杏花斑。谁能不为名缰系，笑坐闲看地位宽。

太峰渔网

一网挈起势巍然，下压洪濛上幕天。土垒积功成万仞，石堆锁脚巩千年。
吾皇莫借罗贤士，渔父难施向碧渊，最是夕阳疏树里，分明众目见周全。

东溪鱼钓

寒光湛湛漾清流，中有幽人泮焕游。万顷烟液为主宰，一竿风月傲王侯。
绿杨影里闲维掉，黄苇业中懒脱裘。莫笑丝纶成潦倒，时来许掣老龙头。

廻源牧唱

漠漠轻烟草墅中，长歌款乃小桥东。三三五五声音巧，一一联法句法同。
不是调翻新水令，未能腔按小桃红。贤战五羖畴能匹，千古君臣一笑逢。

菖谷农耕

荣辱纷纷总不牵，乐居菖谷趣悠然。黄丽啼处烟生野，鸟犍肥时雨满田。
青箬笠沾风气湿，绿蓑衣带露珠圆。遗安了却儿孙事，一任龙钟到百年。

白岭樵歌

懒向王门苦折腰，坡山深处得逍遥。腔翻白雪惊群耳，遏行云彻九霄杨。
柳折来从宛转荆，薪放下谩担挑买。臣王质今安命在，尔在平生一布袍。

选自民国辛酉年(1921)《廻源王氏宗谱》(卷首·艺文)。陈珏，右江右临川人。

四、清代

游古招庆寺

姜廷举

挈伴登临兴不穷，白云乌石梵王宫。千寻绝壁开精舍，百道飞泉接断虹。划儿未教酬夙志，听琴犹自想高风。我来凭吊思无限，满目寒鸦夕照中。

选自民国志卷三十九"文征"。注曰："采自《两浙輶录补遗》。"原注云："诗稿散佚，兹从寺壁抄存。"姜廷举，字士雄，号古民，生活在康熙、雍正年间，后徐人。康熙四十三年(1704)岁贡。

乌　石　寺

余　华

古寺深藏半岭松，天风时送一声钟。喧岩瀑布飞晴雨，触石寒云过别峰。相国听琴成往事，将军书几杳遗踪。我来欲觅题名处，壁上胭脂冷翠封。寺壁旧有刘光世题名记，刘命侍儿所书。

选自民国志卷三十九"文征"。余华，龙游人，字佩斋。生而躯体魁硕，膂力过人颖敏。善书，工于篆隶。弱冠精骑射，遂不应文试而应武试，为武庠生嗜诗酒，又弃弓矢折节读书。筑室于城西南隅之西湖，日以讲求书画为事。湖中有堤名星堤，自号星堤。有《星堤诗草》8卷，收集其1771—1816年间诗稿。

乌　石　山

黄　涛

石壁倚天开，披榛吊古来。云荒闻虎气，日冷畏龙回。密竹迷飞瀑，孤钟响积灰。可知僧久去，寂寞剩香台。

选自康熙志。黄涛，嘉兴人，康熙五至十七年(1666—1678)任龙游县教谕。

乌石飞泉

黄　涛

宋室传闻功德林，昔贤自记好奇心。大书不见将军树，清听空怀观使琴。千里远峰看极目，十寻悬瀑足开襟。山如削铁泉如玉，几点胭脂绝赏音。

选自民国志卷三十九“文征”之《龙丘十二景》。黄涛,见前。

乌石山次黄广文韵

余 恂

积晦始初开,盘纡度蹬来。云根峰削就,人语鸟飞回。遗构基空在,精忠迹未灰。犹思屯万骑,倚马驻高台。

选自康熙志。余恂,字孺子,邑人。清顺治九年进士。

登灵鹫岩

余 恂

共访灵岩古道场,寒云萧瑟敛朝阳。林间径入峰头暝,花底泉流洞口香。楼阁纵横增眺望,山川毫末细平章。振衣咫尺天门近,缥缈真同万里翔。

选自康熙志。未恂,见前。

游庵堂岩

童 琏

山远俗情稀,盘纡入翠微,松阴缘草径,岚气袭人衣,石润泉频泻,崖悬势欲飞,扪萝登绝献,偶坐却忘归。

选自《童岗童氏谱》。童琏,字次璃,邑人,清顺治间廪生。

春日游灵鹫岩

张 崧

蟾岩倚碧空,不与众山同。松影摇窗里,泉声出户中。龙归春雨细,虎啸晚风雄。未尽登临兴,流连西复东。

选自《两浙輶轩录补遗》。张崧,字道平,邑人,诸生。

登塔山述怀

石燕山

横山先生相厥宅,子燕孙贻绵世泽。俎豆于今五百年,俨然光彩生几席。忆昔扈从南来时,历宋元明炳竹帛。内外扬历有循声,簪缨累世皆赫奕。谁栽桃李遍盈川,公门垂荫无余隙。特立高冈望彝原,平剪绿畴越阡陌。我来欲传公府意,愿言式好无相渎。夜倾椒酒砍鲈鲂,深谢主人能醉客。相对晏坐塔山头,意气元龙高百尺。君家学问有渊源,岂谓圣贤心未白。忆昔沙丘搏浪椎,击碎副车良可惜。石桥底下水空流,不见老人展屐履迹。枝枝叶叶正扶苏,莫唤杜鹃啼赤碛。

选自民国志《旧采访册》。民国志按:燕山见《职官表》,此诗未知当时从何处采得,诗题似有脱落。石燕山,广西义宁人,甲子进士,二月选。乾隆三十八年至四十年(1773—1775)龙游县知县。

蒋岭樵歌

佚 名

层层岭嶂接天高,满望荆薪尽可樵。频调入云朝去早,清歌载道暮归遥。一声出洞梅初落,三叠随风树亦号。莫道贾臣空晦迹，古今谁不重英豪。

选自《梓塘邵氏宗谱》。

廻源十景诗

余 华

廻源春社

社上廻源上，春祠笑语讹。鸡啄祈宽罢，共醉话桑麻。

槐庭夜读

古槐久不存，虚庭犹似昔。灯火夜深时，书声散空碧。

青源犁雨

叱犊清源上，披蓑珍雨犁。何劳布谷鸟，更向树头啼。

白岭樵云

白岭高插云，时有樵夫入。砍落岭头云，归来衣尚湿。

莒谷闻莺

莺声何处无，莒谷绕清听。宛转鸣枝头，空谷自相应。

天池浴雁

绝顶一清池，秋鸿用其上。云深不可见，但闻空际音。

灵菴晓钟

钟动灵菴早，月落天绕晓。随风度入屯，惊觉人多少。

胜山夕照

日落胜山幽，空林余返景。牛羊归村墟，雅噪夕阳影。

枫坪霜叶

坪高枫色寒，霜叶红无赖。爱杀客吟来，停车白云外。

东溪印月

东溪清且长，良宵先得月。光含波底明，骊殊抱龙窟。

选自民国辛酉年(1921)《廻源王氏宗谱》(卷首·艺文)。余华，见前。

廻源十八景诗

王 超

廻源春社

廻源春社至，田翁结伴来。饮罢鸡啄宴，向将桃李栽。

槐庭夜读

空庭藜火照，银河一色清。万籁此俱寂，唯闻嘹亮声。

青源犁雨

遥见青源上，农夫叱犊勤。犁趁江头雨，冲开万顷云。

白岭樵云

岭势胜昆岗，路经若羊肠。放开朱子履，踏破白云乡。

莒谷闻莺

缓步寻芳经，无如莒谷清。惊鸟枝头转，诗人午梦惊。

天池浴雁

昨在卢州宿，翎毛带着泥。天池清澈底，浴到夕阳西。

东溪印月

何地延清赏，东川分外明。水天呈一色，流月去无声。

枫坪霜叶

黑帝行威肃，枫叶顿损容。随风瑟瑟舞，铺得满坪红。

灵菴晓钟

不是松竹韵，灵菴晓钟鸣。余音梁上绕，宛如玉箫声。

胜山夕照

举目横烟紫，空中暮鸟归。树梢斜阳薄，连山顿失辉。

孟塘跃鲤

散步斯塘上，金鱼鼓浪雄。他年云雨至，岂久在池中。

里宅啼猿

宅处两山中，炊烟透碧空。侧听猿啼月，声悲五夜风。

童墩保障

平原一土墩，宛如童子立。烟村全保障，书香代代袭。

搒岭通灵

绝顶一经楼，经声分外幽。禅心顿觉悟，顽石尽点头。

双斜大路

左右两康衢，斜匕向兑趋。喧喧名者马，赫赫显人车。

八卦高坪

乾坤震兑备，艮巽坎离详。齐布平原上，神机处处藏。

牛眠高陇

满眼风光好，纵横草色鲜。只为春耕罢，随花带露眠。

龙卧平原

秀气钟平原，潜龙不在天。昂头非战野，抱尾葛陂眠。

选自民国辛酉年(1921)《迴源王氏宗谱》(卷首·艺文)。王超，迴源(现天池村)二十四世子孙。

五、民国时期

游乌石岩二首(有序)

余绍宋

旧县志载，是山有宋岳穆王飞、张魏公浚北伐时题词。康熙间教谕黄涛有诗，先达余恂有和作，因次其韵。

(一)

绝壁破云开，秋深揽胜来。危岩虽㟥屶，小径曲纡回。
望断天涯路，心寒大地灰。登临增感喟，孤负好楼台。

(二)

极目战尘开，伤心吊古来，泉声似呜咽，鸟语亦低回，慷慨怀前哲，凄凉望死灰，题词今已泯，何以慰泉台？

选自余绍宋《塞柯堂诗》。余绍宋（1883—1949），龙游人，著名书画家、方志学家，浙江省文化名人。毕业于日本东京法政大学，授外务部主事。后任众议院秘书、司法部参事、次长、代理总长、北京美术学校校长、北京师范大学教授、北京法政大学教授等职。应聘主纂《龙游县志》，为方志界推崇。

六、中华人民共和国成立以来

乌石寺怀古

周　军

梅岭关头草木深，龙邱昭庆早闻名。岳飞题字乌石寺，张浚弹琴昭庆厅。观暴雨中周必大，填词壁上夔词人。英雄留下王街路，墨客华章烁古今。

选自《龙游年鉴·2012》。周军，县人。

庚寅新正登乌石寺

余久一

幽岩如削郁崔嵬，积铁寒山高寺开。胜景吾乡推第一，寻春岁岁此中来。

选自《龙游年鉴·2011》。余久一，县人。中国书法家协会会员。

大乘寺

余久一

往昔庄严地，苍凉旧迹非。孤松悬白日，双桂散清晖。地僻人难到，山深鸟自飞。断碑荒藓里，回首尚依依。

选自《龙游县佛教志》。余久一，见前。

编者注：大乘寺，又称集庆庵，在邑北四十里唐台山，始建颇古，康熙二十年重修，20世纪60年代毁。

浣溪沙·咏莲

林　峰

十里清荷映远天，浅深红绿各芳妍。青钱万叠向人圆。云鬓难同春永驻，芳心每与苦相连。秋光乍泄水波前。

选自《龙游年鉴·2005》，林峰，县人。中华诗词学会常务理事。

清平乐·儒大门赏荷

林　峰

日白村小，万朵芙蓉早。莲叶田田衣上绕，中有柔情多少。波心翠展虹霓，舟兴水泛琉璃。忽见蜻蜓一点，随风飞入秋漪。

选自《龙游年鉴·2007》，林峰，见前。

蝶恋花·天池又荷香

谢森炎

又见荷塘天池静，俏丽风姿，日隐清波净。十里溢香穿画境，红花娇蕊鲜莲顶。恋蜜金蜂花从兴，阔叶沾晶，漫采思搜尽。勤摇新枝停旧柄，纷飞吐甜丝丝倾。

选自诗集《烟雨灵江》，香港文艺出版社出版。谢森炎，县人。

鹧鸪天·踏访天池村

夏希虔

六月田莲接洞天，清风摇曳绿波澜。荷花绽放云霄外，鸥鹭翻飞峡谷前。烟袅袅，水潺潺，游人梦里不知年。自怜青影随风去，借得香魂秋月边。

选自龙游新闻网。夏希虔，金华人，县诗词学会会长。

题腰塘边村牌坊

夏希虔

白莲飘逸，田田绿叶随风舞；银杏婀娜，恰恰娇莺伴客游。富硒宝地，万尊丘壑九天月；桃坞清池，千里荷塘一片秋。

选自《龙游年鉴·2013》。夏希虔，见前。以上2联镌刻于腰塘边村牌坊。

最美　遇见

——志棠荷花

陌　儿

一直在等
在所有的遇见你的梦里

一

月亮爬上来，从低洼处从绿绿的掌心
从故事的开始部分
爬上我的红唇我的翠绿裙裾
有些冰冰的凉意
我把歌声隐藏以及内心的秘密
俯下身子，聆听岁月的梦呓
洁白的、清澈的
一瓣一瓣的时光
在一池盈盈的绿意中层层舒展痕迹清晰
撑一把风雨不收的伞
那一刻
只有你懂的唯一誓言我从未忘记

二

为了寻你
我走过了唐的梧桐宋的明月
多么缓慢的时间消磨着一个人的内心
这广阔的世间
我只听见你如我一般的每一声叹息
现在天黑了何处是那个地方
我时刻记住在白雪纷纷落下的夜晚
你穿一袭碧叶款摆的红衣来到我的床边
我安心地睡了梦中却失去了你

三

我已亭亭
在阳光下绽放
低声地呼唤你的名字
晨光的温软夕照的胭照
在风吹起渴望与云在一起

我忽略了蝉鸣和头顶的蜻蜓
只怕错过来寻我的你

四

啊那一片的碧玉那摇曳的粉色
这似曾相识的
能感觉到
我在慢慢慢慢向你靠近
你的出现在我梦里各种不同的样子
这是你最美的时候吗
远一点的时候我想到那水是清澈的
那阳光绿莹莹云像柔软的纱
风儿饱蘸晨曦滴入一池
盈盈的绿意是一抹动人的涟漪
于是
我从每张荷叶走向你

五

我在这里
是离你最近
最静最最温婉的一朵

六

你在这里
我听到暖风的呼吸涌起清水的小调古色古香
是出水的仙子在若有若无的烟波中
那么安那么好
像一枚古典的词轻落下来
在素笺之上
一任流水逍遥
是那么欣喜
在这最灿烂的季节
这是最美
遇见你

选自《山水龙游》。陌儿，县人。

天池山赋

山无水不秀，水无山不媚。天池之山，高不盈千寻，广不过数里，山不甚高，名不甚大。亘于杭州、金华、衢州三市之界，丁酉年五月，与诸友人登之，颇有感慨，遂作此赋。

金衢锁钥，龙游北屏。延千里之岗东脉，筑金面盆地北沿；居三市之界，扼南北要冲。水分新安衢江，山隔龙游寿昌；傍江南悬空寺，毗诸葛八卦村。

池长数丈，宽仅数米。无长白天池之深邃，无天山天池之浩渺，无兴安天池之幽静，无孟达天池之秀丽。然方正若斗，平滑若凿；澄澈如眸，温润如玉；浅可见底，鱼虾不滋；春秋不溢，冬夏不竭。池畔山石如虎，山静入眠；楮枝萃然，浓荫如盖；栎叶蓊郁，蓄雾藏烟；松针遍地，踏之如茵。

然如此美景，如娇女之藏金屋，高士之隐终南，宝鼎之埋荒原，明珠之弃深山。商旅难知晓，刍荛不知情；古之巫人不测，今之卫星难辨。传曰唐末黄巢，身披铠甲，胯骑白马，驻扎于此，操戈练兵。又传曰有吴姓村民，伐薪此山，见有石池，池内有龙，乘龙而去，飞天成仙。既而梦于村人，如遇大旱，至池取水，只呼其名，便得甘霖。村民听之，果有灵应，于是筑庙祷香以祭之。直至南宋，始有古迹，绕峰而建；然峰顶天池，鲜有人迹。吟咏天池者，自古而今，仅杨万里，诗曰：天池山上隐青龙，绝胜天台第一峰。旱岁祈时歌惠泽，良宵赏处咏清风。嵯峨怪石排银浪，崷岁崇岚耸碧空。待看云雷相际会，甘霖润物庆三农。

峰谷顾首，仰面而望，奇峰卓荦，绝壁横空。古之步道，人迹不至，旷而久之，庶近荒废。新修石阶，盘纡而上，蜿蜒如蟒；横空栈道，孤生崖前，恍若天梯。天梯通处，有巨石耸出，巍然云举，赫然临危。岧峣纤出，直亭亭以孤立；赪石悬岩，高巍巍入霞表。至栈道尽头，山径仄狭，砂砾多而道滑，石坡斜而步颤。履之维艰，行者寥寥。

登顶而望，则碧巘层层，众峰尽览：青山绵延而叠翠，原隰平坦而秀美。远山云如盖，极野树如烟。清流数曲，蜿蜒而去。湖塘星罗，恍若明珠。天边浮云，尽显关西气象；耳旁清风，微带荷花清香。山前村居，屋舍俨然。得风蕴水，藏龙隐秀之地；民俗淳朴，世外桃源之乡。古道斜阳，千年一色苍苍；劲草秋风，东西两脉莽莽。众峰攒景，环顾四围皆秀；一池映天，粼粼三尺波浅。空山静寂，心静则烦尽散；浓荫翳翳，神锲而情盎然。诗意浪漫，恍如梦入瑶池；身轻蹀躞，不觉飘然欲仙。

山下荷塘百亩，荷波层见，香飘十里。清圆团团出水面，纤风悉举；碧叶层层浮朱华，卷舒任放。远目遥岑，星罗田田似苍昊；凝眸近眺，舞衣翩翩赛洛神。寒节不至，春风叶面凝翠色；鹭鸟时来，颀立莲蓬窥暗香。

至若春和景明，登天池山之巅而望，菜花成畦，麦浪如漪。盛夏时节，丹青绮分，望若图秀；草木万类，郁郁争荣。山下百亩荷塘，荷波层见，香飘十里。秋气之至，金风嫋嫋，稻浪千顷。冬藏之节，则原野旷静，惟余炊烟。

端氏曰：山不厌高，居之于水侧则灵；水不在深，居之于山巅则名。四海之内，因山巅之池而名天下者不计其数，大若湖泊，小若方井，皆因水而名四方。此山仅因其巅一方池，而号名曰“天池山”，非其高也，乃因水也。

选自《志棠白莲》。

第二节　文　　选

一、唐代

特征隐士翁洮制

僖　宗

门下：举尔所知，臣以忠而事上，荐贤受赏，君以礼而使臣。建州刺史李频奏其乡人翁洮，笃学苦吟，隐居求志。宜即丘园之贲，以旌槃涧之伦。当有论思，毋为高尚，可特遣使加币，就其隐居征之。尔其翻然决然而来，将备补阙之官，期以图朕不逮。令睦州守臣催促就道，仍遣使使建州，褒赐刺史李频，以广贤路。主者施行。光启三年十一月十九日。

选自民国志：右文采自县中诸翁氏谱。翁洮，寿昌人，所居珏堂为县界地。两旧志载入《流寓传》，今志亦载入《轶闻》，因录此《制》证之。僖宗(862—888)，本名李俨，改名李儇，唐朝第 18 位皇帝(武则天除外)。

二、宋代

乌石山题辞

周必大

乙亥，早过寿昌县，晚至乌石山，衢州龙游境也。山如削铁，悬瀑千仞，其上幽岩精舍，今为宗室仪泰孝王功德寺。意欲一游,而从者终日冒大雨,皆告惫。遂呼山轿而上,路极峻狭,三里乃至。楼阁层出,极目千里。旧岩在山顶,以形势迫窄徙焉。忽忽下山,笼箧皆远去,日暮泥深,崎岖奔走,一更后及于大楼,亦好奇之过也。

选自民国志卷三十三"文征"。有注:"录自两旧志,《周益国公集》所未载。按:乙亥为宋绍兴二十五年,年谱云'公年三十,去年改差监行在太平和济局门',不知何缘过龙游境也?"。周必大(1126—1204),南宋大臣,字子充,一字洪道(也作弘道),自号平园老叟,庐陵(今江西吉安)人。

三、明代

招庆寺题词

刘　盱

宋魏公张浚,清河人,绍兴名相也。武穆王岳飞,汤阴人,绍兴名将也。当高宗即位之初,宗社为金人所摧,郡县为群盗所挠,惶惶焉措身无地。及李纲防守粗立,为汪、黄所摈,乘舆播迁,间关吴、越,危亦甚矣。惟魏公内总枢柄,武穆外握兵权,一时诸将用命,人心协从,赫然有中兴之望。未几,奸桧用事,颛心议和,致使其君忘君父大雠,屈己臣敌。今乌石寺记魏公听颜师鼓琴而去,盖放连州过此;而武穆题木桌,则驭兵去江右日也。无几,武穆竟为桧害,魏公虽再起势可有为,复为桧党汤思退诸人所沮,盖天不祚宋然也。识者不能不归咎于高宗,而切齿于群奸焉。

兹寺自唐太和以来千余年,其间兴废靡一,虽昔童时举、赵介有记,余丞相端礼有书,亦泯然无存。所恃坚固而不拔者,惟张、岳二公忠言谠论耳,岂兹寺当二公以表暴之耶?余读《宋史》,慕二公为人。成化丁亥春督学过衢,因阅郡乘,获睹二公遗言,独能已于情耶?敬题其后,俾寺僧文兴等刻石焉。千载而下,痛建炎南渡故事而慨仰于二公者,奚能无所憾也?

选自万历志卷之九"艺文"、民国志卷三十四"文征"。民国志有注:"录自康熙志。盱何许人,未详。"

上文第二段,《衢州市志》为:

窃尝论夫武穆,忠孝出于天性,自结发从戎,历数百战,其用兵百战百胜。魏公始终则以正人心,雪仇耻为本,其主议晚而益竖,虽天啬其功,使二公困于谗忌,厄于奸恶,不得以伸其冤,就其志,然表著天心,扶持人纪,使天下晓然知人类之所以异于禽兽,中国之所以异于夷狄,虽百世之下,不可诬也。余读《宋史》,尝慕二公为人。成化丁亥春,提调学校过衢,获睹二公遗言;独能已子情耶?敬题其后,俾寺僧刻石焉。千载而下,痛建炎南渡故事,而慨仰于二公者,奚能无所感也耶?为之三叹流涕。

选自《衢州市志》,题目《乌石教寺跋》。

宝盖山实际禅居记

宋　濂

衢之龙游北三十五里,有山曰宝盖,川媚山明,林樾郁苍,俨与灵区奥壤相埒,然僻在下邑,无有启其閟者。初,庐江有沙门良亮,乃东州永公之弟子也。沙门年既壮,出游丛林,历扣诸师,久未有证。入闻千岩师长说法婺之义乌伏龙山,亟往见之。禅师普应国师本公之嫡子,门庭浩荡,俊衲云拥。见沙门为人诚恪,可与进修,时加警策之,已而命司藏钥,使日阅经律论诸文。久之，升第一禅师。间谓沙门曰："如真性迴出根尘，祥光发现照烛乾坤，非有绝念之深功，不能超出死生而入常寂之场。子盍缚茅于重山密林而究明之乎？"沙门跃然以喜，即日下山，选地以居之。至正丁酉春行至今所，俯仰四顾，有以惬其志，遂驻锡焉。遐迩向慕，奔走恐后，富者捐资，贫者效力，代石于岩，抡材于林，梓人运斤，蜃师献巧，不戒而集，犹务其私，仅二三年功即就绪，法堂三楹间成。未几，释伽殿又成，其楹间如法堂之数，中设三世如来之像，左右翼以天王，皆用黄金涂之，兼之床座彩幡及供具，清静布严，观者起敬。库院僧室在东西，又如佛殿之数。两庑则溢其五，别敞门楼，以为出入之地。径卫曲折，而莲池品列于前，四围有水环之，盖一仿伽蓝之制。沙门因出实际，遂以名其禅居云。惟大觉世尊其道所被甚广，无与伦比，人徒见中国九州能严奉之，殊不知西南诸国如呵罗单于陀利之属，以道里计，近或数千，远且二三万馀，而尊崇为尤，至国君相祝，常以世尊如来称之，则其他概可知也。此姑置之弗论。又自西方言之，自中国历十万里至五印度，从五印度以西又越大海二重，始抵西人之境，道途比前奚翅数倍。其所历城郭，人民繁衍富丽又百倍于中国。其地惟知有佛教而已，馀皆无有也。至于巷谈里语，一举佛言以为法戒，稍有不信而妄行者，众共弃之。以此而观，若东若北莫不皆然，是故郑渔仲有云："佛之书遍布天下，而儒家之言不越于跋提河。"盖有以也。然乃史传所载及东伐西使亲击者之所言，咸属南阎浮提。南阎浮提，则妙高山四隅之一尔，经有百亿，日月百亿，妙高山皆渐佛教，则又非管窥蠡测之所敢知也。或者则曰，佛书多取譬之言，果可尽征乎？曰：吾儒亦有之也，驺衍谓天下有九州，而一九州则有裨海环之，人民禽兽莫能相通。如此者九，则有大瀛海环其外，乃天地际焉。禹之所序中国九州，其于天下八十一分居其一耳，岂独佛书言之哉？余尝恶夫浅见狭闻之士，不足以语大方。类夫营宁生人身中，游泳肠胃，自谓江河之广；周流府藏，自诧万里之远，不知身外之境初无涯涘也。所以轻于论议，迂固僻陋，闻者为之失笑，其不智也亦甚矣。今因沙门请记，余故特一言之，使入此禅居者读吾之文，又有以知大觉世尊其道所被甚广，无与伦比，则严奉之心愈坚。严奉之心愈坚，则将世世嗣而葺之，俾不坠坏，庶有以副沙门之所愿欲。若但纪其兴起岁月，稍涉文学者人人能为之，又奚假于余哉？沙门号西山，精进入道，至老犹不懈云。

选自民国志，有注："录自《宋学士集》。按两旧志仅录其前段，至'遂以名其禅居云'止，改其题为《实际院记略》，殆以后段推崇佛教，恐人斥为异端，故不敢录耳，实迂见也。原碑已佚。"宋濂（1310—1381），初名寿，字景濂，号潜溪，别号龙门子、玄真遁叟等，祖籍金华潜溪（今义乌），后迁居浦江。元末明初政治家、文学家、史学家、思想家，被明太祖朱元璋誉为"开国文臣之首"。

迴源八景诗图序

朱廷升

衢之龙邺，距州二舍余，迴源山川周匝，形劳萦纡，东接杭海，西通豫章闽藩，其南吴越连，其北舟水车陆，旋回往返无非盛景，可题咏者，故以迴源名之。有宋初王氏万十八公、万三十二公肇居期间，扩基创业，积功累仁，迨至我朝永乐间，九代孙焕然公，历官至山东济南刺史，宗支愈繁，子姓益盛，靡不以讲学为务，其间工于吟者，始分其山水佳，致为八景。骚人墨客辄为嚼英，咀华吐露，摹写其一时所取之美意。临川陈君珏与王君馨有宾主好，是年秋，归市缣轴绘图，分咏其下为其乐，拜予言以弁诸端。予虽未观其盛，然观其图味其诗，宛然迴源之景不在迴源，而在一图之内矣。不必足履，天池胜山睹，其龙隐狮笑之状不必身历，南岳太峰视其金鞍鱼网之形，樵歌牧唱于白岭迴源如耳闻也，农耕渔钓于菖谷东溪如身历也。老杜云：颇觉良工心苦，其此之谓钦遂书为群玉冠。

正德三年(1508)岁舍戊辰秋月款旦

赐进士第前总督两淮盐运史致仕进贤县朱廷升撰

选自民国辛酉年(1921)《迴源王氏宗谱》(卷首·艺文)。朱廷升应为朱廷声(1466—1537),字克谐,江西承宣布政使司南昌府进贤县(今南昌市进贤县)人,明朝刑部侍郎。弘治十二年(1499)登进士,授行人,后改为监察御史。正德初年(1506)太监刘瑾擅政,朱廷声上疏进言请诛杀刘瑾,后被诬陷为奸党,罚米落职。刘瑾被诛后,正德五年(1510)起用为浙江按察使司佥事,正德十六年(1521)改为湖广按察司副使,嘉靖二年(1523)升任河南布政司左参政、湖广右布政使,嘉靖六年(1527)升福建左布政使,次年(1528)升为都察院副都御史,巡抚湖广等地,嘉靖九年(1530)升刑部右侍郎。

四、当代

龙门桥畔绘新图

——浙西龙游县横山镇

唐朝亮

建于明嘉靖年间的横山塔,耸入云霄,记载着历史……

——作者手记

横山镇,地处丘陵地带,形似翠桑。东与兰溪市接壤,北与建德县交界,西南距县城16.3公里,总面积33.4平方公里。辖56个自然村,划分为16个行政村,90个村民小组,4144户,14062人,其中畲族278人。人口密度每平方公里419人。镇政府驻横山,也是模环区公所所在地,320国道龙葛公路在此设站。

在33平方公里的土地上,全镇共有耕地16200亩,林用地17780亩。是气候温和、四季分明、雨量充沛的好地方。年均温度在17.2摄氏度,年平均降雨量在1529.2毫米之间。境内还有石煤、石灰石和磷矿等丰富的地下资源,具有发展工农业生产比较优越的自然条件。

在天地之间,横山古塔是伸向蓝天的手臂,总在向人们启迪,呼唤人们奋勇向前!

党的十一届三中全会制定的方针、政策,找到了使民族复兴的助推器——改革。改革如巨浪翻腾,一股弃旧扬新大潮,势不可挡地席卷到横山镇境。像春风喜雨,叩开了人们紧闭的心扉,一幢幢新楼、一座座工厂、一张张笑脸……极目四望,今日之乡镇,好一派欣欣向荣的升平景象。昔日“下雨像油缸、晴天似刀枪”的荒凉景象,已一去不复返。

横山镇经济,以农业为主,兼营牧、副、工、商业等。目前,工农业总产值2551万元,该镇是龙游县主要产粮区,1991年被列为全县五个“吨粮工程”乡镇之一,粮食总产量11700多吨。亩产812公斤,人均占有粮食410公斤,每年出售国家商品粮11003公斤。产油菜籽226吨,还盛产甘蔗、茶叶、蚕桑、柑橘、梨、李、桃、花生、莲子、荸荠等经济特产。柑橘从无到有,从少到多,1990年已发展到4000亩,产量达到1000吨,品质优良。莲子、花生等传统的土特产也有新的发展,横山莲子在衢州市颇有名气。近十年来,大力开发黄土丘陵,发展经济林及用材林等,有茶园624亩,产茶叶20多吨,桑园396亩,产蚕茧10吨,还产柏子150吨。多种经营的项目正在日益增多,农业总产值达1501万元。

横山镇农业生产的发展,是在龙游县委、模环区委的领导下,坚持自力更生、艰苦奋斗、治山治水、大搞水利建设和农田基本建设，不断改变自然条件，排除旱涝等各种自然灾害的结果。党的十一届三中全会以来，全镇共兴建了中、小型水库5个，蓄水共950万立方米；新建铜山源东干渠贯穿全镇，会泽里、龙门桥、八石畈的三座600余米的渡桥，凌空而建，气势雄伟。沿渠电灌机埠32处，装机容量359.1千瓦，耕地灌溉自流化，形成一个“长藤结瓜”的电灌网站，可灌溉14000亩农田。使横山镇农业逐步走上了稳产高产的道路。

畜牧业以养猪为主，年饲养量15747头，出售国家及市场近9000头，养家禽48000只，产蛋60多吨，养蜂90群，养鱼1000多亩，产鲜鱼70吨。为城乡市场提供充足的猪肉、禽蛋、水产等，满足了消费者的需求。

今日横山镇的地方工业，呈现一派蓬勃发展景象。全镇共有户、村、镇办工矿企业61家，工业总产值为1050万元。镇办工业从石灰、石煤矿到兴办的红砖、水泥、丝绸、地毯、酿酒、食品罐头、汽酒和农具等。这里建有35千伏变电所一座，农副产品加工业，从村到镇，比比皆是。特别是他们生产的水泥，质量上乘，远销东南亚地区。

镇驻地横山的商业市场，购销两旺，日益繁荣。镇上设有百货、糖烟酒菜、家用电器、五金燃料、医药、食品、饮食服务业、土特产、副食品、水产、农业生产资料以及文化用品、书刊等商店经营部一百余家。货源充足，商品琳琅满目。

320国道穿镇而过显示出它较强的地理优势。江西、福建、浙西一带的人们经横山镇去杭州、上海极为方便。它地处衢州、金华、杭州三市交界处，是沟通城乡联系，促进城乡结合的一座桥梁，一条纽带。镇区面积1平方公里，有3条主要街道，总长600多米，每逢集市日，赶市日的人群络绎不绝，商贾云集。商品项目以仔猪为主，以及杉木、毛竹、农副产品和农家具等。迎来本县和邻县乃至外省市的顾客，成千上万，热闹异常。

蒸蒸日上的文教卫生事业飞速发展。劳动人民做了文化的主人。有高中1所，初中1所，小学14所。在校学生2200多人，教职员工93人。小学教育得到了普及。教育事业的发展，为四化建设和工农生产等培养了大批具有一定文化的劳动者。

横山镇，历史悠久，那东坞绍衣堂，系明朝建筑，为省级重点文保单位，是横山文化的象征。文化需要连续，更需发扬光大，为使社会主义的精神文明成为横山现代文化的主导和核心，镇政府拨款兴建了一个电影院。去年投资22000元添置35毫米和16毫米放映机各一台，配备了金属银幕，清晰度高，声光俱佳。同时，还兴建了1幢二层楼房的文化中心，开设了图书室、阅览室、娱乐活动室、录像放映室和文印室等，为群众求知求乐求美的文化生活提供了条件。一个以镇广播站为中心，以村扩音室为基础，连接农村的有线广播网不断得到巩固和发展，家家户户每天可以听到中央、省联播节目、本地新闻和丰富多彩的文艺节目。群众文化生活和体育活动进一步丰富和活跃。

新中国成立前，横山的卫生条件十分落后，传染病流行甚广。而现在大不相同了，镇上有区级医院1所，现代化的先进医疗设备逐步增多。与此同时，全镇大多数群众已向千百年来饮池塘水、溪坑水的历史告别。饮用上了清洁的标准自来水。

横山镇，虽乡制改为建制镇时间不逾一年，但在党的十三届七中全会的精神鼓舞下，两个文明建设的步伐将会迈得更快更大。“龙门”已开启，迎往美满幸福生活的金桥已经架起，横山镇人民同心协力，一定会绘出光辉灿烂的新图。

选自南京大学出版社《浙江乡镇丛书》1992年1月版“浙江乡镇通览”卷。

儒大门“三槐堂”

徐 豪

横山镇儒大门村的“三槐堂”是龙游县保存下来明代最大型的建筑,建于明代万历年间,整座建筑包括大门都在一条中轴线上,坐北朝南,总平面布局呈“T”字形。其建筑面积达842平方米,现为省级文物保护单位。

据考证,儒大门村以王姓为主,南宋端平元年,始迁祖王烽为避战乱从山西太原迁于此地,随迁人员达889人,包括宁丁、雇农等。因世代书香门第,人才辈出,被誉为儒学子弟,据《王氏家谱》载,王氏外出做官都以儒士、教谕、训导为主,不善经商,明早期就建起槐庭书院(编者注:现已搬迁至民居苑),《槐庭夜读》就是当时儒门弟子学习的写照,“书香一脉绍前贤,种德堂中翰墨鲜。黄卷味忘更漏水,青灯光射斗牛边。咿唔诵读天街晓,发愤磨穿铁砚田。待看一朝文业就,云程科甲世相传”。故将居地称为儒大门。

“三槐堂”共五进,大门入口有三个台阶,台阶石料为紫砂石,纵观整个建筑都用青石,唯有此处用紫砂石,原来有紫气东来之意;门两边的抱鼓石,一边为白石一边为青石,而一般大厅的抱鼓石都是清一色的石头,这是因为造房之时的大意,还是石料难采?不,这是先人造房时的故意所为,其用意是教育后人做人要清清白白,做官要清清白白。

大门左右各有两套间,作为附房,这种格局在本地也属少见,沿台阶上去第二进为戏台。台座高约一米,若在左右台座上搭上木搁板后,戏台面积约在30平方米左右。在戏台两侧还考虑到了化妆与服装道具间,尤为重要的是戏台上的藻井设计,已是懂得运用声学原理利用藻井层层向上收拢,造成声音产生回旋共鸣之效果。第三进才是正堂,正堂三开间,进深间11米,低头细看,只见地面上铺设的砖头没有一块完整,好像故意打碎似的。据本村年长者介绍,相传厅内铺设整块砖,只有皇宫内可铺,而普通的民宅铺砖违反规定,因此铺好后,特将砖头打碎,故找不到一块好的了。再入一进,左右各一扇小门可进出,左小门北侧各为一座天井,天井内无论春夏秋冬终年不涸,不管雨有多大水也不会溢出,被村民誉为龙眼。中间为一悬山过厅,望砖、圆木椽清晰可见,天井两边采光也可谓别具一格,有别于传统中间天井的格局。再进一门则到了最后一进,此楼有上下两层,四周围合形成中间一座长矩形的天井,天井里原有四棵树,意逢凶化吉祛祸消灾之吉祥,天井东西两侧各有一间厢房和一扇通外的侧门,经过天井,面对的是一层大厅,为祠堂议事大厅,面阔三间,前为走廊,宽约1米,上衬天花板,彩绘有鸟兽花卉,毁坏较多。此外,左右还各一厢房供居住休息所用,厢房外侧则是通向二层的楼梯,二层空阔无隔墙,专供祖宗牌位和祭祀之用,为半廊式的空间格局,外侧样板高约1.2米,为实木拼装样板,檐口至杆板之间为采光之用,无窗框。

整个建筑总体来说,格局与其他祠堂建筑有许多不同之处,较为宽敞、明亮、高大、气派、木雕细腻且不失庄重,建筑非常注重光线的运用,分为直接采光,侧面采光和间接采光等形式,建筑的格局也有所讲究,能把几个主要功能相串联,安排合理得当,整个轴线是由动至静,由下至上,逐渐演变,使整个祠堂的各种功能得到妥善安排。

录自《龙游人文村庄》。徐豪,横山镇文化站站长。

大堂高塔绍衣堂

劳乃强

走进绍衣堂,犹如走进历史。

随着两扇厚重的木门吱吱嘎嘎地喘息着缓缓开启，整个建筑的内部构建也就毫无孑遗地袒露在我们面前。呵，这就是绍衣堂，这就是那座遐迩闻名的古建筑。我不懂建筑，也不是文物专家，因此并不能解读那些梁柱斗拱间所蕴涵着的建筑学上的奥妙，也不能诠释绍衣堂在古代建筑史上的地位以及相关的流派风格、时代特色等门道。尽管作为省级保护文物，绍衣堂是很有一些讲究，值得细细探寻一番的。我只能从直观上体验着绍衣堂的古朴和宏大，感受着由条石、青砖和粗柱大梁构筑起来的气势，领略这寂寞、空旷、苍凉的氛围以及从中透露出来的历史信息和人文精神。

绍衣堂是东坞村张姓祠堂，建于明洪武年间，至今已有600余年历史。而在距东坞村2里余的横山，还雄踞着一座高达30余米的7层砖塔，也为张姓族人所建，塔砖上有“大明嘉靖甲午张氏横山塔砖”的铭文，铭文说明横山塔建于嘉靖甲午年(1534)，比绍衣堂晚了150年左右。据《东谷张君墓志铭》记载，建塔的目的是因“张氏仕进多不利，风水家以为横山当张氏水口，议欲建塔以镇之”。

据史料载，东坞张氏原籍杭州清河坊，系南宋名将张浚后裔，其实东坞张氏也并非全是白丁，有明一代，也曾出过位列“明朝十二名家”之一的诗人张文介等。当然，和清河坊时代的显赫相比，恐怕是有天上地下之殊了。建宗祠是阖族大事，为家族科举兴旺而造宝塔更非同小可，其隆重热烈自不待言。在当时的条件下造厅堂已不容易，建造宝塔耗费更是巨大，对张氏族人来讲，资金的筹集也非易事。像张文介这样的文人，除了家有几亩薄田能维持他安心于学问外，恐怕已无余力；一般族人除了从牙齿缝中抠下些许表示心意外，也就心有余而力不足了；真正能够慷慨解囊的，当然还是族人中那些“挟资以出，守为恒业，即秦晋滇蜀，万里视若比舍”(万历《龙游县志》)的商人吧。于是，工匠请来了，材料运来了，高高的脚手架搭起来了。终于，那四进三开间的厅堂在黄土丘陵中脱颖而出；那巍巍然的横山塔也在高岗上、蓝天下兀然而立了。于是张氏族人的实力得到显示，振兴家族的信念有了依傍。

热情的村人唯恐我们失望，纷纷指说绍衣堂的旧貌，何处是戏台，何处是神龛，何处曾悬有什么匾，何处又题着什么联，何处曾是花园，何处曾建楼层……一心一意用口头的叙述来弥补我们视觉中的不足。其实大可不必，历史上的辉煌早已随着时间的消逝而消逝，绍衣堂能历经600多年的风雨保留至今，本身就是历史对我们的优惠和厚爱。正是绍衣堂的存在，使我们得以窥探先人的业绩和生存状态，于是，历史也就不再是一个抽象概念。

我们应该感谢绍衣堂，更感谢建堂造塔的先人。

录自《龙游人文村庄》。劳乃强，1947年出生，原籍慈溪，《龙游县志》主编。

横山塔史话

黄胜元

《横山张氏宗谱》中有二首七言绝句诗，分别为明代横山张氏裔孙张兆瑞、张宏约所写。张兆瑞的《横峰宝塔》曰：天马驯槽造化工，层峦宝塔影重重。花开应兆占科甲，文笔冲霄势独雄。张宏约的《横峰宝塔》曰：横峰作案塔玲珑，百尺层楼七级通。功名何处占嘉兆，但看榴花顶上红。

他俩形象地赞美了横山塔独特的地理环境、建筑风格和构筑艺术，表现了这座明代古塔的雄浑气势。同时，诗中也深情地寄托了横山张氏祈盼在宝塔的庇护下，张氏家族从此科甲蝉联、簪缨奕叶的愿望。

横山塔，原名横峰塔。位于龙游县城东北部，距县城约16公里，矗立在横山村南数百米外一突兀的小山丘上。山势不高，海拔约60米，塔因山而得名。320国道经塔下贯通南北。横山塔高27.8米，为八面七层楼阁式空心砖塔，建筑结构合理，造型优美。塔之各层收分较和缓，层间腰檐以菱角牙子叠涩出檐，形同竹节，使整个塔身显得庄重而古朴。檐上设平座，檐下墨绘转角斗拱，补间亦绘一斗三升斗拱，二至七层均设有四个方向错开的壶门，门的大小能容一人曲身入内。须弥座为红砂石砌成，高60厘米，束腰部分刻有卷草纹饰，底层壁体厚度为116厘米，东西南北向各置较高大壶门，供人出入。塔内空地直径350厘米，通体宽敞、明亮、通风。塔之内壁上尚有木结构件的遗存。伫立塔外仰视，整座宝塔高耸入云，虽经数百年沧桑，依然挺拔俊秀。然而，岁月的变迁、风雨的剥蚀，已使塔身砖块多有脱落，以致十分斑驳，间有裂隙。塔顶部分已经不存。该塔1989年由省人民政府公布为第三批省级重点文物保护单位。

横山塔建成于何时？民国《龙游县志》载："（横山塔）年代不详"。近年来，从剥落钙灰的塔砖上，我们陆续发现塔砖侧面模印"大明嘉靖甲午横山张氏塔砖"楷书字样。这段简洁的文字，表明该塔建于1534年。2007年6月，由县文化部门组织，对该塔进行整体搭架测绘。我们有幸登临塔顶，令人惊喜的是，在塔顶看到了铁质露盘，露盘表面铸有铭文，全文如下：

大明嘉靖十三年岁次甲午夏六月吉日，横山张氏同心合力建造宝塔一座，祈保各家子姓功名显达，买卖遂心，福如东海，寿比南山者。更求皇图永固，帝道无疆。辛丑年季冬望日谨题。主缘信士张轲，同男辛丑科赐进士张文愚，督工信士张良成、张瑾、张显、张环，武林铸顶匠手王本忠造，兰江砌塔匠手张以广造。

这段铭文共122字，它更为明确地告诉我们，横山塔始建年代为明嘉靖十三年（1534）六月，嘉靖辛丑（1541）年冬封顶竣工，工期历经七载有余。

那么，如此宏大的工程，如何筹建，又为谁所建造塔的缘由何在呢？

关于建塔的动因，当地人相传是因为横山村南面的天马山挡住了张氏的水口，故建塔镇之。从横山塔地理位置看，塔建于村外一突兀的山丘上，整体山势绵延而和缓，古时就为一方胜地。张氏先祖于南宋年间卜居这里，便考虑此地优越的地理环境。《横山张氏宗谱》载："横山者盖因横峰（天马山）作案，一乡形胜在焉……"文中点明的天马山有若村前的香案。山下又有溪流蜿蜒，村后有高山顶作依靠，自然生气凝集，是理想的人居之地。然而，风水师眼中的天马山却有美中不足之处，认为天马山的马首朝向外侧（南面），而不作回首眷顾之态，这让张氏的裔孙们颇为遗憾。《横山张氏宗谱》中《塔志铭》记载了这一内容："横山宝塔于张祠面山之巅，山形如天马驯槽，堪舆家嫌其首不内顾，明嘉靖间族人倬公、富玉公、环公等，因建新塔镇之……"可见，横山张氏建塔是为了改善"风水"，趋利避害。而据《明故益府引礼舍人东谷张君墓志铭》记载："……张氏仕进多不利，风水家以为横山挡张氏水口，议欲建塔镇之……"据此我们确知，建塔的真实缘由还是因为"张氏官场失意"，希望借此以改善风水。

上述墓志铭中关于张氏"仕进不利"的记载，我作了考证。查阅《横山张氏宗谱》和民国《龙游县志》，资料显示：横山张氏先祖自理宗开庆（1259）年间徙居县北横山，元时斯族张庆肆公任河南按察副使，"遂开一族仕进之端"。此后一直到明嘉靖，其间鲜有闻人，虽有出仕者，但亦并未成气候。如：建塔主事之一张倬，宦游江西益王府，生前一直为王府中"引礼舍人（从九品）"；其子文介，亦如其父，"常游益藩，礼为重客"（民国《龙游县志》），但一生仅"娴于辞赋，淡雅秀逸"。虽位居明朝十二名家之列，却并未谋得一官半职；同族人张轲由庠生而拔贡亦未有出仕的记载；张显明正统五年贡生，曾任潮阳知县，但早已赋闲在家，垂垂老矣。欣喜的是，在横山塔巍峨耸立即将封顶之时，嘉靖二十年春，张氏族人张文愚在参加殿试时一举中榜，被御赐进士出身(第二甲)。张文愚中取进士,这冥冥之中仿佛应验了张氏建塔的初衷。这令整个张氏家族兴奋不已。文愚此后出任“新淦知县”。然而,张文愚的仕途并没有因为横山塔的庇护而一帆风顺,进而飞黄腾达。相反,张文愚在任新淦知县后,又“未几罢任,人惜其才未竟厥施”(民国《龙游县志》)。当然这已是建塔之后的事了。其他关于横山张氏出仕者,史料中并无记载。

自宋开庆到明嘉靖的二三百年间,张氏家族已是人众族繁,尊称龙游名宗,为一方望族。然而,科举乏人,仕途不顺,这让张氏子孙深为忧虑。他们四时馨香祭祖,在氤氲的香烟里,祈盼能在列祖列宗的冥视下,子孙贤才迭出,仕宦相承。最终,横山张氏便以建塔这一“壮举”,试图来振兴宗族的仕运与文风,扫却心中积久的阴霾,进而重新鼓起张氏“仕进”的信心,高扬起希望的风帆。

录自《龙游人文村庄》。黄胜元,县人。

志棠营造谁人解

余怀根

古人云,历史文化村落,要有经典的堪舆布局,有合理的聚落结构,有巧妙的排水系统,也有优美的自然景观。如此等等,才有今天的敬畏大地,天人合一,和谐与持续发展的传统科学文化。更严格地讲,风水文化,村落选址和先祖迁址,建筑营造,住宅形制与民居建筑,厅堂与祖屋结构空间,公共及文化建筑等等元素,构成我们今天所谓的“生态人居”。谁能解其奥秘?志棠村或许能给出一些答案。

志棠村位于龙游、兰溪、建德三县交界处,以北面的天池山为靠山,东南以大麦山为案山,模环溪流经西南,建村选址契合堪舆风水。距县城 30 公里,316 省道穿村而过。地处丘陵,海拔 80~323 米。志棠由前邵、卸厅、后邵、席家四村合并而成,三村主姓邵,席家主姓席。全村 410 户,人口 1801 人。

《志棠邵氏宗谱》载:“始祖尚一公,讳斗,字应奎,常自寿昌往来于兰溪之地,见志棠地理美景,有志迁居而未就,赖子齐二公克承厥志于至元二十八年(1291)遂卜居焉,生平广行阴德赈济饥民乡邻,闻于郡邑,朝廷诰封为朝政大夫之职,冠带荣身。”家谱详述择居理由,“前有金壶观峰之秀,后有玉屏天马之奇,左有泉溪,右有天池,乃狮象昼开夜关之祥地也”。

据考证,志棠原名“梓塘”,村前有一口很大的水塘,塘边长有一株巨大梓树,因而得名“梓塘”,后演变为志棠。据民国《龙游县志》氏族考载,邵氏先人于元代至元二十八年(1291)由寿昌迁入,距今已有 700 多年的建村历史。南宋时期,北方战乱,迁都临安,大量移民南下,志棠因有狮象昼开夜关之祥地,被移民所看中,纷纷落脚志棠发家兴业,至明代最为鼎盛之时,人才辈出,考取功名,诸多朝廷命官,回乡造厅,光宗耀祖,留下不少宝贵文化遗产。

志棠古村以花台脚为中心枢纽,世称小街古里,小街巷弄相接,楼宇相通,自古为官商要道,酒肆茶店,药铺杂货,商业繁荣。四周滴水,形成一个布袋口,寓意招宝聚财,肥水不流外人田。古村从三个方向往外扩展,建筑民居村舍,宗祠大堂,遂成村落。现存古建筑 66 处,其中明代 27 处,清代 34 处,民国 5 处,近代 1 处;已列入省级保护的有 3 处,县级保护的有 7 处。“东陵侯”门厅东厢房壁上尚有“乾隆三十五年(1770)二月集秀班”等演戏题记,古戏台已列入世界文化保护遗产五大集成之中。

雍睦堂,也称邵氏花厅,明代中期建筑,至今已有 500 年以上的历史。大堂高达 7.5 米,宽 13.42 米,深 56.3 米,前后五进三开间,建筑面积达 755.5 平方米。90 根柱子落根。在大堂正门前的平台上,左右各有三个旗杆洞,依稀可见。跨上三个台阶,两侧竖着抱鼓石,高达一米,石料精细,花纹清晰,给大堂增添了一种威严的气氛。走进大堂,只见地上铺着青砖,门庭、过廊上装饰着天花彩绘,花草图案,美轮美奂。90 根大柱下部都有石柱础垫着,上部斗拱顶着大梁。大梁扁形,呈弧状弯曲,两头都有根歪歪扭扭的龙须,既透露着建筑工艺的精湛,又透露着龙的传人的历史寓意。

传说明代木匠邵高师在建造雍睦堂时,一天中午贪杯多喝了点酒,飘飘然,竟把大柱少算一尺。邵高师心中明白此事的后果,不仅 90 根木头全部报废,而且有损自己高师的名声,便急得日不思食,夜不成寐,焦虑成疾。他的娘子得知此事,就给他出一个主意,下加石垫,上加斗拱,不就补足高度了吗。邵高师果真用此办法解了危厄。当然,邵高师可能不会预料到,这种解危之策竟然成为明代建筑的传统风格,在中国建筑史上占了一席之地!

2000 年,邵氏后人秉承祖训,在雍睦堂续修家谱,持续三个多月。对邵氏后人来说,是自 1944 年以来最大的节庆。一本家谱汇成中国平民的历史。

东陵侯厅位于村西北边。据《邵氏宗谱》载,始建于明嘉靖八年(1530),邵氏三兄弟每人各造一厅,故在“东陵侯厅”边房的门上刻有“邵三和”字样。东陵侯厅五进三间,通进深 59. 9 米,通面阔 12. 55 米,总面积 751 平方米,与众不同的是整座大厅坐南朝北,正门有一对抱鼓石,门背悬“东陵侯”木匾一块,门两边有对联一副“达德近智近仁近勇,和为贵惟孝惟友惟忠”。门前有一块镇妖石,正门两侧有厢房,常用于演员化妆及放置戏箱和道具,东厢房内壁横梁上有演出题记:“乾隆三十五年二月二日,集秀班在此六叙,沈德文、童德华二人。”“嘉庆四年二月初,金邑三秀班到此一叙,好乐也,永砥题。”第二进设戏台,台座高约一米,若在左右台座上搭上木板后,戏台面积约在 30 平方米。主厅明间两缝九梁前后双步,后廊设卷棚,次间缝穿斗式,木质形础,下置覆盆,硬山顶。后进建筑年代较迟,但地形比前厅约高 1. 5 米。第五进为后楼,供奉先祖灵位。明间后墙存有彩绘一方,有神话、佛教人物数十人,“文化大革命”时用石灰粉刷,2001 年被村民发现,得以复原。四、五进均为鼓形基础。建筑整体用材讲究、粗大,艺术构件工艺简洁大气,突出明代风格,后进部分清代重修风格明显,山柱间砖砌护壁与山墙合为整体。该建筑工艺精湛,具有明显的宗祠建筑特征,具有较高的文物价值。

席氏家族原居安徽桐城淡竹村,宋末始迁志棠。清朝初年建席家宗祠,三进三开间,坐西北朝东南。高 7. 6 米,宽 14. 7 米,深 33. 6 米,面积 494 平方米。三进均七架抬梁前后廊。前后廊柱上有牛腿,上置讹角座斗,斗上一组象鼻斗拱承托挑檐檩,设计美观又符合力学原理。保存完好,屋顶望砖完整,木构件且无虫蛀腐朽。

工匠中隐潜着许多真正的建筑大家。前代建筑师的遗留,又给后代工匠默默地滋养,于是志棠的明代建筑群,浓浓地吸纳无量度的才情,变得神秘又安详。退休教师邵裕后所住民宅也是明代建筑,庭院布置得清洁幽静,整整齐齐。邵老年逾花甲,在这座房子内出生长大。从他懂事之时起,这古宅从未因狂风暴雨而瓦飞墙歪。房子东首有一根断梁已有三十多年,至今依然如故,不影响整座房子的安全,可见房子结构之坚固。他说,住这种房子冬暖夏凉,十分舒适、养人。

在惊叹众多大堂花厅之际,我们又深深地感到疑惑,对当时每家只种几亩薄田的山民而言,只有果腹暖身之力,要建造数量众多规模巨大的建筑,筹措这笔巨资绝非易事,巨额费用从何而来?有资料称龙游商帮萌发于南宋,鼎盛于明中叶,资金庞大,业绩辉煌,跻身于中国十大商帮之内。因此,把龙游商帮与明代建筑串在一条线上进行论证,有了下面的推测:志棠的山民们凭依浙西官道的便利,率先从古老的村落中走出来,打破农耕社会的封闭格局,摆脱土地的束缚，结伴而出，到外地谋求发展；远行贾商，惨淡经营，率先跨入商业流通的门槛，由此改变自己的生存状态。于是，滚滚财源流进故里，于是，座座大堂名宅拔地而起……

从此，山民们可以在祠堂里举行族人聚会，操办祭祀仪式，祭拜祖宗，讲授族规，编修家谱，接受民族精神的洗礼和熏陶；可以在花厅里搭台唱戏，释放狂欢，艺术的天国是自由的殿堂；可以在深院古宅内安居乐业。婚姻嫁娶，繁衍子孙。

就这样，先人们日出而作、日落而息、守着这片黄土地，守着这些大堂花厅，春夏秋冬，周而复始。它们顶住风雨雷电的折磨，避开频繁战乱和野蛮战火的灾祸，苍凉兮兮、零零落落地保存下来，这真是一个奇迹。这笔丰厚的历史馈赠，是志棠村民的巨大财富。它的意义已不再是以土木建筑实际内容给社会以知识，而是作为具有历史的民族传统文化丰富内涵的象征而存在，使人联想到我国文化保持和流传的艰辛历程，联想到一个民族对于文化的渴求是何等悲怆和神圣。

志棠的大堂古宅终于走进了当代社会。它们并没有完全失去光亮。人们的心态在嬗变。古宅老屋又成为一道风景，重新受到人们的青睐。

录自《古村故事——龙游历史文化村落》。余怀根，1955年生，湖镇七都人，曾任县委宣传部副部长。

关西世家与关西孔子

姑蔑老人

天池村杨家自然村有座明代建筑“关西世家”，为当地杨家祠堂。何谓“关西世家”？《廻溪杨氏宗谱》有载，曰：“我杨氏派自关西，历世相承，传至宋南渡，后有宗明公为严郡（即今建德）守。”又曰：“今吾族之派则发祥始于杨震。震之裔孙宗明为睦州（即今建德）刺史，厥后退守林泉，避难至龙北，览胜于廻源，见涧水萦回，峰峦环抱，时有郁葱之气，因即其地而居焉。”天池村有山溪穿村而过，为迴溪，亦称廻源。天池村杨家始祖为睦州太守杨宗明，号翠崖，为杨震后裔，是为避宋金战乱迁居至群山环抱之中的天池（时称廻源）的。关于杨震，《廻溪杨氏宗谱》之“关西杨氏源流”篇中有较多的记载。兹结合相关资料，对被时人誉为“关西孔子”的杨震作较为详细的介绍。

杨震（59—124），字伯起，东汉弘农华阴人，少年时就特别聪明好学。当时，今文经学居官学正统地位，很盛行。杨震拜桓郁为师，深钻细研《欧阳尚书》。桓郁是当朝九卿之一的太常，主管宗庙礼仪和选试博士，曾为汉章帝、汉和帝讲授儒经，是当时既显赫又有很高学术威望的经学大师。杨震在名家指点教授下，终于通晓经传。他还博览群书，对各种学问无不深钻细研。

杨震对教育事业特别热心。20岁以后，地方州郡长官多次征召他出仕做官，他都置之不理，一心一意自费设塾授徒。杨震坚持有教无类，不分贫富，因此四方求学者络绎不绝。他教书育人以清廉正直为要，其严谨的治学精神和高尚的师德情操被人们所广为称颂。所教授的学生多达三千余人，可与孔子有三千弟子相类，当时人们就称杨震为“关西孔子杨伯起”（后人亦称其为“关西夫子”）。

杨震办学三十多年，培养了大批人才，因此名气很大，远近钦慕。当时执掌统兵大权的大将军邓骘十分敬重杨震，派人请杨震出仕。这时，杨震年已五旬，应征到大将军邓骘幕府不久，即被推举为“茂才”（秀才），嗣后出任地方官，担任襄城令。汉安帝永初四年（110），升任荆州刺史，永初六年（112）又升迁为东莱太守，两年后调任为涿郡太守。汉安帝元初四年（117），杨震入朝任九卿之一的太仆，不久调任为太常。汉安帝永宁元年(120)，升为司徒，位列“三公”。汉安帝延光二年(123)，改任太尉，掌管朝廷军事大权，次年遭罢免。杨震出仕二十多年间，为官清廉，不谋私利，始终以“清白吏”为座右铭，且忠于职守，办事秉公，为后人所敬仰。

杨震由荆州刺史调任东莱太守，在赴任途中经昌邑(今山东巨野县东南)时，昌邑县令王密为报答他在任荆州刺史时举“茂才”提拔之恩，特备黄金十斤，乘夜深人静时敬奉。杨震甚为反感，说：“我你是故交，我了解你，你却不了解我，这是为什么呢?”王密说：“深夜无人知道的。”杨震说：“天知、地知、我知、你知，怎能说无人知道呢?”王密受到谴责，心中惭愧，只得把金子拿了回去。杨震“暮夜却金”，后人因此称他为“四知先生”。

杨震为官，从不谋取私利，从不吃请受贿，也不因私事求人、请人、托人、请客送礼。他的子孙们与平民百姓一样，生活十分简朴。亲朋好友劝他为子孙后代置办些产业，杨震坚决不肯，说：“让后世人都称他们为‘清白吏’子孙，这样的遗产难道不丰厚吗!”

杨震唯才是举，乐于选贤任能。当时博士选举大多名不副实。杨震任太常后，所选用的陈留、杨伦等都是通晓经书、学识过人的名士。杨震任太尉后，汉安帝的舅父、官居大鸿胪的耿宝向他推荐中常侍李闰的哥哥入朝做官，他坚决予以拒绝。耿宝亲自到杨震住处拜访，并威胁说：“李常侍是皇上所重用的人，让你征召他的哥哥入朝做官，我只是传达一下皇上的意思而已。”杨震义正词严地说：“如果朝廷想征召谁，就应该由尚书把皇帝的敕书送来，怎么能让你来传达皇上的意思呢?”耿宝无言以对，愤恨而去。皇后的哥哥、官居执金吾的阎显也向杨震推荐自己的亲友做官，杨震同样予以拒绝，阎显对此十分怨恨。

杨震一身正气，嫉恶如仇，还每每向皇帝进谏，就得罪了一些小人，结果遭到诬陷，被罢官遣送回故里。在返乡途经洛阳城西几阳亭时，杨震慷慨悲愤地对儿子和门人说：“死，本是士大夫的寻常本分之事。我蒙圣上之恩官居太尉，痛恨奸臣狡猾而不能诛杀，厌恶奸邪的女人倾乱朝廷而不能禁止，我还有什么面目活于人世？我死之后，以杂木做棺板，以粗布作寿衣，既不要送我回归祖茔，也不要设祠祭祀。”说完就饮毒酒自杀了。弘农太守秉承朝中奸臣旨意，截住杨震的灵柩不准运回本籍，将灵柩露停道旁，一任日晒雨淋；杨震的几个儿子则被罚做苦役，代替邮差往来送信。对此，百姓无不为之垂泪。一年以后，汉顺帝即位，杨震的门生虞放、陈翼等上书要求重新调查杨震一案，顺帝随即下诏给杨震平反，除拜杨震的两个儿子为郎官、赠钱百万，还下诏以很高的规格改葬杨震于华阴潼亭。改葬这天，远近百姓络绎不绝赶来参加葬礼，以缅怀这位好官。

录自2013年5月17日《今日龙游》。姑蔑老人，笔名，县人。

杨家将威仪今犹存

刘恩聪

天池村，以荷为媒，把乡村旅游开发得风生水起。但要圆“荷开四季”和“最美乡村”梦，无疑，利用该村的文化资源，打好传统文化牌和草根文化牌是必须的。

在此我们来认识一套珍贵的家族礼器——杨令公銮驾。

杨家自然村，有300多人姓杨，祖祖辈辈从《关西杨氏宗谱》中得知自己是杨家将的后代。杨宗明为杨家杨氏之祖。传说，杨宗明是杨宗保之堂弟。“天门一百零八阵，阵阵不离穆桂英”，宗明因不遵兄嫂之命，遭遇挫折，只身逃出虎口，避难福建浦城，后任睦州刺史。《龙游县志》和《杨氏宗谱》记载：“杨氏始祖宗明公迁避患难致仕归田，早居梅岭五都寿昌廻溪(今建德县大店口乡)。到南宋绍兴二十年(1150),杨宗明任睦州(今淳安)刺史,后又迁到龙游。在龙北建起东庄,喜欢崇山峻岭透出丹凤朝阳,尤爱茂林修竹……经营基址造三鳣堂之公堂……"

三鳣堂,就是村里那座气势恢宏的杨氏宗祠"关西世家",如今已是国家级文物保护单位。"关西世家"之名,可追溯杨家将后裔在浙江的支系。据《汉书》记载:"后汉杨震。时人称为'关西孔子杨伯起',伯起,字震,震为弘农华阴人,地居函谷关西,故云。"杨氏宗祠是明代万历年间留下来的古建筑,后两厅三开间,坐东朝西,面积282平方米,至今已有400多年历史。"关西世家"南侧,有半月形水塘一口,常年水满塘,面积千平方有余,不仅供村民洗涤之用,且为调节温、湿度和消防之用。塘沿樟木一株,树龄四百余年,古老雄健,粗枝繁叶,这是"关西世家"的历史见证。

杨氏宗祠门楼气势壮观,重檐歇山顶,在它的正面悬挂着"关西世家"巨大的题匾,端庄凝重,正门两侧立有素面抱鼓石。传说是为纪念杨家将不朽功勋,"万历元年(1573)八月二十八日",由杨官五为首建造流传到今天的一处珍贵遗迹。而藏于其内的"杨令公銮驾"则是一套珍贵的家族礼器。

民国三年(1914),族长请人精雕细刻了一副"杨令公的銮驾"。"銮驾"本只有皇帝才有,皇帝娘娘也只有半副,而杨令公却有完整的一副,这是因为杨令公为大宋建有奇功殊勋。这副銮驾共有六十四件,现存五十七件,每件长约二米多,其中图案、兵器头长约五十公分,稀奇的是,仪仗两面均有镂雕,如"掌扇老头""黄母八仙""天官赐福""魁星点斗""招财进宝"等形象刻得栩栩如生,呼之欲出;兵器中形式多样,如"梅花枪"(又叫杨滚花枪)、青龙刀、盘龙棍等,金光闪闪,酷似真武器,每当迎杨令公进杨家村和农历一月十三日归位时,这副銮驾为之开路。往日,这些兵器置放在"关西世家"进门处,显示杨家将的威风,如今,杨氏后裔一般不轻易将它们对外,或许是显示其珍贵,或许是出于保护的目的。

提起杨家将,人们首先想到的便是杨业。历史上,这位名震千里的一代名将,弱冠之年便主事太原的北汉政权。杨业从军的年代是一个内忧外患的年代。北汉之主刘崇胸无大志,仅凭地利固守三晋。南有能征善战的宋氏皇帝赵匡胤,北邻强悍凶猛的契丹王朝大辽国。生存在夹缝中的刘崇,不仅未能兴李唐之志,反而屡战屡败,导致国破家亡。宋太祖以仁义之举,招降杨家将,并委以边帅重任,共同抵抗强大的辽国。杨业及其子孙先后转战雁门关、偏关、宁武关等地,多次挫败契丹军。最后,由于北宋文人政府对其缺乏有力的支持和信任,导致杨家将兵败陈家峪,杨业及其子孙以身殉国。

杨家将正是这样一代接一代地为保卫祖国恪尽职守。他们的事迹不断走入传说、故事、戏曲舞台和影视剧创作。北宋著名文学家欧阳修,称赞杨业、杨延昭"父子皆名将,其智勇号称无敌,至今天下之士至于里儿野竖,皆能到之"。宋元之际,民间艺人把杨家将的故事编成戏曲,搬上舞台。到了明代,民间文学家又把他们的故事编成《杨家将演义》《杨家将传》,用小说评书的形式在社会民间广泛流传。这些传说和故事,把杨家将英勇战斗、牺牲的过程,叙述得十分详细和感人。在杨家将群体中,最突出的表现是忠诚、刚烈。老令公撞死在李陵碑、老太君百岁挂帅,七郎八虎闯幽州、血战金沙滩、穆桂英挂帅、杨门女将、十二寡妇征西、佘太君百岁挂帅、杨排风……所表现的无一不是为国尽忠,一个个栩栩如生的爱国者形象,在世间广为流传,家喻户晓,以至分不清哪些是史实,哪些是演义和传说。

有杨家将的故事,有杨家宗祠,有精美的家族礼器銮驾,天池村杨家将永远是我们怀念杨家将的地方，更将是天池打造国家级AAA景区和浙西乡村旅游范本的珍贵礼器。

录自2013年11月8日《今日龙游》。刘恩聪，县人。

杨家店铺的没落

徐金渭

天池村杨家自然村“关西世家”西侧有座小厅，长期被用来开店铺：卖肉和家酿米酒。

杨锦富勤劳而且精明，父母过世早，才二十岁出头的锦富便独自当家作主了。经得族长许可，他把小厅整理得整整洁洁，开起了店铺。锦富人长得端正，不管见到熟人生人脸上总挂着笑容，是个人见人爱的小伙子。店铺开张后，生意就很是红火。不独杨家村乡亲们买酒买肉都到锦富店铺里来，就连下店、新宅、儒大门一些村的人，也乐意走个几里路专门来买。

远近村坊的大姑娘们更是乐意来杨家店铺买东西，家里来客了，雇工请匠人了，姑娘们都争着去买酒买肉。姑娘之意不在肉也不在酒，是想看看锦富这个“笑脸老板”。儒大门的王莲花是当地有名的一朵花，上门求亲者踏破了门槛，可她都不屑一顾，却暗恋上了杨锦富，总喜欢到杨家店铺买酒买肉。时日一久，众乡亲就看出了其中的“名堂”，都乐于成就这段姻缘。杨家有位算命先生号称“杨神仙”，都说他算命很准。当莲花的母亲来为女儿与锦富求八字时，他掐指细算，嘴里念念有词，突然大喝一声：“好啊，好！此乃天仙配呀！”抬手猛拍了一下桌子，竟把自己戴着的一副眼镜给震得掉在地上了。莲花母亲喜笑颜开，锦富和莲花喜结良缘。

结婚以后，锦富、莲花操持着店铺，乡亲们有事没事只要有闲都喜欢到杨家店铺看这对天仙配夫妻做生意。小两口生意做得红火，日子过得也红火，后来还添了两儿两女。

离杨家不远的下店村也开着一家店铺，老板姓郑，他为人刻薄，斤斤计较。当地人学着《水浒传》里被鲁提辖三拳打死的那个“镇关西”的叫法，也叫他郑屠。自杨家店铺开张后，他的肉铺就门可罗雀了。后来，郑屠的肉铺终于维持不下去了，于是他就迁怒于杨锦富。一天晚上，郑屠来到杨家店铺，对杨锦富说：“小兄弟，我们这里人户少，开着两家肉店就嫌多了，我决定把自己的肉铺关了，把生意都让给你。”锦富仍是一脸笑容，跟郑屠说：“那就这样吧，我呢也缺人手，你开了多年肉铺对买猪的事熟门熟路，你愿意的话就帮我去买猪。”郑屠满口答应。起初郑屠四处买猪，很是卖力，锦富省心省事多了。渐渐地，锦富、郑屠如兄弟般亲密无间。

某日，郑屠买猪回来，把锦富拉到一旁，神秘地掏出一小包乌黑的丸子：“好东西呢，尝尝？”锦富不明就里，经不住郑屠的“热情”，就尝了那丸子。此后，郑屠出去买猪常无猪回来，就带那丸子给锦富享受。很快，锦富吃丸子上了瘾，店铺也无心打理了，还经常外出，有时竟彻夜不归。莲花急了，苦口婆心劝丈夫好好做生意，可锦富不但听不进去，反而对莲花轻则谩骂重则毒打。莲花心情越来越抑郁，一天夜里乘锦富又出去吃丸子就上吊了，抛下最大十岁出头、最小才一岁多的四个孩子。

妻子的自杀，没有唤回锦富的良知，他迷恋于吸食那种叫“乌烟”的丸子不能自拔。妻子离世了，店铺就没人经营了，随即关了门。为了吸食“乌烟”，锦富花光了与妻子起早摸黑赚来的辛苦钱，接着卖田卖地，最后连饭桌都卖了。锦富的四个孩子靠着乡亲们东家一碗粥西家半碗饭艰难地过着一天又一天。杨神仙心疼啊！他领着才六岁的锦富的次子志承外出算命去了，一年半载才领着孩子回家一趟。而锦富终因吸“乌烟”，几年后在贫病交加中亡故。自此，“杨家店铺”成了杨家人的一个惨痛的记忆。

录自《民居苑的故事》。

杨家店铺,原位于杨家村,系清晚期建筑,为一进三开间楼屋结构。通面宽 11.6 米,进深 7.6 米,面积 88.16 平方米。明间两缝五檩穿斗用四柱,中柱不落地,次间山缝五檩穿斗用三柱,前檐柱头用牛腿挑出承托檐楼,檐楼用“I”字花格装修。硬山顶,用马头墙封护,原建筑上不用望砖,仅盖小青瓦,木雕以回字蟠螭纹和卷草为主,柱础鼓形,三合土墁地。该建筑于 2004 年搬迁复建于鸡鸣山龙游民居苑内,基本保持原貌,保存完好。

寂静乌石寺

张益明

乌石寺藏得很好,山脚仰瞻,山腰引望,你都看不见它。爬完四百多级石阶,地界略显平阔,转过了路边的僧人圆寂塔和放生池,你能看到的也只是黄墙半堵、檐角一弯,虽然你已确乎站在它面前了。

它被苍翠蓊郁的古樟和修竹环抱、掩映;身后是陡升突兀的巨石屏障,苍崖峭耸,绝壁铁削。而它在绿树葱茏间,孤峰幽岩下,深卧,自在、清静、安稳、寂然。

还有水,不是訇然的瀑流,不是奔泻的涧溪,是滴泉。百尺危崖下,天然一窟穹,穹顶石中有水渗出,滴滴相续,有史以来似不断绝。老子说“天地相合,以降甘露”。这怪峰突起的乌石山,上接青云与天摩荡,下展金衢盆地千里平畴,正是“天地相合”处,名此不受红尘污染的滴泉为“甘露”。又,佛门有“甘露法”之说,是修习“八正道”可得的一种无漏境界(据《杂阿含》)。“无漏”,即烦恼尽,这石泉的滴答应和钟鼓清音,木鱼梵呗,实可快乐、庄严此一方世界。

一千一百九十三年前,通济大师于此驻锡,定然是见此山有“清静福德”,故结茅依止,誓弘天台法脉,广宣佛智,成就人间净土。

招庆寺在这千里岗绵延万山中的隐秘一隅寂寂三百年,行走在朝山石梯上的尽是怀抱净信、乐欲闻法的信士、香客。

到了南宋,山寺突然热闹起来了。

为了方便同长江沿岸抗金前线的联系,宋廷修建了东起京城、西接湘赣的官道,这条官道越过寿昌的梅岭关进入龙游境,而乌石山就在梅岭关左近,那条著名的官道就在它脚下穿行而过。

于是,岳飞来了,他一脸风尘地在此解鞍下马。他是被朝廷从前线紧急召回的。在寺中的一夜,他几乎无眠吧?他在桌上刻下七十一字的题词,写下《招庆寺送张紫岩北伐》的五律,题词中说“迎二圣沙漠之辕,辅圣主无疆之休”,诗中又说“马喋阏氏血,旗枭可汗头”,一腔忠诚,满怀壮烈,肩担天下,慷慨捐躯,中国式的英雄就是这样!

在题词中他还插入一句:“因结缘佛事”。救国救民的世间大英雄与普度众生的出世间大菩萨,皆具大无畏心,因为他们皆已“无我相”,因为“国土危脆”、世路艰难、有情皆苦、“刚强难化”,他们必须勇猛而慈悲。从这一点上说,岳飞有“佛缘”。

圣悟法师劝岳飞造反的故事流传甚广。法师劝反之术极妙,可概括为“诗书画面”,枕上题谶诗,劝阻其上京;石壁书大字,道是“你来了”,意为你来就完蛋了,还是谏止意。重点是“画面”:法师赠画,画中一白鹤,单足立寒秋,草书题曰“独立”;法师请吃面,故意不放盐,岳飞问其故,法师说“酱(将)在下,何不上翻(反)?”

我现在怀疑这故事是同情岳飞的文士所杜撰。“佛法不坏世间法”,空门对于那些为国为民的尘世英雄自然也是随喜赞叹的,所以法师一再劝止岳飞“趋阙”,不忍见其冤死,乃佛门慈悲。但两次劝反实为不可思议,在忠义的古代中国,造反是大坏世间法的,何况在超越世法、最讲无缘大慈、同体大悲的佛法那里呢?

如此事为真，我今试解圣悟法师的“了”和“反”。所谓“了”者，了不可得也，万缘放下，毕竟是空；所谓“反”者，反闻自性也，离幻即真，出尘合觉。如此，方为佛家之“圣悟”吧。

于是，刘光世来了。这位与岳飞齐名的抗金英雄出身将门世家，“文采风骚”大概实在“略输”“稍逊”，他在寺中的题壁据说是其随从代劳的。题壁今已亡佚。

于是，张浚（即张紫岩）来了，这是岳飞诗中寄予厚望的主战派领袖。据民国《龙游县志》载：“张浚解万寿观使放连州过此，有题壁云‘清河张德远听颜师鼓琴而去’。”现在，他也被解职外放，朝廷再也不喊“还我河山”的口号了，世界从此太平了。知道大势已去的张浚索性反倒潇洒了，乌石寺的琴声大概平息着他胸中的愤懑，一个“去”字，洒脱且寂寞。只是我们现在已无从得知那为他“鼓琴”的“颜师”究竟是何人。

于是，周必大来了。他中进士时已离那烽烟四起的岳刘张时代二十多年了。他是左丞相，但更是一位优秀的诗人。他走进乌石寺，心情是放松的，所以他看得见风景，赞叹的是山的“雄奇”。

于是，杨万里来了。他是周必大的好朋友，一位难得的正直官员。在他那首十二句八十四字的《登乌石寺》中，与他的朋友一样，他也激赏山寺的峻伟。他这样写道：“高峰高寺更高阁”，连用三个“高”，因为他们都有轩昂的襟怀。只是与他仕途风顺的朋友不一样，他的刚硬并不为孝宗所喜。不能朝堂济苍生，那就做个山野诗人吧。诗的最后他写道“兹游胜绝庸非天，山下虚行二十年”，山势山景的绝尘和乌石寺的钟声让他更坚定了退隐的决心。

于是，姜夔来了。他生活在宁宗朝，小朝廷已安稳无事地度过了半个世纪，文人们再也不会“怒发冲冠”，姜夔是婉约派的高手。只是这次他在乌石寺并没有“数峰清苦，商略黄昏雨”般一贯的清幽冷峻，倒是有些人世苍凉的感喟。他见到了岳刘张们的题词和诗，叹道“诸老凋残极可哀”，下一刻，他的深沉就变成了略显轻薄的讥嘲，“刘郎可是疏文墨，几点胭脂湿绿苔”，他是取笑刘光世无文采不风流呢。看来乌石寺的钟声没有敲碎他“贡高我慢”的心。

终于走出南宋，来到了明清。

这时，官道和石径上匆匆走着的是商人。明清之际正是“龙游商帮”鼎盛之时。北乡嶙棱的山和开阔的原，造就此地龙商吃苦耐劳和眼光深远的特点。他们讲“利”也行“义”，堪称“儒商”，但我想，千年招庆寺对当地民风的濡熏定然是有的。那“众善奉行，诸恶莫作，自净其意”的佛教最浅白教义也在无形中塑造着龙商的品格吧。

现在，山脚千年古官道已淹没，山前不远处杭金衢高速贯通浙赣闽。山外的世界依旧热闹，山中寺院俯瞰热闹、接近热闹甚至就是身处热闹，但终究超越热闹，因为“万花丛中过，片叶不沾身”，因为“佛法不离世间觉”，因为“烦恼即菩提”，因为“看山还是山”！

清朝道光二十四年(1844)，招庆寺更名为乌石寺。不管是招庆寺还是乌石寺，此处毕竟皆得寂静，过往现在都是。

录自2020年11月13日龙游新闻网。张益明，县人。

鲤鱼厅的来历

张　辉

明嘉靖年间，后徐村居住着一个大家族——徐氏家族。在这个家族中，大多数人以农耕为生，只有几户人家的男主人外出经商。也正是这几户人家物资贮备充盈，在整个徐氏家族中，最不缺的就是油和布。有需要的人家，便去这些人家中购买，惹得邻村人羡慕不已。

徐氏家族中极少有勤奋读书之人，孩童们皆以经商为长大后的人生目标。反而有一户专做茶油买卖的人家中有兄弟二人，从小便被母亲灌输勤学善读的思想，认为考取功名才是正道。他们亲身体会到父亲因外出经商而与他们聚少离多，也目睹了母亲的郁郁寡欢。于是二人立志长大之后要考取功名，把父母接到身边照顾，使一家人得以团圆。

村口有一方半亩大小的池塘，兄弟二人经常在池塘边的大树下席地而坐，读书交流，一看就是一整天。母亲便在晌午时分将饭菜装在竹篮中，送到塘边给兄弟二人吃。

日子流水般匆匆而过，兄弟俩已经对《四书》《五经》了然于胸，便以童生身份参加考试，中了秀才。后来又经过乡试，考上了举人。这一年，母亲为兄弟二人备好换洗衣物、食物和银两，送他们进京参加会试。兄弟二人果然不负众望，双双成了贡士。一年后，兄弟二人衣锦还乡，途经海宁，找了一处客栈，准备休息一晚再赶路。没曾想遇到倭寇突袭，随身财物被洗劫一空。所幸的是，二人大部分的财物由马匹驮运，并不随身同行，因此得以保全。回到家乡后，二人出资为家里造了新屋，并在门厅上方挂起"兄弟贡元"四个大字的匾额，既彰显自己的地位，也饱含着兄弟情义。这幢新屋后来被称为"鲤鱼厅"。

为什么叫"鲤鱼厅"呢？

一个原因是新屋照壁的正中雕刻了"鲤鱼跳龙门"的图案。照壁是建筑的重要组成部分，可以起到保护"风水"的作用，还能起到衔接过渡和遮挡视线的作用，从建筑学的角度来看，是整幢建筑中不可或缺的画龙点睛之笔。"鲤鱼厅"的照壁自然花了兄弟二人不少心思，回想追求功名之路的种种坎坷，以及不久前遭遇倭寇洗劫的情景，他们都觉得除功名外，平安尤为重要。于是他们在照壁墙的正中雕刻了"鲤鱼跳龙门"的图案，并在鲤鱼的四周雕刻了仙鹤、孔雀及双狮戏球等寓意吉祥的装饰，希望自己在获得功名的同时也能永葆安康。

取名为"鲤鱼厅"的另一个原因，据说当初弟弟读书的效果比不上哥哥。兄弟本是同根生，学问却大不相同，对此村里至今流传着一个故事。有天夜里，哥哥翻身发现弟弟不在床上。这大半夜的，弟弟去哪了呢？哥哥赶忙起身，点了蜡烛，把家里寻了个遍，也不见弟弟的踪影。想起双亲已经年迈，哥哥就点上火把，独自寻找弟弟去了。

这徐家依山傍水，门口不远处就有一条溪流缓缓流过。平时兄弟俩最喜欢在这条河里捉鱼抓虾，嬉戏玩耍。哥哥举着火把，自然而然地沿着河流寻去。走了很长的一段路，哥哥依稀看见前面不远处有一个人在缓缓前行，这人分明就是弟弟。哥哥一阵惊喜，快步上前，突然发现弟弟是闭着双眼前行的。都说梦游的人是不能叫醒的，哥哥于是就默默跟在弟弟的后面。直到天蒙蒙亮的时候，弟弟终于停了下来，缓缓睁开双眼。哥哥急忙上前询问。弟弟说道："梦见了一条头顶有红的金背鲤鱼，一路引来。那金背鲤鱼不停地瞪眼、鼓鳃，用尾猛击水面只听膘膘的击水声接连不断。突然它猛地蹿出水面，跃上浪峰，又用鱼尾猛击浪尖，金背鲤鱼一跃而起，没想到竟跃到蓝天白云之间。一霎时，金背鲤鱼变成一条黄金龙。"哥哥听了啧啧称奇。就在这时候，兄弟俩发现身边的河流真的出现成群的红鲤鱼自下而上，在巨石前竞相跳跃，力争上游。兄弟俩都看呆了。

此后，弟弟奋发苦读，两兄弟双双成为贡士。金榜题名后，两兄弟特意回乡共同出资建造了"鲤鱼厅"。希望子子孙孙都能"鲤鱼跳龙门"，吉祥富有。

录自《民居苑的故事》。张辉，县人。

照壁墙，原位于后徐村，为"鲤鱼厅"的照壁墙，建于明嘉靖年间(1522—1566)。当年徐氏家族中两兄弟双双考上贡士，后兄弟俩共同出资建造了"鲤鱼厅"，门厅上方书有"兄弟贡元"。建筑主体部分已倒塌，仅照壁墙保存完好。照壁墙的砖雕为仙鹤、孔雀及双狮戏球等吉祥图案。正中为“鲤鱼跳龙门”砖雕图案,寓意子孙飞黄腾达。雕刻精美,代表了明代砖雕艺术的最高水平。

胡 公 殿

徐金渭

会泽里村东头有座胡公殿,坐北朝南,建筑面积三百余平方米,八字门楼,门楼檐柱与额枋间用小牛腿,小牛腿雕刻哼、哈二将。檐柱雕刻神话故事。梁柱牛腿用长机,长机承斗拱,通体木雕花卉和戏曲人物图案。胡公殿二进三开间,中隔天井,前进明间七檩抬梁用四柱,前进次间山缝七檩穿斗用七柱;明间梁呈方形,左右分别雕饰双羊、双兔及戏曲故事图案。柱、梁之间用雀替,木雕饰花卉、动物图案。后进明间七檩用四柱,次间山缝七檩穿斗用五柱,明间梁呈方形,木雕饰卷云纹和蝴蝶图案。鼓形础,梁柱用材粗大。天井用青石条铺筑,天井四隅檐柱四只牛腿木雕武将站立、骑马图案各二。硬山顶,外饰马头墙,外墙彩绘、墨绘壁画隐约可见。该殿具民国时期寺庙建筑典型风格。

现今胡公殿供奉胡公大帝,另有药师佛、文昌帝君、文财神、关公等。胡公之右供奉徐王、武财神。徐王塑像左手掌部位为黄龙之首。

胡公殿建于民国时期。据当地村民介绍,民国十三年(1924),北伐军117师驻扎会泽里,师长信步村庄,见两座山包形如狮子,其间空旷,认为风水殊胜,可供神佛。民国三十三年,殿乃兴建。其时,所建胡公殿雕梁画栋,极豪华,所用木料等多为西安峡口(今衢江区峡川)香客赠送。

20世纪50年代土地改革时,神像被毁,该殿被用作小学校;“文化大革命”期间此殿再遭劫难,牛腿等构件被剜挖。久之,此殿破损严重,成了危房。在殿后山包新建学校后,该殿被用作学校食堂,在烟熏火燎之下更是残破不堪,于是被废弃。2005年始,有廖姓村民自行寻找木料等,并出资雇请木匠,将胡公殿修缮一新,重塑胡公、徐王等神佛像。胡公殿门前原有一棵直径一尺有余的樟树在“大办钢铁”年代被毁。

会泽里村为何建起胡公殿?当地传说,民国时,有方姓村民孤身度日,穷困潦倒,常年疾病缠身。某夜,方某做梦:村东头樟树下有泥丸可治病。他取泥丸用山包下泉水服下,果觉神清气爽。自此,四邻八乡民众有疾病,都来该樟树下捡取豌豆状泥丸服用,每有奇效。后方某又做梦:樟树上住着胡公,应建殿供奉。初时为条件所限,村民搭建起茅棚以供奉胡公,香火极盛。之后群策群力,兴建胡公殿。

会泽里村以李姓为大姓,该村李氏族人供奉徐王。徐王像为木雕,可活动。胡公殿建造前,徐王供在邻村白鹤桥村白鹤殿,农历正月则接回会泽里,供奉在李氏大厅,胡公殿建造后则在胡公殿供奉。会泽里村为当地大村,而胡公殿影响广远。“破四旧”年代,某年农历正月一些人赶到胡公殿毁神、佛像,村民们获此消息即连夜将徐王送往二里外的白鹤殿藏匿。胡公殿神佛像被毁,会泽里村民又从白鹤殿请回徐王,藏到李家大厅楼上。后又毁神、佛像,该村有村民举报藏匿徐王塑像之事,并带领红卫兵等众人来到李家大厅,自己则爬上楼推下徐王像,致雕像毁坏。当地传说,徐王原为一国国王,因不忍战乱不断带给人民苦难,于是发愿弃王位升天为神仙以护佑天下百姓。正腾空升天之时,其母不舍,拉住徐王左手,而徐王心意已决,便自断左手升天而去。徐王即徐偃王,全县各地徐偃王塑像大多缺左手,何以如此,传说各异,会泽里的传说与别处不同。

录自《徐偃王与龙游》。

胡公殿外说胡公

横山镇是个有故事的乡镇，塔多桥多宗祠多，明清古建筑群颇具特色，人文掌故、民间故事代代相传，无不佐证着横山的人杰地灵和底蕴深厚。在会泽里村，就有一座胡公殿，供奉着一名清廉的地方官。

胡公殿以胡公胡则命名。胡则（963—1039）是一位真实的历史人物，字子正，金华永康县人。

生在厕所待人识

中国历史上许多名人，人生初期往往都很卑微，胡则即如此。横山镇仓头村70岁的翁招富，长期从事乡镇宣传工作，对胡则颇有研究，胡公殿内展板上有关胡则的文字介绍大多由他挖掘。

据翁招富介绍，胡则父亲、祖父母重男轻女，因为前面生的孩子都是女孩，生胡则时他的母亲选择在厕所待产。生出来是个男孩，家里人很高兴，延请族长来取名，族长为他取名“胡厕”。七岁至十四岁期间，小胡随父亲胡承思走街串巷，为当地人补锅补缸修锁钉秤等，但他心怀大志，一边干活一边读书，于宋太宗端拱年间考中进士，皇帝一看“胡厕”这个名字，直呼“不雅”，朱笔一划，将“厕”改为“则”。

胡则是北宋收复吴越后第一位中进士的婺籍人士，前后服务过宋太宗、仁宗、真宗三朝，在官场上起起落落活跃了四十多年，官居“三司度支副使”“权三司使”等财经要职，最后以杭州知州、兵部侍郎致仕退休。宝元二年（1039），卒于杭州私第，康定元年（1040）葬于钱塘县泰乡西山龙井。

胡则最为后世信徒津津乐道的是“力仁政，宽刑狱，减赋税，除弊端”，特别是为衢、婺两州百姓奏免身丁钱。

宋仁宗明道元年（1032）八月，长江、淮河流域大旱，百姓饿死者甚众，胡则极言衢州、婺州天灾惨重，大旱数月，田地龟裂，民不聊生，饿殍遍野，请求皇帝永远免除江南各地百姓的身丁钱，获得宋仁宗诏令同意。那些流落异乡的逃亡者，闻讯纷纷回归故里。

是人却当神来供

与其他历史人物不同的是，胡则死后成了赫赫有名的神灵。胡公殿外柏树苍苍，鸟声啾啾，清冷的阳光从宽3米、长4.8米的天井投射进来，似乎有很多意象迷迷离离。在胡则雕像下的供台上，跳跃的香火经年不息，每个月的阴历初一、十五，都有很多来自龙游或周边县市的群众到此敬拜胡则，祈福许愿。

自此，“若水若旱，若疫若疣，有求无不应，有祷无不答。”胡则成了民间百姓的“万能神”。感觉到胡公的灵验，统治者也自然而然愿意借助神祇的力量来宣扬天命所归、神人相助，借此稳定战乱引发人心浮动的局面。

南宋绍兴三十二年（1162），宋高宗赵构用“赫灵”两字题作胡则庙额。从此，胡则被百姓敬称为胡公大帝，成了“有求必应”的菩萨，并于每年农历八月十三胡则生日那天，举办有各种民俗风情活动的“胡公庙会”，祭拜胡公大帝。

根据20世纪20年代的一项调查，在旧金华府地区（明代之前称婺州），以胡则为主神的祠庙竟然有55座，占该区调查到的429座祠庙的13%。由此不难想象，底层民众信胡则确实为数不少，他在金衢盆地的影响已成为当地的一大风俗。至今，在金华、衢州地区都有为胡则举办祭祀或庙会的活动，而朝拜永康县方岩山胡则祖庙，亦是金华地区延至今日的重要岁时习俗。

今人如何学胡公

“了却君王天下事，赢得生前身后名。”最早最全面记载胡则的，应属范仲淹，他曾为胡则撰写墓志铭：“进以功，退以寿，义可书，名不朽，百年之为兮千载后。”评价不可谓不高。

范与胡曾在河南陈州共事，当时胡任职陈州知州，而范时任通判。范仲淹在墓志铭中罗列了胡的所有政绩，刻意赞扬，但胡则为衢、婺两州百姓奏免身丁钱的事迹，在范仲淹文集和《宋史》本传中均未有记载，《宋史·列传第五十八·胡则传》最后一段还言其“无廉名，喜交结，尚风义”。

其实，这一点也好理解。一则盖棺定论是墓志铭的属性，但范仲淹作为胡则生前好友，自然避免不了溢美。二则胡则在河北都转运使任中，侍御史王沿打出胡则旗号，用官船贩盐，并以胡则儿子的名义经营酒肆。这一事件被曝光，胡则一度被解任，自然也就损辱了他的清廉之名。

笔者宁愿相信，胡则生前奏免衢婺百姓身丁钱只是一个传说，但这个传说是百姓的需要，因为从此以后，他们抵御身丁钱就有了一道“挡箭牌”。对胡则的信仰，从某种意义上说，也是彼时地方民众为维护自身利益采取的一种战略措施，衢、婺两州的百姓确实获得了实惠。

1959 年 8 月，毛泽东在开完庐山会议返京途中路过金华，曾对永康县委书记说：“你们永康有块方岩山，方岩山上有个胡公大帝。其实胡公大帝不是佛，也不是神，而是人，是北宋的一名清官。为人民办了很多好事，人民纪念他，所以香火长盛不衰。为官一任，造福一方，很重要啊！”共和国领袖对胡则的评价，想必也是有指向意义的吧。

录自《志棠白莲》。

脉元龚氏亦风流

余怀根

对于清代的脉元商人龚海民来说，一生最荣耀的事有两件：一是中了咸丰元年的秀才，二是苦心建造的宅子在老家脉元村完成。自明代以来，脉元龚氏便是龙游的一个大家族，祖祖辈辈擅长经商，一直财丁两旺，每代人都重视读书，希望子弟中有人考个功名才好。宅子建成之后，龚海民便把明万历年间任职礼部侍郎的祖先龚承荐的官帽放在厅堂供奉，以此教育子孙，激励后生。这个传统一直保持到民国初期。

脉元村地处衢江之北横山镇境内，距县城约 15 公里。区域面积 2.7 平方公里，400 余户，人口 1400 余人。据 1991 年版《龙游县志》记载，脉元龚氏原籍福建莆田，宋宝祐年间，龚自元（字以长）任衢州知府，因事赴睦州，道经县北慕然村（今脉元村），爱其山川秀美，离任后便定居今里。明初有一分支迁下张坞。由此推算，脉元龚氏开村居住史大约有 760 年。

脉元古村，历史悠久，人文荟萃，古宅新楼，相互呼应。青春男女勤耕于陇间陌上，鹤发童颜闲步于左闾右邻，还有琅琅书声荡漾于明山秀水之间。龚氏人才济济，代有贤人，如群星璀璨，千百年来风流人物，家族世代引以为荣，堪称龙北名门望族。1926 年重修的《脉元龚氏宗谱》，共 16 册，现存 6 册，由村人龚水生保管。其中多有先贤记录。

龚世仰，生活于明嘉靖年间，举人，任望江知县。

龚承荐（彦升），生活于明万历间，龚世仰子，进士，先后任四川按察使，礼部侍郎等职。著作有《征蛮录》《啸歌集》《抒愤集》等。

龚承志，明万历年间任南京兵部、吏部员外郎。逝世后葬县城北 15 公里下宅乡腰塘边村腰塘水库，有墓志铭出土。

龚璥。清康熙癸丑《龙游县志》有记载：商文毅公辂未遇时，曾设账于城中祝氏，道经脉元，避雨水碓中，与龚璥邂逅相识。璥曰："雨打先生何处去？"辂答曰："天教才子这方来。"璥甚奇之，因款留至家，讯及生辰，乃同年月日时，遂结为兄弟。后辂显贵，授璥七品散官之职，所以报也。

商辂何许人也？商辂(1414—1486)明代首辅。字弘载，号素庵，浙江淳安人。商辂是明代近三百年科举考试中第二个"三元及第"(同时获得解元、会元、状元。第一个是黄观，被朱棣除名，所以说商辂是明代唯一"三元及第")，仕英宗、代宗、宪宗三朝，历官兵部尚书、户部尚书、太子少保、吏部尚书、谨身殿大学士，时人称"我朝贤佐，商公第一"，卒谥文毅。著有《商文毅疏稿略》《商文毅公集》等。

龚璥与商辂的友谊，成了千古佳话。这足以反映出脉元龚氏的人品道德和文化素养，也足以让脉元龚氏的人文故事传颂百年千年。

明清时期，凭着吃苦的精神、过人的胆识，龙游商人与晋商、徽商、苏商、闽商等并驾齐驱，跻身于"十大商帮"之列。龙游商人时常心系诗书，人事的也多是珠宝、书画、刻书等与文人有关的生意。脉元龚氏也是上强翘楚。龙游实力颇丰的大书商，不仅刻书卖书，也读书，"弱冠尽通五经三史"。据明史记载，当时除杭州外，浙江全省有11个著名刻书坊，嘉兴、宁波、台州各有一家，其余8家全在衢州龙游一带。

龙游商帮的崛起，商帮文化的繁荣，大批商人在外经商，积累了大量资产，纷纷回故里置田购产，建房垒屋，修桥铺路，兴建村落。这也是他们以一种特殊的形式和手段来显示光宗耀祖的目的，这也符合商人叶落归根，荣归故里的思想。

龚海民在建造自家宅院时，也把亦商亦儒的特点贯穿了进去，一方面，门梁做成"商"字的顶部形状，两根立柱构成一个框，人往中间一走，就构成了"商"字，寓指进门的人会带来商机；另一方面，这座两进三开间、480多平方米的大宅建得前低后高，寓意为希望"步步高升"，屋中随处可见读书养性、花草怡情的木雕、砖雕和对联。斯人已去，繁华犹存。透过这一栋栋集中展示的传统建筑，借助那些巧妙的构思、精湛的工艺，后人得以一窥龙游商人昔日的富裕与雍容、儒雅。

龚海民所建龚氏民居，面积288.9平方米。二进三开间，是龙游住宅民居的典型代表。建筑正门门楼饰以砖雕，内容有戏曲人物图案，渔樵耕读，八仙过海等。正中砖匾刻有"日辉云彩"四字楷书。砖雕雕刻精细，造型生动，图案逼真，人物形象栩栩如生，砖雕宏伟的气势和质朴细腻多变的风格充分体现了古代劳动人民的聪明才智。

第一进为天井，天井两侧楼上作厢房，楼下明间廊上饰有假藻井。柱为垂莲柱，柱上置牛腿，垂柱与全柱间上部有双狮戏球的镂雕，并在狮身上刻有二枚古币图案，中有"咸丰通宝""癸丑仲秋"字样。

值得一提的是，从这个建筑中还体现出一些封建道德伦理思想。第一，这座民居为前厅后楼配置，厅堂是会客议事的地方，具有公开性。后厅堂则是长辈住的地方，具有私密性，这就是古代建筑体现的"前公后私"原则；第二，该建筑后进比前进高，这是象征着厅堂活动都掌握在高辈老人之中，这就是"前下后上"的原则；第三，古代时候等级观念强，建筑讲究正偏，如主人的厢房不是随便什么人都可以进的，丫鬟佣人端茶送水要打招呼才能进，天井两边的搭厢房一般是佣人和轿夫住的，这就是古代时候的"尊卑有等"原则；第四，楼上一般是读书楼或是小姐住的地方，男人不能进，这就是"男女有别"的原则。

龚氏民居两进各设一个天井，在古代天井是很有讲究的，天井起到采光、通风、汇集排除雨水、保持室内清凉干爽的作用。天井可见天触地，自然界阴晴雨雪风月的变化融入堂屋之中，说明家庭人们的生活与大自然息息相关，是天地的象征，也是天人合一观念的体现。整幢宅基呈“八字形”，后进宽、前进窄，后进加宽部分解决了楼梯位，增设小天井，加强采光和通风，“八字形”取“发”之意。从建筑结构看，设计科学、考究，这种设计也是很少见到的。

脉元村西南有古代采石场遗址，石质为红砂石，与龙游石窟基本相似，根据遗址崖壁雕刻的摩崖题记和人物造型判断，这一遗址属明代正德至嘉靖（1506—1566）时期。遗址沿山体从西到东环状分布，西边阴面采石工艺痕迹清晰可见。珍贵的是，在采石场岩壁的崖面上发现了9块摩崖题字。其中4块非常清楚，从南向北依次为“嘉靖八年七月”“嘉靖八年七、田”“嘉靖廿一年、王家”“正德三年三、王宅”等字样。字体大小在10~15厘米。在老虎洞山西边的崖壁有一处石刻造像，以单线刻画为主，宽约60厘米，高约80厘米。造像人物具有典型的明代特征半身造像，头戴儒帽，身着交领右衽开襟澜衫，身份可判断为明代士人。

脉元村有古桥，名黄桥，为双孔石桥，长22.1米，宽3.4米，高6.3米。桥基础用方块红砂石砌筑，桥拱用红砂条石错缝平砌起拱。建筑年代不详。村里长者言及，黄桥桥墩、桥面及周边村落的古建筑墙脚，大都采用这处采石场的石料。专家们也认为，它的发现对考证龙游采石场工艺提供了准确的时间依据，也为龙游建筑发展史及龙游商帮文化研究提供了佐证。

录自《古村故事——龙游历史文化村落》。

后徐村的大公殿

徐光海

后徐村有后徐、胡家、大公殿、大平山、地毛山、上庄溪、莲塘角等7个自然村，全村现有694户1820余人。大公殿自然村现有28户约80人，是后徐村人口最少的自然村。大公殿自然村得名，源于后徐村原有一座大公殿。

大公殿是祭祀徐偃王的庙宇。在龙游各地，祭祀徐偃王的庙宇众多，名称各有不同，如徐偃王庙、仁惠庙、徐王庙等。在我的记忆中，迄今全县尚存的大公殿有两座：社阳乡大公村大公殿和沐尘畲族乡马戌口村大公殿，这两座大公殿都已有数百年历史。得知后徐村也曾有座大公殿，我便决定探个究竟。

深冬的一天，天气晴好，暖洋洋的。在后徐村干部和热心村民的陪同下，我走访了村中几位年长者。91岁的李友仁和老伴正在厨房包粿，我们走进他家，他双手沾满米粉就走出厨房跟我们打招呼。李大爷个子不高，面色红润，声如洪钟，中气十足。在交谈中得知，李大爷年轻时曾参加过当地的一个戏班子，经常在大公殿唱戏。那时由于住家与大公殿很近，夏天的夜晚他经常跑到大公殿睡觉图凉快。据李大爷介绍，大公殿位于胡家自然村西北角不足千米处的一个小山包上。他还记得，从他的祖先口口相传得知，大公殿建于明朝，具体年份则无从考证。据此，后徐村的大公殿距今至少有约四百年的历史了。清朝光绪年间和民国年间，大公殿都曾有过扩建、修缮。1943年重修大公殿时，李友仁已是一个十几岁的少年，对修缮完工后的开光仪式迄今还有印象。该殿由胡家、后徐、下宅等村庄民众集资兴建，李友仁建过的殿宇面积约400余平方米，分三进，大门匾额上写有苍劲有力的“大公殿”三字，一进正中供奉徐偃王泥塑像，塑像高达四五米，两旁为四大天将，左侧架有一个大鼓，右侧则悬挂一口青铜钟，钟高达一米半，口径有一点二米，每天早晨六时、晚上五时各敲一次钟，钟声洪亮，据说能传至龙游县城。绕过天井，进入二进。二进正中供奉着一尊观音娘娘泥塑像，左侧为韦陀佛，右侧为千手观音。三进为子孙堂，正中供奉着一尊蜈蚣爷爷泥塑像，四周为十八罗汉。蜈蚣爷爷是什么神，无考，大概寓意子孙瓜瓞螽斯、人丁繁盛。殿内柱粗梁高，气势宏伟。大公殿大门口栽有一棵古柏，树高达二十多米，树干粗得需二人才能合围，树干约五米处有三根枝条，分别指向胡家、后徐、下宅三个村庄。这棵古柏在三百年以上。殿四周植有多株香樟，竹木茂盛，风光殊胜。大公殿大门东面四五十米处有一块乌龟石，重达千斤，形态逼真，据说有位老农用铁锹在乌龟石中间部位铲开过一道裂缝。乌龟石究竟从何而来，不得而知。善男信女在做祭拜活动时，须祭拜十座桥十座殿。由于后徐村的大公殿位于通龙游县城、衢州、兰溪、寿昌要道，故各方信众途经时必进殿祭拜，因此此殿平时香火不绝，尤以每月农历初一、十五日为盛。

胡永年今年79岁，我们来到他家时，老人正在家门口晒太阳，他的面前摆着一条木凳，木凳上排着一套三卷《安定龟山胡氏宗谱》。翻看《安定龟山胡氏宗谱》，第一卷谱内绘有一图，标注为大公殿。胡老绘声绘色跟我们讲述他年少时大公殿迎神（俗称“接老佛”）的情况。胡家、后徐、下宅各村坊在每年农历正月都要举办迎神盛典，在迎神前需做好各项准备工作。首先要将迎神的厅堂打扫清理干净，将“老佛轿”擦洗干净后置于厅堂之上。“老佛轿”专门用于接送老佛，各村的“老佛轿”略有不同，比如胡家的“老佛轿”有二米高、一米宽，分上下二层，用四人抬，而后徐的“老佛轿”简单一些，就一张竹椅，二根抬杆。厅堂的长条桌上预先摆放有各式各样素糕点、鲜花等供品。迎神前一日，要宰杀一头“老佛猪”，宰好的猪褪毛去内脏，收拾整理干净后，整头猪置于一个木架上。然后精心给予“化妆”：猪的两耳插金花，口含香包，背上放置用五色纸剪成的元宝，四条腿上贴有五色纸花，尾巴系红头绳辫子。“化妆”后的猪抬至厅堂摆放。各村坊迎神接佛有次序：农历正月初九日胡家迎神，早饭后以“三眼炮”放炮为令，村庄男女老少即换上干净衣服或新衣，手持焚香，排着长队跟在“老佛轿”后面到大公殿内“接神”，一路放炮声、鞭炮声不断。“三眼炮”为一根铁铸管子，长约五十公分，粗约十公分，上中下各有一个铁圈，底部有一个“眼”用于装火药线。“老佛轿”到殿门口时，殿内钟声响起，殿外鞭炮齐鸣，人头攒动，场面壮观。人们焚香烧纸祭拜后，将殿内一尊安置在盒子内的高约五十公分的描金佛像安放在“老佛轿”内，于是众人簇拥着随“老佛轿”返回村坊。紧接着，家家户户在门口焚香烧纸燃放鞭炮，沿路两旁店家亦然。佛像接至胡家后，供奉在徐氏宗祠内，每天早晚善男信女进祠堂焚香烧纸祭拜，直至正月十五日送回大公殿，然后由后徐、下宅先后迎神、送神，仪式如同胡家。迎神、送神之日，当地戏班子在大公殿内唱戏，曲目有《百寿图》《姜太公钓鱼》等。衢州市农业局退休干部刘土根（已故）是后徐村人，回老家后收集整理了一些当地民俗资料。据他遗留的资料，后徐迎神活动还有另一种说法：每年农历正月十一日为姜姓（祖姓）迎神日，十二日为徐姓（祖姓）迎神日，十三日为客姓迎神日，正月十六送神回殿。民国初期，因姜姓家族衰败，后徐村改为农历正月十二日、十三日迎神，胡家为初十日，下宅何日迎神不详。

胡永年老人还跟我们说起一个传说：后徐有一张姓姑娘，有一天随母亲到大公殿祭拜徐皇老佛（徐偃王），见徐皇老佛面容慈祥、相貌俊朗，便迷上了。回家后，张姑娘相思成疾，以致卧床不起。母亲问其故，姑娘对母亲细诉衷肠，并说常在梦中见到徐皇老佛。母亲嘱咐女儿：如再在梦中见到徐皇老佛，就用纱线将他缚住。当天夜间，姑娘又在梦中见到徐皇老佛，她连忙按母亲所教抽出衣角的纱线缚住他。次日一早，张姑娘的母亲上殿，发现徐皇老佛塑像有一根纱线缠腰，便知系女儿所为。不久，张姑娘去世，乡亲们认为她是嫁给徐皇老佛做娘娘了。早年，后徐就有农历正月十四日接大公殿娘娘回村祭拜的活动。据当地传说,大公殿被拆毁后,在一个月朗星稀的夜晚,有人远远看到大公殿原址有位身着长袖红袍的美人在梳理她的长发,美人面前还摆放着雕花描草精致的梳妆盒。村民们认定,那位美人就是娘娘。此传说难辨真假,但由此或可见当地群众对大公殿有着浓浓的情结。

1953 年"破除封建迷信",大公殿内徐偃王、观音娘娘等塑像全部被毁,1958 年大公殿成为模环区万头养猪场分场,却因所养生猪死亡率极高,一年之后养猪场便停办了,后被用于胡家两个生产队堆放稻草。"文革"期间,大公殿建筑遭拆除,木料等被胡家两个生产队用于建仓库。至此,存在了数百年的后徐大公殿原址成了一片废墟。而大公殿门口那棵古柏于 1961 年被建德寿昌人以 300 元买走,据说是用于炼樟脑丸,乌龟石也被搬去修建村内的渠道了。1984 年,胡家自然村村民或因兄弟分家,或因改善住房条件需要,在大公殿原址西侧建起了新房,之后大公殿原址附近渐渐形成一个小村落,这就是现在的大公殿自然村。

录自 2021 年 1 月 4 日龙游新闻网。徐光海,县人。

恩　赐　殿

贤求朋村王祥里自然村,有一座恩赐殿,坐西朝东,深约十六米、宽约十二米,分两进。原有天井,天井上方在殿重建时被覆盖,殿内十六根粗大石柱为深红色,大门外墙两侧呈八字形。后进正中供徐王,徐王之右为财神、五谷神,之左为送子娘娘、地藏王,之前左右分别站立一尊持笔的白面书生和高举铁锤的黑脸武将,后进两侧供奉八仙。徐王右手掌部位为黄龙之首。所有神、佛为泥塑。

据传,原殿始建于清朝末年,所供徐王神像为木雕,因颇有灵验,该殿香火极旺。每年农历正月初六,脉元村都会将徐王请去供奉祭拜,至初九日送回恩赐殿。"文化大革命"时,殿内神佛像被毁,房屋被用作生产队仓库。20 世纪 80 年代实行分田到户,该殿因失管而渐至倒塌,房梁屋柱腐烂,地面杂草荆棘丛生,一片荒凉狼藉。十余年前,时年逾六旬的刘竹梅、罗爱文等发起在原址重修恩赐殿,先后到周邻各村写缘计得五万余元。刘竹梅 3 个儿子也给予大力支持,出钱捐物帮助修殿。历两年余,于 2009 年恩赐殿完成重修。

贤求朋村 1300 余人口,以周、吴姓氏为主,另有薛、邵、傅、黄、姜、陈、缪等氏人口,王祥里自然村主姓王。

贤求朋村原名堰口,又名堰口棚。清朝末年,村里有薛姓后生熟读经书,但每每考场不利。面对白发苍苍的父母,薛某羞愧难当,便独自在村口一道溪流边堰口搭茅棚苦读。某夜,薛某读书已久,不觉困倦,竟昏昏沉沉趴在桌边睡去。忽然,有一位俊朗男子来到薛某面前,薛某认出是徐王,连忙下跪叩拜。徐王对薛某说:你饱读诗书却不能高中,只因你只知读书而不事农桑,致父母为供你读书长年劳累;若你懂得为你们父母分劳分忧,则考取功名便如囊中取物了。徐王说罢,飘然离去。薛某梦中醒来,细思徐王教诲,心中愈加愧疚。为牢记徐王教导,薛某专门画徐王圣像供奉在茅棚里。自此,他在发奋读书的同时,还到田里劳作,懂得孝敬父母尽人子之道了。次年,薛某参加科举考试,荣登榜首,如愿成为一名秀才。薛某的奇异经历传开后,四乡八邻的民众纷至沓来祈福,后来就在堰口棚所在位置建造一座殿供奉徐王,且因感念徐王恩德,取殿名恩赐殿。此即恩赐殿建造之缘由。

录自《徐偃王与龙游》。

乌 龙 殿

一道低矮的山冈由西而东蜿蜒至河宗村安头自然村，犹如一条长龙，满山冈生长着茂盛的杂木，乌龙殿就坐落在山冈东头山脚下，翠竹簇拥，樟树遮护。但乌龙殿之得名，却非因这座山冈。

乌龙殿原名五龙殿，始建于1924年。殿坐北朝南，大门边西侧墙镶嵌的石碑记载其前世今生。民国十三年（1924），徐生土从志棠迁居安头，与原住户刘裕品、周文金、董光培3人首倡兴建供奉徐皇大帝之殿宇，得到全村热烈响应，遂建成一间二十平方米泥墙瓦房，并塑徐皇大帝、观音等10尊神、佛。因殿前溪上架有五座桥，乃取名五龙殿。次年，徐生土得了第六子；又次年，他于农历正月廿日在五龙殿举办喜庆宴席，全村坊男女老幼齐欢聚会，便是过往行人也可与村人一起吃喝。自此，村中有人家只要生儿育女，必在农历正月廿日在殿内举办喜宴，相沿成习。民国二十九年（1940），徐炳芳、刘裕品发起将五龙殿扩建为三间六十平方米，重塑神、佛，并建如意亭一座，举办宴席则摆放在如意亭。扩建后的乌龙殿在开光之时，连摆三天宴席，连演三天三夜大戏以示欢庆。

1966年，红卫兵拆除五龙殿，毁坏神、佛塑像，五龙殿所在遂成一片废墟。

1996年，安头徐阿根发起在原址重建庙宇，供奉徐皇大帝画像。因殿前小溪已被水泥路面覆盖，五座桥亦不存，遂取殿名乌龙殿。十年后，徐阿根、徐在龙、徐锡堂、包阿香、徐金凤、黄阿金、罗志兴等发起扩建，恢复乌龙殿三间六十平方米规模，塑徐皇大帝、观音、财神、五谷神等十二尊神、佛，次年农历三月开光之时连演四天大戏，并在乌龙殿西侧新建土地庙一座。

安头自然村约120人口，姓氏杂，张、章氏人口稍多。农历每月初一、十五，本村坊和四邻八乡善男信女即汇聚乌龙殿敬香。

当地传说，民国时，五龙殿举行开光大典，建德寿昌某人赶来凑闹。酒醉之时，该人口出不逊之言，意为如此小殿，有何灵验。话音才落，便一脚踏空跌落殿前溪中，当场死亡。

又有传说，安头张某新婚，到殿内焚香许愿如能早生儿女，当长时供奉果品三牲。张某如愿生育一子一女后，却一直未进殿还愿。结果，儿女长到六七岁，先后离奇夭折。自此，安头及周边村坊新婚男女必进殿烧香叩拜，祈求保佑生儿育女，并都不忘还愿。

录自《徐偃王与龙游》。

志棠红殿

志棠村村东之北面有座红殿，据当地称有两百余年历史，后在“文化大革命”期间被毁，被改为大会堂，既用作放电影、演样板戏，也用作批斗“地、富、反、坏、右”分子。“文化大革命”之后先后被用作办地毯厂、鞋厂。

2006年前后，村民邵菊君等人发起在原址重建志棠红殿，乡亲们纷纷捐资献物出力襄助，累计投资40万元。新修的志棠红殿坐东朝西，有八间，佛、神塑像多为善男信女个人捐赠，有佛祖、观音、文殊、紫薇大帝、文昌帝君、关公、财神、土地、花娘娘等70多尊，且有钟鼓。

徐皇、后王塑像端坐轿中，毛、杨、魏、蔡四令公分列两旁。徐皇，当地民众又称作徐皇圣帝；后王是何神，村民语焉不详，有称系徐皇兄弟。徐皇、后王塑像为木雕，四肢可活动，以便按节令更换服装。每年农历正月，村里壮汉即抬徐皇、后王巡视地方，并挨家挨户送福送吉祥保平安，其间还在殿前搭台演大戏，喜气洋洋，十分热闹。

志棠村有1800余人口，以邵氏、席氏人口居多，其中邵氏人口约千人。

建德寿昌有寺供徐皇,志棠一带民众不惧六七十里之遥,不畏登山之险常去该寺敬香。某夜,邵菊君做一梦:毛、杨、魏、蔡四令公嘱重建志棠红殿。次日午时,邵菊君在炒菜时,又听毛令公再次叮嘱勿忘建殿一事。此即志棠红殿重建之缘由。邵菊君时年逾五旬,家住志棠村。

当地传说,在很久以前,志棠红殿请来戏班子演戏,之后又来了一个戏班子。询问缘由,后来的戏班子说是有两位长得高大英俊的男子特地去请他们来的。村民遍查村坊,无此二人。进得殿内,乃恍然:请来此戏班子的是徐皇、后王。原来,徐皇、后王好热闹,喜欢与大众看戏,于是就特地请来一个戏班子。是年,志棠红殿出现两个戏班子同时演戏的盛况。

录自《徐偃王与龙游》。

相公殿

下宅村有相公殿,位于群山环抱之中,坐西朝东,建筑面积百余平方米。分二进,前进供奉徐王,另有相公、文昌帝君、财神、五谷神、关公;后进供奉千手观音、自在观音、送子观音。徐王左手掌部位为黄龙之首,弥勒菩萨与之相对而坐。相公殿北侧有供奉地藏菩萨、土地小庙各一座。殿南面有小山,名凤凰山,山形酷似凤凰,凤凰之首朝向相公殿。该殿始建年代无考,殿前有水沟,架石板桥一座,名长生桥。据复建相公殿的陈树桥老人称,该殿有三百年历史。据称,长生桥石板桥面中长条形石块刻有“清”等字样,并刻有人名,按此相公殿清代即已存在。原殿为一座长约10米、面积约80平方米的小殿,供奉相公。相公为何神,无考,塑像着官服戴官帽。20世纪50年代末,因多年失管房屋为台风所毁,后在“文化大革命”期间更被夷为平地,村民用作杆插番薯、播种大豆。2003年,年届六旬的陈树桥动员乡亲让出相公殿原址地块,并发动乡民捐钱献木料、出力搬砖瓦,终于重建了相公殿。因历史上胡家有大公殿供奉徐王,新殿建成后将徐王供奉殿内。之后,在原有规模基础上扩建为二进,供奉观音等。下宅村约两千人口,以徐、韩、吴、柳氏人口居多。

当地传说,某日胡家大公殿徐王巡游,夜宿后徐村某农妇家。该农妇偷偷将一根棉线缝在来人衣服上,以待辨识跟她同宿者为谁。次日一早,农妇进大公殿上香,见徐王身上还挂着棉线,乃知头天夜里确是徐王跟她同枕共眠。

录自《徐偃王与龙游》。

廻源殿

天池村曾有廻源殿,位于新宅自然村西头一座小山上,坐北朝南,建筑面积约四百平方米,供奉有百多尊神、佛,始建年代无考。据年逾古稀的王文成回忆,他小时候每年农历正月里村坊很热闹,新宅有婺剧剧团演大戏,由十多人组成坐唱班则在殿里吹拉弹唱;青壮汉子抬着徐皇大帝、毛令公等雕像巡视地方,回殿时个个挤挤挨挨抢登石阶,争先将自己所抬神、佛安放殿内。据已年逾八旬的张金娇老人介绍,廻源殿为村坊有钱人家所建,她老伴季文根的祖上曾受雇守护,东家财主支付稻米作为薪酬。廻源殿毁于“文化大革命”时期,原址被改作民居,而“廻源殿”则成为该原址地名。

张金娇老人一直居住在廻源殿原址,老伴亡故多年,五个儿子都已成家。早年村里曾动员迁居,但为季文根所拒。张金娇说,老伴不肯离开廻源殿,坚持要如祖上一样供奉徐皇大帝。廻源殿在“文化大革命”期间被毁后,季文根、张金娇二人又重塑徐皇大帝等像供奉在家里,每被发现后遭毁,如是者三。现所供奉徐皇大帝等像于十五年前重塑,坐北朝南的泥墙瓦房被分作两部分，前部分为张金娇老人生活用房，后面则供奉徐皇大帝、观音、文昌帝君、关公等。徐皇大帝居中端坐，左手掌部位系青龙之首，毛令公位于左侧，杨、魏二令公在右侧，蔡令公塑像尚缺。

录自《徐偃王与龙游》。

附录 部分咏叹境域散文目录

境域悠久的历史、优美的环境，让许多文人流连忘返，留下了众多咏叹美文，因篇幅所限，仅列文稿篇名、作者与出处。

《天池盛开富硒莲》，作者：余怀根，载于《古村故事——龙游历史文化村落》。

《北乡的眼》，作者：田志宏，载于《山水龙游》。

《荷乡遗珠》，作者：李慧，载于《山水龙游》。

《我来得正是好时候》，作者：李红，载于《山水龙游》。

《天池的莲花》，作者：陈佳宁，载于《山水龙游》。

《清源里，一泓清水的传奇》，作者：徐金渭，载于《山水龙游》。

《细雨蒙蒙访“九寨”》，作者：吴惠芳，载于《山水龙游》。

《在辉映村庄特色的生命之塘里把童年忆》，作者：王曙静，载于《山水龙游》。

《无名水坑羽化成蝶》，作者：王曙静，载于《山水龙游》。

《一入天池自成仙》，作者：不详，载于《志棠白莲》。

《走，我们去志棠》，作者：不详，载于《志棠白莲》。

《天池村，一个洗涤灵魂的地方》，作者：不详，载于《志棠白莲》。

《河宗村春耕祭礼》，作者：吴森邦、陈雯倩，载于2016年3月11日龙游新闻网。

《忆剥莲》，作者：严建英，载于2018年8月31日龙游新闻网。

《天池荷韵》，作者：余燕君，载于龙游新闻网2020年9月25日。

《迷人的北乡话》，作者：不详，载于龙游新闻网2020年10月10日。

《龙游北乡人（外一篇）》，作者：赵春媚，载于龙游新闻网2020年10月10日。

《志棠观荷》，作者：严建英，载于龙游新闻网2020年11月6日。

《一座古民居满载行善故事》，作者：徐光海，载于龙游新闻网2020年12月14日。

第十九章　公 牍 选

根据现存资料，从清代始编。目的在于保留一些施政方面的资料，为相关分志提供佐证和补充。其中清代2篇，民国时期7篇，其他为中华人民共和国成立以来，以时间为序排列。

知县张炤亲勘璩塘陇煤矿

勘得县属北乡二十五都七图，离城三十五里蓦然地方，进去三里多路沿口蓬里，土名璩塘陇，有客民吴锡麟荒田五斗，中有仰天煤洞一穴，宽约五尺，长约丈余，深约数丈，有水难量，洞旁尚有碎煤坯块。离开七八步，又有小煤洞二穴，略可通人上下。东至田，离童冈村五里；西至田，离沿口蓬地方半里许；南至小竹山，离王墙里地方一里许；北即白象山脚大路，山上均是故墓。据田主吴锡麟之子吴耀宗，并吴锡麟之侄吴万钟同来，当场指称，此处荒田五斗，是伊叔父吴锡麟于同治初年置来。听说田中素产铁煤，乾隆年间挖过后，至同治十三年，伊之叔父吴锡麟复招工匠开穴挖煤，至光绪二年奉禁停止，现在此田荒芜不能垦种等语。勘毕，饬令画工绘图附卷。

光绪二十二年(1896)二月初七日

委员禤鉴光、知县张炤会勘北乡煤矿通禀(节选)

窃卑职鉴光在衢州差次，接奉宪局、防军局宪札，委顺道驰赴龙游县属马淤、叶九蓬，江山县属述埂、正堂等处，查勘单鼎臣等请开煤矿处所，产煤地段应有若干，是否民业，如何集股开采、稽查弹压？切实妥议禀办等因。遵经折赴江山，会同印官勘明，会禀宪察在案。现复行抵龙游，会晤卑职炤询之。此案先据仁、钱二县职员单鼎臣等禀奉宪台抚宪批行，纠股开煤究竟有无窒碍？就地居民是否乐从？饬县查勘明确，体察情形，禀复核夺等因。奉经卑职炤剀切晓谕，议开煤矿为目前利国利民之举，无论绅民俱不得藉词阻挠，亦不准图便私开。嗣据阖邑绅董职员徐复等联名禀称，单鼎臣原禀所指马淤，即县属北乡之蓦然地方，叶九蓬即北乡之沿口蓬地方，土音各别以致讹传。该处离城三四十里，近河二十余里，地实产煤，从来屡有外来游民搭篷开挖，皆缘就近居民经风鉴攸关，呈请封禁。现在钦奉谕旨，凡有利源可兴，准予民间招股开办，诚为富强之计。再四筹思，本邑自然之利，自宜就地纠股开采，利权不致旁落。无如成本甚巨，深恐力有不逮，未便轻举。经单鼎臣创议具禀，定有善章，应俟到龙会同商办等情具覆。卑职炤当就众绅所禀，访察舆情似尚乐从，所称本巨力薄，亦是实情。检查旧卷，同治十二年、光绪二年间，屡有江山客民吴锡麟、安徽监生刘鼎臣等，先后购买该处白象山脚民田，即土名蓦然、沿口蓬一带地方私行开采，经就地绅民项栋材、刘日良、童树勋、童如意等各以庐墓攸关，呈请照旧封禁。其时聚集之人过多，五方杂处良莠不齐，辄因口角微嫌，几至酿成巨案。是以朱前令朴、陈前令瑜，会营拿办，禀请本道本府前宪台重申禁令，其事遂寝。绅民请禁之时，援有乾隆三十七年、嘉庆二十四年禁案，碑刻虽存，卷已散佚，况今昔异宜，未便执为定论。爰即会督绅董亲诣该处，勘得离城三十五里，北乡二十五都七图白象山脚，总名蓦然地方，由此进去三里至沿口蓬里，土名璩塘垄，有客民吴锡麟荒田五斗，即从前私开煤厂之所。田内有露天煤洞一穴，宽约五尺，长约丈余，有水难测深浅，洞旁遗有碎煤坯。相离数步又有小煤洞二穴，略可通人上下。东首皆田，离童冈村五里；西首亦皆田，离沿口蓬地方半里许；南至小竹山，离王墙里地方一里许；北即白象山脚大路，山上均是坟墓。据田主吴锡麟之子侄吴耀宗、吴万钟指称，此田坐落白象山脚，同治初年受买，素有产煤之说，乾隆年间开过，后至同治十二三年、光绪元二年招工复开，因案奉禁，现在荒芜不能垦种，亦不敢私行开挖等语。勘毕，饬绘图说附卷，正在具禀间。

光绪二十二年(1896)三月初三日

新王乡第十二保保甲规约

查本乡业经遵照浙江省保甲章程编定保甲，兹于二十四年三月二十日，由保长召集保内各甲长在保长办公处开第一次保甲会议，依保甲章程第十条之规定，共同议决本保甲规约，共二十条。凡我保居民矢共遵守。

一、本保定名为龙游县新王乡第12保。

二、本保自保内之东界第1甲编起，依此至西界第10甲止，共编成10甲。

三、本保甲属管辖区域业经划定，界址东至前垅、里叶，西至东坞，南至上东门，北至官塘章，其中八石坂(畈)、上姜坞、殿下、麻衣郑、丁降湾、上徐等村及桐木炭塘、叶米塘、来垅山、新屋山等处皆编入在内。

四、本保保长办公处设于八石坂(畈)叶承启堂内。

五、本保甲编钉门牌、清查户口，依本省清查户口、编钉门牌暂行办法，由保长督同各户户长负责办理。

六、凡住户有保甲章程第十一条第3款规定各种情事，致户口发生异动时，户长应即日填具申请书报告甲长，如适值户长不在家时，应由其家人或所指定之代理人代为报告。

七、凡本保甲内逐日出现入境出境之人口，及本保甲内人民之行动均应负责，注意查察，如认有疑行及可疑者，应即报告于甲保长，联保各户尤应互相稽查。

八、凡遇匪患，经乡长通令警戒或保长认为必要时，应于本保甲所辖境内之出入要道，设卡盘查，如认为形迹可疑者的，应诘问搜检，并得带交保长分别发落。

九、凡本保甲之壮丁，应受保甲长之指挥，轮流分值守望巡逻任务。

十、凡遇水风火灾，本保甲之壮丁，突闻继续鸣锣三声，应即携用齐赴灾场，服从保甲长之指挥，协力警戒救护。

十一、凡遇匪盗，应鸣锣通报或挨户飞报，由保长随时酌定通告之本保甲之壮丁，应依保长通告所指定之地点，立即集合，服从保长、甲长及军警长官之指挥，协助警戒搜查。

十二、本报所需经费由自治户捐60%，呈准县政府拨充之。

十三、保甲经费之支出以左列各条为限。

1. 书记津贴每月2元。

2. 办公纸张笔墨灯火每月1元。

3. 保甲会议时之茶饭每月5角。

4. 壮丁出队时之伙食每日2角。

5. 保长甲长因公赴县之川旅费每日4角。

6. 其他必要之杂费每月5角。

前项应支项目之约数,每季应先行估计一次,编成预算表,提交保甲会议核定,其每月收支实数应变成决算,提交保甲会议核销。

十四、保甲应行征收之经费,由保甲长经收缴,由保长负责保管之。

十五、凡保甲每月应行支出之经费,由保长查照。预算表明示用途及数目,由保甲会议核定后支付之。

十六、除依前列各条议决保甲经费之筹集、保管、收支及其预算、决算外,凡遇到左列各事项,本保区域内如有分任举只之必要时,所需增加金钱及劳力之负担,也应分别另定规约,拟具预算,提交保甲会议决之。

1. 如需修渠、堤坝与火旱、风灾、消防、水利掩护及其他工事时。

2. 如需修筑公路、桥梁及其他交通设备时。

3. 如有保甲内异常出力之人员,需特别优加赏恤时。

4. 救灾用具及御匪军械需特筹公用添购时。

十七、保甲会议由保长召集行之,以保长为主席。如保长或多数甲长认为必要时,得召集各户户长列席,参加讨论,开保甲扩大会议,但列席者不参与表决之数。凡经保甲长会之事项,在场人民及议决情形,应由保甲长办公处派书记摘要记录并分别保存之。

十八、凡依保甲章程第二十六条各款所科罚金,概由保长宣告之。

十九、本规约所未载者,悉遵照浙江省保甲章程办理之,至保甲章程及本规约所未尽者,得有保甲会议随时续订规约以补充之,乃旧具报乡公所转呈县政府查核。

二十、本规约分缮三份,一份存保,一份送呈乡公所,一份送乡公所转呈县政府核准实行。

本规约制定人:新王乡第12保保长叶锦林,第一甲甲长陈银富,第二甲甲长徐兴发,第三甲甲长徐富根,第4甲甲长徐雪明,第5甲甲长叶佩璜,第6甲甲长叶汝琪,第7甲甲长黄忠显,第8甲甲长叶茂昌,第9甲甲长叶三荀,第10甲甲长许玉林。

民国二十四年(1935)三月二十日

县督收委员朱聘贤到塔下乡催收部分抗日经费报告

窃聘贤奉派前往塔石乡会同乡长征收二七年度未收部分抗日经费,业于本月5日到达该乡,会同乡长杨万春分别征收,并于8日办理结束。所有未收部分,大部分均经收清,即共收国币1149.3元整。唯有翁阿和一户口,系寿昌县人,家住寿昌,在龙、寿两县均置有产业,本县应派缴抗日经费108元,据称已由寿昌县抗委会一并征去,请予免交等语,并备申请书一件前来。又有徐曼奶一户,尚有未交部分国币54元,据称二七年间曾以厚德户名缴有壮丁服装费25元,应在徐曼奶户抗日经费内扣抵。向该服装费原经手人王超查询,确属实在。聘贤二次密查该徐厚德确系徐曼奶其人,故该户当时仅收缴29元(收据没给,在收据角上注明),唯应否准予扣抵，仍请钧府核夺。谨将征起抗日经费连同册据一并送请钧府核收。

县督收委员　朱聘贤

民国二十九年（1940）一月二十日

塔下乡建造乡公所暨乡中心学校经费及基金委员会会议记录

时间：民国二十九年（1940）九月十四日下午5时

地点：乡公所

出席者：王康年、王超、翁敏政、邵志琢、邵晋光、李品亨、钱晋康、翁福清、邵学易、张云峰、李玉书、李成德、钱永生、李士文、杨万春

列席者：周俊甫、王达、郑慧卿、陆鹏飞

主席：杨万春

记录：甘兆年

甲：报告事项（略）

乙：讨论事项

（一）重新确定本乡乡公所及乡中心学校永久地址案。

议决：就原有乡公所箬迹殿旧址扩充修建。

（二）筹募建造乡公所及乡中心学校经费案。

议决：由各委员自行认捐外，其余推定委员会同该管保长安户尽量劝募。

（三）筹募乡中心学基金案。

议决：1. 先由台山寺拨出民客田十五石。

2. 推定委员会同该管保长将该保辖境内各寺庙众财产切实调查尽量筹拨。

为呈报台山寺拨入塔下乡中心学校田产新鉴核备案由

查本乡中心学校，业已奉令成立。曾经组织筹募建造乡公所及乡中心学校经费基金募集委员会，并于本年9月14日召开委员会决议："建造中心学校经费由各委员自行认捐外，其余推定委员会同该管保长按户尽量劝募，基金先由台山寺拨出民客田一部"等语记录在案。除建造经费已由各委员尽量筹募外，基金经理（乡长）会同校长将台山寺拨出民客田35亩7分5厘，客田4亩，又地1分（其土名字号、详细亩分另付清单）。理合检附台山寺户折二本、护管一本，并造具拨出田亩清单一份，一并备文呈报。仰祈钧核，准予备案，并将该台山寺拨出之田亩过入本乡中心学校户内（请另立户折），实为公便。

谨呈

龙游县县长：周

计呈附：37都3图台山寺户折一本、37都2图台山寺户管册一本、37都3图全成舆户折一本、台山寺拨入本乡中心学校田亩清单一份。

塔下乡乡长　杨万春

民国二十九年（1940）十月二十三日

批呈将台山寺田产拨充校产准备案电

指令：塔下乡乡长杨万春

呈一件：为呈报将台山寺田产拨充本乡中心学校校产情形，检同田亩清单及管业证件请准，重拨入学校户备案由。

呈件均悉。据呈件将台山寺35亩5分、地1分及全成舆会田2亩2分5厘，充作塔下乡中心学校校产，应准备案，仰即拨入学校户，检同新立户管呈核至单列。37都3图无字号民田2亩，应即查明字号后拨入学校户，并仰遵照清单存户管发还。此令。

计发还：37都3图台山寺户折一本、37都2图台山寺户管册一本、37都3图全成舆户折一本。

县长　周俊甫

民国三十年（1941）二月十三日

国民党二十八军辎重营捆绑警卫干事等勒索食米报告

查二十八军辎重营，今午道经属乡宿营，向属所供应青菜150斤、柴火300斤、菜油10斤、食盐5斤、稻草1000斤，并强迫借食米500斤。属所当即将青菜、柴火等项如数供应，唯食米一项，难以照付。讵料该部队威势汹汹，竟敢将属所警卫干事暨特务班队士两人，用绳索捆绑殴打受伤，属所职员见其如此野蛮行动，在其强迫之下无计可施，只好暂避其锋。该队复将特务班捆缚，勒令向民家暂借，付食米150斤，尚未满其恣壑，又敢自行缮写借条，盖用属所之戳，向第8保保长家借来150斤。该保长见其来势凶猛，设计暂避。该队士兵又将保长家中器皿大毁，意图闹事。似此情形，实属非法也，极更无军纪之可言。为此报请

鉴核迅予电请　县座钧裁

谨报

龙游县政府塔石区属

后徐乡乡长　龚毓兰

民国三十三年（1944）十二月七日

编者注：原标题为"报告"，现标题为编者所加。报告中所涉第8保，现为下宅、贤求朋一带。

县长周俊甫给新王乡保校歌咏比赛前三名颁发奖状

新王四保校，十一、十二保校，三保校：

该校参加歌咏比赛成绩优良，给状奖励。

查该校学生参加新王乡各保国民学校学生歌咏比赛，经评定团体成绩入第一、二、三名，依照比赛办法之规定，颁给奖状，以此鼓励。

此状

右给新王乡四，十一、十二，三保国民学校准此

县长 周俊甫

民国三十五年（1946）八月十七日

编者注：原标题为"奖状"，现标题为编者所加。其中第十一、十二保校位高山顶。

模环区下宅乡四村叶树明互助组向董云珠互助组应战书

县委、地委并报省委：

把叶树明互助组生产计划反映给你们，希望审查指正。

龙游县模环区下宅乡四村叶树明互助组，向董云珠互助组应战，提出爱国增产 13 条，并向华东全区劳动模范、互助组员及全体农友们挑战。

亲爱的董云珠互助组全体组员们：

我们在衢州大众报上看到，你们向全区农友们提出爱国增产竞赛挑战书，大家都很高兴地展开学习和讨论，使我们争取今年丰收也有了明确的方向。为了响应毛主席增产节约，支持中国人民志愿军的伟大号召，我们全体组员有决心向你们应战，并提出爱国增产 13 条，保证做到：

一、保证在去年亩产水稻平均年产量稻谷 355 斤的基础上，今年争取每亩增产到稻谷 145 斤，可增产三成至四成，其中有徐明耀田 1.125 亩和徐树荣田 1 亩，每亩要在今年争取产稻谷 700 斤（去年平均每亩产量 500 斤）。

二、全组坚决和农友们修好后塘和卢塘，保证全组水田 66 亩，40 天不下雨不受旱灾。另外，陈国顺、陈有本 4.6 亩田，是山垅田，能保证 30 天不下雨不受旱灾，用 4 辆水车与人力来克服和自然灾害作斗争。

三、肥料方面。今年保证每亩田要用商品肥料，煤灰 60 斤（去年每亩平均 20 斤），石膏共计 109 斤。全组大小牛 4 头，每月出栏粪 120 担，共养猪 6 头，每月可出猪栏粪 90 担，挑塘泥 450 担。组内共 34 人，每月可出人粪 50 担。从农历正月起至四月共计 1490 担（油菜、麦肥未计在内）每亩平均土肥 21 担，还有绿肥（花草、麦肥共 17.2 亩）不算。猪牛栏粪比去年增加五成，塘泥、人粪比去年增加一倍。去年绿肥全无，今年增加绿肥 17.2 亩，商品肥比去年增加 1/3。肥少要用得巧，比肥多还好。

四、精耕细作。保证深耕大农田，今年耕深 6~7 寸（去年耕 5 寸）。大阪田今年深耕 6 寸（去年耕 3~4 寸）。对沙龙田深耕 5 寸（去年耕 3 寸）。今年耕 4 遍（横耕 1 次，直耕 3 次）耙 3 次，耖 2 次，横直耖 1 次，插秧后施肥 4 次。

五、选好优良稻种子（五五七五、六五零五、五百粒量）。根据本组各户田的土质不同下种。每亩田平均下谷籽 4 斤。为预防谷籽腐坏，每亩添谷籽 1 斤，现准备好谷籽 350 斤。全组已〈备〉好一块能避东北风，温和朝阳的适合做秧田共 4 亩，秧床 3 尺，距离 1.5 尺。秧床两边留沟路准备除虫，秧苗上长时进行采捕蛾、拨稗等。

六、修农具方面。全组已修好水车 2 张，其他农具已全部修好。保证新添犁 2 张，草皮 4 顶，箩 2 担。

七、副业方面。全组准备养猪 8 头（今已养 6 头，再添养 2 头），鸡 30 只，还准备添养小鸡 80 只以上。增加副业生产，准备种络麻 1 亩。

八、保证读报组每两天读 1 次，学习各地丰产经验，明了国家大事，提高政治觉悟，人人晓得爱国，并订《华东农民》1 份。

九、保证记工要勤力，算账要清楚，有事要大家商量，互助团结友爱，有困难互助解决，集体合作，具体分工，各尽所能，搞好生产，打下土地入股准备工作。

十、全组已种好松秧苗 250 亩，山地全村各种，有一部分是补种的，并坚决做好护林工作。

十一、遵守组内会议制度，按时开会，总结生产，交流经验，研究技术，检查优点和缺点。

十二、厉行节约,组内互助调工,多吃家常便饭,反对铺张浪费,尽量节约储蓄,多买肥料。

十三、保证团结,联络组外农友,并且都宣传互助组的好处,帮助其他点村(四村)现已组织好的三个互助组(合乎三大原则)三村两个、六村一个,并且今年还把全乡都组织起来发展生产,我们不但有恒心做到,而且有勇气的〔地〕坚决向董银珠全体互助员们应战外,并向全华东地区增产模范、互助组员、农友们提出挑战,希望大家都起来参加爱国增产竞赛运动,保证 1952 年大丰收,来巩固国防,支援中国人民志愿军,打败美国佬,建设工业化国家,才能过好日子。

模环区下宅乡四村互助组员:叶树明、徐树荣、陈国顺、陈国瑞、徐国华、项土根、徐明耀、陈友堂

中国共产党浙江省龙游县模环区委员会翻印

1952 年 3 月 20 日

新宅完全小学 1964 年第二学期工作总结

我校在上级党委和学区支部领导下,在社会主义教育运动鼓舞下,开展"三大革命运动",高举毛泽东思想红旗,认真学习毛泽东著作,以毛泽东思想为指针,以毛泽东著作为武器,个个初步树立起革命化、劳动化革命精神。现将一学期来工作总结如下:

一、通过学习,认清形势,明确方向

1. 全体师生通过形势学习,认识到目前国内外都是一片大好形势,特别国内开展了社会主义教育,在各方面起了很大变化。当前国际表现,主要亚洲、非洲和拉丁美洲及东南亚革命运动蓬蓬勃勃开展。特别是越南问题,全体师生认识到,越南问题不仅是亚洲问题,而且是全世界问题;抗美援越问题,不是为支援越南问题,而是全世界问题。越南战争形势好,也是全世界大好形势。因此,全体师生都为抗美援越而工作,为抗美援越而学习。

2. 我们学校通过抗美援朝图片展览,全体师生更加愤恨美帝国主义。通过展览,不仅提高了师生认识形势观点,而且还向广大干部群众做了宣传。如黑板报、教师访问,向群众、家长宣传,学生回去向父母及群众宣传。

二、师生政治思想不断提高,共产主义风格不断增强

由于认清了形势,进一步加强学生政治思想教育,以两条道路斗争和阶级斗争为纲的"两个观点""一个风格"的教育。全校性教育 4 次,再利用周会、语文、写作、班队活动以及读报、晨间谈话一系列教育,主要收获表现如下:

1. 敢于向坏人坏事作斗争。如三年级王新林小朋友能说服父亲不烧香拜佛,叶文求小朋友能动员妈妈不贴灶司老爷,四年级王恭清同学能劝校外儿童不要用扑克赌博。三年级罗永林同学,他妈妈在农忙假时,老师们在杨垅里劳动,他妈妈在门外拾到一条毛巾,想放箱子里去,等老师回去再拿出来用。当罗永林知道这件事,坚决劝妈妈送还老师,他妈妈不同意,永林就说:"你不拿还老师,我把你讲出来,你要倒霉死。"他妈妈经过一场(思想)斗争,最后送还了老师。

2. 初步树立了勤俭节约、艰苦奋斗精神。我们坚持勤俭节约,勤俭办一切事业,如开学初为布置学校环境,刷墙全部师生动手,估计相抵 4 个工(编者注:指劳动日),期中为了隔(指分隔)个教室,师生动手拾了 800 多块砖头,估计相抵 20 个工,计算共 15 元 6 角,又厕所翻瓦补漏,要 1 个工,也是李老师利用假日翻好,省了 1 个泥瓦工。在修理上,这个学期就省略了 40 多元。其次,教育儿童勤俭节约,养成储蓄好习惯。如四年级组织了小银行,发动学生把零用钱一分一

厘存入自己小银行。

3. 受雷锋风格影响,初步形成拾金不昧,抢做好事在我校不断涌现,初步克服(消除)了失窃现象。如一年级从开学到结束,只遗失过一支铅笔,不论拾到什么东西,都能及时愉快地交给老师,送还同学。看到尿桶头满了,他们就抢着抬,看见地面肮脏了,他们就抢着扫。有同学肚子疼不会走,就主动背同学回家。像王永林就背过张安娥回家,鲁文华背过赵有富回家。学校修建缺少砖头,王恭清、罗富松等同学就不声不响献砖;又如,鲁文华、陈彩富发现桌凳坏了就自动修理等好事,不胜枚举。

三、正确贯彻执行党中央教育方针,积极推行半农半读

本学期来,我们不断学习党中央贯彻两种教育制度,进一步明确了办好耕读小学对普及教育及培养坚强的革命接班人的重要意义,树立了只有为贫下中农服务、为农业生产服务的思想,才能办好社会主义学校。具体做法如下:

1. 认真组织教师学习党的教育方针,正确贯彻两种教育制度,大力开展向群众、家长宣传。这学期我们召开了全校性家长会两次(期中、期末各一次),使家长明确了党的教育方针、两种教育制度。各耕读小学除结合完小家长会外,都分别普通召开过家长会。在每次会议中,我们还吸收家长意见,有的反映好的,有的对学校贯彻教育方针提了意见。如鲁阿廷说:"现在学校要加强礼貌教育,老师要对学生严点、紧点,否则学习既搞不好,又没礼貌。"又如毕业班家长说:"现在小学毕业,有的仍不会打算盘,毛笔字也写不好。"总之,意见提了好多,我们都一一记载下来,好的我们进一步发扬,不够方面及要求作为我们今后努力方向,以达到群众、家长满意。

2. 努力做到教育为无产阶级政治服务,教育与生产劳动相结合。这学期来。我校为粮食生产服务,利用课余时间、生产劳动课、手工劳动课、班队活动,组织全校师生拔青草二三次,共计4000斤,主动送给生产队;以中队为单位,组织队员为军属解决困难,砍柴、拔猪草数次,使军属更进一步体会到党的关怀,军属光荣,同时还组织全体师生参加杨垅水库义务劳动两次。

3. 积极推行半农半读,大办耕读小学。本学期我们学校教师所辅导耕读小学与全日制小学同时开学,大部分教师直接亲自担任教学,有的要翻山越岭,绕过七垅八坞,每日去教学,从开学一直到学期结束(特殊情况例外),风霜雨雪无阻,数次衣服被雨打湿,路滑跌倒,毫无怨气,心中还是觉得十分愉快,因为他们感到已为贫下中农多出一份力了。曾经有的老师还带病去上课,发现耕读小学有什么问题就及时去解决。开学初没有钱买书,老师自己先垫付,没有钱买油,老师也自己垫,有的耕读小学,虽然有耕读老师,但也不放手,不松气,还是天天去辅导。从目前看,各耕读小学是比较巩固的,一般出勤总量达85%以上,学生知识质量、道德品德都有很大提高,学习积极性更加高涨起来。如儒大门和杨垄里学生还提出,夏收夏种最好也不放假。

4. 全日制中积极适应贫下中农需要、农业生产需要。全体教师大胆试行教学改革,有的在课堂教学中把单式教改成复式教,边讲边练,讲练结合;有的采取集体指导,个别辅导;有的在课堂中采用启发诱导教学,使学生学得主动、活泼,成绩有显著提高。如三年级祝树清,算术原来50分提高到90分以上;二年级张银秀,语文由原来30分提高到70分左右。为了贫下中农需要,为了农业生产需要,学校还加强了农村应用文教学。如珠算、毛笔字、簿记等教学,通过学习,学生从三年级起,已经学会了写信、写便条、通知、证明等等。为巩固和加强,在"六一"又出应用文专刊,从三年级起建立邮箱进行相互通讯,从二年级起就学习写毛笔字,效果都很好。

5. 积极为贫下中农子弟补课。在课堂里采用启发诱导教学,多提问,课外又帮助补课,有的甚至找上门补课。如一年级王秀春病了40多天,从医院回来,老师就上门补课了八天,终于

让王秀春达到一般水平。

6. 在教学制度上,根据情况从实际出发。为适应农业生产需要,为贫下中农家长需要,我们教师反复吸收意见,在学生中摸清学生在家庭所需劳动底子,根据情况从实际出发,下午准予提早回家帮助劳动。午睡,我们已经实行两个星期,但是效果不好,学生有意见,家长有意见,情况如何我们不知,经过深入调查研究,把家长与学生意见归纳统一,改变学期作息制度,教师愿意自己辛苦一点,饭后也不午睡,学生到了就上课,达到家长学生的要求。

以上情况说明,我们全体师生所取得的成绩是巨大的,主要体会:

一、依靠党委领导,依靠当地干部、贫协会和群众支持,有事同他们商量,问题都能得到解决,工作都能做好。

二、认真学习毛泽东著作,以毛主席著作武装自己,把毛主席著作活学活用、学用结合。如过去对工作怕苦,拈轻怕重,甚至于工作不负责任,先替自己打算,然后再替别人打算。根据这一情况,我们就学习毛泽东著作《为人民服务》《纪念白求恩》等文章,教师们深深体会到需要学习,毛泽东著作是我们工作的指针。再如工作上怕困难,教改不敢去尝试,有畏难情绪,我们就学习《愚公移山》文章,通过学习,工作干劲就出来了,日干夜干,心情十分舒畅,有的晚上经常工作到十一二点,愿意把一切献给革命事业。

三、深入家长,吸收意见,重视调查研究,从实际出发,切实做好保障。

四、教师必须树立革命化、劳动化思想,工作就有信心、有决心,不怕任何困难。

五、看问题要有一分为二观点,在工作中既有好方面,也有不足部分。主要存在的问题有以下几点:

1. 政治学习还缺乏认识。有段时间学习也不经常,学习之后与自己思想挂不起钩来,学归学,工作归工作,脱离政治。

2. 由于政治学习不够,因此还存在着严重资产阶级思想,虚荣思想严重,经得起表扬,受不起批评,有意见当面不提,背后乱讲。

3. 教改中还不够大胆,有等待思想;在教学中,还存在有严重变相体罚的现象。

新宅完小校长　潘海根

1964 年 11 月 29 日

编者注:“三大革命运动”,是指阶级斗争、生产斗争和科学实验。

改良低产田地　低产变高产

中共衢县会泽里大队支部书记　廖永根

我们会泽里大队,是黄土丘陵地区,原来的土质瘠薄,十年九旱。是一个有名的低产地区。解放前,大部分土地,一年只能种一熟,亩产只有二三百斤,群众生活困苦,大家都叫“龙游穷北乡”。今天的会泽里和过去大不相同了。在党的领导下,我们大队已经由过去的穷北乡,变成了富村庄。公社化以来,我们大队,粮食年年增产,社员生活步步提高。1962 年全大队 1528 亩粮地,总产达到 107.9 万多斤,亩产达到 706 斤。同 1957 年比较亩产增加 1.3 倍,其中下宅生产队,已经连续四年亩产超过 800 斤,今年粮食亩产达到 971 斤。

我们大队的粮食生产,从低产变高产,主要是我们全体社员在党的领导下,在总路线、“大跃进”、人民公社三面红旗的照耀下,依靠集体经济的力量,鼓足干劲,以改良低产田地为中心,大搞农田基本建设的结果。

先从解决水利入手

我们大队过去之所以低产,很重要的原因是缺水。全大队1700多亩土地,解放前全靠一个“三塘”。老人们讲“小时靠爹娘,长大靠三塘”。其实一个水塘灌不了多少土地,大片大片的土地都是靠天田。记得1944年发生的一次旱灾,到处土地龟裂,稻苗枯焦,许多田都颗粒无收,群众逃荒。解放后,虽然也修过几个山塘,但是多数土地水利仍没有过关。解决水利问题,是社员的迫切要求。1956年区委提出了修建三门寺水库的任务。我们大队社员热烈拥护,全力以赴地投入了这一工作。全大队270多个整半劳力,就有200多个上了工地。当时队里粮食比较困难,修水库的社员们,生活都比较辛苦,但是大家为了搞好生产,还是坚持干,大家都说:“只有造好了水库,才有白米饭吃。”冬去春来,我们就这样整整干了三个冬春,到1958年春天,大水库初步造成,但是渠道未修。这年六、七月份,正当中稻抽穗灌浆的时候,发生旱情。山门寺水库的水,无法流到会泽里来,眼看稻苗就要死去。救苗如救火,党支部就发动群众抢修渠道,副支书李全标带着几个社员跑遍了周围山头,凭着两只眼睛、两根竹棒,测定了渠道线路,然后党员、干部带头、分段包干,男女老少一齐出动,这样整整干了七天七夜,筑成了一条7华里长的,翻越了6个山坡的渠道,把山门寺水库的水引进来。从这个时候起,全大队将近八百亩土地解决了水利问题。接着大队党支部又同社员反复商量研究,订出了全大队的水利建设全面规划。通过把山塘、修筑坍塌,来解决山沿田的抗旱问题。全大队大搞小型水利,各个生产队见凹就筑,见塘就拙,见漏就补,见水就拦。对于一部分高地田实行机灌。通过这些措施,我们大队目前已建成一个比较完整的水利网,有1000多亩土地已经实现了自流灌溉。目前抗旱能力在80天以上的保收田有889亩;抗旱能力在60天到80天的有462亩,只有191亩抗旱能力在50天以下,基本上解决了水利问题。

从“肥”字上下苦功夫

地瘦土壤差是我们会泽里原来低产的另一个重要原因。由于土壤有机质少,原来土地黏性很重。“敲去一个印,笃去少个角”,特别是离村较远的山地田和山边田,年年只种一熟,收成很少。为了改变这种状况,我们大队连续几年进行了改良土壤、培养地力的工作。

首先,大种绿肥。如何种好绿肥,我们队里有过争论。在1957年以前,我们大队都把花草种在离村较远的山边田里,而把大、小麦种在门口畈,目的是想改变山边田。但是经过几年来实践证明,山边田由于土质太瘦,草子仍是种不起,而门口畈的土地,由于种大麦、小麦多,地力逐渐下降。从1958年开始,我和几个大队干部商量,把门口拿来种绿肥,把大、小麦种到山边田去,当时口号叫“大、小麦上山”。这样安排以后,门口畈土地肥,花草长得好;山边田,由于种大、小麦以后,土地进行冬翻,土质能够变松。同时,通过培育大、小麦,施栏粪,改良了土壤,这是一项一举两得的办法,好处是很明显的。但是大、小麦移向山边田以后,挑栏粪路远,劳动力花得比较多,又引起了大家的争论。争论结果是多数生产队挑选了新办法,大家认为多出一份力气,才能多收一份粮,并说:“只要能增产,我们队就干”。下宅生产队从这一年起,就把全部大、小麦移向远田和山边田,门口畈全部种花草,结果增产幅度也最大。第六生产队,这一年图省力,还是采用老办法,结果减了产,吃了亏,第二年也跟着做了。由于合理解决了绿肥面积的布局问题,这几年花草绿肥的面积越种越大,产量越种越高,全大队1957年绿肥面积380亩,双季稻300亩,占水田面积13%,粮食亩产391斤,1960年绿肥面积762亩,双季稻也随着增加到848亩,占水田面积55%,粮食亩产提高到675斤,

1962 年绿肥扩大到 985 亩，双季稻扩大到 1180 亩，占水田面积 65%，粮食亩产就提高到 706 斤。

其次，扩大双季稻以后，大力推行“早稻草还田”的办法。“稻草还田”，好处很多：一是晚稻有了基肥；二是双季晚稻插秧时，由于覆盖稻草，田水温度降低，稻苗返青快；三是能压制稻田杂草生长；四是土质变松、变肥。但也带来了一些新问题，就是社员烧柴发生困难。刚推行这个办法的时候，也有不少社员、干部思想不通。经过算账教育，大家认为只要粮食增产，没有柴火，就上山去砍，春柴火冬准备；并且积极发展薪炭林，今年已经基本上可以自力更生解决柴火了。

第三，多养猪。通过认真处理政策，扶持社员养猪以后，生猪发展较快。现有猪 367 头，平均每户 1.6 头，每亩耕地一般有 15 担栏粪。采取了上述三条办法以后，全大队平均每亩耕地有机肥 30 多担，这就大大提高了土壤肥力。

集中力量打歼灭战

我们会泽里大队原来低产田的面积很大。大队原有 7 个低产畈，共 826 亩，占水田面积 50%以上。这些土地的条件特别差，产量最低，原来都是一年种一熟，亩产 200 来斤。随着水、肥条件的改善，其中一部分土地得到了改造。但是其中很大一部分，必须对症下药，专门进行改造。从 1959 年开始，我们都逐垅逐坂进行了规划，分期分批地进行改造。我们先改造已经实现自流灌溉的 5 个低产贩，同时区别不同的低产原因，进行改造。在做法上是集中力量，打歼灭战，改一丘是一丘，改一畈是一畈。例如 1959 年春天，为了改造中井畈，全大队一致行动，把当时所有的栏粪都挑到那里，还大铲草皮，把这个 120 多亩“白鹭鸶泥”田，一次挑进了 2000 多担肥料，3000 多担拌泥沙，并且改进了排水系统；又采取了两季稻草还田。这样，这个最有名的低产畈终于改造过来了。经过几年的努力，这 7 个低产畈已经基本上得到了改造，普遍由一熟改为两熟，亩产从二三百斤提高到五六百斤，摘掉了“低产田”的帽子。

治山、治水、改土相结合

为了巩固治水、改土的成果，我们大队对治理荒山、绿花造林也进行了不少工作。四年来，我们采取自己采种，自己育苗，自己种树的办法，一共育苗 18.7 亩，培育了苗木 100 万株，造林 1900 多亩，四傍栽树 4 万余株，如今四周山上树木很多，马尾松已有一人多高了。通过治山，不仅涵养了水源，还解决了社员烧柴的问题，更重要的是做好了丘陵地区的水土保持工作，以往那种山沙淤积，毁坏良田的现象，已经大大减轻。全大队往年经常受到山沙冲压的 110 多亩土地，现在已经减少到二三十亩了。

编者注：此文系浙江省 1962 年度农业先进单位和劳动模范代表会议文件。

建德县大店口公社梅岭大队与衢县下宅公社大平坂（畈）大队山界合同

关于建德县大店口公社梅岭大队第三、第四生产队与衢县下宅公社大平坂大队大平头生产队建立山界合同。

为了双方有利于生产，有利于发展森林，改善社员生活，经双方队干部和代表互议协商，决定划定山界如下：地名，叫凤凰形（狮子石山岗）。

东至梅岭山，南至大平头生产队柯上达麦地，西至大平头生产队（小坞小坑直线分界），北至狮子石山岗，山岗直至小坞分界，靠梅岭归梅岭，靠大平头归大平头。

特立此合同，今后双方不得反悔，并互不侵犯，共同遵守，将此合同一式四份，保存下宅公社一份，大店口公社一份，梅岭大队一份，大平坂大队一份。

建德县大店口公社管理委员会(盖章)
大店口公社梅岭大队管理委员会(盖章)
代表(盖章)

衢县下宅公社管理委员会(盖章)
下宅公社大平坂大队管理委员会(盖章)
代表(盖章)
一九六六年二月二十五日

高举毛泽东思想伟大红旗以革命精神学习大寨

——横山公社西方坞大队活学活用毛泽东思想,
深入开展学大寨群众运动的情况和经验

一

西方坞大队广大贫下中农和革命干部,坚决响应毛主席"农业学大寨"伟大号召,以"三忠于"为根本,以阶级斗争为纲,以"老三篇"为武器,全面深入地掀起活学活用毛泽东思想新高潮,开展了一个轰轰烈烈的学大寨人、走大寨路、长大寨志、兴大寨风、建大寨田、创大寨业的群众运动。在半年多时间里,由于认真学习大寨人政治挂帅、思想领先的原则,自力更生、艰苦奋斗的精神,爱国家、爱集体的共产主义风格,因而获得了巨大成绩。现在是:广大社员心怀一个"忠"字,狠抓一个"用"字,男女老少人人学"忠"、献"忠",个个比"忠",立"忠"。家庭、村庄、田头、山岗到处都成了献忠比忠的地方和"斗私批修"的战场,大家都以读毛主席的书,听毛主席的话,照毛主席的指示办事,做毛主席的好战士为最大光荣、最大幸福。

毛主席教导我们:"人们的社会存在,决定人们的思想。而代表先进阶级的正确思想,一旦被群众掌握,就会变成改造社会、改造世界的物质力量。"人还是西方坞人,地还是西方坞地,可是因为人的思想变了,自私自利思想少了,为革命种田思想多了,这就带动了一切都在发生深刻的变化。今年春粮大幅度增长,购粮任务1500斤很快完成了6000斤,超额完成300%。早稻一片丰收景象,社员还发扬大寨人艰苦奋斗、勤俭创业的革命精神,买进两台价值4800多元的手扶拖拉机,造出大寨田23亩,开荒山种茶叶75亩,桑树9000株。真是:人换思想,村坊改装,荒山献宝,土地变样。广大社员正沿着伟大领袖毛主席所指引的方向,为实现彻底思想革命化、农业机械化电气化而奋斗。

二

这个大队是怎样学习大寨的呢?他们的特点是:1. 学大寨精神,狠抓世界观改造,促进思想革命化,而不是单纯学某一项管理办法和生产经验。2. 真心实意地学,学了就用,一用就用到底,而不是表面肤浅学,不是为学而学。3. 为革命而学,对革命有利的事,再难也要克服,再苦也要坚持,不是马马虎虎,敷衍了事,更不是片面地为改善生活而学。他们的经验是:

(一)高举毛泽东思想伟大红旗,活学活用毛主席著作,开展群众性"三忠于"活动,用毛泽东思想武装头脑,改造世界观,破私立公,实现思想革命化。

这个大队依靠贫下中农,充分发动群众,从阶级教育入手,开展大诉旧社会苦、大讲毛主席丰功伟绩的回忆对比、忆苦思甜活动。诉旧社会的苦,激起广大社员的旧恨新仇,讲毛主席丰功伟绩,无限热爱毛主席。第二生产队童麻车村,解放前15户贫下中农,没有一个读过书,26个劳力都给地主当长工、做短工,小小的村庄就有15个贫农被抓去当兵。旧社会里,贫下中农受着沉重的政治压迫,残酷的经济剥削,妻离子散,家破人亡。贫农童半片向地主租田五亩,地主要他每年交租1000斤,还要他预交1200斤大米作押金。童半片出于生活逼迫,出卖毛猪、变卖用具,交足了租金。国民党物价一天几涨,第二年地主退还押金买不到一百斤米。就这样,租地主五亩田,一年被剥削了2500斤谷。童半片有苦无处诉,有冤无处申,一家人饿着肚皮哭了一天一夜。通过忆阶级苦、忆民族苦、忆村史、忆家史、忆个人成长史等忆苦思甜活动,进一步挖苦根找甜源,从甜中引爱,从爱中引忠,大大加深了广大社员“三忠于”的深厚阶级感情,社员群众说:“没有毛主席就没有西方坞,没有毛主席就没有今天幸福生活。”从心里发出:“爹亲娘亲不如毛主席亲,河深海深不如毛主席的恩情深,千好万好不如毛主席好。”大家纷纷表示:“要不忘阶级苦,牢记血泪仇;胜和不忘本,幸福不忘根。要紧跟毛主席他老人家干一辈子革命。”广大革命干部和社员站在毛主席像面前,千遍万遍地高呼“毛主席万岁! 万岁! 万万岁!”千次万次地敬祝“毛主席万寿无疆! 万寿无疆!”

忆苦思甜活动,大大推动了“三忠于”活动的深入开展,干部、社员人人动手,大搞“忠”字化,开“忠”字会,做“忠”字活,搞“忠”字室,献“忠”字物,立“忠”字心,种“忠”字田。全大队户户都办了“忠”字室,共请来了毛主席画像3.2万多张(平均每户201张)和毛主席语录1.1万多册。许多社员把自己准备造屋和做家具的木料也拿出来锯了做毛主席像镜框。贫农童半片晚上开了家庭忆苦会,第二天一早就出门请毛主席像,跑了兰溪、游埠、诸葛等十几个地方,请回了毛主席像四百多张。接着,童半片两个晚上没有好好睡觉,在小小茅屋里贴了九百多张毛主席画像,布置得既有条理,又很庄严。外地来参观学习的人,见了都很感动。

第一生产队71岁的女贫农朱阿弟,她回忆了旧社会丈夫帮地主当长工,自己带了一个3岁和一个6岁的孩子流浪外地讨饭,晚上住破庙,吃剩汤馊饭的苦楚。她说:“我要把旧社会的痛苦代代传。”见人就讲旧社会苦新社会甜,教育大家:翻身不忘本,牢记血泪仇。朱阿弟在吃饭前、睡觉前总要看一看毛主席像,看了毛主席像就高呼“毛主席万岁! 毛主席万万岁!”

目前,“四个首先”“五个到田”已在全大队普遍行动起来,贫下中农说:“要像门合同志那样:一切为着毛主席,一切想着毛主席,一切紧跟毛主席,一切服从毛主席。”

广大社员活学活用毛主席著作,做到心怀一个“忠”字,狠抓一个“用”字,以“老三篇”为武器,时时、处处狠斗私心杂念,改造世界观。毛主席教导我们:“世界观的转变,是根本的转变。”由于不断废私立公,人的精神面貌起了深刻变化,为工分劳动的思想少见了,为革命种田的思想大大树立了。现在是出勤多、效率高,劳动不计报酬,一心为公的好人好事大量涌现。第一队有33个牛栏、猪栏,每清一次栏要出栏粪380多担,过去21个劳动力挑一天,现在7个青年不到一天就挑得干干净净,扫得清清爽爽。再从贫农童半片破私立公前后对比来看改造世界观的效果。过去他私有搞得多,集体生产出工不出力,搞私有真是拼命志力,分秒必争、寸土不让,全年私有粮食收入2000多斤,破私立公触及了他的灵魂,社员提出要献开荒地,急得他几夜睡不着觉,思想斗争十分激烈。通过毛泽东思想学习班,忆苦思甜,批判“三自一包”“四大自由”的修正主义路线流毒之后,看到资本主义是贫下中农的祸根,“私”字是最危险的敌人,他主动请人写了上交开荒地的申请书,表示要全心全意为公劳动。童半片说到做到,他在水库劳动每次挑泥二、三担,最多的一次要挑五担。趁集体没有出工,他就一早起床为集体拾狗粪,拾到那里倒到那里,先后一共拾了51天,共拾1500多斤。有人要给他过秤记分,他说:“忠于毛主席,拾粪为革命,不是为工分。”更生动的还有一个改田故事:今年春天,他日想夜想如果提高产量,为国家多贡献。终于想出了要改造三十亩烂冬田。这批土地高低很大,同一地田里有的水稻淹死,有的却是受旱,产量一直很低,把冬田泥土拖平确实是一项增产措施。但是,冬田很深,一踏下去就是齐腰,人难行动,牛也下不去。童半片向生产队提出建议,大家同意后,他就带了两名青年,背了大门板,干劲十足地到冬田拖泥了。童半片自己在前面拖,两个青年在后面推,门板推烂泥,重量都在1000斤以上。一连拖了四天,拖得他精疲力竭,腰酸背痛,看着有些支持不下来了。好心的青年和童半片调工,结果只拖了半天就吃不消了。怎么办?童半片想起毛主席教导:“下定决心,不怕牺牲,排除万难,去争取胜利。”和张思德“完全”“彻底”精神,就再一次斗了私心,再一次鼓了干劲,再一次下了决心,为集体改田就是要吃大苦、耐大劳,越苦越能锻炼人,改不好死也要死在田里。咬紧牙关,又连续拖了两天半,终于把30多亩冬田全部拖平了。童半片为拖田腰骨受伤,不向集体支一分钱,瞒着社员自己拿钱医病。社员知道以后,很受感动,都说:“破私立公,把童半片变了样;学习大寨,黄土也要变成金。”

忆苦思甜、破私立公活动,也深深教育了儿童。第四队有7个牧童,过去在牛栏稻草堆里扫起来的稻谷拿回去给自家鸡吃,现在每次稻草都要抖了再抖,地上扫了再扫,把复收的130多斤稻谷全部交给集体。

(二)狠抓阶级斗争,开展革命大批判,扫除一切障碍。

这个大队的阶级斗争一直以来都是十分激烈的,一小撮没有改造好的地、富、反、坏分子不甘心失败,每时每刻都在寻机破坏,特别是进入学大寨的初期,更为猖狂。到处煽阴风、点鬼火、造谣言、放暗箭,说什么:“学大寨,吃介菜。”诬蔑学大寨是搞平调,甚至竟敢攻击社员学习毛主席著作。阶级敌人为了破坏学大寨,利用部分社员的自私心理,刮起了一股赌博风,还幕后策划分储备粮、分集体资金,企图挖空集体经济墙脚。

大队革命领导小组发现阶级敌人这一阴谋后,认真贯彻毛主席“千万不要忘记阶级斗争”的指示,组织广大社员向阶级敌人发起了猛烈的进攻。通过先后七八次大回合,揪出了搞投机倒把的伪保队副、地主分子姜*清,揪出了藏放蒋介石像、妄想变天的地主分子姜*和,聚众赌博、投机贩卖的地主分子叶*祥,挖出了暗藏十八年、破坏集体经济、收买腐蚀干部的反革命分子周*治,批判了被反革命分子收买、猖狂攻击毛主席、破坏机械化的原队长叶*根。刹住了反大寨的妖风,粉碎了阶级敌人的破坏,保证了学大寨运动的向前发展。

这个大队还遵照毛主席“不破不立”的教导,发动群众大破旧思想、旧风俗、旧习惯、旧制度,狠批修正主义流毒。在大破的同时建立新制度,他们开展革命大批判的主要经验是:学一条毛主席语录,明确一个观点,批判一个修正主义论点,解决一个问题,肃清一个思想流毒。在进行的方法上,根据各个生产队的不同特点和各个时期的需要,抓住修正主义流毒最广、危害最深、影响最大的问题,采取一查流毒、二列罪状、三讲要害、四讲实质,步步深入的方法,把修正主义批深批透。

在批判“工分挂帅”“物质刺激”中,第一生产队社员说得好:“地主本性最坏,做活只顾工分,不顾质量,高工分活抢来干,工分低了就少干。地主靠底子厚、劳力足、乘农忙抛工分的时候大捞高工分,因而工分最多。我们贫下中农关心集体,高工分、低工分同样干,而且讲究农活质量,结果工分最少。”这个队有个地主叫叶启群,只有8分底分,全年却得了2400多分,比同等劳力高出三成。工分多,靠的是投机,抛工分时,他平均每月出勤29.5天,而低工分时,平均每月只出勤17天。这个队还由于受了“物质刺激”流毒的影响,除了口粮分配实行三、七开以外,其余实物全部按工分分光。这样就更加富了地主。叶启祥去年分得稻草、麦杆5280斤,全家只有两人,将烧不完多余的2700斤以每担2.2元的高价卖给贫下中农(生产队每担作价1元)从中剥削32.4元,又将集体分得多余的180斤红萝卜以平均每担5元的高价出售(生产队每担作价0.8元),从中剥削75.6元,加上粮食多余800斤,以每担20元的高价出售,这户地主仅从实物分配转手贩卖中就剥削贫下中农796元。地主手中有大量资金,就大兴赌博、乱搞妇女、投机倒把。他还经常脚着皮鞋，身穿毛毕几制服（每套 90 多元），手拿小凉伞，耀武扬威地瞪着眼睛问社员："你们说我过去剥削，现在总是按劳所得了吧？"后来经过三次斗争，他才不敢兴风作浪。

社员通过一讨论，一算账，认清了"工分挂帅""物质刺激"的要害，是破坏社会主义制度。在批判"三自一包""四大自由"中，二队社员分析了大搞开荒地有五大罪状：1. 开荒地越多，私心越重，只管私有，不管集体。早上八点多钟出工，下午四点就收工，人在集体，心在单干。2. 妨碍水土保持。开了私有荒地，水冲沙压闭了集体良田。3. 影响水利。社员私有扩种，一个队就被闭了三口水塘。4. 社员年年开荒扩种，集体年年减少土地。这个队集体土地被社员私人侵占了 20 亩。5. 社员开荒多了，交给集体的肥料又少又差，影响集体生产。通过摆事实，分析危害性，社员看清了"三自一包"是资本主义与社会主义的两条道路斗争，鼓吹"三自一包"其目的是挖集体经济墙角，复辟资本主义。

群众性的革命大批判，使社员的头脑更加清醒了，斗争的方向更加明确了，看透了党内最大走资派的本质，找到了地、富、反、坏妄图复辟资本主义的后台老板，因而增强了仇恨心。贫下中农气愤地说："三自一包""四大自由""工分挂帅""物质刺激"是四包拌了糖的砒霜，阴谋复辟资本主义，叫我们走回头路，吃两遍苦，我们坚决不答应。大家自觉地废除了旧制度，主动地把 80 多亩开荒地交给了集体，并实行了以人定量的实物分配形式和大寨式"一心为公劳动，自报公议工分"的部分制度。

（三）领导班子思想革命化，事事带头起模范作用，坚决依靠贫下中农大搞群众运动。

毛主席教导我们："政治路线确定之后，干部就是决定的因素。"这个大队的支部书记童海顺，是旧社会苦大仇深的贫农，一贯工作积极忠实肯干。参观大寨后，受到了极大的鼓舞和教育，认清了前进方向，因此，革命干劲更足了，决心也更大了。当时，西方坞大队在开始学大寨的时候，也存在许多困难：阶级敌人疯狂破坏，少数富裕农民也抵制学大寨，社员群众中有许多顾虑，8 个生产队长有 7 个不愿当干部。童海顺牢记毛主席"什么叫工作？工作就是斗争"伟大教导，回家第一件事就是不分日夜，不顾疲劳地宣传大寨，自己家庭先办学习班，回忆对比，带头向毛主席献忠心。同时，针对干部中存在的"当干部吃亏""当干部三头受气""现在干部难当"等等活思想，与革命领导小组和"文革"组织研究，开办干部毛泽东思想学习班，自己带头诉旧社会的苦，带动干部忆苦思甜。同时组织干部反复学习"老三篇"，自己带头亮思想，用"完全""彻底"来检查自己，推动干部废私立公收到了良好的效果。副支书张金根，在"文化大革命"中拿过白旗，肚里有冤气，决心不当干部。从此几个月不干工作，会议也不参加。忆苦思甜激起了他的旧仇新恨，开始认识到自己原来错误思想是翻身忘本。当他学了"老三篇"，看到张思德、白求恩同志忠于毛主席的光辉形象后，觉察到自己不干工作是对毛主席不忠。因此，他决心听毛主席的话，做一个忠于毛主席的好干部，时时处处以"毫不利己，专门利人""完全""彻底"的精神对照自己，鞭策自己，努力活学活用毛主席著作，狠斗私心，勇敢地挑起担子，还第一个自报自留地交给集体，受到了群众好评，被大家选为金华地区"积代会"的代表。

大办干部毛泽东思想学习班的结果，大大促进了领导班子思想革命化。现在绝大多数的干部都做到了活学活用毛泽东思想带头；"三忠于"带头；斗私批修带头；对敌斗争带头；集体劳动带头。第三队今年三月用抽水机抽水积塘泥，不料水底下的莲蓬头叶子坏了，社员都很着急。当时天气很冷，不要说人下去修理，就是赤脚也要发抖。生产队长姜樟水面临这样困难，他想：忠于毛主席，火海也敢闯，难道水冷就不能下去？毫不犹豫地脱了衣服，社员还没有来得及劝阻,他就一头钻进一丈多深的水底下去了,几个青年受了感动,也下水帮助,终于战胜了严寒,修好叶板,把塘水抽干。社员向队长学习,发扬了革命英雄主义,苦干实干,把三万多担塘泥挑到田里。第二队有280多亩水田,原来用两个劳力专门放水,副队长徐车水向生产队提出由他一个人包管,他在放水中不但做到勤灌浅灌,保证不使肥料流失,还不辞辛苦,起早摸黑挤出时间参加集体劳动,几个月来如一日,每月平均和社员生产18天,得到社员一致称赞,被评为标兵。

由于革命领导班子成为"忠"字表率,做到对毛主席无产阶级司令部的每一个指示,闻风而动,传达快、学习快、贯彻快、回音快。全大队"三忠于"活动和学大寨运动后浪赶前浪,一浪超过一浪。

大队革命领导小组还遵照毛主席"没有贫农便没有革命"和"革命战争是群众的战争,只有动员群众才能进行战争,只有依靠群众才能进行战争"的教导,坚决依靠了贫下中农,发挥了贫下中农的骨干带头作用。通过贫下中农,带动社员群众,做到耐心帮助贫下中农活学活用毛主席著作,不断提高政治觉悟,遇事与贫下中农商量,虚心听取大家意见,改进工作。在工作中还十分注意培养和发现贫下中农中间的先进分子,及时总结表扬,树立他们的优势。在学大寨运动的实践中,再一次深刻地证明了:贫下中农最革命,最无私。以第三队为例,学大寨以前,在阶级敌人的煽动和富裕农民的支持下,准备把口粮分配形式从去年实行的三、七开,改为按劳分粮,贫下中农坚决顶住,并向他们开展了斗争。学大寨中,阶级敌人策划,富裕农民操纵私分储备粮2000斤,集体资金700元,也是在贫下中农的带头下,边批判、边退还全部分掉的粮食和现金。"文革"主任严志芳,大队长严水法说得好:"依靠贫下中农,就会脚跟稳,坐得正,不会走斜路,什么困难都能克服。"

三

"天生一个仙人洞,无限风光在险峰。"这个大队在活学活用毛主席著作,开展"三忠于"活动,向"忠"字进军,攀"忠"高峰的道路上已经迈出了一大步,学大寨也做出了出色成绩。但是,广大革命干部和社员群众牢记毛主席"虚心使人进步,骄傲使人落后"的教导,决心更高地举起毛泽东思想伟大红旗,活学活用毛主席著作,狠抓革命领导班子思想革命化,比先进,找差距,继续深入开展"三忠于"活动,掀起了一个更广泛、更深入群众性的大颂"忠"字威力,大谈"忠"字体会,大传"忠"字经验,大树"忠"字典型,大找"忠"字差距,大订"忠"字措施,一心忠于毛主席,永远紧跟毛主席干革命。同时,狠抓阶级斗争,更深入地开展革命大批判,把社会主义条件下的政治大革命进行到底,并发动群众,制订出改造大自然的规划,提出奋斗目标,为尽快地把西方坞大队办成红彤彤的毛泽东思想大学校,建成毛泽东思想伟大红旗高高飘扬的、大寨式的新农村而努力奋斗!

衢县革委会生产指挥部学大案办公室

一九六八年七月三日

建德县里叶公社赵家大队与衢县志棠公社席家大队山林界线协议书

建德县里叶公社赵家大队小茶园与衢县志棠公社席家大队金盘银山林界线问题,从历史以来双方发生山林纠纷多起,曾多次协商未订立任何协议。这次建德、衢县县委领导非常重视,派出代表经与有关区、社、大队负责同志协商到现场,实地查看,确认双方土地证四至有重复,山林界线不清、发生争执。经双方代表协商,遵照毛主席关于"团结起来,争取更大的胜利"的教导,为有利团结、有利封山育林、有利保护水库、互相尊重土地所有制的原则,于一九七二年四月五日，双方代表达成以下协议。

一、重新划定山林界线。经双方协商同意，从小茶园山岗向南接岗上往下去鱼鳞桥水库小路（接金盘形），沿路朝东直下至岗上路边坟墓（现已挖掉）。由坟墓向北至鱼鳞桥水库向上数第三丘田睦角作为两个大队的界线（双方立碑为界）。以界线的西北向西至小茶园山岗，北至方品力山岗为界的山林权归赵家大队所有，从界线东南向至山脚水库边的山林权归席家大队所有。

二、重新划定山林界线以后，应以本协议为准。双方互相尊重山林所有制，任何一方不准以任何借口侵犯对方的山林权。

三、双方代表同意，在划定的山林界线范围内搞好封山育林、绿化造林，保持水土，不破坏山林，有利于集体生产发展。同时双方必须订立护林管理制度，加强团结，管好山林。对于违反护林管理制度者，双方协商交由有关组织严肃处理。

四、本协议由席家、赵家大队各执正本一份，建德、衢县革委会各执副本三份，有关区、公社各执副本一份。报金华、杭州市地区革委会副本各一份，共印十六份。

五、本协议自签订日起生效。

建德县革委会代表：朱志成、徐冬荣、李福坤、姚锦森

建德县寿昌区革命领导小组代表：毛维勇

建德县里叶公社革委会代表：方致祥

建德县里叶公社赵家大队革命领导小组代表：赵文正、赵国仓、赵连寿

衢县革委会代表：高焕华、余在齐、兰海祥

衢县模环区革命领导小组代表：龚胜南

衢县志棠公社革委会代表：范兰桂、余秉文

衢县志棠公社席家大队革命领导小组代表：席阿姣、姜景福、严庆年

一九七二年四月五日

模环区革命领导小组关于培训新“赤脚医生”有关事项的通知

模字〔74〕02 号

各公社革委会：

在毛主席“六二六”光辉指示指引下，区革命领导小组通过传达贯彻县卫生系统深入批林批孔、促进卫生革命会议精神以后，我区卫生战线形势一片大好。毛主席革命卫生路线更加深入人心，合作医疗、“赤脚医生”等社会主义新生事物茁壮成长。据不完全统计，我区原有合作医疗 17 个大队恢复到 51 个大队，有的大队现正在筹建中，但根据目前情况看，有的大队没有赤脚医生，有的大队人口多、驻地分散，只有一名“赤脚医生”。县卫生局〔74〕07 号 7 文件规定，分配我区培训新“赤脚医生”50 名，有关事项通知如下：

一、培训对象。在本区各队范围内选送，要注重政治思想条件，由大队贫下中农推荐，经公社革委会审定，要注意有一定比例的女“赤脚医生”，以利计划生育和妇幼卫生工作的开展。培训结束后回本大队担任“赤脚医生”，搞好合作医疗。

二、名额分配。各大队在推选过程中要注意，身体要健康的，各公社在分配名额时先安排空白大队，原则上大的大队，要求有男女 3 名“赤脚医生”，小的大队男女各 1 名，住地分散的自

然村也应适当照顾。根据原有“赤脚医生”底子，现分配各公社名额：兰塘 10 名，志棠 6 名，横山 10 名，下宅 4 名，模环 11 名。

三、经费开支及培训时间。按衢革〔74〕65 号文件规定，每人每天补助伙食费 3 角；培训时间为 3 个月。学员误工补贴及车旅费由各大队自行解决。

附新“赤脚医生”选送表，望各公社在 15 日前将选送表直寄区委办公室。

模环区革命领导小组

1974 年 7 月 11 日

吴山、坞山等各所有制争议地区协议书

在衢县县委、建德县委，区、社党委的领导下，认真学习毛主席关于理论问题的指示，学习毛主席关于“安定、团结”的指示、增强无产阶级党性，限制资产阶级法权。对于双方在吴山、坞山等各所有制争议地区，经过反复调查，查证历史材料，同意达成以下协议：

一、双方在吴山、坞山等各所持土地证应予承认。双方在所有制未确定之前，同意维持现状，并由双方继续查证有关所有制的依据，以利今后解决所有制的归属。

二、在党的一元化领导下，增强无产阶级党性，增强团结，限制资产阶级法权。双方不应有妨碍对方在争议区以外的农业生产的行为。在所有制未解决之前，双方不得搞小动作，挑动事端，引起纠纷，破坏团结。如有矛盾，双方应各自向上级领导请示汇报。

三、为有利于安定团结，有利于巩固发展集体经济，有利于发展生产，双牌公社在双方土地所有制上采石任务，经过协商，确定席家大队为 60%，陈店大队为 40%，并由双牌公社、席家、陈店三方签订合同执行。

在争议地区，双方都可以堆矿渣。

双方采石位置：由石柱壁下棕榈树直下为界，席家向西方向采石，陈店向东方向采石。双方不能因故妨碍运输交通，保证畅通。

四、本协议由参加单位各执一份，同意给双牌公社抄执一份，并自四月十二日起生效。

衢县县委代表：魏传贤、林海根、孙毅

建德县委代表：张义根、姚锦森

衢县模环区委代表：金水林

建德县寿昌区委代表：葛文龙

衢县志棠公社党委代表：曹尚春

建德县里叶公社党委代表：吴顺发

衢县志棠公社席家大队：席阿交、严庆银

建德县里叶公社陈店大队：王忠、陈冬苟

一九七五年四月十二日

横山公社五七学校征用高山大队土地合同书

立合同单位：横山公社五七学校（以下简称甲方）、高山大队革命领导小组（以下简称乙方）

甲方因教育事业发展需要，要求乙方拨地兴建校舍，开辟操场，经双方代表协商，互相自愿，

互助互利，订立合同如下：

一、甲方因兴建教室，开辟操场，经双方代表协商，拨高山大队第五生产队地约 2.7 亩，第六生产队地约 0.5 亩，第七生产队约 2.0 亩。东至凤凰山顶和一株大樟树拉齐，南至张开成的茅屋后和学校的大操场，西至傅樟林父坟墓以东拉齐，北至第五队田高后堪（即原来张土发的自留田以南）。详见图。

二、树木砍伐后的补偿问题。高山五队柏木 11 株，补偿 38 元；六队枹木 8 株，补偿 15 元；七队柏木 13 株，补偿 44 元。郑根松的苦树 2 株，补偿 2 元，张帮杰的什木，补偿 5 元。另外，白杨树不补偿，所有砍伐的树木归乙方所有。

三、双方今后如有不同意见，以本合同为准，不得反悔，群众如有意见做好思想政治工作。

四、本合同一式七份，双方及有关生产队各执一份为证，送公社、区教办各一份备案。

五、本合同自公社批准后，立即生效。

甲方：横山公社五七学校，代表：邱向良、张有铭

乙方：高山大队革命领导小组，支部书记：刘发有

大队贫管组长　赖阿生

第五生产队队长　罗招生、郑根楼

第六生产队队长　朱根奶、郭伟成

第七生产队队长　张乾香、张高寿

见证人：横山公社党委委员　毛元贵

区教办会计　潘海根

一九七五年十一月二十九日

关于出让横山汽车站旧站房协议书

龙游汽车中心站和衢县横山公社横山大队，为龙游汽车站出让横山汽车站旧站房，经模环区委、横山公社、横山大队和龙游汽车中心站协商，达成协议如下：

一、龙游汽车中心站同意将横山汽车站旧站房 1 幢计 64 平方，以折旧价格壹仟元，出让给横山大队。

二、龙游汽车中心站同意将站房内的电线、电灯和 5 安倍电表 1 只，以折旧价格叁拾伍元，随同房产一并出让给横山大队。

三、站房内树木无偿赠送给横山大队。

四、站房与电线、电灯和电表，以折旧价格壹仟零叁拾伍元，由龙游汽车中心站开票据，横山大队一次付清。

五、本协议一式五份，由参加协议单位各执一份，并自签订日起生效。

金华地区交通局龙际汽车中心站（盖章）

模环区革命领导小组（盖章）

横山公社革命委员会（盖章）

横山大队革命领导小组（盖章）

一九七八年九月十五日

模环区物资供应站征用高山大队农田协议书

模环区物资供应站为了适应业务工作的开展,有利于农业机械化的发展,支援农业生产,经上级批准(衢县计委〔1979〕147 号文件),新建房屋 200 平方米,需征用高山大队第七生产队农田 0.474 亩,经双方协商对有关经济政策的处理,议定如下:

一、新建房屋所占用的农田,按每亩 1190 元计算(按每亩年产量 1700 市斤,补给四年产量共 6800 市斤,每百市斤按 17.5 元计算),占用农田 0.474 亩,计给补偿费 564.06 元。

二、在征用的农田范围内,有柏子树 7 株,每株补偿费 9 元,计给补偿费 63 元。

三、在征用的农田范围内,现有种植蔬菜等作物,共给补偿费 78 元。

四、以上补偿费合计 705.06 元,由模环区物资供应站在协议签订批准后,支付给生产队。

五、本协议一式六份,报请横山公社批准后,公社存查一份,报县物资局一份,双方各备存。

横山公社高山大队第七生产队(盖章)

模环区物资供应站(盖章)

一九七九年十月十八日

关于衢州市志棠公社席家大队与建德县里叶公社陈店大队山地纠纷的补充协议

为了有利于发展生产,有利于团结,在 1975 年 4 月 12 日双县协议基础上,经双方市、县局领导亲临现场察看,特补充协议如下:

一、双方在 1975 年 4 月 12 日签订的协议应该维护执行,搞好团结,促进生产的发展。

二、双方有争议的地区,本次为了明定界线,权属确定以石壁下双方堆石渣处设立水泥标桩为界,标桩以东属陈店大队所有,以西属席家大队所有。下(北)以上柏子树拉平横线立水泥标注为界,双方堆矿渣不得过界,横界以下按现属管理所有。

三、堆矿渣,应留有一定的余地,如有塌方或炮石等压地损坏界外农地农作物,应由对方赔偿损失,双方公社应支持赔偿工作,不得推卸。

四、重申 1975 年 4 月 12 日协议,第三条规定"双方不能因故妨碍运输交通,保证畅通"。

五、本协议参加单位各执壹份,并自 11 月 18 日生效。

一九八二年十一月十八日

参加人员:

衢州市山林政策处理办公室副主任　陈宏谋

衢州市林业局　余垂贵

志棠公社副书记　姜锡林

席家大队大队长　赵海松

生产队长　赵友奶

生产队长　周根富

建德县农委　商月德

建德县林业局　邹志勋、姚冬育

里叶公社副书记　叶早平

陈店大队副大队长　陈连生

陈店大队会计　陈永全

陈店大队副支书　钱兴兴

抄送：双方市、县政府、农委、法院、检察院、林业局、区、社、大队。共印 20 份。

本协议由衢州市山林政策处理办公室打印，原稿存衢州市林政股。

衢州市志棠公社儒大门大队与建德县里叶公社叶墩大队 有关山林界线纠纷处理协议书

为了贯彻中央〔81〕12 号文件和省委、省政府〔81〕64 号文件精神，明确山林权属，促进林业生产，在尊重所有制的前提下，根据有利于团结、有利于生产、有利于经营管理的原则，经双方市、县、公社，大队、生产队人员上山实地路看，对月亮形等三处界线纠纷山达成协议，自即日起生效，双方共同遵守，不得违反超界。

一、土名月亮形，交界单位儒大门大队第一、第四队与叶墩大队第十队，面积伍亩。

确定：东至坑，南至儒大门四队地，西至横路下分水为界，北至儒大门壹队山，三岔路樟财田外角直岗。

权属为里叶公社叶墩大队第十生产队所有，双方不得过界，种植地不得再扩大。

二、土名大高坞，交界单位儒大门大队第一队与叶墩大队第七、第十队，面积叁亩。

确定：东至山岗，南至叶墩十队山、两坟穴、中拉直至岗分水，西至糖，北至叶墩七队山，席永正坟向北四公尺拉直。

权属为志棠公社儒大门大队第一生产队所有，双方不得过界，田归叶墩大队种植不变。

三、土名小垄，交界单位儒大门大队第一队与叶墩大队第八队等，面积伍亩。

确定：东至童家大队山，南至叶墩九队地，西至儒大门一队山岗分水，北至儒大门一队山岗分水。

权属为里叶公社叶墩大队第八生产队所有，双方不得过界。

本协议一式二十份，双方市、县、公社、大队、生产队各执一份。

双方参加协议代表名单

衢州市代表：张瑞年

志棠公社儒大门大队代表：王广球、李元发、金阿土

建德县代表：商月德

里叶公社叶墩大队代表：席品文、席绍余、席绍其、李志高、席根松

一九八二年十一月十九日

中共龙游县委关于横山乡机构设置和人事安排的批复

根据《中华人民共和国宪法》有关规定精神，县委批准：

一、将横山公社党委改为乡党委。胡水松同志任乡党委书记，许耀成同志任乡党委副书记，周水土、黄石良（组、纪）、夏阿明、张汝华（宣传）同志任乡党委委员。

二、建立横山乡人民政府。乡长、副乡长由乡人民代表大会民主选举产生。

三、横山公社管理委员会设置不变。周水土同志任社长，李永和同志任副社长。

上述同志的原任职务和其他同志原任公社党委书记、副书记、委员，管委会正副主任、委员职务免除，不再办理免职手续。

中共龙游县委员会

一九八四年一月九日

中共龙游县委关于下宅乡机构设置和人事安排的批复

根据《中华人民共和国宪法》有关规定精神，县委批准：

一、将下宅公社党委改为乡党委。占彩根同志任乡党委书记，柯常基同志任乡党委副书记，韩秀云、翁耀贵（组、纪），严甘发（宣传）、王树林同志任乡党委委员。

二、建立下宅乡人民政府。乡长、副乡长由乡人民代表大会民主选举产生。

三、下宅公社管理委员会设置不变。韩秀云同志任社长，黄杜根同志任副社长。

上述同志的原任职务和其他同志原任公社党委书记、副书记、委员，管委会正副主任、委员职务免除，不再办理免职手续。

中共龙游县委员会

一九八四年一月九日

中共龙游县委关于志棠乡机构设置和人事安排的批复

根据《中华人民共和国宪法》有关规定精神，县委批准：

一、将志棠公社党委改为乡党委。姜锡林同志任乡党委书记，方樟林、王旭同志任乡党委副书记（王兼组、纪），叶向明、徐竹松、胡正宜同志任乡党委委员。

二、建立志棠乡人民政府。乡长、副乡长由乡人民代表大会民主选举产生。

三、志棠公社管理委员会设置不变。叶向明同志任社长，周金寿同志任副社长。

上述同志的原任职务和其他同志原任公社党委书记、副书记、委员，管委会正副主任、委员职务免除，不再办理免职手续。

中共龙游县委员会

一九八四年一月九日

模环区财政税务所征用高山村土地协议书

甲方：横山乡高山村

乙方：模环区财政税务所

根据县计委 1986 年 84 号文件精神，乙方需建办公住宿楼，征用甲方土地。双方达成协议。

一、甲方把东至阮根青田，南至工商行政管理所，西至原龙葛公路，北至郑根兰田 1028 平方米、张冬香田 36. 8 平方米，合计 1059. 8 平方米，征给乙方建设。

二、征用费（包括土地补偿费、安置费）每亩捌仟元，合计价为壹万贰仟柒百拾柒元陆角正。

三、7 根皂子材身归甲方承包户，在批准文件下达后五天内倒伐，否则乙方有权倒伐和处理。乙方补给甲方每根平均伍元，合计叁拾伍元整。

四、为考虑乙方生活、洗涤需要，甲方同意乙方做塘步。但不得超出塘面积 1 米外。

五、滴水点征用范围。不得在未征用范围，围墙做到征用范围，不得超出乙方绿化需要。树枝不得超出未征用范围，否则甲方有权干涉。

六、排水沟乙方负责保留、畅通。

七、上述费用自批准文件下达后 15 天内乙方一次性付给甲方。

八、上述协议自签字后生效。

甲方：高山村民委，代表：张庆荣

乙方：税务所，代表：王仕良

签证机关：模环区公所（盖章）横山乡政府（盖章）

编者注：原文无签字时间。

当前粮食生产滑坡的原因及稳定粮食生产的建议（节选）

——横山乡会泽里村粮食生产调查报告

为了进一步了解农村改革和农业生产问题，特别是当前农村粮食生产情况，根据县委意见，县政协农、林、水工作组于11月7日至11日，组织9位精通农业生产情况的政协委员和有关同志（他们中有高级农艺师、畜兽医师，农、林、水工程师和农经委专职干部），在政协主席毛志飞、副主席张修焕的带领下，到横山乡会泽里村进行为期5天的调查考察。

会泽里村，全村共有村民小组10个，475户，人口1561人，男劳力573人，女劳力380人，全村耕地面积1703亩（粮田面积1500亩），山地1500亩。该村一直是粮食生产先进单位，是全县三个典型示范村之一。村党支部战斗力强，农民科学种田水平高。1984年粮食总产量曾达297.8万斤，平均单产2108斤。党的十一届三中全会以来，村里先后投入27万元建造了大会堂、影剧院，装了自来水，修了水泥路，活跃了群众文化生活和改善了村民卫生条件；投入2.3万元建造6间教室；投资33万元办了织绸厂、粉干厂、代销店等，增加了集体收入。前十来年，每年都有大量农村干部、群众来该村参观学习；谭启龙、江华、铁瑛、陈作霖、李学智、董炳宇等中央、省地领导也曾先后到该村视察。

（一）

近几年来，随着农村改革的不断深入，该村的集体经济、农业生产、农民精神面貌都出现了新的变化。同时，也暴露出许多新的问题，尤其是在粮食生产上，自1984年登上一个新的台阶之后，一直处于停滞甚至下降的状态。如1984年粮食总产量达297.8万斤，单产2108斤；1985年总产量257.9万斤，比1984年减产40万斤，下降13.4%，单产1582斤，减526斤，下降24.9%；1986年总产274.8万斤，单产1662斤，比1985年稍有点回升；1987年总产量253万斤，单产1491斤，又比1985年下降；今年预计总产量220万斤，比1984年减产77.8万斤，下降26%，单产1325斤，减783斤，下降37%，跌落到近几年来的最低水平。

调查组认为，如果这种局面不改变，继续下去，将会给农业生产，主要是粮食生产带来严重影响。现将调查中发现的一些影响农民种粮积极性和粮食产量下降的主要问题反映如下：

1. 各级干部对农业的基础地位和观念淡薄了，下气力抓好农业生产的少了（略）。2. 粮食生产的效益过低（略）。3. 各行各业对农业的支援少了，欺农、坑农的事多了（略）。另外，农民还纷纷反映，粮食生产资料价格上涨快，是种粮不合算的又一主要原因。根据13户农民调查统计：1084亩耕地，共购买化肥2254担，实际费用4258.8元（包括平、议价），平均每担18.9元，如果全部按平价计算，计3095.6元，平均每担13.73元，价格上涨了37.7%，其中钙镁磷肥原牌价6.00元/担，现在达12.00元/担，上涨幅度达100%；共用农药366.7斤，实际费用1574.7元，平均每斤4.29元，如果按平价计算，计551.8元，平均每斤1.64元，价格上涨162%，其中杀虫双农药今年涨了5次，每公斤从3元涨到5.4元，上涨幅度为80%。其他农机具的价格也不断上涨，平均每户多支出73.1元。由于各种生产资料价格的不断上涨，也严重影响农民对粮食生产的投入，谈不上精耕细作，科学管理。另外，复种指数也相对减少，今年冬种少量油菜、麦有点肥，大部分是白耕白种的，土地肥力下降，只求种下去，收多少算多少。

粮食比价太低，定购任务太重，农民丧失种好粮、多种粮的信心。在18位不同类型的农民中了解，认为粮食生产无前途，只要能脱离种田，不论工资多少都愿出去的有 3 人，占总数的 16.7%；认为每月有 120 元，个人生活过得去，就要外出的有 2 人，占 11.2%；认为外出无门路，若有门路，每月收入有 160 元以上，就要外出的有 3 人，占 16.7%；认为自己是家里的主要劳力，走不出去，屈于无技术、无特长只能在家里搞农业生产的有 7 人，占 38.9%；认为农业生产同样有前途，不愿搞其他行业的只有 3 人，占 16.6%。基本情况是青壮年（18～40 岁），大都倾向于前三种思想动态，不安心农业生产；上年龄的还基本上愿在家中搞农业生产。

在文化素质方面，全村从事农业生产的农民高中文化程度的有 43 人，占 91 人的 47.3%；初中文化程度的有 225 人，占 411 人的 54.7%；小学文化程度的有 446 人，占 604 人的 73.8%；文盲有 308 人，占 317 人的 97.2%。横向看，文化程度越高，从事农业生产的比例越小，反之，文化程度越低，比例越大；纵向看，全村从事农业生产的总人数 1022 人，其中高中文化程度只占 4.2%；初中文化程度占 22.1%；小学文化程度占 43.6%；文盲占 30.1%，其中小学和文盲近四分之三。由此可见，农村劳动力的文化素质是比较低的。

（二）

从调查的情况看，本县近几年粮食生产的形势确实是严峻的，加强对粮食生产的领导是各级党委和政府部门刻不容缓的任务。根据农村干部和农民群众的意见和建议，调查组就如何稳定粮食生产，如何提高农民种粮积极性，如何使本县粮食生产上新的台阶并能稳定地得到发展，提出以下建议和应重视的问题：

1. 在新形势下，农业仍然是国民经济的基础，粮食是基础的基础，各级应转变思想观念，下大决心、花大气力、下本钱大力发展农业生产，努力加强对农业生产的指导，把主要精力放在农业生产上，改变以往县里一副（副县长），区、乡一农（农业技术辅导员）抓生产的现象；做好产前、产中、产后服务，关键是产前和产中的服务，指导农民科学种田，督促落实播种面积和农业生产资料的供应；建议对区、乡干部加强农业科学知识的培训，并种植试验田、样板田，以转变工作作风。农民反映：干部一年两度抓征粮，不如一年一度抓生产。

2. 增加农业生产的合理投入，提高抗御自然灾害的能力。多方面、多渠道筹集农业发展基金，积极发展农村“三项制度”（农业发展基金制度、合作基金制度和劳动积累工制度）的作用。实行国家扶持一点，国营企业利润提取一点，集体投入一点，农民自筹一点的措施，大力加强农田水利设施的基本建设，扩大旱涝保收面积。会泽里村是属于水利条件好的村，粮食产量不高，其他水利条件差的农田，要能达到抗旱防涝，稳定高产，不增强农业的合理投入，提高水利设施条件是不可能的。

3. 加强服务，保障供应。各个对农业生产有关的单位，都要增强为农业生产、为农民服务的观念；各个农业生产资料供应单位，都要按时、按量、按质、按规定价供应到农户，并做到不误农时（不要出现该供应的秧肥，到了割稻还未供应到农户的现象）；不短斤缺两；该折另分配卖的，不硬性一次性地分到村，由村处理；保证农药、化肥质量，不卖变质、损坏的农药、化肥；不乱涨价和变相涨价；不搞硬性搭配。各支农行业系统要加强对本单位工作服务人员的思想教育，增强对农民的感情，想农民所想，急农民所急，为农民排忧解难。

4. 要正确处理发展粮食生产与发展多种经营的关系，稳定和扩大耕地播种面积。提倡经济作物上山，还良田种粮；大力抓好开发性生产，把可以开发的荒山、丘陵开发利用起来，并做到开发一片，成活一片；管好一片，收益一片。克服只开发不管理、无成效现象，反对在开发性生产中无计划，破坏生态资源，影响植被，造成水土流失的不负责行为。

5. 建议外调粮食任务时，改变全部调稻谷为调一定数量的大米，让产粮县得到增加饲料的利益。本县每年定购任务有1.26亿斤，按每担谷平均30斤糠计算，就有3780万斤糠。如果每年有1/2的上调任务不是向外地运谷，而是运米的话，那么不仅可以少运1890万斤糠，可减轻铁路、公路的运输负担，而且本县还可以增加饲养猪6.3万头（每头300斤），既缓和了本县饲料糠供应紧张状况，又可增加粮食加工收入。如果再进行一部分粮食加工成品，生产快速年糕、快速粉干等，又可增加一笔相当可观的加工产值。若把其中一部分返还于农业投入，可解决许多农业生产实际问题，这也是逐步推进农产品流通体制和价格改革的实际问题。因此，我们郑重建议上级有关部门，要从产粮县的实际情况出发，维护产粮县的正当利益，采纳产粮县的合理要求，搞好计划调拨，尽量多向外调运大米、粮食加工产品，减轻产粮县增加农业投入的负担。

6. 建议向上级有关部门反映，外调杂交稻种子要抵粮食任务。按实际情况一斤杂交稻种子可抵7斤常规稻种子，但我们要求不高，每斤杂交稻种允许抵4~5斤的定购任务，方法可采取谁要种子谁背定购任务。

横山乡会泽里村历年来一直是本县粮食生产先进单位，农民对种粮一贯重视，并具有一定的农业生产经验，但近几年来，在粮食生产上尚且问题不少，其他乡村的情况可以想见。因此，会泽里村在粮食生产上所反映出来的问题在全县是带有普遍性的，就全县各村的农业生产条件来说，其他村的水利、土质和耕地等资源条件不会优于该村，所以说在粮食生产上所暴露的问题会比会泽里村更明显、更严重些。

因此，以上问题值得各级领导重视，希望能采取一定的措施，解决一些问题，以便稳定和提高本县的粮食生产。

1988年11月19日

关于进一步加强廉政建设的六条规定

为进一步加强我乡廉政建设，发扬艰苦奋斗，廉洁奉公精神，根据上级要求，结合具体实际，乡党委、乡政府特作如下规定：

一、乡、村各级组织、党员干部，必须认真学习，坚决贯彻上级的决定，自觉扎实地抓好廉政建设，要从思想上彻底改变“廉政与基层无关”的观点，不攀比、不掩盖，从本人、本单位抓起。特别是领导干部，要做到“四个管好”“四个带头”：管好自己、管好亲属、管好身边工作同志、管好本单位的廉政建设；带头发扬艰苦奋斗、廉洁奉公精神，带头执行本单位的廉政规定，带头抓好廉政教育，带头较真碰硬、秉公执政。要把廉政建设真正列入各级组织的议事日程，定期对照检查，分析实情，要把干部是否廉洁作为考核、任用的重要依据。

二、严禁用公款请吃送礼。重申乡机关从书记、乡长到一般干部各员，下村（厂）工作一律从简食宿，吃便餐。不准上烟酒，按区委规定付伙食费（每天1.5元，早餐0.30元，中、晚餐各0.60元）。驻队同志可采取记账定期决算支付的办法。违反者按县委(89)17号文件规定，宴请费用由当时双方负责人负担，严重的要给予纪律处分，村干部不得因工作关系，接受群众宴请。如有违反及时批评，屡犯、影响坏的，要认真查处，

上级来客。伙食费标准坚持每人早餐0.80元，中、晚餐各2.5元，主管负责陪同，报销发票由陪同人员签字，按标准收取伙食费，记好伙食账。横向联系就餐，党政干部一般要采取回避。

乡、村干部不得以任何方式或索要收受农副产品,工业品和礼品,不准到企业购买低于出厂价或批发价的物资和产品。凡利用职务、权力之便向村、厂或群众强行购买低价物品,一经查实,严肃处理。

三、严禁干部“三违”建私房。乡全体同志,村主要领导干部,都不得搞特殊化,不得靠关系营建违章违纪违法私房。违反者,坚决按有关规定严肃查处,绝不姑息。

四、严格执行财政纪律,乡、村、厂、矿坚持一支笔审批制度。任何干部不得巧立名目,多占多用,私分财物,100 元以下开支的,由乡、村、厂主管财务同志审批,100 元以上的由集体讨论审批,严禁企业以加班费或职工福利等各种名义,滥发财物。违者追究主要负责人责任。预算外的资金,如计划生育、土地管理、公安司法等,必须建立严格财务制度,专款专用,并定期检查使用情况。

五、重视有关廉政内容的来信来访和举报,认真查处来信来访,发动、鼓励群众大胆举报,领导要亲自抓案件,办一件,像一件,一抓到底,不留尾巴,抓住典型,以儆效尤。

六、要把廉政建设教育纳入正常化轨道,常抓不懈,不搞一阵风,把理论教育与典型教育结合起来,增强多级干部的紧迫感,自觉做肃贪倡廉的排头兵。

以上规定,请同志们认真学习,参照执行。

中共横山乡委员会
横山乡人民政府
一九八九年八月二十日

报:区委、区政府
发:乡办企业、各村支部

关于 1991 年度村级干岗位目标管理责任制实施意见

一、目的要求

为进一步激发村干部的积极性和创造性,增强事业心和责任感,激发进取精神,促进农村“两个文明”建设,本着求实、务实的精神,对村干部岗位目标管理责任制作继续改进和完善,以求各项工作的贯彻落实。

二、目标的制定

继续贯彻以经济建设为中心,坚持“两个文明”一起抓的方针,根据上级下达乡政府的工作指标和任务,先由各线将 1991 年的主要经济指标和重要工作目标,拟制出条条具体内容,由乡党委、乡政府审核再统一下达各村。

三、制订的范围

按照村干部规范化管理要求,目标制定落实的范围为党支部书记、村委会主任(经济合作社社长)、科技村长、村会计等。

四、考核内容和计分标准

考核内容分为农业生产(100 分)、村级经济建设(50 分)、计划生育(100 分)、精神文明建设(200 分)、中心(临时)工作任务及纪律(50 分)等五个方面共 500 分制。采用基本分、嘉奖分、倒扣分的办法记分。

五、考核办法

在乡党委、乡政府的统一领导下,由乡考评领导小组组织实施。

程序上先是各村自报实绩进行自评，由联系所在村的乡干部参评，再由各线干部初审，最后由乡考评领导小组审定。

考评领导小组：严甘发为组长，王慧卿为副组长，叶瑞华、周绍成、王海祥、邵根春、王爱花、钱承烈、陈体刚为组员。

六、工资奖酬

为做到政治上有褒贬、待遇上有厚薄、名誉上有荣辱，将村干部岗位目标管理责任制与报酬结合，工作实绩与待遇挂钩，实行责权利相统一，奖勤罚懒。

1. 实行村干部改革、确定基本工资、浮动工资、奖励工资三级工资制。改变过去支部书记、村民主任的工资由乡支付，干多干少一个样、干好干差一个模、每月工资稳拿的现象。

2. 基本做法。基本工资由各村自行支付，浮动工资确定基数，由乡考评领导小组年终对其工作实绩进行考核。根据分数的高低，按比例确定工资的多少由乡支付；奖励工资，根据全年工作实绩比较突出的给予相应的奖励。

村会计、科技村长考核由乡统一考核，各种工资支付由村自付。

3. 工资标准

档次：杨家、塔下叶、腰塘边村为一档村，基本工资、浮动工资各 40 元；新宅、儒大门、凌阁张、席家、张家、钱家、东王为三档村，基本工资、浮动工资各 36 元；下店、后邵、前邵、翁坞为三档村，基本工资、浮动工资各 32 元。支部书记兼村民主任的村按第一档标准。

奖励工资：

（1）评上县级文明村奖 240 元；

（2）评上县级先进党支部奖 120 元、乡级奖 60 元；

（3）评上县级先进村委会奖 100 元、乡级奖 50 元；

（4）支部能升级的奖 50 元，越级升级得的奖 100 元；

（5）评上县级计划生育红旗村奖 100 元；

（6）评上县级先进计划生育村奖 60 元、乡级奖 30 元；

（7）被县级以上评为单线或单项先进集体或经验受到县以上推广或表彰奖 60 元、乡级奖 30 元。

4. 计算方法

主要是指浮动工资（按基础分 500 分计算）：

一档 40 元；每 1 分为 0. 08 元；

二档 36 元；每 1 分为 0. 072 元；

三档 32 元；每 1 分为 0. 064 元。

如某村（第二档标准）干部，年终考核得总分为 425 分，即该村干部可拿全年浮动工资：

425×0. 072＝30. 60 元（每月）×12（个月）＝367. 20 元。

附：村干部岗位目标管理责任制考核表（略）

中共志棠乡委员会
志棠乡人民政府
一九九一年二月二十日

关于龙游县撤区扩镇并乡方案的批复

衢政发〔1992〕57号

龙游县人民政府：

你县人民政府五月十三日《关于调整乡镇行政区域的报告》悉。根据浙民基〔1992〕476号文件批复，同意你县行政区划作如下调整：

一、撤销龙游、模环、塔石、团石、湖镇、溪口等6个区公所。

二、龙游县原辖32个乡镇，其中镇5个，乡27个。扩镇并乡后调整为20个乡镇，其中镇7个，乡12个，民族乡1个。

龙游镇，辖41个村，15个居民区，镇政府驻县城清康路48号

湖镇镇，辖72个地，3个居民区，镇政府驻新光村

小南海镇，辖42个村，镇政府驻茶圩里村

溪口镇，辖21个村，2个居民区，镇政府驻溪口村

横山镇，辖24个村，镇政府驻横山村

塔石镇，辖35个村，镇政府驻塔石行

詹家镇，辖21个村，镇政府驻浦山村

志棠乡，辖15个村，乡政府驻志棠村

泽随乡，辖14个村，乡政府驻东岗山背

灵山乡，辖14个村，乡政府驻灵山村

庙下乡，辖17个村，乡政府驻庙下村

石佛乡，辖14个村，乡政府驻石佛村

模环乡，辖15个村，乡政府驻模环村

兰塘乡，辖15个村，乡政府驻兰塘村

士元乡，辖11个村，乡政府驻前方村

官潭乡，辖6个村，乡政府驻官潭村

罗家乡，辖13个村，乡政府驻罗家村

梧村乡，辖6个村，乡政府驻梧村

社阳乡，辖18个村，乡政府驻红光村

沐尘畲族乡，辖17个村，乡政府驻沐尘村

衢州市人民政府

一九九二年六月二十七日

关于中共志棠乡委员会改为中共志棠镇委员会及原乡党委、纪委成员职务续任的通知

各乡镇党委、县直各单位党组织：

接市民政局〔1993〕3号文件通知：省民政厅〔1993〕16号文件批复，同意志棠乡改为建制镇（乡级镇）。经研究，中共志棠乡委员会及纪律检查委员会，改为中共志棠镇委员会及镇纪律检查委员会，原乡党委、纪委成员为镇党委、纪委成员，原职务续任。

中共龙游县委员会

一九九三年四月十五日

关于颁发在乡重点优抚对象医疗费补助暂行办法的通知

（志政〔1993〕14 号）

名村委会、镇属各企业：

为进一步做好拥军优属工作，缓解在乡重点优抚对象治病难问题，特制定《在乡重点优抚对象医疗费补助暂行办法》。现发给你们，请认真贯彻执行。

志棠镇人民政府

一九九三年六月九日

抄报：县民政局

附：

志棠镇在乡重点优抚对象医疗费补助暂行办法

为解决在乡重点优抚对象治病难的问题，根据《军人抚恤优待条例》“国家、社会、群众三结合的优抚制度”，结合本镇实际，特制定本暂行办法：

一、坚持国家、集众、个人共同负担的办法，保证重点，照顾一般，分别情况给予补助。

二、补助对象：在乡三等革命伤残军人。“三属”（烈士家属、因公牺牲军人家属、病故军人家属）。1954 年 10 月前入伍在乡复员军人。

三、补助标准：

1. 抗日战争时期入伍的，因住院治疗，持医疗 80%补助。

2. “三属”和解放战争时期入伍的，因病住院治疗，其医疗费在 200 元以内由个人自理，超过 200 元的按 20%补助。

3. 建国后入伍的，因病住院治疗，其医疗费在 300 元以内的个人自理，超过 300 元的按 20%补助。

四、补助方法：凭住院医疗费发票和病历卡每月 5 日到镇民政助理员处办理补助。

五、就医定点：原区级医院和本县三所县级医院。需到县外就医的，需县级医院出具转院证明。

六、补助经费来源：镇财政与民政承担各半。

七、执行时间：1993 年 7 月 1 日。

关于镇广播站收费的意见

（志政〔1993〕20 号）

各村民委员会、镇属各企业事业单位：

根据党中央、国务院《关于涉及农民负担项目审核处理意见的通知》和县委、县政府〔1993〕46 号文件精神，经研究，现就镇广播站收费提如下意见，请执行。

1. 广播线路维护费从今年起不再向农户收取。但广播是党和政府的重要宣传工具，保证正常的线路维护费用很有必要。从今年起该费用从三方面筹集：一是镇财政每年划拨 2500 元；二是镇广播站从创收经费中每年提取 2000 元；三是各村按户 1.5 元的标准从集体资金中收取，逐年上交镇广播站。

2. 线路维护及整修经费实行分级负担。镇广播站负责镇转播室至村广播室的线路，村广播室到农户的线路由村负担。各村线务员报酬从今年下半起由各村负责。

3. 农户建房应交喇叭线路复装费 30 元,由镇土管所代收,定期与镇广播站结算。

4. 广告费收费标准:(1) 普通广告每则 6 元;(2) 业务技术性广告每则 8~10 元;(3) 特殊性广告每则 10~15 元。

5. 镇属企事业单位的广告费实行分年度一次性包干方式收取,具体标准如下:电灌站 60 元,农技站 150 元,水泥厂 400 元,石灰厂 150 元,彩钢厂 150 元,工贸公司 150 元,志棠医院 40 元,张家医院 20 元,信用社 100 元,兽医站 40 元,供销社 100 元,粮站 60 元,地毯厂 60 元,中学 50 元,中心小学 40 元。

6. 本文从 1993 年起执行,以前有关文件自行失效。

志棠镇人民政府

一九九三年九月二十三日

龙游县人民政府关于迁移保护志棠雍睦堂等十二幢古代民居建筑的通知

(龙政发〔1993〕127 号)

各有关乡镇人民政府,县文物管理委员会各成员单位:

为认真贯彻执行全国文物工作会议提出的文物工作以“保护为主、抢救第一”的方针,根据省文物主管部门意见,经研究,决定对志棠雍睦堂等 12 幢(见附件)具有较高文物价值、散存在原址又不易保护的明清时期的民居建筑采取异地保护措施。按上级文物主管部门批复的总体搬迁保护规划,分期分批搬迁至县城鸡鸣山“龙游民居苑”,着手修缮,进行抢救性保护。现将有关事项通知如下:

1. 各有关乡镇人民政府要对本地列入搬迁规划的民居建筑采取保护措施,教育民居建筑的所有者和使用者遵守国家有关保护管理文物的规定,做好防火、防人为损坏等工作。

2. 凡核定为县级以上(含县级)文物保护单位的古建筑、古文化遗址等,需要维修保养或拆除的,要按管理权限,报经文物管理部门批准后方可进行。维修保养时必须遵守不改变文物原状的法定原则。

3. 严格执行《中华人民共和国文物保护法》等法律法规,认真按规划做好 12 幢明清民居建筑的搬迁保护工作。各有关乡镇人民政府要负责做好群众工作。县文管会、各部门要密切配合,严格执法。对按规划认真做好古建筑搬迁保护工作的有关单位和有功人员要进行表彰奖励;对阻碍古建搬迁保护公务,造成人为损坏文物后果的人和事,要及时调查,依法处理。

龙游县人民政府

一九九三年十一月十七日

附件:12 幢要迁移保护的明清民居建筑名单

1. 雍睦堂　志棠镇卸厅村
2. 巫氏厅　沐尘乡下街村
3. 高岗起凤　横山镇高山村
4. 关西世家　志棠镇杨家村
5. 三槐堂　志棠镇儒大门村
6. 瑞森堂　塔石镇(雅村)塘村
7. 项氏民居　横山镇(下宅)项家村

8. 探花厅　石佛乡石佛村
9. 龚氏民居　横山镇(下宅)脉元村
10. 翊秀亭　湖镇镇(七都)张家埠村
11. 余氏民居　横山镇龙门桥村
12. 汪氏民居　罗家乡席家村

关于迁建横山镇高山村九狮壁的协议书

主协议甲方：龙游县博物馆　代表：陈荣祺

乙方：横山镇高山村委会　代表：张庆荣

根据省文物局〔1994〕133 号文件和龙政字〔1994〕127 号文件精神，横山镇高山村的九狮壁因行将倒塌，需进行抢救性保护，鉴于在当地保护确有困难，需迁至"龙游民居苑"内复建。现经甲乙双方就迁建事宜达成下列一致协议。

一、由甲方付给乙方所属的七组拆补偿费陆仟元正；拆迁完毕一次付清。

二、拆迁范围为九狮厅的门面部分(即门面整体、门口台阶的全部石料)。

三、甲方负责在天井外沿为后进农户新砌砖墙一垛。乙方必须在拆迁前负责做好七组群众和后进居住户的工作以及一切善后事宜，并协助做好拆迁及文物保管的安全工作，以保证拆迁工作顺利进行。

四、拆迁时间为 1994 年 9 月底前。

五、本协议自双方代表签字后发生法律效力，任何一方违约，则依照有关法律规定承担违约责任。

六、本协议一式四份，双方各执其一，另报一份县文化局和横山镇政府备案。

主协议甲方：龙游县博物馆，代表　陈荣祺(签字)

立协议乙方：横山镇高山村委会，代表　张庆荣(签字)

一九九四年九月十三日

关于拆迁横山镇高山村七队九狮厅的补充协议

鉴于在拆迁九狮厅过程中涉及后进住户张乾香(七队村民)一宅之南、北山墙事宜，为照顾张乾香住户之利益，经县博物馆(以下简称甲方)与高山村七队(简称乙方)协商，拟定如下协议：

一、由甲方委托工程队把张乾香宅南、北山面之危墙拆除到安全范围为止，技术责任由甲方负责。

二、西面墙仍按原协议所定。

三、甲方委托工程队把张宅原老屋架施行加固措施，并同时将南、北山墙砌完整。

四、所砌之山面外墙由甲方负责粉刷沙灰一道。

五、甲方负责在二年内保证所砌砖墙之质量，但在保质期后如发生其他意外事故或保质期内的人为事故，甲方概不负责。

以上协议，双方一致同意，一经签字即刻生效。本协议书一式三份，甲乙双方及鉴证方各执一份以为凭。

甲方：龙游县博物馆，代表：陈荣祺（签字）
乙方：高山村委会，代表：张庆荣（签字）
鉴证方：张乾香（签字）
一九九四年九月二十八日

志棠镇关于非农业建设用地管理若干暂行规定

各村民委员会：

土地是国家的宝贵资源，是农业的主要生产资料。珍惜和保护耕地是我国的一项基本国策。为维护社会主义土地公有制，根据《中华人民共和国土地管理法》和《浙江省土地管理实施办法》强化土地管理，进一步完善非农业建设用地管理制度，结合我镇实际，制定了非农业建设用地管理制度实际意见如下：

一、农村私人建房用地标准

按大、中、小划分。6 人以上为大户，4～5 人为中户，3 人以下为小户。使用耕地大户最高不得超过 125 平方米，中户最高不得超过 110 平方米，小户最高不得超过 75 平方米，使用非耕地大户最高不得超过 140 平方米，中户不得超过 125 平方米，小户最高不得超过 90 平方米。上述规定各档用地面积，包括原有使用宅基地面积在内。独生子女可增加一人用地面积。

二、审批手续

凡符合建房条件者，必须先申请交村建房小组实地踏勘，在用地指标内讨论同意后落实到户。经村建房小组批准后，通知镇土管员踏勘，填好农村私人建房用地呈报表，报送镇政府土地管理小组集体讨论审批。

经批准后，由镇土管员进行定位放样，按规定缴纳各项费用，发给用地许可证后方可动工。耕地需报请县土地管理局审批。

三、审批时间

村建房小组原则上每一个月审批一次，镇土地管理小组原则上每一个月审批一次，特殊情况，急事急办，特事特办。

四、农村私人建房用地条件和对象

1. 凡无住房、缺房户、受灾户等住房困难户，均可申请建房用地。

2. 属下列情况之一的，均不准审批用地。

（1）住房用地面积已达到或超过当地政府规定的；

（2）假分家的；

（3）不符合村镇规划的；

（4）“四至”不符，“四邻”不清的；

（5）出卖、出租房屋的；

（6）严重违反计划生育的；

（7）有土地纠纷的；

（8）影响邮电、通讯、交通、电力、水利设施的；

（9）对原有住房未经申报或拒报的。

五、凡符合上述规定条件，已经批准用地的建房户，必须自觉遵守国家有关法律法规，对有违反上述规定和违反国家法律法规的，要进行严肃批评，经教育不改者，镇政府有权收回、注销原批文或宣布作废等规定处理,情节严重的要追究法律责任。

本规定自一九九五年六月一日起施行,如与上级法律法规有抵触的,按上级为准。

志棠镇人民政府

一九九五年四月八日

志棠镇关于调整义务兵家属优待金及统筹款的通知

各村民委员会、镇属各企业:

根据《中华人民共和国兵役法》《军人抚恤优待条例》《浙江省军人抚恤优待实施办法》有关规定及龙政发〔1994〕21号文件的通知精神,为保障对军人的优待和军人家属生活不低于当地人均生活水平,使义务兵能安心服役,促进征兵工作,为国防建设服务。结合我镇实际,经党委、政府研究,决定调整义务兵家属优待金及统筹费标准。

一、对义务兵家属优待金采取全镇统筹,平衡负担的办法落实。根据"义务兵年优待金按不低于当地人均年收入的70%的标准发给"之规定,全镇义务兵家属年优待金标准暂定为1000元。有条件逐年增加,以达到不低于当地人均年收入70%的要求。

二、义务兵超期服役的,凭部队团以上单位机关的通知,可继续给予优待;没有部队通知,即停止发给优待金。

三、从地方直接招收的军队院校及军队文艺体育专业的人员家属,不享受义务兵家属优待金的待遇;义务兵提干、转志愿兵的,从批准之月起不再享受优待金;义务兵被依法判刑、开除军籍或除名的,当年取消优待金。对受到记过以上处分的,扣除当年50%的优待金。

四、镇水泥厂从今年起每年上交镇政府军属配筹款三千元,其他企业视今后经济效益而定。凡镇属企业征兵入伍的人员,退伍后回原单位工作。

五、实行义务兵奖励制度,义务兵在部队荣立一等功者,发给奖金2000元;荣立二等功者,发给奖金1000元;荣立三等功者发给奖金200元。义务后提干或转为志愿兵发给奖金200元。

六、统筹款的上交,以上年的年报人口为基准,每人3元,在本年底交清为95%。本年农历十二月24日交清100%,超过期限为105%,并以信用社贷款计算利息。

七、义务兵的统筹款,实行专款专用,不得挪为他用,义务兵家属的优待金在本年农历十二月24日付清(除当年优待金保险外)。

八、各级领导要把义务兵筹款作为一件重要大事来抓,要有一名主要领导抓,扎扎实实地按时完成任务。

志棠镇人民政府

一九九五年五月二十九日

志棠镇关于下达1996年度农业生产指导性计划的通知

各村民委员会、镇属各有关单位:

1996年是实施"九五"计划的第一年,按照开好头、起好步的要求,实现"强工、兴农、活商"的目标,我们必须更牢固地树立农业基础地位,使粮食生产稳定,农业产值逐步增长,围绕农业增效益、农民增收入和完成国家粮食任务和保证农民自己吃饭这两个目的,使我镇农民生活一年上一个台阶,提前实现小康,现根据县政府下达给我镇农业生产计划,结合本镇的实际,将1996年度农业生产计划下达给你们(见表19-1),希望你们认真落实到队、到户,为了保证计划

表 19-1

1996 年志棠镇农业生产主要计划指标表

村　别	农业总产值（万元）	农民人均收入（元）	粮　食		1. 春　粮		2. 早　稻		3. 秋　粮		油　菜		柑橘产量（吨）	莲籽产量（吨）	生猪饲养量（头）	造林开发性生产面积（亩）	村级集体经济（万元）
			面积（亩）	产量（吨）	面积（亩）	产量（吨）	面积（亩）	产量（吨）	面积（亩）	产量（吨）	面积（亩）	产量（吨）					
杨家	162	1944	1670	533	300	51	540	162	780	320	220	15.4	110	1.8	941	120	5.68
新宅	142	2282	1318	450	241	41	480	144	697	275	205	12.8	110	4	600	120	4.26
下店	88	2045	845	285.2	160	27.2	320	96	385	162	130	9.8	60	0.7	365	100	4.45
西大门	144	2182	1317	469	320	55	490	147	561	267	210	15.8	260	2	950	70	4.6
后郜	66	2300	596	236	65	11	245	73	286	152	70	5.3	300	4	380	20	6.27
卸厅	86	2316	614	224.6	51	8.6	255	76	308	140	50	3.8	60	0.3	277	—	10.88
前郜	72	2310	633	140.5	55	9.5	230	69	348	162	65	5	20	0.3	175	—	6.73
席家	66	2473	639	190.2	60	10.2	200	60	279	120	60	4.5	170	—	447	—	18.64
凌阁张	125	2411	1185	411	165	28	460	138	560	245	170	12.8	130	0.3	667	50	8.06
腰塘边	240	2353	2266	1207.4	420	71.4	800	240	1035	485	360	27	200	2.5	1420	100	5.92
张家	194	2291	1864	659.7	310	52.7	690	207	864	400	260	19.5	300	0.8	870	—	4.88
钱家	139	2448	1302	455.5	250	42.5	460	188	692	275	185	14	200	2	800	—	4.34
东王	149	2418	1426	498.5	285	48.5	500	150	641	300	210	15.8	150	1.8	1230	100	3.1
塔下叶	207	3602	1954	676.5	450	76.6	700	210	814	390	300	22.5	300	4	1450	—	15.29
翁坞	54	2275	486	167.6	80	13.6	180	54	236	100	86	6.5	25	0.9	450	50	2
合计	1912	2313	17988	6303.7	3220	546.7	6650	1964	8218	3798	17988	194.5	2390	25.4	11002	780	105

的实现,要求做好以下几件工作:

1. 强化基础意识。我镇是一个以农业为主要产业的农业镇,农民的大部分收入来源于农业,因此稳定农业是经济发展和农民生活提高的前提,是“强工活商”的必备条件,各村都要把农业作为全年工作的重点。

2. 稳定粮食面积。稳定粮食面积是稳定粮食的重点,各村要按镇下达的计划分解到队、到户,落到实处,并要加强检查督促,杜绝撂荒。防止单季稻面积的扩大,要积极扩大旱粮作物,以弥补粮食总量的不足。

3. 增加科技含量。增加农业科技含量是发展农业的必由之路,要扩大科技推广的范围,积极引进粮食和水果优良品种,使农业生产增产增收,早稻生产要把“肥床旱育秧”作为新技术推广的重点;把中早一号作为优良品推广的重点;晚稻把免耕整草还田,化学除草作为推广重点;冬种把免耕直播油菜作为推广重点;开发性生产把发展脐橙作为重点,并加强现有果园的科学管理,使其增产增收,发挥经济效益。

4. 推行适应规模经营。各村都要搞好粮食适度规模经营的试点,为今后的规模化、专业化创造条件,同时要发展一批小水果和养殖业的专业户,把开发农业和养殖业作为农业新的经济增长点。

5. 加强农业基础设施建设。改变水利条件是我镇农业发展的当务之急,各村要在加强现有塘库、水系设施管理的基础上积极创造条件,建设急需的水利工程,作为全年水利建设的计划和长远规划,进一步推行劳动积累工制度,改造农民的生产、生活条件,提高抗御自然灾害的能力。

志棠镇人民政府

一九九六年三月十日

志棠镇1996年社会治安综合治理党政目标责任书

根据党中央、国务院中发〔1991〕7号文件和中央社会治安综合治理委员会关于社会治安综合治理实行“属地管理”原则的规定和中央五部委“关于实行社会治安综合治理领导责任制的若干规定”的精神,为更好地坚持“两手抓、两手都要硬”的战略思想,全面落实创安活动的七项任务,使各村党支部、村委会切实承担起保一方平安的政治责任,推动社会治安综合治理各项措施的全面落实,把辖区建设成为治安良好、社会稳定、群众有安全感的平安社区,维护我镇社会稳定,特签订本责任书。

一、镇党委、政府负责指导、监督、检查各村有关社会治安综合治理工作的方针、政策的贯彻、落实和对责任书规定的各项指标进行考核、奖罚,强化“一票否决权制”,年终兑现。

二、村

(一)党政目标责任制落实(20分)

领导重视。村党支部、村委会主要领导将抓好社会治安综合治理工作,确保一方平安,作为任期目标之一,把社会治安综合治理工作纳入党支部、村委会工作的主要议事日程,做到工作有计划、有安排、有检查、有总结、有奖惩。对村重大行政管理和经济工作亲自参与、决策,主要领导工作到位,真抓实管,村级综治经费有保障。(少一项扣1分)

(二)基层网络健全(30分)

1. 组织健全。有治保、调解、帮教、消防等组织,建立好标准化调委会,治安、调解人员报酬落实。

2. 制度落实。建立健全责任制和保卫、消防、值班、巡逻等制度,建立完善村规民约。

3. 思想教育。对本辖区内的干部群众经常进行各种形式的思想道德和法制教育,做到有计划、有安排、有内容、有措施、有总结。

4. 防范措施落实。竭尽全力维护本辖区的社会稳定,不发生影响稳定的群众性闹事及械斗、集体上访等突发性治安事件,并无重大火灾事故、无恶性刑事案件,凡发生一起群众性闹事和非法游行示威的实行一票否决。少一项扣 1 分。

(三) 社会稳定(50 分)

1. 违法犯罪率得到控制和减少。犯罪率控制在本辖区总人口数的 0.7‰,得 10 分,超过控制数扣 4 分。

2. 刑事、治安案件得到遏制。刑事案件发案率控制在本辖区内总人数的 2‰,治安发案率控制在本辖区总人数的 2.5‰,刑事、治安案件达到控制数的得 15 分,超过控制数各扣 5 分。

3. 帮教工作。"两劳"回籍人员得到妥善安置,做好思想教育工作,无重新犯罪,帮教工作成效明显得 5 分,不落实不得分。

4. 民事调解。及时受理、调处民事纠纷,把纠纷消灭在萌芽状态,无民转刑案件,调解率达 100%,成功率 95%以上得 10 分,未达到一项扣 1 分。

5. 有良好的社区风貌,广泛开展各种精神文明活动。辖区内赌博、卖淫嫖娼、淫秽录像等社会丑恶现象得到及时查处、教育处理,党员干部无赌博、卖淫嫖娼、观看淫秽录像现象,落实的得 10 分,发生一起扣 3 分。

三、标准

1. 得分在 60 分以下单位,为不合格单位,实行一票否决制。

2. 得分在 60~79 分的单位,为创建平安社区合格单位。

3. 得分在 80~89 分的单位,为创建平安社区良好单位。

4. 得分在 90 分以上,为创建平安社区优秀单位。

5. 得分在前 5 名的单位,为 5 佳平安社区单位;由镇党委、政府给予奖励。

四、本责任书一式二份,镇党委、政府和村双方各执一份。

五、考核的组织与实施。

创建平安社区达标考核工作,由镇综治领导小组、综治办,各片长和镇干部负责组织实施。

中共志棠镇党委	村党支部
签名:	签名:
志棠镇人民政府	村民委员会
签名:	签名:

一九九六年三月二十日

横山镇基本情况与发展目标

横山镇位于龙游县北部,是一个以农业为主体,以建材工业为特色,农副产品加工系列的边界商贸重镇。总面积 57.4 平方千米,总人口 24320 人,其中畲族人口 630 人,人口密度 400 人/平方千米,镇辖 24 个行政村,100 个自然村,镇办企业 15 家,村办企业 90 家,个体私营企业 172 家,1996 年实现农业总产值 43598 亿元,其中工业产值 3.9 亿元,农民人均收入 2660 元/年,财政收入428万元(其中地方财政210万元)。

1992年“撤扩并”以后,横山镇按照县委、县政府提出的“以集镇建设为龙头,大力发展乡镇经济”的指导思想,全面实施了“以商兴镇”发展战略,加强集镇基础设施和市场建设,四年共投资400余万元,大力改善了镇区的市容市貌和投资环境,集镇建设与社会经济发展逐步走上了良好的循环,小城镇建设初具规模。

一、横山镇的区位条件

21线穿过镇域12个行政村,有县道北通建德市、东通兰溪市,交通区位条件良好。

横山镇是我县农村经济发展的北面中心地带,是龙游县对外联系的北大门。从县域看,横山镇的建设与发展,是龙游北乡乃至龙游县发展的重要组成部分。

横山镇是龙游、建德、兰溪3个县市周边辐射的枢纽,形成了横山的腹地——以横山为中心。半径18公里,人口约15万人服务区,这是潜在的巨大市场,也是横山发展的动力之所在。

二、资源条件及经济

1. 土地资源。全镇有耕地面积2.4万亩,山地(包括待开发)1.8万亩,林地(包括待开发)1.6万亩,水域(包括待开发)1.2万亩。土地肥沃,粮食作物种植有悠久的历史,农业生产较为发达,随着农村产业结构的逐步调整与完善,农副产品生产与加工,林、渔业等都逐步发展。

2. 矿产资源。镇域西北方位属千里岗脉,石灰石总贮藏量为50000万吨,石煤总蓄量为2000万吨。建材工业的发展离不开丰富的资源,挖掘本地资源合理调配资源,它将起到不可估量作用和价值。

3. 劳动力资源。总人口的50%从事农业生产,随着乡镇工业的进程,私营企业兴办吸纳了大批的剩余劳动力从事工业生产,既解决了再就业,又增加经济收入,为实现农村奔小康创造了有利条件。

4. 旅游资源。镇域以景观卓绝的乌石寺为主的旅游点,多处颇有开发价值,多处古建筑是良好的旅游、观光、度假去处。后徐至建德梅岭公路的开通,使与国家级景点灵栖洞、千岛湖等诸景点连成一线,开发前景广阔。

三、横山镇社会经济发展状况

(一)现行发展状况。横山镇的传统经济以农业为主,兼营农副产品、畜牧业,是比较典型的粮食生产镇,十一届三中全会以后,大力发展乡镇工业、村办、户办企业,特别是第一、第二水泥厂、煤矿、水泥制品厂以及各种农副产品加工系列工业的兴办,工业经济成分在全镇经济结构中的比重越来越大,至1986年全镇工业产值实现962万元(80年不变价),首次突破工农业总产值的50%,开始了乡村工业化的初步进程。

工业发展的同时,横山镇的商业服务,市场业、运输业及其他第三产业也有长足的发展,至1996年底,全镇有个体工商户1380家,运输专业户480家,建筑企业1家,专业市场4处,综合市场2处,第三产业的成分在社会总产值的比重明显增大。

(二)社会发展状况

1. 随着生产力的发展和农村深化改革,农民生活有了很大改善,1996年全镇农民人均收入2660元,1984—1996年,全镇农民新建二层楼以上住宅2126幢,总建筑面积42万平方米,人们居住环境良好,全部村庄通了电、通了广播,各行政村安装了直拨电话,大部分村庄接上了自来水,生活环境有了很大改善。

2. 教育卫生。大力普及九年制义务教育,全镇有中学3所,小学24所,在校学生达4000

人，教职工200多人，电影院2座，文化站1个，试行“3+1”学制，即三年初中，一年职业技术教育。以横山中学为基础，扩建创办横山农职校和电视中专。提高幼儿普及率，使90%的2~6岁幼儿能够在进小学前进行前期教育。

横山镇有中心医院1所，乡级卫生院1所，属医务人员50余人。全镇有村级医疗站24处，计生指导站1处，有比较完整的农村医疗保健网。

四、2000年经济与社会发展目标和思路

1. 2000年的奋斗目标是，三年再建新横山、五年产值超12亿。主要指标：到2000年工农业总产值达到12.65亿元，年递增4.4%，农业产值0.65亿元，年递增8.8%，财政收入800万元，年递增19.3%，农民人均收入4500元，年递增22.85%，人口增长率控制在7‰以内，为早日实现小康目标奠定良好的基础。

2. 在发展思路上，“九五”时期是我们跨入二十一世纪的关键时期，也是科技知识应用推广的关键时期，如何运用科技来发展民营经济，以更大的经济投入来利用现代科技，这是关系到能否适应社会主义市场经济的大事。因此，“九五”时期我镇的指导思想是：全面贯彻党中央十四届四中、五中、六中全会精神，坚持以邓小平特色理论为指导，继续坚持“科技兴镇”战略，按照两个根本性转变的要求，坚持“强工、兴农、活商”的发展方针，紧紧抓住经济这个中心，推行农村全面改革不断深入，促进经济稳步、健康、快速发展和社会事业的全面进步。

五、横山镇总体建设重点内容

我们按照党的十四届四中、五中、六中全会要求，结合本镇的实际和2000年的发展目标，总体建设的重点内容是：

在工业上，依托镇办骨干企业第一、第二水泥厂，配套开发建材系列产品，以质量、品种效益为中心，重点开发低耗、高技术、上规模、上档次、上水平、高附加值的新产品。

在农业上，以面向高产、优质、高效方向发展为目标，重点实施好一系列“星火计划”“丰收计划”和“燎原计划”，加速农业技术推广应用和产品开发，从而提高土地利用率和单位效益，提高资源实际效益。

在城镇建设上，一是加大基础投入，创造经济发展环境，加快城镇建设步伐，促进二、三产业快速发展。二是培植和完善专业市场，使之逐步形成规模，促进城乡贸易，使产品转入商品化。三是开展创文明城镇活动，搞好城镇卫生条件，改善镇容、镇貌，为广大经商者营造一个良好的投资环境。四是以城镇建设为示范，逐步搞好村庄新农村规划和发展。五是加强社会治安综合治理，积极开展创建平安社区活动，推进民主与法制建设，推动“两个文明”建设一起上。

凭借横山得天独厚的环境优势，以综合改革试点镇为目标，进一步深化改革，促进开放，增强综合实力，实现社会全面进步，积极描绘跨世纪蓝图，通过横山人民的共同努力，一定能把横山建设成浙西又一大名镇。

横山镇人民政府

一九九七年七月一日

志棠镇关于搞好第二轮土地承包期延长30年工作的实施意见

各村党支部、村民委员会：

为了贯彻中办发〔1997〕16号和省委办〔1997〕70号文件精神，按照县委、县政府的统一部署，今年9—10月要搞好延长第二轮土地承包工作，为保证这项工作的顺利进行，根据县农办的关于搞好第二轮承包期延长工作的指导性意见，结合本镇的实际，提出如下实施意见，请各村结合本村实际，认真贯彻落实。

一、指导思想

以党的十五大精神为指针，认真贯彻《关于进一步稳定和完善农村土地承包关系的通知》（中发办〔1997〕18号）和省委办《关于搞好第二轮土地承包工作稳定完善家庭联产承包责任制的若干意见》，真正落实好第二轮土地承包期延长到30年的政策，按照明确集体土地所有权，稳定农户承包权，搞活土地经营权的原则，切实建立农村土地经营权流转机制，加强和规范土地承包合同管理，完善、稳定农村土地承包关系。

二、目标任务

第二轮土地承包延长30年工作中，要完成以下四项任务：

1. 以村级经济合作社为发包方，分别与农户签订大田承包合同，把第二轮大田承包期延长到30年。

2. 认真核发《农村集体土地承包权证》，稳定土地承包权。

3. 建立和完善土地经营权流转机制，稳定种粮大户，发展粮田规模经营。

4. 完善农村农业承包合同管理组织，加强土地承包合同鉴证工作，建立健全承包合同档案管理。

三、方法步骤

我镇第二轮土地承包期延长30年工作从9月15日开始到10月25日结束，具体分四个阶段进行：

（一）建立组织、宣传发动阶段：时间9月15日至9月25日。

1. 镇建立第二轮大田承包期延长工作领导小组，由镇长陆民任组长，副组长吴有才，成员徐竹松、邵耀华、叶伟清、邵根春、周兆成、胡志清。各村应建立相应的组织，支部书记、主任、村会计为工作责任人，要把这项工作作为当前的中心工作来抓。

2. 做好宣传发动工作，通过广播、黑板报、印发宣传资料、张贴标语口号等形式，向广大农民宣传、讲解土地承包的有关政策，做到人人皆知。

3. 镇政府举办培训班，统一口径，弄懂业务。

本阶段应注意：

（1）原则上应开好四个会，即乡镇动员会，业务培训会；村要开好两委会，党员、队长骨干会，以村民小组为单位的户主会。切实做到层层发动，使农民群众真正明白这项工作的目的意义。

（2）明确这次完善和延长的范围是大田，不涉及山林、自留地。

（二）调查摸底制定方案、具体实施阶段：时间9月25日至10月20日。

1. 调查摸底，掌握情况。组织力量开展调查，摸清现有承包责任制基本情况，土地、人口变动情况，干部、群众的思想状况、存在的主要矛盾和历史遗留问题及解决办法、途径等，形成调整方案。

2. 确定全村基本政策、做法，根据宣传发动和调查研究所掌握的情况，村两委讨论决定全村的工作方法、步骤、时间安排和工作中应掌握的若干原则、基本要求，拿出工作计划，并就有关问题作出具体规定。

3. 以生产队为单位召开户主会，根据村里总的计划、要求、规定，结合本队情况进行讨论，形成方案。报村两委会审批。

4. 村两委对各队上报的方案进行确认，最后形成延长土地承包方案。

本阶段工作应注意：

（1）调查工作要细、实，做到准确、全面、及时，各队田块清册要重新核对，做到准确无误。

（2）在大稳定小调整总的原则下，尊重群众意愿，尊重村民的意见，不强调全镇统一、全村统一，不搞一刀切，提倡土地承包关系基本稳定，对确因国家建设及其他各种原因造成土地严重不均，应允许调整后再延长承包期。

（3）人口变动日期全镇统一截至 9 月 25 日，土地承包期延长后今后的小调整方案，一般小调整应间隔五年以上，并应获得三分之二的村民（户主）签名盖章方可进行。

（4）要尽可能将历史遗留问题通盘考虑进去，加以解决，努力做到公平、合理。

（三）签订合同、填表发证阶段：时间 10 月 20 日至 10 月 30 日。

1. 根据实施方案，进行土地调整，丈量到户后，再延长承包期，不进行土地调整的，可直接延长承包期。

2. 以村经济合作社为发包方，分别与农户签订大田承包合同书，明确合同双方的权利和义务关系（合同一式三份）。

3. 镇农业承包合同管委会对村与户签订的大田承包合同书进行鉴证。

4. 审核，应本着完整性、合法性、准确性的要求，对报批的材料进行认真的初审、核实工作，消除差错，如有不明确或者有争议的，应会同镇及部门进行调处。

5. 发证，由镇农业承包合同管理组织发放到户。

本阶段应注意：

（1）村、组骨干对合同审批表、证等应正确理解。

（2）工作要认真、仔细，做到不出差错，合同与审批表、审批表与土地承包权证要衔接好。

（3）按规定程序操作，要求完成的内容不能缺，做到不少一章，不漏一户表。

（四）总结建档、检查验收阶段。

1. 总结。各村要认真总结第二轮大田承包期延长工作的经验，形成工作总结，做好材料上报。

2. 建档。各村要做好以下材料的建档工作，各种材料的归档，包括领导小组成员名单、工作计划，实施方案，各种决议，做好装订，由村会计负责作为永久保管，以便查阅。

3. 检查阶段按对上负责和对下负责的原则，切实把好质量关，防止走过场，对工作粗糙，该解决的问题没有解决，群众有意见的，要限期补课、纠正，达到符合要求为止。

（五）工作要求

1. 切实加强领导，第二轮土地承包延长工作，事关农村千家万户的切身利益，关系到土地承包关系的稳定，关系到农村社会的稳定，各村要本着对群众负责的态度高度重视，认真对待，明确目标责任，落实措施，真正把第二轮承包期延长工作抓实抓好，在实际工作中应特别注意掌握好以下几点：

（1）统一性。第二轮土地承包期延长到 30 年的起止时间，30 年内进行土地小调整须间隔五年以上和报批手续。大田每亩收取15~20元承包款或收取10~20公斤稻谷的标准，这次延长人口的截止时间等大的原则和政策上的问题应统一。

（2）灵活性。对延长承包期方式选择、确定小调整的办法，机动田的预留，田、路规划等问题的解决，以及一些特殊问题的处理，各村可根据本村实际，在尊重各村群众意愿、利于开展工作的前提下，灵活掌握，不强求统一。

（3）连续性。对于因产业结构调整，发展种养业等经营种植的经济作物，在这次延长工作中，可采取各种办法，保持原有的承包关系不变，避免人为因素，造成不必要的经济损失，以更有利于生产和农村经济的发展。

（4）民主性。各村、队应召开各种会议，充分尊重大多数群众的意见，充分发挥他们的首创性、积极性，以确保承包期延长工作更顺应民意。

（5）规范性。各种会议的记录、决议的存档应齐全，各种表格和承包合同书的管理应规范，使今后有据可查，使承包合同的管理工作纳入法制化、规范性、制度化的轨道。

2. 鼓励经营权合理流转，土地经营权合理流转，有利于解决因人口增减变化产生的矛盾，有利于防止耕地抛荒，有利于稳定种粮大户，推进适度规模经营，加快农机化进程，要坚持“稳制活田，三权分离”自愿、依法、有偿原则的基础上，逐步建立土地经营权流转机制。

志棠镇人民政府

一九九八年九月十五日

关于表彰1999—2000年度优秀共产党员、十佳村民小组长发展经济示范户的决定

镇委〔2001〕22号

各村党支部、镇属各企事业单位党组织：

1999—2000年，本镇各条战线的基层党组织和广大党员认真学习“三个代表”重要思想，紧紧围绕经济建设这个中心，加强党的建设，在“两个文明”建设中积极开展争创先进党支部、争做优秀共产党员的活动，充分发挥了党组织的战斗堡垒作用和党员的先锋模范作用，涌现出一批先进集体和先进个人，通过民主评议和镇党委联评、审定，全镇共评出优秀共产党员39名，十佳村民小组长10名，发展经济示范户12名。为了表彰先进、树立榜样、弘扬正气，镇党委决定，授予施永祥等39位同志为“优秀共产党员”称号，廖日寿等10位同志为“十佳村民小组长”称号，柯常土等12位同志为“发展经济示范户”称号。镇党委号召，全镇全体共产党员要认真学习他们的先进事迹，紧密地团结在以江泽民同志为核心的党中央周围，在邓小平理论和江总书记“三个代表”重要思想的指导下，进一步解放思想，振奋精神，开拓进取，争发展，快致富，为加快我镇“两个文明”建设步伐作出新的贡献。

镇党委希望受表彰的共产党员、十佳村民小组长、发展经济示范户，要戒骄戒躁，珍惜荣誉，发扬成绩，再接再厉，为我镇“两个文明”建设再创业绩。

附：1999—2000年度横山镇优秀共产党员、十佳村民小组长、发展经济示范户名单

中共横山镇委员会

2001年6月15日

表 19-2 1999—2000 年度横山镇优秀共产党员名单

支部名称	党员姓名	支部名称	党员姓名
横山村党支部	施永祥	余岗村党支部	郭永年
高山村党支部	余樟庭	项家村党支部	项樟全、邓寿云、胡水根
会泽里村党支部	李正宏、童康良	脉元村党支部	周耕友、方彩兰、姜半庞奶
白岳桥村党支部	阮双根、李秀荣	腰塘村党支部	余樟寿
上向徐村党支部	张有松、黄土明	下宅村党支部	徐昌根、许胜安
吴仪宾村党支部	吴东富、周水清	后徐村党支部	周根宜
上下朱村党支部	朱柏成、叶阿曼	大平山村党支部	童永富
八石坂(畈)村党支部	黄爱顶、姜土根	大平坂村党支部	陈发寿
西方坞村党支部	童汝清、严爱花	贤求朋村党支部	周立成、傅樟生
仓头村党支部	方有清	山门寺村党支部	王锦堂
溪边村党支部	王友根	学校支部	张建民、傅根才
下西山村党支部	封水林	企业支部	徐庆林
方野村党支部	方海荣	—	—

表 19-3 1999—2000 年度横山镇“十佳村民小组长”、发展经济示范户名单

十佳村民小组长		发展经济示范户	
村　名	姓　名	村　名	姓　名
横山村	廖日寿	大平坂村	柯常土
上下朱村	郑金土	上下朱村	邹樟根
会泽里村	叶国华	会泽里村	毛岳富
项家村	雷卸清	西方坞村	姜赛霞
下宅村	柳志成	脉元村	鲁炳才
脉元村	龚志荣	腰塘村	杨树根
吴仪宾村	吴连生	下宅村	吴玉柱
大平坂村	黄金土	八石坂村	吴金来
下西山村	封庆荣	横山村	王七拜
上向徐村	余阿务	项家村	张根发
—	—	余岗村	兰树荣
—	—	大平山村	黄绍宏

报：县委组织部

发：各村党支部、镇属企事业单位党组织

关于调整村干部待遇的通知

镇委〔2002〕54 号、镇政〔2002〕28 号

各村党支部、村委会：

为进一步规范村干部待遇，充分调动村干部的工作积极性和发挥退职干部的作用，经镇党委研究，现将村干部待遇问题通知如下：

一、在职待遇

1. 误工工资。现任村党支部书记、村民主任的误工工资，根据人口多少划分为三个档次。第一档为人口在 1200 人以上的，每人每月 160~200 元，第二档为人口在 700~1200 人的，每人每月 140~180 元，第三档为 700 人以下的，每人每月 120~160 元，村集体经济较好或书记、主任一人兼的，经镇党委批准后可适当上浮，其他两委成员和各线干部由各村自定。享受固定误工补贴的，原则上不另计误工。

2. 通信费用。现任村党支部书记、村民主任的通信费用实行包干，其中电话费每人每月 50 元，手机费每人每月 50 元。无电话、无手机的不得报销相应费用。

3. 养老保险。现任村党支部书记、村民主任的养老保险由基本保险与任职年限保险相结合。基础保险为每人 100 元，任职年限每年 20 元，累计计算，保险费用由各村自理。

4. 对现任的村党支部书记、村民主任每 3 年组织体检一次。

二、退职待遇

1. 村干部退职后按任职年限给予一次性补贴，在支部书记、主任岗位上退职的，原则上按每年补贴一个月工资（退职当年工资）计算，其他两委成员和各线干部由各村自定，补贴费从村集体经济中列支。退职后（包括以前退职的）一律取消养老保险补贴。

2. 连选连任 15 年（含 15）以上退职的村党支部书记、村民主任，每年春节前由镇党委、政府组织有关人员上门慰问。不到 15 年的，在退职的当年进行慰问。

3. 原享受镇政府每月定补 30 元的对象，按任职年限给予一次性补贴，补贴标准按每年 100 元计算，补贴费由镇政府负担。其中退职后已享受过村里一次性补贴的对象，原则上不重复补贴。

4. 对以前退职的干部，村里已补过的，原则上不再考虑，未补贴过的，可根据本村实际情况，按照当时月工资综合考虑。

5. 凡退职以后，有违法违纪行为，受到党纪或治安处罚处分的，取消所有待遇。

三、村干部以前待遇与本规定有抵触的，以本文件为准，从下发之日起执行。解释权归镇党委。

中共横山镇委员会

横山镇人民政府

2002 年 5 月 30 日

抄送：县委组织部

横山镇模环溪整治方案（2014—2016）

横山因水而美，因水而兴。为了改善生态环境，为模环溪沿线村创造良好的“水”环境，为“十里荷花”景区塑造一条干净、整洁的河流，打造“美丽”横山。根据龙游县委、县政府推进五水共治共建生态家园行动的决策部署，我镇对镇域内的模环溪做出以下的整治。

一、整治目标

以科学发展观为指导，按照“三年解决突出问题，五年解决基本问题，七年解决基本不出问题”的总体目标要求，坚持发展与治理并重、生产与生态兼顾，属地管理、治旧控新、疏堵结合，综合运用经济、法律、科技和必要的行政手段，发挥群众积极参与主体作用，加快推进对镇属模环溪流域的农业面源污染、生活污水和生活垃圾三方面治理，从源头上控制和削减污水总量排放，三年后模环溪水质达到Ⅲ类水质标准，切实改善流域内农村环境。

二、目前情况

模环溪总长约 19.23 公里，主要是从志棠村起至西方坞村止，流经志棠村、腰塘边村、塔下叶村、河宗村、上向徐村、白鹤桥村、会泽里村、横山村、下西山村、西方坞村。面临的污染问题主要是农业面源、农村生活垃圾、农村生活污水这三个方面。据县里的监测，模环溪的水质未达标，该流域的环境及水质不容乐观。目前镇党、镇政府高度重视对模环溪的整治工作，积极响应县委、县政府的“五水共治”共建生态家园行动的号召，逐步推进，强有力地采取许多措施，如对全流域开展清淤、进行卫生大扫除等，取得了一定的效果。

三、存在的问题

1. 经过镇委、镇政府的努力，拆除村内 90%以上的生猪养殖场以及绝大部分河道 200 米内生猪养殖场。目前，村内还有少数猪场对河道水质会有一定的影响。

2. 少部分山塘水库没有进行清水养鱼，利用动物排泄物及饲料进行养殖，这会对流域水质产生影响。

3. 各村都在开展“学习贺田模式”，大部分村民都积极配合行动，定点定时投放清运垃圾。但还有少数村民观念意识不强，对垃圾乱倒乱扔，对流域内环境产生一定程度的影响。

4. 许多村庄没有生活污水处理设施，而且有些村庄的生活污水处理设施已经老化，丧失了应有的功能。未经处理的生活污水直接排入河道中，直接会对流域水质产生污染。

四、整治方案

（一）农业面源污染方面

1. 村内养殖全面清理，实现“村内全面禁养”。通过全面的调查摸底，确定关停生猪养殖户 31 户，整治提升 86 户。开展“村村清”行动，实行逐村清理，确保“无一落网”。2014 年 8 月 30 日以前，实现“村内全面禁养”。对村外养殖场分三类进行整治，列出整治时序，要求各项排污设施达到排放达标。第一批整治在 2014 年 6 月 25 日完成；第二批整治在 2014 年 9 月 25 日完成；第三批整治在 2014 年 11 月 25 日完成。通过对生猪养殖户的关停整治，可以提升村民居住环境，有效控制农业面源污染。

2. 全面推行洁水养鱼模式。完善承包合同，严禁利用化肥、有机肥养鱼。对于不同意进行清洁水养殖的养殖户，予以收回。实行流域内山塘、水库洁水养殖 100%全覆盖。对流域内的山塘水库进行全面的调查摸底，针对不同类型的水库、塘分四类进行不同的管理。对第一类（饮用水源库和小Ⅱ型水库）县财政实行奖补办法；对第二类在册山塘水库实行奖励办法鼓励开展清洁水养鱼；对村中塘、门口塘由各方实行结对认建认养办法；对第四类田中塘采取管控办法。

（二）有序推进生活污水整治工作

实施农村生活污水处理工程，沿模环溪沿线的志棠村、天池村、腰塘边村、塔下叶村、河宗村、上向徐村、白鹤桥村、会泽里村、横山村、下西山村、西方坞村 11 个村，在 2014 年底完工；目标是，经治理的农村生活污水治理覆盖率达到90%以上，对排水系统实行雨污分流入户纳管率达到80%以上。使治理的生活达到《城镇污水处理厂污染物排放标准中的一级B标准》。

（三）推广贺田模式和河道、池塘清淤整治工作

1. 对模环溪沿线村推广“贺田模式”。建立“垃圾源头分类收集、定时定点投放，可追溯、减量化、资源化、无害化处理”机制，实现农村垃圾的有效收集处理。要进行标本兼治，使“贺田模式”运行实现长效机制。

2. 实行常态化清理。开展模环溪及流域内池塘清淤整治工作，对河道内垃圾进行定时大扫除，保持河道的干净、整洁。成立义务护水队和河道保洁员，落实长效保洁机制。

3. 落实延伸“河段长”责任制，落实村边污染点，延伸至源头。确定各村书记为该村河道的河段长，全面建立河段长制责任体系。与村级河段长签订责任书，将村级河道负责人名字与整治目标予以公示，确保按期完成整治任务。进行全面摸底，了解横山镇河流污染源分布情况。落实村边污染点，进行污染源责任分解包干，纳入镇村干部考评体系。定期和不定期开展巡察，针对问题及时整改，把问题延伸至源头。

四、保障措施

（一）加强组织领导，形成长效机制。成立由镇党委书记胡益峰为模环溪的河段长，各村书记、主任为村辖区河道的河段长和河道警长的工作领导小组。各有关职能部门要分工协作、相互配合、方便群众、提高效率。实现线面结合、责任到人。建立完善部门沟通协调、联席会议、交流通报等工作制度，形成各部门各司其职、齐抓共管的工作合力。建立健全相应的工作机构，落实专人负责，开展日常工作，做好监督管理，确保长效机制的实行。

（二）严格绩效评价考核。实行“挂图作战”，建立“四级联查”机制，采取明察暗访形式，定期或不定期开展模环溪治理专项检查，重点检查实施中的治污主体工程推进情况、各村年度计划执行情况、完工后的设施日常运行维护情况，发现问题，及时反馈整改意见。与村书记、主任签署污水治理相关责任书、承诺书，建立相关的惩罚和奖励机制。

（三）广泛宣传引导。充分利用新闻媒体和宣传工具，广泛宣传农村污水治理工作的重要性、紧迫性，增强全社会的环保意识和治污意识，争取干部群众的支持与配合，让老百姓直观了解到生活污水治理工程的作用，切实提高干部群众对开展生活污水治理工作的主动性、积极性，形成全社会开展生活污水治理的良好氛围，推动模环溪水环境的改善和美丽乡村建设。

（四）建立多元投入机制，浙商龙商治水。建立“政府扶持、社会参与、群众自筹”的资金筹措机制，要充分发挥农民群众的主体作用，积极动员广大农民投工投劳。浙江省工商联将我镇作为重点联系的试点单位，对我镇的“五水共治”工作高度关注。目前我镇模环溪流域有7个村与实力的浙商企业进行了结对。另外，我镇的镇属企业也积极投身到“五水共治”当中，通过浙商龙商的援助，确保模环溪治理、“五水共治”有资金保障。

（五）积极申报项目、谋划项目，以项目推进河流、山塘水库的整治。我镇将积极结合“千企联千村”“美丽乡村”“一事一议”“财政奖补”项目，以项目推动相关水库的除险加固工程实施，推进河流、山塘水库的整治。目前八石坂（畈）、山门寺水库已经结合项目在实施。

横山镇人民政府

2014年4月15日

横山镇2020年度工作总结及2021年度工作计划

2020年以来，在县委县政府的坚强领导下，横山镇以习近平新时代中国特色社会主义思想和党的十九大精神为指导，在疫情防控常态化的严峻形势下，坚持在困境中奋起，在坚守中突破，在改革中前行，有力推动经济社会发展取得新成效。

一、2020年工作总结

（一）旗帜鲜明抓主责干主业，从严治党纵深推进

贯彻落实大党建统领的理念，着力加强党务党建工作，助推各项工作提进程、上台阶。全面加强政治思想建设。坚决贯彻新时代党的建设总要求，在常态化开展“主题教育”“两学一做”基础上，持续做好“乡村振兴讲堂·村情通”平台推广应用。通过线上线下平台开展理论宣传，开办线上讲堂100余期，参与群众2600余人次；组织“8090新时代理论宣讲团”宣讲50余场，宣传群众3000余人。加快乡村振兴讲堂、文化礼堂融合共建，打造“两堂”10处。严格落实党风廉政建设。开展廉政警示教育3次，通报各类典型案例10余个。定期对科室人员的在岗情况、会风会纪等情况进行暗访，通报处理缺岗、违反会风会纪等违规行为12人次，在思想、作风、党性上持续为全镇村党员干部“补钙”“加油”。以清廉村居为抓手，依托胡公清执政为民、关西杨氏廉洁自律等清廉特色文化，打造“十里荷花、一路廉风”清廉横山特色品牌。建成“三槐堂”清廉文化展示馆、槐庭书院、“儒门家风”主题清廉讲堂，加快白鹤桥村清廉展示馆建设，推动全面从严治党向基层延伸。全力打好换届选举攻坚战。积极开展换届“百日会战、干中选人”排位赛，通过“五比五看”择优确定村两委班子意向人选。本次村级党组织换届，20个行政村均一次性顺利完成换届选举，“一肩挑”人选全部顺利当选，共选举产生支委73名，职数全部一次性选足，党员参选率达99.89%，14名“一肩挑”人选满票当选，73名党组织成员平均得票率91.82%；班子结构优化，党组织书记更换8人，更换率达40%，最年轻书记36周岁；党组织成员新进33人，占比45.2%，党组织成员平均年龄48.6岁，女性成员11名；学历明显提升，党组织书记高中及以上学历的14人，其中大专及以上的4人，回引乡贤5名。

（二）凝心聚力促发展谋长远，产业转型稳中有进

坚持“两手硬、两战赢”，以转型激活新经济，以创新培育新动能，筑牢经济发展着力点，稳住经济基本盘。经济水平恢复强劲。全力克服疫情影响的不利局面，1至11月，实现规模工业企业总产值6.34亿元，同比增加4.8%；完成固定资产投资3950万元，其中工业投资2197万元；财政收入达10382.83万元；上报有效招商信息3条。特色农业提质增效。大力实施“硒+X”战略，着力培育以富硒白莲为龙头，以富硒中草药、富硒农产品为重点，以富硒畜禽、茶叶、莲子酒等为特色的“1+N”农业产业体系。目前，全镇种植富硒莲子10000余亩，年产800余吨，富硒稻米面积5000余亩，年产2500吨，成功开发富硒米、莲子、酒等系列产品。在天池莲子核心示范基地、再生方中草药基地等基础上，建成志棠白莲种植示范基地。借助再生方企业在规模种植、产品研发上的领先优势和正大集团在市场资源、电子商务及营销上的通路优势，计划流转土地5000亩打造志棠白莲种植基地，建成产量预计达到300吨，产值达4000万元。项目推进稳中见效。深化“三服务”企业挂点服务机制，狠抓421重点项目推进。协助纽莱福医养中心完成三通、场地平整等工作，顺利于10月底开工建设；月荷集聚小区项目已向省级报送土地征用，待县级明确用地指标、实施主体即可实施；腰塘边废弃矿山生态修复治理顺利推进，完成一期土石方削坡治理、宕底覆土等，开展二期排水工程；协助青龙山开展下宅村连村公路前期政策性处理及进场施工，现已完成剥离废土60%的工程量，预计来年2月完工验收。大力实施“工

业优先”战略，把招商引资作为经济发展的重中之重来抓，成功引进浙江中水物资有限公司年产2万吨粉煤灰仓储项目，项目计划投资约2100万元，现已通过服务业决策咨询；协助青龙山建材公司生产车间部分设备备件更新改造项目，已进资1350万元；完成村级基础设施投资备案项目有效入库9个，投资5400万元。

（三）围绕中心新作为新担当，重点项目全县飘红

面对发展机遇，坚持围绕中心服务大局，扛住压力、迎难而上。高举高打，推进志棠矿地整治项目。抽调30余名镇村成立志棠矿地整治专班合力攻坚，坚持项目立项、户情摸排“两手抓”，迅速制定搬迁实施方案。在确保程序合法合规和政策完备的前提下，做实前期、做细工作、做透服务，7天完成19户签约、14天完成18户腾空拆除。针对红线范围内575亩涉及6个村民小组集体山林和83户自留山的流转，第一时间召开村民代表大会，一致表决通过具体流转实施方案。面对83户自留山流转签约，镇村干部迎难而上，逐户上门交心、攻坚签约，于6月中旬前圆满完成19户征迁户腾空拆除、红线范围内575亩涉及6个村民小组集体山林和83户自留山的流转签约。服务大局，加快重点项目征收。聚焦重点项目，抽调精兵强将开展“包干攻坚”行动，加快推进征地工作。杭衢高铁征迁工作采取攻坚对象包干制，通过“一户一宗一策”实现农户思想转变，7天内5户房屋完成4户签约；320国道二改一项目成立7个专项工作组，实行工作进展分组交账制为征迁全线飘红提供坚实的人员和制度保障，目前完成土地清表93.7%，坟墓迁移率完成100%，房屋签约391户。挖掘资源，聚焦国土整治大会战。深入各村地块逐村过“箩”，充分挖潜土地资源，全力抢时间、抓进度，强质量、保安全，确保土地整治项目高效推进。全年，我镇实施垦造耕地项目12个765.82亩，完工并通过县级验收9个562.5亩；建设用地复垦完成立项13个265.43亩，立项面积达到任务数177%，12个项目已通过县级验收；后徐村、大平坂村耕地质量提升项目完成立项570.69亩，现已顺利施工。结合易地搬迁，摸底土地后备资源，19户通过县级审核，目前已全部拆除并复垦到位，预计增加土地资源30余亩。

（四）千方百计抓治理拓展空间，人居环境显著提升

高标准编制“十四五”规划纲要，加快镇村基础设施建设、综合环境提升，稳步推进重点区域开发。集镇格局加速蜕变。在省级卫生街道的基础上开展国家卫生乡镇创建，对照组织管理、健康教育、环境卫生、食品安全等九个方面，强力推进镇村环境整治，加强行业卫生管理，着力深化群众健康教育。镇村环境质量、生态环保水平、群众文明素质都实现较大提升，成功通过国家卫生乡镇省级暗访验收。完成集镇污水零直排扫尾工作，进入农村生活污水、集镇污水站常态化运行管理，乱排乱放得到有效管控。乡村面貌实现蝶变。做好“拆后利用”文章，以上向徐村、后徐村为试点，全面探索推行变废为宝、户建村补工作机制，上向徐村成功召开县级拆后利用现场会。纵深推进“五水共治”，贯彻落实“河长制”，完成非法排污、河道疏浚等22起问题整改，完成大平坂、会泽里等5个村农村生活污水终端提标改造。落实生猪养殖场“一场一册一干部”制度，强化畜禽养殖污染监督管理，联合县环保执法大队对23家养殖场开展联合执法。推进“一村万树”建设，完成种植彩色珍贵树种苗4300株，规划种地地块约30亩，清理枯死松木约1950吨。移风易俗树立新风。以创国卫运动为契机，深入践行“八个一”有礼行动，开展“文明洗村”、烟头兑换等活动，发放有礼公筷31000双、有礼公勺13000个，切实提高群众对“八个一”有礼行动的知晓率、参与率，营造“德治、法治、礼治”的荷美横山大环境。

（五）多措并举办实事强保障，民生福祉不断改善

致力以民生聚民心，一以贯之尊重民意、关注民情，使改革发展成果更多、更好、更公平地惠

及人民。全力兜住民生保障底线。以脱贫攻坚统揽经济社会发展大局,围绕“两不愁三保障”,坚决夺取脱贫攻坚同步小康全面胜利。推进精准扶贫,完成全镇低收入农户“一户一册一干部”结对;开展低保核查,退出低保 61 户 66 人、低保边缘户 15 户 23 人,新增低保 37 户 41 人、低保边缘户 85 户 120 人;调整低保金补差 228 户,所有五保户均补差到位;发放救助金 11.5 万元,惠及 69 人;落实特困人员供养服务,22 户入住镇养老服务中心机构,1 户分散供养实行委托照料。持续做好疫情防控工作,抓好重点地区入境归国返龙人员及人员集中管控,确保人民群众“零感染”的健康指数。紧紧把握社会事业主线。围绕“最多跑一次”,对接“四个平台”实行“一窗受理、集中办理、限时办结”,全年 App 办理移动办 725 件,数据共享调用 1659 件,政务 2.0 系统 2650 件,办理农村合作医疗 2 万余人。以“三联工程”“周二组团”服务为契机,探索试行线上线下代办代跑服务机制,全年受办中上门帮跑、全程代办的事项占 25%,生育登记办理等 20 个办理事项均可全程代办,真正做到服务零距离。开展群众性喜闻乐见文化活动,在“三团三社”、电影下村、有礼培训等基础上,创新公益培训点单模式,根据村民需求开设舞蹈、插花、种植等共 84 课时培训。以“春播种、夏赏荷、秋品鉴、冬体验”创新荷花节四季融合新模式,形成“荷”经济全链条闭环,成功举办一年四季 4 个活动,引领游客互动体验“四季横山”之美。牢固坚守社会稳定红线。加大初信初访化解力度,上级交办来信来访来电办结率 100%,息信止访率 98%。探索试行信访代办制度,成立由 20 名村级信访代办员组成的代办队伍,处理网上信访代办件 60 余件。深化“大调解”联调协作新格局,实行常态化的矛盾纠纷分析报告制,调处率达 100%,成功率达 98.5%,做到矛盾早发现、问题早解决、思想早引导。守牢平安建设工作底线,形成“谁主管谁负责”“一级抓一级、层层抓落实”的新时代维稳工作新格局,实现两会等重大时期重点信访人员“零进京”。以村级换届选举“三大行动”攻坚为契机,推进扫黑除恶专项斗争决胜年活动,办理完结涉及村霸、村干部、干扰换届选举等线索 18 条。

(六)县乡一体条抓块统,全力激发行政效能

围绕“三个一”,加快推进“县乡一体条抓块统”改革,让“主”字形的基层党建统领更有力,条块协同高效的理念在基层压实,智慧治理进一步迭代升级,便民利民更加顺畅。围绕“一件事”集成,做好承接文章。围绕执法监管、社会治理、应急管理等重点领域,快速承接县级下放的 69 条“属地管理”事项清单,有效破解县级部门将工作责任和任务层层转嫁乡镇承担的问题。放大政务服务中心功能作用,实行“1+5”政务服务体系,全职受理员加资规、林水、派出所、社保、医保等人员力量常驻,实现“乡镇大部制,管好大小事”。推行“四维”考评,落实派驻人员管理“三权”下放,将全镇干部、派驻干部全部纳入考核,树立实干导向。梳理便民“一件事”,推动“政务服务 2.0”“浙里办”等在基层运用,现已有农民建房、社会救助等 5 件“一件事”实现线下、线上办理,今年以来办件网办率超过 10%。围绕片区联动,推进一支队伍管执法。深化基层“一支队伍管执法”改革,将派出所、交警、市场监管所、综合执法队整合为一支行政执法力量,统筹条块力量、赋能减负,建立上下联动、功能集成的一体化基层治理信息化体系。以创建国家卫生乡镇和美丽城镇建设为契机,试炼县乡联合执法形式,执法队伍加大马力全面整治“脏、乱、差”,彻底打通集镇整治、长效管护的堵点痛点,集镇面貌焕然一新。加强执法队伍建设,持续做好执法证持证率提升工作。围绕“四个平台”构建,密织一网智治。线上整合村情通、社情通、企情通等,打造“龙游通”智慧治理平台,实现“三通一智(治)”;线下打通组团联村服务清单、网格问题清单。线上线下统一汇总至综合信息指挥室定期分析研判,做到上下贯通、信息畅通。推动矛盾纠纷调处化解中心建设,建立协调联动、闭环运行、源头化解等机制,实现群众反

映诉求、化解矛盾纠纷“只进一扇门”“最多跑一地”。今年以来,化解矛盾纠纷153件,比2019年上升31.9%。进一步发挥“王”字形运行机制功能,建立镇村两级“两难”问题工作处置群,实现问题收集汇总、分析研判、分类交办、办结反馈、考核评价全链条解决。截至目前,共提交两难问题82个,其中通过组团联村、网格力量讨论化解的69个,镇级协调化解7个。

二、2021年工作计划

(一)以产兴镇,培育经济发展“增长点”

做强特色农业。以创建省级现代农业产业园示范区为目标,以富硒产业为内核,推动传统农业转型升级。以佳丰观光休闲产业园为主体,集中力量进行农业技术研发、果蔬种植、休闲观光开发,打造产销游一体化。深入实施“硒+”战略,加快志棠白莲种植示范基地土地流转,初步计划流转5000亩,形成区域集聚效应。创新网络直播带货、电商营销等手段,打响富硒农产品的知名度,扩大销售渠道。持续推进再生方“天池药谷”中药基地,加快现代化农业综合体建设。提档工业经济。抓好传统建材产业改造提升,培育经济增长新引擎。深化双招双引,全力保障企业在土地审批、矛盾调解等方面的问题,加快招引项目出形象、出进度。紧盯“MEI”指数提升,推动“三服务”常态化长效化。全面落实惠企政策,积极帮助企业解决困难,尽可能降低因国内外疫情对辖区企业和全镇经济形势的影响。精耕文旅产业。以创建4A级景区为目标,加快全域景区化进程,打造旅游风情小镇。推进天池村整村运营,加快天池村旅游接待中心建设,打通“天池山+茶岭古道”旅游观光线路,同步跟进景区基础设施提升。浓厚志棠古街商贾氛围。在志棠古街、富硒农特馆、书香文化礼堂的基础上,加快古街业态布局,招引有效投资,吸引商铺入驻。加快腰塘边村“古窑文化”、大平坂村乌石寺开发建设。积极对接开发商,加快乌石寺景区开发建设。

(二)建管并重,按下美丽城镇“快进键”

重整集镇格局。开展集镇规划编制,打造独具横山特色的一带四区(居民休闲观光带、商贸物流区、行政区、社会服务区、居民住宅区块),进一步提升集镇品位。深化集镇监管,坚持政府主导、企业参与与群众满意相结合、补齐短板与重点提升相结合、集中攻坚与全面整治相结合,建立常态化保洁机制,实现镇域环境美丽大提升。加快月荷小区建设进度,全力保障农民安置需求。整合资金,加快推进镇级新农贸市场、富硒商贸综合体落地开工。建好精品乡村。以“五四三”、风貌提升、清洁家园等规定动作为基础,创国卫、美丽城镇的自选动作为重点,聚焦聚力镇村环境,形成“一村一景、一村一品、一村一韵”,彰显乡村独特魅力。将镇村环境治理与社会治理深度融合,完善网格化、路长制、数字化等管理手段,规范集镇秩序提升集镇卫生。结合全域土地综合整治,实施盘活存量资源行动,加强农村宅基地管理,抓好闲置宅基地及农房、边角地、废弃地的规划利用。提升生态质量。坚持在发展中保护,在保护中发展的基本要求,持续推进生态环境整治提升。以“水岸同治”为主抓手,认真落实“河长制”,加快外源污染治理,大力实施河道清淤、沿河排污口整治,推进黑臭河整治提升。加强森林资源管理和公益林建设与保护,提升公益林林分质量,完善各项管护制度。集中精力办好农村饮用水等民生实事,构建节水高效的供水安全体系、生态良好的水环境安全体系和协调发展的水利产业安全体系。

(三)善治共享,提升人民群众“幸福感”

筑牢民生底线。突出脱贫成果巩固,织牢织密防范返贫致贫密网。采取对贫困户“扶志、扶智”相结合,统筹人力、物力、财力,解决好“两不愁、三保障”的基础上,贯彻精准方略,建立解决相对贫困的长效机制,进一步巩固脱贫攻坚成果。将残疾人两项补贴作为新年度镇政府中心工作。抓紧抓实常态化疫情防控工作,继续围绕防、控两个环节,织密疫情防控网,服务经济社会发展,落实民生保障工作,为生产生活提供坚实保障基础、实现优质服务。打造平安横山。坚持统筹开展道路交通、建筑施工、企业工程等领域的安全隐患大排查、大整治,坚决杜绝重特大安全事故发生。扎实推进"两难"问题三级钉钉群建设,持续抓好"三联工程"、"周二无会日"、乡村振兴讲堂、矛调中心、三通一智等基层治理体系融合,全面压实镇村工作责任,做到本级事情本级化解。巩固"扫黑除恶专项斗争"取得成果,建立扫黑除恶长效机制。强化惠民工程。深化"最多跑一次"改革。整合群众高频办事事项,规范运作已下放的200余项办事项目,真正做到群众个人事项不出镇。推动"最多跑一次"向下延伸,组建村级代跑代办队,为群众建房审批、劳动保障、卡证办理等提供代跑代办代缴服务。常态化做好"双拥"工作,加强工会、共青团、妇联群团组织建设,做好民族宗教、防汛抗旱、残疾人救助等工作。加快文化礼堂、乡村振兴讲堂"两堂融合",落实文化惠民。

(四)守正笃行,树牢担当作为"风向标"

实干履职。全面落实"一肩挑"具体实践,努力打造一支能征善战、实干担当的村级干部队伍,成为助力镇党委政府中心工作落地乡村的精锐力量。始终把狠抓落实贯穿工作全过程,不断强化目标考核、督查督办,大力营造想干事、敢干事、会干事的浓厚氛围。忠诚履职。始终把思想政治建设摆在首位,牢固树立"四个意识",坚定"四个自信",做到"两个维护"。加强执政为民素养,定期走村访企入户,聚焦群众最关心最直接最现实的利益问题,切切实实落实一批服务举措、回应一批民生需求、解决一批问题困难。干净履职。强化依法行政,推进政务公开、信息公开,拓展民主监督渠道,高质量办理代表议案建议。严格落实"三重一大"事项集体决策制度,持续提高决策科学化、民主化、法治化水平。加强财政资金使用的过程管理,把有限的资源和财力用在推动发展、改善民生上,以政府的"紧日子"换取百姓的"好日子"。

横山镇模块化运行岗位职责细化和人员分工

(2021年7月21日发布)

一、党建工作办公室(纪检监察室)

承担大党建(大协调)模块的党建群团日常管理协调工作。负责基层党的政治建设、组织建设、宣传工作、统战工作、党风廉政建设和反腐败工作,负责工会、共青团、妇联等群众团体工作。

具体职能:

1. 统筹协调岗(徐若颖)。全面负责本机构各项工作。侧重做好基层党建工作、干部人事管理等工作。

2. 基层党建岗(徐若颖、张守懿)。负责基层党建"三个三"工程建设、两全党建示范带建设、两新组织示范圈建设工作;负责村级党支部建设考评,网格党小组运行考评,党员分类管理、"先锋指数"考评,后进村整转工作;负责农村党支部、企事业党支部(党委)、党员教育服务中心党支部管理、建设工作;负责党员信息系统管理,党员档案管理,困难党员走访慰问等工作。

3. 干部管理岗(张守懿)。负责村主职干部和离任村主职干部报酬计算申报,镇机关工作人员薪酬计算审核,人事变动手续办理,人事档案登记保管,编制管理,干部录用等工作;负责制定、落实机关干部和编外工作人员的培养、教育制度;负责组织干部培训活动;负责收集、掌握、反馈干部的日常思想动态和困难情况;协助党委副书记开展干部选拔工作。

4. 宣传岗(陈纾)。负责党的宣传和思想政治教育工作;负责对干部职工开展政治理论和普法教育工作;组织落实各项宣传工作任务,负责网络宣传、舆情应对和相关政策、工作信息的编发报送及对外新闻发布和新闻报道。

5. 民宗统战岗(陈纾)。负责调查研究民族宗教工作;负责调查研究党外知识分子、非公有制经济人士的情况,反映意见,协调关系;负责调查研究民族宗教工作;负责无党派人士工作,做好对台、侨务相关工作;加强政协委员的服务与管理,做好镇、村"乡贤"的联系和协调工作;做好统一战线方面的宣传和信息报送。

6. 党风廉政岗(颜喜岳)。负责抓好农村基层党风廉政建设工作,加强监督落实党风廉政建设责任制的情况;负责建立务实管用的党风廉政建设和反腐败制度,开展监督执纪问责。

7. 廉政教育岗(颜喜岳)。负责教育引导党员干部树立党的政治意识、纪律意识和组织观念,加强党员干部党性修养。

8. 工会岗(余永宏)。负责维护辖区内会员职工权益,组织各项工会活动,引导职工参与各项建设,保障职工享受各项福利待遇。

9. 团委岗(王忆莲)。负责团的组织建设,强化青少年志愿者队伍管理,开展圆梦助学等公益性项目,组织青少年参与党委中心工作,牵头群团改革工作。

10. 妇联岗(陈纾)。负责全面教育提高妇女素质,发动妇女参与党委中心工作,动员妇女参与经济建设,关爱妇女儿童身心健康,维护妇女儿童权益。

11. 党建监督岗(王丰)。负责党建工作的交办、反馈及落实跟踪工作。

黄黎燕抽调至县专班工作。

二、乡人大常委会办公室

承担大党建(大协调)模块中的镇人大日常事务及相关工作。负责镇人大决定事项的组织实施和督促、检查等工作;负责镇人大召开的会议会务工作;做好代表履职学习、代表视察、调研等履职服务保障工作;做好宣传及相关信息报送。

具体职能:

1. 统筹协调岗(程建国)。全面负责本机构各项工作。包括制定年度人大工作计划,做好协调统筹,并定期向镇人大汇报工作情况;办理县人大常委会以及镇人大交办的其他工作,并及时做好跟踪反馈;按照联络站"组织协调、联络、服务"职能,建立和健全各项工作制度和代表活动制度;承接人民群众的来信来访,按照有关工作程序协调和督促有关部门认真办理和及时回复;定时开展代表接待日活动,组织代表参与接待来访群众,收集群众的各类意见和建议。负责镇人大召开的会议会务工作;做好代表履职学习和代表视察、调研等履职服务保障工作;做好镇人大组织的各项活动的具体方案制定、组织实施、协调服务等工作;建立和健全代表活动的资料档案,做好记录、收发传阅、保管上级人大下发的文件和本联络站的各项台账资料;做好"代表智慧监督"平台及"人大代表网上联络站"日常维护和管理,帮助上传信息资料;做好联络站活动信息代表风采、工作经验的撰写、报送工作。

三、综合督考办公室

承担大党建(大协调)模块的总体协调工作。负责协助党政领导处理日常事务;负责机关内部之间的综合协调、督查考核、文秘信息、保密档案、重要会务及行政后勤管理保障等工作。

具体职能:

1. 统筹协调岗(王雯)。全面负责本机构各项工作。负责综合性事务协调工作;负责上级部门和外部门的对接协调工作;负责各大模块和驻镇单位的统筹协调工作;负责重点工作的信息收集和汇总工作。

2. 综合文字岗(徐若颖、王雯)。负责协助主要领导起草综合性材料,党委会议、班子会议、专项会议记录。

3. 综合督考岗(颜喜岳、丁宇)。负责镇各项重大工作的交办、反馈及落实跟踪工作。

4. 公文拟办及文档管理岗(童向彧)。审签镇党委、政府文件发文;负责公文阅办。负责日常文件的收发、登记、传阅、保管、汇总工作;负责档案管理工作(日常文件归档、合同备案登记、印章管理登记本备案等);负责机要文件和保密工作。

5. 接待采购及会务安排岗(王雯、程建国)。负责日常公务接待工作;负责办公物品采购工作。负责会议通知、会务筹备等工作。

6. 信息宣传岗(程建国、王雯、陈纾)。负责两办信息报送工作;负责重点工作信息收集和汇总工作;负责龙游通信息宣传编辑发送等工作。

7. 食堂管理岗(倪耀庭)。负责食堂管理、后勤接待工作。

张文才、姚建平抽调至县专班工作。

四、社会治理办公室

承担大治理(大执法)模块的日常管理协调工作。负责社会治安综合治理、平安建设、信访维稳、矛盾化解、全科网格等工作,管理协调综治工作平台。

具体职能:

1. 统筹协调岗(傅涛)。全面负责本机构各项工作。

2. 综合治理岗(蓝树发、钱胜平)。负责社会治理、平安建设、信访维稳、扫黑除恶、重点人员管控等开展、检查与考评工作;负责开展矛盾纠纷排查调处工作,消除辖区内不稳定因素,维护社会稳定;负责推动自治法治德治“三治融合”,人防物防技防“三防齐抓”、共建共治共享“三共并推”的基层治理新格局。

3. 网格治理岗(傅涛、蒋红军)。负责深化做实底线,选优配强“一长三员”队伍,完善考核管理机制;负责贯穿做通竖线,推进智慧应用大联动,实现上情下达、下情上传,线上线下联动、干部群众互动。

4. 信访处理岗(蒋红军、傅涛)。负责信访维稳工作,调查、研究、分析信访问题和社会不稳定因素;负责受理群众来信,接待群众来访,处理12345来电件,完善一站式信访超市运作;协调处理重要信访问题,专案化解信访积案,协调处理群众上访和异常、突发事件。

5. 应急指挥岗(叶青、黄云海)。负责对突发事件事前、事发、事中、事后全过程的各项处理,包括应急准备、预警监测、扩大应急、应急结束、后期处理等,并第一时间形成情况说明报告责任领导。

6. 矛盾纠纷调处岗(吴开群、余全)。负责镇内各类社会矛盾、纠纷的排查、协调与处置工作。

7. 禁毒岗(余全)。负责镇域内禁毒工作。

8. 司法(法制)岗(叶进)。负责指导人民调解工作,参与调解疑难、复杂民间纠纷;承担社区矫正日常工作,组织开展对社区服刑人员的管理、教育和帮助;指导管理基层法律服务工作;协助镇(村)处理社会矛盾纠纷;参与社会治安综合治理工作等。

9. 社区矫正岗(李丹)。负责对社区服刑人员进行监督管理和教育帮助。

10. 志棠警务岗(宋林帅)。负责横山镇北片各村范围内治安管理。

11. 下宅警务岗(翁建昱)。负责横山镇西片各村范围内治安管理。

12. 横山警务岗(徐元杰)。负责横山镇东片各村范围内治安管理。

五、综合信息指挥室(执法办公室)

承担大治理(大执法)模块的日常管理协调工作。做好基层治理"主"字框架的竖线,负责基层治理综合信息平台日常运行管理、平台接收事项的交办跟踪和督办、行政执法统筹协调指挥以及各类应急管理等工作,统筹协调"四个平台"。负责日常集镇秩序维护工作;负责整合部门派驻辖区内的各条线执法力量和执法资源;负责统筹辖区日常执法、现场监管等工作;负责行政执法联动能力建设;负责具体组织落实综合信息指挥室相关调度任务。

具体职能:

1. 统筹协调岗(李菲)。全面负责本机构各项工作,负责协调部门派驻辖区内的各条线执法力量。

2. 综合信息岗。设立AB岗,A岗(李菲)、B岗(蒋红军)。负责"四个平台"信息系统运行的综合性指挥平台;负责信息统揽、综合研判、调度指挥、流转督办、考核评价等日常工作;按照属地管理、分级负责的原则,切实解决"四个平台"信息系统有关问题;对受理事权单位实行日常督办,促使事权单位在规定时间内按正常流程办理事项;对"四个平台"信息系统事项办理情况进行督查考核,并定期通报;负责配合做好与区综合信息指挥室的信息共享、对接、互联等工作。

3. 联动指挥岗(李菲)。负责统筹协调指挥"四个平台"及辖区内各条块的管理服务力量;对事权不在村和村难以解决,需要乡镇层面协调解决涉及"四个平台"的问题,实行分流交办;对无法确认的事权单位的疑难办理件,由指挥室提出处理意见,形成一事一表,专题呈报"四个平台"联席会议,根据会议意见,及时交办事权单位。

4. 法制联络岗(叶进)。承担依法行政、行政复议等相关工作,对接县司法局处理各项相关工作。

5. 综合执法岗(章土有、童立成)。统筹辖区日常执法、现场监管以及各类应急管理等工作。

6. 市场监督岗(黄云海)。承担横山镇相关市场主体的登记注册和监督管理、消费者权益保护工作、食品安全监督管理工作、标准化管理等工作。

7. 交通警务岗(横山交警中队)。负责横山镇范围道路交通安全管理,维护交通秩序,处理交通事故。

六、集镇管理办公室

承担大经济(大生态)模块中集镇建设方面的日常管理协调工作。负责集镇开发、建设、管理;负责集镇空间规划体系建设;负责完善集镇基础设施和公共服务功能;负责全镇风貌提升和人居环境改善工作;负责全镇交通建设管理工作。

具体职能:

1. 统筹管理岗(华柏根)。全面负责本机构各项工作。

2. 四边三化岗(叶柏成)。负责落实四边三化工作。

3. 交通管理岗(陈俊)。负责交通项目建设、管理负责交通安全、治超、台账整理及各项宣传工作。

4. 集镇管理岗(余永宏、胡志林、姚剑、黄金亮、姜卸宝)。负责集镇建设管理、开发工作;对接资规局等部门,做好项目前期规划、设计,掌握全镇用地指标及土地性质以及集镇项目实施工作。负责集镇环境卫生方面工作,包括卫生保洁、垃圾收集点、公厕、停车场、公交车站、各类管理等日常维护运营;负责电力、供水、通信、建筑立面、路面及人行道、路灯、信号灯、交通设施等日常维护运营;负责维护集镇秩序,镇容镇貌相关工作;负责镇办各类证明材料签字盖章事宜。

5. 农房管控岗(张宝宏、冯树祥、邵彪)。负责协调组织全镇农房风貌管控管理、农民建房审批、农房确权登记及三改一拆工作。

6. 自然资源岗(陈俊、吴军、潘红朝、余文胜)。负责耕地保护、农民建房管理、土地登记发证、执法检查、建设用地审批后监管、信访调处、矿产资源监督管理、地质灾害防治和国土资源法律宣传等职能。

七、生态文明办公室

承担大经济(大生态)模块的日常管理协调工作。负责辖区内经济发展工作、项目建设、优化营商环境、乡村振兴等工作。抓好企业服务和安全生产、财政管理、统计等工作,有效促进一、二、三产业经济融合协调发展。

具体职能:

1. 统筹协调岗(吴益良)。全面负责本机构各项工作。做好谋划引领工作,描画横山镇经济发展蓝图,做好产业谋篇布局,加快镇域经济产业升级;掌握全镇资源信息(人口、用地指标、财政资金等),充分挖掘资源要素,做好创新发展工作。

2. 产业发展岗(吴棋彬)。负责辖区内“四无”企业、非法汽柴油管理整治等工作,以及负责辖区企业管理服务、科技创新、电子商务等工作。

3. 招商引资岗(吴益良)。负责辖区内投资项目引进的指导服务、政策处理以及重点项目申报推进等工作。

4. 安全生产岗(吴棋彬)。负责指导辖区内企业、商户安全生产、消防安全、环保督察等工作。

5. 项目报备岗(项树松)。负责项目报备工作。

6. 统计岗(周越)。掌握镇资源信息(人口、用地指标、财政资金等),充分挖掘资源要素,做好创新发展工作,负责辖区内各项指标统计工作。

7. 美丽乡村岗(王忆莲)。负责美丽乡村各项工作。

8. 五水共治岗(王忆莲、徐小军)。负责落实五水共治工作,推进河长制落实、满意度宣传、区域内巡查排查及问题整改工作。

9. 生态规划岗(陈俊)。负责生态红线规划等相关工作。

八、农业农村办公室

承担大经济(大生态)模块的农业林业水利等日常管理协调工作。统筹组织和落实“三农”;负责种植业、畜牧业、渔业以及农业机械化等农业产业和农业资源的监督管理;负责农产品质量安全、有关农业生产资料和农业投入品监督管理;负责农业投资管理;负责农业防灾减灾、农作物重大病虫害监测防治工作;负责新技术的引进、示范、推广和农业教育培训、农业农村人才培养工作;负责林业相关工作;负责保障水资源的合理开发利用、统筹保障和保护工作;组织指导水利设施、水域及其岸线的管理、保护与综合利用工作;组织水利工程建设与运行管理工作;做好精准扶贫工作;负责乡村振兴、防汛抗旱防台等工作。

具体职能：

1. 统筹协调岗（王福忠）。全面负责本机构各项工作。负责新技术的引进、示范和推广；负责农产品生产过程质量安全的监管与配套服务，区域内粮食安全工作，提高粮食综合生产能力和应急保障能力；负责动植物病虫害及灾情的监测、预报、防治和处置。

2. 畜牧岗（黄德良）。负责畜牧业生产管理。

3. 农机管理岗（李赢）。负责农机安全生产管理及年检、年审。

4. 农经管理岗（李赢）。汇总分析“三资”管理报表及数据，为领导决策提供依据；组织建立和健全村级“三资”档案及台账；负责农业统计工作，涉农补贴资金的审核上报。

5. 农村财务管理岗（邵根春）。负责减轻农民负担的监管工作；组织农村财务管理指导；开展业务培训，提高各村财务管理水平。

6. 农技服务岗（詹金鸿）。负责农业技术服务工作。

7. 代理会计岗（王忆莲）。审核村级报账资料并建立台账，做好凭证记账，编制，结账、存档工作；编制“三资”预算；做好“三资”清查，做好资金清点工作，掌握并及时反馈“三资”使用、管理情况，做好监督和督促公开工作；做好农村集体经济组织统一收据领用、核销的登记工作。

8. 集体经济发展岗（李赢）。负责乡村振兴、精准扶贫等工作。

9. 招投标岗（李赢）。负责招投标各项工作；农产品农药残留检测及数据上报；项目工程建设质量管理。

10. 林业岗（张昌盛）。负责林地地质调查、森林防火、古树名木保护、森林病虫害防治、公益林事项、林业资源开采及保护等。

11. 水利岗（朱正升）。负责防汛抗旱防台、山塘水库河道管理、水利设施管理等。

九、文化旅游办公室

承担大经济（大生态）模块中文化旅游方面的日常管理协调工作。负责通过组织群众性文化、体育活动，运用文化艺术手段向人民群众进行思想道德教育、传播文化与科学、党的方针政策宣传等；负责镇文化站、图书馆的日常管理工作；农村文化礼堂、农家书屋日常运营管理指导工作；旅游服务与管理工作。

具体职能：

1. 统筹管理岗（陈纾）。全面负责本机构各项工作，研究制定文化旅游服务中心下文化站、图书馆、农村文化礼堂、农家书屋等机构的发展规划及运营管理制度。

2. 文化旅游岗（冯泽勋）。负责按照规定对乡镇旅游项目投资管理权限进行审核；旅游风情小镇、等级景区村庄、休闲旅游示范村、等级旅游厕所等旅游产品建设评选事项；区域内等级民宿建设及申报；平安旅游建设，乡村旅游点、旅游企业安全管理；配合宣传系统对区域内旅游事项做好宣传。负责文化站日常运营管理和文化、体育活动开展；做好文化遗产的挖掘、保护及宣传、发展工作；做好农村文化礼堂、农家书屋运营管理指导工作；负责图书馆日常运营管理工作；图书资料的保管、统计、借阅登记等工作。

3. 文物保护岗（徐豪）。负责辖区内文保单位申报及管理相关工作。

祝玲玲抽调至县专班。

十、财政管理办公室

负责镇财政预决算，统筹镇范围各项收支工作，加强财源建设，协助税收征管工作；负责镇各项财政性资金的管理；负责镇国有资产管理的事务性工作；承担其他财政财务管理与服务工作。

具体职能：

1. 统筹管理岗（胡彪）。负责财政所全面工作。具体负责乡镇预决算编制、执行工作；做好财务管理和各项财政资金的资金监管工作；负责管理本镇财政收支执行情况，收入预算调整工作；掌握税收情况，负责税收分析、预判工作。

2. 会计岗（罗梦云）。负责各部门拨入各项资金等账务处理工作；审核付款凭证，做好账务处理工作；负责社保基数、公积金、个税等申报、调整工作；负责各项报表上报工作；负责会计凭证装订，保管工作。

3. 出纳岗（郑珊）。负责完成各项资金报账；负责敬老院、工会会计业务；负责兴盛公司财务处理工作；负责每月账务对账工作。

十一、政务服务中心（退役军人服务站）

承担大服务模块的日常管理协调工作，落实“最多跑一次”改革向基层延伸，履行社会事务和公共服务等工作职能，实行“一站式服务”“一门式办理”，管理协调便民服务平台。做好退役军人服务工作。

具体职能：

1. 统筹管理岗（王津宏）。全面负责本机构各项工作。

2. 综合受理岗。设立 AB 岗，A 岗（叶俊）、B 岗（蒋益忠）。负责社保参投保，工伤待遇、生育保险，残疾人事项等业务受理；负责各类行政审批事项受理；负责优化办事流程，简化办事手续，深化“最多跑一次”改革；负责招投标受理。

3. 退役军人服务岗（王津宏）。负责镇域内退役士兵登记、优抚军人认定、住院费用医疗补助等退役军人相关工作。

4. 民政服务岗（王津宏）。负责最低生活保障、低收入边缘户保障、困难群众临时救助、孤儿困儿申请、慈善救助、特困人员供养、公墓建设和管理等工作。

5. 卫生健康岗（高丽华）。统筹协调做好辖区内的卫生计生管理、服务等工作；负责做好计生各项统计报表数据收集、上报和检查考核评比工作。负责出生、死亡、怀孕等数据录入系统；负责生育登记审核、再生育审批、独生子女证办理、奖励补助审核上报等工作；履行基层公共卫生、妇幼保健、卫生监督等工作。负责基层公共卫生、妇幼保健、卫生监督等工作。

6. 清洁工程岗（王忆莲）。负责各行政村清洁工程工作。

7. 人武岗（张飞飞）。负责辖区兵役登记、征兵工作，以及辖区民兵和预备役的组织建设、军事训练和政治教育，提高民兵、预备役人员的军政素质；组织民兵参与抢险救灾、维护社会治安等工作，完成急、难、险、重任务。

8. 服务教育岗（张飞飞）。负责对接辖区内的教育单位及机构处理相关工作。

9. 招投标监督岗（张飞飞）。负责招投标监督工作。

10. 劳动保障岗（王晗知、方仙丰）。负责审批各项社保、医疗等业务，报送相关材料至对应上级部门。负责受理辖区内用人单位和劳动者的各类劳动争议纠纷。

11. 残联服务岗（马伟华）。负责残疾证申请办理及等级重新鉴定申报，残疾人两项补贴申请办理，残疾人危旧房申报等业务，辅具及无障碍改造申报，残疾人子女或残疾人本人助学补助申报等工作。

12. 建房审批岗（潘红朝）。负责农村建房审批工作。

13. 林业服务岗(张昌盛)。负责提供林业相关各项服务。

表 19-4　　2021 年横山镇驻村干部联系村情况表

序号	姓　名	联 系 村	序号	姓　名	联 系 村
1	邵根春、陈　纾	天池村	11	黄德良、童向彧	西方坞村
2	蓝树发、周　越	志棠村	12	吴开群	上宾村
3	冯树祥	腰塘边村	13	叶柏成	下西山村
4	余永宏、王忆莲	塔下叶村	14	华柏根、张飞飞	余岗村
5	吴棋彬	河宗村	15	王福忠	项家村
6	陈　俊	上向徐村	16	吴益良	脉元村
7	徐小军	白鹤桥	17	钱胜平	贤求朋村
8	徐　豪	会泽里村	18	杨志龙	下宅村
9	陈　斌	横山村	19	胡志林	后徐村
10	张宝宏、丁　宇	八石坂(畈)村	20	詹金鸿	大平坂(畈)村

横山镇 2022 年“志棠白莲”产业化发展扶持政策

围绕以省级现代农业示范区为抓手,为扎实续写好“乡村振兴”“美丽乡村”建设这篇大文章。经镇党委、政府讨论研究决定,出台 2022 年志棠白莲产业发展相关的扶持政策:

一、扩大“志棠白莲”种植面积。全镇范围内的新种植莲子地块及“十里荷花”沿线 100 米可视范围内,完全翻耕改良地块给予 600 元/亩种苗补助(种苗穴数 120~150 穴/亩)。新种植莲子地块,必须有种植区域同一点位先后对比照片及种苗采购票据。

二、推广“志棠白莲”机械化加工。对未列入各类基地实施项目的其他莲农,凭今年购烘干机发票并经实地验收后,给予一定资金补助(每台最高补助 50%)。

三、经销户促销奖励办法

(一) 申请条件

1. 从事经营本镇区域内的莲子系列产品(含花蕾、鲜莲蓬等)的;

2. 有固定经营场所、营业执照、食品生产许可证(SC 证)、食用农产品合格证的;

3. 志棠莲籽协会授权使用“志棠白莲”国家地理标志保护商标的;

4. 与本镇莲农签有订单产销协议并按协议执行的。

以上四条均需满足。

(二) 补助标准

年终对满足申请条件的经营户,根据其在镇范围内的收购情况及对外销售情况开展评选,其中:一等奖 1 名,奖励 4 万元;二等奖 2 名,各奖励 2 万元;三等奖 3 名,各奖励 1 万元。

四、品牌建设奖励办法

1. 道地新品种通过省农业部门认证,并列入新品种名称的,给予新品种培育单位 5 万元奖励;

2. 个体成功申报“三品一特色”(绿色、有机、无公害,特色农产品)的,奖励 1 万元(同一农产品获得多个认证的,只享受一次奖励);

3. 参加省级及以上级别农博展销会等且获得金奖的，奖励1万元；获得银奖的，奖励5000元。

横山镇人民政府

2022年4月2日

2022年横山镇志编纂工作实施方案

横委〔2022〕80号

为切实做好横山镇志编纂工作，根据相关文件和各项工作要求，结合横山实际，特制定本实施方案。

一、总体要求

坚持实事求是、与时俱进、存真求实的方针，坚持思想性、资料性、科学性的有机统一、全面。

二、编纂原则

（一）坚持依法修志的原则。严格执行国务院《地方志工作条例》，依法明确和落实工作职责，志书中有关保密、军事、民族、宗教、政法、科技、外事等方面内容，符合党和国家相关规定和法律要求。

（二）坚持质量第一的原则。坚持解放思想、实事求是的思想作风，全面、客观、真实、准确地记述事物产生、发展、演化的历史进程。

（三）坚持横排竖写的原则。篇目的设置要严格按照事物的属性归类，做到事以类从、以时为序。

（四）坚持突出特色的原则。突出横山的历史特色、时代特色、乡土特色和专业特色。

（五）坚持"生不立传"的原则。入志人物"生不立传"，收录标准应严格掌握，不可过低过滥。

（六）坚持详今略古、详近略远的原则。主体内容的记述繁简有致，详略得当。

三、目标任务

编纂横山镇志，要全面系统、客观真实、丰富正确地记载横山镇的发展历程和现状，充分展示和彰显横山镇取得的辉煌业绩和闪光足迹。通过全镇上下积极努力，力争用两年时间，编出一部具有权威性、综合性和科学性的地方志书，为领导决策提供真实可靠的依据，为横山镇经济和社会的发展提供最基础的信息和参考资料，为横山镇在外工作和经商的游子呈上一份乡愁。并通过镇志搭建建设家乡的桥梁和媒介，为发展横山镇各项事业提供新的思路和丰厚的乡土文化资源，给后人留下一部上乘的志史。

四、工作安排

（一）组织准备阶段（2022年6月至8月）。建立横山镇镇志编纂工作领导小组（见附件），拟定横山镇镇志通用篇目，层层分解落实任务。召开相关会议，安排部署镇志编纂工作。全面开展宣传发动，形成全民参与的良好氛围。

（二）资料收集阶段（2022年9月至2022年11月）。根据《横山镇镇志》所拟定的编目框架，分工负责落实资料的收集。各行政村、镇属单位要积极按照要求完成相关资料的上报工作。要及时对各类资料进行分类整理，并认真加以鉴别，与志书篇目对号入座，加以取舍，从中选出对编修志书有利用价值的材料，并对这些资料进行归类，形成资料长编。

（三）初稿确定阶段（2022年12月至2023年3月）。编辑人员按照任务分工，对资料长编进行精加工，对尚缺的资料进行收集、补充，在此基础上完成初稿。主编要对初稿进行系统编纂，总纂成稿，形成全面、系统、丰富、正确的镇志征求意见稿。

（四）审查和出版阶段（2023 年 4 月至 2023 年 8 月）。坚持初审、复审、终审“三审验收”制度，在初稿（征求意见稿）的基础上，广泛吸收、采纳各方面的意见、建议，由专业人员对初审稿进行修改、补充、加工、完善，形成镇志复审稿，报县档案馆方志编纂科终审。经过反复审查，并对志书复审意见进行认真细致地梳理、归类、吸收，对复审稿进行修改打磨，形成高质量的镇志终审稿。经市县地方志机构审批同意后，交付方志出版社校稿校正，印刷并出版发行。

五、工作要求

（一）加强领导。根据“党委领导，政府主持”的修志体制要求，镇党委、政府专门成立了镇志编纂工作领导小组，确定专人分工负责，并将镇志编纂工作纳入政府工作目标，经费纳入财政预算，做到领导到位、场所到位、人员到位、条件到位。

（二）形成合力。建立健全主编负责、审查验收等制度。抽调精干力量成立编纂委员会，并聘请蒋柳清担任特邀主编，档案馆史志编纂专家担任顾问。各行政村、镇属单位确定工作联络员，负责联络镇志编纂的相关工作，协调处理工作中存在的问题。

（三）营造氛围。积极利用会议、微信、公众号等灵活多样的宣传形式，在全镇营造编纂镇志的浓厚氛围，动员全社会力量推动横山镇志编纂工作顺利开展。

中共横山镇委员会
横山镇人民政府
2022 年 8 月 16 日

附件：横山镇镇志编纂领导小组

2022 年横山镇启动镇志编纂工作，为进一步加强对镇志编纂工作的领导，经党委政府研究，决定成立横山镇镇志编纂工作领导小组，组成人员名单如下：

主　任：张余伟　党委书记

副主任：刘　静　党委副书记、镇长
张　斌　党委副书记
诸葛青　党委委员

特邀主编：蒋柳清

成　员：黄界明（人大主席）、杨　宁（党委副书记，挂职）、胡林华（常务副镇长）、朱珍琪（纪委书记）、徐宁萍（组织委员）、琚红松（党委委员）、方启凯（党委委员、政法）、尹晓元（党委委员、人武部长）、谢立平（党委委员、派出所所长）、颜　光（副镇长）、何　晨（副镇长）、何攀翔（副镇长）

各办公室负责人，20 个村党支部书记和组织委员。

领导小组下设办公室，办公室设在文旅，诸葛青任办公室主任，余杰威、张守懿、陈纾、李赢、程建国、周越、蒋红军、郑珊、冯泽勋等人为办公室成员。

第二十章　丛　　录

汇辑曾发生在境内未能编入正志的零星记载。部分来源于县旧志，大多采撷于各种旧籍与《龙游年鉴》，分人、事、地、物四类，各以年代先后顺序排列，注明出处，以便查考。同时辑录当地群众在长期生产生活中形成的熟语、歌谣、谚语，以及取得的集体荣誉。

第一节　文献采录

一、人

商辂与龚瑮　商文毅公辂未遇时，曾设账于城中祝氏。道经脉元，避雨水碓中，与龚瑮邂逅。瑮曰："雨打先生何处去？"辂答曰："天教才子这方来。"瑮甚奇之，因款留至家。询及生辰，乃同年月日时，遂结为兄弟。后辂显贵，授瑮七品散官之职，所以报也。（康熙志卷之十二"杂识志"）

张羽翔　为蒲州守，解任归至扬州。蒲州有太学生某者侨居于扬，戴其德，具盛仪相饷，羽翔却不纳。其人固请，勉受绢一匹。及渡江至金山下，遇风势甚急。羽翔曰："我岂有遗行耶？他无可疑，意唯此绢为祟。"遂投诸中流而济。康熙志。（民国志）

吴祖仁、吴祖任　乾隆十二年文昌桥圮，兄弟合捐重赀。又十四年，合助育婴堂田百余亩。吴仪宾谱。（民国志）

项栋材　有《自叙》一首，言发匪乱后，曾在善后总局帮办抚恤，访拿游勇、贩卖妇女、宰杀耕牛等事。又同治十年周洪海之乱，亦曾集民团助剿。泗塘谱。（民国志）

张文愚　两旧志《选举志》愚下注云："新淦知县，未几罢任，人惜其才，未竟厥施。"按：此亦是囫囵语。（民国志）

徐汝述　《新采访册》载项栋材撰《传》云："字申言，号肯堂，后徐下宅人。举人，大挑知县，历任江西分宜县，署永宁、高安、石城、上饶等县知县，署饶州府知府，授广东海康、临高各县知县。有惠政，执法不挠，锄豪剔蠹，奸宄为之敛迹，人不敢干以私。凡陋规积弊可充囊橐者，悉屏去。卒于临高任所。”事实无考。（民国志）

吴金鳌 清末人，民国时在贤求朋村创办私塾，培养人才。当时村民都尊称他为“先生”。1929年参与修家谱，其为主编，他将“堰口棚”村更名为“贤求棚”（后更名为贤求朋）。当时贤求棚与王祥里交通不便，他四处募捐，建成王桥，全桥长30多米，堪称巨大工程。王桥未用钢筋水泥，全部用汪家山的石头，用人工加工成石条，每根石条长6米，宽0.75米，厚0.75米，该桥1992年被大水冲毁。

黄利宏 后徐村人。2010年11月，黄见隔壁村的种粮大户收成不错，而村有一些耕地荒着，于是萌生承包土地种粮念头，一举包下200亩（13.33公顷）耕地。外人看来，他此举颇为莽撞。不过，黄利宏却早有打算。他买了有关水稻种植书籍，每天看书做笔记；请几位老农民帮忙打理，有空就向老农请教；他还上网查资料，把昆虫的迁飞期、习性、用什么农药防治等一一记录。2011年，第一季水稻大获丰收，他又承包了300亩（20公顷）。面对成功，黄利宏认为自己胆大、敢冒险，再加上勤劳和努力。（《龙游年鉴·2018》）

童喜君 西方坞村人。1979年出生，从记事起，他就喜欢车，不管是汽车、摩托车，还是拖拉机，只要摸一摸都会觉得很幸福。2008年，童喜君就以领航员的身份参加汽车拉力赛，2018年在杨爱珍的赞助下，组建“龙游杨爱珍车队”，童为车手，杨爱珍女儿方佳丽为领航员。2020年12月，在“玉环汽摩协会杯”中国汽车场地越野锦标赛上，童夺得新开设的轻型越野车组冠军。

翁海忠 塔下叶村人。1972年出生，1996年开始做泡皮酱（北乡方言豆豉）。2004年，注册“北乡豆豉”商标，后改名为“老朋友——豆豉”。每年11月，当老金瓜、胡柚成熟，是做豆豉最好季节，他每年要用200担南瓜。“记住我名字的人很少，大家都叫我‘泡皮酱’。咸咸的、辣辣的豆豉，一块就能配一碗粥。”翁海忠自豪地说。

李军华 上向徐村东王人。1968年出生，他耳聋十几年，却干了30年的包工头。2016年，他筹建湖羊养殖场（翔宇家庭农场）。如今，养殖场面积4000平方米，湖羊数量从原来的500只发展到2500只，年净利润150余万元。

王刘华 天池村人，木匠。2017年，热爱诸葛文化的他成立“诸葛木匠”公司，希望通过独有的方式，找到诸葛亮在三国时期的文化足迹，他调阅资料、不断尝试，2021年成功申报“齿轮传动的木牛流马”专利。2022年12月，一种木制带有货箱的可人力步行，或者轮行，或者步行轮行结合式的运输器具——“木牛流马”问世。

图20-1　王刘华与“木牛流马”（陈忆金　2022年12月摄于天池村）

沈丹瑶 下宅村龙门桥人。2022年7月，14岁的沈丹瑶，在贵州丹寨万达小镇举办的全国首个“水漂石挑战赛”中一举夺冠。此赛按照国际水漂石赛事规则进行,全国300余名选手参赛。沈是模环初中的一名体育生,父亲沈全军是位农民。沈丹瑶自会走路后,就与父亲一起玩水漂。如何让水漂漂得更远?水漂石至关重要。在父亲的帮助下,沈丹瑶打造一款呈梅花形的独特水漂石。

陈德轮　龙游官潭人。1971年5月生,浙江再生方医药科技有限公司董事长、浙江龙游再生方药林发展有限公司董事长、民建龙游基层委员会企业委员会主任、衢州市政协委员。曾获浙江“千名战疫英雄”抗疫优秀个人、民建浙江省社会服务先进个人、民建浙江改革开放40周年风云人物、民建中央扶贫攻坚先进个人等荣誉。2017年,再生方计划总投资6.5亿元,在天池村流转农田2000多亩、山林500亩建设集“中药种植、中医体验、中药文化展示、研学和康养”等为一体的“天池药谷”项目。目前,公司建立起“政府+村两委+企业+农户”服务平台,实现了美化庭院、农民增收、村集体经济发展、乡村经济振兴、企业自身发展等多赢效果的“百村百药”项目。(《志棠白莲》)

吴少君(女)　兰溪人。衢州市人大代表,龙游毓硒酒业有限公司法人。2008年,她在横山镇种植莲子、发展莲子种苗基地、创办毓硒酒业有限公司,当年与2000多农户签订莲子、大米等农产品购销合同,解决农产品“卖难”问题,为每户家庭增收二成以上。吴多年与省、市科研院校保持紧密合作,不断尝试科研成果转化,她的农场从种莲子转型为莲子酒生产企业。虽然公司不再直接种植莲子,但以每公斤90元的保底价向周边莲农收购干莲子。(《志棠白莲》)

姜晓林　高级品酒师,国家级酿酒师。姜晓林是荣光酒厂第二代。2005年姜从江南大学生物工程专业毕业后,到四川某酒厂见习酿酒,2007年回到荣光酒厂,发现莲子具备酿酒基本条件,决定“试水”莲子酒。2011年成立浙江硒莲液富硒科技有限公司,姜任总经理。目前,公司已获得衢州市老字号、浙江省非物质文化遗产称号。公司建立莲子种植核心基地220亩,和农户签订单基地5000多亩,带动周边农民共同富裕奔小康。公司产品有富硒莲子白酒200余个品种,还有富硒农产品等。(《志棠白莲》)

陈体刚　塔下叶村人,曾任志棠镇保险员、林业员。2021年,陈以“莲中三宝志棠白莲开发中心”为起点,一步步走向莲业核心。当时志棠白莲大多是自产自销,或馈赠亲友,没有形成产业规模。作为土生土长的志棠人,陈用行动让小莲子带动莲农走上富裕道路。他的专业合作社以54户带动1800多户莲农参与5000多亩莲子种植,并承诺向农户以“定单”方式确定最低保护价,以鼓励农户种莲积极性。(《志棠白莲》)

杨文菊　横山村高山人。2019年12月成立宇宏家庭农场,主营高端莲品销售。如今,其莲产品除固定销往杭州、上海外,也打入深圳、广州、郑州市场。(《志棠白莲》)

刘寿松　志棠人。2012年,为整治环境污染,作为党员的他,带头拆了养猪场,并决定扩大种植莲子,除自家3亩多田种植外,还从其他农户包租40多亩,并投资20余万元买了5台剥莲子机器和1台大型拖拉机,让机器完成剥蓬、去壳、去皮、通心、烘干全过程。(《志棠白莲》)

李茂林　腰塘边村凌阁张人。2014年10月,李与村签订台山寺地块380亩田地承包合同,承包期30年。他筹集资金300万元,成立屿浩农场。2015年种植莲子60亩,2016年扩大至80亩。2016年,他在农场迷你小红薯,被省种子管理总站定为“浙江省农作物新品种扩展鉴定与丰产示范基地”。(《志棠白莲》)

严寿富　志棠人。每年6月中旬至10月底,严销售10万个新鲜莲蓬,3万斤新鲜莲子。他形象地说:“青白红黑,我要从青收到黑。”青指的是新鲜的莲蓬和莲子,白是通心的白莲,红是

没有通芯的红莲，黑是老铁莲。每年，他能卖出好几万斤。（《志棠白莲》）

徐寿中 天池村溪东人。2015年，他凭着一手厨艺，经过三四个月的思考与尝试，创作出一道道集色、香、味、形、营养于一体的菜品。花开富贵（酥炸荷花）、珠联璧合（莲子扣肉）、甜甜蜜蜜（糯米灌藕）、和和美美（荷叶煎蛋）、金玉满堂（蛋黄焗莲子）、佳偶天成（清炒藕片）……。值得一提的是，他炮制的"富硒莲子鸡"，2019年在市商务局、《衢州日报》报业传媒集团组织的"好吃衢州"活动中，获得"最受市民欢迎的衢州菜"美誉。（《志棠白莲》）

陈君花（女） 温岭人，素食倡导者。2007年，她将"浙江舜浦新材料科技有限公司"落户龙游，更把莲之爱给予这片大地。在她的餐桌上，是造型奇特的莲碗、莲花、莲蓬、荷叶配以银耳、绿豆、百合、枸杞等，视觉上琳琅满目，宛如一件件美伦美奂的艺术品，客人连转几圈桌盘，都不忍下筷。（《志棠白莲》）

祝凌云（女） 安徽蚌埠人，龙游县人大代表。22岁那年，她嫁给天池村儒大门的傅雄飞。2013年，夫妻俩决定回乡创业。她以"天池媳妇"的角色，披着飘飘的长发，化着淡淡的妆，穿着仙仙的荷服，把自己打扮得像荷花仙子，三天两头出现在直播间里，与十几万粉丝交流互动，把天池的富硒莲子、莲子心、莲子酒等产品销往全国各地。（《志棠白莲》）

二、事

兽灾 光绪二十三年，北乡一带有狗熊、马熊出现，不知其所从来，咬食人畜，被伤者尤多。按：见知县张炤《牒城隍请驱恶兽文》（民国志）。

日本侵略军暴行 下洪、石佛等村被日军作活靶射杀20余人。全县遭奸污妇女千余，其中致死23人。后徐乡项家1民妇遭日军1个班轮奸，割乳、刺穿阴道后，投尸塘中。1944年6月6日，日机3架在下库、社阳等地上空投放细菌弹，是年县内恶性疟疾暴发，疫热甚烈，死于瘟疫4400余人。（1991版县志"杂记"）

牛舍点蚊香引发火灾 2013年9月2日傍晚，下宅村民黄某，因心疼自家牛被蚊子咬，特意在牛舍里点了蚊香。晚上，牛不小心碰翻蚊香，点着了整间牛舍，引起火灾，牛舍里的物件被烧光，差点烧到隔壁村民住房。经村民们近1小时的奋力扑救，火势得到控制。（《龙游年鉴·2014》）

三、地

幽岩精舍 在乌石山，其后为宋宗室仪泰孝王功德寺。按：见《周益国公集》载《乌石山题词》。此精舍未详何人所建，周必大来游时已为功德寺，则其建盖已久矣，特无所征考，姑列于此。（民国志）

王街 乌石寺前有王街。相传岳武穆王飞过宿，独步于此。土人取石砌街，以王街名之。（康熙志）在乌石寺前，相传岳飞过宿，独步于此，得名。（万历志）

梅岭公馆 宋建都临安时，此岭最为要道。明嘉隆时犹存公馆数楹，壁上有女郎名赋雪者从征过此，曾题一绝云："太末山多竹似麻，雾中鸡犬几人家。此行探得春消息，十里梅花送鹿车。"（康熙志）

梅岭寨 在治北五十里。岭今在寿昌接界，龙邑五岭，此则在北之一也。按：两旧志。两旧志均不详何时置，《读史方舆纪要》亦不载。查梅岭路出寿昌，疑亦与前四寨同时并位置者。今废。（民国志）

梅岭铺 古有梅岭铺，南宋都临安时，岳武穆曾驻兵于此。明初，有垒号西坞寨，盖通循要道。（民国《寿昌县志》）

白岭、天池山 西坞寨东北走5公里称白岭(412米),又2.3公里称天池山(560.2米,“上有石池”,故名),北走4公里称黄尖山(579.6米),尽于寿昌溪南岸。(民国《寿昌县志》)

白鹤山下 初筑堰未成,乡民用力甚苦。有仙人过其地,谓筑者曰:“子能饭我,我代汝劳。”筑者归家取饭,不移时至,堰已告成,其人化白鹤飞去。相传历数百年,水极泛涨,堰终不坏。按:康熙志。(民国志)

鹫岩下 相传有龙潜于此。明隆庆间,一日亭午色霁,小穴内名泉涌出,一蚓随之,俄顷长逾尺。傍一竹工见而诧异,以刀击之,忽暴一震,大如柱,长丈余,风骤作,水涌数丈,冲崖折屋而去。按:康熙志。(民国志)

白鹤桥镇 址今横山乡白鹤桥边,旧时紧傍驿路,来往行人较多,有店铺供膳宿,市面繁荣,成县七大市镇之一。后驿路为公路代替,加屡遭洪水,村民渐迁东北白鹤山边,集市遂废。现有白鹤桥地名,已非原址。(1991版县志)

四、物

乌石山古松 年代无考。按:康熙志云“山口古松一株,几历千祀,婆娑特甚”,则当为宋以前之树,故附于此。(民国志卷二十四“丛载”)

物产概况 北乡则以米为出产大宗矣,岁所输出约十万袋。每袋二百八十斤。他若粉干、莲子、藕粉,全县皆仰给焉。其田亩之灌溉悉资于塘,大者数十亩,故产鱼最多。按:青鱼、鲢鱼、鲤鱼尤多。(民国志)

农占谚 春甲子雨,赤地千里;夏甲子雨,撑船入市;秋甲子雨,禾生两耳谓谷被水浸抽芽也;冬甲子雨,牛羊冻死,按:一云“雪飞千里”。春己卯风,树头空;夏己卯风,禾头空;秋己卯风,塘里空;冬己卯风,栏里空。春霜不露白,春霜露了白,晒死大小麦。立春晴一日,种田不用力。一日得辛,大小麦不够当点心,按:言元旦逢辛日,麦必歉收也。有熟无熟,须看正月三个六,按:言正月初六、十六、二十六三日须晴也;有面无面,但看正月廿,按:言正月二十日须晴也。二月逢三卯,到处豆麦好。二月二晴,树木抽两层;二月二落,谷种一木勺,按:言歉收也。夏至起西风,瓜蔬园内空。六月三个寅,新谷贵于陈。八月大,买菜卖出埠,按:言蔬菜歉收。冬至天阴,来岁太平。若要麦,雪三白;冬无雪,麦白白。(民国志)

龙游银丝粉干 粉干的制造,在龙游,只限于北乡及南乡的一二乡而已,它因为是农家的副业,且制造场所又散漫无定址,故难以得到一个精确的数字。不过现在制造的至少也有三四十家,大大小小两三百人在从事这一种副业,却是无疑的。季候到秋收,农民们就把田场内收割来的稻子晒干,拿到水碓内去舂成白米,然后将它浸入水中。约四五天后,将浸透之米滤去恶味,再舂成米粉。放入锅内煮成半熟,倒入内布,滤去水分。再揉成团块,又投入蒸锅煮熟。煮熟之后,将粉块倾进细管状之筛内,一丝丝的粉干原形即已制成。然后将它均匀放在方块竹隔内,晒干以后即可出售。经如此反复制成的粉干,因筛管的粗细、圆扁,故粉干就有银丝粉干、扁萝粉干、粗粉干之分别。粉干的生产数字,我们虽然无从精确统计,但他们自秋收后,一直要工作到十月里才歇工。在这三四个月内,除最前几天或阴雨的几天外,几乎没有间断的时候。每天每一个场所,至少能制造白米四五担,每担可制成粉干五十来斤,那么,这三四十家的合计数字,想来也已可观。(1944年12月24日《前线日报》)

北乡田莲 19世纪中叶,引入福建建莲、湖南湘莲,植于水田。主产地县北志棠、下宅、模环、石佛、泽随等乡。后繁衍选育成北乡田莲。有红花、白花两种。红花为佳,籽粒大、产量高、肉质厚、色泽白、香味浓、煮烂快。1933年《中国实业志》载，县产莲子4000担，产值24万元，占全省总产67.5%，全部售兰溪，转销金、衢、杭、沪等地，远销南洋。后因战乱，销路阻断，产量减少，1949年只有4.5万斤。20世纪60至80年代初种植渐少。1983年后逐步恢复。1985年产196吨，1990年产40吨。（1991版县志）

莲花销日本的"媒人"是谁 莲花销日本，这在我省还是新鲜事。据报载，1994年7月，志棠莲农7万朵莲花销日本是因为两名台商慕名来到志棠镇。俗话说："天上无云不下雨，世上无媒不成婚。"龙游花销日本也是有人牵线搭桥的。其内情是：7月20日，港商林先生陪同日本客商中谷村到龙游县针织厂谈生意，闲谈问起何处有荷花出售。针织厂厂长金伟民很快想起志棠镇，第二天就陪同日本客商去志棠采了几朵荷花，当天飞往日本试销。24小时后，日本客商打电话给在上海的港商林先生，当晚11点又打电话给金伟民决定收购。7月26日金伟民再次陪同日本客商去志棠收购，注射保鲜剂后，从上海调来冷藏车，28日送达上海码头转船运往日本。后据日方发来信息，这批荷花在日本身价提高了20倍，投放日本市场抢购一空，日商中谷村表示明年还要来龙游收购荷花。有报载称：龙游莲花销日本，信用社有功，是从贷款角度而言。而实际上促成这一良缘的真正"媒人"，是龙游县针织厂长金伟民。（1994年8月《衢州日报》）

横山塔塔顶露盘铭文 县博物馆在对横山塔进行整体搭架测绘时，发现塔顶铁质露盘上的铭文，全文如下："大明嘉靖十三年岁次甲午夏六月吉日，横山张氏同心合力建造宝塔一座，祈保各家子姓功名显达，买卖遂心，福如东海，寿比南山者，更求皇图永固帝道无疆。辛丑年季冬望日谨题。主缘信士张轲，同男辛丑科赐进士张文愚，督工信士张良成、张瑾、张显、张环。武林铸顶匠手王本忠造，兰江砌塔匠手张以广造。"（2017版县志）

金黄色的甲鱼 2010年1月22日，天池村儒大门村民王永生从村庄附近的水库里捕捉到一只遍体金黄色的野生甲鱼，足有1100克重。县水产渔政站技术人员说，甲鱼出现金黄色其实是一种白化现象，是由于动物基因突变造成黑色素或绿色素减少，才会产生这种奇异的金黄色。（《龙游年鉴·2011》）

吉尼斯纪录莲蓬 2010年6月4日，西方坞村民姜宝金于2009年7月申报的特大莲蓬经专家认定、公证部门公证和网上公示，被省农业吉尼斯委员会审定为2009年度浙江省农业吉尼斯纪录。2009年7月姜宝金在0.2公顷的莲塘里先后发现7个特大莲蓬，每个莲蓬粒数52粒以上，最多的57粒，超过一蓬48粒的省农业吉尼斯纪录。

"甬优15号"单季稻 2012年10月9日，市农业局组织各县（市、区）10多位农技推广专家，对白鹤桥村谷丰种粮专业合作社理事长柴茂清种植的"甬优15号"单季稻实产进行现场验收。经实测，平均亩产量750.2公斤，创全县单季稻亩产新高，在全市名列前茅。

甘薯引全省专家青睐 2017年11月10日，省农科院组织省种植业管理局、省种子管理总站及全省各市甘薯主要育种单位研究专家80余人，在龙游县召开浙江省甘薯系列新品种展示示范现场会及高新品系测产验收会。与会专家观摩腰塘边村120亩甘薯新品种展示现场，听取品种展示负责人——省农科院研究员、甘薯育种首席专家吴列洪有关甘薯新品种展示介绍。此次甘薯新品种展示除浙薯13、心香这两个大面积示范的品种外，还有浙薯33、浙薯75、浙菜薯726、浙紫萝3号及脱毒繁育之后的红皮白心等11个品种；示范类型包含淀粉加工型、优质食用型、食品加工型、水果鲜食型、菜用型等多个类型，涵盖省内甘薯利用的所有方向。专家组随后对各参展品种进行现场测产验收，其中：浙紫薯3号平均亩产1607.01公斤，浙薯33平均亩产2417.84公斤。专家组表示，在7—9月连续干旱的情况下，这2个品种仍表现出产量高、品质

优、口感好等特性，适合重点示范推广。（《龙游年鉴·2018》）

附录　古籍中的横山

在众多古籍中，不少典籍记有境内人、事、物，以下内容均摘录于《古籍中的龙游》。黑色标注的均与境域有关。

一、山川

唐台山，在龙游县北四十里，下有台山寺。

——《大明一统志》卷四十三《衢州府·山川》

乌石岩，在县北四十里，广五丈，深三丈。中有水自上滴下，冬夏不绝。高可望数百里。

——弘治《衢州府志》卷之二《山川》

庵堂岩，县北三十五里。山势回抱，有岩深广十丈许。今建佛庐十馀，乞灵者殆无虚日。

——嘉靖《衢州府志》卷之二《山川纪》

唐台山，县北四十五里，下有台山寺。

梅岭，县北五十里，严州寿昌界。

乌石岩，县北四十里，广五丈，深三丈。有水自上滴下，冬夏不绝。高可望数百里。

庵堂岩，县北三十五里。山势回抱，有岩深广十丈许。今建佛庐十余。

——天启《衢州府志》卷之一《舆地志·山川》

梅岭，县北五十里，路通寿昌县。

——《读史方舆纪要》卷九十三《浙江》五

乌石山，在龙游县北四十五里，下有幽岩，又北即梅岭也。

梅岭水，在龙游县北。源出严州府寿昌县界，南流入縠。

——《大清一统志》卷三百二至三百三《衢州府·山川》

大乘山，《衢州府志》："在县治北四十五里。山接西安县界，高一千四百丈有奇。"

白鹤山，《衢州府志》："即酆去奢上升处。"

梅岭，《名胜志》称"宋建都临安时，此岭最为要道"。王徽君《日抄》曰"嘉隆时，有女郎名赋雪者从征过此，题一绝云：太末山多竹似麻，雾中鸡犬儿人家。此行探得春消息，十里梅花送鹿车。今岭与寿昌接界。"

——雍正《浙江通志》卷十八《山川》十

横山，在凤凰山东北二十里。《县志》。

鹫岩，在县北三十五里，一名庵堂岩。岩内深广不测，相传有龙潜于此。同上。

白鹤山，在县北四十里，即酆去奢上升处。同上。

梅岭，在县北八十里，与寿昌县接界，亦龙邑五岭之一也。《名胜志》云："宋都临安，此岭最为要道，凡闽、蜀、江西、荆、湖、二广、云南、八番海外诸国来者，皆经其下。”王征君《日抄》曰：“嘉隆时，犹存公馆数楹，壁上有女郎名赋雪者，从征过此，曾题一绝曰：太末山多竹似麻，雾中鸡犬几人家。此行探得春消息，十里梅花送鹿车。”同上。

鹳山，梅岭东南十里为鹳山，鹳山南为石龙山。同上。

宝盖山，在县北五十里，一名蓦然山。同上。

乌石山，在县北四十五里。山顶有岩，深三丈，广倍之。内有泉穿石而出，经年不竭。岩背乌石中开，分峙南北，深数十丈。《名胜志》。山半古刹曰招庆寺，俗称乌石寺。宋岳飞题名于石云：岳飞奉旨趋阙，复如江右，假宿幽岩。游上方，览山川之胜。志期为国，速欲扫平黠虏，恢复舆图，迎二圣于沙漠，辅圣主无疆之休。绍兴三年十月初三日题。张浚题云：“绍兴丙寅，清河张浚过此，听颜师鼓琴而去。”壁间又有刘光世题名记，光世侍儿代书。宋周必大记：“乙亥，早过寿昌县，晚至乌石山。山如削铁，悬瀑千仞。其上幽岩精舍，今为宗室仪泰孝王功德寺，意欲一游。而从者终日冒大雨，皆疲惫，遂呼山轿而上。路极峻狭，三里乃至。楼阁层出，极目千里。旧岩在山顶，以形势迫窄徙焉。忽忽下山，笼篋皆远去，日暮泥深，崎岖步走。一更后及于大楼，亦好奇之过也。”宋姜尧章诗：“诸老凋残极可哀，尚留名姓压崔嵬。刘郎可是疏文墨，几点胭脂湿绿苔。”无名氏诗：“东风吹老越山薇，步上乌峰送夕晖。林外月明风虎啸，岩头云送雨龙归。听琴慷慨怀张浚，题石精忠想岳飞。一曲阳春追往事，半山何必泪沾衣。”黄涛诗：“石壁倚天开，披榛吊古来。云荒闻虎气，日冷畏龙回。密竹迷飞瀑，孤钟响积灰。可知僧久去，寂寞剩香台。”余恂诗和前韵：“积晦喜初开，盘纡度磴来。云根峰削就，人语鸟飞回。遗构基空在精忠迹未灰。犹思屯万骑，倚马驻高台。”

乌石岩，与白佛相近。广五丈，深三丈，有水下滴，经年不竭。其高可望数百里。《名胜志》。

——康熙《衢州府志》卷三《山川》

二、坊乡

宣教乡，在县北二十里。旧里六：招贤、立功、和义、武文、城坤、神化。

——弘治《衢州府志》卷之五《坊乡》

宣教乡，在县北二十里。旧里六：招贤、立功、和义、武城、文城、神化。叶渭清眉批：宣教乡，“旧里六”下为“千秋、新兴、双岩、移风、韬光、金堂”。二十四都图四、二十五都图十二、三十七都图八、三十八都图七。

——嘉靖《衢州府志》卷一《舆地纪》

宣教乡，在县北二十里。旧里六：千秋、新兴、双岩、移风、韬光、金堂。二十四都图四、二十五都图十二、三十七都图八、三十八都图七。

——天启《衢州府志》卷之一《舆地志》

宣教乡，在县北二十里。旧里六：千秋、新兴、双岩、移风、韬光、金堂。今图四：二十四都图四、二十五都图十二、三十七都图八、三十八都图七。

白鹤桥市，在白鹤桥，去县北六十里。

——康熙《衢州府志》卷八、卷九

三、水利

山塘、药塘、横塘，俱在宣教乡。

——弘治《衢州府志》卷之六《水利》

泽塘、**珏塘**，俱在三十七都。

——康熙《衢州府志》卷十《水利》

白鹤桥，县北二十四都。

神仙桥，县北四十五里。

仙迹桥，县北三十里。

石虹桥，地名横山下。

——嘉靖《衢州府志》卷之五《建置纪二》

四、科举

张禹畴、徐沂、兄庆余。叶民望，俱宋庆元二年邹应龙榜进士。

刘汝锡、**邵用**、章成永，俱宋庆元五年曾从龙榜进士。

——弘治《衢州府志》卷十《选举·科》

皇明嘉靖乙丑范应期榜：**龚廷璧**、云南中式。王用章。河南中式。

皇明万历壬辰翁正春榜：**张宗孔**。

皇明万历癸丑周延儒榜：**龚承荐**。

——天启《衢州府志》卷十《人物·甲科》

嘉靖四十四年乙丑科范应期榜：**龚廷璧**、王用章。

万历二十年壬辰科翁正春榜：**张宗孔**。按察使副使。

万历四十一年癸丑科周延儒榜：**龚承荐**。湖广参政。

崇祯四年辛未科陈于泰榜：**龚铭**。广平推官。

——《浙江通志》卷123至144《选举·进士》

皇明嘉靖戊子科：**张文愚**

皇明嘉靖戊午科：尹礼继、**龚世仰**。

皇明万历辛卯科：陆世彦、**张羽翔**、**张宗孔**、**山东中式**。徐应奇。

皇明万历丙午科：**龚承荐**、方重镇。

皇明万历戊午科：**龚铭**、翁元益。

——天启《衢州府志》卷十《人物·乡荐》

嘉靖三十四年乙卯科：**龚廷璧**。乙丑进士。

嘉靖三十七年戊午科：尹继礼、**龚世仰**。洪县知县。

万历十九年辛卯科：**张羽翔**、蒲州知州。陆世彦、**张宗孔**。壬辰进士。

万历三十四年丙午科：**龚承荐**。癸丑进士。

万历四十六年戊午科：**龚铭**。辛未进士。

顺治十七年庚子科：**张广益**、杨昶、庚戌进士。方夏绣。

——《浙江通志》卷123至144《选举·举人》

五、古迹

乌石教寺，在县北宣教乡，旧名幽岩。政和三年建。童时举有记，无存。绍兴二年，岳鄂王飞、张魏公浚俱有题识。淳熙十一年赵介撰有《度僧记》，余端礼书丹。唐陶令君、元翁青山皆有诗。

台山寺，在宣教乡，唐天祐二年建。伯颜忽都有记。

丁堂教庵，在宣教乡，元泰定间建，今并乌石寺。

实际禅庵，在宣教乡，元至正间建，今并灵耀寺。

——弘治《衢州府志》卷七《古迹》

横山塔，县北四十里。

新建宝塔，在三十七都。编者注：应为现“刹下塔”。

——弘治《衢州府志》卷一《舆地》

幽岩精舍，周必大《乌石山题名》：“乌石山，龙游境也。其上幽岩精舍，今为宗室仪泰孝王功德寺。”

乌石山古松，《龙游县志》：“山口古松一株，几历千祼，婆娑特甚。”

——《浙江通志》卷四十八《古迹》

石舟庵，《衢州府志》载：“在县北四十五里。有奇石如舟，环以清泉，其水可愈疾。”

——《浙江通志》卷223《寺观》

《乌石教寺度僧记》。弘治《衢州府志》，淳熙十一年赵介记，余端礼书丹。

《台山寺记》。弘治《衢州府志》，伯颜忽都记。

——《浙江通志》二百五十八《碑碣》

第二节　民间采风

一、熟语

横山属龙游北乡，许多方言熟语难以表达，因而运用读音相近的汉字替代，故一些词语与现代汉语本义有所不同，现将部分常用词语罗列于下，方便读者参考。

啓（qǐ，看，看见）

冇（mǎo，没，没有，无）

俺（我）

俺啦（我们）

弗（fú，不）

忒（tè，很，忒难，就是很难）

挎（kuà，抓）

报（bào，告诉）

乖（guāi，怕，害怕）

食（yi，吃）

拷（kǎo，打）

危险、吓人（很）

囡妮（nān nī，囡，女儿）

倪（ní 又读 yí，儿子）

晓弗着、弗晓得（xiǎo fú zhe、fú xiǎo dé，不知道）

老子（lǎo zi，老公）

老嬷、老嫫（lǎo mó，老婆）

老黑嬷、老阿嬷（lǎo hēi mó、lǎo ā mó，老太婆）

老细子、老阿爷、老货（lǎo xì zi、lǎo ā ye、lǎo huo 老头子、老年人）

认弗着（rèn fú zhe，不认识）

后生家（hòu shēng jia，未结婚的年轻人）

大俏娘（dà xiào niáng，未结婚的姑娘）

女主家(nǚ zhǔ jiā,妇女)
小鬼头(小男孩)
小鬼囡(xiǎo guǐ nān,小女孩)
有货佬倌(yǒu huò lǎo guān,有钱人家)
时辰、时景(时,时候)
来莫测头(lái mò cè tóu,忽然、突然)
木佬佬(mù lǎo lǎo,形容多)
困觉(kùn jiào,睡觉)
搁当(gē dāng,这里)
直头直脑(zhí tóu zhí nǎo,一直走)
一日到夜(日指白天,夜指黑天,意思是一天到晚)
一色一样(yī sè yī yàng,完全一个式样、完全相同)
做人家(zuò rén jiā,勤俭持家)
自家、自个(zi jiā、zi gě,自身、自己)
划拳(huá quán,猜拳)
一记工夫(yī ji gōngú,一下子)
阙里(quē li,家里)
磉子(sǎng zi,柱础)
门重(mén chóng,门槛)
鏊灶头(ào zào tou,灶头)
箩箍(luó gū,系箩筐的活套)
围褂头(wéi guà tou,围裙)
石罐、茶罐(烧开水用的陶罐)
火熜(huǒ cōng,烤火用具)
金瓜(南瓜)
豆腐心(油豆腐)
米胖(冻米糖)
鸡子(jī zi,鸡蛋)
狗熊(狼)
紫燕(燕子)
雄鸡牯(xióng jī gǔ,公鸡)
潞丝排(xǐ sī pái,蜘蛛网)
头脑殿心(tóu nǎo diàn xīn,头顶)
面孔(miàn kong,脸)
大手(右手)
小手(左手)
手旮旯底(shǒu gā lá dǐ,腋下)
妈妈(mā má,乳房、乳汁)
弄松(nòng sōng,捉弄)
老师、老司(匠人)
五更早(wǔ gēng zǎo,清晨)
食饭时(yi fàn shi,中午)
靠夜边(kào yé biān,黄昏)
煞夜乌(shà yé wū,临近天黑)
好佬(hāo láo,本领大)
火烧火燎(huǒ shāo huǒ hiǎo,又热又痛)
及东掰西(说东道西、胡说八道)
真堂实板(zhēn táng shí bǎn,真的)
四四十六(si si shí liù,慢吞吞)
七冲八踏(跌跌撞撞)
鬼形贼相(guǐ xíng zéi xāng,鬼头鬼脑)

二、歌谣

有囡要嫁脉元

有囡要嫁脉元(村名),
九井十三厅。
勿嫁寺徐(村名)有大厅,
听勿见锣鼓音,
只有树叶哗哗声。
(唱述:刘顺标,记录:余金土)

北乡苦地方

龙游穷北乡,十年九年旱。
镰刀壁上挂,肚皮饿瘪荡(空瘪的意思)。
天晴像刀枪,落雨像油缸。
南乡有俏娘,不嫁北乡郎。
要嫁北乡郎,宁可杀饲猪娘。
(采录:阮文烈)

三、农时气象谚语

测 年 成

日晴夜落，没得吃也有得嚼。

头八晴，好年成；二八晴，谷米平；

三八晴，天下会太平。（以上均指正月）

立春晴一日，种田勿吃力。

清明最好晴，谷雨最好阴。

清明起南风，早稻一定增。

三月清明头夜风，十丘秧田九丘空。

雷响惊蛰前，高山石壁好种田。

二月二，三样天，种田人快活做神仙。

二月二晴，树木抽三层；

二月二落（指下雨），谷种一木勺。

二月逢三卯，到处豆麦好。

立冬晴，一冬晴，黄胖赚得三分银。

小雪雪满天，来岁兆丰年。

冬雪麦有命，春雪要麦命。

小雪无雪天主旱，大雪纷纷是熟年。

有了一斤霜，来年现成收。

先落雪后打霜，一个麦头两人扛。

烂冬油菜燥冬麦。

正月怕暖，二月怕雨，

三月怕冻，四月怕风，

五月怕阴，六月怕蚊虫叮，

七月怕晒背脊心，八月怕秋老虎，

九月怕霜雨，十月怕小阳春，

十一月冬至怕天晴，十二月怕雷公。

雨落立秋，百样全收。

水 肥

有水无肥一半谷，有肥无水朝天哭。

水过田肥。

白耕白种，等于不种。

人靠饭长肉，稻靠肥长谷。

种田无师叔，总要肥料足。

儿要奶足，田要水肥。

油足灯亮，肥足苗壮。

有收无收在于水，多收少收在于肥。

人要补，桂圆荔枝；田要补，塘泥草籽（紫云英）。

草籽种三年，瘦田变壮田。

要想草籽长得好，田土须带三分燥。

种田二样宝，烂粪和花草。

勤在栏头，好在田头。

牛粪当年富，猪粪年年强。

生土培熟土，好比老人进补。

一担塘泥三斤谷，三斤塘泥吃碗粥。

稻草还田，以田养田。

小麦浇芽，油菜浇花。

底肥不见天，肥力三年长。

基肥足，追肥早，稻肥要施巧。

早稻用月里，小麦用年底。

扫帚响，肥料长。

耕 作

宁可田等种，勿可种等田。

田要冬耕，儿要亲生。

冬耕深一寸，害虫无处藏。

冬耕要深，春耕要平。

春日三锄头，冬来一钵头。

不犁不耙，枉把力下。

耕得深，耙得平，谷米无处盛。

种 子

种子年年选，产量节节高。

好种种三年，勿选就要变。

种子调一调，好比上肥料。

选种忙几天，产量增一年。

家备二套种，不怕老天哄。

管 理

只种不管，打破金碗。

庄稼丰收三件宝，一苗二肥三要勤除草。

三分相貌七分扮，三分种植七分管。

田里多管，仓里谷满。

勤一勤，锄头角上出黄金。

若要病虫少，除尽田边草。
苗壮欺草，草多压苗。
打掉一只蛾，稻谷加一箩。
麦怕金（锈病），稻怕瘟。
施好吊头肥（穗肥），粒多谷饱满。
稻耘五遗谷满仓，豆销三遗粒粒圆。
肥是庄稼劲，水是庄稼命。
有水无肥一半谷，有肥无水朝天哭。
番薯浇红芽，五米旅天花。
水对稻如精霜，水对麦是砒霜。
干锄棉花逐做麻，雾露小雨铲芝麻，
草子种三年，瘦田变好田。
人误地一时，地误人一年。
草子田里开好沟，落雨落雪勿用愁。
插秧不躲雨，打稻不乘凉。
养精不赚钱，回头看看田。
种田如绣花，一针一线不能差。
若要耕牛养得好，栏杆食饱露水草。
人不骗地皮，地不穗肚皮。
七月种薏八月种蕊。
宁可田等秧，不可秧等田。
八月种芥，菜篮撑破。
早稻播芽（要催芽），晚稻播谷。
八月十五六，可种大萝卜。
秧苗起身，还要点心（放起身肥）。
一月种松满山青，二月种松半山青，
三种麦过小雪，麦杆短一节。
月种松满山红。
种麦不用灰，老来要吃亏。
正月种竹，二月种木。
麦锄三遍，粒大多面（面粉），
山封十年都是宝。
稻倒损只角，麦倒全是粮。
稻老要养，麦老要抢。
开山开到尖，平地叫皇天。
烂冬油果燥冬麦。
山上种树，山下保田。
若要油，二月沟底有水流。
大年斤谷斤橘，小年斤米斤橘。

收　　获

抢秋抢秋，不收就丢。
九老十收，十老九收。
割青不割青，产量差百斤。
多掼掼，割稻饭；多抖抖，割稻酒。

水　　稻

秧田水要清，种田水要浑。
不要问爹，不要问娘，小麦做肚好下秧。
懵里懵懂，清明下谷种。
二月清明不要慌，三月清明下社秧。
蛤蟆开口，秧谷出手。
好酒好肉待女婿，好肥好料上秧田。
会管管一丘，不会管管千丘。
娶亲要娶胖婆娘，种田要种扁蒲秧。
鸭老无肉，秧老无谷。
秧苗起身，还要点心。
种田不种隔夜秧。
生儿要好娘，种田要好秧。
宁讨大脚嫂，不种大脚稻。
稻苗插得正，抵上一把粪。
苗要新，禾要青。
密田多产谷，朗田多产草。
水田混一混，谷壳薄一层。
月内水稻年内麦。
插秧十日就好溏，拖过廿日误工夫。
头刨平，二刨深，三刨赶老鹰。
稻根摸一摸，增产五斗谷。
人怕老来穷，稻怕寒露风。
寒露不出头，割了喂老牛。

大　小　麦

早种麦吃泥，迟种麦吃肥。
霜降早，小雪迟，立冬小麦最当时。（半冬性种）
没灰勿种麦，没肉勿请客。
一尺不通，百丈无用。
年前晒麦根，明年有麦畚。
油菜浇花麦浇芽。
年里铲麦抵床被，正月铲麦正道理，

二月铲麦费饭米。
人怕老来穷,麦怕早抽头。
麦浇子,好到死。
种麦上下月,割麦上下日。
麦熟一日,蚕老一刻。

杂 粮

若要豆秧齐,下种盖薄泥。
做砖靠坯,种豆靠灰。
人怕老来穷,豆(六月豆)怕夏至起西风。
霜降不种豆(蚕豌豆),明年没讲究。
头藤圆,二藤长,三藤四藤不像样。(指番薯)
小满插用箩担,芒种插用横篮,夏至插象丁香。
番薯浅插,芋头深种。
立春谷雨边,洋芋要抢先。
小暑油麻大暑粟。
白露荞麦秋分菜。
生地芝麻熟地豆,种年西瓜换一换。

棉花 油菜

谷雨前好种棉,谷雨后好种豆。
木棉出了土,见草就要除。
七铲油麻八铲粟,十铲棉花心不足。
冬至种油,不够老婆搽头。
生地辣椒西瓜,熟地芋头棉花。
种早怕瘟,种迟怕冻,
国庆前后正当中。(指油菜)
若要油,泥鳅沟里游。
年里摘心分枝多,年后摘心要闯祸。

蔬 菜

清明前后,栽瓜种豆。
七葱八蒜九老葛。
处暑萝卜,白露菜,寒露赶早下油菜。
秋分种青菜,小雪有菜腌。
八月种芥,竹篮拎破十月种芥,粪杓浇破。
要吃大萝卜,八月十五六。

畜 牧

孝顺田有谷,孝顺猪有肉。
女人生到四十八,猪娘生到眼睛瞎。
牛要四脚圆,猪要四脚粗。
冬天不喂牛,春天急白头。
上买一张皮,下买四个蹄。
不怕使十天,就怕猛三鞭。
老牛过冬,最怕西北风。
牛吃露水草,羊吃未时草。
上槽不饮水,下槽不打滚。
小鸡娘,会生子。
鸡孵鸡二十一,鸭孵鸭二十八。

气 象

清明断雪,谷雨断霜。
谷雨不雨,芒种不忙。
小满勿满,芒种勿管。
夏至见青天,有雨到秋边。
打鼓送梅,有去无来。(主旱)
肮脏冬至干净年。
雨头打五更,雨伞勿用撑。
雨打灯头,没水饲牛。
雨打中,两头空。
泥鳅浮头,蛤蟆唱戏,出门不忘带蓑衣。
小鸡早上笼,明日好天空。
雨天知了叫,天晴好预报。
春寒多雨水,夏寒断水流。
立夏天晴,蓑衣箬帽满田埂;
立夏落雨,蓑衣箬帽上屋柱。
长晴夜风落,长落夜风晴。
七死八活九天晴。
朝起红霞晚落雨,晚起红霞晒死鱼。
五月西风大水啸,六月西风石板翘。
正月雷赶雪,二月雨勿歇。
早刮东风不雨,涝刮东风不晴。
早雾晴,晚雾阴。
久晴大雾雨,久雨大雾晴。
七晴不过九。
大旱勿过七月半。

未到惊蛰先响雷，七十二日天不开。
日头打洞，落雨没缝。
明月照湿地，无雨真稀奇。
起风在五更，今夜雨不停。
直雷小雨，横雷大雨。
六月雾气多，有雨到白露。（主旱）
三月三，四月八，大风大雨刮。
二月二晴，风吹落雨到清明。
东风转南风，搓紧稻草防台风。
西风怕鬼。
一日打赤膊，三日勿出屋。
春雾雨，夏雾晴，秋雾热，冬雾雪。
七月半无雨，十月半无霜。
春霜三日白，晴到割大麦。
东虹日头西虹雨。
东虹圆，水满田。
傍晚出短虹，风雨满路走。
春寒多雨水，夏寒有长晴。
太阳出得早，天晴不牢靠。
早看东南，晚看西北。
春雾雨，冬雾雪，夏雾秋雾暗勿歇。
早雾晴，晚雾雨。
春露三天白，晴到割大麦。
东风四季晴，只怕起响声。
六月西风石板翘，五月西风大水到。
春雪落一场，百日有水涨。
虹到东，有而也稀，虹在西，行人穿蓑衣。
蜜蜂出黑天气暗，鸡不入舍阴雨来。
蟾蜓群飞，阵雨即至。
水缸穿裙，大雨勿停。
栓排等大水。
冬耕要深，春耕要平。
春天比肥堆，秋后比谷堆。
麦流籽，好到死。
玉米去了头（打天花），力气大如牛。
小暑油麻大暑粟，白露养麦秋分菜。
用了三朝灰，褶谷多一堆。
清明前后，种瓜撬豆。

四、生活俗谚

傲人靠骨气，种田讲节气。
一人没好计，三人唱本戏。
一个铜钿捏出水。
猫头鹰扮翠鸟，越扮越不俏。
一竹篙敲死一船人。
深山读书，不如十字街头听大话。
十赌九输。
给傻子撑伞，不如替聪明人挑担。
饭桶板当朝芴，鸡毛当令箭。
人穷献力，山穷献石。
大雨浇鸭背。
馒头大，勿出蒸笼外。
鼻头烂，不知香臭。
大水牛压弗死虱。
聪明面孔木肚肠。
车水寻不着埠头。
螺蛳壳上割肉。
上山怕老虎，种田怕吃苦。
瓦背顶开门——六亲不认。
不怕慢，只怕站。
冬瓜藤牵绿豆地——纠缠不清。
毛毛雨湿衣裳，豆腐酒了家当。
老虎吃蝴蝶——吃勿饱。
六月不晒背，十二月不要悔。
间一窑货色——差勿多。
斗大的蜡烛照得前、照不得后。
肉骨头敲鼓——昏（荤）咚咚。
勿要看虾公没血。
高山放毛竹——溜到底。
石头底下无死蟹。
平地跌好汉。
楼板上铺草席——高勿了多少。
打铁不离火星。
半路接笋壳。
托鬼看病。
吃酒不怕脸红。

各师各法，各殿各菩萨。
衣衫角头碰死人。
讲讲不值钱，做做成半年。
师傅领进门，修行在个人。
好话说三遍，多说不体面。
好马踏得千蹄稳，总有一脚空。

戏台底下挖耳朵。
赤膊鸡愁鸭凉。
快刀难削自家柄。
空肚灯笼大字号。
泥鳅黄鳝拉不得一样长。
家有一老，赛过金宝。

第三节 集体荣誉表

表 20-1 境内获国家级集体荣誉（含部门）情况表

荣誉名称	获奖类别	获奖单位	颁奖单位	颁奖时间
全国计划生育先进集体		横山乡	全国计划生育委员会	1986 年 3 月
党员实事评议和实事不作为告诫制度执行案例	全国第一届基层组织党建创新优秀案例	横山镇党委	中国浦东干部学院、人民网、中国共产党新闻网、《中国人事报》、《组织人事报》	2010 年 11 月
AAA 级旅游景区		天池荷花景区	国家文化和旅游部	2014 年
中国乡村旅游模范村		天池村	国家旅游局	2015 年 8 月
无邪教示范村		天池村	国务院防范和处理邪教问题办公室	2017 年 3 月
第一批全国绿色村庄	全国共 5855 个	天池村	住房城乡建设部	2017 年 5 月
全国休闲农业与乡村旅游	三星级单位	横山棠溪慢谷山庄	农业部社会事业中心	2018 年 1 月

表 20-2 境内获省级集体荣誉（含部门）情况表

荣誉名称	获奖单位	颁奖单位	颁奖时间
省爱国丰产模范社	下宅周林旺农业生产合作社（初级社）	浙江省	1953 年 12 月
1956 年度省级模范单位	下宅新生活高级社耕田队	省人委	1957 年 2 月
农业先进单位	会泽里大队	华东地区	1963 年 12 月
省农业学大寨先进单位	横山公社会泽里大队	浙江省	1972 年
省模范集体单位	横山公社会泽里大队	省政府	1982 年
省扶贫扶优工作先进集体	横山乡人民政府	省民政厅	1986 年 12 月 1991 年 6 月

续表20-2

荣誉名称	获奖单位	颁奖单位	颁奖时间
省教育强镇	志棠镇	省教育厅	2000 年 1 月
优质农产品金奖	志棠白莲	省农业博览会组织委员会	2002 年 10 月
省教育强镇	横山镇	省教育厅	2003 年 12 月
浙江东海文化明珠	横山镇	省文化厅	2004 年 7 月
2004 年省农业博览会产品金奖、优质奖	志棠太空白莲	省农业博览会组委会	2004 年 11 月
省级文明村	脉元村	省委、省人民政府	2005 年 1 月
全省优秀基层所队	横山派出所	省公安厅	2010 年 1 月
基层组织建设示范村	后徐村	省妇联	2010 年 12 月
2010 年浙江农业博览会金奖	盈州牌富硒大米	省农业博览会组委会	2010 年 12 月
省社区矫正“环护城河”工程先进集体	横山镇	省社会治安综合治理委员会办公室、省高院、省检察院、省公安厅、省司法厅	2011 年 1 月
省“示范公路交警中队”	横山交警中队	省公安厅交管局	2011 年 2 月
省公安系统“先进基层党组织”	横山派出所党支部	省公安厅党委	2011 年 6 月
省邮政系统 2011 年度“模范职工小家”	县邮政局横山支局	省邮政工会	2012 年 2 月
第二批非物质文化遗产旅游景区（民俗文化旅游村）	天池村	省文化厅、省旅游局	2012 年 12 月
首批“历史文化村落保护利用重点村”	志棠村	省文化厅、省旅游局	2012 年 12 月
省“生态乡镇”	横山镇	省人民政府	2013 年 12 月
省体育强镇	横山镇	省体育局	2013 年 12 月
省四星级司法所	横山司法所	省司法厅	2014 年 12 月
2014 年度治水美镇浙江样本	横山镇	省委网信办、浙江在线新闻网站	2014 年 12 月
省“治水美镇 50 强”	横山镇	省人民政府	2014 年 12 月
“省级无邪教村”	天池村	省防范和处理邪教问题办公室	2015 年 1 月
省“森林村庄”（第四批）	天池村	省关注森林组织委员会	2015 年 12 月
2015 年度美丽宜居示范村建设优秀村庄	志棠村	省人民政府	2015 年 12 月
省文化示范村	天池村	省人民政府	2015 年 12 月
省美丽乡村特色精品村	天池村	省“千村示范万村整治”工作协调小组办公室	2016 年 10 月
省小城镇环境综合整治优秀规划	志棠村规划	省小城镇环境综合整治领导小组办公室	2017 年 7 月

续表20-2

荣誉名称	获奖单位	颁奖单位	颁奖时间
省第一批“省级传统村落”	天池村、志棠村、项家村	省住房和建设厅、文化厅、文物局、财政厅	2017 年 9 月
省“AAA 级景区村庄”	天池村	省文化和旅游厅	2017 年 12 月
2017 年省美丽乡村示范乡镇	横山镇	省“千村示范、万村整治”工作协调小组办公室	2017 年 12 月
“美丽宜居，浙江样板”双百村	天池村	省住房和城乡建设精神文明建设办公室	2017 年 12 月
全省剿灭劣Ⅴ类水工作突出贡献集体	横山镇人民政府	省委、省人民政府	2018 年 10 月
省科技特派员工作先进集体	横山镇	省委、省人民政府办公厅	2018 年 11 月
最爱关注的浙江省旅游风情小镇 TOP10（位列第八）	横山镇	省文化和旅游厅	2018 年 11 月
省“AAA 级景区村庄”	志棠村	省文化和旅游厅	2019 年 1 月
2018 年浙江省中医药文化养生旅游示范基地	再生方天池药谷	省文化和旅游厅	2019 年 1 月
省级美丽宜居示范村	腰塘边村	省住房和城乡建设精神文明建设办公室	2019 年 2 月
省 100 个“最美田园”	天池硒莲荷塘	省农业厅	2019 年 10 月
省级农业“机器换人”（水稻）示范乡镇	横山镇	省农业厅	2019 年 10 月
省生态文化基地	天池村	省生态文化协会、省林业局	2019 年 12 月
第六批“省级历史文化名村”	天池村、志棠村	省文化和旅游厅	2020 年 4 月
2019 年省五星级农村文化礼堂	志棠村文化礼堂	省委宣传部，省农村文化礼堂建设工作领导小组办公室	2020 年 5 月
2020 年度省级美丽宜居示范村	天池村	省美丽宜居村镇示范创建办公室、省住房和城乡建设厅	2020 年 11 月
2021 年度开展风貌保护提升工作传统村落试点名单	天池村	省美丽宜居村镇示范创建办公室、省住房和城乡建设厅	2020 年 11 月
2020 年省美丽乡村特色精品村	志棠村	省“千村示范、万村整治”工作协调小组办公室	2020 年 12 月
省级民主法治村	志棠村、白鹤桥村	省司法厅	2020 年 12 月
省卫生村	余岗村、横山村、下西山村、上向徐村、塔下叶村	省卫健委	2020 年 12 月
2020 年度“浙江省善治示范村”	白鹤桥村、天池村	省乡村振兴领导小组办公室	2020 年 12 月
2020 年度省级示范性农村 3A 公厕	志棠村公厕	省农业农村厅	2020 年 12 月
省首批全国“示范型退役军人服务中心（站）”	横山镇退役军人服务站	省退役军人事务厅	2021 年 1 月

续表20-2

荣誉名称	获奖单位	颁奖单位	颁奖时间
2020 年度省级文明村	塔下叶村	省委、省人民政府	2021 年 1 月
省农村文化礼堂建设示范乡镇	横山镇	省委宣传部	2021 年 10 月
省级现代农业园区	横山镇	省粮食安全和推进农业现代化领导小组农业“两区”办公室	2021 年 10 月
省一级综合文化站	横山镇文化站	省文化和旅游厅	2021 年 12 月
2021 年度浙江省文化示范村	志棠村	省文化和旅游厅	2021 年 12 月
省卫生村	八石坂（畈）村、白鹤桥村、志棠村、腰塘边村、脉元村、贤求朋村	省卫健委	2021 年 12 月
2021 年度浙江省“新时代枫桥式退役军人服务站”	上向徐村退役军人服务站	省委退役军人服务事务工作领导小组办公室	2021 年 12 月
2021 年度“浙江省善治示范村”	腰塘边村、横山村	省乡村振兴领导小组办公室	2022 年 4 月
第一批省级重要农业文化遗产资源名单	镇内“北乡田莲鱼”复合系统	省农业农村厅	2022 年 12 月
2022 年度“浙江省善治示范村”	项家村	省生态文化协会、省林业局	2023 年 3 月

表 20-3 **境内获市级集体荣誉（部分含部门）情况表**

荣誉名称	获奖单位	颁奖单位	颁奖时间
安全单位	横山信用合作社	农业银行衢州市支行	1992 年
先进基层党组织	横山村党支部	中共衢州市委	1993 年
市教育强镇	志棠镇	市教委	1999 年 1 月
市教育强镇	横山镇	市教委	2002 年 12 月
市平安乡镇	横山镇	市人民政府	2003 年 12 月
五星级党支部	横山镇横山村、会泽里村、脉元村	市委组织部	2004 年 12 月
2004 年度市级五保集中供养工作先进集体	横山镇	市民政局	2005 年 1 月
生态示范镇	横山镇	市人民政府	2006 年
四星级“民主法治村”	脉元村、上下朱村、席家村	市司法局	2006 年 1 月
2005 年文明班组	横山供电营业所	市电力局党委	2006 年 3 月
2006 年市民主法治村	席家村	市委组织部、市民政局、市司法局	2006 年 7 月
2006 年市级文明村	席家村	市委、市人民政府	2006 年 11 月
2007 年市级森林生态示范村	席家村	市人民政府	2007 年 8 月
团体总分第一名	横山镇代表团	市第一届残疾人运动会组委会	2007 年 10 月

续表20-3

荣誉名称	获奖单位	颁奖单位	颁奖时间
来料加工优秀专业村	河宗村	市来料加工办公室	2010 年 1 月
市级先进集体	县工商局(志棠白莲品牌)	市工商局	2010 年 12 月
市食品安全工作示范乡镇	横山镇	市食品安全委员会	2011 年 1 月
市“民主法治村”	下宅村	市司法局、市民政局、市委依法治市领导小组办公室	2011 年 12 月
市首届“群众最满意平安村”	下西山村	衢州市	2013 年 8 月
市群众体育先进工作单位	横山镇	市人民政府、市体育局	2013 年 11 月
市美丽乡村示范乡镇	横山镇	市委办公室	2014 年 2 月
“市级无邪教村”	天池村	市委防范和处理邪教问题领导小组	2014 年 2 月
“有机乡镇”	横山镇	市人民政府	2015 年
2014 年安全生产工作先进集体	横山镇	市人民政府	2015 年 2 月
“五水共治”先进集体	横山镇	市委办公室、市人民政府办公室	2015 年 2 月
市十佳旅游景点	天池荷花景区	市旅游委员会、广电集团	2016 年 6 月
省 AAA 景区村	天池村	市人民政府	2017 年 10 月
市卫生村	志棠、腰塘边村	市卫健委	2017 年 11 月
市卫生村	余岗、横山、大平坂(畈)、下西山、上向徐村、塔下叶村	市卫健委	2019 年 11 月
市级“示范型农村社区”	志棠村	市人民政府办公室	2019 年 12 月
2019 年度征兵工作先进集体	横山镇	市委、市人民政府、军分区	2020 年 1 月
2019 年度全市党建统领基层治理先锋团队	志棠村	市委办公室、市人民政府办公室	2020 年 3 月
2019 年度安全生产先进集体	横山镇政府	市人民政府	2020 年 6 月
市级民主法治村	腰塘边、西方坞、横山、余岗村	市司法局、市民政局	2020 年 11 月
2020 年度征兵工作成绩突出单位	横山镇	市人民政府征兵办	2020 年 12 月
2020 年度平安建设突出贡献集体	横山镇	市委、市人民政府	2021 年 1 月
市健康村	项家、志棠村	市卫健委	2021 年 12 月
2021 年度“最美网格”	上向徐村网格	市政法委员会	2022 年 3 月
2021 年度党建统领基层治理突出贡献集体	腰塘边村党支部	市委、市人民政府	2022 年 4 月
市文明村	大平坂(畈)村、余岗村	市委、市人民政府	2023 年 11 月

表 20-4　　**获县委、县人民政府集体荣誉(部分含部门)情况表**

荣誉名称	获奖单位	颁奖单位	颁奖时间
县农业先进单位	横山公社会泽里大队,下宅公社贤求朋大队	衢县县委	1964 年 2 月
先进党支部	横山乡上向徐村、上下朱村,下宅乡腰塘村,志棠乡新宅村党支部	龙游县委	1988 年
先进党支部	横山乡上向徐村、仓头村,下宅乡腰塘村,志棠乡席家村党支部	县委	1989 年
先进党支部	横山镇上向徐村、仓头村、上下朱村,下宅乡腰塘村、脉元村,志棠乡后邵村党支部	县委	1990 年
先进党支部	横山镇余岗村、仓头村,下宅乡腰塘村、脉元村、大平山村,志棠乡翁坞村、钱家村党支部	县委	1991 年
先进党支部	横山镇白鹤桥村、腰塘村,志棠乡席家村党支部	县委	1992 年
先进党支部	横山镇横山村、溪边村、项家村,横山粮管所,志棠镇凌阁张村党支部	县委	1993 年
标兵村	横山镇横山村	县委、县人民政府	1993 年
2004 年"十强工业企业"(技改前 20 家企业)	青龙山水泥有限公司	县人民政府	2005 年 2 月
2004 年度平安乡镇	横山镇、志棠镇	县委、县人民政府	2005 年 3 月
2004 年度生态建设和环境保护目标责任考核(三等奖)	横山镇、志棠镇	县人民政府	2005 年 4 月
农民素质工程培训工作先进集体(二等奖)	横山镇	县委、县人民政府	2005 年 12 月
2005 年度"十村示范、百村整治"工程建设先进单位	席家村	县委、县人民政府	2006 年 1 月
2005 年度重点建设优质服务先进单位	横山镇政府	县重点建设领导小组	2006 年 1 月
2005 年度"乡村康庄工程建设"(一等奖)	横山镇	县康庄工程建设领导小组	2006 年 3 月
2004—2005 年度先进基层党组织	钱家村党支部	县委	2006 年 6 月
2005 年度生态建设和环境保护工作目标责任书考核先进单位(三等奖)	横山镇	县人民政府	2006 年 9 月
民族民间传统文化精品展演优秀奖	儒大门"草龙"	县首届群众文化艺术节开幕式暨"石窟杯"民族民间传统文化精品展演组委会	2006 年 11 月

续表20-4

荣誉名称	获奖单位	颁奖单位	颁奖时间
2006年建设“平安龙游”先进集体	横山镇	县委、县人民政府	2007年1月
第十八批文明村	儒大门村	县精神文明建设委员会	2007年1月
2006年度村庄整治先进村	钱家村	县委、县人民政府	2007年2月
2006年度“十佳和谐基层组织”	钱家村党支部	县委组织部	2007年2月
2006年度组织工作先进单位(《党员实事评议和“实事不作为”告诫制度》成果奖)	横山镇党委	县委组织部	2007年2月
第二批县级特色文化村	新宅村	县委宣传部、文化广电新闻出版局	2007年12月
2007年度党委系统信息工作先进集体(三等奖)	横山镇	县委办公室	2008年1月
2007年度信访工作优胜单位	横山镇	县委办公室、县人民政府办公室	2008年2月
2007年度平安乡镇	横山镇	县委、县人民政府	2008年4月
2008年建设“平安龙游”先进集体	横山镇	县委、县人民政府	2009年1月
2008年度“十佳和谐组织”	下宅村党支部		
2008年新农村建设考核先进集体(三等奖)	横山镇		
2008年乡镇纪检监察工作先进单位(一等奖)	横山镇纪委	县纪委、县监察局	2009年2月
2008年度全县宣传思想工作创新奖(完善机制创新服务,信息舆情工作走在前列)	横山镇党委	县委宣传部	2009年2月
2008年度农村基层组织考核专项奖(二等奖)	横山镇党委	县委组织部	2009年2月
2008年度组工信息工作先进单位	横山镇党委		
2008年度组织工作创新奖(构建“四定双联”便民服务网)	横山镇党委		
2008年度生态建设和环境保护目标考核先进单位(三等奖)	横山镇	县人民政府	2009年3月
2008年度平安乡镇	横山镇	县委、县人民政府	2009年4月
2009年建设“平安龙游”先进集体	横山镇	县委、县人民政府	2010年2月
2009年度建设“十佳和谐组织”	横山镇党委	县委	2010年2月
2009年乡镇纪检监察工作先进单位(二等奖)	横山镇纪委	县纪委、县监察局	2010年2月
2009年度新农村建设先进村(土地流转)	志棠村	县委、县人民政府	2010年3月
2009年度平安乡镇	横山镇	县委、县人民政府	2010年4月

续表20-4

荣誉名称	获奖单位	颁奖单位	颁奖时间
2010年建设“十佳和谐组织”	下西乡村党支部	县委、县人民政府	2011年1月
2010年建设“平安龙游”先进集体	横山镇		
2010年度招商引资先进集体	横山镇		
2010年度充分就业创建先进村	上向徐村		
2010年度通报表彰	横山镇		
2010年依法行政工作先进单位	横山镇人民政府		
2010年度综合考核一等奖(得分185分以上)	横山镇		
2010年度经济目标争先奖(一等奖)	横山镇		
2011年建设“平安龙游”先进集体	横山镇	县委、县人民政府	2012年2月
2011年度先进民兵连	腰塘边村、下宅村民兵连	县委、县人民政府、县人民武装部	2012年2月
2011年度新农村建设考核先进乡镇(三等奖)	横山镇	县委、县人民政府	2012年3月
2011年度美丽乡村建设先进村	天池村		
2011年度“十村示范 百村整治”先进村	脉元村		
2011年平安乡镇	横山镇	县委、县人民政府	2012年4月
2011年农村指导员工作先进单位	横山镇		
2010—2012年创先争优先进基层党组织	腰塘边村党支部	县委	2012年6月
龙游县第22批文明村	腰塘边村	县委	2012年12月
2013年“大调解”工作先进集体	横山镇	县委办公室、县人民政府办公室	2014年1月
2013年优秀人民调解委员会	下西山村、上向徐村		
2013年信息工作先进集体(二等奖)	横山镇		
2013年度建设“平安龙游”先进集体	横山镇	县委、县人民政府	2014年1月
2013年度信访工作先进集体	横山镇		
2013年落实廉政责任制优秀单位	横山镇		
2013年乡镇综合评价(复合型乡镇二等奖、经济目标争先二等奖)	横山镇		
2013年度“十佳基层服务型党组织”	腰塘边村党支部		

续表20-4

荣誉名称	获奖单位	颁奖单位	颁奖时间
2013年“支持重点项目建设先进村”	白鹤桥村	县委、县人民政府	2014年1月
2013年度农业农村工作先进集体（新农村建设考核一等奖）	横山镇		
美丽乡村建设	横山镇		
“洁净乡村行动”	腰塘边村		
2013年度安全生产先进集体	横山镇人民政府	县人民政府	2014年2月
2014年建设“平安龙游”先进集体	横山镇	县委、县人民政府	2015年1月
2014年度信访工作先进集体	横山镇		
2014年度先进基层武装部	横山镇武装部	县委、县人民政府、县人民武装部	2015年1月
2014年度“大调解”工作先进集体	横山镇	县委办公室、县人民政府办公室	2015年1月
优秀人民调解委员会	河宗村、余岗村		
2014年“六五”普法教育先进集体	横山镇		
2014年落实廉政责任制优秀单位	横山镇	县委、县人民政府	2015年2月
2014年度农业农村工作先进集体（新农村建设考核三等奖）	横山镇		
美丽乡村建设	横山镇		
“贺田模式”复制	项家村		
农村工作指导员	横山镇		
2014年度乡镇综合评价先进奖（复合型乡镇三等奖）	横山镇		
2014年度“五水共治”工作先进集体（行政村先进集体）	河宗、腰塘边、大平坂（畈）村		
2014年度信息工作先进集体（二档先进单位）	横山镇	县委办公室、县人民政府办公室	2015年2月
2015年建设“平安龙游”先进集体	横山镇	县委、县人民政府	2016年1月
2015年建设“百日维稳攻坚大会战”先进集体	横山镇		
2015年信访工作先进集体	横山镇		
2015年“六五”普法教育先进集体	横山镇		
2015年度“大调解”工作先进集体（优秀人民调解委员会）	下西山村、西方坞村		
2015年度先进武装部	横山镇武装部	县委、县人民政府、县人民武装部	

续表20-4

荣誉名称	获奖单位	颁奖单位	颁奖时间
2015年信息工作先进集体（一等奖）	横山镇	县委办公室、县人民政府办公室	2016年1月
2015年农业农村工作先进集体（新农村建设考核三等奖）	横山镇	县委、县人民政府	2016年2月
“贺田模式”复制先进集体	八石坂（畈）村		
农村生活污水处理先进集体	横山镇		
“消除4600”暨结对帮扶先进集体	横山镇		
2015年“五水共治”先进集体（乡镇）	横山镇		
“五水共治”先进集体（行政村）	河宗村		
2015年乡镇综合评价先进奖（复合型乡镇二等奖）	横山镇		
2015年“先进基层党组织”	项家村党支部	县委办公室、县人民政府办公室	2016年2月
2016年度“平安龙游”先进集体	横山镇	县委、县人民政府	2017年1月
2016年信访工作先进集体	横山镇		
2016年农业农村工作先进集体（扶贫攻坚）	横山镇		
农村工作指导员先进集体	横山镇		
2016年“五水共治”先进集体	大平坂（畈）村		
2016年“四边三化”先进集体	横山镇		
2016年安全生产先进集体	横山镇		
2015年乡镇综合评价先进奖（复合型乡镇二等奖）	横山镇		
2016年度武装工作先进单位	横山镇	县委、县人民政府、县人民武装部	2017年2月
2017年度武装工作先进单位	横山镇	县委、县人民政府、县人民武装部	2018年2月
2017年落实全面从严治党主体责任（优秀单位）	横山镇	县委、县人民政府	2018年2月
2017年乡镇综合评价先进奖（复合型乡镇二等奖）	横山镇		
2017年农业农村工作先进集体（新农村建设考核一等奖）	横山镇		
“贺田模式”复制	项家村		
农村生活污水治理	八石坂（畈）村		
2017年“五水共治”先进集体	横山镇、项家村		

续表20-4

荣誉名称	获奖单位	颁奖单位	颁奖时间
2017年“四边三化”工作先进集体（乡镇）	横山镇	县委、县人民政府	2018年2月
2017年支持重点项目建设工作先进村	志棠村		
2017年度“大调解”工作先进集体（优秀人民调解委员会）	白鹤桥村、余岗村	县委办公室、县人民政府办公室	2018年2月
2018年度乡镇综合考评先进奖（二等奖）	横山镇	县委、县人民政府	2019年2月
2018年度“民生工作”先进集体（乡村振兴）	大平坂（畈）村、天池村		
“民生工作”先进集体（五水共治）	塔下叶村		
2018年度“平安龙游”先进集体	横山镇	县委、县人民政府办公室	
2018年度信息工作（二等奖）	横山镇		
2018年度“大调解”先进集体	横山镇		
优秀人民调解委员会	横山村、腰塘边村	县人民政府办公室	
2018年法治政府建设（依法行政）先进单位	横山镇人民政府		
2019年“民生工作”突出贡献集体（三联工程）	志棠村	县委、县人民政府	2020年3月
乡村振兴大花园建设	志棠村		
农房整治和风貌提升（“三改一拆”）	腰塘边村		
支持重点项目建设工作村	下宅村		
2019年“经济发展”突出贡献集体（土地开发）	后徐村		
2019“平安龙游”突出贡献集体（打造“最有礼县”）	横山镇		
平安龙游（扫黑除恶）	横山镇		
落实全面从严治党主体责任考核	横山镇		
人民武装工作	横山镇人民武装部		
“十条军规”正面典型（志棠矿地整治项目）		县委办公室、县人民政府办公室	2020年5月
2020年度表彰单位	横山镇	县委、县人民政府	2021年2月
2020年乡镇（街道）考评（复合型乡镇一等奖）	横山镇		
2020年度“民生工作”突出贡献集体（乡村振兴大花园建设）	横山镇		

续表20-4

荣誉名称	获奖单位	颁奖单位	颁奖时间
助力县级战役(疫情防控)	横山镇	县委、县人民政府	2021 年 2 月
2020 年度“经济发展”突出贡献集体(国土整治)	横山镇		
2020 年度“平安龙游”突出贡献集体(落实全面从严治党主体责任考核)	横山镇		
人民武装工作	横山镇武装部		
2020 年支持重点项目建设工作村	志棠村、西方坞村		
先进基层党组织	横山镇党委、腰塘边村党支部	县委	2021 年 7 月
2021 年基层治理创新项目	横山镇综合信息指挥室	县委政法委员会	2021 年 11 月
2021 年支持重点项目建设工作先进村	志棠村	县委、县人民政府	2022 年 2 月
乡镇(街道)考评(复合型乡镇二等奖)	横山镇		
“民生工作”突出贡献集体(疫情防控、数字龙游)	横山镇		
“经济发展”突出贡献集体(招商引资、国土整治)	横山镇		
“平安龙游”突出贡献集体(以文化人、信访工作、安全生产)	横山镇		
乡村振兴大花园建设	上向徐村		
2022 年度重点项目建设工作先进村	横山村	县委、县人民政府	2023 年 1 月
年度综合考核(复合型乡镇三等奖)	横山镇		
红色根脉强基工程	志棠村党支部		
平安龙游成绩突出集体(法治龙游)	横山镇		
2023 年度重点项目建设工作先进村	天池村	县委、县人民政府	2024 年 2 月

编者注：县级集体荣誉 2011 年后不含部门

附录 张家、上叶村与珏塘、梅岭村划属时间考辨

2017 版《龙游县志》第 48 页载：据省档案馆资料，1936 年 11 月 12 日，龙游县以珏塘村之半及梅岭村划属寿昌县，寿昌县以飞地张家村之半（今属河宗行政村）及上叶（今属塔下叶行政村）划属龙游县。此记述依省档案馆资料，当有权威性的，应不容置疑。但观民国十九年（1930）《寿昌县志》铅印本第 142 页（见图 1），珏塘、梅岭已出现在寿都二图，张家、上叶属仁都二图。经查以下资料：

一、民国十四年（1925）《龙游县志》载：三十七都（旧乡名及所在：宣教乡，在县北）一图，区属：塔下叶。有珏堂、梅岭、东王、叶坞、泉塘下、油麻坞、刘塘坂村（距城 50 里）。在居民大概中：珏堂，祖姓翁，60 余户，杂姓多；梅岭，祖姓翁，并杂姓 20 余户。此说明 1925 年珏堂、梅岭属龙游县辖。三十七都三图，有志棠、席家、溪东、童家、邵家、凌阁张、仙生坞、后邵。现童家、邵家（含邵山头、小塘坞）已属建德市。

二、1990 年版《浙江省龙游县地名志》第 13 页载：1930 年调整县界，龙游县以梅岭、珏塘之半划属寿昌县，寿昌县以张家村之半及上叶村划属龙游县。

三、1991 年版《龙游县志》第 13 页载：1940 年，龙游县以梅岭、珏塘村之半划属寿昌县，寿昌县以张家村之半及上叶村划属龙游县；第 152 页《跨县飞地》文载：志棠乡张家村原为寿昌县辖地，然其孤悬龙游县境内，称“飞地”。赌徒常借飞地逃避。龙游县多次呈文省府，要求将其划归龙游，省政府多次下文，明令划归龙游，并组织两县会勘，但寿昌方面非要将志棠、廻源（现天池村）两地作为交换，一再拖延，直至 1936 年底才将龙游县梅岭和珏塘之半划属寿昌县，而将寿昌之张家、上叶划归龙游县。

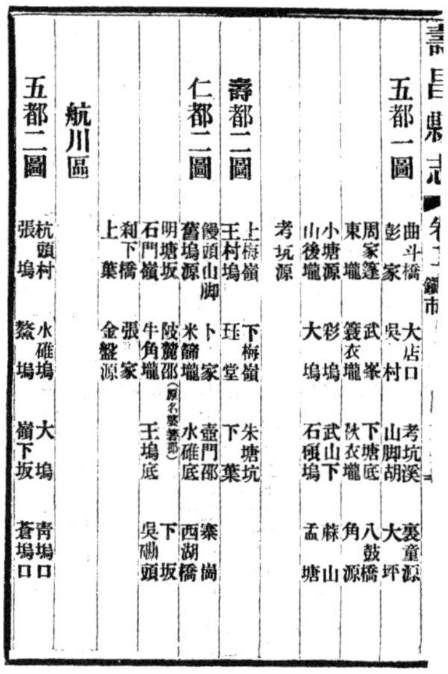
壽昌縣志 卷二 鎮市
五都一圖
曲斗橋 彭家 大店口 吳村 考坑溪 山脚胡 褰童源 大坪
周家篷 東壠 武峯 簑衣壠 下塘底 秋衣壠 八鼓橋 角源
小塘源 山後壠 彩塢 大塢 武山下 石頸塢 蘇山 孟塘
考坑源
壽都二圖
上梅嶺 王村塢 下梅嶺 珏堂 朱塘坑 下葉
仁都二圖
饅頭山脚 舊塢源 卜家 米篩壠 壺門邵 水碓底 寨崗 西湖橋
明塘坂 石門嶺 陂麓邵（原名婆婆邵） 牛角壠 王塢底 下坂 吳磡頭
剎下橋 上葉 張家 金盤源
航川區
五都二圖
杭頭村 張塢 水碓塢 鰲塢 大塢 嶺下坂 青塢口 蒼塢口

图 1 民国《寿昌县志》

四、1994 年版《衢州市志》第 51 页载：同年［指民国三十一年（1942）］，龙游县的梅岭、珏塘村之半，划入寿昌县管辖；寿昌县以张家村之半及上叶村，划入龙游县管辖（见图 2）。

五、据张家村资料载：张家 1930 年属寿昌县曲斗乡，1934 年属寿昌县曲斗乡第 9 保（见图 3）。

由上可见，此划属各志书说法各异，有 1930 年、1936 年、1940 年、1942 年 4 个时间。

综合上文，编者分析：此划属可能分两个阶段，因龙游县多次呈文省府，要求将张家划归龙游，而寿昌方面非要将志棠、廻源（现天池村）两地作为交换，省政府多次下文，明令张家划归龙游，而龙游县坚持将梅岭村、珏塘村之半先划属寿昌县，估计这是 1930 年前的事。而张家等划入，寿昌县“一

再拖延”，直至1936年底才将寿昌之张家、上叶划归龙游县。这从张家1934年仍属寿昌县曲斗乡可得到印证。

为什么寿昌县“一再拖延”？据老人讲，主要是志棠、廻源山比较多，后将志棠附近且山较多的童家、邵家（含邵山头、小塘坞）划给寿昌县。至于省档案馆资料出现1936年11月12日，这是官方文件。实际移交可能延迟，以致出现多个划属时间。

以上为编者一家之言，供研究参考。

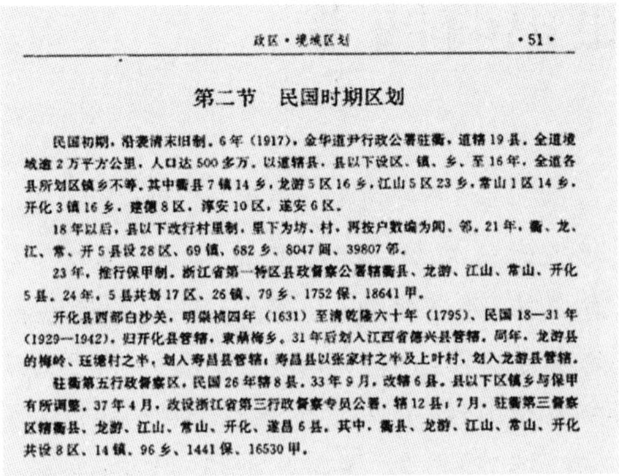

政区·境域区划　·51·

第二节　民国时期区划

民国初期，沿袭清末旧制。6年（1917），金华道尹行政公署驻衢，道辖19县，全道境域逾2万平方公里，人口达500多万。以道辖县，县以下设区、镇、乡。至16年，全道各县所划区镇乡不等，其中衢县7镇14乡，龙游5区16乡，江山5区23乡，常山1区14乡，开化3镇16乡，建德8区，淳安10区，遂安6区。

18年以后，县以下改行村里制，里下为坊、村，再按户数编为闾、邻。21年，衢、龙、江、常、开5县设28区、69镇、682乡、8047闾、39807邻。

23年，推行保甲制。浙江省第一特区县政督察公署辖衢县、龙游、江山、常山、开化5县。24年，5县共划17区、26镇、79乡、1752保、18641甲。

开化县西部白沙关，明崇祯四年（1631）至清乾隆六十年（1795）、民国18—31年（1929—1942），归开化县管辖，隶桐梅乡。31年后划入江西省德兴县管辖。同年，龙游县的梅岭、廷德村之半，划入寿昌县管辖；寿昌县以张家村之半及上叶村，划入龙游县管辖。

驻衢第五行政督察区，民国26年辖8县，33年9月，改辖6县。县以下区镇乡与保甲有所调整。37年4月，改设浙江省第三行政督察专员公署，辖12县；7月，驻衢第三督察区辖衢县、龙游、江山、常山、开化、遂昌6县。其中，衢县、龙游、江山、常山、开化共设8区、14镇、96乡、1441保、16530甲。

图2　《衢州市志》（1994年版）

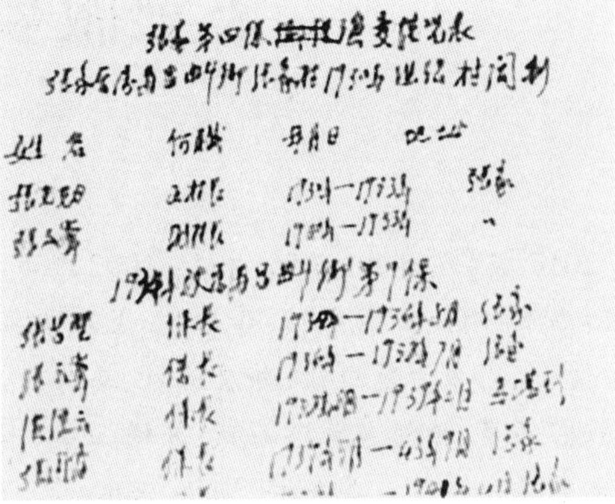

图3　民国张家村资料

塔下乡存撤时间考

2017版《龙游县志》52页（和1991版《龙游县志》14页、2017版《龙游县地名志》16页载：解放初，（县）设1个镇及南、中、北3个区……。6月（指1949年6月），县人民政府成立，重新区划，分6个区、22个乡：城关区辖城关15个村；官潭区辖詹家、方村、官潭、官村、团石5个乡；希唐区辖希唐、湖镇、七都、社阳、状元5个乡；溪口区辖溪口、灵山、庙下、沐尘4个乡；塔石区辖塔石、泽随、石佛、莲塘4个乡；模环区辖模环、后徐、新王、朝阳4个乡。

而查，1949年12月19日《龙游县图》（见图1），县北有个塔下乡，因而：1949年6月模环区还辖有塔下乡，全县应有23个乡，各版县志、地名志均漏记了塔下乡。

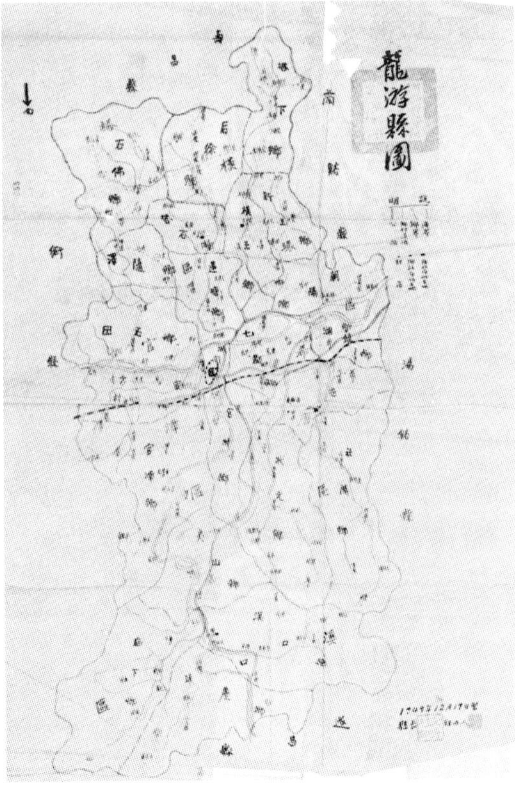

图1　　龙游县图

经查,1929 年改村里为乡镇时,塔下乡成立;1931 年小乡撤并大乡时,塔下乡仍有。1949 年 6 月。1934 年撤区合并乡镇、1940 年重新规划乡镇界域,塔下乡仍存在。1950 年 2 月设立张家乡、志棠乡时,塔下乡才撤销。

志棠撤乡建镇时间考

2017 版《龙游县志》55 页载:1992 年 5 月,撤区扩镇并乡。撤销龙游、湖镇、溪口、模环、塔石、团石 6 个区;并龙游镇、寺后乡、上圩头乡为龙游镇;并湖镇镇、七都乡、下库乡为湖镇镇;并溪口镇、大街乡为溪口镇;并詹家乡、马叶乡、夏金乡为家镇;并虎头山乡、团石乡、塘乡为小南海镇;并塔石乡、雅村乡为塔石镇;并横山镇、下宅乡为横山镇;并沐尘畲族乡、坑头乡为沐尘畲族乡;志棠撤乡建镇。共龙游、湖镇、溪口、家、小南海、塔石、志棠、横山 8 个镇,社阳、罗家、沐尘、梧村、庙下、灵山、官潭、泽随、石佛、模环、兰塘、士元 12 个乡。

从上文知,1992 年 5 月志棠撤乡建镇。但查 1992 年 6 月 27 日衢州市政府衢政发 57 号文件《关于龙游县撤区扩镇并乡方案的批复》(见图 1、图 2),志棠乡仍为乡,并没撤乡建镇。1993 年 3 月 15 日,龙游县政府〔1993〕18 号文件通知,接市民政局〔1993〕3 号文件通知:省民政厅〔1993〕16 号文件批复,同意志棠乡改为建制镇(乡级镇)。20 日,志棠镇人民政府成立。

可见,志棠乡撤乡建镇的时间应为 1993 年 3 月,而非 1992 年 5 月。

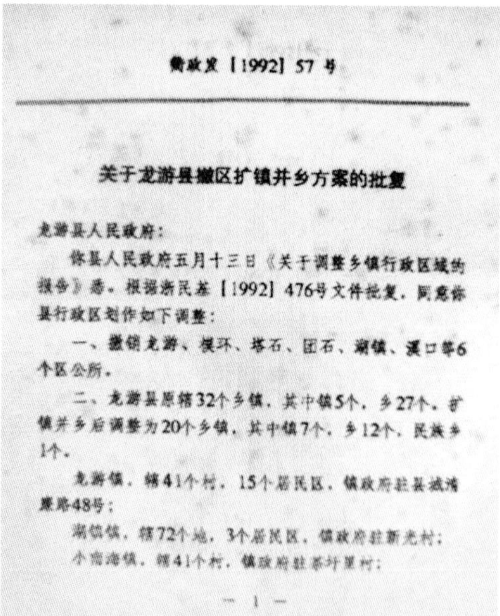
衢政发【1992】57 号

关于龙游县撤区扩镇并乡方案的批复

龙游县人民政府:

你县人民政府五月十三日《关于调整乡镇行政区域的报告》悉。根据浙民基【1992】476号文件批复,同意你县行政区划作如下调整:

一、撤销龙游、模环、塔石、团石、湖镇、溪口等6个区公所。

二、龙游县原辖32个乡镇,其中镇5个,乡27个。扩镇并乡后调整为20个乡镇,其中镇7个,乡12个,民族乡1个。

龙游镇,辖41个村,15个居民区,镇政府驻县城鸿雁路48号;

湖镇镇,辖72个村,3个居民区,镇政府驻新光村;

小南海镇,辖41个村,镇政府驻茶圩里村;

— 1 —

图 1 衢政发〔1992〕57 号文件(一)

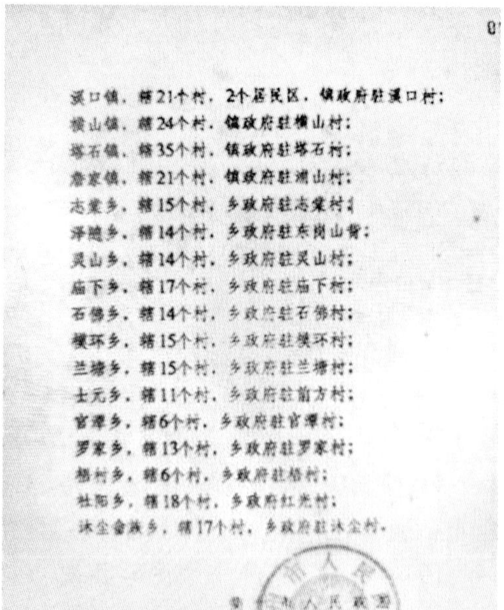
溪口镇,辖21个村,2个居民区,镇政府驻溪口村;
横山镇,辖24个村,镇政府驻横山村;
塔石镇,辖35个村,镇政府驻塔石村;
詹家镇,辖21个村,镇政府驻湖山村;
志棠乡,辖15个村,乡政府驻志棠村;
泽随乡,辖14个村,乡政府驻东岗山背;
灵山乡,辖14个村,乡政府驻灵山村;
庙下乡,辖17个村,乡政府驻庙下村;
石佛乡,辖14个村,乡政府驻石佛村;
模环乡,辖15个村,乡政府驻模环村;
兰塘乡,辖15个村,乡政府驻兰塘村;
士元乡,辖11个村,乡政府驻前方村;
官潭乡,辖6个村,乡政府驻官潭村;
罗家乡,辖13个村,乡政府驻罗家村;
梧村乡,辖6个村,乡政府驻梧村;
社阳乡,辖18个村,乡政府红光村;
沐尘畲族乡,辖17个村,乡政府驻沐尘村。

衢州市人民政府
一九九二年六月二十七日

图 2 衢政发〔1992〕57 号文件(二)

引用和参考书目

[1] 万历壬子(1612)《龙游县志》,明·万廷谦纂修,余绍宋1923年重刊。

[2] 康熙癸丑(1673)《龙游县志》,清·余恂等纂,清光绪八年(1882)余恩镰、余撰重刊。

[3] 民国《龙游县志》,民国·余绍宋撰编,1925年刊行。

[4] 民国《寿昌县志》,民国·陈焕、李任等修纂,1930年刊行。

[5]《衢州市志》,衢州市志编纂委员会编,主编朱子善,浙江人民出版社1994年11月出版。

[6]《建德县志》,建德县志编纂办公室编,主编周金奎,浙江人民出版社1986年5月出版。

[7]《浙江省龙游县地名志》,龙游县地名办公室编,主编饶敏卿,1990年4月印行。

[8]《龙游县粮食志》,龙游县志编纂委员会编,主编傅根水、郑有成,团结出版社1990年8月出版。

[9]《中国民间文学集成龙游县故事卷》《中国民间文学集成龙游县歌谣、谚语卷》,主审严三良,副主审张希龙、徐畅元,1990年10月印行。

[10]《龙游交通志》龙游县交通局编,1990年印行。

[11]《龙游县志》,龙游县志编纂委员会编,主编胡礼舟,中华书局1991年10月出版。

[12]《龙游农村经济》,龙游县科学技术协会、县民间文艺协会编,主编周樟炳,1992年10月印行。

[13]《中国共产党浙江省龙游县组织史资料》,中共龙游县委组织部、中共龙游县委党史资料征集研究委员会、龙游县档案馆编,新华出版社1992年12月出版。

[14]《龙游县卫生志》,龙游县卫生局编,主编吕建民,上海社会科学院出版社1992年12月出版。

[15]《龙游县教育志》,龙游县教育志编纂办公室编,主编严聚生,1993年7月印行。

[16]《中国共产党浙江省龙游县组织史资料第二卷》,中共龙游县委组织部编,人民日报出版社1994年11月出版。

[17]《龙游县金融志》,龙游县金融志编纂委员会编,主编叶顺华,中华书局1995年5月出版。

[18]《龙游县农业志》,龙游县农业局编,主编劳乃强,1997年7月印行。

[19]《龙游县建设志》,龙游县建设志编纂委员会编,主编王文平,1998年1月印行。

[20]《龙游县土地志》,龙游县土地管理局编,主编诸葛洪,1998年5月印行。

[21]《龙游百年大事记(1900—1998)》,中共龙游县委党史研究室编,主编洪潮,1998 年 8 月印行。
[22]《笔下写真(1984—1998)》,叶阿土著,1998 年 11 月印行。
[23]《龙游五十年》,龙游县统计局编,主编洪潮,1999 年 9 月印行。
[24]《回首话当年》,龙游县政协文史委员会编,主编夏希虔,2000 年 8 月印行。
[25]《中国共产党浙江省龙游县组织史资料第三卷》,中共龙游县委组织部编,2003 年 11 月印。
[26]《龙游县政协志》,龙游县政协志编纂委员会编,主编谢晓荣,当代中国出版社 2007 年 1 月出版。
[27]《中国龙游婺剧文化》,洪波、洪明骏、张晖著,中国戏剧出版社 2007 年 12 月出版。
[28]《龙游县教育志(1983—2005)》,龙游县教育志编纂办公室编,主编江永亮,西泠印社出版社 2008 年 8 月出版。
[29]《龙游县水利志》,龙游县水利局编,主编吴土根,2010 年 2 月印行。
[30]《龙游人文村庄》,龙游县政协文史资料委员会编,2010 年 1 月印行。
[31]《中国共产党浙江省龙游县组织史资料第四卷》(上、下),中共龙游县委组织部编,2010 年 10 月印。
[32]《重修浙江通志稿(标点本)》,浙江省地方志编纂委员会整理,方志出版社 2010 年 12 月出版。
[33]《龙游县军事志》,龙游县军事志编纂委员会编,主编毛荣,执行主编李景,2011 年 3 月印行。
[34]《龙游县佛教志》,龙游县民族宗教事务局、县佛教协会编,主编李景,2011 年 8 月印行。
[35]《沐尘畲族乡志》,沐尘畲族乡志编纂委员会编,主编劳乃强,方志出版社 2014 年 9 月出版。
[36]《民居苑的故事》,主编黄国平,黄河出版社 2014 年 12 月出版。
[37]《湖镇镇志》,湖镇镇志编纂委员会编,主编吴土根,方志出版社 2015 年 7 月出版。
[38]《中国共产党龙游历史第二卷(1949—1978)》,龙游县史志办公室编著,主编余晓,中央党校出版社 2016 年 1 月出版。
[39]《古村故事——龙游历史文化村落》,龙游县农业和农村工作办公室编,2016 年 1 月印行。
[40]《龙游县志》,龙游县地方志编纂委员会编,主编劳乃强,方志出版社 2017 年 4 月出版。
[41]《龙游县地名志》,龙游县地志编纂委员会编,主编黄国平,方志出版社 2017 年 9 月出版。
[42]《中国共产党浙江省龙游县组织史资料第五卷》,中共龙游县委组织部编,2018 年 6 月印。
[43]《古籍中的龙游》,吴土根辑编,中华书局 2019 年 6 月出版。
[44]《徐偃王与龙游》,徐金渭著,浙江工商大学出版社 2020 年 12 月出版。
[45]《烩一勺》,徐金渭著,团结出版社 2021 年 9 月出版。
[46]《龙游民间故事》,邓根林著,团结出版社 2021 年 12 月出版。
[47]《志棠白莲》,龙游县政协农业和农村委、教科文体和文化文史学习委编,主编周巧萍,中国市场出版社 2022 年 12 月出版。
[48]《龙游年鉴 · 2005》—《龙游年鉴 · 2022》,龙游县地方志编纂委员会编,方志出版社 2005—2022 年出版。

[49]《明珠龙游》,龙游县政协委员会编,主编周巧萍,浙江摄影出版社 2023 年 11 月出版。
[50]《山水龙游》,龙游县委宣传部、县文学艺术界联合会、县作家协会编,印行时间不详。
[51]《龙游俗语》,龙游县民间文艺家协会编,2023 年印行。
[52] 龙游县政府网 http://www.longyou.gov.cn/。
[53] 龙游新闻网 http://lynews.cztv.com/。

索　　引

鉴于本志记载内容相对集中，故不设关键词索引和人名索引，仅列图照索引、表格索引和附录索引（附录中的图照、表格未列），均以页码先后为序排列。

图照索引

表格索引

附录索引

后　　记

期望已久的《横山镇志》出版发行，是一件值得庆贺的喜事。

横山镇地处杭州、金华、衢州三市交接地带，东与兰溪市诸葛镇接壤，北与建德市大慈岩镇交界，素有"衢州北大门"之称，区位交通优势明显，新建的"杭衢高铁"更是加快横山镇融衢通杭步伐，交通优势日益转化为经济发展优势。

横山镇历史人文底蕴深厚，明清古迹保存较好的有30余处，横山塔与绍衣堂、三槐堂（上、中、下）、关西世家为全国重点文物保护单位，志棠、天池、脉元3村是浙江省首批"省级传统村落"；境内有千年古刹——乌石寺，有明代古塔——刹下塔、横山塔，有入省级非物质文化遗产保护名录的稻草龙、龙游婺剧和莲子酒酿造技艺，有入市、县非遗保护名录的銮驾、剪纸、雕刻、太公毽、祭谱等。境内青山叠翠，风光秀丽，有国家AAA级旅游景区——天池荷花景区，覆盖天池、志棠、腰塘边、塔下叶4村，总面积26平方公里；天池村为"中国乡村旅游模范村""第一批全国绿色村庄"，志棠村为浙江省首批"历史文化村落保护利用重点村"。以2008年1月由中华人民共和国科学技术部、中国农业科学院、中国农业大学、中国疾病预防控制中心部门专家组成的鉴定委员会公布天然富硒稻米、富硒莲子的鉴定结果为标志，境内富硒特色种植规模初显，成为全省首个富硒农产品开发基地，核心区块富硒土地面积达33.46平方公里，富硒产业开发面积666.67公顷，建立了以富硒莲子、稻米、中草药为主的农产品研发基地和产品加工生产线，富硒农产品深度开发和市场宣传不断加强。如今，境内有规模以上工业企业6家，规模以上服务企业1家，党委政府坚持壮大工业企业，提升农旅风景，规划集镇建设，夯实民生实事，延续强劲发展的良好势头。

盛世修志是中华民族优秀的文化传统。处在这样一个太平盛世，我们有责任为后人留下一部系统的、翔实的地方史料，从而为现在乃至将来各项建设提供借鉴，为爱国爱乡教育提供素材，为在外游子了解故里、了解历史提供信息。为此，镇于2022年6月成立机构，聘请专才，召开相关会议，及时组织编纂。两年来，党政班子对修志工作高度重视，各部门、各村给予大力支持，如今即将成书，倍感欣慰。我来横山工作时间不长，通过此志使我对横山悠久而光荣的历史有了更加全面的了解，我相信，许多人与我一样，将从这部《横山镇志》中，获取有用的信息乃至教益。

《横山镇志》是一部涉及面广、综合性强的乡镇志，是集体智慧的结晶。编纂过程中，得到县相关部门大力支持，县史志办、档案局领导及时协调和指导，主编蒋柳清院长认真负责，一丝不苟。镇老领导与有关乡贤提出宝贵意见，中共龙游县委书记祝建东为本志撰写序言，在此一并致谢。

借此机会，谨向付出艰辛劳动的全体编写人员致以崇高的敬意，向为本志提供资料、提出修改意见的各界人士表示衷心的感谢。

横山镇党委书记

2024年4月8日

图书在版编目（CIP）数据

横山镇志 /《横山镇志》编纂委员会编. -- 上海 : 上海社会科学院出版社, 2024. -- ISBN 978-7-5520-4553-6

Ⅰ. K296. 55

中国国家版本馆 CIP 数据核字第 20240CA007 号

扫描二维码
阅读电子版

横山镇志

编　　著：《横山镇志》编纂委员会
责任编辑：周　萌
封面设计：黄婧昉
出版发行：上海社会科学院出版社
　　　　　上海顺昌路 622 号　邮编 200025
　　　　　电话总机 021－63315947　销售热线 021－53063735
　　　　　https://cbs. sass. org. cn　E-mail:sassp@ sassp. cn
排　　版：南京展望文化发展有限公司
印　　刷：上海雅昌艺术印刷有限公司
开　　本：889 毫米×1194 毫米　1/16
印　　张：49. 5
插　　页：26
字　　数：1 348 千
版　　次：2024 年 12 月第 1 版　　2024 年 12 月第 1 次印刷

ISBN 978－7－5520－4553－6/K・736　　定价：398. 00 元
审图号：GS(2024)4564 号